အဲကလံး–ပုၢကၟ

အဒ္ဒၤၡၠန္ၢၡံၤ

ၒသၡၣ်ၓံးဒီးမးဘၢၤနံၣ်ကတဲာ်ကတီၤၒဲအသီး
ဘၣ်တၢ်ဘှီကွၤဒီးတၢ်မၤဖှၣ်လီၤအီၤ

လၢ

သၡၣ်ကၟီၤဘ္ၤးကၒ

ဘၣ်တၢ်မၤစၢၤအီၤလၢပုၢကညီပုၢကွဲးလံာ်တနီၤ

ကီၢ်ပံၤယီၤဘၠထံမှၢ်ၡၠန္ၢၡံၤခၒ့ၡၢၣ်ပှၣ်နံးၒဲ
လၢသၡၣ်ၓံးအစ္စမိၢ်ပှၢ်နှၣ်လီၤ

_a	art.	တၢ★တ	a
_aback	adv.	သးလီၤကတုၤ(လၢတၢ်ချူးခံနီးသးတုၤအိၣ်အဃိ)★ဂုၤကူၤအသး(လၢတၢ်ကမၢကမၣ်အပူၤ)★သးလီၤထူၣ်	a-back' / taken aback
_abandon / abandonment	v.t. / n.	(တၢ်)စူးကွံာ်ညိကွံာ်သပှၢ်ပှၢ်★(တၢ်)ဟးသဒၣ်ကွံာ်★(တၢ်)တကီၤ(အ)သးလၢၤဘၣ်★(တၢ်)ဟ်လီၤတဲာ်ကွံာ်တၢ်နီၢ်နီၢ်	a-ban'don / a-ban'don-ment
_abase	v.t.	ဆီၣ်လီၤကွံာ်★မၤဖှၣ်လီၤ(အသး)★မၤဟးဂီၤအလၤကပီၤ	a-base'
_abash	v.t.	ဒုးမဲာ်ဆှး★မၤမဲာ်ဆှး	a-bash'
_abate / abatement	v.i. / n.	(တၢ်)ဆံးလီၤစုၤလီၤ★(တၢ်)လီၤစၢ်★(တၢ်)လီၤကယး★(တၢ်)မၤစၢ်လီၤ	a-bate / a-bate'ment
_abbess	n.	မဲာ်သံၣ်လးအခိၣ်	ab'bess
_abbey	n.	ပရံၣ်ကွံၣ်အစီၤသီတဖၣ်အအိၣ်တၢ်အလီၢ်	ab'bey
_abbot	n.	ပရံၣ်ကွံၣ်အစီၤသီတဖၣ်အခိၣ်	ab'bot
_abbreviate	v.t. / n.	(တၢ်)မၤဖှၣ်လီၤတၢ်★တၢ်(ကတိၤ)လၢအဘၣ်တၢ်မၤဖှၣ်လီၤ	ab-bre'vi-ate / ab-bre'via'tion
_abdicate	v.t. / n.	(တၢ်)(ပှၤပၢတၢ်)ဟးထီၣ်ကွံာ်လၢအလီၢ်★(တၢ်)စံၣ်လီၤလၢအလီၢ်★(တၢ်)စူးကွံာ်အလီၢ်	ab'di-cate / ab'di-ca'tion
_abdomen	n. / a.	(လၢအဘၣ်ဃးဒီး)ဟၢဖၢ	ab-do'men / abdominal
_abduct / abduction	v.t. / n.	(တၢ်)စိၤဆှၣ်ခုသူၣ်(ပှၤ)★(တၢ်)ဃ့ၢ်စိာ်ဆှၣ်(ပှၤ)	ab-duct' / ab-duc'tion
_abed	adv.	လၢလီၢ်မံပူၤ	a-bed'
_abet	v.t.	သဆၣ်ထီၣ်(တၢ်အၢ)အခံ★မၤစၢၤထွဲတၢ်(အၢ)အခံ	a-bet'
_abeyance	n.	တၢ်အိၣ်ခိးတၢ်ဆၢကတီၢ်လၢအကဟဲသ့ၣ်သ့ၣ်★တၢ်အိၣ်ခိးတၢ်ဆၢကတီၢ်လၢအကဘၣ်	a-bey'ance
_abhor / abhorrence	v.t. / n.	(တၢ်)သးဘၣ်အၢတၢ်★(တၢ်)တဘၣ်လိာ်အသးဘၣ်	ab-hor' / ab-hor'rence
_abhorrent	a.	လၢပှၤ(သးဘၣ်အၢ)(သးဟ့)အီၤ★လၢအထိဒါလိာ်အသး	ab-hor'rent
_abide	v.t.	အိၣ်★အိၣ်ဆိး★တူၢ်ကဲ	a-bide'
_to abide by		စူၢ်(အကလုၢ်)★ဒိကနၣ်(အကလုၢ်)	to abide by
_to abide one's time		ခိးတၢ်အဆၢကတီၢ်ဂ့ၤလၢ(ကမၤတၢ်တမံၤ)အဂီၢ်★ချိးကတီၢ်	to abide one's time
_ability	n.	တၢ်သ့တၢ်ဘၣ်★အစိအကမီၤ★တၢ်သ့နၢ့်အိၣ်နၢ့်★တၢ်ဂ်ၢ်တၢ်ဘါ★အတဟီၣ်	a-bil'i-ty
_of great ability		အတၢ်ဆိကမိၣ်ယိာ်	of great ability
_abject	a.	(ပျုၤ)သံ(ပျုၤ)အိၣ်အသး★(ပျုၤ)သံ(ပျုၤ)ဟါမၢ်အသး	ab'ject
_abjure / abjuration	v.t. / n.	(တၢ်)ညိကွံာ်လၢတၢ်သဆိုးသပှၢ်★(တၢ်)ညိကွံာ်တၢ်အိၣ်ဒီးတၢ်ဆိၣ်လီၤသး	ab-jure' / ab-jur'a-tion
_ablaze	adv.	ကဲၤကပြုၤ★မ့ၣ်အူလၣ်ကပြုၤထီၣ်	a-blaze'
_able	a.	မၤကဲ★ချူး★လၢအသ့အဘၣ်★သ့★မၤသ့မၤဘၣ်	a'ble
_able bodied		အိၣ်ဆှၣ်မၤကဲ★အိၣ်ဒီးဂ်ၢ်ဘါ	able bodied
_abloom	adv.	အိၣ်ဒီးအသံၣ်အဖီတဖၣ်	a-bloom'
_ablution	n.	တၢ်သ့စီဒ်အလုၢ်အလၢ်ဟဲဝဲအသိး★တၢ်လုၢ်ထံလုၢ်နီ	ab-lu'tion
_abnegate / abnegation	v.t. / n.	(တၢ်)သမၢလီၤအသး★(တၢ်)ဂ့ၢ်လိာ်ဒီးညိကွံာ်★(တၢ်)သမၢဒီးညိကွံာ်	ab'ne-gate / ab'ne-ga'tion
_abnormal	a.	လၢအတလီၤက်ဒီး(ပှၤ)အဂုၤအဂၤဘၣ်★လၤအလဲၤအသးတလိၤတဃီၤ★တဘၣ်လီၢ်ဘၣ်စး	ab-nor'mal
_abnormality	n.	တၢ်တလီၤက်ဒီး(ပှၤ)အဂုၤအဂၤဘၣ်★တၢ်လဲၤအသးတလိၤတဃီၤဘၣ်★တၢ်တဘၣ်လီၢ်ဘၣ်စး	ab'nor-mal'i-ty
_aboard	adv.	လၢ(ကဘီ)ပူၤ	a-board'
_abode	n.	လီၢ်အိၣ်လီၢ်ဆိး	a-bode'
_abolish / abolition	v.t. / n.	(တၢ်)မၤကတၢၢ်ကွံာ်တၢ်★(တၢ်)မၤကွံာ်တၢ်★(တၢ်)မၤဟးဂီၤကွံာ်တၢ်	a-bol'ish / ab'o-lition

_abolitionist	n.	ပှၤလၢအနၢ်လပှၤကြၢးမၤ(ကတၢၢ်)(ဟးဂီၤကွံာ်)တၢ်	ab'o-li'tion-ist
_abominable	a.	လၢအလီၤသးဘဉ်အၢ★လၢအလီၤသးဟ့	a-bom'i-na-ble
_abominably	adv.	လီၤသးဘဉ်အၢ★တသ့တဘဉ်	a-bom'i-na-bly
_abominate / abomination	v.t. / n.	(တၢ်)သးဘဉ်အၢ★(တၢ်)သးဟ	a-bom'i-nate / a-bom'i-na'tion
_aboriginal	a.	လၢအအိဉ်ဆိကတၢၢ်လၢကီၢ်ပူၤ★ဘဉ်ယးဒီးပှၤအိဉ်ထူအိဉ်ရှဉ်★ပှၤလၢအအိဉ်ဆိကတၢၢ်လၢကီၢ်ပူၤ	ab'o-rig'i-nal
_aborigines	pl n.	ပှၤထူလံၤဖိ★ပှၤအိဉ်ထူအိဉ်ရှဉ်	ab'o-rig'i-nes
_abortion	n.	တၢ်အိဉ်ဖှဲဉ်လီၤဖဲအဘဉ်မ့ၢ်ဘဉ်လၢဘဉ်အခါ★ဖိာ်မုဉ်အဟူးဟးဂီၤ★တၢ်ဖိလီၤလူး	a-bor'tion
_abortive	a.	(တၢ်ဖံးတၢ်မၤအဂ့ၢ်)လၢအတကဲထီဉ်လိဉ်ထီဉ်ဘဉ်	a-bor'tive
_abound	v.i.	လၢပှဲၤ(ဒီး)★အိဉ်အါ★အါဝဲဂီၢ်ဝဲ	a-bound
_about	prep. / adv.	လၢတၢ်အယၢၤ(ဝးဝး)★လၢအဂ့ၢ်★အဂ့ၢ်★ယဉ်ယဉ်★ဆူဆံးဆူဘး★လၢအပူၤ★လၢအဘူး	a-bout'
_about you		လၢနလိၤ	about you
_be about (one's work)		မၤ(အတၢ်ဒဉ်ဝဲ)	be about (one's work)
_about to		ဘူးက--	about to
_turn about		ယဉ်ကဒါက့ၤ★ယဉ်တရံး	turn about
_set about		စးထီဉ်	set about
_above	prep. / adv.	လၢအဖီခိဉ်★ဆူအဖီခိဉ်★ထီဉ်ထီတကွၢ်★အါနှၢ်တကွၢ်★လၢထး★ဆူထး	a-bove
_above-board		လၢတၢ်မၤဆူးသ့ဉ်ခုလံာ်တၢ်တအိဉ်လၢအပူၤ★လၢအမၤတၢ်စီဉ်ဝဲၤကဲၤ	above-board
_abrasion	n.	တၢ်လှၤ★တၢ်လှၤတၢ်ကျ့ၤ★တၢ်ထူးလှၤတၢ်★တၢ်ကျူတၢ်	ab-ra'sion
_abreast	adv.	သယဲၤတၢ်★သယဲၤသယဲၤ★သတြိၤ	a-breast'
_abridge / abridgement	v.t. / n.	(တၢ်)မၤအံဉ်လီၤ★(တၢ်)မၤဖုဉ်လီၤ★(တၢ်)မၤဆံးလီၤ★(တၢ်)မၤစှၤလီၤ	a-bridge / a-bridge'ment
_abroad	adv.	သကုၤဆးဒး★(လၢခိ)ဝးဝး★လၢထံဂၤကီၢ်ဂၤ	a-broad'
_abrogate / abrogation	v.t. / n.	တၢ်မၤတးဂီၤကွံာ်(တၢ်သိဉ်တၢ်သီ)★(တၢ်)မၤကတၢၢ်ကွံာ်တၢ်★(တၢ်)မၤကွံာ်တၢ်	ab'ro-gate / ab'ro-ga'tion
_abrupt / abruptness	a. / n.	(တၢ်)တဘှီဃီ★(တၢ်)တကီၢ်ခါ★(တၢ်)သတူၢ်ကလာ်★(တၢ်)လဲလိာ်ဖး အတၢ်ကတိၤ	ab'rupt' / ab-rupt'ness
_abruptly	adv.	တဘှီဃီ★တကီၢ်ခါ★သတူၢ်ကလာ်	ab-rupt'ly
_abscess	n.	တၢ်ဝ့★တၢ်ကၢဖးထီဉ်★တၢ်ဝ့သဲးတဉ်	ab'scess
_abscond (er)	v.i.	(ပှၤလၢအ)ယှၢ်ခုသူဉ်★(ပှၤလၢအ)ယှၢ်ပူၤအသး★(ပှၤလၢအ)ဟးအိဉ်သဒၢ	ab-scond' (er)
_absence	n.	တၢ်တအိဉ်ဘဉ်★တၢ်တ(ဟဲ)ဘဉ်★တၢ်တပၢၢ်ထီဉ်ဘဉ်	ab'sence
_absent	a.	လၢ(အ)တအိဉ်ဘဉ်★လၢအတ(ဟဲ)ဘဉ်★လၢအတပၢၢ်ထီဉ်ဘဉ်	ab'sent
_absent-minded (ly)	a. / adv.	လၢ(တၢ်)(အ)သးပှၤနိဉ်တၢ်(ဆှဉ်)(အပူၤ)	absent-minded
_absent	v.t.	ဟးဆှဲးတၢ်အိဉ်ဖှိဉ်	ab-sent'
_absentee	n.	ပှၤလၢအတအိဉ်ဘဉ်လၢအလီၢ်ဒဉ်ဝဲ	ab'sen-tee'
_absently	adv.	လၢတၢ်သးတအိဉ်ဒီကနၢၤဒီကနဉ်တၢ်ဘဉ်အပူၤ	ab'sent-ly
_absolute (ly)	a. / adv.	အလၢအပှဲၤ★လၢာ်လၢာ်ဆ့ဆ့★နီၢ်နီၢ်★(မၤ)ဖဲအသးဒဉ်ဝဲ	ab^so-lute (ly)
_absolve / absolution	v.t. / n.	(တၢ်)ပျၢ်ကွံာ်တၢ်★(တၢ်)မၤထူဉ်ဖဲးတၢ်★တၢ်မၤပူၤဖျဲးတၢ်	ab-solve' / ab'so-lu'tion
_absorb / absorption	v.t. / n.	(တၢ်)စုၢ်သံးတၢ်★(တၢ်)ဆူးသဝံးထီဉ်တၢ်★(တၢ်)ဆူးပဝံးတၢ်	ab-sorb' / ab-sorp'tion
_absorbed	p.a.	ဖိဉ်လီၤအသး★သးစဲဘူး	ab-sorbed'
_absorbent	a.	လၢအစုၢ်သံးတၢ်သ့★လၢအဆူးသဝံးတၢ်သ့	ab-sorb'ent
_abstain	v.t.	ဟးဆှဲး★နုဉ်	ab-stain'

2

_abstain from interference		ကွၢ်တမိာ်(တြိာ်)တၢ်	abstain from interference
_abstemious	a.	လၢအဂုာ်ဒ့ၣ်တၢ်★လၢအမၤတၢ်ဘၣ်ဒးဧိၤ★လၢအအိၣ်ဒီးတၢ်ကီၤအသး	ab-ste'mi-ous
_abstinence	n.	တၢ်ဒုၣ်တၢ်★တၢ်ကီၤသူၣ်ကီၤသး	ab'sti-nence
_abstract	v.t.	ထုးကွံာ်★ထုးထီၣ်လၢတၢ်ဂၤအကျါ★ကွဲးလီၤထဲအဂ့ၢ်မိၢ်ပှၢ်	ab-stract'
_abstract	a.	လၢအခီပညီလဲၢ်.(ဒ်"တၢ်ယံတၢ်လၢ"အသိး)	ab'stract
_abstract idea		တၢ်ဆိကမိၣ်တဘိလၢအဘၣ်ဃးဒီးတၢ်အဂ့ၢ်တမံၤလၢအမၤအသးသ့လၢ တၢ်တဘျုးမံၤအပူၤသနာ်က့.ပတဟံးန့ၢ်ဆိကမိၣ်တၢ် အသံးအကၣ်လၢတၢ်တဘျုးမံၤန့ၣ်အကျါနီတမံၤမံၤဘၣ်	ab'stract idea
_abstruse	a.	လၢပနၢ်ပၢၢ်ကီ★အယိာ်အကီ	ab-struse'
_absurd / absurdity	n.	(တၢ်)လၢအတယုလိာ်အသးဒီးတၢ်သ့ၣ်ညါနၢ်ပၢၢ်ဘၣ်★(တၢ်) လၢအထီဒါအသးဒီးတၢ်မ့ၢ်တၢ်တီ★(တၢ်)လၢအတလီၤနာ်ပုၤဘၣ်★(တၢ်) လီၤနံၤဘၣ်ဖၣ်လဲ	ab-surd' / ab-surd'i-ty
_abundance	n.	တၢ်အါအါဂိၢ်ဂိၢ်★တၢ်ဂိၢ်မုၢ်ဂိၢ်ပၤ	a-bun'dance
_abundant	a.	လၢအအါအဂိၢ်	a-bun'dant
_abundantly	adv.	အါအါဂိၢ်ဂိၢ်	a-bun'dant-ly
_abuse	v.t.	သူကမၣ်တၢ်★ကတိၤဆါတၢ်★မၤအၢမၤသီတၢ်★မၤပှၤတတီတတြၢ်★ စံးအၢစံးသီတၢ်★ဆိၣ်တရိတပါတၢ်	a-buse'
_abusive	a.	အၢအၢသီသီ★တရိတပါ	a-bu'sive
_abysmal	a.	လၢအလီၤဂ်ာတၢ်ယိာ်ပူၤအခံဒးတအိၣ်ဘၣ်★လၢအယိာ်ဝဲ	a-bys'mal
_abyss	n.	တၢ်တြီတၢ်တြီၤ★တၢ်ယိာ်ပူၤအခံဒးတအိၣ်ဘၣ်★လရာ်	a-byss'
_academic (al)	a.	လၢအဘၣ်ဃးဒီးတၢ်မၤလိလံာ်ဒိၣ်လဲၢ်ထီ★ လၢအဒုးနဲၣ်ဖျါအတၢ်သ့ၣ်ညါနၢ်ပၢၢ်လၢအဟဲ(ထဲ)လၢလံာ်ဧိၤလဲၢ်ဧိၤ	ac'a-dem'ic (al)
_academy	n.	ကို★ကိုလၢပှၤမၤလိလံာ်ဒိၣ်လဲၢ်ထီ★ပှၤကူၣ်ဘၣ်ကူၣ်သ့တကရၢ	a-cad'e-my
_accede	v.t.	အၢၣ်လီၤ(ပှၤအတၢ်ယ့.တၢ်ကူၣ်.တၢ်ဆိကမိၣ်)★နုာ်ယီၤ(အလီၢ်)	ac-cede'
_accelerate	v.t.	(တၢ်)ချ့ထီၣ်	ac-cel'er-ate
_acceleration	n.	(တၢ်)မၤချ့ထီၣ်	ac-cel'er-a'tion
_accent / accentuate	v.t. / v.t.	(တၢ်)မၤဆူၣ်ထီၣ်ပကလုၢ်ဖဲအံၤဖဲနၤလၢတၢ်ကတိၤအပူၤ★ တၢ်ကတိၤအသီၣ်လီၤဆီ(လၢပဖီၣ်နၢ်လၢပှၤအဂၤတဖုမ့ၢ်ဂ့ၤ.တကလှာ်မ့ၢ်ဂ့ၤ. အတၢ်ကတိၤအပူၤဖဲပကတိၤတၢ်ဒီးအီၤလၢကျိာ်တကျိာ်ဃီအခါ)	ac-cent' / ac-cen'tu-ate
_accept	v.t.	တူၢ်လိာ်★အၢၣ်လီၤအီလီၤ	ac-cept'
_acceptable	a.	လၢအဂ့ၤတူၢ်လိာ်★လၢအဂ့ၤအၢၣ်လီၤအီလီၤ	ac-cept'a-ble
_acceptance	n.	တၢ်တူၢ်လိာ်★တၢ်အၢၣ်လီၤအီလီၤ	ac-cept'ance
_access	n.	တၢ်လဲၤနုာ်ဘၣ်★တၢ်လဲၤဆူအအိၣ်အခွဲးအိၣ်★တၢ်မၤန့ၢ်အါထီၣ်တၢ်	ac'cess
_accessible	a.	ကျဲပၢၢ်ညီ★လၢပတုၤယီၤညီ	ac-cess'i-ble
_accession	n.	တၢ်ထီၣ်ဘၣ်လီၢ်ထီ★တၢ်န့ၢ်အါထီၣ်တၢ်★တၢ်ဂုၤထီၣ်ပသီထီၣ်	ac-ces'sion
_accessory	a.	(တၢ်)လၢအမၤစၢၤတၢ်အမိၢ်ပှၢ်	ac-ces'so-ry
_accessory	n.	ပှၤလၢအအိၣ်ပိုၤမၤစၢၤတၢ်အၢတၢ်သီ★တၢ်အပိးအလိလၢအမၤစၢၤတၢ်မိၢ်ပှၢ်	ac-ces'so-ry
_accident	n.	တၢ်မၤဖုးအသး★တၢ်ကဲထီၣ်အသးလၢတၢ်တပာ်သူၣ်ပာ်သးအပူၤ★ တၢ်ဘၣ်န့ၢ်အတီၤ	ac'ci-dent'
_accidental	a.	လၢအမၤဖုးအသး★လၢအကဲထီၣ်အသးလၢတၢ်တပာ်သူၣ်ပာ်သးအပူၤ★ လၢအဘၣ်န့ၢ်အတီၤ	ac'ci-dent'al
_accidentally	adv.	ဘၣ်န့ၢ်အတီၤ★ဘၣ်ဖုးဘၣ်ပျိၢ်★လၢတၢ်တပာ်သးအပူၤ	ac'ci-den'tal-ly
_acclaim / acclamation	v.t. / n.	(တၢ်)ကိးဒြိထီၣ်လၢတၢ်ပတြၢၤအပူၤ★တၢ်ဒုးနဲၣ်ဖျါထီၣ်(တၢ်)လၢတၢ်ကိးပသူ	ac-claim' / ac'cla-ma'tion
_acclimate / acclimatize	v.t. / v.t.	မၤညီနုၢ်အသးဒီးတၢ်ကိၢ်.တၢ်ခုၣ်.တၢ်စူၤ.တၢ်ယီၤ.ကလံၤသီၣ်ဂီၤ	ac-cli'-mate / ac-cli'ma-tize
_accommodate / accommodation	v.t. / n.	(တၢ်)မၤဘၣ်လိာ်တၢ်★မၤယူလိာ်ဖိးလိာ်(အသးဒီးတၢ်ဂၤ)★ ဟ့ၣ်တၢ်အိၣ်အလီၢ်★မၤဘျုး	ac-com'mo-date / ac-com'mo-da'tion
_accompaniment	n.	တၢ်လၢအ(ဘၣ်)(မၤ)စၢၤတၢ်သးဝံၣ်.တၢ်ဒ့.တၢ်အူ	ac-com'pa-ni-ment
_accompanist	n.	ပှၤလၢအမၤသကိးတၢ်ဒီးပှၤဒ့တၢ်.အူတၢ်.သးဝံၣ်တၢ်	ac-com'pa-nist

_accompany	v.t.	လဲၤယှာ်★လဲၤသကိး★(မၤ)ဘၣ်စၢၤ	ac-com'pa-ny
_accomplice	n.	ပှၤမၤသကိးတၢ်လၢတၢ်အၢ	ac-com'plice
_accomplish	v.t.	မၤဝံၤမၤကဲထီၣ်★မၤလၢမၤပှဲၤ	ac-com'plish
_accomplishment	n.	တၢ်မၤဝံၤမၤကဲထီၣ်တၢ်★တၢ်မၤလၢမၤပှဲၤတၢ်★တၢ်သ့တၢ်ဘၣ်ဂ့ၤလီၤဆီ	ac-com'plish-ment
_accord / accordance	v.i. / n.	(တၢ်)ယူလိာ်အသး★(တၢ်)လီၤပလိာ်လိာ်အသး★မၤယူမၤဖိး★မၤဘၣ်လိာ်	ac-cord' / ac-cord'ance
_of his own accord		ဖဲအသးဒၣ်ဝဲ	of his own accord
_in accordance with / according to		ဒ်(တၢ်)အသိး	in accordance with / according to
_accordingly	adv.	ဒ်နူၣ်အသိး★သတးဒီး★အဃိသတးဒီး	ac-cord'ing-ly
_accost	v.t.	ဟံးစုကွၢ်မ်ာ်ကတိၤဆိတၢ်ဒီးပှၤဂၤ	ac-cost'
_account	v.t.	ဟ်ကဲ★ဟ်★ပဲၤဘၣ်	ac-count'
_account	n.	တၢ်ဃဲၤဖျါထီၣ်တၢ်★စ့စရီ	ac-count'
_account for		ဟ့ၣ်ထီၣ်တၢ်အဂ့ၢ်အကျိၤ★ဒုးနဲၣ်အဂ့ၢ်	account for
_accountable	a.	လၢအကြၢးတၢ်ဒုးဒီးဘၣ်တၢ်လီၤတီ	ac-count'a-ble
_accountability	n.	တၢ်နၢ်ပၢ်အတၢ်မၤဒၣ်ဝဲဒီးကြၢးဘၣ်တၢ်သမံသမိးအီၤ(လၢအဂ့ၢ်)	ac-count'a-bil'i-ty
_accountant	n.	ပှၤလၢအဖီၣ်စ့စရီ	ac-count'ant
_accouterments	n.	တၢ်အဃၢၤအဃိၢ်	ac-cou'ter-ments
_accredit	v.t.	နာ်★ဒုးလီၤနာ်★မၤလီၤအိၣ်ဒီးလံာ်အှၣ်အသးဒ်သိးပှၤနာ်နၢ့်အီၤကသ့အဂီၢ်	ac-cred'it
_accretion	n.	တၢ်ဒိၣ်ထီၣ်အါထီၣ်လၢတၢ်စဲဘူးယှာ်,ဟ်ဖှိၣ်ယှာ်သးအဃိ	ac-cre'tion
_accrue	v.i.	ဘၣ်တၢ်ဟ်ဖှိၣ်ယှာ်ဒီးအမိၢ်ပှၢ်	ac-crue'
_accumulate / accumulation	v.t. / n.	(တၢ်)ဟ်ဖှိၣ်★(တၢ်)စူးဖှိၣ်★(တၢ်)ဟ်ဖှိၣ်ဟ်တံၢ်	ac-cu'mu-late' / ac-cu'mu-la'tion
_accuracy	n.	တၢ်လီၤတံၢ်လီၤဆဲး★တၢ်ထံထံဆးဆး	ac'cu-ra-cy
_accurate	a.	လၢအလီၤတံၢ်လီၤဆဲး★ဘၣ်	ac'cu-rate
_accurately	adv.	လီၤတံၢ်လီၤဆဲး★ထံထံဆးဆး	ac'cu-rately
_accursed	a.	လၢအဘၣ်တၢ်ဆိၣ်အၢ	ac-cursed'
_accuse / accusation	v.t. / n.	(တၢ်)ဟ်တၢ်ကမၣ်လၢပှၤလိၤ★လိာ်ဘၢလိာ်ကွီၢ်★ဆိုးတၢ်	ac-cuse' / ac'cu-sa'tion
_accustom	v.t.	ဒုးမၤညီနၢ်(အသး)★ဒုးကဲထီၣ်အလုၢ်အလၢ်	ac-cus'tom
_ace	n.	ပှၤဒိးကဘီယူၤသုးအသ့ကတၢၢ်တဂၤ	ace
_ache	v.i.	ဆါ★အ့ၣ်ထုးအ့ၣ်စိၢ်★တကံပဝံ	ache
_achieve	v.t.	မၤတုၤအနၢ့်★မၤတုၤအဝံၤ★မၤတုၤအကဲထီၣ်	a-chieve'
_achievement	n.	တၢ်မၤတၢ်တုၤအဝံၤ★တၢ်မၤကဲထီၣ်တၢ်အဂ့ၤလီၤဆီတမံၤ★ တၢ်မၤနၢ့်တၢ်အဂ့ၤလီၤဆီတမံၤ	a-chieve'ment
_acid	a.	တၤဆံၣ်★ဆံၣ်(ကသံၣ်ကသီ)★လၢအဆံၣ်	ac'id
_acidity	n.	တၢ်အဆံၣ်	a-cid'i-ty
_acknowledge	v.t.	အၢၣ်လီၤအီလီၤလၢအသ့ၣ်ညါ★အၢၣ်လီၤအီလီၤလၢအမ့ၢ်★ အၢၣ်လီၤအီလီၤလၢအဒိးန့ၢ်လံ	ac-knowl'edge
_acme	n.	တၢ်(လူၢ်)အဒီခိၣ်★တၢ်အဒိၣ်ကတၢၢ်★တၢ်လၢပှဲၤကတၢၢ်★တၢ်ဒိၣ်တုာ်ခိၣ်ပှဲၤ	ac'me
_acorn	n.	သ့ၣ်ထိးဖးအသၣ်	a'corn
_acoustic	a.	ဘၣ်ဃးဒီးတၢ်ယုသ့ၣ်ညါမၤလိတၢ်သီၣ်အဂ့ၢ်★ ဘၣ်ဃးဒီးတၢ်နၢ်ဟူသ့ၣ်ညါတၢ်သီၣ်	a-cous'tic
_acoustic	n.	တၢ်ယုသ့ၣ်ညါမၤလိတၢ်သီၣ်အဂ့ၢ်★ဒၢးအက့ၢ်အဂီၤ,အပိးအလီသ့ၣ်တဖၣ် လၢအမၤစၢၤပတၢ်နၢ်ဟူ,မ့တမ့ၢ်မၤတံာ်တာ်ပတၢ်နၢ်ဟူ	a-cous'tics
_acquaint	v.t.	ဒုးသ့ၣ်ညါတၢ်★ဘိးဘၣ်သ့ၣ်ညါတၢ်★ရှလိာ်ပသးဒီး	ac-quaint'
_acquaint (myself)		ယုနၢ်ပၢၢ်တၢ်ဂ့ၢ်တၢ်ကျိၤ	acquaint (myself)
_acquaintance	n.	တၢ်သ့ၣ်ညါလိာ်အသး★ပှၤလၢပရှဒီးသ့ၣ်ညါအီၤ★တၢ်သ့ၣ်ညါ	ac-quaint'ance

_acquiesce / acquiescence	v.i. / n.	(တၢ်)အိဉ်ယိကလာ်ဒုးနဲ့ဉ်ဖျါလၢအသးမံ★(တၢ်)အိဉ်ယိကလာ်တဆီတထံဒါတၢ်ဘဉ်★(တၢ်)အၢဉ်လီၤတွဲယိကလာ်	ac'-qui-esce / ac'qui-es'cence
_acquire	v.t.	နၢ်★မၤနၢ်★ပှၤနၢ်	ac-quire'
_acquisition	n.	တၢ်လၢပမၤနၢ်အီၤလၢအဘျုးအိဉ်★တၢ်မၤနၢ်တၢ်	ac'qui-si'tion
_acquisitive	a.	လၢအသးအိဉ်မၤနၢ်တၢ်	ac-quis'i-tive
_acquit / acquittal	v.t. / n.	(တၢ်)ပျၢ်ကွံာ်တၢ်★(တၢ်)မၤပူၤဖျဲးတၢ်(ဒီးတၢ်ဟ်တၢ်ကမဉ်,တၢ်ဝံတၢ်ယိး,တၢ်လၢအလီၤဘဉ်အီၤ)	ac-quit' / ac-quit'tal
_acquit like		ဟ်သး(နီ--)	acquit like
_acquittance	n.	တၢ်(မၤ)ပူၤဖျဲးဒီးအကမၢ်	ac'quit'tance
_acre	n.	ဟီဉ်ခိဉ်အနီၣ်ထိဉ်လၢပှၤထိဉ်နၢ်ဝဲတကလုာ်★အ့ကၢၤ	a'cre
_acrid	a.	ကိၢ်ဟ့★ဆံဉ်ခိဉ်ခဉ်★ဆံဉ်ဟဲ့ဟး	ac'rid
_acrimony	n.	တၢ်(ကတိၤ)ဆါနူၤဆါနၢ်,ဆါသူဉ်ဆါသး★တၢ်သးအူၤ	ac'ri-mo-ny
_acrimonious	a.	လၢအဆါနူၤဆါနၢ်,ဆါသူဉ်ဆါသး	ac'ri-mo'ni-ous
_acrobat	n.	ပှၤလၢအကွၢ်တစူၤခံတစ္ၤယီၢ်	ac'ro-bat
_across	prep. / adv.	ခီဉ်တူာ်(ကျဲ)★ခီက★ဘၤခီ	a-cross'
_act	v.t.	ဖံးတၢ်မၤတၢ်★မၤတၢ်လၢပွဲဒီးလီၤီၤအပူၤ	act
_act	n.	တၢ်ဖံးတၢ်မၤ★တၢ်ပၢတၢ်ပြၤအပူၤကွာ်လၢ်တၢ်အတၢ်စံဉ်ညီဉ်	act
_in the act		ဖဲအမၤတၢ်(အခါ)	in the act
_act (the fool)		ဟ်(မၤ)အသး	act (the fool)
_action	n.	တၢ်ဖံးတၢ်မၤ★တၢ်ဟူးတၢ်ဂဲၤ	ac'tion
_active	a.	လၢအဟူးအဂဲၤသ္★လၢအဂဲၤဆူဉ်★လၢအမုၢ်အဂဲၤ	ac'tive
_actively	adv.	ဂဲၤဆူဉ်ဆူဉ်ကဲၤကဲၤ	ac'tive-ly
_activity	n.	တၢ်ဂဲၤ★တၢ်ဖံးတၢ်မၤ★တၢ်ခုမၤတၢ်★တၢ်ပှၢ်တၢ်ချ့	ac-tiv'i-ty
_actor	n.	ပှၤမၤတၢ်တဂၤ★ပှၤဂဲၤကလံာ်လၢပွဲပှၤတဂၤ	ac'tor
_actress	n.	ပိာ်မုဉ်လၢအဂဲၤကလံာ်	ac'tress
_actual	a.	နီၢ်နီၢ်★လၢအအိဉ်ဝဲနီၢ်နီၢ်★လၢအမ့ၢ်နီၢ်နီၢ်	ac-tual
_actually	adv.	နီၢ်နီၢ်★မ့ၢ်နီၢ်နီၢ်	ac'tu-al-ly
_actuate	v.t.	ဒုးမၤ★ထိဉ်ဂဲၤပှၤအသးလၢကမၤတၢ်အဂီၢ်	ac'tu-ate
_acumen	n.	တၢ်သ္ဉ်ပှၢ်သးဆၢ	a-cu'men
_acute	a.	လၢအသ္ဉ်ညါထံတၢ်★လၢအသ္ဉ်ညါနီၤဖးပာ်ဖးတၢ်သ္★လၢအ(ထံ)တၢ်ထံထံဆးဆး★(တၢ်ဆါ)လၢအအိဉ်ထိဉ်ကိၢ်ကိၢ်ဂီၤဂီၤ	a-cute'
_acutely	adv.	ထံထံဆးဆး★တ္ၤသ္ဉ်တ္ၤသး	a-cute'ly
_adage	n.	ပမံၤပပှၢ်အတၢ်ကတိၤဒီ ကတိၤတဲာ်	ad'age
_Adam	n.	ပှၤကညီအဆိကတၢၢ်တဂၤ★စီၤအၤဒဉ်	Ad'am
_adamant	n.	တၢ်ကီၤကတၢၢ်တမံၤ	ad'a-mant
_heart like adamant		သးကီၤကတၢၢ်	heart like adamant
_adamantine	a.	လၢအလီၤက်တၢ်အကီၤကတၢၢ်တမံၤ	ad'a-man'tine
_adapt / adaptation	v.t. / n.	(တၢ်)မၤဘဉ်လိာ်★(တၢ်)လဲလိာ်တစဲးဒံးသိးကဘဉ်အခါး★(တၢ်)မၤတၢ်ဒ်သိးကဘဉ်ဘျိးဘဉ်ဒါက္ၤ	ad-apt' / adapt-a'-tion
_adaptable	a.	လၢအဲၤမၤဘဉ်လိာ်အီၤသ္★လၢတၢ်လဲလိာ်ဒ်သိးအကဘဉ်ဘျိးဘဉ်ဒါသ္	a-dapt'a-ble
_add	v.t.	ဟ်ဖှိဉ်★ဟ်ဖှိဉ်ယုာ်★စံးဒံး★ဒုးအါထိဉ်★မၤအါထိဉ်	add
_adder	n.	ဂုၢ်မွ	ad'der
_addict	v.t.	(လၢအ)မၤတူၤအၤကဲထိဉ်အလုၢ်အလၢ်★(လၢအ)ဟ့ဉ်လီၤညီနုၢ်အသးလၢတၢ်ဂုၢ်တဝံၤမံၤ	ad-dict'
_addition	n.	တၢ်ဟ်ယုာ်အါထိဉ်တၢ်★တၢ်ဟ်ဖှိဉ်★တၢ်အါထိဉ်	ad-di'tion
_additional	a.	လၢတၢ်ဂၤအမဲာ်ညါ★အသီတ(မံၤ)	ad-di'tion-al
_addled	a.	အဒံၣ်ချဲ★လၢအထိဉ်တၢ်တသ္ဘဉ်★လၢအတကိာ်တၢ်ဘဉ်★သးဘဉ်တံာ်တာ်	ad'dled

5

_address	v.t.	ဆဲးလီၤပှၤအမံၤဒီးအလီၢ်အကျဲလၢလံာ်ပရၢအလိၤ★ကတိၤဒိၣ်	ad-dress'
_to address oneself to		ဟ့ၣ်လီၤအသးဆူ--အဂ့ၢ်	to address oneself to
_adduce	v.t.	ဟ့ၣ်လီၤ တဲဖျါထီၣ် ★ ဟ်လၢအမှၢ်တၢ်တမံၤမံၤ	ad-duce'
_adept	a.	(ပှၤ)လၢအသ့အဘၣ်ပှဲၤဆ့ၣ်ကလာ်(လၢတၢ်တမံၤမံၤအပူ)	a-dept'
_adequate	a.	လၢအလၢအလီၢ်★လၢအဘၣ်အတီၢ်ပူၤ★လၢအလၢဝဲလီၢ်ဝဲလၢတၢ်တမံၤမံၤအဂီၢ်	ad'e-quate
_adequacy	n.	တၢ်လၢတၢ်လီၢ်★တၢ်ဘၣ်အတီၢ်ပူၤ	ad'e-qua-cy
_adequately	adv.	လၢဝဲလီၢ်ဝဲ★ဘၣ်အတီၢ်ပူၤ	ad'e-quate-ly
_adhere	v.t.	စဲဘူး★စဲယာ်★စဲထီ	ad-here'
_adhere to		ဟံးယာ်ကျၢၤ★စဲဘူးထီ	ad-here' to
_adherence	n.	တၢ်သးစဲဘူး★တၢ်စဲဘူးယာ်	ad-her'ence
_adherent	n.	ပှၤလၢအသးစဲဘူးဒီး★ပှၤလၢအဟံးယာ်ကျၢၤ(တၢ်နာ်)	ad-her'ent
_adhesion	n.	တၢ်အိၣ်စဲဘူးအသး★တၢ်အိၣ်စဲဘူးလိာ်အသး	ad-he'sion
_adhesive	a.	လၢအမၤစဲဘူးတၢ်သ့★ဟ်ဝဲ	ad-he'sive
_adjacent	a.	လၢအဘူးဒီး	ad-ja'cent
_adjoin	v.t.	အိၣ်စဲဘူးဒီး★အိၣ်ဘူးယှာ်လိာ်အသး★အိၣ်လၢအသရူၤ	ad-join'
_adjourn	v.t.	ပျၢ်(တၢ်အိၣ်ဖှိၣ်)	ad-journ'
_adjure	v.t.	မၢသမံၤသပှၢ်★ယ့သမံၤသပှၢ်	ad-jure'
_adjust / adjustment	v.t. / n.	(တၢ်)မၤလီၤတံၢ်ကွၤတၢ်★(တၢ်)မၤဘၣ်လိာ်ကွၤတၢ်★(တၢ်)မၤယူဖိးလီၤပလိာ်ကွၤတၢ်	ad-just' / ad-just'ment
_adjustable	n.	လၢတၢ်မၤလီၤတံၢ်ကွၤသ့★လၢတၢ်မၤဘၣ်လိာ်သ့★လၢတၢ်မၤယူဖိးလီၤပလိာ်ကွၤသ့	ad-just'a-ble
_administer / administration	v.t. / n.	(တၢ်)ပၢတၢ်ဆျၢတၢ်★(တၢ်)ဟ့ၣ်လီၤတၢ်★(တၢ်)အံးကွၢ်ကွၢ်ကွၤတၢ်	ad-min'is-ter / ad-min'is-tra'tion
_administrator	n.	ပှၤလၢအပၢတၢ်ဆျၢတၢ်★ပှၤလၢအဟ့ၣ်လီၤတၢ်★ပှၤလၢအအံးကွၢ်ကွၢ်ကွၤတၢ်	ad-min'is-tra'tor
_admirable	n.	လၢအလီၤစံးပတြၢၤ★လၢအလီၤမဲာ်ဘၣ်သးစီၣ်★လၢအဂ့ၤလၢာ်သး★လၢအယံၤလၤကတၢၤ	ad'-mi-ra-ble
_admiration	n.	တၢ်ဟ်ဖျါလၢအမှာ်တၢ်လီၤစံးပတြၢၤ★တၢ်စံးပတြၢၤတၢ်	ad'mi-ra'tion
_admire	v.t.	(စံး)(ကွၢ်)ပတြၢၤတၢ်★ကွၢ်မှာ်★ဟ်ဖျါလၢအမှာ်တၢ်လီၤစံးပတြၢၤပှၤ	ad-mire'
_admissible	a.	လၢတၢ်တူၢ်လိာ်အီၤအခွဲးအိၣ်	ad-mis'si-ble
_admission	n.	တၢ်တူၢ်လိာ်★တၢ်ပှဲနာ်★တၢ်လၤနာ်အခွဲးအိၣ်★တၢ်အၢၣ်လီၤအီၣ်လီၤတၢ်	ad-mis'sion
_admit / admittance	v.t. / n.	(တၢ်)တူၢ်လိာ်★(တၢ်)ပှဲနာ်★(တၢ်)ဒုးနာ်★(တၢ်)အၢၣ်လီၤအီၤလီၤ★(တၢ်)ပှဲတၢ်	ad-mit' / ad-mit'tance
_admonish / admonition	v.t. / n.	(တၢ်)သိၣ်က့ၤသီက့ၤ★(ဟ်စၢၤ)တၢ်	ad-mon'ish / ad'mo-ni'tion
_adolescence	n.	တၢ်လိၣ်ဘိ★တၢ်မှၣ်ကနီၤဖိၣ်သၣ်ခွါထီၣ်သီ	ad'o-les'cence
_adolescent	a.	လၢအလိၣ်ဘိ★တၢအမှၣ်ကနီၤဖိၣ်သၣ်ခွါထီၣ်သီ	ad'o-les'cent
_adopt / adoption	v.t. / n.	(တၢ်)တူၢ်လိာ်(တၢ်ဆျၢနာ်)★(တၢ်)လှာ်ဖိ★(တၢ်)ဟံးနာ်(ဒုးကဲထီၣ်ဒံပဝၢ်အသိး)	a-dopt' / a-dop'tion
_adorable	a.	လၢအလီၤအဲၣ်ပှၤလၢာ်သး	a-dor'a-ble
_adore / adoration	v.t. / n.	(တၢ်)ယူးယီၣ်ဟ်ကဲတၢ်ဒိၣ်မး★(တၢ်)ဘါတၢ်အိၣ်ဒီးတၢ်ယူးယီၣ်ဟ်ကဲဒိၣ်★(တၢ်)အဲၣ်တၢ်လၢာ်သး	a-dore' / ad'o-ra'tion
_adorn / adornment	v.t. / n.	(တၢ်)ကယၢကယဲ★(တၢ်)မၤယဲၤမၤလၤတၢ်★တၢ်တွၤယၢၤတွၤယီၢ်	a'dorn' / a-dorn'ment
_adrift	adv.	လီၤထွံၣ်နာ်အတၢ်	a-drift'
_adroit	a.	စ့သ့ခိၣ်သ့★သ့ၣ်ပှၢ်သးဆျၢ★လၢအအိၣ်ဒီးသးသဲးခဲး	a-droit'
_adroitly	adv.	လၢစ့သ့ခိၣ်သ့အပူၤ★လၢသ့ၣ်ပှၢ်သးဆျၢအပူၤ★လၢသးသဲးခဲးအပူၤ	a-droit'ly
_adulation	n.	တၢ်စံးပတြၢၤတၢ်တလၢအခၢး★တၢ်ကဝံာ်စံၤပတြၢၤတၢ်လၢအမၤန့ၢ်ပှၤအသး	ad'u-la'tion
_adult	a.	တၢ်ဒိၣ်တုာ်ခိၣ်ပှဲၤ	adult'

_adulterate	v.t.	ဒုၤယါယှာ်တၢ်ဂ့ၤဒီးတၢ်တဂ့ၤ	a-dul'ter-ate
_adulterant	n.	တၢ်တဂ့ၤလၢပှၤမၤယါယှာ်ဒီးတၢ်ဂ့ၤ	a-dul'ter-ant
_adultery	n.	တၢ်အဲဉ်ဘၢမါအဲဉ်ဘၢဝၤ	a-dul'ter-y
_advance / advancement	v.t. / n.	(တၢ်)လဲၤဆူညါ★(တၢ်)ဒုၤလဲၤဆူညါ★(တၢ်)ပသူတီာ်ဆူညါ★(တၢ်)ဟ့ၣ်ဟ်★(တၢ်)ဟ်(အဆၢကတီၢ်)ဆိန့ၢ်အလီၢ်★(တၢ်)ဂ့ၤထီၣ်★(တၢ်)အါထီၣ်★(တၢ်)ဒိၣ်ထီၣ်ထီထီၣ်	ad-vance / ad-vance'ment
_advanced	a.	(တၢ်)လၢဒအိၣ်လၢညါ★(တၢ်)လၢအလဲၤထီၣ်စိ	advanced
_advantage	n.	တၢ်ဘျုးတၢ်ဖှိၣ်လၢပကမၤန့ၢ်တၢ်အဂီၢ်★တၢ်ဘျုးတၢ်ဖှိၣ်(လၢပအိၣ်ဘၣ်လၢလီၢ်ဘၣ်ကျဲဘၣ်အယိ)	ad-van'tage
_advantageous	a.	လၢအဒုၤန့ၢ်ဘျုးတၢ်	ad'van-ta'geous
_advent	n.	တၢ်ဟဲတုၤ★တၢ်အိၣ်ထီၣ်★တၢ်ကဲထီၣ်	ad'vent
_adventure	n.	တၢ်မၤတၢ်အဒၣ★တၢ်လၢအဒ်ဘၣ်ဘူးပုၤဖဲဒတကွၢ်လၢ်အကျဲလၢအထီၣ်ဟူးထီၣ်ဂဲၤပသူၣ်ပသး	ad-ven'ture
_adventurous	a.	လၢအအဲၣ်တၢ်မၤအဒၣၤယိၤ	ad-ven'tur-ous
_adverse	a.	လၢအမၤထီၣ်ဒၣ်ဒါတၢ်★လၢအတြီတၢ်★လၢအမၤတံာ်တာ်တၢ်★လၢအဒုၤအိၣ်ထီၣ်တၢ်ကီတၢ်ခဲ	ad'verse
_adversary	n.	ပှၤလၢအဆၢထီဒါတၢ်★တၢ်လၢအဒုၤအိၣ်ထီၣ်တၢ်ကီတၢ်ခဲ	ad'ver-sa-ry
_adversity	n.	တၢ်တတၢာ်တနါ★တၢ်ကီတၢ်ခဲတၢ်ဟဲဝံအၢ	ad-ver'si-ty
_advertise	v.t.	ဘိးဘၣ်သ့ၣ်ညါ★ဒုၤဟူထီၣ်သါလီၤ(တၢ်အဂ့ၢ်)★ပရၢပစၢ်လီၤ(တၢ်အဂ့ၢ်)	ad'ver-tise
_advice	n.	တၢ်ဟ့ၣ်ကူၣ်★တၢ်ဘိးဘၣ်သ့ၣ်ညါတၢ်	ad-vice'
_advisable	a.	ကြၢး(တၢ်မၤတမံၤ)★ကြၢးဒီးတၢ်ဟ့ၣ်ကူၣ်★လၢပမ့ၢ်မၤကဲထီၣ်တၢ်ဘျုး★လီၤဖးလီၤမၤ★လီၤကူၣ်ထီၣ်ဖးလီၤ	ad-vis'a-ble
_advise	v.t.	ဟ့ၣ်ကူၣ်★ဒုၤသ့ၣ်ညါ★ဘိးဘၣ်သ့ၣ်ညါ	ad-vise'
_advisory	a.	လၢအဟ့ၣ်ကူၣ်တၢ်	ad-vi'so-ry
_advocacy	n.	တၢ်ကတိၤစၢၤတၢ်(လၢတၢ်ကကဲထီၣ်အဂီၢ်)	ad'vo-ca-cy
_advocate	v.t.	ကတိၤစၢၤတၢ်	ad'vo-cate
_advocate	n.	ပှၤလၢအကတိၤစၢၤတၢ်★ပီၢ်ရီ★ရဲၤန့ၣ်	ad'vo-cate
_aerial	a.	လၢအဘၣ်ယးဒီးကလံၤ★လၢအညီနုၢ်အိၣ်လၢကလံၤအကျါ	a-e'ri-al
_aeroplane	n.	ကဘီယူၤ	a'er-o-plane'
_aesthetic	a.	လၢအမၤမုာ်ပသးလၢအယံဝဲလၤဝဲအယိ	aes-thetic
_aesthetics	n.	ဘၣ်ယးဒီးတၢ်ယံတၢ်လၤအကလုာ်ကလုာ်	aes-thet'ics
_afar	adv.	လၢအယံၤ	a-far'
_affable	a.	လၢပကတိၤတၢ်ဒီးအီၤညီ★လၢအတူၢ်လိာ်ကတိၤတၢ်ဒီးပှၤညီ	af'fa-ble
_affair	n.	တၢ်အမူးအရၢ်★တၢ်လၢအမၤအသး	af-fair'
_affect / affectation	v.t. / n.	(တၢ်)မၤလီၤက်အသး★(တၢ်)မၤဘၣ်ဒိတၢ်★(တၢ်)ဟ်မၤအသးၤအအဲၣ်ဒီးၤဝဲအသိး	af-fect' / af'fec-ta'tion
_affection	n.	တၢ်အဲၣ်တၢ်ကွံ★တၢ်ကဟုကယာ်★တၢ်ဆူးတၢ်ဆါ	af-fec'tion
_affectionate	a.	လၢအဒုၤဖျါထီၣ်တၢ်အဲၣ်တၢ်ကွံ	af-fec'tion-ate
_affidavit	n.	လံာ်ဆိၣ်လီၤအသး	af'fi-dav'it
_affiliate / affiliation	v.t. / n.	(တၢ်)ဒုၤဘၣ်ယးဒီးတၢ်★(တၢ်)ရှလိာ်မၤသကိးတၢ်	af-fil'i-ate / af-fil'i-a'tion
_affinity	n.	တၢ်လီၤပလိာ်လိာ်အသး★တၢ်ဘၣ်လိာ်အသး	af-fin'i-ty
_affirm / affirmation	v.t. / n.	(တၢ်)အၢၣ်လီၤအီလီၤ★(တၢ်)စံးတၢ်သပှၢ်ပှၢ်	af-firm' / af'fir-ma'tion
_affirmative	a.	လၢအအၢၣ်လီၤအီလီၤလၢအမ့ၢ်တၢ်	af-firm'a-tive
_affix	v.t.	ဒုၤစဲဘူး★ကျးယာ်★ဆဲးလီၤ	af-fix'
_affix	n.	တၢ်ကတိၤလၢတၢ်ကွဲးဆဲးထီၣ်လၢတၢ်ကတိၤတဖျၢၣ်န့ၣ်အလီၢ်ခံတဖီ	af'fix
_afflict	v.t.	မၤအၢမၤနး★မၤကိၢ်မၤဂီၤ★မၤကီမၤခဲ	af-flict'
_affliction	n.	တၢ်နးတၢ်ဖှိၣ်★တၢ်ကိၢ်တၢ်ဂီၤ★တၢ်ဆူးတၢ်ဆါ	af-flic'tion
_affluence	n.	တၢ်ထူးဒိၣ်တီၤအါ★တၢ်အါတၢ်ဂီၢ်	af'flu-ence

_affluent	a.	လၢအအါဝဲဂီၢ်ဝဲ★လၢအထူးဒိၣ်တီၤဒိၣ်	af'flu-ent
_afford	v.t.	န့ၢ်★ကဲ★ချုး★ဟ့ၣ်ထိၣ်★ဟ့ၣ်လီၤ★ဟ့ၣ်	af-ford'
_afford (help)		မၤစၢၤ	afford (help)
_afford (relief)	v.t.	မၤ(ကိညၢ်)	af-ford'
_affront	v.t.	ဒုးမဲာ်ဆူးအီၤ★မၤအီၤလၢတၢ်တဟ်ကဲဘၣ်အပူၤ	af-front'
_affusion	n.	တၢ်လူလီၤထံ	af-fu'sion
_afield	adv.	လၢအယံၤဒီး(တၢ်)	a-field
_afire	adv.	ကဲၤထီၣ်	a-fire'
_aflame	adv.	ကဲၤကပှိၤထီၣ်	a-flame'
_afloat	adv.	(အိၣ်)ထီၣ်ဖီ★(တၢ်ကစိၣ်)ဒံဝှ့ဒံဝီၤ	a-float'
_afoot	adv.	လၢအခီၣ်	a-foot'
_afore	adv.	လၢညါ	a-fore'
_afoul	adv.	ဘၣ်သကၢ်တၢ်လၢအကဲထီၣ်တၢ်ကီတၢ်ခဲလၢပဂီၢ်	a-foul'
_afraid	a.	ဘၣ်ပျံၤဘၣ်ဖုး★ဘၣ်ယိၣ်ဘၣ်ဘီ	a-fraid'
_afraid to		တဘူၣ်ဘၣ်	afraid to
_afraid of		ပျံၤ	afraid of
_afresh	adv.	အသီတဘျီ★ကဒီး	a-fresh'
_after	adv. / prep.	လၢခံ★(ထွဲ)အခံ★လၢအလီၢ်ခံ★လူၤ	aft'er
_day after day		တနံၤဘၣ်တနံၤ	day after day
_after (this)		တုၤအံၤဆူညါ	after (this)
_after all		မ့ၢ်သနၢ်က့	after all
_after-math		တၢ်ဟၢ်ထီၣ်အသးလၢတၢ်တမံၤမၤအသးဝံၤအလီၢ်ခံ	after-math
_after a long time		သလီ	after a long time
_afternoon	n.	မုၢ်ဃ့ၢ်လီၤ	aft'er-noon
_afterwards	adv.	တၢ်န့ၣ်အလီၢ်ခံ★လၢခံလၢလံာ်	aft'er-wards
_again	adv.	ကဒီး★(မၤ)ကး(လံ)	a-gain'
_against	prep.	ထီဒါ	a-gainst'
_run against		ဘၣ်သကၢ်★ဘၣ်ပစိၤ	run against
_(lean) against		(သန္ၤ)လၢ★(ဖိာ်လီၤ)လၢ	(lean) against
_agape	adv.	အိၣ်အီတၢရိၣ်★အိၣ်တယူၤအီခံ	a-gape'
_age	n.	သးအနံၣ်အလါ★တၢ်အိၣ်ကၢအိၣ်ခိးအနံၣ်အလါ★တၢ်အစိၤအသႆ★တၢ်သးပှၢ်	age
_come of age		ဒိၣ်တုၤခိၣ်ပှဲၤ	come of age
_aged	a.	ပှၢ်ထီၣ်★သးပှၢ်	a'ged
_ageless	a.	လၢအပှၢ်ထီၣ်(တသ့)(တန့ၢ်)ဘၣ်	age'less
_agency	n.	တၢ်လၢတၢ်ကကဲထီၣ်လၢအယိ	a'gen-cy
_agenda	n.	တၢ်ဖံးတၢ်မၤအတၢ်ရဲၣ်လီၤကျဲၤလီၤလၢတၢ်အိၣ်ဖှိၣ်ရိဖှိၣ်အဂီၢ်	a-gen'da
_agent	n.	(ပှၤ)(တၢ်)လၢအမၤတၢ်သ့,မၤတၢ်ပၤ★ခၢၣ်စး	a'gent
_aggrandize / aggrandizement	v.t. / n.	(တၢ်)မၤဒိၣ်ထီၣ်ထီထီၣ်တၢ်★(တၢ်)မၤအါထီၣ်ဂီၢ်ထီၣ်တၢ်★(တၢ်)မၤဒိၣ်ထီၣ်လဲၢ်ထီၣ်တၢ်★(တၢ်)မၤလၤကၣ်ပီၤထီၣ်ထီတၢ်	ag'gran-dize / ag-gran'dize-ment
_aggravate / aggravation	v.t. / n.	(တၢ်)မၤနးထီၣ်★(တၢ်)မၤကီထီၣ်တၢ်★(တၢ်)ဒုးယၢထီၣ်တၢ်★(တၢ်)မၤသးဒိၣ်ထီၣ်ပှၤ	ag'gra-vate / ag'gra-va'tion
_aggregate / aggregation	v.t. / n.	တၢ်အါမံၤအဟ်ဖှိၣ်အသး★(တၢ်)ဟ်ဖှိၣ်ဃုာ်တၢ်အါမံၤတပူၤဃီ(ပှဲၤထီၣ်)	ag'gre-gate / ag'gre-ga'tion
_aggression	n.	တၢ်ဃုဆိတၢ်အ့ၣ်လိာ်ဆိးကွံလိာ်★တၢ်ဒုးအိၣ်ထီၣ်ဆိတၢ်ဒုးတၢ်ယၢ	ag-gres'sion
_aggressive	a.	လၢအဃုဆိတၢ်အ့ၣ်လိာ်ဆိးကွံာ်★လၢအဒုးအိၣ်ထီၣ်ဆိတၢ်ဒုးတၢ်ယၢ	ag-gres'sive
_aghast	a.	လၢအအိၣ်ဒီးတၢ်ပျံၤဖုးနးနးကလဲာ်★ခိၣ်ကဖီနၢ်ကဖီဘၣ်အသး	a-ghast'
_agile	a.	လၢအစုဖှ့ၣ်ခီၣ်ဖှ့ၣ်★လၢအပှၢ်အချ	ag'ile

_agility	n.	တၢ်စုဖျၣ်ခီၣ်ဖျဲၣ်★တၢ်အပှၢ်အချ	a-gil'i-ty
_agitate / agitation	v.t. / n.	(တၢ်)မၤဟူးမၤဝးတၢ်★(တၢ်)မၤဝးဆုံးဆိုးတၢ်★(တၢ်)မၤသူၣ်ပိၢ်သးဝးတၢ်★(တၢ်)မၤဟူးထိၣ်ဝဲထိၣ်တၢ်	ag'i-tate / ag'i-ta'tion
_agnostic	n.	ပှၤလၢအစံးလၢယွၤအိၣ်တအိၣ်ပသ့ၣ်ညါတသ့ဘၣ်	ag-nos'tic
_agnosticism	n.	တၢ်စံးတၢ်လၢယွၤအိၣ်တအိၣ်ပသ့ၣ်ညါတသ့ဘၣ်	ag-nos'ti-cism
_ago	adv.	ပူကွံာ်	ago
_agonizing / agony	a. / n.	(လၢအပှဲၤဒီး)တၢ်သူၣ်ဘူသးဝံၤ★(လၢအပှဲၤဒီး)တၢ်သူၣ်ကိၢ်သးဂီၤ★(တၢ်ဆါ)နးမး	ag'o-niz'ing / ag'o-ny
_agree	v.t.	အၢၣ်လီၤအီလီၤ★သးလီၤပလိာ်★ယူလိာ်လီၤပလိာ်	a-gree'
_agreeable	a.	မုာ်★မုာ်သး★ဘၣ်သူၣ်ဘၣ်သး	a-gree'a-ble
_agreement	n.	တၢ်အၢၣ်လီၤအီလီၤ★တၢ်အိၣ်ဒီးသးတဖျၢၣ်ဃီ★တၢ်သးလီၤပလိာ်	a-gree'ment
_agricultural	a.	ဘၣ်ယးဒီးတၢ်သူၣ်တၢ်ဖျး★ဘၣ်ယးဒီးတၢ်ထုးစ်ထူၣ်ပှဲ★တၢ်ဖဲးခုးမၤသံၣ်	ag'ri-cul'tur-al
_agriculture	n.	တၢ်သူၣ်တၢ်ဖျးတၢ်★တၢ်ထုးစ်ထူၣ်ပှဲ★ဖဲးခုးမၤသံၣ်	ag'ri-cul'ture
_aground	adv.	အိၣ်တိၣ်ထိၣ်အသးလၢခိ	a-ground'
_ah	int.	အၣ်လၣ်လၣ်★အၣ်★တၢ်အံၤဧၢ★စနဲ★အၣ်လဲၣ်လဲၣ်	ah
_aha	int.	အၣ်လၢ★ဟၣ်ဟၣ်★ဟဲးဟဲး★ဟူ	a-ha'
_ahead	adv.	လၢညါ★လၢအမဲာ်ညါ★ဟ်စၢၤ	a-head'
_aid	v.t.	မၤစၢၤ★တိစၢၤမၤစၢၤ★အိၣ်ပိၣ်မၤစၢၤ	aid
_aid	n.	တၢ်မၤစၢၤတၢ်★ပှၤလၢအတိစၢၤမၤစၢၤတၢ်★ပှၤလၢအအိၣ်ပိၣ်မၤစၢၤတၢ်	aid
_ail (what ails you?)	v.i.	(န)ဘၣ်(မနုၤတမံၤလဲၣ်)	ail
_ailment	n.	တၢ်ဆူးတၢ်ဆါဆံးကံၢ်ဆံးကိာ်	ail'ment
_aim	v.i.	(တၢ်)ပညိၣ်★(တၢ်)ပယွဲၤ★(တၢ်)တိၢ်★(တၢ်)အဒိၣ်လီၤ★(တၢ်)စုၣ်ဃီၤ	aim
_aim	n.	တၢ်လၢပှၤပညိၣ်ဃီၤဆူအအိၣ်★တၢ်တိၢ်သူၣ်ဟ်သး	aim
_aimless	a.	အိၣ်အၢနၢ်ကၢ်သံ★အိၣ်လီၤထွဲလီၤယွၤ	aim'less
_air	n.	ကလံၤ★တၢ်ဖးဖိ★တၢ်အိၣ်ဖျါလီၤက်(ပှၤမၤတၢ်)ၣ်အံၣ်နၤ★တၢ်ဟ်လၢအသး★တၢ်လိာ်ဒိၣ်အသး★တၢ်သးဝံၣ်မိၢ်ပှၢ်	air
_to put on airs		လိာ်ဒိၣ်အသး	to put on airs
_to air a matter		ဒုးဟူထီၣ်သါလီၤတၢ်ဂ့ၢ်	to air a matter
_air castle	n.	တၢ်လၢပထူထၢမ်လၢသးလီအီၤ	air-castle
_aircraft	n.	တၢ်လၢပှၤဒီးအီၤလၢကလံၤကျါ	air-craft '
_airman	n.	ပှၤလၢအလဲၤတၢ်လၢတၢ်ဖးဖိ	air'man
_airship	n.	ကဘီယူၤ	air'ship
_airtight	a.	လၢကလံၤနုာ်တပၢၢ်ဘၣ်	air'tight'
_airy	a.	လၢကလံၤနၢ်ဝဲ★လၢအသးအကၣ်တအိၣ်ဘၣ်	air'y
_aisle	n.	ကျဲလၢလီၢ်ဆ့ၣ်နီၤခံကျိၤအကဆူး	aisle
_ajar	adv.	အိၣ်ဟိတဖဲး	a-jar'
_akin	a.	ဒီဘူးဒီတံၢ်★ဖံးဘူးည့ၣ်ဘံ★လီၤက်လိာ်အသး★(လၢတၢ်ဘၣ်တ့အၡျၢ)	a-kin'
_alacrity	n.	တၢ်မၤတၢ်လၢစုဖျဲၣ်ခီၣ်ဖျဲၣ်★တၢ်မၤတၢ်ခိၣ်ဖံခံဖံ	a-lac'ri-ty
_alarm	v.t.	မၤပျံၤမၤဖုးတၢ်★မၤသူၣ်ကနိၤသးကနိၤပှၤ★ယါဖးတၢ်★မၤဖုးမၤပျိၢ်တၢ်	a-larm'
_alas	int.	တၢ်အံၤဟးဒ့ဧၢ★အၣ်လၢ	a-las'
_album	n.	လံာ်ကလီတဘ့ၣ်လၢပှၤဒၢနုာ်တၢ်ကွဲး,တၢ်ဂီၤ,ထီရီၤတၢ်တမံၤမံၤလၢပှၤအဲၣ်ဒိးဟ်ဖှိၣ်တ့သ့ၣ်နီၣ်ထိၣ်က့ၤအဂီၢ်	al'bum
_alcohol	n.	သံးအစီထံ	al'co-hol
_alcove	n.	တၢ်လီၢ်အိၣ်လီၤ(တနၢ့ပှ)(သနၢၣ်)လၢအၢးဖးဒိၣ်အပူၤ	al'cove
_alert	a.	လၢအအိၣ်ဆိးသီ★လၢအအိၣ်ကွၢ်ထံကွၢ်ဆးတၢ်★လၢအဟ်အသးပှၢ်ပှၢ်ချ့ချ့လၢတၢ်တၢ်မၤအပူၤ	a-lert'
_alibi	n.	တၢ်ကတိၤပူၤဖျံးအသးလၢအစံးလၢသါအိၣ်တပူၤဒၣ်	al'i-bi

9

_alien	a.	လၢအဘၣ်ယးဒီးတခီထံတခီကီၢ်★လၢအထီဒါအသးဒီးပတၢ်★လၢအတလီၤပလိာ်ဘၣ်	al'ien
_alienate	v.t.	ဘိးကဒါကွံာ်တၢ်★မၤတယူာ်လိာ်ဖိးဒ့ဆူတၢ်★မၤဒံသိးကအိၣ်ထီဒါအသးဒီးပတၢ်	al'ien-ate
_alight	v.i.	စံၣ်လီၤ★ယုၢ်လီၤ★စိၢ်လီၤ	a-light'
_align / alignment	v.i. / n.	(တၢ်)ဟ်တၢ်လိၤလိၤဒီးတၢ်★(တၢ်)ဟ်တၢ်လိၤလိၤလိာ်အသး★(တၢ်)မၤဘၣ်လိာ်ယုာ်တၢ်	align' / a-lign'ment
_alike	adv.	ဒ်သိးသိး★လီၤက်လိာ်အသး★လီၤပလိာ်	a-like
_alive	a.	အိၣ်မူအိၣ်ဂဲၤ★အိၣ်ဟူးအိၣ်ဂဲၤ★အိၣ်ကွၢ်ထံကွၢ်ဆးတၢ်★ဝဲၤဆူၣ်ဆူၣ်	a-live'
_all	adv. / a.	ခဲလၢာ်★ဒီ--ညါ★ကိး--ဒဲး★ကယဲၢ်တၢ်--လၢ်လၢ်	all
_all along		လၢအခီၣ်ထံးလံၤလံၤ	all along
_all but		ဘူးတ့ၢ်က--	all but
_all speed		တချူဖဲအချူ★ချူသမူး	all speed
_all one		ဒ်သိးသိး	all one
_all at once / all of a sudden		တကီၢ်ခါ	all at once / all of a sudden
_all over		ဝံၤလံ	all over
_all (the better)		(ဂ့ၤ)ဒၣ်တၢ်တက့ၢ်	all (the better)
_all the same / in spite of all		မ့ၢ်နၢ်သက့ ဒံးနူၣ်ဒီး	all the same / in spite of all
_all told		ဟ်ယုာ်ခဲလၢာ်	all told
_not at all		တမ့ၢ်(လၢၤတက့ၤ)ဘၣ်	not at all
_no --- at all		နီတစဲးဘၣ်	no --- at all
_all right		ဂ့ၤလံ★ဘၣ်ကစီဒီ	all right
_allay	v.t.	မၤစၢ်လီၤ★မၤကိညၢ်ထိၣ်★မၤခုၣ်လီၤက့ၤ(အသး)★မၤဟၢမၢ်ကွံာ်တၢ်ပျံၤ	al-lay'
_allege	v.t.	စံးလၢအဘၣ်ဝဲတီဝဲ★တဲလၢအမ့ၢ်တၢ်	al-lege'
_allegiance	n.	တၢ်ဟ့ၣ်လီၤပသးဆူတၢ်လၢအလီၤဟ်ကဲပှၤ	al-leg'i-ance
_allegory	n.	တၢ်ကတိၤဒိကတိၤထၢ်တၢ်	al'le-go-ry
_allegorical	a.	လၢတၢ်ကတိၤဒိကတိၤထၢ်အပူၤ	al'le-gor'i-cal
_allegorize	v.t.	ကတိၤဒိကတိၤထၢ်တၢ်	al'le-go-rize
_alleviate	v.t.	မၤစၢ်လီၤ★မၤစုၤလီၤ(တၢ်ကီတၢ်ခဲ)★မၤဖုံထိၣ်	al-le'vi-ate
_alliance	n.	တၢ်ဒီတံၤဒီသကိးလိာ်အသး★တၢ်ဒီသိၣ်ဒီမုၢ်လိာ်အသး	al-li'ance
_allocate / allocation	n.	(တၢ်)နီၤလီၤ★(တၢ်)နီၤခိၣ်ဒ့ဖး★(တၢ်)ရဲၣ်လီၤကျဲၤလီၤ	al'lo-cate / al'lo-ca'tion
_allot	v.t.	နီၤလီၤ★ဟ့ၣ်လီၤ	al-lot'
_allotment	n.	တၢ်နီၤလီၤ★တၢ်ဟ့ၣ်လီၤ★တၢ်လၢအဘၣ်တၢ်နီၤလီၤ	al-lot'ment
_allow	v.t.	ပျဲ★ဟ့ၣ်အခွဲး★ဟ်ဟ်စၢၤလၢတၢ်အဂီၢ်	al-low'
_allowance	n.	တၢ်လၢအဘၣ်တၢ်ဟ်ဟ်စၢၤလၢတၢ်အဂီၢ်	al-low'ance
_make allowances		စံၣ်ညီၣ်အီၤဒံသိးအတၢ်န့ၢ်ပၢၢ်တလၢလၢအပူၤအတၢ်လီၤတုာ်လီၤကၢ်အိၣ်ဝဲအသိး	make allowances
_alloy	v.t.	(တၢ်)ကျီၣ်ကဲၤ့ထူဒီးစ့ႇစ့ဒီးဘီဒီးတၢ်ဒံနူၣ်အသိးတဖၣ်	al-loy'
_allude / allusion	v.t. / n.	(တၢ်)(တဲ)ကြူးဝဲတၢ်★(တၢ်)ကတိၤဘၣ်ထွဲတၢ်တစဲး	al-lude' / al-lu'sion
_alluring	a.	လၢအထုးနှၢ်လွဲနှၢ်တၢ်(သ့)★လၢအရဲၢ်နှၢ်တၢ်	al-lur'ing
_almighty	a.	အစိဒိၣ်တုာ်ကမီၤဒိၣ်တုာ်	al-might'y
_almost	adv.	ဘူးက--★ခဲလၢာ်ယာ်ယာ်ၣ်	al'most
_alms	n.	တၢ်ဟ့ၣ်သးကညီၤတၢ်	alms
_aloft	adv.	လၢတၢ်ဖးဖီ★လၢတၢ်ဖိခိၣ်ဖးယံၤ	a-loft'
_alone	a. / adv.	တ--ယီ★ထဲတ--ၵိၤ	a-lone'

10

_along	prep.	လွၢ်ကွၢ်★ဖိ5(ထွဲ)★လၢအသ္ဂၤ★ဒီ(ဘိ)ညါ	a-long'
_aloof	adv.	(အိ5)ကစီၤကွံ5အသး★(ကွၢ်)တမိ5ကြၢ်★(ဟ5)တမံၤဒိ5အသး	a-loof'
_aloud	adv.	သိ5သိ5★(ကိး)ဒိ5ဒိ5	a-loud'
_alphabet	n.	လံ5မိၢ်ပှၢ်အလံ5မ5ဖျ5(က--ဧ)	al'pha-bet
_alphabetical	a.	ဒ်လံ5မိၢ်ပှၢ်အလံ5မ5ဖျ5အိ5ရဲ5လီၤအသးအသိး	al'pha-bet'i-cal
_already	adv.	ဝံၤလံ★တ့ၢ်လံ	al-read'y
_also	adv.	စ့ၢ်ကီး★လၢနူ5အမ5ညါ★လၢနူ5အဖီဒိ5	al'so
_altar	n.	တၢ်လုၢ်လီၢ်★သရိ5အလံ5ဆံဆံ5အစီၤနီၤခိ5	al'tar
_family altar		ပုဟံ5ဖိယီ5ဖိအတၢ်ဘါ	family altar
_alter / alteration	v.t. / n.	(တၢ်)လဲလိ5တၢ်★(တၢ်)လဲက့ၤတၢ်★(တၢ်)ဘို5ဘ5က့ၤတၢ်	al'ter / al'ter-a'tion
_altercation	n.	တၢ်ဂ့ၢ်လိ5ဘိုလိ5တၢ်★တၢ်အၢကလုၢ်အၢကတိၤလိ5အသး	al'ter-ca'tion
_alternate	v.t.	လၢအမၤယၢ်ခီယၢ်ခီ★လၢအမၤလဲလိ5အသးယၢ်ခီယၢ်ခီ★လၢအအိ5ယၢ်ခီယၢ်ခီ★လၢအလဲဆံ5ဆူးဆံ5ကဟ်★ခဲ5စး လၢတၢ်ခံမံၤအကျါတၢ်အခွဲးလၢပကယုထၢတၢ်တမံၤ★	al'ter-nate
_alternative	n.	တၢ်တမံၤလၢအခွဲးအိ5လၢပဂီၢ်လၢပကယုထၢအီၤဖဲတၢ်ဂၤ တမံၤတဘ5ပသးဘ5အခါ	al-ter'na-tive
_although	conj.	(မ့ၢ်)သန5က္	al-though'
_altitude	n.	တၢ်အကစီၤထီ5ထီ★တၢ်အထီ5ထီ	al'ti-tude
_altogether	adv.	ဟ်ယှ5ခဲလၢ5★စီဖ္ကလ္ၤ★လၢ5လၢ5ဆ္ဆ္	al'to-geth-er
_altruism	n.	တၢ်ဟ့5လီၤပုၤသးလၢပုၤဂၤအဘျုးအဖှိ5အဂီၢ်	al'tru-ism
_altruist	n.	ပုၤလၢအဟ့5လီၤအသးလၢပုၤဂၤအဘျုးအဖှိ5အဂီၢ်	al'tru-ist
_altruistic	a.	လၢပုၤဂၤအဘျုးအဖှိ5အဂီၢ်	al'tru-is'tic
_always	adv.	ထီဘိ★တဘိယူၢ်ယီ★တပယါယီ★ကိးဘျီဒဲး★တထံ5ယီ★တပယူၢ်ယီ	al'ways
_amalgamate	v.t.	ယါယု5★ဒုးကဲထီ5လၢတၢ်တမံၤယီ	a-mal'ga-mate
_amass	v.t.	ထၢဖှိ5ဟ်ဖှိ5တံၢ်အၢအၢကလၢ5★ဟ်ဖှိ5ဟ်တံၢ်တၢ်အၢအၢဂီၢ်ဂီၢ်	a-mass'
_amateur	n.	ပုၤလၢအအဲ5ဒိးမၤသ္ထီ5အသးလၢတၢ်တမံၤမံၤလၢ အအဲ5မ့ၢ်တၢ်လုၢ်အိ5လီၤအသးဘ5	am'a-teur'
_amaze	v.t.	မၤကမၢကမ5ပုၤအသးဒိ5ဒိ5ကလၢ5★မၤကဝုၤကဝီၤပုၤအသး★ မၤကတုၤပုၤအသး	a-maze'
_amazement	n.	တၢ်ကမၢကမ5ဖးဒိ5★တၢ်သးကဝုၤကဝီၤ★တၢ်သးကတုၤ	a-maze'ment
_ambassador	n.	တၢ်ပၢတၢ်ပြးအခၢ5စး★ထံကီၢ်အခၢ5စး★မီၢ်သီမိၢ်လါ	am-bas'sa-dor
_amber	n.	လၢ်ဆံ့ဘီ	am'ber
_ambidextrous	a.	လၢအသ္မၤတၢ်လၢအစုခံခီလက်5သိးသိး	am'bi-dex'trous
_ambiguity	n.	တၢ်အိ5ဒီးအခီပညီခံမံၤသၢမံၤဒီးဘ5ဟးနူၢ်လၢလဲ5တမံၤတဖျါဘ5	am'bi-gu'i-ty
_ambiguous	a.	လၢအခီပညီတလီၤတံၢ်ဘ5★လၢအအိ5ဒီးအခီပညီခံမံၤသၢမံၤဒီးဘ5 ဟးနူၢ်လၢလဲ5တမံၤတဖျါဘ5	am-big'u-ous
_ambition	n.	တၢ်သးဆ္5သးဂဲၤဆၢမၤန္ၢ်တၢ်	am-bi'tion
_ambitious	a.	လၢအသးဆ္5သးဂဲၤဆၢမၤန္ၢ်တၢ်	am-bi'tious
_amble	v.t.	ဟးအစုအခိ5ဖိးလိ5	am'ble
_ambulance	n.	လ္5လၢအဆှၢပုၤဘ5ဆူးဘ5ဆါဆူတၢ်ဆါဟံ5	am'bu-lance
_ambuscade	n.	တၢ်ခိးခ္သု5တၢ်★တၢ်ခိးခ္သု5တၢ်အလီၢ်	am'bus-cade
_ambush	v.t. / n.	(တၢ်)ခိးခ္သု5ဒီးဒီးပုၤ	am'bush
_ameliorate	v.t.	မၤကိညၢ်ထီ5★မၤညီထီ5တစဲး★မၤဂ္ၤထီ5တစဲး★မၤမှ5ထီ5တစဲး★ မၤဖှံထီ5တစဲး	a-mel'i-o-rate
_amenable	n.	လၢအကဆိ5လီၤအသး(တၢ်ဂ့ၢ်မ့ၢ်အိ5ဖျါလၢတၢ်မၤဆူ5အယိ)	a-me'na-ble
_amend / amendment	v.t. / n.	(တၢ်)မၤဂ္ၤထီ5က့ၤတၢ်★(တၢ်)ဘို5ဘ5က့ၤတၢ်	a-mend' / a-mend'ment
_amends	n.	တၢ်လီးတူ5က့ၤတၢ်★တၢ်ကတိၤမှ5ထီ5က့ၤပုၤအသး	a-mends'
_amenities	n.	တၢ်ရ္လိ5မှ5လိ5သးအတၢ်မှ5	a-men'i-ties

_American	n.	ပှၤအမှရခၢဖိ★ဘၣ်ယးဒီးကိၢ်အမှရခၢ	A-me-ri-can
_amiability	n.	တၢ်လီၤအဲၣ်လီၤကွံ	a'mi-a-bil'i-ty
_amiable	a.	လၢအလီၤဘၣ်သူၣ်ဘၣ်သး★လၢအပှဲၤဒီးတၢ်ကဟုကဟဲး★လၢအလီၤအဲၣ်လီၤကွံ	a'mi-a-ble
_amicable	a.	လၢအရှဒီးပှၤဖံးတံၤသကိးအသိး★လၢအအဲၣ်တၢ်ယူတၢ်ဖိး	am'i-ca-ble
_amid / amidst	prep.	လၢအသးကံၢ်ပူၤ★လၢအကျါ★လၢအခၢၣ်သး	a-mid' / a-midst'
_amiss	adv.	တကြၢးဘၣ်★ကမၣ်ဝဲ	a-miss'
_to take amiss		ဟံးန့ၢ်ကမၣ်တၢ်ကတိၤ	to take amiss
_amity	n.	တၢ်ရှလိာ်မှာ်လိာ်★တၢ်အိၣ်ဘၣ်လိာ်ဖိးဒ့လိာ်အသး★တၢ်မှာ်တၢ်ဖိး	am'i-ty
_ammunition	n.	ကျိဆၣ်မျိာ်ဆၣ်★ကျိသ့ၣ်မျိာ်သ့ၣ်	am'mu-ni'tion
_amnesty	n.	ပဒိၣ်အတၢ်ပျၢ်ကွံာ်တၢ်ကမၣ်	am'nes-ty
_amok	n.	တၢ်အပျုၢ်လၢအမၤပှၤဟးမၢ်ဘၣ်ဒီပှၤဆူးအံၤဆူးဘး	a-mok'
_among / amongst	prep.	လၢအကျါ	a-mong' / a-mongst'
_amorous	a.	လၢအခုပိာ်မှာ်ခုပိာ်ခွါ★လၢအဟ်ဖျါဒီမိဝၤအတၢ်အဲၣ်★လၢအသးလီဖိသးလီမါ	am'o-rous
_amount (to)	n.	ပှဲၤထိၣ်★ထိၣ်ဘး★တၢ်ဟ်ဖှိၣ်တၢ်(အန့ၢ်)ပှဲၤအံၤပှဲၤနုၤ	a-mount' (to)
_amphibious	a.	လၢအအိၣ်လၢထံထံလၢခိခိသ့	am-phib'i-ous
_ample	a.	လၢလၢၢ်အဂီၢ်★လၢပှဲၤ	am'ple
_amplification	n.	တၢ်မၤဒိၣ်ထိၣ်လံၢ်ထိၣ်တၢ်★တၢ်ကတိၤ,တၢ်ကွဲးလၢပမၤအါထိၣ်★တၢ်ကတိၤ,တၢ်ကွဲးလၢအကဲထိၣ်ဖဲလဲလိာ်မၤအါထိၣ်လီၤတံၢ်က့ၤအခါ	am'pli-fi-ca'tion
_amputate	v.t.	ကျီတဲာ်ကွံာ်ပၢီၤတမံၤမံၤ	am'pu-tate
_amuck	a.	လၢအပျုၢ်ထိၣ်ဝဲလၢအဟးမၢ်ဘၣ်ဒီ,မၤသံမၤဝီပှၤ	a-muck'
_amuse / amusement	n.	(တၢ်)မၤမှာ်မၤဖှံပသး	a-muse' / a-muse'ment
_an	art.	တ★တၢ	an
_analogous	a.	လၢအလီၤက်လိာ်အသးလၢတၢ်တမံၤမံၤထဲတစဲးဖိၑါ★လၢအလီၤဖျိၣ်လိာ်အသး	a-nal'o-gous
_analogy	n.	တၢ်လီၤက်လိာ်အသးလၢတၢ်တမံၤမံၤထဲတစဲးဖိၑါ★တၢ်လီၤဖျိၣ်လိာ်အသး	a-nal'o-gy
_analysis	n.	တၢ်ကွၢ်ယုသ့ၣ်ညါနီၤဖးတၢ်လၢအအိၣ်ကျဲၣ်ကျီလိာ်အသးတဖၣ်အဂ့ၢ်	a-nal'y-sis
_analytical	a.	လၢအကွၢ်ယုသ့ၣ်ညါနီၤဖးတၢ်လၢအအိၣ်ကျဲၣ်ကျီလိာ်အသးတဖၣ်အဂ့ၢ်	an'a-lyt'i-cal
_analyze / analyse	v.t.	ကွၢ်ယုသ့ၣ်ညါနီၤဖးတၢ်လၢအအိၣ်ကျဲၣ်ကျီလိာ်အသးတဖၣ်အဂ့ၢ်	an'a-lyze / an'a-lyse
_anarchy	n.	တၢ်တအိၣ်ဒီးတၢ်ပၢတၢ်ပြး	an'arch-y
_anathema	n.	တၢ်ဆိၣ်အၢလၢအဟဲလၢယွၤ	a-nath'ema
_anatomy	n.	တၢ်ကွၢ်ယုသ့ၣ်ညါမၤလိတၢ်လၢအအိၣ်စဲဘူးအသလၢတၢ်အနီၢ်ခိလၢ်အဂ့ၢ်	a-nat'o-my
_ancestor	n.	ပှၤလၢပဝဲၤလီၤလီၤသွဲၣ်လၢအီၤတဂၤ	an'ces-tor
_ancestors	n.	ပထူပထံး	an'ces-tors
_ancestral	a.	လၢအဘၣ်ယးပထူပထံး	an'ces'tral
_ancestry	n.	တၢ်လီၤစၢၤလီၤသွဲၣ်★တၢ်အထူအထံး	an'ces'try
_anchor	n.	နိၣ်သကွဲၤ	an'chor
_ancient	a.	လၢအအိၣ်လၢပျုၤလၢကစၢၤ★လီၢ်လံၤ	an'cient
_ancients	n.pl.	ပှၤယှ်ၣ်ပှၤလ့ၤလၢပျၢၤ	an'cients
_and	conj.	ဒီး★ဒၣ်	and
_anecdote	n.	တၢ်ယဲၤအဖှိၣ်လၢတၢ်တမံၤမၤသးအဂ့ၢ်	an'ec-dote
_angel	n.	ကလူး	an'gel
_angelic	a.	လီၤက်ကလူး	an-gel'ic
_anger	n.	တၢ်သးဖှိး★တၢ်သူၣ်ထိၣ်သးဟ့★တၢ်သးဒိၣ်	an'ger
_angle	n.	တၢ်အနၢၣ်	an'gle
_angle	v.t.	တခွဲအီၣ်ညၣ်★တရံးမၤန့ၢ်တၢ်	an'gle
_angry	a.	လၢအသးဒိၣ်★လၢအသးဖှိး	an'gry
_anguish	n.	တၢ်သူၣ်အုးသးအ့ၣ★တၢ်သူၣ်ကိၢ်သးဂီၤနးနး	an'guish

_angular	a.	လၢအဲၣ်ဒီးအနၢၣ်★လၢအမၤအသးတလိၤတယီၤဘၣ်	an'gu-lar
_animal	n.	ဆၣ်ဖိကီၢ်ဖိ★တၢ်လၢအဲၣ်ဒီးအဖံးအညၣ်အသွံၣ်အသး	an'i-mal
_animal	a.	လၢအဘၣ်ယးဒီးဆၣ်ဖိကီၢ်ဖိ★လၢအလီၢ်ဆၣ်ဖိကီၢ်ဖိ★လၢအဘၣ်ယးနီၢ်ခိဖံးညၣ်	an'i-mal
_animated / animation	a.&p. / n.	(လၢအ)(တၢ်)အိၣ်မူအိၣ်ဂဲၤ★(လၢအအိၣ်ဒီး)တၢ်ဟူးတၢ်ဂဲၤ	an'i-mat'ed / an'i-ma'tion
_animism	n.	ပှၤသူခိၣ်ဖိအတၢ်နၢ်တၢ်လၢတၢ်ကီးမံၤဒဲးအိၣ်ဒီးတၢ်ဝံတၢ်ကလၤ	an'i-mism
_animist	n.	ပှၤနၢ်တၢ်ဝံတၢ်ကလၤ	an'i-mist
_animosity	n.	တၢ်သူၣ်ဟ့သးဟ့လၢအဒုးအိၣ်ထိၣ်တၢ်မၤတၢ်ထီဒါပုၤဂၤ	an'i-mos'i-ty
_ankle	n.	ခီၣ်ဒ့ထံး★ခီၣ်ဒ့အဆၢ★ခီၣ်ကမၥ်အဆၢ	an'kle
_anklet	n.	ခီၣ်ကွီၤ★ထးကွီၤခီၣ်	an'klet
_annals	n.	တၢ်ကွဲးဖျါထီၣ်တၢ်လၢအမၤအသးတနံၣ်ဘၣ်တနံၣ်	an'nals
_annex	v.t.	ဒုးစဲဘူးတၢ်ဒီးတၢ်အမိၢ်ပှၢ်★ဟံၣ်ဖိလၢအဘၣ်ယးဒီးဟံၣ်ဖးဒိၣ်	an-nex'
_annihilate / annihilation	v.t. / n.	(တၢ်)မၤဟးဂီၤကွံာ်စီဖှၣ်ကလၤ★(တၢ်)မၤဟးဂီၤတၢ်အစိအကမီၤ	an-ni'hi-late / an-ni'hi-la'tion
_anniversary	n.	နံၣ်ဆဲးဆၢ	an'ni-ver'sa-ry
_annotate	v.t.	ကွဲးလီၤပနီၣ်ယာ်လံာ်အခီပညီလၢအကပၤဒၢဝဲ	an'no-tate
_announce / announcement	v.t. / n.	(တၢ်)ဟ်ဖျါထီၣ်★(တၢ်)ဘိးဘၣ်သ့ၣ်ညါ	an-nounce' / an-nounce'ment
_annoy / annoyance	v.t. / n.	(တၢ်)မၤတံာ်တာ်တၢ်★(တၢ်)မၤအ့ၣ်နူၤပုၤအသး★(တၢ်)မၤနံၤႉႈႈ -းပုၤအသး	an-noy / an-noy'ance
_annual	a.	လၢဒီနံၣ်အဂီၢ်★လၢအမၤအသးတနံၣ်တဘျီတနံၣ်တဘျီ★လၢအမူထဲတနံၣ်ဖိ	an'nu-al
_annually	adv.	တနံၣ်တဘျီတနံၣ်တဘျီ★ကိးနံၣ်ဒဲး	an'nu-al-ly
_annuity	n.	တၢ်ဒီးန့ၢ်ဘၣ်စ့လၢတနံၣ်အဂီၢ်တနံၣ်အဂီၢ်	an'nu'i-ty
_annul	v.t.	မၤဟးဂီၤတၢ်အစိအကမီၤ	an-nul'
_anoint	v.t.	ဖှူလၢသိ★ဖှူတၢ်	a-noint'
_anomalous / anomaly	a. / n.	(တၢ်)လၢအလီၤတိၢ်လီၤဆီ★(တၢ်)လၢအတလီၤတယီၤယှာ်တၢ်ဘၣ်	a-nom'a-lous / a-nom'a-ly
_anon	adv.	ခဲကိာ်★ခဲကၥ်★မီကိာ်	a-non
_anonymous	a.	လၢအမံၤတအိၣ်ဖျါဘၣ်★လၢအမံၤတအိၣ်ကွဲးလီၤအသးဘၣ်	a-non'y-mous
_another	a.	အဂၤတ–★အသိတ–★ကဒီးတ–★တ–ဒၣ်	an-oth'er
_one way or another		(လၤ)ကွဲၤဂၤဘိဂၤဘိ	one way or another
_quite another thing		လီၤဆီကဒီး	quite another thing
_answer	v.t. / n.	စံးဆၢ★ကိးဆၢ★ကတိၤဆၢ	an'swer
_answer (for) (to)		(ဒီးတၢ်)လီၤတီၤလၢအဖိခိၣ်(လၢတၢ်န့ၣ်အဂီၢ်)★အုၣ်ခီၣ်အသးလၢ(အဂီၢ်)(အဂ့ၢ်)	answer (for) (to)
_answer a purpose		လီၤညါတဖဲး,တၢ်စံးဆၢ★တၢ်ကိးဆၢ★တၢ်အစၢ	answer a purpose
_answerable	a.	လၢအ(ကြၢး)(ဘၣ်)ဒီးတၢ်လီၤတီၤလၢအဖိခိၣ်	an'swer-a-ble
_ant	n.	ပအူး★တၢ်ၢ်ယံၤ	ant
_antagonism	n.	တၢ်ထီဒါအသး	an-tag'o-nism
_antagonist	n.	ပှၤထီဒါတၢ်	an-tag'o-nist
_antagonistic	a.	လၢအထီဒါတၢ်	an-tag'o-nis'tic
_antagonize	v.t.	မၤတၢ်ထီဒါပုၤ	an-tag'o-nize
_Antarctic	a.	လၢအအိၣ်လၢဟီၣ်ခိၣ်ကလံၤထံးအစိးနါကတၢ်	Ant-arc'tic
_antecedent	a.	လၢအဟဲၣ်ဟ်စၢၤအသးလၢညါ	an'te-ced'ent
_antedate	v.t.	ကဲထီၣ်ဆိလၢညါ	an'te-date'

13

_anterior	a.	လၢအအိၣ်ဆိလၢညါ	an-te'ri-or
_anthropomorphic	a.	လၢအဟ်ဃွဲလၢအအိၣ်ဒီးအနီၢ်ခိဒ်ပှၤကညီအသိး	an'thro-po-mor'phic
_antic	a.	တၢ်မၤအသးကလံးကစီး★တၢ်မၤအသးအ့လံးဘီသွဲ	an'tic
_anticipate / anticipation	v.t. / n.	(တၢ်)ဘၣ်ဆိဟ်စၢၤတၢ်လၢအသးကံၢ်ပူၤဘၣ်ဃးတၢ်လၢအကဟဲဘၣ်အီၤတမံၤ★(တၢ်)မၤဆိႏ★(တၢ်)မၤဆိဟ်စၢၤ	an-tic'i-pate / an-tic'i-pa'tion
_anticipatory	a.	လၢအကဲထီၣ်ဟ်စၢၤလၢပသးကံၢ်ပူၤဘၣ်ဃးတၢ်လၢအကဟဲဘၣ်ပှၤလၢခံတမံၤ	an-tic'i-pa-to-ry
_antidote	n.	ကသံၣ်လၢအမၤနၢၤတၢ်စုၣ်တၢ်ဖျၢ★ကသံၣ်လၢအနၢၤကသံၣ်ဘၣ်	an'ti-dote
_antipathy	n.	တၢ်ဟ်လီၤဆီအသးလၢပှၤတဂၤကလုာ်အမဲာ်ညါ★သးလၢအသးဟ့ဃုၢ်တၢမံမံ★တၢ်တဘၣ်လိာ်အသး(ၡံထံဒီးသိ)	an-tip'a-thy
_antiphonal	a.	ဘၣ်ဃးတၢ်သးဝံၣ်ဆၢလိာ်အသး	an-tiph'o-nal
_antiquated	p.a.	လၢအမ့ၢ်မီၢ်ပၢၢ်ဖံဖုအလုၢ်အလၢ်	an'ti-quat'ed
_antiquity	n.	တၢ်လၢပျၢၤလၢကစၢၤ★တၢ်ဆၢကတီၢ်လၢပျၢၤလၢကစၢၤ	an-tiq'ui-ty
_antiseptic	a.	(တၢ်)လၢအတြီဃာ်တၢ်အုၣ်သံကွာ်သံ	an'ti-sep'tic
_antithesis	n.	တၢ်ကတိၤထီၣ်သတြီၤတၢ်ဒ်သိးအတၢ်လီၤဆီကဖျၢဝဲ	an-tith'e-sis
_antler	n.	တၤယီၤအနၢၤ	an'tler
_anxiety	n.	တၢ်သူၣ်ကိၢ်သးဂီၤ★တၢ်သူၣ်တဖျုၤလီၤသးတဖျုၤလီၤ★တၢ်ဘၣ်ယိၣ်ဘၣ်ဘီ	an-xi'e-ty
_anxious	a.	လၢအသူၣ်ကိၢ်သးဂီၤ★လၢအသူၣ်တဖျုၤလီၤသးတဖျုၤလီၤ★လၢအအိၣ်ဒီးတၢ်ဘၣ်ယိၣ်ဘၣ်ဘီ★လၢအသးဆၢ(နှၢ်)တဟ်ာ်သူၣ်တဟ်ာ်သးတၢ်	anx'ious
_anxiously	adv.	လၢတၢ်သူၣ်ကိၢ်သးဂီၤအပူၤ★လၢတၢ်သူၣ်တဖျုၤလီၤသးတဖျုၤလီၤအပူၤ★လၢတၢ်ဘၣ်ယိၣ်ဘၣ်ဘီအပူၤ★လၢတၢ်သးဆၢ(နှၢ်)တဟ်ာ်သူၣ်တဟ်ာ်သးတၢ်အပူၤ	anx'ious-ly
_any	a.	တ(မံၤ)ဂုၤတ(မံၤ)ဂုၤ★တ(ဂၤဂၤ)★ထီရီၤ	an'y
_any where		ဖဲလဲၣ်ပူၤပူၤ	any where
_any more / any longer		––လၢၤဘၣ်	any more / any longer
_apart	adv.	စီးစုၤ★တပူၤဒၣ်★(တမံၤ)လၢအလီၢ်(တမံၤ)လၢအလီၢ်	a-part'
_apart from that		မ့တမ့ၢ်အဝဲန့ၣ်ဘၣ်ဒီး	apart from that
_apathy	n.	တၢ်သူၣ်ထုတရူၤသးထုတရူၤ★တၢ်သူၣ်တဘၣ်သးတဘၣ်တၢ်(နီတမံၤ)ဘၣ်★တၢ်အိၣ်လီၤလိၤလၤသကၤ★တၢ်သူၣ်တဟူးသးတဂဲၤ	ap'a-thy
_ape	v.t.	မၤဒိးတၢ်	ape
_ape	n.	တၤဆူးဖးဒိၣ်တကလုာ်	ape
_aperture	n.	တၢ်အိၣ်ဟိ★တၢ်ထုၣ်ဖိုဖို★တၢ်လီၤဖျံၣ်လီၤဟိ	ap'er-ture
_apex	n.	တၢ်အခိၣ်စိၣ်★တၢ်အခိၣ်မိၣ်★တၢ်အစိးနါ	a'pex
_apiece	adv.	စုာ်စုာ်★တ(ဂၤတဘ္ၣ်)★တ(ဂၤတဘ္ၣ်)★တ(ဒုခံဖျၢၣ်)တ(ဒုခံဖျၢၣ်)	a-piece'
_apologetic	a.	လၢအအၢၣ်လီၤအီၤလီၤအမၤကမၣ်ဘၣ်တၢ်	a-pol'o-get'ic
_apologize	v.t.	အၢၣ်လီၤအီၤလီၤအမၤကမၣ်ဘၣ်တၢ်	apol'o-gize
_apology	n.	တၢ်အၢၣ်လီၤအီၤလီၤအမၤကမၣ်ဘၣ်တၢ်★တၢ်ကတိၤပူဖျဲးအသး	a-pol'o-gy
_apostasy	n.	တၢ်ညိကွံာ်ပတုာ်ဘ္ၣ်တၢ်ဘါ.မ့တမ့ၢ်ပကၡၤ	a-pos'ta-sy
_apostle	n.	ပှၤတၢ်မၢဖိ	a-pos'tle
_apostolic	a.	ဘၣ်ဃးဒီးပှၤတၢ်မၢဖိ	ap'os-tol'ic
_appall	v.t.	မၤသူၣ်ဖုံးသးဖုးပှၤ	ap-pall'
_appalling	a.	လၢအလီၤပျံၤလီၤဖုး★ကညိၢ်ကဘ္ၣ်ဒ်	ap-pall'ing
_apparatus	n.	စုကဝဲၤအပီးအလီ	ap'pa-ra'tus
_apparel	n.	ကၢ်ကူတၢ်သိး	ap-par'el
_apparent	a.	လၢအ(အိၣ်)ဖျါဝဲ	ap-par'ent
_apparently	adv.	(အိၣ်ဖျါ)လီၤက်	ap-par'ent-ly
_apparition	n.	တၢ်တယၣ်★တၢ်ကဒုကလၤ	ap'pa-ri-tion
_appeal	v.i.	ဃ့ကညး★ဆိးထီၣ်ကဒီး★ပတံထီၣ်ကဒီး★ထုးနှၢ်ပှၤအသး	ap-peal'

14

_appear / appearance	v.t. / n.	(တၢ်)အိၣ်ဖျါ★(တၢ်)အိၣ်ဖျါလီၤက်	ap-pear' / ap-pear'ance
_appease	v.t.	မၤကပုာ်လီၤပှၤအသး★မၤမှာ်ထီၣ်က့ၤပှၤအသး★မၤခုၣ်မၤကဘၢးလီၤပှၤသး★ မၤလီၤကယးကွံာ်	ap-pease'
_append	v.t.	တွဲယုာ်★ဒုးစဲထီယုာ်★ဘျးထီယုာ်★ကွဲးအါထီၣ်လၢအကတၢၢ်	ap-pend'
_appendage	n.	တၢ်လၢအဟဲလီၤစဲၤလၢတၢ်ဂၤ★တၢ်ကွဲးအါထီၣ်	ap-pend'age
_appetite	n.	တၢ်ကိာ်ပှၤဝံၣ်★တၢ်မိၣ်အီၣ်မိၣ်အီအသး★တၢ်သးယ့အီၣ်တၢ်★ တၢ်ထးခိၣ်စှၢ်	ap'pe-tite
_applaud / applause	v.t. / n.	(တၢ်)စံးပတြၢၤလၢတၢ်ကိးပသူဒဲစုပှိၢ်ခိၣ်	ap-plaud' / ap-plause'
_appliance	n.	စုကဝဲၤ★တၢ်အပီးအလီ	ap-pli'ance
_applicable	a.	ကြၢးဘၣ်ဃး★လၢအဘၣ်ဃးသ့	ap'pli-ca-ble
_applicant	n.	ပှၤလၢအဆိုးထီၣ်တၢ်★ပှၤလၢအပတံထီၣ်တၢ်	ap'pli-cant
_application	n.	တၢ်ဆိုးထီၣ်တၢ်★လံာ်ပတံထီၣ်တၢ်★တၢ်သူတၢ်စွဲတၢ်★ တၢ်သးစဲဘူးလၢတၢ်မၤ★တၢ်သူဘၣ်တၢ်★တၢ်ဖှူတၢ်★ကသံၣ်ဖှူ	ap'pli-ca'tion
_apply	v.t.	ဟ်လီၤ★ဒုးဘၣ်★ဘၣ်ဃး★ဆိုးယ့တၢ်★ဆိုးန့ၢ်တၢ်★သးစဲဘူးလၢတၢ်မၤ★ သူတၢ်စွဲတၢ်	ap-ply'
_appoint / appointment	v.t. / n.	(တၢ်)ယုထၢ★သ့ၣ်ဆၢဖးကတိၢ်★ဟ်လီၤ	ap-point' / ap-point'ment
_apportion / apportionment	v.t. / n.	(တၢ်)နီၤလီၤ	ap-por'tion / ap-por'tion-ment
_appreciate / appreciation	v.t. / n.	(တၢ်)သ့ၣ်ညါတၢ်ဘျုးတၢ်ဖှိၣ်★(တၢ်)ဟ်လုၢ်ဒိၣ်ပှ့ၤဒိၣ်★(တၢ်)အပှ့ၤဒိၣ်ထီၣ်	ap-pre'ci-ate / ap-pre'ci-a'tion
_appreciative	a.	လၢအ(ဟ်ဖျါအတၢ်)သ့ၣ်ညါတၢ်ဘျုး	ap-pre'ci-a-tive
_apprehend / apprehension	v.t. / n.	(တၢ်)ဖိၣ်ယာ်(တၢ်ဘျၣ်)★(တၢ်ဘျၣ်ပှၤဒိး)ပ(တၢ်)သ့ၣ်ညါ★(တၢ်) ဘၣ်ယိၣ်ဆိဟ်တၢ်ထၢပသးကံၢ်ပူၤ★(တၢ်)နၢ်ပၢၢ်	ap'pre-hend / ap'pre-hen'sion
_apprentice	n.	ပှၤလၢအမၤလိသ့အသးလၢပှၤဂၤအစုပူၤ	ap-pren'tice
_apprise	v.t.	ဘိးဘၣ်သ့ၣ်ညါ	ap-prise'
_approach	v.t. / n.	(တၢ်)ဟဲဘူး★(တၢ်)သုးဘူးယီၤ★(တၢ်)ဘူးထီၣ်	ap-proach'
_approachable	a.	လၢတၢ်သုးဘူးအသးဆူအအိၣ်ညီ(တကီဘၣ်)	ap-proach'a-ble
_approbation	n.	တၢ်အၢၣ်လီၤအီလီၤတၢ်လၢအဘၣ်ဝဲ	ap'pro-ba'tion
_appropriate / appropriation	v.t. / n.	ကြၢးဝဲဘၣ်ဝဲ★(တၢ်)ဟ်လီၤဆီလၢတၢ်ကသူအီၤအဂီၢ်	ap-pro'pri-ate / ap-pro'pri-a'tion
_appropriation	n.	တၢ်လၢအဘၣ်တၢ်ဟ်လီၤဆီလၢတၢ်ကသူအီၤအဂီာ်	ap-pro'pri-a'tion
_approval	n.	တၢ်အၢၣ်လီၤအီလီၤတၢ်လၢအဘၣ်ဝဲ	ap-prov'al
_approve	v.t.	ဟ်တၢ်လၢအဘၣ်★ဘၣ်အသး★အၢၣ်လီၤအီလီၤလၢအဘၣ်	ap-prove'
_approximate	v.i.	ဃၣ်ဃၣ်★ဘူးကလီၤတံၢ်	ap-prox'i-mate
_approximation	n.	တၢ်လၢအဘူးကဘၣ်ဝဲ★တၢ်လၢအဘူးကလီၤတံၢ်	ap-prox'i-ma'tion
_appurtenance	n.	တၢ်အဃၢၤအဃိၢ်	ap-pur'te-nance
_apt / aptitude	a. / n.	(တၢ်)ကြၢးဝဲဘၣ်ဝဲ★(တၢ်)ညီ★(တၢ်)သူၣ်ပ့ၢ်သးချ့★(တၢ်)က(မၢ)သ့ၣ်သ့ၣ်	apt / apt'i-tude
_aptly	adv.	ဒ်အကြၢးဝဲဘၣ်ဝဲအသိး	apt'ly
_arbiter	n.	ပှၤလၢအစံၣ်ညီၣ်တၢ်လၢပှၤခံဖုအဘၢၣ်စၢၤ	arb'i-ter
_arbitrary	a.	လၢအမၤတၢ်ဖဲအလီၤလၢအမဲာ်★လၢအမၤတၢ်ဖဲဒၣ်အသး	arb'i-tra-ry
_arbitrate / arbitration	v.i. / n.	(တၢ်)စံၣ်ညီၣ်တၢ်လၢပှၤခံဖုအဘၢၣ်စၢၤ★(တၢ်) ဆၢထီၣ်တၢ်ပ့ၢ်လၢပှၤကစံၣ်ညီၣ်အဂီၢ်	ar'bi-trate / ar'bi-tra'tion
_arbor	n.	ဒဲလၢဖီကကးထီၣ်အဂီၢ်★ဖီတကီၣ်ခိၣ်	ar'bor
_arc	n.	တၢ်ကဝီၤတခီဒ့★တၢ်ကပျၢၤတၢၤ★တၢ်က့ၣ်ကျီၤ	arc
_arch	n.	တၢ်က့ၣ်ကွီၤလၢ(တြၢ)ဖီခိၣ်★တၢ်က့ၣ်ကျီၤ	arch
_archer (y)	n.	ပှၤလၢအခးချံၣ်★တၢ်ခးချံၣ်	arch'er (y)

_architect	n.	ပှၤသ့တ့ထီၣ်သူၣ်ထီၣ်ဟံၣ်ဃီ	ar'chi-tect
_architecture	n.	တၢ်ယုသ့ၣ်ညါမၤလိတၢ်သ့တ့ထီၣ်သူၣ်ထီၣ်ဟံၣ်ဃီအဂ့ၢ်	ar'chi-tec'ture
_arctic	a.	ဟီၣ်ခိၣ်အကတၢၢ်လၢကလံၤစိးတခီ	arc'tic
_ardent	a.	ဆူၣ်★သူၣ်ဆူၣ်သးဆူၣ်	ar'dent
_ardently	adv.	ဆူၣ်ဆူၣ်★လၢသူၣ်ဆူၣ်သးဆူၣ်အပူၤ	ar'dent-ly
_ardour	n.	တၢ်ဆူၣ်★တၢ်သူၣ်ဆူၣ်သးဆူၣ်	ar'dour
_arduous	a.	လၢအလၢ်ဂံၢ်လၢ်ဘါ★လၢအကီကီခဲခဲ	ar'du-ous
_are	v.i.	မ့ၢ်★အိၣ်	are
_arena	n.	လီၢ်ဖဲပှၤဂဲၤပျၢ်ဂဲၤဆၢးနၤနၤကလာ်★လီၢ်ဖဲပှၤလၢပှၤတဖၣ်ဒုးနဲၣ်ဖျါထီၣ်တၢ်ဂံၢ်ဆူၣ်ဘါဆူၣ်,ဒီးပွဲဓိၤလိၤ့ဝဲၤကလုာ်ကလုာ်	a-re'na
_argue / argument	v.i. / n.	(တၢ်)ဂ့ၢ်လိာ်ဘှီလိာ်★(တၢ်)ဂ့ၢ်လိာ်သံကွၢ်သံဒိးတၢ်★(တၢ်)ကတိၤဒုး(မၤပှၤအတၢ်)(နာ်ပှၤ)	ar'gue / ar'gu-ment
_argumentative	a.	လၢအညီနုၢ်ဂ့ၢ်လိာ်ဘှီလိာ်တၢ်	ar'gu-men'ta-tive
_arid	a.	လၢအယွၢ်ၢ်ယွၢ်ထိ	a-rid'
_aridity	n.	တၢ်ယွၢ်ၢ်စိၢ်ယွၢ်ထိ★တၢ်သုတၢ်ယွၢ်★တၢ်ယွၢ်မၤန	a-rid'i-ty
_arise	v.i.	ထီၣ်★ဟဲထီၣ်★ဖၢ်ထီၣ်★ဂဲၤဆၢထၢၣ်★ဖျါထီၣ်	a-rise'
_arm	n.	စုတီၤ★စုနုၣ်စုတီၤ★တၢ်အစု★(ပိၣ်လဲၣ်)အကဖှိ	arm
_arm	v.t.	ဒုးအိၣ်ဒီးစုကဝဲၤ	arm
_keep at arms length		တၢတ်သ့ၣ်ညါအသးလၢပှၤဒါအါဘၣ်	keep at arms length
_armadillo	n.	ဃီၤဟိၣ်	ar'ma-dil'lo
_armour	n.	သယဲၤကတီၤ★စုကဝဲၤတြီၢ်ယာ်တၢ်	ar'mour
_arms	n.pl.	သုးအစုကဝဲၤ	arms
_with open arms		(တူၢ်လိာ်)မုာ်မုာ်	with open arms
_up in arms		ပူထီၣ်တၢ်★ဓးထီၣ်ဂ့ၢ်လိာ်ဘှီလိာ်တၢ်	up in arms
_army	n.	သုးမုၢ်သံၣ်ဘိ	arm'y
_aroma	n.	တၢ်နၢမူနၢဆို	a-ro'ma
_aromatic	a.	လၢအနၢမူနၢဆို	ar'o-mat'ic
_around	prep. / adv.	ဝးတရံး★ဝးဝး★လၢအယၢၤ★ဖဲအံၤဖဲနုၤ	a-round'
_arouse	v.t.	ဒုးဂဲၤထီၣ်တၢ်★ထီၣ်ဂဲၤထီၣ်တၢ်★မၤဖုးသံနီၣ်ထီၣ်တၢ်	a-rouse
_arraign	v.t.	လိာ်ဘၢလိာ်ကွီၢ်ပှၤ	ar-raign
_arrange / arrangement	v.t. / n.	(တၢ်)ရဲၣ်လီၤကျဲၤလီၤ★(တၢ်)ကတာ်ကတီၤ★(တၢ်)မၤဘၣ်လိာ်ဖိးဒ့	ar-range' / ar-range'ment
_array	v.t.	ကူထီၣ်သိးထီၣ်★ကယၢကယဲတၢ်★တွၤအယၢၤအယိၢ်	ar-ray'
_array	n.	တၢ်လၢအဘၣ်တၢ်ရဲၣ်လီၤကျဲၤလီၤအီၢ်လီၤကိၣ်လီၤစိၣ်	ar-ray'
_arrears	n.	(ကမၢ်)အိၣ်လီၤတဲာ်	ar-rears
_arrest	v.t.	ဒုးဆိကတီၢ်တၢ်★ဖိၣ်ယာ်(တၢ်ဘှၣ်)	ar-rest'
_arrest one's attention		ဒုးကွၢ်ယီၤပှၤ	arrest one's attention
_arrive / arrival	v.t. / n.	(တၢ်)တုၤ★(တၢ်)တုၤဃီၤ★(တၢ်)ဟဲတုၤ★(တၢ်)လဲၤတုၤ	ar-rive' / ar-ri'val
_arrogant	a.	လၢအဟ်အသးကဖၢလၢ★လၢအသးထီၣ်ထီ★လၢအဟ်ဒိၣ်ဟ်ထီအသး	ar'-ro-gant
_arrogance	n.	တၢ်ဟ်အသးကဖၢလၢ★တၢ်ဟ်ဒိၣ်ဟ်ထီအသး	ar'ro-gance
_arson	n.	တၢ်ဆူးထီၣ်ပှၤဟံၣ်လၢမုၣ်အူ	ar'son
_art	n.	တၢ်သ့တၢ်ဘၣ်လၢပှၤမၤဝဲဒ်သိးကမၤမုာ်မၢ်ဘၣ်သးပှၤ★တၢ်သ့လီတၢ်	art
_artful	a.	လၢအသ့လီတၢ်	art'ful
_article	n.	တၢ်တမံၤ★တၢ်ကွဲးဖျါထီၣ်တၢ်ဂ့ၢ်တထံၣ်တဘိ(လၢတၢ်ပရၢပစၢ်အပူၤ)	art'i-cle
_articulate	v.t.	ကတိၤတၢ်ပံာ်ပံာ်ကျၢကျၢ	ar-tic'u-late
_artifice	n.	တၢ်ကူၣ်အကျဲ★တၢ်လွဲကၤလွဲကဒါတၢ်★တၢ်လီတၢ်ဝ့ၤ	art'i-fice

16

_artificial	a.	လၢအကဲထီၣ်လၢပှၤကညီအစုပူၤ★(တၢ်ကလုၢ်သီၣ်)အဘျၣ်	art'i-fi'cial
_artillery	n.	မျိၣ်	ar-til'ler-y
_artist	n.	ပှၤလၢအမၤတၢ်သ့သ့ဘၣ်ဘၣ်လၢအမှာ်မဲာ်ဘၣ်သူၣ်ဘၣ်သးပှၤ	art'ist
_artistic	a.	လၢအမၤမှာ်မဲာ်ဘၣ်သူၣ်ဘၣ်သးပှၤ★ဘၣ်ဃးဒီးတၢ်သ့ တၢ်ဘၣ်လၢပှၤမၤဝဲဒ်သိးကမၤမှာ်မဲာ်ဘၣ်သးပှၤ	ar-tis'tic
_artless	a.	လၢအတအိၣ်ဒီးတၢ်လီတၢ်ဝ့ၤဘၣ်★လၢအကတိၤတၢ်ပျိပျိ	art'less
_as	conj.	ဒ်★ဒ်သိး★ဒ်--အသိး★လီၤက်★ထဲ--ညါ★ထဲသိး★အဖၢမုၢ်ဒီး★ သတးဒီး★တုၤ	as
_as a matter of fact		နီၢ်နီၢ်	as a matter of fact
_as (far) (long) as		ဖဲ--သမှး	as (far) (long) as
_as for you		မ့မ့ၢ်နၤ★တၢ်လၢနၤ	as for you
_as (if you didn't know)		ဟ့(နတသ့ၣ်ညါဘၣ်)(နီ)(မီ)	as (if you didn't know)
_as long as (he is happy)		တုၤ(အသးမှာ်)	as long as (he is happy)
_you might as well		နမ့ၢ်--ဒီးဂ့ၤကီး	you might as well
_as well as		စ့ၢ်ကီး	as well as
_as yet		တုၤခဲအံၤ	as yet
_asbestos	n.	လၢ်ပသိၣ်	as-bes'tos
_ascend	v.t.	ထီၣ်★လဲၤထီၣ်★ဟဲထီၣ်	as-cend'
_in the ascendancy		ကဲဒိၣ်လၢတၢ်အဖီခိၣ်	in the ascendancy
_ascension	n.	တၢ်ထီၣ်ဆူတၢ်ဖီခိၣ်★တၢ်လဲၤထီၣ်	as-cen'sion
_ascent	n.	တၢ်လဲၤထီၣ်★တၢ်ထီၣ်ဆူတၢ်ဖီခိၣ်★တၢ်လဲၤတၢ်ထီၣ်ထီထီၣ်	as-cent'
_ascertain	v.t.	ဃုသ့ၣ်ညါလီၤတံၢ်	as'cer-tain'
_ascetic	n.	ပှၤလၢအကီၤသူၣ်ကီၤသးနးနးကလဲာ်★ဘၣ်ဃးဒီးပှၤလၢအကီၤသူၣ်ကီၤသး တၢ်နးနးကလဲာ်	as-cet'ic
_asceticism	n.	တၢ်ကီၤသူၣ်ကီၤသးတၢ်နးနးကလဲာ်	as-cet'i-cism
_ascribe	v.t.	ဟ်	as-cribe'
_ash (es)	n.	ဖၣ်ဆါ★မ့ၣ်အှကဘိၣ်	ash
_ashamed	p.a.	လၢအမဲာ်ဆုး	a-shamed
_ashore	adv.	အိၣ်လၢထံကၢၢ်ခိၣ်★အိၣ်လၢထံကၢၢ်နံၤ★ဆူကၢၢ်ကီၤနံၤ	a-shore'
_aside	adv.	အိၣ်ကပၤ★အိၣ်ကပၤကွံာ်★လၢတၢ်ကပၤ★(ဟ်)ကွံာ်★ကစီၤကွံာ်	a-side'
_put aside for		ဟ်ဟ်စၢၤ	put aside for
_speak aside		ကတိၤဒၣ်အတၢ်တဂၤ	speak aside
_ask	v.t.	သံကွၢ်သံဒိး★ဃ့★ဃ့ကညး★ကွဲန့ၢ်★ဆၢန့ၢ်★မၤလိာ်★မၢ	ask
_askance	adv.	(ကွၢ်)လၢအမဲာ်တူၢ်ခံ★တကျၢ ဃီၤ	a-skance'
_askew	adv.	ဝဲာ်စွဲဝဲာ်စွၤ★တစ့	a-skew'
_aslant	adv.	သတွၤ★တတွၤ★(လီၤ)တစ့	a-slant'
_asleep	a.	အိၣ်မံ(ဘၣ်အသး)★အိၣ်မံသပ့ၤ	a-sleep'
_asparagus	n.	ကညူးဖျိၢ်★တၢ်ဘိၣ်နၣ်	as-par'a-gus
_aspect	n.	တၢ်အိၣ်ဖျါ★အတၢ်အိၣ်ဖျါ★အတၢ်ကွၢ်	as'pect
_asperity	n.	တၢ်(ကတိၤ)ဆါနူၤဆါနၢ်★တၢ်သွၣ်တကၢ့်★တၢ်တရုတရိး★တၢ်သွဲးတကဲာ်	as-per'i-ty
_aspersion	n.	တၢ်ကတိၤခဲၣ်သူခဲၣ်ဂီၤတၢ်	as-per'sion
_aspire / aspiration	v.i. / n.	(တၢ်)သးအိၣ်မၤန့ၢ်တၢ်သပှၢ်ပှၢ်★(တၢ်)ဆၢန့ၢ်တၢ်အဒိၣ်အထီ★(တၢ်)သးကွံ (တၢ်လီၢ်ထီၣ်ထီ)	as-pire' / as'-pir-a'tion
_ass	n.	ကသ့ၣ်ယီၤ★ပှၤအမၢး	ass
_assail	v.t.	လီၤဒိးတၢ်★ထီဒါတၢ်ဆူၣ်ဆူၣ်	as-sail'
_assassin	n.	ပှၤလၢအမၤသံဆူၣ်မၤသံစိးပှၤဂၤ	as-sas'sin

_assassinate / assassination	v.t. / n.	(တၢ်)မၤသံဆူၣ်မၤသံစိးပှၤ	as-sas'si-nate / as-sas'si-na'tion
_assault	v.t.	လီၤဒီးတပျုာ်တပျိုတၢ် ★တီၢ်ဖုးပှၤဂၤ	as-sault'
_assemble	v.i.	အိၣ်ဖှိၣ် ★ဟ်ဖှိၣ် ★ထၢဖှိၣ်တ်ဖှိၣ်	as-sem'ble
_assembly	n.	တၢ်အိၣ်ဖှိၣ်	as-sem'bly
_assent	v.i. / n.	(တၢ်)အၢၣ်လီၤအီလီၤ ★(တၢ်)အၢၣ်လီၤ	as-sent'
_assert / assertion	v.t. / n.	(တၢ်)စံးသပှၢ်ပှၢ် ★(တၢ်)စံးနိၢ်နိၢ်တၢ်	as-sert / as-ser'tion
_assertive	a.	လၢအစံးသပှၢ်ပှၢ် ★လၢအစံးတၢ်နိၢ်ကတၢၢ်	as-sert'ive
_assess / assessment	v.t. / n.	(တၢ်)ဟ်လီၤတၢ်အပှ့ၤကလံၤလၢအကဟ့ၣ်ထိၣ်အခိအသွဲလၢအဂီၢ်	as-sess' / as-sess'ment
_assessment	n.	တၢ်အခိအသွဲ	as-sess'ment
_assets	n.pl.	တၢ်စုလီၢ်ခိၣ်ခိၣ်	as'sets
_assiduous	a.	လၢအဟ့ၣ်လီၤအသးလၢက်ဂၢ်လၢာ်ဘါလၢတၢ်မၤအပူၤ	as-sid'u-ous
_assign / assignation	v.t. / n.	(တၢ်)ဟ်(ဆၢဟ်ကတီၢ်) ★(တၢ်)ဟ့ၣ်လီၤတၢ်အိၣ်ဒီးအဂ့ၢ်အကျိၤ ★(တၢ်)နီၤလီၤ ★(တၢ်)ယုထၢ	as-sign' / as-sign-a'tion
_assignment	n.	တၢ်ဟ်ဆၢဟ်ကတီၢ် ★တၢ်လၢအဘၣ်တၢ်ဟ့ၣ်လီၤအီၤအိၣ်ဒီးအဂ့ၢ်အကျိၤ ★တၢ်လၢအဘၣ်တၢ်နီၤလီၤ	as-sign'ment
_assimilate / assimilation	v.t. / n.	(တၢ်)စုၢ်ဆူ(ပဖံးပညၣ်)အကျါ ★(တၢ်)ဘၣ်တၢ်စုၢ်အီၤဆူတၢ်အနီၢ်ခိ(ဂၤ)အကျါ ★(တၢ်)ဒုးကဲအီၤတကလုာ်ယီဒီးပှၤ	as-sim'i-late / as-sim'i-la-tion
_assist / assistance	v.t. / n.	(တၢ်)တိစၢၤမၤစၢၤ ★(တၢ်)ဘၣ်စၢၤ	as-sist' / as-sist'ance
_assistant	n.	ပှၤမၤစၢၤတၢ်	as-sist'ant
_associate	v.t.	ရ့အသးဒီး ★ရ့လိာ်အသး ★မၤယုာ်မၤသကိးတၢ် ★လဲၤယုာ်ဒီး ★သ့ၣ်နီၣ်ထိၣ်ယုာ်	as-so'ci-ate
_association	n.	တၢ်အိၣ်ဖှိၣ်ရိဖှိၣ် ★တၢ်အိၣ်ဖှိၣ်သကိးအိၣ်ဖှိၣ်	as-so'ci-a'tion
_assort	v.t.	ဟ်လီၤဆီတကလုာ်ဒီးတကလုာ်	as-sort'
_assuage	v.t.	မၤစၢ်လီၤ ★မၤကိညၢ်ထိၣ် ★မၤခုၣ်လီၤက့ၤ(အသး)	as-suage'
_assume / assumption	v.t. / n.	(တၢ်)နာ်တၢ်လၢအသး ★(တၢ်)ဆိကမိၣ်ဟ်တၢ်လၢအသး ★(တၢ်)ထိၣ်(တၢ်မၤ)အလိၢ် ★(တၢ်)ဟံးထိၣ်ဖီၣ်ထိၣ်(တၢ်မၤ) ★(တၢ်)ဟ်မၤအသး	as-sume' / as-sump'tion
_assurance	n.	တၢ်နာ်နီၢ်ကီၢ်နီၢ်သံးတၢ် ★တၢ်စံးတၢ်နီၢ်ကတၢၢ် ★တၢ်(သး)ခုတလှၢ် ★တၢ်ဒုဆူၣ်မံာ်ကဲၤမဲာ်	as-sur'ance
_assure	v.t.	ဒုးနာ်နီၢ်ကီၢ်နီၢ်သံးတၢ် ★စံးတၢ်နီၢ်ကတၢၢ်	as-sure'
_assured	a.	လၢဗတၢ်သးတသ့ၣ်ဘၣ်အပူၤ	as-sured'
_astern	adv.	လၢ(ကဘီ)အခံ	a-stern'
_astonish / astonishment	v.t. / n.	(တၢ်)မၤကတုၤပှၤအသး ★(တၢ်)ဒုးလီၤကမၢကမၣ်ပှၤ	as-ton'ish / as-ton'ish-ment
_astound	v.i.	မၤကတုၤပှၤအသးအိၣ်ဒိၣ်ဒိၣ်ကလဲာ် ★မၤလီၤထူၣ်ပှၤအသး	as-tound'
_astraddle	adv.	အိၣ်ဆဲးဖးတြၢကၢၣ် ★အိၣ်သဖှါကၢၣ် ★အိၣ်ခွးကၢၣ် ★အိၣ်ဆဲးပကၢကၢၣ်	a-strad'dle
_astray	adv.	(ဟး)ကမၣ်ကွံ ★(ဟး)ဖှိး	a-stray'
_astride	adv.	အိၣ်ဆဲးဖးတြၢခိၣ် ★အိၣ်သဖှါခိၣ် ★အိၣ်ဆဲးပတြၢခိၣ်	a-stride'
_astrology	n.	တၢ်ယုသ့ၣ်ညါမၤလၤဆၣ်ဆီၤဖီစီၤအဂ့ၢ်	as-trol'ogy
_astute	a.	လၢအအိၣ်ဒီးအတၢ်ကူၣ်တၢ်ဆး	as-tute'
_asunder	adv.	(အိၣ်)လီၤဖး ★(အိၣ်)စီၤစုၤ ★(အိၣ်)လီၤမုၢ်လီၤဖး	a-sun'der
_asylum	n.	တၢ်အိၣ်တၤဧၤအလီၢ် ★တၢ်အလီၢ်ဖဲတၢ်ကဟုဘၣ်ကယာ်ဘၢပှၤဘၣ်ဖှိၣ်ဘၣ်ယာ်,ပှၤဘၣ်နးဘၣ်ဖှိၣ်	a-sy'lum
_at	prep.	လၢ ★ဖဲ	at
_at sea		ဆိကမိၣ်ခံဆိကမိၣ်ညါတၢ်တဘၣ်ဘၣ်	at sea
_(out) at elbows		ဖှိၣ်သံယာ်ဂီၤ	(out) at elbows
_at it		မၤကဒီး	at it

18

_at all events		တမံၤဂ့ၤတမံၤဂ့ၤ	at all events
_at best		(ပာ်)ဂ့ၤဖဲအသ့သမှး	at best
_at home		ဒ်လၢနဟံၣ်အသိး★သ့ၣ်ညါကတိၤ(လၢအဂ့ၢ်)သ့	at home
_at least		တပူၤဂ့ၤတပူၤဂ့ၤ	at least
_at large		လၢတၢ်တထုးယာ်ဘၣ်	at large
_at one		လၢသးတဖျၢၣ်ယီ	at one
_at that		(အၢ)တဲန့ၣ်သနာ်က့	at that
_at times		တဘျီဘျီ	at times
_atheism	n.	တၢ်နာ်လၢယွၤတအိၣ်ဘၣ်	a'the-ism
_atheist	n.	ပှၤလၢအနာ်လၢယွၤတအိၣ်ဘၣ်	a'the-ist
_atheistic	a.	လၢအနာ်လၢယွၤတအိၣ်ဘၣ်★ဘၣ်ယးတၢ်နာ်လၢယွၤတအိၣ်ဘၣ်	a'the-is'tic
_athlete	n.	ပှၤလၢအလိာ်ကွဲသ့တဂၤ	ath'lete
_athletic	a.	ဘၣ်ယးတၢ်လိာ်ကွဲ	ath-let'ic
_athwart	prep. / adv.	အိၣ်ဒီၣ်တုာ်	a-thwart'
_atmosphere / atmospheric	n. / a.	(ဘၣ်ယး)ကလံၤလၢအအိၣ်ဝးတရံးဟီၣ်ခိၣ်ဝးဝး	at'mos-phere / at'mos-pher'ic
_atom	n.	တၢ်တဟီၣ်အဆံးကတၢၢ်ရှပူၤအတၢ်ရှလိာ်အသးအလိၢ်တပူၤ★ တၢ်မိၢ်ပှၢ်အဆံးကတၢၢ်★တစဲးဒၣ်လဲာ်	at'om
_atone / atonement	v.i. / n.	(တၢ်)မၤမံက့ၤပှၤအသးလၢပခိၣ်လာ်က့ၤတၢ်လၢပမၤကမၣ်ဘၣ်အီၤ	a-tone' / a-tone'ment
_atrocious	a.	လၢအအၢအၢသီသီ	a-tro'cious
_atrocity	n.	တၢ်အၢအၢသီသီ	a-troc'i-ty
_attach	v.t.	ဒုးစဲဘူး★တဲွယှာ်★စၢယာ်ဒီး	at-tach'
_attach (no importance to)		ပာ်	attach (no importance to)
_attachment	n.	တၢ်လၢအဒုးစဲဘူးတၢ်ခံမံၤ★တၢ်လၢအဘၣ်တၢ်တဲွယှာ်အီၤဒီး	at-tach'ment
_attack	v.t.	လီၤဒီး★ထီဒါ★စးထီၣ်မၤတၢ်★(ကနံ)ထိၣ်★ထိၣ်အ့ၣ်	at-tack'
_attain / attainment	v.t. / n.	(တၢ်)တုၤယီၤ★(တၢ်)မၤန့ၢ်★(တၢ်)ထိၣ်ဘး	at-tain / at-tain'ment
_attainment	n.	တၢ်သ့	at-tain'ment
_attainable	a.	လၢပမၤန့ၢ်သ့	at-tain'a-ble
_attempt	v.t.	မၤကွၢ်တၢ်★ဂုာ်ကျုံးစၢးမၤတၢ်	at-tempt'
_attend	v.t.	ဒိကနၢူဒိကနၣ်★အံးက့ၤကွၢ်က့ၤ★အိၣ်လၢ(တၢ်အိၣ်ဖှိၣ်အပူၤ)★လဲၤယှာ်★ လဲၤပိာ်ထွဲယှာ်	at-tend'
_attendant	n.	(ပှၤ)လၢအလဲၤယှာ်★(ပှၤ)လၢအလဲၤပိာ်ထွဲယှာ်ပှၤအခံ	at-tend'ant
_attention	n.	တၢ်ကနၣ်တၢ်★တၢ်ဒိကနၢူဒိကနၣ်★တၢ်ဟ့ၣ်လီၤတၢ်ဆိကမိၣ်ဆူတၢ်တမံၤမံၤ	at-ten'tion
_attentive	a.	လၢအကနၣ်တၢ်★လၢအဒိကနၢူဒိကနၣ်တၢ်★လၢအဟ့ၣ်လီၤတၢ်ဆိကမိၣ်ဆ ၤတၢ်တမံၤမံၤ★လၢအဒုးနဲၣ်တၢ်ယုၢ်ဆၢကျိၤဆၢ★လၢအဒိးသူၣ်ပာ်သး	at-ten'tive
_attentively	adv.	လၢတၢ်သူၣ်တုၤလီၤသးတုၤလီၤအပူၤ	at-ten'tive-ly
_attenuate	v.t.	မၤပြံပြံထီထီ★မၤယှာ်ထိၣ်လဲာ်ထိၣ်တၢ်	at-ten'u-ate
_attest	v.t.	အှၣ်အသး★ဒုးနဲၣ်ဖျါ★အၢၣ်လီၤအီလီၤ	at-test'
_attire	v.t.	ကူထိၣ်ကၤထိၣ်	at-tire'
_attire	n.	တၢ်ကူတၢ်ကၤ	at-tire'
_attitude	n.	တၢ်ပာ်သူၣ်ပာ်သး	at'ti-tude
_attract	v.t.	ထုးန့ၢ်တၢ်★ရဲၢ်န့ၢ်တၢ်	at-tract'
_attractive	a.	လၢအထုးန့ၢ်တၢ်★လၢအရဲၢ်န့ၢ်တၢ်★လၢအဘၣ်ပှၤအသး★ လၢအဒုးမဲာ်ဘၣ်သးစီၣ်ပှၤ	at-tract'ive
_attribute	v.t.	ပာ်	at-trib'ute

_attribute	n.	တၢ်လၢတၢ်ဟ်အီၤလၢအမ့ၢ်ပှၤတဂၤးပၥ်★တၢ်အသူးအသ့ဉ်	at'tri-bute
_auction	n.	တၢ်လ့ဉ်လဲဉ်တၢ်	auc'tion
_audacious	a.	လၢအမၤတၢ်နူၤလၢတၢ်ယူၤယီဉ်ဟ်ကဲတအိဉ်ဘဉ်	au-da'cious
_audacity	n.	တၢ်မၤတၢ်နူၤလၢတၢ်ယူၤယီဉ်ဟ်ကဲတအိဉ်ဘဉ်	au-dac'i-ty
_audible	a.	လၢပနၢ်ဟူသ့★လၢအသိဉ်ဟူဘဉ်ပနၢ်	au-di-ble
_audience	a.	ပှၤအိဉ်ဖှိဉ်ဒိကနဉ်တၢ်တဖု★အစွဲၤလၢကကတိၤတၢ်ဒီးပှၤဒိဉ်တဂၤၤ	au'di-ence
_audit	v.t.	စဲၤစ့စရီပတီၢ်	au'dit
_auditor	n.	ပှၤလၢအစဲၤစ့စရီပတီၢ်	au'di-tor
_auger	n.	ထးဖှိဉ်	au'ger
_augment / augmentation	v.i. / n.	(တၢ်လၢအ)(မၤ)ဒိဉ်ထိဉ်★(တၢ်လၢအ)(မၤ)အါထိဉ်	aug-ment' / aug'men-ta'tion
_augur	v.t.	ဒုးနဲၤဖျါဟ်စၢၤ★ဖးဟ်တၢ်ပနီၢ်	au'gur
_august	a.	လၢအလီၤယူၤယီဉ်ဟ်ကဲ	au-gust
_auspicious	a.	လၢအဒုးနဲၤဖျါစၢၤလၢတၢ်ကမၤအသးဂ့ၤဂ့ၤ★လၢအတၢ်ဖးဂ့ၤ	aus-pi'cious
_austere	a.	လၢအမၤအလှၢ်အလၢ်ယံး★လၢအမၤအသးယိယိ★လၢအအဲဉ်ဒီးတၢ်ယိယိ	aus-tere'
_austerity	n.	တၢ်မၤအလှၢ်အလၢ်ယံး★တၢ်မၤအသးယိယိ	aus-ter'i-ty
_authentic	a.	လၢအကဲထိဉ်အသးလၢအဒိဉ်ထံးမ့ၢ်တၢ်ဒ်အကစၢ်အိဉ်ဖျါဝဲအသိး★လၢအမ့ၢ်အတီ	au-then'tic
_authenticate	v.t.	ဒုးနဲဉ်ဖျါအိဉ်ဒီးတၢ်အုဉ်အသး	au-then'ti-cate
_authenticity	n.	တၢ်ကဲထိဉ်အသးလၢအဒိဉ်ထံးဒ်အကဒၢဝဲအိဉ်ဖျါဝဲအသိး	au'then-tic'i-ty
_author	n.	ပှၤလၢအဒုးကဲထိဉ်တၢ်★ပှၤလၢအကွဲးအိဉ်ထိဉ်လံာ်ဆီၤလံာ်မီၤ	au'thor
_authoritative	a.	လၢအအိဉ်ဖျါလီၤက်အိဉ်ဒီးအစိကမီၤ★လၢအညီနုၢ်မၤတၢ်	au-thor'i-ta-tive
_authority	n.	တၢ်နူၢ်စိနူၢ်ကမီၤ★တၢ်ကွဲၤလၢအဟ့ဉ်စိဟ့ဉ်ကမီၤတၢ်★ပှၤလၢအသ့လီၤဆီဒဉ်တၢ်လၢတၢ်ဂ့ၢ်တၢ်ကျိၤတဖံၤမံၤ	author'i-ty
_authorize	v.t.	ဟ့ဉ်စိဟ့ဉ်ကမီၤ★ဟ့ဉ်ပျၢ်တၢ်ပြးတၢ်	au'thor-ize
_autobiography	n.	လံာ်လၢပှၤတဂၤကွဲးဖျါအသးသမူအဂ့ၢ်လၢအပူၤ	au'to-bi-og'ra-phy
_autocracy	n.	တၢ်ပၢတၢ်ဖဲဒဉ်အသး	au-toc'ra-cy
_autocrat	n.	ပှၤလၢအပၢတၢ်ဖဲဒဉ်အသး	au'to-crat
_autocratic	a.	လၢအပၢတၢ်ဖဲဒဉ်အသး	au'to-crat'ic
_autograph	n.	တၢ်လၢပှၤကွဲးလၢအစုဒဉ်ဝဲ	au'to-graph
_automatic	a.	(စဲး)လၢအဟူးအဂဲၤသုးထိဉ်သုးလီၤဒဉ်အတၢ်	au'to-mat'ic
_automobile	n.	မိထိဉ်ကါ	au'-to-mo'bile
_autonomy / autonomous	a.	(လၢအ)(တၢ်)ပၢလီၤအသးၤဒဉ်ဝဲ	au-ton'o-my / au-ton'o-mous
_auto suggestion	n.	တၢ်ဟ်တၢ်လၢအသးလၢအမ့ၢ်တၢ်ဒ်အံၤဒ်နၤတုၤအကဲထိဉ်နူၢ်အီၤ	au'-to-sug-ges'tion
_auto intoxication	n.	တၢ်ဒုးအိဉ်ထိဉ်တၢ်စုဉ်တၢ်ပျၢ်လၢပနီၢ်ခိအပူၤလၢတၢ်အိဉ်တၢ်အီဉ်တၢ်အါကဲဉ်ဆိးအယိ	au'to-in-tox'i-ca'tion
_auxiliary	a.	(တၢ်)လၢအမၤစၢၤတၢ်	aux-il'i-a-ry
_avail	v.i.	ကဲတၢ်ဘျုး★နူၢ်ဘျုး★အဘျုးအိဉ်★တၢ်ဘျုး	a-vail'
_available	a.	လၢပသူအီၤသ့★လၢပဒုးကဲထိဉ်တၢ်ဘျုးလၢပဂီၢ်သ့	a-vail'a-ble
_avalanche	n.	ဟီဉ်လာ်★တၢ်လၢအဟဲဝါတဘ္ဂီယီတုၤပမၤအီၤတနၢၤဘဉ်	av'a-lanche
_avarice	n.	တၢ်သးကွံာ်အါအါဂ့ၢ်ဂ့ၢ်	av'a-rice
_avaricious	a.	လၢအသးကွံာ်အါအါဂ့ၢ်ဂ့ၢ်	av'a-ri'cious
_avenge	v.t.	မၤကဉ်တၢ်လၢပှၤဂၤအဂီၢ်မ့တမ့ၢ်လၢအဂီၢ်ဒဉ်ဝဲ	a-venge'
_average	a.	တၢ်လၢအအိဉ်ညီနုၢ်	av'er-age
_averse	a.	သးတအိဉ်တၢ်ဘဉ်	a-verse'
_aversion	n.	တၢ်သးတအိဉ်တၢ်ဘဉ်	a-ver'sion
_avert	v.t.	တ္ဒီတဒၢဃာ်တၢ်★ဒုးယ့ဉ်ကပၤကွံာ်တၢ်	a-vert'
_aviation	n.	တၢ်ယူသ့ဉ်ညါတၢ်ဒီးကဘီယူၤအဂ့ၢ်★တၢ်ဒီးကဘီယူၤ	a'vi-a'tion

20

_aviator	n.	ပုၢ်လၢအဒီးကဘီယူၤ	a'vi-a'tor
_avidity	n.	တၢ်သးကွံတၢ်အါအါဂီၢ်ဂီၢ်	a-vid'i-ty
_avocation	n.	ပတံၢ်မၤတၢကလုာ်လၢအထုးနၢ်ပသး	av'o-ca'tion
_avoid	v.t.	ဟးဆှဲး★ပဒ္ဉ်★ဒုဉ်တၢ်ထုတၢ်	a-void'
_avoidable	a.	လၢတၢ်ဟးဆှဲးအီၤသ့	a-void'a-ble
_await	v.t.	အိဉ်ခိး★အိဉ်ခိးလီၤအခိဉ်★ဆုလၢ်ဟု	a-wait'
_awake	v.i.	ဖုသံနိဉ်★အိဉ်ဖုသံနိဉ်ထိဉ်★(အသး)ပၢ်ထိဉ်	a-wake'
_awaken	v.t.	ဖုသံနိဉ်★မၤဖုသံနိဉ်ထိဉ်★မၤပၢ်ထိဉ်	a-wak'en
_award	v.t.	စံဉ်ညီဉ်နီၤဖးတၢ်နၢ်အဆၢ	a-ward'
_aware	a.	သ့ဉ်ညါဝဲ	a-ware'
_away	adv.	(ဟး)ထီဉ်★(ဟး)ထီဉ်ကွံာ်★ကစီၤကွံာ်★(အိဉ်)စီၤစုၤ★တ(အိဉ်)လၢ−−ဘၣ်	a-way
_(far and) away beyond		စၢ်တလၢၢ်	(far and) away beyond
_do away with		မၤဟါမၢ်ကွံာ်★မၤဟးဂီၤကွံာ်	do away with
_make away with		စိာ်ကွံာ်ဆူၣ်★မၤဟးဂီၤကွံာ်	make away with
_awe	n.	တၢ်(ကမၢကမၣ်)(ပျံၤ)တၢ်လၢတၢ်လီၤယူးယီၣ်အယိ	awe
_awful	a.	လၢအလီၤကညီၢ်	aw'ful
_awfully	adv.	လီၤကညီၢ်★နးမး	aw'ful-ly
_awkward / awkwardly	a. / adv.	(လၢအ)ယၢရုၤတုၤ★(လၢအ)လီၤသ့ၢလီသ့★လၢအလီၤမဲာ်ဆှး	awk'ward (ly)
_awl	n.	ထးလူဘိ	awl
_awry	adv.	ပၠိာ်စ့ပၠိာ်စ့ၤ★တၤလိၤတၤယီၤ★ဒ့ခံဒီၣ်ယီၤ	a-wry'
_axe	n.	ကၠၢ	axe
_axiom	n.	တၢ်လၢပျ့ဉ်ညီနုာ်အီၤလၢအမှၢ်အတီ	ax'i-om
_axiom / axiomatic	n. / a.	(တၢ်)လၢအအိဉ်ဖျါဒၣ်ဝဲလၢအမှၢ်အတီ	ax'i-om / ax'i-om-at'ic
_babble	v.t.	ကတိၤတၢ်အါအါဂီၢ်ဂီၢ်★ကတိၤစၢါပြံၢ်စၢါပြါတၢ်★ကတိၤတၢ်အဆၢတဖဲဘူးစဲထိ★ကတိၤတၢ်ကလီကလီ★ကတိၤဟၢလံဟၢလီတၢ်	bab'ble
_babbler	n.	ပုၤလၢအကတိၤတၢ်အါအါဂီၢ်ဂီၢ်★ပုၤလၢအကတိၤစၢါပြံၢ်စၢါပြါတၢ်	bab'bler
_baby	n.	ဖိသၣ်အီၣ်နုၢ်★ဖိဆံး	ba'by
_bachelor	n.	ဖိၣ်သၣ်ခွါဒီၣ်တုာ်	bach'e-lor
_back	n.	ချၢ★ချၢယ်★အပျ့ၢ်★အကနူၤ	back
_back	a.	လၢဘးခီ★လၢအလီၢ်ခံ★လီၢ်လံၤ★လီၢ်ခံ	back
_back	v.t.	တိစၢၤမၤစၢၤ★ဆံးထွံကွံၢ်ထွံအခံ	back
_go back		က့ၤ★က့ၤကဒါက့ၤ	go back
_to have to one's back		အိဉ်ဒီး(တၢ်ကူတၢ်သိး)	to have to one's back
_keep back		ဟံးယာ်★မၤနီးယာ်★ဒုးဆိကတီၢ်ယာ်	keep back
_back and forth		ဆှံခံဆှံညါ	back and forth
_back-bite		သိဉ်ဝံသဲကလၤ★ယဲၤပုၤမၢၤပုၤမီၤ★ခဲၣ်သူခဲၣ်ဂီၤ	back-bite
_back ground		တၢ်လၢအအိဉ်ဖျါလၢပကွၢ်ယိၤတၢ်အချၢတခီ★တၢ်လၢအအိဉ်ဖျါယံၤထီၣ်တစဲး★တၢ်လၢအမၤအသးလၢပုၤအိဉ်ခိဉ်အယၢၤ(ဂ့ၤ)	back ground
_back out of		ထုးကွံာ်အသးလၢအလီၢ်အပူၤ★ထုးကွံာ်တၢ်လၢအလီၢ်အပူၤ★ပဒ္ဉ်ဟးဆှဲးလီၤအသး	back out of
_backward	adv.	ဆူအလီၢ်ခံ★ဂ့ၤက့ၤအလီၢ်ခံ★ကဒါချ★လၢအလီၢ်ကဒါချ★သးယၢ	back'ward (s)
_bacteria	n.	တၢ်ဖိယာ်ပြံကံၤလၢပထံၣ်လၢပမဲာ်တသ့ဘၣ်	bac-te'ria
_bad	a.	အၢ★တဂ့ၤဘၣ်★ဟးဂီၤ★ချံဝဲ★နးမး	bad
_bad news		တၢ်သးဖုးအကစီၣ်	bad news

English	POS	Karen	Pronunciation
_bad taste in the mouth		ကိာ်ပှၤတဝံၣ်တဆၢဘၣ်	bad taste in the mouth
_badge	n.	တၢ်ပနီၣ်	badge
_badly	adv.	နးနး★တဂ့ၤဘၣ်★အၢမး	bad'ly
_baffle	v.t.	မၤသဘံၣ်ဘုၣ်တံာ်မုၤတာ်တာ်တာ်	baf'fle
_bag	n.	ထၢၣ်★တၢ်ကဖၢကဖိ	bag
_bag	v.t.	အနုာ်လၢထၢၣ်ပူၤ	bag
_baggage	n.	တၢ်ဘိၣ်တၢ်စ္ၤ★တၢ်ဖိတၢ်လံၤ	bag'gage
_bail	v.t.	ပးထိၣ်ကွံာ်ထံ★ဘျုၣ်ထိၣ်ကွံာ်ထံ	bail
_bail	n.	တၢ်အုၣ်ခိၣ်အသးလၢပူၤဘၣ်တၢ်ဖိၣ်ယာ်အီၤအဂီၢ်★ပှၤလၢအအုၣ်ခိၣ်အသး★အမးခိၣ်	bail
_bait	n.	တခွဲအဆၣ်★တၢ်လၢအကလံာ်နှၢ်တၢ်★မၤနၤမၤဖှီၣ်ပှၤလၢတၢ်သးအိၣ်မၤစဲးယဲၤအပူၤ★မၤဆါသုၣ်ဆါသးပူၤ	bait
_bake	v.t.	ကုၢ်တၢ်★သၣ်မံတၢ်★ဘၢအီၣ်တၢ်	bake
_balance	n.	စီးပီၢ်★စီးယွဲၤ★တၢ်ခံခီအတၢယၢ်ယၢထဲသိးသိး★တၢ်လၢအဘၣ်မၤပှဲၤထိၣ်က္ၤတၢ်★တၢ်အိၣ်ဘျဲၣ်★စ္စၦရီၢ်အတၢ်ဟဲန္ၢ်ဟးထိၣ်အါစုၤလိၢ်အသးအဆံးအါခါအါ	bal'ance
_balcony	n.	ဘျိၣ်ဖိလၢအတအိၣ်ဒီးအခိၣ်ဒုး	bal'co-ny
_bald	a.	ကျူ★လ္ၤ★ကျိကဒီ★လၢအမၤတၢ်လိၤကတိၤ	bald
_bale	n.	တၢ်ဘိၣ်ဖးဒိၣ်	bale
_baleful	a.	လၢအမၤကီမၤခဲတၢ်သ္★လၢအပှဲၤဒီးတၢ်သးအုး	bale'ful
_balk	v.t.	တြီတၢ်လၢပုၤမ္ၢ်လၢ်လၢအကကဲထိၣ်★တြီတာ်တာ်တၢ်★အိၣ်ကတီၢ်ဖုးလၢအတအဲၣ်ဒိးလဲၤဘၣ်အယိ	balk
_ball	n.	တၢ်ဖျၢၣ်သလၢၣ်★ကးဒံၣ်ပိၣ်	ball
_ballast	n.	တၢ်ယၢၤလၢၤပၢာ်ထိၣ်ဒံသိးတၢ်သုတလၢၣ်လၢၣ်တဂုၤ	bal'last
_balloon	n.	ကလံၤဒၢ	bal-loon'
_ballot	n.	စးခိလၢပုၤပၢနုာ်လၢတၢ်ဖိၣ်တၢ်ဖးအဂီၢ်	bal'lot
_balm	n.	ကသံၣ်ဖှ★ကသံၣ်ကျး	balm
_bamboo	n.	ဝၣ်	bam-boo'
_ban	v.t.	တြီတၢ်လၢတၢ်စိတၢ်ကမီၤ	ban
_banana	n.	သကွံ	ba-na'na
_band	n.	တၢ်အကွီၤ★တၢ်အကီး★တၢ်လၢပပးတရံးယာ်တၢ်★တၢ်တိၤပ္ျ★ပှၤကရၢကရိထိၣ်အသးတဖု★ပှၤအ့ဥ်ပိၢ်ဒၢတဖု	band
_band	v.t.	ကရၢကရိထိၣ်အသး	band
_bandage	n.	တၢ်ကးညၣ်ပးတရံးယာ်တၢ်ပူၤလိၢ်	band'age
_bandit	n.	တမျိၤတမျာ်	ban'dit
_bandy	v.t.	တီၢ်ကဒံတီၢ်ကဒါတၢ်★တၢ်ကတိၤသကိးတၢ်ယၢ်ခီယာ်ခီ	ban'dy
_bandy	a.	(ခိၣ်)စ္	ban'dy
_bane	n.	တၢ်လၢအမၤဟးဂီၤတၢ်★တၢ်လၢအမၤတၢတၤနါတၢ်	bane
_baneful	a.	လၢအမၤဟးဂီၤမၤဆါတၢ်သ္	bane'ful
_bang	v.t.	တီၢ်သိၣ်တၢ်,ဒိသိၣ်တၢ်	bang
_bang	n.	တၢ်တီၢ်သိၣ်တၢ်★တၢ်ဒိသိၣ်တၢ်	bang
_bangle	n.	ခိၣ်ဘံဒိၣ်ကျိၤ★ထံဖံၣ်	ban'gle
_banish / banishment	v.t. / n.	(တၢ်)စံၣ်ညိၣ်ဟီထိၣ်ကွံာ်လၢထံကီၢ်အပူၤ★(တၢ်)ဟီထိၣ်ကွံာ်	ban'ish / ban'ish-ment
_bank	n.	စ့တၢး★ထံကၢ်ခိၣ်★ဟိၣ်ခိၣ်ထိၣ်က	bank
_bank	v.t.	မၤထိၣ်က(ဟိၣ်ခိၣ်)	bank
_bankrupt	n.	ပုၤလၢအလီၤတူာ်က္ၤအကၢမၢ်တန္ၢ်လၢၤဘၣ်	bank'rupt
_bankrupt	v.	မၤဒုၣ်ယ္ုၤကမၢ်ထိၣ်ပုၤတုၤအလီၤက္ၤတန္ၢ်လၢၤဘၣ်	bank'rupt
_banner	n.	အသံၣ်အလၣ်	ban'ner

_banquet	n.	တၢ်အီၣ်မူးအီၣ်ပွဲဖးဒိၣ်	ban'quet
_bantam	n.	ဆံး	ban'tam
_banter	v.t.	မၤလီၤနံၤတၢ်ႇကတိၤလီၤနံၤလီၤအ့ၣ်တၢ်	ban'ter
_baptism	n.	တၢ်ဘျၢ(လူ)(ဖှံ)ထံ ★တၢ်ပနီၣ်တမံၤမံၤလၢအဒုးနဲၣ်ဖျါထီၣ်တၢ်မၤကဆှီထီၣ်က့ၤ ★တၢ်ကဲထီၣ်ပှၤခရံာ်ဖိမၤလုၢ်အလၢ်	bap'tism
_baptize	v.t.	ဘျၢ(လူ)(ဖှံ)ထံ	bap-tize'
_bar	n.	ထးဖျၢၣ်(တကၢးထီၣ်တၢ်) ★တၢ်အဘိလၢပှၤဂိၢ်တံၢ်ယာ်တၢ် ★တၢ်တြီယာ်တၢ် ★တၢ်တိၤပျ့ ★သိၣ်ထီၣ်ဖဲထံကျိအထံၣ် ★ပီၢ်ရိခဲလၢာ်အကရၢ	bar
_bar	v.t.	တြီယာ်တၢ် ★ဂိၢ်တံၢ်ယာ်တၢ်	bar
_bar none		လၢ(တၢ်)ခဲလၢာ်အကျါ	bar none
_barring accident		တၢ်တြီမၤတံာ်တာ်မ့ၢ်တအိၣ်ဘၣ်	barring accident
_barb	n.	တၢ်အသကၤ ★(ဖျ့ၤထး)အဆူၣ်	barb
_barb	v.	မၤအိၣ်ဒီးအသကၤ	barb
_barbarian	n.	ပှၤရၢၢ်ပှၤစၢၢ် ★ပှၤမံၤစကုာ်ဖိ	bar-ba'ri-an
_barbaric	a.	လီၤက်ပှၤရၢၢ်ပှၤစၢၢ် ★ဘၣ်ယးဒီးပှၤမံၤစကုာ်ဖိ	bar-bar'ic
_barbarism	n.	တၢ်ရၢၢ်တၢ်စၢၢ် ★တၢ်ကတိၤအရၢၢ်အစၢၢ်	bar'ba-rism
_barbarity	n.	တၢ်မၤဆူၣ်မၤစိးတၢ် ★တၢ်မၤအၢမၤသီတၢ်	bar-bar'i-ty
_barbarous	a.	လၢအရၢၢ်အစၢၢ် ★လၢအမၤဆူၣ်မၤစိးတၢ်	bar'ba-rous
_barbecue	v.t.	ကၣ်ဒီဒုၤ	bar'be-cue
_barbecue	n.	တၢ်အကၣ်ဒီဒုၤ	bar'be-cue
_barber	n.	ပှၤကၢ်ခိၣ်ဆူၣ်	bar'ber
_bard	n.	ပှၤမၤထါဖိ	bard
_bare	a.	ဘ့ၣ်ဆ့ ★အိၣ်ဘ့ၣ်ဆ့ ★အိၣ်ထဲလဲ ★အိၣ်လှၤကဒိ ★ကျ့ၤမတိ	bare
_barely	adv.	ဘ့ၣ်ဘ့ၣ်ဖိ ★ကီကီခဲခဲ	bare'ly
_bargain	v.i.	အၢၣ်လီၤလိာ်အသး(လၢတၢ်ပှ့ၤတၢ်ဆါတၢ်အပူၤ)လိာ်တၢ်အပှ့ၤ ★အပှ့ၤဘၣ်ဒး	bar'gain
_into the bargain		လၢတၢ်––အဖိခိၣ်	into the bargain
_not bargain for		တကွၢ်လၢ်(တၢ်ကီတၢ်ခဲ)အကျဲဘၣ်	not bargain for
_barge	n.	ချံဖးဒိၣ်	barge
_bark	n.	သ့ၣ်ဖး	bark
_bark	v.t.	အ့ၣ်ကွံာ်အဖး ★ကှၣ်ကွံာ်အဖး ★မိၢ်တၢ် ★ကိးယါတၢ်	bark
_barley	n.	ဘုမုယီၢ်	bar'ley
_barn	n.	ဘုသိၣ်ဘုဖိ	barn
_barnacle	n.	ချိၣ်တကလုာ်(လၢအကူးယာ်အသးလၢချံခံကဘီခံ)	bar'na-cle
_barometer	n.	နီၣ်ထိၣ်လၢအဟ်ဖျါကလံၤအတၢ်ယၢ	ba-rom'e-ter
_baron	n.	ပဒိၣ်အလၢဒိၣ်ကပိၤဒိၣ်တဂၤ	bar'on
_barrack	n.	ဟံၣ်ဖိစၢ် ★ပှၤသုးဖိအဟံၣ်အဃီ	bar'rack
_barrel	n.	စ့ၣ် ★ကျိအဘိ	bar'rel
_barren	a.	လၢအတဟ့ၣ်ထီၣ်တၤသူၣ်တၤသၣ်ဘၣ် ★လၢအတဟ့ၣ်ထီၣ်တၢ်ဘၣ်	bar'ren
_barricade	v.t. / n.	(တၢ်)ဒီတံာ်ယာ်တၢ် ★(တၢ်)တၣ်ယာ်တၢ် ★(တၢ်)မၤနီၤတံာ်ယာ်တၢ်	bar'ri-cade
_barrier	n.	တၢ်လၢအဒီတံာ်ယာ်တၢ် ★တၢ်လၢအတြီယာ်တၢ် ★တၢ်လၢအမၤနီၤတံာ်ယာ်တၢ်	bar'ri-er
_barrister	n.	ပီၢ်ရိ	bar'ris-ter
_barrow	n.	လှၣ်ဖိလၢပှၤဆီၣ်လၤအစု	bar'row
_barter	v.t.	လဲလိာ်တၢ်ဖိတၢ်လံၤလၢတၢ်ဖိတၢ်လံၤအဂၤ	bar'ter
_base	n.	တၢ်အခီၣ်ထံး ★လီၢ်ဖဲပှၤဟ်တ့ၢ်တၢ်လၢကဟဲက့ၤဟးနၢ်ဖဲအလီၢ်အိၣ်ဝဲ ★တၢ်အမိၢ်ပှၢ်	base
_base	a.	တဂ့ၤတဃိဘၣ် ★လၢအအၢဝဲ ★လၢအရၢၢ်	base

_baseless	a.	လၢအခီၣ်ထံးတအိၣ်ဘိၣ်★လၢအမ်ၢပှၢ်အသံးအကၣ်တအိၣ်ဘၣ်★လၢအဂ့ၢ်တအိၣ်အကျိုးတအိၣ်ဘၣ်	base'less
_bashful	a.	လၢအမၤအသးသံးကွဲၤသံးနိၣ်★လၢအမဲာ်ဆှးသ့★လၢအဟ်မဲာ်ဟ်ဟါန၊တသ့ဘၣ်	bash'ful
_basic	a.	ဘၣ်ယးတၢ်အခီၣ်သ့ၣ်ထံး	bas'ic
_basin	n.	လီခီကတြၣ်ခိၣ်★လီခီသဖၣ်ခိၣ်★လီခီစ၊လၤၢ★တၢ်လီၤကလိာ်	ba'sin
_basin	n.	တၢ်အခီၣ်ထံး★တၢ်အဂၢ်ခိၣ်ဆၢၣ်★တၢ်အခိၣ်သ့ၣ်ထံး	ba'sin
_bask	v.t.	ဆ့း(မှၢ်)	bask
_basket	n.	တိၣ်★နၣ်★ကု★ဗိာ်★ဆီသုး★သကွိၣ်တြ၊	bas'ket
_bastard	n.	ဧၢဘၢ★ဧၢသမု★ပှၤဧၢဘၢဖိ★ဖိသၣ်လၢအဧၢသမု	bas'tard
_baste	v.t.	တိၢ်★ဆးတၢ်ထူးထါးကး	baste
_bat	n.	ဘျၣ	bat
_batch	n.	တၢ်တဖၣ်လၢအအိၣ်ထိၣ်တဘျီဃီ★တၢ်လၢပဟ်အီၤတပူၤဃီ	batch
_bated	a.	လၢအဘၣ်တၢ်မၤဆံးလီၤစှၤလီၤအီၤ	bat'ed
_bath	n.	တၢ်လၤပစုၣ်လီၤဘျၢလီၤတၢ်လၢအပူၤ,တၢ်လုၢ်ထံ★တၢ်သ့ပုၤလၤထံ	bath
_bathe	v.t.	လုၢ်ထံလုၢ်နိ	bathe
_batter	v.t.	တိၢ်ပကူၣ်လီၤကထၢတၢ်★တိၢ်ဝံတိၢ်ကွၤတၢ်★တိၢ်လီၤကထံးတၢ်	bat'ter
_battle	n.	တၢ်ဒုးတၢ်ယၤ	bat'tle
_bauble	n.	တၢ်ကယၢကယဲလၢအဖျါယဲလၤကလီကလီ	bau'ble
_bawl	v.t.	ကီးပသူးကီးပသီ★ကဲးကီးပသူ	bawl
_bay	n.	(ပိၣ်လဲၣ်)ကုၣ်ကျိ	bay
_bay	v.i.	မိၤအူၣ်တၢ်	bay
_bay	a.	ဂီၤဃဲး	bay
_bayonet	n.	ကျိအနး	bay'o-net
_bazaar	n.	ဖျၢပှၤ	ba-zaar'
_be	v.i.	အိၣ်★မ့ၢ်★ဘၣ်	be
_to be		က★ကမ့ၢ်★ကအိၣ်★ကဘၣ်	to be
_for the time being		ဖဲအဆၢကတီၢ်အပူၤအတ့ၤအံၤ★ဒၣ်ကလိာ်	for the time being
_is being (built)		ဘၣ်(တၢ်သူထိၣ်အီၤ)အဖၢ	is being (built)
_to be about to		ဘူးဒီးက	to be about to
_be it so		မ့ၢ်ကဒၣ်ယ၊်	be it so
_human being		ပှၤကညီ	human being
_to be at		မၤ	to be at
_beach	n.	ပိၣ်လဲၣ်န်ၤ	beach
_beach	v.t.	ဒုးတိၣ်ထိၣ်လၢသိၣ်ခိၣ်	beach
_beacon	n.	တၢ်ပနီၣ်မၣ်ဘူ	bea'con
_bead	n.	ဖဲ★တၢ်ဖျၢၣ်ဖိအိၣ်ပျဲာ်ထူၣ်ဖိုအသးလၢဖဲအဂီၢ်	bead
_beak	n.	အနိၣ်	beak
_beam	n.	ကျိၤ★(စီးပီၢ်)ဘံး	beam
_beam	v.i.	ကပြၢ်ထိၣ်★ကပီၤထိၣ်	beam
_bean	n.	ပထိးသၣ်★ဘီဘၣ်သၣ်	bean
_bear	v.t.	စိၣ်★ဝံ★တီ★ယိး★ပု★ဆ★သၣ်ထိၣ်★ဟ့ၣ်ထိၣ်★အိၣ်ဒီး★တုၢ်★အိၣ်ဖျဲၣ်★ဖုံလီၤ★ဆံးစၢ်	bear
_bear witness		အုၣ်အသး	bear witness
_bear arms		ကဲသုးဖိ	bear arms
_bear mind		သ့ၣ်နီၣ်	bear mind
_bear out		ဒုးနဲၣ်ဖျါလၢအဘၣ်★ဟ်ဂၢၢ်ဟ်ကျၢၤ	bear out
_bear up		သးတဟးဂီၤဘၣ်★ကီၤထိၣ်	bear up
_bear on		ကျံုလီၤ	bear on

_bear (lightly) (heavily) (up) on		ကတိၤတၢ်လၢအဂ့ၢ်(တခဲလၢာ်)ဘၣ်.(အါကစီဒီ)★ဘၣ်ယး	bear (lightly) (heavily) (up) on
_bear with		ဝံသးစူၤ	bear with
_bear down (up) on		မၤတၢ်ယံးယံးလၢအဖီခိၣ်★လူၤချူးန့ၢ်	bear down (up) on
_bear	n.	တၤသူ★ပှၤလၢအသူၣ်ဂၤ့ဖါခု	bear
_bearable	a.	လၢပတှၢ်ကဲ★လၢပတှၢ်န့ၢ်ခီၣ်ကဲ	bear'a-ble
_beard	n.	ခၣ်ဆှၣ်	beard
_to beard the lion in his den	v.t.	ထီဒါကျိၣ်ကတိၤ★ဟ်ဒုဟ်ဟ့အသးလၢပှၤဒိၣ်အမဲာ်ညါ	beard
_beast	n.	ဆၣ်ဖိကီၢ်ဖိ	beast
_beastly	a.	လီၤက်ဆၣ်ဖိကီၢ်ဖိ	beast'ly
_beat	v.t.	တိၢ်★ဒိ★ဒဲ★လၤ★ဖှိၢ်★သိ★ဖျ့★ကူၤ★မၤဘၣ်ဒိ★မၤနၢၤ★မၢဃၣ်★ပှာ်အဒံး★ဃီၢ်လီၤပၢၤ(ကျဲ)★(သး)စံၣ်တဘီတဘီ	beat
_beatitude	n.	တၢ်ဆိၣ်ဂ့ၤ	be-at'i-tude
_beautiful	a.	ဃံလၤ★ဃံဝဲလၤဝဲ	beau'ti-ful
_beautify	v.t.	မၤဃံမၤလၤတၢ်	beau'ti-fy
_beauty	n.	တၢ်ဃံတၢ်လၤ	beau'ty
_beaver	n.	ဆိအကလုာ်	bea'ver
_becalm	v.t.	ဒုးအိၣ်ဘှၣ်အိၣ်ဘှိၣ်★ဒုးအိၣ်ယိ	be-calm'
_because	conj.	အဃိ★အဂ့ၢ်ဒ်အံၤ	be-cause'
_beckon	v.t.	ဝၢ်ဃီၤအစု	beck'on
_become	v.i.	ကဲထီၣ်★အိၣ်ထီၣ်★လိၣ်ထီၣ်★ကြၢး★ဘၣ်	be-come'
_bed	n.	လီၢ်မံ★လီၢ်မံခး★(ထံကျိ)အခံဒး★စိၤခိၣ်★လၢ်ဘ့ၣ်ဘၣ်လၢဟီၣ်ခိၣ်အဖီလာ်	bed
_bedeck	v.t.	မၤကယၢကယဲ	be-deck'
_bedfellow	n.	တံၤသကိးလၢပမံသကိးဒီးအီၤ	bed'fel'low
_bedim	v.i.	မၤလီၤကဒု★မၤဖှိၢ်ပှၢ်★မၤခံးလီၤ	be-dim'
_bedspread	n.	လီၢ်မံခးအဃၢၤအဃီၢ်★လီၢ်မံခး★စိၤခိၣ်	bed'spread'
_bee	n.	ကွဲ★ကနဲ	bee
_beef	n.	တၢ်ညၣ်★ကျီၢ်ညၣ်	beef
_beehive	n.	ကနဲအဒၢ	bee'hive
_beeswax	n.	ကနဲယိး★ကွဲယိး	bees'wax'
_beet	n.	သဘၣ်အတံၢ်ဘိ	beet
_beetle	n.	စွံၤ★ကျူး	bee'tle
_befall	v.t.	မၤအသး★ဘၣ်တၢ်	be-fall'
_befit	v.t.	ကြၢးဒီး	be-fit'
_before	adv.	လၢညါ★လၢအမဲာ်ညါ★ဖဲအဂီၤထံး★ဆိ★ဟ်စၢၤ★တချူး★သလိ★လၢအဖီခိၣ်	be-fore'
_beforehand	adv.	ဟ်စၢၤ	be-fore'hand'
_befoul	v.t.	မၤဒု(ထံ)★မၤဘၣ်အၢ	be-foul'
_befriend	v.t.	မၤဘျုးပှၤ★မၤသ့ၣ်ညါသ့ၣ်ခိးပသးဒီးပှၤ	be-friend'
_befuddle	v.t.	မၤသဘံၣ်ဘုၣ်ပှၤအသး	be-fud'dle
_beg	v.i.	ယ့ကညး★ယ့အီၣ်တၢ်★သကွံၢ်ကညး	beg
_beget	v.t.	ထီၣ်ဖိ★ဒုးကဲထီၣ်★ဒုးအိၣ်ထီၣ်	be-get'
_beggar	n.	ပှၤယ့အီၣ်တၢ်ဖိ	beg'gar
_beggarly	adv.	လီၤသးဘၣ်အၢ	beg'gar-ly
_begin	v.t.	စးထီၣ်★(မၤ)ထီၣ်သိ★စးထီၣ်မၤ	be-gin'
_begrudge	v.t.	သူၣ်က့ၣ်သးကါ	be-grudge
_beguile	v.t.	ကလံာ်န့ၢ်လီန့ၢ်★မၤမုာ်သူၣ်မုာ်သး★လၢ်ကွံာ်ဆၢကတိၢ်မုာ်မုာ်	be-guile'
_behalf	n.	အဂီၢ်★န့ၢ်ခဲး	be-half'

_behave	v.t.	ဟၢ်သး★ဒီသူၣ်ဒီသး★ဟၢ်သူၣ်ဟၢ်သး	be-have'
_behavior	n.	တၢ်ဟၢ်သူၣ်ဟၢ်သး★တၢ်ဒီသူၣ်ဒီသး	be-hav'ior
_behind	adv.	လၢလီၢ်ခံ★လၢအချၢ★(အိၣ်လီၤတဲာ်)လၢခံ★တၢ်အခံကီၤ	be-hind
_behind the times		သးအိၣ်မၤတၢ်ဒ်အလုၢ်အလၢ်ပူၤကွံာ်အသိး	behind the times
_behindhand	a.	ထၢ★နီၤကွၢ★အိၣ်လီၤစဲၤခံ★ဖုံး	be-hind'hand'
_behold	v.i.	ကွၢ်ကွၢ်★ကွၢ်	be-hold
_beholden	a.	ကြၢးသ့ၣ်ညါဆၢတၢ်ဘျုး★လၢအဘၣ်ဘျုးဘၣ်ဖှိၣ်	be-hold'en
_behoove	v.t.	ကြၢး★ဂ့ၤ(မၤ)★အလီၢ်အိၣ်ဝဲလၢအဲၣ်(မၤ)	be-hoove'
_belabor	v.t.	တီၢ်ဆူၣ်ဆူၣ်★မၤဆူၣ်ဆူၣ်	be-la'bor
_belch	v.i.	ပအုၣ်ပအဒ်★အူသမှိထီၣ်တၢ်★ဒုးဟးထီၣ်(ကလံၤ)လၢအပူၤဖးဆူကိာ်ပူၤ	belch
_belfry	n.	ဒၢလ့ၢ်အဖီၣ်	bel'fry
_belie	v.t.	ကတိၤလီတၢ်လၢ(တၢ်)အဂ့ၢ်★ဟၢ်ဖျါထီၣ်လၢ(တၢ်)တမ့ၢ်တတီဘၣ်★ဒုးတဘီကှ့ၤ(တၢ်)★လီလီၤကှ့ၤ	be-lie'
_belief	n.	တၢ်နာ်★တၢ်စူၢ်တၢ်နာ်	be-lief'
_believe	v.t.	နာ်★စူၢ်တၢ်နာ်တၢ်★ဆိကမိၣ်	be-lieve'
_belittle	v.t.	မၤဆံးလီၤစှၤလီၤအလၤကပီၤ	be-lit'tle
_bell	n.	ဒၢလ့★ဆ့လ့★နီၣ်တံၣ်ကွိၣ်	bell
_belligerent	a.	လၢအဒုးတၢ်ယၢတၢ်★လၢအဘၣ်ယးဒီးတၢ်ဒုးတၢ်ယၤ★လၢအမၤတၢ်လၢအဒုးကဲထီၣ်တၢ်ဒုးတၢ်ယၤသ့★လၢအကတိၤတၢ်သီၣ်အ့သၣဖဲး	bel-lig'er-ent
_belligerent	n.	ပှၤလၢအဒုးတၢ်ယၢတၢ်★ပှၤလၢအဘၣ်ယးဒီးတၢ်ဒုးတၢ်ယၤ★ပှၤလၢအမၤတၢ်လၢအဒုးကဲထီၣ်တၢ်ဒုးတၢ်ယၤသ့★ပှၤလၢအကတိၤတၢ်သီၣ်အ့သၣဖဲး	bel-lig'er-ent
_bellow	v.i.	အူကြၢၣ်	bel'low
_bellows	n.	ယိ★ကလံၤအၢလၢအအူသဖိ(မ့ၣ်အူ)	bel'lows
_belly	n.	ဟၢဖၢ	bel'ly
_belong	v.i.	ဘၣ်ယးဒီး★မ့ၢ်အတၢ်	be-long'
_belonging (s)	n.	အတၢ်ဖိတၢ်လံၤ	be-long'ing (s)
_beloved	a.	ပှၤဘၣ်တၢ်အဲၣ်အီၤကွံာ်အီၤ	be-loved'
_below	adv. / prep.	လၢအဖီလာ်★လၢဟီၣ်ခိၣ်ချၢ	be-low
_belt	n.	ယီၢ်တကီး★ယီၢ်ဒိၣ်ပုံၤ★ဖျံၤပၤတရံးတၢ်★တပလှာ်★တၢ်ကျိၤတုာ်★ဟီၣ်ခိၣ်တကဝီၤဖဲတၢ်ကဲထီၣ်ဆီတမံၤ	belt
_bemoan	v.t.	ကအုကစ့ၢ်(လၢတၢ်အၢ်ၢ်)★ဟီၣ်ဘၣ်ယၢၤထွဲ	be-moan'
_bench	n.	လီၢ်ဆ့ၣ်နီၤဖးထီ★ပှၤစံၣ်ညီၣ်ကွီၢ်အလီၢ်★ပှၤစံၣ်ညီၣ်ကွီၢ်★လဲၤသမါအစဲတၢ်မၤတၢ်အလီၢ်ဆ့ၣ်နီၤဖးထီ	bench
_bend	v.t.	ကုၣ်★မၤကုၣ်★ကုၣ်ကူး★သတ်ထီၣ်သတ်လီၤ★ချံၤလီၤ★ဆုးလီၤ★ဟိၢ်လီၤ★စးထီၣ်(မၤတၢ်)လၢာ်ဂံၢ်လၢာ်ဘါ★မၤလၢာ်သး	bend
_beneath	prep. / adv.	လၢအဖီလာ်	be-neath'
_benediction	n.	တၢ်ဆိၣ်ဂ့ၤ	ben'e-dic'tion
_benefaction	n.	တၢ်မၤဘျုးတၢ်	ben'e-fac'tion
_beneficence	n.	တၢ်ညီနုၢ်မၤဘျုးမၤဖှိၣ်တၢ်★တၢ်ညီနုၢ်မၤဂ့ၤတၢ်	be-nef'i-cence
_beneficent	a.	လၢအညီနုၢ်မၤဘျုးမၤဖှိၣ်တၢ်★လၢအညီနုၢ်မၤဂ့ၤတၢ်	be-nef'i-cent
_beneficial	a.	လၢအဘျုးအိၣ်ဖိၣ်အိၣ်★လၢအကဲထီၣ်တၢ်ဘျုးသ့	ben'e-fi'cial
_beneficiary	n.	ပှၤလၢအတူၢ်လိာ်တၢ်ဟ့ၣ်မၤဘျုးတၢ်★ပှၤလၢအကြၢးဒီးန့ၢ်ဘၣ်တၢ်ဘျုးတၢ်ဖှိၣ်လၢပှၤဟ်လီၤတဲာ်	ben'e-fi'ci-a-ry
_benefit	n.	တၢ်ဘျုး★တၢ်ဂ့ၤလၢလၢပှဲၢ်★မၤဘျုး★မၤဂ့ၤတၢ်	ben'e-fit
_benevolence	n.	တၢ်သးအိၣ်မၤဂ့ၤတၢ်★တၢ်သးအိၣ်တၢ်★တၢ်သးအိၣ်မၤစၢၤတၢ်★တၢ်မၤဂ့ၤတၢ်	be-nev'o-lence
_benevolent	a.	လၢအသးအိၣ်မၤဂ့ၤတၢ်★လၢအသးအိၣ်မၤစၢၤတၢ်	be-nev'o-lent
_benign	a.	လၢအသ့ၣ်ဘၣ်သးသ့★လၢအသးကညီၤတၢ်★လၢအမၤဘျုးမၤဖှိၣ်တၢ်	be-nign'

_benignant	a.	လၢအမၤဂ့ၤပှၤအိၣ်လၢအဖီလာ်★လၢအမၤဘျုးတၢ်	be-nig'nant
_bent	n.	သးအၢတၢ်အဲၣ်ဒိး	bent
_bent on		ဟ်လီၤအသး(သပှၢ်တၢ်)	bent on
_benumb	v.i.	သံၣ်★ခိၣ်ဟး★ခိၣ်ပၖ်ပၤဝါ★မၤမၤ့တံမၤမ်ၢ	be-numb'
_bequeath	v.t.	ဟ့ၣ်သါတၢ်	be-queath'
_berate	v.t.	အ့ၣ်လိာ်ဆှၣ်ဆှၣ်★ကဒူးတၢ်ဆှၣ်ဆှၣ်	be-rate'
_bereave	v.t.	ဒုးလီၤမၢ်သးဒၣ်ကွံာ်တၢ်★ဒုးအိၣ်သယုၢ်သညိတၢ်	be-reave'
_bereavement	n.	တၢ်တုၢ်ဘၣ်တၢ်လၢတၢ်သံသးဒၣ်ပှၤအယိ★တၢ်အိၣ်လီၤတဲာ်သယုၢ်သညိ	be-reave'ment
_berth	n.	ကဘီအလီၢ်တကဝီၤဖဲကဘီကနၤ★တၢ်မံအလီၢ်လၤ(ကဘီ)အပူၤ★သုးကဝီၤကွံာ်သးဒိး	berth
_beseech	v.t.	ယ့ကညး★သကွံာ်ကညး★ယ့သပှၢ်ပှၢ်	be-seech'
_beseem	v.t.	ဖျါလၢအကြၢး★ဖျါလၢအကၢကိၣ်	be-seem'
_beset	v.t.	ဝီၤတရံးယာ်★မၤကဒံကဒါအသး★ဆီၣ်သနံးဝးဝး	be-set'
_beside	prep.	လၢအကပၤ★လၢအယၢၤ★လၢယၣ်ယၤ	be-side
_beside one's self		ပျုၢ်ကြီး★တသ့ၣ်ညါသ့ၣ်ခိးကဲ့တၢ်ဘၣ်	beside one's self
_beside the question		တဘၣ်ဃးဘၣ်	beside the question
_besides	adv. / prep.	လၢနူၣ်အမဲာ်ညါ★အခိၣ်တလိာ်★စ့ၢ်ကီး★လၢအဖီခိၣ်	be-sides'
_besiege	v.t.	ဝီၤတရံးနုး★လီၤဒိးဝးဝး★ကဝီၤယာ်	be-siege'
_bespatter	v.t.	ဝဲးဘၣ်အၢတၢ်★ဖျိးထိၣ်ဘၣ်အၢတၢ်အလီၤ★ဆံၣ်ထိၣ်ဘၣ်အၢတၢ်အလီၤ★ကတိၤဘၣ်အၢတၢ်သိတၢ်ဂ့ၢ်	be-spat'ter
_bespeak	v.t.	မၤလိာ်ဟ်စၢၤ★ဒုးနဲၣ်ဖျါ(လၢအမ့ၢ်တၢ်တမံၤ)★တဲဟ်(အဂ့ၢ်)လၢညါ	be-speak'
_best	a.	ဂ့ၤကတၢၢ်	best
_best part of		အါနှ်ၢ်တၢ်★အါတက့ၢ်	best part of
_best foot foremost		ကျဲးစၢးဒုးနဲၣ်ထဲတၢ်လၢအလီၤစံၤပတြၢၤပှၤ	best foot foremost
_bestial	a.	လၢအဒ်သိးဒီးဆၣ်ဖိကီၢ်ဖိ	bes'tial
_bestir	v.t.	မၤဟူးထိၣ်ဂဲၤထိၣ်(ပှၤအသး)	be-stir'
_bestow	v.t.	ဟ့ၣ်လီၤ	be-stow'
_bestride	v.t.	အိၣ်ဆၤးဖးတြ့ၢ်ခိၣ်	be-stride'
_bet	v.t.	တၤတၢ်	bet
_betel	n.	သဘ္ၤၣ်	be'tel
_betide	v.t.	မၤအသး★ဟဲကဲထိၣ်အသး	be-tide'
_betoken	v.t.	ဒုးနဲၣ်ဖျါဆိ(ဟ်စၢၤ)	be-to'ken
_betray	v.t.	ဟ့ၣ်လီၤကွံာ်တၢ်လၢကျဲကဘံၣ်ကဘှၣ်★ဟ်ဖျါထိၣ်တၢ်လၢပှၤဆၢလၢပကဟ်ခူသူၣ်★ဆၢဖျိးကမၣ်ကွံၣ်ပှၤ★မၤပိာ်မုၣ်တတီတၤတြ့	be-tray'
_betroth	v.t.	ဟ်တၢ်အဲၣ်ဒ်တီ★အၢၣ်လီၤအိၤလီၤလိာ်အသးလၢအကကဲထိၣ်နၢ်ဒီမိဝၤ	be-troth'
_better	a.	ဂ့ၤတက့ၢ်★ဂ့ၤနှ်ၢ်★ဂ့ၤဒိး★ကိည်ထိၣ်က့ၤ★မှာ်ထိၣ်က့ၤ★အါနှ်ၢ်အနၣ်ၣ်	bet'ter
_better	v.t.	မၤဂ့ၤထိၣ်	bet'ter
_get the better of		သူနှ်ၢ်အၤ★မၤနၤၤ	get the better of
_between	prep.	လၢအဘၢၣ်စၢၤ★လၢအကဆူး★ကဒဲကဒဲအကျၤ★လၢအကျၤ	be-tween'
_bevel	a.	မၤလီၤဘံ★မၤတစ္ၤလီၤ★မၤတဖျၣ်လီၤ★တၢ်တစ္ၤတၢ်	bev'el
_beverage	n.	တၢ်အီအကလုာ်ကလုာ်	bev'er-age
_bewail	v.t.	ဘၣ်မိၣ်ဘၣ်မး★ဘၣ်သူၣ်အုးသးအုး	be-wail'
_beware	v.t.	ပလီၢ်သူၣ်ပလီၢ်သး★ဟးဆဲး	be-ware'
_bewilder	v.t.	မၤသဘံၣ်ဘုၣ်သူၣ်မၤသဘံၣ်ဘုၣ်သး	be-wil'der
_bewitch	v.t.	ဃၢ်နၢ်တၢ်★မၤမှာ်သူၣ်မှာ်သးပှၤတၤသးဟ်ထွဲယုာ်	be-witch'

_beyond	adv.	လၢဘးခီ★လၢအမဲာ်ညါ★ယံၤစၢ်တလၢ(လၢပတၢ်နၢ်ပၢၢ်)★အါန့ၢ်ဒံး★(ဂ့ၤ)တုၤတဲာ်တဘၣ်ဘၣ်	be-yond'
_bias	v.t.	တၢ်တံာ်တစ့ၤတၢ်	bi'as
_bias	n.	တၢ်အိၣ်ဟ်စၢၤလၢပှၤအသးကံၢ်ပူၤလၢအဆူၣ်လီၤဆီပူၤအတၢ်ဆိကမိၣ်	bi'as
_Bible	n.	လံာ်စီဆှံ	Bi'ble
_bibliography	n.	စရီလၢအဟ်ဖျါထီၣ်လံာ်ဖိုလံၢ်ဖိၤတဖၣ်လၢအမၤစၢၤတၢ်ယူသ့ၣ်ညါတၢ်အဂ့ၢ်အကျိၤတမံၤ	bib'li-og'ra-phy
_bicker	v.t.	အ့ၣ်လိာ်ဆိးက့လိာ်အသးတလီၢ်လီၢ်တလီၢ်လီၢ်	bick'er
_bicycle	n.	လ့ၣ်ယီၢ်	bi'cy-cle
_bid	v.t.	မၤလိာ်★မၢ★ကွဲ★စံး	bid
_bide	v.i.	အိၣ်★အိၣ်ဆိး★အိၣ်ခိး★ဝံသးစူၤ	bide
_bier	n.	စီၤက့ၤလၢပှၤယိးတၢ်သံလၢအလိၤ	bier
_big	a.	ဒိၣ်★သ့ၣ်★ဖးဒိၣ်	big
_bigamy	n.	တၢ်အိၣ်ဒီးမါခံဂၤဂ့ၤဝၤခံဂၤဂ့ၤတဘျီဃီ	big'a-my
_bigot	n.	ပှၤလၢအနာ်တၢ်ဒီးစံးလၢပှၤအမ်ါတဒံးသိးဒီးအီၤဘၣ်န့ၣ်မ့ၢ်တၢ်ကမၣ်ခဲလၢာ်	big'ot
_bill	n.	ထိၣ်အနိာ်★စရီယုၢ်ကွ့ၤတၢ်အပှ့ၤမ့တမ့ၢ်တၢ်အဘူးအလဲ★လံာ်ပယၢ်တၢ်လၢပဒိၣ်အမံၢ်ညါတဘ့ၣ်	bill
_bill of fare		စရီလၢအဟ်ဖျါထီၣ်တၢ်အီၣ်တၢ်အီလၢပှၤန့ၢ်ဘၣ်သူ	bill of fare
_bill of health		စရီလၢကၢသံၣ်သရၣ်ဟ်ဖျါထီၣ်တၢ်အီၣ်ဆူၣ်အိၣ်ချ့အဂ့ၢ်	bill of health
_billet	n.	တၢ်မၤပှၤလဲၤတၢ်,အိၣ်တၢ်,မံဂၤလၤလီၢ်တပူၤပူၤ	bil'let
_billow	n.	လပီဖးဒိၣ်★လၤဖးဒိၣ်	bil'low
_bin	n.	ဘ့ဖိ★စာ်★တၢ်အၤလၤပၢ်တၢ်ဒီးတၢ်လၣ်လၤအပူၤ	bin
_bind	v.t.	စၢယာ်★ယှ့ယာ်★ဘိၣ်ယာ်★ဘံယာ်★ပၤယာ်★ကီးယာ်★ကွီၤယာ်	bind
_biography	n.	တၢ်ကွဲးပှၤတဂၤအသးသမူအဂ့ၢ်အကျိၤ	bi-og'ra-phy
_biology	n.	တၢ်ယူသ့ၣ်ညါမၤလိတၢ်သးသမူအဂ့ၢ်	bi-ol'o-gy
_bioscope	n.	တၢ်ဂီၤမူ	bi'o-scope
_biplane	n.	ကဘီယူၤအႂးအိၣ်ခံကထၢ	bi'plane
_bird	n.	ထိၣ်	bird
_bird's eye view		တၢ်ထံၣ်လီၤတၢ်လၤတၢ်ဖးဖီ★တၢ်ဆိကမိၣ်တၢ်လၤတၢ်အဂ့ၢ်အါမံၤဒံတၢ်တမံၤဃီအသိးဖုၣ်ကိာ်ဖိ	bird's eye view
_birth	n.	တၢ်အိၣ်ဖျဲၣ်	birth
_birthday	n.	တၢ်အိၣ်ဖျဲၣ်အနံၤ	birth-day
_birthmark	n.	တၢ်ပနီၣ်လၢပှၤအိၣ်ဖျဲၣ်ပၣ်ယှာ်	birth-mark
_birthplace	n.	တၢ်အိၣ်ဖျဲၣ်အလီၢ်	birth-place
_bisect	v.t.	မၤသ့ၣ်ဖးတၢ်ခံခီ(ပှဲၤသိးသိး)	bi-sect'
_bishop	n.	ဘံရှာ်,သရၣ်ကွၢ်တၢ်လၢအစိကမီၤအိၣ်လၢတၢ်အိၣ်ဖှိၣ်အါခါအၤအဖီခိၣ်	bish'op
_bison	n.	ပနၢ်မ်ါ★တၢ်ဘီနႃၤ	bi'son
_bit	n.	ထးဖျိာ်အကနၣ်★ကသ့ၣ်အထးအ့ၣ်	bit
_bitch	n.	ထွံၣ်မိၢ်	bitch
_bite	v.i.	အ့ၣ်★ဖျး★အ့ၣ်ထုးအ့ၣ်စိၢ်	bite
_bite	n.	တၢ်အ့ၣ်★တၢ်ဖျး★တၢ်အ့ၣ်တၢ်တဘီ★တၢ်အိၣ်တမိ★တၢ်အိၣ်တစဲး	bite
_bitter	a.	ခံ★နးနး	bit'ter
_bizarre	a.	လၢအအိၣ်ဖျါတလီၤတလီၤလၢအတၤဘၣ်လိာ်အသးဘၣ်အယိ	bi-zarre'
_blab	v.t.	ကတိၤကြီတၢ်★ကတိၤတၢ်ဒံပှၤသးတထံဘၣ်အသိး	blab
_black	a.	သူ	black
_black art	n.	တၢ်မၤလၢပှၤဟိၣ်တၢ်ယီတၢ်ဖိမၤဝဲ★တၢ်သမူပယၢ်	black-art
_blacken	v.t.	မၤသူထီၣ်★ထီၣ်သူ	black'en
_blackguard	n.	ပှၤအၤပှၤသီ★ပှၤတဂီၢ်တသီၣ်	black'guard
_black list	n.	စရီလၢအကွဲးနီၣ်ကွဲးယါပှၤအတၢ်ဖံးတၢ်မၤလၤအတကြၢးတဘၣ်	black list

28

_blackmail	n.	တၢ်ယ့ဆူဉ်စ့လၢပှၤအအိဉ်လၢအမ့ၢ်တဟ့ဉ်ဘဉ်ဒီးကဖျၢ	black'mail
		တၢ်အၢတၢမ်လၢအဂ့ၢ်	
_bladder	n.	ဆံဉ်အၢ	blad'der
_blade	n.	အကနၣ်★(နီဉ်)အလဉ်အံဉ်★(နီဉ်ဝၢ)အခိဉ်ကဘျှ	blade
_blame	v.t.	ဟ်တၢ်ကမဉ်★ပယၢ်တၢ်★ပယ့ဲတၢ်	blame
_blameless	a.	လၢတၢ်ဟ်တၢ်ကမဉ်လၢအလီၤအလီၢ်တအိဉ်ဘဉ်	blame'less
_blamelessly	adv.	လၢတၢ်ဟ်တၢ်ကမဉ်လၢအလီၤအသ့လ့ၤတၢၤဘဉ်	blame'less-ly
_blanch	v.t.	မၤဝါထီဉ်★ဝါထီဉ်	blanch
_bland	a.	ဘျ၊	bland
_blandishment	n.	တၢ်မၤစၢ်မၤန့ဲၤအသး★တၢ်ကလုၢ်စၢ်စၢ်ရှဲၤရှဲၤ	blan'dish-ment
_blank	n.	ကလီ★ခီလီ★အိဉ်လီၤပို	blank
_blanket	n.	ယဉ်လုး★လၢအအိဉ်ကွဲၤအသးဒီးတၢ်ဂ့ၢ်တဘျုးကလုာ်လၢအပူၤကတၢာ်တၢ်	blank'et
		ကတူးတူး	
_blankly	adv.	အီတရီၢ်★တယူၤအီးအၢ	blank'ly
_blare	v.i.	သိဉ်ကဒြီ★သိဉ်ဒံကွဲၤသိဉ်အသိး	blare
_blaspheme / blasphemy	v.t. / n.	(တၢ်)ကတိၤထီဒါတၢ်စီဆုံ★(တၢ်)ကတိၤဘဉ်အၢတၢ်စီဆုံ	blas-pheme' / blas'phe-my
_blast	v.t.	မၤပၢၢ်ဖးထီဉ်တၢ်★မၤလီၤညွံးလီၤဘၢကွံာ်တၢ်	blast
_blast	n.	တၢ်မၤပၢၢ်ဖးထီဉ်တၢ်★တၢ်မၤလီၤညွံးလီၤဘၢကွံာ်တၢ်★ကလံၤဆူတၢ်ဆူဉ်ဆူဉ်	blast
_blatant	a.	လၢအဟ်ဖျါအၢတဒ်တၢ်မၢ်တၢ်နီၢ်အသိး	bla'tant
_blaze	n.	မုၣ်အူလၣ်	blaze
_blaze	v.t.	ကွီၢ်တပျၢ်ကွဲၤသ့ဉ်အဖံးတဖး★သးဒိဉ်တဖျိၤထီဉ်	blaze
_bleach	v.t.	ဝါထီဉ်★မၤဝါထီဉ်★ဆူဉ်ဝါထီဉ်	bleach
_bleak	a.	ဂီၢ်ဖုံဉ်★လှၤပို	bleak
_blear-eyed / bleary	a.	(မဲာ်)ယုာ်	blear'eyed' / blear'y
_bleat	v.t.	ကိးကတြၢကတြီၢ်တၢ်(သိဉ်ဒံသိအသိး)★ကိးကလှကလီတၢ်	bleat
_bleed	v.t.	သွံဉ်ထီဉ်★ဒုးယွၤကွံာ်သွံဉ်★သွံဉ်ဟုာ်ထီဉ်★သွံဉ်ဖျၢ်လီၤ★(သွံအထုး)ယွၤလီၤ	bleed
_blemish	n.	တၢ်တလၢတပှဲၤအိဉ်လၢတၢ်အကွၢ်အဂီၢ်အယံအလၤအပူၤ★တၢ်အမဲဉ်သူမဲဉ်ဂီၤ	blem'ish
_blemish	v.	ဒုးအိဉ်ထီဉ်တၢ်တလၢတပှဲၤလၢတၢ်အကွၢ်အဂီၤအယံအလၤအပူၤ★ ဒုးအိဉ်ထီဉ်တၢ်မဲဉ်သူမဲဉ်ဂီၤ	blem'ish
_blend	v.t.	မၤကျဲၣ်ကွီၢ်တၢ်★ယါယုာ်တၢ်	blend
_bless	v.t.	ဆိဉ်ဂ့ၤ★စံးထီဉ်ပတြၢၤ★ဟ်စီဆုံ★ဒုးဘဉ်ဘျုးဘဉ်ဖှိဉ်	bless
_blessed	a.	ဘဉ်ဆိဉ်ဂ့ၤ★ဘဉ်ဘျုးဘဉ်ဖှိဉ်	bless'ed
_blight	v.t.	မၤပံမၤသီတၢ်★မၤဟးဂီၤတၢ်မုၢ်လၢ်★တၢ်ယ့ထံသံ	blight
_blind	a.	မဲာ်ဘျီဉ်★မဲာ်ခံး★မဲာ်တထံဉ်နါတဖၢ★သုဉ်ခံးသးခံး★လၢအတၢျဘဉ်★ လၢအတလီၤတၢ်ဘဉ်★လၢအၤပှၤအၤဖျိတအိဉ်ဘဉ်	blind
_blind	v.t.	မၤဘျီဉ်★မၤခံး★မၤယုာ်★မၤခံးအသုဉ်အသး★မၤခံးအၤဖျါဘဉ်★ မၤတလီၤတၢ်ဘဉ်	blind
_blindly	adv.	ဒ်ပှၤမဲာ်ဘျီဉ်အသိး★လၢတၢ်ဆိကမိဉ်တအိဉ်ဘဉ်အပူၤ	blind'ly
_blink	v.i.	ဖျးလံၤဖျးစိဉ်★ဖျးဆံၣ်မဲာ်စူးလံၤစူးလံၤ★ဟးဆဲး★ဟ်တသ့ဉ်ညါအသးဘဉ်	blink
_bliss	n.	တၢ်သးခုတကျၣ်★တၢ်သးခုနီၢ်နီၢ်	bliss
_blissful	a.	လၢအသးခုတကျၣ်★လၢအသးခုနီၢ်နီၢ်★လၢအအိဉ်ပှဲၤဒီးတၢ်သုဉ်ခုသးခု	bliss'ful
_blissfully	adv.	အိဉ်ဒီးတၢ်သးခုနီၢ်နီၢ်	bliss'ful-ly
_blister	n.	ဖံးကဖိ★တၢ်ကဖိထီဉ်	blis'ter
_blister	v.	ဒုးကဖိထီဉ်	blis'ter
_blister	v.i.	ကဖိထီဉ်	blis'ter

_blithe	a.	လၢအသူၣ်ဖှံသးညီသူၣ်ခုသးခု	blithe
_blizzard	n.	ကလံၤမုၢ်တွၤဟဲယှာ်ဒီးမှိၣ်ဖီ★ကလံၤသိၣ်ဂီၤအဆူၣ်ဟဲယှာ်ဒီးမှိၣ်ဖီ	bliz'zard
_bloat	v.i.	ညိးထိၣ်★ကဖိထိၣ်★စၢ်(ည့ၣ်)လၢအံၣ်ဒီးကၣ်မံလၢမ့ၣ်အူကပါၤကယီၤ	bloat
_blob	n.	တၢ်ဟ်စနိၤအကၢ်လိၣ်	blob
_block	v.t.	တြီတၢ်ယာ်★တၢတံၢ်ယာ်★မၤတံၢ်ယာ်အခံ★တြီတၢ်တတ်တၢ်★တ့တၢ်အဂီၤတရ္ဂာ်တရၢ်★သိ(ခိၣ်ဖိုၣ်)	block
_block	n.	(လၢ်)တကၢ်လိၣ်★သ္ၣ်ကုၣ်လၢ်တကျိၣ်★တၢ်အလီၢ်တကဝီၤလၢဝ့ၢ်ပူၤ★တၢ်ဒ္ၣ်စၢၤလၢကျဲဖးဒိၣ်ခံဘိအကဆူး	block
_blockade	n.	တၢ်တြီတံၢ်ယာ်တၢ်★တၢ်မၤနီၤတံၢ်ယာ်တၢ်	block-ade'
_blockade	v.t.	တြီတံၢ်ယာ်တၢ်★မၤနီၤတံၢ်ယာ်တၢ်	block-ade'
_blockhead	n.	ပှၤတၢယူၤအီးအၢး★ပှၤအသူၣ်ယၢတရၢ်သးယၢတရၢ်★ပှၤလၢအတၢ်ကူၣ်တၢ်ဆးတအိၣ်	block'head
_blond	n.	လၢအအိၣ်ဒီးအမဲာ်ဖုံလါအဲး★အညၣ်ဝါကလၢၤဒီးအခိၣ်ဆူၣ်တၤသုဘၣ်	blond
_blood	n.	သွံၣ်★တၢ်ဖံးဘူးည္ၣ်တံၢ်★တၢ်ဟ္ၣ်လီၤကွံာ်သးသမူ	blood
_one's blood is up		အသးကိၢ်ထိၣ်	one's blood is up
_full blooded		အစဲၤ	full blooded
_half blooded		လီၤချံ	half blooded
_bloodshot		(အမဲာ်)ထိၣ်သွံၣ်	blood'shot'
_bloodthirsty	a.	လၢအအၢဒိၣ်သီဒိၣ်	blood'thirst'y
_bloody	a.	အိၣ်ဒီးအသွံၣ်★လၢအဘၣ်အၢဒီးတၢ်သွံၣ်★လၢအစုၤဂၢ်သွံၣ်ဂၢ်စီၢ်★အိၣ်ဒီးတၢ်ဂၢ်သွံၣ်ဂၢ်စီၢ်★အလွဲၢ်ဂီၤဒ်တၢ်သွံၣ်	blood'y
_bloom	v.i.	အိၣ်ထိၣ်ဖးထိၣ်★လိၣ်ဘိထိၣ်သိ★လိၣ်ဘိဘိထိၣ်	bloom
_bloom	n.	အသံၣ်အဖိ★တၢ်လိၣ်ဘိထိၣ်သိ★သွံၣ်ဖိထံဖိ	bloom
_bloomers	n.	ခိၣ်ဖိုၣ်အကျိလၢအဘၣ်စၢယၢ်ဖဲခိၣ်လှၤခိၣ်	bloom'ers
_blossom	n.	အသံၣ်အဖိ★တၢ်လိၣ်ဘိထိၣ်သိ	blos'som
_blossom	v.i.	သံၣ်ထိၣ်ဖိထိၣ်★လိၣ်ဘိထိၣ်သိ★ကဲထိၣ်လိၣ်ထိၣ်	blos'som
_blot	v.i.	ဘၣ်အၢ★မၤဘၣ်အၢ★မၤသံၣ်သူမီၤကျာ်★(ခဲ)သူဘၢကွံာ်(တၢ်ကတိၤ)	blot
_blot	n.	တၢ်အလီၤစီၤတပှၢ	blot
_blotch	n.	တၢ်ဘၣ်အၢတၢကဝီၤ★(တၢ်တကဲးပဝာ်)အသံၣ်သူမီၤကျာ်	blotch
_blotter	n.	စဲၣ်ထိး★တၢ်ကူးသံ	blot'ter
_blow	v.t.	အူတၢ်★အူသွံအူသွါ★အူကသုၣ်★သါဟဲးသါဟီ★ဒံဝုးဒံဝီၤကတိၤကဖိအအကၢ်★သြဲး★ပိၢ်ထိၣ်★မၤပိၢ်ထိၣ်	blow
_blow	n.	တၢ်တီၢ်★တၢ်ဒိ★တၢ်ထိ★တၢ်နၤတၢ်ဖိၣ်	blow
_blow over		လဲၤပူၤကွံာ်★ဝဲၤထိၣ်	blow over
_to blow up		ဖိုးနၢ်ကလံၤ	to blow up
_to blow one's brains out		ခးသံလီၤ(အသး)	to blow one's brains out
_to blow one's own trumpet		ကတိၤဂ္ၤလီၤထဲအသး	to blow one's own trumpet
_blue	a.	လါအဲး★လါဟ္	blue
_feel blue		သးတဖံဘၣ်	feel blue
_look blue		တဖျါလၢတၢ်မုၢ်လၢ်အိၣ်ဘၣ်	look blue
_bluff	a.	လၢအလီၤဆူဖးသတူၢ်ကလာ်ဖဲအကတၢၢ်★လၢအကတိၤတၢ်လီၤကတိၤ	bluff
_bluff	n.	တၢ်လီၤဆူဖးသတူၢ်ကလာ်ဖဲတၢ်အကတၢၢ်	bluff
_blunder	v.i.	မၤကမၣ်တၢ်လၢတၢ်တပလီၢ်ပဒီအသးအယိ★တၢ်ဆဲးလံၢ်အိၣ်ဝဲၤ	blun'der
_blunder upon		ဘၣ်တိၢ်တၢ်လၢတၢ်လဲၤအသးဆဲးလံၢ်အိၣ်ဝဲၤအယိ	blunder upon
_blunt	a.	(အကနၣ်)လူၤဝဲၤ★အခိၣ်ဟၢၤ★အခိၣ်ကို★ကျူၤ★လၢအကတိၤတၢ်လီၤကတိၤ	blunt
_blunt	v.t.	မၤလူၤ★မၤလီၤဟၢၤ★မၤသကျူၤ	blunt
_blur	v.t.	ဖျါတဂ္ၤလၢ(ကသံၣ်ထံ)ပြါထိၣ်အယိ★မၤလီၤကဒုကွံာ်လၢတၢ်ဘၣ်အၢ	blur

30

_blur	n.	တၢ်ဖျါဖျါတဖျါဖျါ★တၢ်မၤလီၤကဒုကဒါတၢ်	blur
_blurt	v.t.	ကတိၤထီၣ်ဖျးဖုးနၢ်စိၤတၢ်	blurt
_blush	v.t.	မဲာ်ဂီၤထီၣ်နၢ်ဂီၤထီၣ်★မဲာ်ကိၢ်ထီၣ်နၢ်ကိၢ်ထီၣ်	blush
_bluster	v.t.	အူတၢ်သီၣ်ခွံၢ်ခွံၢ်ခဲာ်ခဲာ်★ကတိၤသရုသရိးတၢ်	blus'ter
_boa	n.	ကလီၤ	bo'a
_boar	n.	ထိးတံၢ်★ထိးပါစိ★ထိးပါနူ	boar
_board	n.	သ္ၣ်ဘၣ်သူ★ပှၤပၢဘၣ်တၢ်တဖု	board
_board	v.t.	ၚါအိၣ်မုၢ်★ဒုးအိၣ်ဒုးအိၣ်ပုၤၚါအိၣ်မုၤဖိ★(ဒၢလီၤ)သ္ၣ်ဘၣ်★ဒီးထီၣ်(ကဘီ)	board
_boast	v.t.	ကတိၤဒိၣ်အကၢိၤ★ကတိၤတၢ်ကဖၢလၢ★ကတိၤရၤအကၢိၤ★ကတိၤလၢအကၢိၤ	boast
_boat	n.	ချံ★သိၣ်ပၣ်	boat
_bob	v.i.	ဝးတယဲၤတယီး★ဝးထီၣ်လီၤထီၣ်လီၤ★ဝးပပီ★တၢ်ဖုၣ်လီၤခိၣ်ဆုၣ်လၢကိၣ်ကျၤခဲ	bob
_bode	v.t.	မၤဖျါထီၣ်ဟ်စၢၤ★နဲၣ်ဟ်စၢၤ	bode
_bodily	a.	အိၣ်ဒီးအနီၢ်ခိ★ဘၣ်ယးဒီးနီၢ်ခိ	bod'i-ly
_body	n.	နီၢ်ခိ★အနီၢ်ကစၢ်★တၢ်အပိၢ်ပှၢ်★(သုးဖိ)တဖု	bod'y
_bog	n.	တၢ်ပၢၤပှ်ပၢၤပီၢ်★တၢ်ကပှၤပူၤ★တၢ်ကပှၤကပျၢ်	bog
_boil	v.i.	ချီ★ချီထီၣ်★ကလံာ်ထီၣ်★ဒိထီၣ်	boil
_boil	n.	တၢ်ဝဲတၢ်ကျူၤ	boil
_boisterous	a.	လၢအသိၣ်ခွံၢ်ခွံၢ်ခဲာ်ခဲာ်★လၢအသူတပျုၢ်တပျိၤတၢ်★လၢအသိၣ်လုၣ်လုၣ်တၢတၢ	bois'ter-ous
_bold	a.	ဒု(ကဲၤမဲာ်ကဲၤနါ)★သးခုတလှၢ်★လၢအဖျါအိၣ်ဝဲၤကဲၤ★စိၤကၠိၤ	bold
_bolt	n.	နီၣ်စဲ★(လိဝ်ၢ်ဒံး)တဘ့★(တၢ်ကံးညာ်)ဒီထုတဘိၣ်	bolt
_bolt	v.t.	စဲယာ်လၢနီၣ်စဲ★ကံာ်ယာ်လၢနီၣ်စဲ	bolt
_bolt	v.i.	ဟးထီၣ်ကွံာ်တဘျီယီ	bolt
_bomb	n.	မုၣ်ပိၢ်ဖးတဖျၢၣ်	bomb
_bomb	v.t.	ကွံာ်မုၣ်ပိၢ်	bomb
_bombard	v.t.	လီၤဒီးယှာ်ဒီးကျိၢ်.မျိၣ်.မုၣ်ပိၢ်ဖး	bom-bard'
_bombast	v.t.	တၢ်ကတိၤအဒိၣ်အကိ	bom'bast
_bond	n.	တၢ်လၢအစၢယာ်တၢ်★အတၢ်စၢယာ်လိာ်အသး	bond
_in bonds		အိၣ်လၢယိာ်ပူၤ	in bonds
_bondage	n.	တၢ်အိၣ်ကဲကုၢ်★တၢ်အိၣ်စၢယာ်အသး	bond'age
_bone	n.	တၢ်ယံတၢ်ကွဲ	bone
_bone of contention		တၢ်ဘၣ်အ့ၣ်လိာ်သးလၢအဂ္ၤ	bone of contention
_a bone to pick		ဟ်တၢ်ကမၣ်လၢပုၤလၢအလိၢ်အိၣ်တစဲး	a bone to pick
_bonfire	n.	တၢ်ဒွဲၣ်ထီၣ်မုၣ်အူလၢခိ(လၢတၢ်အိၣ်ဒီးတၢ်သ္ၣ်ဖံးသးညီအယိ)	bon'fire
_bonnet	n.	ကီၤလၢၚါမုၣ်အခိၣ်သလုးလၢအဖျိၤဘၣ်တၢ်စၢယာ်ယံးအီၤလၢပုၤအခၣ်လာ်	bon'net
_bonny	a.	လၢအလီၤအဲၣ်လီၤကွံ★ယံဝဲလၤဝဲလၢအဘၣ်သ္ၣ်ဘၣ်သးပုၤ	bon'ny
_bonus	n.	ဒိၣ်ဖးလၢပုၤဟ့ၣ်လၢတၢ်အဘူးအလဲမ့တမ့ၢ်တၢ်မ့ၤအဖီဒိၣ်	bo'nus
_bony	a.	ဒိၣ်ယံဒိၣ်နၢ႞	bon'y
_book	n.	လံာ်	book
_book	v.t.	မၤပုၤကွဲးလီၤနီၣ်တၢ်လၢလံာ်အပူၤ	book
_bookrack	n.	တၢ်တီခိၣ်လၢပုၤဟ်လံာ်ဟ်လဲၢ်	book'rack'
_bookstall	n.	တၢ်ဆါလံာ်အလီၢ်	book'stall'
_bookworm	n.	ပှၤလၢအဖးလံာ်ဆူၣ်မး	book'worm'
_boom	n.	တၢ်သိၣ်သတြူး★တၢ်သိၣ်လီၤကအီ★တၢ်လူၤပှ္ၤတၢ်အိၣ်အါထီၣ်★အပှ္ၤအိၣ်	boom
_boom	v.t.	မၤတၢ်ဒ်သိးပုၤလူၤပှ္ၤအီၤကအိၣ်အါထီၣ်	boom

31

_boon	n.	တၢ်လၤပၥဃ့နၥ်ႇ★တၢ်ဘျုး	boon
_boor	n.	ပှၤတသ့ဘၣ်သးသ့	boor
_boost	v.t.	ဆီၣ်ထီၣ်အခံ	boost
_boot	n.	ခီၣ်ဖး	boot
_to boot		(ဟ့ၣ်အါထီၣ်)တၢ်အဘျဲၣ်လၢတၢ်ပှ့ၤနၥ်တၢ်အဖိခိၣ်	to boot
_booth	n.	ဒဲးဟံၣ်ဖိစိၣ်	booth
_booty	n.	တၢ်ဂုၥ်နၢ်ဆူၣ်ဖို	boot'y
_border	n.	အသရူး★အကနူၤ★ထံဆၢကီၢ်ဆၢ	bor'der
_border on		ဘူးကမၢ်ဃၥ်ဃၥ်	border on
_bore	v.i.	ပုၥ်တၢ်★တိဖို★မၤဘုံးပှၤအသးလၢတၢ်ကတိၤတဖိၣ်ဒီးအသးအကၣ်အသိး	bore
_bore	n.	ကျိအပူၤအိၣ်ဆံးဒိၣ်	bore
_born	p.p of bear.	လၢအသ့ၣ်ခၣ်အကၢ်★လၢအအိၣ်ဖျဲၣ်ဃုၥ်	born
_borrow	v.t.	လိၢ်နၢ်★ငါနၢ်★ဟံးလိၢ်★ဟံးနၢ်ကွဲၤ★သုပှၤဂၤအတၢ်	bor'row
_bosom	n.	သးလီၤစဲၤ★သးနၢ်ပှၢ်★သး★အဟုးလၥ်★သးဘိ	bos'om
_botany	n.	တၢ်ဃုသ့ၣ်ညါမၤလိတၢ်မဲတၢ်မါအကလုၥ်ကလုၥ်အဂ့ၢ်	bot'a-ny
_botch	n.	တၢ်လၢအကဲထီၣ်တဂ့ၤတဝီ★တၢ်မၤတၢ်တဂ့ၤလီၤဖီးလီၤ	botch
_botch	v.t.	မၤတၢ်တရၢတရီး★မၤတၢ်တဂ့ၤလီၤဖီးလီၤ	botch
_both	a.	ခံ--လၢၥ်	both
_bother	v.t.	မၤတံၥ်တၥ်	both'er
_bottle	n.	ပလီ★တပလီ★မိၤကူၤရံ★ဃိၤခိၣ်စိး	bot'tle
_bottle	v.	ပၢနၥ်လၢပလီပူၤ	bot'tle
_bottom	n.	အခံဒး★အခံ★အခိၣ်ထံး★ဟီၣ်ခိၣ်လီၤဆ့ၣ်တကဝီၤ	bot'tom
_a bottom price		အပှ့ၤဘၣ်	a bottom price
_bottomless	a.	လၢအခံဒးတအိၣ်ဘၣ်	bot'tom-less
_bough	n.	သ့ၣ်ဒုအမှၢ်ကျၢၢ်	bough
_bounce	v.i.	စံၣ်ထီၣ်စံၣ်လီၤပီၤပီၤ★စံၣ်တလၢၣ်ပိ★(ပှၤ)ပထါအသး★ဟးထီၣ်ဖုး	bounce
_bound	v.t.	ဟၥ်အဆၢ★ဒိအဆၢ	bound
_bound for		ကလဲၤဆူ★တိၤဆူ	bound for
_bound to		က(မၤ)သပှၢ်ပှၢ်★တၢပူၤ(တၢ်နူၣ်)ဘၣ်★ဟၥ်အသးဘုစ့ဃုၥ်လၢအက(မၤ)ဝဲ	bount to
_boundary	n.	ကီၢ်အဆၢဝးဝး★ကီၢ်အဃၢဝးဝး★တၢ်အဆၢအဖိ	bound'a-ry
_boundless	a.	အကၢတၢ်တအိၣ်ဘၣ်	bound'less
_bounteous	a.	လၢအဟ့ၣ်တၢ်ညီ★ညီနုၢ်ဟ့ၣ်ဘျုးဟ့ၣ်ဖှိၣ်တၢ်	boun'te-ous
_bounteously	adv.	လၢလၢပှဲၤပှဲၤ★အါအါဂီၢ်ဂီၢ်	boun'te-ous-ly
_bountiful	a.	လၢအဟ့ၣ်တၢ်ညီ★အလၢအပှဲၤ	boun'ti-ful
_bounty	n.	တၢ်ဟ့ၣ်တၢ်ညီ★တၢ်ညီနုၢ်ဟ့ၣ်ဘျုးတၢ်	boun'ty
_bouquet	n.	ဖီကဒိၣ်	bou-quet'
_bout	n.	တၢ်ပြၢတဘျီ★တသါ★တဖိ	bout
_bow	v.i. / n.	(တၢ်)ဆူးလီၤခိၣ်★(တၢ်)သကူးလီၤ★(တၢ်)ဖှးလီၤခိၣ်★(တၢ်)ဆီၣ်လီၤသး★(တၢ်)(မၤ)ကုၣ်လီၤ★(တၢ်)(မၤ)သကွံၢ်လီၤ	bow
_bow	n.	ချံၣ်★(တၢ်ရီ)အဘိ	bow
_bowels	n.	ပှၥ်ကဖု★တၢ်အအံၣ်ပူၤ★တၢ်အိၣ်လၢဟၢဖၢပူၤခဲလၢၥ်	bow'els
_bower	n.	ဒဲအယံၤအလၤ★ပှၤမှၣ်ကနီၤဖိအဒၢး	bow'er
_bowl	n.	သလၢ	bowl
_bowlder / boulder	n.	လၢၢ်ကူၤကလှၤဖးဒိၣ်တဖျၢၣ်	bowl'der / boul'der
_bowshot	n.	တၢ်ဒုၣ်စၢၤတခးချံၣ်	bow'shot'
_box	n.	တလၢ★တၢ်ထံ★တၢ်ပှဲၤလၢတဖျၢၣ်★လီၢ်ဖိဖျၣ်ဃၥ်အသးတကဝီၤတြီၢ်ပှၤစုၤလၤပှၤကွ်ၢ်ကီဝ့ဖိးလိၢ်ဧိၤ	box

32

_box	v.t.	(တၢ်)လၢ★ထိ★အနၣ်ကးတံၥ်ယၥ်လၢတၢလၢပူၤ	box
_in a box		လၢတၢ်ခိၣ်နီၤခံနီၤအပူၤ	in a box
_boy	n.	ပိၥ်ခွါဖိသၣ်★တၢ်ခွတၢ်ပှၤပိၥ်ခွါ	boy
_boycott	v.t.	အိၣ်ပိုၤမၤစၢၤသကိးလိၥ်အံၣ်သးလၢတၢ်ကြီယၥ်တၢ်ရ့လိၥ်မၤယုၥ်တၢ်, တၢ်ပှၤတၢ်ဆါတၢ်	boy'cott
_boyhood	n.	တၢ်အိၣ်ပိၥ်ခွါဖိသၣ်အခါ	boy'hood
_brace	v.t.	ယံးယၥ်တၢ်★သကံၢ်ယၥ်တၢ်★ကီၤယၥ်တၢ်★ဆၢထၢၣ်ဒုခံဆံးတယၥ်ခိၣ်	brace
_bracelet	n.	ထံဖံၣ်	brace'let
_bracket	n.	နီၣ်ကီၤယၥ်တၢ်	brack'et
_brackish	a.	နၢပုၢ်	brack'ish
_brag	v.i.	ကတိၤဒိၣ်အကိၥ်★ဟၥ်သ့အသး★ဟၥ်ကိၥ်အသး	brag'
_braggart	n.	ပှၤလၢအကတိၤဒိၣ်အကိၥ်★ပှၤဟၥ်သ့အသး	brag'gart
_braid	v.t.	သံၣ်ထွတၢ်★သံၣ်တၢ်	braid
_braid	n.	တၢ်ဘၣ်တၢ်သံၣ်အီၤ	braid
_brain	n.	ခိၣ်နုၥ်	brain
_brainless	a.	ပှၤလၢအခိၣ်နုၥ်တ(ပှဲၤ)(ဂ့ၤ)ဘၣ်	brain'less
_brake	n.	နီၣ်ယံးယၥ်လ့ၣ်ဖံဘၣ်အတၤလဲ★နီၣ်(ဒုး)တံၥ်ယၥ်တၢ်	brake
_bran	n.	ဖ(ဘုၣ်ပုၢ်)	bran
_branch	n.	အဒ့အတြ့	branch
_branch	v.i.	ဖးဒ့ဖးတြ့ထီၣ်	branch
_brand	n.	မုၣ်အူခံ★တၢ်ကျူၤပနီၣ်ယၥ်တၢ်★တၢ်အၢအိၣ်စဲထီဒီးပှၤလၢအဟုထီသါလီၤသကုၤတၢ်ပူၤ	brand
_brandish	v.t.	ဝါ်ဝါ်	brand'ish
_brass	n.	တိၢ်ဘီ	brass
_bravado	n.	တၢ်ဟၥ်မၤအသးဒုဒု	bra-va'do
_brave	a.	ဒု★သးခုတလုၢ်	brave
_bravely	adv.	ဒုဒု	brave'ly
_bravery	n.	တၢ်သးဒု★တၢ်သးခုတလုၢ်	brav'er-y
_brawl	v.i.	ကီးယါတၢ်★အ့ၣ်လိၥ်ဆိးကုအသးကတၢၤကလူ	brawl
_brawn	n.	တၢ်အဖံးကိၤညၣ်ကီၤ★တၢ်စုဒုစ့စုကီၤကီၤမၤမး	brawn
_bray	v.t.	ကသ့ၣ်လၢအကိးတၢ်★မၤသီၣ်ကသ့ၣ်လၢအကိးတၢ်အသိး	bray
_brazen	a.	လၢအမဲၥ်တတြီၢ်တဆုးဘၣ်★လၢအမဲၥ်ကဲၤ	bra'zen
_breach	n.	တၢ်လုၥ်သ့ၣ်ခါပတၥ်တၢ်မၤလိၥ်,တၢ်သိၣ်တၢ်သီ★တၢ်လီၤမုၢ်လီၤဖး★တၢ်လီၤပိုၢ်အလီၢ်★တၢ်သ့ၣ်ဖး	breach
_breach of faith		တၢ်မၤဟးဂီၤတၢ်ကလုၥ်တီ	breach of faith
_breach of the peace		တၢ်မၤတရီတပါတၢ်သိၣ်တၢ်သီ	breach of peace
_bread	n.	ကိၣ်	bread
_breadth	n.	တၢ်အလဲၢ်★တၢ်အယီၤ	breadth
_break	v.t.	မၤက★မၤသ့ၣ်ဖး★မၤတဲၤ★မၤလီၤဖှၣ်★လၤစ္★မၤလီၤဖံၣ်★(ပှၤရဲၣ်လီၤအသး)လီၤမုၢ်ပြံပြါ★မၤဟးဂီၤပူၤ(အတၢ်မုၢ်လၢ်)★သိၣ်လိ(ကသ့ၣ်)★မၤဟးဂီၤပူၤအလၤကပီၤ★လၤနုၥ်(ဟးထီၣ်)ဆူၣ်★အိးထီၣ်★မၤလီၤပိုၢ်★မၤသိၣ်ထီၣ်တၢ်ဖဲတၢ်အိၣ်ဘ့ၣ်အိၣ်ဘိုၣ်အခါ★တံၥ်(ဖို)★မၤတရီတပါတၢ်★ယဲၤဖျါထီၣ်(တၢ်ကစီၣ်)★မၤလီၤပတီၤပူၤအတၢ်မံ★မၤလီၤပတီၤတၢ်လၤတၢ်ကၤ★မၤစၢ်လီၤတၢ်အတၤဟီၤ★ဘိးက★ဒုးဆိကတီၢ်(အလုၢ်အလၢ်)★(အတၢ်မုၢ်လၢ်)ဟးဂီၤ★စံၣ်စုၤ★သ့ၣ်ဖး★(ဟီၣ်)ထီၣ်★(အင်္ဂါအဘါ)စၢ်လီၤ★(အတၢ်ဖံးတၢ်မၤ)လီၤ★(ဟ့)ထီၣ်ဆူၣ်★(ကလုၢ်)လဲအသး★(မၤ)ပိၢ်ဖး	break
_break	n.	တၢ်တဲၤ★တၢ်လီၤဖှၣ်★တၢ်လီၤဖံၣ်★တၢ်လီၢ်လီၤဟိ★(အင်္ဂါအဘါ)အတၢ်လီၤစၢ်★တၢ်ဆိကတီၢ်	break
_break a record		မၤဂ့ၤန့ၢ်းပူၤဂၤ★မၤလဲၤလၤပူၤဂၤအမဲၥ်ညါ	break a record

_break of day		မုၢ်ဆ့ၣ်ဝါထိၣ်	break of day
_break bread		အီၣ်တၢ်	break bread
_break camp		ဘိၣ်ထိၣ်ၦၢၤထိၣ်ဒီးဟးထိၣ်	break camp
_to break cover		ဟးထိၣ်ဟ်ဖျါအသး	to break cover
_break out		ဟဲထိၣ်	break out
_to break the back of		မၤနၢၤတၢ်အကီအကီတၢ်	to break the back of
_to break the ice		မၤနၢၤဆိအသးလၢတၢ်ဂုၤခိၣ်ဂုၤဝံၤဒီးစးထိၣ်မၤကွၢ်တၢ်အဂၤလၢခံ	to break the ice
_to break up		မၤလီၤကလဲ ★ ခုၣ်ကဖီထိၣ် ★ လီၤကလဲကွံၥ်	to break up
_to break in upon		ဟဲနုၥ်မၤတံၥ်တာ်တၢ်	to break in upon
_break out		ပၢ်ထိၣ်	break out
_breakfast	n.	တၢ်အီၣ်လၢဂီၤ	break'fast
_breast	n.	သးနါပှၢ် ★ နၢ် ★ သး	breast
_breath	n.	တၢ်သါ ★ ကလံၤလၢသါထိၣ်သါလီၤ	breath
_breathe	v.i.	သါထိၣ်သါလီၤ ★ ကတိၤတၢ်ကဖိကဖီ ★ အူတၢ်ကဖီကဖီ	breathe
_breathless	a.	ကီၤပဆူး ★ သံလံ ★ သါဟဲသါဟိ ★ သါတလၢသါ	breath'less
_breed	v.t.	ဘုၣ် ★ ဖံထိၣ် ★ ဟ့ၣ်ထိၣ် ★ အိၣ်ဖျဲၣ် ★ (ဒုး)ကဲထိၣ် ★ သိၣ်လိနဲၣ်လိ	breed
_breed	n.	အကလုၥ်	breed
_breeze	n.	ကလံၤဖိနဲ	breeze
_brevity	n.	တၢ်ဖုၣ်ကိၥ် ★ အဖုၣ်	brev'i-ty
_brew	v.t.	ကူၣ်မၤတၢ်အၢ ★ ကူၣ်အကူၣ်သီတၢ် ★ အၢၣ်ထိၣ်ခံးယုၢ်ကလၥ်	brew
_bribe	v.t.	ဒုးအိၣ်ပှၤလၢစ့ ★ မၤခံးပှၤအမဲၥ်လၢခိၣ်ဖး ★ ဘျၢကဘျံးကဘျၣ်ခိၣ်ဖး	bribe
_brick	n.	အူးခီ ★ အူးခဲ ★ တၢ်အက့ၢ်အဂီၤဒ်အူးခဲအသိး	brick
_brick	v.t.	ဒါလီၤလၢအူးခဲ,အီကတဲ	brick
_bridal	a.	ဘၣ်ယးဒီးတၢ်တ့တၢ်ဖျိအမူးအပွဲ	brid'al
_bride	n.	တလၤမုၤဟ်မုၣ်	bride
_bridge	n.	တိၤ ★ နၢ်ဒ့	bridge
_bridge	v.t.	ဟ်တိၤ	bridge
_bridle	n.	ကသ့ၣ်ထးအုၣ်	bri'dle
_to bridle		ကီၤအသး	to bridle
_brief	a.	ဖုၣ် ★ စုၤဘီ	brief
_brief time		တစိၢ်ဖိ,မီကိၥ်ဖိ	brief time
_briefly	adv.	ဖုၣ်ဖုၣ် ★ လၢတၢ်ကတိၤစုၤဘီ	brief'ly
_brigand	n.	ပှၤတမျိုးတမျၣ်ဖိ	brig'and
_brigandage	n.	တၢ်တမျၣ်တၢ်	brig'and-age
_bright	a.	ကပြုၢ်ကပြီၤ ★ ကပီၤညီၢ်ကလၥ် ★ ကပီၤဆုံ ★ အသးပှၢ် ★ ဆဲးကပြုၢ်(အလွဲၢ်)ဖျါဆုံ ★ လၢအသးဖှံ	bright
_brightly	adv.	ကပြုၢ်ကပြီၤ ★ ကပြုၢ်(အလွဲၢ်)ဖျါဆုံ ★ လၢအသးဖှံ ★ လၢသူၣ်ဖှံလၢသးညီ ★ ဆုံဆုံ	bright'ly
_brighten	v.t.	မၤကပီၤဂ့ၤထိၣ် ★ မၤကပြုၢ်ကပြီၤဒိၣ်ထိၣ် ★ ဒုးကပီၤဆုံထိၣ် ★ ဒုးဆဲးကလၤထိၣ် ★ ဒုးဖျါဆုံထိၣ်(အလွဲၢ်) ★ မၤဖှံထိၣ်အသး	bright'en
_brilliant	a.	ကပီၤကတြူၣ်ကတြီၣ် ★ လၢအသးဆး ★ လၢအလီၤစံၤပတြၢၤ ★ လၢၢ်လှၢ်ဒိၣ်ပှုၤဒိၣ်	bril'li-ant
_brim	n.	အခိၣ်နူ	brim
_brimful	a.	ပှဲၤတှုၤလၢအခိၣ်နူ	brim'ful
_brine	n.	ထံဟိ ★ ပိၣ်လဲၣ်အထံ	brine
_bring	v.t.	ဟဲစိၥ် ★ ဆှၢယီၤ ★ မၤလီၤပှၤအသး ★ လိၥ်ကွံၢ်ပှၤ	bring
_bring about / bring to pass		ဒုးကဲထိၣ် ★ မၤကဲထိၣ်	bring about / bring to pass
_bring forth		သၣ်ထိၣ်	bring forth

_bring forward		ဟ့ၣ်ထီၣ်★ဆျထီၣ်	bring forward
_bring home to		ဒုးနၢ်ပၢၢ်အီၤ(လၢတၢ်ကီဘၣ်အီၤတမံၤအယိ)	bring home to
_bring off		မၤဝံမၤဝဲၤထီၣ်	bring off
_bring on		ဟ့ၣ်ထီၣ်★ဒုးကဲထီၣ်	bring on
_bring out		မၤဖျါထီၣ်တၢ်★ဟ့ၣ်ထီၣ်	bring out
_bring to		ဒုးဟဲက့ၤအသး★ဒုးသမူထီၣ်က့ၤ	bring to
_bring to bear		သူ(အစိကမီၤ)	bring to bear
_bring to terms		ဒုးအာၣ်လီၤဆူၣ်ပှၤ	bring to terms
_bring up		သိၣ်လိမၤယုၤ★(ဒုး)အိၣ်ကတီၢ်ဖုး	bring up
_brink	n.	လှၥ်ခိၣ်ဒူအထီးနၢ်ကတၢၢ်	brink
_brisk	a.	ဖံ★ပှၢ်ချ့	brisk
_bristle	v.t.	ဆိုၣ်★ကရိၤဒိး★(သ)ရၥ်ထီၣ်အဆူၣ်★(သ)ရိးထီၣ်အဆူၣ်	bris'tle
_brittle	a.	ရိး★ရိးမဲၤခဲၤ	brit'tle
_broach	v.t.	အီးထီၣ်သူအခိၣ်ထံးတဘျီ★စးထီၣ်ကတိၤလၢအဂ့ၢ်အခိၣ်ထံးတဘျီ	broach
_broad	a.	လဲၢ်★ဖးလဲၢ်★(ကတိၤတြူၥ်တၢ်)ဖျါတစဲၤ★(အခီပညီ)လဲၢ်	broad
_broadcast		ဒုးဟူထီၣ်သါလီၤ	broadcast
_brogue	n.	တၢ်ကတိၤအသိၣ်လီၤဆီဖးဒိၣ်(လၢပဖိၣ်နူၥ်လၢပှၤဂၤတဖှဲမ့ၢ်ဂၤ, တကလုၥ်မ့ၢ်ဂၤအတၢ်ကတိၤလၢအပူၤဖဲၤကတိၤတၢ်ဒီးအီၤလၢကျိၥ်တကျိၥ်ယီအခါ)★တၢ်ကတိၤထီၣ်ခိ	brogue
_broil	n.	တၢ်အူၣ်လိၥ်ဆီးကွၣ်လိၥ်★တၢ်တအိၣ်တၤလီၤ	broil
_brokenly	adv.	(ကတိၤတၢ်)ကထူးထူးတထထီ★ကတုၢ်တုၢ်ကတိၢ်တိၢ်	bro'ken-ly
_bronze	n.	တိၢ်သူ★တိၢ်ဂီၤဒီးပှၥ်ဝါကျဲၣ်ကျိုလိၥ်အသး★လၢအဘၣ်တၢ်(တ့)ဘိုအီၤလၢတိၢ်သူ	bronze
_brood	n.	ထိၣ်ဖိအၤထိၣ်သိ	brood
_brood	v.t.	ဟု★ဆိကမိၣ်အူနူၢ်ပုိၢ်ပုိၢ်တၢ်	brood
_brook	n.	ထံကျိဖိ★ထံဖိလိၥ်	brook
_brook	v.t.	တူၢ်တၢ်တကဲဘၣ်	brook
_broom	n.	နီၣ်ခွဲသိၣ်	broom
_broth	n.	ကသူထံ★တၢ်ညၣ်အကသူထံ	broth
_brothel	n.	ယဲသဲဟံၣ်	broth'el
_brother	n.	ဒီပုၢ်ဝဲၢ်ခွါ	broth'er
_brow	n.	မဲၥ်တူၢ်★မဲၥ်တူၢ်ခိၣ်★မဲၥ်ခိၣ်ထး★အတလှၢ်ထိး	brow
_browbeat	v.t.	ကတိၤနၢၤကတိၤယၣ်တၢ်★ကတိၤနၢၤကတိၤပှၤပှၤ	brow'beat'
_brown	a.	ဂီၤယဲၤ	brown
_brown	v.t.	မၤဂီၤယဲၤ★မၤကၢ်ဘိ	brown
_browse	v.t.	ဟးအီၣ်အဆူၣ်★ဟးအီၣ်တူၥ်နီၣ်ဖိၤဝံၤဖိၤ	browse
_bruise	v.t.	မၤသဘုံး★မၤလီၤကဘုၣ်★မၤပနၤပနၢ်ထီၣ်	bruise
_bruise	n.	တၢ်လီၤသဘုံး★တၢ်ပနၤပနၢ်ထီၣ်	bruise
_bruit	v.t.	ဒုးဟူထီၣ်သါလီၤ	bruit
_brunt	n.	တၢ်(တိၢ်)အတယၢၢ်အဆူၣ်ကတၢၢ်★တၢ်တိၢ်တဖျုၣ်တၢ်	brunt
_brush	v.t.	ခွဲသိၣ်★တြူၥ်ကွံၥ်တၢ်★ခွံတၢ်★ထူးတၢ်	brush
_brush	n.	နီၣ်ခွဲသိၣ်★နီၣ်တြူၥ်ကွံၥ်တၢ်★နီၣ်ခွံတၢ်★သယိၢ်သယၢ်★တပှိုတဖှၥ်	brush
_to brush against		ဘၣ်တြူၣ်	to brush against
_brush aside		ဟ်ကွံၥ်ဒံတၢ်ကလီၤကလီအသိး	brush aside
_brush up (a study)		မၤလိသ့ၣ်နီၣ်ထီၣ်က့ၤအသး	brush up (a study)
_brusque	a.	လၢအမၤတၢ်လီၤကတိၤ	brusque
_brutal	a.	လၢအရၢၢ်အစၢၢ်★လၢအဆၢအသိ★ဒ်ဆၣ်ဖိကီၢ်ဖိအသိး	bru'tal
_brutality	n.	တၢ်အရၢၢ်အစၢၢ်★တၢ်အဆၢအသိ	bru-tal'ity

_brute	n.	ဆ၆ဖိက်ိဖ်ဖ★ပုၤအၢပုၤသိ★ပုၤလၢအလိၢက်ဆ၆ဖိက်ိဖ★ပုၤအဲ၆တၢ်မၢ်ဖံးမှၢ်ည၆	brute
_bubble	v.i.	(စံ၆)ပိလံထိ၆	bub'ble
_buck	n.	တၢယီၤတၤယှၢ်အဖၢ	buck
_bucket	n.	ထံဘျ၆★ထံနိ၆ဘျ၆★ထံစဲၤ	buck'et
_buckle	v.t.	ဘူးယၢ်★လီၤဆၢ၆လီၤဒ့	buck'le
_bud	n.	အဘိ၆★အဆိး★အဘိ၆ကူၤ	bud
_bud	v.i.	ဘိ၆ထီ၆★ဆိးထီ၆★ဘိ၆ကူၤထီ၆	bud
_budge	v.i.	(မၢ)သုးအလီၢ်တစဲးဖိ	budge
_buffalo	n.	ပနၢ်	buf'fa-lo
_buffet	n.	တၢ်ထိ★တၢ်ဒဲ★တၢ်လၤ★တၢ်နၤးတၢ်ဖို၆	buf'fet
_buffet	v.t.	ထိတၢ်★ဒဲတၢ်★လၤတၢ်★မၤနၤးမၤဖို၆တၢ်	buf'fet
_buffoon	n.	ပုၤအှၤလံးဘီသွၢ	buf-foon'
_buffoonery	n.	တၢ်အှၤလံးဘီသွၢ	buf-foon'er-y
_bug	n.	ယီၤ★တၢ်ဖိလံၤဖိယၢ်အကလှာ်ကလှာ်	bug
_bugle	n.	ကွဲၤ	bug'le
_build	v.t.	သူ၆ထီ၆★တ့ထီ၆★မၤထီ၆★ဘိုထီ၆★သန္ၤအသးလၢတၢ်အလိၤ	build
_building	n.	တၢးဖိၤတၢ်ဖိၤ,ဟံ၆ဖိၤယီၤဖိၤ★တၢ်သူ၆ထီ၆	build'ing
_bulb	n.	တၢ်အတၢ်	bulb
_bulge	v.i.	ကဖိထီ၆★ကဖၢထီ၆★ကမိာ်ထီ၆★မိာ်ကူၤထီ၆★ထီ၆ကူၤထီ၆	bulge
_bulge	n.	တၢ်ကဖိထီ၆★တၢ်ကဖၢထီ၆★တၢ်ကမိာ်ထီ၆★တၢ်ထီ၆ကူ★တၢ်ကတြၢၤ	bulge
_bulk	n.	တၢ်အဒိ၆★တၢ်အၢတကွၢ်★တၢ်အၢ	bulk
_in bulk		အိ၆ဝဲလၢတဘ၆တၢ်ပနၢ်လၢတၢ်ပုၤတၢ်တွၤးဒ်ဘ၆★အိ၆ဒီဂိၢ်လၢခိဒံး	in bulk
_bulky	a.	ဒိ၆	bulk'y
_bull	n.	ကျိ၆ဖၢ★တၢ်ကတိၤကမ၆လၢအလီၤနံၤဘ၆ဖ၆လဲ★ဆ၆ဖိက်ိဖ်အဒိ၆အကလှာ်ကလှာ်အဖၢ★ပရံ၆ကွံ၆ပၤပၤအလံ၆ပရၢတၢကလှာ်	bull
_bullet	n.	ကျိသ၆	bul'let
_bulletin	n.	လံ၆ဖိဘိးဘ၆သ့၆ညါတၢ်	bul'le-tin
_bullion	n.	ထူစီကိၢ်လိ၆စ့စီကိၢ်လိ၆	bul'lion
_bull's eye	n.	ပုၤခးတၢ်အတၢ်ပနိ၆အခၢ၆သး★တၢ်ခးဘ၆တၢ်ပနိ၆အသးကၢ်ပူ	bull's'-eye
_bully	n.	ပုၤလၢအကတိၤဖျံၤကတိၤဖုးတၢ်	bul'ly
_bully	a.	လၢအသးဖုံ★လၢပရ့မှာ်	bul'ly
_bumblebee	n.	ကဒ	bum'ble-bee'
_bump	n.	တၢ်ဘ၆ဒိဘ၆ထံး★တၢ်ညိးလၢတၢ်ဘ၆ဒိဘ၆ထံးအယိ	bump
_bump	v.i.	ဘ၆ဒိဘ၆ထံး	bump
_bunch	n.	အကူၤ★တၢ်အကဒိ၆★အကတြူၢ်★အချံ၆	bunch
_bundle	n.	တၢ်အဘိ၆★တၢ်အကဒိ၆	bun'dle
_bundle	v.t.	ဘိ၆တၢ်★ယွၤကဒိ၆	bundle
_bungle	v.t.	မၤတၢ်တလီၤတံၢ်ဘ၆★မၤပစိၢတၢ်★မၤနၢ်စိၤတၢ်	bun'gle
_bungling	a.	လၢအမၤတၢ်တလီၤတံၢ်ဘ၆★လၢအမၤပစိၢတၢ်★လၢအမၤနၢ်စိၤတၢ်	bun'gling
_bunk	n.	လီၢ်မံခးအိ၆စဲဘူးအသးလၢဂိၤပၤလိၤ	bunk
_bunt	v.t.	ဘျ၆တၢ်	bunt
_buoy	n.	တၢ်ပူ၆လှ၆လၢအနဲ၆ကဘီအကျဲ	buoy
_buoyant	a.	တလံၢ်တလှၢ်	buoy'ant
_bur	n.	ပဖျ့သ၆★နိ၆သ၆လၢအစဲဘူးတၢ်	bur
_burden	n.	တၢ်ဝံတၢ်ယိး★တၢ်ယၢတၢ်စံ၆	bur'den
_burglar	n.	တမျာ်★ပုၤဘ၆ဂ့ဖိတၢ်	bur'glar
_burial	n.	တၢ်ခူ၆လီၤဘျုလီၤတၢ်	bur'i-al'

_burl	n.	သ့ၣ်အကမဲာ်	burl
_burlap	n.	တၢ်ကံးညာ်အတိၣ်အကိၤ	bur'lap
_burly	a.	လၢအဒိၣ်ဒိၣ်ဘီၣ်ဘီၣ်	bur'ly
_burn	v.t.	အီၣ်ကွံာ်လၢမ့ၣ်အူ★ကိၢ်ယၢၣ်★ကဲၤ★(မ့ၢ်)အီၣ်★ကုၢ်ယိစိမ့ၣ်★ ဆိုလၢမ့ၣ်အူ★လီၤကလီၤ★ဆူးကဲၤ★ကိၣ်သွၣ်★ဒိပနီၣ်တၢ်လၢထးကိၢ်	burn
_burnish	v.t.	မၤကတြှၣ်ထီၣ်★မၤဆဲးကလၤထီၣ်	bur'nish
_burrow	v.i.	တ်နုၢ်အပူၤလၢဟီၣ်ခိၣ်လာ်	bur'row
_burrow	n.	ဆၣ်ဖိကီၢ်ဖိအပူၤလၢဟီၣ်ခိၣ်လာ်	bur'row
_burst	v.i.	ပိၢ်ဖး★မၤသ့ၣ်ဖး★(ဟဲနၢ်)ဖုး	burst
_bury	v.t.	ခူၣ်လီၤဘျၢလီၤ★ကးဘၢယာ်★ဆိကတိၢ်ကွံာ်(အတၢ်ဂ့ၢ်လိာ်ဘှီလိာ်)	bur'y
_bush	n.	တပိၢ်တဖှာ်★သ့ၣ်သယာ်★သ့ၣ်ပဒၢ	bush
_bushel	n.	ကီၤလၤအနီၣ်ယီၣ်အိၣ်တတိၣ်ယၣ်ယၣ်	bush'el
_bushy	a.	သဖုရုဒ်သပိၢ်အသိး★(အမဲာ်တူၢ်အဆူၣ်)တိၣ်	bush'y
_business	n.	တၢ်ဖံးတၢ်မၤ★တၢ်အမူးအရၢ်★တၢ်ပန်ၢ်တၢ်ကၤ★တၢ်လၢပှၤဘၣ်မၤ★ တၢ်အက့အကါ	bu'si-ness
_bust	n.	တၢ်ဂီၤလၢပှၤစိးပျၤလၢပှၤကညီအက့ၢ်အဂီၤထဲအခိၣ်တကၠာ်	bust
_bustle	v.i.	ဂဲၤသိၣ်အူၣ်အူၣ်အၣ်အၣ်★သိၣ်ရှၢ်ရှၢ်ရၢ်ရၢ်ဆူအံၤဆူဘး	bus'tle
_busy	a.	အိၣ်ဖံးတၢ်မၤတၢ်★လၤအစုတအိၣ်ကလီဘၣ်★လၢအမၤတၢ်ဆူၣ်★ အိၣ်ဟူးအိၣ်ဂဲၤ★ဂဲၤသိၣ်အူၣ်အူၣ်အၣ်အၣ်★ခုဖံးခုမၤ	bus'y
_busybody		ပှၤသိၣ်ဝသဲတလၤ	busybody
_but	prep. / conj.	ဘၣ်ဆၣ်ဒီး★မ့မ့ၢ်★သနာ်က့★မ့တမ့ၢ်ဘၣ်ဒီး★ထဲဒၣ်	but
_(all) but (me)		(ခဲလက်)ထဲဒၣ်(ယၤတဂၤ)ဧိၤ	(all) but (me)
_not but that		တ(သ့)နၠၣ်တမ့ၢ်ဘၣ်	not but that
_butcher	v.t. / n.	(ပှၤလၢအ)မၤသံဆၣ်ဖိကီၢ်ဖိလၢကဆါအီၣ်ဝဲအဂီၢ်	butch'er
_butler	n.	ပှၤလၢအပၢၤသဘံၣ်လီခီ★ပှၤလၢအကွၢ်တၢ်အီၣ်တၢ်အီ	but'ler
_butt	n.	စ့ၣ်ဖးဒိၣ်★(ကျိ)အခံ★ပှၤလီၤနံၤဘၣ်ဖၣ်လဲ	butt
_butt	v.t.	ကဒွံတၢ်★ကနွံတၢ်★ဘျၣ်တၢ်★အခိၣ်ဘျၣ်အသး	butt
_butter	n.	ထီပး	but'ter
_butterfly	n.	စီးကပ့ၤ	but'ter-fly
_buttock	n.	ခံကိၢ်	but'tock
_button	n.	အီကံသၣ်★အီကွံအနၢ်သၣ်★သၣ်ယၣ်	but'ton
_button	v.t.	ထီထီၣ်အီကွံသၣ်	but'ton
_buttonhole	n.	အီတွံသၣ်အပူၤ	but'ton-hole'
_buttress	n.	နီၣ်ပၢၤယာ်★နီၣ်ကီၤယာ်★တၢ်မၤစၢၤတၢ်★နီၣ်ပကၢၤယာ်	but'tress
_buttress	v.t.	ပၢၤယာ်★ကီၤယာ်★မၤစၢၤတၢ်★ပကၢၤယာ်	but'tress
_buxom	a.	ဒိၣ်တၢ်ဂ့ၤ★လၢအလီၤအဲၣ်လီၤကွံ★ဒိၣ်တၢ်ထၢၣ်ဘၣ်ဂီၤဘၣ်★ ဒိၣ်တၢ်က့ၢ်ဘၣ်ဂီၤဂ့ၤ	bux'om
_buy	v.t.	ပှ့ၤနှၢ်★ပှ့ၤတၢ်	buy
_buzz	v.i.	သီၣ်ဒ်ကနဲယူၤသီၣ်အသိး	buzz
_by	prep. / adv.	ဘူးဒီး★လၢအသိး★လၢအလီၤ★လၢ★လၢအယၢၤ★လၢအဂီၤထံး★ လၢအကပၤ★လၢအသရူၤထံး★ခီဖျိ★တုၤ(ခဲအံၤ)	by
_pass by		လဲၤပူၤကွံာ်	pass by
_by (day)		လၢ(မုၢ်ဆါခီ)	by (day)
_by (two o'clock)		ဖဲ(ခံနၣ်ရံၣ်)တပူၤကွံာ်ဒံးဘၣ်အခါ	by (two o'clock)
_little by little		တစဲးဘၣ်တစဲး	little by little
_by and by		တယံာ်တမိၢ်	by and by
_by no means		တ(မ့ၢ်)လ့ၤတက့ၤဘၣ်	by no means
_by the way		အိၣ်တအိၣ်(နဲာ်)	by the way

_bygone	a.	ပှူကွံာ်လံ	by'gone'
_bygone	n.	တၢ်လၢအပှူကွံာ်လံ	by'gone'
_by laws	n.	ပှၤတဖုတကရၢအတၢ်သိၣ်တၢ်သီလၢအပၢလီၤက္ၤအတၢ်ဖံးတၢ်မၤဒ်ဝဲအဂီၢ်	by'laws'
_by play	n.	တၢ်မၤဒၣ်အသး	by'play'
_by word	n.	တၢ်လၢအဘၣ်တၢ်ဟံးန့ၢ်ဒီလီၤပှၤအဂၤတဂၤလၢတၢ်နံၤဘၣ်မဲာ်လဲအဂီၢ်	by'word'
_cab	n.	လှၣ်ကဟၣ်★ပှၤနီၣ်လှၣ်မှၣ်ဆူအနီၣ်တၢ်အလီၢ်	cab
_cabbage	n.	သဘၣ်ဘိၣ်ခိၣ်	cab'bage
_cabin	n.	ဒဲ★ဟံၣ်ကးပြိးဖိ★လီၢ်မံဒၢးလၢကဘီပူၤ	cab'in
_cabinet	n.	ပဒိၣ်အပှၤကူၣ်လိာ်တၢ်တကရၢ	cab'i-net
_cable	n.	ပှဲၤထးဖးဒိၣ်★ပှဲၤဖးဒိၣ်	ca'ble
_cable	v.t.	ဆှၢလီၤပှဲၤထးလၢထံဖီလာ်	ca'ble
_cablegram		တၢ်ကစီၣ်လၢပှၤဒီလၢထံဖီလာ်	cablegram
_cackle	v.i.	ကဒီးကဒး	cack'le
_cage	n.	(ထိၣ်)ကြၢ(ထိၣ်)သူး	cage
_cajole	v.t.	ကလံာ်န့ၢ်တၢ်★လွဲကၣ်လွဲကဒါတၢ်	ca-jole'
_cake	n.	ကိၣ်ဆီၣ်	cake
_calamity	n.	တၢ်တတၢာ်တနါ★တၢ်နးတၢ်ဖှီၣ်	ca-lam'i-ty
_calculate / calculation	v.t.	(တၢ်)ဂံၢ်တၢ်ဒွးတၢ်★(တၢ်)တိၢ်နီၣ်ယါနီၣ်တၢ်	cal'cu-late / cal'cu-la'tion
_calculating	a.	လၢအညီန့ၢ်ကူၣ်ဟ်စၢၤတၢ်န့ၢ်ဘျုးလၢအကစၢ်အဂီၢ်	cal'cu-la'ting
_caldron	n.	သၣ်အိခီသၣ်အိကဲၤ★ကသူသပၢၤဖးဒိၣ်★ထံချီသပၢၤဖးဒိၣ်	cal'dron
_calendar	n.	လံာ်နံၣ်လံာ်လါ	cal'endar
_calf	n.	ကျီၢ်ဖိ	calf
_calibre	n.	ကျိပူၤအလဲၢ်	cal'i-bre
_calk	v.t.	လံာ်တံာ်★ပံးတံာ်	calk
_call	v.t.	(တၢ်)ကိး★(တၢ်)ကွဲ★ယုၢ်တၢ်အမံၤ★(တၢ်)မၤ(အဟဲ)★(တၢ်)ယုၤကညး★(တၢ်)ဟ်လီၤဆီတၢ်★(တၢ်)စံး★ဟ်	call
_call at / call on		အိၣ်သကိးတဘ္ဥ	call at / call on
_call in question		စံးလၢအသးဒ္ဒီလၢတၢ်အဂ္ဂၢ်	call in question
_to call to account		အှၣ်လိာ်ဟ်တၢ်ကမၣ်လၢ(ပှၤ)အလိၤ	to call to account
_call to mind		သ့ၣ်နီၣ်ထိၣ်က္ၤ	call to mind
_call for		အလီၢ်အိၣ်လၢ★မၤလိာ်အီၤ	call for
_calling	n.	အတၢ်မၤ★တၢ်ဖံးတၢ်မၤ	call'ing
_callous	a.	လီၤကထံ★ကိၤထိၣ်	cal'lous
_callow	a.	လၢအဒိၣ်တတုာ်ဒံးဘၣ်★လၢအဆူၣ်အံၤထိၣ်တလၢတပှဲၤဒံးဘၣ်	cal'low
_calm	a.	တၢ်အိၣ်ဘ္ဥၣ်အိၣ်ဘိၣ်★တၢ်အိၣ်ယိကလာ်★အိၣ်ဘ္ဥၣ်အိၣ်ဘိၣ်★အိၣ်ဂၢ်တပၢၢ်★မၤဘ္ဥၣ်မၤဘိၣ်★(နုး)အိၣ်ယိကလာ်	calm
_calm	v.t.	နုးလီၤကတြှၢ်(တၢ်ကိၢ်တၢ်ဂီၤ)★နုးအိၣ်ခုၣ်အိၣ်မုာ်က္ၤပှၤအသး	calm
_calm down		အိၣ်ဂၢ်က္ၤ	calm down
_calumniate / calumny	v.t. / n.	(တၢ်)ခဲၣ်သူခဲၣ်ဂီၤတၢ်★(တၢ်)သိၣ်ဝံသဲကလၤ	ca-lum'ni-ate / cal'um-ny
_calve	v.t.	(ဂီၤဖံး)ဖုံလီၤ	calve
_camel	n.	ကီၤလၤအူး	cam'el
_camera	n.	တၢ်အဒၢလၢပှၤဒိန့ၢ်တၢ်ဂီၤ	cam'e-ra
_camp	n.	တၢ်လီၢ်ဖဲပှၤအိၣ်တစိၢ်တလီၢ်လၢဲပူၤ	camp
_campaign	n.	တၢ်ဟးဝ့ၤဝီၤမၤန့ၢ်ပှၤအသး★တၢ်မၤတၢ်ဆူအံၤတခါဆူးဘးတခါလၢတၢ်မၤကကဲထီၣ်အဂီၢ်	cam-paign'
_campus	n.	ကိုအကရၢၢ်	cam'pus
_can	v.i.	သ့★ချုး★တုၤ★ကဲ★န့ၢ်★ပၢ★အခွဲးအိၣ်★မၤဘၣ်	can
_can	n.	ထးဝါဒၢ	can

_canal	n.	ထံက္ဘိုလၢပုၤရၣ်နဲ့ဝဲ	ca-nal'
_cancel / cancellation	v.t. / n.	(တၢ်)ထူးသံက္ဂ်ာ်တၢ် ★(တၢ)တြူၣ်ဟါမၢ်က္ဂ်ာ်တၢ် ★(တၢ်)မဘံၣ်မဘၢက္ဂ်ာ်တၢ် ★(တၢ)မၤဟးဂီၤက္ဂ်ာ်တၢ်	can'cel / can'cel-la'tion
_candid	a.	လၢအကတိၤတၢ်လိၤကတိၤ ★လၢအတကွၢ်ဒိၣ်ဆံးအါစုၤတၢ်ဘၣ်	can'did
_candidate	n.	ပုၤလၢအဆိုးနှၣ်(အလီၢ်အကျဲ.တၢ်ဖံးတၢ်မၤ)	can'di-date
_candle	n.	ပနဲတၣ် ★ပနဲဘိ	can'dle
_candor	n.	တၢ်ကတိၤတၢ်လိၤကတိၤ	can'dor
_candy	n.	ဆံသၣ်ဆၢကၢ်လိၣ်	can'dy
_cane	n.	ဂ္ဂ်ၢ ★ဂ္ဂ်ၢ ★ထံပိ်ာ ★နီၣ်ထိးဘိး	cane
_cane	v.t.	တီၢ်တၢ်ဝ့ၤတၢ်လၢနီၣ်ထိးဘိ	cane
_canine	a.	ဘၣ်ယးဒီးထွံၣ် ★လီၤက်ဒီးထွံၣ်	ca-nine
_canker	n.	ပျုၤသၣ်ထိၣ်	can'ker
_cannibal	n.	ပုၤအရၢ်အစၢၢ်လၢအအီၣ်(သံသိမိလံတၢ်)(ပုၤအၫၫၫၣ်)	can'ni-bal
_cannon	n.	မ့ၣ်ပိ်ာ	can'non
_cannonade	v.t.	ခးမှ့ၣ်ပိ်ာသ္ၣ်တဖၣ်	can'non-ade'
_canoe	n.	ချံအဖုကတၢ်တကလုာ်	ca-noe'
_canon	n.	တၢ်သိၣ်တၢ်သီနှၣ်စိနှၣ်ကမီၤလီၤအီၣ်ဒၣ်တၢ် ★လံာ်တဘ္ၣ်ဒီးတဘ္ၣ်လၢအအီၣ်လၢလံာ်စီဆုံအပူၤ	can'on
_canonical	a.	လၢအလီၤပလိာ်ဒီးတၢ်သိၣ်တၢ်သီနှၣ်စိနှၣ်ကမီၤလၢအဘၣ်တၢ်ဟ်ဂၢၢ်ဟ်ကျၤၤအီၤလၢသရၣ်ဒိၣ်သမါထီ	can-on'i-cal
_canonize	v.t.	ဟ်စီဆုံလီၤထီဒၣ်တၢ် ★(သရၣ်ဒိၣ်သမါထီ)ဟ်ဂၢၢ်ဟ်ကျၤၤတၢ်	can'on-ize
_canopy	n.	တၢ်ခိၣ်ဒုးဘၣ်ဘျူးလီၤဖဲၤအသးလၢပုၤဒိၣ်ပုၤထီမ့တမ့ၢ်တၢ်စီဆုံအဖိခိၣ် ★တၢ်ခိၣ်ဒုးလၢအလီၤဖဲၤကဟုတၢ်	can'o-py
_cant	n.	တၢ်လီၤဒ္ခံ ★တၢ်လီၤတစ္ၤ ★တၢ်ကတိၤဟ်မၤအသးဒၣ်ပုၤအဲၣ်ထုအဲၣ်ယွၤ	cant
_cant	v.t.	မၤလီၤဒ္ခံ ★မၤလီၤတစ္ၤ	cant
_canteen	n.	ထံဒၢလၢအၫ်လဲၤတၢ်က္ၤၤအဂီၢ်	can-teen'
_canticle	n.	တၢ်သးဝံၣ်လၢပုၤဟးနှၣ်အတၢ်ကတိၤလၢလံာ်စီဆုံပူၤ	can'ti-cle
_canvas	n.	(ဒ်)အတၢ်ကံးညာ်အတိၣ်	can'vas
_canvass	v.t.	ဟးယုပုၤအတၢ်အၢၣ်လီၤအီလီၤ ★ယုသ္ၣ်ညါပုၤအတၢ်ဘၣ်အသး ★ယုသ္ၣ်ညါတၢ်လ္ၤတ္ၢ်လ္ၤတိၤ	can'vass
_cap	n.	ခိၣ်ဖှိၣ် ★တၢ်အခိၣ်ဖှိၣ် ★တၢ်အခိၣ်ကး	cap
_capability	n.	တၢ်သ္ ★တၢ်သ္နှၢ်အိၣ်နှၢ်	ca'pa-bil'i-ty
_capable	a.	လၢအသ္ ★လၢတၢ်သ္နှၢ်အိၣ်နှၢ်	ca'pa-ble
_capacious	a.	လၢအတြၢၣ်တၢ်အါ ★လဲၢ်	ca-pa'cious
_capacitate	v.t.	ဒုးသ္မၤတၢ်	ca-pac'i-tate
_capacity	n.	တၢ်တြၢၣ်နှၢ်တၢ်ပှဲၤအံၤပှဲၤနှၤ ★တၢ်သ္မၤတၢ်ပှဲၤအံၤပှဲၤနှၤ ★တၢ်ကူၣ်ဘၣ်ဖးသ္ပှဲၤအံၤပှဲၤနှၤ	ca-pac'i-ty
_in his capacity as (judge)		ဒ်အမ့ၢ်(ပုၤစံၣ်ညီၣ်ကွီၢ)အသိး ★တၢ်လီၢ်တၢ်လၤ	in his capacity as (judge)
_cape	n.	ဟီၣ်ခိၣ်အနါစ္ၤ ★စီးက္	cape
_caper	v.i.	ဂဲၤစံၣ်က္ၤက္ၤ ★စံၣ်လိာ်က္ဲ ★စံၣ်ဝ္ၤဝီၤ ★စံၣ်ခ္ခ္ခ္	ca'per
_capital	a.	အဒိၣ်အခိၣ် ★ဝ့ၢ်ခိၣ်	cap'i-tal
_capital punishment		တၢ်စံၣ်ညီၣ်သံ	capital punishment
_capitol	n.	ပဒိၣ်အရူဖးဒိၣ်	cap'i-tol
_capitulate	v.i.	ဆီၣ်လီၤအသး	ca-pit'u-late
_caprice	n.	ပုၤသးအတၢ်လဲက္ၤၤဖ္ၤအသး	ca-price'
_capricious	a.	လၢအသးလဲက္ၤၤဖ္ၤအသး ★လၢအသးတဂၢ်ၢ်ထကၠူၤ	ca-pri'cious
_captain	n.	တၢ်အခိၣ်အနၢ်	cap'tain
_captious	a.	လၢအညီနှၢ်ယုဟ်တၢ်ကမၣ်လၢပုၤအလိၤ	cap'tious

_captivate	v.t.	ထုးန့ါရဲ့န့ါပုအသး	cap'ti-vate
_captive	n.	ပုဘဉ်တၢ်ဖိဉ်န့ါအီၤ★ပုဘဉ်တၢ်ထုးန့ါရဲ့န့ါအီၤ★လၢအဘဉ်တၢ်ဖိဉ်န့ါအီၤ ★လၢအဘဉ်တၢ်ထုးန့ါရဲ့န့ါအီၤ	cap'tive
_captivity	n.	တၢ်အိဉ်ဘဉ်စၢဃာ်,ဒုးယာ်အသး★တၢ်အိဉ်ဘဉ်တၢ်ထုးန့ါရဲ့န့ါအီၤ	cap-tiv'i-ty
_capture	v.t.	ဖိဉ်န့ါတၢ်★ဒုးန့ါ	cap'ture
_car	n.	လှဉ်★လီလှဉ်★မိထိဉ်ကၢ	car
_caravan	n.	ပုၤလဲၤသကိးတၢ်ဒီဖုလၢကျဲဖးယံၤ	car'a-van
_carbuncle	n.	တၢ်ဂ့ၤအၢတကလုာ်	car'bun-cle
_carcass	n.	တၢ်သံစိဉ်	car'cass
_card	n.	စးခိအတီဉ်တကလုာ်	card
_cardinal	a.	အဒိဉ်အခိဉ်★တၢ်အမိၢ်ပှၢ်★အခိဉ်သ့ဉ်	car'di-nal
_care	n.	တၢ်ဘဉ်ယိဉ်★တၢ်အံးတၢ်ကွၢ်★တၢ်ပလီၢ်ပဒီသး★တၢ်ကဟုကဲဉ်ကယၢ်ဘၢ	care
_care	v.t.	ဟ်★ဟ်သး★ဟ်ကဲ★အံးကွၤ်ကွၤ်★သးအိဉ်	care
_I don't care		ယတကနဉ်ယှာ်★ယတဟ်ကဲ	I don't care
_career	n.	သးသမူအတၢ်မၤဒီစိၤ	ca-reer
_careful	a.	လၢအ(အိဉ်ဒီးတၢ်)ပလီၢ်သး★လၢအအံးကွၤ်ကွၤ်တၢ်ဂ့ၤဂ့ၤ	care'ful
_careless	a.	လၢအတပလီၢ်အသး★လၢအတအိဉ်ဒီးတၢ်ပလီၢ်သးဘဉ်★လၢအတအံးကွၤ်ကွၤ်တၢ်ဂ့ၤဂ့ၤဘဉ်	care'less
_caress	v.t.	(တၢ်)ဖူးလဲၤဖူးသှ★(တၢ်)နာမှနာဆို★(တၢ်)ကဟုကဟဲး	ca-ress'
_cargo	n.	တၢ်ဖိတၢ်လံၤလၢတၢ်ပဒၢးဆှၢလၤကဘီ	car'go
_caricature	v.t.	(တၢ်)တှလီၤန့ဘဉ်ဖှဉ်ပုၤအကွၢ်အဂီၢ်★(တၢ်)တဲလီၤန့ဘဉ်ဖှဉ်လဲကွၤ်တၢ်	car'i-ca'ture
_carmine	n.	တၢ်ကမှဉ်စှဉ်ဂီၤလုၤတၢ်★တၢ်ဂီၤဆီသွံဉ်	car'mine
_carnage	n.	တၢ်ဂၢ်သွံဉ်ဂၢ်စီၤ	car'nage
_carnal	a.	လၢအအဲဉ်ဟီဉ်ခိဉ်အတၢ်မှာ်ဖံးမှာ်ညဉ်	car'nal
_carnally	adv.	အိဉ်ဒီးတၢ်အဲဉ်ဟီဉ်ခိဉ်အတၢ်မှာ်ဖံးမှာ်ညဉ်	car'nal-ly
_carnival	n.	မူးပွဲလၢပုၤမၤသူဉ်ဖှံသးညီမှာ်မၤလၤအသးလၢတၢ်ကိးမံးဒဲးအပူၤ	car'ni-val
_carnivorous	a.	လၢအအိဉ်သံအိဉ်မိတၢ်ဖံးတၢ်ညဉ်	car-niv'o-rous
_carol	n.	တၢ်သးဝံဉ်စံးထိဉ်ပတြၢၤတၢ်	car'ol
_carousal	n.	တၢ်အီသံးဖိၤမှၤဖိၤအိဉ်ဒီးတၢ်ဂဲၤကလံဉ်နံၤကဝဲၤပျီၢ်ကဒီ	ca-rous'al
_carouse	v.i.	အိသံးဖိၤမှၤဖိၤအိဉ်ဒီးတၢ်ဂဲၤကလံဉ်နံၤကဝဲၤပျီၢ်ကဒီ	ca-rouse
_carp	v.i.	ကတိၤဟ်တၢ်ကမဉ်(ကလီကလီ)	carp
_carp	n.	ညဉ်ထိဉ်	carp
_carpenter	n.	ပုၤစုသ့ခိဉ်သ့★လဲၤသမါ	car'pen-ter
_carpet	n.	တၢ်ဒၢခိဉ်အလိၢ်ဒၢ★ယဉ်ဒၢကိဉ်စီ	car'pet
_carriage	n.	လှဉ်ကဟဉ်★လှဉ်မှဉ်ဆူအဒၢးတဒၢး	car'riage
_carrion	n.	တၢ်သအစိဉ်	car'ri-on
_carry	v.t.	စိဉ်★ဝၤ★တီ★ဆှၢတၢ်★ပုတၢ်★ဆှၢတၢ်★ယိးတၢ်★မၤနၢၤ★ဒၢ★အိဉ်ဟုးအိဉ်သး★အိဉ်ဒီး	car'ry
_carry away		ရဲ့န့ါ	carry away
_carry into effect		မၤဟုၤအကဲထိဉ်	carry into effect
_carry weight		အိဉ်ဒီးအစိကမီၤ	carry weight
_carry through		မၤဝံၤဟၢ်လၤအကတၢ်	carry through
_cart	n.	လှဉ်	cart
_carton	n.	တလပၤစးခိ	car'ton
_cartoon	n.	တၢ်ဂီၤလီၤန့ါဘဉ်ဖှဉ်လဲလၢအအိဉ်ဒီးတၢ်သိဉ်လိနဉ်လိလၢအပူၤ	car-toon'
_cartridge	n.	ကျိသဉ်	car'tridge
_carve	v.t.	စီးဖျ့တၢ်★ဒဲးကံဉ်ဒဲးဝ့ၤ★ကူး★ကါ★ဘှဉ်	carve
_cascade	n.	ထံလီၤဆူ★ထံလီၤတလဲး	cas-cade'

40

_case	n.	တၢ်ဟဲပၢ်ထီဉ်အသးတဘျီတဘျီ ★ကျိၢ်အမူးအရၢ်တမံၤမံၤ ★တလါ ★ တၢ်အဒၢ၊	case
_in that case		မ့မ့ၢ်ဒ်န.ဒီး ★တၢ်မ့ၢ်မၤအသးဒ်န္ဉ်	in that case
_in case of		တၢ်မ့ၢ်မၤအသးလၢ၊	in case of
_in any case		ဘဉ်တပူၤဘဉ်	in any case
_cash	n.	ကျိဉ်စ့ဖိၤစ့ၤ ★စ့ည္ဉ်	cash
_cashier	n.	ပှၤဖိဉ်စ့လၢပှၤဟၢၤစ့အဖီလာ်	cash-ier'
_cask	n.	ကတံၤသွဉ် ★စ့ဉ်ဖိ	cask
_cast	v.t.	(တၢ်)ကွံာ် ★(တၢ်)တၢ့လီၤ ★(တၢ်)ဘျုးတၢ် ★(တၢ်)စူးကွံာ် ★(တၢ်)တၢၤကွံာ် ★ (တၢ်)သိတၢ် ★(တၢ်)အူဉ်လီၤ(အနၢၤ) ★(တၢ်)လီၤတံာ်ကွံာ် ★(တၢ်)လီၤလူၤကွံာ် ★(တၢ်)လီၤဘီကွံာ် ★(တၢ်)ဟ့ဉ်လီၤ(တၢ်ဖး) ★(တၢ်)ဒၢနၢဉ် ★(တၢ်)ညီကွံာ်	cast
_cast a glance		ကွၢ်တကျ္ ယီၤတဘျး	cast a glance
_cast light on		ဟ်ဖျါထီဉ်	cast light on
_cast about for		ကွဲးဃၤးကူဉ်ဆိကမိဉ်ဆိကမးတၢ်	cast about for
_cast of the countenance		အမဲာ်အတၢ်ဟ်အသး	cast of the countenance
_castigate / castigation	v.t. / n.	(တၢ်)သိဉ်ဃီဉ်တၢ်လၢ(နိဉ်ဖျ္)	cas'ti-gate / cas'ti-ga'tion
_casting / cast iron	n. / a.	ထးလၢအသိအသး	cast'ing / cast'iron
_castle	n.	တိာ်ထီတၢးထီ ★ဟံဉ်တိာ်ဟံဉ်တာ်	cas'tle
_castrate / castration	v.t. / n.	(တၢ်)ဒ့ၤကွံာ်တၢ်အဒံဉ် ★(တၢ်)တီၢ်ကွံာ်တၢ်အဒံဉ်	cas'trate / cas-tra'tion
_casual	a.	လၢအမၤဒဉ်အသး ★ဘဉ်နဲ့ၢ်အတီၤ ★ဖျါလၢတဟ်သူဉ်ဟ်သးအပူ	cas'u-al
_casually	adv.	လၢတဟ်သူဉ်ဟ်သးအပူ ★လၢတဘဉ်နဲ့ၢ်အတီၤ	cas'u-al-ly
_casualty	n.	တၢ်သံဖး ★တၢ်လီၤမၢ်ဖး	cas'u-al'ty
_cat	n.	သဉ်မံဃီၤ	cat
_catalogue	n.	တၢ်အမံၤအသဉ် ★တၢ်ကွဲးနိဉ်ကွဲၤဃၤတၢ်အစရီ	cat'a-logue
_cataract	n.	ထံလီၤဆူဖးဒိဉ်	cat'a-ract
_catch	v.t.	ဖိဉ် ★စိုၤ ★ဆဲးနုၢ် ★ချုးနုၢ် ★တခွဲနုၢ် ★ဘျးဃာ် ★ကွးဃာ် ★ဘဉ်ကူဘဉ်က် ★ဘဉ်နုၢ်	catch
_catechism	n.	လံာ်သံကွၢ်တၢ်လၢတၢ်နာ်အဂ္ဂၢ်	cat'e-chism
_catechize	v.t.	သံကွၢ်လီၤတံၢ်လၢတၢ်နာ်အဂ္ဂၢ်	cat'e-chize
_cater	v.i.	ဟ့ဉ်လီၤတၢ်ဒံဉ်ပှၤဘဉ်အသးအသိး ★ ယုပှ္ၤနုၢ်တၢ်အီဉ်တၢ်အီလၢပှၤကအီဉ်ကအီ့အဂီၢ်	ca'ter
_caterpillar	n.	သံမံၢ်ပီၤ	cat'er-pil'lar
_cathartic	n.	ကသံဉ်လှ	ca-thar'tic
_catholic	n.	လၢအဘဉ်ဃးဒီးပှၤကိးကလုာ်ကိးမိၢ်ဒဲး	cath'o-lic
_cat's paw	n.	ပှၤလၢပလိနုၢ်အီၤဒႏကဲအီၤလၢပခၢဉ်စး လၢတၢ်တသ္ဉ်ညါလၢအမ့ၢ်တၢ်အၢတဘ့ပူၤ	cat's-paw'
_causal	a.	ဘဉ်ဃးတၢ်ဒႏအိဉ်ထီဉ်တၢ်	caus'al
_causative	a.	လၢအဒႏအိဉ်ထီဉ်တၢ်	caus'a-tive
_cause	n.	တၢ်အဂ္ဂၢ်အကျိၤ ★အယိ ★တၢ်အမူးအရၢ် ★တၢ်လၢအဒႏအိဉ်ထီဉ်တၢ် ★ တၢ်အမိၢ်ထံး	cause
_cause	v.t.	ဒႏအိဉ်ထီဉ် ★ဒႏကဲထီဉ် ★မၤတၢ်	cause
_caustic	n.	ကသံဉ်လၢအအီဉ်ပဖုံးပည္ဉ်	caus'tic
_caustic	a.	လၢအအီဉ်ပဖုံးပည္ဉ်	caus'tic
_cauterize	v.t.	ကျူးလၢထးကိၢ်	cau'ter-ize
_caution	v.t.	(တၢ်)ပလီၢ်ပဒီအသး ★(တၢ်)ဒႏပလီၢ်ပဒီပှၤအသး	cau'tion
_cautious	a.	လၢအအိဉ်ဒီးတၢ်ပလီၢ်သး	cau'tious

41

_cavalry	n.	ကသ့ဉ်ဒုးသုး	cav'al-ry
_cave	n.	လၢ်ကအိပူၤ★(ဒုး)လီၤကအိ	cave
_cavern	n.	တၢ်ကအၢပူၤ★လၢ်ကအိပူၤဖးလၢ်	cav'ern
_cavernous	n.	လၢအလီၤက်တၢ်ကအၢပူၤ★လၢအပုံၤဒီးလၢ်ကအိပူၤ	cav'ern-ous
_cavil	v.i.	ကတိၤဟ်တၢ်ကမဉ်ကလီကလီ★နၢ်စိၤဂ့ၢ်လိာ်တၢ်	cav'il
_cavity	n.	အအိပူၤ	cav'i-ty
_caw	v.i.	(စီၤဝဉ်ယၤကိး)အဉ်အဉ်	caw
_cease	v.i.	အိဉ်ကတီၢ်★ဆိတ့ၢ်★အိဉ်ဘှိဉ်★တအိဉ်လၢၤဘဉ်	cease
_ceaseless	a.	တဆိကတီၢ်နီတဘှီ	cease'less
_celebrate / celebration	v.t. / n.	(တၢ်)သ့ဉ်နီဉ်မၤလၤကပီၤတၢ်	cel'e-brate / cel'e-bra'tion
_celebrated	a.	လၢအမံၤဟူသဉ်ဖျါ	cel'e-brat'ed
_celebrity	n.	တၢ်မံၤဟူသဉ်ဖျါ	ce-leb'ri-ty
_celerity	n.	တၢ်ချ★တၢ်ချသဒံး★တၢ်ဖျဉ်သလဲဉ်	ce-ler'i-ty
_celestial	a.	ဘဉ်ယၤမူခိဉ်★ဘဉ်ယၤဒီးမူခိဉ်ဖိ	ce-les'tial
_celibacy	n.	တၢ်အိဉ်ကနၢ★တၢ်အိဉ်မုဉ်ကနီၤဖိဉ်သဉ်ခွါ	cel'i-ba-cy
_celibate	n.	(ပုၤ)လၢအအိဉ်ကနၢ★(ပုၤ)လၢအအိဉ်မုဉ်ကနီၤဖိဉ်သဉ်ခွါ	cel'i-bate
_cell	n.	ဒၢးဖိ★တၢ်အပူၤဖိ★တၢ်ပူၤပြိကံဖိ	cell
_cement	n.	ဘံလးမွဉ်★အီကတ့ဉ်	ce-ment'
_cement	v.t.	မၤလၢဘံလးမွဉ်★ဒုးစဲဘူးတၢ်	ce-ment'
_cemetery	n.	တၢ်သွဉ်ခိဉ်	cem'e-ter-y
_censer	n.	သပၢၤဆိဉ်ကဲၤတၢ်နၢမူ	cen'ser
_censor	n.	ပဒိဉ်လၢအဂၢ်ထံဖိကၢ်ဖိ	cen'sor
_censorious	a.	လၢအညီနၢ်ဟ်တၢ်ကမဉ်	cen-so'ri-ous
_censure	v.t.	တၢ်ဟ်တၢ်ကမဉ်	cen'sure
_census	n.	တၢ်ဂၢ်ပုၤထံဖိကၢ်ဖိအနံဉ်တဆံတဘှီ	cen'sus
_centenary / centennial	n. / n.	တၢ်မၤတၢ်သ့ဉ်နီဉ်ထိဉ်အနံဉ်တကယၤတဘှီ	cen'te-na-ry / cen-ten'ni-al
_center / centre	n.	တၢ်သးကၢ်ပူၤ★တၢ်ဖျဉ်သး★တၢ်အကၢ်အလဲ	cen'ter / cen'tre
_centipede	n.	ဒၤဘီ	cen'ti-pede
_central	a.	လၢတၢ်သးကၢ်ပူၤ★လၢအအိဉ်လၢတၢ်သးကၢ်ပူၤ	cen'tral
_centralize / centralization	v.t. / n.	(တၢ်)ဒုးအိဉ်တၢ်လၢတၢ်အခိဉ်တဖုယီအဖိလာ်	cen'tral-ize / cen'tral-i-za'tion
_centurion	n.	သုးဖိတကယၤအခိဉ်	cen-tu'ri-on
_century	n.	အနံဉ်တကယၤအတၢ်ပူၤ	cen'tu-ry
_cereal	n.	ဘုဖိဟုဖိ	ce're-al
_ceremonial	a.	ဘဉ်ယၤတၢ်အလုၢ်အလၢ်အဒိအတဲာ်★ဒ်အလုၢ်အလၢ်အဒိအတဲာ်ဟဲဝဲအသိး★တၢ်အလုၢ်အလၢ်အဒိအတဲာ်	cer'e-mo'ni-al
_ceremonious	a.	အိဉ်ဒီးအလုၢ်အလၢ်အဒိအတဲာ်	cer'e-mo'ni-ous
_ceremony	n.	တၢ်အလုၢ်အလၢ်အဒိအတဲာ်	cer'e-mo-ny
_certain	a.	အမ့ၢ်အတီ★သပှၢ်တၢ်★ယါမနၤ★နီၢ်နီၢ်★မတၤ(တဂၤ)	cer'tain
_certainly	adv.	မ့ၢ်လီၤ★(မ့ၢ်)သပှၢ်တၢ်★နီၢ်နီၢ်★နီၢ်ကီၢ်	cer'tain-ly
_certificate	n.	လံာ်အုဉ်ခိဉ်အသး★လံာ်တၢ်အုဉ်အသး★လဲၤမး	cer-tif'i-cate
_certify	v.t.	ယုသ့ဉ်ညါလီၤတၢ်အဂ့ၢ်★အုဉ်အသးလၢအဂ့ၢ်	cer'ti-fy
_certitude	n.	တၢ်နာ်တၢ်နီၢ်ကတၢ်လၢအသး	cer'ti-tude
_cessation	n.	တၢ်အိဉ်ကတီၢ်★တၢ်အိဉ်ဆိတ့ၢ်	ces-sa'tion
_cesspool	n.	တၢ်အိပူၤလၢထံဘဉ်အၢဘဉ်သီယွၤလီၤဆုၤအပူၤ	cess'pool'
_chafe	v.i.	ယံးယူး★လၢ်လှာ်	chafe
_chafe	v.t.	ဒုးသးကၢ်ပူၤ★ဒုးသးတမှာ်ပူၤ★လှၤ★သကျၤ	chafe

_chaff	n.	ဖွ★(ဘ္၇)အစၢ★(ဘ္၇)အကမ္၇ဉ္အဖွ	chaff
_chagrin	n.	တၢ်သးဟးဂီၤအိဉ္ယၢ်ယုာ်ဒီးတၢ်မ္ၤ်ဆုး	cha-grin'
_chain	n.	(ထး)သွဲ★ထးသိး(ခိဉ္)★ထးကျိၤ(ခိဉ္)★နိဉ္ထိဉ္ထးသွဲ★တၢ်အလွ္ၢ	chain
_chain	v.t.	စၢဃာ်လၢထးသွဲ★သိးဃာ်★ကျိၤဃာ်★စဲဘူးလိာ်အသးဒ်ထးသွဲအကွီၤ	chain
_chair	n.	လီၢ်ဆ္၇ဉ္နီၤ★ခး	chair
_chairman	n.	ပုၤပၢၤလီၢ်ဆ္၇ဉ္နီၤ	chair'man
_chaise	n.	သ္၇ဉ္ကဟဉ္အဖဲဘ္၇ဉ္အိဉ္ခံခီ	chaise
_chalk	n.	ဟီဉ္ခိဉ္ဝါ	chalk
_chalk	v.t.	ကွဲးနိဉ္အၤနဉ္ကမ္ဖ	chalk
_challenge	v.t.	တၢၤတၢ်★ခိဉ္ရိာ်တၢ်★ခီတၢ်	chal'lenge
_chamber	n.	ဒၢး	cham'ber
_champ	v.t.	အ္၇ဉ္တဃံး	champ
_champion	n.	ပုၤဖွဲးကတၢ်★ပုၤလၢအ(နုး)လၢတၢ်အဂီၢ်	champ'i-on
_chance	n.	တၢ်ဟဲဒ္၇ဝဲအသး★တၢ်ဘ္၇ဉ္န္ၢအတီၤ★တၢ်ဘ္၇ဉ္ဆ္၇ဉ္ဘ္၇ဉ္တီၤ	chance
_change	v.i.	လဲလိာ်★လဲက္၇ၤ	change
_change	v.t.	မၤလီၤဆီ★ဘိၣ်က္၇ၤ★ကလံၤကလဲ★သုး(အလီၢ်)	change
_change	n.	တီၢ်လီၤဖ္၇ဉ္★တၢ်လဲလိာ်အသး	change
_channel	n.	ထံအကျိၤ★တၢ်အကျိၤ	chan'nel
_chant	v.t.	အ္၇ဉ္ထါတက္၇★မၤထါ	chant
_chapel	v.t.	သရိာ်	chap'el
_chaperon	n.	ပုၤမ္၇ဉ္ပၢ်လၢအအံးထွဲကွၢ်ထွဲပုၤမ္၇ဉ္ကနီၤလၢအထံလၤတၢ်က္၇ၤအပူၤ	chap'er-on
_chaplain	n.	သုးဖိအသရဉ္	chap'lain
_chapter	n.	အဆၢဒိဉ္★အခိဉ္	chap'ter
_char	v.t.	က္၇ၢ်ယံ★က္၇ၢ်ကီၢ်သွ္ဉ်	char
_character	n.	တက္၇ာ်ပဝး★တၢ်ဟ်သ္၇ဉ္ဟ်သး★တၢ်ပနိဉ္★ပုၤလၢအဉ္တၢ်ယဲၤအဂ္၇ၢ်လၢလဲာ်ပူၤ★(ဟီဉ္ခိဉ္)အတကၢ်ဝ၀း	char'ac-ter
_characteristic	a.	လၢအမၤအသး(လီၤဆီ)★လၢအဒုးန္ၢ်ဖျါအတကၢ်ပဝး	char'ac-ter-is'tic
_characterize / characterization	v.t. / n.	(တၢ်)(န္၇ဉ္)(ယဲၤ)ဖျါထိဉ္အကကဲၤပဝ်	char'ac-ter-ize / char'ac-ter-i-za'tion
_charcoal	n.	သွ္ဉ်လး★သ္၇ဉ်	char'coal'
_charge	v.t.	ဟ်တၢ်အဘ္၇ူးအလဲ★ဟ်တၢ်အပူၤ★ဟ္၇ဉ္တၢ်လီၤဘ္၇ဉ္ပူၤ★ဟ်တၢ်ကမ္၇ဉ္လၢပုၤအလိၤ★လီးအိဉ္ပူၤ★အးတၢ်လၤပုၤအစုပူၤ★သလူၤယီၤဒုးတၢ်★ပနၢ်ကျိအဆ္၇ဉ္★မၤဆ္၇ဉ္ထိဉ္လီအစိကမီၤအိဉ္လၤအပူၤ	charge
_charge	n.	(တၢ်ဟ်တၢ်)အဘ္၇ူးအလဲ★(တၢ်ဟ်တၢ်)အပူၤ★တၢ်လီၤဘ္၇ဉ္ပူၤ★တၢ်ဟ်တၢ်ကမ္၇ဉ္★တၢ်လီးအိဉ္တၢ်★တၢ်လၢအဘ္၇ဉ္တၢ်အးလီၤလၢပုၤအစုပူၤ★တၢ်သလူၤယီၤဒုးတၢ်★ကျိအဆ္၇ဉ္★လီအစိကမီၤ	charge
_chariot	n.	လ္၇ဉ္ကဟဉ္ဒုးသုး	char'i-ot
_charitable	a.	လၢအညီန္ၢ်ဟ္၇ဉ္သးကညီၤတၢ်★ဘ္၇ဉ္ယၢးဒီးတၢ်မၤဏၤသးကညီၤတၢ်★လၢအသးတအိဉ္စံဉ္ညီဉ္တၢ်ဆ္၇ဉ္ဆ္၇ဉ္ဘဉ်	char'i-ta-ble
_charity	n.	တၢ်ဟ္၇ဉ္သးကညီၤတၢ်★တၢ်အဲဉ္တၢ်ကွံ★တၢ်သးတအိဉ္စံဉ္ညီဉ္တၢ်ဆ္၇ဉ္ဆ္၇ဉ္ဘဉ်★တၢ်လၤပူၤဟ္၇ဉ္သးကညီၤဝဲ	char'i-ty
_charm	n.	တၢ်ရဲၢ်★လာ်တၤၤလာ်ဖွဲ★တၢ်သမူပယၢ်	charm
_charm	v.t.	ရဲၢ်န္ၢ်တၢ်★သမူပယၢ်တၢ်	charm
_charming	a.	လၢအလီၤအဲဉ္လီၤက္၇★လၢအလီၤမ္ၤ်ဘဉ္သးစိဉ်	charm'ing
_chart	n.	ဟီဉ္ခိဉ္ဂီၤ★စးခိလၤပုၤဟ်ဖျါထိဉ္တၢ်အိဉ္ဒီးတၢ်တ္၇ဒိလီၤတၢ်လၤအပူၤ★စးခိလၤအဟ်ဖျါထိဉ္တၢ်အဂ္၇ၢ်အကျိၤမ္ၢ်ပှၢ်တမ္ၤဒီးတမ္ၤ	chart
_charter	v.t.	ငါမ္ၤတမ္ၢ်ဒီးငါလီၤ	char'ter
_chase	v.t.	လူၤ★လူၤဖိဉ္★လူၤဟီက္၇ာ်	chase
_chase	n.	တၢ်လူၤတၢ်★တၢ်လူၤဖိဉ္တၢ်★တၢ်လူၤဟီက္၇ာ်တၢ်	chase
_chasm	n.	ဟီဉ္ခိဉ္တဲၤဖး★ဟီဉ္ခိဉ္သွ္ဉ်ဖး★တၢ်ကြိပူၤ	chasm

43

_chaste	a.	လၢအအိၣ်စီအိၣ်ဆုံအသး★စီဆုံ★လၢအတအိၣ်ဒီးတၢ်ကယၢကယဲအါကဲၣ်ဆီးဘၣ်	chaste
_chasten	v.t.	သိၣ်ယီၣ်ဒံသိးကဂ့ၤထီၣ်★ဒုးကီၤအသး	chas'ten
_chastise	v.t.	စံၣ်ညီၣ်★သိၣ်ယီၣ်	chas-tise'
_chastity	n.	တၢ်အိၣ်စီအိၣ်ဆုံ	chas'ti-ty
_chat	v.t.	ကတိၤသကိးတၢ်ဟၢၣ်ဟၢၣ်	chat
_chatter	v.t.	ကတိၤမရၤမတဲတၢ်★ကတိၤတၢ်ပူးပးပူးပး	chat'ter
_chauffer	n.	ပှၤနီၣ်မ့ၣ်ထိၣ်ကါ	chauf'fer
_cheap	a.	အပှ့ၤဘၣ်★လၢအတဂ့ၤအါအါဘၣ်★လၢအတလီၢ်ဟ်ကဲဘၣ်	cheap
_cheat	v.t.	လီတၢ်★ကလံၣ်နှၢ်လွဲနှၢ်တၢ်★လီတၢ်ဝ့ၤတၢ်★မၤတၢ်တတီလိၤ	cheat
_check	v.t.	ဒုးအိၣ်ကတီၢ်ဖးတၢ်★မၤစၢ်လီၤတၢ်★ဒုးယၢထီၣ်တၢ်လဲၤ★ကြီးတၢ်★ဒုးနီၤယာ်တၢ်★စဲးတၢ်အိၣ်ဒီးမၤနီၣ်တၢ်★ဟ်လီၤဆီအိၣ်ဒီးတၢ်မၤနီၣ်	check
_checkered	a.	လၢအဒိၣ်တဘျီဖိုဖိၣ်တဘျီဘို	check'ered
_cheek	n.	ဘီးပၤ★တၢ်မၤတၢ်တလၤမဲာ်လၤနါ	cheek
_cheep	v.i.	(ထိၣ်ဖိ)ပှ	cheep
_cheer	v.t.	ဒုးသုၣ်ဖှံသးညီထီၣ်ပှ★ကီၤပသူဟ့ၣ်ဆူၣ်ထီၣ်ပှၤဂံၢ်ပှၤဘါ★သးဖှံထီၣ်	cheer
_cheer	n.	တၢ်သုၣ်ဖှံသးညီ★တၢ်သးတလၤးတလ့း★တၢ်သုၣ်မှာ်သးခု	cheer
_cheerful	a.	လၢအ(ပှဲၤဒီးတၢ်)သုၣ်ဖှံသးညီ★လၢအမၤသုၣ်ဖှံသးညီပၤသး	cheer'ful
_cheerless	a.	လၢအ(ပှဲၤဒီးတၢ်)သုၣ်ယၢသးယၢ★လၢအမၤအသးအုးသကျၢ်ၣ်★လၢအတအိၣ်ဒီးတၢ်သုၣ်မှာ်သးခုဘၣ်	cheer'less
_cheese	n.	တၢ်နှၢ်ထံလီၤသကၤ	cheese
_chemical	a.	ဘၣ်ယးဒီးကသံၣ်ကသီဒီးကလံၤအသးအက်	chem'i-cal
_chemistry	n.	တၢ်ယုသုၣ်ညါမၤလိကသံၣ်ကသီဒီးကလံၤအသးအက်အဆၢဒီးအတၢ်ကဲထီၣ်ဒီးအတၢ်စိတၢ်ကမီၤအဂ့ၢ်	chem'is-try
_cheque	n.	စးခီလၢပှၤပ့ၤကွဲၤမၤလိာ်စ့လၢစုတၢး	cheque
_cherish	v.t.	ဟ်ထီယၢ်လၤပသးကၢ်ပှ★သးစဲဘူးဒီး★ဟ်လီၤအဲၣ်လီၤကွံလီၤဆီၣ်ၣ်တၢ်★ဟ်ဒိၣ်လီၤဆီၣ်တၢ်	cher'ish
_chest	n.	သးနါပှၢ်★တလါဖးဒိၣ်	chest
_chew	v.t.	အ့ၣ်ဘှး★ဂံာ်အဆၣ်★မီၣ်အိၣ်★ကမၤအိၣ်	chew
_chicken	n.	ဆီဖိ★ဆီဖိအညၣ်	chick'en
_chide	v.t.	ဟ်တၢ်ကမၣ်★သိၣ်ယီၣ်★အ့ၣ်လိာ်★ဒုအလိၤ	chide
_chief	n.	တၢ်အခိၣ်အနၢ်★စကီၤစဘၢ★တၢ်အဒိၣ်	chief
_chiefly	adv.	လီၤဆီၣ်တၢ်★အါဒၣ်တၢ်တက့ၢ်	chief'ly
_child	n.	ဖိသၣ်★ဖိဆံး	child
_childhood	n.	တၢ်အိၣ်ဖိသၣ်အခါ	child'hood
_childish	a.	လၢအသး(အှၣ်)ႆံဖိသၣ်	child'ish
_childlike	a.	လီၤက်ဖိသၣ်	child'like
_chill	v.t.	မၤခုၣ်လီၤ	chill
_chill	n.	တၢ်ဂိၢ်ကနီး★တၢ်ဂိၢ်တၢ်ချံၣ်★တၢ်ဂိၢ်တၢ်က်	chill
_chilly	a.	ခုၣ်ခုၣ်,ဂိၢ်ဂိၢ်	chill'y
_chime	n.	အလွဲၢ်တကရုၢ်လၢအအိၣ်ဒီးအသိၣ်ဒီးတၢ်သးဝံၣ်အနီၤအသး★တၢ်သးဝံၣ်လၢအလွဲၢ်နှၣ်တဖၣ်သီၣ်ထီၣ်ဝဲ	chime
_chimney	n.	မ့ၣ်အူဖျိၣ်★မ့ၣ်အူအပီး	chim'ney
_chin	n.	ခံ★ပှၤခ့ဖိ	chin
_chink	n.	တၢ်တဲၤဖး★တၢ်ကဆူးအံၣ်ကိာ်ဖိ	chink
_chip	v.t.	ကွီပိာ်★ဟ်ပိာ်★ဟ်နီၢ်	chip
_chip	n.	တၢ်အကုအခီ★(သ့ၣ်)အမီၢ်	chip
_chirrup	v.i.	(တၢ်)မၤသီၣ်ကစဲးကစီးအထးဖိၣ်	chir'rup
_chisel	v.t.	ဖျုလၢထးပှု	chis'el
_chisel	n.	ထးပှု	chis'el

_chit	n.	လံၥပရၢဖိတခီ	chit
_chivalrous	a.	လၢအသးအိၣ်မၤစၢၤဆျ၀တ့ၤပုၤဘၣ်နးဘၣ်ဖှိၣ်,ပုၤဘၣ်တၢ်ဆီၣ်ဘံၣ်ဆီၣ်ဘၢ,ဒီးပိၥ်မုၣ်ပိၥ်မၤ	chiv'al-rous
_chivalry	n.	တၢ်မၤစၢၤပုၤဘၣ်နး——လၢတၢ်ဆီၣ်လီၤသးအပူၤ	chiv'al-ry
_choice	n.	တၢ်ယုထၢ★တၢ်ဘၣ်တၢ်ယုထၢအီၤ★တၢ်ယုထၢတၢ်လၢပသးကၢ်ပူၤ★လၢအဂ့ၤကတၢၢ်	choice
_has a choice		အခွဲးအိၣ်လၢၤကယုထၢတၢ်တမံၤမံၤ	has a choice
_choice of		ဟ်ကဲအတၢ်ဒၣ်၀ဲ	choice of
_choir	n.	ပုၤသး၀ံၣ်တၢ်ဖိတဖု★ပုၤခွါယၢၣ်ဖိ	choir
_choke	v.t.	ဆူၣ်တၢ်★ကိၥ်ယူၢ်လီၤသကး★မၤဘၢသံတၢ်★ပအၢသံတၢ်★စံၢ်သံ★ကိၥ်ယူၢ်သကံၢ်★ပံးတံၢ်ယာ်★တနီးတံၢ်ယာ်အကျဲ★ခဲဘၢတၢ်	choke
_choke down		ယူၢ်လီၤကတံၥ်	choke down
_cholera	n.	တၢ်ဆါလှၢဘိုး	chol'era
_choleric	a.	လၢအသးဖှံၣ်★လၢအသးဒိၣ်ချ့	chol'er-ic
_choose	v.t.	ယုထၢ★ရွၤထၢ	choose
_chop	v.t.	ကှီတၢ်★ဟ်တၢ်★ကတိၢ်တၢ်ပံၣ်ပံၣ်ကျျကျျ	chop
_chord	n.	ပှံၤတဘိ	chord
_chore	n.	မုၢ်ဆ့ၣ်မုၢ်ဂီၤအတၢ်မၤ	chore
_chorus	n.	တၢ်သး၀ံၣ်အဆၢဖိလၢပုၤဘၣ်သး၀ံၣ်ကဒါကူၤလၢတၢ်သး၀ံၣ်ကိးဆၢဒဲးအလီၢ်ခံ★ပုၤသး၀ံၣ်သကိးတၢ်တဖု	cho'rus
_Christ	n.	ခရံၥ်	Christ
_Christian	n.	ပုၤခရံၥ်ဖိ★ပုၤလၢအစူၢ်က့ၤနာ်က့ၤခရံၥ်★ဘၣ်ဃးဒီးခရံၥ်ဖိအလုၢ်အလၢ်	Chris'tian
_Christianity	n.	ခရံၥ်ဖိအတၢ်ဘူၣ်တၢ်ဘါ	Chris'-tian'i-ty
_Christmas	n.	ခြဲးစမၥ်★ခရံၥ်အိၣ်ဖျဲၣ်အနံၤ	Christ'mas
_chronic	a.	လၢအဘၣ်ပုၤယံၥ်ယံၥ်ထၢထၢ★လၢအညီနုၢ်(အှၣ်လိၥ်တၢ်)	chron'ic
_chuck	v.t.	တၢၤကွံၥ်★တၢ်လီၤကွံၥ်★ခွဲးတံၢ်ခွဲးဒီးလိၥ်ကွဲ	chuck
_chuckle	v.i.	နံၤဃဲးနံၤဃီး★နံၤမ့ၢ်လံးမိၢ်လံး	chuck'le
_chum	n.	သကိးတံၢ်တံၢ်	chum
_church	n.	သရိၥ်★တၢ်အိၣ်ဖှိၣ်ဖိတကရၢ★ဘါအၢအလီၢ်★တၢ်ဘါယွၤ	church
_churl	n.	ပုၤလၢအဟ်အသးအၢမး★ပုၤဟ်ပုၤကီ	churl
_churlish	a.	လၢအအၢမး★လၢအဟ်အကီ	churl'ish
_churn	v.t.	((ဆဲးဆ့))တၢ်★ဆဲးဖိုးတၢ်	churn
_chute	n.	တၢ်ကျိုးလီၤဆိုမိၣ်လၢအကစိၥ်ကွံၣ်တၢ်ဆူတၢ်ဖိလၥ်	chute
_cicada	n.	ယဲယၢ်★ယဲမိၢ်ပုၢ်	ci-ca'da
_cigar	n.	မိၥ်★မိၥ်ထူ	ci'gar
_cigarette	n.	မိၥ်စုးခီ	cig'a-rette
_cinder	n.	မ့ၣ်ကဘိုၣ်★မ့ၣ်ဆူအ့ှၣ်★မ့ၣ်အဖီ	cin'der
_circle	n.	တၢ်က၀ီၤကျိုး★ပုၤညီနုၢ်ရူလိၥ်အသးတကရၢ	cir'cle
_circle	v.t.	လဲၤတရံးတၢ်★လဲၤ၀းတရံးတၢ်★၀ီၤယၥ်တၢ်	cir'cle
_circuit	n.	ကွဲၤလၢပုၤတၢၤညီနုၢ်လဲၤ၀ၤ၀ီၤ၀ဲ	cir'cuit
_circuitous	a.	လၢအလဲၤက၀ီၤအသး	cir-cu'i-tous
_circular	a.	က၀ီၤကျိုး	cir'cu-lar
_circulate / circulation	v.t. / n.	(တၢ်)လဲၤတရံးအသး★(တၢ်)လဲၤ၀ၤ၀ီၤတၢ်★(တၢ်)ဆှၢတၢ်တၢပူၤတၢ်ဘၣ်တပူၤပူၤဘၣ်တပူၤ	cir'cu-late / cir'cu-la'tion
_circumcise / circumcision	v.t. / n.	(တၢ်)ကူးတရံးတၢ်	cir'cum-cise / cir'cum-ci'sion
_circumference	n.	တၢ်အက၀ီၤ★တၢ်က၀ီၤအနီၣ်ထိၣ်၀းတရံးအီၤ	cir-cum'fer-ence
_circumscribe	v.t.	မၤပနီၣ်ယာ်တၢ်အဆၢ၀းတရံး★ဟ်လီၤတၢ်ကြိယာ်တၢ်အဆၢ	cir'cum-scribe'
_circumstance	n.	တၢ်ဘၣ်ဃး★တၢ်မၤအသး★တၢ်★တၢ်အဂ့ၢ်အကျိုး	cir'cum-stance
_circumstantial	a.	လၢအဘၣ်ဃးသနၢ်က့,တမ့ၢ်တၢ်အမိၢ်ပှၢ်ဘၣ်	cir'cum-stan'tial

_circumvent	v.t.	လီတရံးလီတရးတၢ်	cir'cum-vent
_cistern	n.	ထံဒၢဖးဒိၣ်★ထံကမါ	cis'tern
_citadel	n.	တိာ်ဓိၤတာ်ဓိၤ	cit'a-del
_cite	v.t.	ယၤထီၣ်(တၢ်ကွဲးအသး)	cite
_citizen	n.	ပှၤခ့ဖိဝ့ၢ်ဖိ★ပှၤထံဖိကီၢ်ဖိ★ဘီဖိမုၢ်ဖိ	cit'i-zen
_city	n.	ဝ့ၢ်	cit'y
_civic	a.	ဘၣ်ဃးဒီးခ့ဖိဝ့ၢ်ဖိ	civ'ic
_civil	a.	ဘၣ်ဃးဒီးခ့ဖိဝ့ၢ်ဖိ★ဘၣ်ဃးဒီးထံဖိကီၢ်ဖိ★လၢအဟ်အသးသ့သ့ဘၣ်ဘၣ်	civ'il
_civility	n.	တၢ်ဟ်အသးသ့သ့ဘၣ်ဘၣ်	ci-vil'i-ty
_civilian	n.	(ပှၤ)လၢအတမ့ၢ်ဘၣ်ပှၤသုးဖိ★(တၢ်ကူတၢ်သိး)လၢအဒုးနဲၣ်ဖျါလၢ ပှၤအတၢ်ဖံးတၢ်မၤမ့ၢ်တၢ်လီၤဆီတကလှာ်	ci-vil'ian
_civilization	n.	တၢ်ယ့ၣ်တၢ်ကၠ	civ'i-li-za'tion
_civilize	v.t.	မၤယ့ၣ်ထီၣ်ကၠထီၣ်	civ'i-lize
_clack	v.i.	သီၣ်တီးတီးတးတး★ကလာ်ဘဲဘီး	clack
_claim	v.t.	ဟံးန့ၢ်အကၠီၢ်ဒၣ်ဝဲ★စံးလၢတၢ်န့ၣ်မ့ၢ်အတၢ်★စံးလီၤအသး★ ဒိတၢ်လၢအမ့ၢ်အတၢ်★မၢတၢ်	claim
_claimant	n.	ပှၤလၢအဟံးန့ၢ်အကၠီၢ်ဒၣ်ဝဲ★ပှၤလၢအစံးလၢတၢ်န့ၣ်မ့ၢ်သါတၢ်★ တၢ်ဒိတၢ်လၢအမ့ၢ်အတၢ်	claim'ant
_clairvoyance	n.	တၢ်ထံၣ်တၢ်လၢတၢ်ပျိၢ်သီအပူၤ★တၢ်ထံၣ်မုံထံၣ်ပျိၢ်တၢ်	clair-voy'ance
_clairvoyant	n.	ပှၤလၢအထံၣ်တၢ်လၢတၢ်ပျိၢ်သီအပူၤ	clair-voy'ant
_clairvoyant	a.	ဘၣ်ဃးတၢ်ထံၣ်မုံထံၣ်ပျိၢ်တၢ်	clair-voy'ant
_clam	n.	သကံၣ်ကု★ချိၣ်	clam
_clamber	v.i.	ထီၣ်တၢ်ပးကူးပကူး★ထီၣ်တၢ်စကူးစကူး	clam'ber
_clammy	a.	စဲဘူးစဲဘး★ကပၢၤဘိးပံာ်ကပၢၤဘိးဘး★စီၣ်ကပၢၤ	clam'my
_clamour	v.i.	သီၣ်ထီၣ်လှာ်လှာ်တၢတၢ★သီၣ်ထီၣ်ကလူကလီ★ဃ့လီၤလိးသကၢၤတၢ်★ သီၣ်ပသူသီၣ်ပသီထီၣ်★ကိးပသူဃ့တၢ်အါဂၤတဘျီယီ	clam'our
_clamp	v.t.	တံာ်ဃာ်တၢ်	clamp
_clan	n.	ပှၤကညီတဒူၣ်တထၢ	clan
_clandestine	a.	လၢအခုသူၣ်ခုလံာ်★ကစုဒ	clan-des'tine
_clang	v.i.	သီၣ်ခြ့ၣ်ခြ့ၣ်ခြၣ်ခြၣ်	clang
_clank	v.i.	သီၣ်ခြိးခြိး	clank
_clap	v.t.	ဒဲစု★(ကးတံာ်)တပျိၢ်တၢ်★ဒဲတၢ်★လၤတၢ်★ဟ်လီၤတၢ်တဘိယီ★ဘိၣ်ပးပး	clap
_clap of thunder		လီသီၣ်	clap of thun'der
_clapper	n.	ဒၢလွဲအသၣ်	clap'per
_clarify	v.t.	မၤဆှံ★မၤကဆှိ★မၤကဆှဲထီၣ်	clar'i-fy
_clash	v.i.	ဘၣ်ဒိဘၣ်ထံးလိာ်အသး★ထီဒါလိာ်အသး	clash
_clash	n.	တၢ်ဘၣ်ဒိဘၣ်ထံးလိာ်အသး★တၢ်ထီဒါလိာ်အသး	clash
_clasp	v.i.	စိုၤဃာ်★ဖိးဃာ်★တံာ်ဃာ်	clasp
_class	n.	တၢ်တဖု★တကရၢ★တီၤ★အတူၢ်အကီၤ★အကလှာ်	class
_classical	a.	ဘၣ်ဃးဒီးတၢ်ကွဲးအသ့အဘၣ်★လၢအမ့ၢ်တၢ်အဒိၣ်အထီ	clas'si-cal
_classify / classification	v.t. / n.	(တၢ်)နီၤဖးတၢ်အကလှာ်အဆၢ	clas'si-fy / clas'si-fi-ca'tion
_clatter	v.t.	သီၣ်ခြံခြံခြါခြါ	clat'ter
_claw	n.	ဆၣ်ဖိကီၢ်ဖိထိၣ်ဖိလံၣ်ဖိအစုမ့ၣ်ခီၣ်မ့ၣ်	claw
_clay	n.	ကပံာ်လၢအပံာ်★တ((ထူး))	clay
_clean	a.	စီ★ဆှံ★ကဆှိ★လၢ်လၢ်ဆ့ဆ့	clean
_clean hands		အတီအလိၤ	clean hands
_cleanliness	n.	တၢ်အိၣ်အသးကဆှဲကဆှိ	clean'li-ness

_cleanse	v.t.	မၤကဆှီ★မၤစီမၤဆှံ★မၤကွံာ်တၢ်ဘၣ်အၢ	cleanse
_clear	a.	ဆှံ★ကဆှီ★တလဲၤလီၤ★အစီထံ★ဖျါတြၢကလာ်★လၤတၢ်နီၤတၢ်ဘူးတအိၣ်★လၤတၢ်နီၤအကျဲတအိၣ်★လၤအတၢ်ကမၣ်တအိၣ်	clear
_clear	v.t.	ကဆှီထီၣ်ကူၤ★မၤဟိထီၣ်★မၤဖှိုထီၣ်★စံၣ်ညီၣ်ပူၤဖျဲးဒီးတၢ်ကမၣ်★ပာ်ယဲ	clear
_cleat	n.	တၢ်ပကီးယာ်	cleat
_cleavage	n.	တၢ်(မၤ)သ္ဉ်ဖး(တၢ်)★တၢ်တဲၤဖးအသး	cleav'age
_cleave	v.i.	(မၤ)သ္ဉ်ဖး★စဲဘူးအသးဒီး★အဲးထီၣ်★တဲၤဖး★ဘျုးအသး	cleave
_clemency	n.	တၢ်သ္ဉ်ကညီၤသးကညီၤတၢ်★တၢ်ဖျါတၢ်ကမၣ်ညီ	clem'en-cy
_clement	a.	လၤအသ္ဉ်ကညီၤသးကညီၤတၢ်★လၤအဖျါတၢ်ကမၣ်ညီ	clem'ent
_clench	v.t.	အ့ၣ်တၢ်အမဲ★တၢၤနုၣ်စု★ဖိးဟ္ဂုတၢ်လိာ်အသး	clench
_clergy	n.	သရၣ်ကွၢ်တၢ်တကရၢ	cler'gy
_clerical	a.	ဘၣ်ယးဒီးစရ္	cler'i-cal
_clerk	n.	ပှၤကွဲးလံာ်ဖိ★စရ္	clerk
_clever	a.	ကူၣ်သ္★သ္ၣ်ဆးသးဆး★သ္ၣ်ပှၢ်သးဆျၢ	clev'er
_click	v.i.	သီၣ်တဲး★သီၣ်ချဲး	click
_cliff	n.	လ္ၤကဘျာ်ဖးထီ	cliff
_climate	n.	ဘၣ်ယးဒီးတၢ်ဖူၤ,တၢ်ဂီၢ်,တၢ်ကိၢ်,တၢ်သုတၢ်ယ္,ကလံၤသိၣ်ဂီၤ	cli'mate
_climax	n.	တၢ်အထိတဂာ်★တၢ်လၤအဒိၣ်ထီၣ်ထိထီၣ်တပတီၤဘၣ်တပတီၤ	cli'max
_climb	v.i.	ထီၣ်★လီၤ	climb
_clinch	v.t.	မၤယံၤယာ်တၢ်★မၤကျၤၤမၤလီၤတံၢ်တၢ်★ဒီကၢ်ခွံး(ထးအဒိၣ်)★ဖိၣ်ယာ်တၢ်ယံၤယံၤ	clinch
_cling	v.i.	ဟံးယာ်★ဖိၣ်ယာ်★ဘူးယာ်★အိၣ်စဲဘူး★ပာ်ထိယာ်	cling
_clinic	n.	တၢ်ကီးဖိၣ်ပှၤဘၣ်ဆူးဘၣ်ဆါလၤတၢ်ကမၤစၢၤအီၤကလီကလီ	clin'ic
_clink	v.i.	သီၣ်ကြှံၣ်ကြှံၣ်ကြှံ	clink
_clip	v.t.	တံာ်ကွံာ်	clip
_clip	n.	နီၣ်တံာ်ဖိ	clip
_clique	n.	ပှၤတဖုလၤအရ္လိာ်အသးလီၤဆီဒၣ်တၢ်	clique
_cloak	v.t.	ဟာ်တၤ(အသး)	cloak
_cloak	n.	တၢ်လၤအအိၣ်တၤဃာ်ပတၢ်အၢ★တၢ်ဟာ်တၤ(အသး)★ဆ္ကၤဖးဒိၣ်လၤအစုတအိၣ်	cloak
_clock	n.	နၣ်ရံၣ်	clock
_clod	n.	တၢ်ကိၢ်လိၣ်	clod
_clog	v.t.	(တၢ်လၤအ)တြီမၤတံာ်တာ်တၢ်★(တၢ်လၤအ)နီၤတံာ်ယာ်တၢ်	clog
_close	v.t.	ကးတံာ်★ပံးတံာ်★မၤတံာ်ယာ်★ဒုးတံာ်ယာ်★(မၤ)ကတၢၢ်ကွံာ်★ကျိုးလီၤတၢ်အနၢ်စ္ၤ★မၤတံာ်တၢ၊★သဝံတံၤ	close
_close	a.	ဃံးဃံး★(ဒီဘူးလိာ်အသး)တံၢ်တံၢ်★အိၣ်	close
_closet	n.	ဒၢးအိၣ်တဒၢ★တၢ်ဖိတၢ်လံၤအဒၢးဖိ	clos'et
_cloth	n.	တၢ်ကံးညာ်	cloth
_clothe	v.t.	ကၤထီၣ်★ဒုးကၤထီၣ်★(ဒုး)ကူထီၣ်သိးထီၣ်	clothe
_clothes	n.	တၢ်ကူတၢ်သိး★တၢ်ကူတၢ်ကၤ	clothes
_cloud	n.	တၢ်အၢၣ်	cloud
_cloud	v.i.	အၢၣ်ထီၣ်★မၤလီၤကနၤ★မၤအၢၣ်လီၤခံးလီၤ★ဆုးသကျၢာ်ထီၣ်★ဖျါနၤၤ	cloud
_cloudy	a.	လၤအပှဲၤဒီးတၢ်အၢၣ်★လၤအဖျါနၤၤ★ဆုးသကျၢာ်	cloud'y
_clown	n.	ပှၤဆ္လံးဘီသွါ	clown
_cloy	v.i.	သ္ၣ်ကလဲၤသးကလဲၤ	cloy
_club	n.	နီၣ်တူနီၣ်လာ်★နီၣ်တိၢ်★ကရၢတဖု	club
_club	v.t.	တိၢ်တၢ်★ဟာ်ဖှိၣ်ဟ္ဂုၣ်တၢ်★စူးဟ္ဂုၣ်တၢ်	club
_cluck	v.i.	(ဆီမိၢ်)ကြၢၣ်(အဖိ)	cluck

47

_clump	n.	ဟီဉ်ခိဉ်တကၢ်လိဉ်★တဖျိဉ်တကရၢ်★သ့ဉ်တကရၢ်	clump
_clumsy	a.	လၢအမၤအသးထုတၢရ့ၤ★လၢအဟံးတၢ်ဖီဉ်တၢ်အစုတၢဖျဲဉ်ခိဉ်တဖျဲဉ်ဘဉ်	clum'sy
_cluster	n.	တၢ်အကူၤ★တၢ်အဖျံဉ်★တၢ်တကတြူၢ်★တၢ်တခုဉ်လုၢ်	clus'ter
_cluster	v.i.	အိဉ်ကၤဖိုဉ်အသး★အိဉ်စူးဖိုဉ်★နးအိဉ်ဖိုဉ်★မၤအိဉ်ဘူးအိဉ်တံၢ်လိာ်အသး	clus'ter
_clutch	v.t.	ဖီဉ်ပစုၢ်★တ်ထုး★စိုးတံးဃာ်	clutch
_clutter	n.	တၢ်အိဉ်မရၢ်မရိၢ်★တၢ်အိဉ်ကရၢ်ကရိၢ်★တၢ်အိဉ်ရှူးရှဲးရဲးရဲး	clut'ter
_clutter	v.t.	ဟ်မရၢ်မရိၢ်★ဟ်ပြံစ်ပြါစါ★ဟ်ကရၢ်ကရိၢ်	clut'ter
_coach	n.	လှဉ်မှဉ်အူတတွဲ,တဒၢး★တၢ်လိာ်ကွဲအသရဉ်★လှဉ်ကဟဉ်	coach
_coal	n.	လၢါသွဲဉ်လး★မှဉ်အူအ့ဉ်တကၢ်လိဉ်	coal
_coarse	a.	အလှဉ်ဒိဉ်ဒိဉ်သွါသွါ★ယိဃဲး★ဟိစါဃါ★တယှဉ်တကမူ★တဘျ့ဘဉ်	coarse
_coast	n.	ပိဉ်လဲန်း	coast
_coat	n.	အီကွဲဖိခိဉ်	coat
_coax	v.t.	ကတိၤကညး★လွဲကံၤလွဲကဒါ★လွဲကညး	coax
_cob	n.	ဘုစ္စအကျူ★ဘုစ္စအကူၤ	cob
_cobra	n.	ဂုၢ်သီ	co'bra
_cobweb	n.	ကပီၤလှၤ	cob'web
_cock	n.	ဆီဖါ★ထံပီၤအနီဉ်ဟ်ထိဉ်ဟ်လီၤထံ	cock
_cock	v.t.	ဆဲထိဉ်ကွံအမှဉ်ဖျး	cock
_code	n.	တၢ်သိဉ်တၢ်သီ	code
_coerce	v.t.	မၤဆူဉ်မၤစိး★မၤဆူဉ်မၤနၢၤ	co-erce
_coercion	n.	တၢ်မၤဆူဉ်မၤစိး★တၢ်မၤဆူဉ်မၤနၢၤ	co-er'cion
_coffee	n.	ကဉ်ဖံဉ်	cof'fee
_coffer	n.	တၢ်လုၢ်ဒိဉ်ပှၤဒိဉ်အတလါ	cof'fer
_coffin	n.	လိ★ကျၢဉ်	cof'fin
_cog	n.	စဲးအမဲ	cog
_cogent	a.	အိဉ်ဒီးအစိကမီၤလၢအမၤနၢၤ,ပတၢ်ဆိကမိဉ်သ့	co'gent
_cogitate	v.i.	ဆိကမိဉ်တၢ်★ကူဉ်တၢ်	cog'i-tate
_cohere	v.i.	စဲဘူးလိာ်အသး★လီၤပလိာ်လိာ်အသး	co-here'
_coherent	n.	လၢအစဲဘူးလိာ်အသး★လၢအလီၤပလိာ်လိာ်အသး	co-her'ent
_cohesion	n.	တၢ်စဲဘူးလိာ်အသး★တၢ်လီၤပလိာ်လိာ်အသး	co-he'sion
_cohesive	a.	လၢအစဲဘူးတၢ်သ့	co-he'sive
_coil	n.	ကွီၤ★ကွီၤထိဉ်	coil
_coil	v.t.	ဝံကွီၤ(ထိဉ်)	coil
_coil	n.	တၢ်အကွီၤ	coil
_com	n.	တိၢ်,စ္စတဘး★တီကါ	com
_coincide	v.t.	ကဲထိဉ်အသးတဘျီဃီ★ဘဉ်လိာ်ဖိးဒ့လိာ်အသး★ယူလိာ်ဖိးလိာ်အသး	co-in'cide
_coincidence	n.	တၢ်ကဲထိဉ်အသးတဘျီဃီ★တၢ်ဘဉ်လိာ်ဖိးဒ့လိာ်အသး★တၢ်ယူလိာ်ဖိးလိာ်အသး★တၢ်ဘဉ်လိာ်ဖိးဒ့လိာ်အသးဒီးတၢ်ဂၤ	co-in'ci-dence
_coincident	a.	လၢအကဲထိဉ်အသးတဘျီဃီ★လၢအဘဉ်လိာ်ဖိးဒ့လိာ်အသး★လၢအယူလိာ်ဖိးလိာ်အသး	co-in'ci-dent
_cold	a.	ခုဉ်★ဂိၢ်★ချုံဉ်★လၢအသးတလၢၤဘဉ်★လၢအတထိဉ်ဟူးထိဉ်ဂဲၤပှၤအသးဘဉ်★လၢအတဟ်ဖျါအတၢ်သးဂဲၤဘဉ်	cold
_cold blooded	a.	လၢအမၤတၢ်အသးတၢ်တုၢ်★မၤပှၤလီၤ	cold blooded
_collapse	v.t.	လီၤပိၢ်★ဟးဂီၤဖး★ဘီးကၢ်ချံး	col-lapse'
_collar	n.	အီကွဲအကိာ်★ကိာ်ကွီၤ	col'lar
_collar	v.t.	ဖီဉ်လၢအကိာ်ကွီၤ	col'lar
_collation	n.	တၢ်အိဉ်ဘဉ်ဘဉ်ဖိတဘ္ဘိ	col-la'tion
_colleague	n.	ပှၤမၤသကိးတၢ်ဖိ	col'league
_collect	v.t.	ဟ်ဖှိဉ်★ထၢဖှိဉ်★နးအိဉ်ဖှိဉ်★အိဉ်ဖှိဉ်ရိဖှိဉ်★ယှုဖှိဉ်က္ၤ	col-lect'

_collection	n.	တၢ်လၢအဘၣ်တၢ်(ဟ်ဖှိၣ်)အီၤ	col·lec'tion
_collective	a.	လၢအဘၣ်တၢ်ဟ်ဖှိၣ်အီၤ(တပူၤယီ)★လၢအအိၣ်စုးဖှိၣ်အသး	col·lect'ive
_collectively	adv.	ဒ်တၢ်တဖုယီအသိး	col·lect'ive-ly
_college	n.	ကွိဒိၣ်ကွိ်ထီ★ခီလှ့ၣ်ကွိ	col'lege
_collegiate	a.	ဘၣ်ယးဒီးကွိဒိၣ်ကွိ်ထီ★ဘၣ်ယးဒီးခီလှ့ၣ်ကွိ	col·le'gi-ate
_collide	v.i.	ဘၣ်ဒိဘၣ်ထံးလိ်ာအသး	col·lide'
_collision	n.	တၢ်ဘၣ်ဒိဘၣ်ထံးလိ်ာအသး	col·li'sion
_colloquial	a.	(တၢ်ကတိၤ)မှၢ်ဆ္ၣ်မှၢ်ဂီၤ	col·lo'qui-al
_colloquy	n.	တၢ်မၤသကိးခ္ၤသ္ၣ်တၢ်ဒီး(နှၣ်ဒါ)လၢကလီတၢ်ဝ့ၤတၢ်အဂီၢ်	col'lo-quy
_colonial	a.	ဘၣ်ယးဒီးထံကီၢ်လၢအဘၣ်တၢ်မၤန္ၢ်အီၤဒီးဘၣ်တၢ်ပၢအီၤလၢထံဂၤကီၢ်ဂၤ	co·lo'ni-al
_colonize	v.t.	လဲၤဆ္ထံဂၤကီၢ်ဂၤဒီးအိၣ်ဆိးထိၣ်ဖိၣ်မၢဖဲန္ၣ်	col'o-nize
_colony	n.	ထံကီၢ်လၢအဘၣ်တၢ်မၤန္ၢ်အီၤဒီးဘၣ်တၢ်ပၢအီၤလၢထံဂၤကီၢ်ဂၤ	col'o-ny
_color / colour	n.	အလွဲၢ်★မဲၢ်သ္ၣ်ဖီထံဖီ★သ္ၣ်ဆဲးထံဆဲး	col'or / col'our
_color / colour	v.t.	မၤထိၣ်အလွဲၢ်	col'or / col'our
_give colour to		ဟ်အိၣ်ဖျါအီၤလီၤက်မးဒ်မ္ၢ်တၢ်တီအသိး	give colour to
_colorless / colourless	a.	လၢအလွဲၢ်တအိၣ်ဘၣ်★လၢအတၢ်လီၤဆီတအိၣ်ဘၣ်	col'or-less / col'our-less
_colporteur	n.	ပ္ၤဟးဆါလံာ်ဖိ	col'por'teur
_colt	n.	ကသ္ၣ်ဖိ	colt
_column	n.	လံာ်ကဘျံးပၤတကဆူး★ပ္ၤဆၢထၢၣ်တဂ့ၢ်တဂ့ၢ်★တ္ၣ်★အထူၣ်	col'umn
_coma	n.	တၢ်ဆါလၢပ္ၤမံဟါထိၣ်တန္ၢ်နါစိၤဘၣ်	co'ma
_comb	n.	သံၣ်(ခွဲ)	comb
_comb	v.t.	ခွဲတၢ်	comb
_combat	v.t.	(တၢ်)ဒုးတၢ်ယၤတၢ်★(တၢ်)ထီဒါတၢ်	com'bat
_combatant	n.	ပ္ၤလၢအဒုးတၢ်ယၤတၢ်★ပ္ၤလၢအထီဒါတၢ်	com'bat-ant
_combative	a.	လၢအအဲၣ်တၢ်ဒုးတၢ်ယၤ★လၢအအဲၣ်တၢ်အ္ၣ်လိ်ာဆိးက့လိ်ာ	com'ba-tive
_combination	n.	တၢ်အိၣ်ကျဲၣ်ကျိလိ်ာအသး★တၢ်ကျဲၣ်ကျိတၢ်★တၢ်စုးဖှိၣ်လိ်ာအသး	com'bi-na'tion
_combine	v.t.	စုးဖှိၣ်တၢ်★ကျဲၣ်ကျိတၢ်★ယါယုာ်တၢ်	com-bine'
_combustible	a.	လၢမ္ၣ်အူအိၣ်ညီ	com-bus'ti-ble
_combustion	n.	မ္ၣ်အူအအိၣ်တၢ်★တၢ်ကဲၤထိၣ်	com-bus'tion
_come	v.i.	ဟဲ★တုၤယီၤ★ဟဲဝဲတုၤ★ထိၣ်ဘး★ကဲထိၣ်★အိၣ်ထိၣ်★မၤအသး★အိၣ်ဖျါ(ထိၣ်)	come
_come across		ဘၣ်သဂၢၢ်★ဟဲဒီဘၣ်★ဘၣ်ပစီး	come across
_come by		န္ၢ်ဘၣ်	come by
_come home to		ဘၣ်ထံးအသး	come home to
_come in to		န္ၢ်သါတၢ်	come in to
_come off		မၤအသး	come off
_come on		ထိၣ်	come on
_come out with		ဟ်ဖျါထိၣ်	come out with
_come over		လဲလိ်ာအတၢ်ဆိကမိၣ်	come over
_come to		သးပၢၢ်ထိၣ်က္ၤ★ပ္ဲၤထိၣ်	come to
_come to oneself		နိၣ်က္ၤအသး	come to oneself
_come to pass		မၤအသး	come to pass
_come to terms		ဆိၣ်လီၤအသး	come to terms
_come under		ဘၣ်ယးဒီး	come under
_come up		ပၢၢ်ထိၣ်	come up
_come up to		အိၣ်ဖျါဂ္ၤၤ--	come up to
_come upon		ထံၣ်န္ၢ်ဖုး★ဘၣ်သ္ယိ်ာ★ဘၣ်တီၢ်ဖုး	come upon
_come up with		ချုး★ချုးန္ၢ်	come up with

_comedian	n.	ပှၤလၢအဂဲၤလီၤနံၤလီၤအ့တၢ်လၢပွဲဓိၤလီဓိၤအပူၤ	co-me'di-an
_comedy	n.	တၢ်မၤလၢအမၤလီၤနံၤပှၤ	com'-e-dy
_comely	adv.	ဆဲးဆဲးလၤလၤ★ယံလၤ★လီၤအဲၣ်	come'ly
_comet	n.	ဆၣ်မဲၢ်ထိၣ်	com'et
_comfort	v.t.	မၤမှာ်ပှၤသး★မၤဖုံထီၣ်က့ၤပှၤအသး	com'fort
_comfortable	a.	လၢအအိၣ်မှာ်★လၢအမၤမှာ်တၢ်	com'fort-a-ble
_comfortably	adv.	မှာ်မှာ်ခုၣ်ခုၣ်	com'fort-a-bly
_comic (al)	a.	လၢအလီၤနံၤလီၤအ့	com'ic (al)
_comity	n.	တၢ်ယူးယီၣ်ဟ်ကဲလိာ်အသး	com'i-ty
_command	v.t.	(တၢ်)မၤလိာ်★(တၢ်)မၢ★(တၢ်)ပၢတၢ်★(တၢ်)အိၣ်ထီၣ်ထီ	com-mand'
_commanding	a.	လၢအအိၣ်ဖျါကဟုကညီၢ်★လၢအအိၣ်ဖျါလီၤယူးလီၤယိၣ်★ လၢအအိၣ်ထီၣ်ထီ	com-mand'ing
_commandment	n.	တၢ်မၤလိာ်	com-mand'ment
_commemorate	v.t.	မၤတၢ်သ့ၣ်နီၣ်ထီၣ်	com-mem'o-rate
_commence	v.t.	စးထီၣ်★အိၣ်ထီၣ်သီ★မၤအိၣ်ထီၣ်သီ★ကဲထီၣ်သီ	com-mence'
_commencement	n.	မုၢ်နံၤလၢကွိၣ်ဒိၣ်ကွိထီဟ့ၣ်လီၤမံၤသၣ်လၤကပီၤ	com-mence'ment
_commend / commendation	v.t. / n.	(တၢ်)စံးထီၣ်ပတြၢၤ★(တၢ်)ဆုၣ်အသးလၢအကြၢးဒီးတၢ်ဟံးစုကွၢ်မဲာ်	com-mend' / com'men-da'tion
_commendable	a.	လၢအလီၤစံးပတြၢၤ★လၢတၢ်စံးဂ့ၤအီၤသ့	com-mend'a-ble
_commensurate	a.	လၢအဘၣ်အတီၤပူး★ကြၢးဒီး(အစုလီၢ်ခီၣ်ခိၣ်)	com-men'su-rate
_comment	v.t.	(တၢ်)တဲဖျါတၢ်အဂ့ၢ်★(တၢ်)ကွဲးဖျါထီၣ်တၢ်အဂ့ၢ်	com'ment
_commentary	n.	(လံာ်)(တၢ်လၢအ)ဟ်ဖျါထီၣ်တၢ်(အဂ့ၢ်အကျိၤ)(အခီပညီ)	com'men-ta-ry
_commerce	n.	တၢ်ပနံာ်တၢ်ကၤ	com'merce
_commercial	a.	ဘၣ်ဃးဒီးတၢ်ပနံာ်တၢ်ကၤ	com-mer'cial
_commingle	v.t.	ကျဲၣ်ကျီတၢ်★ယီယှာ်★ဃါယှာ်လိာ်	com-min'gle
_commiserate	v.t.	သးကညီၤ★သးအုးယှာ်	com-mis'er-ate
_commission	n.	တၢ်မၢလီၤတၢ်အိၣ်ဒီးတၢ်ဟ့ၣ်စိဟ့ၣ်ကမီၤတၢ်★ ပှၤတဖုလၢအဘၣ်တၢ်မၢလီၤအီၤအိၣ်ဒီးတၢ်စိတၢ်ကမီၤ	com-mis'sion
_commit	v.t.	အးလီၤလၢပှၤအစုပူၤ★မၤ(ကမၣ်တၢ်)★အၢၣ်လီၤအသး	com-mit'
_committee	n.	ကမံတံၤ★ပှၤတဖုလၢပှၤဂိၢ်မုၢ်ဃုထၢအီၤလၢကမၤတၢ်	com-mit'tee
_commodious	a.	လၢအတြိၢ်ကစီဒီ	com-mo'di-ous
_commodity	n.	တၢ်လၢပှၤပျၤန့ၢ်ဝဲတမံၤလၢ်လၢ်	com-mod'i-ty
_common	a.	လၢအဘၣ်ဃးပှၤခဲလၢာ်★လၢအဘၣ်ပှၤခဲလၢာ်★လၢအညီနုၢ်★ လၢအမၤအသးခဲအံၤခဲအံၤ★လၢအတလီၤဆီဘၣ်★လၢအတဂ့ၤထဲန့ၢ်ညါဘၣ်	com'mon
_common sense	n.	တၢ်သ့ဆိကမိၣ်တၢ်လၢပှၤကြၢးအိၣ်ဒီးအီၤကီးဂၤဒဲး	com'mom-sense
_common place	a.	(တၢ်)လၢအတလီၤဆီတၢ်နီတမံၤ★(တၢ်)လၢအမၤညီနုၢ်အသး	com'mom-place
_commotion	n.	တၢ်ဟူးတၢ်ဂဲၤ★တၢ်တၢထီၣ်တၢလီၤ	com-mo'tion
_commune	v.i.	ကတိၤသကိးတၢ်ဟၢၣ်ဟၢၣ်	com-mune'
_communicable	a.	လၢအဘၣ်ကူဘၣ်က်ပှၤသ့★လၢပတဲဒုးနၢ်ပၢ်ပှၤသ့	com-mu'ni-ca-ble
_communicate	v.t.	ဒုးသ့ၣ်ညါ★ဟ့ၣ်နီၤလီၤ★တဲဘၣ်တၢ်★တဲပၢ်လိာ်★ဒုးဘၣ်ကူဘၣ်က်တၢ်★ ကျဲပၢ်★ဒုးသ့ၣ်ညါလိာ်အဂ့ၢ်	com-mu'ni-cate
_communication	n.	တၢ်ဒုးသ့ၣ်ညါ★တၢ်ဟ့ၣ်နီၤလီၤတၢ်★တၢ်တဲဘၣ်တၢ်★တၢ်တဲပၢ်လိာ်တၢ်★ တၢ်ဒုးဘၣ်ကူဘၣ်က်တၢ်★တၢ်ကစီၣ်တၢ်ဒုးသ့ၣ်ညါလိာ်အဂ့ၢ်	com-mu'ni-ca'tion
_communicative	a.	လၢအကိာ်ပှၤကျိ★လၢအထးခိၣ်ပၢ်ညီ	com-mu'ni-ca-tive
_communion	n.	တၢ်ဟ့ၣ်နီၣ်တၢ်★တၢ်ရှလိာ်မှာ်လိာ်အသး★တၢ်အိၣ်ဘူၣ်	com-mun'ion
_communism	n.	တၢ်ဟ်တၢ်ဖိတၢ်လံၤခဲလၢာ်လၢအမ့ၢ်ပှၤခဲလၢာ်အတၢ်	com'mu-nism
_communistic	a.	ဘၣ်ဃးတၢ်ဟ်တၢ်ဖိတၢ်လံၤခဲလၢာ်လၢအမ့ၢ်ပှၤခဲလၢာ်အတၢ်	com'mu-nis'tic
_community	n.	ပှၤလၢအအိၣ်ဃှာ်ဆိးဃှာ်လၢလီၢ်တပူၤယီၤ★ တၢ်ဟ်တၢ်တမံၤဂ့ၤတမံၤဂ့ၤလၢအမ့ၢ်ပှၤခဲလၢာ်အတၢ်★တၢ်ကရၢကရိ	com-mu'ni-ty

_commute	v.t.	လဲၤလိာ်မၤညီထိၣ်(တၢ်စံၣ်ညီၣ်)★ မၤစုၤလီၤန့ၢ်အပှ့ၤလၢအပှ့ၤဝဲတၢ်ဘျီယိၤလၢအါဘျီအဂီၢ်အယိ	com-mute'
_compact	a.	လၢအအိၣ်သံးတံၢ်ယာ်လိာ်အသး	com'pact
_compact	n.	တၢ်အၢၣ်လီၤအီလီၤ	com'pact
_companion	n.	တံၤသကိး★သကိး	com-pan'i-on
_companionable	a.	ဂ့ၤဒီတံၤဒီသကိး★လၢပရ့အီၤမှာ်ဒီးညီ	com-pan'ion-a-ble
_company	n.	တၢ်ရ့တၢ်ရီ★တၢ်အိၣ်ဖှိၣ်★ပှၤလၢအရ့ပှၤ★ပနံာ်တၢ်ကၤအကရၢ★ကရၢကရိ ★တံၤဒီတံၤဒီသကိး	com'pany
_comparable	a.	လၢပထိၣ်သတြီၤအီၤသ့★ဂ့ၤထိၣ်သတြီၤ	com'pa-ra-ble
_comparative	a.	လၢအထိၣ်သတြီၤတၢ်★ဒ်အတၢ်ထိၣ်သတြီၤအိၣ်ဝဲအသိး	com-par'a-tive
_compare	v.t.	ထိၣ်သတြီၤ★ကွၢ်သတြီၤ★ဟ်သတြီၤ★လီၤထိၣ်သတြီၤ	com-pare'
_comparison	n.	တၢ်ထိၣ်သတြီၤ★တၢ်ကွၢ်သတြီၤ★တၢ်ဟ်သတြီၤ★တၢ်လီၤထိၣ်သတြီၤ	com-par'i-son
_compartment	n.	တၢ်လီၢ်တကဆူး	com-part'ment
_compass	n.	တၢ်အကဝီၤပူၤ★တၢ်ကံၢ်တၢ်★တၢ်လၤတၤရံၤတၢ်★ဒီလှၢ်ဂီၤ★နီၣ်ထိၣ်ခါဖး	com'pass
_compass	v.t.	ဝီၤတရံးယာ်★ကရၢယာ်★လဲၤတရံး★မၤကဲထိၣ်တၢ်	com'pass
_compassion	n.	တၢ်သးကညီၤ★တၢ်သးအိၣ်မၤစၢၤတၢ်	com-pas'sion
_compassionate	v.t.	သးကညီၤတၢ်★သးအိၣ်မၤစၢၤတၢ်	com-pas'sion-ate
_compassionate	a.	လၢအသးကညီၤတၢ်★လၢအသးအိၣ်မၤစၢၤတၢ်	com-pas'sion-ate
_compatibility	n.	တၢ်အိၣ်ယူအိၣ်ဖိးလိာ်အသးသ့★တၢ်အိၣ်ဘၣ်လိာ်ဖိးဒ့လိာ်အသး	com-pat'i-bil'i-ty
_compatible	a.	လၢအအိၣ်ယူအိၣ်ဖိးလိာ်အသးသ့★လၢအအိၣ်ဘၣ်လိာ်ဖိးဒ့အသး	com-pat'i-ble
_compatriot	n.	ပှၤလၢအဘၣ်ယးထံကီၢ်တဘ့ၣ်ယီဒီး	com-pa'tri-ot
_compel	v.t.	မၤဆူၣ်★မၤဆူၣ်★မၤနၢၤမၤပှဲၤ	com-pel'
_compel (attention)		ထုး(တၢ်ဒိကနၣ်)တၢ်နူၢ်	compel (attention)
_compendious	a.	လၢအဘၣ်တၢ်ကွဲးဖှိၣ်လီၤ	com-pen'di-ous
_compendium	n.	လံာ်ဘၣ်တၢ်ကွဲးဖှိၣ်လီၤ	com-pen'di-um
_compensate / compensation	v.t. / n.	(တၢ်)ဟ့ၣ်မၤစၢၤက့ၤပှၤ★(တၢ်)ဟ့ၣ်က့ၤအစၢါ★(တၢ်)ဘၣ်လီးက့ၤ	com'pen-sate / com'pen-sa'tion
_compensation	n.	တၢ်လၢအဘၣ်တၢ်လီးက့ၤတၢ်★တၢ်အစၢါလၢတၢ်ဟ့ၣ်က့ၤ	com'pen-sa'tion
_compete	v.t.	ပြၢတၢ်★ပြၢလိာ်အသး	com-pete'
_competence / competency	n.	တၢ်လၢတၢ်လီၢ်★တၢ်(အိၣ်)ကူးတၢ်(အိ)ပှဲၤ★တၢ်သ့နူၢ်အိၣ်နူၢ်★တၢ်ကူတၢ်လၢ	com'pe-tence / com'pe-ten-cy
_competent	a.	လၢအသ့ဝဲဘၣ်ဝဲ★လၢအကြၢးဝဲဘၣ်ဝဲ★လၢအလၢဝဲလီၢ်ဝဲ	com'pe-tent
_competition	n.	တၢ်ပြၢ★တၢ်ပြၢလိာ်အသး	com'pe-ti'tion
_competitive	a.	လၢအမ့ၢ်တၢ်ပြၢလိာ်အသး	com-pet'i-tive
_competitor	n.	ပှၤလၢအပြၢလိာ်အသး	com-pet'i-tor
_compile	v.t.	ဟ်ဖှိၣ်ဒုးကဲထိၣ်လံာ်အကတြူၢ်	com-pile'
_complacence / complacency	n.	တၢ်သးမံၣ်ၣ်အတၢ်	com-pla'cence / com-pla'cen-cy
_complacent	a.	လၢအသးမံၣ်ၣ်အတၢ်	com-pla'cent
_complain	v.t.	ကအုကစွါ★ကနုးကနၣ်★ဆိးတၢ်★ဟ်တၢ်ကမၣ်★လိာ်ကွီၢ်တၢ်	com-plain'
_complaint	n.	တၢ်ကအုကစွါ★တၢ်ကနုးကနၣ်★တၢ်ဆိးတၢ်★တၢ်ဟ်တၢ်ကမၣ်★တၢ်လိာ်ကွီၢ်★ တၢ်ဆူးတၢ်ဆါ	com-plaint'
_complement	n.	တၢ်လၢအမၤလၢထိၣ်ပှဲၤထိၣ်တၢ်	com'ple-ment
_complementary	a.	လၢအမၤလၢထိၣ်ပှဲၤထိၣ်တၢ်	com'ple-men'tary
_complete	a.	လၢပှဲၤဝဲ★လၢအဝံၤဝဲကတၢၢ်ဝဲ★လၢာ်လၢာ်ဆ့ဆ့	com-plete'
_complete	v.t.	မၤလၢမၤပှဲၤ★မၤဝံၤမၤကတၢၢ်	com-plete'
_completion	n.	တၢ်လၢထိၣ်ပှဲၤထိၣ်★တၢ်မၤလၢမၤပှဲၤတၢ်	com-ple'tion
_completely	adv.	လၢာ်လၢာ်ဆ့ဆ့★စီကညူး★စီဖှကလှၤ★ကလၢတၤကူၤ	com-plete'ly
_complex	a.	သဘံၣ်ဘုၣ်★စၢ်ဘံစဘၢၤ	com'plex

51

_complexion	n.	မ်ာအလွဲၢ်★တၢ်က့ၢ်တၢ်ဂီၤ★တၢ်အိၣ်ဖျါ(လၢအတၢ်ကတီၤအပူၤ)	com-plex'ion
_complexity	n.	တၢ်အိၣ်သဘံၣ်ဘုၣ်★တၢ်အိၣ်စဘံစဘါ	com-plex'i-ty
_compliance	n.	တၢ်လူၤဘၣ်ပှၤအသး★တၢ်စူၢ်ပှၤဂၤ(အကလုၢ်)	com-pli'ance
_compliant	a.	လၢအလူၤဘၣ်ပှၤအသး★လၢအစူၢ်ပှၤဂၤ(အကလုၢ်)	com-pli'ant
_complicate	v.t.	မၤသဘံၣ်ဘုၣ်★မၤစဘံစဘါ	com'pli-cate
_complicated	a.	လၢအအိၣ်သဘံၣ်ဘုၣ်★လၢအကီဝဲခဲဝဲ	com'pli-ca'ted
_complicity	n.	တၢ်မၤအါမၤသီသကိးတၢ်	com-plic'i-ty
_compliment	n.	တၢ်စံးဂ့ၤစံးဝါတၢ်★တၢ်စံးပတြၢၤတၢ်★တၢ်ကတီၤဘၣ်မ်ာမှာ်နၢ်တၢ်	com'pli-ment
_compliment	v.t.	စံးဂ့ၤစံးဝါတၢ်★စံးပတြၢၤတၢ်★ကတီၤဘၣ်မ်ာမှာ်နၢ်တၢ်	com'pli-ment
_complimentary	a.	လၢအစံးဂ့ၤစံးဝါတၢ်★လၢအကတီၤဘၣ်မ်ာမှာ်နၢ်ဆၢသးတၢ်	com'pli-men'ta-ry
_comply	v.i.	လူၤဘၣ်ပှၤအသး★စူၢ်ပှၤ(အကလုၢ်)	com-ply'
_component	a.	လၢအဘၣ်ဃးဒီး★လၢအကျိၣ်ကျဲအသး(လၢတၢ်တမံၤအပူၤ)	com-po'nent
_component	n.	တၢ်အက့ၢ်အဂီၤတမံၤ★တၢ်အခီတခီ★တၢ်အဒ့အတြဲၢ်တဒ့★ တၢ်အလ့ၣ်အဒ့တဒ့★တၢ်ကျိၣ်ကျဲအသးတမံၤ	com-po'nent
_compose	v.t.	ဟ်ဖှိၣ်တၢ်★ကဲထီၣ်တၢ်လၢတၢ်ဟ်ဖှိၣ်တၢ်တမံၤဒီးတမံၤအပူၤ★(ဒုး)ကဲထီၣ်★ ကျဲၤအိၣ်ထီၣ်★ကျဲၤကၠၤတၢ်	com-pose'
_compose one's (face)		ဟ်မ်ာဟ်နါသ့ကစီဒီ	compose one's (face)
_composed	a.	လၢအသးဂၢ်	com-posed'
_composite	a.	လၢအကဲထီၣ်လၢတၢ်အက့ၢ်အဂီၤတဖၣ်ဟ်ဖှိၣ်သးအပူၤ★လၢအကဲထီၣ်လၢတၢ် အဒ့အတြဲၢ်တဖၣ်ဟ်ဖှိၣ်သးအပူၤ	com-pos'ite
_composition	n.	တၢ်လၢအကဲထီၣ်လၢတၢ်အက့ၢ်အဂီၤတဖၣ်ဟ်ဖှိၣ်သးအပူၤ★ တၢ်လၢအကဲထီၣ်လၢတၢ်အဒ့အတြဲၢ်တဖၣ်ဟ်ဖှိၣ်သးအပူၤ★ တၢ်ဟ်ဖှိၣ်တၢ်အက့ၢ်အဂီၤတဖၣ်★တၢ်အိၣ်ဟ်ဖှိၣ်အသး	com'po-si'tion
_compost	n.	တၢ်အုၣ်တၢ်ကျၣ်လၢအမၤဂ့ၤထီၣ်ဟီၣ်ခိၣ်	com'post
_composure	n.	တၢ်သးဂၢ်တပၢ်	com-po'sure
_compound	v.t.	ဟ်ဖှိၣ်တၢ်★ဃါဃှာ်တၢ်★ယီဃှာ်တၢ်★ကျဲၣ်ကျီဃှာ်★ ဒုးကဲထီၣ်တၢ်လၢတၢ်ဟ်ဖှိၣ်တၢ်တမံၤဒီးတမံၤအပူၤ	com-pound'
_compound	a.	လၢအဘၣ်တၢ်ဟ်ဖှိၣ်အီၤ,လၢအဘၣ်တၢ်ဃါဃှာ်အီၤ	com'pound
_compound	n.	(တၢ်)လၢအဘၣ်တၢ်မၤကဲထီၣ်အီၤလၢတၢ်ဟ်ဖှိၣ်တၢ်တမံၤဒီးတမံၤအပူၤ★ ကရၢ်	com'pound
_comprehend	v.t.	သ့ၣ်ညါနၢ်ပၢ်★ဟ်ဃှာ်စ့ၢ်ကီး	com'pre-hend'
_comprehensible	a.	လၢပသ့ၣ်ညါနၢ်ပၢ်သ့	com'pre-hen'si-ble
_comprehensive	a.	လၢအဖီးဟ့ဃာ်တၢ်တဘျုးမံၤ	com'pre-hen'sive
_compress	v.t.	ဆီၣ်တံၢ်★သံးတံၢ်★စံၢ်တံၢ်★တံၤတၢ်	com-press'
_comprise	v.t.	ဟ်ဃှာ်★ဖီးဟ့ဃာ်	com-prise'
_compromise	v.t.	(တၢ်)ဆီၣ်လီၤက့ၤအသးခီစဲးခီစး★(တၢ်)အၢၣ်လီၤထွဲတၢ်အၢအခံ★ တၢ်ဒုးအိၣ်ထီၣ်တၢ်သးဒ့ဒီလၢအတၢ်တီတၢ်လီၤအဂ့ၢ်	com'pro-mise
_compulsion	n.	တၢ်မၢဆူၣ်★တၢ်မၤနၢၤမၤပှၤတၢ်	com-pul'sion
_compulsory	a.	လၢပှၤဘၣ်မၤစဲသဲၤ★လၢအကဲထီၣ်လၢတၢ်မၢဆူၣ်အယိ	com-pul'so-ry
_compunction	n.	တၢ်သးဘၣ်ဒိက့ၤတစဲး★တၢ်သးသ့ၣ်ညါဒၣ်တၢ်ဘၣ်ဒိက့ၤ	com-punc'tion
_compute / computation	v.t. / n.	(တၢ်)ဂံၢ်တၢ်ဒွးတၢ်	com-pute / com'pu-ta'tion
_comrade	n.	တံၤသကိး	com'rade
_concave	a.	လီၤယၢၣ်လီၤဆၢၣ်★လီၤခိၣ်ဒွးလီၤကကၢၤ	con'cave
_conceal	v.t.	(တၢ်)ဟ်ခုသူၣ်တၢ်★(တၢ်)ဟ်တဒၢတၢ်★(တၢ်)ဟ်ဘံၣ်ဟ်ဘၢတၢ်	con-ceal'
_concealment	n.	တၢ်အိၣ်တဒၢအလီၢ်★တၢ်မၤခုသူၣ်တၢ်★တၢ်မၤတဒံၣ်တဒၢတၢ်	con-ceal'ment
_concede	v.t.	အၢၣ်လီၤအကွိၢ်★ဟ့ၣ်အခွဲး★အၢၣ်လီၤလၢအမ့ၢ်ဝဲထီဝဲ	con-cede'
_conceit	n.	တၢ်ဟ်ဂ့ၤအသး★တၢ်ဆိကမိၣ်	con-ceit'
_conceited	a.	လၢအဟ်ဒိၣ်အသး	con-ceit'ed
_conceivable	a.	လၢပဆိကမိၣ်သ့★လၢပတယာ်ကွၢ်သ့★လၢပနၢ်ပၢ်သ့	con-ceiv'a-ble

_conceive	v.t.	တဃာ်ကွၢ်တၢ်★ဧၢထိၣ်★ဆိကမိၣ်တၢ်	con-ceive'
_concentrate / concentration	v.t. / n.	(တၢ်)ဟ့ၣ်လီၤအသးလၢာ်လၢာ်ဆ့ဆ့လၢအတၢ်ဆိကမိၣ်အပူၤ★(တၢ်)မၤပှဲၢ်လီၤ	con'cen-trate / con'cen-tra'tion
_concentric	a.	လၢအအိၣ်ဒီးအချၢၣ်သးတပူၤယီ	con-cen'tric
_concept	n.	တၢ်တဃာ်ကွၢ်တၢ်တမံၤဖိၤ★တၢ်ဆိကမိၣ်	con'cept
_conception	n.	တၢ်တဃာ်ကွၢ်တၢ်★တၢ်အိၣ်ဟူးအိၣ်သး★တၢ်ဆိကမိၣ်တၢ်	con-cep'tion
_concern	v.t.	(တၢ်)ဘၣ်ယး★(တၢ်)ဘၣ်ယုာ်★(တၢ်)(မၤ)ဘၣ်ယိၣ်ဘၣ်ဘီ★တၢ်ဟ့ၣ်လီၤအသး★(တၢ်)မၤဘၣ်ယးတၢ်ဒီး	con-cern'
_concert	v.t.	ကူၣ်ထီၣ်ဖးလီၤ(သကိး)	con-cert'
_concert	n.	တၢ်အူပံၢ်ဧၢ,သူၣ်ဝံၣ်သးဆၢတၢ်	con'cert
_concession	n.	တၢ်အၢၣ်လီၤပှၤအကွၢ်★တၢ်ဟ့ၣ်တၢ်အခွဲး★တၢ်အၢၣ်လီၤတၢ်လၢအမှၢ်ဝဲတီဝဲ	con-ces'sion
_conciliate	v.t.	မၤခုၣ်မၤကၢဘးလီၤက့ၤပှၤအသး★မၤကဟုၢ်မၤဖိုလီၤက့ၤပှၤအသးတမှာ်	con-cil'i-ate
_conciliatory	a.	ဘၣ်ယးဒီးတၢ်မၤခုၣ်မၤကၢဘးလီၤက့ၤပှၤအသး★ဘၣ်ယးတၢ်မၤကဟုၢ်မၤဖိုလီၤက့ၤပှၤအတၢ်သးတမှာ်	con-cil'i-a-to-ry
_concise	a.	လၢတၢ်ကတိၤဖုၣ်★လၢတၢ်ကတိၤစုၤ	con-cise'
_conclude	v.t.	မၤကတၢၢ်ကွံာ်★စံၣ်ညီၣ်တဲာ်★စံးလၢခံကတၢၢ်	con-clude'
_conclusion	n.	တၢ်အကတၢၢ်★တၢ်စံးလၢခံကတၢၢ်	con-clu'sion
_conclusive	a.	လၢပတအၢၣ်လီၤအီလီၤပအိၣ်တသ့ဘၣ်	con-clu'sive
_concoct	v.t.	ကူၣ်ထီၣ်မၤန့ၢ်ကျဲ★ကူၣ်ဒုးကဲထီၣ်	con-coct'
_concomitant	a.	လၢအဟဲတကွဲကျဲဒီး	con-com'i-tant
_concord	n.	တၢ်ယူဖိးလီၤပလိာ်လိာ်အသး★တၢ်ဘၣ်လိာ်ဖိးဒ့လိာ်အသး	con'cord
_concordance	n.	တၢ်ဒ်သိးလီၤပလိာ်လိာ်အသး	con-cord'ance
_concourse	n.	တၢ်ဟဲဖှိၣ်★တၢ်အိၣ်ဖှိၣ်ရိဖှိၣ်	con'course
_concrete	a.	လၢအအိၣ်ဒီးအသံးအကာ်★လၢအအိၣ်ဒီးအမိၢ်ပှၢ်	con'crete
_concrete	n.	အီကတဲၣ်★ဘံလါမ္ှၣ်	con'crete
_concubine	n.	သံၣ်မါ★မါဆံး	con'cu-bine
_concupiscence	n.	တၢ်အဲၣ်တလ့ၣ်အဲၣ်တဘီ★တၢ်သးကတၢ	con-cu'pis-cence
_concur	v.i.	သးဒ်သိးလိာ်အသး★သးလီၤပလိာ်ယုာ်★မၤယုာ်အသးတဘျီယီ★မၤသကိးယုာ်တၢ်	con-cur'
_concussion	n.	တၢ်ဟူးဝးလၢတၢ်ဘၣ်ဒိဘၣ်ထံးလိာ်သးအယိ	con-cus'sion
_condemn / condemnation	v.t. / n.	(တၢ်)စံၣ်ညီၣ်ယၣ်★(တၢ်)အုၣ်အသးထီဒါတၢ်★(တၢ်)စံးလၢအၢမၣ်★(တၢ်)ဟ်ဖျါပှၤအတၢ်ကမၣ်★(တၢ်)ဟ့ၣ်တၢ်စံၣ်ညီၣ်★(တၢ်)ကလုၢ်လီၤဝဲလၢတၢ်တဘၣ်မၤဘၣ်★(တၢ်)ကလုၢ်လီၤလၢဘၣ်လၢဘၣ်ကွံာ်	con-demn' / con-dem-na'tion
_condense / condensation	v.t. / n.	(တၢ်)သံးတၢ်★(တၢ်)မၤဆံးလီၤ★(တၢ်)မၤအံၣ်လီၤ★(တၢ်)မၤဖုၣ်လီၤ★(တၢ်သဝံ)ကဲထီၣ်လၢတၢ်အထံ★မၤလီၤသံးအထံ	con-dense' / con'den-sa'tion
_condescend / condescension	v.i. / n.	(တၢ်)ဆိၣ်လီၤအသး★တၢ်တဟ်ဒိၣ်အသးဘၣ်★တၢ်တဟံးန့ၢ်အလၤကပီၤဘၣ်	con'de-scend' / con'de-scen'sion
_not condescend to answer		တစံးဆၢဟးဂီၤလီၤအသးဘၣ်	not condescend to answer
_condiment	n.	တၢ်နၢမူနၢဆီ	con'di-ment
_condition	n.	တၢ်အဂ့ၢ်အကျိၤလၢတၢ်ဂၤလီၤစဲၤလၢအပူၤ★တၢ်အတၢ်ကၢ်ပဝး★တၢ်အိၣ်ဆူၣ်အိၣ်ချ★တၢ်မၤအသး(ဒီးအီၤ)★တၢ်လၢမ့ၢ်မၤအသးမးဒီးတၢ်ဂၤကဲထီၣ်သ့	con-di'tion
_conditional	a.	လၢအလီၤစဲၤလၢတၢ်တမံၤမံၤအပူၤ★လၢအကကဲထီၣ်ဝဲဖဲတၢ်တမံၤမံၤမၤအသး★(တၢ်အၢၣ်လီၤအီလီၤ)အလီၢ်မ့ၢ်အိၣ်	con-di'tion-al
_conditionally	adv.	အလီၢ်မ့ၢ်အိၣ်★အိၣ်ဒီးအဟၢအဘို★ဟ်ထီၣ်ကွၢ်ကွၢ်အီး	con-di'tion-al-ly
_condole / condolence	v.i. / n.	(တၢ်)ဟ်ဖျါထီၣ်တၢ်သးအုးယုာ်★(တၢ်)ဘၣ်မိၣ်ဘၣ်မးယုာ်	con-dole' / con-do'lence
_condone	v.t.	တဟ်ထံၣ်အသးလၢပှၤအတၢ်ကမၣ်ဘၣ်	con-done'

_conduce	v.i.	မၤစၢၤ★ဒုး(မှာ်)ထီၣ်စၢၤ	con-duce'
_conduct	v.i.	ဆှၢတၢ်★ပၢတၢ်★သိၣ်လိမၤယုၤ★လဲၤယုၤ	con-duct'
_conduct	n.	တၢ်ဆှၢတၢ်★တၢ်ပၢတၢ်★တၢ်သိၣ်လိမၤယုၤတၢ်★တၢ်မၤနၤတၢ်ဂီၤ★တၢ်အမူးအၢဂီၤ★(ပှၤ)လၢအၤပၢဆှၢတၢ်★တၢ်တကၢ်ပဝး	con'duct
_cone	n.	တၢ်တီးမိာ်စူဒိၣ်★ဆိုသၣ်(အကှၢ်အဂီၤ)	cone
_confederacy	n.	တၢ်ဒီသိၣ်ဒီမုံၤလိာ်အသး★တၢ်အိၣ်ပိုၤၡုလိာ်မၤသကိးတၢ်	con-fed'er-a-cy
_confederate	v.i. / v.t.	(လၢအ)ဒီသိၣ်ဒီမုံၤလိာ်အသး★(လၢအ)အိၣ်ပိုၤၡုလိာ်မၤသကိးတၢ်	con-fed'er-ate
_confer	v.i.	ဟုၣ်လီၤ★ကူၣ်သကိးဖးသကိး★ကၢၣ်ကီၣ်သကိးတၢ်★ကီၣ်ကးသကိးတၢ်	con-fer'
_conference	n.	တၢ်ကူၣ်သကိးဖးသကိး★တၢ်ကၢၣ်ကီၣ်သကိးတၢ်★တၢ်ကီၣ်ကးသကိးတၢ်★တၢ်ကူၣ်ထီၣ်ဖးလီၤအတၢ်အိၣ်ဖှိၣ်	con'fer-ence
_confess / confession	v.t. / n.	(တၢ်)တဲလီၤကျဲၤလီၤတၢ်ဒဲးဘး★(တၢ်)အၣ်လီၤအီၤလီၤတၢ်ကမၣ်★(တၢ်)အၣ်လီၤအီၤလီၤ★(တၢ်)ဟ်ဖျါထီၣ်(အတၢ်စူၢ်နာ်)	con-fess' / con-fess'ion
_confessor	n.	ပှၤလၢအဟ်ဖျါထီၣ်အတၢ်ဒဲးဘး	con-fes'sor
_confidant	n.	ပှၤတဂၤလၢပနာ်နှၢ်အီၤဒီးတဲဘၣ်ပတၢ်ခူသူၣ်	con'fi-dant'
_confide	v.t.	နာ်နှၢ်တၢ်★နာ်နှၢ်တၢ်ဒီးတဲဘၣ်ပတၢ်ခူသူၣ်ခဲလၢာ်★အၤးလီၤတၢ်လၢပှၤအစုပှၤ	con-fide'
_confidence	n.	တၢ်နာ်နှၢ်တၢ်★တၢ်နာ်တၢ်နိၢ်နိၢ်	con'fi-dence
_self confidence		တၢ်နာ်နှၢ်လီၤအသးဒၣ်ဝဲ	self confidence
_in confidence		လၢတၢ်နာ်နှၢ်ပှၤအပူၤ	in confidence
_confident	a.	(လၢအ)နာ်နှၢ်တၢ်★(လၢအ)နာ်နှၢ်တၢ်နိၢ်နိၢ်★လၢပှၤတသးဒ့ဒီဘၣ်★လၢအနာ်နှၢ်လီၤအသးဒၣ်ဝဲ	con'fi-dent
_confidential	a.	လၢပှၤနာ်နှၢ်လၢတၢ်ဂ့ၤဟ်ခူသူၣ်အီၤ★လၢအမ့ာ်တၢ်ခူသူၣ်★လၢပှၤတဲကသွံကဖးတၢ်လၢအီၤ★လၢအထးခိၣ်ကို★လၢအဖျါလီၤက်မ့ာ်တၢ်ခူသူၣ်	con'fi-den'tial
_confine	v.t.	ဒုးယာ်★ကရၢယာ်★ဝီၤယာ်★ဒုးအိၣ်မံၤလီၤထိယာ်★ဒီးကျုၤအီၤ★(မၤ)ထဲ(တမံၤဓိၤ)	con-fine'
_confines	n.	တၢ်အဆၢ★တၢ်သ့ရၢခိၣ်သ့ရၢထံးဝးဝး	con-fines'
_confirm / confirmation	v.t. / n.	(တၢ်)ဟ်ဂၢၢ်ဟ်ကျၤၤ★(တၢ်)မၤကျၤၤထီၣ်★(တၢ်)ဒုးအိၣ်စံာ်အိၣ်ကျၤၤတၢ်	con-firm' / con'fir-ma'tion
_confirmatory	a.	လၢအဟ်ဂၢၢ်ဟ်ကျၤၤ★လၢအမၤကျၤၤထီၣ်တၢ်★လၢအဒုးအိၣ်စံာ်အိၣ်ကျၤၤတၢ်	con-firm'a-to-ry
_confiscate / confiscation	v.t. / n.	(တၢ်)ဟံးနှၢ်ကွံာ်တၢ်လၢပဒိၣ်အကလုၢ်အယိ	con'fis-cate / con'fis-ca'tion
_conflagration	n.	မှၣ်ဆူအိၣ်တၢ်ဖးဒိၣ်ဖးလဲၢ်	con'fla-gra'tion
_conflict	v.i.	ထီဒါလိာ်အသး★ဘၣ်ဒိဘၣ်ထံးလိာ်အသး	con-flict'
_conflict	n.	တၢ်ဒုးလိာ်ယၤၤလိာ်★တၢ်ထီဒါလိာ်အသး★တၢ်ဘၣ်ဒိဘၣ်ထံးလိာ်အသး	con'flict
_in conflict		ထီဒါလိာ်အသး	in conflict
_confluence	n.	တၢ်ဘၣ်သကၢ်လိာ်သး(အလီၢ်)★တၢ်အစှၢ်	con'flu-ence
_conform	v.t.	မၤလီၤက်ဒီး★မၤလီၤပလိာ်တၢ်ဒီး★အိၣ်ယူဖိးလီၤပလိာ်ဒီး	con-form'
_conformable	a.	လၢအလီၤပလိာ်ဒီး★လၢအလီၤက်ဒီး★လၢအကြၢးဒီး★လၢအစုၢ်ပှၤအလုၢ်က်ဲ★လၢအလုၤတၢ်ဒံတၢ်ဘၣ်ပှၤအသး★လၢအဆီၣ်လီၤအသးက	con-form'a-ble
_conformity	n.	တၢ်ယူဖိးလီၤပလိာ်★တၢ်ယူလိာ်ဖိးလိာ်★တၢ်ဘၣ်လိာ်ဖိးဒ့★တၢ်လီၤက်(လိာ်အသး)★တၢ်စုၢ်တၢ်အကလုၢ်★တၢ်မၤဟ်တဲ့ပှၤအါဂၤအခံ	con-form'i-ty
_confound	v.t.	ဒုးလဲၤကပာ်ကပၤပှၤအသး★မၤကတုၤပှၤအသး★မၤမၤမၣ်ပှၤသး★မၤသဘံၣ်ဘုၣ်★ဆိကမိၣ်ကမၣ်(ပှၤတဂၤန့ၣ်လၢပှၤတဂၤဂၤ)	con-found'
_confront	v.t.	(ဒုး)ကွၢ်ဆၢၣ်မဲာ်	con-front'
_confuse	v.t.	မၤသဘံၣ်ဘုၣ်★မၤမၤမၣ်ပှၤအသး★မၤမဲာ်ဆှးအီၤ★မၤကတံၤကဒါသး	con-fuse'
_confusion	n.	တၢ်သးကတံၤကဒါ★တၢ်မရၢ်ဘံဘူ	con-fu'sion
_congeal	v.i.	(ဒုး)လီၤသကၤ	con-geal'

54

_congenial	a.	လၢအသူၣ်ဒိၣ်သႏဟ်းလီၤပလိာ်လိာ်အသး★လၢအမုာ်ဘၣ်ပှၤ★ လၢအဘၣ်လိာ်ဖိးဒ္ဒ★လၢအဘၣ်လိာ်အသး	con-gen'i-al
_congenital	a.	လၢအဟဲဝံဟဲစိာ်ယုာ်	con-gen'i-tal
_congestion	n.	တၢ်အိၣ်ကတ်ၤကတူးⵯတၢ်အိၣ်ဆ္ဲကတၢ်ဆ္ဲကတ်	con-ges'tion
_conglomerate / conglomeration	v.t. / n.	(တၢ်)လၢအကၢဖှိၣ်အသး★(ပှၤ)လၢအကၢဖှိၣ်အသး	con-glom'er-ate / con-glom'er-a'tion
_congratulate / congratulation	v.t. / n.	(တၢ်)ဒုးနဲၣ်ပတၢ်သးခုယုာ်ဒီးပှၤဂၤ	con-grat'u-late / con-grat'u-la'tion
_congregate	v.i.	(ဒုး)အိၣ်ဖှိၣ်	con'gre-gate
_congregation	n.	တၢ်အိၣ်ဖှိၣ်ရိဖှိၣ်	con'gre-ga'tion
_conjecture	v.t.	(တၢ်)တယာ်တၢ်★(တၢ်)လီၤက်ဘၣ်ပှၤ	con-ject'ure
_conjunction	n.	တၢ်ဒုးစဲဘူးတၢ်★တၢ်အိၣ်အသးတ(ဘျီ)ယီ★တၢ်အိၣ်အသးတပူၤယီ	con-junc'tion
_conjure	v.t.	ယွၤကညးသမုံၤသပှၢ်★စုၣ်တၢ်ကၢ်တၢ်★ဆူတၢ်သမူတၢ်	con-jure'
_(a name) to conjure with		လၢအစိမီၤအိၣ်ဒိၣ်ဒိၣ်ကလဲာ်	(a name) to conjure with
_connect / connection	v.t. / n.	(တၢ်)ဒုးစဲဘူးတၢ်★(တၢ်)မၤစဲဘူးယှ်တၢ်★(တၢ်)အိၣ်စဲဘူးတၢ်★(တၢ်)(မၤ) ဘၣ်ယး★(တၢ်)ဟ်တၢ်လၢအဘၣ်လိာ်အသး★(တၢ်)ချုးနုၢ်	con-nect' / con-nec'tion
_connivance	n.	တၢ်တဟ်ထံၣ်အသးလၢတၢ်ဘၣ်★တၢ်လူၤဘၣ်ပှၤအသး★ တၢ်နၢ်ပၢၢ်လိာ်အသးခံဂၤဒ္ဲ	con-niv'ance'
_connive	v.i.	တဟ်ထံၣ်အသးလၢတၢ်ဘၣ်★လူၤဘၣ်ပှၤအသး★နၢ်ပၢၢ်လိာ်အသးခံဂၤဒ္ဲ	con-nive'
_connote	v.i.	အိၣ်ဖျါဘၣ်ပှၤလီၤက်ⵯလၢအခီပညီလီၤလီၤအဖိခိၣ်နုၣ်အခီပညီအိၣ်ဒံး	con-note'
_conquer	v.t.	မၤနၢၤမၤယၣ်	con'quer
_conquer	n.	တၢ်ဒုးနၢၤတၢ်★တၢ်လၢအဘၣ်တၢ်မၤနၢၤအီၤ	con'quer
_conquest	n.	တၢ်မၤနၢၤမၤယၣ်★တၢ်ဒုးနၢၤတၢ်★တၢ်လၢအဘၣ်တၢ်မၤနၢၤအီၤ	con'quest
_consanguinity	n.	တၢ်ဘူးဖံးဘူးညၣ်★တၢ်ဘူးသွံၣ်ဘူးထံ	con'san-guin'i-ty
_conscience	n.	သး(လၢအနီၤဖးတၢ်ဂ္ၤဒီးတၢ်အၢအၢဆၢ)	con'science
_have on one's conscience		သးသိၣ်ပှၤလၢအဘၣ်မၤဂ္ၤတၢ်	have on one's conscience
_for conscience' sake		ဒ်သိးသးသုတသိၣ်ယိၣ်ပှၤတဂ္ၤ	for conscience's sake
_conscientious	a.	လၢအဂုာ်ကျဲးစၢးမၤဝဲဒ်အဆိကမိၣ်လၢအဂ္ၤဝဲအသိး	con'scien-tious
_conscious	a.	လၢပသ္ၣ်ညါလၢအဂ္ၤ★အသးဟ်ထီၣ်★လၢအသးသ္ၣ်ညါတၢ်	con'scious
_consciousness	n.	တၢ်သ္ၣ်ညါတၢ်လၢတၢ်အဂ္ၤ★တၢ်သးဟ်ထီၣ်★တၢ်သးသ္ၣ်ညါတၢ်	con-scious-ness
_conscript	v.t.	ဒုးဆဲးလီၤဆူၣ်ပှၤအမံၤ	con-script'
_conscript	n.	ပှၤလၢအဘၣ်တၢ်ဆဲးလီၤဆူၣ်အမံၤ	con-script'
_conscript	a.	လၢအဘၣ်တၢ်ဆဲးလီၤဆူၣ်အမံၤ	con-script
_consecrate / consecration	v.t. / n.	(တၢ်)ဟ်စီဆှံ★(တၢ်)ဟ်လီၤဆီ★(တၢ်)ဒုးကဲထီၣ်တၢ်လၢအလီၤက္ဟ်က္ဟ်က္ဟ်	con'se-crate / con'se-cra'tion
_consecutive	a.	လၢအပိာ်လိာ်အခံကွ္ဂ်ကွ္ဂ်	con-sec'u-tive
_consensus	n.	(ပှၤအါတကကွ္ၢ်အတၢ်ဆိကမိၣ်)ယူဖိးလိာ်အသး	con-sen'sus
_consent	v.i.	အၢၣ်လီၤဟ္ၣ်အခွဲး	con-sent'
_with one consent		လၢသးတဖျၢၣ်ယီ	with one consent
_consequence	n.	တၢ်ကဲထီၣ်ပိာ်ထွဲတၢ်ဂၤအခံ★တၢ်မၤအသးလၢတၢ်ဂၤအယိ	con'se-quence
_of consequence		လၢအတွၤအိၣ်★လၢအဒုးပိာ်ထွဲထီၣ်တၢ်လၢအလီၢ်ခံသ္	of consequence
_consequent	a.	လၢအကဲထီၣ်ပိာ်ထွဲတၢ်ဂၤအခံ★လၢအမၤအသးလၢတၢ်ဂၤအယိ	con'se-quent
_consequential	a.	လၢအတွၤအိၣ်ကစီဒီ★လၢအဒုးပိာ်ထွဲထီၣ်တၢ်အါမံၤလၢအလီၢ်ခံသ္	con'se-quen'tial
_consequently	adv.	လၢတၢ်နုၣ်အယိ★အခိၣ်အယိ	con'se-quent'ly
_conservation	n.	တၢ်ကွ္ၢ်ကတ်ၤကတီၤတၢ်ဒ်သိးအသုတဟးဂီၤတဂ္ၤ	con'ser-va'tion
_conservatism	n.	တၢ်သးလီတၢ်လၢတၢ်ကအိၣ်အသးဒ္အလီၢ်လီၢ်★တၢ်သးအိၣ်ထီဒါတၢ် လၢအကအိၣ်လဲလိာ်အသး	con-serv'a-tism

_conservative	a.	လၢအသးလီၤလၢတၢ်ကအိၣ်အသးဒၣ်လီၢ်လီၢ်★လၢအသးအိၣ်ထီဒါတၢ်လၢအကအိၣ်လဲလိာ်အသး	con-serv'a-tive
_conserve	v.t.	ဟ်အီၤပူၤပူၤဖျဲးဖျဲး	con-serve
_consider	v.t.	ကွၢ်ဆိကမိၣ်★ဟ်ကဲ★ဆိကမိၣ်နီၤဖး★ဟ်	con-sid'er
_considerable	a.	အါဖဲအကြၢးကီၤ	con-sid'er-a-ble
_considerate	a.	လၢအအိၣ်ကွၢ်ဆၢတၢ်လၢပုၤဂၤအဂီၢ်	con-sid'er-ate
_consideration	n.	တၢ်ကွၢ်ဆိကမိၣ်တၢ်★တၢ်ဟ်ကဲ★တၢ်ဂ့ၢ်	con-sid'er-a'tion
_consign	v.t.	ဟ့ၣ်လီၤ★ဟ်လီၤ★အၢးလီၤ(အသး)	con-sign'
_consignment	n.	တၢ်အၢးလီၤတၢ်★တၢ်လၢအဘၣ်တၢ်အၢးလီၤ★လံာ်လၢအမၤဖျါတၢ်အၢးလီၤတၢ်	con-sign'ment
_consignee	n.	ပုၤလၢတၢ်ဆှၢတၢ်ဖိတၢ်လံၤဆူအအိၣ်	con'sign-ee
_consist (of)	v.i.	မ့ၢ်(တၢ်အံၤတၢ်နူၤ)အိၣ်ဟ်ဖှိၣ်အသး★မ့ၢ်ထဲ	con-sist' (of)
_consist in	v.i.	ဟဲလၢ(တၢ်နူၣ်)အယိ	con-sist' (in)
_consistency	n.	အတၢ်ကျၢၤတၢ်မၤ★အတၢ်ဟ်★တၢ်တမၤအသးဖှၣ်ထံၣ်ဖှၣ်ထီဘၣ်	con-sist'en-cy
_consistent	a.	လၢအတမၤအသးဖှၣ်ထံၣ်ဖှၣ်ထီဘၣ်	con-sist'ent
_consolation	n.	တၢ်ဒုးမုာ်ဒုးခုၣ်ထီၣ်က့ၤပုၤအသး	con-so-la'tion
_console	v.t.	ဒုးမုာ်ဒုးခုၣ်ထီၣ်က့ၤပုၤအသး	con-sole'
_consolidate	v.t.	ဒုးကျၢၤထီၣ်တၢ်★မၤဟ်ထီၣ်တၢ်★ဒုးတံၤတၢ်★ဒုးစဲဘူးယှာ်(လိာ်အသး)★ဒုးကၢၤဖှိၣ်ယှာ်တၢ်	con-sol'i-date
_consonant	a.	လၢအယူလိာ်အသး(ဒီး)	con'so-nant
_consort	v.i.	ရ့လိာ်မၤသကိးဒီတံၤဒီသကိး	con-sort'
_consort	n.	တံၤသကိး★ပုၤမၤသကိးတၢ်★မါ,ဝၤ	con'sort
_conspicuous	a.	လၢအဖျါစိၣ်ပဲၤကဲၤ★လၢအဖျါဆူၣ်ကဲၤမဲာ်★လၢအဖျါသ့ၤ်ကလံာ်	con-spic'u-ous
_conspire / conspiracy	v.t. / n.	(တၢ်)ကူၣ်ထီၣ်ဖးလီၤသကိးတၢ်လၢတၢ်အၢအဂီၢ်★(တၢ်) ကၢၣ်ကီၣ်ယှာ်တၢ်လၢတၢ်ကပူၤထီၣ်တၢ်အဂီၢ်★(တၢ်) မၤသကိးယှာ်တၢ်လၢတၢ်တမံၤယီအဂီၢ်	con-spire' / con-spir'a-cy
_constancy	n.	တၢ်အိၣ်စံာ်အိၣ်ကျၢၤ★တၢ်အိၣ်ခၢၣ်သနၢၣ်★တၢ်သူၣ်တီသးရၤ	con'stan-cy
_constant	a.	လၢအအိၣ်စံာ်အိၣ်ကျၢၤ★လၢအအိၣ်ခၢၣ်သနၢၣ်★လၢအသူၣ်တီသးရၤ★လၢအမၤအသးတလီၢ်လီၢ်တလီၢ်လီၢ်	con'stant
_constantly	adv.	ထီဘိ★တလီၢ်လီၢ်တလီၢ်လီၢ်	con'stant-ly
_constellation	n.	ဆၣ်တကရၢ်★ဆၣ်တစိၣ်	con'stel-la'tion
_consternation	n.	တၢ်သူၣ်ကတုၤသးကတုၤ★တၢ်ချုးခံနီၤသး	con'ster-na'tion
_constipate	v.t.	ဒုးကျၢၤဟၢဖၢ	con'sti-pate
_constipation	n.	တၢ်ဟၢဖၢကျၢၤ	con'sti-pa'tion
_constituent	a.	(တၢ်)လၢအဘၣ်ဃးဒီး★(တၢ်)လၢအကဲထီၣ်ယှာ်ဒီးတၢ်ဂၤဆူတၢ်တမံၤယီ	con-stit'u-ent
_constitute	v.t.	(ဒုး)ကဲထီၣ်★ဟ်(အသးဒံ)	con'sti-tute
_constitution	n.	တၢ်ဂံၢ်တၢ်ဘါ★(ပုၤတဖုဖအ)တၢ်ဘျၢ★တၢ်ကရၢကရိထီၣ်အသး	con'sti-tu'tion
_constitutional	a.	လၢအဟဲအသးလၢတၢ်ဂံၢ်တၢ်ဘါအယိ★လၢအဟဲအသးလၢ(ပုၤတဖုဖအ)တၢ်ဘျၢအယိ★လၢအဟဲအသးလၢတၢ်ကရၢကရိထီၣ်အသးအယိ	con'sti'tu'tion-al
_constrain	v.t.	မၤဆူၣ်★ထုးယာ်	con-strain'
_constraint	n.	တၢ်ဒုးယာ်ဆူၣ်တၢ်★တၢ်မၤဆူၣ်★တၢ်ထုးယာ်တၢ်★တၢ်အလီၢ်အိၣ်ဝဲ★တၢ်ကွၢ်မဲာ်ခိၣ်ကွံာ်မဲာ်ဆးတၢ်★တၢ်ကီၤအသး	con-straint'
_constrict	v.t.	မၤအိၣ်လီၤတၢ်★သံးတံၢ်★မၤယံၤယာ်တၢ်★ဒၢသကး★မၤသကး	con-strict'
_construct	v.t.	ဘိၣ်တၢ်★တ့တၢ်★သူၣ်ထီၣ်တၢ်★မၤကဲထီၣ်တၢ်	con-struct'
_construction	n.	တၢ်လၢအဘၣ်(ဘိၣ်)ထီၣ်အီၤ	con-struc'tion
_constructive	a.	လၢအကမၤဂ့ၤထီၣ်တၢ်★လၢအကမၤကဲထီၣ်တၢ်	con-struc'tive
_construe	v.t.	ဟ်အခီပညီဒံအၢးဒံနၤ★နၢ်ပၢၢ်	con'strue
_consul	n.	ထံကီၢ်အခၢၣ်စး	con'sul
_consular	a.	ဘၣ်ဃးဒီးထံကီၢ်အခၢၣ်စး	con'su-lar
_consulate	n.	ထံကီၢ်ခၢၣ်စးအလီၢ်(အကျဲ)★ထံကီၢ်ခၢၣ်စးအတၢ်ပၢ	con'su-late

_consult	v.t.	ကူၣ်သကိးယှာ်တၢ်★ယ့တၢ်ဟ့ၣ်ကူၣ်★ယုတၢ်ဟ့ၣ်ကူၣ်ဟ့ၣ်ဖး★ယု(အတၢ်မ့ာ်)	con-sult'
_consume	v.t.	အီၣ်ကွံာ်★ဟီၣ်အီၣ်ဟးဂီၤ★မၤလာ်ဂီၤကွံာ်(အဂ့ၢ်အဘၢ)	con-sume'
_consummate	v.t.	မၤဝံၤမၤကတၢၢ်★မၤတုၤအလၢထီၣ်ပှဲၤထီၣ်★မၤကတၢၢ်က့ၣ်ကွာ်	con'sum-mate
_consummate	a.	လၢအလၢပှဲၤကတၢၢ်★လၢအဝံၤဝဲကတၢၢ်ဝဲ	con-sum'mate
_consumption	n.	တၢ်ပသိၣ်ဆါ	con-sump'tion
_consumptive	a.	(ပှၤ)လၢအဘၣ်တၢ်ပသိၣ်ဆါ★လၢအအီၣ်ကွံာ်(ကလီ)တၢ်	con-sump'tive
_contact	n.	တၢ်ဘၣ်တိၢ်ဘၣ်ထံးလိာ်အသး★တၢ်ဘၣ်စိးဘၣ်စါလိာ်အသး	con'tact
_contagion	n.	တၢ်ဘၣ်ကူဘၣ်က်★တၢ်ဘၣ်စိးဘၣ်စါ	con-ta'gion
_contagious	a.	လၢအဘၣ်ကူဘၣ်က်တၢ်သ့★လၢအဘၣ်စိးဘၣ်စါတၢ်သ့	con-ta'gi-ous
_contain	v.t.	တြိၢ်တၢ်ပှဲၤအံၤပှဲၤနုၤ★အိၣ်ဒီး(တၢ်ပှဲၤအံၤပှဲၤနုၤ)★ကီၤအုၣ်ကီၤယာ်★ကီၤအသး	con-tain'
_contaminate / contamination	v.t. / n.	(တၢ်)မၤဘၣ်အၢဘၣ်သီ★(တၢ်)မၤသံၣ်သူမီၤကျာ်	con-tam'i-nate / con-tam'i-na'tion
_contemplate	v.t.	ကွၢ်ဆိကမိၣ်တၢ်ကယာ်ကယာ်	con'tem-plate
_contemplation	n.	တၢ်ကွၢ်ဆိကမိၣ်တၢ်ကယာ်ကယာ်	con'tem-pla'tion
_contemplative	a.	လၢအညီနှၢ်ကွၢ်ဆိကမိၣ်တၢ်ကယာ်ကယာ်	con-tem'pla-tive
_contemporaneous	a.	လၢအအိၣ်တကျဲၢ်ကျဲၢ်လိာ်အသး★လၢအကဲထီၣ်တကျဲၢ်ကျဲၢ်ဒီး	con-tem'po-ra'ne-ous
_contemporary	a.	လၢအတကျဲၢ်ကျဲၢ်ဒီး★လၢအခ့အခါဒ်သိးလိာ်အသး	con-tem'po-ra-ry
_contemporary	n.	ပှၤလၢအအိၣ်တကျဲၢ်ကျဲၢ်ဒီးပှၤ	con-tem'po-ra-ry
_contempt	n.	တၢ်လီၤသးဘၣ်အၢ	con-tempt'
_contemptible	a.	လၢအလီၤသးဘၣ်အၢ	con-tempt'i-ble
_contemptuous	a.	လၢအသးဘၣ်အၢတၢ်★လၢအဒုးနဲၣ်ဖျါတၢ်သးဘၣ်အၢ	con-temp'tu-ous
_contemptuously	adv.	ဘၣ်အၢဘၣ်သီ	con-temp'tu-ous-ly
_contend	v.i.	ထီဒါအသး★ဒုးလိာ်★ပြၢလိာ်★ဂ့ၢ်လိာ်ဘိလိာ်	con-tend'
_content	a.	လၢအအိၣ်မံသူၣ်မံသး★မၤမံသူၣ်မံသး★မၤမံသး★မၤဘၣ်အသး★တၢ်မံသူၣ်မံသး★တၢ်ဘၣ်သူၣ်ဘၣ်သး	con-tent'
_to heart's content		တုၤအမံသးဘၣ်အီၤ	to heart's content
_content	n.	တၢ်အိၣ်လၢတၢ်အပူၤ	con'tent
_contented	a.	လၢအအိၣ်မံသူၣ်မံသး	con-tent'ed
_contention	n.	တၢ်ထီဒါအသး★တၢ်ဂ့ၢ်လိာ်ဘိလိာ်(အလိၢ်)	con-tent'ion
_contentious	a.	လၢအညီနှၢ်ထီဒါတၢ်★လၢအညီနှၢ်ဂ့ၢ်လိာ်ဘိလိာ်တၢ်	con-ten'tious
_contest	v.i.	ဂဲၤလိာ်ကၢ်မၤန့ၢ်တၢ်★အ့ၣ်လိာ်စံးအါကတိၤအါတၢ်လၢတၢ်အဂ့ၢ်	con-test'
_contest	n.	တၢ်ကၢ်မၤနၢၤ(လိာ်အသး)★တၢ်ပြၢလိာ်သး★တၢ်ဂ့ၢ်လိာ်ဘိလိာ်	con'test
_context	n.	တၢ်ကတိၤလၢခံလၢညါ	con'text
_contiguity	n.	တၢ်ထိးတံၢ်လိာ်အသး★တၢ်အိၣ်ဘူးလိာ်အသး	con'ti-gu'i-ty
_contiguous	a.	လၢအထိးတံၢ်လိာ်အသး★လၢအအိၣ်ဘူးလိာ်အသး	con-tig'u-ous
_continence	n.	တၢ်ကီၤအသး★တၢ်ပၢၤအသး★တၢ်အိၣ်ကဆွဲအသး	con'ti-nence
_continent	a.	လၢအအိၣ်ကဆွဲအသး★လၢအအိၣ်ဒီးတၢ်ကီၤအသး★လၢအပၢၤအသး	con'ti-nent
_continental	a.	လၢအဘၣ်ဃးကီၢ်မိၢ်ပှၢ်	con'ti-nen'tal
_contingency	n.	တၢ်လၢအကမၤအသးသ့ၣ်သ့ၣ်	con'tin'gen-cy
_contingent	a.	လၢအကမၤအသးသ့ၣ်သ့ၣ်★လၢအဘၣ်နှၢ်အတိၤ	con-tin'gent
_continual	a.	လၢအမၤအသးတလိၢ်လိၢ်တလိၢ်လိၢ်★လၢအဆၢတလီၤတဲာ်တူာ်ဘၣ်★လၢအမၤအသးတပယှာ်ဃီ	con-tin'u-al
_continually	adv.	တလိၢ်လိၢ်တလိၢ်လိၢ်★တပယှာ်ဃီ★အဆၢတလီၤတဲာ်တူာ်ဘၣ်★တနံးနံး	con-tin'u-al-ly
_continue	v.i.	အိၣ်စံာ်အိၣ်ကျါ★မၤဒံးဆူညါ★အိၣ်ဒံးဆူညါ★မၤထီထီၣ်★တဆိတ့ၢ်ဘိၣ်	con-tin'ue
_continuation	n.	တၢ်(မၤ)ဒံးဆူညါ★တၢ်လၢအလဲၤအသးဆူညါပိၢ်ပိၢ်	con-tin'u-a'tion
_continuity	n.	တၢ်အဆၢတလီၤတဲာ်တူာ်ဘၣ်★တၢ်တဆိတ့ၢ်ဘၣ်	con'ti-nu'i-ty
_continuous	a.	လၢအဆၢတလီၤတဲာ်တူာ်ဘၣ်★လၢအတဆိတ့ၢ်ဘၣ်	con-tin'u-ous

_contort / contortion	v.t. / n.	(တၢ်)မၤပဝံပတ်★(တၢ်)မၤကိးကူးကိးကး(အသး)★(တၢ်)မၤမဲလံမဲကိၢ် (အသး)★(တၢ်)ကွံာ်ချိဉ်ဒံဉ်ချိဉ်ခံ(အသး)	con-tort / con-tor'tion
_contour	n.	တၢ်ဂီၤထဲလၢအသရူးထံးဝးဝး	con'tour'
_contraband	a.	လၢပဒိဉ်တြီဝဲ	con'tra-band
_contract / contraction	v.i. / n.	အၢဉ်လီၤအီလီၤလိၥ်အသးကၢ်ကၢ်ကျၢၤကျၢၤ★(တၢ်)(မၤ)အံဉ်လီၤ★(မၤ)(တၢ်) ဆံးလီၤ★(မၤ)(တၢ်)သွဲလီၤ★(မၤ)(တၢ်)သံးလီၤ★(တၢ်)ဘၣ်န့ၢ်(တၢ်ဆါ)	con-tract / con-trac'tion
_contract	n.	တၢ်အၢဉ်လီၤအီလီၤလိၥ်အသးကၢ်ကၢ်ကျၢၤ★ လံၥ်တၢ်အၢဉ်လီၤအီလီၤလိၥ်အသး	con'tract
_contradict	v.t.	စံးလၢတမ့ၢ်ဘၣ်★(ကတိၤ)ထီဒါ	con'tra-dict
_contradictory	a.	လၢအ(အိဉ်)ထီဒါလိၥ်အသး	con'tra-dic'to-ry
_contraption	n.	တၢ်အမုးအဂီၤ★တၢ်မၤနၤတၢ်ဂီၤ	con'trap'tion
_contrariwise	adv.	မ့မ့ၢ်(ဒ်အံၤ)တခီ	con'tra-ri-wise'
_contrary	a.	လၢအထီဒါအသး★လၢအတလၢတပှဲၤယံၤယုၥ်တၢ်ဘၣ်	con'tra-ry
_contrast	v.t.	ထိဉ်သတြီၤအတၢ်လီၤဆီလိၥ်အသး★နဲၣ်ဖျါထိဉ်အတၢ်လီၤဆီဒီး	con-trast'
_contrast	n.	တၢ်လီၤဆီလိၥ်အသး	con'trast
_contravene	v.t.	မၤတၢ်ထီဒါ(တၢ်သိၣ်တၢ်သီ)★ထီဒါ(လိၥ်အသး)	con'tra-vene
_contribute / contribution	v.t. / n.	(တၢ်)(ဟ့ၣ်)မၤဘူၣ်★(တၢ်)(ဟ့ၣ်)မၤစၢၤသကိးယှၥ်တၢ်★(တၢ်)တိစၢၤမၤစၢၤ★ (တၢ်)ဟ့ၣ်လီၤတၢ်ကွဲး(လၢတၢ်ပရၢပစၢၢ်အဂီၢ်)	con-trib'ute / con'tri-bu'tion
_contrite	a.	လၢအပီၢ်ယၢ်လီၤက့ၤအသးနၢ်ၢ်နၢ်★လၢအသးဘၣ်ဒိက့ၤတဆံးဘၣ်★ လၢအသးဖှိဉ်က့ၤလၢအတၢ်မၤတၢ်အယိ	con'trite
_contrition	n.	တၢ်ပီၢ်ယၢ်လီၤက့ၤအသးနၢ်ၢ်နၢ်★တၢ်သးဘၣ်ဒိက့ၤဖးဒိဉ်★ တၢ်သးဖှိဉ်က့ၤလၢအမၤတၢ်အယိ	con-tri'tion
_contrivance	n.	တၢ်လၢအဘၣ်တၢ်ကူဉ်မၤကဲထိဉ်အီၤ	con-triv'ance
_contrive	v.t.	ကူဉ်တၢ်★ကူဉ်မၤနၢၤတၢ်★ကူဉ်မၤတၢ်	con-trive'
_control	v.t.	(တၢ်)ပၢဘၣ်တၢ်★(တၢ်)ပၢဆှၢတၢ်★ကီၤအသး★ထုးအသး	control'
_controversial	a.	လၢအလီၤဂ့ၢ်လိၥ်ဘိၣ်လိၥ်★လၢအအိဉ်ဒီးတၢ်ဂ့ၢ်လိၥ်ဘိၣ်လိၥ်အလီၢ်လၢအပူၤ	con'tro-ver'sial
_controversy	n.	တၢ်ဂ့ၢ်လိၥ်ဘိၣ်လိၥ်★တၢ်အ့ၣ်လိၥ်ဆိးက့ၤလိၥ်	con'tro-ver'sy
_contumacy	n.	တၢ်နၢၤကွၣ်နဉ်ယွၤ★တၢ်မၤအသးကပၢၤဒါ★တၢ်မၤအသးတခံတီၤပၤ★ တၢ်မၤတၢ်ထီဒါတၢ်သိၣ်တၢ်သီ	con'tu-ma-cy
_contusion	n.	တၢ်လုးထိဉ်လၢထိဉ်	con-tu'sion
_convalesce / convalescence	v.t. / n.	(တၢ်)ကိညၣ်ထိဉ်က့ၤ★(တၢ်)နှၢ်ဂံၢ်နှၢ်ဘါထိဉ်က့ၤ	con'va-lesce' / con'va-les'cence
_convalescent	a.	လၢအကိညၢ်ထိဉ်က့ၤ★လၢအနှၢ်ဂံၢ်နှၢ်ဘါထိဉ်က့ၤ	con'va-les'cent
_convene	v.i.	အိဉ်ဖှိဉ်အသး	con-vene'
_convene	v.t.	ဒုးအိဉ်ဖှိဉ်★ကိးဖှိဉ်	con-vene'
_convenience	n.	တၢ်(လၢအ)ဒုးညီထိဉ်တၢ်(လၢပှၤအဂီၢ်)★တၢ်လၢအ⬜ ကၢးအဘၣ်လၢပတၢ်အိဉ်မုၥ်အဂီၢ်	con-ven'ience
_convenient	a.	လၢအဒုးညီထိဉ်တၢ်လၢအကြၢးအဘၣ်လၢပတၢ်အိဉ်မုၥ်အဂီၢ်★ လၢအဘၣ်လိၥ်ဒီးအဂ့ၤ★လၢအအိဉ်ညီလၢပဂီၢ်	con-ven'i-ent
_convent	n.	မ့ၣ်သံၣ်လးအဟံၣ်အဃီ★ကွိၢ်	con'vent
_convention	n.	တၢ်အလုၢ်အလၢ်လၢပှၤအၢဉ်လီၤအီလီၤလၢအကြၢး★ ပှၤဂီၢ်မုၢ်အကလူးတဖဉ်အတၢ်အိဉ်ဖှိဉ်ရိဖှိဉ်	con-ven'tion
_conventional / conventionality	a. / n.	(တၢ်)လၢအမၤအသးဒ်ပှၤအၢဉ်လီၤအလုၢ်အလၢ်အိဉ်ဝဲအသိး	con-ven'tion-al / con-ven'tion-al'i-ty
_converge	v.t.	(ဒုး)သစုၢ်လီၤဆူတၢ်လီၢ်တပူၤယီ★တစုၢ်လီၤ	con-verge
_convergence	n.	တၢ်သစုၢ်လီၤဆူတၢ်လီၢ်တပူၤယီ	con-ver'gence
_convergent	a.	လၢအသစုၢ်လီၤဆူတၢ်လီၢ်တပူၤယီ	con-ver'gent
_conversant	a.	လၢအညီနုၢ်ရှလိၥ်အသး★လၢအညီနုၢ်မၤသ့ဉ်ညါ(လိၥ်)အသး★ မၤသ့ထိဉ်အသးလၢတၢ်ဂ့ၢ်လၢတၢ်ဖးလံၥ်ဖးလဲၢ်လၢအပူၤ	con'ver-sant
_conversation	n.	တၢ်ကတိၤသကိးတၢ်★တၢ်ပိၥ်သကိးတဲသကိးတၢ်	con'ver-sa'tion
_converse	v.t.	ကတိၤသကိးတၢ်	con-verse'

58

_converse	a.	လၢအအိၣ်ခိၣ်ခံကၢဒါအသး ★လၢအအိၣ်သဘျုးအသး	con'verse
_conversion	n.	တၢ်လဲလိာ်တၢ် ★တၢ်ဘၣ်တၢ်လဲလိာ် ★တၢ်ဟံးနှၢ်သီကွၤတၢ်ဘူၣ်ယွၤဘါယွၤ	con-ver'sion
_convert	v.t.	လဲလိာ်တၢ် ★ဖှိၣ်လဲတၢ်	con-vert'
_convert	n.	ပှၤလၢအဟံးနှၢ်သီကွၤတၢ်ဘူၣ်တၢ်ဘါတၢကလုာ်ဒၣ် ★ ပှၤခရံာ်ဖိလၢအနှၢ်သှၣ်သီသးသီ	con'-vert
_convertible	a.	လၢအဘၣ်တၢ်လဲလိာ်သ့	con-vert'i-ble
_convex	a.	ထိၣ်ကု ★လၢအကဖၢ ★ကဖိထိၣ်	con'vex
_convey	v.t.	ဆှၢတၢ် ★စိာ်တၢ် ★ယူာ်ယီၤ ★ဟ့ၣ်ယီၤ ★ဒုးသ့ၣ်ညါတၢ် ★ဒုးနၢ်ဟူတၢ် ★ဆှၢ (တၢ်ဆိကမိၣ်) ★ဒုးအိၣ်ထိၣ်(တၢ်ဆိကမိၣ်)	con-vey'
_conveyance	n.	တၢ်ဆှၢတၢ် ★တၢ်စိာ်တၢ် ★တၢ်ယူာ်ယီၤတၢ် ★တၢ်ဟ့ၣ်ယီၤတၢ် ★ တၢ်ဒုးသ့ၣ်ညါတၢ် ★တၢ်ဒုးနၢ်ဟူတၢ် ★တၢ်ဆှၢ(တၢ်ဆိကမိၣ်) ★ တၢ်ဒုးအိၣ်ထိၣ်(တၢ်ဆိကမိၣ်)တၢ်လၢအဆှၢတၢ်	con-vey'ance
_convict	v.i.	စံၣ်ညီၣ်ဝဲလၢအတၢ်ကမၣ်အိၣ် ★ဒုးသ့ၣ်ညါကွၤ.ပတၢ်ဒဲးဘး	con-vict'
_conviction	n.	တၢ်နာ်တၢ်နီၢ်နီၢ် ★တၢ်နာ်တၢ်ဂၢ်ဂၢ်ကျၤကျၤ ★ တၢ်စံၣ်ညီၣ်ဝဲလၢအတၢ်ကမၣ်အိၣ်	con-vic'tion
_convince	v.t.	ဒုးနာ်ပှၤလၢတၢ်ဟ်ဖျါထိၣ်နှၢ်လၢတၢ်အဂ့ၢ်အပီၢ် ★ မၤနှၢ်ပှၤအသးတုၤအအာၣ်လီၤအီလီၤ	con-vince'
_convivial	a.	ဘၣ်ယၤဒီးတၢ်အီၣ်မုာ်လၤသကိးတၢ်	con-viv'i-al
_convocation	n.	တၢ်ကိးဖှိၣ်ပှၤ ★တၢ်အိၣ်ဖှိၣ်	con'vo-ca'tion
_convoy	v.t.	ဆှၢကဟုကယာ်တၢ်	con-voy'
_convoy	n.	ပှၤလၢအဆှၢကဟုကယာ်တၢ်	con'voy
_convulse	v.t.	မၤဟူးဝးဆဲးဆိုးနၤမၤ	con-vulse'
_convulsion	n.	တၢ်ဟူးဝးဆဲးဆိုးနၤမၤ	con-vul'sion
_cook	v.t.	ဖီအိၣ်ဖီအီတၢ်.တ့ၤအိၣ်ဖီအိၣ်တၢ်	cook
_cook	n.	ပှၤလၢအဖီအိၣ်ဖီအီတၢ် ★ပှၤလၢအတ့ၤတၢ်ဖီတၢ်	cook
_cool	a.	ခုၣ် ★ဂိၢ် ★တဒၢးနဲၣ်ဖျါအတၢ်သးဂဲၤဘၣ် ★သးတသ့ၣ်ဘၣ် ★(သး)စၢ်လီၤ ★ (သး)လီၤကတြၢ်	cool
_coolie / cooly	n.	ကူၣ်လာ် ★ပှၤဒီးလၤဖိ	coo'lie / coo'ly
_coolly	adv.	ခုၣ်ခုၣ်	cool'ly
_coop	n.	(ထိၣ်)ယၢ်ခိၣ် ★(ထိၣ်)အလီၢ်	coop
_coop	v.t.	ဒုးယာ် ★ဂၤယာ်	coop
_cooperate / cooperation	v.i. / n.	(တၢ်)ဖံးသကိးမၤသကိးတၢ် ★(တၢ်)မၤယှာ်မၤသကိးတၢ်	co-op'er-ate / co-op'er-a'tion
_cooperative	a.	လၢအကဲထိၣ်လၢတၢ်ဖံးသကိးမၤသကိးတၢ် ★ လၢအကဲထိၣ်လၢတၢ်မၤယှာ်မၤသကိးတၢ်	co-op'er-a-tive
_coordinate / coordination	v.t. / n.	(တၢ်)ဒုးဘၣ်လိာ်ဖိးဒ့လိာ်တၢ် ★(တၢ်)(မၤ)ခိၣ်ထဲသိးလိာ်အသး	co-or'di-nate / co-or'di-na'tion
_coordinate / coordination	a.	လၢအဘၣ်လိာ်ဖိးလိာ် ★လၢအခိၣ်ထဲသိးလိာ်အသး	co-or'di-nate / co-or'di-na'tion
_cope	v.i.	(တြီ)မၤနၢၤ(အီၤ)	cope
_copious	a.	အါအါဂီၢ်ဂီၢ် ★လၤလၤလီၢ်လီၢ်	co'pi-ous
_copper	n.	တီၢ်ဂီၤ	cop'per
_copy	v.t.	မၤဒိးတၢ် ★ကွဲးကူကွဲးဆဲးတၢ် ★တ့ၤဒိးတ့ၤဆဲးတၢ်	cop'y
_copy	n.	(လံာ်သိးသိးအါဘ့ၣ်အကျါ)တဘ့ၣ် ★လံာ်အဒိတဘ့ၣ်	cop'y
_coquette	n.	ပိာ်မုၣ်လၢအအဲၣ်ပိာ်ခွါတဂၤဝဲတဂၤ	co-quette'
_coral	n.	လၢၢ်ဖိ	cor'al
_cord	n.	ပျုံၤဖိ ★သ့ၣ်မုၣ်တပူအထိၣ်အိၣ်ဂၤပုၣ်.အဒိၣ်ယီၤငၯပုၣ်.အကစီၤထိၣ်ငၯပုၣ်	cord
_cordial / cordiality	a. / n.	(တၢ်)အိၣ်ဒီးတၢ်အဲၣ်တၢ်ကွံ ★(တၢ်တူၢ်လိာ်တၢ်)လၢသးဒီဖျၢၣ်	cor'di-al / cor'di-al'i-ty
_core	n.	တၢ်ခၢၣ်သး ★အဒိၣ်ထံးခိၣ်ဘိ	core

_cork	n.	ခိ၆်ကး★နိ၆်ဆွဲတ်ာ်ယာ်တာ်★ပလိခိ၆်ဖို၆်	cork
_corn	n.	ဘုစ္ဆ★ခိ၆်အညာ်လီၤကထိ	corn
_corn-cob	n.	ဘုစ္ဆအကူၤ★ဘုစ္ဆအဒိ	corn'-cob'
_corner	n.	တာ်အနုၤ၆်★တာ်သနုၤ၆်	cor'ner
_corner-stone	n.	လၢ်လၤပှာ်လီၤလၤဟံ၆်သနုၤ၆်အခိ၆်ထံးလၢတာ်သ့၆်နိ၆်ထိ၆်တာ်အဂီ်ၢ	corner-stone
_cornet	n.	ကွဲၤတၢကလုာ်	cor'net
_coronet	n.	ခိ၆်ကျိၤ★ခိ၆်ကံ်ၢ	cor'o-net
_corporate	a.	လၢအဟ်ဖိုၣ်ဒုးကဲထိ၆်အသး(တာ်တမံၤယီ)	cor'po-rate
_corporeal	a.	ဘ၆်ယးဒီးနီ်ၢခိ★ဘ၆်ယးဒီးတာ်ဖံးတာ်ညၣ်	cor-po're-al
_corpse	n.	တာ်သံစိ၆်	corpse
_corpulence	n.	တာ်ဘိၣ်လှၤကုၤ	cor'pu-lence
_corpulent	a.	လၢအဘိၣ်လှၤကုၤ	cor'pu-lent
_correct	v.t.	မၤဘၣ်★ဘိုဘၣ်	cor-rect'
_correct	a.	လၢအဘၣ်ဝဲ	cor-rect'
_correction	n.	တာ်ဘို★တာ်လၤပှၤဘိုကွ့ၤလၤတာ်အကမၣ်အလီ်ၢ	cor-rec'tion
_correlate / correlation	v.t. / n.	(တာ)ဟ်ဖျါထိ၆်တာ်ခံမံၤအတာ်အိ၆်ဘၣ်ယးလိ၆်အသး	cor're-late / cor're-la'tion
_correspond / correspondence	v.t. / n.	(တာ)ဘၣ်ယှာ်လိ၆်အသး★(တာ)လီၤပလိ၆်ယှာ်★(တာ)ဘၣ်ထွဲလိ၆်အသး★(တာ)ကွဲးတဲဘၣ်လိ၆်အဂ့်ၢအကျိၤ	cor're-spond / cor're-spond'ence
_correspondent	n.	ပှၤလၢအကွဲးတဲဘၣ်လိ၆်အဂ့်ၢအကျိၤ	cor're-spond'ent
_corresponding	a.	လၢအလီၤပလိ၆်ဒီး(တာ်ဂၤ)	cor-res'pond-ing
_corrigible	a.	လၢတာ်ဘိုကူၤအီၤသ့★လၢပသိ၆်ယီ၆်န်ၢ	cor'ri-gi-ble
_corroborate / corroboration	v.t. / n.	(တာ)ကျ်ၢလီၤပှၤအတာ်ကတိၤ★(တာ)အၢ၆်လီၤထွဲတာ်ကတိၤအခံ	cor-rob'o-rate / cor-rob'o-ra'tion
_corrode / corrosion	v.t. / n.	(တာ)ထိၣ်အ့ၣ်ထိၣ်ယၢ★ကနံအ့ၣ်★ဟိၣ်အ့ၣ်	cor-rode' / cor-ro'sion
_corrosive	a.	လၢအအ့ၣ်ဟးဂီၤတာ်ကယီကယီသ့	cor-ro'sive
_corrugate	v.t.	သ်းကတုၤ်သ်းကတာ်	cor'ru-gate
_corrupt / corruption	a. / n.	(တာ)တဂီလၢၤ★(တာ)လၢအကဲထိၣ်တာ်သံၣ်သူမီၤကျၣ်	cor-rupt' / cor-rup'tion
_corrupt / corruption	v.t.	မၤတဂီတတြ်ၢ★ဒုးအိၣ်စုံသိးအသုတမၤတီတာဂ့ၤ	cor-rupt' / cor-rup'tion
_cosmic	a.	ဘၣ်ယးဒီးတာ်ဘၣ်တ့ခဲလၢာ်	cos'mic
_cosmopolitan	a.	ဘၣ်ယးဒီးဟီ၆်ခိ၆်ဒီဖျၢ၆်ညါ	cos'mo-pol'i-tan
_cosmos	n.	တာ်ဘၣ်တ့ခဲလၢာ်	cos'mos
_cost	v.t.	ဘ၆်ဟ့ၣ်အပှ့ၤ★လၢ်အပှ့ၤ★လၢ်တာ်★(အသးသမူ)လီၤမ်ၢလၢအယိ	cost
_cost	n.	တာ်ပှ့ၤတာ်ကလံၤ★တာ်လၢ်★တာ်လီၤမ်ၢ	cost
_costly	a.	လၢ်အပှ့ၤအါ	cost'ly
_costume	n.	တာ်ကူတာ်သိး	cos'tume
_costume	v.t.	ကူသိးတာ်	cos-tume
_cot	n.	ဒ★ဟံ၆်ဖိ★လီ်ၢမံခးတြဲၢ်ပှၤတဂၤ	cot
_cottage	n.	ဒ★ဟံ၆်ဖိ	cot'tage
_cotton	n.	ဘဲ	cot'ton
_couch	n.	လီ်ၢမံခး	couch
_couch	v.i.	သကူးလီၤ★ထွံၤလီၤ	couch
_cough	v.t.	ကူး	cough
_council	n.	ပှၤကူၣ်လိ၆်တာ်တကရၢ★ကိ၆်ကးတဖု	coun'cil
_counsel	v.t.	ဟ့ၣ်ကူၣ်ဟ့ၣ်ဖး	counsel
_counsel	n.	တာ်ကူၣ်သကိးဖးသကိး★တာ်ဟ့ၣ်ကူၣ်	counsel

60

_count	v.t.	ဂၢ်တၢ်ဒွးတၢ်★ဆိကမိၣ်တၢ်★ဟ်ကဲတၢ်★ဟ်ယှၣ်★ဂၢ်ယှၣ်★ဒီးသန့ၤအသး★ကါနီၣ်တၢ်	count
_count	n.	တၢ်ဂၢ်တၢ်ဒွးတၢ်★တၢ်ကါနီၣ်တၢ်	count
_countenance	n.	မဲာ်	coun'te-nance
_counteract	v.t.	မၤထီဒါ★မၤနီၤတံာ်တၢ်	coun'ter-act
_counterbalance	v.t.	မၤဘၣ်လိာ်အတယၢၢ်	coun'ter-bal'ance
_counterfeit	v.t.	ဟုၣ်မၤဒီး★ကွဲးကုၢ်ဟုၣ်ပှၤဂၤအစုလီၢ်	coun'ter-feit
_counterfeit	a.	လၢအဟ်မၤအသး	coun'ter-feit
_counterfeit	n.	အဘ့ၣ်	coun'ter-feit
_counter-irritant	n.	တၢ်လၢအမၤကိၢ်ထီၣ်တၢ်အဖံးဘ့ၣ်ခိၣ်ဒ်သိးတၢ်ဆါလၢအညါပှၤကလီၤစၢ်ဝဲ	coun'ter-ir'ri-tant
_countermand	v.t.	ဒွ့ၣ်ကွံာ်တၢ်မၤလိာ်လၢညါ★ခိၣ်ရိၢ်တၢ်မၤလိာ်လၢညါ★ဒိဆၢတၢ်မၤလိာ်လၢညါ	coun'ter-mand
_counterpart	n.	တၢ်လၢအလီၤက်ဒီးတၢ်ဂၤတၢ်တၢ်	coun'ter-part
_country	n.	ထံကီၢ်★ခိၣ်ၣ်	coun'try
_couple	n.	ခံ★ခံ(မံၤ)★တစုၣ်	cou'ple
_couple	v.t.	မၤဘၣ်ထွဲလိာ်ယှာ်တၢ်ခံမံၤ	cou'ple
_couplet	n.	တၢ်ကတိၤဒီမိၢ်ပါးထါယူာ်လိာ်အသးခံကျိ	cou'plet
_coupon	n.	စးခိတဆီလၢအဒုးနှၤ့ဘၣ်ပှၤတၢ်အခွဲး	cou'pon
_courage	n.	တၢ်သးဒူ★တၢ်သးဂၢၢ်★တၢ်သးခုတလှၢ်	cour'age
_courageous	a.	လၢအအိၣ်ဒီးတၢ်သးဒူ★လၢအအိၣ်ဒီးတၢ်သးဂၢၢ်★လၢအအိၣ်ဒီးတၢ်သးခုတလှၢ်	cou-ra'ge-ous
_course	n.	အကျိၤအကျဲ★တၢ်လဲၤတၢ်(အကျဲ)★တၢ်အဖၢမှံ★အတီၢ်ပူၤ★တၢ်မၤအသးတဘ့ၣ်ဘၣ်တမံၤဒ်တၢ်ရဲၣ်လီၤကျဲၤလီၤဝဲအသိး★တၢ်လၢအလဲၤအသးတဘျီဒီးတဘျီဝီၣ်ညါ	course
_court	n.	ရှ★ဂၤလၢဟံၣ်အိၣ်ဝးတြံးအီၤ★တၢ်စံၣ်ညီၣ်ကွီၢ်အလီၢ်★ပှၤစံၣ်ညီၣ်ကွီၢ်တဖၣ်	court
_court	v.t.	ယုမၤနၢၤတၢ်ဘၣ်ပှၤအသး★ယု(သံလီၤအသး)	court
_courteous	a.	လၢအအိၣ်ဒီးတၢ်ယုၢ်ဆၢကျိၤဆၢ★လၢအအိၣ်ဒီးတၢ်ကတိၤမုာ်နၢ်ဆၢအသး	cour'te-ous
_courtesy	n.	တၢ်ယုၢ်ဆၢကျိၤဆၢ★တၢ်ဟ်ဖျါတၢ်ကတိၤမုာ်နၢ်အသး	cour'te-sy
_courtly	a.	လၢအအိၣ်ဒီးတၢ်ယုၢ်ဆၢကျိၤဆၢ★လၢအယူးယီၣ်ဟ်ကဲပှၤအဒိၣ်အထိ	court'ly
_cousin	n.	တခွါ	cous'in
_cove	n.	ပိၣ်လဲၣ်ကွ့ၣ်ကျိၤဖိ	cove
_covenant	v.t.	(တၢ်)အၢၣ်လီၤအီၤလီၤလိာ်အသး	cov'e-nant
_cover	v.t.	ကးတံာ်★ကးဘၢ★ကျုၢ်ဘၢ★ကူးဘၢ★ဝဲၤဘၢ★ဖူဘၢ★လုးဘၢ★ဟ်ဘၢ★ဟ်ခုသုၣ်★(ပြၢ)လှၣ်ဘၢ★ကၢၢ်ဘံၣ်ကၢၢ်ဘၢ★တဒီယာ်တဒၤယာ်★ဟုၣ★လီၤကဟု★ဟ်ယှာ်★ဒုးထီၣ်တၢ်အခိၣ်★မၤပှဲၤထီၣ်(တၢ်လၢၢ်)★သိးထီၣ်တၢ်အခိၣ်	cov'er
_cover	n.	တၢ်လၢပကးတံာ်လၢတၢ်အလိၤ★တၢ်လၢပကျုၢ်ဘၢလီၤလၢတၢ်အလိၤ★တၢ်လၢပကူးဘၢတၢ★တၢ်လၢပဝဲၤဘၢတၢ်★တၢ်လၢပကၢၢ်ဘံၣ်ကၢၢ်ဘၢယာ်တၢ်★ခိၣ်ခွး★ခိၣ်ကၢၢ်★လီၢ်မံဒၢ★လံာ်ဒၢ★လံာ်အကူ	cov'er
_covert	a.	ခုသုၣ်★အိၣ်ကးဘၢ★တပိာ်တပိာ်	cov'ert
_covertly	adv.	ခုသုၣ်ခုလာ်	cov'ert-ly
_covet	v.t.	သူၣ်ကွံသးလီ	cov'et
_covetous	a.	လၢအသူၣ်ကွံသးလီတၢ်	cov'et-ous
_cow	n.	ကျီၢ်မိၢ်★နှၢ်မိၢ်	cow
_cow	v.i.	ဒုးလီၤကတြၢ်အတၢ်သးခုတလှၢ်	cow
_coward	n.	ပှၤလၢအသူၣ်★ပှၤလၢအသးံတပှဲ	cow'ard
_cowardice	n.	တၢ်သးသူၣ်★တၢ်ပှဲၤနၢ်စီၤတၢ်	cow'ard-ice
_cowardly	a.	လၢအသူၣ်★လၢအသးံတပှဲ★လၢအပှဲၤနၢ်စီၤတၢ်	cow'ard-ly
_cower	v.i.	အိၣ်တကူးတြူး★အိၣ်ကိာ်လီၤ★အိၣ်ကိာ်ဒးန့ၣ်	cow'er
_coy	a.	လၢအ(ဟ်)မဲာ်ဆူး(အသး)★လၢအ(ဟ်အသး)ကမဲၣ်ကမၣ်	coy

_coyness	n.	တၢ်(ဟ်)မဲၩ်ဆူး(အသး)★တၢ်(ဟ်အသး)ကမဲၣ်ကမၣ်	coy'ness
_cozy	a.	လၢအဆံးဒီးမုၩ်	co'zy
_crab	n.	ဆွဲၣ်	crab
_crabbed / crabby	a. / a.	လၢအသးအုနူညီ★လၢအမၤဒိၣ်အသး	crab'bed / crab'by
_crack	v.t.	(မၤ)သ့ၣ်ဖး★(မၤ)တဲၤဖး★ဆဲးထိၣ်★သိၣ်ကွၤကလာ်★သိၣ်ကြိးသိၣ်ကြီး ★သိၣ်ဘံးယိ်ဘံးယိ★ကလှၤ်လဲအသး	crack
_cradle	n.	စုၣ်	cra'dle
_craft	n.	တၢ်စုသ့ခိၣ်သ့★တၢ်ကူၣ်ဘၣ်ကူၣ်သ့★တၢ်သ့လၢ်တၢ်လီတၢ်	craft
_crafty	a.	လၢအသ့လၢ်တၢ်လီတၢ်	craft'y
_crag	n.	လၢၢ်ထိၣ်ထူၣ်လှထိၣ်ထူၣ်သွဲးယိံးယဲး★လၢၢ်ထိသွဲး★ကစၢၢ်နါစု	crag
_craggy	a.	လၢအပုံးဒီးလၢၢ်ထိၣ်ထူၣ်လှထိၣ်ထူၣ်သွဲးယိံးယဲး	crag'gy
_cram	v.i.	ဆွဲနုာ်ဆူၣ်ဆွဲနုာ်နၢၤတၢ်★(သိၣ်လဲ)ဆူၣ်(သိၣ်လဲ)နၢၤတၢ်★ အီၣ်ကးဘိးကးဘိး★အီၣ်ပုံၤဟုးပုံၤသး	cram
_cramp	v.t.	မၤတံာ်ယာ်★မၤကတံာ်ကတူး	cramp
_cramp	n.	တၢ်အဂၢါ်အဂၤအဃ့ာ်အဖျုါ်ထုးအသး	cramp
_crane	n.	ထိၣ်ဒိၣ်★စဲးလၢအထုးထိၣ်ထုးလီၤတၢ်ယၢဆူအၤဆူဘး	crane
_cranial	a.	ဘၣ်ယးဒီးခိၣ်ကု	cra'ni-al
_cranium	n.	ခိၣ်ကု	cra'ni-um
_crank	n.	နိၣ်ဟ်စု★စုဖံး★ထးကုၣ်ကိာ်လၢအခွဲးခွးလဲၤစဲး★ ပှၤလၢအသးအိၣ်စၢါ်ဆၢဟ်ဒိၣ်တၢ်ထဲတမံၤတၢပၤဖိၤ	crank
_cranky	a.	လၢတၢ်မၤမံအသးကီ★လၢအသးအါ	crank'y
_cranny	n.	တၢ်ကဆူးကတွၤ	cran'ny
_crash	v.i.	လီၤပိၢ်ဖြှူၤကလာ်★လီၤတံာ်သိၣ်ဖြှူၤဖြှူၤဖြှ	crash
_crate	n.	သက့ိၣ်တြၤ★စံာ်	crate
_crater	n.	ကစၢၢ်မ့ၣ်ဆူအကိာ်ပူၤ★တၢ်လီၤကလိာ်	cra'ter
_crave	v.t.	သးသူသးယ့အိၣ်★သးဆၢနၢါ★ကညးတၢ်	crave
_craven	a.	သုၣ်★သးံတပုံၤဘၣ်★ညီနၢ်ဖုံးတၢ်	cra'ven
_crawl	v.i.	ၡ့ါ★ဟးလၢဟၢဖၢ★(ဆၣ်ကတံၢ်)လဲၤပူၤသွဲးသွဲး★ဟးကယီကယီ	crawl
_crayon	n.	စၢါ်ဘိအလွဲၢ်အမှိၣ်မှိၣ်★ဟီၣ်ခိၣ်ဝါအလွဲအမှိၣ်မှိၣ်	cray'on
_crazy	a.	တကျၢၤတနီၤ★ပျုၢ်★သးတဆး★သးဟးဂီၤ★မး★ပျုၢ်သူပျုၢ်ယွၤ	cra'zy
_craze for	v.t.	တၢ်လူၤပျုၢ်မၤ(နၢ်)တၢ်တမံၤမံၤ	craze for
_creak	v.i.	သိၣ်ကြီးကြီး	creak
_cream	n.	တၢ်နှၢ်ထံအသိလီၤသကၢၤ★တၢ်အဂ့ၤကၢကၢ်လၢတၢ်တမံၤမံၤအကျ	cream
_creamy	a.	ံတၢ်နှၢ်ထံအသိလီၤသကၢၤအသိး★အိၣ်ဒီးတၢ်နှၢ်ထံအသိအါ	cream'y
_crease	v.t.	ချံးတၢ်ံသိးအတီၤကဖျါထိၣ်★ဆံးနူး★နံးနူး★တၢ်ချံးတၢ်နူး	crease
_crease	n.	တၢ်တီၤတၢ်ယၢ်★တၢ်ချံးတၢ်အတီၤ	crease
_create / creation	v.t. / n.	(တၢ်)တ့တၢ်★(တၢ်)မၤကဲထိၣ်★(တၢ်)ဒုးကဲထိၣ်တၢ်★(တၢ်)ဒုးအိၣ်ထိၣ်တၢ်	cre-ate / cre-a'tion
_creation	n.	တၢ်ဘၣ်တ့	cre-a'tion
_creative	a.	လၢအဒုးကဲထိၣ်တၢ်အသီသ့★လၢအဒုးကဲထိၣ်လိၣ်ထိၣ်တၢ်သ့	cre-a'tive
_creator	n.	ပှၤလၢအတ့တၢ်★ပှၤလၢအဒုးကဲထိၣ်တၢ်★ယွၤ	cre-a'tor
_creature	n.	တၢ်ဘၣ်တ့★ဆၣ်ဖိကီၢ်ဖိ	crea'ture
_poor creature		ပှၤလီၤသးကညီၤတဂၤ	poor creature
_credence	n.	တၢ်နာ်★တၢ်စုၢ်တၢ်နာ်	cre'dence
_credentials	n.	လံာ်ဆုၣ်ခိၣ်အသးလၢပှၤအဂ့ၢ်	cre-den'tials
_credible	a.	လၢပနာ်သ့★လၢအလီၤနာ်ပှၤ	cred'i-ble
_credit	v.t.	နာ်တၢ်★စုၢ်တၢ်နာ်တၢ်★ကွၤနိၣ်စုဟဲနိၣ်လၢစရီပှၤ	cred'it
_credit	n.	တၢ်နာ်တၢ်★တၢ်စုၢ်တၢ်နာ်တၢ်★တၢ်လၢတၢ်ကပီၤ★တၢ်ဟ့ၣ်လၢအကဒွဲ	cred'it
_creditable	a.	လီၤစံးပတြၢၤ	cred'it-a-ble

_creed	n.	တၢ်သိၣ်တၢ်သီအခိၣ်သ့ၣ်လၢပှၤနာ်အီၤတဖၣ်	creed
_creek	n.	ထံဖိကျိ	creek
_creep	v.i.	စွါ★ကးထိၣ်★လဲၤတၢ်တသုးတသုး	creep
_flesh creeps		ဖံးကဆုၣ်ညၣ်ကဆုၣ်လၢ(တၢ်သးဘၣ်အၢတၢ်)(ပျံၤတၢ်)အယိ	flesh creeps
_cremate / cremation	n.	(တၢ်)ကုၢ်ပှၤသံစိၣ်	cre-mate' / cre-ma'tion
_crescent	n.	လါထီၣ်သီအကန့ၢ်အဂီၤ★လါတံာ်	cres'cent
_crest	n.	ခိၣ်သွံၣ်★ခိၣ်သံၣ်	crest
_crest fallen		လၢအသးဟးဂီၤ★လၢအတၢ်သးခုတလ့ၢ်လီၤဒးကွံာ်	crest fallen
_crevice	n.	အကဆူး★အတဲၤဖး	crev'ice
_crew	n.	ကဘီဖိတဖု★ပှၤမၤသကိးတၢ်ဖိတဖု	crew
_crib	n.	ဘှဖိ★ဆၣ်ဖိကီၢ်ဖိအိၣ်ဆၣ်အလီၢ်★ဖိသၣ်လီၢ်မံခး	crib
_cricket	n.	သကံၤ★တၢ်လိာ်ကွဲတၢ်ဖျာ်သလၢၣ်လၢပှၤဒိအီၤဒိးကွံာ်အီၤ	crick'et
_crime	n.	တၢ်လုၢ်သ့ၣ်ခါပတာ်ပဒိၣ်အတၢ်သိၣ်တၢ်သီ★ တၢ်မၤသရူးကမၣ်တၢ်ဘၣ်ယးယၣ်စရုး	crime
_criminal	n.	ပှၤလၢအလုၢ်သ့ၣ်ခါပတာ်ပဒိၣ်အတၢ်သိၣ်တၢ်သီ★ ပှၤလၢအမၤသရူးမၤကမၣ်တၢ်	crim'i-nal
_criminal	a.	ဘၣ်ယးယၣ်စရုးမုး	crim'i-nal
_crimp	v.t.	မၤသံးကတူၢ်★မၤသွံး★မၤတကံ	crimp
_crimson	a.	ဂီၤဆူၣ်ကလာ်	crim'son
_cringe	v.i.	အိၣ်တကူးတြူးလၢတၢ်ပျံၤအယိ★ထုးဖုးအသး	cringe
_crinkle	v.i.	(မၤ)သနံၣ်ထိၣ်★(မၤ)သံးကတူၢ်★(မၤ)သကံထိၣ်	crin'kle
_crinkly	a.	လၢအသကံ★လၢအသံးကတူၢ်	crink'ly
_cripple	n.	ပှၤခီၣ်ဟးဂီၤ	crip'ple
_cripple	v.t.	မၤဟးဂီၤပှၤခီၣ်★တြီ(တၢ်ဖံးတၢ်မၤ)အကျဲ	crip'ple
_crisis	n.	(တၢ်)ဆါနးကတၢၢ်★ဆၢကတီၢ်ဖဲတၢ်လဲလိာ်ဖးဒိၣ်ကတုၤလီၤ	cri'sis
_crisp	a.	စိုး	crisp
_crisp air		ကလံၤ(ဖိနဲ)အခုၣ်	crisp air
_criterion	n.	တၢ်သိၣ်တၢ်သီလၢတၢ်စံၣ်ညီၣ်လၢ	cri-te'ri-on
_critic	n.	ပှၤလၢအညီနှၢ်ကွၢ်နီၤဖးတၢ်အကြၢးဒီးတၢ်တကြၢး★တၢ်ဂ့ၤဒီးတၢ်တဂ့ၤအဆၢ	crit'ic
_critical	a.	လၢအစံၣ်ညီၣ်တၢ်လီၤတံၢ်လီၤဆဲး	crit'i-cal
_critical (condition)		(အိၣ်)လၢတၢ်ဘၣ်ယိၣ်ဘၣ်ဘီအပူၤ★(အိၣ်)လၢတၢ်သံဒီးတၢ်မူအဘၢၣ်စၢၤ	critical (condition)
_criticize / criticise / criticism	v.t. / n.	(တၢ်)နဲၣ်ဖျါထိၣ်တၢ်ကြၢးဒီးတၢ်တကြၢး.တၢ်ဂ့ၤဒီးတၢ်တဂ့ၤအဆၢ★(တၢ်) ဟ်တၢ်ကမၣ်လၢတၢ်အလိၤ	crit'i-cize / crit'i-cise / crit'i-cism
_critically	adv.	လၢတၢ်နဲၣ်ဖျါထိၣ်တၢ်ဂ့ၤဒီးတၢ်တဂ့ၤအဂီၢ်	crit'i-cal-ly
_croak	v.t.	(ဒ့ၣ်)ပျုၤ★မၤသီၣ်ဒ်(ဒ့ၣ်)ပျုၤအသီး	croak
_crockery	n.	လီခီဟီၣ်ခိၣ်★ခွးဟီၣ်ခိၣ်	crock'er-y
_crocodile	n.	သမၣ်★တြွ့ထံ	croc'o-dile
_crone	n.	ပှၤမုၢ်ပှၢ်လၢအမဲာ်သွံးနါသွံး	crone
_crony	n.	တံၤသကိးလၢပရ့အီၤတံၢ်တံၢ်တဂၤ	cro'ny
_crook	v.i.	(တၢ်)က့ၣ်ကူက့ၣ်ကါ★(တၢ်)က့ၣ်လံက့ၣ်ကိာ်★(တၢ်)က့ၣ်စွှက့ၣ်စွီ	crook
_crook	n.	ပှၤတတီတတြၢ်	crook
_crooked	a.	လၢအက့ၣ်က့ၣ်ကူကူ	crook'ed
_croon	v.t.	သးဝံၣ်ပံးတံာ်ယာ်ကိာ်ပူၤ★သးဝံၣ်ကအံၣ်ကအူ★ သးဝံၣ်တၢ်အဖျာၣ်တဖျါဘၣ်	croon
_crop	v.t.	ကူးကွံာ်★တံာ်ကွံာ်★(ဂီၤဖံး)အိၣ်တဲာ်တပံၢ်အစိးနါ	crop
_crop	n.	တၢ်ကူးကွံာ်တၢ်★တၢ်တံာ်ကွံာ်တၢ်★ထိၣ်အကနံ★တၤသူၣ်တၤသၣ်	crop
_crore	n.	တကဘီ★စ့တကလီၤအဘျီတကယၤ	crore

_cross	v.t.	ခီက်တၢ်★တိၤတံာ်တၢ်★ဘၣ်သကၢ်လဲၤပူၤကွံာ်လိာ်အသးဘၣ်ပစီၤ★ဒုးလီၤဖျံာ်လိာ်အသး	cross
_cross	n.	ထူၣ်စုညါ	cross
_cross	a.	လၢအသးဒိၣ်★လၢအသးအုန္★လၢအထိဒါလိာ်အသး★လၢအအိၣ်ဒိၣ်တုာ်(လိာ်အသး)	cross
_cross grained	a.	သှၣ်အညၣ်ဆုံး	cross grained'
_crosswise	adv.	အိၣ်ဒီၣ်တုာ်	cross'wise
_crotch	n.	အကြၢ★အကွာ်★ကံၣ်ကြ္ဲဆုး	crotch
_crouch	v.i.	ကိာ်လီၤ★သက္ုးလီၤ★တီၤလီၤ★ဘိၣ်သိၣ်ထွံၤလီၤအသး	crouch
_crow	v.t.	(တၢ်)အိၣ်အီ★(တၢ်)ကတိၤတၢ်ကဖၤလၤလၤပုၤအဖိခိၣ်	crow
_crow	n.	စီးဝံၣ်ယး	crow
_crow bar		ထးဖျၢၣ်တကၤထိၣ်တၢ်အကီၢ်	crow bar
_crowd	v.t.	သံးတၢ်လိာ်အသး★အိၣ်ကတံာ်ကတူး★သံးတၢ်နာ်★ဆွဲကတာ်လိာ်အသး	crowd
_crowd	n.	တၢ်ဂီၢ်မုၢ်လၢအအိၣ်ဆွဲကတံာ်လိာ်အသး	crowd
_crown	n.	ခိၣ်သလုး★တၢ်လၤကပီၤ(အခိၣ်ကွီၤ)(အခိၣ်ကံၤ),တၢ်ပ္ဒတၢ်ပြး★စီၤပၤမှၣ်နီၢ်ပၤမုၣ်★အခိၣ်ဒၢ	crown
_crown	v.t.	ဒုးကုာ်ထီၣ်ခိၣ်သလုး★ဟ်ထီၣ်လၤစီၤပၤ★ကျိုၤတၢ်အခိၣ်	crown
_to crown all		မၤဝံၤတၢ်လၢခံကတၢၢ်တဖၤလၢအမှၢ်တၢ်အကတၢၢ်	to crown all
_crucial	a.	(တၢ်ကီ)လၢအကဲထီၣ်တၢ်မၤကွၢ်	cru'cial
_crucial (test)		(တၢ်မၤကွၢ်)အကတၢၢ်	crucial (test)
_crucifix	n.	ယှၣ်ရှူးအဂီၤလၢထူၣ်စုညါအလိၤ	cru'ci-fix
_crucifixion	n.	တၢ်ဖျၤထီပုၤလၢထူၣ်စုညါအလိၤ	cru'ci-fix-ion
_crucify	v.t.	ဖျၤထီပုၤလၢထူၣ်စုညါအလိၤ	cru'ci-fy
_crude	a.	လၢအတမၤမှာ်ပုၤအသးဘၣ်★လၢအတဘၣ်တၢ်မၤဘျ မၤဆိုံးဘၣ်★လၢအအ့ၣ်အယံာ်အမူးအိၣ်ဒံးလၢအကျ	crude
_crudeness	n.	တၢ်တဘျ ဘၣ်★တၢ်တလီၤတၢ်ဘၣ်	crude'ness
_crudity	n.	တၢ်အိၣ်အသးတဘျ တဆိုၣ်ဘၣ်★တၢ်လၢအတမၤမှာ်ပုၤအသး	cru'di-ty
_cruel	a.	လၢအသုၣ်အသးသီ★လၢအမၤဆါတၢ်တအိၣ်ဒီးတၢ်သးကညီၤဘၣ်★လၢအအဲၣ်တၢ်ဂၢ်သွံၣ်ဂၢ်စီၤ	cru'el
_cruelty	n.	တၢ်သုၣ်အသးသီ★တၢ်မၤဆါတၢ်တအိၣ်ဒီးတၢ်သးကညီၤဘၣ်★တၢ်အဲၣ်တၢ်ဂၢ်သွံၣ်ဂၢ်စီၤ	cru'el-ty
_cruise	v.i.	လဲၤတၢ်လၤကဘီဆုအံၤဆုဘးလၢတၢ်တမံၤမံၤအဂီၢ်	cruise
_crumb	n.	တၢ်အိၣ်တၢ်အီၤအလီၤဆွုလီၤပလ္ဝၤ★တၢ်တစဲးဖိ	crumb
_crumble	v.i.	(မၤ)လီၤကလဲ★(မၤ)လီၤကမုံၤ★(မၤ)လီၤကမုၣ်★ဟးဂီၤ	crum'ble
_crumbly	a.	လၢအလီၤက(မုံၤ)ညီ	crum'bly
_crumple	v.t.	မၤကၢ်ချံးကၢ်နူၤ★မၤစိုၤဘုၣ်စိုၤစွဲၤ	crum'ple
_crunch	v.t.	အ့ၣ်တၢ်သိၣ်ကွိ်းကွိ်း★ယီၢ်တၢ်သိၣ်မြဲၤမြဲၤ	crunch
_crusade	n.	ခရံာ်ဖိအတၢ်လဲၤဒုးတၢ်လၢအကမၤန္ၢ်ကွၢ်ကီၢ်စီဆုံ★ပှၤတဖုအတၢ်ဂုာ်မၤသကိးတၢ်အိၣ်ဒီးတၢ်သးဆူၣ်သးဂဲၤ	cru-sade'
_crusader	n.	ပှၤခရံာ်ဖိလၢအလဲၤဒုးန္ၢ်ကွၢ်ကီၢ်စီဆုံ	cru-sad'er
_crush	v.t.	(ယီၢ်လီၤ)သဘုံး★ဆိၣ်လီၤသဘုံး★မၤသဘုံး★(ဂံာ်)သဘုံး★ဂံာ်ဘုံး★ဆိၣ်တံၢ်ဆိၣ်သနံး(ပုၤဖိၣ်ဖိ)	crush
_crust	n.	တၢ်ကီၢ်ဘိ★ကိၣ်အဘ့ၣ်ခိၣ်	crust
_crusty	a.	လၢအကီၢ်ဘိအါ★လၢအကီၢ်ယၢၣ်★လၢအညီနုၢ်ကတိၤတၢ်ဖုၣ်တၢ်ယံးမၤနၤ	crust'-y
_crutch	n.	စုတယာ်(လၢပုၤခိၣ်ဟးဂီၤအဂီၢ်)	crutch
_crux	n.	တၢ်(သဘံၣ်ဘုၣ်)လၢပနၢ်ပၢၢ်ကီ	crux
_cry	v.i.	ဟီၣ်★ကိး★ကိးပသူကိးပသီ★ကိးယါကအဲး★မံၤလီၤကလုၢ်ကယၢ	cry
_a far cry to		လီၤဆီဖးဒိၣ်★တၢ်စီၤစုၤဖးယံၤ★တၢ်ယံၤတၢ်စၢၤ	a far cry to
_in full cry		လၢတၢ်သလူၤဖိၣ်မၤန္ၢ်သကိးတၢ်အပူၤ	in full cry

_cryptic	a.	လၢအအိၣ်တဒၢ★လၢအအိၣ်ခူသူၣ်	cryp'tic
_crystal	n.	လၢၢ်ဖျါကလၤ★မဲာ်ထံလၤလၤအဖျါဆုံ★တၢ်လၢအဆး ကလၤထိၣ်	crys'tal
_crystal-line	a.	လၢအဖျါဆုံဒ်လၢၢ်ဖျါကလၤ★လီၤက်ဒီးလၢၢ်ဖျါကလၤ	crys'tal-line
_cub	n.	တၢ်ဒုတၢ်ယီၤအဖိ	cub
_cubit	n.	တဖျၢ်	cu'bit
_cuckoo	n.	ထိၣ်မိၤဖူ	cuck'oo
_cucumber	n.	ဒံ★ဒံသၣ်	cu'cum-ber
_cud	n.	တၢ်ဆၣ်လၢတၢ်ကလိာ်ထီၣ်ဝဲ	cud
_cuddle	v.i.	ဖိးဟုၣ်★မဲၤလီၤတနူၤလိာ်အသးတကူးတြူး	cud'dle
_cudgel	v.t.	တီၢ်တၢ်★ဒိတၢ်	cudg'el
_cudgel	n.	နီၣ်တီၢ်★နီၣ်ဒီ★နီၣ်တူ★နီၣ်လိာ်	cudg'el
_cudgel one's brain		ဂဲၤပျၢ်ဆိကမိၣ်တၢ်	cudgel one's brain
_cue	n.	တၢ်ပနီၣ်လၢပုၤဟုၣ်တဲၣ်ဒံၣ်အၢအၢ	cue
_cuff	v.t.	လၢတၢ်★ဒိတၢ်★ထိတၢ်	cuff
_cuff	n.	အီကွံံအစုခိၣ်	cuff
_cuirass	n.	သယိၤ★အီကွံထး	cui-rass
_culinary	a.	ဘၣ်ယးဒီးတၢ်တူၤတၢ်ဖိ	cu'li-na-ry
_cull	v.t.	ယုထၢ	cull
_culminate / culmination	v.t. / n.	(တၢ်)ထီၣ်ဘးလၢတၢ်အထိတုာ်	cul'mi-nate / cul'mi-na'tion
_culpable	a.	လၢပဟ်တၢ်ကမၣ်လၢအလိၤအၢ်အိၣ်	cul'pa-ble
_cult	n.	တၢ်ဘူၣ်တၢ်ဘါဒၣ်အလုၢ်အလၢ်ဟဲၣ်အသိး	cult
_cultivate / cultivation	v.t. / n.	(တၢ်)ထုစ်ထူပုၤ★(တၢ်)ဖဲးခုးမၤသံၣ်★(တၢ်)သုၣ်တၢ်ဖျးတၢ်★(တၢ်)မၤဒိၣ်ထီၣ်အါထီၣ်တၢ်★(တၢ်)မၤဂ့ၤထီၣ်ပသိထီၣ်တၢ်★(တၢ်)မၤထီၣ်မၤထီတၢ်★(တၢ်)ဒုးကဲထီၣ်တၢ်အမံၤလၢအၢ	cul'ti-vate / cul'ti-va'tion
_cultivate the acquaintance of		ရ့တံၤအသုၣ်ညါထီၣ်	cultivate the acquaintance of
_culture	n.	တၢ်မၤယုၢ်ကွ္ကာထီၣ်ထီၣ်တၢ်,တၢ်မၤသုထီၣ်ဘၣ်ထီၣ်တၢ်★တၢ်မၤဂ့ၤထီၣ်ဝါထီၣ်တၢ်	cul'ture
_cumber	v.t.	မၤ(နီး)တာ်(နီး)တာ်တၢ်	cum'ber
_cumbersome / cumbrous	a. / a.	လၢအမၤ(နီး)တာ်(နီး)တာ်တၢ်★လၢအဒိၣ်တလၢကွံာ်	cum'ber-some / cum'brous
_cumulative	a.	လၢအကဲထီၣ်အါထီၣ်ဝဲလၢတၢ်ဟ်ဖှိၣ်တၢ်တဖၣ်ဒီးတဖၣ်အယိ	cu'mu-la-tive
_cunning	a.	လၢအသ့မၤတၢ်★လၢအညီနုၢ်လီတၢ်ဝ့ၤတၢ်★လၢအကလံာ်တၢ်သ့★လၢအကုၣ်အဆးအိၣ်★လၢအဟဲအသးလၢတၢ်စုသ့ခိၣ်သ့အတၢ်မၤ	cun'ning
_cup	n.	လီခီ★ခွး★သလၢ★နီခီ	cup
_cupful	n.	တၢ်ပှဲၤလီခီ	cup'ful
_cupidity	n.	တၢ်သးကွံတၢ်အါ★တၢ်သူၣ်ကွံသးလီ	cu-pid'i-ty
_cupola	n.	တၢ်ဒုးခိၣ်ကဖူကဖၢး	cu'-po-la
_cur	n.	ထွံၣ်လၢအတဂ့ၤဘၣ်★ပုၤလၢအတ၀ၢ်တသိၣ်ဘၣ်	cur
_curable	a.	လၢအဘျါက့ၤသ့	cu'ra-ble
_curate	n.	ဖံထံအသရၣ်ဖးဒိၣ်တဂၤ	cu'rate
_curator	n.	ပုၤလၢအအံးကွၢ်ကွၢ်သုးဘၣ်ကျဲၤဘၣ်တၢ်ကွၢ်ကီတၢ်အလီၢ်	cu-ra'tor
_curb	v.t.	(တၢ်လၢအ)ထုးယာ်(ပုၤ)★(တၢ်လၢအ)ဂြိယာ်တၢ်	curb
_curd	n.	တၢ်နှၢ်ထံအဆံၣ်ဘီလီၤသကၤ	curd
_curdle	v.i.	ဆံၣ်ဘီလီၤသကၤ★မၤလီၤသကၤ	cur'dle
_cure	v.t.	မၤဘျါက့ၤ★မၤဂ့ၤထီၣ်က့ၤတၢ်★ဘိၣ်က့ၤတၢ်★ကတ်ာ်ကတီၤတၢ်ၣ်သိးအသုတဟးဂီၤတဂ့ၤ	cure
_curiosity	n.	တၢ်ညီနုၢ်အဲၣ်ဒိးထံၣ်သ့ၣ်ညါတၢ်အသိ★တၢ်လီၤတိၢ်လီၤဆီ★တၢ်လီၤကမၢကမၣ်အလီၢ်	cu'-ri-os'i-ty

_curious	a.	လၢအညီနုၢ်အဲၣ်ဒိးထံၣ်သ့ၣ်ညါတၢ်အသိ ★လၢအလီၢ်လီၤဆီ ★လၢအလီၤကမၢကမၣ်	cu'ri-ous
_curl	v.t.	သက် ★မၤသက် (မၤ)ပတ်★ကွီၤအသး ★မၤကွံၣ်ကွီၤ★ကွီၤထိၣ် ★ထုတနံၣ်ထိၣ်အသး	curl
_curl one's lip		အိၣ်ဒီးတၢ်ယူၣ်နိၤယူၣ်နၢ်	curl one's lip
_curly	a.	လၢအကွီၤအသး★လၢအပတ်အသး	curl'y
_currency	n.	စ့★စ့စးခိ★တၢ်လဲၤတရံးအိၣ်ဝဲအသး	cur'ren-cy
_current	a.	လၢအမၤအသးအခုအခါခဲအံၤ၊လၢပှၤသကုးဆးဒးတုၢ်လိၣ်သ့ဝဲ	cur'rent
_current	n.	(ထံယွၤဆူၣ်)((အဲ))ကျိၤ★ထံပျၢ်မုၢ်	cur'rent
_curriculum	n.	တၢ်မၤလိမ်ၢ်ပှၢ်တမံၤဒီးတမံၤလၢကွိဖိအဂီၢ်	cur-ric'u-lum
_curry	n.	ကသူ★ကသူဟီၣ်ဘီၣ်	cur'ry
_curry	v.t.	ခွံကသ့ၣ်လၢသံၣ်ထး	cur'ry
_curry favour		မၤနူၢ်အမဲၣ်	curry favour
_curse	v.t. / n.	ဆိၣ်အၢ★ဆိၣ်တၢ်★ဆိၣ်ဖှိၣ်ဆိၣ်နးတၢ်	curse
_the curse of drink		သံးအတၢ်ဆိၣ်ယိၣ်	the curse of drink
_cursory	a.	လၢအမၤတပျုၤတဖျၢ်တၢ်★လၢအတလီၤတံၢ်ဘၣ် ★လၢအမၤတၢ်ချုးဒုၤချုးဒုး	cur'so-ry
_curtail	v.t.	မၤဖုၣ်လီၤ★မၤစုၤလီၤ	cur-tail'
_curtain	n.	ကလၤကၣ်	cur'tain
_curtain	v.t.	(ယၣ်)ဘူးသဒၢ	cur'tain
_curtsey	n.	(ကီးလၢမုၣ်)အတၢ်ယူးယီၣ်ဟ်ကဲအတၢ်ပနီၣ်	curt'sey
_curve	v.i.	ကွၣ်★ကွၣ်ကွီၤ★ကွၣ်စ္စ★ကွၣ်ကွီၤ★ကွၣ်သကူး★ကွၣ်ပတ်ပတ်	curve
_cushion	n.	တၢ်ကဟုၣ်ခံ★ခံတခၣ်	cush'ion
_custard apple	n.	အီစ့ၣ်သၣ်	custard-ap'ple
_custody	n.	တၢ်ပၢၤတၢ်★တၢ်ခိးယာ်တၢ်	custo-dy
_take in custody		ဖိၣ်ယာ်ပှၤအၤပှၤသိ	take in custody
_in custody		အိၣ်ဒုးယာ်အသး	in custody
_custom	n.	တၢ်အလုၢ်အလၢ်★အသနူ★တၢ်အခိအသွဲလၢ တၢ်ဖိတၢ်လံၤဟဲဟးဝဲထံကီၢ်ဂၤအဖိခိၣ်	cus'tom
_customary	a.	ဒ်အလုၢ်အလၢ်အိၣ်ဝဲအသိး	cus'tom-a-ry
_cut	v.t.	ကျီ★ကူး★ကၣ်★ဒီၣ်တဲာ်★သွၣ်★ဖဲး★ဟ်တၢ်★ဘၣ်တုာ်★ကၢ★တၢ်★ ကွဲးသ့ၣ်ဖး★အကနံၣ်အ့ၣ်	cut
_cut down		မၤစုၤလီၤက္ၤ	cut down
_cut and dried		လၢတၢ်ကတဲာ်ကတီၤဟ်လီၤတၢ်လီၤဆဲး(လၢပှၤဂၤဟ့ၣ်ကူၣ်အါထိၣ်တသ့ဘၣ်) ★မၤဆၢ★မၤဆၢအသး★တမၤဘူးလၢဘၣ်နီၤတဘ္ဘီဘၣ်	cut and dried
_cut-off	n.	တၢ်လဲၤတၢ်က္ၤတအိၣ်	cut-off
_cute	a.	လၢအသးဆး★လၢအသးဖး★လၢအကဟုလုၤလီၤအဲၣ်လီၤကွံ	cute
_cuticle	n.	ဖံး★ဘ္ၣ်	cu'ti-cle
_cutlass	n.	နး	cut'lass
_cutler	n.	ပှၤလၢအမၤနး★ဒီအကလုာ်ကလုာ်	cut'ler
_cutlery	n.	ဒီဒိၤန္ၤဖိၤ,ယာ်ဓိၤကွဲဖိၤ,ကးတၢ်ကးက္	cut'lery
_cycle	n.	လ္ၣ်ယီၢ်★တၢ်လဲၤအသးတဃၣ်★တၢ်က္ၤလီၢ်က္ၤကွဲာ်တဝီ★ တၢ်တရံးအသးတဝီ★တၢ်မၤအသးတဘ္ၤလၢအကတၢၢ်တဝီ	cy'cle
_cyclone	n.	ကလံၤမုၢ်သဝံး	cy'clone
_cymbal	n.	ဈ့ၣ်ဖံး	cym'bal
_cynic	n.	ပှၤလၢအနၢ်လၢပှၤကိးဂၤဒဲးမၤတၢ်ကိးမံဒဲးထဲလၢအမ့ၢ်တၢ်အဲၣ်ဒၣ်လီၤအသးၤၣ်ဝဲ	cyn'ic
_cynosure	n.	တၢ်လၢအထုးယီၤပှၤအါဂၤအတၢ်ကွၢ်ဆိကမိၣ်	cyno-sure
_dab	v.t.	ဟ်ၣ်ကဖိကဖိ★ထိးတၢ်လၢတၢ်ကပုၢ်လုး★ဖှ္ဌတဖ္ၣ်တၢ်တဘီတဘီ	dab

_dab	n.	တၢ်ဟုာ်တၢ်ကဖိကဖိ★တၢ်ဖှူတပျာ်တၢ်တဘီတဘီ★တၢ်တလီၢ်စီၤ★ တၢ်တဘျာ★တၢ်အစၢ်တကၢ်ၢ်လိာ်	dab
_dabble	v.t.	လိာ်ကွဲ★(ဒံပှိၢ်စံာ်စူးတၢ်)လၢထံကျါ★မၤတပျ့ၤတပျာ်တတုၤလီၤဖိးလီၤတၢ်	dab'ble
_dacoit / dacoity	v.t. / n.	(တၢ်)တမျိုးတမုာ်တၢ်	da-coit / da-coity
_dad	n.	ပၢ်	dad
_dagger	n.	ဒီကီး	dag'ger
_daily	a. / adv.	မၤအသးကိးမုၢ်အနံၤ★တနံၤဘ့ာ်တနံၤ	dail'y
_daintiness	n.	တၢ်ယံလၤပၤယုာ်ဒုး★တၢ်ဘျ့ဘျ့ဆိုဆို★တၢ်သူထဲတၢ် လၢအဘၣ်တၢ်မၤအီၢ်လီၢ်တၢ်လီၤဆဲး	dain'ti-ness
_dainty	a.	ဝံၣ်သိဝံၣ်ဘဲး★ဘျ့ဘျ့ဆိုဆို★ယံလၤပၤယုာ်ဒုး★လၢတၢ်တလိဘၣ်အသး	dain'ty
_dairy	n.	တၢ်လီၢ်ဖဲပှၤမၤတၢ်နုၢ်ထံ	dai'ry
_dale	n.	တၢ်ဒ့တၢ်တြီၤ	dale
_dally	v.i.	မၤလၢာ်အဆၢကတီၢ်ကလီၤကလီ	dal'ly
_dam	v.t.	(တမၣ်)တံာ်ယာ်တၢ်	dam
_dam	n.	တမၣ်	dam
_damage	v.t.	မၤဟးဂီၤတၢ်★မၤဆူးမၤဆါတၢ်	dam'age
_damage	n.	တၢ်ဟးဂုာ်ဟးဂီၤ★စ့လၢတၢ်လီးဘၣ်ပှၤအတၢ်ဟးဂီၤ	dam'age
_damn	v.t.	စံၣ်ညီၣ်လီၤဆူလရာ်ပူၤ★ဆိၣ်အၢ★စံၤလၢအတကဲထီၣ်လိၣ်ထီၣ်တၢ်ဘၣ်★ စံၣ်ညီၣ်ယၣ်	damn
_damnable	a.	လၢအကြၢးဒီးတၢ်ဟးဂီၤ	dam'na-ble
_damp	a.	ဘၣ်စိၣ်★စိၣ်ကပၢၤ★တုာ်စိၣ်	damp
_dampen	v.t. / v.i.	မၤဘၣ်စိၣ်★မၤတုာ်စိၣ်★မၤစၢ်လီၤ(သးအဂၢ်အဘါ)	damp'en
_dampness	n.	တၢ်စိၣ်ကပၢၤ★တၢ်တုာ်စိၣ်	damp'ness
_damsel	n.	မုၣ်ကနီၤ(လိၣ်ဘိ)	dam'sel
_dance	v.i.	ဂဲၤကလံၣ်★ဝးယီၢ်ယုၤယီၢ်ယုၤ★ဂဲၤစံၣ်ကူၤကူၤ	dance
_dandy	n.	ပှၤဖိၣ်သၣ်ခွါလၢအမၤဂ့ၤအသး★ပှၤအဘျ★ပှၤမၤလၤအသး	dan'dy
_danger	n.	တၢ်ဘၣ်ယိၣ်ဘၣ်ဘီအလီၢ်★တၢ်လီၤပျံၤလီၤဖုးအလီၢ်★ တၢ်လၢအဒုးအိၣ်ထီၣ်တၢ်နးတၢ်ဖိၣ်	dan'ger
_dangerous	a.	လၢအအိၣ်ဒီးတၢ်ဘၣ်ယိၣ်ဘၣ်ဘီ★လၢအအိၣ်ဒီးတၢ်လီၤပျံၤလီၤဖုး	dan'ger-ous
_dangerous person		ပှၤခွိၣ်ခိၣ်သမၣ်ပဲ★ပှၤအဘူ	dangerous person
_dangle	v.i.	အိၣ်လီၤစဲၤ★အိၣ်စၢလီၤစဲၤအသး★ထီၣ်လီၤစဲၤ	dan'gle
_dangle after		စဲဘူး(အှၣ်ထီ)	dangle after
_dare	v.i.	မၤဝဲဘၣ်★ဒုၤ★ဒုၤစမဲၤ★တၢၤတၢ်ဘၣ်	dare
_I dare say		ယနာ်ဘၣ်	I dare say
_dare devil		ပှၤဒုၤသံနုၤအိၣ်	dare devil
_dark	a.	ခံး★လီၤကဟု★လီၤကဒု★(အလွဲၢ်)ကဒု★လီၤသူၣ်အုးသးအုး★ လီၤသးဟးဂီၤ★ဖျါဖျါတဖျါဖျါ★ခုသူၣ်★လၢအသူၣ်ခံးသးခံး	dark
_darken	v.t.	(မၤ)ခံးလီၤ★မၤလီၤကဒု★မၤခံးသူၣ်လၢ★မၤဆံးလီၤဟုၤလီၤ(တၢ်မုၢ်လၢ်)★ မၤခံးအမဲာ်	dark'en
_darkness	n.	တၢ်ခံးတၢ်နၤ	dark'ness
_darling	n.	သးဘိ★သးခိၣ်မိၣ်	dar'ling
_darling	a.	လၢပအဲၣ်အီၤကွံ့အီၤ	dar'ling
_darn	v.t.	ဆးတၢ်ခိ★ဆးထွ★ဆးသဝံး	darn
_dart	n.	ဘီဖိ	dart
_dart	v.i.	ယွၤ်သဖှိၣ်★(ဟးထီၣ်)ချ့သဒံး★သဖှိၣ်	dart
_dart a glance		ကွၢ်စဲးကနာ်★ကွၢ်လံကနာ်	dart a glance
_dash	v.t.	စုးထံးလီၤတၢ်သပြုၤကလာ်★ကွံာ်လီၤသဘုးကွံာ်တၢ်★စုးထံးအသး★စံၣ်စုၤ ★ဝဲၤထီၣ်ထံ★သလှူးထီၣ်	dash

_dastard	n.	ပှၤလၢအမၤတၢ်အၢဘၣ်ထဲလၢတၢ်ခူသူၣ်	das'tard
_date	v.t.	မၤနီၣ်မုၢ်နံၤမုၢ်သီ★ဟ့ၣ်တၢ်အမှၢ်နံၤမုၢ်သီ	date
_date	n.	စ့ၣ်ပလိၣ်သၣ်★တၢ်အနံၣ်အလါအသီ	date
_out of date		ဘၣ်ဃးဒီးခါပှၤကွၢ်လၢပှၤတမၤလၢၤဘၣ်	out of date
_up to date		လၢအကြၢးဒီးမုၢ်ဆါအံၤ	up to date
_daub	v.t.	လံာ်ဘၢ★ပဲဘၢ★ဖူးဘၢ★မၤဘၣ်အၢဘၣ်သီ★ဖျ့စံာ်ပိာ်စံၣ်ပြၢတၢ်★ဖျ့တၢ်တဘျုးတဆိ	daub
_daub	n.	တၢ်ဖျ့တၢ်တဘီ★တၢ်ဘၣ်အၢတပူး	daub
_daughter	n.	ဖိမုၣ်	daugh'ter
_daunt	v.t.	မၤပျံၤမၤဖုးပှၤ★မၤသုၣ်ပှၤ	daunt
_dauntless	a.	လၢအတပျံၤတၢ်ဘၣ်★ဒု	daunt'less
_dawdle	v.i.	လၢာ်ကလီအဆၢကတီၢ်ဖဲအကြၢးမၤတၢ်အခါ	daw'dle
_dawn	v.i.	မုၢ်ဂီၤထီၣ်★မုၢ်ဆ့ၣ်ဝါထီၣ်	dawn
_dawn	n.	ဂီၤထၢၣ်သး★တၢ်အိၣ်ထီၣ်သီ	dawn
_day	n.	နံၤ★မုၢ်နံၤ★သီ★မုၢ်ဆါခီ★အစိၤလၢ်ထး★အဆၢအကတီၢ်	day
_daze	v.t.	မၤကတုၤသး★မၤမၢမၣ်ပှၤအသး★မၤတယူၢ်ပှၤဒိၣ်	daze
_dazzle	v.t.	မၤဆ့ၣ်မဲာ်ဆ့ၣ်နါ★ဆဲးကပြၢၢ်★ဆဲးကပြုၢ်★မၤကတုၤသးပှၤ	daz'zle
_dead	a.	သံလံ★တဟူးတဝး★ဂၢၢ်ဟးၢ★လၢအယူၢ်တအိၣ်ကွ့ၤတအိၣ်★လၢအတဒုးဂဲၤပှၤအသးဘၣ်★ထုတရၢ★သယုၢ်တၢ်★လၢအခုၣ်ပျၢၤခုၣ်စူၤ★လီၤဖံာ်	dead
_dead tired		ဘုံးသံဝီၤသံ	dead tired
_dead against		ထီဒါလၢာ်သး	dead against
_dead certainty		တၢ်သပှၢ်တၢ်★တၢ်နီၢ်ကီၢ်သံၤသး	dead certainty
_dead-lock		တၢ်အိၣ်ဆၢဆ့ၣ်ဆၢမၤနၤခံမီလၢာ်	dead-lock
_dead to (pity)		(တၢ်သးကညီၤ)တအိၣ်ဘၣ်	dead to (pity)
_dead ripe		မံယ့ၣ်	dead ripe
_deaden	v.t.	မၤစၢ်လီၤ(တၢ်ဘၣ်ဒိ)★တီစၢ်★မၤလီၤတယူၢ်တဖျၢတၢ်	dead'en
_deadly	a.	လၢအသံၣ်ပှၢ်ပုၤန့ၢ်★လၢအသးအိၣ်မၤသံပှၤ	dead'ly
_deaf	a.	နၢ်တအၢ★နၢ်ယၢၤ	deaf
_deafness	n.	တၢ်နၢ်တအၢ	deaf'ness
_deafen	v.t.	မၤ(သ)ကံာ်နၤ★မၤတအၢပနၢ်	deaf'en
_deal	v.t.	လဲၤလိာ်လဲၤကၤကၤ★ဖျ့တၢ်ဆါတၢ်★နီၤဟ့ၣ်တၢ်★မၤယုာ်လိာ်အသး	deal
_deal (unfairly) with		မၤ(အီၤတဘၣ်ဘျုးဘၣ်ဒါဘၣ်)	deal (unfairly) with
_deal a blow		တီၢ်	deal a blow
_deal in		ဆါအိၣ်	deal in
_dealer	n.	ပှၤပနံၣ်တၢ်ကၤတၢ်ဖိ	deal'er
_dealings	n.	တၢ်ပနံၣ်တၢ်ကၤ	deal'ings
_dear	a.	သးဘိ★အဲၣ်ဒိၣ်★အပှ့ၤဒိၣ်	dear
_dearth	n.	တၢ်ယံးတၢ်ကၤ★တၢ်အိၣ်တၢ်အီစ့ၢ	dearth
_death	n.	တၢ်သံတၢ်ပှၢ်★တၢ်သးသမူလၢာ်ကွံာ်	death
_debase	v.t.	မၤဆံးလီၤစှၤလီၤအလၤကပီၤ★မၤဖှ့ၣ်လီၤအလၢ်★မၤလီၤသးဘၣ်အၢ	de-base'
_debate	v.t.	ဂ့ၢ်လိာ်ဘှီလိာ်တၢ်	de-bate'
_debatable	a.	လၢပုၤဂ့ၢ်လိာ်ဘှီလိာ်လၢအဂ့ၢ်အလီၢ်အိၣ်	de-bat'a-ble
_debauch	v.t.	မၤဟးဂီၤပုၤဂၤအတဂၢ်ကံာ်ပဝး★(တၢ်)မၤဟးဂီၤလီၤအသးလၢတၢ်မၤတၢ်လုၣ်ကိၣ်လုၣ်ကဟာ်အပူၤ	de-bauch
_debilitate	v.t.	မၤလီၤဘုံးလီၤတီၤတၢ်	de-bil'i-tate
_debility	n.	တၢ်လီၤဘုံးလီၤဘျါ★တၢ်ဂံၢ်စၢ်ဘါစၢ်★တၢ်ယိၢ်လီၤ	de-bil'i-ty
_debit	n.	န့ၣ်ကမၢ်လၢစ့စရီပူၤ	deb'it
_debouch	v.t.	ဖိုးထီၣ်★ပၢၢ်ထီၣ်	de-bouch'

68

_debris	n.	တၢ်ကမှံၤကမိာ်★တၢ်ကုာ်လာ်ကုာ်လာ်★တၢ်ကရိာ်ကရဲာ်	de-bris'
_debt	n.	နုာ်ကမၢ်	debt
_debut	n.	(ပုၤကညီ)အတၢ်အိာ်ဖျါထိာ်သီလၢကမျၢၢ်အမဲာ်ညါ	de'-but
_decade	n.	အနံာ်တဆံ	dec'ade
_decadence	n.	တၢ်လီၤရၢ်	de-ca'dence
_decadent	a.	လၢအလီၤရၢ်	de-ca'dent
_Decalogue	n.	တၢ်မၤလိာ်အဘီတဆံ	Dec'a-logue
_decapitate	v.t.	ကူိာ်လံာ်တၢ်အကိာ်	de-cap'i-tate
_decay	v.t.	(တၢ်)အုာ်သံကျှာ်သံ★(တၢ်)ဟးဂူာ်ဟးဂီၤ★(တၢ်)(အဂံၢ်အဘါ,အစိကမီၤ)ဆံးလီၤစှၤလီၤ	de-cay'
_decease	n.	တၢ်သံ★တၢ်မဲာ်ဘံာ်ခိာ်ခါ	de-cease'
_deceit	n.	တၢ်လံာ်တၢ်လီတၢ်★တၢ်လီနၢ်လွဲနၢ်တၢ်★တၢ်ဘျုးကဘျဉ်	de-ceit
_deceitful	a.	လၢအလံာ်တၢ်လီတၢ်	de-ceit'ful
_deceive	v.t.	လံာ်တၢ်လီတၢ်★လီနၢ်လွဲနၢ်တၢ်	de-ceive'
_decency	n.	တၢ်အကြၢးအဘဉ်★တၢ်အယံအလၤ	de'cen-cy
_decent	a.	လၢအကြၢးဝဲဘဉ်ဝဲ★လၢအကနုလီတၢ်	de'cent
_deception	n.	တၢ်ကဘျုးကဘျဉ်★တၢ်လီတၢ်ဝ့ၤ★တၢ်လီနၢ်လွဲနၢ်တၢ်★တၢ်ဘဉ်တၢ်လီနၢ်ဝ့ၤနၢ်	de-cep'tion
_deceptive	a.	လၢအဆုၤကမဉ်ပတၢ်ဆိကမိဉ်ညီ	de-cep'tive
_decide	v.t.	စံဉ်ညီဉ်(တဲာ်)★ဟ်လီၤပသး	de-cide'
_decided	a.	လီၤတံၢ်လီၤဆဲး★လၢသးဒုဒီအလိၢ်အိဉ်ဘဉ်	de-cid'ed
_decidedly	adv.	နီၢ်နီၢ်★သပှၢ်ကတၢၢ်★တလီၤသးဒုဒီဘဉ်★တဖျါ ထုး	de-cid'ed-ly
_decimate	v.t.	မၤဟးဂီၤကွံာ်ပှၤအါတကကွၢ်လၢပုၤတဖုအကျါ	dec'i-mate
_decipher	v.t.	ထုးထိဉ်ဟ်ဖျါတၢ်(ကွဲး)အခီပညီအိဉ်လီၤတၢ	de-ci'pher
_decision	n.	တၢ်စံဉ်ညီဉ်တဲာ်တၢ်★တၢ်ဟ်လီၤသး	de-ci'sion
_decisive	a.	လၢအစံဉ်ညီဉ်တဲာ်တၢ်သ့★လၢအမၤဝံၤမၤကတၢၢ်တၢ်	de-ci'sive
_deck	n.	ကဘီအဒၢ	deck
_deck	v.t.	ကယၢကယဲတၢ်★ဒုးကူဒုးသိးတၢ်	deck
_declaim	v.i.	စံဉ်ယဲၤ★တဲယုၤလီၤတၢ်ဘျးဘျးဘျိးဘျိး	de-claim'
_declamatory	a.	လၢအအိဉ်ဒီးတၢ်တိၤကယၢကယဲ	de-clam'a-to-ry
_declare	v.t.	တဲဖျါထိဉ်တၢ်★ဘိးဘဉ်သ့ဉ်ညါတၢ်★စံး★တဲဖျါကျ မၤနၤ	de-clare'
_decline	v.i.	(တၢ်)လီၤဒ့ခံဒ့နုကပၤ★(တၢ်)လီၤသကုၤ★(တၢ်)(အပှ့ၤ)လီၤတၤ★(တၢ်)လီၤရၢ်	de-cline'
_decline	n.	တၢ်တဟံးန့ၢ်တုၢ်လိာ်တၢ်★တၢ်တအၢဉ်လီၤအီလီၤတၢ်ဘဉ်★တၢ်ဆံးလီၤစှၤလီၤတစဲးဘဉ်တစဲး★တစဲးဘဉ်တစဲး	de-cline'
_declivity	n.	တၢ်ကလီၤ★တၢ်လီၤဒ့ခံ★တၢ်လီၤဘံ	de-cliv'i-ty
_decompose	v.t.	မၤလီၤဖးကွၢတၢ်လၢအအိဉ်ယါယုာ်လိာ်အသး★(မၤ)အုာ်သံကျှာ်သံ	de'com-pose
_decorate / decoration	v.t. / n.	(တၢ်)ကယၢကယဲ★(တၢ်)မၤယံမၤလၤတၢ်★(တၢ်)ဘျးထိဉ်တၢ်လၤကပီၤအတၢ်ပနီဉ်လၢပှၤအလိၤ	dec'o-rate / dec'o-ra'tion
_decoy	v.t.	ကလံာ်န့ၢ်ပုၤဂၤဆူတၢ်ကီတၢ်ခဲအပူၤ★တဲဉ်တၢ်★တသ့ဉ်တၢ်	de-coy'
_decoy	n.	တသ့ဉ်★ထိဉ်လှုၤဆီလှုၤ	de-coy'
_decrease	v.t.	(မၤ)ဆံးလီၤစှၤလီၤ★(မၤ)ဖှဉ်လီၤ★(မၤ)စှၤလီၤ★(မၤ)စၢ်လီၤ★(မၤ)လီၤတၤသုး	de-crease'
_decrease	n.	တၢ်ဆံးလီၤစှၤလီၤ★တၢ်ဖှဉ်လီၤ★တၢ်စှၤလီၤ★တၢ်စၢ်လီၤ★တၢ်လီၤတၤသုး	de-crease'
_decree	v.t.	(တၢ်)စံဉ်ညီဉ်ခါလီၤအကလုၢ်★(ယွၤ)စံဉ်ညီဉ်တၢ်	de-cree
_decrepit	a.	ပှၢ်စထံး★မ်ာ်ပှၢ်စၢ်လီၤ	de-crep'it
_decry	v.t.	ကတိၤဟးဂီၤတၢ်အလၤကပီၤ★ကတိၤလီၤတၢ်အသူးအသဉ်	de-cry'
_dedicate / dedication	v.t. / n.	(တၢ်)ဟ်စီဆုံတၢ်(လၢယွၤအဂီၢ်)	ded'i-cate / ded'i-ca'tion
_dedicatory	a.	လၢတၢ်ဟ်စီဆုံတၢ်အဂီၢ်	ded'i-ca-to-ry

_deduce / deduct / deduction	v.t. / n.	(တၢ်)နၥ်လၢတၢ်တၢ်တမံၤ(က)မၤအသးလၢပသ္ဥ်ညါ လၢတၢ်တၢမံၤဒၣ်မၤအသးဝံၤလံအဃိ	de-duce' / deduct' / deduc'tion
_deduct / deduction	v.t. / n.	(တၢ်)ထုးထိဥ်ကွံၥ်တၢ် ★(တၢ်)မၤစုၤလီၤတၢ်	de-duct' / de-duc'tion.
_deed	n.	တၢ်ဖံးတၢ်မၤ ★လံၥ်မၤတီမၤဓိတၢ်	deed
_deem	v.t.	ဆိကမိဥ် ★ဟ်ကဲ ★တယၥ်	deem
_deep	a.	အဒိဥ်(အယိၥ်) ★လၢပနၢ်ပၢၢ်ကီ ★ဖးထိ ★(တၢ်ဘှၣ်)သတၢးကလၥ် ★ အယိၥ်အကီ ★(ဖး)ယိၥ် ★(ကလုၢ်)အလီၤ	deep
_deep (study)		(ဖး)တကွၢ်ထိဥ်မှၢ်လါဘၣ်	deep (study)
_deepen	v.t.	မၤယိၥ်ထိဥ် ★မၤယိၥ်မၤကီၤထိဥ်	deep'en
_deeply	adv.	ယိၥ်ယိၥ်ကီၤကီၤ ★(ကလုၢ်)အလီၤကတၢၢ်	deep'ly
_deer	n.	တၤယုၢ် ★တၤယီၤ ★ထိဒိဥ် ★သမိဥ် ★တၤဟိ ★တၤခဲ	deer
_deface	v.t.	မၤဟးဂီၤအကွၢ်အဂီၤ ★ကြူၥ်ဟးဂီၤကွံၥ်တၢ် ★မၤဘၣ်အၢဘၣ်သီ	de-face'
_defame	v.t.	ကတိၤဟးဂီၤပှၤအမံၤအသဥ် ★ကတိၤခဲၣ်သှၣ်ခဲဥ်ဂီၤတၢ် ★စံးအၢစံးသီတၢ် ★ သိဥ်ဝံသဲကလၤပှၤအဂ္ၢ် ★စံးသိးပှၤ	de-fame'
_default	v.i.	(တၢ်)တမၤဘၣ်တၢ်မၤဒံၤတၢ်လီၤဘၣ်အီၤအသးဘၣ် ★(တၢ်)တလၢတပှဲၤ	de-fault'
_defeat	v.t.	(တၢ်)မၤနၢၤမၤယဥ် ★(တၢ်)မၤဟးဂီၤ(ပှၤဂၤအတၢ်ကူၣ်တၢ်ဖး)	de-feat'
_defect	n.	တၢ်လီၤတီၢ် ★တၢ်လီၤတူၥ်လီၤကၥ် ★တလၢတပှဲၤဘၣ်	de-fect'
_defective	a.	လၢအတၢ်လီၤတီၢ်အိဥ် ★လၢအတလၢတပှဲၤဘၣ်	de-fec'tive
_defend	v.t.	ကဟုကယၥ်တၢ် ★ခိဥ်ဆၢနီၤဖျါလၢအဘၣ်	de-fend'
_defendant	n.	ပှၤလၢအကဟုကယၥ်လီၤအသး ★ပှၤတူၢ်ကွီၢ်	de-fend'ant
_defender	n.	ပှၤတြီဆၢတၢ် ★ပှၤကဟုကယၥ်တၢ်	de-fend'er
_defense	n.	တၢ်ကဟုကယၥ်တၢ် ★တၢ်တြီဆၢတၢ်	de-fense
_defenseless	a.	လၢတၢ်ကဟုကယၥ်အီၤတအိဥ်ဘၣ် ★လၢအတြီဆၢ တၢ်ကမၤနၤမၤဖှိဥ်အီၤတသ့ဘၣ်	de-fense'less
_defensible	a.	လၢအတြီဆၢတၢ်ကမၤနၤမၤဖှိဥ်အီၤတသ့ ★လၢတၢ်ကဟုကယၥ်အီၤသ့ ★ လၢပကတိၤပူၤဖျဲးအီၤသ့	de-fen'si-ble
_defensive	a.	လၢတၢ်တြီဆၢတၢ်အဂီၢ်	de-fen'sive
_defer	v.t.	သုးယံၥ်ထိဥ်အဆၢကတီၢ် ★ဟ်လၢအစုပူၤလၢ အကဆိကမိဥ်စံၣ်ညီဥ်တၢ်လၢအဂီၢ်	de-fer'
_deference	n.	တၢ်ဟ်ပှၤအတၢ်စံၣ်ညီဥ်လၢအဂ္ၤနီၢ်ဒီးပတၢ်	def'er-ence
_defiance	n.	တၢ်တၤတၢ် ★တၢ်ခီတၢ်	de-fi'ance
_defiant	a.	လၢအတၤတၢ် ★လၢအခီတၢ်	de-fi'ant
_deficiency	n.	တၢ်တလၢတလီၢ် ★တၢ်တလၢတပှဲၤ	de-fi'cien-cy
_deficient	a.	လၢအတလၢတပှဲၤဘၣ် ★လၢအတကီးနီၤဘၣ် ★တအါဘၣ်	de-fi'cient
_deficit	n.	တၤလီၤတူၥ် ★တၢ်တလၢတပှဲၤ	def'i-cit
_defile	v.t.	မၤတကဆှီ ★မၤဘၣ်အၢဘၣ်သီ ★ကျဲလၢတၢ်တြီၤအကဆူး	de-file'
_definable	a.	လၢတၢ်ဒုးနဲၣ်ဖျါထိဥ်အဓိပညီသ့ ★လၢပပှၤနဲၣ်ဖျါလီၤတၢ်အဆၢသ့	de-fin'a-ble
_define	v.t.	ဒုးနဲၣ်ဖျါထိဥ်တၢ်အဓိပညီ ★ဒုးနဲၣ်ဖျါထိဥ်တၢ်အဆၢ	de-fine'
_definite	a.	လၢအအိဥ်ဒီးအဆၢလီၤတၢ်လီၤဆဲး ★လၢအအိဥ်ဒီးအဓိပညီလီၤတၢ်လီၤဆဲး	def'i-nite
_definitely	adv.	လီၤတၢ်လီၤဆဲး ★လ္ၤတၢ်လ္ၤတီ	def'i-nite-ly
_definition	n.	တၢ်(ဟ်ဖျါထိဥ်တၢ်)အဓိပညီ ★တၢ်နီၤဖးဟ်ဖးတၢ်အဂ္ၢ်အကျိၤအဆၢ	def'i-ni'tion
_deflate	v.t.	မၤစုၤလီၤကွံၥ်ကလံၤလၢအပူၤ	de-flate'
_deflect	v.t.	(ဒုး)လဲၤတၤစ္ၤကွံၥ် ★ဘိးကပၤကွံၥ်တၢ်(အကျဲ)	de-flect'
_deform	v.t.	မၤဟးဂီၤတၢ်အကွၢ်အဂီၤ(တၢ်အယံအလၤ)	de-form'
_deformity	n.	တၢ်အကွၢ်တဘၣ်အဂီၤတဂ္ၤ ★တၢ်အတကၥ်ပဝးတဂ္ၤတဘၣ်	de-form'i-ty
_defraud	v.t.	လီနၢ်အီဥ်ပှၤဂၤအတၢ်	de-fraud'
_defray	v.t.	ဒိဥ်အတၢ်လၢၥ် ★တူၢ်တၢ်အပှ္ၤအကလံၤ	de-fray'
_defy	v.t.	တၤတၢ် ★ခီဥ်ဆၢတၢ်	de-fy'
_degeneracy	n.	တၢ်လီၤရၢ်လီၤစၢၢ် ★တၢ်ဆံးလီၤစှၤလီၤ	de-gen'er-a-cy

70

_degenerate	a.	လၢအလီၤရၢ်လီၤစၢ်★လၢအဆံးလီၤစှၤလီၤ★လီၤရၢ်လီၤစၢ်★ဆံးလီၤစှၤလီၤ	de-gen'er-ate
_degrade / degradation	v.t. / n.	(တၢ်)ဒုးလီၤအလၢ်★(တၢ်)မၤဆံးလီၤစှၤလီၤအလၤကပီၤ★(တၢ်)(မၤ)မဲာ်ဆှး	de-grade' / deg'ra-da'tion
_degree	n.	အတီၤ★အပတီၢ်★အနီၣ်ထိၣ်★(အတၢ်)ထိၣ်ဘးတ့ၤဖဲအံၤဖဲနၤ	de-gree'
_by degrees		တတီၤဘၣ်တတီၤ,တကမာ်ဘၣ်တကမာ်,တစဲးဘၣ်တစဲး,တသုးဘၣ်တသုး	by de-grees'
_deify	v.t.	ဟ်တၢ်လၢအမ့ၢ်ယွၤ	de'i-fy
_deign	v.i.	မၤတၢ်လၢတၢ်ဟ်ဖှ့ၣ်လီၤသးအပူၤ	deign
_deity	n.	ယွၤ★ယွၤအနီၢ်ကစၢ်	de'i-ty
_dejected	a.	အိၣ်လၢတၢ်သးဟးဂီၤအပူၤ	de-ject'ed
_delay	v.i.	မၤယံာ်မၤနီၢ်★(ဒုး)အိၣ်ကတိၢ်	de-lay'
_delectable	a.	လၢအမၤဖှံပသူၣ်ပသးသ့★လၢအလီၤအဲၣ်လီၤကွံဘၣ်ပုၤ	de-lec'ta-ble
_delegate	v.t.	ဟ့ၣ်ပၢပုၤလၢပတၢ်အမူးအရၢ်★ဒုးကဲပုၤလၢခၢၣ်စး	del'e-gate
_delegate	n.	ခၢၣ်စး★ကလူး	del'e-gate
_delegation	n.	ကလူးတဖု★ခၢၣ်စးတဖု	del'e-ga'tion
_delete	v.t.	တြှၢ်ကွံာ်★ထူးသံကွံာ်	de-lete'
_deletion	n.	တၢ်တြှၢ်ကွံာ်တၢ်★တၢ်ထူးသံကွံာ်တၢ်	de-le'tion
_deliberate	v.i.	ကူၣ်ထိၣ်ဖးလီၤ★ကၢၣ်ကီၣ်ကွၢ်ထံဆိကမိၣ်တၢ်ယၢ်ခီယၢ်ခီ	de-lib'er-ate
_deliberate	a.	ကယီကယီ	de-lib'er-ate
_delicacy	n.	တၢ်အိၣ်လၢအဝံၣ်သိဝံၣ်ဘဲၤလီၤဆီ★သးလၢအသးဘၣ်အၢတၢ်ညီ	del'i-ca-cy
_delicate	a.	လၢအဘၣ်တၢ်မၤဟးဂီၤအီၣ်ညီ★လၢအလီၢ်တၢ်မၤအီၢ်ကဖုာ်ကဖုာ်★လၢတၢ်□ကၢးပလီၢ်အသးလၢအဂၢ်	del'i-cate
_delicious	a.	လၢအဘၣ်ပကိာ်ပူၤ★လၢအဝံၣ်ဘၣ်ပထးခိၣ်★လၢအမၤဖှံသူၣ်ဖှံသးပုၤ	de-li'cious
_delight	v.i.	မှာ်လၤသးခု★သူၣ်ခုသးခု★သူၣ်ဖှံသးညီ	de-light'
_delight	n.	တၢ်မှာ်လၤသးခု★တၢ်သူၣ်ခုသးခု★တၢ်သူၣ်ဖှံသးညီ★တၢ်လၢအဒုးမှာ်လၤသးခုပုၤ★တၢ်လၢအဒုးသူၣ်ဖှံသးညီ,သူၣ်ခုသးခုပုၤ	de-light'
_delightful	a.	လၢအဒုးမှာ်လၤသးခုပုၤ★လၢအဒုးသူၣ်ခုသးခုပုၤ★လၢအဒုးသူၣ်ဖှံသးညီပုၤ★လၢအမှာ်အခုၣ်	de-light'ful
_delimit	v.t.	မၤပနီၣ်အဆၢ	de-lim'it
_delineate	v.t.	ကွဲးဖျါထိၣ်တၢ်★တ့ဖျါထိၣ်တၢ်★တဲဖျါထိၣ်တၢ်	de-lin'e-ate
_delinquency	n.	တၢ်မၤတၢ်တလၢတပှဲၤဘၣ်★တၢ်ကမၣ်	de-lin'quen-cy
_delinquent	a.	လၢအမၤတၢ်တလၢတပှဲၤဘၣ်★လၢအမၤကမၣ်တၢ်	de-lin'quent
_delirious	a.	လၢတၢ်ဆါဒိၣ်ပှ့ၢ်ဘၣ်အီၤ	de-lir'i-ous
_delirium	n.	တၢ်(ဆါ)ဒိၣ်ပှ့ၢ်	de-lir'i-um
_deliver	v.t.	မၤပူၤဖှဲးတၢ်★အှၣ်က့ၤဒိၣ်က့ၤတၢ်★ဟ့ၣ်လီၤ(ကွံာ်)တၢ်★ဒုးအိၣ်ဖျဲၣ်	de-liv'er
_deliver a blow		ဒိတၢ်★ထိတၢ်★ဖှျတၢ်	de-liv'er a blow
_deliverance	n.	တၢ်ဘၣ်တၢ်မၤပူၤဖှဲးအီၤ	de-liv'er-ance
_dell	n.	တၢ်တြဲၤဖိ	dell
_delude	v.t.	လီၣ်ၣ်ဝ့ၤၣ်	de-lude'
_delta	n.	ထံထၣ်အစ္စ	del'ta
_deluge	v.t.	လုာ်ဘၢတၢ်★ထံလုာ်ဘၢတၢ်	del'uge
_delusion	n.	တၢ်နာ်ကမူၤကမၣ်တၢ်★တၢ်လီၣ်ဝ့ၤတၢ်	de-lu'sion
_delusive	a.	လၢအလီၣ်ဝ့ၤဝ့ၤတၢ်သ့★လၢအမၤကၤကဒါသးသ့	de-lu'sive
_delve	v.t.	ခုၣ်★ခုၣ်တၢ်★ဘုးယုကမှၢ်တၢ်★ဖးယုကမှၢ်တၢ်	delve
_demagogue	n.	ပုၤတဂၤလၢအကတိၤထိၣ်ဟူးထိၣ်ဂဲၤပုၤအါဂၤအသးဒံသိးအကအိၣ်ပှိၤအီၤ	dem'a-gogue
_demand	v.t.	ယ့နွ့ၢ်တၢ်ဆူၣ်ဆူၣ်★ယ့ကွိၢ်ယ့ဂီၤတၢ်★သံကွၢ်တၢ်ဒ်အပၢသံကွၢ်တၢ်အသိး★ဟ်အၢပှၤ★ကိးအၢပှၤ★ဖးအၢပှၤ	de-mand'
_demand	n.	တၢ်ယ့နွ့ၢ်တၢ်ဆူၣ်ဆူၣ်★တၢ်ယ့ကွိၢ်ယ့ဂီၤတၢ်★တၢ်သံကွၢ်တၢ်ဒ်အပၢသံကွၢ်တၢ်အသိး★တၢ်ယ့ပှူနွ့ၢ်တၢ်★တၢ်မၤလိာ်ပှူနွ့ၢ်တၢ်	de-mand'

_demarcation	n.	တၢ်(မၤနီၣ်မၤဃါတၢ်)အဆၢ★တၢ်ဒိနီၣ်တဲာ်နီၣ်တၢ်★အတၢ်လီၤဆီ	de-mar-ca'tion
_demean	v.t.	မၤဖုၣ်လီၤအလၤကပီၤ★(ပှၤ)ပာ်အသး(အၢအၢ)	de-mean'
_demeanor	n.	ပှၤအတၢ်ပာ်အသး(အၢအၢ)	de-mean'or
_demented	a.	လၢအပျုၢ်ထီၣ်တြိးထီၣ်★လၢအသူၣ်တထံသးတဆး	de-ment'ed
_demerit	n.	တၢ်မၤအတကြၢးတဘၣ်,တဂ့ၤတဝါ	de-mer'it
_demise	n.	တၢ်သံ	de-mise'
_demobilize	v.t.	ပျၢ်ကွံာ်(သုးဖိ)	de-mo'bi-lize
_democracy / democratic	n. / a.	(ဘၣ်ဃး)တၢ်ပၢတၢ်ပြးလၢပှၤထံဖိကိၢ်ဖိပၢလီၤအသးဒၣ်ဝဲ	de-moc'ra-cy / dem'o-crat'ic
_demolish / demolition	v.t. / n.	(တၢ်)မၤလီၤပိၢ်ကွံာ်တၢ်★(တၢ်)မၤဟးဂီၤကွံာ်တၢ်	de-mol'ish / dem'o-li'tion
_demon	n.	တၢ်ဝံတၢ်နါ★သရဲသခး★သံခိၣ်မုၢ်ဃါ	de'mon
_demoniac	n.	ပှၤလၢတၢ်ဝံတၢ်နါအိၣ်လၢအလိၤ★ပှၤပျုၢ်	de-mo'ni-ac
_demonstrable	n.	လၢတၢ်ဒုးနဲၣ်ဖျါထီၣ်အဂ့ၢ်သ့	de-mon'stra-ble
_demonstrate / demonstration	v.t. / n.	(တၢ်)ဒုးနဲၣ်ဖျါထီၣ်တၢ်အဂ့ၢ်	dem'on-strate / dem'on-stra'tion
_demonstrative	a.	လၢအဒုးနဲၣ်ဖျါထီၣ်တၢ်အိၣ်လၢအပူၤကျိၤသလိး	de-mon'stra-tive
_demoralize	v.t.	မၤဟးဂီၤသးအဂ့ၤအဝါ★မၤဟးဂီၤတၢ်အလုၢ်ဂ့ၤအလၢ်ဝါ	de-mor'al-ize
_demur	v.i.	ကတိၤတြီ★ကတိၤထီဒါ	de-mur'
_demure	a.	လၢအပာ်အသးသညူးသပှၢ်★လၢအမၤအသးယိယိ	de-mure'
_den	n.	တၢ်အတဝၢ	den
_denial	n.	တၢ်ဂ့ၢ်လိာ်တၢ်★တၢ်သမၢတၢ်	de-ni'al
_denizen	n.	ပှၤအိၣ်ပှၤဆိးတဂၤ	den'i-zen
_denominate	v.t.	ယှၢ်အမံၤ★ကိးအမံၤ	de-nom'i-nate
_denomination	n.	ခရံာ်ဖိတကလုာ်	de-nom'i-na'tion
_denote	v.t.	ဒုးနဲၣ်★နဲၣ်ဖျါ	de-note
_denounce	v.t.	စံးလၢပှၤအတၢ်ကမၣ်အိၣ်★တဲဝဲလၢပှၤဂ့ၤဘၣ်တၢ်စံၣ်ညီၣ်	de-nounce'
_dense	a.	တိၣ်★တံၢ်★လၢအသးဃၢ★လၢအသးကိ	dense
_density	n.	တၢ်အိၣ်တံၢ်လိာ်အသး	den'si-ty
_dent	n.	တၢ်လီၤဃၢၣ်လီၤဆၢၣ်	dent
_dental	a.	ဘၣ်ဃးဒီးမဲ	dent'al
_dentist	n.	ကသံၣ်သရၣ်လၢအဘိုပှၤမဲ	den'tist
_dentistry	n.	တၢ်ဘိုပှၤအမဲ	den'tist-ry
_denude	v.t.	ဒုးအိၣ်ဘ့ၣ်ဆ့★ဒုးလီၤပျိ	de-nude'
_denunciation	n.	တၢ်စံးလၢပှၤအတၢ်ကမၣ်အိၣ်★တၢ်ထဲတၢ်လၢပှၤဂ့ၤဘၣ်တၢ်စံၣ်ညီၣ်	de-nun'ci-a'tion
_denunciatory	a.	လၢအပာ်တၢ်ကမၣ်လၢပှၤအလိၤ★လၢအတဲလၢပှၤဂ့ၤဘၣ်တၢ်စံၣ်ညီၣ်	de-nun'ci-a-to-ry
_deny	v.t.	သမၢ★ဂ့ၢ်လိာ်	de-ny'
_depart	v.i.	ဟးထီၣ်★လဲၤသဒၣ်ကွံာ်★သံ	de-part'
_department	n.	တၢ်မၤလၢအအိၣ်နီၤဖးအသးလၢတၢ်မၤတဘျုးကလုာ်အကျါတကလုာ်	de-part'ment
_departure	n.	တၢ်ဟးထီၣ်★တၢ်သံ	de-part'ure
_depend / dependence	v.i. / n.	(တၢ်)သန့ၤထီၣ်အသး★အိၣ်လီၤစဲၤ	de-pend' / de-pen'dence
_depict	v.t.	တ့အက့ၢ်အဂီၤ★တဲဖျါအက့ၢ်အဂီၤ	de-pict'
_deplete	v.t.	မၤလာ်ကွံာ်(ခဲလာ်ဃၣ်ဃၣ်)	de-plete'
_deplorable	a.	လၢအလီၤသူၣ်အုးသးအုးပှၤ★လၢအလီၤဆါသူၣ်ဆါသးပှၤ	de-plor'able
_deplore	v.t.	သူၣ်အုးသးအုး★ဆါသူၣ်ဆါသး	de-plore
_depopulate	v.t.	မၤလာ်ကွံာ်ထံဖိကိၢ်ဖိလၢကိၢ်ပူၤ	de-po'pu-late
_deport	v.t.	ဆှၢဖှိးကွံာ်	de-port'
_deportment	n.	(ပှၤ)အတၢ်ပာ်အသး(ဂ့ၤဂ့ၤ)	de-port'ment

_depose	v.t.	တၢ်လီၤကွံာ်အလီၢ်★ဟီထီၣ်ကွံာ်လၤအလီၢ်★ အုၣ်အသးလၢပဒိၣ်အမဲာ်ညါလၢတၢ်တမံၤမံၤအဂ့ၢ်	de-pose
_deposit	v.t.	ဟ်လီၤ(လၢတၢ်အစုပူၤ)	de-pos'it
_deposit	n.	တၢ်လၢအဘၣ်တၢ်ဟ်လီၤ(လၢတၢ်အစုပူၤ)	de-pos'it
_depot	n.	လှၣ်မှၣ်အူအရှ★တၢ်ဟ်တၢ်ဖိတၢ်လံၤအလီၢ်	de'pot
_depraved	a.	(ပှၤ)ဟးဂီၤ(ဖိ)★လၢအဟးဂုာ်ဟးဂီၤ	de-praved'
_depravity	n.	တၢ်အၢတၢ်သီ★တၢ်ဟးဂုာ်ဟးဂီၤ	de-prav'i-ty
_deprecate	v.t.	တဲလၢအတဘၣ်ဘၣ်★ဟ်ဖျါလၢအတအဲၣ်ဘၣ်	dep're-cate
_depreciate / depreciation	v.t. / n.	(တၢ်)ကတိၤဟးဂီၤ★(တၢ်)(အပူၤ)စှၤလီၤ	de-pre'ci-ate / de-pre'ci-a'tion
_depreciatory	a.	လၢအအိၣ်ဒီးတၢ်ကတိၤဟးဂီၤတၢ်	de-pre'ci-a'to-ry
_depress	v.t.	ဆီၣ်လီၤတံၢ်တၢ်★မၤစှၤလီၤကွံာ်★မၤသးအုးပှၤ	de-press'
_deprive	v.t.	ထုးကွံာ်★ဟံးနှၢ်ကွံာ်	de-prive'
_depth	n.	အတၢ်ယိာ်	depth
_deputation	n.	ခၢၣ်စးတဖု★ကလူးတဖု	dep'u-ta'tion
_deputy	n.	ပှၤအခၢၣ်စး★တၢ်အခၢၣ်စး	dep'u-ty
_derail	v.t.	ဒုးလီၤတဲာ်(လှၣ်မှၣ်အူ)လၢအကျဲလီၤ	de-rail
_derange	v.t.	မၤကဒံကဒါ★မၤဟးဂီၤ★မၤသဘံၣ်ဘုၣ်တၢ်	de-range'
_derelict	a.	(ကဘီ)လၢအဘၣ်တၢ်ဟးသဒၣ်ကွံာ်အီၤ★ဒုလီၤ	der'e-lict
_deride / derision / derisive	v.t. / n. / a.	(လၢအအိၣ်ဒီး)(တၢ်)ကတိၤနံၤဘၣ်ဖၣ်လဲတၢ်★(လၢအအိၣ်ဒီး)(တၢ်)ကတိၤနုာ်နဲ့ၣ်ပယ့ဲတၢ်★(လၢအအိၣ်ဒီး)(တၢ်)သးဘၣ်အၢ	de-ride / de-ri'sion / de-ri'sive
_derivation	n.	တၢ်လီၤစၢၤ(အခီၣ်ထံးခီၣ်ဘိ)	der'i-va'tion
_derivative	a.	လၢအဟဲလီၤစၢၤ၀ဲလၢတၢ်အအိၣ်	de-riv'a-tive
_derive	v.t.	(ဟဲ)လီၤစၢၤ★ဒိးနှၢ်ဘၣ်	de-rive'
_derogatory	a.	လၢအမၤစှၤလီၤတၢ်အလၤကပီၤ	de-rog'a-to-ry
_descend	v.i.	(ဟဲ)လီၤ★လီၤစၢၤလီၤသွဲၣ်	de-scend'
_descendant	n.	အစၢၤအသွဲၣ်	de-scend'ant'
_descent	n.	တၢ်ကလီၤ★တၢ်ဟဲလီၤစၢၤ	de-scent'
_describe	v.t.	မၤဖျါထီၣ်★တဲဖျါထီၣ်★ကွဲးဖျါထီၣ်	de-scribe'
_description	n.	တၢ်မၤဖျါထီၣ်တၢ်★တၢ်တဲဖျါထီၣ်တၢ်★တၢ်ကွဲးဖျါထီၣ်တၢ်	de-scrip'tion
_descriptive	a.	လၢအပုံၤဒီးတၢ်ကွဲးလၢအမၤဖျါထီၣ်တၢ်ဂ့ၢ်တဖၣ်	de-scrip'tive
_descry	v.t.	ထံၣ်တၢ်ဖျါကဒုကဒုလၢအယံၤ	de-scry'
_desecrate	v.t.	သူတၢ်စီတၢ်ဆှံဒ်တၢ်တစီတဆှံဘၣ်အသိး	des'e-crate
_desert / desertion	v.t. / n.	(တၢ်)ဟးသဒၣ်★(တၢ်)ဟ်လီၤတဲာ်ကွံာ်★တၢ်လၢအကြၢးဒီးအီၤ	de-sert' / de-ser'tion
_desert	n.	မဲးမှၢ်ခိၣ်	des'ert
_deserter	n.	ပှၤလၢအဟးသဒၣ်ကွံာ်အတၢ်မၤ	de-sert'er
_deserve	v.t.	ကြၢးနှၢ်တၢ်★ကၢကီၣ်ဒီးတၢ်	de-serve'
_deservedly	adv.	ဒ်အကြၢးဒီးအီၤအသိး	de-serv'ed-ly
_deserving	a.	လၢအဂ့ၤ★လၢအကြၢးဒီးတၢ်ဂ့ၤ	de-serv'ing
_design	v.t.	(တၢ်)ကူၣ်ဟ်(လီၤ)တၢ်လၢအသး★(တၢ်)တိာ်ဟ်★(တၢ်)ဟ်တၢ်★(တၢ်)တ့ဖျါထီၣ်တၢ်အသကွီၣ်	de-sign'
_designate	v.t.	မၤနီၣ်★နဲၣ်ဖျါတၢ်★မၤပနီၣ်ယာ်	des'-ig-nate
_designation	n.	တၢ်မၤနီၣ်★တၢ်နဲၣ်ဖျါတၢ်★တၢ်မၤပနီၣ်ယာ်တၢ်★တၢ်အမံၤအသၣ်★တၢ်မံၤသၣ်လၢကပီၤ	des'ig-na'tion
_designedly	adv.	(မၤ)လၢတၢ်ဟ်လီၤစဲယဲၤသးအပူၤ	de-sign'ed-ly
_designing	a.	လၢအညီၢ်ဟ်ဟ်စၢၤလၢအသးလၢအကမၤဒ့ဉ်တၢ်	de-sign'ing
_desirable	a.	လၢပှၤပုံၤမိၣ်နှၢ်သးလီအီၤ	de-sir'a-ble
_desire / desirous of	v.t.	(တၢ်)မိၣ်(နှၢ်)ဘၣ်အသး★(တၢ်)သးလီ★(တၢ်)အဲၣ်ဒိး★(တၢ်)ဆၢနှၢ်	de-sire / de-sir'ous of

73

_desist	v.t.	ဆိတ်တၢ်★အိဉ်ကတီၢ်★အိဉ်ဘိုဉ်★တမၤလၢၤ	de-sist'
_desk	n.	တၢ်ကွဲးလံာ်အစ့ပွဲ★စီၢ်နီၤခိဉ်	desk
_desolate	a.	သယုၢ်သညိ★သယုၢ်တုၢ်★လီၤဃီ	des'o-late
_desolation	n.	တၢ်သယုၢ်သညိအလီၢ်★တၢ်သယုၢ်တုၢ်အလီၢ်★တၢ်အိဉ်လီၤဃီ	des'o-la'tion
_despair	v.i.	(တၢ်)သူဉ်ဟးဂုာ်သးဟးဂီၤ	de-spair'
_desperate	a.	လၢပတၢ်မုၢ်လၢ်အိဉ်လၢအဂ့ၢ်ကီကီ★လၢအလီၤဖုးဒိဉ်မး★ လၢတၢ်အှဉ်ကွၢ်ဒီဉ်ကွၤအီၤတဘဉ်★လၢအဘဉ်တၢ်ဟးထိဉ်ဖိဉ်ထိဉ် လၢတၢ်မုၢ်လၢ်လၢာ်ယဉ်ယဉ်အပူၤ	des'pe-rate
_desperation	n.	တၢ်သးဟးဂီၤ★တၢ်လီၤပျံၤလီၤဖုး	des'per-a'tion
_despicable	a.	လၢအလီၤသးဘဉ်အၢ★လၢအဂ့ၤဘဉ်စူးကွံာ်	des'pic-a-ble
_despise	v.t.	သးဘဉ်အၢ★ဟ်လၢအဂ့ၤဘဉ်စူးကွံာ်★ဟ်လၢအလီၤက်တၢ်နီတမံၤဘဉ်	des-pise'
_despite / in despite of	prep.	သနၥ်က့	de-spite' / in despite of
_despoil	v.t.	ထုးနုာ်ကွံာ်အတၢ်လုၢ်ဒိဉ်ပှ့ၤဒိဉ်အိဉ်လၢအလိၤ	de-spoil'
_despondent	a.	လၢအသးဟးဂီၤ	de-spond'ent
_despot	n.	ပဒိဉ်လၢအပၢတၢ်ဖဲဒဉ်အသး	des'pot
_despotic	a.	လၢအပၢတၢ်ဖဲဒဉ်အသး	des-pot'ic
_despotism	n.	တၢ်ပၢတၢ်ဖဲဒဉ်အသး	des'pot-ism
_dessert	n.	တၢ်အိဉ်(အဆၢ)ပှၤလီၤကၢၤတၢ်အိဉ်အဂၤတဖဉ်အခါခံ	des-sert'
_destination	n.	တၢ်လီၢ်လၢပှၤအဲဉ်ဒိးဟ့ၤ★တၢ်လီၢ်လၢတၢ်ဆှၢတၢ်ဆူအအိဉ်★အလီၢ်လၢ ပှ့တိၥ်လၢတၢ်ကတုၤလၢအအိဉ်★အလီၢ်ဖဲအဘဉ်တုၤဖဲ	des'ti-na'tion
_destine	v.t.	တိၥ်ဟ်အလီၢ်ယါမနၤလၢတၢ်ကတုၤလၢအအိဉ်	des'tine
_to be destined		ကဘဉ်တုၤဃီၤစဲယဲၤအတၢ်	to be destined
_destiny	n.	အလီၢ်လၢတၢ်ဘဉ်တုၤဃီၤစဲယဲၤ	des'ti-ny
_destitute	a.	လၢအဖှိဉ်အယၥ်★လၢအအိဉ်သူအိဉ်လှၤ★လၢအလူၤနံၥ်ဘ့ဉ်ဆ့	des'ti-tute
_destroy / destruction	v.t. / n.	(တၢ်)မၤဟးဂီၤတၢ်★(တၢ်)မၤလီၤပှိၢ်ကွံာ်တၢ်★(တၢ်)အိဉ်ဟးဂီၤကွံာ်တၢ်	de-stroy' / de-struc'tion
_destruction	n.	တၢ်ဟးဂီၤ★တၢ်လီၤပှိၢ်	de-struc'tion
_destructive	a.	လၢအမၤဟးဂီၤတၢ်(သ့)★လၢအမၤလီၤပှိၢ်တၢ်(သ့)	de-struc'tive
_desultory	a.	လၢတၢ်တဟ်သူဉ်တဟ်သးအပူၤ★လၢအဂ့ၢ်တအိဉ်အကျိၤတအိဉ်★ လၢအမၤသးစၥ့စဝီၤ	des'ul-to-ry
_detach	v.t.	မၤလီၤဖျဲးကွံာ်★ထုးလီၤဖှဉ်ကွံာ်★မၤလီၤဖးကွံာ်	de-tach'
_detached	a.	လၢအအိဉ်တပူၤဒဉ်★တကလုာ်ဒဉ်★လၢအတဘဉ်စဲဘူးလိၥ်အသးဘဉ်	de-tached'
_detail	v.t.	တဲဖျါထိဉ်တၢ်ဂ့ၢ်စးထိဉ်လၢအအိဉ်တုၤလၢအဆံး★ မၤဖျါထိဉ်တၢ်ဂ့ၢ်လၢ်အခၢး	de-tail'
_detail	n.	တၢ်အဂ့ၢ်တဖဉ်အကျါအဆံးတမံၤ	de-tail'
_detain	v.t.	ဒုးအိဉ်ယံာ်ထိဉ်★ဒုးယၥ်	de-tain'
_detect	v.t.	ယုထံဉ်နှၢ်တၢ်အဂ့ၢ်အိဉ်(လီၤဘံဉ်လီၤဘၢ)(ခူသူဉ်ခူရၤလံၥ်)	de-tect'
_detective	n.	ပှၤလၢအလူၤယုထံဉ်နှၢ်တၢ်အဂ့ၢ်အိဉ်(လီၤဘံဉ်လီၤဘၢ)(ခူသူဉ်ခူလံၥ်)	de-tect'ive
_detention	n.	တၢ်ဒုးယၥ်★တၢ်ဒုးအိဉ်ယံာ်ထိဉ်တၢ်	de-ten'tion
_deter	v.t.	တြီယၥ်(လၢတၢ်ပျံၤအယိ)	de-ter'
_deteriorate / deterioration	v.i. / n.	(တၢ်)ဟးဂီၤနၤးထိဉ်★(တၢ်)လီၢ်လံၤထိဉ်★(တၢ်)ထိဉ်ယး	de-te'ri-o-rate / de-te'ri-o-ra'tion
_determine / determination	v.t. / n.	(တၢ်)ဟ်လီၤအသး★(တၢ်)ယုသ့ဉ်ညါနှၢ်တၢ်	de-ter'mine / de-ter'mi-na'tion
_detest	v.t.	သးဘဉ်အၢတၢ်★သးဟ့တၢ်	de-test'
_detestable	a.	လီၤသးဘဉ်အၢ★လီၤသးဟ့	de-test'a-ble
_dethrone / dethronement	v.t. / n.	(တၢ်)တဲၢ်လီၤလၢစီၤပၤအလီၢ်	de-throne' / de-throne'ment
_detour	n.	ကျဲလၢအလဲၤသကုၤ★တၢ်လဲၤသကုၤတၢ်	de-tour'

_detract / detraction	v.t. / n.	(တၢ်)ဟးဂီၤ★(တၢ်)မၤစုၤလီၤတၢ်	de-tract' / de-trac'tion
_detriment	n.	တၢ်ဟးဂီၤ★တၢ်လၢအမၤဟးဂီၤတၢ်	det'ri-ment
_detrimental	a.	လၢအမၤဟးဂီၤတၢ်	det'ri-ment'al
_devastate / devastation	v.t. / n.	(တၢ်)မၤဟးဂုာ်ဟးဂီၤတၢ်★(တၢ်)မၤအိၣ်သယုၢ်တၢ်★(တၢ်)မၤအိၣ်လီၤယီတၢ်	dev'as-tate / de-vas-ta'tion
_develop / development	v.t. / n.	(တၢ်)မၤဒိၣ်ထိၣ်အါထိၣ်တၢ်★(တၢ်)မၤဂ့ၤထိၣ်တၢ်★(တၢ်)မၤဒိၣ်ထိၣ်ထီထိၣ်တၢ်	de-vel'op / de-vel'op-ment
_deviate / deviation	v.i. / n.	(တၢ်)လဲၤတၢ်တလီၤကွဲလိၤကပူၤဘၣ်★(တၢ်)လဲၤကမၣ်ကွဲ	de'vi-ate / dev'i-a'-tion
_device	n.	တၢ်ကူၣ်(အကျဲ)★တၢ်တမံၤလၢပကူၣ်ဒုးကဲထိၣ်အီၤ	de-vice'
_devil	n.	မုၣ်ကီၤလံၢ်★သရဲသခး	dev'il
_devilish	a.	လၢအ(မၤအသး)အၢအၢသီသီ	dev'il-ish
_devious	a.	လၢအလဲၤတၢ်တဘၣ်ကျဲဘၣ်ကပူၤဘၣ်★လၢအလီတၢ်ဝ့ၤတၢ်★လၢအမၤကမၣ်တၢ်	de'vi-ous
_devise	v.t.	ကူၣ်ဖးတၢ်★ကူၣ်နၢ်(ကျဲ)	de-vise'
_devoid	a.	တအိၣ်ဒီး	de-void
_devolution	n.	တၢ်ဒုးလီၤဘၣ်တၢ်လၢပုၤဟဲထိၣ်လၢခံလီၤ	dev'o-lu'tion
_devolve	v.t.	ဒုးလီၤဘၣ်တၢ်လၢပုၤအလီၤ	de-volve'
_devote	v.t.	ဟ့ၣ်တီဟ်တီ(အသး)★ဟ့ၣ်လီၤမုၢ်ဟ့ၣ်လီၤနၢ်(အသး)	de-vote'
_devotion	n.	တၢ်ဟ့ၣ်တီဟ်တီ(အတၢ်)★တၢ်ဟ့ၣ်လီၤမုၢ်ဟ့ၣ်လီၤနၢ်(အသး)★တၢ်ဘူၣ်ယွၤဘါယွၤ(လၢသုၣ်ကံၢ်သးလဲ)★တၢ်အဲၣ်တၢ်ကွံတၢ်ဒိၣ်ဒိၣ်အါအါ	de-vo'tion
_devotional	a.	လၢအဘၣ်ယးဒီးတၢ်ဘူၣ်ယွၤဘါယွၤ(လၢသုၣ်ကံၢ်သးလဲ)★လၢအဂ့ၤသူလၢတၢ်ဘါယွၤအဂီၢ်	de-vo'tion-al
_devour	v.t.	အီၣ်ကွံာ်တၢ်ဖြူၣ်ဖြုၣ်ဖြူၣ်ဖြုၣ်ဖြ★အီၣ်ဂီၢ်ကွံာ်တၢ်★မၤဟးဂီၤကွံာ်★အီၣ်ဟ်အီၣ်ကိၢ်တၢ်★အီၣ်တကၢ★မၤသယုၢ်ထံမၤသယုၢ်ကီၢ်	de-vour'
_devout	a.	လၢအညီနုၢ်သနူၤအသးလၢယွၤ★လၢအပိာ်ထူကျဲယွၤကျဲ	de-vout'
_devoutly	adv.	လၢတၢ်ဒုးနဲၣ်ဖျါထိၣ်တၢ်အဲၣ်ယွၤအပူၤ★သညူးသပှၢ်★လၢသူၣ်ဒီဖျၢၣ်သးဒီဖျၢၣ်	de-vout'ly
_dew	n.	ပစီၤထံ	dew
_dexterity	n.	တၢ်ပှၢ်တၢ်ချူ★တၢ်စုဖျၣ်ခိၣ်ဖျၣ်	dex-ter'i-ty
_dexterous	a.	လၢအပှၢ်အချူ★လၢအစုဖျၣ်ခိၣ်ဖျၣ်★လၢအအိၣ်ဒီးတၢ်စုသ့ခိၣ်သ့	dex'ter-ous
_diabolic	a.	လၢအအၢသံလိၢ်သံ★အၢကညီၢ်ဘျၣ်★ဒ်မုၣ်ကီၤလံၢ်အသိး	di-a-bol'ic
_diadem	n.	စီၤပၤအခိၣ်သလုး	di'a-dem
_diagnose / diagnosis	v.t. / n.	(တၢ်)သုၣ်ညါလၢ(တၢ်ဆါ)မနုၤအိၣ်လၢအပူၤလၢအမၤအသးဒၚ်အံၤဒၚ်နုၤအယိ	di'ag-nose / di'ag-no'sis
_diagonal	a.	လၢအတစ့★လၢအတစ့ၤ	di-ag'o-nal
_diagram	n.	တၢ်အကွၢ်အဂီၤအသကွိၢ်	di'ag-ram
_dial	n.	နၣ်ရံၣ်	di'al
_dialect	n.	ကျိာ်ဒံပုၤကတိၤအသိးလီၤဆီဒီးတၢ်ကွဲး★ကျိာ်တကလုာ်ဒံအသိၣ်ဝဲလၢလိၢ်တၢပူၤလီၤဆီဒီးလီၢ်ဂၤတဖၣ်	di'a-lect
_dialogue	n.	ပှၤခံဂၤအတၢ်ကတိၤလိာ်အသး★တၢ်ကတိၤလၢပှၤခံဂၤအတၢ်ဘၣ်ၼၤ★တၢ်ကွဲးလၢအပၢ်ပှၤခံဂၤအတၢ်ကတိၤလိာ်အသး	di'a-logue
_diameter	n.	အဒိၣ်တုာ်	di-am'e-ter
_diamond	n.	တၢ်မျၢ်ပလဲ	di'a-mond
_diaphanous	a.	လၢအပျဲတၢ်ကပီၤလဲၤဖျိကွံာ်	di-aph'a-nous
_diarrhoea	n.	တၢ်ဆါဟၢၤဖၢလူ	di'ar-rhoe'a
_diary	n.	တၢ်ကွဲးနီၣ်ဒိၣ်တၢ်လၢတနံၤအဂီၢ်တနံၤအဂီၢ်	di'a-ry
_dice	n.	တၢ်ဒီဖျၢၣ်တဖၣ်လၢပုၤမၤလၢကဆီမဲအိၣ်ဒီးယုကၼ်သိးလိာ်အသးအိၣ်ဒီးနီၣ်ဂံၢ်တကပၤမံၤတကပၤတၢ်ပၣ်စးထိၣ်၁တုၤလၢ၆	dice

_dictate / dictation	v.t. / n.	(တၢ်)တဲတၢ်ဒ်ပှၤအိဉ်ဒီးအစိကမီၤအသိး★(တၢ်)ကိးထိဉ်တၢ်လၢပှၤကကွဲးလီၤအဂီၢ်	dic'tate / dic-ta'tion
_dictator	n.	ပဒိဉ်လၢအပၢတၢ်ဖဲဒဉ်အသးတစိၢ်တလီၢ်	dic-ta'tor
_dictionary	n.	လံာ်တဘ့ဉ်လၢအမၤဖျါထိဉ်ကျိာ်တကလုာ်အတၢ်အကတိၤအခီပညီ	dic'tion-a-ry
_die	v.i.	သံ★လီၤပၢၤကွံာ်★လၢာ်ကွံာ်★ဟါမၢ်	die
_diet	n.	တၢ်အီဉ်လၢအကြၢးဒုးနၢ်ဂံၢ်နၢ်ဘါပှၤ	di'et
_differ	v.i.	လီၤဆီလိာ်အသး★တလီၤပလိာ်လိာ်အသး★ဟ်အသးလီၤဆီ	dif'fer
_difference	n.	အတၢ်လီၤဆီ★တၢ်ဂ့ၢ်လိာ်ဘိုလိာ်	dif'fer-ence
_different	a.	လၢအလီၤဆီလိာ်အသး★လၢအလီၤဆီဝဲ	dif'fer-ent
_difficult	a.	ကီ★လၢပနၢ်ပၢၢ်ကီ	dif'fi-cult
_difficulty	n.	တၢ်ကီ★တၢ်လၢပနၢ်ပၢၢ်ကီ	dif'fi-cult-y
_diffidence	n.	တၢ်နာ်လီၤအသးဒဉ်ဝဲတအိဉ်★တၢ်ဒုးနဲဉ်ဖျါတၢ်သးသ့ဉ်	dif'fi-dence
_diffident	a.	လၢအတၢ်နာ်လီၤအသးဒဉ်ဝဲတအိဉ်★လၢအဒုးနဲဉ်ဖျါတၢ်သးသ့ဉ်	dif'fi-dent
_diffuse	v.t.	(မၤ)ဟ့ာ်ထိဉ်ယွၤလီၤ★ရၤလီၤတၢ်★သလၣ်လီၤအသး★ပြါသကုၤတၢ်ပူၤ★လၢအ(ကွဲး)တၢ်အါဒါဂီၢ်ဂီၢ်	dif-fuse'
_dig	v.t.	ခုဉ်★ဖှး	dig
_digest	v.t.	ဂံၢ်ဘျုး★လၤလိာ်တၢ်အီဉ်(လၢဟၢဖၢပူၤ)ဒ်သိးကကဲထိဉ်ပ သွံဉ်ပထံအဂီၢ်	di-gest'
_digest	n.	တၢ်လၢအဘဉ်တၢ်မၤဖှဉ်လီၤဒီးဟံးနၢ်ထဲအဂ့ၢ်မိၢ်ပှၢ်	di'-gest
_digestible	a.	လၢအကဲထိဉ်ပသွံဉ်ပထံသ့	di-gest'i-ble
_digestion	n.	တၢ်လဲလိာ်တၢ်အီဉ်(လၢဟၢဖၢပူၤ)ဒ်သိးအကလဲလိာ်ပသွံဉ်ပထံ	di-ges'tion
_dignified / dignitary	a. / n.	(ပှၤ)လၢအအိဉ်ဒီးအလၤကပီၤ★လၢအအိဉ်ဒီးအကဟုကညီၢ်★လၢအအိဉ်ဒီးအသူးအသ့ဉ်လၢအလီၤဟ်ကဲ	dig'ni-fied / dig'ni-ta-ry
_dignity	n.	တၢ်အသူးအသ့ဉ်လၢအလီၤဟ်ကဲ★တၢ်အကဟုကညီၢ်	dig'ni-ty
_digress / digression	v.i. / n.	(တၢ်)လဲၤတၢ်တဘဉ်အကျဲအကျဲဘဉ်★(တၢ်)လဲၤကမဉ်ကွံ★(တၢ်)ကတိၤတၢ်တလီၤပလိာ်ဒီးတၢ်ဂ့ၢ်ဘဉ်	di-gress' / di-gres'sion
_dike	n.	တမၢဉ်	dike
_dilapidated	a.	လီၤမုၢ်လီၤပှိၢ်★ဟးဂုာ်ဟးဂီၤ	di-lap'i-dat'ed
_dilate	v.i.	ကဖၢထိဉ်★ကဖိထိဉ်★မၤဒိဉ်ထိဉ်လဲၢ်ထိဉ်★ကတိၤကၤအကၢ်	di-late'
_dilatory	a.	ယၢၤယၢာ်စာ်စာ်★ကုၤစရ့ၢ်	dil'a-to-ry
_dilemma	n.	တၢ်ခံမံၤလၢပဟ့ယုထၢတမံၤမံၤလၢအကျၢတမံၤကီတမံၤကီ	di-lem'ma
_diligence	n.	တၢ်ထဲးဂံၢ်ထဲးဘါမၤတၢ်★တၢ်ဖံးတၢ်မၤတၢ်ဆူဉ်★တၢ်ကျဲးစၢးတၢ်တလီၤတံၢ်တဲာ်တူာ်ဘဉ်	dil'i-gence
_diligently	adv.	ဆူဉ်ဆူဉ်★လၢာ်ဂံၢ်လၢာ်ဘါ	dil'i-gent'ly
_dilute	v.t.	ကျဲမၤစၢ်လီၤယှာ်ဒီးထံ	di-lute'
_dim	a.	(ဖျါ)(ကပီၤ)(ထံဉ်)ကနၤ★ပိၢ်ပှၢ်★ယှာ်	dim
_dimension	n.	အတၢ်ထိဉ်	di-men'sion
_diminish	v.t.	(မၤ)ဆံးလီၤစုၤလီၤ★(မၤ)လီၤကယၤ★(မၤ)လီၤသံး★(မၤ)လီၤကတုၢ်	di-min'ish
_diminutive	a.	ဆံး★မြကၢံ★ပြီးကဒီး★စဲးကလဲၤ★ဖိနဲကဲဉ်	di-min'u-tive
_dimly	adv.	ကနၤကနၤ★ကနၤကယီၢ်	dim'ly
_dimple	n.	(ဘီးပၢ)အသဝံး	dim'ple
_din	n.	တၢ်သီဉ်တထူဉ်ဘးလီကံၢ်နူၤကံၢ်နံၢ်	din
_dine	v.t.	အီဉ်မုၢ်ဟါအတၢ်အီဉ်	dine
_dingy	a.	ထိဉ်ယး★ဘဉ်အၢ	din'gy
_dinner	n.	မုၢ်တၢါအတၢ်အီဉ်	din'ner
_dint	n.	တၢ်ဒိတၢ်တဘီ★တၢ်ဆူဉ်တၢ်စိး★တၢ်တဟီ	dint
_by dint of		လၢ——အယိ	by dint of
_dip	v.t.	စှဉ်လီၤ★ဘျၢလီၤ★သကူးလီၤဝံၢ်ထိဉ်★သကူးလီၤဝံၢ်ထိဉ်★လီၤဘျၢ★ဘျၢဉ်ထိဉ်★ဒၢဉ်ထိဉ်★လီၤဘံဘၢစဲး★ဖးစ့စ့စၥ်ဝီၤလံာ်★မၤတၢ်ပူၤဘီပူၤဘီ	dip
_diploma	n.	တၢ်ဖျိကွံာ်အလဲၤမး	di-plo'ma
_diplomacy	n.	ထံဒီကီၢ်ဖိးဖးတၢ်ရ့လိာ်သးအလုၢ်အလၢ်	di-plo'ma-cy

76

_diplomat	n.	ထံကိၢ်အဖျာၣ်စး★ဘၣ်ယးဒီးထံဖိကိၢ်ဖိအတၢ်ရှလိာ်သး	dip'lo-mat
_diplomatic	a.	ဒ်ထံဖိကိၢ်ဖိအတၢ်ရှလိာ်သးအလှၢ်အလၢ်အသိး	dip'lo-mat'ic
_dipper	n.	နိၣ်ဘျုၣ်★ထံဘျုၣ်	dip'per
_dire	a.	လၢအလီၤပျံၤပျ	dire
_direct	a.	လိၤ★ဘျၢ★စၢၢ်ဆၢ	di-rect'
_direct	v.t.	နဲၣ်အကျဲ	di-rect'
_direction	n.	အကျိၤ★အကျဲ★အခိၣ်လိၤ★တၢ်စံၣ်ညီၣ်ပၢတၢ်အကျဲ★တၢ်မၤလိာ်တၢ်★တၢ်သိၣ်တၢ်သီ	di-rec'tion
_directly	adv.	လိၤလိၤဘျၢဘျၢ★စၢၢ်ဆၢပၢ်ကလာ်★တဘျီဃီ	di-rect'ly
_director	n.	ပှၤလၢအစံၣ်ညီၣ်ပီတ့တၢ်★ပှၤလၢအပၢဆုၢတၢ်	di-rect'or
_directory	n.	လံာ်လၢအမၤဖျါပှၤအအိၣ်တၢ်ဆိးတၢ်အလီၢ်အကျဲ	di-rect'-o-ry
_dirge	n.	ထါဟီၣ်ထါယၢၤ★တၢ်သံအထါသးဝံၣ်	dirge
_dirt	n.	တၢ်ကမုံကမီ★တၢ်ဘၣ်အၢ★ဟီၣ်ခိၣ်ကမုၣ်★ဖၣ်ကမုၣ်★တၢ်ကမုၣ်ကဖၢ★တၢ်ယံၣ်တၢ်မူး	dirt
_dirty	a.	ဘၣ်အၢဘၣ်သီ★ကလိာ်ကလာ်★တဃံတလၤ	dirt'y
_disability	n.	တၢ်တသ့တဘၣ်★တၢ်တသ့နှၢ်အိၣ်နှၢ်★တၢ်တအိၣ်ဒီးအကွၢ်လၢကမၤတၢ်အဂီၢ်	dis'a-bil'i-ty
_disable	v.t.	ဒုးတသ့တဘၣ်နှၢ်အီၤ★မၤစုၤလီၤအဂၢ်အဘါတုၤအမၤတၢ်တသ့	dis-a'ble
_disabuse	v.t.	မၤပူၤဖျဲးဒီးတၢ်(ဆိကမိၣ်)(နှၢ်)ကမၣ်တၢ်	dis-a-buse'
_disadvantage	n.	တၢ်တနှၢ်ဘျုးနှၢ်ဖှိၣ်ဘၣ်★တၢ်တအိၣ်ဒီးတၢ်ဘျုးဘၣ်	dis'ad-van'tage
_disadvantageous	a.	လၢအတနှၢ်ဘျုးနှၢ်ဖှိၣ်ဘၣ်★လၢအတဒုးအိၣ်ထီၣ်တၢ်ဘျုးဘၣ်	dis'ad-van-ta'ge-ous
_disaffected	a.	လၢအတအိၣ်ဒီးတၢ်သူၣ်အိၣ်သးအိၣ်တၢ်ဘၣ်	dis'af-fect'ed
_disagree / disagreement	v.i. / n.	(တၢ်)တယူဖိးလီၤပလိာ်★(တၢ်)တင်္းသိး★(တၢ်)သးတင်္းသိးလီၤပလိာ်	dis'a-gree' / dis'a-gree'ment
_disagreeable	a.	လၢအတလီၤဘၣ်သူၣ်ဘၣ်သး★လၢအတဘိၣ်တတဲ★လၢအတနၢဝံၣ်နၢဆၢ★လၢအတမုာ်တပၢၤဘၣ်ပှၤ★လၢအတ(လီၤ)မဲာ်(လီၤ)နါဘၣ်ပှၤ	dis'a-gree'able
_disallow	v.t.	တအၢၣ်လီၤအီလီၤဘၣ်	dis'al-low'
_disappear / disappearance	v.i. / n.	(တၢ်)ဟါမၢ်★(တၢ်)လီၤမၢ်★(တၢ်)တၤကွံာ်	dis'ap-pear' / dis'ap-pear'ance
_disappoint / disappointment	v.t. / n.	(တၢ်)မၤဟးဂီၤတၢ်မုၢ်လၢ်★(တၢ်)မၤဟးဂီၤသူၣ်သး	dis'ap-point' / dis'ap-point'ment
_disapprobation	n.	တၢ်တဘၣ်သူၣ်ဘၣ်သး	dis-ap'pro-ba'tion
_disapproval	n.	တၢ်တဘၣ်သူၣ်ဘၣ်သး★တၢ်ဟ်တၢ်ကမၣ်လၢတၢ်အလိၤ	dis'ap-prov'al
_disapprove	v.t.	တဟ်လၢအဘၣ်ဘၣ်★ဟ်တၢ်ကမၣ်လၢအလိၤ★တဘၣ်အသးဘၣ်	dis'ap-prove'
_disarm / disarmament	v.t. / n.	(တၢ်)ထုးကွံာ်အစုကဝဲၤ★(တၢ်)ဟ်လီၤအစုကဝဲၤ★ဒုးလီၤမၢ်ကွံာ်(ပှၤအတၢ်တနၢ်နှၢ်ပှၤ)	dis-arm' / dis-ar-ma-ment
_disarrange	v.t.	ဒုးအိၣ်တၢ်လၢအလီၢ်တဘၣ်ကျဲတဘၣ်★သုးကၤၤကဒါကွၤအလီၢ်	dis'ar-range'
_disaster	n.	တၢ်တတၢာ်တနါ★တၢ်ကီတၢ်ခဲလၢပတုၢ်တကဲခိၣ်တနါ	dis-as'ter
_disastrous	a.	လၢအဒုးတုၤအိၣ်(တၢ်ကီတၢ်ခဲ)တၢ်တတၢာ်တနါ	dis-as'trous
_disavow	v.i.	အှၣ်အသးလၢတၢ်တလီၤတီၤလၢအဖိခိၣ်ဘၣ်	dis'a-vow'
_disband	v.t.	လီၤပြံလီၤပြါ★လီၤမုၢ်လီၤဖး	dis-band'
_disbelieve	v.t.	တနာ်ဘၣ်	dis'be-lieve'
_disburse / disbursement	v.t. / n.	(တၢ်)ဟ့ၣ်★(တၢ်)လၢ်ကွံာ်	dis-burse' / dis-burse'ment
_disbursement	n.	တၢ်လၢတၢ်ဟ့ၣ်ကွံာ်	dis-burse'ment
_discard	v.t.	စူးကွံာ်★တၢၤကွံာ်★ပညၢကွံာ်★တသူၤလၢၤဘၣ်	dis-card'
_discern	v.t.	ထံၣ်သ့ၣ်ညါ	dis-cern'
_discernable	a.	လၢပထံၣ်လၢပမဲာ်သ့★လၢပထံၣ်သ့ၣ်ညါသ့	dis-cern'a-ble
_discerning	a.	လၢအကူၣ်ဘၣ်ဖးသ့★လၢအသ့ၣ်ဆးသးဆး	dis-cern'ing

_discharge	v.t.	ပျ၊ကွာ်★မၤတၢ်ဒၢ်လီၤဘၣ်အီၤအသိး,ခး(ကျိ)★လီၤကွၤကမၢ်★	dis-charge'
		အဖှိုးထီၣ်	
_disciple	n.	အပျဲၢ်အဘီၣ်	dis-ci'ple
_discipline	v.t.	(တၢ်)သိၣ်လိမၤယှၤ★(တၢ်)သိၣ်ယီၣ်,(တၢ်)သိၣ်ကူၤသိကူၤ	dis'ci-pline
_discipline	n.	တၢ်တူၢ်လိာ်တၢ်သိၣ်ယီၣ်သီယီၣ်	dis'ci-pline
_disclaim	v.t.	သမၢဝဲ★ဂ့ၢ်လိာ်ဝဲ	dis-claim'
_disclose /	v.t. / n.	(တၢ်)ဟ်အိၣ်ဖျါထီၣ်တၢ်★(တၢ်)လီၣ်ဖျါထီၣ်တၢ်	dis-close' / dis-clos'ure
disclosure			
_discolor	v.t.	ဒုးအိၣ်ထီၣ်အလွဲၢ်တဂ့ၤ★မၤဟးဂီၤအလွဲၢ်★မၤအလွဲၢ်လီၤဘၣ်အၢ	dis'col'-or
_discomfort	n.	တၢ်အိၣ်တမှာ်တပၢၤ★တၢ်တမှာ်သး	dis-com'fort
_discommode	v.t.	မၤတံာ်တာ်	dis'com-mode
_discompose	v.t.	မၤဟးဂီၤတၢ်အဂ့ၢ်ကျဲၤအသး★မၤကဒံကဒါအသုၣ်အသး★	dis'com-pose'
		မၤဘၣ်ယိၣ်ဘၣ်ဘီသုၣ်သး	
_discomposure	n.	တၢ်ကျဲၤအသးဟးဂီၤ★တၢ်သးကဒံကဒါ★တၢ်ဘၣ်ယိၣ်ဘၣ်ဘီ	dis'com-pos'ure
_disconcert	v.t.	မၤကဒံကဒါကွံာ်တၢ်ကူၣ်★မၤကဒံကဒါသုၣ်သး	dis'con-cert
_disconnect	v.t.	မၤလီၤဘီၣ်★မၤလီၤဖှၣ်ကွံာ်တၢ်★မၤလီၤဖျဲးကွံာ်★တဒုးဘၣ်ထွဲလိာ်	dis'con-nect'
_disconsolate	a.	တမှာ်တခုၣ်★ဘၣ်သူၣ်အုးသးအုး	dis-con'so-late
_discontent /	n. / a.	(လၢအ)(တၢ်)သူၣ်တမံသးတမံ★(လၢအ)(တၢ်)သးတဂၢၢ်တကျၢၤဘၣ်	dis'con-tent' / dis'con-tent'ed
discontented			
_discontinue	v.i.	အိၣ်ကတီၢ်★ဆိကတီၢ်	dis'con-tin'ue
_discord	n.	တၢ်တယူတဖိး★တၢ်တဘၣ်လိာ်ဖိးဒ့လိာ်★ကလုၢ်ဟး	dis-cord'
_discordant	a.	လၢအတယူတဖိး★လၢအတဘၣ်ဖိးဒ့လိာ်★လၢအကလုၢ်ဟး	dis-cor'dant
_discount	v.t.	ဆိုးလီၤတၢ်အပှ့ၤ★တဟ်လၢအလီၤတံၢ်ဘၣ်	dis'count
_discourage /	v.t. / n.	(တၢ်)မၤဟးဂီၤသုၣ်သး★(တၢ်)မၤစၢ်လီၤသးအဂၢ်အဘါ★(တၢ်)ဒုးလီၤက	dis-cour'age / dis-cour'age-ment
discouragement		တၢ်အတၢ်သးဆူၣ်★(တၢ်)သးဟးဂီၤ	
_discourse	n.	တၢ်ကတိၤလိာ်အသး★တၢ်စံၣ်တဲၤတဲလီၤတၢ်	dis-course'
_discourteous	a.	လၢအတအိၣ်ဒီးတၢ်ယူးယီၣ်ဟ်ကဲဘၣ်	dis-cour'te-ous
_discourtesy	n.	တၢ်တအိၣ်ဒီးတၢ်ယူးယီၣ်ဟ်ကဲဘၣ်	dis-cour'te-sy
_discover	v.t.	ထံၣ်နှၢ်သိ★ထံၣ်	dis-cov'er
_discredit	v.t.	တနာ်ဘၣ်★တဟ်လၢအလီၤတံၢ်ဘၣ်★မၤစှၤလီၤအလၤကပီၤ	dis-cred'it
_discreet	a.	လၢအအိၣ်ဒီးအကူၣ်အဆး★လၢအဒုးအိၣ်ဖှဲးနၢ်စိ★	dis-creet'
		တၢ်အိၣ်လၢအသးဘၣ်	
_discrepancy	n.	တၢ်တလီၤပလိာ်★တၢ်တဘၣ်လိာ်အသး	dis-crep'an-cy
_discretion	n.	တၢ်ကူၣ်တၢ်ဆး★တၢ်ကူၣ်ဘၣ်ဖးသ့	dis-cre'tion
_discriminate /	v.t. / n.	(တၢ်)နီၤပာ်ဖးတၢ်ထံထံဆးဆး★(တၢ်)ကွၢ်မဲာ်တၢ်	dis-crim'i-nate / dis-crim'i-na'tion
discrimination			
_discriminating	a.	လၢအညီနုၢ်နီၤဖးပာ်ဖးတၢ်ထံထံဆးဆး	dis-crim'i-na'ting
_discuss /	v.t. / n.	(တၢ်)ကတိၤသကိးလၢတၢ်အဂ့ၢ်★(တၢ်)တၢၣ်ပီၣ်တၢၣ်ပီ	dis-cuss' / dis-cus'sion
discussion			
_disdain	v.t.	ဟ်လၢအလီၤသးဘၣ်အၢ	dis-dain'
_disease	n.	တၢ်ဆူးတၢ်ဆါ	dis-ease'
_disembark	v.i.	စံၣ်လီၤ(လၢကဘီ)ဆူခိ★ယုၤလီၤ	dis'em-bark
_disembodied	a.	လၢအနီၢ်ခိတအိၣ်ဘၣ်	dis'em-bod'ied
_disenchanted	a.	လၢအအိၣ်ပူၤဖျဲးဒီးတၢ်လၢအရဲၢ်နှၢ်အသး	dis'en-chant'ed
_disencumbered	a.	လၢအအိၣ်ပူၤဖျဲးဒီးတၢ်လၢအမၤတံာ်တာ်ပတၢ်ထွဲစုထွဲခိၣ်	dis-'en-cum'bered
_disengage	v.t.	မၤလီၤဖှၣ်ကွံာ်(အသး)★တဆိၣ်ဘၣ်ယၤကူၤ(အသး)★မၤလီၤဖျဲးကွံာ်	dis'en-gage
_disentangle	v.t.	မၤလီၤပဆုၣ်ကွံာ်(တၢ်အိၣ်ဘံဘူလိာ်အသး)	dis-en-tan'gle
_disfavour / in	v.t.	အိၣ်လၢတၢ်တဘၣ်သုၣ်ဘၣ်သးအပူၤ	dis-fa'vour / in disfavour
disfavour			
_disfigure	v.t.	မၤသံၣ်သူမိၤကွာ်တၢ်အကွၢ်အဂီၤ★မၤဘၣ်အၢဘၣ်သိတၢ်	dis-fig'ure

_disgorge	v.t.	ဘိုးထိဉ်တၢ်လၢအလီၤကတၢ်ပကိၢ်★ဟ့ဉ်တၢ်လၢတၢ်သးအိဉ်အပူၤ	dis-gorge'
_disgrace	n.	တၢ်မဲာ်ဆူး(အလီၢ်)	dis-grace'
_disgrace	v.t.	မၤမဲာ်ဆူးတၢ်	dis-grace'
_disgraceful	a.	လၢအလီၤမဲာ်ဆူး	dis-grace'ful
_disguise	v.t.	ပိာ်လီၢ်ဆီ(အသး)★ဟ်မၤအသး	dis-guise'
_disguise	n.	တၢ်လၢပဟ်ဖျါလၢပလီၤလၢတၢ်ပိာ်လီၢ်ဆီပသးအဂီၢ်	dis-guise'
_disgust	v.t.	မၤအသးလီၤသးဘဉ်အၢ	dis-gust'
_disgusting	a.	လၢအလီၤသးဘဉ်အၢ	dis-gust'ing
_dish	n.	လီခီ★စွ	dish
_dishearten	v.t.	မၤဟးဂီၤသူဉ်မၤဟးဂီၤသး★မၤစၢ်လီၤသးအဂၢ်အဘါ	dis-heart'en
_dishevelled	v.t.	မၤသဖုရၢ★မၤတၢရတၢရီၤ	di-shev'elled
_dishonest / dishonesty	a. / n.	(တၢ်)တၢတီတလၤ	dis-hon'est / dis-hon'est-y
_dishonour	v.t.	မၤဟးဂီၤအလၤကပီၤ	dis-hon'our
_dishonour	n.	တၢ်တအိဉ်ဒီးအလၤကပီၤ	dis-hon'our
_disillusion	n.	တၢ်မၤပူၤဖျဲးလၢ(တၢ်နာ်ကမဉ်)(တၢ်ဆိကမိဉ်ကမဉ်)တၢ်	dis'il-lu'sion
_disinfect	v.t.	ဒုးအိဉ်ကွံာ်တၢ်ဆူးတၢ်ဆါအယၢ်	dis'in-fect'
_disinfectant	n.	တၢ်လၢအအိဉ်ကွံာ်တၢ်ဆူးတၢ်ဆါအယၢ်	dis'in-fect'ant
_disinherit	v.t.	တပွဲနှၢ်သါဘဉ်	dis'in-her'it
_disintegrate / disintegration	v.t. / n.	(တၢ်)လီၤဖွံဉ်လီၤကမှဉ်ကွံာ်	dis-in'te-grate / dis-in'te-gra'tion
_disinter	v.t.	ခူဉ်ထီဉ်က့ၤ	dis'-in-ter'
_disinterested	a.	လၢအမၤတၢ်လၢတၢ်တယူအတၢ်မုၢ်ဒဲဝဲဘဉ်အပူၤ	dis-in'ter-est-ed
_disjointed	v.t.	တဘျးလိာ်အသးဘဉ်★အဆၢတစဲဘူးလိာ်အသးဘဉ်	dis'joint-ed
_disk	n.	တၢ်ဘံဉ်သလဉ်ကဝီၤကၢိၤ	disk
_dislike	v.t.	(တၢ်)တအဲဉ်ဘဉ်★(တၢ်)တဘဉ်သူဉ်ဘဉ်သးဘဉ်★(တၢ်)တသးမံဘဉ်	dis-like'
_dislocate	v.t.	အဆၢတလာ်	dis'lo-cate
_dislodge	v.t.	ဟီထီဉ်ကွံာ်လၢအလီၢ်	dis-lodge'
_disdainful	a.	လၢအဟ်တၢ်လၢအမ့ၢ်တၢ်လီၤသးဘဉ်အၢ★လၢအဟ်တၢ်အၤလၢအတမ့ၢ်တၢ်လီၤဟ်ကဲဘဉ်	dis-dain'ful
_disloyal / disloyalty	a. / n.	(တၢ်)သးတတီဘဉ်	dis-loy'al / dis-loy'al-ty
_dismal	a.	လၢအမၤသူဉ်တဖှံသးတညီတၢ်★လၢအမၤသူဉ်ဖှံၤသးဖှတၢ်, လၢအမၤအသးဘုးသကျၣ်	dis'mal
_dismay	n.	တၢ်ချုးခံနီးသး★တၢ်ပွံၤဒိဉ်တၢ်ဖုးဒိဉ်★တၢ်ဖုးသကုာ်ခီသကုာ်	dis-may'
_dismember	v.t.	ကူးတဲာ်ကါတဲာ်★မၤလီၤဖွံဉ်လီၤဝၢ်တၢ်★ဒိဉ်ယိာ်တၢ်★ကါဘွဲးတၢ်	dis-mem'-ber
_dismiss	v.t.	ပွၢ်ကွံာ်★ဒုးဟးထီဉ်ကွံာ်	dis-miss'
_dismount	v.i.	စံဉ်လီၤ★ယူၤလီၤ	dis-mount
_disobedience	n.	တၢ်တဒိကနဉ်တၢ်★တၢ်နၢ်ကှဉ်	dis'o-be'di-ence
_disobedient	a.	လၢအတဒိကနဉ်တၢ်★လၢအနၢ်ကှဉ်★လၢအတစုၢ်တၢ်အကလုၢ်	dis'-o-be'di-ent
_disobey	v.t.	တဒိကနဉ်တၢ်★တစုၢ်တၢ်အကလုၢ်	dis'o-bey'
_disoblige	v.t.	တမၤဘဉ်ပှၤဂၤအသးဘဉ်	dis'o-blige'
_disobliging	a.	လၢအတအဲဉ်ဒီးမၤတၢ်ဖဲအဘဉ်ပှၤဂၤအသးဘဉ်	dis'o-blig'ing
_disorder	n.	တၢ်သဘံဉ်ဘုဉ်★တၢ်ဖှဉ်ထံဉ်ဖှဉ်ထီ★တၢ်မရၢ်ဘံဘူ	dis'or-der
_disorderly	a.	လၢအဟ်တရီတပါတၢ်သိဉ်တၢ်သီ	dis-or'der-ly
_disorganize	v.t.	မၤဟးဂီၤကွံာ်တၢ်ထီးဖိုဉ်ကံၢ်တူာ်စၢယာ်လိာ်အသး	dis-or'gan-ize
_disown	v.t.	သမၢ★ဂ့ၢ်လီၤ	dis-own'
_disparage / disparagement	v.t. / n.	(တၢ်)ကတိၤဆံးလီၤစုၤလီၤပှၤအလၤကပီၤ★(တၢ်)ကတိၤဟးဂီၤတၢ်	dis-par'age / dis-par'age-ment
_disparity	n.	တၢ်တဘဉ်လိာ်★တၢ်တဒ်သိးလိာ်★တၢ်တယူလိာ်ယီၤလိာ်	dis-par'i-ty

_dispassionate	a.	လၢအအိၣ်ဒီးတၢ်ကီၤအသး★လၢအထၢၣ်သူၣ်ထၢၣ်သး	dis-pas'sion-ate
_dispatch	v.t.	မၢလီၤတၢ်★ဆှၢလီၤတၢ်★မၤတၢ်ချ့ချ့	dis-patch
_dispatch	n.	တၢ်ချ့	dis-patch
_dispel	v.t.	ဒုးလီၤမုၢ်ပြံပြါကွံာ်တၢ်★မၤဖံမုၢ်ဖံဖျိးကွံာ်တၢ်★ဒုးဟးထီၣ်ကွံာ်တၢ်	dis-pel'
_dispensary	n.	တၢ်ဆါကသံၣ်ဖိၣ်ကသီဖိၣ်အလီၢ်	dis-pen'sa-ry
_dispense	v.t.	နီၤဟ့ၣ်တၢ်	dis-pense'
_dispense with		တသူလၢၤ	dispense with
_disperse	v.t.	မၤလီၤပြံလီၤပြါ	dis-perse'
_displace	v.t.	မၤပှဲၤတၢ်ဂၤအလီၢ်	dis-place'
_displacement	n.	ထံ(လၢကဘီမၤပှဲၤအလီၢ်)အတၢ်ယၢ	dis-place'ment
_display	v.t.	(တၢ်)နဲၣ်ဖျါထီၣ်တၢ်★(တၢ်)ဟ်ဖျါထီၣ်တၢ်	dis-play'
_displease	v.t.	တမၤဘၣ်ပှၤဂၤအသး★မၤတမှာ်သးပှၤ	dis-please
_displeasure	n.	တၢ်တဘၣ်သူၣ်ဘၣ်သး★တၢ်တမံသူၣ်မှာ်သး★တၢ်သူၣ်တမှာ်သးတခု	dis-plea'sure
_disposal	n.	တၢ်ဟ်တၢ်လၢအလီၢ်★တၢ်မၤလၢာ်တၢ်★တၢ်ဆါကွံာ်တၢ်	dis-pos'al
_dispose	v.t.	ဟ်လီၤတၢ်လၢအလီၢ်	dispose
_dispose of		ဆါကွံာ်★မၤလၢာ်ကွံာ်	dispose of
_disposed	p.a.	သးအိၣ်	dis-posed'
_disposition	n.	သးအလုၢ်အလၢ်★တၢ်ဟ်လီၤတၢ်လၢအလီၢ်	dis'po-si'tion
_dispossess	v.t.	ထုးကွံာ်အတၢ်စုလီၢ်ခီၣ်ခိၣ်	dis'pos-sess'
_disproportion	n.	တၢ်တယူတယီၤ★တၢ်ထၢၣ်တဘၣ်ယီၤတဘၣ်	dis'pro-por'tion
_disprove	v.t.	ဒုးနဲၣ်ဖျါလၢအတမ့ၢ်ဘၣ်★ဟ်ဖျါလၢအတဘၣ်ဘၣ်	dis-prove'
_disputant	n.	ပှၤလၢအဂ့ၢ်လိာ်ဘှီလိာ်တၢ်	dis'pu-tant
_disputation	n.	တၢ်ဂ့ၢ်လိာ်ဘှီလိာ်	dis'pu-ta'tion
_dispute	v.t.	(တၢ်)ဂ့ၢ်လိာ်ဘှီလိာ်★(တၢ်)ကတိၤထီဒုၣ်ထီဒါတၢ်	dis-pute
_disqualification	n.	တၢ်တကြၢးတဘၣ်တမံၤလၢအအိၣ်ဒီးပှၤ★ တၢ်အခွဲးတအိၣ်လၢပှၤကမၤတၢ်လၢတၢ်လီၤတံၢ်တမံၤမံၤအိၣ်ဒီးအီၤအယိ	dis'qua-li-fi-ca'tion
_disqualify	v.t.	တဟ့ၣ်အခွဲးလၢကမၤတၢ်လၢအအိၣ်ဒီးတၢ်လီၤတံၢ်တမံၤမံၤအယိ	dis-qua'li-fy
_disquieted	a.	လၢအတအိၣ်ယိကလၢ်ဘၣ်★လၢအတအိၣ်ဂၢ်ဘၣ်★ လၢအသးတအိၣ်မှာ်ဆိးဟၢၤဘၣ်	dis-qui'et-ed
_disregard	v.t.	တဟ်ကဲတၢ်★တဟ်လုၢ်ဟ်ကါတၢ်★တဒိကနၣ်ဟ်သူၣ်ဟ်သးတၢ်ဘၣ်	dis're-gard
_disrepair	a.	လၢအလီၤမုၢ်လီၤပိၢ်★လၢအဟးဂ့ာ်ဟးဂီၤ	dis're-pair
_disreputable	a.	လၢအလၤကပီၤတအိၣ်★လၢအတလီၤယူးယီၣ်ဟ်ကဲ	dis-rep'u-ta-ble
_disrepute	n.	တၢ်တအိၣ်ဒီးအလၤကပီၤ★တၢ်တလီၤယူးယီၣ်ဟ်ကဲ	dis're-pute
_disrespect	n.	တၢ်တယူးတယီၣ်တၢ်ဘၣ်	dis're-spect
_disrespectful	a.	လၢအတယူးတယီၣ်တၢ်ဘၣ်	dis'res-pect'ful
_disrobe	v.t.	ဒုးအိၣ်ဘ့ၣ်ဆ့★ဘ့ၣ်လီၤကွံာ်တၢ်ကူတၢ်သိး	dis-robe'
_disrupt / disruption	v.i. / n.	(တၢ်)လီၤဖးလိာ်အသးသတူၢ်ကလာ်လၢတၢ်တယူတဖိးဘၣ်အပူၤ★(တၢ်) ဒုးလီၤဖးတၢ်သတူၢ်ကလၢတၢ်တယူတဖိးဘၣ်အယိ	dis-rupt' / dis-rup'tion
_dissatisfaction	n.	တၢ်သူၣ်တမံသးတမံ	dis'sat-is-fac'tion
_dissect	v.t.	ကူးဘှဲးကါဘှဲး★ကျိဆုအက့အခီ	dis-sect
_dissemble	v.t.	ဟ်မၤအသး	dis-sem'ble
_disseminate / dissemination	v.t. / n.	(တၢ်)သလၣ်လီၤဒုးသ့ၣ်ညါတၢ်★(တၢ်)ဒုးဟူထီသါလီၤတၢ်အဂ့ၢ်	dis-sem'i-nate / dis-sem'i-na'tion
_dissension	n.	တၢ်တယူလိာ်ဖိးလိာ်★တၢ်အ့ၣ်လိာ်ဆီးက့လိာ်	dis-sen'sion
_dissent	v.i.	(တၢ်)သးတဒ်သိး★(တၢ်)တအၢၣ်လီၤအီလီၤ★(တၢ်)နာ်တၢ်တဒ်သိး	dis-sent'
_disservice	n.	တၢ်မၤဟးဂီၤတၢ်	dis-serv'ice
_dissever	v.t.	မၤလီၤဖှၣ်★မၤလီၤဖး	dis-sev'er
_dissimilar / dissimilarity	a. / n.	(တၢ်)တဒ်သိး★(တၢ်)လီၤဆီလိာ်အသး	dis-sim'i-lar / dis-sim'i-lar'i-ty

_dissimulation	n.	တၢ်ဟ်မၤအသး★တၢ်လီတၢ်	dis-sim'u-la'tion
_dissipate / dissipation	v.t. / n.	(တၢ်)မၤလၢာ်ကွံာ်တၢ်(ကလီကလီ)	dis'si-pate / dis'si-pa'tion
_dissipated	a.	ညီနုၢ်လၢာ်ကွံာ်အဂၤါအဘါ,အစုၤလီၢ်ခိၣ်ခိၣ်လၢတၢ်မၤမှာ်မၤလၤအသးအပူၤ	dis'si-pat'ed
_dissolute	a.	လၢအတၢးပာ်တဟးဂီၤခဲလၢာ်လၢအလုၢ်သှၣ်ကွံၥ်သးလီ, တၢ်သှၣ်ကတၢသးကတၢအဃိ	dis'so-lute
_dissolve	v.i.	ဒုးပုံၢ်လီၤတၢ်★(အထံ)ပုံၢ်လီၤ★မၤလီၤမှာ်လီၤဖးကွံာ်★လီၤမၢ်ကွံာ်	dis-solve'
_dissonant	a.	လၢအကလုၢ်ဟး★လၢအသိၣ်တယူၤလိာ်ဖိးဒ္	dis'so-nant
_dissuade	v.t.	ကတိၤထုးဟးဂီၤပှၤအသး	dis-suade'
_distance	n.	တၢ်ဒုၣ်စၢၤ★တၢ်ဘၣ်စၢၤ★တၢ်လီၤဆီ★တၢ်စီၤစုၤ★တၢ်ဆၢကတီၢ်အယံာ်	dis'tance
_distant	a.	အိၣ်စီၤစုၤ★ယံာ်★လၢအယံၤ★လၢအတသှၣ်ညါသှၣ်ခိးလိာ်အသး	dis'tant
_distaste	n.	တၢ်သးဘၣ်အၢတၢ်★တၢ်တဘၣ်ပှၤသးဘၣ်★တၢ်သးဟ့တၢ်	dis-taste'
_distasteful	a.	လၢအလီၤသးဘၣ်အၢ★လၢအလီၤသးဟ့★လၢအတလီၤဘၣ်သှၣ်ဘၣ်သး	dis-taste'ful
_distemper	n.	တၢ်ဆူးတၢ်ဆါ	dis-tem'per
_distend	v.t.	(မၤ)ကဖၢထီၣ်★(မၤ)ကတြၢ်ထီၣ်	distend'
_distill	v.t.	ဟံးန့ၢ်တၢ်သဝံအထံ★ဖီန့ၢ်အစီထံ	dis-till'
_distinct	a.	လီၤဆီဒီး★ဖျါဝဲ	dis-tinct'
_distinction	n.	တၢ်လီၤဆီ★တၢ်လီၤဟ်ကဲ★တၢ်လၤတၢ်ကပီၤ	dis-tinc'tion
_distinctly	adv.	ဖျါဖျါ	dis-tinct'ly
_distinguish	v.t.	ယုသှၣ်ညါနီၤဖး(အတၢ်လီၤဆီ)★မၤနီၣ်တၢ်လီၤဆီအဆၢ★မၤပနီၣ်လီၤဆီတၢ်	dis-tin'guish
_distinguished	p.a.	လၢအမံၤဟူထီသါလီၤ	dis-tin'guished
_distort / distortion	v.t. / n.	(တၢ်)မၤလီၤဆီကွၢ်အကွၢ်အဂီၤ★(တၢ်)ဟ်ပက်ပကးး(အသး)★(တၢ်)(ကတိၤ)အကွံာ်	dis-tort' / dis-tor'tion
_distortion	n.	အကွၢ်အဂီၤအဟးဂီၤ	dis-tor'tion
_distract / distraction	v.t. / n.	(တၢ်)(လၢအ)ထုးန့ၢ်ကွံၥ်အသးဆူတၢ်ဂၤ★(တၢ်)(လၢအ)ဒုးဒံၣ်ဝံၣ်ဝီၤအသးဆူအံၤဆူဘး★(တၢ်)မၤပျုၢ်မၤတြီၤအီၤ	dis-tract' / dis-trac'tion
_distraught	v.t.	ဘၣ်တၢ်ဒုးဒံၣ်ဝံၣ်ဝီၤအသး★ဘၣ်တၢ်မၤပျုၢ်မၤတြီၤအီၤ	dis-traught
_distress	n.	တၢ်ကီတၢ်ခဲ★တၢ်ကိၢ်တၢ်ဂီၤ★တၢ်ဆူးတၢ်ဆါ	dis-tress'
_distress	v.t.	မၤကီမၤခဲ★မၤကိၢ်မၤဂီၤ★မၤဆူးမၤဆါ	dis-tress'
_distribute / distribution	v.t. / n.	(တၢ်)ဟ့ၣ်နီၤ★(တၢ်)နီၤလီၤ	dis-tri'bute / dis'tri-bu'tion
_district	n.	ကီၢ်ဖိလၢတၢ်နီၤဖးလီၤလၢကီၢ်မိၢ်ပှၢ်အကျါတဘ့ၣ်	dis'trict
_distrust	v.t.	(တၢ်)တနၥ်န့ၢ်တၢ်ဘၣ်★(တၢ်)နၥ်န့ၢ်တၢ်တသ့ဘၣ်	dis-trust'
_distrustful	a.	လၢအတနၥ်န့ၢ်တၢ်ဘၣ်	dis-trust'ful
_disturb	v.t.	မၤတံၥ်တာ်★မၤဟူးမၤဂဲတၢ်★မၤဟူးမၤဝးတၢ်	dis-turb'
_disturbance	n.	တၢ်လၢအမၤတံၥ်တာ်တၢ်★တၢ်လၢအမၤဟူးမၤဝးတၢ်★တၢ်တ့ထီၣ်တ့လီၤ	dis-turb'ance
_disunite	v.t.	မၤလီၤဖး★မၤလီၤဖှၣ်★မၤလီၤမှာ်လီၤဖး	dis'u-nite'
_disuse	n.	တၢ်တသူလၢၤ★တၢ်တကနၣ်ယှၥ်လၢၤ	dis-use'
_ditch	n.	တၢ်ကျိၤ	ditch
_ditch	v.t.	ဒုးလီၤတံာ်ဆူတၢ်ကျိၤပူၤ	ditch
_dive	v.i.	ယူၤထံ★ဘျၢလီၤ(စ)	dive
_diverge	v.i.	အကဆူးလံၢ်ထီၣ်လံၢ်ထီၣ်★သဖၣ်လံၢ်ထီၣ်လံၢ်ထီၣ်	di-verge
_divergent	a.	လၢအကဆူးလံၢ်ထီၣ်လံၢ်ထီၣ်★လၢအသဖၣ်လံၢ်ထီၣ်လံၢ်ထီၣ်	di-ver'gent
_diverse / diversification	a. / n.	(တၢ်)လီၤဆီ★(လၢ)(တၢ်အိၣ်ဒီး)အကလုၥ်အါဝဲ	di-verse' / di-ver'si-fi-ca'tion
_diversely	adv.	လၢကျဲအဘိဘိ	di-verse'ly
_diversity	n.	တၢ်လီၤဆီ	di-vers'i-ty
_divert	v.t.	ယၣ်ကပၤကွံၥ်★ဘိးကပၤကွံၥ်★မၤမှာ်ထီၣ်သး	di-vert'
_divest	v.t.	ထူးကွံၥ်★ဟ်ကွံၥ်	di-vest

_divide	v.t.	နီၤဖး★လီၤဖး	di-vide'
_dividend	n.	စုအမှး	di'-vidend
_divine	a.	ဘၣ်ယၢးဒီးယွၤ	di-vine'
_divisible	a.	လၢပနီၤဖးသ့	di-vis'i-ble
_division	n.	တၢ်နီၤဖး★တၢ်(မၤ)လီၤမှၢ်လီၤဖးတၢ်★တၢ်အိၣ်လီၤမှၢ်လီၤဖး★တၢ်သးလီၤဆီ★တၢ်တဖု	di-vi'sion
_divisive	a.	တၢ်လၢအမၤလီၤဖးတၢ်	di-vi'sive
_divorce	v.t.	ထုးလီၤဖျဲၣ်လိာ်အသး★ဟ်မၢ်ကွံာ်	di-vorce'
_divulge	v.t.	တဲဖျါထီၣ်	di-vulge'
_dizzy	a.	ခိၣ်မှူၤ★ခိၣ်တယူၤ	diz'zy
_do	v.t.	မၤ★ဖးတၢ်မၤတၢ်★နုးအိၣ်ထီၣ်★ဂဲၤတၢ်	do
_docile	a.	လၢတၢ်သိၣ်လိအီၤညီ★လၢအဘှ့ၣ်★လၢအနၢ်လိၤ	doc'ile
_dock	n.	တၢ်ဒုးယာ်ကဘီအလီၢ်	dock
_doctor	n.	ကသံၣ်သရၣ်★ပှၤလၢအနၢ်ဘၣ်မၤသ့လၢကပီၤလၢအနုးအိၣ်ထီၣ်တၢ်နၢ်ပၢၢ်အသီတမံၤမံၤ	doc'tor
_document	n.	လံာ်ဘၣ်တၢ်ကွဲးအီၤအိၣ်ဒီးအစိကမီၤ★တၢ်ကွဲးနီၣ်ကွဲးယါ★လံာ်တီလံာ်မီ	doc'u-ment
_dodge	v.t.	တဒီပူၤအသး★ဘှံးပူၤအသး★မၤပူၤအသး	dodge
_doe	n.	တၤယုၢ်မိၢ်	doe
_dog	n.	ထွံၣ်★ပှၤတကိာ်တသိၣ်	dog
_dog	v.t.	လူၤတၢ်	dog
_dogtrot	n.	ယွၢ်အစုအခိၣ်ဘၣ်လိာ်ဖိးဒ့	dog'trot'
_dole	n.	တၢ်နီၤဟ့ၣ်မၤစၢၤတၢ်	dole
_doleful	n.	လၢအပုဲၤဒီးတၢ်မိၣ်တၢ်မး★လၢအဘၣ်မိၣ်ဘၣ်မး	dole'ful
_doll	n.	တၢ်ဂီၤဖိ	doll
_dollar	n.	စ့တကလှာ်★စ့တဒီလၣ်	dol'lar
_dolorous	a.	လၢအသိၣ်လီၤမိၣ်လီၤဖဲၤ	dol'or-ous
_dolt	n.	ပှၤအမး★ပှၤနါယး★ပှၤတနၢ်တူာ်တၢ်	dolt
_domain	n.	စုလီၢ်ခိၣ်ခိၣ်★တၢ်ပၢတၢ်ပြး	do-main'
_domestic	a.	ဘၣ်ယၢးဒီးဟံၣ်ဖိးယီဖိး★(ဆၣ်ဖိကီၢ်ဖိ)အအၢ	do-mes'tic
_domesticate	v.t.	မၤဘှါအီၤ	do-mes'ti-cate
_domicile	n.	ဟံၣ်★တၢ်အိၣ်တၢ်ဆိးအလီၢ်	dom'i-cile
_domicile	v.t.	အိၣ်ဆိး	dom'i-cile
_dominant	a.	အဒိၣ်(အထိ)★လၢအပၢဘၣ်တၢ်	dom'i-nant
_dominate / domination	v.t. / n.	(တၢ်)ပၢဘၣ်တၢ်	dom'i-nate / dom'i-na'tion
_domineering	p.a.	လၢအမၢတၢ်ဆူၣ်	dom'i-neer'ing
_dominion	n.	တၢ်ပၢ★တၢ်ပၢတၢ်ပြးအလီၢ်	do-min'i-on
_donate / donation	v.t. / n.	(တၢ်)ဟ့ၣ်မၤစၢၤတၢ်★(တၢ်)ဟ့ၣ်ဘျုးတၢ်	do'nate / do-na'tion
_donkey	n.	ကသ့ၣ်ယီၤ	don'key
_donor	n.	ပှၤလၢအဟ့ၣ်မၤစၢၤတၢ်★ပှၤဟ့ၣ်ဘျုးတၢ်	do'nor
_doom	n.	တၢ်ဟဲဝံအၢ★တၢ်လၢအက(ဟဲအိၣ်န့ၢ်)(ဘၣ်)ဒၣ်ပှၤယါမနၤ	doom
_doom	v.i.	ဟဲဝံအၢ★က(ဟဲအိၣ်န့ၢ်)(ဘၣ်)ဒၣ်ပှၤယါမနၤ	doom
_door	n.	တြဲၤ★ပဲတြီ★ကျဲစၢၤ	door
_dormant	a.	အိၣ်ဂၢၢ်	dor'mant
_dormitory	n.	ဟံၣ်လၢ(ကွိဖိ)ဘၣ်မံဘၣ်အိၣ်လၢအပူၤ	dor'mi-to-ry
_dose	n.	(ကသံၣ်)တဘ္ဘီအီၤအဂီၢ်	dose
_dose	v.t.	နုးအီကသံၣ်	dose
_dot	n.	တၢ်ဖျၣ်ဆံးဖိတဖျၣ်	dot

_dotage	n.	သးလီၤဖိသၣ်ကူၤ	do'tage
_dote (on)	v.i.	လူၤဘၣ်(ဖိ)အသး	dote (on)
_double	a.	လၢအ(အိၣ်)တကလုာ်ခံ(ခါ)တဘျီယီ★ခံ(ကထၢ)	dou'ble
_double	v.t.	ချံး★(မၤ)အါထီၣ်ခံစး	dou'ble
_double up		ကၢ်ချံး★(မၤ)ခံဂၤခံဂၤ	double up
_double minded		လၢအသးအိၣ်ခံဖျၢၣ်သၢဖျၢၣ်	double minded
_doubt	v.i.	(တၢ်)သးဒ့ဒီ	doubt
_doubtful	a.	လီၤသးဒ့ဒီ★လၢအအိၣ်ဒီးတၢ်သးဒ့ဒီ★လၢအတလီၤတံၢ်ဘၣ်	doubt'ful
_doubtless	a.	တလွဲဘၣ်★သးဒ့ဒီအလိၢ်တအိၣ်ဘၣ်	doubt'less
_dough	n.	ကိၣ်ကချၣ်ကျဲအသးဒီးထံ	dough
_dove	n.	ထိၣ်လွံၢ်	dove
_down	n.	ထိၣ်ဆှၣ်ကမုံဒံကမှိဒီ	down
_down	prep.	ဆူလာ်ခိ★လီၤ	down
_downcast	a.	မဲာ်လီၤသပှၢ်	down'cast'
_downfall	n.	တၢ်လီၤပိၢ်★တၢ်ဟးဂီၤ	down'fall'
_downward (s)	adv.	ဆူလာ်ခိ	down'ward (s)
_doze	v.i.	မံခ့မံသပှၤ★မံသပှၤ	doze
_draft	v.t.	(တၢ်)ကွဲးတၢ်အခီၣ်ထံးတဘျီ★ယုထၢမၤတၢ်လၢတၢ်စိတၢ်ကမီၤအပူၤ★တ့တၢ်အက့ၢ်အဂီၤ★လၢအစိာ်ဆှၢတၢ်★(လၢအ)တ့တၢ်အက့ၢ်အဂီၤ	draft
_draft	n.	လံာ်မၢပှၤဟ့ၣ်လီၤစ့★တၢ်တ့တၢ်အက့ၢ်အဂီၤ★ကလံၤအဆူဘၣ်တၢ်အကျိၤ	draft
_drag	v.t.	တွံၢ်★ထုးတြူာ်လၢဟီၣ်ခိၣ်လိၤ★ဘၣ်တြူာ်★ထုးစဲၤခံတၢ်သးဝံၣ်★သးဝံၣ်တၢ်ယၢ★မၤယံာ်မၤစဲၤ(အသး)★ကွးထိၣ်တၢ်အိၣ်လၢထံဖီလာ်	drag
_dragon	n.	ပယီၤ	drag'on
_drain	v.t.	ဘိးကွံာ်ထံလၢအကျိၤပူၤ★မၤလာ်ကွံာ်	drain
_drain	n.	ထံကျိၤ★တၢ်ကျိၤ	drain
_drama	n.	တၢ်ယဲၤလၢတၢ်ကဂဲၤဟ်ဖျါထိၣ်(ဒ်လၢပွဲပူၤအသိး)	dra'ma
_drape	v.t.	စၢလီၤ(ကယၢကယဲ)(သစ့ၢ်)တၢ်ကံးညာ်	drape
_drapery	n.	တၢ်ကံးညာ်(အကယၢကယဲတၢ်)လၢတၢ်စၢၢ်လီၤသစ့ၢ်	dra'per-y
_drastic	a.	လၢအမၤဆူၣ်မၤစိးတၢ်	dras'tic
_draw	v.t.	ထုး★တ့★ဆွဲ★ထုးနုာ်★ထုးယှာ်ထီၣ်လဲာ်ထီၣ်★ဖ့ၣ်ထီၣ်★သုးထီၣ်သုးလီၤ★သုးဘူး	draw
_drawback		ဂုၤက့ၤ	draw'back'
_drawback	n.	တၢ်လၢအမၤတံာ်တာ်တၢ်	draw'back'
_drawer	n.	ဆွဲအၣ်	draw'er
_drawl	v.i.	ကတီၤတၢ်ယၢရုၤတုၤ	drawl
_dray	n.	လှၣ်လၢအတီၣ်တၢ်ယၢအဂီၢ်	dray
_dread	n.	တၢ်ပျံၤတၢ်ဖုး★တၢ်ကညီၢ်ဘျၢၣ်	dread
_dread	a.	လၢအလီၤပျံၤလီၤဖုး★လၢအကညီၢ်ဘျၢၣ်	dread
_dread	v.i.	ပျံၤတၢ်ဖုးတၢ်	dread
_dreadful	a.	လၢအလီၤပျံၤလီၤဖုး	dread'ful
_dream	v.i.	(တၢ်)မံမီၢ်တၢ်★ဆိကမိၣ်မုာ်လၤတၢ်လၢအသံးအကာ်တအိၣ်★တ့မုာ်လၤတၢ်	dream
_dreary	a.	အုးသကျူာ်★လၢအသယုၢ်တုၢ်	drear'y
_dredge	v.t.	ပးကွံာ်ကွိတီၣ်လၢထံဖီလာ်★ကွးထိၣ်တၢ်လၢအအိၣ်လၢထံဖီလာ်★ခူၣ်ထံကျိ	dredge
_drench	v.t.	မၤဘၣ်စီၣ်ကလဲဒဲ	drench
_dress	v.t.	ကူထီၣ်သိးထီၣ်★ကူထီၣ်ကၤထီၣ်★ဘိၣ်ယာ်တၢ်	dress
_dress	n.	ဆ့ဖးထီ★တၢ်ကူတၢ်သိး	dress
_dribble	v.i.	လီၤစီၤစိးစိး	drib'ble
_drift	v.i.	လီၤထွံ★(တၢ်လၢအ)ဘၣ်တၢ်အူဒံမုၢ်ဒံဖြိးကွံာ်အီၤ	drift

_drill	v.t.	ဖျာ်ထူဉ်ဖိုတၢ်★(တၢ်)မဟူးမဂဲၤအနီၢ်ခိ(လၢတၢ်အိဉ်ဆူဉ်အိဉ်ချ့အဂီၢ်)	drill
_drill	n.	ထးဖျာ်	drill
_drink	v.t.	အီ★အီၢ်★အီသံး	drink
_drip	v.i.	လီၤစီၤ	drip
_drive	v.t.	နီဉ်လဲၤ★ဒုးလဲၤဆူဉ်★လီၤသွဉ်လီၤဝဉ်(လၢထံကျါ)★(ကလံၤ)စိာ်တၢ်အၢဉ်★ကရိအခံ	drive
_drive	n.	တၢ်နီဉ်လ့ဉ်★တၢ်ဟးဒိးလိာ်ခိဉ်လိာ်ကွဲလ့ဉ်	drive
_drive at		ထိတၢ်★ဒိတၢ်	drive at
_drive away		နီဉ်ဟီကွံာ်တၢ်★လူၤ(ဟီ)ကွံာ်	drive away
_drizzle	v.i.	(တၢ်)သဖျံဉ်လီၤမုံမုံ	driz'zle
_droll	a.	လၢအမ့ၢ်တၢ်လီၤနံၤအလီၢ်	droll
_drollery	n.	တၢ်လီၤနံၤအလီၢ်	droll'er-y
_drone	n.	ကနဲဖါ	drone
_drone	v.i.	သိဉ်အံဉ်သိဉ်အူဉ်★သိဉ်ကအုၤကျူၤကျူၤ	drone
_droop	v.i.	အခိဉ်လီၤဟိာ်★လီၤစဲၤ★ဆူးဒိဉ်ဆူးနၢ်★ခိဉ်လီၤဘျး	droop
_drop	v.i.	(ဒုး)လီၤတဲာ်★ဟ်လီၤ(တဲာ်)★သုးလီၤ★မၤစၢ်လီၤ★ထုးလီၤ	drop
_drop behind		အိဉ်လီၤတဲာ်(လၢတၢ်လီၢ်ခံ)	drop be-hind
_drop	n.	တၢ်လီၤစီၤတဖျၢဉ်★တၢ်လီၤတဲာ်	drop
_dross	n.	တၢ်ကူးလာ်ကူးလာ်★တၢ်ကမုံးကမိ	dross
_drought	n.	တၢ်ယွၤထီ★တၢ်သူတၢ်ယွၤ	drought
_drove	n.	တၢ်ဒီဖုတဖု	drove'
_drown	v.i.	လီၤအူးသံ	drown
_drowsy	a.	လၢအမံာ်ဖံးယၢၤ	drow'sy
_drudge	v.i.	(ပှၤလၢအ)လၢာ်ဂံၢ်လၢာ်ဘါလၢတၢ်မၤလၢအတမုာ်ဘဉ်အီၤအပူၤ	drudge
_drug	n.	ကသံဉ်ဖိုဉ်ကသီဖိုဉ်	drug
_drug	v.t.	မၤတယၢၤအခိဉ်လၢတၢ်အီၤကသံဉ်ဖိုဉ်ကသီဖိုဉ်	drug
_drum	n.	ဒၢ★ကျိဉ်	drum
_drunk	a.	လၢအမူၤသံး	drunk
_drunkard	n.	ပှၤအီသံးဖိ	drunk'ard
_dry	a.	လၢအယွၤထီ★လၢအသူအယွၤ★လၢတၢ်သူအသးလၢထံ★လၢအနၢ်ထံတဟိဉ်★လၢအနၢ်ထံတဟိဉ်	dry
_dry	v.t.	လိယွၤ★မၤယွၤမၤယဉ်★လိသူထီဉ်	dry
_dual	a.	လၢအ(အိဉ်)တကလုာ်ခံ(ခါ)တဘ့ီယီ	du'al
_dub	v.t.	ဟ့ဉ်အမံၤအသဉ်	dub
_dubious	a.	လၢအ(လီၤ)သးဒ့ဒီ★လၢအတလီၤတၢ်ဘဉ်	du'bi-ous
_duck	n.	ထိဉ်ဒုဉ်★တၢ်ကံးညာ်တကလုာ်	duck
_duck	v.i.	ဆူးလီၤပှၤအခိဉ်★ယူၤထံ★ယူၤပိာ်ယူၤပိာ်★(ဒုး)ယူၤ(ပှၤ)လၢထံ★ယူၤပၢၢ်ထီဉ်ယူၤပၢၢ်ထီဉ်	duck
_duct	n.	ထံကျိၤ	duct
_due	a.	ဆၢဘဉ်ကတီၢ်ဘဉ်လၢဘဉ်ဟ့ဉ်ကွၤတၢ်★လၢအကြၢး★ဒ်အကြၢးဝဲဒဉ်ဝဲ★လၢအယိ	due
_duel	n.	တၢ်ဒုးလိာ်သးခီဂၤဂၤ	du'el
_duet	n.	သးဝံဉ်လၢ်ခံဂၤ	du'et
_duke	n.	ပဒိဉ်အလၤဒိဉ်ကပီၤဒိဉ်	duke
_dull	a.	အကနၢ်လူၤ★ကယူၤ★လၢအသးယၢၤ★လၢအသိဉ်တဟူအါအါဘဉ်	dull
_dumb	a.	အူးအၢး★အိဉ်တအူဉ်	dumb
_dump	v.t.	တၢႈကွံာ်	dump
_dunce	n.	ပှၤအကူဉ်အဆးတအိဉ်	dunce
_dune	n.	မဲးအလုၢ်	dune
_dung	n.	တၢ်အ့ဉ်တၢ်ဆံဉ်	dung

_dungeon	n.	တၢ်ပူၤလၢပူၤခူဉ်နှၤ်လၢဟိဉ်ခိဉ်လာ်	dun'geon
_dupe	v.t.	ကလံာ်နှၤ်တၢ်	dupe
_dupe	n.	ပှၤလၢအဘဉ်တၢ်ကလံာ်နှၤ်အီၤ	dupe
_duplicate / duplication	v.t. / n.	မၤကဲထိဉ်ခံမံၤဒ်သိးသိး★(တၢ်)(မၤနှၤ်တၢ်)လၢအဒိသိးသိးဒီးလၢညါတမံၤ	du'pli-cate / du'pli-ca'tion
_in duplicate		လၢအဘဉ်တၢ်မၤကဲထိဉ်အီၤခံမံၤဒ်သိးသိး	in duplicate
_duplicity	n.	တၢ်လီနှၤ်တၢ်★တၢ်ကလံာ်နှၤ်တၢ်	du-plic'i-ty
_durable	a.	ကျၤၤ★လၢအကၢအခိး	du'ra-ble
_durability	n.	တၢ်ကျၤၤ★တၢ်ကၢတၢ်ခိး	du'ra-bil'i-ty
_duration	n.	တၢ်ဆၢကတီၢ်ဖဲတၢ်တမံၤအိဉ်ဝဲ	du-ra'tion
_during	prep.	အခၢအခါ★ဖဲတၢ်အိဉ်အခါ★ဖဲ(တၢ်မၤအသးတမံၤမံၤ)အဖၢမုၢ်	du'ring
_dusk	n.	တၢ်ခံးသူ	dusk
_dusky	a.	ခံးသံသူ	dusk'y
_dust	n.	ဟီဉ်ခိဉ်ကမှံ★ဖှဉ်ကမှံ★တၢ်ကမှံကဖ	dust
_dust	v.t.	ထွါစီကွာ်တၢ်★ဖှံလီၤတၢ်ကမှံလၢတၢ်အလိၤ	dust
_dusty	n.	လၢအအိဉ်ဒီးတၢ်ကမှံလၢအလိၤ	dust'y
_Dutch	n.	ပှၤဟီလၢ်ဖိ	Dutch
_dutiful	a.	လၢအမၤတၢ်ဒ်တၢ်လီၤဘဉ်အီၤအသိး	du'ti-ful
_duty	n.	တၢ်မၤလၢအလီၤဘဉ်ပှၤ★တၢ်အခိအသွဲ	du'ty
_dwarf	n.	ပှၤအဖုဉ်★ပှၤဒိဉ်ယံ	dwarf
_dwell	v.i.	အိဉ်ဆိး	dwell'
_dwell upon		ကတိၤတၢ်လီၤစူၤလီၤဖဲ	dwell upon
_dwelling	n.	ဟံဉ်★လီၢ်အိဉ်လီၢ်ဆိး	dwell'ing
_dwindle	v.i.	လီၤဆံးလီၤစှၤ★လီၤကယၤ	dwin'dle
_dye	v.t.	စှဉ်အိဉ်ထိဉ်တၢ်အလွဲၢ်	dye
_dynamic	a.	ဘဉ်ယးဒီးတၢ်စိတၢ်ကမီၤ★လၢအအိဉ်ဒီးအစိအကမီၤ	dy-nam'ic
_dynasty	n.	စီၤပၤအစၢၤအသွဲဉ်	dy'nas-ty
_dysentery	n.	တၢ်အူဉ်သွံဉ်★တၢ်ဟၢဖၢဝံာ်	dys'en-ter-y
_each	a.	စုာ်စုာ်★(တၢဂၤ)ဒီး(တၢဂၤ),(တမံၤ)ဒီး(တမံၤ)	each
_eager / eagerness / eagerly	a. / n. / adv.	(လၢ)(တၢ်)သူဉ်ဆူဉ်သးဂဲၤ(အပူၤ)★(လၢ)(တၢ်)သးဆူဉ်(အှဉ်တၢ်)(အပူၤ),(တၢ်)သးအိဉ်မၤနှၤ်တၢ်လၢာ်သး	ea'ger / ea'ger-ness / ea'ger-ly
_eagle	n.	ထိဉ်ကျီကြၢဉ်	ea'gle
_eagle-eyed	a.	လၢအမဲာ်ချံ(စ့)(ဆး),လာ်ကြၢကြၢဉ်	eagle-eyed
_eaglet	n.	ထိဉ်ကျီကြၢဉ်အဖိ	ea-glet
_ear	n.	နၢ်★(ဘုၣ္လ္သဉ်)တဖျၢဉ်	ear
_(over head and) ears		လၢာ်သး★ခိဉ်ဘံုးနၢ်ဘံုး	(over head and) ears
_(give) ear		ဒိကနဉ်	(give) ear
_(be all) ears		ဒိကနဉ်တၢ်လၢသုဉ်ကၢ်သးလဲ	(be all) ears
_ear (mark)		(မၤနိဉ်)တၢ်တမံၤလၢပဝာ်ပသးလၢပကသုလၢခံ	ear (mark)
_ear (shot)		ဟူပနၢ်★(ဘု)အစဲၤ	ear (shot)
_earl	n.	အဲကလံာ်အပဒိဉ်ဖးဒိဉ်တကလုာ်	earl
_early	a.	ဂီၤဂီၤ★ဂီၤထၢဉ်သၢ★အဆိအချ★ဆိဆိ★လၢအဂၢ်ခိဉ်	ear'ly
_earn	v.t.	ဖံးတၢ်မၤတၢ်ဒ်သိးကနှၤ်(ဘုၤလဲ),(ခိဉ်ဖး),တၢ်မၤဒိဉ်သဉ်ထိ★ဖံးအိဉ်မၤအိဉ်★ကြၤးနှၤ်တၢ်★နှၤ်ဘှဉ်	earn
_earnest	a.	လၢအသူဉ်ဆူဉ်သးဆူဉ်★လၢအဟ်ကဲတၢ်လၢအသး★လၢအ(ဟ်လီၤအသး)(ယံးမး)(ယါမနၤ)★လၢအသမံၤသပှၢ်★လၢအတကလိာ်ကလာ်ဘဉ်★လၢအတမှာ်တၢ်နါစိၤဘဉ်★နှၤ်ကီၢ်	ear'nest
_earnings	n.	ဘုၤလဲ★စုဘုၤခိဉ်လဲ	earn'ings
_earth	n.	ဟီဉ်ခိဉ်	earth

_earthen	a.	လၢဟီၣ်ခိၣ်	earth'en
_earthly	a.	ဘၣ်ယးဒီးဟီၣ်ခိၣ်,--အဆံၢတယၣ်	earth'ly
_earthly (minded)	a.	(သးအိၣ်,သးစဲဘူးဒီး)ဟီၣ်ခိၣ်	earth'ly (minded)
_earthquake	n.	ဟီၣ်ခိၣ်ဟူး	earth'quake
_earthward	adv.	ဆူဟီၣ်ခိၣ်အအိၣ်	earth'ward
_earthworm	n.	ထိးကလံာ်	earth'worm
_ease	n.	တၢ်အိၣ်ဘၣ်မုာ်မုာ်ခုၣ်ခုၣ်★တၢ်ဘိၣ်တၢ်ညီ★တၢ်အိၣ်ဘုံးအိၣ်သါ★တၢ်ကိညၣ်က္ၤ★တၢ်သူၣ်မုာ်သးမုာ်	ease
_ease	v.t.	(မၤ)လီၤကတြၢ်★(မၤ)ကိညၢ်အိၣ်က္ၤ★သးဟိထိၣ်★(မၤ)မုာ်ထိၣ်က္ၤ	ease
_easel	n.	ပုၤတ့တၢ်ဂီၤတၢ်ဖိၣ်အစီၢ်နီၤခိၣ်လၢအဟ်လီၤတၢ်ဂီၤလၢအဖိခိၣ်	ea'-sel
_easily	adv.	ညီညီ★ညီကနဲၣ်★ဘျ္ဘျ္★ကဖီလီ မုာ်မုာ်ခုၣ်ခုၣ်	eas'i-ly
_east	n.	မုၢ်ထိၣ်★တၢ်ဆူမုၢ်ထိၣ်တခီ★ကီၢ်မုၢ်ထိၣ်တဖၣ်	east
_Easter	n.	ခရံာ်ဂဲၤဆၢထၢၣ်က္ၤအနံၤ	East'er
_Eastertide	n.	ခဲခါလၢခရံာ်အိၣ်ဝဲဖဲအဂဲၤဆၢထၢၣ်အလီၢ်ခံတုၤလီၤလၢအက္ၤထိၣ်	East'er-tide'
_easterly	adv.	ဆူမုၢ်ထိၣ်တခီ★(ဟဲ)လၢမုၢ်ထိၣ်တခီ	east'-er-ly
_eastern	a.	ဘၣ်ယးမုၢ်ထိၣ်တခီ	east'ern
_eastward	adv.	ဆူမုၢ်ထိၣ်တခီ	east'ward'
_easy	a.	ညီ★လၢအဘိၣ်အညီ★လၢအမုာ်အခုၣ်	eas'y
_easy-going		ညီနုၢ်အိၣ်မံသူၣ်မုာ်သး	easy-going
_eat	v.t.	အိၣ်	eat
_eat (one's words)		ထုးက္ၤဝဲက္ၤ(အတၢ်ကတိၤ)	eat (one's words)
_eatable	a.	လၢပဂ္ၤအိၣ်	eat'a-ble
_eaves	n.	ယိးမဲၢ်ခံ	eaves
_eavesdropper	n.	ပုၤလၢအစီၤဟ့ၣ်ကနၣ်တၢ်	eaves- (dropper)
_ebb	v.t.	ဆံးလီၤဈၤလီၤ★သုးကဒၢက္ၤအသး★ဂ္ၤက္ၤအလီၢ်ခံ★လီၤစၢ်★(ထံ)လီၤ	ebb
_ebony	n.	သ့ၣ်ဂ့ၤလဲ★သ့ၣ်အလဲသူဒီးက္ၤၤ	eb'on-y
_eccentric	a.	လၢအတပိာ်ထွဲဘၣ်အလုၢ်အလၢ်အကျိၤအက္ၤ★(ပုၤ)လၢအလုၢ်အလၢ်လီၤဆီဒီးပုၤဂၤ★လၢအမၤခွံၣ်မုၢ်ခွံၣ်ခိၣ်တၢ်	ec-cen'tric
_eccentricity	n.	(ပုၤ)အလုၢ်အလၢ်တမ့ၢ်လၢအလီၤဆီဒီးပုၤဂၤ★တၢ်တအိၣ်ဒီးအခၣ်သးတပုၤယီၣ်ဘၣ်	ec'cen-tric'i-ty
_Ecclesiastes	n.	လံာ်ပုၤစံၣ်တဲၤတဲလီၤတၢ်	Ec-cle'si-as'tes
_ecclesiastical	a.	ဘၣ်ယးဒီးခရံာ်အတၢ်အိၣ်ဖှိၣ်	ec-cle'si-as'ti-cal
_echo	n.	တၢ်ကလုၢ်သိၣ်ကဒါက္ၤ★တၢ်ကလုၢ်သိၣ်ဆၢက္ၤ★တၢ်မၤပိာ်ထွဲတၢ်အခံ	ech'o
_eclipse	n.	တၢ်ယူၢ်မုၢ်ယူၢ်လါ★တၢ်လၢခံမံၤဒိၣ်ထိၣ်ထီထိၣ်တုၤနုၣ်လဲာ်တၢ်လၢညါတမံၤလီၤဘၢကွံာ်ဒီးတၢ်တဆီကမိၣ်ထိၣ်က္ၤအဂ့ၢ်ဆါအါဘၣ်★တၢ်မၤကၤကယီၢ်ကွံာ်တၢ်,(တၢ်)(နုး)အိၣ်သဘၢကွံာ်	e-clipse'
_economic (al)	a.	လၢအဆဲဖှဲဆဲၤၢရဲတၢ်★လၢအတလၢာ်ဂီၤတၢ်ဘၣ်	ec'o-nom'ic (al)
_economics / economist	n. / n.	(ပုၤလၢအမၤတၢ်လၢ)ထံဖိကီၢ်ဖိအလိၣ်တၢ်,န္ၢတၢ်,ဒီးလၢာ်တၢ်တမံၤဒီးတမံၤအါထိၣ်စ္ၤလီၤဝဲအဂ့ၢ်(တဂၤ)★တၢ်ကူၣ်သ့လၢအဘၣ်ယးဒီးတၢ်သူက္ၢိၣ်သ့စ့အဘၣ်ဘၣ်	ec'o-nom'ics / e-con'o-mist
_economize	v.t.	လၢာ်တၢ်ဈၤတက္ၢ★မၤလၢာ်တၢ်ဈၤဒ်အဘၣ်အခၢးအသိး	e-con'o-mize
_economy	n.	တၢ်လၢာ်တၢ်ဖဲအကြၢးအကြၢး	e-con'o-my
_ecstasy / ecstatic	n. / a.	(လၢအအိၣ်ဒီး)တၢ်သူၣ်ခုတၢ်ကျာ်သးခုတၢကျာ်★(လၢအအိၣ်ဒီး)တၢ်သူၣ်ပိၢ်သးဝး★တၢ်သူၣ်ဖှံသးညီဒိၣ်ဒိၣ်ကလဲာ်	ec'sta-sy / ec-stat'ic
_eddy	n.	ထံသဝံး★ကလံၤသဝံး	ed'dy
_Eden	n.	ဧၤဒ့ၣ်★လီၢ်လၢအမုာ်အခုၣ်★တၢ်ဘၣ်တၢ်အမုာ်အခုၣ်	E'den
_edge	n.	တၢ်အကနၣ်★တၢ်အကနူၤထံး★တၢ်အသရူးထံး★တၢ်အယၢၤ	edge
_(to set (the teeth) on) edge		(မဲ)ဆ့ံ	(to set (the teeth) on) edge
_edge (along)	v.i.	သုအသးတစဲးဘၣ်တစဲး	edge (along)

_edgewise	adv.	လၢအကနူၤတခီ★ဒီးကနူၤ	edge'wise
_edible	a.	ဂ့ၤအီၣ်	ed'i-ble
_edict	n.	ပဒိၣ်အတၢ်ဘိးဘၣ်သ့ၣ်ညါ★တၢ်သိၣ်တၢ်သီနဲၣ်စိနဲၣ်ကမီၤ	e'dict
_edifice	n.	တၢ်သူၣ်ထီၣ်အဒိၣ်လၢအဂ့ၤဝဲဘၣ်ဝဲ	ed'i-fice
_edify / edification	v.t. / n.	(တၢ်)မၤဂ့ၤထီၣ်(တၢ်ကၣ်ပဝး)	ed'i-fy / ed'i-fi-ca'tion
_edit / editor	v.t. / n.	(ပှၤအခိၣ်လၢအ)အံးက့ၤကွၢ်က့ၤတၢ်ကွဲးလၢကပူၣ်နံၣ်အဂီၢ်	ed'it / ed'i-tor
_editorial	a.	ပှၤအခိၣ်တဂၤအတၢ်ကွဲး★ဘၣ်ယးဒီးအဲးဒၢ်ထၢၣ်	ed'i-to'ri-al
_edition	n.	လံာ်တဘ့ၣ်လၢအဘၣ်တၢ်ပူၣ်နံၤအီၤအါဘ့ၣ်တဘျီဃီ	e-di'tion
_educate / education / educator	v.t. / n. / n.	(ပှၤလၢအ)(တၢ်)သိၣ်လိနဲၣ်လိတၢ်★(ပှၤလၢအ)(တၢ်)သိၣ်လိမၤယုၤတၢ်★(ပှၤလၢအ)(တၢ်)ဒုးသ့ထီၣ်ဘၣ်ထီၣ်	ed'u-cate / ed'u-ca'tion / ed'u-ca'tor
_educe	v.t.	ဒုးအိၣ်ထီၣ်တၢ်(ဆိကမိၣ်)	e-duce'
_eel	n.	တံၤတုၤ★ညၣ်အၢ	eel
_eerie	a.	လၢအဒုးကဲထီၣ်တၢ်ဖျံုလၢအယှၢ်အကလုၢ်တအိၣ်ဘၣ်	ee'rie
_efface / effacement	v.t. / n.	(တၢ်)မၤလ့ၤကွံာ်တၢ်အကွၢ်အဂီၤ★တြူၣ်ကွံာ်★(တၢ်)မၤဟးဂီၤတၢ်အကွၢ်အဂီၤ	ef-face' / ef-face'ment'
_effect	n.	တၢ်ကဲထီၣ်လၢတၢ်မၤသးတဖၣ်မ်ၤအယိ	ef-fect'
_good effect		တၢ်လၢအဘျုးအိၣ်★တၢ်လၢအန့ၢ်ဘျုးသ့	good effect
_to the effect that		အဂ့ၢ်န့ၣ်	to the effect that
_(put in) effect		မၤလၢထီၣ်ပှဲၤထီၣ်(တၢ်သိၣ်တၢ်သီ)	(put in) effect
_effects	n.	တၢ်ဖိတၢ်လံၤ	ef-fects'
_effective / effectual	a. / a.	(တၢ်ကတိၤ)လၢအမၤဘၣ်ဒီတၢ်သ့★လၢအသ့နံၢ်နံၢ်★လၢအဒုးကဲထီၣ်တၢ်ဘျုးသ့★လၢအသ့န့ၢ်အိၣ်န့ၢ်	ef-fec'tive / ef-fec'tu-al
_effeminate / effeminacy	a. / n.	(လၢအ)ဂံၢ်ဘါစၢ်ဒ်ပိာ်မုၣ်အသိး	ef-fem'i-nate / ef-fem'i-na-cy
_effervesce / effervescence	v.t.	(တၢ်)ကလာ်ထီၣ်	ef'-fer-vesce' / ef'-fer-ves'cence
_effervescent	a.	လၢအဒုးကလာ်ထီၣ်တၢ်သ့	ef'-fer-ves'-cent
_effete	a.	လၢအတကိာ်တသီၣ်လၢၤဘၣ်	ef-fete'
_efficacious	a.	လၢအမၤဘၣ်ဒီတၢ်သ့★လၢအဒုးအိၣ်ထီၣ်တၢ်ဘျုးသ့★လၢအဒုးနဲၣ်ဖျါတၢ်မၤတၢ်သ့သ့ဘၣ်ဘၣ်	ef'fi-ca'cious
_efficacy	n.	တၢ်သ့မၤဘၣ်ဒီတၢ်★တၢ်မၤတၢ်သ့သ့ဘၣ်ဘၣ်	ef'fi-ca-cy
_efficiency	n.	တၢ်သ့တၢ်လ့ၤတ့ၢ်လ့ၤတီၤ	ef-fi'cien-cy
_efficient	a.	လၢအသ့တၢ်လ့ၤတ့ၢ်လ့ၤတီၤ	ef-fi'cient
_effigy	n.	တၢ်ဂီၤ★တၢ်ဂီၤလၢယုၤမၤတရီတပါဒီးလၢတၢ်နီၢ်ကီၢ်တဖၤအလီၢ်	ef'fi-gy
_efflux	n.	တၢ်ယွၤထီၣ်ကွံာ်	ef'flux
_effort	n.	တၢ်ထုးဂံၢ်ထုးဘါ★တၢ်ဂဲၤဖျ့ၣ်ကျဲးစၢး★တၢ်ထဲးဂံၢ်ထဲးဘါ	ef'fort
_effrontery	n.	တၢ်မၤတရီတပါပှၤဆီၣ်ဝဲၤကဲၤ	ef-front'er-y
_effulgence	n.	တၢ်ထံတြ့ၣ်ကတြိၣ်★တၢ်ဆူၣ်ဆူၣ်ဘဲၣ်ဘဲၣ်★တၢ်ကပီၤကျိာ်ကျၣ်	ef-ful'gence
_effulgent	a.	လၢအကတြ့ၣ်ကတြိၣ်★လၢအဆူၣ်ဆူၣ်ဘဲၣ်ဘဲၣ်★လၢအကပီၤကျိာ်ကျၣ်	ef-ful'gent
_effusion	n.	တၢ်လူလီၤဂၢ်လီၤ	ef-fu'sion
_effusive	a.	လၢအလူလီၤဂၢ်လီၤသးအါအါဂီၢ်ဂီၢ်★လၢအတၢ်(သးအိၣ်)ဟုၣ်ထီၣ်ယွၤလီၤ	ef-fu'sive
_egg	n.	တၢ်ဒံၣ်★ဒံၣ်	egg
_egotism	n.	တၢ်ဟ်ဒိၣ်ဟ်ဂ့ၤလီၤထဲအ(သး)(တၢ်)ဒၣ်ဝဲ	e'go-tism
_egotist	n.	ပှၤလၢအဟ်ဒိၣ်ဟ်ဂ့ၤလီၤထဲအ(သး)(တၢ်)ဒၣ်ဝဲ	e'go-tist
_egotistic (al)	a.	လၢအဟ်ဒိၣ်ဟ်ဂ့ၤလီၤထဲအ(သး)(တၢ်)ဒၣ်ဝဲ	e'go-tis'tic (al)
_egregious	a.	ဒိၣ်ဒိၣ်မုၢ်မုၢ်★အၢလီၤဆီႇနးမး	e-gre'gious
_egress	n.	တၢ်ဟးထီၣ်★တၢ်ဟးထီၣ်အပူၤအဖိ	e'gress

_eider-down	n.	ထိ၉ဒ္၄တၢကလုာ်အသးနၢပုၢ်အဆူ၄မံကး	ei'der-down
_eight	a.	ယီး	eight
_eighteen	a.	တဆံယီး	eight'een
_eighteenth	a.	တဆံယီးပူတပူ★တဆံယီး(ခါ)တ(ခါ)	eight'eenth'
_eightfold	a.	လၢအအိ၄ဒီးအပူယီးပူ★လၢအအါထိ၄ယီးစး	eight'fold
_eighth	a.	ယီးပူတပူ★ယီး(ခါ)တ(ခါ)	eighth
_eightieth	a.	ယီးဆံပူတပူ★ယီးဆံ(ခါ)တ(ခါ)	eight'i-eth
_eighty	a.	ယီးဆံ	eight'y
_either	a.	ခံ(ဂၤ)လၢၤ်★(ခံမံၤအကျါ)တ(မံမံၤ)★တ(ခါ)ဂုၤတ(ခါ)ဂုၤ	ei'ther
_ejaculate / ejaculation	v.t. / n.	(တၢ်)ကတိၤထိ၄ဖုးကတိၤထိ၄ပျိၢ်တၢ်	e-jac'u-late / e-jac'u-la'tion
_eject / ejection	v.t. / n.	(တၢ်)ဒုးဟးထိ၄ကွံာ်တၢ်★(တၢ်)ဖိုး(ထံ)	e-ject' / e-jec'tion
_eke	v.t.	မၤအါထိ၄တစဲး(ဘ၄တစဲးဒီသီးကလၢဝဲယုၢ်ယုၢ်)	eke
_elaborate / elaboration	v.t. / n.	(လၢအဂဲၤလိာ်)(တၢ်)မၤတၢ်လီၤတံၢ်လီၤဆဲးတုၤလၢအဆံးကတၢၢ်ဒၣလံဝဲ	e-lab'o-rate / e-lab'o-ra'tion
_elapse	v.i.	လဲပူၤကွံာ်★ကတၢၢ်ကွံာ်	e-lapse'
_elastic	a.	လၢအယုာ်ထိ၄သ့★လၢအယုာ်ထိ၄အသးဒီးသံးကတုၢ်လီၤက့ၤအသးသ့	e-las'tic
_elated / elation	a. / n.	(လၢအ)(တၢ်)သးပ့ၤကတံၢ်ဒီးတၢ်သးခု	e-lat'ed / e-la'tion
_elbow	n.	စုနၢ၄ခံ	el-bow
_elbow-room		တၢ်လီၢ်ဖျဲ၄ဖျဲ၄ပိုပို★တၢ်လီၢ်လဲၢ်	elbow-room
_elder	a.	လၢအသးပှၢ်နူၢ်ပုၤ★ပုၤသူ၄ကုသးပှၢ်★ပုၤအဒိ၄အခိ၄★သ့၄ဖိတကလုာ်	el'der
_elderly	a.	လၢအသးပှၢ်	el'der-ly
_eldest	a.	လၢအသးပှၢ်ကတၢၢ်★(ဝဲၢ်)ကိ	el'dest
_elect	v.t.	ယုထၢး	e-lect
_elect	n.	ပုၤလၢတၢ်ယုထၢအီၤ	e-lect
_election	n.	တၢ်ယုထၢတၢ်	e-lec'tion
_elective	a.	လၢတၢ်ယုထၢအီၤသ့	e-lec'tive
_electric	a.	လၢလီမၤတၢ်လၢအပူ★ဘ၄ယၤဒီးလီ	e-lec'tric
_electrician	n.	ပုၤမၤတၢ်ဘ၄ယၤဒီးလီ	e-lec-tri'cian
_electricity	n.	လီ	e-lec-tric'i-ty
_electrical	a.	ဘ၄ယၤဒီးလီ	e-lec'tri-cal
_electrify / electrification	v.t. / n.	(တၢ်)ဒုးနုာ်လီၤလီအစိကမီၤဆူအပူၤ★(တၢ်)ဖးသံပျိၢ်သံ★(တၢ်)ဖးကဆူ၄ညၣကဆူ၄	e-lec'tri-fy / e-lec'tri-fi-ca'tion
_electron	n.	တၢ်တဟီ၄အဆံးကတၢၢ်တပူ(လၢပထံ၄လၢပမဲာ်တသ့ဘ၄)	e-lec'tron
_eleemosynary	a.	ဘ၄ယၤဒီးတၢ်ဟ့၄သးကညီၤတၢ်	el'ee-mos'y-na-ry
_elegance / elegant	n. / a.	(လၢအ)(တၢ်)ယံယံလၤလၤဘျ့ဘျ့ဆိုဆိုလၢအလၢၢ်ပုၤလၢၢ်ကလံၤ★(တၢ်)(ဟ်လုၢ်ဒိ၄ပှၢ်ဒိ၄)တၢ်ယံတၢ်လၤ★ယံလၤ	el'e-gance / el'e-gant
_elegy	n.	ထါဟီ၄ဘၣ်ယၢၤဘၣ်တၢ်	el'-e-gy
_element	n.	တၢ်မိၢ်ပှၢ်★တၢ်အသးအကက်တမံၤလၢနီၤဖးအီၤဆူတၢ်ခံကလုာ်သၢကလုာ်တသ့ဘ၄	el'e-ment
_in (his or its) element		တၢ်လၢအမုာ်ဘ၄ကြၢးဘ၄အီၤ	in (his or its) element
_elements	n.	ဟီ၄ခိ၄,ထံ,ကလံၤ,မ့၄အူ★တၢ်လၢအဒုးကဲထိ၄ယဲမံၢ်ယဲဘိ★တၢ်အမိၢ်ပှၢ်	el'e-ments
_elemental	a.	လၢအမ့ၢ်တၢ်မိၢ်ပှၢ်	el'e-men'tal
_elementary	a.	လၢအမ့ၢ်တၢ်မၤလိအခိ၄ထံး	el'e-ment'a-ry
_elephant	n.	ကဆီ	el'e-phant
_elephantiasis	n.	တၢ်ဆါလၢအဘ၄ပခိ၄ဒီးအဖံးဂိ၄ထိ၄တိ၄ထိ၄	el'e-phan-ti'a-sis
_elephantine	a.	လၢအဒိ၄ဒိ၄သ့ါသ့ါ	el'e-phan'tine

88

_elevate / elevation	v.t. / n.	(တၢ်)စိၥ်ကစီၤထိၣ်ထီၣ်တၢ်★(တၢ်)မၤဂ့ၤထိၣ်ဒိၣ်ထိၣ်တၢ်★(တၢ်)သုးထိထိၣ်မၤထီထိၣ်အလီၢ်★သးဖှံ(မှၥ်)ဒိၣ်ထိၣ်	el'e-vate / el'e-va'tion
_elevation	n.	တၢ်အလီၢ်ထိၣ်ထီ★တၢ်ကစီၤထိၣ်ထီ	el'e-va'tion
_elevator	n.	စဲးစိၥ်ထိၣ်တၢ်	el'e-va'tor
_eleven	a.	တဆံတၢ	e-lev'en
_eleventh	a.	တဆံတပူအတပူ★တဆံတ(ခါ)အကျါအကတၢၢ်တ(ခါ)	e-lev'enth
_elicit	v.t.	ထုးဖျါထိၣ်တၢ်	e-lic'it
_elide / elision	v.t. / n.	(တၢ်)ဟ်လီၤတဲၥ်ကွံၥ်တၢ်(အသိၣ်)	e-lide' / e-li'sion
_eligible / eligibility	a. / n.	(တၢ်)ကြၢးဝဲဘၣ်ဝဲဒီးတၢ်ယုထၢ	el'i-gi-ble / el'i-gi-bil'i-ty
_eliminate / elimination	v.t. / n.	(တၢ်)နုးဟးထီၣ်ကွံၥ်တၢ်★(တၢ်)တမၤဃုၥ်တၢ်လၢၤဘၣ်★(တၢ်)ဟ်တၢ်ကွံၣ်တၢ်	e-lim'i-nate / e-lim'i-na'tion
_elixir	n.	ကသံၣ်ထူးထိၣ်ပမှၢ်နံမှၢ်သီ	e-lix'ir
_elk	n.	တၤဃီၤအဒိၣ်ကတၢၢ်တကလုၥ်	elk
_ellipse / elliptical	n. / a.	(လၢအ)(တၢ်)တစှၢ်ဒံၣ်ဒ္ဉ်ဒံၣ်အသိး★(လၢအ)(တၢ်)ဖျၣ်ပဝ့ၤဒဲ	el-lipse' / el-lip'ti-cal
_elm	n.	သ့ၣ်တကလုၥ်	elm
_elocution	n.	တၢ်ကွၣ်ဘၣ်ကွၣ်သ့ဘၣ်ဃးဒီးတၢ်ကတိၤတၢ်လၢအအိၣ်ဒီး(နီၢ်ခိအ)တၢ်ဟူးတၢ်ဂဲၤဒီးကလုၢ်လၢအထိၣ်အလီၤနှံၣ်လီ	el'o-cu'tion
_elocutionist	n.	ပုၤလၢအသ့ကတိၤတၢ်အိၣ်ဒီး(နီၢ်ခိအ)တၢ်ဟူးတၢ်ဂဲၤဒီးကလုၢ်အထိၣ်အလီၤတဂၤ	el'o-cu'tion-ist
_Elohim	n.	ယွၤ(လၢယူၤဧၤအကျိၥ်)	E-lo'him
_elongate / elongation	v.t. / n.	(တၢ်)မၤထိၣ်တၢ်	e-lon'gate / e-lon-ga'tion
_elope / elopement	v.t. / n.	(တၢ်)ယှၢ်စိၥ်ကွံၥ်ခ့ၤသူၣ်လိၥ်အသး	e-lope' / e-lope'ment
_eloquent / eloquently / eloquence	a. / adv. / n.	(တၢ်)(လၢအ)ကလုၢ်သ့ကတိၤဘၣ်(လၢအထုးနှၢ်ပုၤအသး)	el'o-quent / el'o-quent'ly / el'o-quence
_else	a.	မ့တမ့ၢ်၎င်နာ့ၣ်ဘၣ်(ဒီး)	else
_elsewhere	adv.	လၢလီၢ်အဂၤတပူ	else'where'
_elucidate	v.t.	မၤဖျါထိၣ်လီၤတံၢ်လီၤဆဲး	e-lu'ci-date
_elude / elusive	v.t. / a.	(လၢအညီနှၢ်)မၤပူၤဖျဲးအသး★(လၢအညီနှၢ်)ဂုၢ်ပူၤအသး★(လၢအ)မၤပူၤအသး★လၢအပၥ်ဟးဆှဲးအသး	e-lude' / e-lu'sive
_Elysian	a.	လၢအမှၥ်သူၣ်မှၥ်သးဒိၣ်ဒိၣ်ကလဲၥ်★ဘၣ်ဃးတၢ်မှၥ်တၢ်ခုၣ်အလီၢ်လၢခဲၢ်ကိၢ်တယၣ်	E-ly'sian
_emaciate / emaciation	v.t. / n.	(တၢ်)မၤဖုံၣ်လီၤဃံၤလီၤတၢ်	e-ma'ci-ate / e-ma'ci-a'tion
_emanate / emanation	v.t. / n.	(တၢ်)ဟဲထိၣ်★(တၢ်)ဟဲထိၣ်အခိၣ်ထံး★(တၢ်)စဲၤလီၤသးအခိၣ်ထံး	em'a-nate / em'a-na'tion
_emancipate / emancipation / emancipator	v.t. / n. / n.	(ပုၤလၢအ)(တၢ်)ဒုးအိၣ်သဘျ့တၢ်	e-man'ci-pate / e-man'ci-pa'tion / e-man'ci-pa'tor
_emasculate / emasculation	v.t. / n.	(တၢ်)မၤလီၤစၢ်(တၢ်ကတိၤ)(တၢ်အဂံၢ်အဘါ)★(တၢ်)ဒ္ကွံၥ်တၢ်ၡံၣ်	e-mas'cu-late / e-mas'cu-la'tion
_embalm	v.t.	စုၣ်လၢကသံၣ်	em-balm'
_embank / embankment	v.t. / n.	တမၢၣ်(ယၥ်)	em-bank' / em-bank'ment
_embargo	n.	ပဒိၣ်အတၢ်တြီပနဲၥ်တၢ်ကၤ	em-bar'go
_embark / embarkation	v.t. / n.	(တၢ်)ထိၣ်ကဘီ★(တၢ်)နှၥ်လီၤမၤတၢ်	em-bark' / em'bar-ka'tion

_embarrass / embarrassment	v.t. / n.	(တၢ်)မၤသဘံၣ်ဘုၣ်သး★(တၢ်)မၤတံာ်မှာ်တာ်တာ်သး★(တၢ်)မၤကတုၤအသး ★(တၢ်)မၤမၤဉ်အသး	em-bar'rass / em-bar'rass-ment
_embarrassment	n.	တၢ်ခိၣ်ဖီမဲာ်ဆူး(လၢပှၤဂၤအမဲာ်ညါ)★တၢ်သးဘၣ်တံာ်တာ်	em-bar'rass-ment
_embassador	n.	ကလူး★ထံကီၢ်အခၢၣ်စး	em-bas'sa-dor
_embassy	n.	ထံကီၢ်အခၢၣ်စးအလီၢ်(အလၢ)★ကလူး	em'bas-sy
_embattled	a.	အိၣ်ဒီးတိာ်ဖိၤတၢ်ဖိၤ	em-bat'tled
_embed	v.t.	မၤစဲဘူးစဲထီယာ်တၢ်	em-bed'
_embellish / embellishment	v.t. / n.	(တၢ်)မၤယံမၤလၤတၢ်★(တၢ်)မၤကယၢကယဲတၢ်★(တၢ်) ယဲၤအါထီၣ်ကစဲၤကစီးတၢ်	em-bel'lish / em-bel'lish-ment
_ember	n.	မှၣ်အူၣ်ဖၣ်အူၣ်★မှၣ်အူၤကဖး	em'ber'
_embezzle / embezzler / embezzlement	v.t. / n. / n.	(ပှၤလၢအ)(တၢ်)ဟုၣ်သူပှၤဂၤအတၢ်အိၣ်လၢအစုပူၤ	em-bez'zle / em-bez'zler / em-bez'zle-ment
_embitter	v.t.	ဒုးအိၣ်ထီၣ်တၢ်သးဆါ	em-bit'ter
_emblazon	v.t.	ဟ်ထီၣ်လၢတၢ်ယံတၢ်လၤအကျါဒ်သိးအကဒိၣ်ဖျါထီၣ်ထီ★ ကယၢကယဲထီၣ်ကပြုၢ်ကပြီၤယံယံလၤလၤ	em-bla'zon
_emblem / emblematical	n.	(လၢအမ္ၢ်)တၢ်ပနီၣ်	em'blem / em'blem-at'i-cal
_embody / embodiment	v.t. / n.	(တၢ်)ဟ်ဖျါတၢ်လၢအအိၣ်လၢအသးကံၢ်ပူၤ(လၢတၢ်ကွဲး)(လၢတၢ်တ္)အပူၤ	em-bod'y / em-bod'i-ment
_embolden	v.t.	မၤဒူထီၣ်	em-bold'en
_emboss	v.t.	မၤတၢ်အက္ၢ်အဂီၤအိၣ်ဒီးအကမၢ်ကမိာ်လၢအမဲာ်ဖံးခိၣ်	em-boss'
_embrace	v.t.	ဖိးဟု★ဖိးယာ်★တူၢ်လိာ်★အိၣ်ဒီးတၢ်ပုံၤအံၤပုံၤနုၤ★ဟံးန္ၢ်	em-brace'
_embroider / embroidery	v.t. / n.	(တၢ်)ဆးကံာ်ဆးဝၤ★(တၢ်)ဆးအိၣ်ဒီးအသံၣ်အဖိ★(တၢ်)မၤတၢ်(ကံးညာ်) အိၣ်ဒီးအကယၢကယဲထူးထူးတီၤတီၤ	em-broid'er / em-broid'er-y
_embroil	v.t.	ဒုးအိၣ်ထီၣ်တၢ်ကီတၢ်ခဲလၢအမၤသဘံၣ်ဘုၣ်ပှၤအသး	em-broil'
_embryo	n.	တၢ်လိၣ်ထီၣ်ဖးထီၣ်သးအခီၣ်ထံး	em'bryo
_emend / emendation	v.t. / n.	(တၢ်)ဘှီဘၣ်က္ၤ(တၢ်ကတီၤ)	e-mend' / e-men-da'tion
_emerald	n.	လၢၢ်လါဟ္	em'er-ald
_emerge / emergence	v.i. / n.	(တၢ်)ဟဲက္ၤထီၣ်★(တၢ်)ဟဲထီၣ်လၢတၢ်အကျါ	e-merge / e-merg'ence
_emergency	n.	တၢ်ကီတၢ်ခဲလၢပတထံၣ်စိာ်ဟ်အိၣ်ထီၣ်ဒီးပဘၣ်မၤန္ၢၤအီၤတဘျီယီ	e-mer'gen-cy
_emetic	a.	(ကသံၣ်)လၢအဒုးဘိုးထီၣ်တၢ်	e-met'ic
_emetine	n.	ကသံၣ်လၢပှၤဆဲးဆိကတီၢ်တၢ်ဟၢဖၢာ်	em'e-tine
_emigrate / emigration / emigrant	v.t. / n. / n.	(တၢ်)(ပှၤလၢအ)ဟးထီၣ်ကွံာ်လၢအကီၢ်ဒၣ်ဝဲဒီးလဲၤအိၣ်လဲၤဆိးလၢကီၢ်ဂၤ	em'i-grate / em'i-gra'tion / em'i-grant
_eminence	n.	တၢ်မံဒိၣ်သၣ်ထီ★တၢ်မံဟူသၣ်ဖျါ★တၢ်လီၢ်ထီၣ်ထီ	em'i-nence
_eminent	a.	လၢအမံဒိၣ်သၣ်ထီ★လၢအမံဟူသၣ်ဖျါ★လၢအလီၢ်ထီၣ်ထီ	em'i-nent
_emissary	n.	ကလူး★ပှၤလၢတၢ်မၤလီၤ(ခူသူၣ်)အီၤ	em'is-sa-ry
_emit	v.t.	ဟ္ၣ်ထီၣ်★ဟ္ၣ်လီၤ★ဒုးဟးထီၣ်	e-mit'
_emotion	n.	တၢ်သးဂဲၤ	e-mo'tion
_emotional	a.	လၢအဒုးအိၣ်ထီၣ်တၢ်သးဂဲၤ★လၢအသးဂဲၤညီနုၢ်	e-mo'tion-al
_emperor	n.	စီၤပၤလၢအပၢဘၣ်ကီၢ်အါဘ့ၣ်	em'per-or
_emphasis	n.	တၢ်ဟ်ဒိၣ်တၢ်★တၢ်မၤဆူၣ်ထီၣ်တၢ်ကတိၤတဘီဘီလၢပအဲၣ်ဒိးဟ်ဒိၣ်အီၤ	em'pha-sis
_emphasize	v.t.	မၤဆူၣ်ထီၣ်တၢ်ကတိၤတဘီဘီလၢပအဲၣ်ဒိးဟ်ဒိၣ်အီၤ	em'pha-size
_emphatic / emphatical	a. / a.	လၢအဘၣ်တၢ်ကတိၤဆူၣ်(ထီၣ်)အီၤ	em'phat'ic / em-phat'i-cal
_emphatically	adv.	ဆူၣ်ဆူၣ်	em-phat'i-cal-ly

90

_empire	n.	ဘီမုၢ်	em'pire
_empiric / empirical (ly)	a. / adv.	လၢအကဲထီၣ်လၢပတၢ်ဘၣ်ဘူးဘၣ်တံၢ်ခံၣ်ဝဲအယိ	em-pir'ic / em-pir'-i-cal (ly)
_employ	v.t.	သူတၢ်★မၤတၢ်★ငါပှၤ	em-ploy
_employee	n.	ပှၤဘၣ်တၢ်မၤလဲအီၤ★ပှၤဒိးလဲဖိ	em-ploy-ee'
_employer	n.	ပှၤလၢအငါပှၤ	em-ploy'er
_employment	n.	တၢ်ဖံးတၢ်မၤ	em-ploy'ment
_emporium	n.	ဖျၢၣ်★တၢ်အလီၢ်ဖးၣ်သးဘၣ်ယးတၢ်ဆါတၢ်ပှ့ၤ	em-po'ri-um
_empower	v.t.	ဟ့ၣ်စိဟ့ၣ်ကမီၤ	em-pow'er
_empress	n.	နီၢ်ပၤမုၣ်	em'press
_empty	a.	(မၤ)အိၣ်ကလီ	emp'ty
_emulate / emulation	v.t. / n.	(တၢ်)ဂုာ်ကျဲးစၢးဒ်သိးအတၢ့ဂ့ၤ(ထဲသိး)(နှၢ်ဒံး)★တၢ်ပြၢလိာ်အသး	em'-u-late / em'u-la'tion
_emulsion	n.	ကသံၣ်လၢအလီၤက်ဒ်နှၢ်ထံလီၤသကၤ	e-mul'sion
_enable	v.t.	ဒုးသ့ထီၣ်★ဒုးသ့(နှၢ်တၢ်)	en-a'ble
_enact / enactment	v.t. / n.	(တၢ်)ဒုးကဲထီၣ်တၢ်သိၣ်တၢ်သီ	en-act / en-act'ment
_enamel	v.t.	(ကသံၣ်)(လၢတၢ်)ပ္ၤဘ္ၣ်ကဆှၣ်တၢ်	en-am'el
_enamor / enamour	v.t.	မၤလီၤအဲၣ်အသး	en-am'or / en-am'our
_enamoured	a.	လၢအသးၣ်ရံၢ်နူၢ်	en-am'oured'
_encamp / encampment	v.t. / n.	(တၢ်)ကတဲာ်ကတီၤတၢ်လီၢ်တၢ်ကျဲဒီးသူၣ်ထီၣ်ဒဲလၢကအိၣ်ဝဲလၢအပူၤတစိၢ်တလီၢ်	en-camp / en-camp'ment
_encase	v.t.	ဒၢယာ်	en-case'
_enchain	v.t.	စၢယာ်ကျ္ၤ	en-chain'
_enchant / enchantment	v.t. / n.	(တၢ်)မၤမဲာ်ဘၣ်သးစိာ်တၢ်★(တၢ်)ရံၢ်နှၢ်တၢ်★မၤမုာ်ပှၤသးဒိၣ်ဒိၣ်ကလဲာ်	en-chant' / en-chant'ment
_enchanted	v.t.	အိၣ်လၢတၢ်သမူပယၢ်အစိကမီၤအဖိလာ်	en-chant'ed
_enchanting	a.	လၢအသ္ၤရံၢ်နူၢ်ပှၤ	en-chant'ing
_encircle	v.t.	ဝီၤယာ်တၢ်★ကၤယာ်တၢ်★အိၣ်ဝးတရံး★လဲၤတရံးအိၣ်ဝီၤ	en-cir'cle
_enclose	v.t.	ကရၢယာ်တၢ်★ဒၢနာ်(သကီးဒီးတၢ်ဂၤ)	en-close'
_enclosure	n.	ကရၢ★တၢ်လၢတၢ်ဒၢနာ်(သကီးဒီးတၢ်ဂၤ)★ကပိၤ	en-clo'sure
_encomium	n.	တၢ်စံးထီၣ်ပတြၢၤအဒိၣ်အထီ	en-co'mi-um
_encompass	v.t.	ဝီၤယာ်တၢ်★ပာ်ယှာ်	en-com'pass
_encore	v.t.	(တၢ်)မၤပူၤမၤလီၤကထၢကဒီးတၢ်(လၢအမုာ်ဘၣ်ပသးအယိ)★တၢ်မၤကဒီးတၢ်	en'core'
_encounter	v.t.	(တၢ်)ကွၢ်ဆၢၣ်မဲာ်တၢ်★(တၢ်)ဘၣ်သပှၢ်ထီၣါလိာ်အသး★(တၢ်)ဘၣ်သကၢ်မဲာ်သကီးမဲာ်	en-coun'ter
_encourage / encouragement	v.t. / n.	(တၢ်)(လၢအ)မၤၡူတၢလှၢ်ထီၣ်ပှၤအသး★(တၢ်)(လၢအ)မၤဆူၣ်ထီၣ်ပှၤအသး	en-cour'age / en-cour'age-ment
_encouraging	a. / adv.	လၢ(အ)(တၢ်)ဟ့ၣ်ထီၣ်တၢ်မုၢ်လၢ်(အပူၤ)★လၢ(အ)(တၢ်)ဒုးဆူၣ်ထီၣ်သူၣ်သး(အပူၤ)	en-cour'ag-ing (ly)
_encroach / encroachment	v.i. / n.	(တၢ်)ဂုာ်နုာ်ဆူၣ်ဆူပှၤဂၤအကွီၢ်ပူၤ★(တၢ်)ဂုာ်မၤနှၢ်ခူသူၣ်ပှၤဂၤအတၢ်ဘျုး★(တၢ်)(ဖိၣ်လဲၣ်အတၢ်)အိၣ်ကွာ်(ဟီၣ်ခိၣ်)တစဲးတစဲး	en-croach' / en-croach'ment
_encumber / encumbrance	v.t. / n.	(တၢ်လၢအ)မၤတံာ်တာ်ဘီကျိၣ်(တၢ်ဟူးတၢ်ဂဲၤ)(တၢ်လဲၤတၢ်ကူၤ)	en-cum'ber / en-cum'br-ance
_encyclopaedia	n.	လံာ်တဘ့ၣ်လၢအတဲဖျါထီၣ်တၢ်ကိးမံၤဒဲးအဂ့ၢ်မိၢ်ပှၢ်	en-cy'clo-pae'di'a
_end	v.i.	(ဒုး)ကတၢၢ်ကွံာ်	end
_end	n.	အကတၢၢ်	end
_endanger	v.t.	ဒုးဘၣ်ယိၣ်ဘၣ်ဘီတၢ်★ဒုးအိၣ်ထီၣ်တၢ်ဘၣ်ယိၣ်	en-dan'ger

English	Part	Meaning	Pronunciation
_endear / endearment	v.t. / n.	(တၢ်လၢအ)မၤလုၢ်ဒိၣ်မ္ၤဒိၣ်ထိၣ်တၢ် ★(တၢ်)မၤလီၤအဲၣ်လီၤကွံ(အသး)	en-dear' / en-dear'ment
_endeavour	v.t.	(တၢ်)ဂုာ်ကျဲးစၢးတၢ် ★(တၢ်)မၤကွၢ် ★(တၢ်)ဂုာ်မၤတၢ်	en-deav'our
_endemic	a.	အိၣ်လၢအလီၢ်လီၤဆီဒၣ်တၢ်တပူ	en-dem'ic
_ending	n.	တၢ်အကတၢၢ်	end'ing
_endless	a. / adv.	အကတၢၢ်တအိၣ်ဘၣ် ★တထံၣ်ယီ ★ထိဘိ ★တဘိယူၢ်ယီ	end'less (ly)
_endmost	adv.	လၢအယံၤကတၢၢ် ★အကတၢၢ်တ(ဖျၢၣ်)	end'most'
_endogamy	n.	တၢ်ဖိုမိအသးထဲလၢအဒူၣ်အထၢအကလုာ်ဒၣ်ဝဲအကျါ	en-dog'a-my
_endorse / endorsement	v.t. / n.	(တၢ်)ကွဲးလီၤပာ်မၤလၢတၢ်အချ ★(တၢ်)အၢၣ်လီၤမၤကၢ်မၤကူ	en-dorse / en-dorse'ment
_endow / endowment	v.t. / n.	(တၢ်)ဟ်စ့လၢအကအိၣ်လၢအဂီၢ်ထီဘိ ★(တၢ်)ဟ့ၣ်သးလၢအကူၣ်တၢ်ဖးတၢ်သ့ ★(တၢ်)ဒုးဟဲဝံဟဲစိၣ်ယုာ်	en-dow' / en-dow'ment
_endowment	n.	တၢ်ကူၣ်ဘၣ်ကူၣ်သ့လၢပုၤအိၣ်ဖျဲၣ်ပၣ်ယုာ်	en-dow'ment
_endue	v.t.	(တၢ်)ဟ့ၣ်စိဟ့ၣ်ကမီၤ	en-due
_endurable	a.	လၢတၢ်တုၢ်နၢ်ခီၣ်ကဲ	en-dur'a-ble
_endurance	n.	တၢ်(မၤ)(တုၢ်)တၢ်ကဲတနၤနၤ ★တၢ်တုၢ်တၢ်ခီၣ်တၢ်	en-dur'ance
_endure	v.i.	တုၢ် ★ခီၣ် ★ဒီးဘၣ်တၢ် ★အိၣ်ဂၢၢ်အိၣ်ကျၤၤ	en-dure'
_endways	adv.	အိၣ်ပာ်ဆၢထၢၣ်ဆီအသးလၢအစိၤန္ၢ်	end'ways'
_enema	n.	တၢ်ထံလၢပဖိးန္ာ်ဆ့ၣ်ခံပူၤ	en'e-ma
_enemy	n.	ဒုၣ်ဒါ	en'e-my
_energetic	a.	လၢအမၤတၢ်လၢက်ဂံၢ်လၢက်ဘါ ★လၢအဂၢ်အဘါအိၣ်	en'er-get'ic
_energetically	adv.	လၢတၢ်လၢက်ဂံၢ်လၢက်ဘါအပူၤ	en'er-get'i-cal-ly
_energy	n.	တၢ်ဂံၢ်တၢ်ဘါ(တၢ်စိတၢ်ကမီၤ)လၢတၢ်ထုးထီၣ်အီၤ	en'er-gy
_energize	v.t.	ဟ့ၣ်စိဟ့ၣ်ကမီၤ ★ဒုးဂဲၤလိာ်တၢ်လၢက်ဂံၢ်လၢက်ဘါ	en'er-gize
_enervate / enervation	v.t. / n.	(တၢ်)မၤစၢ်လီၤကွံာ်တၢ်အဂံၢ်အဘါ	en'er-vate / en'er-va'tion
_enervation	n.	တၢ်ဂံၢ်စၢ်လီၤဘၢၢ်စၢ်လီၤ	en'er-va'tion
_enfold	v.t.	(ဒုးအိၣ်)ဘိၣ်ဘံယာ်တၢ်	en-fold'
_enforce / enforcement	v.t. / n.	(တၢ်)မၤလၢထီၣ်ပှဲၤထီၣ်တၢ်	en-force' / en-force'ment
_enforceable	a.	လၢအဘၣ်တၢ်မၤလၢထီၣ်ပှဲၤထီၣ်အီၤသ့	en-force'a-ble
_enfranchise / enfranchisement	v.t. / n.	(တၢ်)ဟ့ၣ်အခွဲးလၢကဖိၣ်တၢ်ဖးအဂီၢ် ★(တၢ်)မၤထူၣ်ဖျဲးကွံာ်လၢကုၢ်အလီၢ်	en-fran'chise / en-fran'chise-ment
_engage / engagement	v.i. / v.t. / n.	(တၢ်)ဒုးဘၣ်ဃာ်အသးလၢတၢ်အၢၣ်လီၤအီၤလီၤ ★(တၢ်)ဒုးအိၣ်စၢဃာ်တၢ်ဒီးတၢ်အၢၣ်လီၤအီၤလီၤမၤတၢ် ★(တၢ်)ဟ်ပနီၣ်အဲၣ်ဒိတီလိာ်အသး ★(တၢ်)ၚါတၢ် ★(ကတိၤ)သကိးတၢ်ဒီး(ပုၤ) ★(စံးဖံၣ်ဘၣ်အမဲ)လဲၤဘျးတကၢလိာ်အသးလၢအလီၢ်အလီၢ်ဒၣ်ဝဲ ★(တၢ်)ဒုးတၢ်ထိဒါပူၤ	en-gage' / en-gage'ment
_engagement	n.	(တၢ်ဖံးတၢ်မၤ)လၢပုၤအၢၣ်လီၤလၢကမၤဝဲ	en-gage'ment
_engaging	a. / adv.	လၢ(အ)(တၢ်)ထုးန္ၢ်ပသး(အပူၤ)	en-gag'ing (ly)
_engender	v.t.	ဒုးအိၣ်ထီၣ်တၢ် ★ဒုးလိၣ်ထီၣ်တၢ်	en-gen'der
_engine	n.	စဲၤမီၤဖီမီၤ	en'gine
_engineer	n.	ပုၤဟၢးစဲၤဖီ ★ပုၤသ့နၢ်ပၢၢ်ရဲၣ်လီၤဟ်လီၤတၢ်သ့ၣ်ထီၣ်ဘိုထီၣ်တၢ်	en'gin-eer'
_engineering	n.	တၢ်သ့ဘိုတၢ်	en-gi-neer'ing
_English	n.	ဘၣ်ယၤဒီးကီၢ်အဲၣ်ကလံာ်	Eng'lish
_engraft	v.t.	ဘုၣ်စၤးသ့ၣ်ဒ့လၢသ့ၣ်ဂၤအလိၤ	en-graft'
_engrave	v.t.	စီးဖျုတၢ်	en-grave'
_engraving	n.	တၢ်လၢအဘၣ်တၢ်စီးဖျုန္ၢ်	en-grav'ing

92

_engross / engrossing	v.t. / a.	(တၢ်လၢအ)ဟံးယၣ်ပှၤအသူၣ်အသးခဲလၢာ်	en-gross' / en-gross'ing
_enhance / enhancement	v.t. / n.	(တၢ်)မၤဒိၣ်ထီၣ်အါထီၣ်(တၢ်အလုၢ်အပှ့ၤ)	en-hance' / en-hance'ment
_enigma / enigmatic (al)	n. / a.	(တၢ်ကတိၤ,)လၢပနၢ်ပၢၢ်အဂ့ၢ်တသ့ဘၣ်★တၢ်ပိၢ်ပှံ့	e-nig'ma / e'nig-mat'ic (al)
_enigmatically	adv.	ယိာ်ယိာ်ကီကီ★လၢပနၢ်ပၢၢ်ကီ	e'nig-mat'ic-al-ly
_enjoin	v.t.	ဟ့ၣ်လီၤအကလုၢ်★မၤလိာ်မၤလီၤတၢ်	en-join
_enjoy	v.t.	(မၤတၢ်)မုာ်★မၤမုာ်(အ)သးလၢ★မၤမုာ်လၤ(အ)သး(လၢ)(ဒီး)★မုာ်လၤ	en-joy'
_enjoyable	a.	လၢအမုာ်သူၣ်မုာ်သးပှၤ	en-joy'a-ble
_enjoyment	n.	တၢ်မၤမုာ်သး	en-joy'ment
_enkindle	v.t.	ဒုးအိၣ်ထီၣ်(တၢ်မှံၢ်လၢ်)	en-kin'dle
_enlace	v.t.	မၤသဘံၣ်ဘုၣ်တၢ်	en-lace'
_enlarge	v.t.	မၤဒိၣ်ထီၣ်လဲၢ်ထီၣ်တၢ်	en-large'
_enlargement	n.	တၢ်ဒိၣ်ထီၣ်လဲၢ်ထီၣ်★တၢ်မၤဒိၣ်ထီၣ်လဲၢ်ထီၣ်တၢ်	en-large'ment
_enlighten / enlightenment	v.t. / n.	(တၢ်)ဒုးနၢ်ပၢၢ်ဂ့ၤထီၣ်အါထီၣ်တၢ်	en-light'en / en-light'en-ment
_enlightenment	n.	တၢ်သ့ၣ်ညါနၢ်ပၢၢ်	en-light'en-ment
_enlist / enlistment	v.i. / n.	(တၢ်)နုာ်ဘၣ်(ပှၤ,တၢ်)အတၢ်မၤစၢၤ★(တၢ်)ဆဲးလီၤအမံၤလၢတၢ်အၢၣ်လီၤသးအပူၤ	en-list' / en-list'ment
_enliven	v.t.	ဒုးဟူးဒုးဂဲၤ★ထိၣ်ဟူးထိၣ်ဂဲၤပှၤအသး★မၤဖှံထီၣ်ပှၤအသး	en-liv'en
_enmesh	v.i.	ဘံဘူယာ်	en-mesh'
_enmity	n.	တၢ်သူၣ်ဟ့သးဟ့★တၢ်သူၣ်ကွၣ်သးကါ★တၢ်ထီဒုၣ်ထီဒါ	en'mi-ty
_ennoble / ennoblement	v.t. / n.	(တၢ်)မၤဒိၣ်ထီၣ်ထီထီၣ်ပှၤ★(တၢ်)ဒုးလီၤယူၤယီၣ်ဟ်ကဲအီၤအါထီၣ်★(တၢ်)ဒုးတူၢ်ဒိၣ်ကီၤဒိၣ်ထီၣ်ပှၤ	en-no'ble / en-no'ble-ment
_ennui	v.i.	အိၣ်တမုာ်ဆိးတပၢၤလၢတၢ်သူၣ်လီၤဘုံးသးလီၤတီၤဘၣ်အီၤအဃိ★သူၣ်လီၤဘုံးသးလီၤဘှါလၢတၢ်သူၣ်တမုာ်သးတမုာ်ဘၣ်အီၤအဃိ	en-nui'
_enormity	n.	တၢ်(ကမၣ်)တလၢကွံာ်အခၢး	e-nor'mi-ty
_enormous	a. / adv.	ဒိၣ်ဒိၣ်မုၢ်မုၢ်★ဖးဒိၣ်ဖးသဲ	e-nor'mous (ly)
_enough	n.	လၢ★လၢပှဲၤ	e-nough'
_enquire / enquiry	v.i. / n.	(တၢ်)သံကွၢ်သံဒိးလၢတၢ်အဂ့ၢ်	en-quire' / en-quir'y
_enrage	v.t.	မၤသူၣ်ဒိၣ်သးဖျိး★မၤကိၢ်လုးထီၣ်(ပှၤ)အသး	en-rage'
_enrapture	v.t.	ဒုးမုာ်သူၣ်မုာ်သးနၤနၤကလံာ်	en-rap'ture
_enrich / enrichment	v.t. / n.	(တၢ်)မၤထူးထီၣ်တီၤထီၣ်တၢ်★(တၢ်)မၤအါထီၣ်တၢ်လၢပှၤညီနုၢ်ဟ်ကဲအီၤ(တကလုာ်ဂ့ၤတကလုာ်ဂ့ၤ)လၢတၢ်တမံၤမံၤအကျါ★(တၢ်)မၤဂ့ၤထီၣ်တၢ်ဒၣ်သိးပှၤအတၢ်ဟ်ကဲအီၤကအါထီၣ်အဂီၢ်	en-rich' / en-rich'ment
_enroll / enrollment	v.t. / n.	(တၢ်)(ဒုး)ဆဲးလီၤအမံၤ	en-roll' / en-roll'ment
_ensconce	v.t.	(ဒုး)အိၣ်လၢတၢ်အလီၢ်လၢအလၢၤသူၣ်လၢသးဘၣ်အီၤ★ဟ်တဒၢ	en-sconce'
_ensemble	n.	တၢ်အါမံၤလၢပာ်ဖှိၣ်အီၤဒၣ်အမ့ၢ်တၢ်တပူၤဃီအသိး	en'sem'ble
_enshrine / enshrinement	v.t. / n.	(တၢ်)ဟ်စီဟ်ဆှံတၢ်	en'shrine' / en-shrine'ment
_enshroud	v.t.	ကျၢၢ်ဘၢတၢ်	en-shroud'
_ensign	n.	အလၣ်★ပှၤစိာ်လၣ်ဖိ★တၢ်ပနီၣ်	en'sign
_enslave / enslavement	v.t. / n.	(တၢ်)ဒုးကဲကုၢ်တၢ်	en-slave / en-slave'ment
_ensnare	v.t.	ဖိၣ်နှံၢ်လၢတှၤဒိၣ်★ဆဲးလၢထု	en-snare'
_ensue	v.i.	အိၣ်ထီၣ်အသးလၢတၢ်အလိၣ်★(ဝံၤဒီး)ဟ်ထီၣ်အခံ	en-sue'
_ensuing	a.	လၢအမၤအသးလၢခံ★လၢအမၤဟ်ထွဲထီၣ်တၢ်အခံ	en-su'ing
_ensure	v.t.	ဒုးနာ်ပှၤသပှၢ်ပှၢ်	en-sure'

_entail	v.t.	ဒုးအိၣ်ထီၣ်(တၢ်ဝံတၢ်ယိး)★ဒုးန့ၢ်သါတၢ်တစိၤဘၣ်တစိၤ	en-tail'
_entangle / entanglement	v.t. / n.	(တၢ်)(တၢ်လၢအ)မၤသဘံၣ်ဘုၣ်တၢ်	en-tan'gle / en-tan'gle-ment
_enter	v.t.	(ဖၢ)နုာ်★နုာ်လီၤ★ဟဲနုာ်★လဲၤနုာ်★စးထီၣ်★ကွဲးလီၤနီၣ်	en'ter
_enteric	a.	လၢအဘၣ်ဃးဒီးအ့ၣ်ကီၢ်	en-ter'ic
_enterprise	n.	တၢ်ဖံးတၢ်မၤ★တၢ်သးဆူၣ်လၢအမၢပှၤမၤဂ့ၤထီၣ်အတၢ်ဖံးတၢ်မၤ★တၢ်မၤကွၢ်လၢအနု အယိၤ	en'ter-prise
_enterprising	a.	လၢအအိၣ်ဒီးတၢ်သးဆူၣ်လၢအအဲၣ်ဒိးမၤဂ့ၤထီၣ်အတၢ်ဖံးတၢ်မၤ	en-ter-pris'ing
_entertain / entertainer / entertaining / entertainment	v.t. / n. / a. / n.	(တၢ်)(ပှၤ)(လၢအ)တူၢ်ထံၣ်တူၢ်တမုံၤ★(တၢ်)(ပှၤ)(လၢအ)တူၢ်လိာ်ကွၢ်ဆိကမိၣ်တၢ်★(တၢ်)(ပှၤ)(လၢအ)ဒုးအိၣ်ထီၣ်တၢ်သူၣ်မှာ်သးခု★တၢ်ဒုးအိၣ်ဝံၣ်အီဆၢတၢ်	en'ter-tain' / en'ter-tain'er / en'ter-tain'ing / en'ter-tain'ment
_enthrall / enthral / enthrallment	v.t. / v.t. / n.	(တၢ်)ဒုးကဲကုၢ်တၢ်★(တၢ်)မၤမဲာ်ဘၣ်သးစီၣ်အသး★(တၢ်)ဒုးဘၣ်တၢ်ကီကီခဲခဲ★ဟံးဃာ်အသးလၢအဒုးကမၢကမၣ်အီၤအယိ	en-thrall' / en-thral' / en-thrall'ment
_enthrone / enthronement	v.t. / n.	(တၢ်)ဒုးထီၣ်န့ၢ်★(တၢ်)ဒုးထီၣ်နီ	en-throne' / en-throne'ment
_enthuse	v.t.	ဒုးဂဲၤပှၤအသး★သးဂဲၤ★ဒုးသူၣ်ဆူၣ်သးဆူၣ်	en-thuse'
_enthusiasm	n.	တၢ်သးဂဲၤ★တၢ်သးဆူၣ်	en-thu'si-asm
_enthusiastic / enthusiastical (ly)	a. / adv.	လၢ(အ)(တၢ်)သးဂဲၤ(အပူၤ)★လၢတၢ်သးဆူၣ်အပူၤ	en-thu'si-as'tic / en-thu'si-as'tic-al (ly)
_entice / enticement	v.t. / n.	(တၢ်)ကလံာ်န့ၢ်လွဲန့ၢ်★(တၢ်)မၤကလှာ်ထီၣ်ပှၤအသး★(တၢ်)လွဲန့ၢ်ကွဲန့ၢ်တၢ်	en-tice / en-tice'ment
_enticing (ly)	adv.	လၢ(အ)(တၢ်)ကလံာ်န့ၢ်လွဲန့ၢ်တၢ်(အပူၤ)	en-tic'ing (ly)
_entire / entirety	a. / n.	(တၢ်)ဒီ(ခိၣ်)ညါ★(တၢ်)ခဲလၢာ်ခဲဆ့	en-tire' / en-tire'ty
_entirely	adv.	လၢလၢပှဲပှဲၤ★လၢာ်လၢာ်ဆ့ဆ့★စီကညူး★စီဖုကလ့ၤ	en-tire'ly
_entitle	v.t.	ဟ့ၣ်ပၢတၢ်★ဟ့ၣ်အီၤယုာ်ဒီးကွီၢ်လၢကပၢတၢ်★ဟ့ၣ်စိဟ့ၣ်ကမီၤ★ယုၢ်အမံၤ★ဒုးကြၢးအီၤ★ဟ့ၣ်အမံၤအသၣ်	en-ti'tle
_entity	n.	တၢ်အိၣ်(အသး)★တၢ်လၢအအိၣ်	en'ti-ty'
_entomb	v.t.	ခူၣ်လီၤ★ဟ်နုာ်လၢသွၣ်ခိၣ်ပူၤ	en-tomb
_entomologist	n.	ပှၤလၢအယုမၤလိသ့ၣ်ညါတၢ်ဖိဃၢ်အဂ့ၢ်	en'to-mol'o-gist
_entomology / entomological	n. / a.	(ဘၣ်ဃးဒီး)တၢ်ယုမၤလိသ့ၣ်ညါတၢ်ဖိဃၢ်အဂ့ၢ်	en'to-mol-o-gy / en'to-mol-o-gi-cal
_entrails	n.	တၢ်အပှံာ်အကဖု	en'trails
_entrain	v.t.	ဒိးထီၣ်လှ့ၣ်မ့ၣ်အူ★ပၢနုာ်လၢလှ့ၣ်မ့ၣ်အူပူၤ	en-train'
_entrance	v.t.	ဒုးမှာ်သူၣ်မှာ်သးတၢ်နးနးကလဲာ်	en-trance'
_entrance	n.	ကျဲစၢၤ★ကျဲနါဟိ★တၢ်လဲၤနုာ်ဘၣ်★တၢ်ခိၣ်ထံး★တၢ်ကွဲးနီၣ်	en-trance
_entrap	v.t.	ကလံာ်န့ၢ်လွဲန့ၢ်★ဒိးတၢ်လၢထု	en-trap'
_entreat / entreaty	v.t. / n.	(တၢ်)(ယ့သကွံၢ်)ကညးတၢ်	en-treat / en-treat-y
_entrench	v.i.	ဒုးကဝီၤဃာ်တၢ်လၢတၢ်ကျိၤ★နုာ်အိၣ်ဂၢၢ်အိၣ်ကျၢၤ(လၢအလီၢ်အလၤအပူၤ)	en-trench'
_entrust	v.t.	အးလီၤ	en-trust'
_entry	n.	တၢ်လဲၤနုာ်★တၢ်လဲၤနုာ်ဘၣ်★တၢ်နုာ်လီၤ★ကျဲစၢၤ	en'try
_entwine	v.t.	မၤသဘံၣ်ဘုၣ်တၢ်★သဘံၣ်ဘုၣ်လိာ်အသး	en-twine'
_enumerable	a.	လၢတၢ်ဂံၢ်အီၤသ့	e-nu'mer-a-ble
_enumerate / enumeration	v.t. / n.	(တၢ်)ဂံၢ်တၢ်	e-nu'mer-ate' / e-nu'mer-a'tion
_enunciate / enunciation	v.t. / n.	(တၢ်)ကတိၤတၢ်ပံၣ်ပံၣ်ကျါကျါ★(တၢ်)ဘီးဘၣ်သ့ၣ်ညါတၢ်	e-nun'ci-ate / e-nun'ci-a'tion
_envelop	v.t.	ဘိၣ်ဃာ်တၢ်★ဒၢဃာ်တၢ်	en-vel'op
_envelope	n.	တၢ်လၢအဒၢဃာ်တၢ်★လံာ်အဒၢ★တၢ်ပရၢအဒၢ	en've-lope

_enviable	a.	လၢအဂ့ၤတုၤအဒၣ်အိၣ်ထိၣ်တၢ်သးကွၣ်	en'vi-a-ble
_envious / enviously	a. / adv.	လၢ(အအိၣ်ဒီး)(တၢ်)သူၣ်ကွၣ်သးကါ(အပူၤ)	en'vi-ous / en'vi-ous-ly
_environment / environs	n. / n.	တၢ်လၢအအိၣ်ဘူးအိၣ်တၢ်ဝးဝး	en-vi'ron-ment / en-vi'rons
_envoy	n.	ကလူး★ခၢၣ်စး★ပှၤလၢအစိာ်ပှၤပၢတၢ်အကလုၢ်ဆူထံဂၤကိၢ်ဂၤ	en'voy
_envy	v.t.	(တၢ်)သူၣ်ကွၣ်သးကါတၢ်	en'vy
_eon	n.	တၢ်ဆၢကတီၢ်ဖးယံာ်	e'on
_epaulet / epaulette	n. / n.	တၢ်ပနီၣ်လၢဖံထံခိၣ်အဂီၢ်	ep'au-let / ep'au-lette
_ephemeral	a.	လၢအမူဝဲတသီဧိၤ	e-phem'er-al
_epic	n.	ထါအယုၢ်ဖးထီလၢအပှဲၤဒီးတၢ်သူၣ်ဒူသးဒီးတၢ်အဲၣ်တၢ်ကွံအဂ့ၢ်	ep'ic
_epicure / epicurean	n. / n.	(ပှၤ)လၢအဟ်ဒိၣ်တၢ်အိၣ်တၢ်အီၣ်အဝံၣ်အဆၢ	ep'i-cure / ep'i-cu're-an
_epidemic	n.	တၢ်(ဆါ)လၢအဘၣ်ပှၤအါဂၤတဘျီဃီ	ep'i-dem'ic
_epidermis	n.	တၢ်အဖံးသဘျုး★တၢ်ဖံးလၢခိတကထၢ	ep'i-der'mis
_epigram	n.	ထါဖုၣ်ကိာ်ဖိလၢအဒုၤလီၤနံၤပျၤ	ep'i-gram
_epilepsy / epileptic	n. / a.	(ပှၤလၢအဘၣ်)တၢ်ဆါတၢ်ထိၣ်ပုၤ★(ပှၤလၢအဘၣ်)တၢ်ဆါဝဲၤယူ★ တၢ်ဆါပျၢ်ထီး★ဘၣ်ယးတၢ်ဆါပျၢ်ထီး	ep'i-lep'sy / ep'i-lep'tic
_epilogue	n.	တၢ်ကတိၤကဒါက့၊တၢ်အဂ့ၢ်ဖုးဘိ	ep'i-logue
_episcopacy / episcopal / episcopalian	n. / a. / a.	(ပှၤလၢအ)(ဘၣ်ယးဒီး)ဖုံထံဖိအသရၣ်ဖးဒိၣ်တဖၣ်(အတၢ်ပၢ). အတၢ်ကဟုဘၣ်ကယာ်ဘၢတၢ်	e-pis'co-pa-cy / e-pis'co-pal / e-pis'co-pa'li-an
_episode	n.	တၢ်မၤအသးတကကိၢ်	ep'i-sode
_epistle	n.	လံာ်ပရၢ	e-pis'tle
_epitaph	n.	တၢ်ကတိၤစီးပျၤအသးလၢတၢ်သ့ၣ်ခိၣ်အထူၣ်လိၤ	ep'i-taph
_epithet	n.	တၢ်ကတိၤတဘီလၢအဟ်ဖျါထိၣ်ပှၤအတကၢ်ပဝး	ep'i-thet
_epitome	n.	တၢ်ကွဲၤအဖုၣ်	e-pit'o-me
_epitomize	v.t.	ကွဲၤဖုၣ်လီၤတၢ်	e-pit'o-mize
_epoch	n.	အနံၣ်အလါအဆၢကတီၢ်ဖဲတၢ်မၤအသးလီၤဆီတဝံၤ	ep'och
_equability	n.	တၢ်အိၣ်ဒီးသးဂၢၢ်တပၢၢ်ထီဘိ★တၢ်ဖိးလိာ်★တၢ်(ဒံသိး)(ထဲသိး)လိာ်သး	e'qua-bil'i-ty
_equable	a.	လၢအသးဂၢၢ်တပၢၢ်★ဒံသိးသိး★ထဲသိးလိာ်သး	e'qua-ble
_equal / equality	a. / n.	(တၢ်)ဒံသိးသိး★(တၢ်)ထဲသိးသိး★(တၢ်)ပှဲၤသိး	e'qual / e-qual'i-ty
_equalize / equalization	v.t. / n.	(တၢ်)မၤ(ဒံ)(ထဲ)(ပှဲၤ)(တုၤ)သိးက့ၤတၢ်	e'qual-ize / e'qua-li-za'tion
_equally	adv.	ထဲသိးသိး★ဒံသိးသိး★ပှဲၤသိးသိး	e'qual-ly
_equanimity	n.	တၢ်ဖိးလိာ်★တၢ်သးဂၢၢ်တပၢၢ်	e'qua-nim'i-ty
_equate	v.t.	မၤပှဲၤသိးသိးက့ၤတၢ်	e-quate
_equation	n.	(တၢ်ကွဲၤဖျါထိၣ်)တၢ်မၤပှဲၤသိးတၢ်	e-qua'tion
_equator / equatorial	n. / a.	(ဘၣ်ယးဒီး)(ဘူးဒီး)တၢ်ကဝီၤလၢအလဲၤဝးတရံးဟီၣ်ခိၣ်ဒီးနီၤဖးလီၤအီၤ ခံခီထဲသိးသိးဒီးတုၤသိးသိးဆူကလံၤစိးဒီးကလံၤထံးန့ၣ်လီၤ	e-qua'tor / e-qua-to'ri-al
_equestrian	n.	ပှၤဒီးကသ့ၣ်ဖိ	e-ques'tri-an
_equi--	adv.	ဒံသိးသိး★ပှဲၤသိးသိး	e'qui--
_equilateral	a.	လၢအကပၤတဖၣ်(နီသိး)--(တုၤသိး)လိာ်အသး	e'qui-lat'er-al
_equine	a.	ဘၣ်ယးဒီးကသ့ၣ်	e-quine'
_equip	v.t.	ဒုးအိၣ်(ပှၤ)ဒီးတၢ်လၢအလိၣ်လၢတၢ်မၤအဂီၢ်	e-quip'
_equipment	n.	တၢ်လၢ(ပှၤ)အိၣ်ဒီးအီၤလၢတၢ်မၤအဂီၢ်	e-quip'ment
_equinoctial	a.	ဘၣ်ယးတၢ်ဆၢကတီၢ်ဖဲမုၢ်အိၣ်ထိၣ်လၢၤလီၤလ၊	e-qui-noc'tial
_equator		အဖိခိၣ်	equator

_equitable	a.	လၢအဘၣ်အခၢး★လၢအကြၢးဝဲဘၣ်ဝဲ★လၢအတီလီၤလီၤ★လၢအတၢ်ကွၢ်ဒိၣ်ဆံးအါဃုတၢ်	eq'ui-ta-ble
_equity	n.	တၢ်တီတၢ်လိၤ★တၢ်ဘၣ်အခၢး★တၢ်တၢ်ကွၢ်ဒိၣ်ဆံးအါဃုတၢ်	eq'ui-ty
_equivalent	a.	လၢအပှဲၤသိးသိး	e-quiv'a-lent
_equivocal / ly	a. / adv.	လၢ(အ)(တၢ်)လီၤသးဒ္ဒီပှၤ(အပူၤ)★လၢအခီပညီထိဒါလိာ်အသးအိၣ်ခံမံၤ	e-quiv'o-cal (ly)
_equivocate / equivocation	v.t. / n.	(တၢ်)သူတၢ်ကတိၤလၢအခီပညီတဖျါဒၣ်သိးကဆူးကမၣ်တၢ်အဂီၢ်	e-quiv'o-cate / e-quiv'o-ca'tion
_era	n.	တၢ်အနံၣ်အလါအဆၢကတီၢ်လၢအစးထိၣ်အသးဖဲတၢ်မၤအသးလီၤဆီတမံၤမံၤ	e'ra
_eradicate / eradication / eradicable	v.t. / n. / a.	(လၢအဘၣ်တၢ်)(တၢ်)ထံးထိၣ်ကွံာ်ဒီး(တၢ်)အဂၢ်အဂၢၤ★(လၢအဘၣ်တၢ်)(တၢ်)မၤဟးဂီၤကွံာ်စီဖ္ဖုကလ္ၤ	e-rad'i-cate / e-rad'i-ca'tion / e-rad'i-ca-ble
_erase	v.t.	ထူးသံကွံာ်	e-rase
_ere	adv.	တချုး	ere
_ere long		တယံာ်လၢၤဘၣ်	ere long
_ere now		တချုးလၢခဲအံၤဒံးဘၣ်	ere now
_erect / erection	v.t. / n.	(တၢ်)ပိာ်ဆၢထၢၣ်★(တၢ်)သူၣ်ထိၣ်★(တၢ်)ဒုးဆၢထၢၣ်ဘျုဃုာ်ကလာ်(လၢအ)အိၣ်ဆၢထၢၣ်ဘျုဘျု	e-rect' / e-rec'tion
_ermine	n.	ဆၣ်ဖိကီၢ်ဖိဒိယှာ်ခုၣ်ဖျါအသးလၢအဆူၣ်ဝါ	er'mine
_erode	v.t.	အီၣ်ကွံာ်★(ထံ)အီၣ်ကွံာ်(မၤလ္ၤကွံာ်)ဟီၣ်ခိၣ်တဘ္ဒးဘၣ်တဘ္ဒး	e-rode'
_erosion	n.	(ထံအ)တၢ်အီၣ်ကွံာ်(မၤလ္ၤကွံာ်)ဟီၣ်ခိၣ်တဘ္ဒးဘၣ်တဘ္ဒး	e-ro'sion
_erosive	a.	လၢအအီၣ်ကွံာ်တၢ်★လၢအစိၣ်ကွံာ်တၢ်★လၢအမၤလ္ၤကွံာ်တၢ်	e-ro'sive
_erotic	a.	ဘၣ်ဃးပိာ်မုၣ်ပိာ်ခွါအတၢ်အဲၣ်လိာ်အသး	e-rot'ic
_err	v.i.	(ဆိကမိၣ်)ကမၣ်	err
_errand	n.	တၢ်မၤလၢပှၤဘၣ်တၢ်မၤလီၤကဘၣ်လဲၤမၤဝဲလၢပှၤဂၤအဂီၢ်	er'rand
_errant	a.	လၢအဟးဝ္ၤဝီၤညိန္ၢ်★လၢအဟးဖျိးကွံခဲအံၤခဲအံၤ	er'rant
_erratic	a.	လၢအတလီၤတံၢ်လီၤဆံး★ကလံၤကလူ★လၢအမၤအသးဒ်ပှၤသးတထံၣ်ဆး★လၢအဟးဝ္ၤဝီၤ	er-rat'ic
_erroneous	a.	အိၣ်ဒီးတၢ်ကမၣ်★တဘၣ်ဘၣ်	er-ro'ne-ous
_error	n.	တၢ်ကမၣ်	er'ror
_erst	adv.	လၢမဟၢါမဟီ	erst
_erudite / erudition	a. / n.	(တၢ်)(လၢအ)မၤလိမၤဒိးဘၣ်တၢ်အါ★သ္လံာ်သ္လဲၢ်	er'u-dite / er'u-di'tion
_erupt / eruption	v.i. / n.	(တၢ်)ပိၢ်ဖး★(တၢ်)ဖုံးထိၣ်★(တၢ်)ပြုထိၣ်	e-rupt / e-rup'tion
_escapade	n.	တၢ်လိာ်ကွဲတဘၣ်လီၢ်ဘၣ်စးလၢအလီၤပ္ၤုပ္ၤုဒီးလီၤနံၤပ္ၤု	es'ca-pade'
_escape	v.i.	ထ္ဒၣ်ဖုံး★(ယ္ၤၢ်)ပူၤဖုံး	es-cape'
_eschatology	n.	တၢ်နၢ်ဘၣ်ဃးလၢတၢ်အကတၢၢ်တဖၣ်အဂ္ၢ်★တၢ်သိၣ်တၢ်သီဘၣ်ဃးတၢ်လၢခံကတၢၢ်တဖၣ်အဂ္ၢ်ဒ်တၢ်သံဒီးတၢ်စံၣ်ညီၣ်တဖၣ်အသိး	es'cha-tol'o-gy
_eschew	v.t.	ဟးဆှဲး	es-chew'
_escort	n. / v.t.	(ပှၤလၢအ)လဲၤဃုာ်ဒီးကဟုကယာ်တၢ်	es'cort / es-cort'
_esculent	a.	ဂ္ၤအီၣ်★ကြၢးဒီးတၢ်အီၣ်	es'cu-lent
_Eskimo	n.	ပှၤလၢအအိၣ်လၢကလံၤစိးအကတၢၢ်	Es-ki-mo
_esophagus	n.	ကိာ်ယူၢ်	es-oph'a-gus
_especial / especially	a. / adv.	လီၤဆီ(ဒၣ်တၢ်)	es-pe'cial / es-pe'cial-ly
_espionage	n.	တၢ်ကွၢ်ဟုၣ်ကွၢ်စုတၢ်	es'pi-o-nage
_esplanade	n.	တၢ်ပၢၤခိၣ်အိၣ်လီၤဖျဲၣ်ဘ္ဒးဒီးဝ္ၢ်	es'pla-nade'

_espouse / espousal	v.t. / n.	(တၢ်)ဟ့ၣ်လီၤကၨဖိအသးအင်္ဂါ★(တၢ်)ဟံးန့ၢ်လၢကကဲထိၣ်အမါအင်္ဂါ★(တၢ်)ဟံးထိၣ်တၢ်ဖံးတၢ်မၤ★ဆဲ့တီ★အိၣ်ပိုၤမၤစၢၤ	es-pouse' / es-pous'al
_espy	v.t.	ထံၣ်ဘၣ်တၢ်★ထံၣ်စိယီၤ	es-py'
_esquire	n.	တၢ်ယူၤယီၣ်ဟ်ကဲအတၢ်ကတိၤ★ပှၤလၢအိၣ်ဒီးအလၤကပီၤ	es-quire'
_essay	n.	တၢ်ကွဲးဖျါထိၣ်တၢ်★တၢ်မၤကွၢ်တၢ်	es'say
_essay	v.t.	မၤကွၢ်တၢ်★ဂဲၤပျုၢ်ကျဲးစၢး	es-say'
_essence	n.	တၢ်အသံးအကာ်★တၢ်အ(ဂ့ၢ်)မိၢ်ပှၢ်	es'sence
_essential	a.	လၢအလိၢ်အိၣ်သပှၢ်ကတၢၢ်★လၢအမ့ၢ်(တၢ်အသံးအကာ်)(တၢ်အမိၢ်ပှၢ်)	es-sen'tial
_essentially	adv.	ဘၣ်ယးဒီးတၢ်အမိၢ်ပှၢ်	es-sen'tial-ly
_establish / establishment	v.t. / n.	(တၢ်)မၤကဲထိၣ်တၢ်★(တၢ်)ဒုးအိၣ်ထိၣ်တၢ်★(တၢ်)ဟ်ကျၢၤတၢ်	es-tab'lish / es-tab'lish-ment
_estate	n.	တၢ်စုလီၢ်ခိၣ်ခိၣ်★တၢ်လၢအအိၣ်ဝဲဒီးပှၤဒ်အံၤနၢၤဟီၣ်ခိၣ်ကဝီၤတဖၣ်အသိး	es-tate'
_esteem	v.t.	(တၢ်)ဟ်ကဲ★(တၢ်)ဟ်လှၢ်ဒိၣ်ပှုၤဒိၣ်	es-teem'
_estimable	a.	ကြၢးဘၣ်တၢ်ဟ်ကဲ★လၢတၢ်ဂံၢ်ယှာ်အီၤသ့	es'ti-ma-ble
_estimate / estimation	v.t. / n.	(တၢ်)တယး(ဒွး)တၢ်	es'ti-mate / es'ti-ma'tion
_estrange	v.t.	ဒုးအိၣ်ထိၣ်တၢ်လီၤမုၢ်လီၤဖး★မၤဟးဂီၤတၢ်ဆဲၣ်တၢ်ကွံ★တဟ်သ့ၣ်ညါလၢၤဘၣ်အသးလၢပှၤဘၣ်	es-trange'
_estuary	n.	ထံကျိအထံဖဲပိာ်လဲၣ်အထံနုာ်လီၤဆူအပူၤ	es'tu-ary
_etch	v.t.	ဆဲးကွဲးတၢ်ဒီးဒုးအိၣ်ကွံၣ်တၢ်လၢကသံၣ်အတံၤသိးတၢ်အကွၢ်အဂီၤအိၣ်ဖျါထိၣ်	etch
_etching	n.	တၢ်ဆဲးကွဲးတၢ်★တၢ်ဂီၤလၢအအိၣ်ဖျါထိၣ်လၢအဘၣ်တၢ်ဒုးအိၣ်ကွံၣ်လၢကသံၣ်အဆံအယိ	etch'ing
_eternal / eternity	a. / n.	(တၢ်)အစိၢ်ဂီၤအယၣ်★(တၢ်)လီၤထူလီၤယိာ်	e-ter'nal / e-ter'ni-ty
_ether	n.	တၢ်လၢပုၤဆိကမိၣ်လၢအဂ့ၢ်လၢအလပီတဖၣ်နူၣ်မ့ၢ်တၢ်လၢအဆူၣ်တၢ်ကပီၤ★ကလံၤလၢအဆူၣ်လၢအထးခိတတီၤ	e'ther
_ethereal	a.	လၢအဖံၤမီၤကဒီ★လၢအဘၣ်ယးဒီးကလံၤလၢအဆူၣ်လၢအထးခိတတီၤ	e-the're-al
_ethics / ethical	n. / a.	(ဘၣ်ယး)တၢ်ယုသ့ၣ်ညါမၤလိပှၤကညီအတၢ်ကဲၣ်ပဝးဘၣ်မ့ၢ်တၢ်န်လဲၣ်အဂ့ၢ်★တၢ်သိၣ်တၢ်သီလၢအဒုးနဲၣ်ပှၤကီၤဂၤတၢ်လၢအလီၤဘၣ်အီၤဒီးဘၣ်တၢ်န့ၢ်ဝဲ	eth'ics / eth'i-cal
_ethical	a.	လၢပုၤဂ့ၤမၤ	eth'i-cal
_ethnology	n.	တၢ်ယုသ့ၣ်ညါမၤလိပှၤအကလုာ်တဖၣ်အဂ့ၢ်	eth-nol'o-gy
_etiquette	n.	တၢ်သိၣ်တၢ်သီဘၣ်ယးပှၤအတၢ်ရ့လိာ်သးအလုၢ်အလၢ်	et'i-quette
_etymology / etymological	n. / a.	(လၢအဘၣ်ယးဒီး)တၢ်ယုသ့ၣ်ညါမၤလိတၢ်ကတိၤတဖၣ်(ဒီးတဘီ)ကဲထိၣ်အသးအခိၣ်ထံးဒ်လဲၣ်လဲၣ်အဂ့ၢ်	et'y-mol'o-gy / et'y-mo-log'i-cal
_eugenics	n.	တၢ်ယုသ့ၣ်ညါမၤလိတၢ်လၢအကဒုးလိၣ်ထိၣ်ပှၤကညီလၢခံလၢလၢ်ဂ့ၤဂ့ၤဘၣ်ဘၣ်အဂ့ၢ်	eu-gen'ics
_eulogize / eulogy	v.t. / n.	(တၢ်)စံးပတြၢၤဟ်ဒိၣ်ဟ်ထီ★(တၢ်)အူးထိၣ်	eu'lo-gize / eu'lo-gy
_euphemism	n.	တၢ်ကတိၤလၢအမှာ်ဘၣ်ပနၢ်လၢတၢ်ဟ်လဲလိာ်အီၤလၢအတမှာ်ဘၣ်တဘီအလီၢ်	eu'phe-mi'sm
_euphonious	a.	လၢအသီၣ်မှာ်ဘၣ်ပနၢ်	eu-pho'ni-ous
_euphony	n.	တၢ်သီၣ်လၢအမှာ်ဘၣ်ပနၢ်	eu'pho-ny
_Eurasian	n.	ပှၤကၢးပြံဖိလၢအမ့ၢ်ကီၤလၢဝါဒီးပှၤကိၢ်အ့ရှၣ်ဖိအဖိ	Eu-ra'sian
_European	n.	ပှၤယူရပဖိ	Eu-rop'ean
_eutopia	n.	တၢ်မံသူၣ်မှာ်သးကတၢ်အလီၢ်တပူၤ	eu-to'pi-a
_evacuate / evacuation	v.t. / n.	(တၢ်)မၤအိၣ်ကလီ★(တၢ်)ဒုးဟးထိၣ်ကွံၣ်(ဟၢဖၢ)★(တၢ်)(ဟးထိၣ်ကွံၣ်)(ဟ်လီၤတံာ်ကွံၣ်)တၢ်လီၢ်	e-vac'u-ate / e-vac'u-a'tion
_evade	v.t.	မၤပူၤအသး★ဟးပူၤအသး★ပဒ့ၣ်ဟးဆှဲး	e-vade'
_evaluate / evaluation	v.t. / n.	(တၢ်)ယုသ့ၣ်ညါတၢ်(အပှ့ၤကလံၤ)(အိၣ်ဆံးအါဆံးအါ)	e-val'u-ate / e-val'u-a'tion

_evangel	n.	တၢ်သးခုအကစီၣ်	e-van'gel
_evangel (ic) (i-cal)	a.	ဘၣ်ယးယွၤဂ့ၢ်ပီၤခရံာ်အတၢ်အုၣ်က့ၤခီၣ်က့ၤပှၤလၢတၢ်ဒဲးဘးအပူၤ	e-van-gel' (ic) (i-cal)
_evangelize / evangelizm / evangelist	v.t. / n. / n.	(တၢ်)(ပှၤလၢအ)စံၣ်တဲၤတဲလီၤတၢ်သးခုအကစီၣ်	e-van'gel-ize / e-van'gel-izm / e-van'gel-ist
_evaporate / evaporation	v.t. / n.	(တၢ်)သဝံထီၣ်(ကွံာ်)★(တၢ်)ကသွံထီၣ်(ကွံာ်)★ကသုၣ်ထီၣ်ကွံာ်★ယွၣ်လီၤသံး	e-vap'o-rate / e-vap'o-ra'tion
_evasion	n.	တၢ်ပဒ့ၣ်ဟးဆှဲး★တၢ်မၤပူၤအသး★တၢ်ဟးပူၤအသး	e-va'sion
_evasive	n.	လၢအမၤပူၤ(ညီနုၢ်)အသး	e-va'sive
_eve	n.	ဟါခီလၢအအိၣ်ထီၣ်ဆိဆံးသးဖဲနၤလီၤဆီတနံၤကအိၣ်ထီၣ်ခဲကိာ်တနံၤ★တၢ်ဆၢကတီၢ်ဖဲတၢ်လီၤဆီတမံၤဘူးကအိၣ်ထီၣ်အသး	eve
_even	adv.	ဒၣ်လဲာ်★ယူဘၣ်လိာ်★နီၢ်က်လၢပနီၤဖးအီၤလၢခံသ့★ဘျၢဘၣ်လိာ်★ဟၢဘၣ်လိာ်	e-ven
_evening	n.	မုၢ်ဘၣ်လီၤ★မုၢ်ဟါလီၤ	eve'ning
_evenly	adv.	တထီၣ်ကူလီၤယၢၣ်ဘၣ်★ဘျၢကဆုၣ်★(ပုဲၤ)(ဟၢ)ကလုၢ်တ့ၢ်	e'ven-ly
_event	n.	တၢ်မၤအသး	e-vent'
_eventful	a.	လၢအအိၣ်ဒီးတၢ်မၤအသးလီၤဆီအါမံၤ	e-vent'ful
_eventide	n.	မုၢ်ဟါလီၤ★မုၢ်ဘၣ်လီၤ	e'ven-tide'
_eventual	a. / adv.	(လၢအမၤအသး)လၢခံကတၢၢ်	e-ven'tu-al (ly)
_eventuate	v.i.	ကဲထီၣ်အသးလၢခံကတၢၢ်	e-ven'tu-ate
_ever	adv.	တဘျီဂ့ၤတဘျီဂ့ၤ★ထီဘိ	ev'er
_ever and anon		ခဲအံၤခဲအံၤ★ကီးမးကီးမး	ever and anon
_everlasting / evermore	a. / adv.	(လၢအ)အိၣ်လီၤထူလီၤယိာ်★တုၤအံၤဆူညါထီဘိ	ev'er-last'ing / ev'er-more
_every	a.	ကိး(ဖျၣ်)ဒဲး★ကယဲၢ်(တၢ်တမံၤ)(ပှၤတဂၤ)လၢ်လၢ်★(သၢ)(နံၣ်ရံၣ်)တဘျီ★(လွံၢ်)(ဂၤ)တ(ဂၤ)(လွံၢ်)(ဂၤ)တ(ဂၤ)	ev'er-y
_everybody / everyone	n. / n.	ပှၤကိးဂၤဒဲး★တဂၤလၢ်လၢ်	ev'ery-bod'y / everyone
_everything	n.	တၢ်ကိးမံၤဒဲး★တမံၤလၢ်လၢ်	ev'er-y-thing'
_everywhere	adv.	လီၢ်ကိးပူၤဒဲး★တပူၤလၢ်လၢ်	ev'er-y-where'
_evict / eviction	v.t. / n.	(တၢ်)ဒုးဟးထီၣ်ကွံာ်လၢတၢ်သိၣ်တၢ်သီအစိကမီၤအယိ	e-vict' / e-vic'tion
_evidence	n.	တၢ်အုၣ်အသး	ev'i-dence
_evident	a.	အိၣ်ဖျါတြၢ်ကလာ်	ev'i-dent
_evidently	adv.	အိၣ်ဖျါဂ့ၤဂ့ၤဘၣ်ဘၣ်	ev'i-dent-ly
_evil	n.	တၢ်အၢတၢ်သီ	e'vil
_evince	v.t.	ဒုးနဲၣ်ဖျါဖျါ★နဲၣ်ဖျါဖှိုဖှို	e-vince'
_evoke	v.t.	ကိးထီၣ်	e-voke'
_evolution	n.	တၢ်လဲလိာ်အသးတဘီဘၣ်တဆီ	ev'o-lu'tion
_evolve	v.t.	လဲလိာ်အသးတဘီဘၣ်တဘီ★ဒုးလဲလိာ်တၢ်တဆီဘၣ်တဆီ★အိးသလၣ်ထီၣ်	e-volve'
_ewe	n.	သိမိၢ်	ewe
_exacerbate	v.t.	ဒုးအါထီၣ်တၢ်သူၣ်အ့နူသးအ့နူ★မၤဒိၣ်ထီၣ်အသးအါထီၣ်	ex-ac'er-bate
_exact / exactness	a. / n.	(တၢ်)လီၤကတီၤ★(တၢ်)လီၤတီၢ်လီၤဆဲး★(တၢ်)ထံထံဆးဆး	ex-act' / ex-act'ness
_exaction	n.	တၢ်(မၤ)(ယွၤ)မးတၢ်ကိၢ်ကိၢ်ဂီၤဂီၤ	ex-ac'tion
_exacting	a.	လၢတၢ်(ညီနုၢ်)(မၤ)(ယွၤ)ဆူၣ်တၢ်★လၢတၢ်ယ့ဆူၣ်ယ့စိးအီၤ	ex-act'ing
_exactly	adv.	လီၤတီၢ်လီၤဆဲး	ex-act'ly
_exaggerate / exaggeration	v.t. / n.	(တၢ်)ကတိၤဒိၣ်ထီၣ်အါထီၣ်တၢ်★(တၢ်)ကတိၤလုာ်ကတၢ်	ex-ag'ger-ate / ex-ag'ger-a'tion

98

_exalt / exaltation	v.t. / n.	(တၢ်)ဟ်ဒိဉ်ဟ်ထီ★(တၢ်)စိၢ်ထိဉ်ထီ★စံးထိဉ်ပတြၢ	ex-alt / ex-alt-a'tion
_exalted	a.	လၢအဘဉ်တၢ်ဟ်ထိဉ်ထီအီၤ	ex-alt'ed
_examine / examination	v.t. / n.	(တၢ်)သံကွၢ်သံဒိး★(တၢ်)စဲးကွၢ်★ကွၢ်ယုသ့ဉ်ညါ★(တၢ်)သမံသမိး	ex-am'ine / ex-am'i-na'tion
_example	n.	တၢ်အဒိအတဲာ်	ex-am'ple
_exasperate / exasperation	v.t. / n.	(တၢ်)(မၤ)သးထိဉ်★(တၢ်)(မၤ)အ့ၣ်အ့ၣ်သွံၣ်အ့ၣ်သး★(တၢ်)မၤနးထိဉ်	ex-as'per-ate / ex-as'per-a'tion
_excavate / excavation	v.t. / n.	(တၢ်)မၤန့ၢ်အပူၤ★(တၢ်)တ်လီၤကလိ်ာ★(တၢ်)မၤလီၤကအိတၢ်	ex'ca-vate / ex'ca-va'tion
_excavation	n.	တၢ်ပူၤလၢတၢ်(ခူၣ်)န့ၢ်★တၢ်ကအိ	ex'ca-va'tion
_exceed	v.t.	(အါ)န့ၢ်တကွၢ်★တလၢကွံာ်	ex-ceed'
_exceedingly	adv.	ဒိဉ်ဒိဉ်ကလဲာ★နးမး★တလၢကွံာ်အခၢး	ex-ceed'ing-ly
_excel	v.t.	(ဒိဉ်)(ဂ့ၤ)(အါ)န့ၢ်တကွၢ်	ex-cel'
_excellent / excellence / excellency	a. / n. / n.	(တၢ်)ဂ့ၤဒိဉ်မး★မ့ၢ်ပၤလၤသဉ်ကပိၤလၤပဒိဉ်အဂီၢ်	ex'cel-lent / ex'cel-lence / ex'cel-len-cy
_except / excepting	prep.	မ့တၢ်မ့ၢ်ဘၣ်★ထဲဒၣ်★ထဲလၢ	ex-cept' / ex-cept'ing
_exception	n.	တၢ်လၢအဘၣ်တၢ်ဟ်အီၤလီၤဆီဒၣ်တၢ်★တၢ်ဟ်လီၤဆီတၢ်	ex-cep'tion
_exceptional	a.	လၢတၢ်ဟ်(ဒိၣ်)လီၤဆီဝဲ★လၢအလီၤဆီဒၣ်တၢ်	ex-cep'tion-al
_exceptionally	adv.	လီၤဆီဒၣ်တၢ်	ex-cep'tion-al-ly
_excerpt	n.	လံာ်တဆၢလၢအဘၣ်တၢ်ယုထၢထိဉ်ဒီးရူးအီၤမ့တၢ်မ့ၢ်ကွဲးအီၤ	ex-cerpt
_excess	n.	တၢ်အါကဲၣ်ဆိး	ex-cess'
_excessive	a.	လၢအထိဉ်ဘးလုာ်ကွံာ်★လၢအအါကဲၣ်ဆိး	ex-cess'ive
_exchange	v.t.	(တၢ်)လဲလိာ်★(တၢ်)ခီလဲလိာ်တၢ်	ex-change'
_exchequer	n.	ကီၢ်ဒီကီၢ်အစ့ဟ်ကီၤအလီၢ်★ရှလၢတၢ်ဟ်ဖှိၣ်ဘီမုၢ်အစ့	ex-cheq'uer
_excise	n.	တၢ်ခိတၢ်သွဲ	ex-cise'
_excision	n.	တၢ်ကူးတဲာ်ကွံာ်★တၢ်ဒိၣ်တဲာ်ကွံာ်★တၢ်သွံၣ်ကွံာ်★တၢ်မၤဟးဂီၤကွံာ်စီဖှံကလုၤ	ex-ci'sion
_excitability	n.	တၢ်သးဂဲၤညီ★တၢ်သူၣ်တၢထိဉ်သးတဏထိဉ်ညီ★တၢ်သးချ	ex-cit'a-bil'i-ty
_excitable	a.	လၢအသးဂဲၤညီ★လၢအသူၣ်တဏထိၣ်သးတဏထိဉ်ညီ★လၢအသးချ	ex-cit'a-ble
_excite / excitement / exciting	v.t. / n. / a.	(တၢ်)(လၢအ)မၤကနိးသူၣ်ကနိးသး★(တၢ်)(လၢအ)ထိဉ်ဂဲၤပှၤအသး★(တၢ်)(လၢအ)သဆၣ်ထိဉ်ပှၤအခံ★(တၢ်)သူၣ်ဟူးသးဂဲၤ	ex-cite' / ex-cite'ment / ex-cit'ing
_exclaim / exclamation	v.i. / n.	(တၢ်)ကိးကသြိထိဉ်★(တၢ်)ကိး(ပသူ)ထိဉ်	ex-claim' / ex'cla-ma'tion
_exclamatory	a.	အိၣ်ဒီးတၢ်ကိးကသြိထိဉ်	ex-clam'a-to-ry
_exclude / exclusion	v.t. / n.	(တၢ်)ဟ်ကွံာ်တၢ်★(တၢ်)တြီယာ်တၢ်★(တၢ်)တ(ဒုး)ပၣ်ဃုာ်ဘၣ်	ex-clude' / ex-clu'sion
_exclusive	a.	လၢအတပၣ်ဃုာ်ဘၣ်★လၢအတြီပှၤဂၤ	ex-clu'sive
_excommunicate / excommunication	v.t. / n.	(တၢ်)မၤတဲာ်ကွံာ်တၢ်ရှလိာ်★ဟီထိဉ်ကွံာ်လၢတၢ်အိၣ်ဖှိၣ်ပူၤ	ex'com-mu'ni-cate / ex'com-mu'ni-ca'tion
_excoriate / excoriation	v.t. / n.	(တၢ်)အ့ၣ်ကွံာ်တၢ်အဖံး	ex-co'ri-ate / ex-co-ri-a'tion
_excrement	n.	တၢ်အ့ၣ်တၢ်ဆံၣ်	ex'cre-ment
_excrescence	n.	တၢ်ထူးထိဉ်သဉ်ထိဉ်★တၢ်အကမိာ်ကမာ်	ex'cres'cence
_excrete / excretion	v.t. / n.	(တၢ်လၢအဟဲ)စွ့ထိဉ်ဒ်(ကပျၤ)	ex-crete' / ex-cre'tion
_excruciating	a.	လၢအနးတုၤပၤဘၣ်ကီၤဆူး★လၢအမၤဆါတၢ်နးနးကလဲာ်	ex-cru'ci-at'ing
_exculpate	v.t.	ဒုးပူၤဖျဲးလၢတၢ်ကမၣ်	ex-cul'pate

_excursion	n.	တၢ်လဲၤဟးကွၢ်ဒီးကွၢ်ကီတၢ်	ex-cur'sion
_excursive	a.	လၢအဟးဝ့ၤဝီၤ★လၢအတပိာ်ကျဲလၢအဘၣ်ဘၣ်	ex-cur'sive
_excusable / excuse	a. / v.t.	(လၢတၢ်)ဝံသးစူၤ(သ့)★(လၢတၢ်)(ယ့)ပျာ်အတၢ်ကမၣ်(သ့)★ပျာ်ကွံာ်လၢတၢ်မၤ★(တၢ်)ကတိၤပူၤဖျဲးအသး	ex-cu'sa-ble / ex-cuse'
_execrable	a.	ကြၢးဘၣ်တၢ်ဆိၣ်အၢ★ကြၢးဘၣ်တၢ်သးဘၣ်အၢ	ex'e-cra-ble
_execrate	v.t.	ဆိၣ်အၢတၢ်	ex'e-crate
_execute / execution	v.t. / n.	(တၢ်)မၤ(ဝံၤမၤ)ကတၢၢ်ကွံာ်တၢ်★(တၢ်)မၤတၢ်★(တၢ်)မၤသံတၢ်	ex'e-cute / ex'e-cu'tion
_executive	a.	ဘၣ်ဃးဒီးတၢ်မၤကဲထီၣ်(တၢ်သိၣ်တၢ်သီ)(တၢ်စံၣ်ညီၣ်)★ပှၤစံၣ်ညီၣ်ဖးတၢ်★လၢအဒုးကဲထီၣ်တၢ်	ex-ec'u-tive
_exegesis	n.	တၢ်ဒုးနၢ်ပၢၢ်ဖျါထီၣ်ဝိၤလံာ်ဝိၤဒိၤအဂ့ၢ်★တၢ်ကွဲးဖျါထီၣ်လံာ်အခီပညီ	ex'e-ge'sis
_exemplary	a.	လၢအကဲထီၣ်အဒိအတဲာ်	ex'em-pla-ry
_exemplify / exemplification	v.t. / n.	(တၢ်)(ဒုး)ကဲထီၣ်အဒိအတဲာ်	ex-em'pli-fy / ex-em'pli-fi-ca'tion
_exempt / exemption	v.t. / n.	(တၢ်)ပွဲပူၤဖျဲး★(တၢ်)မၤပူၤဖျဲး	ex-empt' / ex-emp'tion
_exempt / exemption	a.	လၢအဘၣ်တၢ်ပွဲပူၤဖျဲး★လၢအဘၣ်တၢ်မၤပူၤဖျဲး	ex-empt' / ex-emp'tion
_exercise	n.	တၢ်ဟူးတၢ်ဂဲၤ★တၢ်ဂဲၤနှ့ၢ်ဂံၢ်နှ့ၢ်ဘါ★တၢ်မၤတၢ်(ဒ်အနှ့ၢ်စိနှ့ၢ်ကမီၤဝဲအသိး)★တၢ်မၤလိဘၣ်ပှၤတဘျီအဂီၢ်တဘျီအဂီၢ်	ex'er-cise
_exercise	v.t.	သူဝဲ★မၤဝဲ★သိၣ်လိ	ex'er-cise
_exerciser	n.	(မၤ)ဟူးဂဲၤ	ex'er-ciser
_exert / exertion	v.t. / n.	(တၢ်)ကျဲးစၢးမၤလၢာ်သးတၢ်★တၢ်ထုးထီၣ်ဂံၢ်ထုးထီၣ်ဘါ	ex-ert' / ex-er'tion
_exhale / exhalation	v.t. / n.	(တၢ်)သါထီၣ်	ex-hale' / ex-ha-la'tion
_exhaust	v.t.	လာ်ကွံာ်★ဒုးလာ်ကွံာ်စိဖံဖ့လၢလ္ၤ★ဒုးလီၤဘုံးလီၤတီၤ	ex-haust'
_exhausted	a.	လၢအလီၤဘုံးလီၤတီၤ★လၢအဂၢ်အဘါလၢာ်လံ★လၢအတၢ်တအိၣ်လၢၤဘၣ်	ex-haus'ted
_exhaustive	a.	လွၤတုၢ်လွၤတီၤ★လၢအမၤလာ်ကွံာ်တၢ်★လၢအမၤလီၤဘုံးလီၤတီၤတၢ်	ex-haus'tive
_exhibit / exhibition	v.t. / n.	(တၢ်)ဒုးနဲၣ်ဖျါ★(တၢ်)ဟ်ဖျါထီၣ်တၢ်★(တၢ်)လိၣ်ဖျါထီၣ်	ex-hib'it / ex'hi-bi'tion
_exhilarate	v.t.	မၤဖုံထီၣ်သူၣ်မၤဖုံထီၣ်သး	ex-hil'a-rate
_exhilaration	n.	တၢ်ဒုးသူၣ်ဖုံသးညီတၢ်★တၢ်သူၣ်ဖုံသးညီ	ex-hil'a-ra'tion
_exhort / exhortation	v.t. / n.	(တၢ်)သဆၣ်ထီၣ်ပှၤခံဆူၣ်ဂ့ၤတၢ်ဝါတဓီ	ex-hort' / ex-hort-a'tion
_exhume	v.t.	ခုၣ်ထီၣ်	ex-hume'
_exigency	n.	တၢ်လိၣ်(တၢ်လၢအချ့)	ex'i-gen-cy
_exile	v.t.	ဟီထီၣ်ကွံာ်လၢအထံအကီၢ်	ex'ile
_exile	n.	တၢ်ဘၣ်တၢ်ဟီထီၣ်ကွံာ်လၢအထံအကီၢ်★ပှၤလၢအဘၣ်တၢ်ဟီထီၣ်ကွံာ်လၢအထံအကီၢ်	ex'ile
_exist / existence	v.i. / n.	(တၢ်)အိၣ်(အသး)★တၢ်လၢအအိၣ်ဝဲ★(တၢ်)အိၣ်ဝဲ★(တၢ်)အိၣ်မူ	ex-ist' / ex-ist'ence
_exit	n.	တၢ်ဟးထီၣ်★တၢ်ဟးထီၣ်အလီၢ်	ex'it
_exodus	n.	တၢ်ဟးထီၣ်ကွံာ်	ex'o-dus
_exonerate / exoneration	v.t. / n.	(တၢ်)မၤပူၤဖျဲးတၢ်လၢတၢ်မၤကမၣ်(တၢ်)★(တၢ်)ဒုးနဲၣ်ဖျါလၢပှၤအတၢ်ကမၣ်တအိၣ်★(တၢ်)ဟ်တီဟ်လိၤ	ex-on'er-ate / ex-on'er-a'tion
_exoneration	n.	တၢ်ဟ်တၢ်ကမၣ်လၢအလီၤအလီၢ်တအိၣ်	ex-on'er-a'tion
_exorbitant	a.	လၢအအါတလၢကွံာ်	ex-or'bi-tant
_exorcise / exorcism / exorcize	v.t. / n. / v.t.	(တၢ်)ဟီထီၣ်ကွံာ်★(တၢ်)ဒုးဟးထီၣ်ကွံာ်တၢ်ဝံတၢ်နါ	ex'or-cise / ex'or-cism / ex-or'cize

100

_exotic	a.	လၢတၢ်ဆူၢဃီၤလၢထံကီၢ်ဂၤ	ex-ot'ic
_expand / expansion	v.i. / n.	(တၢ်)ယုၢ်ထီၣ် ★(တၢ်)မၤယုၢ်ထီၣ်တၢ် ★(တၢ်)အိးသလၣ်ထီၣ်★(တၢ်)မၤလၢ်ထီၣ်	ex-pand' / ex-pan'sion
_expanse	n.	တၢ်လီၢ်ကဝီၤဖးလဲၢ်★(ဆၢကတီၢ်)ယံာ်	ex-panse'
_expansion	n.	တၢ်လၢအဘၣ်တၢ်မၤလဲၢ်ထီၣ် ★အ(လဲၢ်)(ယံာ်)ထီၣ်	ex-pan'sion
_expatiate	v.i.	ကတိၤအါန့ၢ်စီၤတၢ်လၢတၢ်တမံၤအဂ့ၢ် ★ ကတိၤအါလီၤစွဲလီၤစဲၤလၢတၢ်တမံၤအဂ့ၢ်	ex-pa'ti-ate
_expatriate	v.t.	ဟီထီၣ်ကွံာ်လၢအထံအကီၢ်ဒၣ်ဝဲအပူၤ	ex-pa'tri-ate
_expect / expectation	v.t. / n.	(တၢ်)ကွၢ်လၢ်တၢ်အကွဲ ★(တၢ်)ဆၢကွၢ်လၢ်	ex-pect' / ex-pect-a'tion
_expectancy	n.	တၢ်အိၣ်ကွၢ်လၢ်တၢ်အကွဲ ★တၢ်မုၢ်လၢ်	ex-pect'an-cy
_expectorate / expectoration	v.t. / n.	(တၢ်)ဒုးဟးထီၣ်အကဟး ★(တၢ်)ယာ်ထီၣ်ကွံာ်ကဟး★(တၢ်)ထူးပှဲာ်	ex-pect'o-rate' / ex-pec'to-ra'tion
_expedient	a.	(တၢ်)လၢအကြၢးဝဲဘၣ်ဝဲ ★(တၢ်)လၢပမ့ၢ်မၤကဲထီၣ်တၢ်ဘျုး ★ လၢအဘျုးအိၣ်	ex-pe'di-ent
_expedience	n.	တၢ်လၢအကြၢးဝဲဘၣ်ဝဲ	ex-pe'di-ence
_expedite	v.t.	မၤချ့ထီၣ်ညီထီၣ်	ex'pe-dite
_expedition	n.	တၢ်ဘၣ်တၢ်မၤချ့ထီၣ်ညီထီၣ်အီၤ ★ပှၤတဖုအတၢ်လဲၤ	ex'pe-di'tion
_expeditious	a.	လၢအချ့ဝဲ	ex'pe-di'tious
_expel	v.t.	ဟီထီၣ်ကွံာ် ★နီၣ်ထီၣ်ကွံာ် ★ဒုးဟးထီၣ်ကွံာ်	ex-pel'
_expend	v.t.	မၤလၢာ်ကွံာ် ★သူကွံာ်	ex-pend'
_expenditure	n.	တၢ်လၢအဘၣ်တၢ်မၤ(လၢာ်ကွံာ်)(သူကွံာ်)အီၤ	ex-pend'i-ture
_expense	n.	တၢ်အလၢာ်	ex-pense'
_expensive	a.	လၢအပှ့ၤဒိၣ် ★လၢအလၢာ်တၢ်အါ	ex-pen'sive
_experience	n. / v.t.	(တၢ်)(လၢအ)သ့ၣ်ညါန့ၢ်ပၢၢ်လၢအန့ၣ်ဘၣ်ဝဲလၢအနီၢ်ကစၢ်ဒၣ်ဝဲတၢ်မၤကွၢ်, အတၢ်ဘၣ်ဘူးဘၣ်တံၢ်အယိ ★(တၢ်)တူၢ်ဘၣ်	ex-pe'ri-ence
_experiment	n.	တၢ်မၤကွၢ်	ex-per'i-ment
_experiment	v.t.	မၤကွၢ်တၢ်	ex-per'i-ment
_experimental	a.	ဘၣ်ယးတၢ်မၤကွၢ်တၢ်	ex-per'i-men'tal
_expert	a.	(ပှၤ)လၢအ(မၤ)ကဲထီၣ်ဝဲလၢလၤပှဲၤပှဲၤ	ex'pert
_expert	n.	ပှၤလၢအသ့လီၢ်တံၢ်လီၢ်ဆဲး	ex'pert
_expertly	adv.	လၢတၢ်သ့တၢ်ဘၣ်လီၤတံၢ်အပူၤ	ex-pert'ly
_expiate / expiation / expiatory	v.t. / n. / a.	(တၢ်)(လၢအ)ဟ့ၣ်ဆၢမံသူၣ်မံသးက့ၤတၢ်လၢအမၤအၢမၤသီမၤတရီတပါဘၣ်တၢ်အယိ	ex'pi-ate / ex'pi-a'tion / ex'pi-a'to-ry
_expiration	n.	တၢ်အကတၢၢ် ★တၢ်သံ ★တၢ်ကတၢၢ်ကွံာ် ★တၢ်သါထီၣ်	ex'pi-ra'tion
_expire	v.i.	ကတၢၢ်ကွံာ် ★သံ	ex'pire'
_explain / explanation	v.t. / n.	(တၢ်)တဲဖျါထီၣ်တၢ် ★(တၢ်)ယဲၤဖျါထီၣ်တၢ်	ex-plain' / ex-pla-na'tion
_explanatory	a.	လၢအတဲဖျါထီၣ်တၢ် ★လၢအယဲၤဖျါထီၣ်တၢ်	ex-plan'a-to-ry
_explicable	a.	လၢအဘၣ်တၢ်တဲဖျါလၢအဂ့ၢ်သ့	ex'pli-ca-ble
_explicate / explication	v.t. / n.	(တၢ်)တဲဖျါထီၣ် ★(တၢ်)မၤဖျါထီၣ်	ex'pli-cate / ex'pli-ca'tion
_explicatory	a.	လၢအတဲဖျါထီၣ်တၢ်	ex'pli-ca'to-ry
_explicit (ly)	a. / adv.	ဖျါဖျါ ★လီၤတံၢ်လီၤဆဲး	ex-plic'it (ly)
_explode	v.i.	ပိၢ်ဖး ★မၤပိၢ်ဖး	ex-plode'
_exploit	n.	တၢ်မၤအၢမံၤဟူသၣ်ဖျါ ★တၢ်မၤလၢအဒ္ဒအယိၤ	ex-ploit'
_exploit / exploitation	v.t. / n.	(တၢ်)သူတၢ်လၢအဂီၢ်ဒၣ်ဝဲ ★(တၢ်)မၤန့ၢ်တၢ်ဘျုးလၢအအိၣ်	ex-ploit' / ex-ploi-ta'tion

_explore / exploration	v.t. / n.	(တၢ်)လဲၤကွၢ်ယုၥ်သ့ၣ်ညါ(တၢ်)(ထံကီၢ်)★(တၢ်)ဆှၣ်ကွၢ်တၢ်	ex-plore' / ex'plo-ra'tion
_explorer	n.	ပှၤလၢအလဲၤ(ကွၢ်ယုၥ်သ့ၣ်ညါ)(ဆှၣ်ကွၢ်)တၢ်(ထံကီၢ်)	ex-plor'er
_explosion	n.	တၢ်ပိၢ်ဖး	ex-plo'sion
_explosive	a.	လၢအပိၢ်ဖးညီ★လၢအသးဒိၣ်ထိၣ်ချ ★လၢအသိၣ်ဆူၣ်★(ကျိအ)ညီ	ex-plo'sive
_exponent	n.	ပှၤလၢအတဲဖျါထိၣ်တၢ်★တၢ်လၢအတဲဖျါထိၣ်တၢ်	ex-po'nent
_export / exportation	v.t. / n.	(တၢ်)ဒုးဟးထီၣ်ပနံၥ်တၢ်ကၤဆူကီၢ်ဂၤ	ex-port' / ex-por-ta'tion
_export	n.	တၢ်လၢအဘၣ်တၢ်ဒုးဟးထီၣ်ဆူကီၢ်ဂၤ	ex'port
_expose	v.t.	ဟ်လီၤတံၤ်လၢခိဖျိလ့လ့တ့ၤ★ဟ်အိၣ်ဖျါထိၣ်★ဟ်ဟိဟ်ဖျါထိၣ်	ex-pose'
_exposition	n.	တၢ်ဟ်အိၣ်ဖျါထိၣ်တၢ်ဖျါဖျါ★တၢ်ယဲၤဖျါထိၣ်တၢ်အခီပညီ	ex'po-si'tion
_exposition / expositor / expository	n. / n. / a.	(ပှၤ)(လၢအ)ဟ်ဖျါထိၣ်တၢ်အခီပညီ	ex'po-si'tion / ex-pos'i-tor / ex-pos'i-to-ry
_expostulate / expostulation	v.t. / n.	(တၢ်)သိၣ်က့ၤသီက့ၤတၢ်	ex-pos'tu-late / ex-pos'tu-la'tion
_exposure	n.	တၢ်ဟ်အိၣ်ဖျါတၢ်★တၢ်အိၣ်ဟ်အိၣ်ဖျ	ex-po'sure
_expound	v.t.	မၤဖျါထိၣ်အခီပညီ	ex-pound'
_express / expression	v.t. / n.	စ့ၢ်တၢ်★(တၢ်ကတိၤလၢအ)(တၢ်)တဲဖျါ(အတၢ်ဆိကမိၣ်)★(တၢ်)ကတိၤဟ်ဖျါထိၣ်တၢ်★ချ့လီၤဆီဒၣ်တၢ်	ex-press' / ex-pres'sion
_expressive	a.	လၢအတဲဖျါထိၣ်(အတၢ်ဆိကမိၣ်)★လၢအဟ်ဖျါထိၣ်တၢ်ဖျါဂ့ၤမး	ex-pres'sive
_expressly	adv.	လီၤဆီဒၣ်တၢ်★(တဲဘၣ်)လဲၤလဲၤ	ex-press'ly
_expulsion	n.	တၢ်ဟီထိၣ်ကွံၥ်★တၢ်နီၣ်ထိၣ်ကွံၥ်★တၢ်ဒုးဟးထိၣ်ကွံၥ်	ex-pul'sion
_expulsive	a.	လၢအဒုးဟးထိၣ်ကွံၥ်တၢ်သ့	ex-pul'sive
_expunge	v.t.	တိၤသံကွံၥ်★ထူးသံကွံၥ်	ex-punge'
_expurgate / expurgation	v.t. / n.	(တၢ်)မၤစီကွံၥ်တၢ်★(တၢ်)မၤကဆှိကွံၥ်တၢ်	ex'pur-gate' / ex-pur-ga'tion
_exquisite	a.	ဂ့ၤလီၤကိၣ်လီၤစီး★ဂ့ၤလၢၥ်သး★မုၥ်လၢၥ်သး★ဆါနၤကတၢ်	ex-qui'site
_extant	a.	လၢအအိၣ်ဒံး	ex'tant
_extemporaneous / extemporary	a. / a.	လၢပှၤတဆိကမိၣ်ဟ်စၢၤလီၤတၢ်လၢအကမၤဝဲဒၣ်လဲၣ်လဲၣ်ဘၣ်★လၢအဘၣ်တၢ်မၤအီၤထဲလၢတၢ်နူၣ်တဘျီအဂီၢ်	ex-tem'po-ra'ne-ous / ex-tem'po-ra-ry
_extend / extension	v.t. / n.	(တၢ်)မၤထီထိၣ်ယံၥ်ထိၣ်တၢ်★(တၢ်)မၤလဲၢ်ထိၣ်★(တၢ်)စှၣ်ထိၣ်	ex-tend' / ex-ten'sion
_extensive	a.	လၢအဖးလဲၢ်ဖးထိ★လၢအဘၣ်ယးတၢ်အါမံၤ	ex-ten'sive
_extenuating / extenuation	a. / n.	(လၢအ)(တၢ်)မၤဖှံထိၣ်စၢ်လီၤတၢ်ကမၣ်★မၤသလၥ်ဒဲးဖျူတညှ	ex-ten'u-at'ing / ex-ten'u-a'tion
_exterior	a.	လၢအချၢ★လၢခိတခီ	ex-te'rior
_exterminate / extermination / exterminator	v.t. / n. / n.	(တၢ်)(လၢအ)မၤဟးဂီၤတၢ်တုၤအလၢၥ်	ex-ter'mi-nate / ex-ter'mi-na'tion / ex-ter'mi-na'tor
_external (ly)	a. / adv.	(ထဲ)လၢအချၢ★လၢခိတခီ	ex-ter'nal (ly)
_extinct / extinction	a. / n.	(တၢ်)တမ့ၤလၢၤဘၣ်★(တၢ်)တအိၣ်လၢၤဘၣ်★လီၤတ့ၥ်ကွံၥ်	ex-tinct' / ex-tinc'tion
_extinguish	v.t.	မၤသံကွံၥ်★မၤလီၤဟ်ကွံၥ်	ex-tin'guish
_extirpate / extirpation	v.t. / n.	(တၢ်)မၤလၢၥ်ကွံၥ်တၢ်အစၢၤ★(တၢ်)မၤဟၢမ်ကွံၥ်★(တၢ်)မၤဟးဂီၤကွံၥ်စီမိဖ့ကလ့ၤ	ex'tir-pate / ex'tir-pa'tion
_extol	v.t.	ဟ်ဒိၣ်ဟ်ထီ★စံးထိၣ်ပတြၢၤ	ex-tol'
_extort / extortion	v.t. / n.	(တၢ်)(လၢပှၤ)မၤန့ၢ်တၢ်လၢစ့ဆူၣ်ဒိၣ်တကးအပူၤ★ယှဆူၣ်ယှစိၤတၢ်	ex-tort' / ex-tor'tion
_extort from		အိၣ်တၢ်အါကဲၣ်ဆိးလၢပှၤအဖိခိၣ်	extort from

_extortionate	a.	အါတူၤအမၤနၤမၤဖှိၣ်ပှၤ	ex-tor'tion-ate
_extra	a.	အဘျဲၣ်★လီၤဆီ(ဒၣ်တၢ်)	ex'tra
_extract	v.t.	ထုးထိၣ်ကွံၥ်★ချိၣ်နှၢ်အထံ★(ချိ)(ဟၢ)နှၢ်အသဝံ★ထုးထိၣ်နှၢ်	ex-tract'
_extract	n.	တၢ်လၢအဘၣ်တၢ်ထုးထိၣ်ကွံၥ်★တၢ်ကွဲးအဖှၣ်★လံၥ်အဆၢတဆၢ★တၢ်အသဝံ	ex'tract
_extraction	n.	(တၢ်)(လၢပှၤ)ထုးထိၣ်ကွံၥ်★(တၢ်)ချိၣ်နှၢ်တၢ်အသဝံ★အစၢၤအသွဲၣ်★တၢ်သဝံလၢတၢ်(ချိ)နှၢ်(ဟၢ)နှၢ်	ex-trac'tion
_extradite / extradition	v.t. / n.	(တၢ်)ဟ့ၣ်လီၤက့ၤပှၤအၢဖိဆူတၢ်စိတၢ်ကမီၤအစုပူၤလၢအဘၣ်ဃးဒီးကီၢ်လၢအဝဲဟဲၥ်နှ့ၣ်	ex'tra-dite' / ex'tra-di'tion
_extraneous	a.	လၢတၢ်အချၢ★ဟဲလၢတၢ်အချၢ★လၢအဘၣ်ဃးတၢ်ဘၣ်	ex'tra'ne-ous
_extraordinary	a.	လၢအလီၤတိၢ်လီၤဆီ	ex-tra-or'di-na-ry
_extraordinarily	adv.	လီၤတိၢ်လီၤဆီမး	ex-tra-or'di-na-ri-ly
_extravagance	n.	တၢ်အၢန့ၢ်အခၢး★တၢ်တလၢကွံၥ်အခၢး★တၢ်လၢၥ်အၢကဲၣ်ဆိး	ex-trav'a-gance
_extravagant	a.	လၢအအၢန့ၢ်အခၢး★လၢအတလၢကွံၥ်အခၢး★လၢအလၢၥ်အၢတလၢကွံၥ်	ex-trav'a-gant
_extreme	a.	--ကတၢၢ်★--ကံၣ်ဆိ★နၤကတၢၢ်★--လၢၥ်သး★လၢအစီၤနၢ	ex-treme'
_extremity	n.	တၢ်--ကတၢၢ်★အကတၢၢ်★တၢ်အစီၤနၢ	ex-trem'i-ty
_in an extremity		တူၤအမၤတသ့လၢဘၣ်	in an extremity
_extricate	v.t.	မၤထူၣ်ဖှဲး★ထုးထိၣ်က့ၤ	ex'tri-cate
_exuberance	n.	တၢ်(ဟ့ၣ်ထိၣ်)အၢအါဂီၢ်ဂီၢ်★တၢ်ဂ့ၤဒိၣ်ဒိၣ်ကလဲၥ်,တၢ်အါလုၥ်ကိကွံၥ်	ex-u'ber-ance
_exuberant	a.	အၢအါဂီၢ်ဂီၢ်★အါတလၢကွံၥ်	ex-u'ber-ant
_exude	v.i.	(ထံ)စ့ၢ်ထိၣ်★ပြၤထိၣ်	ex-ude'
_exult / exultant / exultation	v.i. / a. / n.	(လၢအ)(တၢ်)သ့ၣ်ခုသးခု★(လၢအ)(တၢ်)သးခုဒိၣ်ဒိၣ်ကလဲၥ်★(တၢ်)သ့ၣ်ဖှံသးညီ	ex-ult' / ex-ult'ant / ex-ult-a'tion
_exultantly	adv.	လၢတၢ်သ့ၣ်ခုသးခုသ့ၣ်ဖှံသးညီဒိၣ်ဒိၣ်ကလဲၥ်အပူၤ	ex-ult'ant-ly
_eye	n.	မဲၥ်ချံ	eye
_eyeball	n.	မဲၥ်သၣ်ချံ★မဲၥ်ချံဖျၣ်★မဲၥ်သၣ်တိၥ်	eye'ball'
_eyebrow	n.	မဲၥ်တူၢ်	eye'brow'
_eyelash	n.	မဲၥ်ဆူၣ်	eye'lash'
_eyelet	n.	တၢ်ပူၤဖိ(လၢတ့ၢ်တၢ်အၢိၢ်)	eye'let
_eyelid	n.	မဲၥ်ဖံး	eye'lid'
_eye-salve	n.	ကသံၣ်မဲၥ်ဆါ	eye-salve
_eyeshot	adv.	တကွၢ်မဲၥ်★ကတၢၢ်မဲၥ်	eye'shot'
_eyesight	n.	တၢ်ထံၣ်	eye'sight'
_eyesore	n.	တၢ်မဲၥ်ဆါ	eye'sore'
_eyewitness	n.	ပှၤလၢအထံၣ်တၢ်လၢအမဲၥ်ဒၣ်ဝဲ	eye'wit'ness
_fable	n.	ပူဆိလီဆိ	fa'ble
_fabric	n.	တၢ်ကံးညၥ်(အသၣ်)	fab'ric
_fabricate / fabrication	v.t. / n.	(တၢ်)ဃဲၤလိတၢ်★(တၢ်)မၤကဲထိၣ်တၢ်	fab'ri-cate / fab'ri-ca'tion
_fabulous (ly)	a. / adv.	(ဒိၣ်)လီၤကမၢကမၣ်★ဒ်ပူဆိလီဆိအသိး★(လၢ)(လီၤက်)တၢ်ဆိကမိၣ်ထိၣ်န့ၢ်အီၤ★လၢအတလီနၥ်	fab'u-lous (ly)
_facade	n.	တၢးအမဲၥ်ညါလၢအအိၣ်ဒီးအကယၢကယဲ	fa-cade'
_face	n.	မဲၥ်★တၢ်မဲၥ်ညါ	face
_face	v.t.	ဒီးအမဲၥ်ဆူတၢ်အအိၣ်★ကွၢ်ဆၢၣ်မဲၥ်★ဒါလိတၢ်(ကယၢကယဲ)လၢတၢ်အလိၤ	face
_facet	n.	တၢ်အကပၤအါကပၤအကျၢတကပၤ	fac'-et
_facetious	a.	လၢအညီနှၢ်ကတိၤနံၤတၢ်★လၢအကတိၤလီၤနံၤတၢ်သ့	fa-ce'tious
_facetiously	adv.	လၢတၢ်ကတိၤနံၤပှၤအဂီၢ်★လၢတၢ်ဒုးသးမှၥ်ဒီးဒုးလီၤနံၤလီၤအ့ပှၤအပူၤ	fa-ce'tious-ly
_facial	a.	ဘၣ်ဃးဒီးမဲၥ်	fa'cial
_facile	a.	ညီ★ညီကဒၣ်★လၢတၢ်သဆၣ်ထိၣ်အခံန့ၢ်ညီ	fac'ile

103

_facilitate / facility	v.t. / n.	(တၢ်)မၤတၢ်ညီကဒၣ်★(တၢ်)မၤညီထီၣ်တၢ်★တၢ်သ့သ့ဘၣ်ဘၣ်	fa-cil-it-ate / fa-cil'i-ty
_facing	n.	တၢ်လၢအဘၣ်တၢ်ဒါလီၤအီၤလၢတၢ်အလိၤလၢအမဲာ်ညါတခီ	fac'ing
_facsimile	n.	တၢ်ကွဲးကူတၢ်လၢအလီၤတံၢ်★တၢ်ကွဲးဆဲတၢ်လၢအဒ်သိးအဒိအသိး	fac-sim'i-le
_fact	n.	တၢ်(လၢအမၤအသး)နီၢ်နီၢ်★တၢ်လၢအဘၣ်တၢ်ယၢၤထီၣ်တဲထီၣ်အီၤ	fact
_faction	n.	ပှၤတဖုလၢအပာ်လီၤဆီအသး	fac'tion
_factious	a.	လၢအမိၣ်ပာ်လီၤဆီအသး	fac'tious
_factor	n.	တၢ်တမံၤလၢအမၤသကိးတၢ်ဒီးတၢ်ဂၤဒ်သိးတၢ်ကကဲထီၣ်တမံၤမံၤ	fac'tor
_factory	n.	စဲးဖီၤဖိဖီၤလၢပှၤဒုးကဲထီၣ်တၢ်တကလှာ်လှာ်,တမှိမှိအလိၢ်	fac'to-ry
_factotum	n.	ပှၤလၢအမၤတၢ်မၤကိးကလှာ်ဒဲး	fac'to-tum
_factual	a.	ဘၣ်ယးဒီးတၢ်ဂ့ၢ်နီၢ်ကီၢ်★လၢအမ့ၢ်နီၢ်ကီၢ်	fac'tu-al
_faculty	n.	တၢ်သူၣ်ဆးသးဆး★ခီလှာ်ကိုအသရၣ်ဒိၣ်သမါထီ	fac'ul-ty
_fad	n.	တၢ်လၢပှၤမၤအါအါတစိၢ်ဖိဒီးဟ်တ့ၢ်ကွံာ်ဝဲ	fad
_fade	v.i.	လီၤညံ့းလီၤဘီ★အလွဲၢ်လီၤ★(တၢ်သီၣ်)ယံာ်ထီၣ်ဆံးလီၤယံာ်ထီၣ်ဆံးလီၤ★အလွဲၢ်ဒံကွံာ်★လီၤမၢ်ကွံာ်	fade
_fag	v.i.	(မၤ)လီၤဘုံးလီၤတီၤ	fag
_fag	n.	ကိုဖိလၢကိုဖိအဒိၣ်တဂၤမၢအီၤဖဲအဘၣ်အသး	fag
_fag end	n.	တၢ်အကတၢၢ်လၢအတဂ့ၤအါအါဘၣ်	fag-end'
_faggot	n.	သ့ၣ်မုၣ်တကဒိၣ်	fag'got
_fail / failure	v.i. / n.	(တၢ်)တလၢထီၣ်ပှဲၤထီၣ်★(တၢ်)တကဲထီၣ်လိၣ်ထီၣ်ဘၣ်★(တၢ်)ဆံးလီၤစုၤလီၤ	fail / fail'ure
_failing		တၢ်လီၤတဲာ်ဆူတၢ်လ့ပစီပှၤညီ★တၢ်ကမၣ်★စူးကွံာ်ညီကွံာ်	failing
_fain	a.	ဘၣ်အသး★သးအိၣ်★သးခုသးမှာ်	fain
_faint	a.	လၢအဂံၢ်တအိၣ်ဘါတအိၣ်★လၢအဂံၢ်စၢ်လီၤဘါစၢ်လီၤ★ဖျါတဂ့ၤ★ဖျါဖျါတဖျါဖျါ★ကနုၤနုၤကနုၤနုၤ★လၢအသီၣ်ကဒၢဒၢကဒၢဒၢ	faint
_faint	v.i.	သံတယူာ်	faint
_faint-hearted		လၢအသးသုၣ်	faint-hearted
_faintly	adv.	တဖျါအါအါဘၣ်★သီၣ်ကဒၢဒၢကဒၢဒၢ	faint-ly
_fair	a.	မှာ်ဘၣ်ပမဲာ်★ဂ့ၤ★အကြၢးအဘၣ်★လၢအတကွၢ်မဲာ်တၢ်ဘၣ်★လၢအတီ	fair
_fair	n.	ဖွါဖးဒိၣ်တကလှာ်★(တၢ်)ယီၤ	fair
_fairground	n.	ဖွါ(ပွဲ)ဓိၤလီဓိၤအလိၢ်	fair'ground
_fairly	adv.	ယံယံလၤလၤ★ဂ့ၤဂ့ၤဘၣ်ဘၣ်★ကြၢးဝဲဘၣ်ဝဲ★ဖဲအကြၢးအဘၣ်★တီတီ	fair'ly
_fair-minded / fair-mindedness	a. / n.	(တၢ်)တစံၣ်ညီၣ်တၢ်ဒိၣ်ဆံးအါစုၤဘၣ်★တီလီၤ	fair'mind'ed / fair'mind'ed-ness
_fairness	n.	တၢ်တကွၢ်မဲာ်တၢ်ဘၣ်★တၢ်အတီအလိၤ★တၢ်အဂ့ၤ	fair'ness
_fairy	n.	မုၢ်ယါ	fair'y
_fairyland	n.	မုၢ်ယါအထံအကိၢ်	fair'y-land'
_faith	n.	တၢ်နာ်	faith
_faithful	a.	လၢအမၤတၢ်ဒ်တၢ်လီၤဘၣ်အီၤအသိး★လၢပနာ်နှၤ်သ့★သးတီ★အကလုၢ်တီ★ပှဲၤဒီးတၢ်စူၢ်တၢ်နာ်	faith'ful
_faithfully	adv.	မၤဒီတၢ်လီၤဘၣ်အီၤအသိး★လၢ(တၢ်သး)(အကလုၢ်)တီအပူၤ	faith'ful-ly
_faithfulness	n.	တၢ်နာ်နှၤ်သ့★တၢ်သးတီ★တၢ်အကလုၢ်တီ	faith'ful-ness
_faithless	a.	လၢပနာ်နှၤ်တသ့ဘၣ်★လၢအကလုၢ်တတီဘၣ်	faith'less
_fakir	n.	ကီၤလၤသူအတၢ်ဘါအသရၣ်လၢအမၤကဒါပှၤမဲာ်သ့	fa-kir'
_falcon	n.	လံာ်လ့တကလှာ်	fal'con
_falconer	n.	ပှၤလၢအဟးခးတၢ်လၢလံာ်လ့တကလှာ်	fal'con-er
_fall	v.i.	လီၤတဲာ်★လီၤ★ဘၣ်(လၢမုၢ်သၢနံၤ)★မၤကမၣ်★သံ★လီၤယံၤ★လီၤပိာ်★မှာ်ဘၣ်ပနၢ်	fall
_fall away		ယဲၤလီၤ★ဆံးလီၤစုၤလီၤ	fall away
_fall flat		တကဲထီၣ်တၢ်ဘျုးဘၣ်	fall flat

_fall into a habit		ကဲထိဉ်အလှၢ်အလၢ်	fall into a habit
_fall off		လီၤဆူ ★ ထုးကွၤအသး ★ ဟးထိဉ်ကွံာ်	fall off
_fall short		တလၢတပှဲၤဘဉ် ★ လီၤစှၤ	fall short
_fall to		စးထိဉ်	fall to
_fall in love		အဲဉ်လိာ်သး	fall in love
_fall back upon		နှၢ်တၢ်မၤစၢၤ	fall back upon
_fall foul of		ဘဉ်တိၢ်ဒီး	fall foul of
_fall in with		ဘဉ်သဂၢၢ်	fall in with
_fall out		မၤအသး ★ အ့ဉ်လိာ်ဆိးကွံလိာ်အသး	fall out
_fall through		မၤတၢ်တကဲထိဉ်ဘဉ်	fall through
_fall upon		လီၤဒီး ★ နှၢ်လီၤတိၢ် ★ လီၤဘဉ် ★ မၤဖှဉ်	fall upon
_fall	n.	သုဉ်လဉ်ဝံဉ်လဉ်လီၤအဆၢကတီၢ် ★ တၢ်လီၤယံၤ ★ တၢ်လီၢ်တံာ် ★ တၢ်ဆံးလီၤစှၤလီၤ ★ တၢ်ဟးဂီၤ	fall
_fallacious	n.	လၢအဒုးနၢ်ကမဉ်ပှၤ ★ လၢအလီနှၢ်တၢ်	fal-la'cious
_fallacy	n.	တၢ်လီတၢ်ဝ့ၤ	fal'la-cy
_fallible	a.	လၢအကမဉ်သ့ ★ လၢအဘဉ်တၢ်လီနှၢ်အီၤညီ	fal'li-ble
_fallow	a.	(စံာ်)လၢ(တၢ်ကွဲၤကဖီထိဉ်ဝံၤ)တၢ်ဟ်ကလီအီၤတနံဉ်တလၢ (လၢနံဉ်ကအှဉ်ကွံာ်အဂီၢ်)	fal'low
_false	a.	လၢအတဘျၤဘဉ် ★ လၢအတမ့ၢ်တၢ်(အဂ့ၤ)နီၢ်နီၢ်ဘဉ် ★ လၢအ(မ့ၢ်တၢ်)ကတိၤကဘျံးကဘျဉ်တၢ် ★ လၢအဖျါဂ့ၤကလီကလီ ★ လၢအတဘျၤတၢ်ဒုးကဲထိဉ်အီၤဂ့ၤဂ့ၤဘဉ် ★ လၢအတမှဉ်	false
_false teeth	n.	မဲအဘျဉ် ★ လၢတၢ်ဘိုဟ်စၢၤမီကိာ်မီကိာ်	false teeth
_falsehood	n.	တၢ်ကတိၤကဘျံးကဘျဉ် ★ တၢ်လီတၢ်ဝ့ၤ	false'hood
_falsify	v.t.	မၤကဘျံးကဘျဉ်တၢ် ★ ဒုးကဲထိဉ်တၢ်လၢတၢ်လီတၢ်ဝ့ၤ ★ နှဉ်ဖျါထိဉ်ကမဉ်တၢ်	fal'si-fy
_falsity	n.	တၢ်အတဘျၤဘဉ် ★ တၢ်ကဘျံးကဘျဉ်	fal'si-ty
_falter	v.i.	အိဉ်ကတိၢ်တဆီၢ်ဖိလၢအဖျံၤတၢ် ★ ကတိၤတၢ်ကတာ် ★ ကတိၤတၢ်ဆုးဆုးဆုး ★ မၤအသးဂုၤခိဉ်ခိဉ်ဂုၤခံခံ ★ (ကလှၢ်)(ခိဉ်)ကနီၤ	fal'ter
_fame	n.	တၢ်ဟူထိဉ်သါလီၤ ★ တၢ်မံၤဟူသဉ်ဖျါ	fame
_familiar	a.	လၢပညီနှၢ်(ထံဉ်) ★ မံာ်လီၢ်မံာ်ကျဲ ★ ရူလိာ် ★ သ့ဉ်ညါလိာ်	fa-mil'iar
_familiarly	adv.	ဒ်အသ့ဉ်ညါသ့ဉ်ခိး(လိာ်အသး)(ပှၤ)အသိး	fa-mil'iar-ly
_familiarity	n.	တၢ်ညီနှၢ်(ရ့)(သ့ဉ်ညါ)လိာ်သး	fa-mil'i-ar'i-ty
_familiarize	v.t.	မၤသ့ဉ်ညါအသး ★ ဒုးသ့ဉ်ညါ ★ ဒုးညီနှၢ်	fa-mil'iar-ize
_family	n.	ပှၤဟံဉ်ဖိဃီဖိ	fam'i-ly
_famine	n.	တၢ်သဉ်ဝံၤလီၤဒိ	fam'ine
_famish	v.t.	(ဒုး)(ဟ်)ဝံၢ်သံ	fam'ish
_famous	a.	မံၤဟူသဉ်ဖျါ ★ ဟူထိဉ်သါလီၤ	fa'mous
_fan	n.	နိဉ်ဝံၢ်ကသုဉ် ★ ကိၢ်လံၢ်	fan
_fan	v.t.	ဝံၢ်ကသုဉ် ★ ပၢၤကွံဉ်	fan
_fanatic	n.	ပှၤလၢအဂဲၤပျုၢ်ဂဲၤဆူးလၢတၢ်နဉ်ကမဉ်အပူၤ	fa-nat'ic
_fanatical	a.	ဘဉ်ယးဒီးတၢ်ဂဲၤပျုၢ်ဂဲၤဆူးလၢတၢ်နဉ်ကမဉ်အပူၤ	fa-nat'-i-cal
_fanaticism	n.	တၢ်ဂဲၤပျုၢ်ဂဲၤဆူးလၢတၢ်နဉ်ကမဉ်အပူၤ	fa-nat'i-cism
_fancier	n.	ပှၤလၢအအဲဉ်လီၤဆီဒဉ်တၢ်တမံၤမံၤ	fan'ci-er
_fanciful	a.	တမ့ၢ်တၢ်နီၢ်နီၢ်ဘဉ် ★ လၢအဘဉ်ယးဒီးတၢ်ဆိကမိဉ်	fan'ci-ful
_fancy	v.i.	(တၢ်လၢပှၤ)ဆိကမိဉ်ထိဉ်နှၢ် ★ (တၢ်)အဲဉ်ဒိး ★ (တၢ်)ဘဉ်သုဉ်ဘဉ်သး ★ (တၢ်)လၢအအိဉ်ဒိးတၢ်ကယၢကယဲ ★ နှၢ်လၢအကြၢး(မ့ၢ်)(ဘဉ်)ဝဲ	fan'cy
_fancy	n.	အသးအတၢ်(ဆိကမိဉ်)(အဲဉ်ဒိး)	fan'cy
_fang	n.	မဲလၢအထိးဒီးအှဉ် ★ မဲထွံဉ်	fang
_fantailed	a.	လၢအမဲၢ်ကတြဉ်အသး	fan'tailed

English	Part	Karen	Pronunciation
_fantastic / fantastical	a. / a. / adv.	လၢတၢ်မၤကဲထီၣ်လီၤဆီန့ၢ်စိၤအီၤအံၤဒၢးအသးအတၢ်ဆိကမိၣ်ဟဲဝဲအသိး★လီၤတိၢ်လီၤဆီ	fan-tas'tic / fan-tas'ti-cal (ly)
_fantasy	n.	တၢ်လၢပျၤထံၣ်အီၤဖဲလၢအသးအတၢ်ဆိကမိၣ်ဒၣ်ဝဲ★တၢ်ဆိကမိၣ်န့ၢ်စိၤတၢ်	fan'ta-sy
_far	a.	ယံၤ★ယံာ်★(အါ)(ဂ္ၤ)(ဒိၣ်)ဒ္ၣ်တၢ်တက့ၢ်	far
_farce / farcical	n. / a.	တၢ်လီၤနံၤဘၣ်ဖၣ်လဲ★လၢအတမ့ၢ်ဘၣ်တၢ်နီၢ်ကီၢ်	farce / far'ci-cal
_fare	v.i.	ဘၣ်တၢ်(အမုာ်)	fare
_fare	n.	တၢ်အီၣ်★တၢ်အခး	fare
_farewell	int.	မ်နဘၣ်အမုာ်တက့ၢ်	fare'well
_far fetched	a.	လၢအဘၣ်တၢ်ဟဲစိၢ်အီၤလၢတၢ်ယံၤ★လၢအတဒ္သိးနူဆၣ်အလုၢ်အလၢ်ဘၣ်	far'fetched'
_farm	n.	စံာ်ဖီပှဲၤဖိ★ခုးဖီသံၣ်ဖိ	farm
_farmer	n.	(ပှၤလၢအ)ထူးစံာ်ဖီပှဲၤဖိ★(ပှၤလၢအ)ဖဲးခုးမၤသံၣ်	farm'er
_farsighted	a.	လၢအထံၣ်တၢ်ယံၤ	far'sight'ed
_farther	a.	ယံာ်န့ၢ်ဒံးတက့ၢ်★ယံၤန့ၢ်တက့ၢ်	far'ther
_farthest / farthermost	a. / a.	ယံာ်ကတၢၢ်★ယံၤကတၢၢ်	far'thest / far'ther-most
_fascinate / fascination	v.t. / n.	(တၢ်)ရၢ်န့ၢ်တၢ်	fas'cinate / fas'ci-na'tion
_fashion	n.	တၢ်အလုၢ်အလၢ်★အကလုာ်	fash'ion
_fashion	v.t.	ဒုးကဲထီၣ်တၢ်အက့ၢ်အဂီၤ★သိတၢ်အက့ၢ်အဂီၤ	fash'ion
_fashionable	a.	ဒ်ပှၤအဒိၣ်အထီတဖၣ်အလုၢ်အလၢ်အိၣ်ဝဲအသိး★ဒ်(အလုၢ်အလၢ်)(အကလုာ်)အသိး	fash'ion-a-ble
_fast	v.i.	ဒုၣ်တၢ်အီၣ်	fast
_fast	n.	တၢ်ဒုၣ်တၢ်အီၣ်	fast
_fast	a.	ချ့ချ့★ကျၢၤကျၢၤ★တံၢ်တံၢ်★(အနၢ်)တုၤလီၤ★လၢအဘၣ်တၢ်စၢယာ်အီၤကျၢၤကျၢၤ★လၢအ(လွံၢ်)တလီၤဘၣ်	fast
_fasten	v.t.	စၢယာ်★ဒုးစဲဘူး★ဒုးစဲထီယာ်★စဲယာ်★ကးတံာ်ယာ်	fast'en
_fastening	n.	နီၣ်ဘူးယာ်တၢ်★တၢ်လၢပစၢယာ်(တၢ်)ကျၢၤကျၢၤ	fas'ten-ing
_fastidious	a.	လၢတၢ်မၤဘၣ်အသးကီ★လၢအ(အဲၣ်ဒိးတၢ်)လီၤတံၢ်(ကဲၣ်ဆိး)	fas-tid'i-ous
_fastness	n.	တိၢ်ဖီဟ်တံၢ်ဖီ★တၢ်လီၢ်လၢအကျၢၤ★တၢ်အချ့	fast'ness
_fat	a.	ဘီၣ်★သိ	fat
_fat	n.	အသိအဖှိၢ်	fat
_fatal	a.	လၢအမၤသံတၢ်★လၢအသံပှၤ★လၢအသံန့ၢ်ပှၢ်န့ၢ်ပှၤ	fa'tal
_fatality	n.	တၢ်တတၢာ်တနၢ်,တၢ်ဝံတဂ္ၤကလၤတဂ္ၤ★တၢ်ဟဲဝံဟ်စၢၤ★တၢ်သံ	fa-tal'i-ty
_fate	n.	တၢ်သံ★တၢ်ဟးဂီၤ★တၢ်ဟဲဝံဟဲစိၢ်★တၢ်တိၢ်ဟ်စၢၤတၢ်လၢအဂီၢ်	fate
_fateful	a.	လၢအဒုးအိၣ်ထီၣ်တၢ်ဘူၣ်(ဂ္ၤ)(အၢ)တိၢ်(ဂ္ၤ)(အၢ)★လၢအဒုးအိၣ်ထီၣ်တၢ်မၤအသးလၢအသံန့ၢ်ပှၢ်န့ၢ်တၢ်	fate'-ful
_father	n.	ပၢ်	fa'ther
_father	v.t.	လုၢ်ဖိ★အံးကွၢ်ကွၢ်ကွၤဒ်အဖိဒၣ်ဝဲအသိး	fa'ther
_fatherhood	n.	တၢ်မ့ၢ်ပၢ်★ပၢ်အလီၢ်	fa'ther-hood
_fatherless	a.	လၢအပၢ်တအိၣ်လၢၤဘၣ်	fa'ther-less
_father-in-law	n.	မံၤပုၢ်	fa'ther-in-law
_fathom	n.	တချံ	fath'om
_fathom	v.t.	ယုသ္ၣ်ညါန့ၢ်ပၢၢ်လီၤတံၢ်လီၤဆဲး	fath'om
_fatigue	n.	တၢ်ဘုံးသ္ၣ်တီၤသး★တၢ်သ္ၣ်လီၤဘုံးသးလီၤတီၤ	fa-tigue'
_fatten	v.i.	ဒုးဘီၣ်ဒုးသိထီၣ်တၢ်★ဘီၣ်ထီၣ်	fat'ten
_fatuous	a.	မၤး★လၢအထံၣ်လီၤလဲအတၢ်ဒၣ်ဝဲ★ဟးဂီၤ★လၢအသးတထံတဆး ဘၣ်	fat'u-ous
_faucet	n.	(ထံပီၤ)အနိၣ်ဖံာ်★ထံပီၤလၢတၢ်ထုးထိၣ်ထံအဖးဒိၣ်အထံ	fau'cet
_fault	n.	တၢ်ကမၣ်★တၢ်မဲၣ်သုမဲၣ်ဂီၤ★တၢ်တလၢတပှဲၤ	fault

_faultless	a.	လၢအ(တၢ်)ကမၣ်တအိၣ်	fault'less
_faulty	a.	(လၢအ)တဂ့ၤတဝါ★(လၢအ)တလၢတပှဲၤ★(လၢအ)အိၣ်ဒီးတၢ်ကမၣ်	fault'y
_fauna	n.	ဆၣ်ဖိကီၢ်ဖိတကလုာ်ဒီးတကလုာ်လၢအအိၣ်လၢထံကီၢ်အပူၤ	fau'na
_favor / favour	n.	တၢ်ကွၢ်မုာ်★တၢ်သူၣ်အိၣ်သးအိၣ်★တၢ်ဟ့ၣ်တိစၢၤမၤစၢၤတၢ်★လံာ်ပရၢ★တၢ်မၤဘျုးမၤဖှိၣ်★တၢ်ဟ့ၣ်ဘျူးဟ့ၣ်ဖှိၣ်	fa'vor / fa-vour
_favor / favour	v.t.	ကွၢ်မုာ်★သူၣ်အိၣ်သးအိၣ်★ဟ့ၣ်တိစၢၤမၤစၢၤ★လီၤက်★ဟ့ၣ်ဘျူးဟ့ၣ်ဖှိၣ်တၢ်★မၤဘျုးမၤဖှိၣ်	fa'vor / fa-vour
_favorable	a.	လၢပဘၣ်ဘျုးလၢအီၤသ့★လၢအမၤဘျုးမၤဖှိၣ်တၢ်	fa'-vor-a-ble
_favorite / favourite	a.	(ပှၤ)လၢပကွၢ်မုာ်အီၤ★(ပှၤ)(တၢ်)လၢပအဲၣ်အီၤလီၤဆီ	fa'vor-ite / fa-vour-ite
_fawn	n.	တၤယုၢ်ဖိ	fawn
_fawn	a.	ဒ်တၤယုၢ်အလွဲၢ်	fawn
_fealty	n.	တၢ်သးတီက့ၤအၤကစၢ်★တၢ်သးတီ	fe'al-ty
_fear	v.i.	(တၢ်)ပျံၤတၢ်★(တၢ်)ဘၣ်ပျံၤဘၣ်ဖုး★(တၢ်)ဘၣ်ယိၣ်တၢ်	fear
_fearful	a.	အိၣ်ဒီးတၢ်ပျံၤတၢ်ဖုး★အိၣ်ဒီးတၢ်ဘၣ်ယိၣ်	fear'ful
_fearful / fearsome	a.	လၢအလီၤပျံၤလီၤဖုး	fear'ful / fear-some
_fearless	a.	လၢအတပျံၤတၢ်ဘၣ်	fear'less
_feasible	a.	လၢပမၤသ့★လၢအဘျုးအိၣ်★လၢအကြၢးဝဲဘၣ်ဝဲ★လၢပမၤညီ	fea'si-ble
_feast	n.	တၢ်အိၣ်မူးအိၣ်ပွဲ	feast
_feast	v.t.	(ဒုး)အိၣ်မူးအိၣ်ပွဲ(တၢ်)	feast
_feat	n.	တၢ်မၤလၢအနးနဲ့ၣ်ဖျါတၢ်သ့တၢ်ဘၣ်ဆီၣ်ခံတၢ်	feat
_feather	n.	ထိၣ်ဆူၣ်	feath'er
_feathered		အိၣ်ဒီးအဆူၣ်အင်း	feath'ered
_Feathery	a.	အိၣ်ဒီး(တၢ်လီၤက်တၢ်)အဆူၣ်အင်း	Feath'er-y
_feature	n.	တၢ်အက့ၢ်အဂီၤ★တၢ်အဂ့ၢ်မိၢ်ပှၢ်★တၢ်အလီၤတံၢ်လီၤဆီ	fea'ture
_feature	v.t.	ဟ်ဖျါလီၤဆီ★ဒုးလီၤက်အက့ၢ်အဂီၤ	fea'ture
_fecund	a.	(ဟီၣ်ခိၣ်)လၢအသိအချ့ဂ့ၤ★လၢအတတုာ်ဖိဘၣ်★လၢအဒ့ၣ်မုၢ်သၣ်မု★လၢအမဲထီၣ်သၣ်ထီၣ်ဂ့ၤမး★လၢအဖိအိၣ်အါမး	fec'und
_fecundity	n.	တၢ်အသိအချ့ဂ့ၤ★တၢ်ဒ့ၣ်မုၢ်သၣ်မု★တၢ်ဖိဘၣ်လံၤဂ့ၤ	fe-cun'di-ty
_federal	a.	ဘၣ်ယးဒီးကီၢ်ဖိတဖၣ်အတၢ်မၤသကိးတၢ်	fed'er-al
_federate / federation	v.t. / n.	ကီၢ်ဖိတဖၣ်(လၢအ)(အတၢ်)ဟ်ဖှိၣ်အသး	fed'er-ate / fed'er-a'tion
_fee	n.	အခး★အဘူးအလဲ	fee
_feeble	a.	လၢအဂံၢ်စၢ်ဘါစၢ်★စၢ်	fee'ble
_feed	v.t.	လုၢ်အိၣ်★ဘုၣ်အိၣ်★အိၣ်တၢ်	feed
_feed	n.	တၢ်အိၣ်★တၢ်အဆၣ်	feed
_feel	v.t.	သးအိၣ်★ကလၢၢ်ကွၢ်★ဖိၣ်ကွၢ်★ဘၣ်(တၢ်)★လီၤက်ဘၣ်ပှၤ★သးဘၣ်ဆဲး★သ့ၣ်ညါလၢ(ကလၢၢ်ကွၢ်)တၢ်(ဒီးဘၣ်တၢ်)အယိ	feel
_feeling	n.	တၢ်သ့ၣ်ညါတၢ်လၢသးဒ်အံၤဒ်နုၤ★တၢ်သးဘၣ်ဆဲး★တၢ်သူၣ်အိၣ်သးအိၣ်	feel'ing
_feelingly	adv.	ဟ်ဖျါတၢ်သးဘၣ်ဆဲး★လၢတၢ်သူၣ်အိၣ်သးအိၣ်အပူၤ	feel'ing-ly
_feign / feigned feint	v.t.	(လၢအ)(တၢ်)ဟ်မၤအသး★(လၢအ)(တၢ်)ဟ်(ကစ္စၢ်)အသး	feign / feigned feint
_felicitate / felicitation	v.t. / n.	(တၢ်)သူၣ်မုာ်သးခုသကိးဒီးပှၤဂၤ★(တၢ်)မၤမုာ်မၤခုပှၤဂၤအသး	fe-lic'i-tate / fe-lic'i-ta'tion
_felicity	n.	တၢ်သူၣ်မုာ်သးခု★တၢ်မုာ်တၢ်ပၢၤ	fe-lic'i-ty
_feline	a.	ဘၣ်ယးဒီးသဥ်မံယီၤ★ဒ်သဥ်မံယီၤအသိး	fe'line
_fell	v.t.	ကုာ်က်ကွံာ်★ကွီၤက်ကွံာ်	fell
_fell	a.	လၢအသံနုၢ်ပှၢ်နုၢ်တၢ်★လၢအအၢအသိ★လၢအတၢ်သးကညီၤတအိၣ်★နူစယဲး	fell

_fellow	n.	တၢ်သကိး★ပှၤကရၢဖိတဂၤ★ပှၤလၢအလၤကပီၤတခါအိဉ်တဂၤ	fel'low
_fellow-creature	n.	(ပှၤ)(တၢ်)လၢအသကိးဟ်ဒီးဟ်လၢအမှၢ်တကလုာ်ယီဒီးအီၤ	fellow-creature
_fellow-feeling	n.	တၢ်သးအိဉ်လိာ်သး★တံၤသကိးအတၢ်သးအိဉ်လိာ်သး	fellow-feeling
_fellowship	n.	(တံၤသကိးအ)တၢ်ရ့လိာ်သး★တၢ်ရ့လိာ်မၤသကိးတၢ်★တၢ်ဒီတံၤဒီသကိး	fel'low-ship
_felon	n.	ပှၤအၢပှၤသီ	fel'on
_felony	n.	တၢ်အၢတၢ်သီ	fel'o-ny
_felt	n.	တၢ်ကံးညီသိဆှုဉ်လၢတၢ်ကျဲးတၢ်မၤကဲထီဉ်အီၤ	felt
_female	n.	ပိာ်မုဉ်★အမိၢ်	fe'male
_feminine	a.	ဘဉ်ယးဒီးပိာ်မုဉ်ပိာ်မၤႇတၢ်အမိၢ်	fem'i-nine
_fence	v.t.	ဒီယာ်★ကရၢယာ်★နုဉ်ယာ်★ကၤယာ်	fence
_fencing	n.	တၢ်လိာ်ကွဲနၢ★ကရၢအနုဉ်အကၢသ့ဉ်တဖဉ်★တၢ်ဆဲးတၢ်ဒီးဒီယာ်တၢ်လၢနၢ	fenc'ing
_fend	v.t.	ဒီယာ်★ဂ့ဆၢကွံာ်★တဒီယာ်	fend
_fender	n.	တၢ်တဒီယာ်★ဖဉ်ကွာ်	fend'er
_ferment / fermentation	v.i. / n.	(တၢ်)ကဲထီဉ်သံးအစီ★(တၢ်)မၤကဲထီဉ်သံးအစီ★(တၢ်)မၤဖးထီဉ်တၢ်ဒၣ်ကိဉ်မံဉ်အသိး	fer'ment' / fer'men-ta'tion
_ferment / fermentation	n. / n.	တၢ်လုၢ်လုၢ်တၢတၢ	fer'ment / fer'men-ta'tion
_fern	n.	ထိဉ်ပှာ်မဲၢ်ဒီး★ထိဉ်ပှာ်ဒံးဒီးတကလုာ်လၢ်လၢ်	fern
_ferocious / ferocity	a. / n.	(တၢ်)(လၢအ)သူဉ်အၢသးသီ★(တၢ်)(လၢအ)အၢအၢသီသီ★(တၢ်)(လၢအ)ဒုဉ်စ့လၢအကအိဉ်န့ၢ်တၢ်မၤဟးဂီၤတၢ်	fe-ro'cious / fe-roc'i-ty
_ferret	n.	တၢ်လူၤယုထံဉ်န့ၢ်တၢ်★တၢ်လူၤယုသ့ဉ်ညါတၢ်★ယုၢ်ခုပြိၢ်	fer'ret
_ferrule	n.	ထးသလဲ★ထးကွီၤဖိမၤတမ့ၢ်ထးဒိဉ်ဖှိဉ်ဖိလၢတၢ်ပီးယာ်နီၢ်တူး	fer'rule
_ferrule	n.	နိဉ်တီၢ်လၢတီၢ်ပှၤဖိသဉ်အစုပျါသး	fer'rule
_ferry	n.	တၢ်လီၢ်ဖဲပဖံခိခံ★ချံလၢအဒီပှၤ	fer'ry
_fertile	a.	လၢအသိအချံဂ့ၤ★လၢဟီဉ်ခိဉ်အညဉ်ထူဉ်ဂ့ၤ	fer'tile
_fertility	n.	တၢ်အသိအချံဂ့ၤ★တၢ်အညဉ်ထူဉ်လၢအဘဉ်ယးဒီးဟီဉ်ခိဉ်	fer-til'i-ty
_fertilize / fertilization / fertilizer	v.t. / n. / n.	(တၢ်)(တၢ်လၢအ)မၤဂ့ၤထီဉ်တၢ်အသိအချံ★(တၢ်)မၤဂ့ၤထီဉ်ဟီဉ်ခိဉ်အညဉ်	fer'ti-lize / fer'ti-li-za'tion / fer'ti-liz'er
_fervent / fervid	a. / a.	လၢအသးဆူဉ်★လၢတၢ်သူဉ်ဆူဉ်သးဆူဉ်	fer'vent / fer'vid
_fervently	adv.	လၢတၢ်သူဉ်ဆူဉ်သးဂဲၤအပူၤ	fer'vent-ly
_fervor / fervour	n. / n.	တၢ်သးဂဲၤလိာ်တၢ်★တၢ်သးဆူဉ်သးဂဲၤ	fer'vor / fer'vour
_festal	a.	ဘဉ်ယးဒီးနံၤသဘျ★သူဉ်ဖှံသးညီ★ဘဉ်ယးဒီးဘုဉ်စီၤပွဲၤ	fes'tal
_fester	v.i.	ဒၢဖံထီဉ်	fes'ter
_festival / festivity / festive	n. / n. / a.	(ဘဉ်ယးဒီး)ပွဲၤလိၤစီၤ★(ဘဉ်ယးဒီး)ဘုဉ်(မုး)စီၤပွဲၤစီၤ★(လၢအပှဲၤဒီး)တၢ်သူဉ်ဖှံသးညီ	fes'ti-val / fes-tiv'i-ty / fes'tive
_festoon	n.	ဖိကွီၤဘျးလီၤစဲၤအသး	fes-toon'
_fetch	v.t.	ဟဲဆှၢ★ဟဲစိာ်★လဲၤအှဉ်(ထံ)ႇလဲၤမၢနၢ်ဒီးဟဲစိာ်	fetch
_fetid	a.	လၢအနၢတမုာ်★နၢအုဉ်	fet'id
_fetish	a.	တၢ်လၢပှၤဟ်လၢအစိကမီၤအိဉ်လၢကတြိတၢ်တတၢ်တနၢဒီးမၤနၢၤအီၤ★လၣ်ဖွဲ	fe'tish
_fetlock	n.	ကသ့ဉ်အဆူဉ်ဖးထီလၢအစုန့ၢ်ခံခိဉ်နၢဉ်	fet'lock
_fetter	n.	စုကွီၤခိဉ်ကွီၤ★ထးကွီၤ★ထးသွဲလၢကျီၤယာ်စုခိဉ်အဂီၢ်	fet'ter
_fetter	v.t.	သိးယာ်★ကျီၤယာ်	fet'ter
_feud	n.	တၢ်မၤကၣ်ဆၢလိာ်သးလၢနုဉ်ထၢခံနုဉ်အပူၤလၢတၢ်သူဉ်ဆါသးဆါလိာ်သးအယိ	feud
_feudal / feudalizm	a. / n.	(ဘဉ်ယးဒီး)တၢ်ပၢပှၤဒ်ကုၢ်အသိး	feud'al / feud'al-izm
_fever / feverish	n. / a.	(အိဉ်ဒီး)တၢ်ညဉ်ဂံၢ်★(အိဉ်ဒီး)တၢ်လိၤကိၢ်	fe'ver / fe'ver-ish

_few	a.	စုၢ★ဘၣ်းကိၤ်★တအါဘၣ်	few
_fiber / fibre / fibril / fibrous	n. / n. / a.	(လၢအအိၣ်ဒီး)အယဲၤ★(လၢအအိၣ်ဒီး)အလှ$	fi-ber / fi'bre / fi'bril / fi-brous
_fickle	a.	လၢအသးလဲလိာ်အသးခဲအံၤခဲအံၤ★သးတဂၢၢ်တကျπဘၣ်★လၢအသးကၢၤ်ကဒါ	fic'kle
_fiction	n.	တၢ်(ကွဲး)လၢပုၤတယၤလၢသးအမံၤ်ဒီး(ကွဲး)★တၢ်ယဲၤမှာ်ၢ်န	fic'tion
_fictitious	a.	လၢတၢ်တယၤလၢသးအမံၤ်ဒီးတဲ★လၢအတမ့ၢ်တတီဘၣ်	fic-ti'tious
_fiddle / fiddler	v.i. / n.	(ပှၤလၢအ)ဒုတရီ★(ပှၤလၢအ)မဟူးမဟဲကလီအစုမှၢ်စုန	fid'dle / fid'dler
_fidelity	n.	တၢ်သးတီ(အတၢ်မၤ)★တၢ်သူၣ်တီသးရၤ	fi-del'i-ty
_fidget / fidgety	v.i. / a.	(တၢ်)(ပှၤလၢအ)(လၢအ)အိၣ်ဂုၢ်အိၣ်ယိတမှ§	fidg'et / fidg'et-y
_field	n.	ပှ§★စံၤ်လီၢ်ပှဲၤလီၢ်	field
_fiend / fiendish	n. / a.	(လီၤ်က)တၢ်န§★(ပှ)(လၢအ)မတၢ်မုၤတၢ်တၢ်တၢ်ထီဘိ★တၢ်ဝံတၢ်န§	fi'end / fi-end'ish
_fierce (ly)	a. / adv.	လၢအဆူစယံး★(လၢအ)အၢဒိၣ်ဒိၣ်ကလဲ§★(လၢအ)လီၤပျံၤလီၤဖး	fierce (ly)
_fiery	a.	လၢအအိၣ်ဒီးမှၣ်အူ★တပျုာ်တပှိၤ★လၢအသးချ ★လီၤက်မှၣ်အူ	fi'er-y
_fife	n.	ပံ	fife
_fifteen	a.	တဆံယဲၢ်	fif'teen'
_fifteenth	a.	တဆံယဲၢ်ပုတပုၤ★တဆံယဲၢ်(ခါ)တ(ခါ)	fif'teenth
_fifth	a.	ယဲၢ်ပုတပုၤ★ယဲၢ်(ခါ)တ(ခါ)	fifth
_fiftieth	a.	ယဲၢ်ဆံပုတပု★ယဲၢ်ဆံ(ခါ)တ(ခါ)	fif'ti-eth
_fifty	a.	ယဲၢ်ဆံ	fif'ty
_fig	n.	ချၣ်ဒၤသၣ်	fig
_fight	v.t.	(တၢ်)ဒုးတၢ်ယၤတၢ်★(တၢ်)အ့ၣ်လိာ်ဆီးကုလိာ်	fight
_figment	n.	တၢ်လၢအကဲထီၣ်လၢတၢ်တယၤတၢ်လၢသးအမံၤ်အယိ★ပုၤလၢအတမ့ၢ်တတီဘၣ်	fig'ment
_figurative	a.	လၢအဟ်ဖျါထီၣ်တၢ်လၢတၢ်(အဒိအတဲာ်)(ဒိလီၤတဲာ်လီၤတၢ်)အပုၤ	fig'ur-a-tive
_figuratively	adv.	လၢတၢ်(အဒိအတဲာ်)(ဒိလီၤတဲာ်လီၤတၢ်)အပုၤ	fig'ur-a-tive-ly
_figure	n.	တၢ်အက္ခၢ်အဂီၤ★နီၣ်ဂံၢ်	fig'ure
_filament	n.	တၢ်လီၤက်တၢ်အယဲၤ★တၢ်အလှ★တၢ်အယဲၤ★လုၣ်ပြၢကံ	fil'a-ment
_filch	v.t.	ဟုၣ်တၢ်	filch
_file	n.	(တၢ်)တဂ့ၢ်★ထးဂုၣ်ထးကြ	file
_file	v.t.	တဂ့ၢ်(တြိၢ်)ယာ်လၢအဂ့ၢ်အကျိုၤ★လဲတ(ဂၤ)ဘၣ်တ(ဂၤ)★ဂ့ၣ်(ကျ)လၢအးကဲ	file
_filial	a.	န်ဖိသၣ်ကြၤးမၤအမိၢ်အပၢ်အသိး★န်တၢ်လီၤဘၣ်ဖိအသိး★ဘၣ်ယၤးဒီးဖိ	fil'i-al
_filing	n.	ထးကမှၣ်လၢတၢ်ဂုၣ်သီၤ★ထးကြအဆုၣ်	fil'ing (s)
_fill	v.t.	မၤပှဲၤထီၣ်တၢ်★မၤလၢမဲၣ်ပှဲၤထီၣ်တၢ်★ဒုးအိၣ်ဘှဲးအိၣ်ဘှဲးအီၣ်တၢ်★လၢထီၣ်ပှဲၤထီၣ်	fill
_filling	n.	တၢ်လၢတၢ်ပနၣ်မၤပှဲၤတၢ်လီၢ်အိၣ်ဟိ★တၢ်မၤပှဲၤထီၣ်တၢ်	fill'ing
_film / filmy	n. / a.	(လၢအဘုၣ်)တၢ်သဘျုး(အသိး)★(လၢအဘုၣ်)တၢ်သလီ(အသိး)★(လၢအဘုၣ်)တၢ်သျုး(အသိး)	film / film'y
_filter / filtration	v.t. / n.	(တၢ်)ဘိၣ်ထံပှၢ်ထံ(အအၤ)	fil'ter / fil'tr-a'tion
_filth	n.	တၢ်ဘၣ်အၢဘၣ်သီ★တၢ်အယံၣ်အမူး	filth
_filthy / filthily	a. / adv.	(လၢအ)ဘၣ်အၢဘၣ်သီ★လၢအအိၣ်ဒီးအယံၣ်	filth'y / filth'i-ly
_fin	n.	ညၣ်အဆံး	fin
_final	a.	လၢခံကတၢၢ်	fi'nal
_finality	n.	တၢ်လၢခံကတၢၢ်★တၢ်အကတၢၢ်	fi-nal'i-ty
_finally	adv.	လၢအကတၢၢ်★လၢခံကတၢၢ်	fi'nal-ly

_finance / financial	n. / a.	(ဘၣ်ယးဒီး)တၢ်ဖိၣ်စ့ဖီၣ်တၢ်၊ ★(ဘၣ်ယးဒီး)ကျိၣ်စ့ဖိးစ့စိၢ	fi-nance' / fi-nan'cial
_financier	n.	ပှၤလၢအဖိၣ်ကျိၣ်ဖိၣ်စ့	fin'an-cier'
_find	v.t.	ထံၣ်နၢ်★ယုထံၣ်နၢ်★ထံၣ်နၢ်က့ၤ	find
_fine	v.t.	လီးအီၣ်	fine
_fine	n.	စ့လၢတၢ်လီးက့ၤတၢ်အဂီၢ်	fine
_fine	a.	ဂ့ၤ★ပြံကဒံ★ဘူသလၢ★ကဆဲၤကဆို★ယံလၢ,လၢအကတၢၢ်	fine
_fine / finely	a. / adv.	ဂ့ၤ★ပြံကဒံ★ဘူသလၢ★ကဆဲၤကဆို★ယံယံလၢလၢ	fine / fine-ly
_finery	n.	တၢ်အယံအလၤ★တၢ်ကယၢကယဲ	fin'er-y
_finger	n.	စုမုၢ်စုနၢ	fin'ger
_finger	v.t.	ကလၢၢ်တၢ်	fin'ger
_finical	a.	လၢတၢ်မၤဘၣ်အသးကီ★လၢအဟ်ဂ့ၤအသးလၢအကယၢကယဲ အသးနၤကဲၣ်ဆိး	fin'i-cal
_finish	v.t.	မၤဝံၤ★မၤကတၢၢ်ကွံၣ်★မၤလၢၢ်ကွံၣ်★ဝံဝဲလံ	fin'ish
_finish	n.	တၢ်ဝံၤ★တၢ်ကတၢၢ်	fin'ish
_finite	a.	လၢအကတၢၢ်အိၣ်	fi'nite
_fir	n.	သ့ၣ်တကလုာ်လီၤက်သ့ၣ်ဆိုအမုၢ်	fir
_fire	n.	မ့ၣ်အူ	fire
_fire	v.t.	ခး★ခွဲၣ်လၢမ့ၣ်အူ★မၤက်ိထီၣ်လၢမ့ၣ်အူ★မၤက်ိထီၣ်ပှၤအသး★ဆီၣ်ကဲၤ	fire
_fire engine	n.	စဲး(မၤသံ)(မၤလီၤပှ်ာ်)မ့ၣ်အူအီၣ်တၢ်	fire en'gine
_fire escape	n.	ယီလၢပှၤလၢယုၢ်ပူဖျဲးမ့ၣ်အူအီၣ်တၢ်	fire-es-cape'
_fireman	n.	ပှၤဖိၣ်စဲးလၢအ(မၤသံ)(မၤလီၤပှ်ာ်)မ့ၣ်အူအီၣ်တၢ်	fire'man
_firearm	n.	က်ို	fire'arm'
_firefly	n.	နါအီၣ်လံ★နါဟ်လူ	fire'fly'
_fireplace	n.	ဖၣ်ကပူၤ	fire'place'
_fireproof	a.	လၢမ့ၣ်အူအီၣ်တန့ၢ်	fire'-proof'
_firm / firmness	a. / n.	(တၢ်)ကျၢၤ★(တၢ်)ဂၢ်ကျၢၤ★(တၢ်)ယံး	firm / firm'ness
_firm	n.	တၢ်ဖံးတၢ်မၤအကရၢ	firm
_firmly	adv.	ကျၢၤကျၢၤ★ယံးယံး	firm'ly
_firmament	n.	မူကပိာ်လီၤမှုသူဒီ	fir'ma-ment
_first	a.	လၢညါကတၢၢ်★လၢအဂၢ်ခိၣ်ထံး★လၢအဆိကတၢၢ်★လၢအဂၢ်ခိၣ်	first
_first class / first rate	a. / a.	လၢအဂ့ၤကတၢၢ်	first'class' / first'rate'
_firsthand	a.	အသီ	first'hand
_fiscal	a.	ဘၣ်ယးဒီးပှၤကမျၢၢ်အကျိၣ်အစ့	fis'cal
_fish	n.	ညၣ်	fish
_fishhook	n.	တခွဲ	fish'hook'
_fish	v.t.	ဖိၣ်ညၣ်★တခွဲ(တၢ်)	fish
_fishery / fisherman	n. / n.	(ပှၤလၢအ)(တၢ်)ဖးအီၣ်မၤအီၣ်ညၣ်(အလီၢ်)★တၢ်မၤညၣ်အလီၢ်	fish'er-y / fish'er-man
_fishy	a.	လီၢ်က်ညၣ်★လၢအကးကိာ်★လၢပနာ်တသ့	fish'y
_fissure / fission	n. / n.	တၢ်တဲၤ★တၢ်ဆဲးထီၣ်	fis'sure / fis'sion
_fist	n.	စုခိၣ်	fist
_fit	a.	ကြၢး★ဘၣ်★တြီၢ်★အီၣ်ဆူၣ်အီၣ်ချ့★ဘၣ်အခၢး★ လၢအနၢးထီၣ်သတူၢ်ကလာ်	fit
_fit	n.	တၢ်ထီၣ်(အီၤ)	fit
_fittingly	adv.	ကြၢးဝဲဘၣ်ဝဲ	fit'ting-ly

_fitful	a.	လၢအမၤတၢ်အခံတတုၤလၢၤဘၣ် ★ လၢအမၤတၢ်တစဲးဖဲးအိၣ်တစဲးဖဲး ★ တဂၢၢ်တကျπ ★ ဒိၣ်ထိၣ်ဆံးလီၤ ★ နၤထိၣ်စၢ်လီၤ	fit'ful
_five	a.	ယဲၢ်	five
_fivefold	a.	လၢအအိၣ်ဒီးအပူၤယဲၢ်ပူ ★ လၢအဲၣ်ထိၣ်ယဲၢ်စး	five'fold
_fix	v.t.	ဘိုက္πၤ ★ မၤဂၢၢ်မၤကျπၤ ★ မၤစဲထိယာ်	fix
_keep eyes fixed on		ကွၢ်ထံထံဆးဆး ★ မၤဘၣ်က္πၤ ★ ဟ်ဂၢၢ်ဟ်ကျπၤ	keep eyes fixed on
_fix	n.	တၢ်ကီတၢ်ခဲ	fix
_fixedly	adv.	(ကွၢ်တၢ်အမဲာ်)ဂၢၢ် ★ ဂၢၢ်ဂၢၢ်ကျπကျπ	fixed'ly
_fixture	n.	တၢ်အိၣ်ထိယာ် ★ တၢ်အိၣ်တပူၤလီၢ်လီၢ် ★ တၢ်အိၣ်ဂၢၢ်ကျπကျπ ★ တၢ်လၢတၢ်စဲထိယာ်အီၤ	fix'ture
_flaccid / flabby	a. / a.	လၢအဖံးစၢ်ညာ်စၢ် ★ လၢအဖံးကဘုးညာ်ကဘုး ★ စၢ်လီၤဘှး	flac'cid / flab'by
_flag	n.	လၣ် ★ တၢ်ပနီၣ်	flag
_flagging	a.	လၢအ(တၢ်သးဆူၣ်)စၢ်လီၤ	flag'ging
_flagrant	a.	လၢအအၢဒိၣ်အယိဟုထိၣ်ချုးမး ★ (အၢ)ဒိၣ်ဒိၣ်ကလဲာ်	fla'grant
_flair	n.	တၢ်သ္ၣ်ညါဘၣ်ယးတၢ်နၢ ★ တၢ်က္ၣ်တၢ်ဆးလၢနُဆၢၣ်ဟ္ၣ်လီၤ	flair
_flake	n.	တၢ်ကဘုံးကံးဖိ ★ အကဘုံး ★ အကထာ	flake
_flake	v.t.	ကဲထိၣ်လၢတၢ်အကဘုံး	flake
_flaky	n.	လၢအမ္ၢ်ဒၣ်ထဲတၢ်ကဘုံးကံးဖိ	flak'y
_flamboyant	a.	လၢအကပြုၢ်ကပြီ	flam-boy'ant
_flame	n.	မ္ၣ်အူလ္ၣ် ★ တၢ်သးဆူၣ်နးမး	flame
_flame	v.t.	မ္ၣ်အူကဖိုထိၣ် ★ ကဲၤကဖိုထိၣ်	flame
_flank	n.	ဆ္ၣ်ဖီကီၢ်ဖိအကပၤ ★ တၢ်ကပၤ	flank
_flank	v.t.	အိၣ်လၢတၢ်ကပၤ	flank
_flannel	n.	တၢ်ကံးညာ်အစၢ်တကလုာ်လၢတၢ်ထါအီၤလၢသိဆူၣ်	flan'nel
_flap	n.	တၢ်ကဘ္ၣ်လီၤဝဲၤ	flap
_flap	v.i.	ဝးကပုံာ်ပုံာ် ★ ဝါ(အဒံး) ★ ဟုာ်(အဒံး) ★ တပျ္ၣ်(အဒံး)တကျ္ၣ်အသး	flap
_flare	v.i.	ကဲၤကဖိုထိၣ်ဝဲၤဝ္ၤဝီၤ ★ ကပီၤဟ်လ္ဟ်လ္ ★ လဲၢ်ထိၣ် ★ သဖၣ်ထိၣ် ★ ကဟ္ၣ်ထိၣ်	flare
_flash	v.i.	(တၢ်)ကပီၤထိၣ်သလ္ၣ်ကလာ် ★ လိာ်ဝံး	flash
_flask	n.	ပလီ ★ (ထံ)ဒၢ	flask
_flat	a.	ဘ္ၣ်သလၣ် ★ ကဘ္ၣ်လ္ၣ် ★ ပπ ★ ဘ္ၣ်ဘ္ၣ်	flat
_flat	n.	တၢ်အိၣ်တၢ်ဆီးအလီၢ်တပူၤလၢဟံၣ်ဖးဒိၣ်အပူၤ	flat
_flatten	v.t.	မၤဘ္ၣ်သလၣ်ထိၣ် ★ မၤကဘ္ၣ်ထိၣ် ★ မၤလီၤပπတၢ်	flat'ten
_flatter / flattery / flattering	v.t. / n. / a.	(လၢအ)(တၢ်)စံးပတြπလၢသုၣ်တလီၤသးထ္πအပူၤ ★ (လၢအ)(တၢ်)စံးပ[တπထးခိၣ်ဖးလာ်တၢ် ★ (လၢအ)(တၢ်)စံးထိၣ်ပတြπလ္ၣ်နီ့ခိုနီ့ပုၤအသး	flat'ter / flat'ter-y / flat'ter-ing
_flatulence / flatulent	n. / a.	(လၢအမ္ၢ်)တၢ်ဟုးထိၣ်သးကး ★ (လၢအမ္ၢ်)တၢ်ဟၢဖၢထိၣ် ★ (လၢ)ကလံၤအိၣ်လၢဟၢဖၢပူၤ ★ (လၢ)ဟၢဖၢဒၢအπ	flat'u-lence / flat-u-lent
_flaunt	v.i.	မၤလၢအသး ★ ဟ်အသးစမ္ၢ်ကိၢ် ★ ဟ်ဖ္ဇါတၢ်လၢဆၢဟ်ဒိၣ်ဟ်သးအပူၤ ★ ဟ်ဖ္ဇါထိၣ်တၢ်ဆူၣ်ဆူၣ်ဘ္ဲၣ်ဘ္ဲၣ်ဒီးလိာ်အသးကဟိၣ်က္ဲၣ်က္ဲၢ်	flaunt
_flavour	n.	အဘိၣ်အဘါ ★ တၢ်နၢမုနၢဆိုၢ် ★ တၢ်လ္ၣ်က္ဲၢ်	fla'vour
_flaw	n.	အတၢ်လီၤတီၢ် ★ တၢ်သ္ၣ်ဖး ★ တၢ်တလၢတပဲုၤ	flaw
_flax	n.	(ရ္ၣ်) ★ ပဆီ	flax
_flay	v.t.	သဘ္ၢ်ကွံာ်အုၣ်ကွံာ်တၢ်အဖံး	flay
_flea	n.	က္ၣ်	flea
_fleck	a.	(မၤ)ဘၣ်အၢပူၤစဲးပူၤစဲး	fleck
_fledgling	n.	ထိၣ်ဖိလၢအဆူၣ်ထိၣ်သိသိ	fledg'ling
_flee	v.i.	ယ္ၢ်က္ၣ် ★ ထ္းထိၣ်ယၢ်	flee
_fleece	n.	သိဆူၣ် ★ သိဒီဒုအဖံးလၢအဘၣ်တၢ်ကးဘၢအီၤလၢအဆူၣ်	fleece
_fleecy	a.	လၢအပဲုဒီးအဆူၣ်ကဟ်လုး	flee'cy

111

_fleet	n.	ကဘီတကရှ်★ကဘီဒီဖုတဖ့	fleet
_fleet	a.	ချ	fleet
_fleeting	a.	လၢအအိၣ်တစိၢ်ဖိဒီးဟါမၢ်ကွံာ်★လၢအလီၬမ်ကွံာ်လၢတဖုးမဲာ်အတီၢ်ပူၤ★မီကၢ်ၵ်ဖိၦိ	fleet'ing
_flesh	n.	တၢ်အညၣ်★တၢ်ဖံးတၢ်ညၣ်★တၢ်အၥ၊ ၦၤဟီၣ်ခိၣ်ဖိ★ဘူးတံၢ်★တၢ်ဆဲၣ်တၢ်မုာ်ဖံးမုာ်ညၣ်	flesh
_fleshy	a.	ဘိၣ်★လၢအအိၣ်ဒီးအညၣ်★ဘၣ်ယးဒီးတၢ်မုာ်ဖံးမုာ်ညၣ်	flesh'y
_flex	v.t.	ဘိးကွ့ၣ်★ကၢ်ချဲး	flex
_flexible / flexibility	a. / n.	(တၢ်)(လၢအ)စၢ်ယဲာ်စၢ်ယဲာ်★(တၢ်)(လၢအ)စၢ်ယဲာ်စၢ်ယဲာ်★(တၢ်)(လၢအ)လဲလိာ်အတၢ်ဟ်သုၣ်ဟ်သးသ့ၣ်ညီၣ်ညီ★(လၢ)တၢ်ဘိးအီၤန့ၢ်ယၢ်ခီယၢ်ခီ	flex'i-ble / flex'i-bil'i-ty
_flick	v.t.	(တၢ်)ဖ္ှုတၢ်လၢနိၣ်ဖ္ှု★(ဘၣ်)တချုၣ်သွဲးကလာ်★မၤသိၣ်နိၣ်ဖ္ှုအဖျါ★စၢ်ပလာ်သိၣ်စုမုၢ်စုနၢ	flick
_flicker	v.t.	ကၦီကနီးကစုာ်★ကၦီဟ်လုဟ်လွ	flick'er
_flight	n.	တၢ်ယူၤ★တၢ်ယွၢ်ကွ့ၣ်	flight
_flimsy	a.	လၢအတကျၤတနီၤ★လၢအဟးဂီၤညီ★လၢအတကျိုးတၢ်ဘၣ်★ဘူးစၢ်	flim'sy
_flightily / flightiness / flighty	adv. / n. / a.	(လၢအ)(အိၣ်ဒီး)(တၢ်)ဆီကမိၣ်တၢ်ကလီကလီ★(လၢအ)(တၢ်)သးကၢ်ကဒၢ★(တၢ်)လၢအပူၤကွ့ၣ်ချ့ ချ့	flight'i-ly / flight'i-ness / flight'y
_flinch	v.i.	ဂုၤက္ၤအသးလၢ(တၢ်ဆါ)ဘၣ်အီၤအယိ	flinch
_fling	v.t.	ကွ့ၣ်တၢ်★ဘျုးတၢ်★ခွဲထိၣ်(အခံတကျာ်တၢ်)★ဝံၢ်ထိၣ်(အခိၣ်)ချုသ၀ံး★ကွ့ၣ်လီၤ★စုးကွ့ၣ်★ပညၢလီၤကွ့ၣ်	fling
_flint	n.	လၢၢ်မ့ၣ်	flint
_flinty	a.	လၢအသးကိၤ★လၢအသးလီၤကီ	flint'y
_flip	v.t.	ပထါကွ့ၣ်★ဖျး(ကွ့ၣ်)(ထိၣ်)	flip
_flippant	a.	ကတိၤန့ၢ်စိၤတၢ်လၢအကမၢဆါၦၤအသးသ့ၣ်သ့ၣ်	flip'pant
_flirt	v.t.	မၤဝးတၢ်ဖ္ှုတဖိုတၢ်လၢအချ★ထုး(ဖုး)(တဆ့)တၢ်★မၤလီၤအဲၣ်အသးဒ်သိးကလီနၢ်တၢ်	flirt
_flirt / flirtation	v.i. / n.	(ၦၤ)(တၢ်)စီၤကျဲၢ်စီၤကၠိုး	flirt' / flirt-a'tion
_flit	v.i.	ဝံၢ်တဆူအဒံးပြုပြုပြုပြု★(ယူၤ)(လဲၤ)(သုးအသး)ချု ချု	flit
_float / floating	v.i. / a.	(လၢအ)ထိၣ်ဖိ★(လၢအ)လီၤထွံ★(လၢအ)ဒံကွ့ၣ်	float / float'ing
_flock	n.	သိ★မ်ံတဲးလဲး★ထိၣ်(တဖု)(တဂီၢ်)	flock
_flock	v.t.	အိၣ်ဖိုၣ်တပူၤယီ	flock
_floe	n.	ထံလီၤသကၤဖးလၢ်လီၤထွံလၢပိာ်လဲၣ်ပူၤ	floe
_flog	v.t.	တီၢ်တၢ်★ဖ္ှုတၢ်	flog
_flood	v.t.	(ထံ)လုာ်ဘၢတၢ်	flood
_flood	n.	ထံဒိၣ်ခိၣ်ယွၤ	flood
_floor	n.	(ဖု)ဒါခိၣ်★နီၢ်ကျၢခိၣ်★တၢ်ဟၢခိၣ်★(ပိာ်လဲၣ်)အခံဒႃး★ယီခိၣ်★သ့ၣ်ဘၣ်ခိၣ်	floor
_flop	v.t.	စုးလီၤ(အသး)★တီၢ်တၢ်ယုာ်ဒီးတၢ်လၢအလၢ်ဒီးကဘျၣ်တမ်မံၤ★ဆဲ★ၦာ်★ၦၢ	flop
_floral	a.	ဘၣ်ယးဒီးဖိတဖၣ်	flo'ral
_florist	a.	ၦၤလၢအဘုၣ်ဖိတဖၣ်★ၦၤလၢအ(သ့ၣ်ဖိ)(ဆါဖိ)ကွဲးဖျါထိၣ်ဖိအဂ့ၢ်	flor'ist
_flounce	v.i.	ဟးထိၣ်ကွ့ၣ်ဆ္ှုၣ်စုဆ္ှုၣ်ခိၣ်လၢတၢ်သးတမုာ်အၦူၤ	flounce
_flounce	n.	တၢ်ဒိၣ်လၢဆ့အခိၣ်ထံး(လၢပိာ်မုၣ်ညါန်ါမၤဝဲ)အဂီၢ်	flounce
_flour	n.	ကိၣ်ကမုၣ်	flour
_flourish	v.i.	ဒိၣ်ထိၣ်ထီထိၣ်ချ့★ထူးထိၣ်တီၤထိၣ်★ကဲထိၣ်လိၣ်ထိၣ်အါအါဂီၢ်ဂီၢ်★ဂုၤထိၣ်ပသီထိၣ်ဒိၣ်ဒိၣ်မုၢ်မုၢ်	flour'ish
_flout	v.t.	(တၢ်)နုာ်ဒ့ၣ်★(တၢ်)မၤတရီတပါ	flout
_flow	v.i.	ယွၤဝဲ★ယွၤလီၤ	flow
_flow	n.	တၢ်ယွၤလီၤ	flow
_flower	n.	ဖိ	flow'er

_flowery	a.	လၢအအိၣ်ဒီး(အ)ဖီအါ★ လၢအအိၣ်ဒီးတၢ်ကတိၤအဲၣ်အလၤလၢအဘၣ်ပနၢ်မုာ်	flow'er-y
_fluctuate / fluctuation	v.i. / n.	(တၢ်)အါဂ်ီၣ်စုၤလီၤ★(တၢ်)ထိၣ်ထိၣ်လီၤလီၤ★ဟူးဝးဒံလၦိအသိး	fluc'tu-ate / fluc'tu-a'tion
_flue	n.	မ့ၣ်အူခုၣ်ထိၣ်အဖိ	flue
_fluent / fluency	v.i. / n.	(တၢ်)(လၢအ)ကတိၤတၢ်ယွၤ(ဒီး)ထံ★(တၢ်)(လၢအ)ကတိၤတၢ်ဘျ	flu'ent / flu'ency
_fluffy	a.	ကဟ်ာ်လုၤကဖီလီ	fluff'y
_fluid	n.	တၢ်ထံ	flu'id
_fluke	n.	တၢ်ဝံဂ့ၤဖးကလၤဂ့ၤဖး	fluke
_flume	n.	ထံမိၢ်ကျိဘိ★ထံပိၢ်ကျိၤ★ထံကျိၤ	flume
_flurry	n.	တၢ်ပစုၢ်ပတ့ၤ★တၢ်ဆဲးတဖုံၣ်လီၤယှ်ၣ်ဒီးကလံၤ★ပစုၢ်ပတ့ၤ★ပတ့ၤပတီၤ★ တၢ်သူၣ်ဟူးသးဂဲၤ	flur'ry
_fluster	v.t.	သဘံၣ်ဘုၣ်အသး(လၢသံး)★ဒုးကိၢ်လူးထိၣ်အီၤလၢသး	flus'ter
_flute	n.	ပံ★ပလွ့ၣ်	flute
_flutter	v.i.	ဝးဒဲးဒဲး★ဝၢ်အဒံးအိၣ်တပူၤလီၢ်★တပျုာ်အံၤ★ သုးအသးအိၣ်ဒီးတၢ်သးဂဲၤလၢအကတၢ်တကဲထိၣ်တၢ်အါအါဘၣ်★ သုၣ်ဂဲၤသးဂဲၤ★ကနီးကစုာ်ယှ်ဒီးတၢ်သးဂဲၤ★ဝးကပှံၣ်ပှံၣ်	flut'ter
_fluvial	a.	ဘၣ်ယးဒီးထံကျိ★လၢအကဲထိၣ်လၢထံကျိအယိ	flu'vi-al
_flux	n.	တၢ်ယွၤလီၤ	flux
_fly	n.	သ့ၣ်ဘုလၢါ	fly
_fly	v.t.	ယူၤ★ယှ်ၢ်ကွံာ်★ဟါမၢ်ချသင်း	fly
_fly in the face of		တြီဆၢ	fly in the face of
_fly off at a tangent		(ကတိၤ)ခီပတာ်ဆူတၢ်ဂ့ၢ်အဂၤလၢအလီၢ်တအိၣ်ဘၣ်	fly off at a tangent
_foal	n.	ကသ့ၣ်ဖိ★ကသ့ၣ်လၤဖိ	foal
_foam	n.	တၢ်သဘှဲ★ခံၣ်ထံသဘှဲ★ထံသဘှဲ	foam
_foam	v.i.	သဘှဲထိၣ်	foam
_foamy	a.	လၢအအိၣ်ဒီးအသဘှဲ★လၢအလီၢ်က်ာ်တၢ်သဘှဲ★လၢအသဘှဲထိၣ်	foam'y
_focus	v.t.	မၤ(တၢ်ကပီၤအယဲၤတဖၣ်)(တၢ်ကလုၢ်သီၣ်အယဲၤတဖၣ်) သက်ိးလိာ်အသးတပူၤယီ	fo'cus
_fodder	n.	ကျိၤ်အဆၣ်★ဆၣ်ဖိက်ိၢ်ဖိလၢအအိၣ်တပၢ်တဖၣ်အဆၣ်	fod'der
_foe	n.	ဒုၣ်ဒါ	foe
_fog	n.	ဘုၣ်	fog
_foggy	a.	လၢအပုံၤဒီးဘုၣ်★လၢအဖျါတဂ့ၤဘၣ်★လၢအဖျါကဒုကယီၢ်	fog'gy
_foil	v.t.	မၤဟးဂီၤကွံာ်(ဒုၣ်ဒါအတၢ်တိာ်ဟ်အသး)★ထးဘူသလၢ	foil
_foist	v.t.	မၤပုၤတုၢ်လိာ်တၢ်လၢတၢ်လီနၢ်အီၤအပူၤ★ ပနံာ်ကၢးဘျုးကဘျၣ်တၢ်လၢအခွဲးတအိၣ်ဘၣ်	foist
_fold	v.t.	ကၢ်ချံး★သဝံထိၣ်(စ)★ချံးထိၣ်	fold
_fold	n.	သိအဂၢၤ★သိတဖျၢ	fold
_(two) fold / (three) fold		(ခံ)စး★(သၢ)စး	(two) fold / (three) fold
_folder	n.	လံာ်ဘိးဘၣ်သ့ၣ်ညါလၢတၢ်ကၢ်ချံးအီၤ	fold'er
_folding	a.	လၢတၢ်ကၢ်ချံးအီၤသ့	fold'ing
_folding	n.	တၢ်ကွ်ၢ်သိ	fold'ing
_foliage	n.	သ့ၣ်လၣ်တဖၣ်	fo'li-age
_folio	n.	စးခိလၢအကၢ်ချံးအသး★စးခိတကဘျုးလၢအကၢ်ချံးအသးတဘ့ၣ်	fo'li-o
_folk	n.	ပှၤတကလုာ်★ပှၤသ့ၣ်တဖၣ်	folk
_folklore	n.	ပှၤတကလုာ်(အတၢ်စံၣ်စိၤတဲစိၤ),(အတၢ်စံၣ်ယဲၤတဲယဲၤ),(အလုၢ်အလၢ်)	folk'lore'
_folk song	n.	ပှၤတကလုာ်အတၢ်သးဝံၣ်	folk'song'
_follow	v.t.	ပိာ်(ထွဲ)(အခံ)★မၤထွဲအခံ★မၤဒိး★တိၢ်နိၣ်လၢအသးတမံၤဘၣ်တမံၤ★ ကွၢ်နိၣ်တမံၤဘၣ်တမံၤ	fol'low

_follower	n.	အပျို့အဘိဉ်★ပှၤပိာ်အခံ	fol'low-er
_following	a.	လၢအပိာ်ထွဲဉ်အခံ(တမံၤ)★အပျို့တဖဉ်	fol'low-ing
_folly	n.	တၢ်မၤး★တၢ်မၤကမဉ်တၢ်★တၢ်မၤနၢ်စိၤနၢ်ပြာ်တၢ်★တၢ်သုဉ်တဆးသးတဆး★တၢ်သးဟးဂီၤအတၢ်မၤ	fol'-ly
_foment / fomentation	v.t. / n.	(တၢ်လၢပ)(တၢ်)ဆိဉ်လၢ,ဆိဉ်ကိၢ်တၢ်★(တၢ်)ဒုးဟူးဒုးဂဲၤထိဉ်တၢ်★စံၢ်ထိး	fo-ment' / fo'men-ta'tion
_fond	a.	အဲဉ်ကွံ★သးအိဉ်★ဘဉ်အသး	fond
_fondle	v.t.	ဖိဉ်ကဟုာ်ကဖိလၢတၢ်အဲဉ်ကွံအပူၤ★ဖုးလဲးဖုး(သူ)(ရှ)နၢမုၢ်နၢဆှီ★ကဟုကဟး	fon'dle
_fondly	adv.	လၢတၢ်နှာ်ညီကဒဉ်အပူၤ★လၢတၢ်အဲဉ်တၢ်ကွံအပူၤ★လၢတၢ်သးဆးတအိဉ်ဘဉ်အပူၤလီၤ	fond'ly
_food	n.	တၢ်အီဉ်	food
_fool	n.	ပှၤမၤး★ပှၤတၢ်ကိၢ်တၢ်★ပှၤသးတထံ★ပှၤနၢ်စိၤနၢ်ပြာ်★ပှၤဟးဂီၤဖိ★ပှၤလၢအတၢ်ကူဉ်တအိဉ်	fool
_fool	v.t.	လီနၢ်★လွဲနၢ်★ကလံာ်နၢ်	fool
_foolhardy	a.	လၢအဒုဉ်ပှၤသးတထံဘဉ်အသိး	fool'hard'y
_foolish	a.	ဒ်ပှၤသးတထံဘဉ်အသိး★မၤး★လၢအသးတဆး	fool'ish
_foot	n.	တၢ်ပှဉ်★(ခီဉ်ဖှိဉ်)အညါသး★တၢ်အခီဉ်ထံး★ခီဉ်လဉ်	foot
_foot a bill		ဟ့ဉ်ကူၤကမၢ်★လီၤကူၤကမၢ်	foot a bill
_footfall	n.	တၢ်ဟးသီဉ်	foot'fall'
_foothold	n.	တၢ်ယီၢ်တယာ်တၢ်အလီၢ်	foot'hold'
_footing	n.	ခီဉ်ယီၢ်တၢ်အလီၢ်★တၢ်ရ့လိာ်သး★တၢ်ဟးတၢ်လၢခီဉ်	foot'ing
_footnote	n.	တၢ်ကတိၤအိဉ်လၢလာ်ကၢဘုးပၤအဖီလာ်ကတၢ်	foot'note'
_footpad	n.	ပှၤဂုာ်ဆူဉ်ဖှိဆူဉ်တၢ်လၢကျဲ	foot'pad'
_footpath	n.	ကျဲဖိလၢပိာ်အီၤလၢပခီဉ်	foot'path'
_foot-print	n.	ခီဉ်ယီၢ်လီၢ်	foot'-print'
_footsore	n.	ခီဉ်ညါသးဆါ	foot'sore'
_footstep	n.	ခီဉ်ခါ	foot'step'
_fop	n.	ပှၤလၢအကူအသိးတၢ်ယံယံလၤလၤဒီးအဲဉ်ဒိးတၢ်စံးထိဉ်ပတြၢၤအီၤ	fop
_for	prep.	အဂီၢ်★လၢ(အခိဉ်)အယိ★ဒီ(နံဉ်)ညါ★ပှဲၤထိဉ်★ထိဉ်ဘး★ဆၢဉ်စး★အလီၢ်★အဂ္ဂၢ်ဒ်အံၤ	for
_forage	n.	(ယုမၤနှၤ)တၢ်အီဉ်လၢကဆ့သုဉ်အဂီၢ်	for'age
_forage	v.t.	လဲၤဂုာ်နှၢ်တၢ်လၢဒုဉ်ဒါအကျါပူၤ	for'age
_foray	n.	တၢ်နုာ်လီၤဂုာ်ဆူဉ်ဖှိဆူဉ်တၢ်လၢပှၤဂၤအကျါ	for'ay
_forbade	v.t.	တြီ	for-bade'
_forbear / forbearance	v.i. / n.	(တၢ်)ကီးသူဉ်ကီးသး★တၢ်သးစူၤ★(တၢ်)(ပဒုဉ်)ဟးဆှဲး★(တၢ်)ဝံသးစူၤတၢ်	for-bear' / for-bear'ance
_forbid	v.t.	တြီ	for-bid
_forbidding	a.	လၢအလီၤဟးဆှဲးပှၤ★လၢအတဘဉ်ပသးဘဉ်	for-bid-ding
_force	n.	တၢ်အဂံၢ်အဘါ★တၢ်အတဟီဉ်★တၢ်အစိအကမီၤ★သုးအဖု	force
_force	v.t.	မၤဆူဉ်★မၤနှၢ်ဆိဉ်ခံ★(မၤ)ဆူဉ်	force
_forced	a.	လၢတၢ်(မၤ)ဆူဉ်အီၤ★လၢတၢ်မၤအီၤကိၢ်ကီခဲခဲ	forced
_forceps	n.	နိဉ်တံာ်ဖိ	for'ceps
_forcible	a.	လၢအအိဉ်ဒီး(အတဟီဉ်)(အစိကမီၤ)	for'ci-ble
_ford	n.	ထံဒီဉ်အလီၢ်ဖဲပခီက်ဒီးအီၤလၢပခီဉ်သ့★(ခီထံ)(ကူထံ)လၢပခီဉ်	ford
_fore	a.	လၢညါ★လၢအမဲာ်ညါ	fore
_forearm	n.	စုဒုဉ်(စုဒ့ဒီးစုနၢဉ်ခံအဘၢဉ်စၢၤ)	fore'arm'
_forebears / forefather	n. / n.	ဖံဖုလၢညါတဖဉ်	fore-bears' / fore'-fa'ther
_forebode	v.t.	တဲဖျါဟ်စၢၤတၢ်အၢလၢကမၤအသး	fore-bode'

_forecast	v.t.	ဒူးဟ်စၢၤ★တဲဖျါဟ်စၢၤ★ကူဉ်ထိဉ်ဟ်စၢၤ	fore'cast'
_foreclose / foreclosure	v.t. / n.	(တၢ်)ဟံးနှၤ်ကွံာ်(ဟီဉ်ခိဉ်)(ဟံဉ်)လၢပှၤတဟ့ဉ်ကူၤကမၢ်အယိ★တြီဃာ် (တၢ်)	fore-close' / fore'clo'sure
_foregone conclusion	n.	တၢ်လၢပသ့ဉ်ညါဟ်စၢၤလၢအကမၤဒဉ်အသးလၢခံနီၢ်နီၢ်	fore-gone' conclusion
_foreground	n.	တၢ်လီၢ်လၢအဘူးကတၢၢ်ဒီးပှၤဒီးအိဉ်လၢတၢ်မဲာ်ညါ	fore'ground'
_forehead	n.	ခိဉ်တိၤသဉ်	fore'head
_foreign / foreigner	a. / n.	(ပှၤ)လၢတဒီထံတဒီကီၢ်★လၢကီၢ်ဂၤ	for'eign (er)
_foreman	n.	ပှၤတဖုအခိဉ်	fore'man
_foremost	a.	လၢညါကတၢၢ်★လၢတၢ်မဲာ်ညါကတၢၢ်	fore'most'
_forensic	a.	ဘဉ်ယးဒီးတၢ်ဂ့ၢ်လိာ်ဘိုလိာ်	fo-ren'sic
_foreordain / foreordination	v.t. / n.	(တၢ်)စံဉ်ညီဉ်ဟ်စၢၤဝဲလၢတၢ်(ဟဲဝံကဘဉ်မ့ၢ်တၢ်)(ကဘဉ်မၤအသး)ဒ်လဲဉ်	fore'or-dain' / fore'or-di-na'tion
_forerunner	n.	ပှၤလၢအစိာ်ဆိတၢ်ကစီဉ်★ပှၤယှၢ်တၢ်လၢညါ	fore-run'ner
_foresee	v.t.	ထံဉ်စိဟ်စၢၤတၢ်★သ့ဉ်ညါဟ်စၢၤ	fore-see'
_foreshadow	v.t.	ဒုးနှဉ်ဆိဟ်စၢၤတၢ်လၢအကမၤအသးနှဉ်ဖျါဖျါတဖျါဖျါ★ဟ်ဖျါဆိဟ်စၢၤတၢ်လၢအကမၤအသးနှဉ်အကဒု	fore-shad'ow
_foresight	n.	တၢ်ထံဉ်စိဟ်စၢၤတၢ်	fore'sight'
_forest	n.	ပှၢ်လၢ်ကျါ★ပှၢ်ဒိဉ်ပှၢ်ယိာ်★ပှၢ်မုၢ်ကနၢ	for'est
_forestry	n.	တၢ်သ့ဉ်လီၤဒီးအံးကွၢ်ကွၢ်သ့ဉ်ဖီဝဉ်ဖီၤ	for'est-ry
_forestall	v.t.	မၤဝံၤဆိဟ်စၢၤ★မၤဝံၤဟ်စၢၤ★မၤတၢ်လၢအတြီယာ်ပှၤဂၤအကျဲ	fore-stall'
_foretaste	n.	တၢ်မၤကွၢ်ဟ်စၢၤတဘို★တၢ်အိဉ်ကွၢ်ဟ်စၢၤတၢ်လၢညါ	fore'taste'
_foretell	v.t.	တဲဟ်စၢၤ	fore-tell'
_forethought	n.	တၢ်ကူဉ်ဟ်စၢၤတၢ်★တၢ်ဆိကမိဉ်ဟ်စၢၤတၢ်	fore'thought'
_forever / forevermore	adv. / adv.	လီၤထူလီၤယိာ်★အစိၤစိၤအယၣ်ယၣ်★တဘိယူၢ်ဃီ	for-ev'er / for-ev'er-more'
_forewarn	v.t.	ဒုးပလီၢ်ဟ်စၢၤပှၤအသး	fore-warn'
_forfeit	v.t.	(တၢ်)ဘဉ်လိး★(တၢ်)ဒုးလီၤမၢ်ကွံာ်လၢမၤတၢ်(တဘဉ်တပိ၁)(တလိၤညါ)ဘဉ်အယိ	for'feit
_forfeit	n.	တၢ်လၢအလီၤမၢ်ကွံာ်လၢမၤတၢ်(တဘဉ်တပိ၁)(တလိၤညါ)ဘဉ်အယိ	for'feit
_forgather	v.i.	အိဉ်ဖှိဉ်ရိဖှိဉ်★သၢဂၢ်လိာ်အသး★ရ့လိာ်အသး	for-gath'er
_forge	v.t.	ဖိာ်တီၢ်ပိာ်ထး★ဟုဉ်ဆဲးလီၤပုၤအမံၤ	forge
_forge	n.	တၢ်လီၢ်ဖဲပုၤဖိာ်တီၢ်ပိာ်ထး	forge
_forgery	n.	တၢ်ဟုဉ်ဆဲးလီၤပုၤအမံၤ	for'ger-y
_forget / forgetful	v.t. / a.	(လၢအညိနှၢ်)သးပုၤနိဉ်တၢ်	for-get' / for-get'ful
_forgive / forgiveness	v.t. / n.	(တၢ်)ပျၢ်ကွံာ်(အ)တၢ်ကမဉ်	for-give' / for-give'ness
_forgivable	a.	(တၢ်ကမဉ်)လၢတၢ်ပျၢ်ကွံာ်အီၤသ့	for-giv'a-ble
_forgo	v.t.	ကီၤအသး★စူးကွံာ်★ဟ်လီၤတဲာ်★ကွၢ်ကဟ်	for-go'
_forgotten	a.	လၢအဘဉ်တၢ်သးပုၤနိဉ်အီၤ	for-got'ten
_fork	n.	နိဉ်ဆဲး★နိၢ်တြဲၢ်★အတြဲၢ်★အဖးတြဲၢ်	fork
_forlorn	a.	လၢအဘဉ်တၢ်ညိကွံာ်အီၤ★လၢအတၢ်မၢ်လၢ်တအိဉ်★လၢအဘဉ်နးဘဉ်ဖိုဉ်	for-lorn'
_form	n.	အကျၢ်အဂီၤ★အလုၢ်အလၢ်★အဂၢ်အဘါ★လီၢ်ဆ့ဉ်နီၤဖးထီ	form
_form	v.t.	မၤအကျၢ်အဂီၤ★ဟံးနှၢ်အကျၢ်အဂီၤ★ဒုးအိထိဉ်★ကဲထိဉ်	form
_formal	a.	ဒ်အလုၢ်အလၢ်ဟဲဝဲအသိး★လၢအဖျါထဲလၢခိဖိး	for'mal
_formality	n.	တၢ်လၢအမၤအသးလၢအလုၢ်အလၢ်အိဉ်ဒီးနှဉ်အယိ★တၢ်မၤအသးဒ်အလုၢ်အလၢ်အိဉ်ဝဲအသိး	for-mal'i-ty
_formation	n.	တၢ်မၤကဲထိဉ်တၢ်	for-ma'tion

115

_formative	a.	လၢအဒုးအိၣ်ထိၣ်တၢ်အကွၢ်အဂီၤ(သ့)	form'-a-tive
_former	a.	လၢညါတ(ဂၤ)	for'mer
_formerly	adv.	လၢညါ★မဟါမဟီ★လၢအဂၢ်ခိၣ်	for'mer-ly
_formidable	a.	လၢအလီၢ်ပျံၤလီၢ်ဖုး	for'mi-da-ble
_formula	n.	အကျိၤအကျဲ★အလှၢ်အလၢ်★တၢ်ဘျာအကျဲလၢပၢကသုဝဲအဂီၢ်	for'mu-la
_formulate / formulation	v.t. / n.	(တၢ်)ကတိာ်ကတီၤ(တၢ်ကတိၤ)(တၢ်ကွဲး)လီတၢ်လီဆဲး★(တၢ်)ကွဲးတၢ်လီတၢ်လီဆဲး	form'u-late' / for'mu-la'tion
_fornicate / fornication	v.i. / n.	(တၢ်)အဲၣ်ဘၢတၢ်★(တၢ်)မၤကမၣ်မှၣ်ကမၣ်ခွါ	for'ni-cate' / for'ni-ca'tion
_forsake	v.t.	စူးကွံၣ်ညိကွံၣ်★လဲၤသဒၣ်ကွံၣ်★ဟးသဒၣ်ကွံၣ်	for-sake'
_forswear	v.t.	ဆိၣ်လီထုလီၤအသး	for-swear'
_fort	n.	တိာ်★ဝ့ၢ်အိၣ်ဒီးအခိၣ်ဒူ	fort
_forth	adv.	ဆူခိ★ဆူညါ★(ဟဲပၢ်)ထိၣ်	forth
_forthcoming	a.	လၢအကအိၣ်ဖျါထိၣ်ဘူးတၢ်★လၢအဟဲအိၣ်ဖျါထိၣ်	forth'com'ing
_forthwith	adv.	တဘျီယီ★တကၢ်ခါ	forth'with'
_fortieth	a.	လွံၢ်ဆံပုတပု★လွံၢ်ဆံ(ခါ)တ(ခါ)	for'ti-eth'
_fortify / fortification	v.t. / n.	ဝ့ၢ်ခိၣ်ဒူ★တိာ်ဖိးတၢ်ဖိး★တၢ်(လၢအဒုး)နၢ်ဂံၢ်နၢ်ဘါ★(တၢ်)မၤကျၢၤတၢ်လၢတိာ်ဖိးတၢ်ဖိး★ဒုးနၢ်ဂံၢ်နၢ်ဘါ	fort'i-fy / fort'i-fi-ca'tion
_fortnight / fortnightly	n. / adv.	ခံနွံ★ခံနွံတဘျီ	fort'night / fort'night-ly
_fortuitous	a.	လၢအကဲထိၣ်လၢတၢ်ဘၣ်နွံအတီၤအယိ	for-tu'i-tous
_fortuitously	adv.	လၢတၢ်ဘၣ်နွံအတီၤအပူ	for-tu'i-tous-ly
_fortuity	n.	တၢ်ဘၣ်နွံအတီၤ★တၢ်ဘၣ်ဖုးဘၣ်ပှိၢ်★တၢ်ဘၣ်ဆၢၣ်ဘၣ်တီၤ	for-tu'i-ty
_fortunate	a.	လၢအဝံၣ်ကလၢဂုၤ★လၢအတၢ်ဟဲဝံဟဲစိၢ်ဂုၤ	for'tu-nate
_fortunately	adv.	လၢအဝံၣ်ကလၢဂုၤအယိ	for'tu-nate-ly
_fortune	n.	တၢ်ဟဲဘၣ်ပှၤ★တၢ်ဟဲဝံဟဲစိၢ်★တၢ်ထူးတၢ်တီၤ★တၢ်စုလီၢ်ခိၣ်ခိၣ်	for'tune
_fortune hunter	n.	ပှၤလၢအယုမၤနၢ်တၢ်ဘျုးလၢတၢ်တဝ့တၢ်ဖိုအယိ	fort'une-hun'ter
_forty	a.	လွံၢ်ဆံ	for'ty
_forward	adv.	ဆူအမဲၣ်ညါ★လၢအမဲၣ်ညါ★လၢအသူၣ်ပှၢ်သးဆျၢ★လၢအတမံၢ်ဆၢးဘၣ်	for'ward (s)
_fossil	n.	တၢ်လၢအကဲထိၣ်လၢၢ်လၢအအိၣ်ဒံးဒီးအကွၢ်အဂီၤ★တၢ်လၢပျၢၤလၢကစၢၤအိၣ်လီၤတံၢ်လၢဟိၣ်ခိၣ်ဖိလာ်	fos'sil
_foster	a.	လၢပလုၢ်ဖိအီၤ	fos'ter
_foster	v.t.	အံၣ်ကွၢ်ကွၢ်ကုၤ★တိစၢၤမၤစၢၤ★လုၢ်ဒိၣ်ထိၣ်	fos'ter
_foul	a. / adv.	ဘၣ်အၢ★အၢသီ★တတီတလိၤ	foul (ly)
_foul mouthed	a.	လၢအကတိၤဆူးဖိုာ်ဆူးပျၢတၢ်★လၢအအဲၣ်တၢ်ထုတၢ်	foul' mouthed'
_foul	v.t.	မၤဘၣ်အၢတၢ်သီ★မၤသံၣ်သူမိၢ်ကျၣ်★ဘၣ်တီၤဘၣ်ထံး★မၤသဘံၣ်ဘုၣ်(ဒ်ဖျၢ)	foul
_found (er)	v.t.	(ပှၤလၢအ)သူၣ်ထိၣ်(တၢ်)★(ပှၤ)ဟ်လီၤတၢ်အခိၣ်ထံး★(ပှၤ)မၤပှဲၤလီၤဒီးသိကဲထိၣ်ထး★(ပှၤ)လၢအဒုးကဲထိၣ်တၢ်အခိၣ်ထံးတဂၤ	found (er)
_founder	v.i.	(ကဘီ)လီၤဘျ	foun'der
_foundation	n.	တၢ်အခိၣ်ထံး	foun-da'tion
_foundling	n.	ဖိသၣ်လၢအမိၢ်အပၢ်ညိကွံၣ်ဒီးဘၣ်တၢ်ဝံန့ၢ်အီၤ	found'ling
_foundry	n.	တၢ်မၤပှဲၤလီၤဒီးသိ(ကဲထိၣ်)ထးအလီၢ်	found'ry
_fountain	n.	ထံမှ★ထံထိၣ်ဟါ★ထံဖြုးထိၣ်★ထံထိၣ်ပှှ	foun'tain
_four	a.	လွံၢ်	four
_fourfold	a.	လၢအအိၣ်ဒီးအပူလွံၢ်ပူ★လၢအအါထိၣ်လွံၢ်စး	four'fold'
_fourscore	a.	ယီၤဆံ	four'score'

_foursome	n.	ပှၤလွံၢ်ဂၤအတၢ်လိာ်ကွဲလၢအတီၤလ်အိၣ်ခံဂၤတဖျာၣ်ခံဂၤတဖျာၣ်★အိၣ်လွံၢ်(ဂၤ)	four'some
_fourteen	a.	တဆံလွံၢ်	four'teen'
_fourteenth	a.	တဆံလွံၢ်ပူတပူ★တဆံလွံၢ်(ခါ)တ(ခါ)	four'teenth'
_fourth	a.	လွံၢ်ပူတပူ★လွံၢ်(ခါ)တ(ခါ)	fourth
_fowl	n.	ထိၣ်ဖိဆီဖိ★ထိၣ်★ဆီ	fowl
_fox	n.	ထွံၣ်ဟီၣ်ခိၣ်	fox
_foxy	a.	လၢအကူၣ်လီတၢ်သ့	fox'y
_fraction	n.	တၢ်ဘ့ၣ်★တၢ်အက့အခီ★(အက့အခီ)(အကုာ်)လၢအပှဲၤသိးတဖၣ်	frac'tion
_fractious	a.	လၢအဆိမ်ိကနၣ်အသးတၢ်ဘၣ်★လၢအသူၣ်အုနသးအုန	frac'tious
_fracture	n.	တၢ်သ့ၣ်ဖး★တၢ်သဘံး	frac'ture
_fracture	v.t.	မၤသ့ၣ်ဖး★မၤသဘံး	frac'ture
_fragile	a.	တၢ်ညီ★စိုး★စိုးမဲးခဲး	frag'ile
_fragment	n.	တၢ်အက့အခီ	frag'ment
_fragmentary	a.	လၢအတလၢတပှဲၤဘၣ်★လၢအအိၣ်ပှၤကုၣ်ပူခီ★လၢအဘၣ်တၢ်ဒုးကဲထီၣ်အီၤလၢအက့အခီတဖၣ်	frag'men-ta-ry
_fragrant / fragrance	a. / n.	(တၢ်)နၢမုနၢဆို	fra'grant' / fra'grance
_frail	a.	ယဲၤ★ယဲၤအုန★ဂံၢ်တအိၣ်ဘါတအိၣ်★ယဲၤသံကွံၣ်သံ★လၢတၢ်လွၤပစီအီၤန့ၢ်ညီ	frail
_frailty	n.	တၢ်ဂံၢ်တအိၣ်ဘါတအိၣ်★တၢ်ဂံၢ်စၢ်ဘါစၢ်	frail'ty
_frame	n.	အ(တၢ)ကွီၣ်★အခိၣ်တံာ်	frame
_frame	v.t.	ကွီၤယာ်★မၤကဲထီၣ်	frame
_franchise	n.	တၢ်အခွဲးသဘျ လၢအဟဲလၢပဒိၣ်	fran'chise
_frank / frankness	a. / n.	(လၢအ)(တၢ်)တဟ်ခူသူၣ်တၢ်လၢအတၢ်ကတိၤအပူၤနီတစဲး★(လၢအ)(တၢ်)တဲဖျါထီၣ်တၢ်လၢအသးပူၤခဲလၢာ်တီတီ	frank / frank'ness
_frantic / frenzy	a.	တၢ်သး(ဂ့ၤ)(ထီၣ်)တပျုာ်တပျိၤ★(တၢ်)သးဒိၣ်နးနးကလဲာ်အပျုၢ်အသိး	fran'tic / frenzy
_fraternal	a.	ဒီပုၢ်ဝဲၢ်ခွါအသိး	fra-ter'nal
_fraternity	n.	ဒီပုၢ်ဝဲၢ်အတၢ်ရှလိာ်★ကရၢ★ပှၤတဖုတဝၢကရၢ	fra-ter'ni-ty
_fraternize	v.t.	ရှၤဒီပုၢ်ဝဲၢ်အသိး	frat'er-nize
_fraud	n.	တၢ်လီတၢ်ဝ့ၤ★ပှၤလီတၢ်ဖိ	fraud
_fraudulent / fraudulence	a. / n.	(အိၣ်ဒီး)တၢ်လီတၢ်ဝ့ၤ★(တၢ်)(လၢအ)လီန့ၢ်တၢ်	fraud'u-lent / fraud'u-lence
_fraught	a.	လၢပှဲၤဒီး(တၢ်ဘၣ်ယိၣ်)★လၢအပှဲၤဒီး––	fraught
_fray	n.	တၢ်ဒုးတၢ်ယၤ★တၢ်အ့ၣ်လိာ်ကျာ်လိာ်	fray
_fray	v.t.	မၤလှတုၤအစိးနၢယာ်ဘၣ်အသးတပျၤတပူ ★မၤဘၣ်တရ့ာ်	fray
_freak	n.	တၢ်လဲလိာ်န့ၢ်စီၤအတၢ်ဟ်သူၣ်ဟ်သး(တၢ်ဆိကမိၣ်)သတုၢ်ကလာ်★တၢ်လၢအမၤအသးလီၤဆီလၢအလီၤကမၢကမၣ်ဘၣ်ပှၤ	freak
_freckle / freckly	n. / adv.	(အိၣ်ဒီး)တၢ်မဲၣ်ဂီၤယဲၤ★အိၣ်ဒီး(ထိၣ်သဒၣ်ဒံၣ်)(မာ်စံၣ်ပ္ပ)	freck'le / freck'ly
_free	a.	သဘျ ★လၢအပူၤတအိၣ်★လၢအခးတအိၣ်★လၢအခီအသွဲအအိၣ်★ကွီၢ်သလ်း★(မၤ)ပူၤဖျဲး★အိၣ်ကလီ	free
_free	v.t.	မၤဒၣ်အတၢ်★ဟ့ၣ်တၢ်(ညီ)(တလၢကွံာ်အခး)★မၤတၢ်ကြီကြီ★မၤထုၣ်ဖျဲး★ပျၢ်ကွံၣ်	free
_freedom	n.	တၢ်သဘျ ★တၢ်အိၣ်သဘျ ★တၢ်အခွဲးသဘျ	free'dom
_free-will	n.	တၢ်(လၢအ)သးအိၣ်ဒၣ်ဝဲ	free'-will'
_freeze	v.i.	လီၤသကၤ★မၤလီၤသကၤ	freeze
_freight	n.	တၢ်ပၣးလၢပုၤဆှၢလၢ(ကဘီ)(လ့ၣ်မ့ၣ်အူ)★တၢ်ပၣးအခး★လ့ၣ်မ့ၣ်အူလၢအဆှၢတၢ်ပၣး	freight
_freight	v.t.	ပၣးတၢ်ဖိတၢ်လံၤဆူ(ကဘီ)(လ့ၣ်မ့ၣ်အူ)အပူၤ	freight
_French	a.	လၢအ(ဘၣ်ယး)(ဟဲလၢ)ကီၢ်ဖြၣ်စ့ၣ်	French

117

_Frenchman	n.	ပုၤဖြၣ်စ့ၣ်ဖိ	French'man
_frenzy	n.	တၢ်သး(ဂဲၤ)(ထိၣ်)တပျုာ်တပျိၤ★(တၢ်)သးဒိၣ်နးနးကလဲာ်အပျုၢ်အသိး	fren'zy
_frequent / frequently	a. / adv.	(လၢအိၣ်ဖဲနူၣ်)ခဲအံၤခဲအံၤ★တလီၢ်လီၢ်တလီၢ်လီၢ်	fre'quent / fre'quent-ly
_frequency	n.	တၢ်(မၤအသး)(ကဲထိၣ်)ခဲအံၤခဲအံၤ	fre'quen-cy
_fresh	a.	သီသံၣ်ဘဲ★သီကအဲ့ဒဲ★အသီ★သံကစိၣ်★ဘျ၊★ဂ့ၤ	fresh
_freshen	v.t.	မၤသီထိၣ်★မၤဘျ၊ထိၣ်★မၤဂ့ၤထိၣ်★မၤသးဖုံထိၣ်	fresh'en
_freshly	adv.	အသီ★သီသီ	fresh'ly
_freshet	n.	ထံဖိကို★ထံဒိၣ်ဖး	fresh'et
_fret	v.i.	သးအ့နၡ★အိၣ်လ့ၤကွံာ်တၢ်★ဒုးအ့နၡပုၤအသး★ကြ၊ၣ်လ့ၤကွံာ်တၢ်တဒုးကၡၣ်တၢ်	fret
_fretful	a.	လၢအသးအ့နၡညီၣ်နၢ်	fret'ful
_friable	a.	လီၤကမုၣ်ညီ	fri'a-ble
_friar	n.	ပရ့ၣ်ကွံၣ်စီၤသီဝ၊တလုၣ်	fri'ar
_friction	n.	တၢ်ဘၣ်ကြၢၣ်လိာ်အသး★တၢ်လၢအကြီတၢ်လဲၤဖဲတၢ်ခံမ့ၤတၢ်ဘၣ်ကြၢၣ်လိာ်အသးအခါ★တၢ်ဘၣ်ဂံာ်ဂုာ်လိာ်သး★တၢ်ထိဒါလိာ်သး	fric'tion
_friend	n.	တံၤသကိး	friend
_friendless	a.	လၢအတံၤသကိးတအိၣ်	friend'less
_friendliness	n.	တၢ်ရ့အိၣ်ဒီးတၢ်ဟံးစုကွံၢ်မဲာ်လိာ်သး★တံၤသကိးအတၢ်သူၣ်အိၣ်လိာ်သး	friend'li-ness
_friendly	a.	လၢအတထီဒါတၢ်ဘၣ်★လၢတၢ်ဟံးစုကွံၢ်မဲာ်အပူၤ★လၢတၢ်အဲၣ်တၢ်ကွံအပူၤ★လၢအဘၣ်ယးဒီးတံၤသကိး★ဒ်တံၤသကိးအသိး	friend'ly
_frieze	n.	တၢ်ကယၢကယဲလၢတၢ်ဝီၤထိၣ်လၢတၢ်ဒုၣ်အခိၣ်ဒူလိၤ	frieze
_frigate	n.	ကဘီယၢ်အိၣ်ဒီးအနီၣ်ဝၢ်★ကဘီဒုးသုးတကလုာ်	frig'ate
_fright	n.	တၢ်ပျုံတၢ်ဖုး	fright
_frighten	v.t.	မၤပျုံမၤဖုး★မၤက(ကြ၊)(ကြီၢ)ကွံာ်တၢ်	fright'en
_frightful	a.	လၢအလီၤပျုံလီၤဖုး	fright'ful
_frigid	a.	လၢအခုၣ်★လၢအတအိၣ်ဒီးတၢ်သူၣ်အိၣ်သးအိၣ်ဘၣ်★လၢအသးတဆူၣ်	fri'gid
_frill	n.	တၢ်ဆးဒိၣ်ထိၣ်ဆ့အခိၣ်ထံးအံၣ်အံၣ်ဖိ★တၢ်ကယၢကယဲလၢအဘျုးတအိၣ်	frill
_fringe	n.	တၢ်ဆးလီၤဖဲၤတၢ်(အနံၤ)လၢဆ့အခိၣ်ထံး★အနံၤ	fringe
_frippery	n.	တၢ်ကယၢကယဲလၢအလီၢ်လံၤတဝာ်,တၢ်ကွ'အီၤတဂ့ၤ,ဒီးတၢ်ညိကွံာ်	frip'per-y
_frisk / frisky	v.i. / a.	တၢ်(သးဖှံ)★(တၢ်)(လၢအ)စံၣ်လိာ်ခိၣ်လိာ်ကွဲ(ဒ်သၣ်မံယီၤမၤဝဲအသိး)	frisk / frisk'y
_frivolity	n.	တၢ်နၢ်စီၤ★တၢ်တလီၤဟ်ကဲဘၣ်★တၢ်သးဖှံၣ်နံၤဘၣ်တၢ်အၢါကဲၣ်ဆိး★တၢ်☐ကၢးကွ'ကမၢ်တၢ်	fri-vol'i-ty
_frivolous	a.	လၢအသးဖှံတဆ၊ကွိၣ်အခၢး★လၢအတလီၤဟ်ကဲဘၣ်★လၢအ☐ကၢးတၢ်ကွ'ကမၢ်	friv'o-lous
_frock	n.	ဆ့ကၤဖးထီ	frock
_frog	n.	ဒ့ၣ်★လှၣ်မ့ၣ်အူအကၡထိဆိးထိးဘုးလိာ်သးအလီၢ်	frog
_frolic	n.	တၢ်လိာ်ကွဲလီၤနံၤ★တၢ်လိာ်ကွဲသူၣ်ဖှံသးညီပုၤ	frol'ic
_frolic	v.i.	(တၢ်)(လၢအ)လိာ်ကွဲပျံၤဒီးတၢ်သူၣ်ဖှံသးညီဒီးတၢ်လီၤနံၤလီၤအ့	frol'ic
_from	prep.	လၢ★လၢအ——★ဟဲလၢ——	from
_frond	n.	ယီၤအဒိ★အူသံအဒိ	frond
_front	n.	တၢ်မဲာ်ညါ★အမဲာ်ညါ	front
_front	v.i.	ကွၢ်ဆူတၢ်မဲာ်ညါ★ကွၢ်ဆူအအိၣ်★ကွၢ်ဆၢၣ်မဲာ်	front
_frontier	n.	ထံဆၢကီၢ်ဆၢ	fron'tier
_frontispiece	n.	တၢ်ဂီၤအိၣ်လၢလံာ်အဆိကတၢ်တကဘၠုးလၢလၢ်ပူၤ	fron'tis-piece
_frost	n.	ပစီၤထံလီၤသကၤ★တၢ်ဂီၤလၢအမၤလီၤသကၤထံသ	frost
_frostbite	n.	နိၢ်ခိမ့တၢ်ဘၣ်တၢ်ခုၣ်တၢ်ဂီၤတုၤအသူၣ်အသံထံလီၤသကၤဝဲ	frost'bite
_frosty	a.	လၢအအိၣ်ဒီးဘွၣ်လီၤသကၤ★လၢအအိၣ်ဒီးတၢ်သူၣ်အိၣ်သးအိၣ်ဘၣ်	frost'y

118

_froth	n.	တၢ်သဘ့ ★တၢ်သဘ့သဘုး	froth
_frothy	a.	လၢအအိၣ်ဒီးတၢ်သဘ့ ★လၢအသဘ့ထိၣ်	froth'y
_froward / frowardness	a. / n.	(တၢ်)ဟ်သးကပၤဒါ ★(တၢ်)နၢ်ကၢ့	fro'ward / fro'ward-ness
_frown	n. / v.i.	ကွ့လၢမဲာ်တုၢ်ခံ ★ကွ့ၢ်ကြိၣ်ကွၢ်ဟ့ ★ကွ့ၢ်သံကိၣ် ★ဟ်ဖျါတၢ်တဘၣ်အသးဘၣ် ★ကွ့ၢ်လၢမဲၢ်ကနုလၢ်	frown
_frugal / frugality	a. / n.	(လၢအ)(တၢ်)ဆဲဖှဆဲကရဲတၢ် ★(လၢအ)(တၢ်)ထိၣ်တံၢ်မတၢ်တၢ် ★(လၢအ)(တၢ်)သူတၢ်ဘၣ်ဘၣ်.တသူလၢၢ်ဂီၤတၢ်ဘၣ်	fru'gal / fru-gal'i-ty
_fruit	n.	တၤသၣ် ★တၤသူတၤသၣ် ★တၢ်အချုး ★တၢ်အဘျုံအတီၢ်	fruit
_fruitful	a.	လၢအကဲထိၣ်တၢ်ဘျုး ★သၣ်ထိၣ် ★ဂုၤဒိၣ်ဘၣ်ဖိ	fruit'ful
_fruitless	a.	လၢအဘျုးတအိၣ်ဘၣ် ★လၢအကဲထိၣ်တၢ်ကလီကလီ ★လၢအ(တၤ)သၣ်တအိၣ်	fruit'less
_fruition	n.	တၢ်သူၣ်မုာ်သးခုလၢအကဲထိၣ်လိာ်ထိၣ်နၢ်ပှၤအယိ	fru-i'tion
_frustrate / frustration	v.t. / n.	(တၢ်)ဂြီတံာ်တာ်(ဒ်သိးအသုကဲထိၣ်တၢ်တဂ့ၤ) ★(တၢ်)မၤဟးဂီၤတၢ်	frus'trate / frus-tra'tion
_fry	v.t.	ကိ့ၣ်(အီၣ်) ★ဝာ်အီၣ် ★ဆဲးသိအီၣ်	fry
_fry	n.	ညၣ်ဖိတဂီၢ်	fry
_fuel	n.	သ့ၣ်မှၣ်(ယိၣ်ဝၣ်) ★သ့ၣ် ★လၢၢ်သွဲၣ်လး ★မှၣ်အူအဆၣ်	fu'el
_fugitive	a.	(ပှၤ)လၢအယွၢ်ပူဖျဲး ★လၢအဟါမၢ်ညီ ★လၢအင်ကွံၣ်ညီ ★လၢအတၢက်တကျၤ	fu'gi-tive
_fulcrum	n.	တၢ်တချုးထိၣ် ★နီၣ်တချု	ful'crum
_fulfill / fulfillment	v.t. / n.	(မၤ)(တၢ်)လၢထိၣ်ပှဲၤထိၣ်	ful'fill / ful-fill'ment
_full	a.	ပှဲၤ ★လၢပှဲၤ	full
_fully	adv.	လၢလၢပှဲၤပှဲၤ	ful'ly
_fulsome	a.	(တၢ်စံးပတြၢၤ)လၢအလီၤသးဟ့လၢအတလၢကွံာ်အခၢးအသိ ★လၢအတဘၣ်ပသး	ful'some
_fumble	v.t.	ထိးဘၣ်ဒိတၢ်သိၣ်ဆ္အံၤဆ္ဘးလၢတၢ်လူၤယုၤကလၢၢ်တၢ်အပူၤ ★ဖိၣ်တၢ်တကျၤတနၢၤ ★မၤတၢ်ၤအစုၤယၢ်တအိၣ် ★ဖိၣ်ကလၢၢ်ဒီးမၤကွၢ်တၢ်တသ့တဘၣ်	fum'ble
_fume	n.	တၢ်အသဝ	fume
_fumigate / fumigation	v.t. / n.	(တၢ်)ဒုးခုၣ်ထိၣ်တၢ်သဝံလၢအကမၤသံတၢ်အယၢ်	fu'mi-gate' / fu'mi-ga'tion
_fun	n.	တၢ်လိာ်ကွဲ ★တၢ်မၤသူၣ်ဖုံသးညီတၢ် ★တၢ်မၤမုာ်မၤခုမၤနံၤမၤအ့ပှၤ ★နံၤဘၣ်ဖၣ်လဲ	fun
_function	n.	တၢ်မၤလၢအလီၤဘၣ်တၢ် ★တၢ်ဖံးတၢ်မၤ ★တၢ်သူၣ်ဆးသးဆး	func'tion
_fund	n.	စ့ဟ်ဖိုၣ် ★စ့မိၢ်ပှၢ်	fund
_fundamental	a.	ဘၣ်ယးဒီး(တၢ်အဒိၣ်ထံး)(တၢ်အမိၢ်ပှၢ်)	fund'a-ment'al
_funeral	n.	တၢ်ခုၣ်လီၤပှၤသံ	fu'ner-al
_fungus	n.	ကုၤ	fun'gus
_funk	v.i.	ဂုၤက္ၤအခံလၢတၢ်ပျံၤအသိ	funk
_funnel	n.	ထံအပီၤလၢအခိၣ်သဖၣ် ★မှၣ်အူလှၢ်အပီၤ ★တၢၤဟ်(((ကဘီ)))	fun'nel
_funny	a.	လီၤနံၤ ★လၢအလီၤနံၤလီၤအ့ ★မၤသးဖှံပှၤ	fun'ny
_fur	n.	တၢ်ဆူၣ်ကဟုာ်လုး ★တၢ်ဆူၣ်အမံၢ်ကဒံကဟုာ်လုး	fur
_furbish	v.t.	ထူးကတြူၣ်ထိၣ် ★ထူးကပီၤထိၣ်	fur'bish
_furious	a.	လၢအသူၣ်ဒိၣ်သးဖျိးတပျုၣ်တပျိၤ ★လၢအသးဒိၣ်နးနးကလဲာ်	fu'ri-ous
_furl	v.t.	ထူထိၣ်ယာ် ★ထူထိၣ်က္ၤ	furl
_furlong	n.	တၢ်နုၣ်စၢၤလၢအအိၣ်၆၆ဝပှာ် ★တမံၤလၤအယိၤပူတပူ ★၄၄ပျၢ်	fur'long
_furlough	n.	အခွဲးလၢအကဟးကသုၣ်အသးတစိၢ်ဖိ	fur'lough
_furnace	n.	စဲးဓိၤဖိဓိၤဖၣ်အဒ္ၣ်ကပူၤ ★ဖၣ်ကပူၤဖးဒိၣ်	fur'nace
_furnish	v.t.	(မၤန္ၢ်)(ဟ့ၣ်)အီၤတၢ်လၢအလိၣ်ဝဲ	fur'nish

_furnishings	n.	တၢ်အယၢၤအယိၢ်	fur'nish-ings
_furniture	n.	(ဟံၣ်)(တၢ်)အပီၤအလီ★(တၢ်)(ဟံၣ်)အယၢၤအယိၢ်★ဟံၣ်အတၢ်ဖိတၢ်လံၤ	fur'ni-ture
_furor	v.i.	(တၢ်)(လၢအ)သးဒိၣ်တပျုၢ်တပျီၤ	fu'ror
_furrow	n.	ထဲၣ်(ကနၣ်)အကျိၤ	fur'row
_furry	a.	လၢအဆူၣ်အိၣ်ကဟုၣ်လုးမဲၣ်ကဒံ	fur'ry
_further	a.	ဆူညါ★ယံၤန့ၢ်တက့ၢ်	fur'ther
_further	v.t.	မၤစၢၤ	fur'ther
_furtherance	n.	တၢ်မၤစၢၤ	fur'ther-ance
_furthermore	adv.	လၢတၢ်န့ၣ်အမဲာ်ညါ	fur'ther-more
_furthermost	adv.	လၢအယံၤကတၢၢ်	fur'-ther-most
_furtive	a.	လၢအ(မၤ)ခူသူၣ်	fur'tive
_fury	n.	တၢ်သးဒိၣ်တပျုၢ်တပျီၤ	fu'ry
_fuse	v.t.	မၤပုံၢ်လီၤတၢ်★ဒုးကဲထီၣ်တၢ်တမံၤယီသ့သ့ဘၣ်ဘၣ်လၢပနီၤဖး အဆၢတၢတဘၣ်ဘၣ်★ကျဲၣ်ကျီၢ်ယုၢ်ပုံၢ်လီၤ	fuse
_fuse	n.	ပုံၢ်လၢအဆျာမ့ၣ်အူဆူၣ်ဒီအအိၣ်	fuse
_fusible	a.	လၢတၢ်မၤပုံၢ်လီၤသ့	fu'si-ble
_fusillade	v.t.	(တၢ်)ခးဖိုၣ်ကွံာ်တဘျီယီ	fu'sil-lade
_fusion	n.	တၢ်မၤပုံၢ်လီၤတၢ်★တၢ်ပုံၢ်လီၤ★တၢ်ကဲထီၣ်တၢ်တမံၤယီသ့သ့ဘၣ်ဘၣ် လၢပနီၤဖးဆဆၢတၢဘၣ်★တၢ်ကျဲၣ်ကျီၢ်ယၢ်ယုာ် တၢ်လၢအပုံၢ်ထီၣ်သ့ၣ်တဖၣ်	fu'sion
_fuss	v.t.	(တၢ်)မၤတၢ်လီၤတံၢ်လီၤဆဲးလၢတၢ်အဆံးတဖဲအဂီၢ်★(တၢ်)ကလာ်တၢ်★ (တၢ်)မၤ(သိၣ်မၤသဲ)(တၢၤထီၣ်လီၤ)တၢ်	fuss
_fussy	a.	လၢအအဲၣ်တၢ်လီၤတံၢ်ကဲၣ်ဆိး★လၢအကလာ်တၢ်ဆူၣ်★လၢအမၤတၢၤထီၣ်တၢ်	fuss'y
_futile	a.	ကလီကလီ★လၢအဘျုးတအိၣ်	fu'tile
_future	n.	တၢ်ဆူညါ★တၢ်ဆၢကတီၢ်လၢအကဟဲလၢခံ	fu'ture
_fuzzy	a.	လၢအကမုံၣ်ဒီးဒံၣ်ကွံာ်ညီ	fuz'zy
_gab	n.	တၢ်ကတိၤတၢ်အယၢ်တအိၣ်က္ၤတအိၣ်★တၢ်ကတိၤအၢၣ်တၢ်ကလီကလီ	gab
_gabble	v.i.	ကတိၤတၢ်ချ့ချ့လၢအတကျဲၤဘၣ်★နါစိၤကတိၤတၢ်လၢအဂ့ၢ်အကျိၤတအိၣ်ဘၣ်	gab'ble
_gable	n.	ဂီၤပၤလၢအကွၢ်အဂီၤအိၣ်သၢနၢၣ်လၢယီၤခိၣ်ခံခီအဘၣ်စၢၤလၢဟံၣ်ဖိခိၣ် တၢ်ကတၢၢ်ခံခီယၢ်ခီ	ga'ble
_gad	v.i.	ဟးလံလ့ၤကၠုၤကၠၢၢ်★ဟးကျိၢ်ကျ္★နိၣ်က့အခိၣ်စု★ဟးကလီကလီ	gad
_gadfly	n.	ပက်ာ်	gad'fly
_gaff	n.	နိၣ်သက္ၤလၢပုၤဘူးထုးထီၣ်ညၣ်	gaff
_gag	v.t.	သးကလဲၤ★(တၢ်လၢပုၤ)ဆွံတံၢ်ယာ်ပုၤကိာ်ပူၤဒ်သိးကတိၤတၢ်သုတသ့တဂ့ၤ	gag
_gage	n.	တၢ်အၢၣ်လီၤအီလီၤ(လၢပုၤကဒုးတၢ်)အပနီၣ်	gage
_gaiety	n.	တၢ်သူၣ်ဖုံသးညီ★တၢ်ကပျၢ်ကပြီၤဆ္ၣ်ဆ္ၣ်ဘဲၣ်ဘဲၣ်	gai-e-ty
_gaily	adv.	လၢတၢ်သူၣ်ခုသးခုသူၣ်ဖုံသးညီအပူၤ★ယုာ်ဒီးတၢ်ကပျၢ်ကပြီၤ ဆ္ၣ်ဆ္ၣ်ဘ္ၣ်ဘဲၣ်	gai'ly
_gain	v.t.	(တၢ်)န့ၢ်အါထီၣ်တၢ်★(တၢ်)န့ၢ်ဘၣ်★(တၢ်)မၤန့ၢ်	gain
_gainful	a.	လၢအန့ၢ်ဘျုးန့ၢ်ဖှိၣ်ပုၤ	gain'ful
_gainsay	v.t.	ကတိၤထီဒါ★တြီ★ဂ့ၢ်လိာ်ဘိုလိာ်တၢ်	gain'say
_gait	n.	တၢ်ဟးထီၣ်ဟးလီၤ	gait
_gala	n.	အိၣ်ဒီးတၢ်ကယၢကယဲအၢ်လီၤဆီဒၣ်တၢ်လၢတၢ်သူၣ်ဖုံသးညီအမုၢ်နံၤအဂီၢ်	ga'la
_galaxy	n.	ဆၣ်တကရူၢ်လၢအဘူးလိာ်အသးတ္ၤပနီၤဖးအီၤတဝာသဘၣ်★ ပုၤဒိၣ်ပုၤထီအိၣ်ဟ်ဖိုၣ်အသးတဖု★ဆၣ်ဘ္မှၢ်	ga'lax-y
_gale	n.	ကလံၤလၢအဆူၣ်	gale
_gall	n.	သဒံ(နးကဲထီၣ်)တၢ်ပူၤလိၢ်(လၢအကဲထီၣ်)လၢတၢ်ဘၣ်တြူာ်အယိ	gall
_gall	v.t.	ဘၣ်တြူာ်ကဲထီၣ်အပူၤလိၢ်	gall

120

_gallant / gallantly	a. / adv.	(လၢအ)လိၣ်အသးယံၤလၤလၤ★(အ)(တၢ်)ကဟုကယာ်ပိာ်မုၣ်ပိာ်မၤ (အပူၤ)★ဒူ	gal'lant / gal'lant-ly
_gallantry	n.	တၢ်ကဟုကယာ်ပိာ်မုၣ်ပိာ်မၤ★တၢ်သးဒူ	gal'lant-ry
_galley	n.	ချံလၢပျ္ၤတကလုာ်အိၣ်ဒီးအယဲၣ်လံၣ်ဒီးနီၣ်ဝ်ါတဖၣ်	gal'ley
_gallivant	v.i.	ဟးလိာ်ခိၣ်လိာ်ကွဲမုာ်သးဆူအံၤဆူနၤ	gal'li-vant'
_gallon	n.	ခံပြၣ်★ခံသလးယၣ်ယၣ်★တတူာ်	gal'lon
_gallop	v.i.	(ကသ့ၣ်)ယွၢ်စံၣ်တၢ်★ယွၢ်စံၣ်ကူၤကူၤ	gal'lop
_gallows	n.	တၢ်ဧၢသံတၢ်အလီၢ်	gal'lows
_gallstone	n.	လၢ်လၢအကဲထီၣ်လၢသဒံၤအပူၤ	gall'stone'
_galvanize	v.t.	မၤဟူးမၤဂဲၤထီၣ်ပှၤအသ့ၣ်အသး	gal'va-nize
_gamble	v.i. / a.	(ပှၤလၢအ)လိာ်ကွဲစုလိာ်ကွဲတိၢ်	gam'ble
_gambol	v.i.	လိာ်ကွဲယွၢ်စံၣ်ဆူအံၤဆူဘး★စံၣ်ပပိၢ်,စံၣ်ဝ့ၤစံၣ်ဝီၤလၢတၢ်သူၣ်ဖှံသးညီအပူၤ	gam'bol
_game	n.	တၢ်လိာ်ကွဲ★တၢ်လၢပဝဲန္ၢ်အီၤ	game
_game	a.	လၢအသးဒူ(ခုတလ္ၢ်)	game
_gamin	n.	ဖိသၣ်လၢဝ့ၢ်ပူၤလၢတၢ်အံးတၢ်ကွၢ်အီၤတအိၣ်	gam'in
_gamut	n.	ဒီဂ့ၢ်★ဒီစိၣ်★ဒီကရ္ၢ်	gam'ut
_gander	n.	ထိၣ်တၤအဖါ	gan'der
_gang	n.	ပှၤဒီဖု	gang
_gangway	n.	ကျဲလၢပှၤဟ်လီၤမီၤက်ါမီၤကိါလၢတၢ်မၤအီၤလၢသ့ၣ်ဘၣ်တဖၣ်	gang'way'
_gap	n.	တၢ်ပူၤ★တၢ်လီၤဖျိ★ဟိၣ်ခိၣ်တဲၤဖး★တၢ်တြီ	gap
_gape	v.i.	ကွၢ်အီၤတရီာ်တၢ်★အီးထီၣ်အကိာ်ပူၤဖးလဲၢ်	gape
_garage	n.	ကဘီယူၤ,မိထိၣ်ကါအလီၢ်★တၢ်ဘိုက္ၤမိထိၣ်ကါကဘီယူၤအလီၢ်	ga'rage
_garb	n.	တၢ်ကွ်ါတၢ်သိး	garb
_garbage	n.	တၢ်အိၣ်ဘ္ၣ်အိၣ်စဲၢ်လၢအတကိာ်တသိၣ်	gar'bage
_garble	v.t.	ဒုးနၢ်ပၢၢ်ကမၣ်★မၤသဘံၣ်ဘ္ၣ်တၢ်အဂ့ၢ်★ဒုးတဘီတဘ္ၣ်လံာ်ထီၣ်အီၤ★မၤကဘျံးကဘျၣ်	gar'ble
_garden	n.	တၢ်ဒီးတၢ်လ့ၣ်(အလီၢ်)(အကရၢ)★တၤသ့ၣ်အလီၢ်★ဖီကရၢ	gar'den
_gargle	v.t.	သ့သပှၤကွ်ၣ်ကိာ်ပူၤ	gar'gle
_garish	a.	လၢအအိၣ်ဖျါယံၤလၤကလီထဲလၢပှၤကထံၣ်အီၤအဂီၢ်★ကပြု်ကပြီၤ★ဆ္ၣ်ဆ္ၣ်ဘ္ၣ်ဘ္ၣ်	gar'ish
_garment	n.	တၢ်ကူတၢ်ကၤတဓၢမံၤ	gar'ment
_garnet	n.	လၢၢ်ဂီၤအလှၢ်ဒိၣ်ပွးဒိၣ်တကလုာ်	gar'net
_garnish	v.t.	ကယၢကယဲ	gar'nish
_garret	n.	ဒၢးအိၣ်လၢတၢ်ဖီခိၣ်ကတၢၢ်တဆီ	gar'ret
_garrison	n.	တၢ်လီၢ်အကၢ်အကျၢၤဖဲသုးဖိအိၣ်ဝဲ★သုးဖိတဖုလၢအအိၣ်လၢတၢ်ပူၤ,ဝ့ၢ်ပူၤ	gar'ri-son
_garrison	v.t.	မၤပှဲၤအီၤဒီးသုးဖိ	gar'ri-son
_garrulous / garrulity	a. / n.	(လၢအ)(တၢ်)ကလှၢ်အါကဒါအါ	gar-ru'lous / gar-ru'li-ty
_garter	n.	ပှၠၤလၢပှၤစၢယာ်ခိၣ်ဖှိၣ်	gar'ter
_gas	n.	တၢ်သဝံ	gas
_gaseous	a.	ဒ်တၢ်သဝံအသိး★လၢအမ့ၢ်တၢ်သဝံ	gas'e-ous
_gash	n.	တၢ်ပူၤလီၢ်ဖးလဲၢ်ဖးယိာ်★တၢ်(ဘ္ၣ်ကုာ်)(ဘ္ၣ်ကူး)	gash
_gasoline	n.	သိအိၣ်ဒီးအသဝံလၢပမ္ၣ်ဒွဲၣ်ဒီးပိၢ်ဖးထီၣ်ဝဲ	gas'o-line
_gasp	v.i.	သါဆဲးဖိး★သါအီၢ်ခၣ်	gasp
_gastric	a.	ဘၣ်ယးကဖု	gas'tric
_gate	n.	(ကရၢအတြဲၤ)(ဝဲတရံ)	gate
_gatekeeper / gateman		ပှၤလၢအခိးကရၢအ(တြဲၤ)(ဝဲတရံ)	gate'keep'er / gate'man
_gatepost	n.	ကရၢအ(တြဲၤ)(ဝဲတရံ)အတၢၣ်	gate'post'

_gather	v.t.	ဟ်ဖှိၣ်တပူၤဃီ★ထၢဖှိၣ်ဟ်ဖှိၣ်★အိၣ်ဖှိၣ်	gath'er
_gathering	n.	တၢ်အိၣ်ဖှိၣ်★တၢ်(အိၣ်ဖှိၣ်)(ဟ်ဖှိၣ်)(ထၢဖှိၣ်)တၢ်	gath'er-ing
_gaudy	a.	ကတြှၣ်ကတြိၣ်လၢတလီၤဘၣ်သ့ၣ်ဘၣ်သးအါအါဘၣ်★ကပြုၢ်ကပြီၤ★ဆူၣ်ဆူၣ်ဘှဲၣ်ဘှဲၣ်	gaud'y
_gauge	v.t.	ထိၣ်နီၣ်တဲာ်နီၣ်★ခံကွၢ်စိၤကွၢ်	gauge
_gauge	n.	တၢ်လၢပထိၣ်နီၣ်တဲာ်နီၣ်တၢ်လၢအီၤ★နီၣ်ထိၣ်★ဃိၣ်ကွၢ်	gauge
_gaunt	a.	ဃဲၤ★ဖှံၣ်	gaunt
_gauntlet	n.	စုဖျိၣ်ထးဖးထိ	gaunt'let
_gauze	n.	တၢ်ကံးညာ်အဘူသလါတကလှာ်	gauze
_gavel	n.	ပှၤပၢၤလီၢ်ဆ့ၣ်နီၤဖိအနီၣ်ဒိ★နီၣ်စိးပိး	gav'el
_gawky	a.	ဃၢသံစှာ်သံ★ကနီးကတာ်★တသ့တဘၣ်	gawk'y
_gay	a.	လၢအသးပှဲၤဆၢၣ်ကလာ်ဒီးတၢ်သူၣ်ဖှံသးညီ★အလွဲၢ်ကပြုၢ်ကပြီၤ	gay
_gayety	n.	တၢ်သူၣ်ဖှံသးညီ★တၢ်ကပြုၢ်ကပြီၤ	gay'e-ty
_gaze	v.i.	ကွၢ်စူကညူး★ကွၢ်(စူၣ်ထီ)★ကွၢ်ထံကွၢ်ကျိၣ်	gaze
_gazette	n.	တၢ်ပၢတၢ်ပြးအတၢ်ပရၢပစၢ်	ga-zette'
_gear	n.	တၢ်ကူတၢ်သိး★စုကဝဲၤ★တၢ်အပီးအလီ★စဲးဓိၤဖီဓိၤ	gear
_gelding	n.	ဆၣ်ဖိကီၢ်ဖိလၢအဘၣ်တၢ်ဒုးကွံာ်အဒံၣ်	geld'ing
_gem	n.	လၢၢ်လုၢ်ဒိၣ်ပွၤဒိၣ်★တၢ်လုၢ်ဒိၣ်ပွၤဒိၣ်	gem
_gender	n.	တၢ်အမိၢ်အဖါ	gen'der
_genealogical / genealogy	a. / n.	(ဘၣ်ဃးဒီး)တၢ်ကွဲးနီၣ်ဖံဖုလၢပျၤတဖၣ်အမံၤတစိၤဘၣ်တစိၤ,တဆီဘၣ်တဆီ★(ဘၣ်ဃးဒီး)လံာ်ကွဲးနီၣ်ပှၤအထုအထံးအစၢၤအသွဲၣ်	gen'e-a-log'i-cal / gen'e-al'o-gy
_general	a.	(ဘၣ်ဃးဒီး)တၢ်ဒီဖုဒီကီၢ်ကပိာ်ဒီကပၤ★ဘၣ်ဃးဒီးတၢ်အအါကတၢၢ်★ဘၣ်ဃးဒီးကမျၢ်★လၢအညီနှၢ်	gen'er-al
_general	n.	သုးခိၣ်ဖးဒိၣ်တဂၤ	gen'er-al
_generality	n.	တၢ်အအါကတၢၢ်	gen'er-al'i-ty
_generalize / generalization	v.t. / n.	(တၢ်)ဒုးဘၣ်ဃးကဲ့ၤတၢ်လၢတၢ်အါမံၤ	gen'er-al-ize / gen'er-al-i-za'tion
_generally	adv.	အါဒၣ်တၢ်တက့ၢ်★ညီနှၢ်	gen'er-al-ly
_generate / generation	v.t. / n.	(တၢ်)ဒုးလိၣ်ထီၣ်ဖးထီၣ်တၢ်★(တၢ်)ဒုးထီၣ်ဖိလီၤလံၤတၢ်	gen'er-ate' / gen'er-a'tion
_generation	n.	ပှၤတစိၤ	gen'er-a'tion
_generous / generosity	a. / n.	(လၢအ)(တၢ်)သူၣ်ညီသးညီ★(လၢအ)(တၢ်)ဟ့ၣ်တၢ်ညီ★(လၢအ)(တၢ်)သူၣ်ဘၣ်သးသ့★(လၢအ)(တၢ်)သးကညီၤတၢ်ဒီးဟ့ၣ်တၢ်အါအါဂီၢ်ဂီၢ်	gen'er-ous / gen'er-os'i-ty
_Genesis	n.	လံာ်ၥမိၤရှ★တၢ်ကဲထီၣ်အခီၣ်ထံး	Gen'e-sis
_genial / geniality	a. / n.	(လၢ)တၢ်သူၣ်အိၣ်သးအိၣ်★(လၢအ)(တၢ်)မုာ်သူၣ်မုာ်သးဘၣ်ပှၤလၢအတၢ်ရှအဃိ	ge'ni-al / ge'ni-al'i-ty
_genital	a.	ဘၣ်ဃးဒီးတၢ်ထီၣ်ဖိ★လၢအဒုးထီၣ်ဖိတၢ်	gen'i-tal
_genius	n.	သးအတၢ်အဲၣ်ဒိး★တၢ်တကဲာ်ပဝး★ပှၤလၢအအိၣ်ဒီးတၢ်ကူၣ်သ့လီၤဆီလၢအဟဲဝံနှၢ်ဒၣ်ဝဲ★ပှၤလၢအစုသ့ခီၣ်သ့လီၤဆီဒၣ်တၢ်	gen'ius
_genteel	a.	ဘၣ်ဃးဒီးတၢ်အလှၢ်အလၢ်လၢပှၤဟ်ကဲအီၤ★ဘၣ်ဃးဒီးတၢ်အလှၢ်အလၢ်လၢအဃံအလၤ	gen-teel'
_gentile	n.	(ဘၣ်ဃးဒီး)ပှၤလၢအတမ့ၢ်ပှၤယူဒၤဖိဘၣ်★ပှၤကလုာ်ဂၤ	gen'tile
_gentle	a.	ကပုာ်လုး★ကဖီလီ★သူၣ်ဂ့ၤသးဝါ★ခုၣ်ခုၣ်မုာ်မုာ်★သူၣ်စူၤသးစူၤ	gen'tle
_gentleman	n.	ပှၤပိာ်ခွါ(လၢအလှၢ်အလၢ်မုာ်သးပှၤ)	gen'tle-man
_gently	adv.	ကပုာ်လုးကဖီလီ	gent'ly
_gentry	n.	ပှၤလၢအအိၣ်လၢပှၤအတူၢ်ဒိၣ်ကီၤဒိၣ်အဖီလာ်တပတီၢ်	gen'-try
_genuflect	v.t.	ချံးခီၣ်တီၤလီၤ	gen'u-flect'
_genuine	a.	လၢအမ့ၢ်အတီ★အနီၢ်နီၢ်	gen'u-ine
_genus	n.	တကလှာ်	ge'nus
_geography	n.	လံာ်ဟီၣ်ခိၣ်(ဂီၤ)	ge-og'ra-phy

_geology	n.	တၢ်ယူၣ်သ့ၣ်ညါမၤလိဟီၣ်ခိၣ်ကပာ်အဂ့ၢ်	ge-ol'o-gy
_germ	n.	တၢ်ဖိတၢ်ယၢ်အဆံးလၢပၤ့ၣ်လၢပမဲာ်တသ့ဘၣ် ★တၢ်အခီၣ်ထံး	germ
_germane	a.	ဘၣ်ယးဒီး ★လၢအဘၣ်ထွဲ(လိာ်) ★ဘူးကမ့ၢ်တကလုာ်ယီ	ger-mane'
_germane	v.i.	ဒီသိၣ်ဒီသီလိာ်အသးတၢ်တၢ်	ger-mane'
_germinate	v.i.	လိၣ်ထိၣ်ဖးထိၣ် ★မဲထိၣ်	ger'mi-nate'
_gesticulate	v.i.	ပှးစုပှးခိၣ် ★ကတိၤတၢ်ဒုးနဲၣ်စုဒုးနဲၣ်ခိၣ်	ges-tic'u-late
_gesture	n.	တၢ်ပှးစုပှးခိၣ်	ges'ture
_get	v.t.	နၢ် ★မၤနၢ် ★နၢ်ဘၣ် ★တိၢ်နၢ် ★ဖိၣ်နၢ် ★ဘၣ်နၢ် ★ဘၣ် ★မၤ ★ကဲထိၣ် ★လၢ ★ထိၣ်	get
_get in		လၢနုာ် ★ဟဲနုာ်	get in
_get on		လၢၤဆူညါ ★ဒိးထိၣ် ★ကူထိၣ်သိးထိၣ်	get on
_get one's hand in		ညီနုၢ်	get one's hand in
_get over		မၤတုၤအဝံၤ ★ဘိုၣ်က့ၤဘျါက့ၤ ★မၤမံပသး	get over
_get the hang of		မၤနၢ်အကျဲ	get the hang of
_get under		မၤလီၤဟ်ာ် ★ဆိၣ်လီၤတၢ်	get under
_get about		ဟူထိၣ်တစဲး ★ဟးဝ့ၤဝီၤ	get about
_get along		အိၣ်လၢတၢ်ယူတၢ်ဖိး ★အိၣ်သ့	get along
_get back		ဟ့ၣ်က့ၤ	get back
_get in		တုၤ	get in
_get in with		ကဲထိၣ်တံၤသကိး	get in with
_get out		ဟးထိၣ် ★ဘၣ်တၢ်သ့ၣ်ညါအီၤ	get out
_get one's back up		သးဒိၣ်ထိၣ်	get one's back up
_get one's way		နၢ်အခွဲး	get one's way
_get the better of		မၤနၢၤ	get the better of
_get wind of		နၢ်ဟူလၢ	get wind of
_get up		ဂဲၤဆၢထၢၣ် ★ကတဲာ်ကတီၤထိၣ်	get up
_a get up		တၢ်ကူတၢ်သိးလီၤဆီ	a get up
_get ahead of		လၢၤပူၤကွံာ် ★လၢၤဘိုအမဲာ်ညါ	get ahead of
_get at		တုၤ ★နၢ်	get at
_get clear		မၤပူၤဖျဲး(အသး)	get clear
_get into		မၤနုၢ်(တၢ်သးအိၣ်) ★လီၤ	get into
_get off		ဟးထိၣ် ★စံၣ်လီၤ	get off
_get on one's nerves		မၤသး(ဒိၣ်)အီၤ	get on one's nerves
_get around		ပှၤဖျဲးဒီးတၢ်သိၣ်တၢ်သီ ★မၤလီၤပှၤအသုၣ်အသး	get around
_get to		စးထိၣ်	get to
_get out of		ပူၤဖျဲး ★ထုၣ်ဖျဲး	get out of
_get through		မၤဝံၤ	get through
_get together		ဟ်ဖှိၣ် ★အိၣ်ဖှိၣ်	get together
_geyser	n.	ထံမူ(အကိၢ်)လၢအဖျးထိၣ်ဆူတၢ်ဖးဖီ	gey'ser
_gharri / gharry	n.	လ့ၣ်ကဟၣ်	ghar'ri / ghar'ry
_ghastly	a.	လီၤဖျံးလီၤဖး ★လီၤတကုာ်ဖးတကုာ်ခီ ★လၢက်ပျူၤ ★လီၤက်ပုၤသံ	ghast'ly
_ghetto	n.	တၢ်လီၢ်တကဝီၤလၢဝ့ၢ်ပူၤဖဲပုၤယူးဒၤဖိအိၣ်အါ	ghet'to
_ghost	n.	တၢ်တယၣ်	ghost
_ghoul	n.	တၢ်ဝံတၢ်နါလၢအအိၣ်ပုၤသံစိၣ်လၢတၢ်သွၣ်ခိၣ်အပူၤ	ghoul
_giant	n.	ဒီးတဂၢ ★ပုၤဖးဒိၣ်ဖးထိ ★တၢ်ဖးဒိၣ်	gi'-ant
_gibberish	n.	တၢ်ကတိၤတၢ်ချ့လၢအ(ခီပညီ)(အယှၢ်အက္ခၤ)တအိၣ်ဘၣ်	gib'ber-ish
_gibbet	n.	တၢ်စၢသံအလီၢ်	gib'bet
_gibe	v.i.	ဒုၣ်ဒွဲၣ်ပယ့ဲ ★ကတိၤတရီတပါ	gibe

_giddy	a.	လၢအခိၣ်တယူၤန့ၢ်တယူၤ★လၢအမၢ်ခံးသု★လၢတၢ်ပလိၢ်ပဒီအသးတအိၣ်ဘၣ်★သးကလုာ်	gid'dy
_gift	n.	တၢ်ဟ့ၣ်★တၢ်မၤဘူၣ်မၤတီၢ်	gift
_gigantic	a.	လၢအဖးဒိၣ်ဖးထီ★လၢအဒိၣ်ဒိၣ်မှၢ်မှၢ်	gi-gan'tic
_giggle	v.i.	နံၤအ့ၣ်တၢ်ခိၣ်အ့ၣ်တၢ်ခဲၣ်★နံၤယဲးနံၤယိံး	gig'gle
_gild / gilded	v.t.	(လၢအဘၣ်တၢ်)မၤလၤကၣ်ဒီးတၢ်မှၢ်တၢ်တီ★(လၢအဘၣ်တၢ်)ကျူးဒီးထူ★(လၢအဘၣ်တၢ်)ဖှူလီၤဘၢလၤထူ★(လၢအဘၣ်တၢ်)ပီၤအီၤလၤထူ	gild / gilded
_gill	n.	ညၣ်အနၢ်သံၣ်★ထံအတၢ်ယိၣ်နိၣ်လၢအအိၣ်ဒီးကသုနိၣ်တၤလွံၢ်ဘ့ၣ်	gill
_gilt	n.	ကသံၣ်ဖှူတၢ်လၢအလီၤက်ထူထံ	gilt
_gilt-edged	a.	လၢအကနူၤဘၣ်တၢ်ကျူးဘၢအီၤ	gilt'edg'ed
_gimlet	n.	နိၣ်ဖှံၣ်(ထူၣ်ဖှံ)တၢ်★ထးဖှံၣ်ဖိ	gim'let
_gin	n.	စဲးထုးထိၣ်ကွံၢ်ဘဲအချံ★သံးတကလုာ်	gin
_ginger	n.	သအ့	gin'ger
_gingerly	adv.	လၢတၢ်ပလိၢ်ပဒီသးအါအပူၤ	gin'ger-ly
_gingham	n.	တၢ်ကံးညၢ်တဘ့တကလုာ်	ging'ham
_giraffe	n.	တၢ်ထိကိၢ်	gi-raffe'
_gird	v.t.	က်ၢ်တူၣ်ထိၣ်ယီၢ်ဒ့	gird
_girder	n.	တၢ်တီ	gird'er
_girdle	v.t.	ပၤတရံးယီၢ်ဒ့★က်ၢ်ကူၢ်★နိၣ်သံသ့ၣ်	gir'dle
_girdle	n.	ယီၢ်တကီး★ယီၢ်ဒိၣ်ဖှံၤ	gir'dle
_girl	n.	ပိၥ်မုၣ်ဖိသၣ်	girl
_girlhood	n.	တၢ်အိၣ်ပိၥ်မုၣ်ဖိသၣ်အကတီၢ်	girl'hood
_girlish	a.	လီၤက်ပိၥ်မုၣ်ဖိသၣ်(အလုၢ်အလၢ်)	girl'ish
_girth	n.	(သ့ၣ်)အတဝီ★ဂီၤက်ၢ်အဖှံၤ★အက်ၢ်	girth
_gist	n.	တၢ်အဂ့ၢ်မိၢ်ပှၢ်	gist
_give	v.t.	ဟ့ၣ်★ကွၣ်လီၤ★–ထိၣ်★ဒုးဘၣ်––★သုးထိၣ်★သုးအသး	give
_give away		တဘၣ်တၢ်လၢအကြၢးအိၣ်ခူသူၣ်	give away
_give birth to		အိၣ်ဖှဲၣ်န့ၢ်	give birth to
_give chase		လူၤ	give chase
_give ground		သုးကဒါကူၤအသး★ဂုၤအခံ	give ground
_give in charge		ဒုးပၢဘၣ်	give in charge
_give over		ဟ့ၣ်လီၤကွံၥ်★အိၣ်ကတီၢ်★ဟ်လီၤတဲာ်	give over
_give place		ဟ့ၣ်အလီၢ်	give place
_give up		ဆိၣ်လီၤအသး★ဆိကတီၢ်★ဟ့ၣ်လီၤ★သးဟးဂီၤ★တမှၢ်လၢ်လၢၤဘၣ်	give up
_give ear		ဒိကနၣ်	give ear
_give in		ဆိၣ်လီၤအသး	give in
_give out		လီၤဘုံးလီၤတီၤ	give out
_give rise		ဒုးကဲထိၣ်★ဒုးအိၣ်ထိၣ်	give rise
_give one to understand		ဒုးနၢ်ပၢၢ်	give one to understand
_give way		ဟ့ၣ်အလီၢ်★ဂုၤက့ၤအသး	give way
_give and take		ဟ့ၣ်ဒီးဟးန့ၢ်ယၢ်ခီယၢ်ခီ	give and take
_glacier / glacial	n. / a.	(ၡ)ထံလီၤသကၤဖးလဲၢ်ဖးထီလၢကစၢၢ်ဒီခိၣ်လၢအယွၤလီၤကယီကယီ(အသိး)	gla'cier / gla-cial
_glad / gladness	a. / a.	(တၢ်)သူၣ်ခုသးခု	glad / glad'ness
_glade	n.	တၢ်လီၢ်လီၤက်လီၤဖိုလၢပှၢ်ပူၤ	glade
_gladiator	n.	ပှၤသ့ကွီတၢ်သ့ဒုးတၢ်လၢပှၤလၢတၢ်ပြၢအပူၤ	glad'i-a-tor
_gladly	adv.	လၢတၢ်သူၣ်ခုသးခုအပူၤ★လၢတၢ်သူဖှံသးညီအပူၤ	glad'ly
_glamour	n.	တၢ်ဖျါမၤအသးလၤလၤကပီၤပီၤ★တၢ်ယံတၢ်လၤလၤအလိၣ်န့ၢ်တၢ်	glam'our

_glance	v.t.	(တၢ်)ကွၢ်ယီၤတဘျုး★တလံာ်ကွၣ်★ကျာယီၤတဘျုး	glance
_gland	n.	ထၢၣ်ဖိလၢပနီၢ်ခိပူၤလၢဟ့ၣ်ထိၣ်သွံၣ်ထံ	gland
_glare	v.i.	(တၢ်)ဆဲးကပြံၢ်ကပြီၤလီၤ★(တၢ်)ကွၢ်တၢ်ဟ့ဟ့★(တၢ်)ကွၢ်ဟ့ကွၢ်ကၢိၣ်	glare
_glaring	a.	လၢအဆဲးကပြံၢ်မဲာ်★လၢအဖျါစိၣ်ဝဲၤကဲၤ★လၢအမဆူၣ်ပမဲာ်★လၢအ(မဲာ်ခုံ)ဖျါဇ့စလဲး	glar'ing
_glass	n.	မဲာ်ထံကလၤ★ထံခွး★ယိၤ(ယွၤ)ခံာ်စီး	glass
_glassful	a.	ထံခွးအတၢ်ပြၢ်★တၢ်လၢအပြၢ်ပှဲၤထံခွး	glass'ful
_glasswork	n.	လၢအဘၣ်တၢ်မၤကဲထိၣ်အီၤလၢမဲာ်ထံကလၤ	glass'work'
_glassy	a.	လၢအပှ့ၤနံမဲာ်ထံကလၤအသိး★(မဲာ်)ယုာ်	glass'y
_glaze	v.t.	ထီထိၣ်(ပတၢရီဖိ)လၢမဲာ်ထံကလၤ★မၤဘျ့ကဆှၣ်	glaze
_gleam	v.i.	ကပီၤလှာ်လှာ်★ကပီၤတဘျုးတဘျုး★ခးကပီၤ	gleam
_glean	v.t.	ထၢဖိုၣ်တၢ်အိၣ်လီၤတဲာ်လၢပှိၢ်ပူၤ★ယုနှၢ်တၢ်လၢအံၤတစဲးလၢတးတစဲး★ကၢ်ဘူ	glean
_glee	n.	တၢ်သးဖှံအိၣ်ဒီးတၢ်နံၤတၢ်အ့	glee
_glee club		ကရၢတဖုလၢအသူၣ်ဝံၣ်သးဆၢတၢ်	glee club
_gleeful	a.	လၢအပှဲၤဒီးတၢ်သူၣ်ခုသးခု★သူၣ်ဖှံသးညီ	glee'ful
_glen	n.	(တၢ်)ကြိၤဖိ	glen
_glib	a.	လၢအကတိၤတၢ်(ဘျ့)★ဘျ့ကဆှၣ်	glib
_glide	v.i.	လဲၤဒၣ်အတၢ်ဘျ့ဘျ့ဆိဆိ★တိၤထံ★ဘိုၣ်★ယွၤလီၤကယီကယီဒီးဘျ့ဘျ့	glide
_glider	n.	ကဘီယူၤလၢအစဲၤတအိၣ်	glid'er
_glimmer / glimmering	v.i. / a.	(တၢ်)ကပီၤဟ်လှာ်ဟ်လှ	glim'mer / glim'mer-ing
_glimpse	v.i.	(တၢ်)ကွၢ်တၢ်တဘျုး★(တၢ်)ထံၣ်တဘျုး	glimpse
_glint	v.i.	(တၢ်)ဆဲးကပြံၢ်★(တၢ်)ကပီၤလှာ်လှာ်	glint
_glisten	v.i.	ဆဲးကတြံၣ်ထိၣ်★(ကပီၤ)ကတြံၣ်ကတြိၣ်★ကဲၤလံာ်ကဲၤလုာ်	glis'ten
_glitter	v.i.	ကပီၤလၤလး★ကပီၤခးကပြံၢ်ထိၣ်★ကပီၤဖျးဖျး	glit'ter
_gloaming	n.	မုၢ်လီၤကညီၢ်★မုၢ်လီၤနုာ်အတၢ်ဆဲးကပီၤထိၣ်အိၣ်ဒံးဝဲအခါ★တၢ်ကပီၤသံ့ယီၢ်ယာ်	gloam'ing
_gloat	v.i.	ကွၢ်စူၣ်တၢ်★သးခုရ့သၣ်(လၢပှၤဘၣ်နးဘၣ်ဖှိၣ်အယိ)★ကွၢ်ထံတၢ်	gloat
_globe	n.	ဟီၣ်ခိၣ်ဒီဖျၢၣ်★တၢ်ဖျၢၣ်သလၢၣ်	globe
_globular	a.	ဖျၢၣ်သလၢၣ်	glob'u-lar
_globule	n.	တၢ်ဖျၢၣ်သလၢၣ်ဖိ	glob'ule
_gloom	n.	တၢ်ခံးတၢ်နၤ★တၢ်အုးသကျုာ်★တၢ်သူၣ်ဟးဂုာ်သးဟးဂီၤ★တၢ်သးအုး	gloom
_gloomily / gloomy	a.	(လၢအ)အိၣ်ဖျါလီၤသူၣ်ဟးဂုာ်သးဟးဂီၤ★ပှဲၤဒီးတၢ်သးအုး	gloom'i-ly / gloom'y
_glorify / glorification	v.t. / n.	(တၢ်)မၤလၤမၤကပီၤထိၣ်တၢ်★(တၢ်)စံးထိၣ်ပတြၢၤ	glo'ri-fy / glo'ri-fi-ca'-tion
_glorious	a.	လၢအလၤကပီၤအိၣ်★လၢအအိၣ်ဒီးအလၤကပီၤ	glo'ri-ous
_glory	n.	တၢ်လၤတၢ်ကပီၤ	glo'ry
_gloss / glossy	n. / a.	(တၢ်)(လၢအ)ဘျ့ကဆှၣ်	gloss / glos'sy
_glossary	n.	တၢ်လၢအဟ်ဖျါထိၣ်တၢ်ကတိၤတဘီဒီးတဘီအခီပညီ	glos'sa-ry
_glove	n.	တၢ်လၢအဖိၣ်ယာ်ပစု★စုဖှိၣ်	glove
_glow	n.	အစွၢ်ကပီၤ	glow
_glow	v.t.	ကပီၤကိၢ်နးနးကလဲာ်★ကပီၤကိၢ်ဂီၤဆွၣ်ကလာ်	glow
_glower	v.t.	ကွၢ်ဟ့ကွၢ်ကၢိၣ်	glow'er
_glow worm	n.	တၢ်ဖိဃာ်လၢအကပီၤ	glow'worm'
_glue	v.t.	ဒုးစဲဘူးလၢကီၣ်	glue
_glue	n.	ကီၣ်	glue
_glum	a.	လၢအမၤအသးအုးတကျာ်★လၢအသးအုး	glum
_glut	v.t.	အိၣ်လုာ်ကိတၢ်★အိၣ်ယူၢ်ဒုကျူကျူတၢ်	glut

_glutton	n.	ပှၤအီၣ်လှၣ်ကိာ်တၢ်	glut'-ton
_gnarl	n.	တၢ်အကမၠာ်ကမၠာ်★သ့ၣ်ကမၠာ်	gnarl
_gnarl	v.i.	(ထွံၣ်)ကညီးတၢ်	gnarl
_gnash	v.i.	အ့ၣ်တယၤးအမဲ	gnash
_gnat	n.	ဖၢဘီ★တၢ်ယၢ်★ယးသူ	gnat
_gnaw	v.t.	အ့ၣ်ယွၤကွံာ်တၢ်	gnaw
_go	v.i.	လဲၤ★ဟးထီၣ်★လဲၤပှ့ၤကွံာ်★ညီနုၢ်★လဲၤအသး★ကဲထီၣ်★ကတၢၢ်ကွံာ်★သံ★လီၤပှီၢ်★လီၤနာ်★နာ်လီၤ★မၤအသး	go
_goes to show		ဒုး,နဲၣ်ဖျါ	goes to show
_(true) as far as it goes		(မ့ၢ်)ယၢာ်★မ့ၢ်ဒံးနုၣ်ကီးလီၤ	(true) as far as it goes
_go about		လဲၤဝုၤဝီၤ	go about
_go against		ထီဒါအသး;ဒီး	go against
_go at		စးထီၣ်	go at
_go begging		တၢ်လၢပှၤတဖၣ်ကနၣ်ယှၣ်ဘၣ်	go begging
_go by		ဒီးသနူၤအသးလၢ	go by
_go by the name of		ဘၣ်တၢ်ကိးအီၤ	go by the name of
_go far		နိၣ်ထီၣ်ထီထီၣ်	go far
_go out		လီၤဟ်ကွံာ်★သံ	go out
_go round		လဲၤတရံး	go round
_go the whole hog		(မၤတၢ်)တလၢကွံာ်အခၢး	go the whole hog
_go all lengths		ပစီကွၢ်တၢ်ခဲလၢာ်	go all lengths
_go towards		မၤစၢၤ	go towards
_go back upon		ကလုၢ်တဘၣ်ဘၣ်	go back upon
_go by default		ရူၤလၢတဟဲဘၣ်အယိ	go by default
_go cheap		အပှ့ၤစှၤ	go cheap
_go halves		ဟးနၢ်တဂၤတတၢ်တဂၤတတၢ်	go halves
_go off		ပိၢ်ဖး★ဟါမၢ်	go off
_go over		စဲးကွၢ်	go over
_go shares		တဂၤစဲးတဂၤတစဲး	go shares
_go through		စဲးကွၢ်★ကွၢ်ကဒါကုၤ★မၤတုၤအကတၢၢ်	go through
_go to one's heart		မၤဘၣ်ဒီအသး	go to one's heart
_go to seed		လီၤည့ၣ်	go to seed
_go west		သံ	go west
_goad	n.	နိၣ်ကွဲ့ဆဲးကျိၢ်အခံ★ထးဖး;လၢကဆိီအဂီၢ်	goad
_goad	v.t.	ဆဲးကျိၢ်အခံ★မၤဆူၣ်(လၢတၢ်ကတိၤဆါအပူၤ)	goad
_goal	n.	တၢ်အကတၢၢ်လၢပှၤဘၣ်ဒ့တုၤ(နုၢ်)ယီၤဝဲလၢတၢ်လိာ်ကွဲပြတၢ်အပူၤ★တၢ်အကတၢၢ်လၢပၤဆၢတုၤယီၤ★ပတၢ်ဟ်လီၤသးအကတၢၢ်	goal
_goat	n.	မဲာ်တဲးလဲး	goat
_gobble	v.t.	ဆီကဆီဖါအကိးတၢ်အသိၣ်★ယူၢ်လီၤ(ဇူကျူ)တၢ်ကျူးကျူး	gob'ble
_goblet	n.	ထံခွးတကလုာ်	gob'let
_goblin	n.	တၢ်နါတကလုာ်လၢအမၤတံာ်တာ်တၢ်	gob'lin
_God	n.	ယွၤ★ကစၢ်ထူကစၢ်ယွၤ	God
_god (father)	n.	ပှၤလၢအတုၣ်ခိၣ်အသးလၢဖိသၣ်အဂီၢ်ဖဲအဘၣ်တၢ်ဖုံအီၤလၢထံအခါ	god' (father)
_godless	a.	လၢအတယူၤယီၣ်ဟ်ကဲယွၤဘၣ်★လၢအယွၤတအိၣ်	god'less
_godlike	a.	ဂ့ၤလၢတုၢ်ပှဲၤတုၢ်★ဂ့ၤတုၤအလီၤက်ဒီးယွၤ	god'like'
_godly	a.	သ့ၣ်ဂ့ၤသးဝါ★ဂ့ၤဝါ★အဲၣ်ထုအဲၣ်ယွၤ	god'ly
_godown	n.	တၢ်လီၢ်လၢတၢ်ဟ်တၢ်ဖိတၢ်လံၤ(တၢ်ကၤ)(တၢ်ပဒၢး)	go'down
_godsend	n.	တၢ်လၢပဆၢန့ၢ်ဒီးပန့ၢ်ဘၣ်ဖးဒီးလီၤက်လၢယွၤဟ့ၣ်လီၤပှၤ	god'send

126

_goggle	v.i.	ကွၢ်တကျူတကိ>ိ>တၢ်	gog'gle
_goglet	n.	ထံသပၢၤစုၤကိ>ိ	gog'-let
_going	n.	လၢအလဲၤအသး★ကမၤအသး★မၤအသး	go'-ing
_goitre	n.	တၢ်ကိ>ိ>ဒိ>ာ်	goi'tre
_gold	n.	ထူ★ထူအလွဲၢ်	gold
_golden	a.	လၢအ(ကဲထိ>ိ)(ပ>ဉ်ယု>ာ်)(လီၤက်)လၢထူ	gold'en
_golden age	n.	တၢ်အိ>ဉ်ကူးအိ>ပုၤအကတၢၢ်★(ဘိမုၢ်)အလၤကပီၤဒိ>ဉ်ကတၢၢ်အကတၢၢ်	gold'en-age
_golden rule	n.	တၢ်သိ>ဉ်ထူ★တၢ်သိ>ဉ်လၢအလုၢ်ဒိ>ဉ်ပှၤဒိ>ဉ်	gold'en-rule
_goldsmith	n.	ပှၤလၢအပိၤ်ထူ	gold'smith'
_gong	n.	မိၤ	gong
_good	a.	ဂ့ၤ★ကြၢးဘဉ်★ဘဉ်အခၢး	good
_good (morning)		မ်နၤဘဉ်တၢ်အမ်ာ်တ(ဂီၤ)အံၤတက့ၢ်	good (morning)
_take in good part / take with a good grace		ဝံသးစူၤ	take in good part / take with a good grace
_good humoured		လၢသးမုၢ်ဒီးသူဉ်ဖှံသးညီ	good humoured
_good natured		လၢသးဂ့ၤ	good natured
_good tempered		လၢသးတအ့ၣ်နူဆီကင့ဉ်ဘ>ဉ်	good tempered
_good will		တၢ်သးအိ>ဉ်တၢ်လၢသးဒီဖျၢ>ဉ်ညါ	good will
_good bye		(လဲၤ)မ်ာ်မ်ာ်	good'bye'
_goodness	n.	တၢ်ဂ့ၤ	good'ness
_goods	n.	တၢ်ဖိတၢ်လံၤ★တၢ်ပနံ>ာ်တၢ်ကၤ★တၢ်ကၤ★တၢ်လၢပုၤပှ့ၤပုၤဆါဝဲတဖဉ်	goods
_goose	n.	ထိ>ဉ်တၤ	goose
_gooseflesh	n.	ပဖံးစံ>ဉ်ပြူထိ>ဉ်လၢတၢ်ဂိၢ်(တၢ်ပျံၤ)အယိ	goose'flesh
_gore	n.	သွံ>ဉ်လီၤသကၤ★သွံ>ဉ်ဒုး	gore
_gore	v.t.	ဘျၢ>ဉ်(တၢ်လၢအနၢၤ)	gore
_gorge	v.t.	အိ>ဉ်ယုၢ်(ဒ္ဒ)(တ)ကျူၤတၢ်	gorge
_gorge	n.	တၢ်ကြိ	gorge
_gorgeous	a.	လၢအယံ>ဒိ>ဉ်လၤဒိ>ဉ်★လၢအလီၤဘီလီၤမှၢ်★ကပြုၢ်ကပြီၤ★ကယဲၢ်ကယုၢ်	gor'geous
_gorilla	n.	တၤဒုးဖးဒိ>ဉ်တကလုာ်	go-ril'la
_gormandize	v.i.	အိ>ဉ်ယုၢ်အိ>ဉ်ယုၢ်တၢ်★အိ>ဉ်ယုၢ်တကျိ>ဉ်မ်ာ်တကျိ>ဉ်နါတၢ်★အိ>ဉ်ယုၢ်(ဒ္ဒ)(တ)ကျူၤတၢ်	gor'man-dize
_gory	a.	ဘဉ်အလၢတၢ်သွံ>ဉ်ဒုး★လၢအမၤသံပုၤအသး	go'ry
_gospel	n.	တၢ်သးခုအကစီ>ဉ်	gos'pel
_gossamer	n.	ကပီၤအလုၤအယဲၤပြိုကဒံလၢအဒံလၤကလံၤအကျါ★တၢ်ကံးညာ်အလှ>ဉ်ပြိုဒီးဘုသလါလၢအဘူးဒီးတကျူၤဘဉ် .	gos'sa-mer
_gossip	n.	ပှၤလၢအသိ>ဉ်ဝံသဲကလၤတၢ်	gos'sip
_gossip	v.t.	(တၢ်)သိ>ဉ်ဝံသဲကလၤ	gos'sip
_gouge	n.	ထးပျၤလၢအကနဉ်ကကၤးအသးတကလုာ်	gouge
_gouge	v.t.	ပျၤလီၤကကၤးတၢ်★သူခွဲးထိ>ဉ်တၢ်အမ်ာ်ခံ	gouge
_gourd	n.	ထံလှၤသ့ဉ်	gourd
_gourmand	n.	ပှၤလၢအဲ>ဉ်ဒီးအိ>ဉ်လုာ်ကီတၢ်တဂၤ	gour'mand
_govern / government	v.t. / n.	(တၢ်)ပၢတၢ်ပြးတၢ်	gov'ern / gov'ern-ment
_governor	n.	ပှၤလၢအပၢထံပၢကိၢ်★တၢ်လၢအပၢအဆျတၢ်	gov'ern-or
_gown	n.	ဆ့ကၤဖးထိ	gown
_grab	v.t.	လှၤစိၤ်တၢ်★(ပျူၢ်)(ဖိ>ဉ်)စုၣ်ကလ>ာ်★လှၤပျူၢ်တၢ်	grab
_grace	n.	တၢ်ဘျုးတၢ်ဖှိ>ဉ်★တၢ်လီၤအဲ>ဉ်လီၤက္ဂံ★တၢ်ဂ့ၤတၢ်ဝါ★တၢ်မၤဘျုးမၤဖှိ>ဉ်★တၢ်ဘါထုကဖဉ်လၢအိ>ဉ်မ်ုၤအကတၢၢ်	grace
_grace	v.t.	မၤယံမၤလၤ★မၤလၤကပီၤ★ဟ်ဒိ>ဉ်အီၤ	grace

127

_graceful	a.	လၢအလီၤအဲၣ်လီၤကွံ★လၢအမှာ်မာ်ဘၣ်သးပှၤ★ယံလၤ	grace'ful
_gracefully	adv.	လၢတၢ်လီၤအဲၣ်လီၤကွံအပူၤ★လၢတၢ်မှာ်မာ်ဘၣ်သးပှၤအပူၤ★ယံယံၤလၤလၤ	grace'ful-ly
_graceless	a.	လၢအတမှာ်မာ်ဘၣ်သးပှၤဘၣ်★အၢဝဲသီဝဲ★လၢအတအိၣ်ဒီးတၢ်ဂ့ၤတၢ်ဝါ	grace'less
_gracious	a.	လၢအသူၣ်ကညီၤတၢ်သ့သးကညီၤတၢ်ဘၣ်★လၢအဘျုးဒိၣ်ဖိုၣ်အါ	gra'cious
_gradation	n.	တၢ်နီၤဖးလီၤဆီတၢ်စးထိၣ်အတဂ့ၤတဂ့ၤလၢအဂ့ၤကတၢၢ်	gra-da'tion
_grade	v.t.	ဟ်လၢအလိၢ်အလီၢ်ဒၣ်ဝဲ★ကျဲၤလီၤအတီၤ	grade
_grade	n.	အတီၤ★အဆီ	grade
_gradual (ly)	a. / adv.	ကယီကယီကယီယီ★တစဲးဘၣ်တစဲး	grad'u-al (ly)
_graduate / graduation	v.t. / n.	(တၢ်)ဖျိကွီၣ်ဒိၣ်ကွီၣ်ထီ★(တၢ်)ဟ်အတီၤလၢအလီၢ်ဒၣ်ဝဲ★(တၢ်)မၤနီၣ်တၢ်တတီၤဘၣ်တတီၤ	grad'u-ate / grad'u-a'-tion
_graduate	n.	ပှၤဖျိကွီၣ်ဒိၣ်ကွီၣ်ထီ	grad'u-ate
_graft	v.t.	ဘၣ်စးသ့ၣ်ဒုလၢသ့ၣ်ဂၤအလီၤ	graft
_graft	n.	တၢ်နူၢ်ဘျုးလၢတၢ်မၤတၢ်တတီတတြၢ်အပူၤ	graft
_grain	n.	ဘု★(ဘု)အဖျၢၣ်★(သှၣ်)အညၣ်(ဆိုး)(တဘျုး)★တၢ်အဖျၢၣ်(ပြဲ)	grain
_grand	a.	လၢအဒိၣ်အမုၢ်★လၢအလၤဒိၣ်ကပီၤထီ★လၢအလီၤကဟုကညီၢ်	grand
_grandson	n.	လံၤခွါ	grand'son'
_grandmother	n.	ဖံ	grand'mother
_grandfather	n.	ဖု	grand'father
_grandeur	n.	တၢ်လၤဒိၣ်ကပီၤထီ★တၢ်ကပြုၢ်ကပြီၤ★တၢ်ဒိၣ်ဒိၣ်မုၢ်မုၢ်★တၢ်လီၤကဟုလီၤကညီၢ်★တၢ်လီၤဘီလီၤမုၢ်	grand'eur
_granite	n.	လၢၢ်အကိၤမးဖျၢကလၤတကလုာ်	gran'ite
_grant	v.t.	(တၢ်)ဟ့ၣ်★(တၢ်)အၢၣ်လီၤ★(တၢ်)ဟ့ၣ်အခွဲး	grant
_take for granted		ဟ်ဟ်စၢၤလၢအဘၣ်	take for granted
_granular	a.	လၢအလီၤဖှၣ်★လၢအအိၣ်ဒီးအဖျၢၣ်ဖိပြုကၣ်	gran'u-lar
_granulate	v.i.	မၤလီၤဖှၣ်★မၤပြုကၣ်အီၤ	gran'u-late
_grape	n.	စပံး(သၣ်)(မုၢ်)	grape
_grapple	v.t.	(ဖိၣ်)(ပျၢၢ်)ယာ်ကျၢၤကျၢၤ★ဖိးတၢ်ကနီလိာ်သး	grap'ple
_grasp	v.t.	(တၢ်)စိၢ်ယာ်★(တၢ်)ဂုာ်ကွံးစၢၤနူၢ်တၢ်★(တၢ်)တိၢ်ထံအသး★(တၢ်)ဖိၣ်ယာ်တၢ်★(တၢ်)နၢ်ပၢၢ်	grasp
_grass	n.	နီၣ်ဆီၤမံၤဆီၤ★တပံၢ်တမၢ	grass
_grasshopper	n.	ဒွဲၣ်	grass'hop'per
_grate	v.t.	တိၢ်မြဲၤမြဲၤ★တိၢ်နူၢ်တၢ်အကမူၣ်★ကွးကွံာ်★မၤအူနူၤပှၤ★(ဘၣ်ကံၢ်)ဂုာ်★မၤအူၣ်ကံၢ်ပှၤသး	grate
_grate	n.	တၢ်ထ့ယဲၤတၢ်လၢထးဘိ	grate
_grateful	a.	လၢအသူၣ်ညါဆၢတၢ်ဘျုး	grate'ful
_gratify / gratification	v.t. / n.	(တၢ်)မၤမံဖုၤအသး★(တၢ်)မၤမှာ်မၤခုၣ်ပှၤသး	grat'i-fy / grat'i-fi-ca-tion
_gratitude	n.	တၢ်သူၣ်ညါဆၢတၢ်ဘျုး★တၢ်စံးဘျုးစံးဖိုၣ်ကွၤတၢ်	grat'i-tude'
_gratuitous	a. / adv.	လၢအပှ့ၤအကလံၤတအိၣ်ဘၣ်★လၢတၢ်ဟ့ၣ်ကလီအီၤ	gra-tu'i-tous (ly)
_gratuity	n.	တၢ်လၢတၢ်ဟ့ၣ်ကလီပှၤ	gra-tu'i-ty
_grave	a.	သညူးသပှၢ်★လၢအလီၤယူၤယီၣ်ဟ်ကဲ	grave
_grave	n.	တၢ်သွၣ်ခိၣ်	grave
_gravely	adv.	(လၢအ)အိၣ်ဖျါပွဲၤဒီးတၢ်ဆိကမိၣ်ဆိကမး★လၢတၢ်သညူးသပှၢ်အပူၤ	grave'ly
_gravel	n.	လၢၢ်ဖိပြံ(ဒီးမဲၤဆီၤဟိၣ်ဒိၣ်ဆီၤ)	grav'el
_gravitate	v.i.	လီၤတၢယၢၢ်ဝဲလၢတၢ်ထုးယၢအီၤအယိ	grav'i-tate
_gravity / gravitation	n. / n.	(ဟီၣ်ခိၣ်အ)တၢ်ထုးယၢ★တၢ်သညူးသပှၢ်★တၢ်အဒိၣ်အမုၢ်	grav'i-ty / grav'i-ta'tion

128

_gray / grey	a.	ဝါယး	gray / grey
_gray / grey	n.	တၢ်အလွဲၢ်ဝါယး	gray / grey
_grazy	v.t.	(ဒုး)အိၣ်အဆၣ်(ဒ်တပၢ်)★ဘၣ်တရှာ်★ဘၣ်တလာ်	grazy
_grease	n.	တၢ်အသိ	grease
_grease	v.t.	ဖှူလၢတၢ်အသိ	grease
_greasy	a.	လၢအအိၣ်ဒီးသိအါ	greas'y
_great	a.	ဒိၣ်★ဂ့ၢ်မုၢ်★ယံ★အဒိၣ်အထီ★ဖးဒိၣ်★အါ	great
_greatness	n.	(အ)တၢ်ဒိၣ်တၢ်မုၢ်	great'ness
_greed	n.	တၢ်သးလီသးကွံတၢ်အါအါဂီၢ်ဂီၢ်	greed
_greedy	a.	လၢအသးလီသးကွံတၢ်အါအါဂီၢ်ဂီၢ်	greed'y
_green	a.	လၢဟ့★သံကစံာ်★အသိ	green
_greet / greeting	v.t. / n.	(တၢ်)နူးဆဲး★(တၢ်)ကတိၤဒိၣ်	greet / greet'ing
_gregarious	a.	လၢအညီနုၢ်(အိၣ်)(ဟး)ဒီဖှုဒီဂီၢ်	gre-ga'ri-ous
_grief	n.	တၢ်သးအုးဖးယိာ်★တၢ်နးတၢ်ဖိုၣ်★တၢ်ကိၢ်တၢ်ဂီၤ	grief
_grievance	n.	တၢ်လၢအဒုးအိၣ်ထီၣ်တၢ်သးအုး★တၢ်မၤကမၣ်တၢ်	griev'ance
_grieve	v.i.	သူၣ်အုးသးအုး★ကအုကစွါ★သူၣ်ကိၢ်သးဂီၤ★ဒုးသူၣ်အုးသးအုး★ဒုးကအုကစွါပုၤ	grieve
_grievous	a.	လၢအဆါနးမး★ပှဲၤဒီးတၢ်သးအုး★အာဒိၣ်ဒိၣ်ကလဲာ်	griev'ous
_grill	n.	ထးထှဲအသးကဘျၣ်လၣ်လၢပှၤကဉ်အိၣ်(ညဉ်)အဂီၢ်	grill
_grim	a.	လၢအလီၤပျံၤလီၤဖုး★လၢတၢ်သးကညီၤတအိၣ်ဘၣ်★လၢအသးကိၤ	grim
_grimace	n.	တၢ်ဟံာ်နိာ်ဟံာ်နါ★တၢ်မၤပဖျါၣ်အံးဒါနူး	gri-mace'
_grin	v.i.	နံၤရံမဲရံခီ★နံၤလံးမဲလံးခီ★နံၤအ့ၤမဲအ့ၤခီ★အ့ၤအဲမဲ(လၢတၢ်ဆါအယိ)	grin
_grind	v.t.	ဂံာ်ကမုၣ်တၢ်★မၤနၢးမၤဖိုၣ်ဦးနၢးနၢးကလာ်	grind
_grindstone	n.	လၢ်သူ	grind'stone'
_grip	v.t.	(တၢ်)ဖိုၣ်ယာ်တၢ်ကျၢၤကျၢၤ★(တၢ်)စိၤတံၢ်ယာ်တၢ်	grip
_gripe	v.t.	အ့ၣ်ထုး★စိၤယာ်★ဖိုၣ်ယာ်ကျၢၤကျၢၤ	gripe
_grisly	a.	လၢအလီၤပျံၤလီၤဖုး	gris'ly
_grist	n.	ဘုလၢတၢ်(က)ဂံာ်အီၤတဘ္ဉ်(အဂီၢ်)	grist
_gristle	n.	ညဉ်ထူၣ်	gris'tle
_grit	n.	မဲး★တၢ်သူၣ်ဂၢၢ်သးကျၢၤ★လၢ်ဖိပြံ	grit
_grit	v.t.	အ့ၣ်တံၢ်အမဲ★အ့ၣ်တဝံးအမဲ★(ဂံာ်)(ဂုာ်)	grit
_gritty	a.	လၢအအိၣ်ဒီးမဲးလၢအပူၤ	grit'ty
_groan	v.i.	ကအုကစွါ	groan
_grocer	n.	ပှၤလၢအဆါကၤစဲးကၤစီးတၢ်ဒၣ်လၤဖး,အံသၣ်ဆၢ,ဒီးတၢ်အိၣ်အဂၤတဖၣ်	gro'cer
_grocery	n.	တၢ်ဆါကၤစဲးကၤစီးတၢ်အိၣ်အလီၢ်	gro'cer-y
_groin	n.	ကံၣ်ကၤထံး	groin
_groom	n.	ပှၤကွၢ်ကတၢာ်ကတီၤကသ့ၣ်	groom
_groom	v.t.	အံးကွၤကွၢ်ကွၤကသ့ၣ်	groom
_groove	n.	တၢ်အကိို★တၢ်(လီၤကလိာ်)(လီၤဆ့ၣ်)ဖးထိ	groove
_grope	v.t.	ယုကလၢၤတၢ်(လၢမုၢ်နၤခီ)	grope
_gross	a.	တိၣ်★အီၣ်★ဒိၣ်★ဘၣ်ယးအဆၢတၢ်ခဲလၢာ်ခဲဆ့,နိၣ်ဂံၢ်တကယၤလွံၢ်ဆံလွံၢ်★တဂ့ၤတဘၣ်	gross
_grotesque	a.	(တၢ်ဂီၤလၢအ)လီၤနံၤဘၣ်ဖၣ်လဲ★လၢအဘၣ်တၢ်မၤအီၤတဂုၤတဘၣ်ဒ်တၢ်ဆိမိၣ်နၢ်အီၤအသိး	gro-tesque'
_grotto	n.	လၢၢ်ပူၤ★ဟီၣ်ခိၣ်အအိပူၤဖးလၢ်	grot'to
_ground	n.	ဟီၣ်ခိၣ်★အဂ့ၢ်အကျိၤ	ground
_group	n.	တၢ်ဒီဖှ★တၢ်ဒီကရူၢ်	group
_group	v.t.	ဟ်ဖှိၣ်★ဟ်ဖှိၣ်ဦး(တဖုဖုတဖု)(တကရူၢ်တကရူၢ်)	group

_grove	n.	သဲၣ်တကရှၢ်★ပှၢ်ဖိ	grove
_grovel	v.i.	စ့ၢ်လၢဟီၣ်ခိၣ်လိၤ★ရှၢဒီးပှၤဘၣ်အၢဘၣ်သီ★သးအိၣ်တၢ်လၢအလၤ ကပီၤအိၣ်	grov'el
_grow	v.i.	(ဒုး)မဲထီၣ်★(ဒုး)ဒိၣ်ထီၣ်★ကဲထီၣ်	grow
_growl	v.i.	ကညီၤ	growl
_growth	n.	တၢ်(ဒိၣ်ထီၣ်)(ကဲထီၣ်)(မဲထီၣ်)	growth
_grub	v.t.	ခူၣ်ထီၣ်ကွံၣ်	grub
_grub	n.	ကၠံ	grub
_grudge	v.i.	တဟ့ၣ်တၢ်လၢသးအုၣ်တံၢ်အပူၤ★သးကါတၢ်★(တၢ်)သးကွ့ၣ်★ သးတအိၣ်ဟ့ၣ်တၢ်	grudge
_gruff	a.	မၤအသးအုၣ်ကရၤ★လၢအလုၢ်ဆူၣ်မီၤယီၤ	gruff
_grumble	v.i.	ကဒူးကဒၣ်တၢ်	grum'ble
_grunt	v.i.	မၤအကလုၢ်သီၣ်အုာ်အုာ်ခံထိးအသိး	grunt
_guarantee	v.t.	(တၢ်)(ပှၤ)အုၣ်ခီၣ်အသး★အၤမၤခီၣ်	guar'an-tee'
_guard	v.t.	အိၣ်ခိး★အံးကွၢ်ကွၢ်★ကဟုကယာ်★ခိးတၢ်★ပၢၤတၢ်	guard
_guard	n.	တၢ်လၢအတြီတၢ်မၤဟးဂ်ၤဂၢ်တၢ်★ပှၤခိးတၢ်(ပၢၤတၢ်)ဖိ	guard
_guardian	n.	ပှၤလၢအအံးကွၢ်ကွၢ်တၢ်★ပှၤလၢအကဟုကယာ်တၢ်	guard'i-an
_guess	v.t.	ဆိကမိၣ်တဃၤတၢ်	guess
_guest	n.	ပှၤတမှံၤ★ပှၤလၢအဟဲအိၣ်သကိးပှၤ	guest
_guidance	n.	တၢ်ပၢဆှၢတၢ်ဆှၢ★တၢ်ဆှၢတၢ်တွၤ	guid'ance
_guide	v.t.	(တၢ်)ဆှၢတၢ်တွၤတၢ်	guide
_guide	n.	ပှၤလၢအ(ဆှၢတၢ်)(ဒုးနဲၣ်ကျဲ)	guide
_guild	n.	ပှၤမၤအိၣ်မၤအီၣ်တၢ်လၢကျဲတဘိဃီအကရၢ	guild
_guile	n.	တၢ်လီတၢ်ဝ့ၤ	guile
_guillotine	n.	စဲးကူၣ်တံာ်ပှၤအကိာ်	guil'lo-tine
_guilt	n.	တၢ်ကမၣ်	guilt
_guiltily	adv.	လၢတၢ်ကမၣ်အိၣ်အပူၤ	guilt'i-ly
_guilty	a.	လၢအတၢ်သရူးကမၣ်အိၣ်	guilt'y
_guise	n.	အလုၢ်အလၢ်★တၢ်မၤလီၤက်အသး★တၢ်ဖျိၣ်လီၤဆီအသး★တၢ်အိၣ်ဖျါလၢခိ	guise
_gulch	n.	တြိၤဖိလၢအယိာ်	gulch
_gulf	n.	ထံကူၣ်ကွိၤ	gulf
_gullet	n.	ကိာ်ယူၢ်	gul'let
_gull	n.	ပှၤလၢအဘၣ်တၢ်လီနံၢ်အီၤညီ	gull
_gullible	a.	လၢအဘၣ်တၢ်လီနံၢ်အီၤညီကဒၣ်	gul'li-ble
_gully	n.	ထံအကျိဖိ★တၢ်တြိၤဖိလၢအဘၣ်တၢ်အိၣ်လီၤဆၣ်အီၤလၢထံဖိကျဲ	gul'ly
_gulp	v.t.	ယူၢ်လီၤတကျူ★(တၢ်)ယူၢ်လီၤကွံာ်တကျူးကနုးတဘျီဃီ	gulp
_gum	n.	သဲၣ်အထူး★မဲကူၤ	gum
_gun	n.	ကၠိ	gun
_gun-smith	n.	ပှၤလၢအမၤ(ဖိ)ကၠိ	gun-smith
_gurgle	v.i.	ယွၤလီၤသီၣ်ဖျှ၂ဖျှ၂ဖျာ်ဖျာ်	gur'gle
_gush	v.i.	တၢ်(ပုာ်)(ဖိုး)ထီၣ်ယွၤလီၤအါအါဂီၢ်ဂီၢ်★သးဆူၣ်ကတိၤတၢ်အါအါဂီၢ်ဂီၢ် လၢတၢ်တမံၤမံၤအဂ့ၢ်	gush
_gust	n.	ကလံၤဟဲလၢအဆူၣ်သတူၢ်ကလာ်★တၢ်သးဒိၣ်ဖုး	gust
_gustatory	a.	ဘၣ်ဃးဒီးတၢ်လုၣ်ကွၢ်တၢ်	gus'ta-to-ry
_gut	v.t.	မၤဟးဂီၤတၢ်ခဲလၢာ်အိၣ်လၢအပူၤ	gut
_gutta-percha	n.	သဲၣ်တကလုာ်အထူး	gut'ta-per'cha
_gutter	n.	ထံမီၢ်ကျိၤ★ထံယွၤလီၤအကျိၤ	gut'ter
_gymnasium	n.	တၢ်လိၣ်ကွဲအလီၢ်လၢအအိၣ်ဒီးတၢ်လီၢ်တဖၣ်လၢပှၤဘၣ်မၤဆူၣ်ထီၣ်စုခီၣ် အဂ်ီၢ်အဘၢ	gym-na'si-um

_gymnastics	n.	တၢ်မၤဟူးမၤဝးပနီၣ်ခိအတၢ်လိာ်ကွဲတဖၣ်	gym-nas'tics
_gypsy	n.	ကီၤလၤသုတကလုာ်လၢအဟးဝ့ၤဝီၤအိၣ်ဆိးတပူၤဝံၤတပူၤလၢကီၢ်ယူၤရ့ၤပၤ	gyp'sy
_gyrate	v.i.	တရံးသဝံးအသး	gy'rate
_haberdasher	n.	ပ့ၤဆါတၢ်ကူတၢ်သိး	hab'er-dash'er
_habiliment	n.	တၢ်ကူတၢ်သိး	ha-bil'i-ment
_habit	n.	အလှၢ်အလၢ်	hab'it
_riding habit		ပ့ၤဟိးမှၣ်ဒီးကသ့ၣ်အတၢ်ကူတၢ်သိး	riding habit
_habitable	a.	လၢပှၤအိၣ်ဝဲဆိးဝဲသ့	hab'it-a-ble
_habitat	n.	တၢ်လီၢ်လၢပထံၣ်ညီနုၢ်တၢ်တမံၤမံၤလၢအပူၤ	hab'i-tat
_habitation	n.	တၢ်အိၣ်တၢ်ဆိး(အလီၢ်)	hab'i-ta'tion
_habitual	a.	လၢပမၤညီနုၢ်★လၢအညီနုၢ်နုၢ်ပှၤ★လၢအကဲထီၣ်အလှၢ်အလၢ်	ha-bit'u-al
_habituate	v.t.	ဒုးညီနုၢ်(အသး)	ha-bit'u-ate
_hack	v.t.	ကျီလီၤကလဲ	hack
_hack	n.	လှၣ်ကဟၣ်လၢပှၤငါးအီၤ	hack
_hackle	n.	ဆီဖါအကိာ်ဆူၣ်	hack'le
_hackney	n.	လှၣ်ကဟၣ်လၢပှၤငါးအီၤ	hack'ney
_hackneyed	a.	လၢပှၤညီနုၢ်ကတိၤသနၢ်က့အခီပညီတအိၣ်အါအါဘၣ်★လၢပှၤညီနုၢ်သူ	hack'neyed
_Hades	n.	ပျုၤအကျါ	Hades
_haft	n.	(တၢ်)အတၢ်	haft
_hag	n.	ပှၤမုၣ်ပှၢ်သးပှၢ်လၢအမဲာ်လီၤဖျိုလီၤဖး	hag
_haggard	a.	လၢအမဲာ်အိၣ်ဖျါလီၤဘုံးလီၤတီၤ★ဖုံၣ်သံယဲၤဂီၤ	hag'gard
_haggle	v.i.	လိာ်တၢ်အပှၤ	hag'gle
_haggle	v.t.	ကျီပြံလီၤ	hag'gle
_hail	n.	သုၣ်	hail
_hail	v.t.	ကိးပသူထီၣ်ဆူပှၤအအိၣ်★ကိးပတြၢ့ထီၣ်★ကတိၤဒိၣ်	hail
_hair	n.	ခိၣ်သူ★တၢ်အဆူၣ်	hair
_hair breadth		လၢၢ်နီသိးခိၣ်သူတဘိ★တၢ်ဒ့ၣ်စၢ့ဆံးကိာ်ဖိ	hair'breadth'
_hair splitting	n.	တၢ်ဟ်လီၤဆီတၢ်ခံမံၤလၢအတၢ်လီၤဆီနီၢ်နီၢ်တအိၣ်ဘၣ်	hair'split'ting
_hairy	a.	လၢအအိၣ်ဒီးအဆူၣ်	hair'y
_hale	v.t.	ထုးဆူၣ်★မိၤဆူၣ်	hale
_hale	a.	လၢအအိၣ်ဆူၣ်အိၣ်ချ့	hale
_half	a.	တဝာ်	half
_half and half		တမံၤတဝာ်တမံၤတဝာ်	half and half
_half-brother	n.	ဒီပုၢ်ဝဲၢ်ဒ့ၣ်ချ	half-brother
_half caste	n.	ပှၤကားပြးဖိ	half'caste'
_half heartedly	adv.	လၢတၢ်သးတဆူၣ်ဘၣ်အပူၤ	half'heart'ed-ly
_half way	adv.	ဖးဖိကျဲ	half'way'
_half witted	a.	လၢအခိၣ်နုၢ်တပှဲၤအါအါဘၣ်★သးတဆးအါအါဘၣ်★သးတလၢ	half'wit'ted
_hall	n.	အၢးဖးဒိၣ်ဖးလဲၢ်	hall
_hallow	v.t.	ဟ်စီဆုံ	hal'low
_hallucination	n.	တၢ်ထံၣ်ကမံတၢ်★တၢ်ထံၣ်တၢ်ဒ်တၢ်မံၢ်အသိး	hal-lu'ci-na'tion
_halo	n.	တၢ်ဆဲးကပြုၢ်ကဝီၤကျိုးအိၣ်(ဝးတရံးပှၤစီဆုံအခိၣ်)(ဝးတရံးမုၢ်မှတမ့ၢ်လါ)	ha'lo
_halt	v.t.	(ဒုး)ဆိကတီၢ်★(လၢအ)ဟးတဟဲၤကျဲၢ်တကျဲၢ်★တၢ်ဆိကတီၢ်★အိၣ်တတီၢ်	halt
_halter	n.	ကသ့ၣ်အပျံၤ★တၢ်စၢသံပှၤအပျံၤ	hal'ter
_halve	v.t.	မၤသ့ၣ်ဖးခံခီနီးသိးသိး	halve
_ham	n.	ခိၣ်ကစၢ်လာ်★ထိးအကံၣ်ဒ့ၣ်လၢအဘၣ်တၢ်စၢ်ဆါဒီးသၣ်ယွဲအီၤ	ham
_hamlet	n.	သဝီဖိ	ham'let
_hammer	n.	နီၣ်ဒိ★ခွဲၣ်ခုၣ်	ham'mer
_hammer	v.t.	ဒိတၢ်	ham'mer

_hammock	n.	စုာ်လီၢ်မိ	ham'mock
_hamper	v.t.	ကြီယာ်★ကြိတာ်တာ်★မၤတာ်တာ်	ham'per
_hamstring	v.t.	ကျီတာ်အခီဉ်ထူဉ်	ham'string'
_hamstring	n.	ခီဉ်ကစၢ်လာ်အထူဉ်	ham'string'
_hand	n.	စု★တၢ်အစု★တၢ်အၢဉ်လီၤအီလီၤ★ပှၤအတၢ်ကွဲး★တၢ်သုတၢ်ဘဉ်★ ပှၤမၤတၢ်ဖိ★တခီ★တဘ့ဉ်★စုညါတခီ	hand
_hand	v.t.	ဟ့ဉ်★မၤစၢၤ★ဒဲစုပိၢ်ခီဉ်	hand
_(have) a hand in		မၤဘဉ်ဃးဃုာ်★မၤစၢၤ	(have) a hand in
_at hand		ဘူးဒီး	at hand
_hand in glove		(မၤ)သကိးတၢ်ဒီး	hand in glove
_hand to hand		ဘူးလိာ်အသး	hand to hand
_off one's hands		(ဟံး)ထိဉ်ကွံာ်လၢအစုပူၤ	off one's hands
_on hand		အိဉ်(ဘူး)	on hand
_get (have, keep, etc.) one's hand in		မၤလိအသးသ့လံ★ညီနုၢ်	get (have, keep, etc.) one's hand in
_come to hand		(ဟဲ)ဆူၤဃၤအိဉ်	come to hand
_hand down / hand on		ဟ့ဉ်လီၤတစိၤဘဉ်တစိၤ	hand down / hand on
_hand over		ဟ့ဉ်လီၤ	hand over
_all hands		ပှၤခဲလၢာ်	all hands
_hand in hand		(မၤ)သကိးတၢ်	hand in hand
_hands off		ထိဉ်ဘဉ်ဃး(နၤသး)တဂ့ၤ	hands off
_hand to mouth		မၤလၢၢ်ၤအိဉ်လၢၢ်ၤ	hand to mouth
_on one's hands		လီၤတီၤလၢအဖီခိဉ်★လၢအဘဉ်အံးကွၢ်ကွၢ်အီၤ	on one's hands
_out of hand		တဘ္ဉ်ဃီ	out of hand
_to one's hand		အိဉ်ကတဲာ်ကတီၤဟ်	to one's hand
_first hand / second hand		အသီ★လီၢ်လံၤ(တစဲး)	first hand / second hand
_handful	a.	တစိၢ်★(မၤ)တဘ္ၤဒ္ဉ်	hand'ful
_handicap	v.t.	မၤကီထိဉ်အတၢ်မၤ★မၤစုၤလီၤ(အဘ္ဉ်အတီၢ်)(အဘျုးအဖှိဉ်)	hand'i-cap
_handicraft	n.	တၢ်စုသ့ခီဉ်သ့(အတၢ်မၤ)	hand'i-craft
_handiwork	n.	တၢ်မၤလၢအကဲထိဉ်လၢပှၤစု	hand'i-work
_handkerchief	n.	ပဝာ်ဖိ★တၢ်ထူၤဖိ	hand'ker-chief
_handle	n.	တၢ်အတီၢ်	hand'le
_handle	v.t.	မၤ(အဖိအလံၤ)ဒ်လ္ဉ်ဒ်လ္ဉ်★ဆှၢ(လၢအစု)★ထိးလၢအစု★ပၢ★ ဖိဉ်ကွၢ်လၢအစု★နိဉ်လၢအစု	hand'le
_handmade	a.	ဘ္ဉ်တၢ်မၤကဲၤထိဉ်လၢအစု	hand'made'
_handsome	a.	ကွၢ်ဘ္ဉ်ဂီၤဝ့ၤ	hand'some'
_handwork	n.	တၢ်မၤလၢပမၤအီၤလၢပစု	hand'work'
_handwriting	n.	စုလီၢ်	hand'writ'ing
_handy	a.	ဘူး★အဘျုးအိဉ်အါမး★စုသ့ခီဉ်သ့	hand'y
_hang	v.t.	စၢလီၤစဲၤ★ထိဉ်လီၤစဲၤ★ဘူးလီၤစဲၤ★လီၤစဲၤ★စၢသံ★ဘ္ဉ်တၢ်စၢသံအီၤ	hang
_hang fire		မၤယံာ်မၤနီၢ်အသး★အသးဃၢ	hang fire
_hang up		ဒုးဆိကတီၢ်★သုးဆၢသုးကတီၢ်	hang up
_hang over		ကမၤတ့ၢ်အသး	hang over
_hang on		(အသး)စဲဘူးဒီးအီၤ★ခိးတၢ်တမံၤကမၤဆိအသးဒံလဲဉ်ဒံလဲဉ်★ ဒုးစဲဘူးအသး	hang on
_hang on one's sleeves		သန္ၤအသး	hang on one's sleeves
_hang together		အိဉ်လၢအသးတဖျၢဉ်ဃီ	hang together

132

_hang back		သး:တဂၤ:အါအါ★သး:တဆူဉ်အါအါ	hang back
_hang in the balance		အိဉ်လၢစီၤပိၢ်ပူ	hang in the balance
_hang out		ဘူး:လီၤစဲၤအိဉ်ဖျါထိဉ်လၢခိ	hang out
_hang around		အိဉ်ဒံး:ဖဲအယၢၤကလီၤကလဲ	hang around
_hanker	v.t.	ဆၢန့ၢ်တၢ်နး:နး:ကလံာ်	han'ker
_haphazard	n.	တၢ်(ဘဉ်န့ၢ်အတီၢ်)(မၤဖုး:အသး:)	hap'haz'ard
_hapless	a.	လၢအဝံဂ့ၤကလၤတဂ့ၤ	hap'less
_happen	v.i.	မၤအသး★ကဲထိဉ်အသး★ဘဉ်န့ၢ်အတီၤ	hap'pen
_happening	n.	တၢ်လၢအမၤအသး	hap'pen-ing
_happily	a.	လၢသူဉ်ဖုံသး:ညီအပူ★ဘဉ်န့ၢ်အတီၤ	hap'pi-ly
_happiness	n.	တၢ်သူဉ်ဖုံသး:ညီ	hap'pi-ness
_happy	a.	သး:ဖုံ★သူဉ်ဖုံသး:ညီ★သ့သ့ဘဉ်ဘဉ်	hap'py
_harangue	v.i.	ကတိၤတၢ်အိဉ်ဒိဉ်★သဆဉ်ထိဉ်အခံအိဉ်ဒီး:တၢ်ဟ်တၢ်ကမဉ်	ha-rangue'
_harass	v.t.	ကတိၤအုနပုၤခဲအံၤခဲအံၤ★မၤအုန(ပ)သး:ခဲအံၤခဲအံၤ★မၤတံာ်တာ်ပူ	har'ass
_harbinger	n.	ပုၤလၢအယွၢ်စိာ်ဆိတၢ်ကစိဉ်★ပုၤယွၢ်တၢ်လၢညါ	har'bin-ger
_harbor / harbour	n.	ကဘီသန္ဓ★တၢ်အိဉ်တဒၢအလီၢ်	har'bor / har'bour
_harbor / harbour	v.t.	ဟ်တဒၢ★တူၢ်လိာ်★နာ်ဒီး:ဟ်လၢအသး:ပူ	har'bor / har'bour
_hard	a.	ကိၤ★မး★အဟ်အကိ★ကီ★ပုံၤဒီး:တၢ်နး:တၢ်ဖှိဉ်★တမှာ်ဘဉ်★(လၢအမၤတၢ်)ဆူဉ်★နး:နး:★လၢအမၤနး:မၤဖှိဉ်တၢ်★ဂၢၢ်ကျၢၤ	hard
_hard and fast		ယံၤ:★ဂၢၢ်ကျၢၤ	hard and fast
_hard pushed		မၤသ့ကီကီခဲခဲ	hard pushed
_hard by		ဘူး:	hard by
_hard headed		ပုၤလၢအကူဉ်သ့	hard'head'ed
_hard hearted		ပုၤလၢအသး:ကိၤ	hard'heart'ed
_harden	v.t.	မၤကိၤထိဉ်★မၤကီၤထိဉ်	hard'en
_hardily	adv.	ဒ္ဒ★ဆူဉ်ဆူဉ်★ကိၤကိၤ	hard'i-ly
_hardness	n.	အတၢ်မး★အတၢ်ကိၤ★တၢ်ကီ★တၢ်ဟ်တၢ်ကီ	hard'ness
_hardly	adv.	ကီကီခဲခဲ★ကိၢ်ကိၢ်ဂီၤဂီၤ★တလီၤတံၢ်လီၤဆဲး:ဘဉ်★(ဝံၤ)ယှၢ်ယှၢ်	hard'ly
_hardy	a.	ဒ္★ဆူဉ်★လၢအဂၢ်ဆူဉ်ညါဆူဉ်	hard'y
_hare	n.	ပဒဲ	hare
_harem	n.	ပုၤမဟိဉ်မှဉ်အဟ်မှဉ်ဟ်မၤ(အအၢး:)	ha'rem
_hark	int.	ဒိကနဉ်	hark
_hark back		တဲ(မၤ)ကဒါက္ၤတၢ်လၢအပူၤကွံာ်ဖး:ယံာ်	hark back
_harlot	n.	ယဲသဲမှဉ်	har'lot
_harm	v.t.	(တၢ်)မၤအၢ★(တၢ်)မၤဟး:ဂီၤ★(တၢ်)မၤဘဉ်ဒိ★(တၢ်)မၤဆါ	harm
_harmful	a.	လၢအမၤဟး:ဂုာ်ဟး:ဂီၤတၢ်သ့★လၢအမၤဆါတၢ်သ့	harm'ful
_harmless	a.	လၢအတမၤဆူး:မၤဆါတၢ်ဘဉ်	harm'less
_harmonize	v.i.	ယှူလိာ်ဖိး:လိာ်★အိဉ်ယှူအိဉ်ဖိး★(နး:)ဘဉ်လိာ်ဖိး:ဒ္	harm'o-nize
_harmony	n.	တၢ်သီဉ်လၢအယှူလိာ်ဖိး:လိာ်အသး★တၢ်ယှူတၢ်ဖိး★တၢ်သီဉ်လၢအမှာ်	har'mo-ny
_harness	n.	ကသ့ဉ်ဂီၤက	har'ness
_harness	v.t.	ဂီၤက်ထိဉ်ကသ့ဉ်★မၤအမၤတၢ်လၢပဂီၢ်	har'ness
_harp	n.	တနၢ်	harp
_harp on		စံး:ဝံစံး:က္ၤတၢ်လၢတၢ်တမံၤယီအဂ့ၢ်	harp on
_harrow	v.t.	(စုကဝဲၤလၢအ)မၤလီၤဖုံဉ်ဟိဉ်ခိဉ်★မၤကိၢ်မၤဂီၤအသး	har'row
_harrow	n.	ကြၢ်★ထဲဉ်	har'row
_harry	v.t.	ဂုာ်ဆူဉ်ပှိၤဆူဉ်န့ၢ်တၢ်	har'ry
_harsh	a.	လၢအတမှာ်ပသး:ဘဉ်★လၢ(တမှာ်တဂ့ၤ)(တဂ့ၤတယီ)ဘဉ်★သွံး:★တပျုာ်တပျီၤ★ဆူဉ်မီၤယီၤ★တမှာ်ဘဉ်ပနၢ်ဘဉ်	harsh

_hart	n.	တၢႆအၣဖါ	hart
_harvest	n.	ကူးတၢ်အခါ★တၢ်လၢပကူးအီၤ★ကူးဘုအခါ	har'vest
_hasp	n.	နိၣ်ဘှးယာ်တြဲၤ	hasp
_hash	v.t.	ကရ္ဲ(ဘုး)(ဟးဂီၤ)တၢ်	hash
_hash	n.	တၢ်လီၢ်လံၤလၢအဘၣ်တၢ်ကရ္ဲဘုးအီၤ★တၢ်လၢအဘၣ်တၢ်မၤကျံၣ်ကရ္ဲအီၤ	hash
_haste	v.i.	(တၢ်)မၤတၢ်ချ့ချ့★(တၢ်)မၤတၢ်မဲၤမဲၤ★(တၢ်)မၤတၢ်ပၡၢ်ပတ္ၤ	haste
_hasten	v.i.	မၤလၢအချ့★မၤချ့ချ့	has'ten
_hastily	adv.	ချ့ချ့★ချ့သဒံး★လၢတၢ်ချ့ဒံးချ့နူးအပူၤ	hast'i-ly
_hasty	a.	လၢအချ့	hast'y
_hat	n.	ခိၣ်သလုး★ခိၣ်ဖိုၣ်	hat
_hatch	v.i.	ဖးထိၣ်★ကုၣ်အၢကုၣ်သီခူသူၣ်တၢ်★ဟုဖးထိၣ်တၢ်အဒၣ်	hatch
_hatchet	n.	ကွဲၢ်ဖိလၢအခိၣ်တဘီပဒီတၢ်သ့★ကွဲၢ်ဖိ	hatch'et
_hate	v.t.	(တၢ်)သးဟ့★(တၢ်)သးတအိၣ်	hate
_hateful	a.	လီၤသးဟ့	hate'ful
_hatred	n.	တၢ်သးဟ့	ha'tred
_haughty	a.	လၢအဟ်ကဖၢလၢအသး★လၢအသးထီၣ်ထီ	haught'y
_haul	v.t.	ဟဲ(သ္ဒ)တၢၣ်★ထုး★မိၤကြူၢ်	haul
_haul up / haul over the coal		ဟ်တၢ်ကမၣ်လၢအလိၤ	haul up / haul over the coal
_haul up		အိၣ်ကတီၢ်★တၢ်ဒုၣ်စၢၤလၢတၢ်ဘၣ်တၢ်ဆူးအီၤ	haul up
_haunch	n.	(ထွံၣ်)အခံကိၢ်★တၢ်အခံကွိၢ်ၣ်ပၣ်ယှာ်အကံၣ်ဒုၣ်	haunch
_haunt	v.t.	လၤဆူၣ်အလီၢ်တပူၤခဲအံၤခဲအံၤ★ဟဲမၤတံာ်တာ်တၢ်တလီၢ်လီၢ်တလီၢ်လီၢ်	haunt
_have	v.t.	အိၣ်ဒီး★အိၣ်(ဘၣ်)★န္ၢ်(ဘၣ်)★မၤန္ၢ်★--တၢ်လဲ★--ဝဲလဲ	have
_have a care		ပလီၢ်(ပ)သး	have a care
_have a (great) (good) etc / mind to		သးအိၣ်★ဘၣ်ပသး	have a (great) (good) etc / mind to
_have an eye to		သးအိၣ်လီၤဆီဒၣ်တၢ်	have an eye to
_to have at heart		သးအိၣ်သပှၢ်ပှၢ်	to have at heart
_to have in hand		မၤတၢ်ဘၣ်ယၢၤဒီး★စးထီၣ်မၤတၢ်လံ	to have in hand
_have it out		မၤကတၢၢ်ကွံာ်အီၤ	have it out
_have one's hands full		အိၣ်ပှဲၤအစုပူၤ	have one's hands full
_have other fish to fry		အသးအိၣ်တၢ်ဂၤတမံၤ	have other fish to fry
_have up		ဆိကမိၣ်လၢအဂ့ၢ်★ယုသ့ၣ်ညါအဂ့ၢ်	have up
_havelock	n.	တၢ်ကးညာ်ဖှိၣ်ယာ်ခိၣ်ဖှိၣ်လီၤစဲၤတုၤလၤကၢ်	have'lock
_Haven	n.	ကဘီသန္★တၢ်အိၣ်တၤအၤလီၢ်	Ha'ven
_haversack	n.	ပှၤလဲၤတၢ်ဖိအထၢၣ်စိာ်တၢ်အိၣ်	hav'er-sack
_havoc	v.t.	(တၢ်)မၤဟးဂီၤတၢ်ဖးဒိၣ်	hav'oc
_hawk	n.	လံာ်(ယၤ)	hawk
_hawk	v.t.	ယာ်လီၤကဟးၤ★ဟးဆါတၢ်တဟံၣ်ဘၣ်တဟံၣ်	hawk
_hawser	n.	ပျံၤဖးဒိၣ်စၢယာ်ကဘီအဂီၢ်	haw'ser
_hay	n.	နီၣ်ယ္ၤ★တပၢ်ယ္ၤ	hay
_hazard	n.	ဟဲဝံ★တၢ်သံခ္ဲသံပှၢ်	haz'ard
_hazard	v.t.	(တၢ်)ဘံၣ်မံာ်တဲာ်နၢ်(ဘျၤး)(ဟ္ၣ်)လီၤအသး(မၤတၢ်)ကွၢ်ဖဲအၤတၢ်ဟဲဝံ★(တၢ်)မၤကွၢ်ဖဲအၤဟဲဝံန္ၢ်အီၤ	haz'ard
_haze	n.	(ထံသဝံ)(မှၣ်အူခုၣ်)အိၣ်တ့ၢ်ကမံမုၢ်လၤကလံၤက္ၤ★ဘ္ၣ်★ဆါလှၢ်★ဆါအလှၤ	haze
_hazy	a.	တဖျါအါအါဘၣ်★တဆ္ၣ်အါအါဘၣ်★ဘ္ၣ်လီၤအယိဖျါတဂ္ၤဘၣ်	ha'zy

_he	pron.	အဝဲ	he
_head	n.	ခိၣ်★တၢ်ကူၣ်တၢ်ဆး★တၢ်အခိၣ်★တၢ၈★တန★အကတၢၢ်★တၢ်အခိၣ်တီ★အစိး★တၢ်မဲာ်ညါ	head
_head	v.t.	ကဲထိၣ်အခိၣ်★ဆှၢ★ဒုးလဲၤ	head
_gathering head		ဆူၣ်ထိၣ်ဆူၣ်ထိၣ်	gathering head
_head on		အခိၣ်လိၤ★အခိၣ်ဘၣ်ထံး	head on
_over one's head		ကီတူၤပနၤ်ပၢ်ပါတသ့ဘၣ်★အလီၢ်ထိၣ်ခိပတာ်ကွံၣ်ပှၤလၢအလီၢ်ထိၣ်နံၢ်အီၤ	over one's head
_head towards		လဲၤအခိၣ်လိၤ	head towards
_head off		ဘှီအခိၣ်★ဘြိ	head off
_heading	n.	တၢ်အခိၣ်တီ	head'ing
_headstrong	a.	လူၤအသး★အခိၣ်ကိၤ★နၢ်က့၈	head'strong
_heady	a.	လၢအလူၤအသး	head'y
_headlight	n.	တၢ်ကပီၤလၢတၢ်ဟ်လၢတၢ်မဲာ်ညါ	head'light'
_headquarters	n.	ပှၤအခိၣ်တဖၣအိၣ်တၢ်အလီၢ်★တၢ်စိတၢ်ကမီၤအလီၢ်ခိၣ်ကျၢၢ်	head'quar'ters
_headway	adv.	လဲၤဆူညါ	head'way
_heal	v.t.	(မၤ)ဘျါက့ၤၤ★(လိၣ်)ဘျါ★မၤယူၤမၤဖိးတၢ်	heal
_health	n.	တၢ်အိၣ်ဆူၣ်အိၣ်ချ့	health
_healthy / healthful	a.	လၢအအိၣ်ဆူၣ်အိၣ်ချ့★လၢအဒုးအိၣ်ဆူၣ်အိၣ်ချ့တၢ်	healthy / health-ful
_heap	v.t.	ဟ်ပုၣ်★ပၣ်ဖိုၣ်တပူၤယီ★မၤပုဲၤစိတၢရၢ	heap
_heap	n.	တပု★တပုၣ်	heap
_hear	v.t.	နၢ်ဟူ★ဒိကနၣ်★ကနၣ်	hear
_a hearing		အခွဲးလၢၤပကတဲဘၣ်တၢ်	a hearing
_hearing	n.	တၢ်နၢ်ဟူတၢ်	hear'ing
_hearken	v.i.	ဒိကနၣ်★ကနၣ်	heark'en
_hearsay	n.	တၢ်ဟူထိၣ်သါလီၤ★တၢ်ကစီၣ်နၢ်စိၤ	hear'say'
_hearse	n.	လ့ၣ်ကဟၣ်စိၣ်ပှၤအစိၣ်★တၢ်သံလ့ၣ်ကဟၣ်	hearse
_heart	n.	သး★အကံၢ်★အခၢၣ်သး★အလဲ★အဂ့ၢ်မိၢ်ပှၢ်	heart
_get by heart		တိၢ်ထံလၢအသး★(ရှူး)တိၢ်နၢ်ထးခိၣ်	get by heart
_one's heart in one's mouth		တၢ်ပျံၤတၢ်ဖုးအခါ	one's heart in one's mouth
_one's heart in one's boots		သးဟးဂီၤ	one's heart in one's boots
_one's heart in the right place		သးဂ္ၤ★မၤတၢ်ဖဲအဆိကမိၣ်ဝဲလၢအမ့ၢ်တၢ်ဂ္ၤ	one's heart in the right place
_have at heart		သးအိၣ်	have at heart
_heart to heart (talk)		တၢ်ဟ်ဖျါထိၣ်တၢ်အိၣ်လၢအသးလၢၥ်လၢၥ်ဆ့ဆ့လၢတၢ်သးအိၣ်အပူ	heart to heart (talk)
_heartache	n.	တၢ်သးအုးဖးဒိၣ်★တၢ်သူၣ်ကိၢ်သးဂီၤ	heart'ache'
_heartbeat	n.	တၢ်သးစံၣ်★တၢ်သူၣ်ဟူးသးဂဲၤ	heart'beat'
_heartbreak / heartbreaking	n.	(လၢအဒုးအိၣ်ထိၣ်)တၢ်သးသ့ၣ်ဖး(တၢ်သးအုးဒိၣ်ဒိၣ်မုၢ်မုၢ်)	heart'break' / heart'break'ing
_hearten	v.t.	မၤဆူၣ်ထိၣ်အသး★မၤဖံထိၣ်အသး	heart'en
_heartfelt	a.	လၢအသးဒီဖျၢၣ်	heart'felt'
_heartwhole	a.	တၢ်အဲၣ်ပိၥ်မုၣ်တအိၣ်လၢအသးပူၤဘၣ်	heart'whole'
_hearth	n.	တၢ်ရှလိၢ်မှၢ်လိၢ်(ဒီးပှၤတဖုံၤ)လၢပဟံၣ်ပူၤ★ဖၣ်ကွၢ်	hearth
_heartily	adv.	လၢသးဒီဖျၢၣ်ညါ	heart'i-ly
_heartless	a.	လၢအတသးကညီၤတၢ်ဘၣ်★လၢအအၢအသီ	heart'less
_hearty	a.	လၢတၢ်သးအိၣ်အပူၤ★လၢသးဒီဖျၢၣ်	heart'y
_heat	n.	တၢ်ကိၢ်★တၢ်သူၣ်ဒိၣ်သးထိၣ်★မၤကိၢ်ထိၣ်★တၢ်သးဆူၣ်	heat

_heath	n.	ဟီၣ်ခိၣ်အိၣ်လီၤယီ★(ရှိမ့်ၢ်ယၢ)(တၢ်ဟၢခိၣ်)လၢအၣ်တၢ်ကးဘၢအီၤဒီးတပၢ်ဖးထီဒီးသ့ၣ်ပဒၢဖိ	heath
_heathen	n.	ပုၤသူခိၣ်ဖိ★ပုၤသူၣ်ခံးသးခံး★ပုၤဘါတၢ်ဂီၤဖိ	hea'then
_heather	n.	သ့ၣ်တဖိုၣ်အိၣ်ဒီးအဖိတကလုာ်	hea'ther
_heave	v.t.	ဆိၣ်ထိၣ်★စိၥ်ကဖီထိၣ်★ကွံၥ်တၢ်★ထိၣ်ကဖီထိၣ်သးနါပုၢ်★ဂဲၤပျုၢ်ကွဲၤစၢး★ဘိုးထိၣ်★သါသဖှိုထိၣ်	heave
_heaven	n.	မူခိၣ်★မူကပိၥ်လိၤ★မူခိၣ်အဘီအမုၢ်★မူခိၣ်ကစၢ်(ယွၤ)	heav'en
_heavenly	a.	(ဘၣ်ယးဒီး)မူခိၣ်★ဘၣ်ယးဒီးမူကပိၥ်လိၤ★ဘၣ်ယးဒီးမူခိၣ်အဘီအမုၢ်★ကြၢးဒီးမူခိၣ်	heav'enly
_heavily	adv.	ယၢၤယၢစံၥ်စံၥ်	heav'i-ly
_heavy	a.	ယၢ★လၢအယၢ★ဒိၣ်ကီ★တီၣ်	heav'y
_Hebrew	n.	ဇူးဘြံၤ	He'brew
_hectic	a.	လၢအမၤလၢၥ်ကွံၥ်ပၢၢ်ပဒၢကယီကယီၤတၢ်လိၤကိၢ်★တၢ်လိၤကိၢ်လၢအဟဲပိၥ်ထိၣ်တၢ်ပသိၣ်ဆါအၥ်	hec'tic
_hedge	n.	တဖိုၣ်သ့ၣ်လီၤအသး(လၢတၢ်အဆၢ)	hedge
_hedge	v.t.	ကရၢယာ်တၢ်လၢတဖိုၣ်★ကြီယာ်(လၢတၢ်သိၣ်တၢ်သီ)	hedge
_hedgehog	n.	သူၣ်(ဆ့ၣ်ဖီကိၢ်ဖိတကလုၥ်)	hedge'hog'
_heed	v.t.	ဒိကနၣ်★ဟ်ကဲ(လီၤတံၢ်လီၤဆဲး)★ဟ်လုၢ်ဟ်ကါ	heed
_take heed		ပလီၢ်သး	take heed
_heel	n.	ခိၣ်နုၣ်ခံ★တၢ်နုၣ်ခံ	heel
_at one's heels		လူၤဖျးချုးကချုးချုး	at one's heels
_down at the heel		လၢတၢ်နးတၢ်ဖိုၣ်အပူၤ	down at the heel
_head over heels		(မၤ)နၢါစီၤတၢ်★ဝံၣ်လှုၣ်ခိၣ်သည်	head over heels
_out at heels		ခိၣ်ဖိုၣ်အနုၣ်ခံထုၣ်ဖိုၣ်	out at heels
_heifer	n.	ကျီၢ်မိၢ်ကနီဖိ	heif'er
_height	n.	တၢ်အထီ★တၢ်ဒိၣ်ခိၣ်★တၢ်ကစီၤထိၣ်	height
_heighten	v.t.	မၤထီၣ်ထီ★မၤကစီၤထိၣ်	height'en
_heinous	a.	အၢကညီၢ်★အၢဒိၣ်သိဒိၣ်★လီၤသးဟ့	hei'nous
_heir	n.	ပုၤနုၢ်သါတၢ်	heir
_heliograph	n.	စဲးလၢအဟးနုၢ်မုၢ်အတၢ်ကပီၤဒီးဆဲးဖိုထိၣ်ဆူတၢ်လိၢ်အဂၤလၢကကဲထိၣ်တၢ်ကတိၤအတၢ်ပနီၣ်အဂီၢ်	he'li-o-graph'
_hell	n.	လရၥ်★ရၥ်★တၢ်ကိၢ်တၢ်ဂီၤအလိၢ်★တၢ်သူၣ်အူသးကဲၤအလိၢ်★ပျုၤပုၤ★ပျုၤအကီၢ်	hell
_helm	n.	ကဘီအံၣ်နီၣ်ဝံၥ်ခံ	helm
_helmet	n.	ခိၣ်သလုးထး★ခိၣ်သလုးအတိၣ်	hel'met
_help	v.t.	(တၢ်)တိစၢၤမၤစၢၤ★(တၢ်)မၤဂ့ၤထိၣ်တၢ်★မၤကီညၢ်ကူၤ	help
_help	n.	တၢ်ခွၣ်တၢ်ပုၤ	help
_help to		ဟ့ၣ်	help to
_cannot help it		ကြီတန့ၢ်ဘၣ်★ဂ့ၢ်တပူၤဘၣ်	cannot help it
_helpful	a.	လၢအကဲထိၣ်တၢ်မၤစၢၤ	help'ful
_helpless	a.	လၢအဆံးကွၢ်ကွ့ကွ့လီၤအသးတသ့ဘၣ်★လၢတၢ်မၤစၢၤအီၤတအိၣ်ဘၣ်	help'less
_helpmate / helpmeet	n.	ပုၤမၤစၢၤတၢ်★မါ	help'mate' / help'meet'
_helve	n.	ကွါတိၢ်★(တၢ်)အတိၢ်	helve
_hem	n.	တၢ်အကနူၤချံးအသး	hem
_hem	v.t.	ဆးချံးအကနူၤ★ဖုးယၢ်တၢ်★ဝီၤကပိၤယၢ်အခံ★ဝီၤယၢ်ဝးတရံး	hem
_hemi--	a.	တဝၥ်	hem'i--
_hemisphere	n.	တၢ်ဖျၣ်သလၢၣ်တဝၥ်	hem'i-sphere
_hemlock	n.	သ့ၣ်တၢ်စုၣ်★စုၣ်အမုၢ်	hem'lock
_hen	n.	ဆီမိၢ်	hen

_hence	adv.	စးထိၣ်ဖဲအံၤ★စးထိၣ်ခဲအံၤ★တုၤအံၤဆူညါ★လၢတၢ်(နူၣ်)(အံၤ)အယိ	hence
_henceforth	adv.	စးထိၣ်ခဲအံၤ★တုၤအံၤဆူညါတခီ★စးထိၣ်ခဲအံၤဒီးဆူညါတခီ	hence'forth
_henchman	n.	တၢ်အခၡအပှၤလၢအခိၣ်နူၣ်နူၣ်အီၤတဂၤ	hench'man
_her	pron.	အဝဲ★အီၤ★(ပိာ်မုၣ်)	her
_herald	v.t.	(ပှၤ)ဆှၢတၢ်ကစီၣ်★(ပှၤ)ဘိးဘၣ်သ့ၣ်ညါတၢ်	her'ald
_herald	n.	ပှၤယုၢ်တၢ်ဖိ	her'ald
_herb	n.	ကသံၣ်ဖိၣ်ကသိဖိၣ်အမှၢ်တကလုာ်ဂ့ၤတကလုာ်ဂ့ၤ★နီၣ်ဝိးမံးဝိး	herb
_herd	n.	ဒီဖှ★ဒီကရှၢ★ပှၤကွၢ်ဆၣ်ဖိကီၢ်ဖိ	herd
_herd	v.t.	(နးး)အိၣ်ဖိုၣ်	herd
_here	adv.	ဖဲအံၤ	here
_here about (s)		ဘူးဖဲအံၤ★ဖဲတၢ်လီၢ်အံၤအကပိာ်ကပၤ	here about (s)
_hereafter	adv.	တုၤအံၤဆူညါ	here'af'ter
_hereby	a.	လၢတၢ်အဝဲအံၤအယိ	here-by'
_hereditary	a.	လၢအလီၤစၢၤတဘိၣ်တစိၤ★လၢအဘၣ်ယးဒီးတၢ်နူၢ်သါဘၣ်ကွဲတၢ်	he-red'i-ta-ry
_heredity	n.	တၢ်လၢအဟဲလီၤစၢၤလၢမိၢ်ပၢ်	he-red'i-ty
_hereof	adv.	လၢတၢ်အံၤအယိ	here-of'
_herein	adv.	လၢတၢ်အံၤအပူၤ	here-in'
_heresy	n.	တၢ်နာ်လၢအထီဒါတၢ်လၢခရံာ်အတၢ်အိၣ်ဖိုၣ်ညီနုၢ်နာ်ဝဲတကလုာ်★တၢ်နာ်လၢအတီဒါတၢ်လၢပှၤဖုဖုနူၢ်နာ်ဝဲ	her'e-sy
_heretic	n.	ပှၤလၢအတၢ်နာ်ထီဒါလိာ်သးဒီးတၢ်လၢပှၤဖုနူၢ်နာ်ဝဲ	her'e-tic
_heretofore	adv.	လၢညါ★တုၤခဲအံၤ	here'to-fore'
_hereupon	adv.	ဝံၤဒီး★တုၤနူၤတစု★အနူၣ်ဒီး	here'up-on'
_herewith	adv.	ယုာ်ဒီးတၢ်အဝဲအံၤ	here-with'
_heritage	n.	တၢ်နူၢ်သါ★တၢ်နူၢ်ဘၣ်သါတၢ်	her'it-age
_hermit	n.	ပှၤအိၣ်လီၤဖးဒီးဟီၣ်ခိၣ်အတၢ်မုာ်တၢ်ဟၢးခဲလၢာ်ဒီးအိၣ်ဆိးထဲဒၣ်ဂၤဝိး လၢပှၢ်မှၢ်ကၡာအပူၤ	her'mit
_hero	n.	ပှၤအနုၤအယိၤတဂၤ★ပှၤတုၢ်ဆါခိၣ်ဆါသးလီၤဆီဒၣ်တၢ်★ ပှၤလၢအလၢပှဲၤဒီးတၢ်တုၢ်ဒိၣ်ကီးဒိၣ်တဂၤ	he'ro
_heroic	a.	လၢအနုၤ	he-ro'ic
_herself	pron.	အကစၢ်ဒၣ်ဝဲ	her-self
_hesitate / hesitation	v.i.	(တၢ်)မၤယံာ်မၤနီၢ်★(တၢ်)ကတိၤတၢ်အုးအုးအးအး★(တၢ်)ယုာ်အသး	hes'i-tate / hes'i-ta'tion
_heterodox	a.	လၢအထီဒါအသးဒီးတၢ်လၢပှၤတဖုညီနူၢ်နာ်	het'er-o-dox
_hew	v.t.	ကျီ★ကွာ်လီၤ★ထုသ့ၣ်★ထုလၢာ်★စီးဖျူလၢာ်	hew
_hex	a.	(နီၣ်ဂံၢ်)ယု	hex
_heyday	n.	တၢ်ဒိၣ်တုာ်ခိၣ်ပှဲၤအဆၢကတီၢ်★မှာ်နံၤအဂ့ၤကတၢၢ်လၢအဂီၢ်	hey'day'
_hiatus	n.	တၢ်လီၢ်လီၤဟိ(လၢတၢ်ကွဲးအပူၤ)★တၢ်လီၢ်မ့ၢ်တဖး(လၢတၢ်ကွဲးအပူၤ)	hi-a'tus
_hibernate	v.i.	အိၣ်တဧၢအသးဒီးမံတုၤတၢ်ဂီၢ်ခါပူၤကွံာ်	hi'ber-nate
_hide	v.t.	ဟ်ခူသူၣ်★အိၣ်ခူသူၣ်★ဟ်ဘံၣ်ဟ်ဘၢ★ဟ်တဒၢ	hide
_hide	n.	ဆၣ်ဖိကီၢ်ဖိအဖံး(ဘုၣ်)	hide
_hidebound	a.	လၢအသးအံၣ်	hide'bound'
_hideous	a.	လီၤပျံၤလီၤဖုး★(ကွၢ်)(ကနၣ်)တမုာ်	hid'e-ous
_hie	v.i.	လဲၤတၢ်ချ့ချ့	hie
_hierarchy	n.	တၢ်အိၣ်ဖိုၣ်အသရၣ်ဖးဒိၣ်တဖုလၢအအိၣ်ဒီးအတီၤလီၤဆီတဖၣ်	hi'er-arch'y
_hieroglyphic	a.	တၢ်ကွဲးဖျါထီၣ်ပှၤလၢပျၢၤအတၢ်မၤလၢတၢ်ဂီၤတၢ်ဖိၣ်အလိၤ	hi'er-o'glyph'ic
_high	a.	ဖးထီ★ထီ★လၢတၢ်ဖးဖိ★အဒိၣ်အထီ★ထီၣ်ထီ	high
_high-spirited		သူၣ်ဒုသးဒု	high'spir'ited
_high time		(အဆၢကတီၢ်)ဘၣ်လံ★ကြၢး(တုၤ)လံ	high time
_high living		အိၣ်ဘၣ်ထဲတၢ်အိၣ်အဝံၣ်အဆၢ	high living

_high handed		လၢအမၤဆူၣ်မၤစိၤတၢ်	high'hand'ed
_high-minded		ဟ်ထီၣ်ထီအသး	high'mind'ed
_high priced		အပှ့ၤဒိၣ်	high-priced
_high-strung	a.	သ့ၣ်ညါတၢ်ရှူ မး★သးဆးဆူၣ်ဒၣ်	high'strung'
_highway	n.	ကျဲမုၢ်ဒိၣ်	high'way
_hill	n.	တၢ်လုၢ်ဖိ★တၢ်လုၢ်ခိၣ်	hill
_hillock	n.	တၢ်လုၢ်ဖိ★ဘျၣ်	hill'ock
_hilt	n.	တၢ်အတိၢ်	hilt
_him	pron.	အဝဲ★အီၤ	him
_himself	pron.	အကစၢ်ဒၣ်ဝဲ	him-self'
_hind	n.	တၤယုၢ်မိၢ်	hind
_hind	a.	လၢတၢ်လီၢ်ခံ	hind
_hinder	v.t.	တြီ★တြီယာ်★မၤတံာ်တာ်★မၤနီၤယာ်	hind'er
_hindermost	a.	လၢခံကတၢၢ်တၤ––	hind'er-most
_hindrance	n.	တၢ်(လၢအ)တြီတံာ်★တၢ်(လၢအ)မၤနီၤယာ်တၢ်★တၢ်မၤတံာ်တာ်တၢ်	hind'rance
_hinge	n.	သံၣ်ကျိၤ ပးတၢ်	hinge
_hinge on		(တၢ်ဂ့ၢ်လိာ်အံၤ)ဟံလီၤစဲၤ(လၢတၢ်အဂၤမိၢ်ပှၢ်တမံၤ)	hinge on
_hint	v.i.	(တၢ်)ကတိၤကနုၤတၢ်★(တၢ်)ဟုၣ်ကူၣ်တၢ်★(တၢ်)တဲတြၢၣ်တဲကပၤတၢ်အဂ့ၢ်★(တၢ်)တဲတၢ်ဆဲတၢ်ကန(ဖျၢဖျၢတဖျၢဖျၢ)ဒ်သိးပှၤကသ့ၣ်ညါတၢ်မိၢ်ပှၢ်န့ၢ်လီၤ	hint
_hinterland	n.	လီၢ်လၢကၢ်ၢ်အပူၤတဖီ	hin'ter-land'
_hip	n.	ယီၢ်တံာ်ခိၣ်	hip
_hippodrome	n.	လီၢ်လၢအအိၣ်ကရၢယာ်အသးလၢပှၤကကွၢ်ကီတၢ်ဟ်ဖျါဆၣ်ဖိကီၢ်ဖိအတၢ်သ့တၢ်ဘၣ်လၢအပူၤ	hip'po-drome
_hippopotamus	n.	ကသ့ၣ်ထံ	hip'po-pot'a-mus
_hire	v.t.	ငါန့ၢ်★ဒိးလဲ	hire
_hire	n.	တၢ်အဘူၣ်အလဲ★တၢ်အခး	hire
_hireling	n.	ပှၤဒိးလဲအသး	hire'ling
_his	pron.	အဝဲ	his
_hiss	v.i.	(ဂုၢ်သ့ၣ်)သါသဖိ★မၤတၤရီတၤပါအီၤလၢတၢ်မၤသိၣ်ကလုၢ်ရှူရှူ★(မၤ)သိၣ်ဒံဂုၢ်သ့ၣ်သါသဖိအသး	hiss
_hist!	int.	ဘိၣ်★အိၣ်ဘိၣ်★သီၣ်တဂ့ၤ★သဲတဂ့ၤ	hist!
_historic (al)	a.	လၢအဘၣ်ယးဒီးတၢ်စံၣ်စိၤတဲစိၤ★လၢအဘၣ်တၢ်စံၣ်ယဲၤတဲၤယဲၤလၢအဂ့ၢ်	his-tor'ic (al)
_history	n.	တၢ်စံၣ်စိၤတဲစိၤ★လံာ်ကွဲးနီၣ်ဘၣ်ယးဘီမုၢ်(ဒီးစီၤပၤ)တဖၣ်အဂ့ၢ်အကျိၤ	his'tory
_hit	v.t.	ဘၣ်ဒိ★တိၢ်★ဘၣ်★ထိးဘၣ်★တုၤ	hit
_hit the nail on the head		ဟ်ဖျါထီၣ်ဘၣ်ဘၣ်ပိုၤ်ပိုၤ်	hit the nail on the head
_hit or miss		န့ၢ်စိၤမၤတၢ်	hit or miss
_hit upon		ဆိကမိၣ်ထီၣ်န့ၢ်	hit upon
_hitch	v.i.	သုးအသးတီးကျဲၢ်တီးကျဲၢ်★ဘၣ်ကွးယာ်★ဘျးယာ်	hitch
_hitch	n.	တၢ်တြီယာ်★တၢ်နီၤတၢ်ဘျး	hitch
_hither	adv.	လၢအံၤ★ဆူအံၤတဖီ	hith'er
_hitherto	adv.	တုၤခဲကနံၣ်အံၤ	hith'er-to
_hive	n.	ကနဲအဒၢ	hive
_hoard	v.t.	(တၢ်)ဟ်ဖှိၣ်ဟ်တံၤယာ်တၢ်	hoard
_hoarse	a.	ကလုၢ်ဘံး	hoarse
_hoary	a.	သးပှၢ်ခိၣ်ဝါ★ဝါ★ဝါယး★ဝါတစဲးစဲး	hoar'y
_hoax	v.t.	(တၢ်)လီန့ၢ်လီာ်ကွံတၢ်	hoax
_hobble	v.i.	ဟးတကျဲၢ်တကျဲၢ်★(တၢ်လၢအ)စၢယာ်တံာ်တာ်တၢ်အခီၣ်	hob'ble
_hobby	n.	တၢ်လၢပအဲၣ်ဒီးလီၤဆီဒၣ်တၢ်တမံၤမံၤ	hob'by

138

_hobnob	n.	တၢ်အိၣ်ရ့ယှုၣ်ယှုၣ်သကိး★တၢ်(အိ)(ကတိၤ)သကိးယှုာ်တၢ်	hob'nob'
_hock	v.t.	ကၠိတ်ာ်အခိၣ်ထူၣ်	hock
_hock	n.	ကသ့ၣ်အခိၣ်ဒ့အဆၢ၊	hock
_hocus-pocus	v.t.	(ပှၤ)(တၢ်)မၤတၢ်ကလီကလီလၢအလီၣ်ပမဲာ်ခုံ★(ပှၤ)(တၢ်)မၤကဒါပုၤမဲာ်	ho'cus-po'cus
_hod	n.	တၢ်ပူၤတၢ်တ့ၤလၢတၢ်စိာ်တၢ်ယၢၤအဂီၢ်	hod
_hodgepodge	n.	တၢ်အိၣ်ကျဲၣ်ကျီအသး	hodge'podge'
_hoe	n.	နီၣ်ဖျးဟီၣ်ခိၣ်	hoe
_hoe	v.t.	ဖျးဟီၣ်ခိၣ်★ဖျးကွံာ်(နီၣ်)	hoe
_hog	n.	ထိး	hog
_hogshead	n.	စ့ၣ်ဖးဒိၣ်	hogs'head
_hoist	v.t.	ထုးထိၣ်ဆူတၢ်ဖီခိၣ်(လၢပျံၤ)★စိာ်ကဖိထိၣ်တၢ်	hoist
_hold	n.	တၢ်ဟံးတၢ်ဖိးတၢ်လ၊အလီၢ်လၢကအိၣ်ဘံၣ်ပူၤ★တၢ်ရိၤယာ်တၢ်★တၢ်ဖိၣ်ယာ်တၢ်	hold
_hold	v.t.	စိာ်ယာ်★ဖိၣ်ယာ်★ရိၤယာ်★ဖံးယာ်★ဟံးယာ်★ပျုၢ်ယာ်★တြိၢ်★အိၣ်ဒီး★နုးအိၣ်ဂၢၢ်တၢ်★ပာ်	hold
_hold one's tongue / hold one's peace		အိၣ်ဘှီၣ်	hold one's tongue / hold one's peace
_hold one's breath		ကီး(ပ)ဆုး	hold one's breath
_hold oneself ready		အိၣ်ကတဲာ်ကတီၤအသး	hold oneself ready
_hold a meeting		ကိးတၢ်အိၣ်ဖှိၣ်	hold a meeting
_hold an opinion		ဆိကမိၣ်တၢ်လၢအသးကံၢ်ပူၤ	hold an opinion
_hold property		ပၢၤတၢ်	hold property
_hold sabbath		တီၢ်နံၤဖးယာ်အိၣ်ဘှံးနံၤ	hold sabbath
_(rule) holds for		(တၢ်သိၣ်တၢ်သီ)အိၣ်ဒီးအစိကမီၤ	(rule) holds for
_hold a brief for		ကပီၢ်ရီလၢအဂီၢ်	hold a brief for
_hold forth		ကတိၤဖျါထိၣ်	hold forth
_hold in hand		ပၢၤတၢ်	hold in hand
_hold in play		နုးဟူးနုးဂဲၤ	hold in play
_hold off		နုးအိၣ်ကစီၤ★အိၣ်ခိး★အိၣ်ဆူ	hold off
_hold on		အိၣ်ဒံး	hold on
_hold one's hand		ထုးကွံၤအသး	hold one's hand
_hold out		အိၣ်ဂၢၢ်အိၣ်ကျ။ၤ★ဟ့ၣ်(ခိၣ်ဖး)	hold out
_hold over		နုးသ့ၣ်နီၣ်ပုၤ(အတၢ်ကမၣ်)လၢတၢ်မၤပျံၤအီၤအဂီၢ်★သုးဆၢသုးကတီၢ်	hold over
_hold up		(တၢ်တဈၣ်)တြီပုၤလၢကျဲ★နံာ်ဖျါထိၣ်	hold up
_hold!		အိၣ်ကတီၢ်★အိၣ်ခိးဒၣ်ကလိာ်★အိၣ်ဆူ	hold!
_hold in		ကီးအသး★တြီယာ်	hold in
_hold together		မၤသကိးတၢ်★အိၣ်(စဲဘူး)(ယူလိာ်ဖိး)လိာ်သး	hold together
_hole	n.	တၢ်ပူၤ★တၢ်ထူၣ်ဖိ★တၢ်အိပူၤ	hole
_get into a hole		ဘၣ်တၢ်ကီတၢ်ခဲ	get into a hole
_holiday	n.	နံၤသဘျ	hol'i-day
_holiness	n.	တၢ်စီတၢ်ဆှံ	ho'li-ness
_hollow	n.	တၢ်လီၤဆၢၣ်လီၤယၢ်★တၢ်ကလိာ်ပူၤ★တၢ်ကအိပူၤ	hol'low
_hollow	a.	သိၣ်လီကအၢၣ်★လၢအဘျုးတအိၣ်ဘၣ်	hol'low
_holster	n.	တၢ်ဖးအလၢကျိၢ်တရံးအဂီၢ်	hol'ster
_holy	a.	စီဆှံ★လၢအဂ့ၤအဝါ	ho'ly
_homage	n.	တၢ်ယူးယီၣ်ပာ်ကဲ	hom'age
_home	n.	ဟံၣ်★ပလီၢ်အိၣ်လီၢ်ဆိး★ပထံပကီၢ်★အလီၢ်ဒၣ်ဝဲ★ပဟံၣ်ပယီ	home
_homeless	a.	လၢအဟံၣ်တအိၣ်ယီတအိၣ်	home'less
_homelike	a.	လၢအမုာ်သူၣ်မုာ်သးပုၤ(ဒ်လၢပဟံၣ်အသိး)	home'like
_homely	a.	တယံတလၤဘၣ်★လၢအတလီၤတီၢ်လီၤဆီဘၣ်★မုၢ်ဆ့ၣ်မုၢ်ဂီၤ	home'ly

_homesick	a.	ဆါလၢသးသယုၢ်ဘၣ်ဟံၣ်အယိ	home'sick'
_homespun	a.	လၢတၢ်လုၢ်အီၤဒီၤမၤကဲထီၣ်အီၤလၢ(ပၢၣ်ပယီ)(ပထံပကၢီ)ဒၣ်ဝဲအပူ	home'spun'
_homestead	n.	ပအိၣ်ပဆိးအလီၢ်★ဟံၣ်ယှၣ်ဒီၤဟီၣ်ခိၣ်ကဝီၤ★ပှၤကညီအတဝၢ	home'stead
_homicide	n.	တၢ်မၤသံပှၤ	hom'i-cide
_homiletics	n.	တၢ်ယုသ့ၣ်ညါမၤလိတၢ်စံၣ်တဲၤတဲလီၤတၢ်အဂ့ၢ်	hom'i-let'ics
_homogeneous	a.	တကလုာ်ယီ	ho'mo-ge'ne-ous
_hone	n.	(ကျ္ဂတၢ်လၤ)လၢ်သူ	hone
_honest	a.	အတီအလိၤ★တီလိၤ	hon'est
_honesty	n.	တၢ်တီတၢ်လိၤ	hon'es-ty
_honey	n.	ကနဲစီ	hon'ey
_honor / honour	n.	တၢ်လၤတၢ်ကပီၤ★တၢ်မံၤဂ့ၤသၣ်ဂ့ၤ	hon'or / hon'our
_honor / honour	v.t.	(တၢ်)ဟ်ကဲ★(တၢ်)ယူးယီၣ်★(တၢ်)ဟ်ဒိၣ်ဟ်ထီတၢ်	hon'or / hon'our
_honorary / honorific	a.	လၢအဒုးနဲၣ်ဖျါတၢ်ဟ်ကဲအီၤ	hon'or-a-ry / hon'or-if'ic
_honorable	a.	လၢအလီၤယူးယီၣ်ဟ်ကဲ★လၢအဒ်ၣ်ဝဲတီဝဲ	hon'or-a-ble
_hood	n.	တၢ်ကးဒ်ိုဘိၣ်ယၢ်ခိၣ်★တၢ်အခိၣ်ဒုး★ဂ့ၢ်သ့ၣ်အကၢ်ိုလၢအက☐တၢ်ထိၣ်အသး	hood
_hoodwink	v.t.	လီနၢ်ၤပှၤ	hood'wink
_hoof	n.	ခိၣ်မှၣ်	hoof
_hoof it		ဟးလၢခိၣ်	hoof it
_hook	n.	တခွဲ★ထးဘျး★တးကွ့ၣ်ခိၣ်	hook
_hook	v.t.	မၤကွ့ၣ်တၢ်★ဘျးလီၤစဲၤ★တခွဲတၢ်★ဘျးထုးတၢ်	hook
_by hook or by crook		လၢကျဲတဘိဂ့ၤတဘိဂ့ၤ	by hook or by crook
_hoop	n.	ထးကွီၤယာ်တၢ်	hoop
_hoop	v.t.	ကွီၤယာ်	hoop
_hoop	v.i.	ကိးပသူ	hoop
_hoot	v.i.	နၣ်ဒ္ဒုၣ်ကိးပသူထီၣ်★ကိးင်ိၤဒိကအိအသိး	hoot
_hop	v.i.	စံၣ်★စံၣ်တကျ့ၢ်	hop
_hope	v.t.	(တၢ်)မုၢ်လၢ်	hope
_hope	n.	တၢ်မုၢ်လၢ်အလီၢ်	hope
_hopeful	a.	လၢအပှဲၤဒီၤတၢ်မုၢ်လၢ်★လၢအဒုးအိၣ်ထီၣ်တၢ်မုၢ်လၢ်	hope'ful
_hopeless	a.	လၢတၢ်မုၢ်လၢ်တအိၣ်ဘၣ်★လၢအတလီၤမုၢ်လၢ်ပှၤဘၣ်	hope'less
_horde	n.	(တၢ်)ဂီၢ်မုၢ်★ပှၤဒီဖုဒီဂီၢ်လၢအသုးအလီၢ်ခဲအံၤခဲအံၤ	horde
_horizon	n.	မူထံး	ho-ri'zon
_horizontal	a.	အိၣ်မံနီၤဘျၢယှုၢ်ကလၥ်	hor'i-zon'tal
_horn	n.	တၢ်နၢၤ★ကွဲၤ	horn
_horns of a dilemma		တၢ်ဘၣ်ယိၣ်အလီၢ်ခံကပၤလၢလၢပမ့ၢ်တဘၣ်တခီပဘၣ်တခီ	horns of a dilemma
_horned	a.	လၢအအိၣ်ဒီၤအနၢၤ	horned
_hornet	n.	ဖျၢဖးဒိၣ်တကလုာ်	hor'net
_horrible	a.	လီၤပျံၤလီၤဖုးဖးဒိၣ်★လၢအလီၤဖံးတကုၣ်ခီတကုၣ်★လီၤပျံၤတုၤပတၥ်အဲၣ်ဒီၤကွၢ်ဘၣ်	hor'ri-ble
_horrid	a.	လၢအလီၤပျံၤလီၤဖုး★လၢအလီၤတကုၣ်ဖံးတကုၣ်ခီ	hor'rid
_horrify	v.t.	မၤပျံၤမၤဖုး	hor'ri-fy
_horror	n.	တၢ်လီၤပျံၤလီၤဖုး	hor'ror
_horse	n.	ကသ့ၣ်	horse
_a horse of another color		တမ့ၢ်တမံၤယီဘၣ်	a horse of another color
_hortatory	a.	လၢအသဆၣ်ထီၣ်ပခံ	hor'ta-to-ry

140

_hose	n.	ဒိၣ်ဖှိၣ်ဖးထိ★ထံဖိုးဖးထိလၢလှၥ့ဝီၤထံအဂီၢ်	hose
_hosier	n.	ပှၤလၢအဆါခိၣ်ဖှိၣ်ဖးထိ	ho'sier
_hospitable	a.	လၢအတူၢ်ထံၣ်တုၢ်တမုၤ★လၢအတူၢ်လိၥ်တမုၤတဖျၤ	hos'pi-ta-ble
_hospital	n.	တၢ်ဆါဟံၣ်	hos'pi-tal
_hospitality	n.	တၢ်တူၢ်လိၥ်တမုၤတဖျၤ★တၢ်တူၢ်ထံၣ်တုၢ်တမုၤ	hos'pi-tal'i-ty
_host	n.	ပှၤဂီၢ်မုၢ်★ပှၤလၢအတူၢ်လိၥ်ပှၤဂၤ	host
_hostage	n.	ပှၤလၢပှၤဟ့ၣ်ကီၤလၢတၢ်အုၣ်ခိၣ်အဂီၢ်	hos'tage
_hostel	n.	ကွိဖိအတၢ်အိၣ်တၢ်ဆိးအလီၢ်	hos'tel
_hostess	n.	ပိၥ်မုၣ်လၢအတူၢ်လိၥ်ပှၤဂၤ	host'ess
_hostile	a.	လၢအထီဒုၣ်ထီဒါလိၥ်အသး	hos'tile
_hostility	n.	တၢ်ထီဒုၣ်ထီဒါလိၥ်သး★တၢ်ဒုးတၢ်ယၤလိၥ်အသး	hos-til'i-ty
_hostler	n.	ပှၤအိးကွၢ်ကွၢ်နုၢ်ပှၤတမုံၤအၤကသ့ၣ်	host'ler
_hot	a.	ကိၢ်★ကိၢ်ဆူကိၢ်သူၤ★ဟဲ	hot
_hotbed	n.	အလီၢ်ဖဲတၢ်မဲထီၣ်ချ့	hot'bed'
_hotel	n.	(ပှၤ)တမုံၤအဟံၣ်	ho-tel'
_hound	n.	ထွံၣ်မိၢ်စဲ	hound
_hound	v.t.	လူၤအီၤတၢိၣ်ဒီးတၢ်သးကညီၤ★မၤဆူၣ်	hound
_hour	n.	(ဆၢကတီၢ်)နၣ်ရံၣ်	hour
_hourly	a.	တနၣ်ရံၣ်တဘျီ	hour'ly
_house	n.	ဟံၣ်★တၢ်အိၣ်တၢ်ဆိးအလီၢ်★အဟံၣ်ဖိ★အနုၣ်အထၢ★သးပှၢ်တဖၣ်လၢအနုးအိၣ်ထီၣ်ထံကီၢ်အတၢ်သိၣ်တၢ်သီ	house
_household	a.	လၢအဘၣ်ယးဟံၣ်ဖိဃီဖိ	house'hold
_household	n.	ဟံၣ်ဖိဃီဖိ	house'hold
_housekeeper	n.	ပှၤလၢအကွၢ်ကတဲၥ်ကတီၤတၢ်လၢဟံၣ်ပူၤဃီပူၤ	house'keep'er
_housemaid	n.	တၢ်အခၤအပှုၥ်မုၣ်လၢအမၤတၢ်လၢဟံၣ်ပူၤ	house'maid'
_housework	n.	ဟံၣ်အတၢ်ဖံးတၢ်မၤ	house'work'
_housing	n.	တၢ်ဒုးအိၣ်ဒုးဆိးပှၤ	hous'ing
_hovel	n.	ဟံၣ်ဖိၣ်ယဲ★ဟံၣ်ဖိဖီၤ★ဒၤကူးလၥ်	hov'el
_hover	v.i.	တၢၤဝ့ၤဝီၤ(တပျုၢ်အၣ်း)	hov'er
_how	adv.	ဒ်လဲၣ်★ဆံးအါလဲၣ်★ဆံးဒိၣ်လဲၣ်	how
_however	adv.	သနၥ်က့ၤ★မ့ၢ်သနၥ်က့ၤဒ်န့ၣ်ဒီး	how'ev'er
_howl	v.i.	ထွံၣ်အိၣ်ယူၤ★(ပှၤဂီၢ်မုၢ်)ကဲၤကိးပသူလၢတၢ်ကိတၢ်ခဲဒိၣ်နၤမးအယိ★ကအုကစွါ★ဟီၣ်တၢ်ယၤၤတၢ်★ကလံမုၢ်(ဆူတၢ်)(ကအူး)	howl
_hub	n.	လှၣ်အလီၤ★လှၣ်နၢံး	hub
_huckster	n.	ပှၤလၢအဟးဆါကစဲးကစီးတၢ်	huck'ster
_huddle	v.t.	(စူးဖိုၣ်)(ဟ်ဖိုၣ်)(အိၣ်ဖိုၣ်)သဘံၣ်ဘုၣ်လိၥ်အသးလၢတၢ်(ပစုၢ်ပတ့ၤ)(ချုံးချုနုး)အပူၤအယိ	hud'dle
_hue	n.	အလွဲၢ်	hue
_huff	n.	တၢ်သးဒိၣ်★(ထိၣ်)ကဖိထိၣ်	huff
_hug	v.t.	ဖိးဟ္ယုၢ်★လဲၤဘူးဒီး(ထံနံၤ)	hug
_huge	a.	ဖးဒိၣ်★ဒိၣ်ဒိၣ်မှၢ်မှၢ်	huge
_hulk	n.	ကဘီလီၢ်လံၤအမိၢ်ပှၢ်လၢအတဂ္ၤလၢၤဘၣ်	hulk
_hull	n.	အ(ဖံး)(ကု)★အဘ့ၣ်ကကဘီအမိၢ်ပှၢ်	hull
_hull	v.t.	မၤကွံၥ်(အဖံး)(အကု)(အဘ့ၣ်)	hull
_hum	v.i.	သိၣ်(ဒ်ကနဲယူၤသိၣ်အသိး)★ပံးတံၥ်ယုၢ်ကိၥ်ပူၤမၤသိၣ်ကလုၢ်ကအၢကျၤ	hum
_human	a.	(ဘၣ်ယးဒီး)ပှၤကညီ	hu'man
_humane	a.	ဒ်အကြၢးဒီးပှၤကညီအသး★လၢအအိၣ်ဒီးတၢ်သူၣ်ကညီၤတၢ်သးကညီၤ	hu-mane'
_humanity	n.	ပှၤကညီ★ပှၤကညီအန္ဒဆၢ★တၢ်သးကညီၤ	hu-man'i-ty
_humanly	adv.	ဒ်ပှၤကညီအလုၢ်အလၢ်အသိး	hu'man-ly

141

_humble	a.	(လၢအအိၣ်ဒီးတၢ်)ဆီၣ်လီၤသး★ဒုးဆံးလီၤစုၤလီၤအလၤကပီၤ★ လၢအလၤကပီၤတအိၣ်	hum'ble
_humdrum	a.	လၢအတမ့ၢ်ဘၣ်ပှၤလၢအမ့ၢ်တၢ်ဒ်လီၢ်လီၢ်ဒ်လီၢ်လီၢ်အဃိ	hum'drum'
_humid / humidity	a. / n.	(တၢ်)(လၢအ)ဘၣ်စီၣ်ကပျၢၣ်★(တၢ်)(လၢအ)ဘၣ်စီၣ်	hu'mid / hu-mid'i-ty
_humiliate / humiliation	v.t. / n.	(တၢ်)မၤဆံးလီၤစုၤလီၤအလၤကပီၤ★(တၢ်)ဒုးဆီၣ်လီၤအီၤ★မၤမဲာ်ဆုးတၢ်	hu-mil'i-ate / hu-mil'i-a'tion
_humility	n.	တၢ်ဆီၣ်လီၤသး	hu-mil'i-ty
_hummock	n.	တၢ်လှၢ်ဖိ	hum'mock
_humor / humour	v.t.	သးအိၣ်မၤဘၣ်ပှၤအသး	hu'mor / hu'mour
_humor / humour	n.	သးအလုၢ်အလၢ်	hu'mor / hu'mour
_humorous	a.	လၢအမၤနံၤမၤအ့တၢ်★လၢအလီၤနံၤလီၤအ့	hu'mor-ous
_hump	n.	ပျိၢ်သကူး★(နွါအ)ဘှဖီ★တၢ်ကှၣ်ကူၤ	hump
_hunch	n.	တၢ်ဆိကမိၣ်ဟဲထီၣ်လၢပှၤသးကံၢ်ပူၤလၢတၢ်ကမၤအသးလၢခံတမံၤမံၤ★ ဆၣ်ဖိကီၢ်ဖိအဘှဖီ★တနၢၣ်	hunch
_hundred	a.	တကယၤ	hun'dred
_hundredfold	a.	အစးတကယၤ	hun'dred-fold
_hundredth	a.	အ(ခါ)တကယၤအကျါအကတၢၢ်တ(ခါ)★တကယၤပူတပူ	hun'dredth
_hunger	v.i.	(တၢ်)သၣ်ဝံၤသၣ်စုၤ	hun'ger
_hungry	a.	လၢတၢ်သၣ်ဝံၤအသး	hun'gry
_hunt	v.t.	(တၢ်)ယုတၢ်★(တၢ်)လူၤဆဲးလူၤခးတၢ်	hunt
_hurl	v.t.	ကွံာ်လီၤ★ဃ့ၢ်သဖိ★ပညၢလီၤကွံာ်★စုးလီၤ★ကတိၤသူၣ်ဂဲၤ	hurl
_hurricane	n.	ကလံၤသဝံးလၢအဆူၣ်ဟဲဃုာ်ဒီးတၢ်စူၤ,လီဝၢ်ဒံး,ဒီးလီပိၢ်လီသဲလီၤ	hur'ri-cane
_hurry	v.i.	မၤတၢ်ချ့ချ့★မၤပစုၢ်ပတ့ၤတၢ်	hur'ry
_hurry	n.	တၢ်ချ့ဒံးချ့နုး★တၢ်ပစုၢ်ပတ့ၤ	hur'ry
_hurt	v.t.	မၤဘၣ်ဒိဆါ★မၤဘၣ်ဒိ★မၤဆါ	hurt
_hurtful	a.	လၢအမၤဟးဂ့ာ်ဟးဂီၤတၢ်သ့★လၢအမၤဆါတၢ်★လၢအမၤအၢတၢ်	hurt'ful
_husband	n.	ဝၤ	hus'band
_husband	v.t.	(သူ)ထိၣ်တံၢ်မၤတံၢ်တၢ်★သူတၢ်(ဘၣ်ဘၣ်)(ဖဲအလီၢ်အိၣ်)	hus'band
_husbandry	n.	တၢ်အံးကူၤကွၢ်ကူၤတၢ်စုလီၢ်ခီၣ်ခိၣ်★တၢ်(မၤခုး)(မၤစံာ်)	hus'band-ry
_hush	v.t.	ဒုးအိၣ်ဘှိၣ်★အိၣ်ဘှိၣ်★အိၣ်ဂၢၢ်★ဒုးအိၣ်ဂၢၢ်★တၢ်အိၣ်ဘှၣ်အိၣ်ဘှိၣ်★ သဲတဂ့ၤ	hush
_hush up		တြီတၢ်ဟူထီသါလီၤ	hush up
_husk	n.	ဖ့ဘ့ၣ်ပှၢ်★အဖံး	husk
_huskily	adv.	လၢအကလုၢ်ဘံးတြာ်ဘံးတြာ်အပူၤ	husk'i-ly
_husky	a.	အိၣ်ထဲအဖ့★အိၣ်ထဲအမိၤ★လၢအကိာ်ယှၢ်ဘံး	husk'y
_hussy	n.	ပိာ်မုၣ်စီၤကျိၤ	hus'sy
_hustle	v.t.	မၤချ့ဒံးချ့နုးတၢ်★ဂံၢ်ဂုၤလီၤတံၢ်တၢ်★(ပှၤဂီၢ်မုၢ်)ဆီၣ်သနံာ်လိာ်သး	hus'tle
_hut	n.	ဒဲ★ဟံၣ်ဖိစီၤ	hut
_hutch	n.	ဟံၣ်ဖိၣ်ဃဲ★(ပဒဲ)အဟံၣ်ဖိ★စဲာ်	hutch
_hybrid	n.	တၢ်ကးပြါ★တၢ်ခံမံၤလၢအတဒ်သိးလိာ်သးအတၢ်(လီၤစၢၤ)(လီၤချံ)	hy'brid
_hymn	n.	တၢ်သးဝံၣ်စံးပတြၢၤတၢ်	hymn
_hypocrite / hypocrisy	n. / n.	(တၢ်)(ပှၤ)ဟ်မၤအသး	hyp'o-crite / hy-poc'ri-sy
_hypothesis / hypothetical	n.	(တၢ်)လၢပဟ်ဟ်စၢၤလၢအဘၣ်	hy-poth'e-sis / hyp'o-thet'i-cal
_hysteria	n.	တၢ်ဆါတၢ်ထီၣ်တကလှာ်လၢအအါဒၣ်တၢ်တကၠၢ် ဘၣ်ပိာ်မုၣ်လၢသွံၣ်ထံတဘၣ်အဃိဒီးနံၤဝဲတဘျိဘျိဟီၣ်ဝဲတဘျိဘျိလီၤ	hys-te'ria
_hysterical	a.	ဘၣ်ဃးတၢ်ဆါတၢ်ထီၣ်တကလှာ်လၢအဘၣ်ပိာ်မုၣ် ဒီးနံၤဝဲတဘျိဘျိဟီၣ်ဝဲတဘျိဘျိနၣ်လီၤ	hys-ter'i-cal
_I	pron.	ယ★ယၤ★စ	I

_ice	n.	ထံလီၤသက η	ice
_iceberg	n.	ထံလီၤသကﬧက်ိၢလိၣ်ဖးဒိၣ်	ice'berg'
_icebound	a.	ဘၣ်တၢ်ကဝီၤယာ်အီၤလၤထံလီၤသကﬧ★လၤထံလီၤသကﬧအိၣ်ဝးတရံးအီၤ	ice'bound'
_icicle	n.	ထံလီၤသကﬧအိၣ်လီၤစဲၤ	i'ci-cle
_iconoclast	n.	ပှၤလၤအမၤဟးဂီၤတၢ်ဂီၤတၢ်ဖီၣ်★ပှၤလၤအကတိၤထီဒါပုၤၤအတၢ်စူၢ်တၢ်နာ်	i-con'o-clast
_icy	a.	ခုၣ်★လီၤက်ဒီးထံလီၤသကﬧ★တﬧအိၣ်ဒီးတၢ်အဲၣ်တၢ်ကွံၢ်ဘၣ်	i'cy
_idea	n.	တၢ်ဆိကမိၣ်★တၢ်တယﬧတၢ်★တၢ်ဟ်သူၣ်ဟ်သး★တၢ်စူၢ်တၢ်နာ်★တၢ်ဆိကမိၣ်လﬧသးက်ၢ်ပုၤ★တၢ်သ့ၣ်ညါနၢ်ပၢၢ်	i-de'a
_ideal	a.	လﬧအဂ့ၤဝဲဘၣ်ဝဲလﬧလﬧပုဲၤပုဲၤ	i-de'al
_ideal	n.	တၢ်အလﬧအပုဲၤလﬧပဟ်တၢ်အီၤလﬧပကြၢး(မၤလိမﬧဒီး)(တၢ်န့ၢ်)အီၤ★အဒိလﬧအလﬧအပုဲၤဒံတၢ်ဆိကမိၣ်န့ၢ်အီၤသ့အသိး	i-de'al
_idealism	n.	တၢ်နာ်တၢ်လﬧတၢ်ကီးမံဒဲးဘၣ်ယﬧထဲလﬧသ့ၣ်လﬧသး	i-de'al-ism
_idealist	n.	ပှၤလﬧအနာ်တၢ်လﬧတၢ်ကီးမံဒဲးဘၣ်ယﬧထဲလﬧသ့ၣ်လﬧသး	i-de'al-ist
_idealistic	a.	ဘၣ်ယﬧဒီးတၢ်နာ်တၢ်လﬧတၢ်ကီးမံဒဲးဘၣ်ယﬧထဲလﬧသ့ၣ်လﬧသး	i-de'al-is'tic
_idealize	v.	ဟ်လﬧဟ်ပုဲၤတၢ်★ဟ်လﬧအမ့ၢ်တၢ်လﬧတၢ်ပုဲၤ★ဟ်လﬧအမ့ၢ်တၢ်အဒိလﬧအလﬧအပုဲၤ	i-de'al-ize
_ideally	adv.	လﬧအပုဲၤပုဲၤ★လﬧတၢ်ဆိကမိၣ်အပူၤ	i-de'al-ly
_identical	a.	တဖံယီ★ဒ်သိးသိး	i-den'ti-cal
_identify / identification	v.t. / n.	(တၢ်)ဟ်အီၤလﬧအမ့ၢ်တၢ်(တဖံယီ)ဒ်သိးသိး★(တၢ်)(ဒုး)(တၢ်)ကဲထီၣ်(အီၤ)ဒ်သိးသိး★(တၢ်)ကွၢ်နီၣ်	i-den'ti-fy / i-den'ti-fi-ca'tion
_identity	n.	(တၢ်လﬧအမ့ၢ်)တၢ်တဖံယီ★တၢ်ဒ်သိးသိး	i-den'ti-ty
_idiocy	n.	တၢ်ခိၣ်နူၣ်တပုဲၤ★တၢ်သးတဆး★တၢ်သးတထံ	id'i-o-cy
_idiom	n.	တၢ်ကတိၤဒၣ်ပှၤတကလုာ်ဓိၤသ့ုဝဲစ့ဝဲအသိး	id'i-om
_idiot	n.	ပှၤလﬧအခိၣ်နူၣ်တပုဲၤ★ပှၤလﬧအသးတဆး★ပှၤအသးတထံ	id'i-ot
_idiotic	a.	လီၤက်ဒီးပှၤလﬧအခိၣ်နူၣ်တပုဲၤ★ပှၤသးတဆး	id'i-ot'ic
_idle	a.	အိၣ်ကလီ★အိၣ်ကဒ်အိၣ်ကျ‖★သကွဲ★ကလီကလီ★လﬧအဘျုးအဖှိၣ်တအိၣ်★မၤလၢ်ကွံၢ်အဆﬧကတီၢ်ကလီကလီ	i'dle
_idol	n.	တၢ်ဂီၤတၢ်ဖီၣ်★တၢ်လﬧပုၤယူုးယီၣ်ဟ်ကဲအီၤတလﬧကွံၢ်အခား	i'dol
_idolater	n.	ပှၤဘါတၢ်ဂီၤတၢ်ဖီၣ်	i-dol'a-ter
_idolatry / idolatrous	n.	(လﬧအမ့ၢ်)တၢ်ဘါတၢ်ဂီၤ★(လﬧအမ့ၢ်)တၢ်အဲၣ်တၢ်တလﬧကွံၢ်အခား	i-dol'a-try / i-dol'a-trous
_idolize	v.t.	ယူးယီၣ်ဟ်ကဲတၢ်တလﬧကွံၢ်အခား★အဲၣ်လုၢ်ကီၤလုၢ်ကဟ်တၢ်	i'dol-ize
_if	conj.	မ့ၢ်-–★မ့မ့ၢ်	if
_ignite / ignition	v.t. / n.	(တၢ်) နုၢ်လﬧမ့ၣ်အူ★(တၢ်)ဆူးထီၣ်ကွံၢ်	ig-nite' / ig-ni'tion
_ignite / ignition	v.t.	ကဲၤထီၣ်	ig-nite' / ig-ni'tion
_ignoble	a.	လﬧအတလီၤဟ်ကဲဘၣ်★လﬧအလﬧကပီၤတအိၣ်	ig-no'ble
_ignominious	a.	လီၤမဲာ်ဆှး★လﬧအလﬧကပီၤတအိၣ်	ig'no-min'i-ous
_ignominy	n.	တၢ်မဲာ်ဆှး(အလၢ်)★တၢ်လﬧကပီၤဟးဂီၤ	ig'no-min-y
_ignorance	n.	တၢ်သ့ၣ်ညါနၢ်ပၢၢ်တအိၣ်★တၢ်နူၤပၢၢ်နၢ်ဘ့ုတအိၣ်ဘၣ်★တၢ်တသ့ုလၢ်သ့လၢ်ဘၣ်	ig'no-rance
_ignorant	a.	လﬧအတသ့ၣ်ညါနၢ်ပၢၢ်တၢ်ဘၣ်★လﬧအတၢ်နူၤပၢၢ်နၢ်ဘ့ုတအိၣ်ဘၣ်★လﬧအတသ့ုလၢ်သ့ုလၢ်ဘၣ်	ig'no-rant
_ignore	v.t.	တဟ်ကနၣ်အသး★ဟ်အသးဒ်အတသ့ၣ်ညါဘၣ်တၢ်အသိး★တဟ်ကဲဘၣ်★တဟ်သ့ၣ်ညါအသး	ig-nore'
_ill	a.	ဆါ★အﬧ★တဂ့ၤဘၣ်	ill
_ill	n.	တၢ်ကီတၢ်ခဲ★တၢ်ဆူးတၢ်ဆါ★တၢ်နးတၢ်ဖီၣ်	ill
_illegal	a.	လﬧအတလီၤတဘ့ှးဒီးတၢ်သိၣ်တၢ်သီဘၣ်★ထီဒါတၢ်သိၣ်တၢ်သီ★တဘီတလီၤဘၣ်	il-le'gal
_illegible	a.	လﬧပဖးတသ့ဘၣ်★လﬧပုၤဖးတဘၣ်ဘၣ်	il-leg'i-ble

_illegitimate	a.	လၢအတဘၣ်လိာ်ဖိးဒ့ဒီးတၢ်သိၣ်တၢ်သီဘၣ်★တတီတလိၤ★ဒၢဘၢဖိ★ဒၢသမူဖိ	il'le-git'i-mate
_illiberal	a.	လၢအပံာ်အကီ★လၢအသူၣ်အံၣ်သးအံၣ်	il-lib'er-al
_illicit	a.	လၢအခွဲးတအိၣ်ဘၣ်★တတီတလိၤ★တဘၣ်လိာ်သးဒီးတၢ်သိၣ်တၢ်သီဘၣ်	il-lic'it
_illiteracy	n.	တၢ်ဖးလံာ်တသ့ဘၣ်	il-lit'er-a-cy
_illiterate	a.	လၢအဖးလံာ်တဘၣ်	il-lit'er-ate
_ill-natured	a.	လၢအသူၣ်အၢသးသီ	ill'na'tured
_illness	n.	တၢ်ဆူးတၢ်ဆါ	ill'ness
_illogical	a.	(ပှၤလၢအတၢ်ဆိကမိၣ်)(လၢ)တလဲၤဒ်အဂ့ၢ်အကျိၤအိၣ်ဝဲအသိးဘၣ်	il-log'i-cal
_ill-starred	a.	လၢအဝံတဂ့ၤကလၤတဂ့ၤ★လၢအတၢ်ဟဲဝံဟဲစိာ်အၢ	ill'starred
_ill tempered	a.	လၢအသူၣ်အၢသးသီ	ill'tem'pered
_ill-treat	v.t.	မၤနးမၤဖှိၣ်★မၤတရီတပါ	ill'treat'
_illuminate / illumine / illumination	v.t. / n.	(တၢ်)မၤကပီၤထီၣ်★(တၢ်)ဒုးဖျါထီၣ်တၢ်အခီပညီ★(တၢ်)ဟ်တၢ်ဂီၤ လၢတၢ်ကွဲးအကျါဒ်သိးပှၤကနၢ်ပၢၢ်တၢ်ကွဲးအခီပညီ	il-lu'mi-nate / il-lu'mine / il-lu'mi-na'tion
_illusion	n.	တၢ်အိၣ်ဖျါလၢပမဲာ်ညါလၢအလီန့ၢ်ပှၤ★တၢ်လီန့ၢ်ပမဲာ်★တၢ်(ထံၣ်) သ့ၣ်ညါကမၣ်တၢ်★တၢ်ဆိကမိၣ်ကမၣ်တၢ်	il-lu'sion
_illusory	a.	လၢအလီန့ၢ်(ပမဲာ်)★လၢအတမ့ၢ်တၢ်ဒ်အဖျါဝဲအသိးဘၣ်	il-lu'so-ry
_illustrate / illustration	v.t. / n.	(တၢ်)ဟ်ဖျါထီၣ်တၢ်လၢတၢ်ဒိတၢ်တဲာ်အပူၤ	il-lus'trate / il-lus'tra-tion
_illustrious	a.	လၢအမံၤဟူသၣ်ဖျါ★လၢအမံၤဒိၣ်သၣ်ထီ	il-lus'tri-ous
_image	n.	တၢ်ဂီၤ★တၢ်အက့ၢ်အဂီၤ	im'age
_imagery	n.	တၢ်နဲၣ်ဖျါထီၣ်တၢ်အဂ့ၢ်တမံၤမံၤလၢတၢ်ကတိၤဒ်လီၤတၢ်	im'age-ry
_imaginary / imagination	a. / n.	(လၢပ)(တၢ်)ဆိကမိၣ်ထီၣ်န့ၢ်တၢ်★(လၢပ)(တၢ်)တယးဟ်တၢ်★(လၢပ) (တၢ်)တယးဆိကမိၣ်တၢ်★(တၢ်)လၢပထံၣ်အီၤလၢပသးအမဲာ်★တၢ်ဆိကမိၣ်	im-ag'i-na-ry / im-ag'i-na'tion
_imaginative	a.	လၢအဘၣ်ယးဒီးတၢ်တယးဆိကမိၣ်တၢ်★လၢအညီနုၢ်တယးဆိကမိၣ်တၢ်	im-ag'i-na-tive
_imagine	v.t.	ဆိကမိၣ်ထီၣ်န့ၢ်တၢ်(အက့ၢ်အဂီၤ)★ထံၣ်တၢ်လၢသးအမဲာ်★ဆိကမိၣ်တၢ်	im-ag'ine
_imbecile	a.	လၢအဆိကမိၣ်တၢ်တသ့ဘၣ်★လၢအသးတဆးဘၣ်★ လၢအသးတဂၢၢ်တကျၢၤ	im'be-cile
_imbibe	v.t.	အီတၢ်★ဆူးန့ၢ်တၢ်★တူၢ်လိာ်လၢပသး	im-bibe'
_imbue	v.t.	ဒုးနှာ်ဘၣ်တၢ်လၢပှၤသးကံၢ်ပူၤ★ဒုးပှဲၤပှၤအသးဒီးတၢ်အဂ့ၢ်အကျိၤ	im-bue'
_imitate / imitation	v.t. / n.	(တၢ်)မၤဒိးတၢ်	im'i-tate / im'i-ta'tion
_immaculate	a.	လၢအစံၣ်ပိၣ်စံၣ်ပြၢတအိၣ်ဘၣ်★လၢအမဲၣ်သုမၣ်ဂီၤတအိၣ်ဘၣ်★ လၢအစီအဆှံ★တဘၣ်အၢနီၤတစဲး★ဟ်တၢ်ကမၣ်အလီၢ်တအိၣ်	im-mac'u-late
_immanence	n.	(ယွၤအ)တၢ်အိၣ်ဖံးအိၣ်မၤလၢတၢ်ကိးမံၤဒဲးအပူၤ	im'ma-nence
_immanent	a.	လၢအအိၣ်ဖံးအိၣ်မၤလၢတၢ်အပူၤ	im'ma-nent
_immaterial	a.	ဘၣ်ယးဒီးသး★လၢအ(တွး)(မိၢ်ပှၢ်)တအိၣ်ဘၣ်★လၢအတဒိၣ်တမ့ၢ်ဘၣ်	im'ma-te'ri-al
_immature	a.	လိၣ်ဘိ★ဒိၣ်ထီၣ်သီ★တလၢတပှဲၤ	im'ma-ture'
_immeasurable	a.	လၢပထိၣ်ပတဲာ်တသ့ဘၣ်★ဒိၣ်ဒိၣ်မှ့ၢ်မှ့ၢ်★လၢအကတၢၢ်တအိၣ်ဘၣ်	im-meas'ur-a-ble
_immediacy	n.	(တၢ်မၤ)တၢ်တဘျီယီ★(တၢ်မၤ)တၢ်တအိၣ်ဒီးအဆၢလီၤတဲာ်တၢ်ဘၣ်★ တၢ်မၤတၢ်လိၤလိၤ(လၢအကစၢ်ဒၣ်ဝဲ)	im-me'di-a-cy
_immediate	a.	တဘျီယီ★မၤတၢ်လၢအကစၢ်ဒၣ်ဝဲ★လိၤလိၤ★လၢအခီၣ်ထံး	im-me'di-ate
_immediately	adv.	တဘျီယီ★တဘိယီ	im-me'di-ate-ly
_immense	a.	ဒိၣ်ဒိၣ်မှ့ၢ်မှ့ၢ်★ဖးဒိၣ်	im-mense'
_immerse / immersion	v.t. / n.	(တၢ်)ဘျၢလီၤတၢ်★(တၢ်)စုၣ်လီၤဘျၢလီၤတၢ်★(တၢ်)ဒိးဘျၢ	im-merse' / im-mer'sion
_immigrant	n.	ပှၤလၢအဟဲနှာ်လီၤဆူထံကိၢ်အပူၤ	im'mi-grant

_immigrate / immigration	v.i. / n.	(တၢ်)ဟဲနုာ်လီၤဆူထံကီၢ်အပူၤ	im'mi-grate / im-mi-gra'tion
_imminence / imminent	n. / a.	(တၢ်)(လၢအဘူး)ကမၤတ့ၢ်အသး★(တၢ်)(လၢအ)ဘူးကတုၤအိဉ်ဘူးကတုၤအိဉ်★(တၢ်)(လၢအဘူး)ကလီၢ်ထိဉ်အခိဉ်(ကအိဉ်ဖျါထိဉ်)	im'mi-nence / im'mi-nent
_immobile	a.	လၢအသုးအသးတသ့ဘဉ်★လၢအတသုးအသးဘဉ်	im-mo'bile
_immoderate	a.	တလၢကွံာ်အခၢး	im-mod'er-ate
_immodest	a.	တကနၤလီၤတံၢ်★တမံာ်ဘြိမ်ာ်ဆုးတၢ်ဘဉ်★တသံဉ်စူးသံဉ်ကိ့ၤဘဉ်	im-mod'est
_immoral / immorality	a. / n.	(တၢ်)(လၢ)အလုၢ်အလၢ်(လၢအ)ထီဒါတၢ်မ့ၢ်တၢ်တီ★(တၢ်)လၢအတတီတၢ်ဘဉ်★အၢသီ★(တၢ်)တတီတလီၤ	im-mor'al / im'mor-al'i-ty
_immortal / immortality	a. / n.	(တၢ်)သံတသ့ဘဉ်★(လၢ)အအိဉ်မူအကတၢၢ်တအိဉ်	im-mor'tal / im-mor-tal'i-ty
_immortalize	v.t.	ဒုးအိဉ်မူအမံၤတစိၤဘဉ်တစိၤ,တစိၤဘဉ်တစိၤ★ဒုးအိဉ်မူလီၤစိၤ	im-mor'tal-ize
_immovable	a.	လၢအသုးအသးတသ့ဘဉ်★လၢအတဟူးတဝးဘဉ်	im-mov'a-ble
_immune	a.	လၢတၢ်ဆါဘဉ်ကူဘဉ်က်အီၤတန့ၢ်ဘဉ်	im-mune'
_immunity	n.	တၢ်ဘဉ်န့ၢ်တၢ်ဆါတကလုာ်တဂ့ၤဘဉ်★တၢ်ပူၤဖျဲးဒီးတၢ်ဘဉ်ဟ့ဉ်တၢ်ဘဉ်လီၤတၢ်	im-mu'ni-ty
_immunize	v.t.	ကတ်ာ်ကတီၤဒ်သိးတၢ်ဆါတကလုာ်ဘဉ်အီၤသ့တန့ၢ်တဂ့ၤ	im-mun'ize
_immutable	a.	လၢအလဲလိာ်အသးတသ့ဘဉ်	im-mu'ta-ble
_imp	n.	တၢ်တယာ်★တၢ်နါ★ဖိသဉ်လၢအၤမၤကမူၤမၤကမဉ်တၢ်ဆူဉ်ဆူဉ်ကဲၤကဲၤ	imp
_impact	n.	တၢ်ဘဉ်တိၢ်ဘဉ်ထံးလိာ်အသး	im'pact
_impair	v.t.	မၤစုၤလီၤ★မၤစၢ်လီၤ★မၤဟးဂီၤ	im-pair'
_impale	v.t.	ဆဲးဖိုယ်လၢတၢ်အလိၤ	im-pale'
_impalpable	a.	လၢပထိးဘဉ်ဒီးပတသ့ဉ်ညါဘဉ်★လၢအသးအကဉ်တအိဉ်★လၢအကမုာ်ချုဉ်	im-pal'pa-ble
_impart	v.t.	နီၤလီၤ★ဟ့ဉ်လီၤ★တဲဘဉ်	im-part'
_impartial / impartiality	a. / n.	(လၢအ)(တၢ်)တကွၢ်ဒိဉ်ဆံးအါစုၤတၢ်ဘဉ်★(လၢအ)(တၢ်)တမၤတၢ်ထဲတခီဘဉ်	im-part'ial / im-par'ti-al'i-ty
_impassioned	a.	အိဉ်ဒီးတၢ်သးဂဲၤ	im-pas'sioned
_impassive	a.	လၢအသူဉ်တဟူးသးတဝံၤဘဉ်	im-pas'sive
_impatient	a.	လၢတၢ်ဝံသးစူၤတအိဉ်ဘဉ်★လၢအတူၢ်တၢ်တကဲဒိဉ်တၢ်တန့ၢ်ဘဉ်★လၢအအိဉ်ခိးစုးသးတၢ်တကဲဘဉ်	im-pa'tient
_impeach	v.t.	လိာ်ကွီၢ်★လိာ်ဘၢလိာ်ကွီၢ်	im-peach'
_impeccable	a.	လၢအတသ့ဉ်န့ၢ်မၤကမဉ်တၢ်ဘဉ်★လၢအပူၤဖျဲးဒီးတၢ်ကမဉ်	im-pec'ca-ble
_impecunious	a.	လၢအဖိဉ်သံယာ်ဂီၤ★လၢအကျိဉ်တအိဉ်စ့တအိဉ်	im'pe-cu'ni-ous
_impede / impediment	v.t. / n.	(တၢ်လၢအ)တြီတၢ်★(တၢ်လၢအ)မၤတံာ်တာ်တၢ်★(တၢ်လၢအ)မၤနံၤတၢ်	im-pede' / im-ped'i-ment
_impel	v.t.	မၤဆူဉ်★မၤန့ၢ်ဆိဉ်ခံ	im-pel'
_impend / impending	v.t. / p.a.	(လၢအ)ဘူးကမၤတ့ၢ်အသး★(လၢအ)ဘူးကတုၤယီၤဘူးကတုၤယီၤ	im-pend' / im-pend'ing
_impenetrable / impenetrability	a. / n.	(တၢ်)လၢတၢ်တိၢ်ဖှိအီၤတန့ၢ်ဘဉ်★(တၢ်)လၢတၢ်နုာ်ဖှိအီၤတပၢၢ်ဘဉ်	im-pen'-e-tra-ble / im-pen'e-tra-bil'i-ty
_impenitent / impenitence	a. / n.	(လၢအ)(တၢ်)တပီၢ်ယၢ်လီၤက့ၤသးဘဉ်★(လၢအ)(တၢ်)တအဲဉ်ဒီးပီၢ်ယၢ်လီၤက့ၤအသးဘဉ်	im-pen'i-tent / im-pen'i-tence
_imperative	a.	လၢအလိၢ်အိဉ်ဝဲယါမနၤ★လၢအဟ့ဉ်လီၤအကလုၢ်အိဉ်ဒီးတၢ်စိတၢ်ကမီၤ	im-per'a-tive
_imperceptible	a.	လၢပထံဉ်တသ့ဝဲဉ်တဘဉ်★ဆံးက်ာ်ဖိ	im'per-cep'ti-ble
_imperceptibility	n.	တၢ်ထံဉ်တၢ်တသ့တၢ်ဖိဉ်တၢ်တဘဉ်	im'per-cep'ti-bil'i-ty
_imperfect	a.	လၢအတလၢတပှဲၤ★လၢတၢ်လီၤတူာ်လီၤက်ာ်အိဉ်ဝဲ★လၢအတလီၤတံၢ်လီၤဆဲးဘဉ်	im-per'fect
_imperial	a.	ဘဉ်ယးဒီးလီၢ်လၢအထိ★ဘဉ်ယးဒီးတၢ်ပၢတၢ်ပြးလၢအပၢကီၢ်အၢါဘဉ်	im-pe'ri-al

145

_imperil	v.t.	ဒုးအိဥ်ထီဥ်တၢ်ဘဥ်ယိဥ်ဘဥ်ဘီလၢအဂ့ၢ်★ဒုးအိဥ်ထီဥ်တၢ်(သံခွဲသံပှၤ) (ဘဥ်ဒိဘဥ်ထံး)	im-per'il
_imperious	a.	လၢအမၤဆူဥ်မၢစိၤတၢ်	im-pe'ri-ous
_imperishable / imperishability	a. / n.	(တၢ်)လၢအဟးဂီၤတသ့ဘဥ်	im-per'ish-a-ble / im-per'ish-a-bil'i-ty
_impermanent	a.	လၢအအိဥ်ဂၢၢ်ဆိးကျၤဘဥ်★လၢအတမ့ၢ်တၢ်ဂၢၢ်တၢ်ကျၤဘဥ်	im-per'ma-nent
_impermanence	n.	တၢ်တဂၢၢ်တကျၤဘဥ်	im-per'ma-nence
_impermeable	a.	လၢထံဟဲထီဥ်ဖျိအဖံအနုၢ်ဘဥ်★လၢတၢ်လဲၤဖျိအီၤတသ့ဘဥ်	im-per'me-a-ble
_impersonal	a.	လၢအတဘဥ်ယးဒီးပှၤဂၤဖိၤဘဥ်	im-per'son-al
_impersonate / impersonation	v.t. / n.	(တၢ်)(ဟးဒိး)မၤဒိးပှၤဂၤ★(တၢ်)ပိာ်သးဒိပှၤဂၤ	im-per'son-ate' / im-per'son-a'tion
_impertinence	n.	တၢ်တဂၢၢ်ယးဒီးတၢ်ဘဥ်★တၢ်မၤလၢအတဒုးနဲဥ်ဖျါတၢ်ယူးယီဥ်	im-per'ti-nence
_impertinent	a.	လၢအတဘဥ်ယးဒီးတၢ်ဘဥ်★လၢအတၢ်မၤတဒုးနဲဥ်ဖျါတၢ်ယူးယီဥ်ဘဥ်	im-per'ti-nent
_imperturbable	a.	လၢပှၤထိဥ်ဟူးထိဥ်ဂဲၤအသးတနၢ်ဘဥ်★သးအိဥ်ဂၢၢ်တပၢ်	im'per-turb'a-ble
_impervious	a.	လၢတၢ်လဲၤဖျိအီၤတသ့ဘဥ်★လၢတၢ်နုၢ်လၢအကျၢတပၢၢ်ဘဥ်	im-per'vi-ous
_impetuous	a.	လၢအမၤတပျုာ်တပျီၤတၢ်★လၢအသးထီဥ်ချ့	im-pet'u-ous
_impetus	n.	တၢ်အတဒီဥ်	im'pe-tus
_impiety	n.	တၢ်တဟ်ကဲထုကဲယွၤ★တၢ်တပျံၤယွၤ★တၢ်အၢတၢ်သီ	im-pi'e-ty
_impious	a.	လၢအယူးယီဥ်ဟ်ကဲဘဥ်ယွၤ★လၢအတပျံၤယွၤ	im'pi-ous
_impish	a.	လၢအဂဲၤဆူဥ်ဆူဥ်ကဲကဲမၤကမၤမၤမဥ်တၢ်	imp'ish
_implacable	a.	လၢတၢ်မၤကဟုာ်မၤစၢ်လီၤအသးတသ့ဘဥ်	im-pla'ca-ble
_implant	v.t.	ပၢနုာ်(လၢပှၤအသးပူၤ)	im-plant'
_implement	n.	စုကဝဲၤ★တၢ်အပီးအလီ	im'ple-ment
_implicate	v.t.	ဘံဘူယာ်★ဘံပကး★(ဒုး)ပဥ်ယုာ်★ဟ်ဖျါထီဥ်အခီပညီ★ဒုးဘဥ်ထွဲ★ဒုးဘဥ်ယးလိာ်	im'pli-cate
_implication	n.	တၢ်(ဒုး)(ဘဥ်တၢ်)ပဥ်ယုာ်ဒီးတၢ်အၢ★တဒုးဘဥ်ထွဲတၢ်(တၢ်ကွၢ်ဆိကမိဥ်တၢ်လၢပသ့ဥ်ညါအဂ့ၢ်ဒီးယုသ့ဥ်ညါကွၢ်တၢ်လၢပတသ့ဥ်ညါဘဥ်အဂ့ၢ်)	im'pli-ca'tion
_implicit	a.	ပနၢ်ပၢၢ်သ့လၢတၢ်လီၤလံဲဆဲး★နာ်တၢ်လၢာ်လၢာ်ဆ့ဆ့★မ့ၢ်တဖျါသနာ်က့ပဥ်ယုာ်ကစီၤဒီလီၤ★ဘဥ်ယးတၢ်ဘဥ်ထွဲ	im-plic'it
_implore	v.t.	ယ့ကညးဆူဥ်ဆူဥ်★ယ့သကွံၢ်ဘါကညး	im-plore'
_imply	v.t.	ဟ်ဖျါထီဥ်အခီပညီလၢအတအိဥ်ဖျါဘဥ်	im-ply'
_impolite	a.	လၢအတအိဥ်ဒီးတၢ်ယူးယီဥ်ဟ်ကဲ★လၢအရၢၢ်★လၢအလုၢ်အလၢ်တယံၤလၤဘဥ်	im'po-lite'
_impolitic	a.	လၢအတမၢ်ဒံၤပုၤကူဥ်တၢ်သ့အသိးဘဥ်	im-pol'i-tic
_import	v.t.	ဆျၢနုာ်(ဟဲစိာ်နုာ်)တၢ်ပနံဥ်တၢ်ကၤ	im-port'
_import	n.	တၢ်ပနံဥ်တၢ်ကၤလၢအတဘဥ်ဟဲစိာ်နုာ်အီၤလၢထံဂၤကိၢ်ဂၤ	im'port
_importance	n.	တၢ်ဒိဥ်တၢ်မုၢ်★တၢ်အိဥ်ဒီးအဂ့ၢ်အကျိၤလၢအဒိဥ်အယိာ်	im-por'tance
_important	a.	(လၢ)အဒိဥ်အမုၢ်★(လၢအ)အိဥ်ဒီးအဂ့ၢ်အကျိၤလၢအဒိဥ်အယိာ်	im-port'ant
_importunate / importunity / importune	a. / n.	ယ့ကညးဆူဥ်ဆူဥ်★(လၢအ)(တၢ်)သဆဥ်ထီဥ်တၢ်အခံတပယူာ်ယီ★(လၢအ)(တၢ်)ယ့တၢ်တုၤအကဲထီဥ်တၢ်မၤတံာ်တာ်ပှၤ	im-por'tu-nate / im'por-tu'ni-ty / im'por-tune'
_impose / imposition	v.t. / n.	(တၢ်)ဟ်လီၤလၤတၢ်အလိၤ★(တၢ်)မၤပှၤလၢတၢ်တဘၢနၢ်ဘဥ်ပှၤ★(တၢ်)ရၤပှၤ်တံၤသကိးအသိးတုၤအကဲထီဥ်တၢ်မၤတံာ်တာ်အီၤ★(ဟုဥ်လီၤအကလုၢ်လၢပှၤဘဥ်မၤ)(လိနှၢ်ပှၤ)ဒ်အၢံဒ်နှၤ	im-pose' / im'po-si'tion
_imposing	a.	လၢအအိဥ်ဖျါလီၤဘီလီၤမုၢ်★လၢအအိဥ်ဖျါလီၤကဟုကညီၢ်	im-pos'ing
_impossible / impossibility	a. / n.	(လၢအ)(တၢ်)မၤအသးတသ့ဘဥ်★(လၢအ)(တၢ်)ကဲထီဥ်တသ့ဘဥ်	im-pos'si-ble / im-pos'si-bil'i-ty
_impost	n.	တၢ်အခိအသွဲ	im'post
_impostor / imposture	n. / n.	ပှၤဟ်မၤအသး★တၢ်ဟ်မၤအသး	im-pos'tor / im-pos'ture

146

_impotence	n.	တၢ်တအိၣ်ဒီးအစိအကမီၤဘၣ်	im'po-tence
_impotent	a.	လၢ(အစိအကမီၤ)(အဂံၢ်အဘါ)တအိၣ်ဘၣ်★လၢအမၤတၢ်တသ့တကဲဘၣ်	im'po-tent
_impoverish	v.t.	မၤဖှိၣ်လီၤယာ်လီၤ၊မၤဆံးလီၤစှၤလီၤ(ဟီၣ်ခိၣ်)အသိအချ၊	im-pov'er-ish
_impracticable	a.	လၢအဘၣ်တၢ်(သူ)(မၤ)အီၤတသ့ဘၣ်★လၢတၢ်သိၣ်လဲအီၤတကိာ်ဘၣ်	im-prac'ti-ca-ble
_imprecate / imprecation	v.t. / n.	ယ့(ယွၤ)လၢအကဆိၣ်အၢတၢ်	im'pre-cate' / im-pre-ca'tion
_impregnable	a.	လၢအဘၣ်တၢ်မၤနၢၤအီၤတသ့ဘၣ်★လၢအဂၢၢ်အကျၤ	im-preg'na-ble
_impregnate	v.t.	ဒုးနုာ်ဘၣ်တၢ်လၢပှၤအသးကံၢ်ပူၤ★ဒုးပှဲၤ(ပှၤအသး)(တၢ်)လၢတၢ်တမံၤမံၤ★ဒုးအထီၣ်	im-preg'nate
_impress	v.t.	ဒုးစဲဘူးတၢ်လၢပှၤအသး★ဒုးဘၣ်ဒိဘၣ်ထံးပသး★မၤဆူၣ်ပှၤလၢကမၤတၢ်တမံၤမံၤ	im-press'
_impression	n.	တၢ်သးဘၣ်ထံး★တၢ်ပနီၣ်★တၢ်ဆိကမိၣ်★တၢ်လၢအအိၣ်ထီၣ်လၢပှၤအတၢ်ဆိကမိၣ်အပူၤ	im-pres'sion
_impressive	a.	လၢအအိၣ်ဖျါကဟုကညီၢ်★လၢအဒုးအိၣ်ထီၣ်ပှၤအတၢ်သးဂဲၤသ့★လၢအမၤဘၣ်ဒိပသး★သးဉူးသပှၢ်	im-pres'sive
_imprint	v.t.	(ကျဲၤ)(ပုၣ်နံး)နုာ်တၢ်အဂီၢ်★ဒုးစဲဘူးယာ်လၢအသးကံၢ်ပူၤ	im-print'
_imprint	n.	တၢ်ပုၣ်နံးလံာ်အလီၢ်ဒီးပှၤအမံၤလၢအအိၣ်ဖျါဝဲလၢလံာ်ခိၣ်ထံး	im'print
_imprison	v.t.	ဒၢနုာ်လၢယိာ်ပူၤ★တၢ်လီၤဆူယိာ်ပူၤ★ဒုးယာ်လၢယိာ်ပူၤ	im-pris'on
_improbable	a.	လၢအတလီၤနာ်ဘၣ်ပူၤ★လၢပနာ်အီၤကီ★လၢအကမၤအသးနူဉ်ပနာ်အီၤကီ★လၢအမ့ၢ်မးမ့ၢ်လီၤ★လၢပနာ်တသ့	im-prob'a-ble
_impromptu	a.	လၢအအဘၣ်တၢ်မၤလိာ်စၢၤလၢအဂ့ၢ်ဘၣ်★လၢအတဆိကတီၢ်ဟ်စၢၤအသးဘၣ်	im-promp'tu
_improper	a.	လၢအတကြၢးတဘၣ်	im-prop'er
_impropriety	n.	တၢ်လၢအတကြၢးတဘၣ်★တၢ်တကြၢးတဘၣ်	im'pro-pri'e-ty
_improve / improvement	v.i. / n.	(တၢ်)မၤဂ့ၤထီၣ်တၢ်★ဂ့ၤထီၣ်★အါထီၣ်★ဒိၣ်ထီၣ်	im-prove' / im-prove'ment
_improvident	a.	လၢအ(တဟ်)(တအိၣ်ကတဲာ်ကတီၤ)ဟ်စၢၤတၢ်ဆူညါအဂီၢ်ဘၣ်★လၢအတၢ်ထံၣ်စိကွၢ်စိဟ်တၢ်တအိၣ်ဘၣ်★သူလၢာ်တၢ်ကြီၤကြီၤ	im-prov'i-dent
_improvise / improvisation	v.t. / n.	(တၢ်)မၤကဲထီၣ်တၢ်လၢအတအိၣ်ဘၣ်ဒီးတၢ်ကတဲာ်ကတီၤဟ်စၢၤအသးဘၣ်	im'pro-vise' / im'prov-i-sa'tion
_imprudent	a.	လၢအတအိၣ်ဒီးတၢ်ကူၣ်တၢ်ဆးဘၣ်★တဆိကမိၣ်တၢ်ကစီၢ်ဘၣ်★တပလီၢ်အသး	im-pru'dent
_imprudence	n.	တၢ်တအိၣ်ဘၣ်ဒီးတၢ်ကူၣ်တၢ်ဆးဘၣ်	im-pru'dence
_impudence / impudent	n. / a.	(လၢအ)(တၢ်)တအိၣ်ဒီးတၢ်မဲာ်ကြီၢ်မဲာ်ဆှးဘၣ်★(လၢအ)(တၢ်)မဲာ်ကဲၤ	im'pu-dence / im'pu-dent
_impulse	n.	တၢ်သးဂဲၤလၢအဟဲထီၣ်ဖှး★တၢ်လၢအဒုးဂဲၤဖးပသး★တၢ်တဟီၣ်လၢအဒုးလဲၤတၢ်	im'pulse
_impulsive	a.	လၢအထီၣ်ဟူးထီၣ်ဂဲၤထီၣ်တၢ်	im-pul'sive
_impulsion / impulsiveness	n. / n.	တၢ်သးဂဲၤဟဲထီၣ်ဖှး★တၢ်အတဟီၣ်လၢအ(ထီၣ်ဂဲၤတၢ်)(ဒုးလဲၤတၢ်ဆူညါ)	im-pul'sion / im-pul'sive-ness
_impunity	n.	တၢ်ပူၤဖျဲးဒီးတၢ်စံၣ်ညီၣ်ယၣ်★တၢ်ပူၤဖျဲးဒီးတၢ်တဒၢာ်တနၢ	im-pu'ni-ty
_impure / impurity	a. / n.	(လၢအ)(တၢ်)တကဆှဲကဆှိဘၣ်★(လၢအ)(တၢ်)ဘၣ်အၢဘၣ်သီ	im-pure' / im-pu'ri-ty
_impute / imputation	v.t. / n.	(တၢ်)ဟ်(ပှၤလၢအမၤတၢ်အၢတၢ်နး)	im-pute' / im'pu-ta'tion
_in	prep.	လၢအပူၤ★လၢအကျါ★(ဟဲ)နုၣ်★လၢ	in
_in (hope of)		လၢအယိ★အိၣ်ဒီး(တၢ်မှာ်လၢ်လၢ)	in (hope of)
_in (proof of)		လၢအဂီၢ်	in (proof of)
_in blossom		(အိၣ်ဒီးအသံၣ်အဖိ)လၢအလီၤ	in blossom
_in ---- ing, in the course of		အခ့အခါလၢ	in ---- ing, in the course of
_in as much as		ထဲသိးအဝဲနူၣ်★သတးဒီး★လၢတၢ်နူၣ်အယိ	in as much as
_in a word		လၢတၢ်ကတိၤဖှၣ်ကိာ်	in a word

_inability	n.	တၢ်(မၤတၢ်)တသ့ ★တၢ်တသ့တဘၣ်	in'a-bil'i-ty
_inaccessibility / inaccessible	n. / a.	(တၢ်)လၤတၢ်လဲၤဆူအအိၣ်တသ့ဘၣ် ★(တၢ်)လၤတၢ်မၤန့ၢ်အီၤတသ့ဘၣ်	in'ac-ces'si-bil'i-ty / in'ac-ces'si-ble
_inaccuracy / inaccurate	n. / a.	(တၢ်)(လၢအ)တဘၣ်ဘၣ် ★(တၢ်)(လၢအ)တလီၤတံၢ်လီၤဆဲးဘၣ်	in-ac'-cura-cy / in-ac'cu-rate
_inactive / inactivity	a. / n.	(လၢအ)(တၢ်)တဟူးတဂဲၤဘၣ် ★(လၢအ)(တၢ်)တဖံးတၢ်မၤတၢ်ဘၣ် ★ (လၢအ)(တၢ်)အိၣ်ကၣ်အိၣ်ကျှူ ★(လၢအ)(တၢ်)အိၣ်ထုတၤရၤ	in-ac'tive / in'ac-tiv'i-ty
_inadequacy / inadequate / inadequately	n. / a. / adv.	(တၢ်)(လၢအ)တလၢပှဲၤဘၣ် ★တကြၤးတဘၣ်	in-ad'e-qua-cy / in-ad'e-quate / in-ad'e-quate'ly
_inadmissible	a.	လၤတၢ်အၢၣ်လီၤတသ့ဘၣ် ★လၤတၢ်ပျဲနုာ်တသ့ဘၣ် ★ လၤတၢ်တူၢ်လိာ်တသ့ဘၣ်	in'ad-mis'si-ble
_inadvertence	n.	တၢ်တကနၣ်ယုာ်တၢ် ★တၢ်တပလီၢ်ပဒီအသးဘၣ် ★ တၢ်တအိၣ်ဒီးတၢ်ဟ်ကဲတၢ်ဘၣ်	in'ad-vert'ence
_inadvertent	a.	လၢအတပလီၢ်ပဒီအသး ★လၢအတဟ်ကဲတၢ် ★လၢအတကနၣ်ယုာ်တၢ်	in'ad-vert'ent
_inadvisable	a.	လၢအတဂ့ၤမၤဘၣ် ★တကြၤးလၤတၢ်မၤအီၤဘၣ်	in'ad-vis'a-ble
_inalienable	a.	လၢအဘၣ်တၢ်ဟ့ၣ်လီၤကွံာ်အီၤဆူပှၤဂၤအသ့ဘၣ်	in-al'ien-a-ble
_inane	a.	လၢအအိၣ်ကလီ ★လၢအအိၣ်ဒီးတၢ်သးဆၢးဘၣ် ★တၢ်လီၢ်အိၣ်ဟိ	in-ane'
_inanimate	a.	လၢတၢ်မူတအိၣ်လၢအပူၤဘၣ် ★လၢအသးသမူတအိၣ်ဘၣ်	in-an'i-mate
_inapplicable	a.	လၢတၢ်ဒုးဘၣ်ယး(တၢ်)တသ့ဘၣ် ★လၢတၢ်မၤဘၣ်လိာ်ယုာ်တၢ်တသ့ ★တ☐ ကၤးဘၣ် ★တဘၣ်လိာ်	in-ap'pli-ca-ble
_inappreciable / inappreciably	a. / adv.	လၢအဆံးတုၤဒၣ်လၢ်ပသ့ၣ်ညါလၢအဂ့ၢ်တသ့ဘၣ်	in'ap-pre'ci-a-ble / in'ap-pre'ci-a-bly
_inappreciative	a.	လၢအတသ့ၣ်ညါတၢ်အလှၢ်အပှ့ၤဘၣ်	in'ap-pre'ci-a-tive
_inapproachable	a.	လၢတၢ်ထိၣ်သတြီၤအသးဒီးအီၤတသ့ဘၣ် ★လၢတၢ်လဲၤယီၤဆူ အဂီၤထံးတသ့ဘၣ်	in'ap-proach'a-ble
_inappropriate	a.	လၢအတကြၤးတဘၣ် ★လၢအတဘၣ်အခၢး	in'ap-pro'pri-ate
_inarticulate	a.	လၢအကတိၤတၢ်တပံာ်တကျါဘၣ်	in'ar-tic'u-late
_inartistic	a.	လၢအတၢ်ယံတၢ်လၤတမှာ်မာ်ဘၣ်သးလီၤစံၤပတြၤပှၤဘၣ်	in'ar-tis'tic
_inasmuch	adv.	လၢတၢ်မၤအသးဒ်အံၤဒ်နၤအယိ	in'as-much'
_inattention / inattentive	n. / a.	(တၢ်)(လၢအ)တ(ကနၣ်)ယုာ်(ဟ်သူၣ်ဟ်သး)တၢ်ဘၣ်	in'at-ten'tion / in'at-ten'tive
_inaudible	a.	လၢတၢ်နၢ်ဟူအီၤတသ့ဘၣ် ★လၢအသီၣ်တဟူဘၣ်	in-au'di-ble
_inaugural	a.	ဘၣ်ယးတၢ်အလုၢ်အလၢ်ဖဲပှၤပၢၤလီၢ်ဆ့ၣ်နီၤအသီနၢ်ဘၣ်အလီၢ် အဆိကတၢၢ်တဘျီ	in-au'gu-ral
_inaugurate / inauguration	v.t. / n.	(တၢ်)ဒုးနုာ်ပှၤဘၣ်တၢ်ယုထၢထီၣ်သိအီၤတဂၤဆူအလီၢ် အဆိကတၢၢ်တဘျီဒ်အလုၢ်အလၢ်အသိး	in-au'gu-rate / in-au'gu-ra'tion
_inauspicious	a.	လၢအတၢ်(ပနီၣ်)(ဖး)တဂ့ၤဘၣ် ★လၢအတဟ့ၣ်ထီၣ်တၢ်မုာ်လၢ်ဘၣ် ★ လၢအဟဲဝံတဂ့ၤဘၣ်	in'aus-pi'cious
_inbreed	v.t.	ဟံးန့ၢ်အချံအသၣ်လၢအနူၣ်အထၤဒၣ်ဝဲအကျါ ★ မၤလီၤဖွဲ့လၢအနူၣ်အထၤဒၣ်ဝဲအကျါ ★ဒုးလီၤစၢၤလီၤသွဲၣ် လၢအနူၣ်အထၤဒၣ်ဝဲအကျါ	in-breed'
_incalculable	a.	လၢပဂံၢ်ပဒွးတသ့ဘၣ် ★လၢအဒိၣ်ဒိၣ်မုၢ်မုၢ် ★ လၢပပကဲဟ်စၢၤအဂ့ၢ်လီၤတၢ်တသ့ဘၣ်	in-cal'cu-la-ble
_incantation	n.	တၢ်သမူပယၢ်(အတၢ်ကတိၤ) ★တၢ်ကတိၤအိၣ်ကွဲးဟ်စၢၤအသးလၢပဘၣ် ရူၤတၢ်နၢ်အီၤ	in'can-ta'tion
_incapable	a.	လၢတၢ်သ့တအိၣ်ဒီးအီၤဘၣ် ★(လၢအမၤဝဲ)တသ့ဘၣ်	in-ca'pa-ble
_incapacitate	v.t.	ဒုးတသ့န့ၢ်ပှၤ ★တဒုးသ့အီၤ ★တဒုးကြၤးအီၣ်ဘၣ်အီၣ်	in'ca-pac'i-tate
_incarcerate / incarceration	v.t. / n.	(တၢ်)ဒုးယာ်လၢယိာ်ပူၤ	in-car'cer-ate / in-car'cer-a'tion
_incarnate / incarnation	v.i. / n.	(တၢ်)ဟံးန့ၢ်ပှၤကညီအနီၢ်ခိ ★(တၢ်)ဒုးစံဘူးထီယာ်တၢ်လၢ အသးကံာ်ပူၤကျူတဲၤအိၣ်ဖျါလၢအတၢ်ဖံးတၢ်မၤအပူၤ ★(တၢ်) လိၣ်ထီၣ်သးလၢပှၤကညီ	in-car'nate / in'car-na'tion

148

_incase	v.t.	ပၢနာ်လၢတၢ်အၜၢပှၤ★ၜၤယာ်	in-case'
_incautious	a.	လၢအတပလီၢ်အသးဘၣ်	in-cau'tious
_incendiary	a.	(ပှၤ)လၢအဆူးထိၣ်ကွံၣ်(တၢ်အလှၢ်အိၣ်ပှၤအိၣ်)(ဟံၣ်)လၢမှၣ်အူ★(ပှၤ)လၢအဒုးအိၣ်ထိၣ်တၢ်တၤထိၣ်တၢၤလီၤ	in-cen'di-a-ry
_incense	v.t.	မၤသူၣ်ဒိၣ်သးဖျိးထိၣ်	in-cense'
_incense	n.	တၢ်နၢမူနၢဆီ	in'cense
_incentive	n.	တၢ်လၢအထိၣ်ဟူးထိၣ်ဂဲၤထိၣ်သး	in-cen'tive
_inception	n.	တၢ်စးထိၣ်အသး★တၢ်အခိၣ်ထံး	in-cep'tion
_incessant	a.	ထီဘိ★တထံၣ်ယီ★လၢအတအိၣ်ကတီၢ်နီတဘျီဘၣ်	in-ces'sant
_incest	n.	တၢ်အဲၣ်လိာ်အသးတဆီးတလၤ	in'cest
_incestuous	a.	လၢအအဲၣ်လိာ်အသးတဆီးတလၤ	in-ces'tu-ous
_inch	n.	တစုမှၢ်ဒိၣ်	inch
_incident	a.	(တၢ်)လၢအမၤဖုးအသး	in'ci-dent
_incident	n.	တၢ်မၤအသး	in'ci-dent
_incidental	a.	ဘၣ်ဂ့ၢ်အတီၢ်မၤအသး	in'ci-den'tal
_incinerate	v.t.	(ဒ့ၣ်ကွံၣ်တၢ်)(ဆူးထိၣ်ကွံၣ်တၢ်)တုၤအကဲထိၣ်ဖၣ်ဆါခဲလၢာ်★ကုၢ်ယိစီမှၣ်	in-cin'er-ate
_incipient	a.	လၢအအိၣ်ဖျါထိၣ်သိသိ★လၢအစးထိၣ်ကဲထိၣ်အသး★လၢအခိၣ်ထံး	in-cip'i-ent
_incipience / incipiency	n. / n.	တၢ်အခိၣ်ထံး★တၢ်စးထိၣ်အသး	in-cip'i-ence / in-cip'i-en-cy
_incision	n.	တၢ်ဘၣ်ကူးတၢ်ဘၣ်ကါ★တၢ်ဘၣ်တုာ်★တၢ်ကူးဖျိ	in-ci'sion
_incite	v.t.	ထိၣ်ဂဲၤထိၣ်ပှၤအသး★သဆၣ်ထိၣ်အခံ	in-cite'
_incivility	n.	တၢ်တဟ်ကဲပှၤဂၤင်အကြၢးအသိးဘၣ်★တၢ်ရၢ်တၢ်စၢ်★တၢ်တယူၣ်တဖျ	in'ci-vil'i-ty
_inclemency	n.	တၢ်သးကညီၤတအိၣ်	inclem'en-cy
_inclement	a.	(ကလံၤ)ဆူၣ်★လၢအသးကညီၤတၢ်တသ့	in-clem'ent
_inclination	n.	တၢ်သးအိၣ်★သးအတၢ်အဲၣ်ဒိး★တၢ်ဒ့ခံ	in'cli-na'tion
_incline	v.i.	သးအိၣ်တၢ်★ဘၣ်အသး★(မၤ)ဒ့ခံ★(မၤ)တစ့	in-cline
_inclose	v.t.	ကရၢယာ်★ၜၤယာ်★ဝီၤတရံးယာ်★မၤကပိၤယာ်	inclose'
_inclosure	n.	ကရၢပူၤ★ဂၤပူၤ★တၢ်ဒ့ၣ်(ယာ်တၢ်)★တၢ်လၢတၢ်ဒၢနာ်ယုာ်အီၤဒီးတၢ်ဂၤ	in-clo'sure
_include	v.t.	ပာ်ယုာ်★အိၣ်ဒီး	in-clude'
_inclusive	a.	လၢအပာ်ယုာ်★(တၢ်အဆၢအကတီၢ်)ပာ်ယုာ်အခိၣ်ထံးဒီးအကတၢၢ်★လၢအအိၣ်ယုာ်ဒီး	in-clu'sive
_incognito	n.	တၢတ်ဖျါအသးလၢအမ့ၢ်မတၤမတၤဘၣ်★လၢတၢ်ပိာ်လီၤသိသးအပူၤ	in-cog'ni-to
_incoherence / incoherent	n. / a.	(လၢအ)(တၢ်)တအိၣ်(စဲဘူး)(ယူလိာ်ဖိးဒ့)လိာ်အသးလၢအဂ့ၢ်အကျိုဘၣ်	in'co-her'ence / in'co-her'ent
_incombustible	a.	လၢမှၣ်အူအိၣ်တန့ၢ်ဘၣ်★လၢမှၣ်အူတအိၣ်ဘၣ်	in'com-bus'ti-ble
_income	n.	စ့ဟဲနုာ်★တၢ်လၢအဟဲနုာ်လၢပတၢ်ဖံးအိၣ်မၤအိၣ်အပူၤ★တၢ်ဘူးတၢ်လဲ	in'come
_incommunicable	a.	လၢတၢ်တဲဖျါထိၣ်အဂ့ၢ်လီၤတံၢ်လီၤဆဲးတသ့ဘၣ်	in'com-mu'ni-ca-ble
_incommunicative	a.	လၢတနၢ်စိၤကတိၤတၢ်ဘၣ်★လၢတစံးဆၢတၢ်လၢပသံကွၢ်အီၤဘၣ်★လၢအတမိၣ်တဲဘၣ်အသးတၢ်လၢပူၤဘၣ်	in'com-mu'ni-ca-tive
_incomparable	a.	လၢအလၢအပှဲၤတုၤပထိၣ်သတြီၤအီၤဒီးတၢ်ဂၤတသ့ဘၣ်★တၢ်ဂၤလၢအကဂၤထဲသိးအီၤတအိၣ်ဘၣ်	in-com'pa-ra-ble
_incompatible	a.	လၢအတယူလိာ်အသးဘၣ်★လၢအတဘၣ်လိာ်ဖိးဒ့လိာ်အသးဘၣ်	in-com'pat'i-ble
_incompetence / incompetent	n. / a.	(လၢအ)(တၢ်)မၤတၢ်(တသ့)(အခွဲးတအိၣ်)ဘၣ်	in-com'pe-tence / in-com'pe-tent
_incomplete	a.	တလၢတပှဲၤ★လၢအတလၢတၢ်လှၤတီၤဘၣ်★လၢအတဝံၤဘၣ်	in'com-plete
_incomprehensible	n.	လၢတၢ်နၢ်ပၢၢ်အီၤတသ့ဘၣ်	in-com'pre-hen'si-ble
_inconceivable	a.	လၢပဆိကမိၣ်တသ့ဘၣ်★လၢပနာ်လၢအမ့ၢ်ငံၣ်နှၣ်တသ့ဘၣ်★လၢပထံၣ်အီၤလၢအသးအမဲာ်တသ့ဘၣ်	in'con-ceiv'a-ble
_inconclusive	a.	လၢအတဒုးအိၣ်ထိၣ်တၢ်စံၣ်ညီၣ်တဲာ်တၢ်ဒံးဘၣ်★တဟ်ဖျါတၢ်တုၤလၢတၢ်အကတၢၢ်လီၤတံၢ်လီၤဆဲးဒံးဘၣ်	in'con-clu'sive

_incongruous	a.	လၢအတယူာ်လိာ်အသးဒီးတၢ်ဂၤဘၣ်★လၢအတ☐ကၢးဘၣ်တၢ်ဟ်ယှာ်ဒီးတၢ်ဂၤဘၣ်★လၢအတဘၣ်လိာ်ယှာ်ဒီးတၢ်ဂၤဘၣ်	in-con'gru-ous
_inconsequential	a.	လၢအတမ့ၢ်တၢ်ဒိၣ်တၢ်မှၢ်ဘၣ်	in-con'se-quen'tial
_inconsiderate	a.	တဆိကမိၣ်တၢ်လၢပှၤဂၤအဂီၢ်ဘၣ်	in'con-sid'er-ate
_inconsistency	n.	တၢ်တဘၣ်လိာ်ဖိးဒ့လၢ(တၢ်ကတိၤတဘီဒီးတဘီ)(တၢ်မၤတမံၤဒီးတမံၤ)အကျါ★တၢ်ကတိၤတၢ်တကျိုးမၤတၢ်တကျိုး★တၢ်တယူလိာ်ဖိးလိာ်သး	in'con-sist'ency
_inconsistent	a.	(လၢတၢ်တမံၤယီအဂ့ၢ်အပူၤတၢ်အိၣ်တမံၤ)လၢအတယူလိာ်အသးဒီးအဂၤဘၣ်★လၢအတဲ၀ဲတမံၤမၤ၀ဲတမံၤဒၣ်★လၢအတယူလိာ်ဖိးလိာ်သး	in'con-sist'ent
_inconsolable	a.	လၢတၢ်မၤမုာ်ထီၣ်အသးတသ့ဘၣ်	in'con-sol'a-ble
_inconspicuous	a.	လၢအအိၣ်ဖျါတဂ့ၤဘၣ်	in'con-spic'u-ous
_inconstant	a.	လၢအတင်္သိးသိးထီဘိဘၣ်★လၢအလဲအသး(ခဲအံၤခဲအံၤ)★တဂၢ်တကျၤ	in-con'stant
_incontestable	a.	လၢတၢ်ဂ့ၢ်လိာ်ဘိုလိာ်အဂ့ၢ်တသ့ဘၣ်★လၢတၢ်ကတိၤလၢအဂ့ၢ်အလီၤတအိၣ်ဘၣ်★လၢအမ့ၢ်သပှၢ်ကတၢၢ်	in'con-test'a-ble
_incontinence	n.	တၢ်တကီၤအသးဘၣ်★တၢ်တထုးအသးဘၣ်	in-con'ti-nence
_incontinent	a.	လၢအတကီၤအသးဘၣ်★လၢအတပၢၤအသးဘၣ်	in-con'ti-nent
_incontrollable	a.	လၢတၢ်(ပၢ)(ပၢၤ)အီၤတန့ၢ်ဘၣ်	in'control'la-ble
_incontrovertible	a.	လၢတၢ်ဂ့ၢ်လိာ်ဘိုလိာ်လၢအဂ့ၢ်တသ့ဘၣ်★လၢတၢ်ကတိၤလၢအဂ့ၢ်အလီၢ်တအိၣ်ဘၣ်★လၢအမ့ၢ်သပှၢ်ကတၢၢ်	in-con'tro-vert'i-ble
_inconvenience / inconvenient	n. / a.	(တၢ်)(လၢအ)တၢ်မုာ်တၢ်တဝဲ★(တၢ်)(လၢအ)တဂ့ၤလၤပဂီၢ်★တၢ်(လၢအ)တမုာ်တပၢၤဘၣ်	in'con-ven'ience / in'con-ven'ient
_incorporate	v.t.	ဒုးကဲထီၣ်တၢ်တမံၤယီဒီးတၢ်မိၢ်ပှၢ်★ဒုးကဲထီၣ်တၢ်မၤသကိးတၢ်တပူၤယီလၢပဒိၣ်အစဲာ်ညါ★ယါယှာ်★ဟ်ဖှိၣ်ယှာ်ဒီးဒုးကဲထီၣ်အီၤလၢတၢ်တမံၤယီ	in'cor'po-rate
_incorporeal	a.	လၢအတအိၣ်ဒီးနီၢ်ခိဖံးည့ာ်ဘၣ်	in'cor-po're-al
_incorrect	a.	လၢအတဘၣ်ဘၣ်★လၢအတဘၣ်တပှိၤဘၣ်★လၢအတလီၤတံၢ်လီၤဆဲးဘၣ်	in'cor-rect
_incorrigible	a.	လၢအအိၣ်ဂၢၢ်အိၣ်ကျၢၤလၢတၢ်အၢအၢပူၤ★လၢပဘိုက့ၤတန့ၢ်လၢၤဘၣ်	in-cor'ri-gi-ble
_incorruptible	a.	လၢအဟးဂီၤတသ့ဘၣ်★လၢအကၣ်ကဒါတသ့ဘၣ်★တီလိၤ	in-cor-rupt'i-ble
_increase	v.i.	(မၤ)အါထီၣ်★(မၤ)ဒိၣ်ထီၣ်★ဂုၤထီၣ်ပသီထီၣ်	in-crease'
_increase	n.	တၢ်အါထီၣ်★တၢ်ဒိၣ်ထီၣ်★တၢ်ဂုၤထီၣ်ပသီထီၣ်	in'crease
_incredible	a.	လၢပုၤနာ်အီၤတသ့ဘၣ်★လၢအလီၤနာ်ပုၤတသ့ဘၣ်★လၢအတလီၤနာ်ဘၣ်	in-cred'i-ble
_incredulous	a.	လၢအတနာ်တၢ်ဘၣ်	in-cred'u-lous
_increment	n.	တၢ်အါထီၣ်	in'cre-ment
_incriminate	v.t.	လိာ်အီၤလၢကွၢ်လၢအအိၣ်ဒီးတၢ်ကမၣ်အဆၢ★ဟ်တၢ်ကမၣ်လၢအလိၤ★လိာ်အီၤလၢကွၢ်	in-crim'i-nate
_incrust	v.t.	ဒုး(ကိာ်ဘိထီၣ်)(ကိၤထီၣ်လၢအဖိခိၣ်တခီ)(ကၢးသၢအီၤဒီးအဘ့ၣ်ပှၢ်)	in-crust'
_incubate	v.t.	ဒုးဟု★ဟုဖးထီၣ်အဒံၣ်	in'cu-bate
_incubator	n.	စဲးဟုတၢ်ဒံၣ်	in'cu-ba'tor
_inculcate / inculcation	v.t. / n.	(တၢ်)သိၣ်လိနဲၣ်လိအီၤတလီၢ်လီၢ်တလီၢ်လီၢ်ဒံသိးတၢ်ကနာ်ဘၣ်လၢအသး	in-cul'cate / in-cul-ca'tion
_incumbency	n.	တၢ်ဟံးယာ်တၢ်လီၢ်တၢ်ကျဲ(အဆၢဆၢကတီၢ်)★တၢ်လၢအကျုၤလီၤတၢ်	in-cum'ben-cy
_incumbent	a.	လၢအလီၤဘၣ်ပှၤ★ပှၤလၢအဘၣ်တၢ်ယုထၢထီၣ်လၢအဘၣ်ဖံးဘၣ်မၤပၢဆှၢတၢ်တဂၤ★လၢအကျုၤလီၤတၢ်	in-cum'bent
_incur	v.t.	ဒုးကဲထီၣ်(တၢ်ကီတၢ်ခဲ)လၢအကစၢ်ဒၣ်အဂီၢ်★ဒုးအိၣ်ထီၣ်(တၢ်ကီတမံၤ)လၢအကစၢ်ဒၣ်၀ဲအလိၤ★ဒုးဘၣ်ကွၤအကစၢ်ဒၣ်လၢတၢ်ကီတၢ်ခဲ	in-cur'
_incurable	a.	လၢတၢ်မၤဘျါတသ့ဘၣ်★လၢအဘျါတန့ၢ်ဘၣ်	in-cur'a-ble
_incursion	n.	တၢ်နုာ်လီၤမၤဒၣ်တၢ်ဒီးဂုာ်ဆူၣ်တၢ်လၢကီၢ်ဂၤအပူၤ	in-cur'sion
_indebted	p.a.	လၢအအိၣ်ဒီးအကမၢ်★လၢအဘၣ်လိးကွၤတၢ်ဘျုးလၢအဘၣ်အီၤလၢညါ★လၢအကမၢ်အိၣ်	in-debt'ed

_indecent	a.	(လၢအကတိၤတၢ်)လၢအတဂ့ၤအိၣ်ဖျါဘၣ် ★လၢအမၤအသးကလံၤကစီၣ် ★လၢအတကြၢးတဘၣ် ★လၢအတယံၤလၢဘၣ် ★လၢအတဘၣ်မံာ်ဘၣ်နါဘၣ်	in-de'cent
_indecisive	a.	လၢအဒၣ်ဝ့ၤဒံၣ်ဝီၤ ★လၢအတလီၤတံၢ်ဒီးဘၣ် ★လၢအတဒုးအိၣ်ထိၣ်တၢ်စံၣ်ညီၣ်တဲာ်တၢ်ဒီးဘၣ် ★လၢအတဝံတကဲလီၤတံၢ်လီၤဆဲးဘၣ်	in'de-ci'sive
_indecorous	a.	လၢအလုၢ်အလၢ်တယံတဃၤ ★တယ့ၣ်တကၠ့ဘၣ်	in'de-co'rous
_indeed	adv.	နီၢ်နီၢ် ★ယါမနၤ ★သပှၢ်ကတၢၢ်	in-deed
_indefatigable	a.	လၢတၢ်ဘုံးအသးတသ့ဘၣ် ★လၢတၢ်တဘုံးအသးဘၣ်	in'de-fat'i-ga-ble
_indefeasible	a.	(တၢ်စံၣ်ညီၣ်)လၢတၢ်မၤဟးဂီၤအီၤတသ့ဘၣ် ★(တၢ်စံၣ်ညီၣ်)လၢတၢ်မၤကၤၣ်ကၤၣ်တဝါတသ့ဘၣ်	in'de-fea'si-ble
_indefensible	a.	(တၢ်မၤ)လၢအဘၣ်တၢ်ဟ်လၢအဒၣ်အပိ့ၤတသ့ဘၣ် ★လၢပဟ်တီဟ်လိၤအီၤတသ့ဘၣ်	in'de-fen'si-ble
_indefinable	a.	လၢတၢ်ဟ်ဖျါထီၣ်အဂ့ၢ်တဘၣ်ဘၣ်(လၢအတအိၣ်ဖျါလီၤတံၢ်အယိ) ★လၢတၢ်နီၤဖးအဆၢတဘၣ်ဘၣ်	in'de-fin'a-ble
_indefinite	a.	လၢအတလီၤတံၢ်လီၤဆဲးဘၣ် ★လၢအတဖျါလီၤတံၢ်ဘၣ်	in-def'i-nite
_indelible	a.	လၢပတြူာ်ဟၢမ်ကွံာ်တသ့ဘၣ်	in-del'i-ble
_indelicacy	n.	တၢ်အလုၢ်အလၢ်လၢအတယံတဃၤလၢဘၣ်အယိမၤဆါပုၤဂၤအသး ★တၢ်ကလံၤကစီၣ် ★တၢ်တယ့ၣ်တကၠ့	in-del'i-ca-cy
_indelicate	a.	လၢအတယံတဃၤဘၣ် ★လၢအကလံၤကစီၣ် ★ရၢ် ★လၢအတယ့ၣ်တကၠ့	in-del'i-cate
_indemnify / indemnification	v.t. / n.	(တၢ်)ဘၣ်လီၤက့ၤ ★(တၢ်)ဟ့ၣ်က့ၤတၢ်အစါ	in-dem'ni-fy / in-dem'ni-fi-ca'tion
_indemnity	n.	တၢ်လီၤက့ၤတၢ်လၢတၢ်ဟါမၢ်,ဟးဂီၤဝဲအယိ	in-dem'ni-ty
_indemonstrable	a.	လၢပယဲၤဖျါထီၣ်အဂ့ၢ်လၢအတီတသ့ဘၣ် ★လၢပဒုးနဲၣ်လၢအ(ဘၣ်)နူၣ်တသ့ဘၣ်	in'-de-mons'tra-ble
_indent	v.t.	တံာ်ကွ့ာ်ကိာ်တၢ်အသရူၤ ★တံာ်အ့ၣ်ရဲာ်တၢ်အကနူၤ	in-dent'
_independence / independent	n. / a.	(တၢ်)(လၢအ)အိၣ်သဘျ့ ★(တၢ်)(လၢအ)တသန့ၤအသးလၢပုၤဂၤဘၣ် ★(တၢ်)(လၢအ)ပၢလီၤအသးဒၣ်ဝဲ	in'-de-pend'ence / in-de-pend'ent
_indescribable	a.	လၢပတဲဖျါထီၣ်အဂ့ၢ်တဘၣ်ဘၣ် ★လၢပယဲၤဖျါထီၣ်တဘၣ်ဘၣ်	in'de-scrib'a-ble
_indestructible	a.	လၢအဟးဂီၤတသ့ဘၣ် ★လၢတၢ်မၤဟးဂုာ်ဟးဂီၤတန့ၢ်ဘၣ်	in'de-struct'i-ble
_indeterminable / indeterminate	a. / a.	လၢပသ့ၣ်ညါလီၤတံၢ်အဂ့ၢ်တသ့ဘၣ် ★လၢအတလီၤတံၢ်လီၤဆဲးဘၣ်	in'de-ter'mi-na-ble / in'de-ter'mi-nate
_index	n.	တၢ်ကွဲးဖျါထီၣ်တၢ်လၢအအိၣ်ကွဲးအသးတဖၣ်ဒီးတဖၣ်အဘျုးကပၤ	in'dex
_index finger	n.	စုမုၢ်ယူာ်	in'dex fing'er
_indicate / indication	v.t. / n.	(တၢ်)ဒုးနဲၣ် ★(တၢ်)နဲၣ်ဖျါ	in'di-cate / in'di-ca'tion
_(is) indicative (of)	a.	ဟ်ဖျါ	(is) in-dic'a-tive (of)
_indict / indictment	v.t. / n.	(တၢ်)ဟ်ထီၣ်တၢ်ကမၣ်လၢ(ပုၤ)အလိၤ ★(တၢ်)လိာ်ကွီၢ်	in-dict' / in-dict'ment
_indifference / indifferent	n. / a.	(တၢ်)(လၢအ)တဟ်ကနၣ်အသးလၢတၢ်ဘၣ် ★(တၢ်)(လၢအ)သးတအိၣ်ထီၣ်ဘၣ်ယးအသးလၢတၢ်ဘၣ် ★(တၢ်)(လၢအ)တဟ်ကဲတၢ်	in-dif'fer-ence / in-dif'fer-ent
_indigestible	a.	လၢပကဖှံာ်တဘှဲးဘၣ်	in'di-gest'i-ble
_indigestion	n.	တၢ်(အိၣ်)တဘှဲးဘၣ် ★တၢ်ဟုးထီၣ်သးကး	in'di-ges'tion
_indignant	a.	လၢအသုၣ်ဒိၣ်သးဖျိုးထီၣ် ★လၢအသးဒိၣ်ထီၣ်လၢတၢ်မၤဆါလီၤစုၤလီၤအပူၤအယိ	in-dig'nant
_indignation	n.	တၢ်သုၣ်ဒိၣ်သးဖျိုးထီၣ် ★တၢ်သးဒိၣ်ထီၣ်လၢတၢ်မၤဆါလီၤစုၤလီၤပုၤအပူၤအယိ	in'dig-na'tion
_indignity	n.	တၢ်မၤဆံးလီၤစုၤလီၤပုၤအလၤကပီၤ,အသးအသ့ၣ်	in-dig'ni-ty
_indirect	a.	လၢအတမ့ၢ်လိၤလိၤဘၣ် ★လၢအကွ့ာ်အကူ ★လၢအတစၢၢ်ဆၢဘၣ်	in'di-rect
_indirectly	adv.	တလိၤလိၤဘၣ် ★ကွ့ာ်ကွ့ာ်ကူကူ ★တစၢၢ်ဆၢဘၣ်	in'di-rect'-ly
_indiscernible	a.	လၢပထံၣ်(အတၢ်လီၤဆီ)တသ့ဘၣ်	in'dis-cern'i-ble

_indiscreet	a.	လၢအတၢ်ကူၣ်တၢ်ဆးတအိၣ်ဘၣ်★လၢအတအိၣ်ဒီးတၢ်ဆိကမိၣ်ဆိကမး	in'dis-creet'
_indiscretion	n.	တၢ်(မၤလၢအ)တအိၣ်ဒီး(တၢ်ကူၣ်တၢ်ဆးဘၣ်)(တၢ်ဆိကမိၣ်ဆိကမးဘၣ်)	in'dis-cre'tion
_indiscriminate (ly)	a.	(လၢအ)(မၤတၢ်)တအိၣ်ဒီးတၢ်ဆိကမိၣ်နီၤဖးပၵ်ဖးတၢ်ဘၣ်★လၢအသဘံၣ်ဘၣ်	in'dis-crim'i-nate (ly)
_indispensable	a.	လၢအမ့ၢ်တ(အိၣ်)(မၤအသး)ဘၣ်ဒီးပ(မၤတၢ်)(အိၣ်)တသ့ဘၣ်★လၢအလိၢ်အိၣ်သပှၢ်ကတၢၢ်	in'dis-pen'sa-ble
_indisposed	p.a.	လၢအသးတအိၣ်★ဆါတဒိၣ်တဆံး	in'dis-posed'
_indisposition	n.	တၢ်ဆါတဒိၣ်တဆံး★တၢ်သးအိၣ်တၢ်	in'dis-po-si'tion
_indisputable	a.	လၢတၢ်ဂ့ၢ်လိာ်ဘိုလိာ်လၢအဂ့ၢ်အလီၢ်တအိၣ်ဘၣ်★လၢပတအၢၣ်လီၤဘၣ်ဒီးအိၣ်တသ့ဘၣ်	in'dis-pu'ta-ble
_indissoluble	a.	လၢအပှံၢ်လီၤတသ့ဘၣ်★လၢအလီၤပြံလီၤပြါတသ့ဘၣ်★လၢအဘၣ်တၢ်မၤလီၤဖှံၢ်လီၤဝ၁်,လီၤဖှၣ်အီၤတသ့ဘၣ်	in-dis'so-lu-ble
_indissolubly	adv.	ဂၢၢ်ဂၢၢ်ကျၤၤကျၤၤ★လီၤဖှၣ်လိာ်အသးတသ့ဘၣ်★တပှၢ်လီၤဘၣ်	in-dis'so-lu-bly
_indistinct	a.	လၢအအိၣ်ဖျါထံထံဆးဆးဘၣ်★လၢအဖျါတဂ့ၤဘၣ်★လၢအတပံၣ်တကျါဘၣ်	in'dis-tinct'
_indistinguishable	a.	လၢတၢ်နီၤဖးပၵ်ဖးအဆၢထံထံဆးဆးတသ့ဘၣ်	in'dis-tin'guish-a-ble
_individual	a.	ဘၣ်ယးတၢ်တမံၤ,တၢ်တဂၤ★ဘၣ်ယးတမံၤလၢအလီၢ်,တဂၤလၢအလီၢ်,ဘၣ်ယးတမံၤလၢအဂီၢ်ဒၣ်ဝဲ,တဂၤလၢအဂီၢ်ဒၣ်ဝဲ★တဂၤ★တမံၤ	in'di-vid'u-al
_individually	adv.	တဂၤစုာ်စုာ်★တမံၤစုာ်စုာ်	in'di-vid'u-al-ly
_indivisible	a.	လၢတၢ်နီၤဖးအီၤတသ့ဘၣ်★လၢတၢ်မၤလီၤဖးအီၤတသ့ဘၣ်	in'di-vis'i-ble
_indolence / indolent	n. / a.	တၢ်ကၢၣ်တၢ်ကျၤၤ★လၢအကၢၣ်အကျၤၤ	in'do-lence / in'do-lent
_indomitable	a.	လၢအတဆီၣ်လီၤအသးဘၣ်★လၢတၢ်မၤနၢၤအီၤတသ့ဘၣ်	in-dom'i-ta-ble
_indorse	v.t.	အၢၣ်လီၤအီလီၤလၢအဂ့ၤဝဲဘၣ်ဝဲ★ကွဲးတၢ်လၢစးခိအချၢတခီ	in-dorse'
_indubitable	a.	လၢပဟ္ၣ်သးဒီးအီလီၢ်တအိၣ်ဘၣ်★လၢပသးဒ္ဒီလၢအဂ့ၢ်တသ့ဘၣ်	in-du'bi-ta-ble
_induce / inducement	v.t. / n.	မၤတၢ်(လၢကျဲတဘိဘိ)တုၤတၢ်ကဲထီၣ်(တဖံၤမံၤ)★(တၢ်)(ကတိၤ)သဆၣ်ထီၣ်ပုၤအခံန့ၢ်★(တၢ်)မၤန့ၢ်ဆီၣ်ခံ	in-duce' / in-duce'ment
_induct / induction	v.t. / n.	(တၢ်)ဒုးနာ်ပုၤဘၣ်တၢ်ယွၤထံၣ်သိဆုအလီၢ်အဆိကတၢၢ်တဘျီအိၣ်ဒီးအလၤ★(တီၣ်ထီၣ်)(ဟ်ထီၣ်)ပုၤလၢအတၢ်မၤလီၢ်	in-duct' / in-duc'tion
_indulge / indulgence	v.t. / n.	(တၢ်)တကီၤအသးဘၣ်★(တၢ်)ဟ့ၣ်လီၤအသး(လၢတၢ်မုာ်တၢ်လၤအပူၤ)★(တၢ်)လူၤဘၣ်ပုၤအသး★(တၢ်)ပျၢ်ပုၤမၤဖဲၣ်အသး	in-dulge' / in-dul'gence
_indulgent	a.	လၢအလူၤဘၣ်ပုၤအသး★လၢအပျၢ်ပုၤမၤဖဲၣ်အသး	in-dul'gent
_industrial	a.	ဘၣ်ယးတၢ်ဖံးတၢ်မၤ	in-dus'trial
_industrious	a.	လၢအဖံးတၢ်မၤတၢ်ဆူၣ်★ခု	in-dus-tri-ous
_industry	n.	တၢ်ဖံးတၢ်မၤ★တၢ်ခုဖံးခုမၤ	in'dus-try
_inebriate	a.	(ပုၤ)လၢအမူးသံး★(ပုၤ)လၢအညီနုၢ်အီမူးအီဘိုးအသး	in-e'bri-ate
_inebriate	v.t.	ဒုးမူၤလၢသံး	in-e'bri-ate
_inedible	a.	လၢအတဂ့ၤအီၣ်ဘၣ်★လၢအတကြၢးပုၤအီၣ်ဘၣ်	in-ed'i-ble
_ineffable	a.	လၢ(အဒိၣ်တုာ်ထီတုာ်တုၤ)ပုၤတဲအဂ့ၢ်တသ့ဘၣ်★လၢပစံးတသ့ကဟ္ၤအဂ့ၢ်တသ့ဘၣ်	in-ef'fa-ble
_ineffective	a.	လၢအဒုးကဲထီၣ်တၢ်တသ့ဘၣ်★လၢအတဒုးကဲထီၣ်တၢ်ဘၣ်★အဘျုးတအိၣ်	in-ef-fec'tive
_ineffectual	a.	လၢအတဒုးကဲထီၣ်တၢ်ဘၣ်★အဘျုးတအိၣ်	in-ef-fec'tu-al
_inefficacy	n.	တၢ်တ(အိၣ်ဒီးအစိကမီၤလၢအက)ဒုးကဲထီၣ်ဘၣ်★တၢ်တကိၢ်တသိၣ်တၢ်	in-ef'fi-ca-cy
_inefficiency / inefficient	n. / a.	(တၢ်)(လၢအ)တအိၣ်ဒီးအစိကမီၤအလၢအပှဲၤလၢကဒုးကဲထီၣ်တၢ်အဂီၢ်ဘၣ်★(တၢ်)လၢအဘျုးတအိၣ်	in-ef-fi'cien-cy / in-ef-fi'cient
_inelastic	a.	လၢအယုာ်ထီၣ်အသးတသ့ဘၣ်	in'e-las'tic
_inelegant	a.	လၢအတမၤအသးယံယံလၤလၤဘၣ်သ္ၣ်ဘၣ်သးပုၤ၁်တၢ်အလုၢ်အလၢ်အိၣ်ဝဲအသိးဘၣ်★တယံတလၤဘၣ်	in-el'e-gant
_ineligible	a.	လၢအတကြၢးတၢ်ယုထၢထီၣ်အီၤဘၣ်	in-el'i-gi-ble
_inequality	n.	တၢ်တတုၤသိးလိာ်အသးဘၣ်★တၢ်တယူလိာ်အသးဘၣ်★တၢ်တ(ထဲသိး)(ပှဲၤသိး)လိာ်သးဘၣ်	in'e-qual'i-ty

_inequitable	a.	လၢအတၤတီတၢလဲၣ်★လၢအတကြၢးတဘၣ်ဘၣ်	in-eq'ui-ta-ble
_inequity	n.	တၢ်တၤတီတၤလဲၤ	in-eq'ui-ty
_ineradicable	a.	လၢတၢ်ကြျၤၥ်ကွံၥ်အီၤတဟါမၢ်ဘၣ်★လၢတၢ်မၤဟးဂီၤကွံၥ်စီဖှုကလၤတန့ၢ်ဘၣ်	in'e-rad'i-ca-ble
_inerrancy / inerrant	n. / a.	(တၢ်)(လၢအ)တမၤကမၣ်တၢ်ဘၣ်★(တၢ်)(လၢအ)ပူၤဖှိးဒီးတၢ်ကမၣ်ကမၣ်	in-er'ran-cy / in-er'rant
_inert	a.	လၢအတအိၣ်ဒီးအစိကမီၤလၢအကဟူးဒီးအကသုးအသးဘၣ်★လၢအသုၣ်ယၢသးယၢ★လၢအဟူးတမုၥ်ဂဲၤတမုၥ်★ယၢသံကံၥ်သံ	in-ert'
_inertia	n.	တၢ်တဟူးတဂဲၤ,တသုးအသးဘၣ်★တၢ်သုးအသးယၢယၢဖံၥ်ဖံၥ်★တၢ်သုၣ်ယၢသးယၢ	in-er'ti-a
_inescapable	a.	လၢအတပူၤပူၤဘၣ်	in-es-cap'a-ble
_inestimable	a.	လၢပူၤတယ★တဲလၢအဂ့ၢ်တဘၣ်ဘၣ်★လၢ(အပှ့ၤဒိၣ်တုၤ)ပှဲၥ်အပှ့ၤတဘၣ်ဘၣ်★လၢပကံၢ်ပဒွး(အလုၢ်အပှ့ၤ)(အဘျုးအဖှိၣ်)တသ့ဘၣ်	in-es'ti-ma-ble
_inestimably	adv.	တုၤပကံၢ်ပဒွးအပှ့ၤတဘၣ်ဘၣ်	in-es'ti-ma-bly
_inevitable	a.	လၢတၢ်ဟးဆှဲးအီၤတသ့ဘၣ်★လၢကမၤအသးတီၤ★လၢပူၤဂ့ၢ်တပူၤဘၣ်	in-ev'i-ta-ble
_inevitably	adv.	လၢတၢ်ဟးဆှဲးအီၤတသ့ဘၣ်အပူၤ	in-ev'i-ta-bly
_inexact	a.	လၢအတလီၤတံၢ်ဘၣ်	in'ex-act'
_inexcusable	a.	လၢကတိၤပူၤဖျဲးအသးအခွဲးတအိၣ်ဘၣ်	in'ex-cus'a-ble
_inexhaustible	a.	လၢအလၥ်ထီၣ်တ(န့ၢ်)(သ့)နီတဘျီဘၣ်	in'ex-haust'i-ble
_inexorable	a.	လၢ(ပှၤကတိၤကညးအီၤသနၥ်က့)တယၣ်အသးဒီးကဲၣ်ကဒါဘၣ်★သးကီၤ	in-ex'o-ra-ble
_inexpedience / inexpediency	n. / n.	တၢ်တဒုးကဲထီၣ်တၢ်ဘျုးတၢ်ဖှိၣ်နီတမံၤဘၣ်	in'ex-pe'di-ence / in'ex-pe'di-ency
_inexpensive	a.	လၢအတလၥ်ပှ့ၤလၥ်ကလံၤအါအါဘၣ်★အပှ့ၤဘၣ်★တလၢၥ်ဘ့ၣ်လၥ်စ့ၤဘၣ်	in'ex-pen'sive
_inexperience	n.	တၢ်တညီနုၢ်တၢ်ဘၣ်	in'ex-pe'ri-ence
_inexpert	a.	လၢအတသ့တဘၣ်ဘၣ်	in'ex-pert'
_inexpiable	a.	(ဘၣ်ယးတၢ်သမူၤကမၣ်)လၢပမၤသးမံကွၤပူၤလၢအဂ့ၢ်တန့ၢ်ဘၣ်	in-ex'pi-a-ble
_inexplicable	a.	လၢအကဲထီၣ်လၢမနုၤအယိပူၤတဲတသ့တဘၣ်ဘၣ်★လၢတၢ်တဲဖျါအီၤတသ့ဘၣ်	in-ex'pli-ca-ble
_inexpressible	a.	လၢတၢ်တဲဖျါအီၤတဘၣ်ဘၣ်	in'ex-press'i-ble
_inextinguishable	a.	လၢၤပ(မၤသံ)(မၤလီၤဟ်)ကွံၥ်တသ့ဘၣ်★လၢၤမၤဟါမၢ်ကွံၥ်တသ့ဘၣ်	in'ex-tin'guish-a-ble
_inextricable	a.	လၢၤပမၤလီၤဆ့ၣ်ကွံၥ်တသ့ဘၣ်★လၢၤပထုးထီၣ်မၤပူၤဖျဲးကွံၥ်တသ့ဘၣ်	in-ex'tri-ca-ble
_infallible / infallibility	a. / n.	(လၢအ)(တၢ်)တမၤကမၣ်တၢ်ဘၣ်★လၢအကမၣ်တသ့ဘၣ်★နၥ်န့ၢ်သ့	in-fal'li-ble / in-fal'li-bil'i-ty
_infamous	a.	လၢအမံၤဟူထီၣ်သါလီၤအၢအၢသီသီ	in'fa-mous
_infamy	n.	တၢ်မံၤဟူထီၣ်လၢအအၢအသီ★တၢ်မံၤဟးဂီၤ★တၢ်(မၤ)လၢအအၢအသီဒိၣ်မး	in'fa-my
_infancy	n.	တၢ်အိၣ်ဖိသၣ်အခါ★ဖိသၣ်ဆံးအဆၢကတီၢ်	in'fan-cy
_infant	n.	ဖိသၣ်အိၣ်နုၢ်★ဖိ(သၣ်)ဆံး★ဖိသၣ်	in'fant
_infanticide	n.	တၢ်မၤသံဖိသၣ်အိၣ်နုၢ်(ဖိသၣ်ဆံး)	in-fan'ti-cide
_infantile	a.	ဘၣ်ယးဖိသၣ်★လီၤက်ဖိသၣ်	in'fan-tile
_infantry	n.	ပှၤသုးဖိလၢအစိၥ်ကျိဒီးဟးလၢအခီၣ်	in'fan-try
_infatuate	v.t.	မၤတထံအသး★ထိၣ်ဟူးထိၣ်ဂဲၤထၢၣ်အသးလၢတၢ်သးအိၣ်လုၣ်ကိတၢ်	in-fat'u-ate
_infect / infection	v.t. / n.	(တၢ်)ဒုးဘၣ်ကူဘၣ်က်ဖုၤဒီး(တၢ်ဆူးတၢ်ဆါ)	in-fect' / in-fec'tion
_infectious	a.	လၢအဘၣ်ကူဘၣ်က်တၢ်သ့	in-fec'tious
_infer / inference	v.t. / n.	(တၢ်)ဆိကမိၣ်ဒုးဘၣ်ထွဲကွၤတၢ်★တၢ်လၢတၢ်ဆိကမိၣ်လၢအဂ့ၢ်ဒီးဒုးဘၣ်ထွဲကွၤတၢ်★(တၢ်)ကွၢ်ဆိကမိၣ်တၢ်အဂ့ၢ်လၤပသ့ၣ်ညါဒီးယုန်ၢ်ပၢၢ်ကွၤတၢ်အဂ့ၢ်လၤပသ့ၣ်ညါ	in-fer' / in'fer-ence
_inferior	a.	လၢအတဂ့ၤဒၣ်တၢ်ဂၤအသိးဘၣ်★(အလီၢ်ဖှဉ်)(စ်ၢ)န့ၢ်ပှၤဂၤ	in-fe'ri-or

_inferiority	n.	တၢ်တဂ့ၤထဲသိးဒီးအဂၤမီၤဘၣ်★တၢ်(အလီၢ်ဖှၣ်)(စၢ်)နူၢ်ပှၤဂၤ	in-fe'ri-or'i-ty
_infernal	a.	ဘၣ်ယးဒီးလရၥ်	in-fer'nal
_infertile	a.	လၢအတအိၣ်ဒီးဟီၣ်ခိၣ်အညၣ်ဂ့ၤလၢကနးဖဲထံဒၣ်မါထိၣ်တၢ်ဘၣ်★ လၢအတအိၣ်ဒီးတၢ်မှဉ်အဖှံလၢကနးကဲထီၣ်လိၣ်ထိၣ်တၢ်ဘၣ်	in-fer'tile
_infest	v.t.	(လၢအဟဲၢ်ဂီၢ်မှၢ်ဂီၢ်ပၤအယိ)မၤတံၢ်တၢ်ပှၤ	in-fest'
_infidel	n.	ပှၤလၢအတ(ဟံးယၥ်အတၢ်စုၢ်တၢ်နၥ်ဘၣ်)(နၥ်ယွၤဘၣ်)	in'fi-del
_infidelity	n.	တၢ်တမၤတီအကလုၢ်ဘၣ်★တၢ်တစုၢ်တနၥ်တၢ်	in'fi-del'i-ty
_infiltrate	v.i.	ဟဲကၢ်(ထိၣ်)(လီၤ)ကယိကယီ★ဂုၢ်(ထိၣ်)(လီၤ)ဆူတၢ်အပူၤ	in'fil'trate
_infinite	a.	လၢအကတၢ်တအိၣ်★လၢအတၢ်ထိၣ်တအိၣ်★လၢပှၤဒွးအီၤလၢၥ်သ့	in'fi-nite
_infinitesimal	a.	လၢအဆံးတုၤဒၣ်လံၥ်ပှၤထိၣ်တဘၣ်ဘၣ်	in'fin-i-tes'i-mal
_infinitude	n.	တၢ်(အိၣ်အသး)လၢအကတၢ်တအိၣ်ဘၣ်★တၢ်လၢပကွၢ်ပဒွးတၢၣ်ဘၣ်	in-fin'i-tude
_infinity	n.	တၢ်လၢအကတၢ်တအိၣ်ဘၣ်	in-fin'i-ty
_infirm	a.	လၢအဂံၢ်အဘါတအိၣ်★လၢအတဂ္ၤ ၊တနီၤ★ဆိးကွံၣ်နီၤ	in-firm'
_infirmary	n.	တၢ်ဆါဟံၣ်	in-fir'ma-ry
_infirmity	n.	တၢ်ဆါလၢအမၤစုၤလီၤဂံၢ်ဘါ★တၢ်ကွၢ်တၢ်ကွဲၣ်	in-fir'mi-ty
_inflame	v.t.	နးသူၣ်ဒိၣ်သးထိၣ်ပှၤ★နးထိၣ်ဂဲၤထိၣ်ပှၤသူၣ်ပှၤသး★ခွဲၣ်ထိၣ်★ဆူးထိၣ်★ နးကဖှိၣ်ထိၣ်	in-flame'
_inflammable	a.	လၢမ့ၣ်အူ့အီၣ်အီၤသ့ညီကနၣ်	in-flam'ma-ble
_inflammation / inflammatory	n. / a.	(လၢအအိၣ်ဒီး)တၢ်ညီးဂီၤထိၣ်လၢပဖံးပညၣ်အလိၤ★လၢအထိၣ်ဂဲၤထိၣ်တၢ် (– –)	in'flam-ma'tion / in-flam'ma-to-ry
_inflate	a.	အူကဖိထိၣ်တၢ်★ဟၥ်အသးကဖိလိ★မၤဖှံ့ထိၣ်အသးအါနုၢ်အခၢး	in-flate'
_inflexible	a.	လၢပှၤဘိးကွံၣ်တနူၢ်ဘၣ်★လၢတၢ်ဘီးအသးတနူၢ်ဘၣ်	in-flex'i-ble
_inflict / infliction	v.t. / n.	(တၢ်)ဒုး(တုၢ်)ဘၣ်တၢ်(လၢတၢ်နးတၢ်ဖှိၣ်တၢ်ကီတၢ်ခဲ)	in-flict' / in-flic'tion
_influence	n.	(တၢ်စိတၢ်ကမီၤလၢအ)ဒုးလီၤဆီတၢ်သ့	in'flu-ence
_influential	a.	လၢအစိကမီၤအိၣ်လၢအဒုးလီၤဆီတၢ်★လၢအအိၣ်ဒီးအစိကမီၤလၢ(ပှၤ)(တၢ်) ဂၤအဖိခိၣ်	in'flu-en'tial
_influenza	n.	တၢ်လီၤကိၢ်တကကလုၥ်	in'flu-en'za
_influx	n.	တၢ်ယွၤနုၥ်★တၢ်ဟဲနုၥ်အါအါဂီၢ်ဂီၢ်	in'flux'
_inform	v.t.	တဲဘၣ်★ဒုးသ့ၣ်ညါ	in-form
_informal	a.	လၢအတလၤအသးဒ်တၢ်အလုၢ်အလၢ်အိၣ်ဝဲအသိးဘၣ်★ လၢအတၣ်သိးအလုၢ်အလၢ်ဘၣ်	in-for'mal
_informant	n.	ပှၤလၢအတဲဘၣ်တၢ်တဂၤ	in-form'ant
_information	n.	တၢ်အဂ့ၢ်အကျိၤလၢအဘၣ်တၢ်တဲနၢ်ပၢၢ်လိၥ်ပှၤ★တၢ်လၢပှၤဒုးနၢ်ဟူသ့ၣ်ညါပှၤ ★တၢ်သ့ၣ်ညါနၢ်ပၢၢ်★တၢ်သိၣ်လိ★တၢ်ကစီၣ်	in'for-ma'tion
_infrequent	a.	လၢအတမၤသးခဲအံၤခဲအံၤဘၣ်★လၢအမၤသးတဘျီတကူၥ်	in-fre'quent
_infringe	v.t.	မၤတရီတပါတၢ်အၢၣ်လီၤ★နုၥ်လီၤဟးႏနၢ်ကမၣ်ပှၤဂၤအစိကမီၤ★ မၤကမၣ်တၢ်သိၣ်တၢ်သိ	in-fringe'
_infuriate	v.t.	မၤသးဒိၣ်ထိၣ်(ပှၤ)နးနးကလၥ်	in-fu'ri-ate
_infuse	v.t.	လူလီၤဆူတၢ်အပူၤ★ဒုးနုၢ်ထိၣ်ဆူပှၤအသးကံၢ်ပူၤ	in-fuse'
_ingenious	a.	လၢအကူၣ်သ့လၢအကူၣ်ထိၣ်နူၢ်တၢ်★ကူၣ်သ့လၢအကူၣ်နးဒုးထိၣ် ကဲ့အသီအါဘိလၢအတၢ်မၤအဂီၢ်သ့★လၢအကူၣ်သ့	in-gen'ious
_ingenuity	n.	တၢ်သ့ကူၣ်နးကဲထိၣ်ကဲ့အသီအါဘိလၢအတၢ်မၤအဂီၢ်★ တၢ်သ့ကူၣ်ထိၣ်နူၢ်တၢ်	in'ge-nu'i-ty
_ingenuous	a.	လၢအတၢ်ဟၥ်မဲၥ်ဟၥ်နါဒီးအတၢ်ကတိၤအပူၤႏနၣ်ဖျါလၢအအိၣ် ဒီးတကးပတ်ဂ္ၤ★အသူၣ်ဂ့ၤအသးဝါ★အသ့ၣ်တီသးလိၤ★သူၣ်လိၤသးဘျ	in-gen'u-ous
_inglorious	a.	လၢအလၤကပီၤတအိၣ်★လၢအလီၤမဲၥ်ဆုး	in-glo'ri-ous
_ingot	n.	(စ့)(ထး)(ထူ)လၢအတၢ်ဘၣ်တၢ်ပံၢ်စီအီၤ	in'got
_ingrain	v.t.	ဒုးနုၥ်အိၣ်ထီယၥ်တၢ်လၢပှၤအသးကံၢ်ပူၤ★စ့ၣ်အိၣ်ထိၣ်တၢ်အလွဲၢ်★သွၣ် (လုၥ်)	in'grain'

_ingrained	a.	လၢအအိၣ်ထီယာ်လၢပှၤအသးကံၢ်ပူၤ	in'grained'
_ingrate	n.	ပှၤလၢအတသ့ၣ်ညါတၢ်ဘျုးဘၣ်	in'grate
_ingratiate	v.t.	မၤဒ်သိးပှၤကအဲၣ်အီၤ	in-gra'ti-ate
_ingratitude	n.	တၢ်တသ့ၣ်ညါဆၢက့ၤတၢ်ဘျုးတၢ်ဖှိၣ်ဘၣ်	in-grat'i-tude
_ingredient	n.	တၢ်တမံၤလၢအယါယှာ်အသးဒီးတၢ်ဂၤတဖၣ်ဒီးကဲထီၣ်တၢ်တမံၤ	in-gre'di-ent
_inhabitable	a.	လၢပှၤဂ့ၤအိၣ်ဆိးလၢအပူၤ★လၢပှၤအိၣ်ဝဲဆိးဝဲသ့	in-hab'it-a-ble
_inhabitant	n.	ပှၤလၢအအိၣ်ဝဲဆိးဝဲ(လၢလီၢ်တပူၤ)	in-hab'it-ant
_inhalation	n.	တၢ်သါနုာ်	in'ha-la'tion
_inhale	v.t.	သါနုာ်	in-hale'
_inharmonious	a.	လၢအတယူလိာ်ဖိးလိာ်အသးဘၣ်★လၢအကလုၢ်သီၣ်(တယူ)တမှာ်ဘၣ်	in'har-mo'ni-ous
_inhere / inherent	v.i. / a.	(လၢအ)အိၣ်ဂၢ်အိၣ်ကျၢၤလၢ(တၢ်တမံၤ)အပူၤ	in-here' / in-her'ent
_inherit / inheritance	v.t. / n.	(တၢ်)န့ၢ်သါ	in-her'it / in-her'it-ance
_inhibit / inhibition	v.i. / n.	(တၢ်)တြီတၢ်	in-hib'it / in'hi-bi'tion
_inhospitable	a.	လၢအသးတအိၣ်တူၢ်လိာ်တမုံၤတပျီၤဘၣ်	in-hos'pi-ta-ble
_inhospitality	n.	တၢ်သးတအိၣ်တူၢ်ထံၣ်တူၢ်တမုံၤဘၣ်	in-hos'pi-tal'i-ty
_inhuman	a.	လၢအတသးကညီၤတၢ်ဒ်ပှၤကညီအသိးဘၣ်★ လၢအတၢ်သးကညီၤတအိၣ်ဘၣ်	in-hu'man
_inhumane	a.	လၢအအၢဝဲသီဝဲ★လၢအတၢ်သးကညီၤတအိၣ်ဘၣ်	in'hu-mane'
_inimical	a.	လၢအထီဒါလိာ်အသး	in-im'i-cal
_inimitable	a.	လၢတၢ်မၤဒိးအီၤတသ့ဘၣ်★လၢအဂ့ၤတုၤဒ်လဲာ်တၢ်ဂၤဂ့ၤထဲသိး ဒီးအီၤတသ့ဘၣ်★ပထိၣ်သတြီၤတၢ်ဂၤဒီးအီၤတသ့ဘၣ်	in-im'i-ta-ble
_iniquitous / iniquity	a. / n.	(လၢ)(တၢ်)အအၢအသီ★(လၢအ)(တၢ်)တတီတလိၤ	in-iq'ui-tous / in-iq'ui-ty
_initial	a.	လၢအဘၣ်ယးဒီးတၢ်အခိၣ်ထံး(တမံၤ)★လၢအ(အိၣ်)(ကဲထီၣ်အသး) ဆိကတၢၢ်	in-i'tial
_initial	n.	လံာ်မဲာ်ဖျၢၣ်အခိၣ်ထံးတဖျၢၣ်လၢတၢ်ကတိၤတဘီအပူၤ	in-i'tial
_initiate / initiation	v.t. / n.	(တၢ်)စးထီၣ်သီ★(တၢ်)ဒုးကဲထီၣ်သီ★(တၢ်)သိၣ်လိနဲၣ်လိသီပှၤလၢတၢ်အဂ့ၢ်	in-i'ti-ate / in-i'ti-a'tion
_initiative	a.	တၢ်စိတၢ်ကမီၤလၢအအိၣ်ဖျါလၢတၢ်ဒုးအိၣ်ထီၣ်ကျဲအသိ လၢပှၤကဖံးကမၤဝဲအဂီၢ်အပူၤ★လၢအဆှၢနုာ်ဆိပာ်စၢၤတၢ်	in-i'ti-a-tive
_initiative	n.	တၢ်ဆှၢနုာ်တၢ်အခိၣ်ထံးတဟီၤ	in-i'ti-a-tive
_initiatory	a.	လၢအဘၣ်ယးတၢ်စးထီၣ်သီတၢ်	in-i'ti-a-to-ry
_inject / injection	v.t. / n.	(တၢ်)ဆဲးနုာ်(ကသံၣ်)★(တၢ်)ဒုးနုာ်(တၢ်လၢပှၤအသးကံၢ်ပူၤ)	in-ject' / in-jec'tion
_injection	n.	ကသံၣ်လၢပှၤဆဲးနုာ်လၢပှၤညၣ်လုာ်	in-jec'tion
_injudicious	n.	လၢအတမၤတၢ်လၢတၢ်ကူၣ်သ့ဖးဘၣ်အပူၤဘၣ်★လၢအတအိၣ်ဒီး တၢ်သူၣ်ဆးသးဆးလၢအတၢ်မၤတၢ်အပူၤဘၣ်★လၢအတအိၣ်ဒီး တၢ်ကူၣ်တၢ်ဆးဘၣ်	in'ju-di'cious
_injunction	n.	(ပဒိၣ်အ)ကလုၢ်★တၢ်မၤလိာ်ပိာ်လီၤ	in-junc'tion
_injure / injury	v.t. / n.	(မၤ)(တၢ်)ဘၣ်ဒိဘၣ်ထံး★(တၢ်)မၤဆူးမၤဆါတၢ်	in'jure / in'ju-ry
_injurious	a.	လၢအမၤဘၣ်ဒိဘၣ်ထံးတၢ်သ့★လၢအမၤဆူးမၤဆါတၢ်သ့	in-ju'ri-ous
_injustice	n.	တၢ်(မၤပှၤ)တတီတလိၤဘၣ်★တၢ်(ကတိၤ)ကမၣ်★တၢ်တစံၣ်ညီၣ် တၢ်တီတီဘၣ်	in-jus'tice
_ink	n.	မဲၣ်ထံ★ကသံၣ်ထံ	ink
_inlaid	p.a.	လၢအ(အိၣ်ဒီးတၢ်ကယၢကယဲလၢအ)ဘၣ်တၢ်(စံၣ်အီၤ)(ပၢနုာ်အီၤဆူအပူၤ)	in-laid'
_inlay	v.t.	မၤယံၤမၤလၤအီၤဒီးလၢၢ်★ထူစ့လၢတၢ်ပၢနုာ်အီၤဆူအပူၤ	in-lay'
_inlet	n.	တၢ်ဟဲနုာ်အကျိၤ★ထံကၠၣ်ကျိၤဖိ	in'let

_inmate	n.	ပှၤလၢအအိၣ်ဘၣ်(လၢလီၢ်ဒၢတ်ဆါဟံၣ်အသိး)★ပှၤလၢအအိၣ်ယှာ်ဟံၣ် တဖျၢၣ်ယီဒီးပှၤဂၤ	in'mate
_inmost	a.	လၢအအိၣ်ယံၤကတၢၢ်လၢတၢ်အအိပူၤ	in'most
_inn	n.	ဟံၣ်လၢပှၤလဲၤတၤ်ကှၤတၢ်ဖိကအိၣ်တမှံၤအဂီၢ်★ပှၤတမှံၤအဟံၣ်	inn
_innate	a.	လၢအဟဲဝံဟဲစိၣ်ယှာ်★လၢအကဲထီၣ်နုၢ်ဒိၣ်ဝဲလၢအပူၤ★ လၢအဘၣ်ယးဒီးနူဆၢၢ်	in'nate
_inner	a.	လၢအအိပူၤ★လၢအအိၣ်လၢတၢ်အိပူၤယံၤတက့ၢ်	in'ner
_innocence / innocency / innocent	n. / n. / a.	(လၢအ)(တၢ်)သရူးကမၣ်တအိၣ်	in'no-cence / in'no-cency / in'no-cent
_innocently	adv.	လၢအသးတဟ်တၢ်ကမၣ်လၢအလီၤဘၣ်အပူၤ★လၢအတဟ်လီၤစဲယဲၤ အသးလၢအကမၢတၢ်အၢဘၣ်အပူၤ★လၢအတၢ်ကမၣ်တအိၣ်ဘၣ်အပူၤ	in'no-cent-ly
_innocuous	a.	လၢအတမၤ(ဆါ)(ဟးဂီၤ)တၢ်ဘၣ်	in-noc'u-ous
_innovate	v.t.	ဒုးအိၣ်ထီၣ်တၢ်အသီ★လဲကှၤတၢ်	in'no-vate
_innovation	n.	တၢ်အသီလၢတၢ်ဒုးအိၣ်ထီၣ်အီၤ★တၢ်လဲလိာ်မၤသီထီၣ်တၢ်	in'no-va'tion
_innumerable	a.	လၢတၢ်ဂၢ်အီၤတသ့ဘၣ်	in-nu'mer-a-ble
_inoculate / inoculation	v.t. / n.	(တၢ်)ဆဲးဟ်စၢၤကသံၣ်လၢကတဒီယၢ်တၢ်ဆါအဂီၢ်★မၤဘၣ်ကူၣ်က်တၢ်	in-oc'u-late / in-oc'u-la'tion
_inoffensive	a.	လၢအတမၤ(သးဖှဉ်)(သးဒိၣ်)(သးဆါ)ပှၤ★လၢအတလီၤသးဟ့ပှၤဘၣ်	in'of-fen'sive
_inoperative	a.	တမၤတၢ်နီတမံၤဘၣ်	in-op'er-a-tive
_inopportune	a.	လၢအကဲထီၣ်တဘၣ်ဆၢကတီၢ်ဘၣ်★တ(ဂ္ၤ)(လီၤညါ)လၢပဂီၢ်ဘၣ်	in-op'por-tune'
_inordinate (ly)	a.	(လၢအ)တလၢကွံာ်အခၢး★(လၢအ)လုၣ်ကိလုၣ်ကဟ်	in-or'di-nate (ly)
_inorganic	a.	လၢအတအိၣ်ဒီးမူလၢအပူၤဘၣ်★လၢအအိၣ်ဘၣ်ဒီးအီက်ဘၣ်	in'or-gan'ic
_inquest	n.	တၢ်လူၤယုသံကွၢ်သံဒိးတၢ်အဂ့ၢ်အကျိၤ	in'quest
_inquietude	n.	တၢ်တအိၣ်အသးကၢ်တဟါဘၣ်★တၢ်သူၣ်တမုာ်သးတမုာ်★ တၢ်အိၣ်ဂုၢ်အိၣ်က်ိၢ်တဂဲ★သးသူဂ်ၤသုၤ	in-qui'e-tude
_inquire / inquiry	v.t. / n.	(တၢ်)သံကွၢ်သံဒိးလၢတၢ်အဂ့ၢ်	in-quire' / in-quir'y
_inquisitive	a.	လၢအအဲၣ်ဒိးသုၣ်ညါတၢ်တမံၤဒီးတမံၤအဂ့ၢ်★ညီနုၢ်သံကွၢ်ကဆူးကတ္ၤတၢ်★ သံကွၢ်တၢ်ဆူၣ်★သံကွၢ်တၢ်လၢအတဘၣ်ယးအီၤဘၣ်	in-quis'i-tive
_inroad	n.	တၢ်နုာ်လီၤမၤဟးဂီၤတၢ်လၢပှၤဂၤအထံအကီၢ်အပူၤ	in'road
_insane	a.	လၢအပျုၢ်★သုၣ်တလၢသးတပှဲၤ★သးတဃၢ	in-sane'
_insanitary	a.	လၢအဘၣ်အၢတဘၣ်သီ★လၢအမၤဘၣ်ဒိတၢ်အိၣ်ဆူၣ်အိၣ်ချ့သ့	in-san'i-ta-ry
_insanity	n.	တၢ်ပျုၢ်	in-san'i-ty
_insatiable / insatiate	a. / a.	လၢအတနၢ့(တၢ်မၤ)(တၢ်အိၣ်)အါခါၤသိးအကမံသုၣ်မံသးအီၤနီတစုဘၣ်★ လၢအသးမံတသ့နီတဘျီဘၣ်	in-sa'ti-a-ble / in-sa'ti-ate
_inscribe / inscription	v.t. / n.	(တၢ်လၢအဘၣ်တၢ်)ဒုးအိၣ်ထီယၢ်လၢပဒိၣ်နၢ်ဉ်အပူၤ★တၢ်(ကွဲး)(ဆဲးကွဲး) တၢ်လၢတၢ်အ(လိၤ)(ပူၤ)	in-scribe' / in-scrip'tion
_inscrutable	a.	လၢပယုံထံၣ်သ့ၣ်ညါတသ့ဘၣ်★လၢပယုနၢ်ပၢၢ်တသ့ဘၣ်	in-scru'ta-ble
_insect	n.	တၢ်ဖိယၢ်	in'sect
_insecticide	n.	တၢ်(လၢအ)မၤသံတၢ်ဖိလံၤဖိယၢ်	in-sec'ti-cide
_insecure	a.	လၢအတအိၣ်(ဟးယၢ်တအသး)ဂၢ်ဂၢ်ကျၤၤကျၤၤဘၣ်★လၢအတပူၤဖျဲးဘၣ်	in'se-cure'
_insecurity	n.	တၢ်တဂၢ်တကျၤၤ★တၢ်တအိၣ်ဖးဉ်တနၢ်	in'se-cu'ri-ty
_insensibility	n.	တၢ်တသ့ၣ်ညါတၢ်ဘၣ်အီၤဘၣ်★တၢ်တသ့ၣ်ညါသ့ၣ်သ့ၣ်ညါသးဘၣ်	in-sen'si-bil'i-ty
_insensible	a.	လၢတၢ်ဘၣ်အီၤတသ့ၣ်ညါဘၣ်★တသ့ၣ်ညါလီၤလၤအသးဘၣ်	in-sen'si-ble
_inseparable	a.	လၢတၢ်မၤလီၤဖးအီၤတသ့ဘၣ်★လၢအလီၤဖးတနၢ်ဘၣ်	in-sep'a-ra-ble
_insert / insertion	v.t. / n.	(တၢ်)ဖၢနုာ်တၢ်လၢတၢ်အ(ကျါ)(ပူၤ)	in-sert' / in-ser'tion
_insert	n.	တၢ်လၢအဘၣ်တၢ်ဖၢနုာ်အီၤလၢတၢ်အ(ကျါ)(ပူၤ)	in'sert
_inside	a.	လၢအပူၤ★လၢအညါပူၤ	in'side

156

_insidious	a.	လၢအညိန့်လီတၢ်ဝ့ၤတၢ်★လၢအတၢ်အၢအိဉ်သနၢၵ်ကွံတအိဉ်ဖျါခါအါဘၣ်★လၢအိဉ်ခူသုဉ်ဒ်သိးအကမၤအၢတၢ်★မ့တၢ်အၢလၢတၢ်ခူသုဉ်အပူၤ	in-sid'i-ous
_insight	n.	တၢ်ထံဉ်တၢ်လၢအသးအမဲာ်★တၢ်နၢ်ပၢၢ်တၢ်လီၤတံၢ်လီၤဆဲး	in'sight'
_insignia	n.	တၢ်စိတၢ်ကမီၤအတၢ်ပနီဉ်	in-sig'ni-a
_insignificant	a.	လၢအတအိဉ်တမ့ၢ်ဘၣ်★လၢအခီပညီတအိဉ်ဘၣ်★လၢပတကြၢးဟ်ကဲအီၤ★တကျိၤတကျဲတၢ်ဘၣ်	in'sig-nif'i-cant
_insincere / insincerity	a. / n.	(တၢ်)(လၢအ)ဟ်မၤအသး★(တၢ်)(လၢအ)တမ့ၢ်တၢ်နီၢ်နီၢ်ဘၣ်★(တၢ်)(လၢအ)တမ့ၢ်သးဒီဖျၢဉ်★(တၢ်)(လၢအ)လီတၢ်	in'sin-cere' / in'sin-cer'i-ty
_insinuate / insinuation	v.i. / n.	(တၢ်)နုာ်လီၤ(မၤရၦလိာ်အသးဒီးတၢ်ဂၤ)ကစုာ်ကစုာ်★လွံၤကဒံလွံၤခါန့ၢ်တၢ်	in-sin'u-ate / in-sin'u-a'tion
_insipid	a.	လၢအဘျ၍ကတၢ★လၢအသူဉ်တဟူးသးတဂဲၤဘၣ်	in-sip'id
_insist / insistence	v.i. / n.	(တၢ်)ဟ်အသးဆၢဆူဉ်ဆၢမနၤ(တၢ်)ဟ်ဂၢၢ်ဟ်ကျၢၤအသးဒီး(တဲ)သၦၢ်ၦၢ်★ဟ်ဂၢၢ်ဟ်ကျၢၤအသး	in-sist' / in-sist'ence
_insistent	a.	လၢအဟ်အသးဆၢဆူဉ်ဆၢမနၤ★လၢအအဉ်ဆၢသးကျၤ	in-sist'ent
_insobriety	n.	တၢ်ကီၤအသးတန့ၢ်ဘၣ်★တၢ်အီမူၤသ	in'so-bri'e-ty
_insolence / insolent	n. / a.	(လၢအ)(တၢ်)မၤတရီတပါၦၤ★(လၢအ)(တၢ်)ဟ်ထီဉ်ထီအသးလၢၦၤဂၤအဖီခိဉ်	in'so-lence / in'so-lent
_insolubility / insoluble	n. / a.	(လၢအ)(တၢ်)ၦဲၢ်လိၤကဲထီဉ်ထံလၢ(ထံ)အကျါတန့ၢ်ဘၣ်★လၢပဟ်ဖျါထီဉ်အခီပညီဖျါဖျါတသ့ဘၣ်	in-sol'u-bil'i-ty / in-sol'u-ble
_insolvency / insolvent	n. / n.	(လၢအ)(တၢ်)ဒုဉ်ကမၢ်ထီဉ်တုၤအလီၤကၤတန့ၢ်ဘၣ်	in-sol'vency / in-sol'vent
_insomuch	adv.	တုၤဒဉ်လဲာ်	in'so-much'
_inspect / inspection	v.t. / n.	(တၢ်)သမံသမိးတၢ်★(တၢ်)စဲးကွၢ်တၢ်★(တၢ်)ကွၢ်ယုသ့ဉ်ညါတၢ်	in-spect' / in-spec'tion
_inspiration	n.	တၢ်စိတၢ်ကမီၤလၢ(ယွၤ)ဒုးအိဉ်ထီဉ်လၢပၦၤကညီအသးကံၢ်ပူၤ★တၢ်ဒီးနုၢ်ယွၤအစိကမီၤလၢၦၤအသးကံၢ်ပူၤ★တၢ်သုဉ်သးဃၤ	in'spi-ra'tion
_inspire	v.t.	ဒုးအိဉ်ဒီးတၢ်အစိအကမီၤလၢအအိဉ်ဟူးအိဉ်ဂဲၤၦၤအသး★ဘိးထီဉ်အသး★ထီဉ်ဂဲၤအသးလၢတၢ်စိကမီၤလၢး	in-spire
_instability / instable	n. / a.	(လၢအ)(တၢ်)တအိဉ်(ယံၤကဒီ)(ဂၢၢ်တၦၤ)ဘၣ်	in'sta-bil'i-ty / in-sta'ble
_install / installation	v.t. / n.	(တၢ်)ဒုးလဲၤနုာ်ဆူအလီၢ်ပူၤ(အိဉ်ဒီးအလုၢ်အလၢ်)★တၢ်(တိဉ်ထီဉ်)(ဟ်ထီဉ်)ၦၤလၢအလီၢ်ဒ်အလုၢ်အလၢ်အိဉ်ဝဲအသိး	in-stall' / in'stal-la'tion
_installment	n.	တၢ်လၢပဘၣ်ဟ့ဉ်က့ၤအီၤတဘျီတဘျီတဘျီတဘျီအကျါတဘျီ	in-stall'ment
_instance	n.	တၢ်အဒိအတဲာ်★(အနီဉ်)တဘျီ	in'stance
_instant	a.	မိၤကိာ်★တစိၢ်ဖိ★တဘျီယီ	in'stant
_instantaneous (ly)	a.	(လၢအ)(မၤအသး)ချ့သဒံး★တကီၢ်ခါ★တဘျီယီ	in'stan-ta'ne-ous (ly)
_instantly	adv.	တဘျီယီ	in'stant-ly
_instate	v.t.	ဒုးလဲၤနုာ်ဆူအလီၢ်★(တိဉ်ထီဉ်)(ဟ်ထီဉ်)အီၤလၢအလီၢ်အလၤအပူၤ	in-state
_instead	adv.	(ခၢဉ်စး)လၢအလီၢ်	in-stead'
_instep	n.	ခီဉ်ညါခိဉ်	in'step
_instigate / instigation	v.t. / n.	(တၢ်)သဆဉ်ထီဉ်ၦၤအခံ(လၢကမၤတၢ်အၢတၢ်သီ)	in'sti-gate / in'sti-ga'tion
_instill / instillation	v.t. / n.	(တၢ်)ဒုးနုာ်တၢ်လၢပၦၤအသးကံၢ်ပူၤတစဲးဘၣ်တစဲး★ဒုးလီၤစီၤနုာ်အီၤတစဲးဘၣ်တစဲး	in-still' / in'stil-la'tion
_instinct	n.	တၢ်သ့ဉ်ညါလၢနူၤဆၢၢ်ဟ့ဉ်အီၤ	in'stinct
_instinctive	a.	လၢအဘၣ်ဃးဒီးတၢ်သ့ဉ်ညါလၢနူၤဆၢၢ်ဟ့ဉ်အီၤ	in-stinc'tive
_instinctively	adv.	ဒ်တၢ်သ့ဉ်ညါလၢနူၤဆၢၢ်ဟ့ဉ်အီၤနူဉ်တဲၤဘၣ်အီၤအသိး	in-stinc'tive-ly
_institute	n.	ကရၢတဖု★ကွိ★တၢ်သူဉ်ထီဉ်	in'sti-tute
_institute	v.t.	သူဉ်ထီဉ်တၢ်★ဒုးကဲထီဉ်တၢ်	in'sti-tute
_institution	n.	ကရၢတဖု★ကွိ★တၢ်သူဉ်ထီဉ်	in'sti-tu'tion

_institutional	a.	ဘၣ်ယးကရၢတဖှ★ဘၣ်ယးကွံ★ဘၣ်ယးတၢ်သူၣ်ထီၣ်	in'sti-tu'tion-al
_institutionalize	v.t.	မၤလီၤက်အီၤဒီးကရၢတဖှ★ဒုးကရၢထီၣ်အီၤကရၢတဖှ	in'sti-tu'tion-al-ize
_instruct / instruction	v.t. / n.	(တၢ်)သိၣ်လိသီလိတၢ်★(တၢ်)သိၣ်လိမၤယုၤတၢ်★(တၢ်)စံးဘၣ်တဲဘၣ်တၢ်★(တၢ်)မၤလိၵ်မၤလိၤတၢ်	in-struct' / in-struc'tion
_instrument	n.	စုကဝဲၤ★တၢ်အပီးအလီ★တၢ်လၢပသူအီၤဒ်သိးပကမၤကဲထီၣ်တၢ်တမံၤမံၤ	in'stru-ment
_instrumental	a.	လၢအမၤစၢၤတၢ်★လၢအဘၣ်ယးဒီးတၢ်အပီးအလီ	in'stru-men'tal
_insubordinate	a.	လၢအတဆီၣ်လီၤအသးလၢတၢ်အခိၣ်အနၢ်အဖီလာ်ဘၣ်★လၢအတနၢ်အခိၣ်အနၢ်အကလုၢ်ဘၣ်	in'sub-or'di-nate
_insubstantial	a.	လၢအတအိၣ်ဒီးအသးအကၢ်ဘၣ်★လၢအတမ့ၢ်တၢ်နီၢ်နီၢ်ဘၣ်	in'sub-stan'tial
_insufferable	a.	လၢပုၤတုၢ်တကဲဘၣ်	in-suf'fer-a-ble
_insufficient	a.	လၢအတလၢတပှဲၤဘၣ်	in'suf-fi'cient
_insular	a.	ဘၣ်ယးဒီးကီး	in'su-lar
_insulate	v.t.	ဟ်လီၤဖးဒီးတၢ်ဂၤ	in'su-late
_insult / insult	v.t. / n.	(တၢ်)ကတိၤဒုၣ်ဒွဲၣ်★(တၢ်)ကတိၤတရီတပါပုၤ★တၢ်မၤ(မဲာ်ဆုး)(တရီတပါ)	in-sult' / in'sult
_insuperable	a.	လၢတၢ်ခီပတာ်လဲၤပူၤကွံာ်အီၤတသ့ဘၣ်★မၤနၢၤတသ့	in-su'per-a-ble
_insupportable	a.	လၢပတ္ဂၢ်တကဲဘၣ်★လၢပဟ်အီၤလၢအတီၤတသ့ဘၣ်	in-sup-port'a-ble
_insure / insurance	v.t. / n.	(ဟံးနၢ်)တၢ်အုၣ်ခီၣ်အသးလၢတၢ်တမံၤမံၤအဂီၢ်လၢမ့ၢ်ဟးဂီၤဟါမၢ်ဒီးတၢ်ဘၣ်လီၤက္ၤအပူၤ★မၤလီၤတံၢ်လီၤဆဲးတၢ်★(တၢ်)ဟ်ကီၤ	in-sure' / in-sur'ance
_insurgence / insurgent	n. / n.	(လၢအ)(တၢ်)ပူထီၣ်လီထီၣ်	in-sur'gence / in-sur'gent
_insurmountable	a.	လၢတၢ်ခီပတာ်လဲၤပူၤကွံာ်အီၤတသ့ဘၣ်★မၤနၢၤတသ့★လၢတၢ်ထီၣ်ဘးအီၤတသ့	in'sur-mount'a-ble
_insurrection	n.	တၢ်ပူထီၣ်လီထီၣ်	in'sur-rec'tion
_insusceptible	a.	လၢအတသ့ၣ်ညါတၢ်(ဆါ)ဘၣ်အီၤဘၣ်	in'sus-cep'ti-ble
_intact	a.	လၢအတဟးဂူၤဟးဂီၤနီတစဲးဘၣ်★လၢအအိၣ်ဒီး(ဖျၣ်ဘၣ်)ၢ်လိၢ်လိၢ်	in-tact'
_intangible	a.	လၢပ(မၤ)(ဖိၣ်)(ထိး)ကွၢ်အီၤတသ့ဘၣ်ဘၣ်	in-tan'gi-ble
_integer	n.	နီၣ်ဂံၢ်ဒီဖျၣ်★တၢ်ဒီဖျၣ်	in'te-ger
_integral	a.	လၢအဘၣ်ယးဒီးတၢ်ဒီဖျၣ်★လၢအမ့ၢ်တၢ်တခီလၢအဒုးကဲထီၣ်တၢ်ဒီဖျၣ်	in'te-gral
_integrate	v.t.	ဟ်ယှာ်တၢ်ၢ်သိးကကဲထီၣ်တၢ်အဒီ(ဖျၣ်,ဘၣ်)	in'te-grate
_integrity	n.	တၢ်မၤတီအကလုၢ်★တၢ်တီတၢ်လိၤ	in-teg'ri-ty
_intellect	n.	တၢ်သ့သ့ၣ်ညါတၢ်★(တၢ်)(လၢအ)ကူၣ်ဘၣ်ဖးသ့★(တၢ်)(လၢအ)သ့ၣ်ဆးသးဆး★တၢ်နူၤပၢၢ်နၢ်ဘျုတၢ်	in'tel-lect
_intellectual	a.	လၢအသ့သ့ၣ်ညါတၢ်★လၢအကူၣ်ဘၣ်ဖးသ့★လၢအ(ဘၣ်ယးတၢ်)သ့ၣ်ဆးသးဆး	in'tel-lec'tu-al
_intelligence / intelligent	n. / a.	(လၢအအိၣ်ဒီး)တၢ်ကူၣ်တၢ်ဆး★(လၢအအိၣ်ဒီး)တၢ်သ့ၣ်ဆးသးဆး★(လၢအအိၣ်ဒီး)(တၢ်)သ့ၣ်ညါနၢ်ပၢၢ်တၢ်သ့★တၢ်ကစီၣ်★အသးဆး	in-tel'li-gence / in-tel'li-gent
_intelligible	a.	လၢတၢ်နၢ်ပၢၢ်အီၤသ့	in-tel'li-gi-ble
_intemperance / intemperate	n. / a.	(လၢအ)(တၢ်)မၤတၢ်(တမံၤမံၤ)တလၢကွံၢ်အခၢး★တၢ်ကီၤအသးလၢတၢ်အိတၢ်အီၣ်တန့ၢ်ဘၣ်	in-tem'per-ance / in-tem'per-ate
_intend	v.i.	ဟ်လီၤအသး	in-tend'
_intense	a.	လၢအဆူၣ်★လၢအဒိၣ်	in-tense'
_intensification	n.	တၢ်(မၤ)ဆူၣ်ထီၣ်(တၢ်)	in-ten'si-fi-ca'tion
_intensify	v.t.	မၤဆူၣ်ထီၣ်	in-ten'si-fy
_intensity	n.	တၢ်တဆီဆူၣ်★အတၢ်ဆူၣ်★တၢ်အဆူၣ်	in-ten'si-ty
_intensive	a.	လၢအလၢ်ဂံၢ်လၢ်ဘါ★လၢအ(ဟ့ၣ်ဆူၣ်)(မၤဆူၣ်)ထီၣ်တၢ်	in-ten'sive
_intent	a.	လၢအဟ်လီၤအသးယါမၤနၤ★လၢအဆူၣ်ဒိၣ်မး★သးဆူၣ်ယူ	in-tent'
_intention	n.	တၢ်ဟ်လီၤသး(ယါမၤနၤ)	in-ten'tion
_intentional	a.	လၢတၢ်ဟ်လီၤစဲၤယဲၤသးအပူၤ	in-ten'tion-al
_intently	adv.	လၢတၢ်ဟ်လီၤသးသပှၢ်ပှၢ်အပူၤ	in-tent'ly

_inter	v.t.	ခူၣ်လီၤဘှျလီၤ	in'ter'
_intercede	v.i.	ယ့ကညးစၢၤတၢ်လၢ(ပှ)အဂီၢ်	in'ter-cede'
_intercept	v.t.	စိာ်ဘိာ်ဟ်စၢၤအခိၣ်★တြီတံာ်ယာ်အခိၣ်★တြီယာ်	in'ter-cept'
_intercession	n.	တၢ်ယ့ကညးစၢၤတၢ်လၢ(ပှ)အဂီၢ်	in'ter-ces'sion
_intercessory	a.	လၢ(အမ့ၢ်)တၢ်ယ့ကညးစၢၤတၢ်(အဂီၢ်)	in'ter-ces'so-ry
_interchange	v.t.	(တၢ်)လဲလိာ်သကိးလိာ်အတၢ်★(တၢ်)လဲလိာ်လိာ်အတၢ်ယၢ်ဒီယၢ်ဒီ	in'ter-change'
_interchangeable	a.	လၢအဘၣ်တၢ်လဲလိာ်အီၤယၢ်ဒီယၢ်ဒီသ့	in'ter-change'a-ble
_intercourse	n.	တၢ်မၤသကိးတၢ်ဒီလဲဒီလဲ★တၢ်ရ့လိာ်မၤသကိးတၢ်ယၢ်ဒီယၢ်ဒီ	in'ter-course
_interdependence	n.	တၢ်သန့ၤထီၣ်လိာ်အသးယၢ်ဒီယၢ်ဒီ	in'ter-de-pend'ence
_interdict / interdiction	v.t. / n.	(တၢ်)တြီတံာ်လၢတၢ်သိၣ်တၢ်သီ★(တၢ်)ဟ့ၣ်လီၤတၢ်သိၣ်တၢ်သီလၢအတြီယာ်တၢ်	in'ter-dict' / in'ter-dic'tion
_interest	n.	တၢ်သူၣ်မံာ်သးခု★တၢ်လၢအဒုးတုၤယီၤပသးအဲၣ်ဒိးဆူတၢ်အအိၣ်★တၢ်သးဂဲၤ★တၢ်သးအိၣ်★စ့အဲၣ်အုၣ်ထီၣ်★စ့အဖိထီၣ်★တၢ်ဟ့ၣ်လီၤမၤသကိးတၢ်လၢစ့★တၢ်လၢအဘၣ်ယးပှၤ★တၢ်ဘျုး.တၢ်ဂ့ၤလၢပဂီၢ်	in'ter-est
_interfere / interference	v.t. / n.	(တၢ်)မၤတံာ်တာ်တၢ်	in'ter-fere / in'ter-fer'ence
_interim	n.	တၢ်ဆၢကတီၢ်လီၤတံာ်တုာ်လၢတၢ်ခံမံၤအဘၢၣ်စၢၤ	in'ter-im
_interior	a.	လၢအပူၤတခီ★လၢအည့ၣ်ပူၤတခီ	in-te'rior
_interject	v.t.	ဆူၣ်နာ်★ကတိၤထီၣ်ဖျံးဖုးတၢ်	in'ter-ject'
_interjection	n.	တၢ်ကတိၤထီၣ်ဖျံးဖုး	in'ter-jec'tion
_interlace	v.t.	မၤသဘံၣ်ဘုၣ်ထွဲကးလိာ်အသး★ထွယၤလိာ်အသး★ထွသံၣ်ထွကး	in'ter-lace'
_interleave	v.t.	တြၢ်နာ်တၢ်အကဘျံးလၢတၢ်ကဘျံးအဂၤအကဆူးပူၤ	in'ter-leave'
_interline	v.t.	ကွဲးတၢ်လၢတၢ်ကွဲးအကျိၤတဖၣ်အကဆူးပူၤ	in'ter-line'
_interlock	v.t.	(မၤ)ဘၣ်ဘျးလိာ်အသး★မၤဘျးတံာ်ယာ်လိာ်တၢ်	in'ter-lock'
_interlude	n.	တၢ်လီၤတံာ်တုာ်ဖဲတၢ်ကတိာ်ကတီၤအသးလၢအကမၤတၢ်ဆူညါအဂီၢ်	in'ter-lude
_intermarry	v.t.	ထီၣ်ဖိဃီၣ်မါလိာ်အသး	in'ter-mar'ry
_intermediate	a.	လၢအ(မၤ)(အိၣ်)အသးလၢတၢ်အဘၢၣ်စၢၤ★လၢအအိၣ်လၢတၢ်ခံမံၤအဘၢၣ်စၢၤ	in'ter-me'di-ate
_interminable	a.	လၢအကတၢ်တအိၣ်ဘၣ်	in-ter'mi-na-ble
_intermission	n.	တၢ်ဆိကတီၤတစိၢ်တလီၢ်	in'ter-mis'sion
_intermittent	a.	လၢအကွၢ်ဝဲ★လၢအဆိကတီၤတစိၢ်ဝံၤဟဲဟ်ထီၣ်ကဒီး★ဟါမ်ာ်ဝံၤဟဲဟ်ထီၣ်ဟါမ်ာ်ဝံၤဟဲဟ်ထီၣ်(ဒ်တၢ်ညၣ်ဂီၢ်အသိး)	in'ter-mit'tent
_internal	a.	လၢအအိပူၤတခီ★လၢအည့ၣ်ပူၤတခီ	in-ter'nal
_international	a.	ဘၣ်ဃးဒီးပှၤကလုာ်တဖၣ်အတၢ်ရ့လိာ်အသးသကိးသကိး တၢ်ဘၣ်ထံးလိာ်အသးခီစဲးခီစဲး★တၢ်ဘၣ်စးလိာ်အသး	in'ter-na'tion-al
_interplay	n.	တမံၤတစဲးတမံၤတစဲးယၢ်ဒီယၢ်ဒီ★တၢ်ရ့လိာ်မၤသကိးတၢ်★တၢ်မၤသကိးတၢ်ကဒဲကဒဲ	in'ter-play
_interpolate / interpolation	v.t. / n.	(တၢ်)ကွဲးအနာ်တၢ်အသိလီၤဆီၤလၢပူၤဂၤအတၢ်ကွဲးအပူၤ	in-ter'po-late / in-ter'po-la'tion
_interpolation	n.	တၢ်ကွဲးအသိလၢတၢ်အနာ်လၢပူၤဂၤအတၢ်ကွဲးအပူၤ	in-ter'po-la'tion
_interpose	v.t.	(ဟ်)(အနာ်တၢ်)(လဲၤနာ်)(ကတိၤတၢ်)လၢတၢ်အဘၢၣ်စၢၤ	in'ter-pose'
_interpret / interpretation	v.t. / n.	(တၢ်)ကတိၤကျိးတၢ်	in-ter'pret / in-ter'pre-ta'tion
_interpretation	n.	တၢ်အဒီပညီလၢတၢ်ထုးထီၣ်ဝဲ	in-ter'pre-ta'tion
_interrelation	n.	တၢ်ဘၣ်ဃးလိာ်အသး(ကဒဲကဒဲ)	in'ter-re-la'tion
_interrogate / interrogation	v.t. / n.	(တၢ်)သံကွၢ်တၢ်★(တၢ်)သမံသမိးတၢ်	in-ter'ro-gate / in-ter'ro-ga'tion
_interrogative / interrogatory	a. / a.	လၢအမ့ၢ်တၢ်သံကွၢ်★လၢအမ့ၢ်တၢ်သမံသမိးတၢ်	in'ter-rog'a-tive / in'ter-rog'a-to-ry

_interrupt / interruption	v.t. / n.	(တၢ်)ဒုးဆိကတီၢ်အ(တၢ်မၤ)★(တၢ်)မၤတံာ်တာ်	in'ter-rupt' / in'ter-rup'tion
_intersect	v.i.	လဲၤခီတုာ်★လဲၤခီတံာ်★ကွိ(တံာ်)(တုာ်)	in'ter-sect'
_intersperse	v.t.	(ဟ်လီၤ)(ဖုံလီၤ)(သူဉ်လီၤ)ဆူအံၤဆူဘးကဆူးကတ္၄လၢတၢ်ဂၤအကျါ★မၤပြဲပြါဆူအံၤဆူႇႏလၢတၢ်ဂၤတဖဉ်အကျါ	in'ter-sperse'
_interstate	a.	လၢအဘ္ဉ်ယးဒီးကိၢ်ဖိတဖဉ်အဂ္ၤရ့လိာ်သးကၤဒဲကၤဒဲ	in'ter-state'
_interstellar	a.	လၢအဘ္ဉ်ယးဒီးဆဉ်တဖျၢဉ်ဒီးတဖျၢဉ်အဘၢဉ်စၢၤ	in'ter-stel'lar
_interstice	n.	တၢ်ကဆူးဖိအိဉ်ဟိအသး	in-ter'stice
_intertwine	v.t.	အိဉ်သဘ္ဉ်ဘ္ဉ်လိာ်အသး★ဘူးပကးလိာ်အသး	in'ter-twine'
_interval	n.	တၢ်လီၤတံာ်တု၄	in'ter-val
_intervene / intervention	v.i. / n.	(တၢ်)(ဟဲ)(အိဉ်)လၢတၢ်ခံမံၤအဘၢဉ်စၢၤ(ဒ်သိးအကမၤယူၥ်ဖီးလိာ်တၢ်)	in'ter-vene / in'ter-ven'tion
_interview	v.t.	(တၢ်)လဲၤကတိၤလၢမဲာ်သကွဲၢ်မဲာ်★(တၢ်)အိဉ်သကိးလိာ်အသး	in'ter-view
_interweave	v.t.	ထါယါယုာ်တၢ်★ထါကွီၢ်ကွဲတၢ်	in'ter-weave'
_intestate	a.	လၢအကလုၢ်ဘၣ်ယးတၢ်နၢ်သါအဂ္ၢ်တအိဉ်လီၤတံာ်ဘဉ်★လၢအသံဒီးတကွဲးတီၢ်အတၢ်ဟ္ဉ်သါဘဉ်	in-tes'tate
_intestine	n.	ပုၢ်တဖၣ်	in-tes'tine
_intimacy	n.	တၢ်ညီန္ၢ်အိဉ်ဘူးဒီး★တၢ်ညီန္ၢ်ရ့လိာ်သးတံၢ်တံၢ်★တၢ်ညီန္ၢ်ထံဉ်ညီန္ၢ်မၤ	in'ti-ma-cy
_intimate	a.	လၢအညီန္ၢ်အိဉ်ဘူးဒီး★လၢအညီန္ၢ်ရ့ဒီး★လၢအညီန္ၢ်ထံဉ်ညီန္ၢ်မၤ★တ[တျ၄ာ်တၢ်တဖဲး★တၢ်နိၢ်	in'ti-mate
_intimidate	v.t.	မၤပျံၤမၤဖုးတၢ်★ကြိတၢ်လၢတၢ်မၤပျံၤမၤဖုးတၢ်အပူၤ	in-tim'i-date
_into	prop.	ဆူအပူၤ	in'to
_intolerable	a.	လၢပုၤတူၢ်တကဲဘဉ်	in-tol'er-a-ble
_intolerant	a.	လၢအတဟ္ၣ်တၢ်အခွဲးလၢပုၤဂၤကမၤလီၤဆီဒီးအီးဘဉ်	in-tol'er-ant
_intonate	v.i.	သးဝံၣ်နိၤ	in'to-nate
_intone	v.t.	မၤသီၣ်အကလုၢ်ဒ်အသးဝံၣ်တၢ်အသိးဒီးထုးဝဲအယုၤ	in-tone'
_intoxicant	n.	(တၢ်)လၢအမူၤပုၤသ္	in-tox'i-cant
_intoxicate	v.t.	ဒုးမူၤပုၤ	in-tox'i-cate
_intoxication	n.	တၢ်မူၤ★တၢ်မၤမူၤတၢ်	in-tox'i-ca'tion
_intoxicating	a.	လၢအဒုးမူၤတၢ်သ္	in-tox'i-ca'ting
_intractable	a.	လၢတၢ်ပၤအီၤတနၢ်ညီညီဘဉ်★လၢအမၤအသးဒ့ဒ့နၤပၤ★လၢအန္ၢ်က္ဉ်★အခိဉ်ကိၤ★လၢအတကနဉ်တၢ်ဘဉ်	in-trac'ta-ble
_intrench	v.t.	ဂုာ်မၤန္ၢ်ဆူဉ်ပုၤဂၤအတၢ်(ဘူး)★ခုဉ်ဝးတရံးတၢ်ကျိၤဒီးဘိုထီဒါတီာ်	in-trench'
_intrepid	a.	လၢအတအိဉ်ဒီးတၢ်ပျံၤတၢ်ဖုးတၢ်ဘၣ်★လၢအဒ္★လၢအအိဉ်ဒီးသးခုတလ္၄	in-trep'id
_intricacy / intricate	n. / a.	(လၢအ)(တၢ်)အိဉ်သဘ္ဉ်ဘ္ဉ်အသး★လၢပနၢ်ပၢၢ်ကီ	in'tri-ca-cy / in'tri-cate
_intrigue	v.i.	(တၢ်)ကူဉ်ခုသုဉ်တၢ်လၢအကလီ((န္ၢ်))ပုၤဂၤအဂီၢ်	in-trigue'
_intrinsic	a.	(အနိၢ်နိၢ်)လၢအအိဉ်ဒၣ်အတၢ်★နိၢ်ကီၢ်★နိၢ်နိၢ်★လၢအဘၣ်ယးဒၣ်ဒီးအီၤ	in-trin'sic
_introduce / introduction	v.t. / n.	(တၢ်)ဆှၢနုာ်★(တၢ်)ဒုးနၢ်★(တၢ်)ဒုးသ္ဉ်ညါပုၤလၢပုၤဂၤ★(တၢ်)ဒုးအိဉ်ထီဉ်တၢ်★တၢ်ကတိၤဆှၢနုာ်	in'tro-duce / in'tro-duc'tion
_introductory	a.	လၢအဟဲလၢညါ★လၢအဆှၢနုာ်တၢ်	in'tro-duc'to-ry
_introspect / introspective	v.t. / a.	(လၢအ)ကွၢ်ဆိကမိၣ်လီၤဒၣ်ဝဲအသး	in'tro-spect' / in'tro-spec'tive
_intrude / intrusion	v.t. / n.	(တၢ်)ဆူၣ်နုာ်ဆူဉ်အသးလၢတၢ်အကျါ★(တၢ်)လဲၤနုာ်ဆူတၢ်လီၢ်ဖဲအတဘဉ်အခွဲး	in-trude' / in-tru'sion
_intrusive	a.	လၢအ(မိၣ်)လဲၤနုာ်ဆူၣ်အသးလၢတၢ်အကျါ	in-tru'sive
_intrust	v.i.	ဟ္ဉ်လီၤတၢ်လၢပုၤအစုပူၤလၢအနာ်န္ၢ်အီၤအယိ	in-trust'
_intuition	n.	တၢ်သ္ဉ်ညါတၢ်တဘ္ဉ်ယီ★တၢ်သ္ဉ်ညါဒၣ်အတၢ်	in-tu-i'tion
_intuitive	a.	လၢပသ္ဉ်ညါတဘ္ဉ်ယီ★လၢအကဲထီဉ်အသးလၢပတၢ်သ္ဉ်ညါဒၣ်တၢ်အယိ	in-tu'i-tive
_inundate	v.t.	လုၣ်ဘၢ	in'un-date

_inure	v.t.	ဒုးဒီးဘၣ်ညီနုၢ်အသးလၢတၢ်ကီၢ်ခဲၣ်သိးအတူၢ်ဝဲကနၢ်	in-ure'
_inutility	n.	တၢ်လၢအတအိၣ်ဒီးအဘျုးအဖှိၣ်★တၢ်ဘျုးတၢ်ဖှိၣ်တအိၣ်	in'u-til'i-ty
_invade	v.t.	ဟဲနုာ်လီၤထီဒါတၢ်★(လၤ)နုာ်လီၤဂုာ်ဆူၣ်တၢ်★လၤနုာ်ဒုးပှၤဂၤအထံကိၢ်	in-vade'
_invalid	n.	ပှၤဆါ★ပှၤလၢအက့အကွဲၣ်	in'va-lid
_invalid	a.	လၢအစိအကမီၤတအိၣ်လၢအပှဲၤဘၣ်★လၢအဘျုးတအိၣ်လၢၤ★လၢအဟးဂီၤ	in-val'id
_invalidate	v.t.	မၤဟးဂီၤကွံာ်အစိအကမီၤ	in-val'i-date
_invaluable	a.	လၢအလုၢ်ဒိၣ်ပှ့ၤဒိၣ်တုၤပတဲ့ၤတၢ့သဘၣ်	in-val'u-able
_invariable	a.	လၢအတလီၤဆီလိာ်အသးနီတဘျီဘၣ်	in-va'ri-a-ble
_invasion	n.	တၢ်ဟဲနုာ်လီၤထီဒါတၢ်★တၢ်လၤနုာ်ဆူထံကိၢ်ဂၤသိး(ကဒုးန့ၢ်ဝဲ)(ကဂုာ်ဆူၣ်ပှဲၤဆူၣ်တၢ်)	in-va'sion
_invective	n.	တၢ်ကတိၤအ့ၣ်လိာ်တၢ်ဆူၣ်ဆူၣ်	in-vec'tive
_inveigh	v.i.	ကတိၤဟ်တၢ်ကမၣ်ဆူၣ်ဆူၣ်★ကတိၤအ့ၣ်လိာ်တၢ်ဆူၣ်ဆူၣ်	in-veigh'
_inveigle	v.t.	ကလံာ်နုၢ်လီၤနုၢ်တၢ်★လွံၤကဒံလွံၤကဒါတၢ်	in-vei'gle
_invent	v.t.	ကူၣ်ယဲၤနုၢ်တၢ်ကဝီၤကလီ★ကူၣ်မၤကဲထီၣ်တၢ်★ကူၣ်ကွဲးနုၢ်တၢ်လၢအတဘၣ်	in-vent'
_invention	n.	တၢ်လၢအဘၣ်တၢ်ကူၣ်မၤကဲထီၣ်အီၤ	in-ven'tion
_inventive	a.	လၢအကူၣ်မၤကဲထီၣ်တၢ်	in-ven'tive
_inventory	n.	တၢ်ဖိတၢ်လံၤ(ပာ်ယုာ်ဒီးအပှ့ၤကလံၤ)အစရီ	in'ven-to-ry
_inverse	a.	လၢအအိၣ်ကဒါခိၣ်ခံ★လၢအမၤအသးဒိၣ်ခံကဒါ	in-verse'
_inverse	v.t.	ဘိးကဒါတၢ်★မၤခိၣ်တၢ်	in-verse'
_inversely	adv.	လၢအကဒါခိၣ်ခံအသး	in-verse'ly
_invert / inversion	v.t. / n.	(တၢ်)ဘိးကဒါတၢ်★(တၢ်)ဘိးခိၣ်ခံတၢ်	in-vert' / in-ver'sion
_invertebrate	a.	လၢအပျိၢ်ယံတအိၣ်	in-ver'te-brate
_invest	v.t.	ဟ်ထီၣ်ပှၤလၢအ(လီၢ်)★ဟ့ၣ်လီၤအီၤတၢ်စိတၢ်ကမီၤ★ဟ်လီၤ(တၢ်စုလီၢ်ခိၣ်ခိၣ်)လၢပှၤအစုပှၤ★ဖးနုၢ်လီၤစုလၤနံာ်တၢ်ကၤအပှၤကနၢ်ဘၣ်ကွၢ်ထဲအမှၤ★ကယၢကယဲအီၤ(ဒီးတၢ်စိတၢ်ကမီၤအတၢ်ပနီၣ်)★ဝီၤယၢ်(ဝှၢ်)	in-vest'
_investigate / investigation	v.t. / n.	(တၢ်)လူၤကွၢ်ယုသ့ၣ်ညါတၢ်အဂ့ၢ်★(တၢ်)လူၤသံကွၢ်သမံသမိးကွၤတၢ်အဂ့ၢ်အကျိၤလၢတၢ်ဝံသးစူၤအပူၤ	in-vest'i-gate / in-vest'i-ga'tion
_investiture	n.	တၢ်ယုထၢဟ်ထီၣ်ပှၤ★တၢ်ဟ့ၣ်လီၤအီၤလၢတၢ်စိတၢ်ကမီၤ	in-ves'ti-ture
_investment / investor	n. / n.	(ပှၤလၢအ)(တၢ်)ဖးနုၢ်လီၤစုလၤပနံာ်တၢ်ကၤအပူၤလၤကနၢ့ၢ်ဘၣ်ကွၤအမှၤ★တၢ်ဟ့ၣ်လီၤ(တၢ်လီၢ်တၢ်လၤ)(တၢ်စိတၢ်ကမီၤ)(တၢ်လၤကပီၤ)	in-vest'ment / in-ves'tor
_inveterate	a.	လၢအဂၢၢ်ဝဲကျၤၤဝဲ★လၢအဂၢ်ၢ်စၤၤလီၤအသးယိာ်	in-vet'er-ate
_invidious	a.	စံၣ်ညီၣ်တၢ်ဒိၣ်ဆံးအါစုၤနၤတုၤအဒုးအအိၣ်ထီၣ်တၢ်သးတမှာ်★လၢအဒုးအိၣ်ထီၣ်တၢ်သးကါ★လၢအဒုးအိၣ်ထီၣ်တၢ်သး(ကွၣ်)(တမှာ်)	in-vid'i-ous
_invigorate / invigorating	v.t. / a.	(လၢအ)မၤဆူၣ်ထီၣ်အဂံၢ်အဘါ	in-vig'or-ate / in-vig'or-a'ting
_invincible / invincibility	a. / n.	(တၢ်အိၣ်အသး)လၢတၢ်မၤနၢၤအီၤတသ့ဘၣ်	in-vin'ci-ble / in-vin'ci-bil'i-ty
_inviolable / inviolability	a. / n.	(တၢ်အိၣ်အသး)လၢတၢ်မၤဟးဂီၤအီၤတန့ၢ်ဘၣ်★(တၢ်အိၣ်အသး)လၢတၢ်မၤတရ့ဝဲတပါအီၤတကြၢးတဘၣ်	in-vi'o-la-ble / in-vi'o-la-bil'i-ty
_invisible / invisibility	a. / n.	လၢတၢ်ထံၣ်အီၤတသ့ဘၣ်★တၢ်ထံၣ်တၢ်တသ့ဘၣ်	in-vis'i-ble / in-vis'i-bil'i-ty
_invitation	n.	တၢ်ကွဲ★လံာ်လၢအကွဲတၢ်	in'vi-ta'tion
_invite	v.t.	ကွဲ★ကွဲကညးနုၢ်တၢ်★လှဲနုၢ်တၢ်	in-vite'
_inviting	a.	လၢအကွဲတၢ်★လၢအကွဲကညးနုၢ်တၢ်★တၢ်လှဲနုၢ်တၢ်	in-vit'ing
_invocation	n.	တၢ်ယ့တၢ်ဆိၣ်ဂ့ၤသဂူၤသပှၢ်	in'vo-ca'tion
_invoice	n.	စရီလၢပဆျၢသကိးဒီးတၢ်ဖိတၢ်လံၤ★စရီလၢတၢ်ဖိတၢ်လံၤအမံၤဒီးအပှ့ၤအိၣ်ကွဲးသးလၢအပူၤ	in'voice

_invoke	v.t.	ယ့ၦတ်ထိ္ဉ်တၢ်	in-voke'
_involuntary	a.	လၢအမၤ္ဒဉ်အသး္ဒဉ်ဝဲ★လၢၦမၤလၢသးတအိ္ဉ်ဘ္ဉ်အၦူၤ★လၢအမၤအသးလၢတၢ်တၢ်လီၤသးဘ္ဉ်အၦူၤ	in-vol'un-ta-ry
_involve	v.t.	မၤသဘံ္ဉ်ဘု္ဉ်တၢ်★ဒုးၦ္ဉ်ယှ္ဉ်ၦုၤလၢတၢ်အကီအခဲအကျၢ	in-volve'
_invulnerable / invulnerability	a. / n.	(တၢ်အိ္ဉ်အသး)လၢတၢ်မၤဆါအီၤတသ္ဉ်★(တၢ်အိ္ဉ်အသး)လၢတၢ်(ထိ္ဒၢ)(မၤ)အီၤတနၢၤဘ္ဉ်	in-vul'ner-a-ble / in-vul'ner-a-bil'i-ty
_inward	a.	လၢအအိၦူၤ★လၢအဖူၤ★လၢၦသးၢ်ၦူၤ★လၢအ္ဉ်ယးဒီးသး	in'ward
_inwardly	adv.	လၢအ္ညၦူၤ★လၢအ္ဉ်ကၢ်ၦူၤ★လၢအအိၦူၤ	in'ward-ly
_inwrought	p.p. / a.	ထါယု္ဉ်★ဘ္ဉ်တၢ်သိ္နၢ်အီၤလ(ထူ)★မၤကဲထိ္ဉ်ယု္ဉ်ဒီးတၢ်ဂၤ★ကၤယၢကၤယဲ	in-wrought'
_irascible	a.	လၢအသးအ့ၣ္ဉ္ဒ★လၢအသးဒိ္ဉ္ဒ★လၢအသးဖ့္ဉ်★လၢအသးထိ္ဉ္ဒ	i-ras'ci-ble
_irate	a.	လၢအသူၤဒိ္ဉ်သးထိ္ဉ်★လၢအအိ္ဉ်ဒီးတၢ်သးဒိ္နၤနၤလၢ်	i-rate'
_irenic (al)	a.	လၢအဒုးအိ္ဉ်ထိ္ဉ်တၢ်ယူတၢ်ဖိးအဂီၢ်★လၢ်အမၤယူမၤဖိးတၢ်	i-ren'ic (al)
_iridescence / iridescent	n. / a.	(လၢ)(တၢ်)အလွဲၢ်အိ္ဉ်ဖျါ္ဉ်တၢ်ကွဲၤအလွဲၢ်အသိး	ir'i-des'cence / ir'i-des'cent
_irk / irksome	v.t. / a.	(လၢအလီၤ)(မၤ)ဘံးသူ္ဉ်တီၤသးၦူၤ★(လၢအ)မၤတံၢ်တၢ်ၦုၤအသး★လၢအမၤလီၤဘံးလီၤတီၤၦူၤ	irk / irk'some
_iron	n.	ထး	i'ron
_iron	a.	လၢအဘ္ဉ်တၢ်မၤကဲထိ္ဉ်လၢထး	i'ron
_ironwood	n.	ဖှ	i'ron-wood'
_ironic (al) / irony	a. / n.	(တၢ်ကတိၤ)လၢအအိ္ဉ်ဒီးအခီၦညီအကွၢ်(လၢအဒုးသးဒိ္ဉ်ထိ္ဉ်ၦုၤအဂီၢ်)★(တၢ်ကတိၤ)ခဲးအဲး	i'ron'ic (al) / iro-ny
_irradiate	v.i.	ဆဲးကၦြၢ်လီၤ★မၤကၦီၤထိ္ဉ်တၢ်★ဒုးန္ဉ်ဖျါ(တၢ်သးခု)အါတုၤအဘ္ဉ်ကူဘ္ဉ်က္ဉ်ၦုၤဂၤ	ir-ra'di-ate
_irrational	a.	လၢတၢ်သ္ဆိကမိ္ဉ်တၢ်တအိ္ဉ်လၢအၦူၤဘ္ဉ်★လၢအတၢ်မၤတဒုးန္ဉ်ဖျါလၢအဆိကမိ္ဉ်တၢ်သ္ဘ္ဉ်★လၢအဆိကမိ္ဉ်တၢ်တသ္ဘ္ဉ်	ir-ra'tion-al
_irrationality	n.	တၢ်(လၢအတဒုးန္ဉ်ဖျါ)(တအိ္ဉ်ဒီး)တၢ်ဆိကမိ္ဉ်တၢ်သ္ဘ္ဉ်★တၢ်ဆိကမိ္ဉ်တၢ်တသ္	ir-ra'tion-al'i-ty
_irreconcilable	a.	လၢအဘ္ဉ်တၢ်မၤယူမၤက္ဉ်အီၤတသ္ဘ္ဉ်★ၦုၤလၢအအိ္ဉ်လီၤအသးတခီတစဲးတခီတစဲးတကဲဘ္ဉ်	ir-rec'on-cil'a-ble
_irrecoverable	a.	လၢအဘ္ဉ်တၢ်မၤန္ၢ်ကဒါက္ၤအီၤတသ္ဘ္ဉ်	ir're-cov'er-a-ble
_irredeemable	a.	လၢတၢ်ၦ္ၤက္ၤကတၤန္ၢ်ဘ္ဉ်★လၢတၢ်အု္ဉ်က္ၤခိ္ဉ်က္ၤအီၤတသ္ဘ္ဉ်	ir're-deem'a-ble
_irreducible	a.	လၢအဘ္ဉ်တၢ်မၤဆံးလီၤၐုၤလီၤတသ္ဘ္ဉ်	ir're-du'ci-ble
_irrefragable	a.	လၢတၢ်သမၢအီၤအလီၢ်တအိ္ဉ်ဘ္ဉ်★လၢတၢ်ဂ့ၢ်လိ္ဉ်အီၤတသ္ဘ္ဉ်	ir-ref'ra-ga-ble
_irrefutable	a.	လၢၦုၤဂ့ၢ်လိ္ဉ်မၤနၢၤအီၤတသ္ဘ္ဉ်★လၢၦုၤကတိၤနၢၤအီၤတသ္ဘ္ဉ်	ir're-fut'a-ble
_irregular	a.	လၢအတမ္ၢ်ဒ်တၢ်အလုၢ်အသိးဘ္ဉ်★လၢအတလၤအသးဒ်တၢ်သိ္ဉ်တၢ်အိ္ဉ်ဝဲအသိးဘ္ဉ်★လၢအမၤအသးတလိၤတယီၤ★တၤသိးလိ္ဉ်သးဘ္ဉ်	ir-reg'u-lar
_irregularity	n.	တၢ်တၤသိးလိ္ဉ်အသးဒီး(တၢ်အလုၢ်အလၢ်)(တၢ်သိ္ဉ်တၢ်သိ)ဘ္ဉ်	ir-reg'u-lar'i-ty
_irrelevance / irrelevancy	n. / n.	တၢ်လၢအတဘ္ဉ်ယးတၢ်ဘ္ဉ်	ir-rel'e-vance / ir-rel'e-vancy
_irrelevant	a.	လၢအတဘ္ဉ်ယးဒီးတၢ်ဘ္ဉ်	ir-rel'e-vant
_irreligious	a.	လၢအတၢ်ဘူ္ဉ်တၢ်ဘါတအိ္ဉ်ဘ္ဉ်★လၢအတမၤအသးဒ်ၦုၤဘူ္ဉ်တၢ်ဘါတၢ်ဖိအသိးဘ္ဉ်★လၢအတဘါယွၤ	ir're-li'gious
_irremediable	a.	လၢတၢ်မၤဘျါအီၤတသ္ဘ္ဉ်★လၢတၢ်မၤဂ့ၤထိ္ဉ်က္ၤတသ္ဘ္ဉ်	ir're-me'di-able
_irremovable	a.	လၢတၢ်သုးအလီၢ်တသ္ဘ္ဉ်	ir're-mov'a-ble
_irreparable	a.	လၢတၢ်ဘိုက္ၤအီၤတသ္ဘ္ဉ်★လၢပန္ၢ်ဘ္ဉ်က္ၤတသ္ဘ္ဉ်	ir-rep'a-ra-ble
_irrepressible	a.	လၢတၢ်ၯၤယာ်အီၤတန္ၢ်ဘ္ဉ်	ir're-pres'si-ble
_irreproachable	a.	လၢတၢ်ဟ္ဉ်တၢ်ကမ္ဉ်လၢအလိၤအလီၢ်တအိ္ဉ်ဘ္ဉ်	ir're-proach'a-ble
_irreproachably	adv.	(ၯ)တုၤတၢ်ဟ္ဉ်တၢ်ကမ္ဉ်လၢအလိၤအလီၢ်တအိ္ဉ်ဘ္ဉ်	ir're-proach'a-bly

162

Word	Part	Definition	Pronunciation
_irresistible / irresistibly	a. / adv.	(တု၊)(လၢ)ပှၤ(တူၢ်ဆၢဒိၣ်)(ဂ့ၢ်)ဆၢတၢ(န့ၢ်)(သ့)ဘၣ်	ir're-sist'i-ble / ir-re-sist'i-bly
_irresolute	a.	လၢအသးတတုၤလီၤတီၤလီၤဘၣ် ★လၢအသးတဂၢၢ်တကျၢၤဘၣ် ★လၢအသးကံၤကဒါ	ir're-o-lute
_irrespective	a.	တကွၢ်(အတၢ်လီၤဆီ)ဘၣ်	ir're-spec'tive
_irresponsibility / irresponsible	n. / a.	(လၢအ)(တၢ်)တတူၢ်လိာ်တၢ်လီၤ(ဘၣ်အီၤ)(တီလၢအဖီဒိၣ်)ဘၣ်	ir're-spon'si-bil'i-ty / ir're-spon'si-ble
_irretrievable / irretrievably	a. / adv.	(တု၊)(လၢ)ပ(န့ၢ်ဘၣ်)(မၤဂ့ၤထီၣ်)ကွံၤတသ့ဘၣ်	ir're-triev'a-ble / ir're-triev'a-bly
_irreverence / irreverent	n. / a.	(လၢအ)(တၢ်)တ(အိၣ်ဒီး)(ဒုးနဲၣ်)တၢ်ယူးယီၣ်ဟ်ကဲဘၣ်	ir-rev'er-ence / ir-rev'er-ent
_irreversible	a.	လၢတၢ်ဘိးကဒါကွံၤအီၤတသ့ဘၣ်	ir-re-vers'i-ble
_irrevocable / irrevocably	a. / adv.	(တၢ်ထီၣ်ဖျဲး)(တၢ်လၢအမၤအသးလံ)(လၢ)တၢ်ထုးကွံၤအီၤတသ့ဘၣ် ★လၢတၢ်လဲလိာ်အီၤတသ့လၢၤဘၣ်	ir-rev'o-ca-ble / ir-rev'o-ca-bly
_irrigable	a.	(ၰၟ၆ၟ၆)လၢပမၤဘၣ်စီၣ်အီၤလၢထံကျိၤဖိတဖၣ်သ့	ir'ri-ga-ble
		)လၢထံကျိၤဖိတဖၣ်	ir'ri-gate / ir'ri-ga'tion
			ir'ri-ta-bil'i-ty
			ir'ri-ta-ble
		★တၢ်သးဒ္ဓနၤအလီၢ်	ir'ri-tant
			ir'ri-tate / ir'ri-ta'tion
			ir-rupt' / ir-rup'tion
			is'land
		ၢ	i'so-late / i'so-la'tion
		း)ထီၣ် ★(တၢ်လၢအဘၣ်တၢ်)ဟ့ၣ်လီၤ ★(တၢ်အ)တၢ်ဒုး)ဟဲထီၣ်	is'sue
		ၣ် ★တၢ်ဂ့ၢ်လိာ်ဘိုလိာ်အလီၢ် ★တၢ်(ယွၤထီၣ်)	is'sue
			isth'mus
			it
		းကီၢ်အံၤတၢလ	I-tal'ian
		ဖျ့ၣ်	i-tal'i-cize
		းလီၤသး ★သးက်သးကွဲ ★တၢ်သးယွ	itch
		ၥမ်ၤလၢတၢ်(ဂ့ၢ်)(ကွဲးအသး)အါမံၤအကျါ	i'tem
		ၢ.တခါဘၣ်တခါ)(တမံၤဘၣ်တမံၤ.တမံၤဘၣ်တမံၤ)	i'tem-ize
_iterate	v.t.	တဲလီၤကထၢတၢ် ★စံးဝံးစံးက့ၤတၢ် ★မၤကဒီးတဘျီဝံၤတဘျီ	it'er-ate
_itinerate / itinerant	v.i. / n.	(လၢအ)ဟးဆုအံၤဆုဘး ★(လၢအ)ဟးဝ့ၤဝီၤ	i-tin'er-ate / i-tin'er-ant
_itinerary	a.	လၢအဘၣ်ယးဒီးတၢ်လဲၤတၢ်ဘၣ်တပူ	i-tin'er-a-ry
_itinerary	n.	တၢ်ကွဲးလၢအဟ်ဖျါထီၣ်ပုၤလဲၤတၢ်ဖိအ(တၢ်လဲၤ)(ကျဲ)တပူၤဘၣ်တပူၤ	i-tin'er-a-ry
_its	poss pron.	အ(တၢ်) ★အစဲအတၢ်	its
_itself	pron.	အကစၢ်ဒၣ်ဝဲ	it-self'
_ivory	n.	ကဆီမဲ	i'vo-ry
_ivory	a.	လၢအဘၣ်တၢ်မၤအီၤလၢကဆီမဲ	i'vo-ry
_jab	v.t.	ဆဲးထူတၢ် ★ဆဲးတိၢ်တၢ် ★ဆဲးတနိၣ်တၢ်	jab
_jabber	v.i.	ကတိၤန့ၢ်စိၤတၢ် ★ကတိၤတၢ်ပတၢန့ၢ်ပၢၢ်ဘၣ် ★(တၢ်)ကတိၤတၢ်ချ့ချ့ဒီးတပံၣ်တကျၢ ★(တၤဘုး)ဆဲးတကီၤ	jab'ber

163

_jack	n.	စုကဝဲၤလၢအသုးထိၣ်သုးလီၤတၢ်အယၢၤ★ပန္ဒၢ်	jack
_jack	v.t.	သုးထိၣ်တၢ်★သုးကဖီထိၣ်တၢ်	jack
_jackal	n.	ထွံၣ်ဟီၣ်ခိၣ်တကလုာ်အိၣ်လၢကိၢ်ပံၤယီၤထးခီ	jack'al
_jackass	n.	ကသ္ၣ်ယီၤအဖါ	jack'ass'
_jacket	n.	ဆ့ကၤ★အီၢ်ကွံ★ဆ့ဖီးစီၤဖိၤ	jack'et
_jack knife	n.	ဒီကၢ်ချုး	jack'knife'
_jack rafter	n.	တဒိဘိ	jack rafter
_jade	n.	လၢၢ်လါဟ့★ကသ္ၣ်လၢအယဲၤသံကျိသံဒီးလီၤဘုံးလီၤတီၤ	jade
_jag	v.t.	တံာ်ကွံာ်ကိာ်တၢ်အကနူၤ★တံာ်အ္ၣ်ရဲၣ်တၢ်	jag
_jagged	a.	လၢအအကနူၤအ္ၣ်ရဲၣ်အသး★လၢအကနာ်အ္ၣ်ရဲၣ်အသး	jag'ged
_jaggery	n.	တကၣ်သံ★နိၣ်ဝ့	jag'ger-y
_jail	n.	ဃိာ်★ကုာ်	jail
_jailor	n.	ဃိာ်ခိၣ်★ဃိာ်ဒိၣ်	jail'or
_jam	v.t.	(မၤ)ဘၣ်တံၢ်ယာ်★(မၤ)အ္ၣ်စံာ်ယာ်★(မၤ)ကတံာ်	jam
_jam	n.	တၤသၣ်အယွၣ်★တၤသၣ်လၢတၢ်ယွၣ်အီၤဒီးထံဒီးအံၣ်သၣ်ဆၢ	jam
_jamb	n.	(တြဲၤ)အထူၣ်လၢအကပၤ	jamb
_jangle	v.i.	သိၣ်တယူဘၣ်★(တၢ်)သိၣ်တမှာ်ဘၣ်ပနၢ်★အ္ၣ်လိာ်သး★ကတိၤနၢ်စိၤတၢ်	jang'le
_jar	v.i.	မၤသဒြုး★ဒုးသိၣ်တၢ်ကြၢ်ကြၢ်★အ္ၣ်လိာ်သး★တရၤ★မၤက်ာ်နၢ်	jar
_jar	n.	ကတံၤ★ပလီ★တရံၣ်	jar
_jargon	n.	တၢ်ကတိၤတၢ်မရၢ်ဘံဘူ★တၢ်ကတိၤတၢ်လၢအသ္ၣ်ဘ္ၣ်ဘ္ၣ်ဒီးပန္ဒာ်တဝၢ်သ္ၣ်	jar'gon
_jaunt	n.	(တၢ်)ဟးလိာ်ခိၣ်လိာ်ကွဲ	jaunt
_jaunty	a.	လၢအဟ်ဖျါအတၢ်သးဖုံလၢအတၢ်ဟးအပူၤ★လၢအသုၣ်ဖုံသးညီ	jaun'ty
_jaw	n.	ခ့ၣ်★ခ့ၣ်ယံ★တၢ်အ္ၣ်လိာ်ဆီးကလိာ်★ခ့ၣ်(ခိၣ်)(လာ်)ယံ	jaw
_jealous / jealousy	a. / n.	(တၢ်)(လၢအ)သူၣ်ကွၣ်သးကါ	jeal'ous / jeal'ous-y
_jeer	v.i.	ကတိၤန့ၣ်ဒွဲၣ်တၢ်★ကတိၤဟးဂီၤပျုၤအလၤကပီၤ★ကတိၤဆါ	jeer
_jelly	n.	တၢ်ဖီလီၤသကၤတၢ်အထံ★တၤသၣ်အထံဒီးအံၣ်သၣ်ဆၢလၢအဘၣ်တၢ်ယွၣ်အီၤတ္ၤအလီၤသကၤ	jel'ly
_jeopard / jeopardize	v.t. / v.t.	ဘံၣ်မံာ်တံာ်နၢ်ဘျူးလီၤ(အသး)ဆ္တၢ်သံခ္သံပုၤအပူၤ	jeop'ard / jeop'ard-ize
_jeopardy	n.	တၢ်ဘၣ်ယိၣ်ဘၣ်ဘီ★တၢ်သံခ္သံပုၤ	jeop'ard-y
_jerk	v.t.	(ဆိၣ်)(ထုး)ဖုးတၢ်တဘီ★စံၣ်ဖုးတဘီဒီးအိၣ်ကတီၢ်	jerk
_jest	v.i.	(တၢ်)ကတိၤလီၤနံၤဘၣ်ဖၣ်လဲတၢ်	jest
_Jesus	n.	ကစၢ်ယ့ၣ်ရူၤ	Jesus
_jet	n.	လၢၢ်သွဲၣ်လၤအသူလၢအကိတကလုာ်★ထံဆဲးဖိးထိၣ်အသး★တၢ်(အနါၤ)လၢထံဟဲဆဲးဖိးထိၣ်အသးလၢအပူၤ	jet
_jetty	n.	ကဘီသန္ဒအတီၤ	jet'ty
_Jew	n.	ပှၤယူဒၤဖိ	Jew
_jewelry	n.	လၢၢ်လုၢ်ဒိၣ်ပှၤဒိၣ်★တၢ်မျှၤပလဲ★တၢ်ကယၢကယဲလၢအအိၣ်ဒီးလၢၢ်လုၢ်ဒိၣ်ပှၤဒိၣ်	jew'el-ry
_jig	v.i.	(တၢ်)ဂဲၤကလံၣ်ပှၢ်ပှၢ်ဆ္ဒါဆ္ဒါ★(တၢ်)ဂဲၤကလံၣ်ဖုံဖုံချုချု	jig
_jig	n.	တၢ်သးဝံၣ်လၢအဖုံ	jig
_jiggle	v.i.	သုးဖုးအသးချုချုတဘီဝံၤတဘီ	jig'gle
_jilt	v.t.	မၤဟးဂီၤဟ်ခွါလၢအၥဲၣ်အီၤအသး★လၢအသးတဂၢၢ်တကျၢၤအယံဒ်လိၣ်ဟ်ခွါလၢအၥဲၣ်အီၤတဂၤ	jilt
_jingle	v.i.	သိၣ်ကြ္ၣ်ကြ္ၣ်	jin'gle
_job	n.	တၢ်ဖံးတၢ်မၤ	job
_jockey	n.	ပှၤဒီးကသ္ၣ်ဖိလၢတၢ်ပြၢကသ္ၣ်အပူၤ	jock'ey
_jocose	a.	လၢအကတိၤနံၤဘၣ်ဖၣ်လဲတၢ်က★လၢအသုၣ်ဖုံသးညီ	jo-cose'

_jocular	a.	လၢအကတိၤန်ၢ်ဘၣ်ဖၣ်လဲတၢ်★လၢအကတိၤလိ9ိခိ9ိလိ9ိကွဲတၢ်လၢအသ့ၣ်ဖံသးညီအယိ★လၢအသ့ၣ်ဖုံသးညီ	joc'u-lar
_jog	v.i.	(ယ့ၢ်)ပတီၤကယီကယီ★ယ့ၢ်ကယီကယီယုၢ်ဒီၣ်ကါလၢအအံၣ်★ထိၣ်ဂဲၤတၢ်★တနိၣ်ပှၤ	jog
_joggle	v.t.	(မၤ)ဟူးဝး★ဂဲၤဂူၤ★တနိၣ်ပှၤ★သနံး	jog'gle
_join	v.t.	ဒုးစဲဘူး(လဲၤ)သကိး	join
_joint	n.	တၢ်အဆၢ★တၢ်အကမ9်★(လၢအမၤ)သကိးတၢ်	joint
_jointly	adv.	သကိးသကိး★တပူၤယီ★လၢသးတဖျၢၣ်ယီ	joint'ly
_joist	n.	ကျူ	joist
_joke	v.t.	(တၢ်)ကတိၤဆ့ၣ်တၢ်★(တၢ်)ကတိၤလိ9ိခိ9ိလိ9ိကွဲလိၤနံၤလီၤအ့တၢ်	joke
_jolly	a.	လၢအသးဖှံ★လၢအသ့ၣ်ဖှံသးညီ	jol'ly
_jolt	v.t.	ဆဲးထူ★ဆဲးထူဆဲးဖျး	jolt
_jostle	v.t.	ဘၣ်တိၢ်ဘၣ်ထံးမၤဟူးဝးတၢ်★ဘၣ်ဒိဘၣ်ထံး(လိ9ိသး)ဆီၣ်သနံး★တနိၣ်(ပှၤ)	jos'tle
_jot	n.	တၢ်ကွဲးတၢ်ဖုၣ်ကိ9ိဖိ★တၢ်ပနီၣ်ဆံးကိ9ိဖိ★တၢ်ကွဲးတၢ်လၢလံ9ိအခိၣ်ဒီ	jot
_jot	v.t.	ကွဲးနီၣ်ယာ်တၢ်	jot
_jounce	v.t.	ဆဲးထူ(ဆဲးဖျး)★မၤတကျၢ်တကျၢ်	jounce
_journal	n.	တနံၤဘၣ်တနံၤအတၢ်ကွဲး★တၢ်ပရၢလၢတၢ်ပှ့ၣ်အီၤတဘျီဘၣ်တဘျီဒီတၢ်ဟ်အဆၢကတီၢ်အသိး	jour'nal
_journey	n.	တၢ်လဲၤတၢ်က္ၤ★တၢ်လဲၤ	jour'ney
_journey	v.t.	လဲၤတၢ်	jour'ney
_jovial	a.	လၢအသ့ၣ်ဖုံသးညီ	jo'vi-al
_jowl	n.	ခိၣ်လာ်★ဘီးပၤ★ဆီအ(ခိၣ်ဘု)(ခိၣ်ဖှ9်)★(ကျိၢ်)(ပိၢ်)အခၣ်ဘု	jowl
_joy	n.	တၢ်သးခု★တၢ်သ့ၣ်မှ9်သးခှ9်★တၢ်သ့ၣ်ဖုံသးညီ	joy
_joyful	a.	လၢအပှဲၤဒီးတၢ်သးခု	joy'ful
_joyfulness	n.	တၢ်သ့ၣ်ခုသးခု	joy'ful-ness
_joyous	a.	လၢအပှဲၤဒီးတၢ်သးခု★လၢအဒုးသ့ၣ်ဖုံသးညီတၢ်	joy'ous
_joyously	adv.	ပှဲၤဒီးတၢ်သးခု★လၢတၢ်သ့ၣ်ဖုံသးညီအပူၤ	joy'ous-ly
_jubilant	a.	လၢအကီးပသူထီၣ်လၢတၢ်သးခုအယိ	ju'bi-lant
_judge / judgement	v.t. / n.	(တၢ်)စံၣ်ညီၣ်တၢ်(လၢတၢ်ဆိကမိၣ်ကွ9်ထံကွ9်ဆးတၢ်အပူၤ)	judge / judge'ment
_judge	n.	ပှၤစံၣ်ညီၣ်ကွီၢ်	judge
_judicable	a.	လၢအဘၣ်တၢ်စံၣ်ညီၣ်လၢအဂ္ၤ်သ့	ju'di-ca-ble
_judicature	v.t.	စံၣ်ညီၣ်တၢ်အဂ္ၤ်	ju'di-cature
_judicial	a.	ဘၣ်ယးဒီးတၢ်စံၣ်ညီၣ်ဘၢဖိးကွီၢ်ဖိး	ju-di'cial
_judiciary	n.	တၢ်စံၣ်ညီၣ်ပီတ့တၢ်အကျဲကပူၤ★ပှၤစံၣ်ညီၣ်ကွီၢ်ဒီဖုၣ်ညါ	ju-di'ci-a-ry
_judiciary	a.	ဘၣ်ယးရ့ဖးဒီၣ်လၢအစံၣ်ညီၣ်ဘၢဖိးကွီၢ်ဖိး	ju-di'ci-a-ry
_judicious	a.	လၢအမၤတၢ်လၢတၢ်ကူၣ်ဘၣ်ဖးသ့အပူၤ★လၢအကူၣ်သ့ကူၣ်ဘၣ်	ju-di'cious
_juggle	v.t.	မၤတၢ်လၢတၢ်စုဖျဲၣ်ခိၣ်ဖျဲၣ်အပူၤ(ဒ်သိးအကလီၣ်န့ၢ်တၢ်)	jug'gle
_juggle	n.	တၢ်လီန့ၢ်တၢ်	jug'gle
_juice	n.	တၢ်အစီ★တၢ်အထံ★တၢ်အထူး	juice
_juicy	a.	လၢအထံအိၣ်အါ★လၢအအိၣ်ဒီးအ(စီ)(ထူး)	juic'y
_jumble	v.t.	(တၢ်)မၤယါယုာ်သဘံၣ်ဘုၣ်တၢ်★အိၣ်ယါယုာ်သဘံၣ်ဘုၣ်လိာ်သး	jum'ble
_jump	v.i.	စံၣ်	jump
_junction	n.	တၢ်ဘၣ်သကၢ်လိာ်သးအလီၢ်★တၢ်ဒုးစဲဘူးတၢ်	junc'tion
_juncture	n.	ဆၢကတီၢ်(ဖဲတၢ်အဂ္ၢ်မိၢ်ပှၢ်ကဲထီၣ်အသးတဘံၣ်)★တၢ်လီၢ်ဖဲတၢ်ခံမံၤဘၣ်သကၢ်လိာ်အသး	junc'ture
_jungle	n.	ပှ9်လၢ်ကျ★မဲခိၣ်ထီၣ်လာ်	jun'gle
_junior	a.	လၢအသးစၢ်တက့ၢ်★လၢအလီၢ်ဖုၣ်န့ၢ်တက့ၢ်★လၢအန့ၢ်အလီၢ်လၢအဝဲတဂၤအလီၢ်ခံ	jun'ior

_junk	n.	ကဘီပျံၤအလီၢ်လံၤလၢအဘၣ်တၢ်မၤက့ၤဆူတၢ်အဂၤသ့★ပှၤစံၣ်ဖိ(တရူး)အချံ	junk
_jurisdiction	n.	တၢ်ပၢတၢ်★လီၢ်တကဝီၤလၢပှၤပၢဘၣ်အီၤတဂၤ★တၢ်စိတၢ်ကမီၤ	ju'ris-dic'tion
_juror / jury	n.	ပှၤ(တဖု)(တဂၤ)လၢအဘၣ်တၢ်ယုထၢထီၣ်လၢပဒိၣ်လၢ အကစံကွၢ်စီၤကွၢ်ဘၢအဂ့ၢ်အကျိၤဒီးတၢ်အုၣ်အသးဝံၤဒီးစံၣ်ညီၣ်တဲာ်နၢ်အီၤ ဒ်အအိၣ်ဖျါဝဲလၢအမဲာ်ညါအသိးန့ၣ်လီၤ	ju'ror / ju'ry
_just	a.	လၢအဘၣ်ဝဲ★လၢအတီအလိၤ★လီၤတံၢ်လီၤဆဲး★ယုၢ်ယုၢ်★ခဲအံၤ★ထဲ-- ★လီၤတံၢ်လီၤဆဲးဒ်--	just
_justice	n.	တၢ်တီတၢ်လိၤ	jus'tice
_justifiable	a.	လၢအဘၣ်တၢ်မၤတီမၤလိၤအီၤသ့	jus'ti-fi'a-ble
_justification	n.	တၢ်ဟ်တီဟ်လိၤတၢ်★တၢ်လၢအဟ်တီဟ်လိၤတၢ်	jus'ti-fi-ca'tion
_justify	v.t.	ဟ်တီဟ်လိၤ★မၤတီမၤလိၤက့ၤ	jus'ti-fy
_justly	adv.	တီတီလိၤလိၤ	just'ly
_jut	v.i.	ဖှိးထီၣ်	jut
_juvenile	a.	ဘၣ်ဃးပှၤသးစၢ်တဖၣ်	ju've-nile
_juvenile	n.	ပှၤသးစၢ်	ju've-nile
_keel	n.	ကဘီအပျိၢ်ဃံ★ကဘီ★ကဘီစိာ်လၢၢ်သွံၣ်လးတကလှာ်	keel
_keel	v.t.	(မၤ)လီၤကၢ်ခိၣ်လီၤလာ်★(မၤ)လီၤတကျၢၢ်	keel
_keen	a.	လၢအအ့ၣ်ဖှ့★လၢအသး(ဆူၣ်)(ဆး)★လၢအဘၣ်ဆဲးတၢ်★(ကလံၤ) လၢအဟဲဘၣ်ပှၤခုၣ်ကကံ	keen
_keenly	adv.	လၢတၢ်သးဆူၣ်အပူၤ★အ့ၣ်ဖှ့ကလာ်★ဆါဆါကလဲာ်	keen'ly
_keep	v.t.	ဟ်★ဟ်တီ★အံးက့ၤကွၢ်က့ၤ★ဒုးဃာ်★တြီဃာ်★ပၢဃာ်★တိၢ်နီၣ်	keep
_to keep company		(မၤ)(လဲၤ)သကိးရှလိာ်	to keep company
_to keep on		(မၤ)(လဲၤ)ဆူညါ	to keep on
_to keep one's distance		ဟ်စီၤစုၤသး★ဟ်တမိာ်အသး	to keep one's distance
_to keep one's eyes on		ကွၢ်တိၢ်နီၣ်	to keep one's eyes on
_to keep one's eyes open		ကွၢ်ဟုၣ်ကွၢ်စူးတၢ်ဂ့ၤဂ့ၤ	to keep one's eyes open
_to keep one's hand in		မၤခဲအံၤခဲအံၤဒ်သိးသုတသးပ့ၤနီၣ်တၢ်သ့တၢ်ဘၣ်တဂ့ၤ	to keep one's hand in
_to keep one's head		ဟ်အသးဂၢ်ဂၢ်	to keep one's head
_to keep pace with		(လဲၤ)(မၤ)တုၤသိးသိး	to keep pace with
_to keep tab on		တိၢ်နီၣ်တိၢ်ဃါ★ဒုးသ့ၣ်နီၣ်ဓၢဃၤ	to keep tab on
_to keep the ball rolling		ဒ်သိးတၢ်စံးတၢ်(ကတိၤ)သုတဆိကတိၢ်ကွံာ်တဂ့ၤ	to keep the ball rolling
_to keep the wolf from the door		တြီတၢ်ဝံၤတၢ်ကာ်	to keep the wolf from the door
_to keep track of		ကွၢ်နီၣ်မ့ၢ်အလဲၤဆူလဲၣ်ဆူလဲၣ်	to keep track of
_to keep up		တဒုးဆိကတိၢ်ဘၣ်★မၤချူးလိာ်တၢ်အခံ★ဆါသနာ်က့ဂုာ်ဖံးဂုာ်မၤဒၣ်တၢ်	to keep up
_to keep within bounds		မၤဒ်အမၤသ့ဝဲအသိး★မၤဒ်အဖိးဝးဝဲအသိး	to keep within bounds
_keepsake	n.	တၢ်လၢပှၤဟ်ဃာ်လၢတၢ်သ့ၣ်နီၣ်ထီၣ်က့ၤတၢ်အဂီၢ်★တၢ်ဒီတံၤဒီ သကိးအတၢ်ပနီၣ်	keep'sake'
_kennel	n.	ထွံၣ်အဟံၣ်	ken'nel
_kernel	n.	တၢ်အချံတဖျာၣ်★တၢ်အနီၢ်★တၢ်အသံး★တၢ်အမုာ်အနီၢ်★တၢ်အလဲ★ တၢ်အဂ့ၢ်မိၢ်ပှၢ်	ker'nel
_kettle	n.	ထံချိသပၢၤ	ket'tle
_key	n.	နီၣ်ဝံာ်★သိး	key

_keynote		တၢ်(ကတိၤ)အဂ့ၢ်မိၢ်ပှၢ်★နီၤအဒိၣ်ထံးတဖျၢၣ်အထိၣ်အလီၤဆံးဒိၣ်ဆံးအၢ၊	key'note
_keystone	n.	လၢၢ်လၢအအိၣ်လၢလၢၢ်ဘၣ်တၢ်မၤကွံၣ်ကျီၤအီၤအခၢၣ်သး	key'stone'
_kick	v.t.	ထူ★တကျာ်★ထူတကျာ်	kick
_kid	n.	မဲာ်တဲးလဲးဖိ	kid
_kid	v.t.	(မဲာ်တဲးလဲး)ဖုံလီၤ	kid
_kidnap	v.t.	စိာ်ဟုၣ်ကွံာ်(ပှၤ)(လၢတၢ်ကရ္ၤထိၣ်က္ၤအဂီၢ်)★ယွာ်စိာ်ခူသူၣ်ပှၤ	kid'nap'
_kidney	n.	ကလ္ၣ်	kid'ney
_kill	v.t.	မၤသံ★မၤသံမၤဝီ	kill
_kiln	n.	တၢ်ကျၢ(အူး)ခဲ)(ထူၣ်)အလီၢ်တပူၤ	kiln
_kin	n.	ဘူးတံၢ်	kin
_kin	a.	လၢအဒီဘူးဒီတံၢ်★ကလုာ်	kin
_kind	n.	(အ)ကလုာ်	kind
_kind	a.	လၢအသးဂ့ၤ★လၢအသးကညီၤတၢ်★လၢအသးအိၣ်(မၤစၢၤ)ပှၤ★လၢအအဲၣ်တၢ်ကွံၣ်တၢ်	kind
_kindle	v.t.	ဒ့ၣ်ထိၣ်★မၤကဲၤထိၣ်★ဒုၤဂဲၤထိၣ်ပှၤအသး★ကဲၤထိၣ်★ဆိၣ်ကဲၤထိၣ်	kin'dle
_kindliness	n.	တၢ်သူၣ်ဂ့ၤသးဝါ★တၢ်သးအိၣ်(မၤစၢၤ)တၢ်★တၢ်အဲၣ်တၢ်ကွံၣ်အတၢ်မၤ	kind'li-ness
_kindling	n.	သ္ၣ်ဒ့ဖိလၢမ္ၣ်အူဆၢၣ်အဂီၢ်★(သ္ၣ်ကဘိၣ်လၢ)မ္ၣ်အူဆ္ၣ်(အဂီၢ်)	kin'dling
_kindly	adv.	လၢတၢ်သူၣ်ဂ့ၤသးဝါအပူၤ★လၢတၢ်သးကညီၤအပူၤ★လၢတၢ်အဲၣ်တၢ်ကွံၣ်အပူၤ	kind'ly
_kindness	a.	တၢ်အဲၣ်တၢ်ကွံ★တၢ်သးကညီၤ★တၢ်သးဆၢဂ္ၤတၢ်★တၢ်သူၣ်အိၣ်သးအိၣ်တၢ်	kind'ness
_kindred	n.	(တၢ်)ဒီဘူးဒီတံၢ်★အဒုၣ်အထၢ★အကလုာ်★တဒ္ၣ်ဃီ★တကလုာ်ဃီ	kin'dred
_king	n.	စီၤပၤ	king
_kingdom	n.	ဘီမုၢ်	king'dom
_kingly	a.	ဘၣ်ယးဒီးစီၤလိၣ်စီၤပၤ★ကြၢးဒီးစီၤပၤ★လီၤက်ဒီးစီၤပၤ	king'ly
_kink	v.i.	(တၢ်)(ဖ္ၢ)သကၢ(ဘံသကၢ)(သကၢ)တၢ်အသး	kink
_kinky	a.	လၢဘံသကၢတၢ်အသး	kink'y
_kiss	v.t.	(တၢ်)နၢမူတၢ်	kiss
_kit	n.	တၢ်အပီးအလီတဖ္ၣ်လၢတၢ်မၤအဂီၢ်	kit
_kitchen	n.	ဖၣ်ကပူၤ★တၢ်ဖီမ္ၤအလီၢ်	kitch'en
_kite	n.	လံာ်★လံာ်လၣ်စိၤ	kite
_kith and kin	n.	ဒီဘူးဒီတံၢ်★ဘူးတံၢ်	kith and kin
_kitten	n.	သၣ်မံယီၤဖိ	kit'ten
_kleptomaniac	n.	ပှၤလၢအအိၣ်ဒီးခိၣ်နူာ်အတၢ်ဆါလၢအတဟ္ၣ်ဘၣ်တၢ်ဒီးအိၣ်တကဲဘၣ်	klep'to-ma'ni-ac
_knack	n.	က္ဲကူၣ်သ္ဘၣ်လၢပှၤမၤနၢၤတၢ်အကီ★တၢ်မၤတၢ်သ္သ္ဘၣ်ဘၣ်	knack
_knapsack	n.	သုးဖိအတၢ်ကုတၢ်သိးအထၢၣ်★ထၢၣ်လၢပှၤလဲၤတၢ်ဖိနၢ်အဃၢၤအပီၢ်လၢအပူၤ	knap'sack'
_knave	n.	ပှၤလၢတၢ်ဝ့ၤတၢ်ဖိ★ပှၤအၢပှၤသီလၢအလီအိၣ်ဝ့ၤအိၣ်တၢ်	knave
_knavery	n.	တၢ်လီတၢ်ဝ့ၤ	knav'er-y
_knavish	a.	လၢအလီၤက်ပှၤလီတၢ်ဝ့ၤတၢ်ဖိ★လၢအလီအိၣ်ဝ့ၤအိၣ်တၢ်	knav'ish
_knead	v.t.	စံၢ်ပံာ်ပံာ်(ကိၣ်)ကမူၣ်ဒီးထံ★စံၢ်တၢ်	knead
_knee	n.	ခိၣ်လုၢ်ခိၣ်	knee
_kneel	v.i.	တီၤလီၤ★ချံးလီၤခိၣ်★ချံးခိၣ်တီၤလီၤ★(ဆ္ၣ်နီၤ)တီၤကီၤလ္ၢ်လီၤ	kneel
_knell	n.	တၢ်(ဒ်)(ထူး)ဒၤလ္ၢ်ဝဲပှၤခုၣ်လီၤပှၤသံ	knell
_knife	n.	ဒီ	knife
_knight / knighthood	n. / n.	ပှၤဒ္ၤပှၤယိၤလၢပျၢၤလၢအလုၤမၤစၢၤပှၤပိာ်မှၣ်ပိာ်မၢၤ(အလီၢ်အကျဲ)	knight / knight'hood
_knight-errant	n.	ပှၤဒ္ၤပှၤယိၤလၢပျၢၤလၢအဟးဝ့ၤဝီၤယွၤန္ၣ်ဒၢလၢအကဒုးတၢ်ဒီးအီၤအဂီၢ်	knight'er'rant
_knit	v.t.	စၢ(သံတၢ်)(ကမိာ်)တၢ်★စဲဘူးယုာ်လိာ်အသး	knit
_knit	v.i.	ဆးတၢ်လၢအထးခံဘိသၢဘိ★ဒုးစဲဘူးတၢ်လိာ်အသး	knit

_knob	n.	တၢ်အကမိာ်★တၢ်လှၢ်ခိဉ်ဖျၣ်သလၢဉ်	knob
_knock	v.t.	(တၢ်)ဒိတကွိၢ်★(တၢ်)ဘဉ်ထံးလိာ်အသး★(တၢ်)တီၢ်တၢ်	knock
_knock-kneed	a.	အိဉ်ဒီးအခီဉ်လှၢ်ခိဉ်ထံးလိာ်အသးဖဲအဟးအခါ	knock'kneed
_knoll	n.	တၢ်လှၢ်ကဝီၤကို့ဖျၣ်သလၢဉ်ဖိ	knoll
_knot	n.	တၢ်ကမိာ်★တၢ်အကမိာ်★တၢ်အိဉ်သဘံဘုဉ်ခွံဉ်ခူဉ်လိာ်အသးလၢပနၢ်ပၢၢ်ကီ	knot
_knot	v.t.	စၢကမိာ်တၢ်★စၢသံတၢ်	knot
_know	v.t.	သ့ဉ်ညါ	know
_knowledge	n.	တၢ်သ့ဉ်ညါ	knowl'edge
_knuckle	n.	စုခိဉ်အကမာ်★စုက(မိာ်)(မာ်)လၢစုစုမှာ်အခိဉ်ထံး	knuck'le
_label	n.	စးခိဖိတဒီလၢအမၤနီဉ်တၢ်အမံၤအသဉ်	la'bel
_label	v.t.	ကွဲးနီဉ်တၢ်အမံၤအသဉ်ဒီးဒုးစဲဘူးထီယာ်လၢတၢ်အလိၤ	la'bel
_labor	v.i.	(တၢ်)ဖံးတၢ်မၤတၢ်★(တၢ်)ဂဲၤပျုၢ်ကျဲးစၢးမၤတၢ်★(တၢ်)ဟူးဆါ	la'bor
_labor	n.	ပှၤမၤတၢ်ဖိတဖု★တၢ်မၤ★တၢ်မၤတၢ်ထုးဂံၢ်ထုးဘါဖဲတၢ်ဘုံးသးအခါ★တၢ်ဖံးတၢ်မၤ	la'bor
_laboratory	n.	တၢ်လီၢ်ဖဲပှၤကွၢ်ယုသ့ဉ်ညါမၤကဲထီဉ်(ကသံဉ်ကသီ)လၢအပူၤ	lab'o-ra-to-ry
_laborious	a.	လၢ်ဂံၢ်လၢ်ဘါ★ကီကီခဲခဲ★လၢအကျဲးစၢးမၤတၢ်★လၢအမၤတၢ်ဆူဉ်	la-bo'ri-ous
_labyrinth	n.	တၢ်လီၢ်အိဉ်ဒီးကျဲသဘံဉ်ဘုဉ်ထွးကားလိာ်အသး	lab'y-rinth
_lac	n.	ယံၤသဉ်★ယံၤ★ယံၤသ့ဉ်ဒ္★တကလီၤ(၁၀၀၀၀၀)	lac
_lace	n.	ဖၢ★ခိဉ်ဖးပုံၤ	lace
_lacerate	v.t.	မၤယာ်မၤဟံာ်တၢ်★မၤဘဉ်ကူးတၢ်★မၤလီၤကလဲတၢ်★မၤနးမၤဖှိဉ်	lac'er-ate
_lacing	n.	တၢ်တၢ်ဘူးယာ်တၢ်★ပုံၤ(တုၢ်တၢ်)	la'cing
_lack	v.t.	(တၢ်)နူၢ်အလီၢ်အိဉ်★(တၢ်)တပှဲၤထီဉ်ဘဉ်★(တၢ်)တလၢတပှဲၤ	lack
_lacquer	n.	ယံၤလၢပှၤဖှူတၢ်အဂီၢ်★တၢ်လၢပှၤဖှူအီၤလၢယံၤဆံ	lac'quer
_lad	n.	ပှာ်ခွါလိဉ်ဘိဖိ	lad
_ladder	n.	လီ	lad'der
_lading	n.	တၢ်ဖိတၢ်လံၤလၢပှၤပၢၤးထီဉ်အီၤလၢတၢ်ကတိဉ်ဆှၢကွံာ်အီၤအဂီၢ်	lad'ing
_ladle	n.	နီဉ်ဘျုဉ်★ထံဘျုဉ်	la'dle
_lady	n.	ပှၤမုဉ်ကနီၤ★ပှၤပိာ်မုဉ်(လၢအလုၢ်အလၢ်မုာ်သ့ဉ်မှာ်သးပှၤ)★ပိာ်မုဉ်လၢအအိဉ်ဒီးအလၤကပီၤ	la'dy
_lady-like	a.	(ပှၤပိာ်မုဉ်)လၢအလုၢ်အလၢ်မုာ်သးပှၤ★ဒ်အကြၢးဒီးပှၤပိာ်မုဉ်လၢအဂ့ၤအဝါအသိး★လၢအလုၢ်အလၢ်ဒ်သိးပိာ်မုဉ်လၢအအိဉ်ဒီးအလၤကပီၤအသိး	la'dy-like'
_lag / laggard	v.i. / n.	(ပှၤ)လၢအဟးအိဉ်လီၤတဲာ်လၢခံ★(ပှၤ)လၢအဟးစဲၤတဂၤ	lag / lag'gard
_lagoon	n.	ကွံဒိဉ်★ကွံ★နိဉ်လၢအဒိဉ်ဒီးစဲဘူးလိာ်အသးဒီးပိဉ်လဲဉ်	la-goon'
_lair	n.	တဝၢ★ဆဉ်ဖိကီၢ်ဖိအလီၢ်မံ(အပူၤ)	lair
_lake	n.	နိဉ်★အီ★ကွံမုၢ်	lake
_lamb	n.	သိဖိ	lamb
_lame	a.	လၢအခီဉ်ဟးဂီၤ★လၢအ(ပိၢ်)ဆါ★လီၤဘှ★လၢအဟးတကျၢ်တကျ္★တလၢတပှဲ	lame
_lament / lamentation	v.i. / n.	(တၢ်)မိဉ်တၢ်မးတၢ်★(တၢ်)ဟီဉ်တၢ်ယၢၤတၢ်	la-ment' / lam-en-ta'tion
_lamentable	a.	လၢအလီၤသးအုး★လၢအလီၤဟိဉ်လီၤယၢၤ★လၢအလီၤမိဉ်လီၤမဲ	lam'en-ta-ble
_lamented	p.a.	လၢတၢ်မိဉ်ထီဉ်သးသယုၢ်ဘဉ်အီၤ★လၢတၢ်ထီဉ်တၢ်ယၢၤတၢ်လၢအယိ	la-ment'ed
_lamp	n.	မ့ဉ်အူဧၢ	lamp
_lance	n.	ဘီ	lance
_lance	v.t.	ကွဲးထူဉ်ပှၢ်★ဆဲးထူဉ်ပှၢ်★ဆဲးတၢ်လၢဘီ	lance
_lancet	n.	ဒီခိဉ်စ့လၢအကနဉ်အ့ဉ်ခံခီလိာ်	lan'cet
_land	v.i.	တိၢ်ထီဉ်★ထီဉ်ဆူခိ★ဟာ်ထီဉ်တၢ်ဆူခိ★စံဉ်လီၤ★စိာ်လီၤဆူဟီဉ်ခိဉ်လီၤ★စီၤလီၤ★(ကဘီယူၤ)စီၤလီၤ	land

_land	n.	ဟီၣ်ခိၣ်★ခိ★ထံကီၢ်	land
_landing	n.	တၢ်ဟ်ထီၣ်(တၢ်)ဆုခိ(အလီၢ်)★တၢ်တီၢ်ထီၣ်(အလီၢ်)★တၢ်စံၣ်လီၤ(အလီၢ်)★တၢ်စီၢ်လီၤ(အလီၢ်)	land'ing
_landlocked	a.	လၢဟီၣ်ခိၣ်အိၣ်ကဝီၤတံာ်ဃာ်အီၤ,လၢဟီၣ်ခိၣ်အိၣ်ဝးတရံးအီၤ	land'locked'
_landmark	n.	ကီၢ်အတၢ်မၤနီၣ်	land'mark'
_lane	n.	ကျဲဖိ	lane
_language	n.	ကျိာ်	lan'guage
_languid	a.	လၢအလီၤညွံးလီၤဘီ★လၢအဂၢ်စၢ်ဘါစၢ်★လၢအလီၤဘျုးလီၤဘှဲ★သူၣ်ဃၢသးဃၢ	lan'guid
_languish	v.i.	လီၤဘှါ★သးလီၤဘိၣ်လီၤတဲ★လီၤညွံးလီၤဘီ★ဖှံၣ်လီၤဃဲၤလီၤလၢတၢ်သးအုးအဃိ	lan"guish
_lank	a.	ဃဲၤ★လၢအကျိယံကျိကနၤ★ဃဲၤသံကျိသံ	lank
_lantern	n.	မ့ၣ်အူဒၢလၢကလံၤအူသံအီၤတသ့	lan'tern
_lap	v.i.	အိၣ်ဒီကစိာ်ဖုၣ်ထီလိာ်အသး★လ့ၣ်အိၣ်တၢ်★စံၣ်ပိပုကဖိလီ	lap
_lap	n.	ကံၣ်ဒုၣ်ခိၣ်★ဘိၣ်★ကံၣ်ဖျၢၣ်ခိၣ်★တၢ်ဃ့ၢ်ကဝီၤတၢ်တဘျီ★(ဒုး)(ဘၣ်ဃီၤကၢၢ်နံၤ)	lap
_lapidary	n.	ပှၤလၢအ(စီးပျၤ)(ကျ လၢၢ်)လၢၢ်လုၢ်ဒိၣ်ပှ့ၤဒိၣ်သ့	lap'i-da-ry
_lapse	v.i.	(တၢ်)မၤကမဉ်တၢ်★(တၢ်)မၤတၢ်တကဲထီၣ်လိၣ်ထီၣ်★(အဆၢကတီၢ်)လဲၤပူၤကွံာ်(ဖဲပတဟ်သူၣ်ဟ်သး)★(တၢ်)(ကတၢၢ်)(ဟးဂီၤ)ကွံာ်လၢတၢ်တဟ်ကဲတၢ်အဃိ★တၢ်စူးကွံာ်တၢ်ဘူၣ်ဃွၤဘါဃွၤ★လီၤဘၣ်ကူၤလၢပှၤတဂၤဒၣ်အစုပူၤ	lapse
_larceny	n.	တၢ်ဟုၣ်တၢ်ဘျၣ်တၢ်	lar'ce-ny
_lard	n.	ထိးသိ★ထိးအပြိၢ်အသိ	lard
_larder	n.	တၢ်အီၣ်တၢ်အီအဒၢး	lard'er
_large	a.	ဒိၣ်★ဖးဒိၣ်★သွါ	large
_at large		အိၣ်ပူၤဖျဲး★သဘျ့★တၢ်တြီအီၤတအိၣ်	at large
_lash	v.t.	ဖျ့တၢ်★ဘံတံၢ်ဃာ်	lash
_lash	n.	နီၣ်ဖျ့အပျံၤ★တၢ်ဖျ့တၢ်တဘီ	lash
_lassitude	n.	တၢ်သူၣ်ဃၢသးဃၢ★တၢ်လီၤ(ဘုံးလီၤဘှါ)(ကဘုး)	las'si-tude
_last	a.	လၢ(ခံ)ကတၢၢ်★မငါ★မဟါ★လၢအပူၤကွံာ်(တနံၣ်)	last
_last	v.i.	အိၣ်ကၢအိၣ်ခိး★(အိၣ်စံာ်အိၣ်)ကျπ★အကတၢၢ်	last
_last	n.	ခီၣ်ဖံးအဒိလၢအဘၣ်တၢ်မၤအီၤလၢသ့ၣ်	last
_latch	v.t.	(နီၣ်)ကွးဃာ်တၢ်★(နီၣ်)ဘျးဃာ်တၢ်	latch
_latch	n.	တြဲၤအနီၣ်ကိာ်	latch
_late	a.	အိၣ်လီၤတဲာ်လၢခံ★တချုးန့ၢ်အဆၢကတီၢ်★လၢမကိာ်★စဲၤ★(မ့ၢ်နၤ)ယိာ်	late
_lately	adv.	(လၢအ)(စးထီၣ်)တယံာ်ဒံးဘၣ်★မိကိာ်ဒံးလီၤ	late'ly
_lather	n.	ဆး((ပ့ၣ်))အသဘှဲ	lath'er
_laudable	a.	လၢအလီၤစံးပတြၢၤ	laud'a-ble
_laugh	v.i.	(တၢ်)နံၤ	laugh
_laughable	a.	လီၤနံၤ	laugh'a-ble
_laughter	n.	တၢ်နံၤ★တၢ်နံၤတၢ်အ့	laugh'ter
_launch	v.t.	တွံၢ်လီၤကဘီဆုထံကျါ★နုာ်လီၤ(ဆုတၢ်ဖံးတၢ်မၤလီၤဆီအပူၤ)	launch
_launch	n.	ကဘီ	launch
_launder	v.t.	ဆူၣ်တၢ်	laun'der
_laundry	n.	ပှၤဆူၣ်တၢ်အလီၢ်	laun'dry
_lave	v.t.	လုၣ်ထံ★သ့ကွံာ်	lave
_lavish	v.t.	မၤလာ်လုၣ်ကီတၢ်★ဟ့ၣ်တၢ်အါတလၢ	lav'ish
_law	n.	တၢ်သိၣ်တၢ်သီ	law
_at law		လိာ်ဘၢလိာ်ကွီၢ်	at law

_lawful	a.	ဒ်တၢ်သိဉ်တၢ်သီဟဲအသိး★ယူလၢ်အသးဒီးတၢ်သိဉ်တၢ်သီ★တီဝဲလီၤဝဲ★ကြၢးဝဲဘဉ်ဝဲ	law'ful
_lawless	a.	လၢအတဒိကနဉ်တၢ်သိဉ်တၢ်သီဘဉ်★လၢအတဒီးပၢအသးလၢတၢ်သိဉ်တၢ်သီအဖိလာ်ဘဉ်★လၢအတၢ်သိဉ်တၢ်သီတအိဉ်	law'less
_lawn	n.	တၢ်ဖၢခိဉ်လၢဟံဉ်အယၢကးဘၢသးဒီးတၢ်ပၢ်★တၢ်ကးညာ်အဂ့ၤတကလုာ်	lawn
_lawsuit	n.	ဘၢကွီၢ်★တၢ်(လိာ်ဘၢ)(လိာ်ကွီၢ်)★ဘၢ	law'suit
_lawyer	n.	ပီၢ်ရီ	law'yer
_lax	a.	လၢအတပၢတၢ်ယံးယံးဘဉ်★လၢအတဂီၤအသးဘဉ်★လၢအ(ကျီၢ်)(ဟၢဖၢလူ)	lax
_laxative	n.	တၢ်လၢအဒုးလဲၤပဟၢဖၢ★ကသံဉ်လူလၢအစၢ်	lax'a-tive
_laxity	n.	တၢ်ပၢတၢ်တယံးဘဉ်★တၢ်တဂီၤအသးဘဉ်★တၢ်ကျီၢ်သလဲး	lax'i-ty
_lay	v.t.	ဟ်(လီၤ)★ဒ်ဉ်လီၤ	lay
_lay a finger on		ထိးတစဲးဖိဒဉ်လဲ၁	lay a finger on
_lay one's finger on		ထံဉ်နၢ်ပၢၢ်တၢ်(လၢအကမဉ်တဘျီယီ)	lay one's finger on
_lay by		ဟ်ကစီၤဟ်စၢၤ★ဟ်ကွံာ်လၢတၢ်ကပၤ	lay by
_lay eyes on		ထံဉ်ချုးနၢ်	lay eyes on
_lay hands on		ဖိဉ်ယာ်	lay hands on
_lay on the shelf		စူးကွံာ်★ဟ်ကွံာ်	lay on the shelf
_lay out		ကူဉ်ထိဉ်ဖးလီၤ	lay out
_lay about		တီၢ်တရံးဝ့ၤဝီၤတၢ်	lay about
_lay	n.	ထါသးဝံဉ်	lay
_layman		ပှၤလၢအတမ့ၢ်သရဉ်ဘဉ်	lay'man
_layer	n.	တၢ်အကဘျံးတကဘျံး★တၢ်အက(ဘျံး)(ထၢ)	lay'er
_lazy	a.	အကၢဉ်အကျ။★ကၢဉ်	la'zy
_lead	v.t.	ဆှၢ★ဖၢ★ကဲအခိဉ်★လဲၤလၢညါ★မိၤ★ဒုးနဲဉ်ကျဲ	lead
_lead	v.t.	ကတာ်ကတီၤလၢဖျါ★မၤဝဲလၢဟ့ဉ်	lead
_lead	n.	ဟ့ဉ်★စၢၢ်	lead
_leaden	a.	လၢအလွဲၢ်လီၤက်ဟ့ဉ်★လၢအယၢဝဲ★လၢအမၤဝဲလၢဟ့ဉ်	lead'en
_leader	n.	(ပှၤ)လၢအဆှၢတၢ်★တၢ်အခိဉ်အနၢ်★ပှၤလၢအလဲၤလၢညါ	lead'er
_leading	a.	လၢအဒိဉ်ဝဲထိဝဲ★လၢအလဲၤလၢညါ★(တၢ်)(လၢအ)ဆှၢတၢ်	lead'ing
_leading	n.	တၢ်ဆှၢတၢ်တွၤ	lead'ing
_leaf	n.	တၢ်အလဉ်★တၢ်အကဘျံး★သ့ဉ်လဉ်(အူ)	leaf
_league	n.	တၢ်မၤသကိးတၢ်အိဉ်ဒီးတၢ်အၢဉ်လီၤအီလီၤ★သမံးလး★တၢ်အၢဉ်လီၤအီလီၤလၢအကမၤစၢၤလိာ်အသးသကိးသကိး	league
_leak	v.i.	စွၢ်ထိဉ်★ပြာ်ထိဉ်★စွၢ်လီၤ★လီၤစီၤ★ထံနှာ်	leak
_leak	n.	တၢ်(စွၢ်ထိဉ်)အလီၢ်	leak
_leakage	n.	တၢ်(လၢအ)စွၢ်ထိဉ်★တၢ်(လၢအ)ပြာ်ထိဉ်★တၢ်(လၢအ)ယွၤ((လီ၁)))(လီၤလဲ၁)ကွံ၁	leak'age
_leaky	a.	လၢအဖျံထံစွၢ်ထိဉ်★လၢအထုဉ်ဖှဲ★လၢအတတ်ဘဉ်	leak'y
_lean	v.i.	ဒ့ခ၁★သနူၤအသး	lean
_lean	a.	ယဲၤ	lean
_lean toward		မိဉ်မၤအသး★အသးအိဉ်	lean toward
_leap	v.i.	စံဉ်★စံဉ်(ထိဉ်)★စံဉ်ပိုၤ★စံဉ်တဘီတဘီ	leap
_learn	v.t.	မၤလိ(တၢ်)★မၤသ့ဉ်ညါထိဉ်အသး★သ့ဉ်ညါနၢ်လၢ★မၤလိနၢ်★မၤလိသ့ဉ်ညါနၢ်	learn
_learned	a.	လၢအသ့အဘဉ်	learn'ed
_learning	n.	တၢ်သ့တၢ်ဘဉ်	learn'ing
_lease	v.t.	(တၢ်)ငါလီၤ	lease
_lease	n.	လံာ်တၢ်အၢဉ်လီၤလၢအဘဉ်ယးဒီးတၢ်ငါလီၤတၢ်တမံၤမံၤ	lease

170

_leash	n.	ဆၣ်ဖိကိၢ်ဖိအပျံၤ	leash
_least	a.	လၢအစှၤ(ကတၢၢ်)	least
_leather	n.	တၢ်ဖံး★တၢ်အဖံးလၢတၢ်စှၣ်အီးဒီးကသံၣ်ဝံၤလံ	leath'er
_leave	v.t.	ဟ်တ့ၢ်★ဟ်လီၤတဲာ်	leave
_leave no stone unturned		ကွၢ်ယုလီၤတၢ်လီၤဆဲး★ကျဲးစၢး(နုၢ်)လၢကျဲကိးဘိဒဲး	leave no stone unturned
_leave off		ဆိကတီၢ်★အိၣ်ကတီၢ်	leave off
_leave	n.	ဟးထီၣ်ကွံာ်★စူးကွံာ်ညိကွံာ်★ဟးသဒၣ်ကွံာ်★အခွဲး	leave
_leaven	n.	ကိၣ်မံၣ်	leav'en
_lecture	n.	တၢ်ယဲၤဖျါထီၣ်တၢ်အဂ့ၢ်အပီၢ်	lec'ture
_lecture	v.t.	သိၣ်က့ၤသီက့ၤတၢ်လၢအမၤကမၣ်တၢ်အယိ	lec'ture
_ledge	n.	တၢ်လီၤပတံာ်ဖိလၢလှကပၤ	ledge
_ledger	n.	(စ့)စရီဖးဒိၣ်တဘ့ၣ်	led'ger
_lee	a.	အလီၢ်တဒၢ★လၢအတဘၣ်ကလံၤအကျိၤ	lee
_leech	n.	တလ့ၤ★သူး★မံၢ်★တလ့ၤကွါထါ★ကသံၣ်သရၣ်	leech
_leer	v.i.	(တၢ်)ကွၢ်တကျ့ယီၤ★(တၢ်)ကွၢ်ဟ့ကွၢ်ကျိၣ်	leer
_left	a.	(လၢ)စုစ့ၣ်တခီ	left
_leg	n.	ခီၣ်★အခီၣ်	leg
_legacy	n.	တၢ်ဟ့ၣ်သါ★တၢ်နုၢ်သါလၢတၢ်နုၢ်ဘၣ်အီၤလၢလၢ်ကွဲးနိၣ်တၢ်နုၢ်သါအပူၤ	leg'a-cy
_legal	a.	(တၢ်)(လၢအ)ယူယီၣ်လီၤပလိၢ်ဒီးတၢ်သိၣ်တၢ်သီ★ဘၣ်ယးဒီးတၢ်သိၣ်တၢ်သီ★လီၤဝဲတီဝဲ	le'gal
_legalize	v.t.	ဒုးအိၣ်ထီၣ်တၢ်သိၣ်တၢ်သီလၢအဟ့ၣ်အခွဲး★မၤသိးအကယူလိာ်သးဒီးတၢ်သိၣ်တၢ်သီ	le'gal-ize
_legend / legendary	n. / a.	(လၢအမ့ၢ်)တၢ်စံၣ်ယဲၤတဲယဲၤလၢဖျ★ပမံၤပပျၢ်အတၢ်ယဲၤ	le'gend / leg'end-a-ry
_legible	a.	ဖျါတုၤ(ပဖးအီးသ့)(ပဖးအီးဘၣ်)	leg'i-ble
_legion	n.	သုးမုၢ်ဒိၣ်တဖု(၃၀၀၀–၆၀၀၀၈)★တၢ်အါအါဂီၢ်ဂီၢ်	leg'ion
_legislate / legislative	v.t. / a.	(လၢအ)ဒုးအိၣ်ထီၣ်တၢ်သိၣ်တၢ်သီ	leg'is-late / leg'is-la-tive
_legislation	n.	တၢ်ဒုးအိၣ်ထီၣ်တၢ်သိၣ်တၢ်သီ★တၢ်သိၣ်တၢ်သီ	leg'is-la'tion
_legislator / legislature	n.	ပှၤ(တဖု)လၢအဒုးအိၣ်ထီၣ်တၢ်သိၣ်တၢ်သီ	leg'is-la'tor / leg'is-la'ture
_legitimate	a.	လၢအလီၤပလိာ်ဒီးတၢ်သိၣ်တၢ်သီ★တီဝဲ★လီၤဝဲ★ဘၣ်ဝဲ★ဒ်တၢ်သိၣ်တၢ်သီဟဲဟဲအသိး★လၢအလီၤပလိာ်ဒီးတၢ်လၢပုၤညီနုၢ်အာ့ၣ်လီၤအီၤလီၤဝဲ★လၢအတမ့ၢ်ပုၤဒၢဘၢဖဲၣ်	le-git'i-mate
_leisure	n.	တၢ်မၤချုးမၤဒၢးအဆၢကတီၢ်★တၢ်အိၣ်ကလီအဆၢကတီၢ်	lei'sure
_leisurely	a.	ကၤညၣ်ကၤညၣ်★ကၢဒၢးကၢဒၢး★ကယီကယီၤအၢဒၣ်ဒၣ်ဝဲအသးအသိး	lei'sure-ly
_lemon	n.	သၣ်သွဲၣ်ဆံၣ်★ပနီကွံ(သၣ်)	lem'on
_lend	v.t.	ဒုးလိၢ်	lend
_length	n.	(တၢ်)အထီ★(တၢ်)အစီၤ	length
_at length		လၢခံကတၢၢ်	at length
_lengthen	v.t.	(မၤ)ထီထီၣ်★(မၤ)သလၣ်ထီၣ်★(ဒုး)ယံာ်ထီၣ်	length'en
_leniency	n.	တၢ်စံၣ်ညီၣ်တၢ်ဘၣ်ဒးကိာ်★တၢ်သးကညီၤတၢ်★တၢ်သးဂ့ၤ	le'ni-en-cy
_lens	n.	မဲာ်ထံကလၤလၤအထုးဖိၣ်တၢ်ကပီၤအယဲၤ	lens
_leopard	n.	ခ့ဘ့ု★ခ့စံၣ်ပိၣ်	leop'ard
_leper	n.	ပုၤဘၣ်တၢ်ခံတုာ်ဆါအၢ★ပုၤအနၣ်	lep'er
_leprosy	n.	တၢ်ခံတုာ်ဆါအၢ★တၢ်နၣ်	lep'ro-sy
_less	a.	စှၤနၢ်★ဆံးနၢ်ဒံး	less
_lessen	v.i.	(မၤ)စှၤလီၤ★(မၤ)ဆံးလီၤ★(မၤ)စၢ်လီၤ	less'en

171

_lesson	n.	တၢ်မၤလိတဘျီအဂီၢ်တဘျီအဂီၢ်★တၢ်မၤလိလၢအသိၣ်ပှၤ	les'son
_lest	conj.	ဒ်သိးအသုတ(မၤ)တဂ့ၤ★ဘၣ်ယိၣ်လၢ	lest
_let	v.t.	ပျဲ★(ဒိး)ငါလီၤ	let
_let alone		ပျဲကအိၣ်ဒၣ်ဝဲ(တဂၤ)ဓိၤတကၠၢ်	let alone
_let down		စဲၤလီၤ	let down
_let loose		ပျၢ်ဖှိုး★ပျဲလီၤ★ပျၢ်လီၤ	let loose
_let		ဟ့ၣ်အခွဲး	let
_lethargy	n.	တၢ်ဆါသ့ံၣ်ယၢထံယၢ★တၢ်သးတဂဲၤဘၣ်★တၢ်ဆါလၢပှၤမိၣ်မံအသးတနဲးနဲး	leth'ar-gy
_letter	n.	လံာ်မဲာ်ဖျၣ်★တၢ်ပရၢ★လံာ်ပရၢ	let'ter
_level	n.	(နီၣ်ထိၣ်)တၢ်အမဲာ်ဖံးခိၣ်★တၢ်(လၢ)အပၢၤ	lev'el
_level	v.t.	မၤပၢၤ★ဒုးပၢၤဘၣ်လိာ်	lev'el
_on a level with		လၢအလီၢ်တုၤသိးလိာ်အသးဒီး	on a level with
_level		တၢ်ပၢၤခိၣ်★ပၢၤ★(စူၣ်)(ပညိၣ်)ကို	level
_lever	n.	နီၣ်တကၢ	lev'er
_levity	n.	တၢ်သးဖှံ(တလၢကွံာ်)★တၢ်သးတဂၢ်တကျၢၤ★တၢ်တအိၣ်ဒီးတၢ်သညူးသပှၢ်	lev'i-ty
_lewd	a.	လၢအအၢ★လၢအကလုာ်ကလိၤ★စီၤကျိၤ	lewd
_lexicon	n.	လံာ်လၢအမၤဖျါထီၣ်ကျိာ်တကျိာ်ကျိာ်အတၢ်ကတိၤအခီပညီ	lex'i-con
_liability	n.	တၢ်လီၤဘၣ်ပှၤ★တၢ်လၢအ(ကဘၣ်ပှၤသ့ၣ်သ့ၣ်)(ညီနုၢ်မၤအသးသ့)	li'a-bil'i-ty
_liable	a.	လၢအလီၤဘၣ်ပှၤ★လၢအလီၤတီလၢပဖီခိၣ်★လၢအကဘၣ်ပှၤသ့ၣ်သ့ၣ်★ လၢအညီနုၢ်မၤအသးသ့	li'a-ble
_liar	n.	ပှၤကတိၤတၢ်ကဘျံးကဘျၣ်★ပှၤလီတၢ်ဖိ	li'ar
_libel	v.t.	(တၢ်)ကွဲးဟးဂီၤပှၤအလၤကပီၤ	li'bel
_liberal / liberality	a. / n.	(တၢ်)(လၢအ)ဟ့ၣ်တၢ်ညီ★(တၢ်)(လၢအ)ချိ★(တၢ်ဟ့ၣ်)(လၢအ)အါအါဂိၢ်ဂိၢ် ★(တၢ်)(လၢအ)သးလဲၢ်	lib'er-al / lib'er-al'i-ty
_liberate / liberation	v.t. / n.	(တၢ်)ပျၢ်ကွံာ်★(တၢ်)မၤထူၣ်ဖျဲးကွံာ်★(တၢ်)ဒုးသဘျ့ကွံာ်အီၤ	lib'er-ate / lib'er-a'tion
_liberty	n.	တၢ်(အိၣ်)သဘျ့★တၢ်တြီအီၤတအိၣ်★အခွဲး★ တၢ်စုတလၢကွံာ်ခီၣ်တလၢကွံာ်လၢတၢ်ရှလိာ်သးပှၤ	lib'er-ty
_library	n.	တၢ်လီၢ်ဖဲလံာ်တဖၣ်ဘၣ်တၢ်ဟ်ဖိုၣ်အီၤ★လံာ်တပု	li'bra-ry
_licence	n.	လဲးစ့ၣ်★(တၢ်)(လံာ်)	li'cence
_licence	v.t.	ဟ့ၣ်တၢ်အခွဲး	li'cence
_licentious	a.	လၢအညီနုၢ်လူၤတၢ်ကလုာ်ကလိၤ★လၢအလူၤဘၣ်အသး★အၢသီ	li'cen-tious
_lick	v.t.	လ့ၣ်တၢ်★ဖျ့တၢ်★တိၢ်တၢ်	lick
_lick	n.	မီ	lick
_lid	n.	တၢ်အခိၣ်ကၢၢ်★ခိၣ်ခွး★ခိၣ်ကး★ခိၣ်ဖြိုၣ်	lid
_lie	v.i.	မံ(လီၤ)(နီၤ)★အိၣ်လၢ(တၢ်အလီၤ)★ကိာ်လီၤ★လီတၢ်★ ကတိၤကဘျံးကဘျၣ်တၢ်	lie
_lien	n.	တၢ်စၢဃာ်လၢတလီးက့ၤကမၢ်အဃိ★ကွၢ်လၢပှၤဂၤအတၢ်ဖိတၢ်လံၤအဖီခိၣ်★ တၢ်ဃ့လၢအဃုလိာ်ဖိးလိာ်အသးဒီးတၢ်သိၣ်တၢ်သီ	li'en
_lieu	n.	ခၢၣ်စး★အလီၢ်	lieu
_life	n.	သးသမူ★တၢ်မူ★တၢ်အိၣ်မူအိၣ်ဂဲၤ★တၢ်အိၣ်မူဒီစိၤ★တၢ်သူၣ်ဖံသးညီ	life
_lifeless	a.	လၢအသံ★သူၣ်ဃၢသးဃၢ★သးတဆူၣ်★သးတဖံ	life'less
_lifelike	a.	လၢအလီၤက်ဒီးတၢ်အနီၢ်ကစၢ်ဒၣ်ဝဲနီၢ်ကီၢ်	life'like'
_life-size	a.	လၢအဒိၣ်ထဲသိးတၢ်အနီၢ်ကစၢ်ဒၣ်ဝဲ	life'size'
_lift	v.t.	စိာ်ကဖီထီၣ်★ကျၢထီၣ်မဲာ်★စိာ်ထီၣ်★မိာ်ထီၣ်★ထုထီၣ်အကလုၢ်★ ကိးပသူထီၣ်	lift
_light	v.t.	ဒွဲၣ်ထီၣ်★(ဒုး)ကပီၤ(ထီၣ်)	light
_light	v.i.	စံၣ်လီၤ★စီၢ်လီၤ	light

_light	a.	သးဖှဲ★ဖှဲသလိး★ပှၢ်ချ ★လၢအတမှၢ်တၢ်အဒိ>်အမှၢ်ဘ>်★လၢအတကီဘ>်	light
_light	n.	တၢ်ကပီၤ	light
_in the right light		>်သိးကနၢ်ပၢၢ်လိၤလိၤ	in the right light
_in the light of		လၢပနၢ်ပၢၢ်အံၤအယိ	in the light of
_light		ဘ>်န့ၢ်အတီၤ★မၤအသး	light
_lighten	v.t.	မၤဖှဲထီ>်★မၤကပီၤထီ>်★လီၢ်အဒံး	light'en
_lighthouse	n.	မှ>်ဆူ့ထူ>်လၢပီ>်လဲ>်နံၤ>်သိးကနဲ>်ကဘီဖိအကျဲလၢမှၢ်နၤ	light'house'
_lightly	adv.	ကဖီကဖီ★ကဖီလီ★ညီကနဲ>်★လၢသု>်ဖှဲသးညီ★ပှၢ်ပှၢ်ချ ★ဖှဲသလိး★ စုၤစုၤ	light'ly
_lightning	n.	လီ	light'ning
_likable	a.	လၢအလီၤအဲ>်လီၤကွံပှၤ★လၢအဘ>်သု>်ဘ>်သးပှၤ	lik'a-ble
_like	v.i.	အဲ>်★အဲ>်ဒိး★ဘ>်အသး	like
_like	a.	လီၤက်★>်သိး(သိး>်)(နှ>်)	like
_likewise	adv.	>်နှ>်အသိး★စ့ၢ်ကီး	like'wise'
_limb	n.	အဒၤအတြ၊ ★အစုအခီ>်	limb
_limber	a.	စၢ်ယှု>်စၢ်ယဲၢ်★စၢ်ကပှၤ်ဒဲး★စၢ်ကဘံ>်	lim'ber
_lime	a.	ထူ>်★ဆ>်ပြ>်သ>်★သီဘျ့သ>်★ပနီ္ကျသ>်	lime
_limit	v.t.	မၤနီ>်တၢ်အဆၢ★မၤနီ>်(တၢ်အဆၢကတီၢ်)★တြီယာ်	lim'it
_limit	n.	အဆၢ★တၢ်အတီၢ်ပူၤ★တၢ်အ(ယံၤ)ကတၢၢ်★အကနၢ★အသရ့ၤ	lim'it
_limitation	n.	တၢ်(လၢအ)မၤနီ>်ယာ်တၢ်အဆၢ★တၢ်တြီယာ်တၢ်	lim'i-ta'tion
_limp	v.i.	ဟးတကျာ်တကျာ်	limp
_line	v.t.	တီၤတၢ်ဘျ ★(ဒၢၢ)ယာ်တၢ်လၢတၢ်အအိပူၤ★ဒုးရဲ>်လီၤတၤလၢအဂ့ၢ်★ ဆးခံကထၢတၢ်	line
_line	n.	တၢ်ဘျ ★တၢ်အဒီဂ့ၢ်★ပှဲၤ	line
_line of work		တၢ်မၤတၤကလုာ်	line of work
_lineage	n.	အစၢၤအသွဲ>်★တၢ်လီၤစၢၤလီၤသွဲ>်	lin'e-age
_lineal	a.	လၢအ(အိ>်ဒီး)(ဘ>်ယးဒီး)တၢ်ဘျ တဖ>်★လၢအလီၤစၢၤလီၤ သွဲ>်တဆီဘ>်တဆီ	lin'e-al
_linger	v.i.	မၤယံၢ်မၤနီၢ်	ling'er
_lining	n.	တၢ်ရဲ>်လီၤတၢ်★တၢ်ဆးတၢ်ခံကထၢလၢအဖီလာ်တကထၢ	lin'ing
_link	n.	တၢ်အကွီၤ★ထးသွဲအကွီၤတဂ္ၤ	link
_link	v.t.	ဒုးဘျးယာ်တၢ်★ဒုးစဲဘူးတၢ်	link
_lion	n.	ခ့ယုၢ်★ပှၤလၢပှၤအါဂၤ(ယုရ့လိာ်အသးဒိးအီၤ)(>်ဒိးထံ>်အီၤ)	li'on
_lip	n.	နိးဖံး★ပျူၤ★တၢ်အကနၢ★ဘ>်ယးထဲထးခိ>်ဖံးလာ်★နိးပျူၤ	lip
_liquefy	v.t.	ဒုးပှၢ်(လီၤ)(ထီ>်)တၢ်★ယှ>်ပှၢ်ထီ>်တၢ်	liq'ue-fy
_liquid	n.	(တၢ်)ထံ	liq'uid
_liquor	n.	တၢ်အထံ★သံး	liq'uor
_lisp	v.t.	ကတိၤတၢ်တဟ်တကျၢဘ>်ဒီၤပစံးတၢ်အသိးသးနှ>်ကီးဝဲတၢးလီၤ	lisp
_list	n.	တၢ်အမံၤအသ>်အစရီ★တၢ်ကွဲးညာ်အ(ကနၤ)(မံး)	list
_list	v.i.	ဒုခံ★ကနဲ>်	list
_listen	v.i.	ဒီကနဲ>်	list'en
_listless	a.	လၢအသးတဝဲၤဘ>်★လၢအကၢ်ကဲတၢ်ဘ>်	list'less
_literal / literally	a. / adv.	>်တၢ်ကတိၤအခီပညီဟ့ဝဲလိၤလိၤအသိး	lit'er-al / lit'er-al-ly
_literary	n.	ဘ>်ယးဒီးလံာ်ဖိလံာ်ဒိၤ	lit'er-a-ry
_literate	a.	လၢအဖးတၢ်ကွဲးတၢ်သ့	lit'er-ate
_literature	n.	(ပှၤတကလုာ်အ)လံာ်ဖိလံာ်ဒိၤ★တၢ်သ့လံာ်ဖိလံာ်ဒိၤ	lit'er-a-ture
_lithe	a.	လၢအစၢ်ယှု>်စၢ်ယဲၢ်	lithe
_litigate	v.	လိာ်ဘၢလိာ်ကွီၢ်	lit'i-gate

_litter	n.	(တၢ်ကမံၤကမိၢ်)လၢအအိၣ်ပြံအိၣ်ပြါ★(တီး)ဖိတနၣ်★စ့ၢ်လၢပှၤစိၢ်ပှၤဆါ★ခးနုးခိၣ်	lit'ter
_litter	v.t.	(ထိး)ဖံ့လီၤအဖိ	lit'ter
_little	a.	ဆံး★တစဲးဖိ★ဖိနဲၤကဲၣ်★ဆံးကိာ်★စုၤကိာ်★စုၤ	lit'tle
_live	v.t.	အိၣ်မူ★အိၣ်ဆိး★(မၤ)အီၣ်★အိၣ်★ဟူးဂဲၤ★လုၢ်အိၣ်အသး	live
_live	a.	လၢအမူ★လၢအကဲၤဒံး	live
_livelihood	n.	တၢ်မၤအိၣ်မၤအီအကျဲ★တၢ်လုၢ်အိၣ်သးသမူ★တၢ်အိၣ်တၢ်အီ	live'li-hood
_liveliness	n.	တၢ်တလံာ်တလ့ာ်★တၢ်သူၣ်ဖံ့သးညီ★တၢ်သးဖံ့	live'li-ness
_livelong	a.	သ့တ(နံၤ)ကျၢၤ★သီတ(နၤ)ကျၢၤ★လၢအယံာ်★လၢအဒီကတီၢ်	live'long'
_lively	a.	လၢအဟူးအဂဲၤ★လၢအသးဖံ့★လၢပကနၣ်မ့ာ်သးပှၤ★ လၢအထိၣ်ဟူးထိၣ်ဂဲၤပသး★လၢအသူၣ်အသးဖံ့သလိး★အမူ★ကပြုၢ်	live'ly
_liver	n.	သူၣ်	liv'er
_living	n.	တၢ်အိၣ်မူ★တၢ်မၤအိၣ်★တၢ်လၢပလုၢ်အိၣ်ပသးသမူ	liv'ing
_living	a.	လၢအမူ	liv'ing
_lizard	n.	ဒီလ့ၢ်★ခွံၣ်★တီးတဲာ်★တခုး★တြွ★တၢ်လၢအလီၤက်ဒီးဒီလ့ၢ်သ့ၣ်တဖၣ်	liz'ard
_load	n.	တၢ်ဝံတၢ်စိာ်★တၢ်ပဒၢး★တၢ်ဃၢတၢ်စံာ်	load
_load	v.t.	ဒၢနှာ်ကျိသၣ်★ဒုးဝံဒုးစိာ်★ပဒၢးထိၣ်	load
_loaf	v.i.	အိၣ်ကလီကလီ★မၤလာ်ဂီၤဆၢကတီၢ်လၢတၢ်ကၢၣ်အသး	loaf
_loaf	n.	(ကိၣ်)တဖျၢၣ်	loaf
_loafer	n.	ပှၤလၢအညီနုၢ်ကၢၣ်ဒီးအိၣ်ကလီ	loaf'er
_loan	v.t.	(တၢ်)ဒုးလိၢ်တၢ်	loan
_loath	a.	သးတအိၣ်	loath
_loathe	v.t.	သးဘၣ်အၢ★သးဟ့	loathe
_loathsome	a.	လၢအလီၤသးဘၣ်အၢ★လၢအလီၤသးဟ့	loath'some
_lobe	n.	နၢ်အစဲၤ★နၢ်ပျံၤ★တၢ်အက့ၢ်အဂီၤတခီလၢအကဝီၤဒီးထိၣ်စိဝဲဒ်ပ(ပသိၣ်) (သူၣ်)တခီဒီးပခိၣ်နှာ်တခီအသိးန့ၣ်လီၤ	lobe
_lobster	n.	ပိၣ်လဲၣ်သဒိၣ်	lobs'ter
_local	a.	လၢအဘၣ်ဃးဒီးတၢ်လိၢ်လီၤဆီဒၣ်တၢ်တပူၤ	lo'cal
_locality	n.	အလိၢ်★တၢ်လိၢ်	lo-cal'i-ty
_locate	v.t.	မၤဖျါထိၣ်အလိၢ်အကျဲ	lo'cate
_location	n.	တၢ်အိၣ်အလိၢ်★တၢ်အလိၢ်★တၢ်ဟ်ဖျါထိၣ်တၢ်လိၢ်တၢ်ကျဲ	lo-ca'tion
_lock	v.t.	ဝံာ်တံာ်ယာ်တၢ်ဒီးသိး★စ့ၤယာ်တၢ်ယံး★ဖိးတံၢ်★ယံး	lock
_lock	n.	သိးအဒၢ★ခိၣ်သူလီၤစဲၤတပျ့★ခိၣ်သူအ(နွံ)(ကွိၤဖိ)★ကျိအမဲာ်ခွဲး★တမၢၣ်	lock
_locomotive	n.	လှၣ်မ့ၣ်အူအစဲး	lo'co-mo'tive
_locust	n.	ဒွံၣ်	lo'cust
_lodge	v.t.	ဟ့ၣ်အီၤလိၢ်မံလိၢ်ဂဲၤ★အိၣ်ကတာ်ထီဃာ်★တူၢ်လိာ်ဒုးအိၣ်အီၤမိကိာ်★ အိၣ်ဆိး	lodge
_lodge	n.	တၢ်အိၣ်တၢ်ဆိးအလိၢ်	lodge
_lofty	n.	လၢအ(အိၣ်)(သး)ထိၣ်ထီ★လၢအအိၣ်ဒီးအစိကမီၤ,အလၤကပီၤ★ဖးထီ	loft'y
_log	n.	သ့ၣ်တကျိၣ်★သ့ၣ်ဖ့	log
_logic	n.	တၢ်သ့ဆိကမိၣ်ဆိကမးတၢ်အတၢ်သိၣ်တၢ်သီ★ တၢ်ကူၣ်သ့ဘၣ်ဃးတၢ်ဆိကမိၣ်တၢ်	log'ic
_logical	a.	ဘၣ်လိာ်အသးဒီးတၢ်သ့ဆိကမိၣ်ဆိကမးတၢ်အတၢ်သိၣ်တၢ်သီ★ လၢအယူလိာ်ဖိးလိာ်အသးဒီးတၢ်ဂ့ၢ်★လၢအကြၢးကဲထိၣ်စဲဃဲၤလၢတၢ်ဂၤအဃိ ★လၢအလဲၤဒ်အဂ့ၢ်အကျိၤအိၣ်ဝဲအသိး	log'ic-al
_loins	n.	ယီၢ်ဒ့★ယီၢ်တဲာ်ခိၣ်	loins
_loiter	v.i.	မၤယံာ်မၤ(စဲၤ)(နီၢ်)အသး★အိၣ်ကလီ★ဟးကလီကလီဃၢဃၢ★ ဟးကလိကလိၣ်ဃၢဃၢ	loi'ter
_loll	v.i.	(ပျ့ၤ)လီၤစဲၤ★(ဟး)(မံနီၤ)ကၢၣ်ကၢၣ်ကျူၤကျူၤ	loll
_lone	a.	(အိၣ်)တ(ဂၤ)ဓိၤ★အိၣ်သယုၢ်★ဘၣ်ဃးတၢ်လိၢ်လၢပှၤတညီနုၢ်လဲၤဘၣ်	lone

_lonely	a.	အိၣ်သယုၢ်သ(တၢ)(ညီ)	lone'ly
_lonesome	a.	လၢအအိၣ်ဒီးတၢ်သယုၢ်သညီ ★လၢတၢ်သယုၢ်အသး	lone'some
_long	v.i.	ဆၢနူၢ်ဘၣ် ★မိၣ်နူၢ်ဘၣ် ★သးသယုၢ်ဘၣ်	long
_long	a.	ယံာ် ★ယံၤ ★ထီ ★ဒီဘိညါ ★ဒီကတီၢ်ညါ ★သ(တနံၤ)ကျ ★သီ(တနၤ)ကျ	long
_long-sighted	a.	လၢအကွၢ်သ့ကွၢ်ဘၣ်(ထံၣ်တၢ်ယံၤ)	long'sight'ed
_long-suffering	a.	လၢအတူၢ်တၢ်ကဲ ★လၢအဝံသးစူၤတၢ်နူၢ်	long'suffer-ing
_long-winded	a.	လၢအကတိၤတၢ်ယံာ်မၤ ★လၢအသါကီၤအုးနူၢ်	long'wind'ed
_look	v.i.	ကွၢ် ★လီၤက် ★အိၣ်ဖျါ ★ကွၢ်ယု ★ကွၢ်ထံကွၢ်ဆး	look
_look after		ကွၢ်ထွဲအခံ	look after
_look on		ကွၢ်ကီ ★ပးကဲ	look on
_look at		ကွၢ်ကီ ★ကွၢ်ယီၤ	look at
_look for		ကွၢ်လၢ်အကဲ့	look for
_lookout		ကွၢ်ဟုၣ်ကွၢ်စုး ★ပလီၢ်သး ★တၢ်ကွၢ်စိတၢ်အလီၢ်	look'out'
_look up to		ပးကဲ	look up to
_loom	n.	စဲးတၢ်ထၣ် ★ထၣ်	loom
_loom	v.t.	အိၣ်ဖျါဒိၣ်နူၢ်အ(ဒၢး)(ကြၢးဒိၣ်) ★အိၣ်ဖျါထီၣ်ဖးဒိၣ်	loom
_loop	n.	တၢ်အကွီၤတကွီၤ	loop
_loop-hole	n.	တၢ်(ဟးဆုံး)(ထူၣ်ဖျဲး)အလီၢ် ★တၢ်ထုၣ်ဖို	loop-hole
_loose	v.t.	မၤထူၣ်ဖျဲးတၢ် ★ပျၢ်ဖျဲးတၢ်	loose
_loose	a.	ကွီၤသလဲး ★လီၤကတြူၢ် ★လဲၢ်လိၣ် ★ကလဲၢ်ကလိၣ် ★တတၢ်ဘၣ် ★ကလုၣ်ကလီၤ ★ကလဲၢ်ကတ်	loose
_loosen	v.t.	(မၤ)ကွီၤထီၣ် ★မၤလီၤကတြူၢ် ★ပျၢ်ကွံၣ်	loos'en
_lop	v.t.	တံၢ်ကွံၣ် ★တံၢ်ဖုၣ်လီၤ ★တံၢ်ဟိကဆိုထီၣ် ★(မၤ)လီၤဘျုး, (မၤ)လီၤဘိၣ်လီၤဘျး	lop
_lord	v.i.	ကဲကစၢ်လၢတၢ်အဖိခိၣ်	lord
_lord	n.	ကစၢ်	lord
_lose	v.t.	ဟါမၢ် ★လီၤမၢ်ကွံၣ် ★ရူ ★ယၣ်လံ ★လၢ်ဂီၤကလိကလီ ★(သး)ယၢ(ထီၣ်) ★ဟးဖျိးကွဲ ★မၤဟါမၢ် ★မၤလီၤမၢ်	lose
_loss	n.	တၢ်လၢအလီၤမၢ် ★တၢ်လီၤမၢ်	loss
_lost	a.	လၢအ(ဟါမၢ်)(လီၤမၢ်)	lost
_lot	n.	တၢ်ဟဲဝံဟဲစိၣ် ★တၢ်လၢအလီၤဘၣ်ပှၤ ★ဟိၣ်ခိၣ်တကဝီၤ ★ဂိၢ်မုၢ် ★အါအါ ★တၢ်နူၢ်သါ	lot
_loud	a.	လၢအသိၣ်ဒိၣ် ★ဖျါဖျါ ★လၢပ(ထံၣ်)တမုာ်ဘၣ် ★သိၣ်ဒိၣ်ဒိၣ်ကလဲာ်	loud
_lounge	v.i.	ဟးဆူအံၤဆူဘးလၢတၢ်အိၣ်ကလီအယိ ★မံနီၤစုၣ်လီၤသး လၢတၢ်ကၢၣ်တၢ်ကျူအယိ	lounge
_louse	n.	သုၣ် ★ကျဲ	louse
_lousy	a.	လၢအသုၣ်အကျဲအါ ★လၢအလီၤသးဘၣ်အၢ ★အၢသီ	lou'sy
_lovable	a.	လၢအလီၤအဲၣ်လီၤကွံ	lov'a-ble
_love	v.t.	အဲၣ်တၢ်ကွံတၢ် ★အဲၣ်	love
_love to		မုာ်သး ★အဲၣ်ဒိး ★ဘၣ်အသး	love to
_love	n.	တၢ်အဲၣ်(တၢ်ကွံ)	love
_lovelorn	a.	လၢအဘၣ်တၢ်စူးကွံာ်လၢအတၢ်အဲၣ်တိ	love'lorn'
_lovely	a.	လီၤအဲၣ်လီၤကွံ ★လီၤဖံာ်ဘၣ်သးစီၣ်	love'ly
_low	a.	ဖှၣ် ★လၢအသိၣ်ဒိၣ် ★ဂံၢ်စၢ်ဘါစၢ် ★လၢအကလုၢ်ကဟၢ ★ဖှၣ် ★လၢအတလီၤဟ်ကဲဘၣ် ★ဖှၣ်တံၤကျဲၤ ★ကဖီလီ ★အပှ့ၤဘၣ် ★လၢအသးတဖဲ ★လၢအလၤကပီၤတအိၣ်	low
_low	v.i.	အူကြူၢ်	low
_lower	v.t.	မၤဖှၣ်လီၤ ★သုးလီၤ ★မၤဆံးလီၤစုၤလီၤ(အပှ့ၤ)	low'er
_lower	a.	လၢအဖိလာ်(တတီၤ)	low'er

_lower	v.i.	အာဉ်ခံးယုၢ်ကလာ်★ကွၢ်ဟ့တာ်★ကွၢ်လၢမဲာ်ကနုလာ်★ကွၢ်ထိဉ်ဒုထိဉ်အမဲာ်	low'er
_lowly	a.	လၢအသးစူၤ★လၢအဆိဉ်လီၤအသး★လၢအလၤကပီၤတအိဉ်	low'ly
_loyal / loyalty	a. / n.	(တၢ်)(လၢအ)သးတီ	loy'al / loy'alty
_lubber	n.	ပှၤလၢအစုတဖျိဉ်ခီဉ်တဖျိဉ်★ပှၤလၢအစုတသ့ခီဉ်တသ့တဂၤ★ ပှၤလၢအမၤတၢ်ကနီၤကတာ်တဂၤ	lub'ber
_lubricate / lubrication	v.t. / n.	(တၢ်)ဖူလၢသိ★မၤဘျ	lu'bri-cate / lu'bri-ca'tion
_lucid	a.	ဆုံ★ဖျါဆဲးကလၤ★လၢပှၤနၢ်ပၢၢ်အီၤညီ★ဖျါကစီဒီ★ကပြုၢ်ကပြီၤ	lu'cid
_lucifer	n.	မုၣ်ကီၤလံၢ်★ဆဉ်ဝံနၤး(ဆဉ်တူၢ်ဂီၤ)★မုၣ်ကွဲး	lu'ci-fer
_luck	n.	တၢ်ဟဲဝံ(ဟဲစိာ်)	luck
_lucky	a.	လၢအတၢ်ဟဲဝံဂ့ၤ	luck'y
_lucrative	a.	လၢအမွးအိဉ်အါ★လၢအန့ၢ်(ဘုဉ်န့ၢ်တီၢ်ပှၤ)(ဘျုးန့ၢ်ဖိုဉ်ပှၤ)	lu'cra-tive
_ludicrous	a.	လၢအလီၤန့ံၤဘဉ်ဖဉ်လဲပှၤ	lu'di-crous
_lug	v.t.	ထုးလၢာ်ကၢ်လၢ်ဘါ	lug
_lug	n.	(တၢ်လၢအလီၢ်ဒီး)နၢ်	lug
_lukewarm	a.	လၢၤလၢၤ★လၢအ(သးတဆၢဉ်)(တပၤကဲတၢ်)	luke'warm'
_lull	v.t.	မၤမံ★(မၤ)အိဉ်ဘှိဉ်ကုၤ★မၤစၢ်လီၤ★အိဉ်(ဘှဉ်)(ဘိဉ်)ကုၤ★အိဉ်ဂၢၢ်ကုၤ★ မၤနၤ့ၤကုၤ	lull
_lullaby	n.	တၢ်သးဝံဉ်လၢတၢ်မၤနၤ့ၤကုၤဖိသဉ်ဒီးဒုးမံအီၤ	lull'a-by'
_lumber	n.	သ့ဉ်တၢ်သ့ဉ်ဘဉ်★သ့ဉ်လၢတၢ်ဘူးအီၤဒီးတၢ်ကဆါအီၤ★ တၢ်ဖိတၢ်လံၤလၢအဘျုးတအိဉ်	lum'ber
_lumber	v.i.	လဲၤတၢ်ကုၤရၤ့ၤကုၤရၤ့ၤ	lum'ber
_luminous	a.	လၢအကဲၤကပီၤဝဲ★ကပြုၢ်ကပြီၤ	lu'mi-nous
_lump	n.	တၢ်ကိၢ်လိဉ်★တၢ်ဒီလိဉ်★တၢ်သ္ဒီးထိဉ်★တၢ်ဟာ်ဖိုဉ်တၢ်ခဲလၢာ်တပူၤယီ	lump
_lump	v.t.	ဟာ်ယုာ်(ဒီလိဉ်)(တပူၤယီ)★မၤကိၢ်လိဉ်တၢ်	lump
_lunacy	n.	တၢ်ဆါပျၢ်	lu'na-cy
_lunar	a.	ဘဉ်ဃးဒီးလါ	lu'nar
_lunatic	n.	(ပှၤအ)ပျၢ်	lu'na-tic
_lunch	n.	တၢ်အိဉ်လၢကဘဉ်အိဉ်ဆ့ဉ်အိဉ်စီၤ★တၢ်အိဉ်ဆံးကံၢ်ဆံးကိာ်လၢမှၢ်ဆါခီ	lunch
_lung	n.	ပသိဉ်(တခီ)	lung
_lurch	v.i.	(တၢ်)လီၤဒုၣ်ခံ	lurch
_lure	v.t.	(တၢ်လၢအ)ကွဲန့ၢ်လွဲန့ၢ်တၢ်★(တၢ်လၢအ)ကလာ်န့ၢ်လီနၢ်တၢ်	lure
_lurid	a.	(တၢ်တဲ)လၢအမၤကုဉ်ဖံးသကုဉ်ခီပှၤ★လၢအလီၤဝါလီၤ ဘီဖျါလီၤက်ပှၤဆံအလွဲၢ်★လၢအလွဲၢ်ဝါဘီဒံမှ့ဉ်အူလၢဉ်အသိး	lu'rid
_lurk	v.i.	အိဉ်ခူသ္ဉ်★ခိးခူသ္ဉ်တၢ်	lurk
_luscious	a.	လၢအ(ဆၢ)ကလၤသး★ဝံဉ်ဆၢ	lus'cious
_lust	v.i.	(လူၤ)တၢ်ကလုာ်ကလိၤ★(တၢ်)သူဉ်ကတၢသးကတၢ★ဆၢန့ၢ်တၢ်★သးကွံတၢ်	lust
_luster	n.	တၢ်ကတြူၢ်ကတြီဉ်★တၢ်ကယဲၢ်ကယုာ်	lus'ter
_lustful	a.	လၢအအိဉ်ဒီးတၢ်သူဉ်ကတၢသးကတၢ	lust'ful
_lusty	a.	လၢအအိဉ်ဆူဉ်အိဉ်ချ့ဒီးလၤပှဲၤဒီးဂံၢ်ဘါ★လၢအဂၢ်ဆူဉ်ဘါဆူဉ်	lust'y
_luxuriant	a.	လၢအမဲထိဉ်ကပှျာ်ကဖိုး★အါအါဂီၢ်ဂီၢ်	lux-u'ri-ant
_luxury	n.	(ဟီဉ်ခိဉ်အ)တၢ်မုာ်တၢ်ပၢၤ	lux'ur-y
_lyrical	a.	လၢအဘဉ်ဃးဒီး(တနၢ်)(ထါ)တကလုာ်	ly'ric-al
_macerate	v.t.	စုဉ်ကဘုဉ်★မၤဃဲၤလီၤ	ma'cer-ate
_machinate / machination	v.t.	(တၢ်)ကူဉ်အၢကူဉ်သိတၢ်★(တၢ်)ကူဉ်ထိဒါတၢ်	mach'i-nate / mach'i-na'tion
_machine	n.	စဲး	ma-chine'

_machinery / machinist	n.	ပုၤမၤကဲထိၣ်စဲၤဖိၤဖိၤ ★ ပုၤမၤစဲၤဖိ(ပုၤနၢ်ပၢၢ်စဲၤဖိၤဖိၤ)	ma-chin'er-y / ma'-chin'ist
_mackerel	n.	ညၣ်တကလုာ်	mack'er-el
_mad	a.	ပျၢ် ★ လၢအသးဒိၣ်	mad
_madcap	n.	ပုၤလၢအသးအိၣ်လိာ်လ့ကွဲတၢ်လိာ်ကွဲလၢအလီၤသံခုသံပုၤ	mad'cap'
_madden	v.t.	မၤသးဒိၣ်ထိၣ်တၢ်	mad'den
_madness	n.	တၢ်ပျၢ်	mad'ness
_magazine	n.	တၢ်ဟ်သုးအစုကဝဲၤအလီၢ် ★ လံာ်ဖိၤအဘၣ်တၢ်ပှၣ်နံၤအိၣ်ဒီး တၢ်အဂ့ၢ်အပီၢ်အသိးတဘျီဘၣ်တဘျီ ★ တၢ်ဟ်ဖှိၣ်(ညီ)တၢ်အလီၢ်	mag'a-zine
_maggot	n.	လၢၣ် ★ လၢၣ်ဇိၤဆူးဇိၤ	mag'got
_magic	n.	တၢ်မၤကၣ်ဒါပုၤအမဲၢ်	ma'gic
_magician	n.	ပုၤလၢအမၤကၣ်ဒါပုၤအမဲၢ်	ma-gi'cian
_magistrate / magisterial	n. / a.	(ဘၣ်ယး:ဒီး)ပဒိၣ်ပပှၢ်	ma'gis-trate / mag'is-te'ri-al
_magnanimous / magnanimity	a. / n.	(လၢအ)(တၢ်)ဆိကမိၣ်တၢ်ထီ ★ (တၢ်)သုၣ်လၢ်သးလၢ် ★ (တၢ်)တူၢ်ဒိၣ်ကီၤဒိၣ်	mag-nan'i-mous / mag-na-nim'i-ty
_magnet	n.	ထးနါ	mag'net
_magnetic	a.	လၢအထုးယိၤတၢ် ★ လၢအထုးပုၤအသးနူၢ်	mag-net'ic
_magnetism	n.	တၢ်အစိကမီၤလၢအထုးယိၤတၢ် ★ တၢ်လၢအထုးပုၤအသးနူၢ်	mag'ne-tism
_magnetize	v.t.	ဒုးအိၣ်အီၤဒီးအစိကမီၤလၢအထုးယိၤတၢ်သ့ ★ ထုးနူၢ်(ပုၤသး)(တၢ်)	mag'ne-tize
_magnificence / magnificent	n. / a.	(လၢအ)(တၢ်)ယံ(အ)(တၢ်)လၤလီၤကိၣ်ဒိၣ်လီၤစီၤ ★ (တၢ်)(လၢအ)ကပြုၢ်ကပြီၤ ★ (တၢ်)လီၤဘီလီၤမုၢ်	mag-nif'i-cence / mag-nif'i-cent
_magnify	v.t.	ဟ်ဒိၣ် ★ စံးထိၣ်ပတြၢၤအီၤ ★ မၤဒိၣ်ထိၣ်လၢ်ထိၣ်	mag-ni-fy
_magnitude	n.	တၢ်အဒိၣ် ★ တၢ်အဒိၣ်တၢ်အထီ ★ အကွၢ်အဂီၤ	mag'ni-tude
_mahout	n.	ပုၤကွၢ်ကဆီဖိ	ma-hout'
_maid	n.	ပုၤမုၣ်ကနီၤ	maid
_maidan	n.	တၢ်ဟးဖိၣ်လၤသုးဖိလိာ်ကွဲအဂီၢ်	mai-dan'
_maiden	n.	(ဘၣ်ယး:ဒီး)မုၣ်ကနီၤ	maid'en
_maidenhood	n.	တၢ်အိၣ်မုၣ်ကနီၤ(အခါ) ★ မုၣ်ကနီၤအလီၢ်	maid'en-hood
_mail	n.	လံာ်ပရၢလၢအဘၣ်တၢ်ဆှၢအီၤလၢတၢ်ပဖၢၣ်ပြးအစုပူၤ ★ သးယီး ★ လံာ်ပရၢအထၢၣ်	mail
_maim	v.t.	မၤကွ့သံကွဲၣ်သံပုၤ ★ မၤဟးဂီၤအက့ၢ်အဂီၤတဖဲၣ်ဖဲၣ်	maim
_main	a.	လၢအဒိၣ်အမုၢ် ★ (တၢ်)အမိၢ်ပှၢ် ★ ဖိဒိၣ်လဲၣ်	main
_by main (force)		လၢ(ထဲတၢ်ဂၢ်တၢ်ဘါ)တမံၤဇီၤ	by main (force)
_mainly	adv.	အါတက့ၢ် ★ အါဒၣ်တၢ်တက့ၢ်	main'ly
_maintain	v.t.	ဟံးယာ်ဂၢၢ်ဂၢၢ်ကျၢၤကျၢၤ ★ အံးကွၢ်ကွၢ်တၢ် ★ ဟ်ဂၢၢ်ဟ်ကျၢၤ ★ မၤစၢၤ ★ အၣ်လီၤလၢအမ့ၢ်အတီ ★ လုၢ်အီၣ်	main-tain'
_maintenance	n.	တၢ်အံးကွၢ်ကွၢ်တၢ် ★ တၢ်မၤစၢၤ ★ တၢ်လုၢ်အီၣ်လုၢ်အီ	main'te-nance
_maize	n.	ဘုခှ(သၣ်)	maize
_majestic	a.	လၢအလီၤ(ဘီလီၤမုၢ်)(ကဟုကညီၢ်) ★ အစိဒိၣ်ကမီၤထီ	ma-jes'tic
_majesty	n.	တၢ်လီၤဘီလီၤမုၢ် ★ တၢ်(ကဟုကညီၢ်)(စိတၢ်ကမီၤ)(လၤတၢ်ကပီၤ)	maj'es-ty
_major	a.	လၢအအါတက့ၢ် ★ လၢအဒိၣ်တက့ၢ်	maj'or
_major	n.	သုးဒိၣ် ★ ပုၤလၢအသးဒိၣ်၂၁နံၣ်	maj'or
_majority	n.	တၢ်အါတက့ၢ် ★ တၢ်ဘၣ်ဆၢဘၣ်ကတီၢ်(၂၁နံၣ်)	ma-jor'i-ty
_make	v.t.	မၤ ★ (မၤ)ကဲထိၣ် ★ ဒုးအိၣ်ထိၣ် ★ ဒုးကဲထိၣ်ပုၤအမ့ာ်အနီၢ် ★ ဒုး(မၤ) ★ (ခး)ဘၣ် ★ (လဲၤ)(မၤ)နူၢ်(လၢတနၣ်ရံၣ်အတီၢ်ပူၤ) ★ တၢ်တကလုာ်	make
_make known		တဲဖျါ ★ ဒုးသ့ၣ်ညါ	make known
_make a living		မၤအီၣ်	make a living
_make a clean breast of		အၢၣ်လီၤ(အတၢ်ကမၣ်)	make a clean breast of

_make a practice of		ညီနၢ်မၤ	make a practice of
_make believe		ဟ်မၤအသး	make believe
_make a statement		စံး	make a statement
_make out		(ထံဉ်သ့ဉ်ညါ★ဆိကမိဉ်ထိဉ်နၢ်★တဲဖျါအဒီပညီ)	make out
_make room		ဟ့ဉ်အလီၢ်	make room
_make sure		မၤတ့ၢ်အသ့ဉ်ညါလီၤတံၢ်	make sure
_make good time		လဲၤတုၤဆိ	make good time
_make up		ကူဉ်ယံၤတၢ်★ဟ်ဖိုဉ်ယုာ်တၢ်★ဖှူသူဖှူကွီအမဲာ်★မၤဘဉ်လိာ်ကူၤအသး★	make up
		ဟ်လီၤအသး★ဟ့ဉ်ကူၤအစၢ	
_make use of		သူတၢ်	make use of
_make ready		ကတဲာ်ကတီၤ(အ)သး	make ready
_make bold to		နုၤလၢအလီၢ်တဘဉ်★လိာ်နုၤအသး	make bold to
_make free with		သူနၢ်စိၤ(ပုၤဂၤအတၢ်)	make free with
_make merry		မှာ်လၤသးခုတၢ်	make merry
_make (for)		လဲၤလဲၤလီၤဆူအအိဉ်	make (for)
_maker	n.	ပုၤ(တ့)တၢ်	mak'er
_maladjustment	n.	တၢ်တဘဉ်လိာ်ဖိးဒ့ဒီးပုၤဂၤ	mal'ad-just'ment
_malady	n.	တၢ်ဆါ	mal-a-dy
_malaria	n.	တၢ်ညဉ်ဂိၢ်လိၤကိၢ်	ma-la'ri-a
_malcontent	a.	(ပုၤ)လၢအသးတမံလၢတၢ်ပၢတၢ်ပြးအဖီခိဉ်	mal'con-tent
_male	n.	ခွါ★အဖါ	male
_malediction	n.	တၢ်ဆိဉ်အၢ	mal'e-dic'tion
_malefactor	n.	ပုၤမၤကမဉ်တၢ်သိဉ်တၢ်သီ★ပုၤအၢဖိ	mal'e-fac-tor
_malevolent	a.	လၢအဆၢထံဉ်ပုၤဂၤဘဉ်တၢ်နးတၢ်ဖိုဉ်★လၢအသူဉ်ကွံသးကါတၢ်	ma-lev'o-lent
_malice	n.	တၢ်ဆၢမၤအၢပုၤဂၤ★တၢ်ဆၢအၢဆၢသီပုၤဂၤ★တၢ်သးကွံ	mal'ice
_malicious	a.	လၢအသးအိဉ်မၤအၢပုၤဂၤ★လၢအဆၢအၢဆၢသီပုၤ★လၢအသးကွံ	ma-li'cious
_malign	a.	လၢအမၤဟးဂီၤပုၤအလၤကပီၤလၢတၢ်သးကါအယိ★လၢအသးကွံ	ma-lign'
_malignant	a.	လၢအညီနုၢ်မၤဆါတၢ်★လၢအညီနုၢ်မၤအၢတၢ်★လၢအမသဲနၢ်ပှၢ်နုၢ်တၢ်★	ma-lig'nant
		လၢအသး(ကုဉ်)(ဟ့)တၢ်နးမး★လၢအထီဒါ(ယွၤ)(တၢ်ပၢတၢ်ပြး)	
_mallet	n.	နီဉ်စိးဖိဉ်	mal'let
_malnutrition	n.	တၢ်တန့ၢ်ဂံၢ်န့ၢ်ဘါလၢတၢ်အီဉ်တၢ်အီအပူၤ	mal'nu-tri'-tion
_malpractice	n.	(ပုၤ)(ကသံဉ်သရဉ်)လၢအလဲၤစုဉ်အိဉ်အဉ်မၤကမဉ်တၢ်	mal'prac'tice
_mamma	n.	မိၢ်	mam'ma
_mammoth	n.	ကဆီမုၢ်လၢပျ႑ၤလၢခဲအံၤဟးဂိၢ်လၢၤဘဉ်★လၢအဒိဉ်အမှၢ်	mam'moth
_man	n.	ပုၤကညီ★ပုၤဟီဉ်ခိဉ်ဖိ★ပုၤဟ်ိဉ်ခွါ★ပုၤမုာ်ပုၤနီၢ်★ပုၤ(ဒိဉ်တုာ်ခိဉ်ပှဲၤ)တဂၤ	man
_man	v.t.	ဟ်ပုၤဖံးတၢ်မၤတၢ်ဖိအါဒံ်အကျ႑ၤ★မၤပှဲၤအီၤဒီးပုၤကညီ★ခိး★မၤကျ႑ၤထိဉ်	man
_manacle	n.	ထးသိးယာ်တၢ်★စုကျိုၤ	man'a-cle
_manage / management	v.t. / n.	(တၢ်)ပၢတၢ်★(တၢ)ဆုၢတၢ်★(တၢ်)အံးကွၢ်ကွၢ်တၢ်★(တၢ်)သုးတၢ်ကျ႑ၤတၢ်	man'age / man'age-ment
		★(တၢ်)ပၢတၢ်ဆုၢတၢ်	
_manageable	a.	လၢတၢ်ပၢအီၤ(သ့)(နၢ်)	man'age-a-ble
_mandate	n.	ပဒိဉ်အတၢ်မၤလိာ်★တၢ်ကလုၢ်လီၤလၢအပူၤဖိခိဉ်★တၢ်ကလုၢ်မၤလိာ်မၤလီၤတၢ်	man'date
_mane	n.	အကိာ်ရှ★အကိာ်အဆူကဖုဉ်★အရှ	mane
_maneuver / maneuvre	n.	တၢ်သုးတၢ်ကျ႑ၤတၢ်လၢတၢ်ကူဉ်တၢ်ဆး★သုးအတၢ်သုးလီၢ်သုးကျဲ	ma-neu'ver / ma-neu'vre
_manful / manfully	a.	ဒ်ပိာ်ခွါအမှာ်အနီၢ်အသိး★ၡၤၡၤ	man'ful / man'fully
_mange	n.	တၢ်ယဲ★တၢ်ယဲယဲး	mange
_manger	n.	ခွါအိဉ်ဆဉ်အကျိး	man'ger
_mangle	v.t.	ကွီလီၤကလဲကွံာ်တၢ်★ကွီကၢ်မှၢ်ကၢ်ဘျးကွံာ်★ကွဲၤဘျ႑တၢ်ကးည႑	man'gle

178

_mango	n.	သခိံးသၣ်	man'go
_mangosteen	n.	မ်ကူးသၣ်★(သ့ၣ်)ပၢ်ခိးသၣ်	man'go-steen
_mangy	a.	ယိ★ယိယဲး★ဘၣ်ယးဒီးတၢ်ဆါယိ	man'gy
_manhandle	v.t.	မၤတၢ်လၢပှၤကညီအဂၢ်အဘါ★ဖံးတၢ်ဖိၣ်တၢ်တဖျာ်, ဖိၣ်သၣ်ခွါအလိၢ်	man-han'dle
_manhood	n.	★တၢ်အိၣ်ဖိၣ်သၣ်ခွါအဆၢကတီၢ်★တၢ်သးခုတလှၢ်★ တၢ်ဒိၣ်တုာ်ခိၣ်ပှဲၤအခါ	man'hood
_mania	n.	တၢ်ဖျၢၣ်★တၢ်ဆၢနၢ်တၢ်ဒိၣ်ဒိၣ်ကလဲာ်	ma'ni-a
_maniac / maniacal n. / a.		ပှၤဖျၢၣ်★လၢအဖျၢၣ်	ma'ni-ac / ma-ni'ac-al
_manicure	n.	(ပှၤလၢအ)ဆံးကၠ့ၤကၠ့ၤကၠ့ၤပှၤစုမ့ၣ်ခိၣ်မ့ၣ်	man'i-cure
_manifest / manifestation	a. / n.	(တၢ်)လၢအအိၣ်ဖျါဂ့ၤဂ့ၤဘၣ်ဘၣ်★(တၢ်)ဒုးနဲၣ်ဖျါတၢ်	man'i-fest / man'i-fes-ta'tion
_manifest	n.	လံာ်လၢအကွဲးနိၣ်တၢ်ဖိတၢ်လံၤအစရီ	man'ifest
_manifesto	n.	ပဒိၣ်အတၢ်ဟ်ဖျါထိၣ်အတၢ်ဟ်သူၣ်ဟ်သး	man'i-fes'to
_manifold	a.	(လၢအအိၣ်)(မၤ)အါအါဂိၢ်ဂိၢ်(ဒီးတဘျူးကလုာ်)	man'i-fold
_manipulate / manipulation	v.t. / n.	(တၢ်)မၤတၢ်အိၣ်ဒီးတၢ်ကူၣ်တၢ်ဆး★(တၢ်)မၤတၢ်လၢစုသ့သ့ဘၣ်ဘၣ်★(တၢ်)သ့ဖံးသ့ဖိၣ်တၢ်★(တၢ်)ဟုၣ်မၤတၢ်ကဘံးကဘျၣ်သ့သ့ဘၣ်ဘၣ်	ma-nip'ulate / ma-nip'u-la'tion
_mankind	n.	ပှၤ(ဟိၣ်ခိၣ်ဖိ)အကလုာ်★ပှၤဟိၣ်ခွါ	man'kind'
_manly	a.	လၢအအိၣ်ဒီးသးခုတလှၢ်★(ဒံ်)(လၢ)အကြၢးဒီးဟိၣ်ခွါ	man'ly
_manner	n.	သးအလုၢ်အလၢ်★အကျဲကပူၤ★အကလုာ်★အလုၢ်အလၢ်★လုၢ်လၢ်လၢအယံၤအလၤ	man'ner
_mannerism	n.	တၢ်အလုၢ်အလၢ်လီၤဆီအိၣ်ဒီးပှၤ(ဖဲအကတိၤတၢ်အခါ)	man'ner-ism
_manor	n.	ဟိၣ်ခိၣ်တကဝီၤလၢပဒိၣ်တဂၤပၢဘၣ်ဝဲ	man'or
_manse	n.	သရၣ်ကွၢ်တၢ်အဟံၣ်	manse
_mansion	n.	ဟံၣ်နၢ်ဟံၣ်စိၤ★ဟံၣ်ဒိၣ်ဟံၣ်မုၢ်★ဟံၣ်ဒိၣ်ကျိၤသွါ	man'sion
_mantel	n.	တပျၢ်ခိၣ်★တကုံၤခိၣ်	man'tel
_mantle	n.	ယၣ်လုး★မှၣ်အူဒၢအဆၣ်လီၤက်ထဲၣ်ဖိ★ဆုက	man'tle
_mantle	v.t.	ကးဘၢ(အသး)★သလၣ်လီၤဆၣ်း	man'tle
_manual	a.	လၢပဖံးပမၤလၢပစုၤ★လၢပသူအီၤလၢပစုၤ	man'u-al
_manual	n.	လံာ်ဖိတဘ့ၣ်လၢပစိာ်အီၤလၢပစုညီ	man'u-al
_manufacture	v.t.	မၤကဲထိၣ်တၢ်အါအါဂိၢ်ဂိၢ်	man'u-fac'ture
_manure	n.	တၢ်(ဆူၣ်တၢ်ဆံၣ်)လၢအမၤဂ့ၤထိၣ်ဟိၣ်ခိၣ်	ma-nure'
_manuscript	n.	လံာ်ဘၣ်တၢ်ကွဲးလၢစု	man'u-script
_manuscript	a.	လၢအဘၣ်တၢ်ကွဲးအီၤလၢစု	man'u-script
_many	a.	အါ★တဘျူ★သၣ်★အါမး★အါအါဂိၢ်ဂိၢ်	man'y
_map	n.	(တ့)ဟိၣ်ခိၣ်အဂီၤ	map
_mar	v.t.	မၤဟးဂီၤတၢ်အကျ်အဂီၤ	mar
_maraud	v.i.	(တၢ်)ဟးဝ့ၤဝီၤတမျိၤတမျာ်တၢ်	ma-raud'
_marble	n.	ကိၢ်လွံၣ်သၣ်★လၢၢ်ဝါကံၣ်ယွၤလၢအဖျါကလၤတဲၤခဲးခဲး	mar'ble
_marble	v.t.	မၤဝံၣ်ယွၤလၢၢ်ဝါကံၣ်ယွၤအသိး	mar'ble
_march	v.i.	ဟးတကၢတကါယူၤယူၤ★လဲၤတၢ်★(ဒုး)ဟး	march
_March	n.	လါသၢကိ★ကိၢ်အဆၢ	March
_mare	n.	ကသ့ၣ်မိၢ်	mare
_margin	n.	တၢ်ကနူၤ★အသရူထံး★တၢ်လၢပစိာ်(အါ)ဟ်စၢၤလၢပတၢ်လၢ်အဂီၢ်★ဆၢကတီၢ်လၢပဟ်ဟ်စၢၤ	mar'gin
_margin	v.t.	ကွဲးလၢအကနူၤလိၤ★မၤနၢ်အသရူ	mar'gin
_marine	a.	ဘၣ်ယးဒီးပိၣ်လဲၣ်	ma-rine'
_mariner	n.	ပှၤကဘီဖိ	mar'i-ner
_marital	a.	ဘၣ်ယးဒီးတၢ်တွဲတၢ်ဖျိ★ဘၣ်ယးဒီးဝၤ	mar'i-tal
_mark	v.t.	မၤနိၣ်★တိၢ်နိၣ်	mark

179

_mark	n.	တၢ်ပနီၣ်★တၢ်ပနီၣ်လၢတၢ်လၢအပြၤလိာ်အသးဘၣ်တုၤယီၤဝဲ★တၢ်အလၢ်	mark
_marked-man	n.	ပှၤလၢတၢ်လီၤဆီတမံၤကဟဲဘၣ်ၣ်အီၤယၢမၤနၤ★ပှၤလၢတၢ်မၤနီၣ်အီၤ	marked-man
_market	n.	ဖှၢ★တၢ်ဆါတၢ်ပှ့ၤအလီၢ်	mark'et
_marksman / marksmanship	n.	(တၢ်)(ပှၤ)ခးတၢ်ဘျ	marks-man / marks'man-ship'
_maroon	v.t.	ဟ်လီၤတဲာ်(ဖဲကွံၤအကဟၢးထိၣ်အဂီၢ်တအိၣ်ဘၣ်)အီၤ★ဟ်လီၤတဲာ်အီၤလၢထံကၢနံၤမ့တမ့ၢ်ကီးလိၤ	ma-roon'
_marriage	n.	တၢ်တ့တ့ဖျိ	mar-riage
_marriageable	a.	လၢအဂ့ၤဖျိအသး★လၢအဘၣ်(ဖိဘၣ်မါ)(မုၣ်ဘၣ်မၤ)	mar'riage-a-ble
_marrow	v.i.	အနူာ်ကၢ်★တၢ်ယံအနူာ်ကၢ်	mar'row
_marry	v.i.	ဖျိယှာ်တၢ်★(ဒီး)ဖျိအသး★နှၣ်မါနှၣ်ဝၤ★ဆိဟံၣ်ဆိယီ★ဖျိ★ထိၣ်ဖိၣ်နှၣ်မါ★ဒီးတ့ဒီးဖျိ	mar'ry
_marsh	n.	တၢ်ကပျၤပူ★ပျၤ့ပူ★ပျၤ့ပျၢ်ပူ	marsh
_marshy	a.	လၢအကပျၤကပျၢ်★လၢအလီၤဘျုၣ်လီၤရီ	marsh'y
_martial	a.	လၢအဘၣ်ယးဒီးသုး★ဒ့★လၢအဒ့	mar'tial
_martyr	n.	ပှၤလၢအတူၢ်သံတုၢ်ဟါမၢ်အသးလၢအတၢ်နာ်အယိ	mar'tyr
_marvel	v.i.	(တၢ်)ကမၢကမၣ်(အလီၢ်)	mar'vel
_marvelous	a.	လၢအလီၤကမၢကမၣ်	mar'vel-ous
_mascot	n.	တၢ်လၢပဆိမိၣ်အီၤလၢအစိၣ်နှၢ်ပှၤတၢ်ဟဲဝံၤ	mas'cot
_masculine	a.	တၢ်လၢပဖါ★ၣ်ပိာ်ခွါအသိး★ပိာ်ခွါ★ဂံၢ်ဆူၣ်ဘၢဆူၣ်★ဒ့	mas'cu-line
_mash	v.t.	မၤဘျဲးတၢ်★တီၢ်ဘျဲးတၢ်★မၤလီၤ(သဘုံး)(ကလဲ)	mash
_mash	n.	ကီစီၣ်	mash
_mask	n.	တၢ်ကးဘၢမဲာ်★တၢ်အက့ၢ်အဂီၤအ့ဇ့လံးဘီသ့လၢပှၤကးဘၢအမဲာ်	mask
_mask	v.t.	ဟ်တဒၢယာ်(အတၢ်မၤနီၢ်နီၢ်)★ဖျိၣ်လီၤဆီအသး	mask
_mason	n.	ပှၤသ့မၤတၢ်လၢအီၣ်ကဲ	ma'son
_masonry	n.	တၢ်လၢတၢ်မၤအီၤလၢအီၣ်တကဲ★တၢ်မၤတၢ်လၢအီၣ်ကဲ	ma'son-ry
_masquerade	v.t.	(တၢ်)ဟ်မၤအသး(လၢတၢ်လိာ်ကွဲအဂီၢ်)	mas'quer-ade'
_masquerade	n.	ပွဲလၢပှၤလဲၤတဖၣ်ကးဘၢယာ်အမဲာ်ဒီးတၢ်ကးဘၢမဲာ်	mas'quer-ade'
_mass	n.	တၢ်ကီၢ်လိၣ်★တၢ်အါအါဂီၢ်ဂီၢ်★(တၢ်)စူးရီအိၣ်ဖိုၣ်★တၢ်အိၣ်ဂီၢ်မုၢ်	mass
_mass	v.t.	ကၢကီၢ်လိၣ်	mass
_mast	n.	ကဘီယၢ်ထူၣ်	mast
_master	n.	ကစၢ်★တၢ်အခိၣ်အနၢ်★သရၣ်	mas'ter
_master	v.t.	(ပှၤ)မၤနၢၤတၢ်★(ပှၤလၢအ)ပၢတၢ်	mas'ter
_masterful	a.	လၢအညီနှၢ်မၤဆူၣ်မၤနၢၤတၢ်	mas'ter-ful
_masterly	a.	လၢအဟ်ဖျါတၢ်သ့တၢ်ဘၣ်★လၢအသ့အဘၣ်	mas'ter-ly
_mastery	n.	တၢ်မၤနၢၤတၢ်★တၢ်ပၢတၢ်★တၢ်သ့	mas'ter-y
_masticate / mastication	v.t. / n.	(တၢ်)ကမၢးအီၣ်တၢ်★တၢ်(အ့ၣ်)(ကံာ်)ဘျးတၢ်	mas'ti-cate / mas'ti-ca'tion
_mat	n.	ချိၣ်★(မၤ)(အိၣ်)သဘံၣ်ဘုၣ်	mat
_mat	v.t.	ဒၢဘၢလၢချိၣ်	mat
_match	n.	မ့ၣ်ကွဲး★မ့ၣ်ကွး★မ့ၣ်ဒုံး★တၢ်ပြၢလိာ်သး★(ယုနၢ်)တၢ်လၢအနီးသိးလီၤတၢ်ဒီးတၢ်ဂၤ★တၢ်တ့တၢ်ဖျိလိာ်အသး★တၢ်ခိၣ်ထဲသိးဒီးပှၤဂၤ★အဒၢ(အဖဲး)	match
_match	v.i.	မၤ(သ့ၣ်ဘၣ်)ဘၣ်တၢ်လိာ်အသးဂ့ၤဂ့ၤ	match
_matchless	a.	လၢပှၤလၢအခိၣ်ထဲသိးဒီးအီၤတအိၣ်★လၢအဒၢ(အဖဲး)တအိၣ်★လၢပထိၣ်သတြီၤတၢ်ဂၤဒီးတအသ့	match'-less
_mate	n.	သကိး★ပှၤလၢပရ့အီၤ★ဒီမိၢ်ဝၤ★ကဘီခိၣ်ခံဂၤတဂၤ	mate
_mate	v.t.	အိၣ်ယှာ်ဆီးယှာ်★မါဝၤ	mate
_material	n.	တၢ်လၢပသူပစွဲအီၤ	ma-te'ri-al
_material	a.	လၢအလီၢ်အိၣ်★(ဘၣ်ဃး)တၢ်အသံးအကာ်	ma-te'ri-al

180

_materially	adv.	နီၢ်နီၢ်	materially
_(affect) materially		(လဲလိာ်)တုၤအတၢ်လီၤဆီအိၣ်ဖျါလၢအမ့ၢ်တၢ်မိၢ်ပှၢ်★လၢအလီၢ်အိၣ် သပှၢ်ကတၢၢ်	(affect) materially
_maternal	a.	ဘၣ်ယးဒီးမိၢ်(အတၢ်မၤ)	ma-ter'nal
_mathematics	n.	တၢ်ဂံၢ်တၢ်ဒွး★တၢ်ထိၣ်တၢ်ဒွး	math'e-mat'ics
_matrimony	n.	တၢ်တ့တၢ်ဖျိ	mat'ri-mo-ny
_matron	n.	သးပှၢ်ပိာ်မုၣ်လၢအဝၤအိၣ်★ပှၤပိာ်မုၣ်လၢအပၢ(ကွိပိာ်မုၣ်ဖိသၣ်) (တၢ်ဆါဟံၣ်)	ma'tron
_matter	n.	တၢ်အသံးအကာ်★တၢ်အဂ့ၢ်အပီၢ်	mat'ter
_what is the matter		တၢ်အဂ့ၢ်မနုၤန့ၣ်လဲၣ်	what is the matter
_what does it matter		ဘၣ်မနုၤလဲၣ်	what does it matter
_no matter		အတွးတအိၣ်ဘၣ်	no matter
_matter		အဖံ(ကဲထီၣ်)★အ(တွး)(မံၤ)အိၣ်	matter
_mature / maturity	v.t. / n.	(တၢ်)ဒိၣ်တုာ်ခိၣ်ပှဲၤ★မိပ့ၢ်★လၢပှဲၤ	ma-ture' / ma-tu'ri-ty
_mature / maturity	a.	လီၤတံၢ်★လၢအကြၢးဟ့ၣ်က့ၤဝဲ	ma-ture' / ma-tu'ri-ty
_maul	v.t.	မၤအီၤလၢစုဆှၣ်ခိၣ်တကးဆါဆါ★ဟိၢ်သွံၣ်ထိၣ်ပီၤယှၤလုးသုလါဂီၤအီၤ★ တိၢ်လီၤကလဲအီၤ	maul
_maul	n.	နိၣ်စိးပိၣ်	maul
_maxim	n.	တၢ်ကတိၤအမ့ၢ်အတိ★တၢ်ကတိၤဒိ★ပမုံၤပပှၢ်အတၢ်ကတိၤဒိ	max'im
_maximum	n.	တၢ်အါကတၢၢ်	max'i-mum
_may	v.i.	အခွဲးအိၣ်★ဘၣ်တဘၣ်က(ဟဲ)★ကၢ်နဲာ်★(ကဲထီၣ်)သ့★(မၤအသး)သ့	may
_may	n.	ဒ့ၣ်ညါလါ	may
_maze	v.i.	(တၢ်)သးကတုၤ★(တၢ်)သးသဘံၣ်ဘုၣ်	maze
_maze	n.	ကျဲတဖၣ်လၢအသဘံၣ်ဘုၣ်ထ့ကးလိာ်သး	maze
_me	pron.	ယၤ	me
_meadow	n.	တၢ်ပၢၤခိၣ်လၢအဘၣ်တၢ်ကးဘၢအီၤဒီးတပံၢ်တမါ	mead'ow
_meager / meagre	a.	ယဲၤ★လၢအတအါဘၣ်★စှၤ	mea'ger / mea'gre
_meal	n.	တၢ်အီၣ်တဘျီ★(ဘုခ့)(ကိၣ်)ကမှၣ်	meal
_mean	v.t.	ဟ်အသး★ဟ်အခီပညီ★ဒုးနဲၣ်ဖျါ	mean
_mean	a.	လၢအလၤကပီၤတအိၣ်★လၢအတကြၢးတဘၣ်	mean
_meander	v.t.	လဲၤက့ၣ်က့ၣ်ကူကူ★က့ၣ်ဒၢက့ၣ်ဒၢကူ★က့ၣ်တရံးက့ၣ်တရး★ က့ၣ်ဝ့ၤက့ၣ်ဝီၤ	me-an'der
_meaning	n.	အခီပညီ	mean'ing
_means	n.	ကျဲ	means
_by means of		လၢ(တၢ်န့ၣ်)အယိ	by means of
_by all means		သပှၢ်ကတၢၢ်★ယါမနၤ	by all means
_means		တၢ်စုလီၢ်ခီၣ်ခိၣ်	means
_measles	n.	တၢ်ဘၣ်ဖိ★ဝဲးသဲး★သမူး	mea'sles
_measure	v.t.	ထိၣ်နီၣ်တဲာ်နီၣ်★(နီၣ်)ယီၣ်တၢ်	meas'ure
_measure	n.	နီၣ်ထိၣ်နီၣ်တဲာ်	meas'ure
_meat	n.	တၢ်ညၣ်★တၢ်အီၣ်တၢ်အီ	meat
_mechanic	n.	ပှၤလၢအစုသ့ခိၣ်သ့★ပှၤလၢအနၢ်ပၢၢ်စဲးဖိၤဖိဖိၤအဂ့ၢ်	me-chan'ic
_mechanics	n.	တၢ်ကူၣ်သ့ဘၣ်ယးစဲး★တၢ်ကူၣ်သ့ဘၣ်ယးတၢ်သုးအသးဒီးတၢ်အတဟီၣ်	me-chan'ics
_medal	n.	တၢ်ပနီၣ်(စ့)(ထူ)★တၢ်လၤကပီၤအတၢ်ပနီၣ်	med'al
_meddle / meddlesome	v.i. / a.	(လၢအညီနၢ်)ဂဲၤတံာ်တာ်ဘီကျိၣ်တၢ်★(လၢအညီနၢ်)မၤတံာ်တာ်တၢ်	med'dle / med'dle-some

English	Part	Meaning (Karen)	Pronunciation
_mediate / mediator	v.i. / n.	(ပုၤလၢအ)နုာ်လၢတၢ်ဘၣ်စၢၤလၢတၢ်မၤစၢၤတၢ်ခံခီလၢာ်အဂီၢ်★(ပုၤလၢအ) မၤယူမၤဖိးတၢ်လၢပုၤခံဖိအဘၣ်စၢၤ	me'di-ate / me'di-a'tor
_medical	a.	ဘၣ်ယးဒီးကသံၣ်ဖိၣ်ကသီဖိၣ်	med'ic-al
_medicine	n.	ကသံၣ်ဖိၣ်ကသီဖိၣ်	med'i-cine
_mediocre / mediocrity	a.	(တၢ်)ဖဲအဘၣ်ဘၣ်★ဖဲအကြၢးအဘၣ်	me'di-o'cre / me'di-o'-cri-ty
_meditate / meditation	v.t. / n.	(တၢ်)ဆိကမိၣ်တၢ်ဖးယိာ်★(တၢ်)ကူၣ်ထိၣ်ဟ်တၢ်	med'i-tate / med'i-ta'tion
_medium	n.	အဘၣ်စၢၤ★ကျဲ★တၢ်လၢအလီၢ်အိၣ်လၢတၢ်ချံသး	me'di-um
_medium	a.	တဒိၣ်ဒိၣ်တဆံးဆံး★လၢဖဲအဘၣ်ဘၣ်	me'di-um
_meed	n.	ခိၣ်ဖး	meed
_meek	a.	လၢအသးစူၤ	meek
_meet	v.i.	ကြၢးဝဲဘၣ်ဝဲ★(ဘၣ်)သကၢ်★အိၣ်ဖှိၣ်ရိဖှိၣ်★ကွၢ်ဆၢၣ်မဲာ်	meet
_meeting		တၢ်အိၣ်ဖှိၣ်ရိဖှိၣ်	meet'ing
_melancholy	n.	တၢ်သူၣ်(ဖိၣ်)(ဟးဂုာ်)သး(ဖိၣ်)(ဟးဂီၤ)★တၢ်ဘၣ်မိၣ်ဘၣ်မး★(တၢ်)သးအုး	mel'an-chol-y
_mellow	a.	မံကဘုၤလုၤ★မံပှဲ★ကဘုၤ★မုာ်(မဲာ်)(နၢ်)★ကဟုာ်လုၤ	mel'low
_mellow	v.t.	ဒုးမံ★ဒုးက(ဟုာ်)(ဘုၤ)	mel'low
_melodious	a.	လၢအသီၣ်မုာ်★မုာ်	mel'o'di-ous
_melody	n.	တၢ်သီၣ်လၢအမုာ်★တၢ်သးဝံၣ်အယုၢ်★တၢ်သးဝံၣ်	mel'o-dy
_melon	n.	ဒံမုၣ်သၣ်	mel'on
_melt	v.i.	(ဒုး)ပုၢ်လီၤ★(ဒုး)ပုၢ်ထိၣ်★(ဒုး)သူၣ်တၢ်သးလိၤ	melt
_member	n.	ကရၢဖိတဂၤ	mem'ber
_memento	n.	တၢ်လၢအဒုးသုၣ်နီၣ်က့ၤပုၤလၢတၢ်	me-men'to
_memorable	a.	ကြၢးလၢပ(သုၣ်နီၣ်ထိၣ်)(တိၢ်နီၣ်)	mem'o-ra-ble
_memorial	n.	တၢ်လၢပုၤမၤလၢတၢ်သုၣ်နီၣ်ထိၣ်တၢ်တမံၤမံၤအဂီၢ်★လံာ်ပတံထိၣ်တၢ်တဘ့ၣ်လၢအဟ်ဖျါထိၣ်တၢ်ဂ့ၢ်တၢ်ကျိၤဒ်အံၤဒ်နူၤ	me-mo'ri-al
_memorize	v.t.	တိၢ်နီၣ်★တိၢ်ရူး	mem'o'rize
_memory	n.	တၢ်သုၣ်နီၣ်ထိၣ်တၢ်★တၢ်လၢပုၤသုၣ်နီၣ်	mem'o-ry
_menace	v.t.	(တၢ်)မၤပျံၤမၤဖုးတၢ်	men'ace
_mend	v.t.	ဆၢကျး★ဘှိက့ၤ★(မၤ)ဘျါက့ၤ★(မၤ)ဂ့ၤထိၣ်	mend
_mendacity	n.	တၢ်လီတၢ်ဝ့ၤ★တၢ်ကတိၤကဘျံးကဘျၣ်	men-dac'i-ty
_mendicant	n.	ပုၤယ့အီၣ်တၢ်ဖိ	men'di-cant
_menial	n.	(လၢအကြၢးဒီး)တၢ်ခုတၢ်ပုၤ	me'ni-al
_mental	a.	ဘၣ်ယးဒီးသး	men'tal
_mention	v.t.	တဲလၢအဂ့ၢ်★ယၢၤထိၣ်	men'tion
_mercantile	a.	ဘၣ်ယးဒီးတၢ်ပနံာ်တၢ်ကၤ★ဘၣ်ယးဒီးတၢ်ဆါတၢ်ပှၤ	mer'can-tile
_mercenary	a.	(သုးဖိ)(ပုၤ)လၢအမၤလၢတၢ်ထဲလၢတၢ်ဘူးတၢ်လဲအဃိ	mer'ce-na-ry
_merchandise / merchant	n. / n.	(ပုၤ)ပနံာ်တၢ်ကၤ(ဖိ)★တၢ်ပနံာ်တၢ်ကၤတၢ်★ပုၤကၤတၢ်ဖိ	mer'chan-dise / mer'chant
_merciful	a.	လၢအအိၣ်ဒီးတၢ်သးကညီၤ★လၢအသးကညီၤတၢ်	mer'ci-ful
_merciless	a.	လၢအတအိၣ်ဒီးတၢ်သးကညီၤ★လၢအတသးကညီၤတၢ်	mer'ci-less
_mercury	n.	ပဒါ	mer'cu-ry
_mercy	n.	တၢ်သးကညီၤ	mer'cy
_mere	a.	ထဲ★ထဲဒၣ်★ထဲ--ၓိ	mere
_mere	n.	နိၣ်ဖိ	mere
_merely	adv.	ထဲ★ထဲဒၣ်★ထဲ--ၓိ	mere'ly
_merge	v.t.	(မၤ)လီၤဘျၢ(တၢ်)★ဒုးလီၤဘျၢ	merge
_meridian	a.	ဘၣ်ယးဒီးမုၢ်ထူၣ်★မုၢ်ထူၣ်	me-rid'i-an
_meridian	n.	တၢ်ကဝီၤလၢအခီၣ်ဟိၣ်ၣ်ခိၣ်အကတၢ်ဖဲကလံၤစိးဒီးကလံၤထံးနူၣ်လီၤ	me-rid'i-an

_merit	v.t.	(တၢ်လၢပ)ကြၢးဒီးန့ၢ်	mer'it
_merit	n.	တၢ်ဂ့ၤတၢ်ဝါ★ပါရမံ★ဘူၣ်★ဘူၣ်ဖိုးတၢ်ဖိုး	mer'it
_merrily	adv.	လၢသုၣ်ဖှံသးညီအပူၤ	mer'ri-ly
_merry	a.	လၢအသုၣ်ဖှံသးညီ★လၢအမၤသးဖှံပသး	mer'ry
_mesh	n.	စၢ★ပုာ်အမဲာ်★ပုာ်အပူၤဖိ★ပုာ်	mesh
_mesh	v.t.	(ဖီၣ်)(ဘၣ်)လၢပုာ်	mesh
_mesmerism	n.	တၢ်မၤ(မံ)(သး)သပှၤပှၤလၢတၢ်သူးအစိကမီၤလၢအဝဲအဖိခိၣ်	mes'mer-ism
_mess	v.t.	(တၢ်)မၤသဘံၣ်ဘုၣ်ထွံကးတၢ်★(တၢ်)မၤခံၣ်ခုၣ်ဘးလီတၢ်★အိၣ်ယုာ်တၢ်	mess
_mess	n.	တၢ်အိၣ်လၢပှၤကတဲာ်ကတီၤတဘ္ဉိအဂီၢ်★ပှၤတဟၤရၤလၢအအိၣ်ယုာ်တၢ်တပူၤဃီ	mess
_message	n.	တၢ်ကစီၣ်★တၢ်ပရၢ★တၢ်(မၤလိာ်)(ကလုၢ်)	mes'sage
_messenger	n.	ပှၤစိာ်တၢ်ကစီၣ်★ကလူၤ★ပှၤစိာ်(တၢ်ကလုၢ်)(တၢ်မၤလိာ်မၤလီၤ)	mes'sen-ger
_messmate	n.	ပှၤလၢအအိၣ်သကိးတၢ်ဒီးပုၤ	mess'mate'
_messy	a.	လၢအအိၣ်သဘံၣ်ဘုၣ်ထွံကးအသး★တကဆှဲကဆှီဘၣ်	mess'y
_metal	v.t.	မၤအီၤလၢ(စ့တိာ်.ထး)	met'al
_metal	n.	စ့★တိာ်★ထး(ဒီးတၢ်ဒ်န္ဉ်အသိး)★သးတူး	met'al
_metallic	a.	လီၤက်ဒီးစ့.တိာ်.ထး★လၢအ(အိၣ်)(ဘၣ်ယး)ဒီးသးတူး	me-tal'lic
_metaphor	n.	တၢ်ကတိၤဒီလၢအဒုးဘၣ်ထွဲတၢ်ဒီးတၢ်အဂၤ	met'a-phor
_metaphysics	n.	တၢ်ယုသ့ၣ်ညါမၤလိတၢ်လၢအအိၣ်ဝဲန္ဉ်ကဲထိၣ်အသးဒ်လဲၣ်	met'a-physi'cs
_mete	v.t.	နီၤဟ့ၣ်လီၤ★ထိၣ်ကွၢ်★ထိၣ်တၢ်	mete
_meteor	n.	ဆၣ်ယူၤ	me'te-or
_method	n.	(တၢ်နဲၣ်လိတၢ်)အကျဲ★အကျဲအကပူၤ	meth'od
_methodical	a.	လၢအမၤန်အကျဲဟဲဝဲအသိး★လၢအအိၣ်ဒီးတၢ်ရဲၣ်လီၤကျဲၤလီၤ★လၢအလဲၤဒ်အကျဲအကျိုးအိၣ်ဝဲ	me-thod'i-cal
_meticulous	a.	လၢအလီၤတံၢ်ကဲၣ်ဆိး	me-tic'u-lous
_metropolis	n.	ဝ့ၢ်ခိၣ်★ဝ့ၢ်မိၢ်ပှၢ်	me-trop'o-lis
_mettle	n.	တၢ်သုၣ်ဆူၣ်သးဆူၣ်★တၢ်သးခုတလ့ၢ်★တၢ်သးချ★တၢ်သးပြီ	met'tle
_mica	n.	လၢၢ်ဘ္ဉ်ဘ္ဉ်လၢပကွၢ်ဖျိသ့ဒီးတၢ်မၤအီၤဘူသလၢါသ့	mi'ca
_microbe	n.	တၢ်ယံၢ်ပြံကးလၢအဒုးအိၣ်ထိၣ်တၢ်ဆူးတၢ်ဆါ	mi'crobe
_microscope	n.	မဲာ်ထံကလၤလၢပကွၢ်တၢ်ဖျိဒိၣ်ထိၣ်	mi'cro-scope
_microscopic	a.	လၢပထံၣ်အီၤသ့ထဲလၢမဲာ်ထံကလၤလၤပကွၢ်တၢ်ဖျိဒိၣ်ထိၣ်★လၢအဆံးနၤမး★လၢအမဲာ်ဆး	mi'cro-scop'ic
_midday	n.	မုၢ်ထူၣ်ခါ	mid'day
_middle	n.	(လၢ)အခၢၣ်သး★(လၢ)အသးကၢ်★(လၢ)အဖး ဖီ	mid'dle
_midnight	n.	ဖးဖီမုၢ်	mid'night
_midst	n.	လၢအသးကံၢ်ပူၤ★လၢအခၢၣ်သး	midst
_midway	n.	ဖးဖီကျဲ★(လၢ)ကျဲဖးဖီ	mid'way'
_mien	n.	(ပှၤ)အမဲာ်အတၢ်အိၣ်ဖျါ★တၢ်ဟ်မဲာ်သၣ်ဇါစုၤ★သးအလုၢ်အလၢ်	mien
_might / mighty	n. / a.	ဖးဒိၣ်★ဖးလဲၢ်★ဆါ★ဂ်ၢ်မုၢ်★(လၢ)အတၢဟိၣ်(ဆူၣ်)★(လၢ)အဂံၢ်အဘါ(ဆူၣ်)★(လၢ)အစိကမီၤ(ဒိၣ်)	might / might'y
_migrate / migration	v.i. / n.	(တၢ်)ဟးဆုထံကိၢ်ဂၤ★(တၢ်)သုးအလီၢ်အကျဲဆူတၢ်လီၢ်အဂၤ	mi'-grate / mi-gra'tion
_mild	a.	ဖဲအဘၣ်အဘၣ်★လၢအသးဂ္ၤ★ကပုာ်	mild
_mildew	n.	(တၢ်)ဘီၣ်ဆီး	mil'dew
_mile	n.	တမံးလး	mile
_milestone	n.	လၢၢ်လၢအမၤနီၣ်တၢ်ဒုၣ်စၢၤ	mile'stone'
_military	a.	ဘၣ်ယးသုး(ဖိ)	mil'i-ta-ry
_milk	n.	တၢ်န့ၢ်ထံ★တၢ်အထုး★ဂီၤသၣ်အထံ	milk
_milk	v.t.	ဆံးတၢ်န့ၢ်ထံ★စၢ်တၢ်န့ၢ်ထံ	milk
_milky	a.	လၢအ(လီၤက်)(ဟ့ၣ်ထိၣ်)(ဘၣ်တၢ်မၤအီၤလၢ)တၢ်န့ၢ်ထံ	milk'y

_mill	v.t.	ကာ်★တိာ်လီၤတၢ်ဂီၤလၢတၢ်လိၤ	mill
_mill	n.	စဲး	mill
_miller	n.	ပှၤကွဲၢ်စဲးဖိ	mill'er
_millinery	n.	ပိာ်မုၣ်အခိၣ်ဖှိၣ်★တၢ်မၤပိာ်မုၣ်အခိၣ်ဖှိၣ်	mil'li-ner-y
_million	n.	တကကွဲၢ်	mil'li-on
_millionaire	n.	ပှၤလၢအတၢ်စုလီၢ်ခိၣ်ခိၣ်ကြၢးစ့လၢအကကွဲၢ်	mil'lion-aire
_mimeograph	n.	စဲးကွဲၤတၢ်လၢတၢ်ဒုးလဲၤနံၣ်မဲၣ်ထံဆူစးခိယံးအပှၤလၢတၢ်ကွဲၤတၢ်လၢအလိၤ	mim'e-o-graph'
_mimic	v.t.	(ပှၤ)(လၢအ)မၤဒိးတၢ်	mim'ic
_mince	v.t.	ယာ်ဘျးး★ကျိဘျးး★ဆိဘျးး	mince
_mind	n.	သး★သးလၢအကူၣ်ဆိကမိၣ်တၢ်သူ★တၢ်ဆိကမိၣ်★သးသ့ၣ်ညါတၢ်★တၢ်သ့ၣ်နိၣ်★တၢ်သးအိၣ်	mind
_mind	v.t.	ကနၣ်ယှာ်★ဒိကနၣ်★ဟ်သူၣ်ဟ်သး★အံးကွၢ်ကွၢ်★ဟ်ကဲ	mind
_mindful	a.	လၢအသ့ၣ်နိၣ်တၢ်★လၢအပလီၢ်အသး★လၢအဟ်သူၣ်ဟ်သး★လၢအဟ်ကဲတၢ်	mind'ful
_mine	v.t.	ခူၣ်(ထူ)ခူၣ်(စ့)	mine
_mine	n.	(ထူ)ပူၤ(စ့)ပူၤ★တၢ်ပူၤ	mine
_mine	poss. pron.	ယတၢ်★ယဝဲ	mine
_mineral	n.	လၢၢ်ဖီးလှၢ်ဖီး★တၢ်လၢပှၤခူၣ်န့ၢ်လၢဟီၣ်ခိၣ်လာ်★သးတုး	min'er-al
_mingle	v.t.	ကျဲၣ်ကျီ★ယီၤယှာ်★ယါယှာ်(အသး)	min'gle
_miniature	n.	တၢ်ဂီၤလၢပှၤကွဲးဝဲဆံးန့ၢ်အမိၢ်ပှၢ်	min'i-a-ture
_minimize	v.t.	မၤဆံးလီၤစှၤလီၤတၢ်တုၤလၢအဆံးကတၢၢ်	min'i-mize
_minimum	n.	(လၢအ)(တၢ်)စှၤကတၢၢ်★(လၢအ)(တၢ်)ဆံးကတၢၢ်	min'i-mum
_minister	v.i.	(ပှၤလၢအ)မၤတၢ်ခ့တၢ်ပှၤအတၢ်ဖံးတၢ်မၤ★မၤန့ၢ်တၢ်လၢအဂီၢ်★မၤစၢၤတၢ်	min'is-ter
_minister	n.	ပဒိၣ်★တၢ်အိၣ်ဖှိၣ်အသရၣ်	min'is-ter
_minor	a.	လၢအတလီၤဟ်ကဲကဲအါအါဘၣ်★လၢအဆံးတက့ၢ်★လၢအတဒိၣ်တုာ်ခိၣ်ပှဲၤဘၣ်★လၢအစှၤ	mi'nor
_minority	n.	တၢ်လၢအစှၤတက့ၢ်★တၢ်တဒိၣ်တုာ်ခိၣ်ပှဲၤဒံးအဆၢကတီၢ်	mi-nor'i-ty
_minstrel	n.	ပှၤသးဝံၣ်တၢ်ဖိလၢအဒ့ယှာ်တနၢ်သီတူၢ်	min'strel
_mint	n.	(တၢ်)မၤတီၢ်မၤစ့(အလီၢ်)★စ့ဂီၢ်မုၢ်	mint
_minus	a.	လၢအစှၤလီၤ★လၢအစှၤလီၤထဲအံၤထဲနုၤ	mi'nus
_minute	a.	ဆံးကိာ်ဖိ★(တၢ်ကွၢ်ထံကွၢ်ဆးတၢ်)လၢအပၢၤပှၤလ့တၢ်လ့ပှၤ★လီၤတၢ်လီၤဆံး★လၢအဟ်ဖျါတၢ်တုၤလၢအသနၢၣ်သနၣ်★ကမုံးဒံဖိ★ပြံကဒံဖိ	mi-nute'
_minute	n.	မံးနံး★တၢ်(အိၣ်ဖှိၣ်အတၢ်)ကွဲးနီၣ်	min'ute
_minutely	adv.	လှၤတုၢ်လှၤတီၤ★လီၤတံၢ်လီၤဆံးတမံၤဘၣ်တမံၤ	mi-nute'ly
_minx	n.	ပိာ်မုၣ်ဖိသၣ်လၢအတကနၤလီၤတၢ်ဘၣ်	minx
_miracle	n.	တၢ်လီၤ(လီၢ်လီၢ်)လး	mir'a-cle
_miraculous	a.	လၢအလီၤလီၢ်လီၤလး	mi-rac'u-lous
_mirage	n.	တၢ်အကနုအိၣ်ဖျါထီၣ်တၢ်နိၢ်ကီၢ်အသိးလၢကလံၤကိၢ်အယိ	mi-rage'
_mire	n.	ကပာ်ပုံာ်	mire
_mirror	n.	မဲာ်ထံကလၤ	mir'ror
_mirth	n.	တၢ်သူၣ်ဖှံသးညီအိၣ်ဒီးတၢ်နံၤတၢ်အ့	mirth
_miry	a.	လၢအအိၣ်ဒီးကပာ်ပုံာ်★လီၤဘျၢၣ်	mir'y
_misadventure	n.	တၢ်ဟဲဝံအၢအၢသီ★တၢ်ဘၣ်န့ၢ်တၢ်တတၢာ်တနါ★တၢ်ဟဲဝံအၢလၢအမၤဖုးအသး	mis'ad-ven'ture
_misanthrope	n.	ပှၤလၢအသးဟ့ပှၤဂၤခဲလၢာ်	mis'an-thrope
_misapply	v.t.	သူကမၣ်တၢ်★(ဟ်လီၤ)(ဒုးဘၣ်ထွဲ)ကမၣ်တၢ်	mis'ap-ply
_misapprehend / misapprehension	v.t. / n.	(တၢ်)နၢ်ပၢၢ်ကမၣ်တၢ်	mis'ap'pre-hend' / mis'ap-pre-hen'sion

184

_misappropriate / misappropriation	v.t. / n.	(တၢ်)သူဟူၣ်ပုၤဂၤအတၢ်	mis'ap-pro'pri-ate / mis'ap-pro'pri-a'tion
_misbehave / misbehavior	v.i. / n.	(မၤ)တၢ်တအိၣ်ဖျါယံၤလၤလၤဘၣ်★(မၤ)တၢ်လၤအတကြၢးတဘၣ်★(မၤ) တၢ်လၤအတဘၣ်ဘၣ်အခါး	mis'be-have' / mis'be-hav'ior
_misbehave	n.	(တၢ်)အလုၢ်အလၢ်တဂ့ၤ★(အတၢ်)မၤအသးတကြၢးဘၣ်★ အလုၢ်အလၢ်လၤအတယံတလၤဘၣ်	misbehave
_miscalculate	v.t.	ဒွးကမၣ်တၢ်★တယၢးကွၢ်တၢ်ကမၣ်ဝဲ	mis-cal'cu-late
_miscegenation	n.	တၢ်ဒီးတူၢ်ဒီးဖျိအသးလၤပုၤကလုာ်တဒ်သိးလိာ်သး★ တၢ်ထိၣ်ဖိုၣ်မၢလၤပုၤကလုာ်ဂၤ	mis-ce-ge-na'tion
_miscellaneous	a.	လၤအအိၣ်အကလုာ်ကလုာ်	mis'cel-la'ne-ous
_mischance	n.	တၢ်ဟဲဝံတဂ့ၤ★တၢ်မၤဖှးအသးလၤအဟဲစိာ်တၢ်ဟဲဝံလၤအၢ	mis-chance'
_mischief	n.	တၢ်မၤကမၣ်တၢ်★တၢ်မၤတံာ်တာ်တၢ်★တၢ်မၤဟးဂီၤတၢ်	mis'chief
_mischievous	a.	လၤအမၤတံာ်တာ်တၢ်★လၤအမၤဟးဂီၤတၢ်★လၤအမၤကမၣ်တၢ်	mis'chie-vous
_misconception	n.	တၢ်ဆိကမိၣ်ကမၣ်တၢ်	mis'con-cep'tion
_misconduct	n.	တၢ်မၤတၢ်တဘၣ်ဘၣ်အခါး★တၢ်မၤတၢ်တကြၢးတဘၣ်★ အလုၢ်အလၢ်လၤအတဂ့ၤ★သကံာ်ပဝးလၤအတဂ့ၤ★အတၢ်မၤအသး လၤအတဘၣ်	mis-con'duct
_misconstrue / misconstruction	v.t. / n.	(တၢ်)ထုးထိၣ်ကမၣ်တၢ်အခီပညီ	mis-con'strue / mis'con-struc'tion
_miscreant	n.	ပုၤအၢအသီ	mis'cre-ant
_miscreant	a.	လၤအၢအသီ	mis'cre-ant
_misdeed	n.	တၢ်မၤကမၣ်တၢ်	mis-deed'
_misdemeanour	n.	တၢ်မၤကမၣ်တၢ်★အတကံာ်ပဝးလၤအတဂ့ၤဘၣ်★ အတၢ်မၤအသးလၤအတဘၣ်	mis'de-mean'our
_misdirect	v.t.	ဆှၢကမၣ်ကွံ★ဒုးနဲၣ်ကမၣ်(ကွံ)(တၢ်)	mis'di-rect'
_misdirection	n.	တၢ်ဆှၢကမၣ်တၢ်★တၢ်နဲၣ်ကမၣ်တၢ်	mis'di-rec'tion
_misdoubt	v.t.	ဘၣ်ယိၣ်တၢ်★တနာ်နှၢ်	mis-doubt'
_miser	n.	(ပုၤ)လၤအပာ်အကီ	mi'ser
_miserable	a.	လၤအဘၣ်နးဘၣ်ဖှိၣ်ဒိၣ်မး★လၤအဘၣ်ဖှိၣ်ဘၣ်ယာ်★လၤအဖှိၣ်အယာ်★ လၤအဘၣ်ကီၢ်ဘၣ်ဂီၤ★လၤအတကီၤတသီၣ်တၢ်	mis'er-a-ble
_miserly	a.	လၤအပာ်အကီ★လၤအလီကီတၢ်	mi'ser-ly
_misery	n.	တၢ်ဖှိၣ်တၢ်ယာ်★တၢ်နးတၢ်ဖှိၣ်★တၢ်သူၣ်ကိၢ်သးဂီၤ★တၢ်ကီတၢ်ခဲ	mis'er-y
_misfit	a.	(တၢ်)လၤအတကၢကီၣ်ဘၣ်	mis'fit
_misfit	v.t.	ထိထိၣ်တဘၣ်လိၢ်အဒီဘၣ်	mis'fit
_misfortune	n.	တၢ်ဟဲဝံတဂ့ၤ★တၢ်ဘၣ်တၢ်တတၢာ်တနၢ	mis-for'tune
_misgiving	n.	တၢ်သးဒ့ဒီ★တၢ်တနာ်နှၢ်တၢ်	mis-giv'ing
_misgovern	v.t.	ပၢကမၣ်တၢ်	mis-gov'ern
_mishap	n.	တၢ်ဟဲဝံတဂ့ၤ★တၢ်နးတၢ်ဖှိၣ်★တၢ်မၤဖှးအသးလၤအဟဲစိာ်တၢ်ဟဲဝံအၢ	mis-hap
_misinform	v.t.	တဲကမၣ်တၢ်★ဒုးသ့ၣ်ညါကမၣ်တၢ်	mis'in-form'
_misinterpret	v.t.	ထုးထိၣ်ကမၣ်တၢ်အခီပညီ	mis'in-ter'pret
_mislead	v.t.	ဆှၢကမၣ်တၢ်★ဒုးနၢ်ပၢၢ်ကမၣ်တၢ်★လီနှၢ်	mis-lead'
_misnomer	v.t.	တၢ်ကိးကမၣ်တၢ်အမံၤအသၣ်	mis-no'mer
_misplace	v.t.	ပာ်ကမၣ်တၢ်အလီၢ်	mis'place
_mispronounce	v.t.	ကိးကမၣ်တၢ်ကတိၤအသီၣ်★ကိးတကျၢဘၣ်	mis'pro-nounce'
_misrepresent / misrepresentation	v.t. / n.	(တၢ်)တဲဖျါကမၣ်တၢ်★ကဲကမၣ်ပုၤအခၢၣ်စး	mis'rep're-sent' / mis'rep-re-sen-ta'tion
_misrule	v.t.	(တၢ်)ပၢကမၣ်တၢ်	mis-rule'
_miss	v.t.	ခးတဘၣ်ဘၣ်★တနှၢ်ဘၣ်★တထံၣ်ဘၣ်★တနၢ်ဟူဘၣ်★တနၢ်ဘျုးဘၣ်★ တချုးနှၢ်ဘၣ်★တနၢ်ပၢၢ်ဘၣ်★သးသယုၢ်တၢ်	miss
_miss	n.	နီၢ်★ပှၤမုၣ်ကနီၤ	miss
_miss	v.i.	ဟါမၢ်★ဟးဖှိးကွံ★လဲၤကဟ်	miss

_misshapen	a.	လၢအက့ၢ်တဘၣ်ဂီၤတဂ့ၤ★လၢအကံၢ်အဂီၤတဂ့ၤဘၣ်★လၢအလဲာ်အၢ	mis-shap'en
_missile	a.	တၢ်အယၢၤအယိၢ်လၢတၢ်သူလၢတၢ်(ကွံာ်)(ခး)တၢ်အဂိၢ်★ပျၢ်★ဘီ★မျိာ်သၣ်	mis'sile
_missing	a.	တအိၣ်ဘၣ်★ဟါမၢ်★တလၢတပှဲၤ	miss'ing
_mission	n.	တၢ်မၢ★ပှၤဒိးမၢအသးတဖု(အတၢ်မၤမ့တမ့ၢ်အအိၣ်အဆိးအလိၢ်)	mis'sion
_missionary	n.	ပှၤလၢအဒိးမၢအသး	mis'sion-a-ry
_missive	n.	လံာ်ပရၢ	mis'sive
_missive	a.	လၢအ(က)ဘၣ်တၢ်ဆှၢလီၤအီၤလီၤဆီဒၣ်တၢ်	mis'sive
_misspell	v.t.	ကွဲးကမၣ်လံာ်လၢထးခိၣ်	mis-spell'
_misspent	v.t.	မၤလာ်ကမၣ်တၢ်	mis-spent'
_misstate	v.t.	တဲကမၣ်တၢ်	mis-state'
_mist	n.	ဘှၣ်★ပၢၤဒံၣ်သွံ★တၢ်မဲာ်ထံၣ်တၢ်တဆှံ★တၢ်လၢအမၤတဆှံပ(သးအ)မဲာ်	mist
_mistake	v.i.	(တၢ်)နၢ်ပၢၢ်ကမၣ်★(တၢ်)ဆိကမိၣ်ကမၣ်★(တၢ်)မၤကမၣ်တၢ်	mis-take'
_mistaken	a.	လၢအနၢ်ပၢၢ်ကမၣ်★လၢအဆိကမိၣ်ကမၣ်★လၢအ(ကမၣ်)(တဘၣ်)	mis-tak'en
_Mister	n.	စီၤ	Mis'ter
_Mistress	n.	ပိာ်မုၣ်လၢအပၢတၢ်★ပိာ်မုၣ်လၢအဘၣ်တၢ်အဲၣ်အီၤ★ ပိာ်မၣ်လၢအအိၣ်ယှာ်ပှၤပိာ်ခွါဒ်အဝၤအသိး★သံၣ်မါ★သရၣ်မုၣ်သိၣ်လိတၢ် ★နီၢ်★နီၢ်မုၣ်★ကစၢ်မုၣ်	Mis'tress
_mistrust	v.t.	(တၢ်)တနာ်နှၢ်တၢ်	mis-trust'
_misty	a.	လၢအကးဘၢအသးဒ်ဘှၣ်★လၢအ(ခိပညီ)တဖျါအါအါဘၣ်	mist'y
_misunderstand / misunderstanding	v.t. / n.	(တၢ်)နၢ်ပၢၢ်ကမၣ်(တၢ်)(လိာ်အသး)	mis'un-der-stand' / mis'un-der-stand'ing
_misuse	v.t.	(တၢ်)သူကမၣ်တၢ်	mis-use'
_mite	n.	တၢ်(ဖိယၢ်)ပြံကဒံဖိ(တကလှာ်)★တၢ်ဆံးကိာ်ဖိ★တိၢ်အကး	mite
_mitigate	v.t.	မၤစၢ်လီၤ★မၤကိညၢ်ထီၣ်ကူၤ★မၤစှၤလီၤ	mit'i-gate
_mix	v.t.	ကျဲၣ်ကျီယှာ်တၢ်★ယီယှာ်★ယါယှာ်	mix
_mixture	a.	တၢ်အိၣ်ကျဲၣ်ကျီယှာ်အသး★တၢ်ယါယှာ်တၢ်	mix'ture
_moan	v.i.	ကအုကစွါ★ဟီၣ်တၢ်ယၢၤတၢ်	moan
_moat	a.	တၢ်ကျိၤဝးတရံးတိာ်ဓိၤတာ်ဓိၤ	moat
_mob	v.t.	အိၣ်ဖှိၣ်တၢထိၣ်တၢလီၤဒီးမၤအၢမၤသီတၢ်	mob
_mob	n.	ပှၤဂိၢ်မုၢ်လၢအတၢထိၣ်တၢလီၤ	mob
_mobile	a.	လၢအလဲလိာ်အသးညီကဒၣ်★လၢအသုးအလိၢ်ညီကဒၣ်သ့	mo'bile
_mobilize	v.t.	ကိးဖှိၣ်သုးဖိဒီးကတဲာ်ကတီၤအီၤလၢကလဲၤဒုးတၢ်အဂိၢ်★သုးအလိၢ်	mo'bi-lize
_mock / mockery	v.t.	(တၢ်)ဒုၣ်ဒွဲၣ်ပယွဲ★(တၢ်)မၤဒိးကလိာ်ကလာ်တၢ်★(တၢ်)မၤတရီ တပါနံၤဘၣ်ဖၣ်လဲတၢ်	mock / mock'er-y
_mode	n.	အလုၢ်အလၢ်★အကျဲ(အကပူၤ)	mode
_model	n.	အဒိ(အတဲာ်)	mod'el
_model	v.t.	ဒုးကဲထိၣ်တၢ်အက့ၢ်အဂီၤဒ်အဒိအိၣ်ဝဲအသိး★မၤဒ်အဒိအသိး	mod'el
_moderate	v.t.	မၤစၢ်လီၤ★မၤကိညၢ်ထီၣ်တၢ်★မၤဖဲအဘၣ်အဘၣ်	mod'er-ate
_moderate	a.	တအါတစှၤဘၣ်★တဒိၣ်ဒိၣ်တဆံးဆံး★လၢဖဲအဘၣ်ဘၣ်	mod'er-ate
_moderation	n.	တၢ်ကီၤသူၣ်ကီၤသး★တၢ်ဖဲအဘၣ်အဘၣ်★တၢ်မၤတၢ်ဖဲအဘၣ်အဘၣ်	mod'er-a'tion
_modern	a.	ဘၣ်ယးစိၤခဲအံၤ★ဘၣ်ယးအဆၢကတီၢ်ခဲအံၤ	mod'ern
_modernize	v.t.	ဒုးလီၤပလိာ်တၢ်ဒီးစိၤခဲအံၤအတၢ်နၢ်ပၢၢ်★မၤက့ၤဝဲဒ်ဆၢကတီၢ်ခဲအံၤအသိး	mod'ern-ize
_modest / modesty	a. / n.	(တၢ်)(လၢအ)ကဒုလီၤတံၢ်★(တၢ်)(လၢအ)ဟ်အသးသ(မုံၤ)(ညုး)သပှၢ်★ (တၢ်)(လၢအ)တအါကဲၣ်ဆိးဘၣ်★လၢအသံၣ်စူးသံၣ်ကျိၤ	mod'est / mod'est-y
_modification	n.	တၢ်လဲလိာ်က့ၤတၢ်★တၢ်လဲလိာ်က့ၤတၢ်ဆံးကံၢ်ဆံးကိာ်	mod'i-fi-ca'tion
_modify	v.t.	ဘိုက့ၤတၢ်★မၤလီၤဆီ★လဲလိာ်က့ၤတၢ်တစဲး	mod'i-fy
_modulate	v.t.	မၤဒိၣ်ထိၣ်ဆံးလီၤအကလုၢ်	mod'u-late
_moist / moisten	a. / v.t.	(မၤ)ဘၣ်စီၣ်★စုၣ်စီၣ်	moist / mois'ten

_moisture	n.	တၢ်ဘၣ်စီၣ်တဒိၣ်တဆံး★ထံလၢအမၤစုၣ်စီၣ်တၢ်★တၢ်လၢအမၤဘၣ်စီၣ်တၢ်	mois'ture
_mold / mouldy	n. / a.	လၢအဘိၣ်ဆိး★လၢကုၤထိၣ်လၢအလိၤ★တၢ်အဒိ	mold / mould'y
_mold / mouldy	v.t.	မၤနူၢ်တၢ်အက္ၢ်အဂီၤ	mold / mould'y
_mole	n.	မဲၣ်★ဝံၤ	mole
_molest / molestation	v.t. / n.	(တၢ်)မၤတံၢ်တာ်တၢ်	mo-lest' / mo-les-ta'tion
_mollify	v.t.	မၤစၢ်လီၤ(တၢ်သးဒိၣ်)★မၤမှာ်ထီၣ်က္ၤ(ပှၤအသး)ဒုးအိၣ်(ဘှ့ၣ်)(ဂၢ်)က္ၤ	mol'li-fy
_molt / moult	v.i.	အဆူၣ်လီၤဆူ★အုၣ်လီၤ(အသဘ္း)★(တၢ်)သွလဲာ်လီၤအသးဒံၣ်★လဲၤအနၢ★လဲၤဆူၣ်	molt / moult
_molten	a.	လၢအဘၣ်တၢ်မၤပုၢ်(လီၤ)(ထိၣ်)	molt'en
_moment	n.	တၢ်တစိၢ်ဖိ★တၢ်မိက်ိာ်ဖိ★တၢ်အဒိၣ်အမှၢ်★တၢ်တတီၤဖိ	mo'ment
_momentary	a.	လၢအမၤအသးထဲမိကိာ်ဖိဓိၤ★လၢအအိၣ်ထဲတစိၢ်ဖိဓိၤ	mo'ment-a-ry
_momentous	a.	လၢအဒိၣ်အမှၢ်★လၢအဂ့ၢ်အကျိၤဒိၣ်ဝဲမှၢ်ဝဲ	mo-men'tous
_momentum	n.	တၢ်သုးအသးအတဟီၣ်	mo'men'tum
_monarch	n.	စီၤလိၣ်စီၤပၤ	mon'arch
_monarchy	n.	စီၤပၤအတၢ်ပၢတၢ်ပြး	mon'arch-y
_monastery	n.	စီၤသီအအိၣ်အဆိးအလီၢ်★စီၤ(သီ)(မုၣ်)အ(ဟံၣ်)(ကျိ)	mon'as-ter-y
_monetary	a.	ဘၣ်ယးဒီးကျိၣ်စ့ဓိၤ	mon'e-tary
_money	n.	ကျိၣ်စ့ဓိၤ★စ့	mon'ey
_mongrel	v.t.	တၢ်ဒုးကးပြါတၢ်	mon'grel
_mongrel	a.	(ဆ့ၣ်ဖိကီၢ်ဖိလၢအ)ကးပြါ	mon'grel
_monk	n.	စီၤသီ	monk
_monkey	n.	တၤဆုး	mon'key
_monogamist	n.	ပှၤလၢအမါအိၣ်ထဲတဆံ	mo-nog'a-mist
_monologue	n.	တၢ်(ကွဲး)(ကတိၤ)လၢကၢတဂၢ((ခွ))ၤကဘၣ်ကကဲၤဝဲအဂီၢ်	mon'o-logue
_monoplane	n.	ကဘီယူၤလၢအဒံးအိၣ်ထဲတကထၢဖိး	mon'o-plane
_monopolize / monopoly	v.t. / n.	(တၢ်)ဟံးန့ၢ်တၢ်ခဲလၢာ်လၢအကစၢ်ဒၣ်ဝဲအဂီၢ်★(တၢ်)ဟံးန့ၢ်တၢ်အခွဲး လၢကမၤဒၣ်ဝဲထဲတဂၤဧိၤ	mo-nop'o-lize / mo-nop'o-ly
_monosyllabic	a.	(တၢ်ကတိၤ)လၢအသိၣ်ထဲတဘီတဘီဓိၤ	mon'o-syl-lab'ic
_monotheism	n.	တၢ်နာ်လၢယွၤအိၣ်ထဲတဂၤဓိၤ	mon'o-the-ism
_monotone	n.	တၢ်ကတိၤလၢအထီၣ်အလီၤတအိၣ်ဘၣ်★ကလုၢ်လၢအထီၣ်အလီၤတအိၣ်(သိၣ်ဒံသိးသိး)	mon'o-tone
_monotonous / monotony	a. / n.	(တၢ်)(လၢအ)မၤအသးဒၣ်လီၢ်လီၢ်ဒံလီၢ်လီၢ်တုၤတၢ်ဘုံးပသးလၢအယိ★(တၢ်ကလုၢ်)လၢအဒံသိးသိးထဲအသိးသိးထီဘိ	mo-not'o-nous / mo-not'o-ny
_monsoon	n.	ကလံၤဆူလီၤတၢ်ဖဲတၢ်ဂံၢ်ခါႇကလံၤဆူထီၣ်တၢ်ဖဲတၢ်စူၤခါမုၤလၢတဘ္	mon-soon'
_monster / monstrosity / monstrous	n. / a.	(တၢ်)လၢအက္ၢ်အဂီၤမ့တမ့ၢ်အတကၢ်ာ်ပဝးအၢနၤမး★ဒီးမ့ၢ်ဒီးတကၢ★ဆ့ၣ်ဖိကီၢ်ဖိလၢအက္ၢ်အဂီၤတၤသိးအကလုာ်ဒၣ်ဝဲအသိးဘၣ်★တၢ်မုၢ်ယၢ်★(တၢ်)ဖးဒိၣ်	mon'ster / mon-stros'i-ty / mon'strous
_month	n.	လါ(တလါ)	month
_monthly	a.	တလါတဘ္ု★ကိးလါဒဲး	month'ly
_monument	n.	တၢ်သ့ၣ်နီၣ်ထီၣ်အလၢ်ထူၣ်	mon'u-ment
_monumental	a.	လၢအအိၣ်ဖျါဒိၣ်ဒိၣ်မှၢ်မှၢ်★လၢအဒုးသ့ၣ်နီၣ်က္ၤတၢ်အဂီၢ်	mon'u-ment'al
_mood	n.	သး(ဆူ့ႇတဂီၤအါႇ)★သး(ဒိၣ်ခ့ုတနံၤအါႇ)★ပသ့ၣ်ပသးအိၣ်ဒံအံၤဒံနာ★သးအိၣ်အသးအံၤဒံနာ	mood
_moody	a.	လၢအသးဆူးဒီးအမဲာ်ဆုးတကျ့ာ်★လၢအသး(တမှာ်)(ဒိၣ်)ဒီးတကတိၤတၢ်ဘၣ်	mood'y
_moon	n.	လါ	moon
_moor	v.t.	စၢယာ်ကျၤၤ(ချဲ)(ကဘီ)	moor
_moor	n.	တၢ်ပှၤဒိၣ်လၢအဘၣ်တၢ်ကးဘၢအီၤဒီးသ့ၣ်ပဒၢဖိဒီးသိၣ်န့ၢ်လီၤဘ္ုၣ်ဝဲဒၣ်တစဲးစဲး	moor

_moot	v.t.	(လၢတၢ်)ဂ့ၢ်လိာ်(ဝဲလၢအဂ္ၤ)	moot
_mop	n.	နိဉ်ကြျ၀်(တၢ်ဒါခိဉ်အဂီၢ်)	mop
_mop	v.t.	ကြျ၀်ကွံာ်တၢ်	mop
_mope	a.	(ပှၤ)လၢအသူဉ်ယၢအသးဃၢဒီးသးတဖုံဘဉ်	mope
_moral	a.	လၢအဟ်ဖျါထိဉ်တၢ်အဘဉ်ဒီးတၢ်တဘဉ်အဆၢ★လၢအဂ္ၤကြၢးဝဲ★လၢအတီဝဲၤလီၤဝဲ	mor'al
_morals	n.	တၢ်သိဉ်တၢ်သီၤပုၤဖိတဃၣ်သိဉ်လိပုၤ★တၢ်သိဉ်တၢ်သီလၢတကၢ်ပဝးကဂ္ၤအဂီၢ်	mor'als
_morality	n.	တၢ်ဂ္ၤတၢ်ဝါ★တၢ်အလုၢ်အလၢ်ဂ္ၤ★တၢ်သိဉ်လၢအဟ်ဖျါထိဉ်တၢ်မၤလၢအလီၤဘဉ်ယၣ်ဂၤဒီးတဂၤလၢအကြၢးတီၢ်န့ၢ်ဝဲ	mor-al'i-ty
_moralize	v.t.	သိဉ်ပုၤ★ဒုးဟဲထိဉ်တၢ်သိဉ်	mor'al-ize
_morally	adv.	ဒ်တကၢ်ပဝးအတၢ်သိဉ်တၢ်သီဟဲဝဲအသိး★ဂ္ၤဂ္ၤဘၣ်ဘၣ်★တီတီလီၤလီၤ	mor'al-ly
_morbid	a.	လၢအဆါ★အိဉ်တဆူၣ်ဘၣ်	mor'bid
_more	a.	(ဒိဉ်)တက့ၢ်★(အါ)တက့ၢ်★(အါ)န့ၢ်	more
_once more		ကဒီးတဘျီ	once more
_more over		လၢနည်အမဲာ်ညါ★ထဲနူဉ်တကးဘဉ်	more over
_morning	n.	ဂီၤခီ★မုၢ်ဆ္ဉ်ထိဉ်	morn'ing
_morose	a.	လၢအအ့ၣ်ပှ့ၢ်ပှ့ၢ်★လၢအသးအ့ၣ်ကရ၀်	mo-rose'
_mortal	a.	လၢအသံသ္ ★လၢအသံန့ၢ်ပှ်န့ၢ်★ဘၣ်ယးဒီးပှၤကညီ	mor'tal
_mortally	adv.	တုၤအသံန့ၢ်ပှ်န့ၢ်အီၤ	mor'tal-ly
_mortality	n.	တၢ်သံတၢ်ပှ်ၢ်★တၢ်သံအါအါဂီၢ်ဂီၢ်	mor-tal'i-ty
_mortar	n.	ဆ့ၣ်★ဆ့ၣ်တီၤ★ဆ့ၣ်ယီၤ★စဲးတကလုာ်လၢအခးမျိာ်ဆ့ၣ်ဖးဒိဉ်အဂီၢ်	mor'tar
_mortgage	v.t.	ဃိၣ်လီၤဝါတၢ်★ဟ်ကီၤတၢ်★ဟ့ၣ်ကီၤတၢ်	mort'gage
_mortify / mortification	v.t. / n.	(တၢ်)ဒုးမဲာ်ဆှးတၢ်မၤဟါမၢ်ကွံာ်(နီၢ်ခိအ)တၢ်သူၣ်ကွံသးလီ★ကီၤအသး★(တၢ်)မၤအ့ၣ်သံတၢ်★မၤသူၣ်ကိၢ်သးဂီၤ★မၤဟးဂီၤအလၤကပီၤ★ဆိဉ်လီၤ	mor'ti-fy / mor'ti-fi-ca'tion
_mosquito	n.	တၢ်ယၢ်★ပစိၤ	mos-qui'to
_mosquito net	n.	ပှ်ဝီၤ	mos-qui'to'net
_moss / mossy	n. / a.	(လၢအအိဉ်ဒီး)တံအယံဉ်★(လၢအအိဉ်ဒီး)ခ္ခၢခ့ဉ်လူၢ်★အံၤ့ ★ကလၤအသ့	moss / moss'y
_most / mostly	a. / adv.	အါကတၢၢ်★အါဒ့ဉ်တၢ်တက့ၢ်	most / most'ly
_moth	n.	ဂၢ်★တၢ်ဖိဃၢ်လၢအအိဉ်သးကလၤ★တၢ်အယၢ်★တၢ်ဖိဃၢ်လၢအဘဉ်ယးဒီးစိၤကပုၤအဏုၤအထၢ	moth
_mother	n.	မိၢ်	moth'er
_motherly	a.	ဒ်မိၢ်အသိး★လၢမိၢ်အတကၢ်ပဝးအိဉ်ဖျါထိဉ်လၢအပုၤလၢအကြၢးဒီးဂီၢ်	moth'er-ly
_motion	n.	တၢ်ဟူးတၢ်ဂဲၤ★တၢ်သုးအသး★တၢ်ဟၢဖၢလဲၤ★တၢ်ကတိၤဟ့ၣ်ကူၣ်★(ကွဲအီၤ)(မၤအီၤ)လၢအစု	mo'tion
_motionless	a.	အိဉ်ဂၢၢ်တပၢၢ်★တဟူးတဝး★အိဉ်ခ့ဉ်သနၤ	mo'tion-less
_motive	a.	(တၢ်)(လၢအ)ထိဉ်ဂဲၤပုၤအသး★(တၢ်)လၢအမၤန့ၢ်ဆီဉ်ခံတၢ်	mo'tive
_motive	n.	တဇ့ဂၢ်တၢ်ကျိၤ★တၢ်ဆိကမိဉ်	mo'tive
_motley	a.	လၢ(အလွဲၢ်)အကလုာ်ကလုာ်အိဉ်ကွဲ့ဉ်ကျီၤအသး★လၢအအိဉ်ဒီးအလွဲၢ်အါကလုာ်	mot'ley
_motor	n.	စဲး★မိထိဉ်လ္ဉ်★တၢ်စိတၢ်ကမီၤလၢအဒုးလဲၤတၢ်	mo'tor
_mottled	a.	လၢအအိဉ်ဒီးအလွဲၢ်စံဉ်ပိာ်အသးအကလုာ်ကလုာ်	mot'tled
_motto	n.	တၢ်တိၢ်သ့ဉ်ဟ်သးအတၢ်ကတိၤမိၢ်ပှၢ်	mot'to
_mould	v.i.	ကူၤထိဉ်★ဘိဉ်အီၤ	mould
_mould	v.t.	သိတၢ်★မၤန့ၢ်တၢ်အက့ၢ်အဂီၤ	mould
_mould	n.	ဟိဉ်ခိဉ်ကမုၣ်	mould
_moult	v.i.	မၤလီၤဆူအဆ့ဉ်★အ့ၣ်လီၤ(အသဘ္ဘး)★လဲကွံာ်အဆ့ဉ်,အဖံး,အသဒံဉ်,ဒီးအဆူၤ★သလၢ်လီၤအသဒံဉ်	moult

_mound	n.	ဟီၣ်ခိၣ်ထိၣ်စိ★ကျၢၤ်တမၣ်ဖးထိလၢတၢ်မၤအီၤလၢဟီၣ်ခိၣ်	mound
_mount	v.t.	ထိၣ်★ဒီးၣ်ဟၢ်ထိၣ်	mount
_mount	n.	တၢ်လၢပဒီးအီၤ★တၢ်လူၢ်ခိၣ်★တစၢၤ★တၢ်လၢဟၢ်ထိၣ်တၢ်လၢအလီၤ	mount
_mountain	n.	ကစၢၢ်	mount'ain
_mourn	v.i.	ဟီၣ်တၢ်ယၢၤတၢ်လၢတၢ်သံအယိ★သးအုး	mourn
_mournful	a.	လၢအဟီၣ်တၢ်ယၢၤတၢ်★လၢအလီၤဟီၣ်လီၤယၢၤ★လၢအလီၤသုၣ်အုးသးအုး★လၢအအိၣ်ဒီးတၢ်သးအုး	mourn'ful
_mouse	n.	ယုၢ်	mouse
_mouth	n.	ကိၢ်ပူၤ★ထးခိၣ်★ထံထၣ်★အခိၣ်ထိး	mouth
_mouthful	a.	တမိ★တကွံး	mouth'ful
_movable	a.	လၢတၢ်သုးထိၣ်သုးလီၤအီၤသ့	mov'a-ble
_move	v.t.	သုးကွံၣ်★ထိၣ်ဂဲၤပူၤသး★သုးအသး★ဆှၢနုၢ်★(ဟူး)ဂဲၤ	move
_movement	n.	တၢ်သုးအသး★တၢ်ဟၢဖၢလဲၤ★တၢ်ဟူးတၢ်ဂဲၤ(အသး)	move'ment
_mow	v.t.	ဒုးလီၤယံၢ်ကိၢ်မှၢ်ကိၢ်ပၤ★ကူး(တၢ်ပၢ်)(နီၣ်)လၢ(စဲး)(ထါကိၢ်ဖးခိၣ်ဖးထိ)	mow
_much	a.	အါ★ဖးဒိၣ်★သ့ၣ်★အါအါဂီၢ်ဂီၢ်★အါမး★သ့ၣ်မး	much
_mucilage	n.	တၢ်စဲဘူးစဲဘး★သ့ၣ်ထူးတၢကလှာ်	mu'ci-lage
_muck	n.	(တၢ်)(ပိၢ်အ့ၣ်ပနၢ်အ့ၣ်)လၢအမၤဂ့ၤထိၣ်ဟီၣ်ခိၣ်★တၢ်လၢအဘၣ်အၢဘၣ်သီ	muck
_mucus	n.	နါအ့ၣ်နါဟ့ၣ်★တၢ်လၢအဘိၣ်ဘ္လ	mu'cus
_mud	n.	ကပ်ကၢ်★ကပ်ဘးဘီ★ကပ်	mud
_muddle	v.t.	မၤမှုထိၣ်အီၤတစဲး★မၤသဘံၣ်ဘုၣ်တၢ်★(မၤ)ဒုးထိၣ်★ဒုးအီမူၤအီၤတစဲး	mud'dle
_muddle	n.	တၢ်သဘံၣ်ဘုၣ်	mud'dle
_muddy	a.	ဒု★လၢအအိၣ်ဒီးကပ်★လၢအလွံၢ်သိးကပ်★ဘၣ်အၢဒီးကပ်★လၢအတဖျါ★သးဆး	mud'dy
_muffle	v.t.	ကးဘၢယၢ်ကိၢ်ဒီးမဲၢ်★မၤဟၢမၢ်တၢ်အသိၣ်လၢအဘိၣ်ဘံတၢ်လၢတၢ်ကးညာ်အယိ	muf'fle
_mug	n.	ထံခွးလၢအနၢ်အိၣ်	mug
_mule	n.	ကသ့ၣ်လၢ★ကသ့ၣ်လၢအမှၢ်ကသ့ၣ်မိၢ်ဒီးကသ့ၣ်ယီၤဖါအဖိ★ကသ့ၣ်ကးပြၢ	mule
_multi--	a.	အါ	mul'ti--
_multiple	a.	လၢအအါန္ၢ်တၢ(ဖျၣ်)★လၢအအါန္ၢ်တဘ္★နီၣ်ဂံၢ်ခံဖျၣ်ဂံၢ်အါထိၣ်သးန္ၢ်အစၢ	mul'ti-ple
_multiplier	n.	နီၣ်ဂံၢ်လၤပဂံၢ်အါထိၣ်တၢ်★တၢ်ဂံၢ်အါဖိ	mul'ti-pli'er
_multiply	v.t.	ဂံၢ်အါထိၣ်	mul'ti-ply
_multitude	n.	တၢ်ဂီၢ်မှၢ်★ပှၤဂီၢ်မှၢ်	mul'ti-tude
_mum	a.	(လၢအ)အိၣ်ဘိၣ်ကလာ်★သဲတဂ္	mum
_mumble	v.i.	ကတိၤတၢ်ကတုၢ်တုၢ်ကတုၢ်တုၢ်★ကမၢၤအိၣ်တၢ်(ကမၢၤမၢၤကမၢၤမၢၤ)	mum'ble
_mummy	n.	တၢ်သံခိၣ်လၢတၢ်စုၣ်အီၤဒီးကသံၣ်	mum'my
_mumps	n.	(တၢ်ဘၣ်)ဒုၣ်ဘိး	mumps
_munch	v.t.	ကမၢၤက်အီၣ်တၢ်သိၣ်ပြုၢ်ပြုၢ်	munch
_mundane	a.	ဘၣ်ယးဒီးဟီၣ်ခိၣ်★ဘၣ်ယးဒီးအဆံၤတဃာ်	mun'dane
_municipal	a.	ဘၣ်ယးဒီးဝ့ၢ်	mu-nic'i-pal
_munificent	a.	လၢအဟ့ၣ်တၢ်ညီ★လၢအညီန္ၢ်ဟ့ၣ်တၢ်အါအါဂီၢ်ဂီၢ်	mu-nif'i-cent
_murder	v.t.	(တၢ်)မၤသံပုၤကညီ	mur'der
_murky	a.	အုးသကျုာ်★အၢၣ်အုး★ခံးလီၤ★လီၤကဒု★တဖျါဘၣ်	murk'y
_murmur	v.i.	သိၣ်စ့ၢ်စ့ၢ်★ကဒုးတၢ်ကတုၢ်တုၢ်ကတုၢ်တုၢ်★ကဒုးကဒ့ၣ်တၢ်★သိၣ်ရ့ရ့	mur'mur
_muscle	n.	ပညၣ်ထူၣ်★လၣ်ပျုၤ★တကၣ်ကု	mus'cle
_muscular	a.	လၢအဂံၢ်ဆူၣ်ဘါဆူၣ်★(အိၣ်)(ဘၣ်ယး)ဒီး(အညၣ်ထူၣ်)တဖၣ်	mus'cu-lar
_muse	v.i.	ဆိကမိၣ်တၢ်အိၣ်တြိၤကလာ်	muse

189

_museum	n.	တၢ်လီၢ်လၤတၢ်ဟ်တၢ်စုသ့ခီဉ်သ့အတၢ်မၤဒိးတၢ်လီၤဆီအဂၤတဖၣ်လၢပုၤကကွၢ်ကီကွၢ်ဒိးအီၤအဂီၢ်	mu-se'um
_mush	n.	တၢ်လၢအလီၤသကၤ(ကလဲၤ)(ဂ့ၢ၊ဘၣ်ဘၣ်)★ဘုခွကမုၣ်လၢတၢ်ချီအီၤဒီးကဲထီၣ်ကိၣ်တကလုာ်	mush
_music	n.	တၢ်သူၣ်ဝံၣ်သးဆၢ	mu'sic
_musical	a.	ဘၣ်ဃးတၢ်သူၣ်ဝံၣ်သးဆၢ၊★လၢအဒ့တၢ်အူတၢ်သ့★လၢအသူၣ်ဝံၣ်သးဆၢတၢ်(သ့)(မုာ်)★လၢ(အသိဉ်မုာ်)(ပကနၣ်မုာ်)★လၢအအဲၣ်တၢ်ဒ့တၢ်အူဒီးတၢ်သူၣ်ဝံၣ်သးဆၢ	mu'sic-al
_must	v.t.	(က)ဘၣ်	must
_mustache	n.	နိးဆူၣ်	mus-tache'
_mustard	n.	သဘၣ်တကလုာ်	mus'tard
_muster	v.t.	ဒုးအိဉ်ဖှိၣ်ရိဖှိၣ်★ဒုးအိဉ်ဖှိၣ်သုးမုၢ်သံၣ်ဘိ	mus'ter
_musty	a.	နၢအုး★နၢဆံၣ်ဘိ★ဘိၣ်အီၤ	must'y
_mute	a.	အုးအၤ★တအုၣ်★လၢအအိဉ်ဘှ့ၣ်ကလာ်★လၢအကတိၤတၢ်ဘၣ်	mute
_mutilate	v.t.	မၤဟးဂီၤကွံာ်တၢ်အကုာ်အဂီၤ★ကျီတံာ်ကွံာ်တၢ(ကုာ်)(ခီ)	mu'ti-late
_mutiny	v.i.	(တၢ်)ပူထီၣ်လီထီၣ်★(တၢ်)ဂဲၤထၢၣ်ထီဒါတၢ်အခိၣ်အနၢ်★သုးဖိအတၢ်ပူထီၣ်ကူၤအခိၣ်အနၢ်	mu'ti-ny
_mutter	v.i.	ကဒူးတၢ်ကတုၢ်တုၢ်ကတုၢ်တုၢ်	mut'ter
_mutton	n.	သိညၣ်	mut'ton
_mutual / mutually	a. / adv.	သကိးသကိး★ကၣ်ကၣ်★ခံခီဃၢ်ခီ★ဃၢ်ခီဃၢ်ခီ	mu'tu-al / mu'tu-al-ly
_muzzle	n.	ကျိပူၤအခိဉ်ထိး★ဆၣ်ဖိကီၢ်ဖိအနါစုၤပူၤအကိာ်ပူၤအခိဉ်ထိး	muz'zle
_muzzle	v.t.	(တၢ်လၢပ)ဖှိၣ်ဃာ်တၢ်အကိာ်ပူၤ	muz'zle
_my	poss. pron.	ယ★ယဲ	my
_myriad	n.	တကလး★အါအါဂီၢ်ဂီၢ်★ဂီၢ်မုၢ်ဂီၢ်ပၤ★အါတုၤပၢၢ်တဘၣ်ဘၣ်	myr'i-ad
_myself	pron.	ယကစၢ်ဒၣ်ယဲ	my-self'
_mysterious / mystery	a. / a.	(တၢ်)လၢအဒုးကမၢကမၣ်ပုၤလၢပနၢ်ပၢၢ်အဂ့ၢ်တသ့ဘၣ်★တၢ်ခူသူၣ်	mys-te'ri-ous / mys'ter-y
_mystification	n.	တၢ်မၤသဘံၣ်ဘုၣ်(ပုၤ)အသး★တၢ်မၤကတုၤပုၤအသး	mys'ti-fi-ca'tion
_mystify	v.t.	မၤသဘံၣ်ဘုၣ်ပုၤသး★မၤ(မၢမၣ်)(ကတုၤ)အသး	mys'ti-fy
_myth	n.	တၢ်စံၣ်ယဲၤတဲဲယဲၤတၢ်လၢပျၢၤ★တၢ်ယဲၤလၢအကဲထီၣ်သ့ထဲလၢပုၤအတၢ်ဆိကမိၣ်ဇိၤ★တၢ်ယဲၤတၢ်ဘၣ်ဃးပျၤတကလုာ်အကစၢ်ယွၤ,အတၢ်နၣ်,ဒီးအခိၣ်ထံးခိၣ်ဘိ	myth
_mythic (al)	a.	လၢအမ့ၢ်ပုၤလၢပျၤပျၢၤအတၢ်စံၣ်ယဲၤတဲဲယဲၤတၢ်★လၢအကဲထီၣ်သ့ထဲလၢပုၤတၢ်ဆိကမိၣ်ဇိၤ★လၢအဘၣ်ဃးဒီးတၢ်စံၣ်ယဲၤတဲဲယဲၤလၢပျၢၤတဖၣ်★လၢပနၣ်တသ့ဘၣ်★လၢအတလီၤနၢ်ဘၣ်	myth'ic (al)
_nag	n.	ကသ့ၣ်	nag
_nag	v.t.	မၤဆူၣ္ၤပုၤအသးလၢ(အမၤဆူၣ်အီၤ)(အှ့ၣ်လိာ်အီၤ)ခဲအံၤခဲအံၤအယိ	nag
_nail	n.	ထးပနံာ်ဖိ★ထးစဲတၢ်★စုမ့ၣ်ခိဉ်မ့ၣ်	nail
_nail	v.t.	ပျၢယာ်လၢထး★ဒိယာ်လၢထး	nail
_naive	a.	လၢအတအိဉ်ဒီးတၢ်လီတၢ်ဝ့ၤဘၣ်★လၢအသူၣ်တီသးလိၤ	na-ive'
_naked	a.	(ပမ်ာ်)အလဲကဲ★လၢအအိဉ်ဘ့ၣ်ဆ့★လၢအလီၤလိၤ★လၢအအိဉ်ဖျါစိဉ်ဝဲကဲၤ★လၢအတကးဘၢအသးဘၣ်	na'ked
_name	n.	အမံၤအသၣ်	name
_name	v.t.	ကိးအမံၤ★ယုၢ်အမံၤ	name
_nameless	a.	လၢအမံၤတဟ့ဘၣ်★လၢအမံၤတအိဉ်ဘၣ်★လၢပယၢၤထိဉ်အမံၤတသ့ဘၣ်	name'less
_namely	adv.	ဒ်ပစံးတၢ်အသိး★လီၤဆီဒၣ်တၢ်★လၢအမံၤမ့ၢ်ဝဲ	name'ly
_nap	v.i.	(တၢ်)မံတဃှ်★(တၢ်)မံတရ့	nap
_napkin	n.	တၢ်အိဉ်တၢ်အီဉ်အနီၣ်ထွါစု★တၢ်စ့ၤထွါစု★စုထွါ	nap'kin

190

_narcotic	n.	ကသံၣ်လၢပမ့ၢ်အီဒီးပတသ္ၣ်ည္ါတၢ်ဆါလၢအဘၣ်ပှၤအါအါဘၣ်ဒီးဒုးမံပှၤ	nar-cot'ic
_narrative	a.	(ဘၣ်ယး)တၢ်ယဲၤ	nar'ra-tive
_narrative	n.	တၢ်စံၣ်ယဲၤတၢ်★တၢ်လၢအဘၣ်တၢ်စံၣ်ယဲၤအီၤ	nar'ra-tive
_narrow / narrowly	a. / adv.	အံၣ်★ဆံးကိာ်ဖိ(တၢ်ပူၤဖျး)ယူၢ်ယူၢ်★ထံဒိၣ်စ္★လီၤတၢ်လီၤဆဲး	nar'row / nar'row-ly
_narrow	v.t.	မၤအံၣ်လီၤ	nar'row
_nasal	a.	ဘၣ်ယးဒီးနါစိၤ	na'sal
_nasty	a.	လၢအဘၣ်အၢ★အၢသိ★တကြၢးတဘၣ်★လၢအလီၤသးဘၣ်အၢ★လၢအနၢးတုၤနၢးယၤ	nas'ty
_nation / national	n. / a.	(ဘၣ်ယးဒီး)ပှၤကလုာ်★(ဘၣ်ယးဒီး)ပှၤဘီမုၢ်ဖိ	na'tion / na'tion-al
_nationality	n.	(တၢ်ဘၣ်ယးဒီး)ပှၤတကလုာ်	na'tion-al'i-ty
_nationalize	v.t.	ဒုးဘၣ်ယးဒီးပှၤဒီကလုာ်★ဒုးဘၣ်ယးဒီးအဘီမုၢ်ၓိၤ★ဒုးကဲထီၣ်လၢဘီမုၢ်ဖိ	na'tion-al-ize
_native	a.	(ပှၤ)လၢအအံၣ်ဖျဲၣ်ထီၣ်လၢ(ကီၢ်)အပူၤ★(တၢ်)လၢအအံၣ်ထီၣ်မဲထီၣ်လၢကီၢ်အပူၤ★(ပှၤ)လၢအအံၣ်ထူအံၣ်ရ္ၣ်လၢကီၢ်အပူၤ★လၢအဘၣ်ယးဒီးပအံၣ်ဖျဲၣ်ထီၣ်အလီၢ်	na'tive
_native	n.	ထံဖိကီၢ်ဖိ	na'tive
_Nativity	n.	တၢ်အံၣ်ဖျဲၣ်★တၢ်အံၣ်ဖျဲၣ်အဆၢကတီၢ်အလီၢ်အကျဲ	Na-tiv'i-ty
_natural / naturally	a. / adv.	ၣ်အအံၣ်ၣ်ဝဲအသိး★ၣ်တၢ်ဘၣ်တ့အလၢအသိး★လၢအ(ကဘၣ်)ကဲထီၣ်ၣ်အတ္★ၣ်နီၢ်ခိတၢ်အဲၣ်ဒိးအိၣ်ဝဲအသိး★ၣ်န္ဆၢၣ်အလုၢ်အလၢ်အသိး★လၢအဒၢသမုဖဲ	nat'u-ral / nat'ur-al-ly
_naturalist	n.	ပှၤလၢအသ္တၢ်ဘၣ်တ့တဖၣ်အဂ့ၢ်အကျိၤ	nat'u-ral-ist
_naturalize	v.t.	ဒုးကဲထီၣ်အီၤလၢထံဖိကီၢ်ဖိ★ဒုးကဲထီၣ်အီၤၣ်နွဆၢၣ်အလုၢ်အလၢ်အသိး	nat'u-ral-ize
_nature	n.	တၢ်စိတၢ်ကမီၤလၢအဒုးကဲထီၣ်တၢ်★တၢ်လၢအအိၣ်လၢဟီၣ်ခိၣ်ချၢတဖၣ်လၢ်လၢ်★သးလုၢ်အလၢ်★အကလုာ်	na'ture
_naught	n.	(တၢ်)ကလီကလီ★(တၢ်)တမ့ၢ်တၢ်နီတမံၤဘၣ်★ဝ	naught
_naught	a.	လၢအဘျုးတအိၣ်	naught
_naughty	a.	လၢအနၢ်က္ဝ္★လၢအအၢ	naught'y
_nausea	n.	တၢ်သးကလဲၤ★တၢ်သးကနၢၢ်★တၢ်မိၣ်ဘိုးပသး★တၢ်သးကကွၣ်★တၢ်သးဘၣ်အၢ	nau'se-a
_nauseate	v.t.	ဒုးအိၣ်ထီၣ်တၢ်မိၣ်ဘိုးပသး★ဒုးသးကလဲၤပှၤ★သးဘၣ်အၢ★မိၣ်ဘိုးသး	nau'se-ate
_nauseous	a.	လၢအလီၤ(ဘိုး)(သးကလဲၤ)(သးဘၣ်အၢ)ပှၤ	nau'seous
_nautical / naval	a. / a.	ဘၣ်ယးဒီးကဘီ(ဒုးသုး)★ဘၣ်ယးဒီး★(ပှၤကဘီဖိ)(ကဘီလၤ တၢ်လၢပိာ်လဲၣ်ပူၤ)	nau'ti-cal / na'val
_navel	n.	(ပှၤ)အဒ္	na'vel
_navigable	a.	လၢချံကဘီလဲၤသ္	nav'i-ga-ble
_navigate / navigation	v.t. / n.	(တၢ်)လဲၤတၢ်လၢကဘီသိဖိချံဖိၤထိၣ်ၓိၤ★(တၢ်)ရိၣ်သန္	nav'i-gate / nav'i-ga'tion
_navy	n.	ဘီမုၢ်တဘ့ၣ်အကဘီဒုးသုးတဖၣ်★ကဘီတကရူၢ်★ကဘီဒုးသုးအခိၣ်အန္	na'vy
_near	a.	ဘူး	near
_nearly	adv.	ဘူး★ယၣ်ယၣ်★တၢ်တၢ်★ဘူးဒီး(ကလၢာ်)	near'ly
_neat	a.	ကဆုဲကဆို★စီ★လၢအကဆို	neat
_necessary	a.	လၢအလိၣ်ဝဲ★လၢအလီၢ်အိၣ်ဝဲသပှၢ်ကတၢၢ်★လၢတၢ်ဟးဆှဲးအီၤတသ္ဘၣ်	nec'es-sa-ry
_necessitate	v.t.	မၤန္ၢ်ဆီၣ်ခံပှၤလၢပဂ့ၢ်ပူၤတသ္ဘၣ်★ဒုးအလီၢ်အိၣ်အီၤ★ဒုးလိၣ်ပှၤလၢ	ne-ces'si-tate
_necessity	n.	တၢ်လၢပဂ့ၢ်ပူၤတသ္ဘၣ်★တၢ်အလီၢ်အိၣ်ဝဲ★တၢ်လၢပလိၣ်ဝဲ★တၢ်ဖိၣ်တၢ်ယာ်★တၢ်(လၢအ)လိၣ်ဝဲသပှၢ်ကတၢၢ်	ne-ces'si-ty
_neck	n.	ကိာ်	neck
_need	v.t.	(တၢ်)လိၣ်တၢ်★နွၢ်ဘၣ်တၢ်အလီၢ်အိၣ်	need

_need	n.	တၢ်ဖှိဉ်တၢ်ယာ်	need
_needful	a.	လၢတၢ်လိဉ်အီၤ★လၢအလီၢ်အိဉ်ဝဲ★လၢပှၤကြၢးနၢ်ဘဉ်ဝဲ★လၢအလိဉ်တၢ်	need'ful
_needy	a.	လၢအဖှိဉ်အယာ်	need'y
_nefarious	a.	လၢအအၢဝဲသိဝဲနိဉ်ကလဲာ်	ne-fa'ri-ous
_negative	a.	လၢအတအာဉ်လီၤအီၤလီၤဘဉ်★လၢအသမၢတၢ်★(တ)(တမှၢ်ဘဉ်)	neg'a-tive
_neglect / neglectful	v.t. / a.	(လၢအ)တပၢၤကဲတၢ်ဘဉ်★(လၢအ)တကနဉ်ယှာ်တၢ်ဘဉ်★သးပှၢ်နိဉ် တၢ်လၢအတပၢၤကဲတၢ်အယိ	neg-lect' / neg-lect'ful
_negligent / negligence	a. / n.	(လၢအ)(တၢ်)တပၢၤကဲတၢ်★(လၢအ)(တၢ်)တကနဉ်ယှာ်တၢ်★(လၢအ)(တၢ်) သးပှၢ်နိဉ်အသးလၢတပၢၤကဲတၢ်အယိ	neg'li-gent / neg'li-gence
_negotiate / negotiation	v.i. / n.	(တၢ်)ကျဲၤကိဉ်တၢ်ဒီးပှၤဂၤလၢတၢ်တမံၤကကဲဒိဉ်အဂ့ၢ်	ne-go'ti-ate / ne-go'ti-a'tion
_negotiable	a.	လၢတၢ်ပှၤအီၤဆါအီၤသ့★လၢတၢ်ကျဲၤကိဉ်အဂ့ၢ်ဒီးမဝံၤအီၤသ့	ne-go'ti-a-ble
_Negro	n.	ပှၤကၜးပလံဉ်ဖိ	Ne'gro
_neigh	v.i.	ကဟဲး	neigh
_neighbor	n.	ပှၤလၢပဃၢၤ	neigh'bor
_neighborhood	n.	လီၢ်လၢအဘူးဒီးပှၤ★ပှၤလၢပဃၢၤဖဲပဃၢၤခဲလၢာ်★တၢ်အိဉ်ဘူးအိဉ်တံၢ်	neigh'bor-hood
_neighborly	a.	ဒ်ပှၤလၢပဃၢၤအသိး★ဒ်တံၤသကိးအသိး★ဒီတံၤဒီသကိး	neigh'bor-ly
_neither--nor	conj.	တမှၢ်––ဒီး––စ့ၢ်ကီးဘဉ်★တမှၢ်နီတ(ခီခီ)ဘဉ်★တ––မ့ၢ်ဂ့ၤ––မ့ၢ်ဂ့ၤဘဉ်	nei'ther--nor
_nephew	n.	ဖိခိဉ်ခွါ	neph'ew
_nerve	n.	နၢ်★ဒံပဖံးတၢ်အသိးတၢ်အယဲၤဖိပြၤကင်လၢအဆျတၢ်သ့ဉ်ညါ ဆူပခိဉ်နှာ်ဒီးဒုးအိဉ်ထိဉ်တၢ်ဟူးဂဲၤ★တၢ်သးခုတလ့ာ်	nerve
_nerve	v.t.	ဒုးဆျဉ်ထိဉ်အဂံၢ်အဘါ	nerve
_nervous	a.	ဘဉ်ယးဒီးပနၢ်တဖဉ်★လၢအပျုၤတၢ်သ့★လၢအသုဉ်ကနိးသးကနိးသ့★ လၢအသုဉ်စံဉ်သးစံဉ်★ဂံၢ်ဆျဉ်ဘါဆျဉ်	nerv'ous
_nest	n.	(ထိဉ်)အသွဲ★တၢ်အအၢ	nest
_nestle	v.i.	ဒီးဟုယၢ်အသး★အိဉ်(လၢလၢ)(လၢအသွဲပူၤ)	nes'tle
_nestle	v.t.	ဖိးဟု★မၤဖှာ်အီၤ	nes'tle
_net	a.	(အမှး)လၢအအိဉ်လီၤတံၢ်★(မ့ၤန့)်အီၤ)လၢတၢ်လာ်ခဲလာ်အဖိခိဉ်	net
_net	v.t.	ထုးထိဉ်ကွံာ်တၢ်လာ်တၢ်ခဲလာ်ဝံၤအလီၢ်ခံလၢအအိဉ်လီၤတံၢ်	net
_net	n.	ပှာ်ဖီၤစၢၤဖိ	net
_nether	a.	လၢအဖီလာ်	neth'er
_nettle	n.	လၤဆါအမှာ်	net'tle
_nettle	v.t.	မၤအ့နူပှၢ်ပှိၢ်	net'tle
_neuter	a.	လၢအတမှၢ်အမါတမှၢ်အဖါ★လၢအဘဉ်အသးခံခီလိာ်	neu'ter
_neutral	a.	လၢအဘဉ်အသးခံခီလိာ်★လၢအတထိဒါတၢ်နီတခီခီဘဉ်★ လၢအတၢဉ်ယၤနီတခီခီဘဉ်★လၢအတမၤစၢၤတၢ်နီတခီဘဉ်	neu'tral
_neutralize	v.t.	မၤဟၢမ်အစိအကမီၤ★မၤဟးဂီၤအစိကမီၤ	neu'tral-ize
_never	adv.	နီတဘျီ★နီတစု	nev'er
_nevermore	adv.	နီတဘျီလၢၤဘဉ်★နီတစုလၢၤဘဉ်	nev'er-more
_never-the-less	adv.	မ့ၢ်သနာ်က့့ဒံးဒီး★သနာ်က့	nev'er-the-less
_new	a.	အသီ	new
_news	n.	တၢ်ကစီဉ်	news
_newspaper		လံာ်ပရၢပစၢၢ်★တၢ်ပရၢပစၢၢ်	news'pa'per
_next	a.	ခဲကိာ်((တန္ဒ))★လၢခံ(တနံၤ)★လၢအအိဉ်လၢတၢ်ကပၤထံး	next
_next	adv.	လၢအဘူးကတၢၢ်ဒီးတၢ်★ဆူညါတ(ဂၤ)★မၤကဒီး(တဂၤ)	next
_nib	n.	ထိဉ်ဒံးကနဉ်★တၢ်အစိးနါ	nib
_nibble	v.t.	အ့ဉ်စ့ၢ်အ့ဉ်ယွၤကွံာ်တၢ်★အ့ဉ်ယွၤအိဉ်ကွံာ်တစဲးဘဉ်တစဲး	nib'ble
_nice	a.	ဂ့ၤ★လၢအ(လှၢ်အလၤ)မၤမှာ်ပသး★လၢအယံဝဲလၤဝဲ★လၢအလီၤတံၢ်★ လၢအလီၤတံၢ်လီၤဆဲး★လၢအဝဉ်★လၢအကဒုလီၤတံၢ်	nice

_nicety	n.	တၢ်လီၤဆီအဆံးတမံၤ★တၢ်လီၤတံၢ်လီၤဆဲး★တၢ်ဆိကမိၣ်နီၤဖး တၢ်အဂ္ၤလီၤတံၢ်★တၢ်(လၢ)အဂ္ၤ★တၢ်ကဒုလီၤတံၢ်★တၢ်အိၣ်အဝံၣ်အဆၢ	ni'ce-ty
_niche	n.	တၢ်အပူၤဖိလီၤဆၢၣ်(အိၣ်)လၢတၢ်ဒုၣ်အလိၤ	niche
_nick	v.t.	(တၢ်)ကူးပနီၣ်တၢ်★(တၢ်)သ့ၣ်ပနီၣ်တၢ်★(တၢ်)ကျိပတီၢ်တၢ်(အဖံး)	nick
_nick	n.	တၢ်ဆးကတီၢ်ဘၣ်တ့ၢ်အခါ	nick
_niece	n.	ဖိဒိၣ်မုၣ်	niece
_niggard	n.	ပှၤဟ်ပှၤကီ	nig'gard
_niggardly	a.	ဟ်ဟ်ကီကီ	nig'gard-ly
_nigh	a.	ဘူး	nigh
_night	a.	မုၢ်နၤခီ	night
_nightingale	n.	ထိၣ်မုၢ်နၤလၢကိၢ်အဲၤကလံာ်အပူၤလၢအပှူ့မုၢ်နၤတၢ်လၢမုၢ်နၤခီ	night'in-gale
_nightly	a.	(လၢအမ့အသး)တနၤဘၣ်တနၤ,တနၤဘၣ်တနၤ	night'ly
_nightly	adv.	ကီးမုၢ်နၤဒဲး	night'ly
_nightmare	n.	နၢ်ထိၣ်ဒီးပှၤ★နၢ်ထိပက်ာ်★နၢ်ထိပှၤ★တၢ်မံမိၢ်လၢအလီၤပျံၤ★ တၢ်နၢ်လၢအမၤနၤမၤဖိုၣ်ပှၤဖဲပမံခါ★တၢ်စိတၢ်ကမီၤတမံၤလၢ်လၢ်လၢအမၤနၢၤ ပှၤဒီးမၤသပုၤပသး	night'mare
_nimble	a.	လၢအပှ့ၢ်အချ★လၢအဖျ့ၣ်★ပုံၢ်ပုံၢ်ချ္ချ္	nim'ble
_nine	a.	ခွံ	nine
_ninefold	n.	ခွံစး	nine'fold'
_nineteen	a.	တဆံခွံ	nine'teen'
_nineteenth	a.	တဆံခွံ(ခါ)တ(ခါ)★တဆံခွံပူတပူ	nine'teenth'
_ninetieth	a.	ခွံဆံ(ခါ)တ(ခါ)★ခွံဆံပူတပူ	nine'ti-eth
_ninety	a.	ခွံဆံ	nine'ty
_ninth	a.	ခွံပူတပူ★ခွံ(ခါ)တ(ခါ)	ninth
_nip	v.t.	ဒဲးကွံာ်★ပၢ်★စိၢ်ကွံာ်	nip
_nip in the bud		မၤဟးဂီၤကွံာ်ပှၤအတၢ်ကူၣ်ထိၣ်ဖးလီၤဖဲအကဲထိၣ်သးအသီခါ	nip in the bud
_nipple	n.	နုၢ်ခိၣ်မိၣ်★တၢ်ခိၣ်မိၣ်	nip'ple
_no	adv.	တ(မ့ၢ်)ဘၣ်★ဟုၣ်ဧူ★နီ(တဂၤ)★တ	no
_nobility	n.	တၢ်တူၢ်ဒိၣ်ကီၤဒိၣ်★ပဒိၣ်ပပှၢ်အလၢၢ်အလၤ	no-bil'i-ty
_noble	a.	လၢအတူၢ်ဒိၣ်ကီၤဒိၣ်	no'ble
_nobly	adv.	လၢတၢ်တူၢ်ဒိၣ်ကီၤဒိၣ်အပူၤ	no'bly
_nocturnal	a.	လၢအမၤအသးလၢမုၢ်နၤခီ★ဘၣ်ယးဒီးမုၢ်နၤခီ	noc-tur'nal
_nod	v.i.	ဖုးလီၤခိၣ်★ကျ္ကျာ်ခိၣ်	nod
_nodule	n.	တၢ်ဒီးကမိာ်ထိၣ်★တၢ်ကနၢ်ကနဲၣ်★တၢ်ကမိာ်ဆံးကိာ်ဖိ★တၢ်ကိၢ်လိၣ်ဖိ	nod'ule
_noise	n.	တၢ်သီၣ်တၢ်သဲ★တၢ်ကလၢ်ဆဲးဆဲး★တၢ်အ(သီၣ်)(ကလုၢ်)	noise
_noiseless	a.	လၢတၢ်သီၣ်တၢ်သဲအအိၣ်★လၢအတသီၣ်တပှၤ★လၢအတသီၣ်★ဘှ့ၣ်ကလာ်	noise'less
_noisy	a.	လၢအသီၣ်ရှ့ၢ်သီၣ်ရၢ်★လၢအသီၣ်အသဲ	nois'y
_nomad	n.	ပှၤဟးဝ့ၤဝီၤဖိလၢအတၢ်အိၣ်တၢ်ဆိးတဂၢၢ်တကျၢၤနီတဘ့ၣ်ဘၣ်	nom'ad
_nomadic	a.	လၢအဟးဝ့ၤဝီၤယုတၢ်အိၣ်ဆိၣ်အလီၢ်လၢအဂီၢ်ဖံး,သိမံာ်တဲးလဲးအဂီၢ်	no-mad'ic
_nominal	a.	လၢအမ့ၢ်မစၢဒၣ်ထဲအမံၤဖိၤ★လၢထဲအမံၤဖိၤ	nom'i-nal
_nominally	adv.	ထဲဒၣ်အမံၤဖိၤ	nom'i-nal-ly
_nominate / nomination	v.t. / n.	(တၢ်)ကိးထိၣ်ဆှုၢ်နုာ်အမံၤ★(တိၣ်)(ဟ်)ထိၣ်အလီၢ်	nom'i-nate / nom'i-na'tion
_non--	pref.	တ(မ့ၢ်)ဘၣ်	non--
_nonchalance / nonchalant	a.	(တၢ်)(လၢအ)တဘၣ်ယိၣ်တၢ်နီတမံၤဘၣ်★(တၢ်)(လၢအ) တဟ်ကဲတၢ်နီတမံၤဘၣ်	non'cha-lance / non'cha-lant
_nondescript	a.	လၢအအိၣ်ဖျါလၢအတမ့ၢ်နီတကလုာ်လုာ်ဘၣ်★ လၢတၢ်ဟ်ဖျါထိၣ်အီၤညီကနၣ်တသ့ဘၣ်	non'de-script

_none	a.	နီတ(ဖျၣ်)★နီတ(ဂၤ)--	none
_non-entity	n.	ပှၤလၢအတလီၤဟ်ကဲဘၣ်★တၢ်တအိၣ်ဘၣ်နီတမံၤဘၣ်★တၢ်လၢအတအိၣ်	non-en'ti-ty
_nonplussed	p.a.	လၢအဘၣ်တၢ်မၤ(ဒုဒံၣ်ဒုဒီအသး)(သဘံၣ်ဘုၣ်အသး)	non'plussed
_nonsense	n.	တၢ်ကတိၤနၢ်စိၤနၢ်ပြၢ်တၢ်★တၢ်ကတိၤတၢ်ကလီကလီ★တၢ်ကတိၤတၢ်ကိၢ်တအိၣ်★တၢ်လၢအခီပညီတအိၣ်★တၢ်နၢ်စိၤ	non'sense
_nonsensical	a.	လၢအနၢ်စိၤနၢ်ပြၢ်★လၢအမၤတၢ်ကလီကလီ★လၢအခီပညီတအိၣ်★လၢအမၤအသးတသ့ၣ်	non-sen'si-cal
_nook	n.	တၢ်အနၢၣ်★တၢ်သနၢၣ်★တၢ်(အိၣ်သဒၢ)(အိၣ်ဘုံးအိၣ်သါ)အလီၢ်★တၢ်လီၢ်ဖဲပှၤတညီနၢ်လဲၤထီၣ်လဲၤလီၤဘၣ်	nook
_noon	n.	မုၢ်ထူၣ်	noon
_noose	n.	ဖျံးသကွီၤ★နိၣ်သကွီၤကိာ်★နိၣ်ယိၤကွဲၤ★နိၣ်တယာ်ာ	noose
_nor	conj.	(တဟဲဘၣ်)ဒီးတ(လဲၤ)စ့ၢ်ကီးဘၣ်★တ	nor
_normal	a.	ဒ်တၢ်အိၣ်ညီနုၢ်အသိး★လၢအကဲထီၣ်အဂ့ၤမိၣ်အသိး★ဒ်တၢ်သိၣ်တၢ်သီဟဲဝဲအသိး	nor'mal
_north	a.	ကလံၤစိး	north
_north-east	n.	ကလံၤစိးမုၢ်ထီၣ်	north'-east'
_northeastern	a.	လၢအအိၣ်လၢကလံၤစိးအမုၢ်ထီၣ်	north'east'ern
_northeastward	adv.	ဆူကလံၤစိးအမုၢ်ထီၣ်	north'east'ward
_northerly / northward	adv.	ဆူကလံၤစိးတခီ	north'er-ly / north'ward
_northern	a.	လၢအဘၣ်ယးဒီးကလံၤစိး	north'ern
_northerner	n.	ပှၤလၢအအိၣ်လၢကလံၤစိး	north'ern-er
_northward	adv.	ဆူကလံၤစိး	north'ward
_Northwest	n.	ကလံၤစိးမုၢ်နုာ်	North'west'
_northwestern	a.	လၢအအိၣ်လၢကလံၤစိးအမုၢ်နုာ်	north'west'ern
_northwestward	adv.	ဆူကလံၤစိးအမုၢ်နုာ်	north'west'ward
_nose	n.	နါစူၤ	nose
_not	adv.	တ(မ့ၢ်)ဘၣ်	not
_notable	a.	လၢပုၤဂုၤတိၢ်နၢ်★လၢအမံၤဟူသၣ်ဖျါ★(ပုၤ)(တၢ်)လၢအမံၤဟူသၣ်ဖျါ	no'ta-ble
_notch	v.t.	(တၢ်)ကူးပနီၣ်တၢ်★(တၢ်)သွဲၣ်ပနီၣ်တၢ်★(တၢ်)ကွီၢ်ပတိၢ်တၢ်	notch
_note	v.t.	တိၢ်နီၣ်★ကွၢ်နီၣ်★မၤနီၣ်★ကွဲးနီၣ်	note
_note	n.	တၢ်မၤနီၣ်★နီး★တၢ်ကွဲးအၢၣ်လီၤအီလီၤတၢ်လၢကဟ့ၣ်ကူၤတၢ်လၢစုံာ်ခိတဆံအပူၤ	note
_of note		လၢအမံၤဟူသၣ်ဖျါ	of note
_(angry) note		တၢ်ဒုးနဲၣ်ဖျါ(တၢ်သးဒိၣ်)★တၢ်ကွဲးနီၣ်တၢ်ဂ့ၢ်ဖှိၣ်ကိာ်★တၢ်ကွဲးဖျါထီၣ်တၢ်အ(ခီပညီ)(ဂ့ၢ်အကွိၤ)	(angry) note
_noted	a.	လၢအမံၤဟူသၣ်ဖျါ	not'ed
_nothing	n.	တၢ်နီတမံၤဘၣ်	noth'ing
_notice	v.t.	မၤနီၣ်★(တၢ်)တိၢ်နီၣ်★(တၢ်)ကွၢ်နီၣ်★ထံၣ်	no'tice
_notice	n.	လံာ်ဘိးဘၣ်သ့ၣ်ညါ★တၢ်မၤနီၣ်	no'tice
_noticeable	a.	လၢအဖျါဝဲ★လၢပထံၣ်အီၤသ့ညီ★လၢအဂ့ၤဆိကမိၣ်ပှၤ★ကြၢးလၢတၢ်တိၢ်နီၣ်(ဖးယာ်)(မၤနီၣ်)အီၤ	not'ice-a-ble
_notification	n.	(တၢ်)(လံာ်)ဘိးဘၣ်သ့ၣ်ညါတၢ်	no'tif-i-ca'tion
_notify	v.t.	ဘိးဘၣ်သ့ၣ်ညါ★နုးသ့ၣ်ညါ	no'ti-fy
_notion	n.	တၢ်ဆိကမိၣ်★တၢ်သ့ၣ်ညါနၢ်ပၢၢ်★တၢ်စုံၢ်တၢ်နာ်	no'tion
_notoriety	n.	တၢ်မံၤဟူထီၣ်သါလီၤ(လၢအၢၢ)	no'to-ri'e-ty
_notorious	adv.	လၢအမံၤဟူထီၣ်သါလီၤ(လၢအၢၢ)	no-to'ri-ous
_notwithstanding	adv.	မ့ၢ်သနာ်က့တၢ်န့ၣ်ဒီး★သနာ်က့	not'with-stand'ing
_nourish	v.t.	ဟ့ၣ်ဂံၢ်ဟ့ၣ်ဘါ★ဘုၣ်အိၣ်ဘုၣ်အီ★နုးဒိၣ်ထီၣ်★အံးကွၢ်ကွၢ်ဝဲတၢ်တိစၢၤမၤစၢၤ	nour'ish

_nourishment	n.	တၢ်ဒုးဒိၣ်ထိၣ်တၢ်★တၢ်အိၣ်တၢ်အီ★တၢ်အိၣ်နုၢ်ဂံၢ်နုၢ်ဘါ★တၢ်လၢအဟ့ၣ်ဂံၢ်ဟ့ၣ်ဘါပှၤ	nour'ish-ment
_novel	a.	လၢအသီ★လၢအလီၤဆီ	nov'el
_novel	n.	ပူစိၤလီၿိၤ	nov'el
_novelty	n.	တၢ်လၢအလီၤဆီ★တၢ်(လၢ)အသီ	nov'el-ty
_novice	n.	ပှၤလၢအစးထီၣ်မၤသိတၢ်တဂၤ★ပှၤလၢအနၢ်လီၤသိတၢ်မၤတဂၤ	nov'ice
_now	adv.	ခဲအံၤ★ခဲကနံၣ်အံၤ	now
_nowadays	adv.	ဆၢကတီၢ်ခဲကနံၣ်အံၤ★အခါခဲအံၤ★ဆၢကတီၢ်ခဲအံၤ	now'a-days
_now and then	adv.	ကျုၢ်ဘိုကျုၢ်ဘို★တဘိုတကုာ်★တဘိုတဘို★တစုတစု★တဘိုတခီၣ်	now and then
_nowhere	adv.	နီၤတပူၤဘၣ်	no'where
_nowise	adv.	တ(မ့ၢ်)လ့ၤတက့ၤဘၣ်★လၢကျဲနီတဘိ★နီတစဲၤ★လ့ၤတက့ၤ	no'wise
_noxious	a.	လၢအမၤဆါတၢ်★လၢအဟးဂီၤတၢ်★လၢအအၢအသီ	nox'ious
_nucleus	n.	တၢ်မိၢ်ပှၢ်လၢအဒုးမ့ၤတၢ်★တၢ်ချံ★ဆၣ်မဲၢ်ထီၣ်အ(ခိၣ်)(နီၢ်ကစၢ်)	nu'cle-us
_nude	a.	လၢအအိၣ်ဘ့ၣ်ဆ့★လၢအတကးဘၢအသး	nude
_nudge	v.t.	တနၢၣ်ပှၤလၢစုနၢၣ်ခံကၿိလီ	nudge
_nuisance	n.	တၢ်လၢအမၤတံၢ်တၢ်တၢ်★တၢ်လၢအမၤမှာ်ပသး	nui'sance
_nullification	n.	တၢ်မၤဟးဂီၤက့ၤတၢ်အစိအကမီၤ	nul'li-fi-ca'tion
_nullify	v.t.	မၤဟးဂီၤက့ၤတၢ်အစိအကမီၤ	nul'li-fy
_numb	a.	သံၣ်★ပဝံ★ဟးၤ★လၢတၢ်ဘၣ်အီၤသနၤ်က့တဆၣ်ညါအတၢ်ဆါဘၣ်★တိၣ်တုၤ	numb
_number	v.t.	ဂံၢ်	num'ber
_number	n.	(ဟ့ၣ်တၢ်အ)နီၣ်ဂံၢ်★တၢ်တ(နီၤ)(ဘျုး)★ဂီၢ်မုၢ်★လွံၢ်မီၤဧ့	num'ber
_numberless	a.	လၢပၢၢ်တသ့ဘၣ်★အါအါဂီၢ်ဂီၢ်	num'ber-less
_numeral	a.	လၢအဘၣ်ယးနီၣ်ဂံၢ်	nu'mer-al
_numeral	n.	နီၣ်ဂံၢ်★တၢ်ပနီၣ်လၢအဟ်ဖျါထီၣ်နီၣ်ဂံၢ်ဒ်၁,၂,၃ဒီးအဂၤတဖၣ်	nu'mer-al
_numerous	a.	လၢအအါ★တဘျုး	nu'mer-ous
_nun	n.	မဲၣ်သံၣ်လၤ★စီၤသီမုၣ်	nun
_nuptial	a.	(ဘၣ်ယး)တၢ်တ့တၢ်ဖျီ	nup'tial
_nurse	n.	ကသံၣ်သရၣ်မုၣ်★ပိာ်မုၣ်လၢအကွၢ်ဖိသ့ၣ်	nurse
_nurse	v.t.	အံးကွၤ်ကွၢ်ကွၤ်(ပှၤဆူးပှၤဆါ)★ဒုးအီန့ၢ်ဖိသ့ၣ်	nurse
_nursery	n.	တၢ်ဘုၣ်သ့ၣ်ဖိဝံၣ်ဖိအလီၢ်★ဒၢးဖဲတၢ်အံးတၢ်ကွၢ်ဖိသ့ၣ်	nurs'er-y
_nurture	v.t.	(တၢ်)ဒုးဒိၣ်ထီၣ်တၢ်★(တၢ်)လုၢ်ဒိၣ်ထီၣ်တၢ်★(တၢ်)သိၣ်လိသီလိ	nur'ture
_nut	n.	တၤသၣ်လၢအကုကီၤ	nut
_nutriment / nutrition	n. / n.	တၢ်အိၣ်တၢ်အီ★တၢ်လၢအဒုးဒိၣ်ထိၣ်တၢ်★တၢ်ဟ့ၣ်ဂံၢ်ဟ့ၣ်ဘါတၢ်	nu'tri-ment / nu-tri'tion
_nutritious	a.	လၢအနုၢ်ဂံၢ်နုၢ်ဘါပှၤ★လၢအဟ့ၣ်ဂံၢ်ဟ့ၣ်ဘါဒီးဒုးဒိၣ်ထီၣ်တၢ်	nu-tri'tious
_nymph	n.	မှၢ်ယါမုၣ်★မှၢ်ယါဖိ★မုၣ်ကနီၤလၢအလီၤအဲၣ်လီၤကွံတဂၤ	nymph
_oar	n.	တၤဧ★နီၣ်ဝံ	oar
_oar	v.t.	ကၢၢ်ချံ★ဝံ့ချံ	oar
_oasis	n.	အလီၢ်တပူၤလၢမဲၤမှၢ်ခိၣ်ဖဲတၢ်မဲတၢ်မါအိၣ်ဝဲ★တၢ်လီၢ်လၢအမှာ်ဘၣ်ပသးလၢပထံၣ်နၢ်လီၤဖျံၣ်	o'a-sis
_oath	n.	တၢ်ဆိၣ်★တၢ်ဆိၣ်လီၤထုလီၤပသး	oath
_obdurate	a.	လၢအသးကိၤ★လၢအခိၣ်ကိၤ★နၤကုာ်နၢ်ပွၢ်	ob'du-rate
_obedience / obedient	n. / a.	(လၢအ)(တၢ်)ဒိကနၣ်တၢ်★(လၢအ)(တၢ်)စုၢ်တၢ်အကလုၢ်★လၢအနၢ်လီၤ	o-be'di-ence / o-be'di-ent
_obeisance	n.	တၢ်ချုးစုတီၤခိၣ်★တၢ်ဆူးခိၣ်ပိၢ်မဲ၁်★တၢ်ယူးယီၣ်အပနီၣ်လၢအမှာ်တၢ်ကျုၢ်ကျှာ်လီၤခိၣ်	o-bei'sance
_obese	a.	ဘီၣ်နၤးမး	o-bese'
_obesity	n.	တၢ်ဘီၣ်လှၤကှၤ	o-bes'i-ty
_obey	v.t.	စုၢ်တၢ်အကလုၢ်★ဒိကနၣ်တၢ်	o-bey'

_obituary	n.	တၢ်ကွဲးဖျါထီၣ်ပှၤသံတဂၤအဂ့ၢ်အကျိၤ★ပှၤသံအစရီ	o-bit'u-a-ry
_object / objection	v.t. / n.	(တၢ်)(ကတိၤ)ထီဒါတၢ်★(တၢ်)(ကတိၤ)ကြီတၢ်★(တၢ်)ဒုးနဲၣ်တၢ်သးတဖ၈လီၤပလိၥ်★(တၢ်)တအၢၣ်လီၤဘၣ်	ob-ject' / ob-jec'tion
_object	n.	တၢ်★တၢ်တိာ်သူၣ်ဟ်သး★တၢ်အဂ့ၢ်★တၢ်ဟ်လီၤသး★တၢ်လၢအဒိၣ်ဘၣ်တၢ်★တၢ်မိၢ်ပှၢ်နီၢ်ကိၢ်	ob'ject
_objectionable	a.	လၢအတလီၤတုၢ်လိၥ်★လၢတၢ်ဂ့ၢ်လိၥ်ဘိုၣ်အလီၢ်အိၣ်ဝဲ★လၢတၢ်တတုၢ်လိၥ်အီၤအလီၢ်အိၣ်ဝဲ	ob-jec'tion-a-ble
_objective	n.	တၢ်တိၥ်ဟ်အလီၢ်	ob-jec'tive
_objective	a.	ဘၣ်ယးတၢ်(မိၢ်ပှၢ်)တဖံးမံၤ	ob-jective
_oblation	n.	တၢ်လုၢ်တၢ်ဟ်★တၢ်လၢတၢ်လုၢ်ထီၣ်အီၤ★တၢ်မၤဘူၣ်	ob-la'tion
_obligation	n.	တၢ်မၤလၢအလီၤဘၣ်ပှၤ★တၢ်အၢၣ်လီၤအီလီၤ★တၢ်ဘၣ်မၤဃုးဆၢကၢ့ၤတၢ်★တၢ်မၤဘျုး	ob'li-ga'tion
_obligatory	a.	လၢအလီၤဘၣ်ပှၤ	ob'li-ga-to-ry
_oblige	v.t.	မၤဘျုးမၤဖှိၣ်တၢ်★မၤဆူၣ်★မၤဆူၣ်မၤစိး	o-blige'
_obliging	a.	လၢအညီနုၢ်မၤဘျုးတၢ်★လၢအမၤဃုးမၤဖှိၣ်	o-blig'ing
_oblique	a.	တစဲ★လၢအကွၢ်ကပၤ★လၢအဒ့ခံ★တအိၣ်ဆၢထၢၣ်ဘျုဘျုဘၣ်	ob-lique'
_obliterate	v.t.	မၤစီကွံၥ်★ထူးသံတ့ၥ်★မၤဟါမၢ်ကွံၥ်	ob-lit'er-ate
_oblivion	n.	တၢ်သးပှၤ့နီၣ်ကွံၥ်တၢ်	ob-liv'i-on
_oblivious	a.	လၢအသးပှၤ့နီၣ်တၢ်ညီ★လၢအဒုးသးပှၤ့နီၣ်တၢ်	ob-liv'i-ous
_oblong	a.	လၢအထီၣ်န့ၣ်န့ၢ်အလဲၢ်	ob'long
_oblong	n.	တၢ်ဒိဂီၤတဘ့ၣ်လၢအထီၣ်န့ၣ်ထီၣ်န့ၢ်အလဲၢ်	ob'long
_obnoxious	a.	လၢအလီၤသးဘၣ်အၢ★လၢအလီၤသးဟ့★လၢအတမုၥ်ဘၣ်ပသးဘၣ်	ob-nox'ious
_obscene / obscenity	a. / n.	(တၢ်)လၢအကွၢ်တကြၢးတဘၣ်★(တၢ်)လၢအလီၤသးဘၣ်အၢ★(တၢ်)လၢအထီၣ်ဂဲၤထၢၣ်တၢ်သးကဆှိ★(တၢ်)ကလုၥ်ကလိၤ	ob-scene' / ob-scen'i-ty
_obscure	a.	လၢအတအိၣ်ဖျါဘၣ်★ခံး★လၢအတဟူထီသါလီၤဘၣ်★အိၣ်သဒၢ	ob-scure'
_obscurity	n.	တၢ်အိၣ်သဒံၣ်သဒၢ★တၢ်အိၣ်လီၤဘၢလီၤတဒၢ★တၢ်ခံးတၢ်နၢ	ob-scu'ri-ty
_obsequious	a.	လၢအမၤတၢ်လၢမၤဆိၣ်လီၤသးတလၢကွံၥ်အပူၤ	ob-se'qui-ous
_observable	a.	လၢပတိၢ်နီၣ်အီၤသ့★လၢပကြၢး(တိၢ်နီၣ်)(မၤနီၣ်)★လၢက်တိၢ်လီၤဆီ	ob-serv'a-ble
_observance	n.	တၢ်တိၢ်နီၣ်ဖံးဃၥ်★တၢ်တိၢ်နီၣ်တိၢ်ဃါ★တၢ်လုၢ်တၢ်လၢ်	ob-serv'ance
_observant	a.	လၢအကွၢ်နီၣ်တၢ်ထံထံဆးဆး★လၢအတိၢ်နီၣ်တၢ်ဒီးမၤဝဲတၢ်လီၤဆဲး	ob-serv'ant
_observation	n.	တၢ်ကွၢ်နီၣ်ကွၢ်ဃါတၢ်★တၢ်ထံၣ်★တၢ်စံးတၢ်ကတိၤ★တၢ်သ့ၣ်ညါနၢ်ပၢၢ်	ob'ser-va'tion
_observe	v.t.	ထံၣ်★ဒိကနၣ်ဃၥ်★တိၢ်နီၣ်ဖံးဃၥ်★ကွၢ်နီၣ်★ခံး	ob-serve'
_observing	a.	လၢအကွၢ်နီၣ်တၢ်ထံထံဆးဆး★လၢအတိၢ်နီၣ်ဒီးမၤဝဲတၢ်လီၤဆဲး	ob-serv'ing
_obsessed	a.	လၢတၢ်စဲဘူးထီဃၥ်လၢအသး★လၢအသးပှဲၤဒီး	ob-sess'ed
_obsession	n.	တၢ်လၢအစဲဘူးထီဃၥ်လၢအသး★တၢ်သးဘၣ်စဲဘူးထီဃၥ်လၢတၢ်တမံၤ★တၢ်ဆိကမိၣ်★တၢ်နၢ(သးအၢ)အတၢ်သဆၣ်ထီၣ်ပှၤတဂၤအခံ	ob-ses'sion
_obsolete	a.	(တၢ်လၢပျၢၤ)လၢအတဘၣ်တၢ်(သူ)အီၤလၢၤဘၣ်	ob'so-lete
_obstacle	n.	တၢ်နီၤတၢ်ဘျး★တၢ်လၢအတြီမၤတၥ်တတၢ်	ob'sta-cle
_obstinacy / obstinate	n. / a.	(လၢအ)(တၢ်)နၢ်ကုၣ်★နုၤကုၣ်နၢ်ယွၢ်★(လၢအ)(တၢ်)နၢ်ဘုစကၤ	ob'sti-na-cy / ob'sti-nate
_obstruct / obstruction	v.t. / n.	(တၢ်)တြီမၤတၥ်တၢ်★(တၢ်)မၤနီၤမၤဃုးတၢ်★မၤတၥ်ယာ်ကွဲ	ob-struct' / ob-struc'tion
_obtain	v.t.	မၤန့ၢ်★န့ၢ်ဘၣ်★ကဲထီၣ်န့ၢ်★(တၢ်လုၢ်တၢ်လၢ်)ကဲဒိၣ်	ob-tain'
_obtainable	a.	လၢတၢ်မၤန့ၢ်သ့	ob-tain'a-ble
_obtrude / obtrusive	v.t. / a.	(လၢအညီနုၢ်)ဟ့ၣ်ကုၣ်ဆူၣ်ပှၤ★(လၢအညီနုၢ်)သဆၣ်ထီၣ်ဆူၣ်ပှၤအခ★(ပှၤတဘၣ်သးနာ်က့)မၤဆူၣ်,လၤနုာ်ဆူၣ်★အမဲၥ်ကဲၤ	ob-trude' / ob-tru'sive
_obviate	v.t.	သုးကွံၥ်★မၤပူၤဖျဲးအသးဒီး	ob'vi-ate
_obvious	a.	လၢအအိၣ်ဖျါ(စိၣ်ဝဲၤကဲၤ)(သလၣ်တၢ်)★လၢအအိၣ်ဖျါဝဲဂ့ၤဂ့ၤ	ob'vi-ous
_occasion	n.	တၢ်မၤအသး★တၢ်ဆၢဂ့ၤကတိၢ်ဘၣ်★တၢ်အဂ့ၢ်★တၢ်လၢအလိၣ်	oc-ca'sion
_occasion	v.t.	ဒုး(အိၣ်ထီၣ်)(ကဲထီၣ်)	oc-ca'sion

196

_occasional	a. / adv.	တဘျီတခီဉ်★ကျၢ်ဘျိုကျၢ်ဘျို★လၢအမၤအသးထဲတဘျီဝီၤလီၤ★လၢအမၤအသးထဲတၢ်ဂ့ၢ်လီၤဆီဉ်အိဉ်ထီဉ်တမံၤမံၤအခါလီၤ	oc-ca'sion-al / oc-ca'sion-al (ly)
_Occident	n.	မုၢ်နုာ်တခီ	Oc'ci-dent
_occult	a.	လၢအအိဉ်တၤလၢပှၤဟီဉ်ခိဉ်ဖိအတၢ်နၢ်ပၢၢ်★လၢပှၤ(ထံဉ်)(နၢ်ပၢၢ်)တသ့★လၢအမ့ၢ်တၢ်ခူသူဉ်	oc-cult'
_occupant	n.	ပှၤလၢအအိဉ်လၢ--အပူၤတဂၤ	oc'cu-pant
_occupation	n.	တၢ်အိဉ်ဘဉ်ဆိးဘဉ်လၢလီၢ်တပူၤ★တၢ်ဟံးနှၢ်ပၢဘဉ်တၢ်★တၢ်ဖံးအိဉ်မၤအိဉ်	oc'cu-pa'tion
_occupy	v.t.	အိဉ်ဘဉ်လၢလီၢ်တပူၤ★ဟံးနှၢ်ပၢဘဉ်တၢ်★ဖံးတၢ်မၤတၢ်★မၤပှဲၤ★မၤဝဲ	oc'cu-py
_occur / occurrence	v.i. / n.	(တၢ်)မၤအသး★(တၢ်)ပၢၢ်ထီဉ်လၢအသးကံၢ်ပူၤ★(တၢ်)အိဉ်ထီဉ်★တၢ်မၤဖုးအသး★(တၢ်)အိဉ်ဖျါထီဉ်	oc-cur' / oc-cur'rence
_ocean / oceanic	n. / a.	(ဘဉ်ဃး)ပီဉ်လဲဉ်မိၢ်ပှၢ်	o'cean / o'ce-an'ic
_ocular	a.	လၢပထံဉ်အီၤလၢပမဲာ်★ဘဉ်ဃးဒီး(မဲာ်ချံ)(ပမဲာ်အတၢ်ထံဉ်)	oc'u-lar
_odd	a.	ပနီၤဖးလၢခံဒီးအိဉ်လီၤတဲာ်ဝဲ★လၢအအိဉ်ဘ့ဉ်★လၢအလီၤဆီ★လၢအတကီးလိာ်ဘဉ်★တဒဉ်အဂ့ၤအဂၤဘဉ်★လၢအတမ့ၢ်တၢ်အဒိအမ့ၢ်ဘဉ်	odd
_odds	n.	တၢ်နှၢ်ဘျုးလၢပူၤဂၤအဖီခိဉ်★တၢ်တဃူတဖိး	odds
_odds and ends	n.	တၢ်အိဉ်ဘ့ဉ်အိဉ်စၢ်★တၢ်ကရၢ်ကရိ★တၢ်အက့အခီ★တၢ်အိဉ်လီၤတဲာ်★တၢ်အကလုာ်ကလုာ်	odds and ends
_at odds		တၢ်အ့ဉ်လိာ်ဆိးက့	at odds
_ode	n.	ထါကမဲၤ	ode
_odious	a.	လၢအလီၤသးဘဉ်အၢ★လၢအလီၤသးဟ့ပှၤ	o'di-ous
_odium	n.	တၢ်သးဟ့★တၢ်တၢဘဉ်အသး★တၢ်လၢအလီၤသးဟ့	o'di-um
_odour	n.	တၢ်နၢတၢ်နှၢ်	o'dour
_of	prep. sign of poss.	အ	of
_of	prep.	လၢ★ဘဉ်ဃးဒီး★လၢအကျါ★လၢအဂ့ၢ်★လၢ(တၢ်)အယိ★လၢအဘဉ်ဃးဒီး	of
_off		လၢ★စီၤစုၤ★(ဟးထီဉ်)ကွံာ်★(စံဉ်လီၤ)ကွံာ်ယံာ်	off
_of	adv.	ယံၤ★ဆိကတီၢ်	of
_off and on		အဆၢကတီၢ်တလီၤတံၢ်ဘဉ်★အဆၢကတီၢ်ကွဲၤ★တစုတဘျီ★တဘျီတခီဉ်	off and on
_offend	v.t.	မၤဆါပှၤအသး★မၤသးဒိဉ်ထီဉ်ပှၤ★မၤသးတမုာ်ပှၤ★မၤကမဉ်တၢ်★မၤလီၤယံၤ(လံာ်စီဆှံ)	of-fend'
_offense / offence	n. / n.	တၢ်(မၤ)ကမဉ်တၢ်★တၢ်မၤတရီတပါတၢ်★တၢ်မၤသးဆါပှၤ	of-fense' / of-fence'
_offensive	a.	လၢအမၤသးဆါပှၤ★လၢအမၤသးဒိဉ်ပှၤ★လၢအမၤသးတမုာ်ပှၤ★လၢအလီၤသးဘဉ်အၢ★လၢအလီၤသးဟ့	of-fen'sive
_offensive	n.	တၢ်မၤဒၢဉ်တၢ်	of-fen'sive
_offer	v.t.	ဟ့ဉ်(လၢတၢ်သးအိဉ်အပူၤ)★လုၢ်တၢ်ဟ်တၢ်	of'fer
_offer	n.	(ဟ့ဉ်)တၢ်အပူၤ	of'fer
_offering	n.	တၢ်လုၢ်တၢ်ဟ်	of'fer-ing
_offhand	adv.	တကတာ်ကတီၤဟ်စၢၤအသးဘဉ်★လၢအတဆိကမိဉ်ဟ်စၢၤလၢအဂ့ၢ်ဘဉ်	off'hand'
_office	n.	တၢ်ဖံးတၢ်မၤအလီၢ်★ပဒိဉ်အတၢ်မၤ★တၢ်မၤလီၤဆီတမံၤမံၤ	of'fice
_officer	n.	ပဒိဉ်★ပှၤခိဉ်ပှၤနၢ်	of'fi-cer
_official	n.	ပှၤခိဉ်ပှၤနၢ်★ပဒိဉ်★ဘဉ်ဃးဒီးပဒိဉ်★လၢအဟဲလၢပဒိဉ်★ပှၤတဂၤလၢတၢ်ဟ့ဉ်အီၤအလီၢ်အလၤယုၢ်ဒီးပှၤစိတၢ်ကမီၤ	of-fi'cial
_officiate	v.i.	မၤတၢ်မၤဒ်တၢ်ခိဉ်တၢ်နၢ်တဂၤအသိး	of-fi'ci-ate
_officious	a.	လၢအမၤတံၢ်တာ်ပှၤဂၤလၢအတၢ်မၤစၢၤအယိ★တနၢ်အခွဲးသနာ်က့နုာ်လီၤမၤစၢၤပှၤဂၤ	of-fi'cious
_offscouring	n.	တၢ်အယံာ်အမူး★တၢ်လၢပှၤစူးကွံာ်	off'scour'ing
_offspring	n.	အစၢၤအသွဲဉ်★အချံအသဉ်★အဖိအလံၤ	off'spring

_often	adv.	ခဲအံၤခဲအံၤ★အါဘှီ★တလီၢ်လီၢ်တလိၢ်လီၢ်★မိကိၵ်မိကိၵ်★ညီနုၢ်	of'ten
_ogre / ogreish	n. / a.	(လီၤက်)ဒီးတဂၢ	o'gre / o'gre-ish
_oh	int.	အိ	oh
_oil	n.	သိ★တၢ်အသိ	oil
_oil	v.t.	ဖူလၢသိ	oil
_oily	a.	လၢအသိအါ★လၢသိအိၣ်လၢအလီၤ★လၢအလီၤက်ဒီးသိ	oil'y
_okra	n.	တၢ်ဘှ်ၣ်ဘ္ဥုသၣ်	o'kra
_old	a.	သးပှၢ်★ပှၢ်★လီၢ်လံၤ★လၢအညီနုၢ်★လၢပျူၤ★ဘၣ်ယးဒီးလၢပျူၤ	old
_old maid		မုၣ်ကနီၤသးပှၢ်★တၢ်လိၢ်ကွဲတကလုၣ်	old maid
_olfactory	a.	ဘၣ်ယးဒီးတၢ်သူနၢတၢ်★ဘၣ်ယးဒီးတၢ်သ္ၣ်ညါနၢတၢ်	ol-fac'to-ry
_oligarchy	n.	ပှၤစှၤဂၤအစၢ်ပၢတၢ်ပြၢ	ol'i-gar'chy
_olive	n.	သ္ၣ်စၤယံၤ(အသၣ်)	ol'ive
_omen	n.	တၢ်ပနီၣ်ဖျါဟ်စၢၤ	o'men
_ominous	a.	လၢအပနီၣ်ဖျါအၢဟ်စၢၤ★လၢအဘၣ်ယးဒီးတၢ်ပနီၣ်လၢအဒုးနဲၣ်တၢ်ဟဲဝံအၢ	om'i-nous
_omission	n.	တၢ်ဟ်လီၤတဲၵ်တၢ်★တၢ်တပၢနုၣ်လီၤတၢ်★တၢ်တယၢၤထိၣ်တၢ်	o-mis'sion
_omit	v.t.	ဟ်လီၤတဲၵ်★တပၢနုၣ်★တ(မၤ)ဘၣ်★တယၢၤထိၣ်ဘၣ်	o-mit'
_omnibus	n.	လ္ၣ်ကဟၣ်ဖးဒိၣ်	om'ni-bus
_omnipotence / omnipotent	n. / a.	(လၢအ)(တၢ်)သ္တၢ်လၢၵ်★(လၢအ)(တၢ်)နၢၤတၢ်ကီး★(တၢ်)အစိဒိၣ်တုၵ်အကမီၤဒိၣ်ထီ	om-nip'o-tence / om-nip'o-tent
_omnipresent	a.	လၢအအိၣ်လၢလီၢ်ကီးပူၤဒဲး★လၢအအိၣ်ဝဲသကုၤဆၢးဒး	om-ni-pres'ent
_omniscient	a.	လၢအထံၣ်တၢ်တုၵ်ကွၢ်တၢ်ဖျါ★လၢအသ္ၣ်ညါတၢ်လၢၵ်	om-nis'cient
_omnivorous	a.	လၢအအိၣ်တၢ်အိၣ်ကီးကလုၵ်ဒဲး	om-niv'o-rous
_on	prep.	လၢအဖိခိၣ်★လၢအလိၤ★ဘၣ်ယးဒီး★လၢအသရ္ၤ	on
_on	adv.	လၢ★ဖဲ★ဆူညါ	on
_on and on		ဆူညါကွ်ၢ်ကွ်ၢ်	on and on
_once	adv.	တဘျီ★တဘျီဓိၤ★လၢညါတဘျီ★လၢအပူၤကွံၵ်တဘျီႏ္ၣ်	once
_once for all		ထဲတဘျီဒီးဝံၤလီၤ★တၢ်တမၤကဒီးလၢၤဘၣ်	once for all
_at once		တဘျီယီ	at once
_one	a.	တ★တၢ	one
_one-sided	a.	တခီတၤ★လၢအကွ်ၢ်ဒိၣ်ဆံးအါစုၤတၢ်★တတီၤလိၤ	one'sided
_onion	n.	ပသဲသၣ်★ပကျၤ	on'ion
_only	adv.	ထဲ★ဓိၤ★ယီ	on'ly
_onward	adv.	ဆူအမဲၵ်ညါ★ဆူညါ	on'ward
_ooze	v.i.	စုံ်ထိၣ်★ပြံၵ်ထိၣ်★စ္ၢ်ထိၣ်★တၢ်ယွၤ(ထိၣ်)(လီၤ)ကယီၵလီၤထံဒီးကဟၵ်ပုံၵ်အသိး	oo'ze
_opaque	a.	လၢတၢ်ကပီၤဆဲးတဖျါဘၣ်★လၢတဖျါဆဲးကလၤ★လၢအလွံၢ်ဒု	o-paque'
_ope	v.t.	အိးထိၣ်	ope
_open	v.t.	ဟ်ဖျါထိၣ်★သလၣ်ထိၣ်★စိၣ်ထိၣ်★(လၢအ)အိးထိၣ်(အသး)★(လၢအအိၣ်)လဝီၤ★လၢတၢ်(လဲၤနုၣ်)အခွဲးအိၣ်★(လၢအ)အိၣ်ဟိ★(လၢအ)အိၣ်ဖှို	o'pen
_open	a.	လၢအသလၣ်ထိၣ်အသး★လၢအဟုၣ်တၢ်ညီ★လၢအသူၣ်လဝီၤသးဘ္ၤ★လၢအတဘၣ်တၢ်ကးဘၢအိၤဘၣ်	o'pen
_opening	n.	တၢ်ပူၤဟိ★တၢ်အဒိၣ်ထံး★တၢ်အခွဲး(အိၣ်လၢအကမၤတၢ်)★တၢ်ဆၢဂ္ၤကတၢၢ်ဘၣ်	o'pen-ing
_openly	adv.	အိၣ်ဖျါစိၣ်ဝဲၤကဲး★အိၣ်ဖျါဂ္ၤဂ္ၤ★လီၤကတၤ★ဖျါဖျါ	o'pen-ly
_operate / operation	v.t. / n.	(တၢ်)ဖးတၢ်မၤတၢ်★(တၢ်)ကူးတၢ်ကါတၢ်★(တၢ်)မၤ(တၢ်)	op'er-ate / op'er-a'tion
_operative	a.	လၢအမၤတၢ်★လၢအဒုးအိၣ်ထိၣ်တၢ်ဘျုးသ္★လၢအဒုးလီၤဆီတၢ်သ္	op'er-ative
_operative	n.	ပှၤလၢအမၤတၢ်တဂၤ	op'er-ative

198

_opiate	n.	ကသံဉ်မံ★ကသံဉ်လၢအဒုးမံတၢ်ပဉ်ယှာ်ဒီးဘံဉ်(ကသံဉ်သူ)	o'pi-ate
_opine	v.t.	ဆိကမိဉ်	o-pine'
_opinion	n.	တၢ်ဆိကမိဉ်★တၢ်နာ်လၢအသး	o-pin'ion
_opinionated	a.	ဟ်ကျ။အသးလၢအတၢ်ဆိကမဉ်ဒဉ်ဝဲဘဉ်★ဟ်ဘုၣကုၣ်အသးလၢအတၢ်ဆိကမိဉ်ဒဉ်ဝဲဘဉ်	o-pin'ion-at'ed
_opium	n.	ကသံဉ်သူ	o'pi-um
_opponent	n.	ဒုဉ်ဒါ★ပှၤလၢအထီဒါတၢ်	op-po'nent
_opponent	a.	လၢအထီဒါတၢ်	op-po'nent
_opportune	a.	လၢအဘဉ်ဆၢဘဉ်ကတီၢ်	op'por-tune'
_opportunity	n.	တၢ်ဆၢဂ့ၤကတီၢ်ဘဉ်★တၢ်ဝံဂ့ၤကလၤဂ့ၤ★တၢ်ဝံဘဉ်ကလၤဂ့ၤ	op'por-tu'ni-ty
_oppose / opposition	v.t. / n.	(တၢ်)ထီဒါတၢ်★(တၢ်)ကွၢ်ဆၢဉ်မဲာ်လိာ်အသး★(တၢ်)ဂ့ၢ်လိာ်	op-pose' / op'po-si'tion
_opposite	a.	လၢအကွၢ်ဆၢဉ်မဲာ်(လိာ်အသး)★လၢအအိဉ်သယီၤလိၤလိာ်အသး	op'po-site
_oppress / oppression	v.t. / n.	(တၢ်)မၤနၢးမၤဖှိဉ်တၢ်★(တၢ်)မၤကီၢ်မၤဂီၤတၢ်★(တၢ်)မၤအၢမၤနး	op-press' / op-pres'sion
_optical	a.	ဘဉ်ယး ဒီးတၢ်ထံဉ်တၢ်	op'ti-cal
_optimism	n.	တၢ်နဉ်တၢ်လၢတၢ်ကိုးမံၤဒဲးမ့ၢ်လၢတၢ်ဂ့ၤကတၢၢ်အင်္ဂါလီၤ	op'ti-mism
_option	n.	အခွဲးလၢတၢ်ကယုထၢဘဉ်တၢ်★တၢ်ယုထၢတၢ်	op'tion
_opulent	a.	လၢအထူးအတီၤ	op'u-lent
_or	conj.	မ့တမ့ၢ★မ့ၢ်ဂ့ၤ	or
_oracle	n.	ဝဲဘျၣ်အကလုၢ်★မ့ၢ်ဖိဘှးဖိၤအတၢ်စံးဆၢ၊ပှၤကူၣ်ဘၣ်ကူၣ်သ့လၢအမံၤဟူသဉ်ဖျါ★တၢ်လီၢ်ဖဲတၢ်သံကွၢ်တဖဉ်ဘၣ်တၢ်စံးဆၢအီၤ	or'a-cle
_oral	a.	လၢတၢ်ကတိၤထးခိဉ်အီၤ	o'ral
_orange	n.	စူၢ်ဝံဉ်သဉ်★တယ့ဉ်သဉ်★လံဉ်မိဉ်	or'ange
_oration	n.	တၢ်ကတိၤအသ့အဘဉ်လၢပှၤဂၤ၊ဆၢထၢဉ်ကတိၤဖျါထီဉ်တၢ်အဂ့ၢ်လၢပှၤဂ့ၢ်မှၢ်အမဲာ်ညါ	o-ra'tion
_orator	n.	ပှၤလၢအကတိၤတၢ်လၢကမျၢၢ်အမဲာ်ညါသ့တဂၤ	or'a-tor
_oratory	n.	တၢ်ကတိၤတၢ်သ့★တၢ်ကလုၢ်သ့ကတိၤဘဉ်★တၢ်ဘါထုကဖဉ်တၢ်အဒၢး	or-'a-tory
_orb	n.	တၢ်ဖျၢဉ်သလၢဉ်★တၢ်အဒီဖျၢဉ်★တၢ်ကဝီၤ	orb
_orbit	n.	(ဆဉ်)(ဟီဉ်ခိဉ်)လဲၤတရံးတၢ်အကျဲ★မဲာ်ကွီၤ	or'bit
_orchard	n.	တၤသဉ်အလီၢ်★တၤသဉ်အကရၢ	or'chard
_orchestra	n.	ပှၤအူပံပိၢ်ဒၢတဖု★ပှၤဒ့တၢ်အူတၢ်(တဖု)(အလီ)	or'ches-tra
_ordain	v.t.	ဒီးဟ်စု★(ယွၤ)စံဉ်ညီဉ်ဟ်စ။၊တၢ်လၢတၢ်ဆူညါခါဆီၢ်★တိာ်ဟ်စ။	or-dain'
_ordeal	n.	တၢ်တီတၢ်မီ★တၢ်မၤကွၢ်လၢအကီအခဲ	or'deal
_order	v.t.	မၤလိာ်★(ဟ့ဉ်လီၤ)တၢ်ကလုၢ်	or'der
_order	n.	တၢ်မၤလိာ်★အတီၤ★အဂ့ၢ်အကျိၤ★တၢ်ဘူဉ်တၢ်ဘိုဉ်	or'der
_orderly	a.	လၢအလီၢ်အလီၢ်ဒဉ်ဝဲ★လၢအယူလိာ်ဖိးလိာ်အသး★ဒ်အကျဲဒဉ်ဝဲအသိးဒီကနဉ်တၢ်★သုးဖိလၢအမၤစၢၤသုးခိဉ်	or'der-ly
_ordinance	n.	တၢ်စံဉ်ညီဉ်တိၢ်ဟ်★တၢ်သိဉ်တၢ်သီ၊လုၢ်လၢ်	or'di-nance
_ordinary	a.	ဒ်အလုၢ်အလၢ်အိဉ်ဝဲအသိး★ဒ်အညီနုၢ်အသိး★ဘဉ်ယးဒီးကမျၢၢ်★မှၢ်ဆ့ဉ်မှၢ်ဂီၤ	or'di-na-ry
_ordination	n.	တၢ်ဒီးဟ်စု	or'di-na'tion
_ore	n.	(ထူ)၊(စ့)(ထး)(စၢ်)အကံၢ်လိဉ်လၢပှၤခုၣ်နုၢ်အီၤ★သးတူးကံၢ်လိဉ်	ore
_organ	n.	တနၢ်တကလုာ်★ပနိၢ်ခိတဖီဂ့ၤတဖီဂ့ၤလၢအအိဉ်ဒီးတၢ်မၤလီၤဆီ★အီၣ်(တၢ်)မိၢ်ပှၢ်လၢအအိဉ်ဒီးတၢ်မၤလိာ်အသးလၢ	or'gan
_organic / organism	a. / n.	အကျဲဉ်ဝဲစုာ်စုာ်★ဘဉ်ယးဒီးပနိၢ်ခိအဒိတဖဉ်(အီၣ်)★ဘဉ်ယးဒီးအီၣ်တဖဉ်★အီၣ်တဖဉ်အတၢ်ဘဉ်ယးလိာ်အသးဒံၢ်အံၣ်နူ၊	or-gan'ic / or'gan-ism
_organize / organization	v.t. / n.	(တၢ်)(ဒုးကဲထီဉ်တၢ်)အမိၢ်ပှၢ်လၢအနိၢ်ခိအဒိတဖဉ်မၤစၢၤလိာ်အသးလၢအကျဲဉ်ဝဲစုာ်စုာ်★(တၢ်)ရဲဉ်လီၤကျဲၤလီၤတၢ်တမံၤဒီးတမံၤလၢလီၢ်ဘဉ်ဘဉ်	or'ga-nize / or'ga-ni-za'tion
_orgy	n.	မူးဖိးပွဲဖိးလၢအအိဉ်ဒီးတၢ်အီသံးအီဉ်မူၤဒီးတၢ်ဂဲၤကလံဉ်	or'gy

_Orient	n.	ကီၢ်မုၢ်ထီၣ်	O'ri-ent
_Orient	a.	ကပြုၢ်ကပြီၤ★ဘၣ်ယးဒီးမုၢ်ထီၣ်တခီ★လၢအဟဲထီၣ်ဒံမုၢ်အသီး	O'ri-ent
_Oriental	a.	လၢအဘၣ်ယးဒီးကီၢ်မုၢ်ထီၣ်	O'ri-ent'al
_Oriental	n.	ပှၤမုၢ်ထီၣ်ဖိ	O'ri-ent'al
_orifice	n.	တၢ်အိၣ်ဟိ★တၢ်ပူၤဟိ★တၢ်ပူၤအခိၣ်ထိး	or'i-fice
_origin	n.	တၢ်အခိၣ်ထံး★အထူအထံး★အခီၣ်ထံးခိၣ်ဘိ	or'i-gin
_original	n.	လၢအအိၣ်ဆီ★လၢအခိၣ်ထံး★လၢအကဲထီၣ်သီ	o-rig'i-nal
_originate	v.t.	ဒုးအိၣ်ထီၣ်သီတၢ်★စးထီၣ်	o-rig'in-ate
_ornament	n.	(တၢ်)ကယၢကယဲ	or'na-ment
_ornamental	a.	လၢအမယံၤလၤတၢ်★လၢအဘၣ်ယးဒီးတၢ်ကယၢကယဲ	or'na-ment'al
_ornate	a.	လၢအဘၣ်တၢ်ကယၢကယဲအီၤအါဂီၢ်ဂီၢ်	or-nate'
_orphan	a.	ဖိၣ်ယဲ	or'phan
_orphanage	n.	ဖိၣ်ယဲ(ဟံၣ်)★တၢ်အိၣ်ဖိၣ်ယဲ★တၢ်ကဲဖိၣ်ယဲ	or'phan-age
_orthodox	a.	လၢအနာ်ဝဲဒၣ်ပှၤဘါယွၤဖိတဖၣ်စံၣ်ညီၣ်ဟ်လီၤဝဲအသိး★လၢအတၢ်နာ်ဘၣ်	or'tho-dox
_oscillate / oscillation	v.i. / n.	ဝးယဲၤယီၤ★လဲလိာ်အသးခဲအံၤခဲအံၤ★ဝးဆုအံၤဆုနုၤ	os'cil-late / os'cil-la'tion
_ossify	v.t.	ဒုးကဲထီၣ်ဆူတၢ်အယံ★ဒုးမးထီၣ်★ဒုးကိၤထီၣ်	os'si-fy
_ostensible	a.	လၢအအိၣ်ဖျါ(ထဲလၢခိတခီနှၣ်ဘၣ်——)★လၢအအိၣ်ဖျါၣ်တၢ်နိၢ်နိၢ်အသိးဘၣ်ဆၣ်တမ့ၢ်ဘၣ်★လၢအဟ်မၤအသး	os-ten'si-ble
_ostentation / ostentatious	n. / a.	(လၢအ)(တၢ်)မၤလၤအသး★(လၢအ)(တၢ်)ကပြုၢ်ကပြီၤ★(လၢအ)(တၢ်)ဟ်ဒိၣ်ဟ်လၤအသး★တၢ်မၤဖျါထီၣ်အတၢ်ထူးတၢ်တီၤ,အလၤကပီၤ,အတၢ်ဆူၣ်ဆူၣ်ဘှဲၣ်ဘှဲၣ်ဒ်သိးတၢ်ကစံၤပတြၢၤအီၤ	os'ten-ta'tion / os'ten-ta'tious
_ostrich	n.	ထိၣ်ကီၢ်လၤအူး	os'trich
_other	a.	အဂၤ★အဂုၤအဂၤ★လၢဘးခီ	oth'er
_the other day		လၢမဟါကၢ်တနံၤ★လၢ(အ)မၢ်ကိာ်တနံၤနှၣ်	the other day
_otherwise	adv.	မ့တမ့ၢ်ဘၣ်နှၣ်ဒီး★လၢကျဲအဂၤတဘိ	other'wise
_otter	n.	ဆိ★ရှိ	ot'ter
_ought	v.i.	ကြၢး★ဂ္ၤ	ought
_ounce	n.	၁/၅ၢၢ်ပီၢ်★ခ့ဘ္ဘ္ဘၤကလုာ်	ounce
_our	pron.	ပ	our
_ourselves	pron.	ပကစၢ်ဒၣ်ပဝဲ	our-selves'
_oust	v.t.	ဟီထီၣ်ကွံာ်★နီၣ်ထီၣ်ကွံာ်	oust
_out	adv.	(ဟး)ထီၣ်(ကွံာ်)★လီၤပှာ်★တုၤအၤကတၢၢ်★လၢာ်လံ★(မၤ)လီၤ★(ကၢးခီး)နှၢ်ဒံး★လၢခိတခီ	out
_out (do)		မၤ(ဂ္ၤ)(အါ)နှၢ်	out (do)
_out and out		လၢာ်လၢာ်ဆ့ဆ့	out and out
_out		ဖျါထီၣ်လံ★(ဒုး)ကမၣ်	out
_outcast	n.	ပှၤလၢအဘၣ်တၢ်ဟီထီၣ်ကွံာ်အီၤလၢ(အဟံၣ်အလီၢ်)(အထံအကီၢ်)★အလၤကပီၤတအိၣ်★လၢအလီၢ်လီၤတၢ်အိၣ်	out'cast'
_outcaste	n.	ကီၢ်လၤသူဖိလၢအသကိးတဖၣ်ဟီထီၣ်ကွံာ်အီၤလၢအကရၢပူၤ	out'caste
_outcome	n.	တၢ်ကဲထီၣ်အသးလၢခံကတၢၢ်	out'come'
_outcry	n.	တၢ်ကိးပသူ	out'cry'
_outdistance	v.i.	လဲၤပှၤကွံာ်ဖးယံၤလၢအမဲာ်ညါ★လဲၤတလၢကွံာ်အီၤ	out-dis'tance
_outdo	v.t.	မၤဂ္ၤနှၢ်ဒံး★မၤအါနှၢ်ဒံး	out-do'
_outdoor	adv.	လၢအဘၣ်ယးလၢတၢ်ဖိပူၤ	out'door'
_outer	a.	လၢခိတခီ★လၢအချၢတခီ	out'er
_outfit	n.	တၢ်အပီးအလီ★တၢ်အယၢၤအလီၢ်	out'fit
_outgo	n.	တၢ်သူလၢာ်စ့	out'go'
_outgo	v.t.	လဲၤ(ချ့နှၢ်)(တလၢကွံာ်)★(မၤဝဲ)ဂ္ၤနှၢ်ပှၤဂၤ	out'go'
_outgrowth	n.	တၢ်ကဲထီၣ်လၢတၢ်အဆိတခါမ့ၤအလီၤ★တၢ်ကမိာ်ကမၣ်★သ့ၣ်အဖိၣ်	out'growth'

_outing	n.	တၢ်ဟးကသုၣ်ကပျီၤအသး ★တၢ်ဟးလီၢ်ကွီၤနံၣ်ဒီးန့ၢ်ကလံၤအဂ့ၤ	out'ing
_outlandish	a.	လၢအဘၣ်ယးဒီးပှၤကလုာ်ဂၤအလုၢ်အလၢ် ★လၢအတလီၤမံာ်လီၤန့ၢ် ★လီၤတိၢ်လီၤဆီ ★လၢအရၢၢ် ★လၢအကနီၤကတာ်	out-land'ish
_outlast	v.t.	အိၣ်ကျၢၤယံာ်န့ၢ်ဒံး ★(ခဲယာ်)(ကျၢ)န့ၢ်ဒံး	out-last'
_outlaw	n.	ပှၤလၢအတအိးပာဒီးအသးလၢထံကီၢ်အတၢ်သိၣ်တၢ်သီဘၣ် ★ပှၤလၢထံကီၢ်အတၢ်သိၣ်တၢ်သီတအိၣ်ပိုၤအီၤလၢၤဘၣ်	out'law'
_outlay	n.	တၢ်လၢာ်တၢ်	out'lay'
_outlet	n.	တၢ်ဟးထီၣ်အလီၢ် ★ထံခိၣ် ★ထံယွၤထီၣ်ကွံာ်အလီၢ်	out'let'
_outline	n.	တၢ်အကွၢ်အဂီၢ်ထဲလၢအသရူးထံးဝးဝး ★တၢ်(ကွဲး)အဂ့ၢ်မိၢ်ပှၢ်	out'line'
_outlive	v.i.	မူယံာ်န့ၢ်ဒံး ★အိၣ်မူလီၤတံၢ်လၢအလီၢ်ခံ	out-live'
_outlook	n.	တၢ်ထံၣ် ★တၢ်ခိးကွၢ်တၢ်(အလီၢ်) ★တၢ်လၢအလီၤက်လၢအကမၤအသး	out'look'
_outplay	v.t.	လိာ်ကွဲသ့န့ၢ်ဒံးပှၤဂၤ ★မၤနၢၤပှၤလၢတၢ်လိာ်ကွဲအပူၤ	out-play'
_outpour	v.t.	(တၢ်)လူလီၤက်လီၤတၢ် ★(ဒုး)ယွၤထီၣ်ကွံာ်	out'pour'
_output	n.	တၢ်ဖိတၢ်လံၤလၢတၢ်ဒုးဟးထီၣ်အီၤပှဲၤအံၤပှဲၤနုၤ	out'put'
_outrage	v.t.	(တၢ်)မၤအၢမၤနးတၢ် ★မၤအၢမၤသီ ★မၤတရီတပါ	out'rage
_outrageous	a.	လၢအ(မၤ)(လီၤ)သးဒိၣ်ပှၤ ★လၢအ(မၤအၢမၤသီ)(မၤတရီတပါ)တၢ်ဒိၣ်မး	out-ra'geous
_outright	adv.	လၢ်လၢ်ဆ့ဆ့ ★တဘျီယီ ★ခဲလၢာ်ခဲဆ့	out'right'
_outset	n.	တၢ်စးထီၣ်တၢ် ★တၢ်အခီၣ်ထံး	out'set'
_outside	adv.	လၢခိတခီ	out'side'
_outside	n.	တၢ်အလီၢ်လၢခိတခီ	out'side'
_outspoken	a.	လၢအကတိၤတၢ်လီၤက်တံၤ ★လၢအကတိၤတၢ်ဖျါဖျါ	out'spo'ken
_outstanding	a.	လၢအအိၣ်ဖျါထီၣ်ဝဲဂ့ၤဂ့ၤ ★လၢတၢ်တလီၤတုာ်က့ၤးတ့ၣ်ဒၣ်တၢ်	out-stand'ing
_outstay	v.i.	အိၣ်ယံၤန့ၢ်ဒံး ★အိၣ်ယံာ်န့ၢ်ဒံး	out-stay'
_outstrip	v.t.	လဲၤချ့န့ၢ်ဒံးအီၤ ★ယှၢ်ချ့န့ၢ်ဒံးအီၤ ★(မၤ)ဂ့ၤန့ၢ်	out-strip'
_outwalk	v.t.	ဟး(ချ့)(ယံၤ)န့ၢ်ဒံး	out-walk'
_outward	adv.	ဆူခိ ★လၢခိတခီ	out'ward
_outwardly	adv.	ထဲလၢအချၢ ★ထဲလၢခိတခီ ★ဒ်တၢ်အိၣ်ဖျါလၢခိအသိး	out'ward-ly
_outwit	v.t.	မၤနၢၤအီၤလၢတၢ်ကူၣ်သ့အယိ ★မၤနၢၤချံးခံအီၤလၢတၢ်ကူၣ်သ့အယိ	out-wit'
_oval	n.	အကွၢ်အဂီၢ်လီၤက်(ဆိဒံၣ်) ★တၢ်ဖျၢၣ်ပလွံးဒ့ ★(ဖျၣ်)ပလွံးဒ့	o'val
_ovation	n.	ပှၤဂီၢ်မုၢ်အတၢ်စံးထီၣ်ပတြၢၤကီၤပသူ	o-va'tion
_oven	n.	ဖၣ်ကပူၤ ★ဖၣ်ကွာ်	ov'en
_over	prep.	လၢအဖီခိၣ် ★အါန့ၢ် ★ပှဲၤလုာ်ကွာ် ★အလီၤ	o'ver
_over	adv.	ဒီ(နု)ညါ ★လၢဘးခီ ★(ခီ)ယီၤ ★လီၤတစ့ ★(အိၣ်)လီၤတံၢ် ★သကုၤဆးး ★ကီးလီၢ်အပူၤ ★ဝံၤကတၢၢ်လံ ★ကဒီး ★လၢန့ၣ်အဖီခိၣ် ★ကဒါ	o'ver
_over all		ပာ်ယှာ်တၢ်ကီးမံၤဒဲး ★တလၢကွာ်အခၢး	over all
_overawe	v.t.	တြီအီၤလၢတၢ်မၤပျံၤမၤဖုးအီၤအယိ	o'ver-awe'
_overbalance	v.t.	ယၢန့ၢ်ဒံး ★ထါန့ၢ်ဒံး	o'ver-ba'lance
_overbalance	n.	တၢ်ထါန့ၢ်ဒံး ★တၢ်လၢအဂ့ၢ်အကျိုဒိၣ်န့ၢ်တၢ်ဂၤ	o'ver-ba'lance
_overbearing	adv.	လၢအဟ်(ထီၣ်ထီအသး)(ကမၢလၢအသး)	o'ver-bear'ing
_overboard	adv.	လီၤတဲာ်ကွာ်လၢ(ချံပူၤ)(ကဘီပူၤ)	o'ver-board'
_overcast	v.t.	ဒုးအၢၣ်ထီၣ်ခံးလီၤ ★ပှံၤဒီးတၢ်အၢၣ် ★အၢၣ်ခံးယုၢ်ကလာ် ★အၢၣ်အုး ★ဆးအးးပှဲတၢ်	ov'er-cast'
_overcharge	v.t.	(တၢ်)((ယူအပှၤဒိၣ်ကဲၣ်ဆိး))★(တၢ်)(ပၢးတၢ်)(ဖှၣ်တၢ်)အါကဲၣ်ဆိး	o'ver-charge'
_overcome	v.t.	မၤနၢၤမၤယဉ် ★ဆိၣ်လီၤကွာ်	o'ver-come'
_overdraw	v.t.	ထုးထီၣ်(စ့)အါကဲၣ်ဆိး	o'ver-draw'
_overdue	a.	အဆၢကတီၢ်လၢအဘၣ်(တုၤ)န့ၢ်ပူၤကွာ်လံ	o'ver-due'
_over-eager	a.	လၢအဆၢ(န့ၢ်)တၢ်အါကဲၣ်ဆိး ★လၢအအဲၣ်ဆ့ၣ်တလၢကွာ်	o'ver-ea'ger
_overestimate	v.t.	တယးဒုးဟ်လီၤတၢ်အါကဲၣ်ဆိး	o'ver-es'ti-mate
_overflow	v.i.	ဟ်ထီၣ်ယွၤလီၤ	o'ver-flow'

_overflow	v.t.	လှာ်ဘၢၤကွံာ်	o'ver-flow'
_overhang	v.i.	အိၣ်စိၤဖှိး★(ဘုး)လီၤစဲၤ★အိၣ်လီၤစဲၤလီၤရၤအသး★အိၣ်လီၤကဒု★လီၤစဲၤလၢတၢ်ဂၤအဖီခိၣ်	o'ver-hang'
_overhaul	v.t.	ကွၢ်ဘိၣ်ဂ့ၤကွၤတၢ်လီၤတၢ်လီၤဆဲး★ချုးနှၢ်	o'ver-haul'
_overhead	adv.	လၢတၢ်ဖီခိၣ်★လၢတၢ်ဖးဖီ★လၢပဖီခိၣ်	o'ver-head'
_overhear	v.t.	နၢ်ဟူနှၢ်(ပှၤ)	o'ver-hear'
_overjoy	v.t.	ဒုးသူၣ်ခုသးခုအီၤနၤနကလံာ်	o'ver-joy'
_overlap	v.t.	အိၣ်ဒီကစီာ်လိာ်အသးတကူာ်လာ်★ဒီကစာ်ဖှံၣ်ထီ(အီၤ)(လိာ်အသး)★တၢ်လၢအဖှံၣ်ထီနူၣ်	o'ver-lap'
_overlay	v.t.	(ကျုၤ)(ကျုး)ယာ်တၢ်★ကးဘၢ	o'ver-lay'
_overload	v.t.	ပဒၢးတၢ်အါကဲၣ်ဆိး★အိၣ်လှာ်ကိလှာ်ကာ်တၢ်	o'ver-load'
_overlook	v.t.	ကွၢ်ကဟ်တၢ်	o'ver-look'
_overmaster / overmatch	v.t. / v.t.	မၤနၢၤမၤယၣ်★မၤနၢၤတၢ်လၢအ(စိကမီၤ)ဒိၣ်နှၢ်ဆူၣ်နှၢ်ပှၤဂၤအသိ	o'ver-mas'ter / over-match
_overnice	a.	လၢအလီၤတံၢ်ကဲၣ်ဆိး★လၢအလီၢ်အသးဂ့ၤကဲၣ်ဆိး	o'ver-nice'
_overnight	adv.	သီတနၤကျၤ★(ဘၣ်ယး)မဟါတနၤ	o'ver-night'
_overpower	v.t.	မၤနၢၤ	o'ver-pow'er
_overprice / overrate	v.t.	ဟ်လှၢ်ဒိၣ်ပှၤဒိၣ်တၢ်တလၢကွံာ်အခၢး	o'ver-price' / o'ver-rate
_overreach	v.t.	(လဲၤတၢ်)တလၢကွံာ်★လီၤၣ်ပှၤအသး★(ကသ့ၣ်)ယီၢ်ဘၣ်အစုနၢၣ်ခံ	o'ver-reach'
_override	v.t.	တၢ်ကဲၤပှၤဂၤအသး★အဲၣ်ဒိးဘၣ်★ဒိးအါကဲၣ်ဆိး★ယီၢ်တၢ်လၢအသ့ၣ်	o'ver-ride'
_overrule	v.t.	စံၣ်ညီၣ်ထီဒါတၢ်★လွဲၤကညးနူၢ်★စံၣ်ညီၣ်ပၢအီၤဒီးတၢ်စိတၢ်ကမီၤ★မၤဟးဂီၤကွံာ်တၢ်သိၣ်တၢ်သိ	o'ver-rule'
_overrun	v.t.	လှာ်ဘၢၤ★ကးဘၢ★နုာ်လီၤဒုးဒီးမၤနၢၤတၢ်★ဂုာ်ဆူၣ်ပှဲၤဆူၣ်တၢ်	o'ver-run'
_overseas	adv.	လၢထံဂၤကီၢ်ဂၤ★လၢပိၣ်လဲၣ်ဘးခီ	o'ver-seas'
_oversee / overseer	v.t. / n.	(ပှၤလၢအ)အံးကွၢ်ကွၢ်ကွၤတၢ်★(ပှၤလၢအ)ပၢဘၣ်ကွၢ်ထွဲတၢ်	o'ver-see' / o'ver-se'er
_overshadow	v.t.	မၤလီၤကဒုတၢ်★မၤသဒၢတၢ်★ဒိၣ်စိဒိၣ်ကမီၤလၢအဖီခိၣ်★ဖၢဘၣ်	o'ver-shad'ow
_overshoot	v.t.	(ခး)(မၤ)တၢ်တလၢကွံာ်	o'ver-shoot'
_oversight	n.	တၢ်ပၢတၢ်ဒီးကွၢ်ထွဲတၢ်★တၢ်ကွၢ်ကဟ်တၢ်လၢတၢ်တပလီၢ်အသးအယိ	o'ver-sight'
_overstrung	a.	လၢအသးဘၣ်ဒီဆါညီ★လၢအဖှၣ်ဆၢကဲၣ်ဆိး★လၢအသးဆၤကဲၣ်ဆိး	o'ver-strung'
_overt	a.	လၢအအိၣ်ဖျါဝဲစိၣ်ဝဲၤ	o'vert
_overtake	v.t.	ချုးနှၢ်(ဖး)★တုၤအိၣ်(ဖး)	o'ver-take'
_overtime	n.	ဆၢကတီၢ်လၢတၢ်ဆၢကတီၢ်ညီနှၢ်အလိၢ်ခံ★တၢ်ဆၢကတီၢ်အဘျဲၣ်	o'ver-time'
_overture	n.	တၢ်ဆှၢနှၢ်လၢတၢ်ကကွၢ်ဆိကမိၣ်အဂီၢ်★တၢ်သးဝံၣ်ဆှၢနှၢ်တၢ်	o'ver-ture
_overturn	v.i.	လီၤတကျၢ်ကွံာ်★ဘိးကဒါအသး★လီၤကၢၢ်ခိၣ်လီၤလာ်	o'ver-turn'
_overweening	a.	လၢအဟ်ထီၣ်ထီအသးတလၢကွံာ်★ဟ်ဒိၣ်အသးနၤကဲၣ်ဆိး	o'ver-ween'ing
_overwhelm	v.t.	လှာ်ဘၢ★ကးဘၢ★မၤနၢၤ★မၤနၤမၤဖှိၣ်★မၤသဘုံး	o'ver-whelm'
_overwork	v.i.	မၤတၢ်(အါ)(ယံာ်)ကဲၣ်ဆိး★မၤတၢ်တလၢကွံာ်အဂၢၢ်အဘၢ	o'ver-work'
_overwork	v.t.	ဒုးမၤအတၢ်ဆူၣ်ကဲၣ်ဆိး	o'ver-work'
_overwrought	a.	အသူၣ်ဟူးသးဂဲၤတလၢကွံာ်★လၢအမၤတၢ်နၤကဲၣ်ဆိး	o'ver-wrought'
_owe	v.t.	ဘၣ်ဟ့ၣ်★ကမၢ်ထီၣ်★နှၢ်ဘျုးနှၢ်ဖှိၣ်★ကမၢ်အိၣ်★ဒီးနှၢ်တၢ်ဘျုးတၢ်ဖှိၣ်	owe
_owing to	prep.	လၢအယိ	ow'ing to
_owl	n.	ဒီကအိ	owl
_own	a.	ဒၣ်ဝဲ★ဒၣ်ယဲ	own
_own	v.t.	ပၢဘၣ်တၢ်★အၢၣ်လီၤအီၤလီၤ	own
_owner	n.	ပှၤပၢတၢ်★(တၢ်)အကစၢ်	own'er
_ownership	n.	တၢ်ပၢဘၣ်တၢ်★တၢ်ကဲဘၣ်တၢ်အကစၢ်	own'er-ship
_ox	n.	ကျီၢ်ဖါ★ပိၢ်ဖါ	ox

_oyster	n.	ကန္ကးကမၣ်★တကံၣ်ကု	oys'ter
_pace	n.	ခီၣ်ခါတခါ★တၢ်အချ★ကသ့ၣ်လဲၤတၢ်အလုၢ်အလၢ်	pace
_pace	v.i.	ဟး★ခါ★(တၢ်)ခါကွၢ်တၢ်လၢအခီၣ်	pace
_Pacific	a.	လၢအမၤယူၤမၤဖိးတၢ်★လၢအအိၣ်ဂၢၢ်တပၢၢ်★လၢအတဲပျ့ၢ်ဘၣ်	Pa-cif'ic
_pacification	n.	တၢ်မၤယူၤမၤဖိးတၢ်★တၢ်ဒုးအိၣ်ဂၢၢ်တပၢၢ်တၢ်★တၢ်မၤမံသူၣ်မံၣ်သးကွ့ၤတၢ်★တၢ်မံသူၣ်မံသး	pac'i-fi-ca'tion
_pacify	v.t.	မၤမံသူၣ်မံၣ်သးကွ့ၤတၢ်★မၤဘှ့ၣ်မၤဘိုၣ်★မၤခုၣ်လီၤအသး	pa'ci-fy
_pack	v.t.	ဟ်ဖှိၣ်ဟ်တၢ်တၢ်★ဘိၣ်တၢ်စှၤတၢ်★မၤပုဲၤကတံာ်တၢ်★ဆ့ၣ်ကတံာ်တၢ်★(ဒုး)ဟးထီၣ်ကွံၣ်ချ ချ★ဘိၣ်ဘၢယာ်	pack
_pack	n.	တၢ်ဘိၣ်တၢ်စှၤ★တၢ်တဖှ★တၢ်အကဒိၣ်	pack
_package	n.	တၢ်ဘိၣ်★တၢ်ဘိၣ်ဖိ★တၢ်ဘိၣ်အဒၢ★တၢ်ဘိၣ်တၢ်စှၤ	pack'age
_packet	n.	တၢ်ဘိၣ်ဖိ	pack'et
_packing	n.	တၢ်ဘိၣ်ထီၣ်တၢ်★တၢ်လၢပုၤဘိၣ်ထီၣ်တၢ်	pack'ing
_pact	n.	တၢ်မၤသကိးတၢ်တၢ်အၢၣ်လီၤအီၤလီၤ	pact
_pad	v.i.	ဟးအခီၣ်ညါသးဒဲအသးလၢဟီၣ်ခိၣ်သိာ်ဖာ်ဖာ်	pad
_pad	n.	တၢ်တခါဖိ★တၢ်ကဘျံးတဘ့ၣ်အိၣ်ဒီးအဘျးကလီတဖၣ်လၢ ကွဲးတၢ်အဂီၢ်★(တၢ်)ဟးသိၣ်ဖာ်ဖာ်★ကသ့ၣ်အ(ဂီၢ်ကၢ်)(ခိၣ်တခဲၣ်)လၢအကပုာ်★ဆၣ်ဖိကီၢ်ဖိ(ထွံၣ်ဟီၣ်ခိၣ်)အစုလၣ်ခီၣ်လၣ်	pad
_paddle	v.i.	(နီၣ်)ဝါ★ဝါချ့	pad'dle
_paddle	n.	မဲၣ်ပါ★လှၣ်ဖိအခိၣ်ယိၢ်	pad'dle
_paddy	n.	ဘု	pad'dy
_padlock	n.	သီးအဒၢ(လၢအအိၣ်ဒီးအခိၣ်ကွီၤ)	pad'lock
_pagan	n.	ပုၤလၢအတဘါယွၤအမှၢ်အတီဘၣ်★ပုၤသူခိၣ်ဖိ★ပုၤဘါတၢ်ဂီၤဖိ	pa'gan
_page	n.	လံာ်အဘျးကပၤ★ဖိသၣ်ပိာ်ခွါလၢအဒီးမၤထီၣ်မၤလီၤအသးလၢပုၤဒိၣ်ပုၤပှၢ်★ လံာ်အကဘျးပၤ	page
_pageant	n.	တၢ်ဒုးနဲၣ်ဖျါတၢ်အိၣ်ဒီးတၢ်ကပြုၢ်ကပြီၤ	pag'eant
_pagoda	n.	ယိၣ်★ယိၣ်ခိးဝ့ၣ်ခိး	pa-go'da
_pail	n.	ထံစဲၤ★(ထံ)အဒၢ	pail
_pain	n.	တၢ်ဆါ(အ့ၣ်ထုးအ့ၣ်စိၢ်)★တၢ်ဆူးတၢ်ဆါ★တၢ်သူၣ်ကိၢ်သးဂီၤ★တၢ်သူၣ်အုးသးအုး	pain
_painful	a.	လၢအဒုးကဲထီၣ်(တၢ်ဆူးတၢ်ဆါ).(တၢ်သူၣ်အုးသးအုး)★ လၢအအ့ၣ်ထုးအ့ၣ်စိၢ်★လၢအဆါ★ကီကီခဲခဲ★လၢအလၢ်ဂံၢ်လၢ်ဘါ	pain'ful
_painless	a.	လၢအတမၤဆါတၢ်ဘၣ်★လၢအတအ့ၣ်ထုးအ့ၣ်စိၢ်ဘၣ်	pain'less
_painstaking	a.	လၢအဂုာ်စၢးမၤတၢ်လီတံၢ်လီၤဆဲး	pains'tak'ing
_painstaking	n.	တၢ်ဂုာ်စၢးမၤတၢ်လီတံၢ်လီၤဆဲးသပှၢ်ပှၢ်	pains'tak'ing
_paint	v.t.	ဖှူတၢ်★တဲဖျါထီၣ်တၢ်ဖျဲဖျါဖျဲဖျါတဲၤပှဲၤထံၣ်လၢအသးအမဲာ်သူ★ခဲၣ်တၢ်ဂီၤ	paint
_pair	n.	တစုၣ်★ဒီမိဝၤ★(တၢ်)တဆူ★တၢ်(တကလုာ်ယီ)ခံမံၤ★ဒီမိၢ်ဖါ	pair
_pair	v.t.	ဟ်ဖှိၣ်တၢ်ခံသိးအကဘိုထီၣ်(တၢ်တစုၣ်)(ဒီမိၢ်ဖါ)(ဒီမိဝၤ)	pair
_palace	n.	နီ★နူၢ်ဖီးဖိးဖိး★နူၢ်★ဟံၣ်ခိၣ်ကျိုးသ့ၣ်လၢအယံအလၤ	pal'ace
_palatable	a.	ဘဲ★ဘၣ်ပကိာ်ပူၤ★ဝံၣ်★လၢအဝံၣ်	pal'at-a-ble
_palatial	a.	လၢအကြၢးဒီးနူၢ်ဖိးဖိးဖိး★ဘၣ်ယးဒီးနူၢ်ဖိးဖိးဖိး★လၢအဖျါကပြုၢ်ကပြီၤ	pa-la'tial
_pale	a.	လီၤဝါလီၤဘီ★လီၤသဖျ်★လၢအလွံၢ်တကတြူၣ်ဘၣ်★လီၤဝါ	pale
_pale	n.	ကရၢ	pale
_pall	v.i.	(တၢ်အီၣ်)ဘျၢ★မၤစၢ်လီၤအတၢ်သးဆူၣ်	pall
_pall	n.	တၢ်ကံးညာ်လၢတၢ်ကးဘၢကျၢၣ်	pall
_pallbearer	n.	ပုၤလၢအကွၢ်ထွဲကျၢၣ်လၢတၢ်လဲၤခူၣ်လီၤတၢ်	pall'bear'er
_palliate	v.t.	မၤလီၤစၢ်ကွၤ★ကတိၤစၢ်လီၤအတၢ်ကမၣ်★ကတိၤဆံးလီၤရၤလီၤအတၢ်ကမၣ်	pal'li-ate
_pallid	a.	လၢအလီၤဘီ★လၢအလွံၢ်တကတြူၣ်ဘၣ်★လီၤဝါ	pal'lid
_pallor	n.	တၢ်လီၤဘီလီၤဝါ★တၢ်လီၤညွံးလီၤဘီ	pal'lor

203

_palm	n.	စုညါသး★တဘၣ်★ထီ★ယီၤ★စ့ၣ်ပလိၣ်★သဲး★တၢ်မၤနၢၤ	palm
_palm	v.t.	ဆါကွံာ်လၤတၢ်လီတၢ်ဝ့ၤ	palm
_palpable	a.	လၤပထိးဘၣ်သ့ၣ်ညါအီၤသ့★သ့ၣ်ညါအီၤလၤ(ထိး)(ကလၢ်)ကွၢ်အီၤအယိ★လၤအအိၣ်ဖျါဝဲဂ့ၤဂ့ၤ	pal'pa-ble
_palpitate	v.i.	သးကနိုး★သးစံၣ်	pal'pi-tate
_palsy	n.	တၢ်သံတခီပၤ★တၢ်ဆါသံတခီပၤ	pal'sy
_palsy	v.t.	ဒုးသံတခီပၤအီၤ	pal'sy
_paltry	a.	လၤအသူတၢ်ကိၣ်ဘၣ်★နၢ်စိၤ	pal'try
_pamper	v.t.	လူၤဘၣ်ပုၤအသး★ဒုးမုာ်လၤအီၤဖဲဒၣ်အသးအၢးအါကဲၣ်ဆိး	pam'per
_pamphlet	n.	လံာ်အိၣ်ဒီးအကဘျုးစုၤကဘျုး	pam'phlet
_pan	n.	သပၢၤဘံၣ်သလဉ်	pan
_panacea	n.	ကသံၣ်အဂ့ၤလၤတၢ်ဆါကိးမံၤဒဲး	pan'a-ce'a
_pane	n.	ပဲတြီဖိမဲာ်ထံကလၤဖိတဘ့ၣ်	pane
_panel	n.	ဂီၤပၤဖိတဘ့ၣ်လၤနုာ်အလိၤ★(သ့ၣ်ဘၣ်)(မဲာ်ကလၤ)ဖိတဘ့ၣ်လၤအအိၣ်လၤတၢ်အ(ခိၣ်ဒူ)(တကွီၢ်)အပူၤ	pan'el
_pang	n.	တၢ်အ့ၣ်ထုးအ့ၣ်စိၢ်ဖး★တၢ်သ့ၣ်ကိၢ်သးဂီၤနၤနၤကလံာ်လၤအဘၣ်ဖးပူ★တၢ်သးအူးနၤနၤကလံာ်	pang
_panic	n.	(ပုၤအါဂၤအ)တၢ်ပျံၤနၢ်စိၤတၢ်★တၢ်ပျံၤတၢ်လၤအဂ့ၢ်အကျိၤတအိၣ်ဘၣ်	pan'ic
_panorama	n.	တၢ်ဂီၤလၤအအိၣ်ဒီးတၢ်လီၢ်ဖးလဲၢ်ဖးထိအကွၢ်အဂီၤ★တၢ်အိၣ်ဖျါဖးလဲၢ်လၤပထံၣ်လၤပမဲာ်	pan'o-ra'ma
_pant	v.i.	သါဆဲးဖိုး★သါအီၣ်ဝဉ်★သါဟဲၤဟီၤ★ဆၢန့ၢ်တၢ်နၤနၤကလံာ်	pant
_pantomime	v.t.	ဟ်ဖျါတၢ်ပနီၣ်လၤတၢ်ကတိၤအလီၢ်	pant'o-mime
_pantomime	n.	တၢ်ဒုးနဲၣ်ဖျါတၢ်အဂ့ၢ်တမံၤမံၤတအိၣ်ဒီးတၢ်ကတိၤဘၣ်,အိၣ်ဒၣ်ထဲတၢ်ဒုးနဲၣ်တၢ်ပနီၣ်ဖိုးလီၤ	pant'o-mime
_pants	n.	တၢ်ဖျီၣ်ခံ(လၤအယံၤတၢ်)	pants
_paper	n.	စးခိ★တၢ်ပရၢပစၢ်	pa'per
_parable	n.	တၢ်ကတိၤအဒိ★ပုဖိလၤအဟ့ၣ်ပုၤတၢ်သိၣ်တၢ်သီ	par'a-ble
_parade	v.t.	(သုးဖိအတၢ်)ရဲၣ်လီၤအသးလၤအဂ့ၢ်အကျိၤဒေၣ်ဝဲ	pa-rade'
_paradise	n.	တၢ်မုာ်ဟၢ်ပၢၤအလီၢ်★ပၤရၤ့စူး	par'a-dise
_paradox	n.	တၢ်ကတိၤခံထံၣ်လၤအအိၣ်ဖျါဒၢါလိာ်အသးနၢ်တ့ကဲ့ထီဒၢါဘၣ်,တၢ်စံးတၢ်ကတိၤလၤအဖျၢတၢတီဘၣ်,ဘၣ်ဆၣ်အနီၢ်ကီၢ်တနီၤ့နၣ်မ့ၢ်တၢ်အတီလီၤ	par'a-dox
_paraffin	n.	(သ့ၣ်)(လၢ်သွဲၣ်လး)အစီလၤအလီၢ်ကီၤးကနဲယ်း	par'af-fin
_paragon	n.	တၢ်အဒိတၢ်တဲၢ်အ(လၤအပုဲ)(ဂ့ၤကတၢ်)	par'a-gon
_paragraph	n.	လံာ်ဒီဆၢညါအတတီၤ	par'a-graph
_parallel	a.	လၤအကဆုးနီၤသိးသိးကျိညါ★လၤအလဲၤသယဲၤသ့ယဲၤဒီးတဘၣ်သဂၢၢ်လိာ်အသးနီၢ်တဘ္ဘၣ်★ယူလိာ်ဖးလိာ်အသး★လီၤက်လိာ်အသး	par'al-lel
_paralysis / paralytic	n. / n.	(ပုၤ)(တၢ်)သံတခီပၤ	pa-ral'y-sis / par'a-lyt'ic
_paralyze	v.t.	ဒုးသံတခီပၤတၢ်	par'a-lyze
_paramount	a.	လၤအအိၣ်အထိကတၢ်	par'a-mount
_paramour	n.	သံၣ်မါ★သံၣ်ဝၤ	par'a-mour
_paraphrase	v.t.	တဲဖျါထီၣ်တၢ်အခီပညီၣ်ဝံၤတၢ်ညီနုၢ်ကတိၤဝဲအသိး	par'a-phrase
_paraphrase	n.	တၢ်အခီပညီလၤလၤတဲဖျါထီၣ်ဝံၤတၢ်ညီနုၢ်ကတိၤဝဲအသိး	par'a-phrase
_parasite	n.	တၢ်လၤအမူလၤတၢ်ဂၤအလိၤ★တဒ်း((ဂှဉ်))သ့ၣ်ဒ့စိၢ်★လီၢ်ပစိာ်★ပုၤလၤအစံးပတြၢၤပုၤဂၤဒ်သိးအတၢ်ကမၤဘျုးအီၤ	par'a-site
_parcel	n.	တၢ်ဘိၣ်ဖိ	par'cel
_parch	v.t.	(မၤ)ယူထိ★(မၤ)ကိၢ်ယၢၣ်★ဝံာ်★ဝံာ်ယူထိ★(သူထံတ့ၤ)ဂျူၤယူၤဝဲ	parch
_pardon	v.t.	(တၢ်)ပျၢ်ကွံာ်တၢ်ကမၣ်	par'don
_pare	v.t.	(သွဲၣ်ကွံာ်)(ဘျုၣ်ကွံာ်)လၤဒိ	pare

_parent	n.	မိၢ်ပၢ်★မိၢ်★ပၢ်	par'ent
_parentage	n.	တၢ်လီၤစၢၤလီၤသွဲၣ်★အထူအထံး★အစၢၤအသွဲၣ်	par'ent-age
_parental	a.	ဘၣ်ယးမိၢ်ပၢ်★(သးအိၣ်တၢ်)(ဆဲၣ်တၢ်)ဒ်မိၢ်ပၢ်အသိး	pa-ren'tal
_parenthesis	n.	တၢ်ပနီၣ်လၢအကွီၤယာ်တၢ်ကတိၤဧုၤဘီ	pa-ren'the-sis
_paring	n.	တၢ်အဖံးလၢပသွဲၣ်ကွံာ်★တၢ်သွဲၣ်ကွံၣ်တၢ်	par'ing
_parity	n.	တၢ်ထဲသိးလိာ်အသး★တၢ်(ဒ်သိး)(လီၤက်)လိာ်သး★တၢ်ပှဲၤသိး	par'ity
_park	n.	တၢ်ဘုၣ်ဟ်ကီၢ်ဆ့ၣ်ဝီကီၢ်ဖိဇလၢၢ်★ဖိကရၢၢ်	park
_parody	n.	ထါလီၤနံၤလၢပုၤဟံးန့ၢ်မၤဒိးထါအဂၤလၢအဒီပဉညီလီၤဖးဒိၣ်★တၢ်ကွဲၤမၤဒိးပှၤကွဲၤလံာ်ဖိတဂၤအတၢ်ကွဲၤ	par'o-dy
_parole	n.	တၢ်ပျၢ်ဖှဲးပုၤလၢအဒၢၣ်လီၤအီၣ်လီၤအသးလၢအကဟံးယာ်အတၢ်အၢၣ်လီၤ	parole'
_paroxysm	n.	တၢ်ထိၣ်ပှုၤဟဲပၢ်ထိၣ်တဘျီတဘျီ★တၢ်ထိၣ်ပှုၤတဘျီတဘျီၣ်(တၢ်ဆါ)(တၢ်သးဒိၣ်)	par'ox-ysm
_parricide	n.	ပုၤလၢအမၤသံမိၢ်မၤသံပၢ်	par'ri-cide
_parrot	n.	ထိၣ်ကံၣ်★ထိၣ်လီၤဒီယာ်	par'rot
_parry	v.t.	ဒီယာ်★ဒီဆၢ★တဒီယာ်★တြီကွံၣ်	par'ry
_parsimonious	a.	ဟ်ကီၢ်လီၤကီတၢ်	par'si-mo'ni-ous
_part	n.	အခီ★အကူာ်★တၢ်တၢနီၤ★နီၤဖး★တၢ်လီၢ်★(မၤ)လီၤဖး★တၢ်လၢ(ပန့ၢ်ဘၣ်)(အလီၤဘၣ်ပှၤ)	part
_part	v.i.	လီၤမုာ်လီၤဖး	part
_partake	v.i.	မၤသကိး★တူၢ်သကိးတၢ်★(ဟံးန့ၢ်)(ဒိးန့ၢ်)သကိးတၢ်	par-take'
_partial / partiality	a. / n.	(တၢ်)(လၢအ)ကွၢ်မဲာ်တၢ်★(တၢ်)(လၢအ)စံၣ်ညီၣ်ဒိၣ်ဆံးအၢါဧုၤတၢ်★တၢ်တတၢ	par'tial / par-ti-al'i-ty
_partially	adv.	တဖဲလၢာ်ခဲဆ့ဘၣ်★ထဲတခီတၢဖိၤ★တနီၤ	par'tial-ly
_participate	v.i. / n.	(တၢ်)မၤသကိးတၢ်★(တၢ်)တူၢ်သကိးတၢ်★တၢ်နှၢ်ဘၣ်သကိးတၢ်	par-ti'ci-pate / par-tic'i-pa'tion
_particle	n.	တၢ်ကမံၣ်ဒံဖိ★တၢ်လၢအဆံးကိာ်ဖိ	par'ti-cle
_particular	a.	(လၢအ)လီၤဆီ★လၢအအဲၣ်တၢ်လီၤတံၢ်	par-tic'u-lar
_particularly	adv.	လီၤဆီဒၣ်တၢ်	par-tic'u-lar-ly
_partition	n.	တၢ်ဒူၣ်လၢဟံၣ်အိပူၤ★တၢ်နီၤဖးတၢ်	par-ti'tion
_partly	adv.	တနီၤ★တဖဲလၢာ်ခဲဆ့ဘၣ်	part'ly
_partner	n.	သကိး★ပုၤလၢအဖံးသကိးမၤသကိးတၢ်တဂၤ	part'ner
_partnership	n.	တၢ်မၤသကိးတၢ်★တၢ်ဒီတံၤဒီသကိး★ပုၤကမၤတၢ်ဖိတကရၢ	part'ner-ship
_partridge	n.	ထိၣ်ဘ္ၣ်	par'tridge
_party	n.	ပုၤ(အဖုတဖၣ်အကျါ)တဖု★ပုၤအိၣ်သကိးအိသကိးတၢ်တဖုတကရၢ	par'ty
_pass	n.	ကျဲ★ကျဲလၢကစၢၢ်ကဆူး★တၢ်ဖိဃာ်ဒီးစဲး★တၢ်ပျဲလဲၤတၢ်★လဲၤမၤပှဲလဲၤတၢ်	pass
_pass	v.i.	(ဒုး)လဲၤ(ဒုး)ဖျိ★သုသု★ဟ့ၣ်ယီၤ★လီၤတံၢ်(န့ၣ်)(ဆူ)★ကဲထိၣ်(တၢ်သဝံ)	pass
_pass	v.t.	ဟ့ၣ်လီၤ(တၢ်သိၣ်တၢ်သီ)★လဲၤပူၤကွံာ်★လဲာ်(ကွံာ်)★ဘၣ်တၢ်ပျဲမၤ★မၤနၢၤ★(ပျဲ)ဟဲထိၣ်(လၢထးခိၣ်),ဟ့ၣ်လီၤတၢ်စံၣ်ညီၣ်★သံ	pass
_passage	n.	ကျဲ★တၢ်ကျိၤလၢတၢ်အကဆူး★လံာ်(တဆၢ)(တအီၤ)	pas'sage
_passenger	n.	ပုၤလၢအဒိးလ္ၣ်မှၣ်အု,--က(ဘီ)(ချံ)	pas'sen-ger
_passion / passionate	n. / a.	(လၢအညီန့ၢ်)(တၢ်)သးကတၢ★(လၢအညီန့ၢ်)(တၢ်)သးဒိၣ်တပျုာ်တပျိၢ်★တၢ်သးဂဲၤအံးဒံးနၤ★တၢ်အဲၣ်★သးထိၣ်ချ★တၢ်တူၢ်ဘၣ်ခီၣ်ဘၣ်တၢ်	pas'sion / pas'sion-ate
_passive	a.	လၢအတဂ္ၤဆၢတၢ်ဘၣ်★လၢအဒိးဘၣ်တၢ်	pas'sive
_past	a.	လၢအပူၤကွံာ်လံ	past
_paste	n.	ကိၣ်★တၢ်လၢအစဲဘူးဒီးဟ်ာ်	paste
_paste	v.t.	ကျးစဲဘူးတၢ်	paste
_pastime	n.	တၢ်လိာ်ကွဲ★တၢ်လၢအမၤမှာ်ပသးဒီးဒုးလဲၤပူၤကွံာ်တၢ်ဆၢကတီၢ်မှာ်မှာ်ခုၣ်ခုၣ်	pas'time
_pastor	n.	သရၣ်(သိၣ်သီ)(ကွၢ်)တၢ်★တၢ်အိၣ်ဖှိၣ်သရၣ်	pas'tor

_pasture	n.	ဆၣ်ဖိက်ိဖိအငၢ်အိၣ်ဆၣ်အလီၢ်	pas'ture
_pasture	v.t.	အိၣ်ဆၣ်★အိၣ်နိၣ်ၖိးမဲၢ်ၖိး	pas'ture
_pasty	a.	ၣ်ကိၣ်အသိး★စဲဘူး★ကိၣ်လၢတၢ်ညၣ်အိၣ်လၢအပူ	past'y
_pat	v.t.	ၒတၢ်ကဟုာ်လူးကဖိလိ	pat
_patch	v.t.	ဆးကျး★ဘိၣ်ကွးတၢလီၤတၢ်လီၤဆံးဘၣ်	patch
_patch up		ၒးအိၣ်ထိၣ်(တၢ်ယူတၢ်ဖိး)လၢကျဲတၢလီၤတၢ်လီၤဆံး	patch up
_patch	n.	တၢ်ကၢ်ညၣ်လၢပူဆးကျးတၢ်အၤ်★––ဟိၣ်ခိၣ်ဖိတကဝီၤ	patch
_patent	a.	လၢအအိၣ်ဖျါ	pa'tent
_patent	n.	ပၖိၣ်အလံာ်တဘ့ၣ်လၢအဟ့ၣ်ပုၤတဂၤအခွဲးလၢအက(မၤတၢ်)(ဆါတၢ်)တမံၤမံၤၒံၤသိးအဂၣ်ဘျုးထဲလၢအဂၢ်ၒၣ်ဝဲ	pa'tent
_paternal	a.	ဘၣ်ယးၒီးပၢ်★လၢအဟဲလၢပၢ်★လီၤက်ၒာ်ပၢ်★ၣ်ပၢ်အသိး	pa-tern'al
_path	n.	ကျဲ★(ခိၣ်)ကျဲဖိ	path
_pathetic	a.	(လၢအ)လီၤသးကညီၤ★(လၢအ)ထိၣ်ဂဲၤထိၣ်တၢ်သးအိၣ်	pa-thet'ic
_pathos	n.	တၢ်သးကညီၤ★တၢ်သးအိၣ်	pa'thos
_patience	n.	တၢ်ဝံသးစူၤတၢ်★တၢ်သူၣ်စူၤသးစူၤ	pa'tience
_patient	a.	လၢအဝံသးစူၤတၢ်	pa'tient
_patient	n.	ပုၤ(လၢကသံၣ်သရၣ်ကုၤစါ)ဆါ	pa'tient
_patrol	v.t.	(ပုၤ)ဟးဝ့ၤဝီၤခိးတၢ်★(တၢ်)လဲၤတရံးအိၣ်ဝီၤခိးတၢ်	pa-trol'
_patron / patronage	n. / n.	(တၢ်)(ပုၤလၢအ)ကဟုကယာ်မၤစၢၤပုၤဂၤ	pa'tron / pat'ron-age
_patronize	v.t.	ကဟုကယာ်မၤစၢၤပုၤ★ကၒိၣ်ပုၤပူညီနၢ်တၢ်လၢအအိၣ်★ဟ်ကဟုကယာ်အသးပုၤ	pat'ron-ize
_patter	v.i.	သီၣ်ပြူၤပြူၤ★သီၣ်ဖြးဖြးၣ်တၢ်စူၤအဖျၢၣ်လီၤသီၣ်အသိး★ဟသီၣ်ၖဲၖဲ★ကတိၤတၢ်ဖျၢ့ဖျၢ့တဖျၢ့ဖျၢ့	pat'ter
_pattern	n.	တၢ်အၒိ(အတဲာ်)	pat'tern
_paunch	n.	ဟၢဖၢဒီးတၢ်အိၣ်လၢအပူ★ကၖု	paunch
_pauper	n.	ပုၤလၢအဖှိၣ်နးမးတဂၤ★ပုၤလၢအဖှိၣ်သံယာ်ဂီၤလၢအဂ့ၤၖီးနၢ်ပုၤကမျၢ်အတၢ်မၤစၢၤ	paup'er
_pause	v.i.	(တၢ်)ဆိကတီၢ်တစိၢ်ဖိ★(တၢ်)အိၣ်ကတီၢ်မီကိာ်	pause
_pave	v.t.	ဒၢလီၤကျဲလၢလၢ်★ဘိၣ်ကျဲလၢပၢ်★ကတ်ာ်ကတီၤဟ်စၢၤ(ကျဲ)	pave
_pavement	n.	လၢ်ဘ့ၣ်ဘၣ်တဖၣ်အဒၢလီၤအသးတကဆထၢ★(ကျဲ)(ယီခိၣ်)လၢတၢ်ဒၢလီၤအီၤ★တၢ်လၢတၢ်(ဒၢလီၤ)(ဘိၣ်)ကျဲၒီးယီခိၣ်	pave'ment
_paw	n.	ဆၣ်ဖိက်ိဖိအစုညါခိၣ်ညါ	paw
_paw	v.t.	တ်(ၖီး)တၢ်	paw
_pawn	v.t.	ပိၣ်လီၤတၢ်★ဟ်ကီၤတၢ်★ဟ့ၣ်ကီၤတၢ်	pawn
_pay	v.t.	ဟ့ၣ်(တၢ်အဘူးအလဲ)★ဟ့ၣ်ကၖ(ၒုၣ်ကမၢ်)★ဟ့ၣ်ဆၢကၖၤတၢ်	pay
_pay	n.	အဘျုးအိၣ်★အဘူးအလဲ	pay
_payee	n.	ပုၤလၢတၢ်(ဘၣ်)ဟ့ၣ်စ့လၢအစုပူ★ပုၤလၢတၢ်ဆှၢစ့ဆူအအိၣ်	pay-ee'
_paymaster	n.	ပုၤလၢအဟ့ၣ်လီၤညီနၢ်တၢ်အဘူးအလဲတဂၤ	pay'mas'ter
_payment	n.	တၢ်ဟ့ၣ်★တၢ်ဟ့ၣ်ဘျုးကၖၤတၢ်	pay'ment
_pea	n.	ပထိး(တကလုာ်)	pea
_peace	n.	တၢ်ယူတၢ်ဖိး★တၢ်သုၣ်မုာ်သးမုာ်★တၢ်ဂၢၢ်တပၢ်★တၢ်အိၣ်ဘှ့ၣ်အိၣ်ဘိၣ်ကွၤ	peace
_peaceable	a.	လၢအအိၣ်လၢတၢ်ယူတၢ်ဖိး★လၢအအဲၣ်တၢ်ယူတၢ်ဖိး	peace'a-ble
_peaceably	adv.	လၢတၢ်ယူတၢ်ဖိးအပူၤ★ယူယူဖိးဖိး	peace'a-bly
_peaceful	a.	ဂၢၢ်တပၢ်★လၢအအိၣ်ဒီးတၢ်ယူတၢ်ဖိး★အိၣ်ဘှ့ၣ်ကလာ်★အဲၣ်တၢ်ယူတၢ်ဖိး★မၤကလုၢ်အိၣ်ကစုၤ	peace'ful
_peacock	n.	ထိၣ်ဟ့ာ်(ဖါ)	pea'-cock
_peak	n.	တၢ်ခိၣ်စိၣ်★တၢ်(ၖီ)(စိ)ခိၣ်	peak
_peal	n.	(ဒၢလွဲၢ်)အသီၣ်★တၢ်သီၣ်ဖးဒိၣ်	peal

_peal	v.t.	မဃိင်တၢ်ဖးဒိဉ်★နုးဟူထိဉ်သါလီၤ	peal
_pearl	n.	ချိဉ်လှၤ★ပလဲ	pearl
_pearly	a.	လီၤက်(ချိဉ်လှၤ)(ပလဲ)	pearl'y
_pebbles	n.	လၢါဖိဒံဉ်★လၢါဖိပြံဖျာဉ်သလၢဉ်လၢထံကျိပူၤ	peb-bles
_peck	n.	တၢ်ယိဉ်နီဉ်လၢအအိဉ်လွံၢ်(တုဉ်)(သလိး)	peck
_peck	v.t.	စီးတၢ်★ဖျးတၢ်	peck
_peculiar	a.	(လၢအ)လီၤဆီ	pe-cul'iar
_peculiarity	n.	တၢ်အလုၢ်အလၢ်လီၤဆီ★တၢ်လီၤဆီ	pe-cu'li-ar'i-ty
_pecuniary	a.	လၢအဘဉ်ယးဒီးစ့★ပဉ်ယှာ်ဒီးစ့	pe-cu'ni-a-ry
_pedantic	a.	လၢအဟ်ဖျါအတၢ်သ့ထဲလၢလံာ်ပူၤ★လၢအလိာ်သ့အသးအံးသိးပူၤကစံးထိဉ်ပ[ ]တၢၤအီၤ	pe-dan'tic
_pedal	n.	လှဉ်ယီၢ်အခိဉ်ယီၢ်★တနၢ်အခိဉ်ယီၢ်	ped'al
_peddle / peddler	v.t. / n.	(ပှၤ)ဟးဝ့ၤဝီၤဆါတၢ်ကရဲာ်ကရိာ်	ped'dle / ped'-dler
_pedestal	n.	(လၢါ)ထူဉ်အခိဉ်ထံး	ped'es-tal
_pedestrian	n.	ပှၤလၢအဟးလၢအခိဉ်	pe-des'tri-an
_pedigree	n.	အစၢၤအသွဲဉ်★တၢ်အထူအထံး(လၢအဘဉ်တၢ်ကွဲးနီဉ်အီၤ)★(တၢ်)(စရီ)ကွဲးနီဉ်တၢ်အထူအထံးအစၢၤအသွဲဉ်	ped'i-gree
_peek	v.i.	ကွၢ်ဟ့ဉ်ခုသှဉ်တၢ်	peek
_peel	v.t.	အုဉ်ကွံာ်★အီးကွံာ်တၢ်အဖံး	peel
_peep	v.i.	ဟဲအိဉ်ဖျါထိဉ်သိ★ကွၢ်ခုသှဉ်တၢ်★(တၢ်မုၢ်တၢ်ဘိဖိ)ဟဲလံာ်ထိဉ်အခိဉ်	peep
_peer	v.i.	ကွၢ်ထံထံဆးဆး★အိဉ်ဖျါထိဉ်	peer
_peer	n.	ပှၤလၢအခိဉ်ထဲသိးဒီး(ပှၤ)★တံၤသကိး★ကီၢ်အဲကလံာ်အ(ပဒိဉ်)(ပှၤတူၢ်ဒိဉ်ကီၤဒိဉ်)	peer
_peerless	a.	လၢအခိဉ်ထဲသိးဒီးအီၤတအိဉ်★(ပှၤ)(တၢ်)လၢအကၢဒ်သိးထဲသိးဒီးအီၤတအိဉ်★လၢအဒၢါတအိဉ်ဘဉ်★လၢပထိဉ်သတြီၤအီၤဒီးတၢ်ဂၤတသ့ဘဉ်	peer'less
_peevish	a.	လၢအညီနုၢ်အ့ဉ်★လၢအ(သး)အ့ဉ်	peev'ish
_peg	n.	နီဉ်စဲ★နီဉ်ဘှူးယာ်ဆ့ကၤ	peg
_peg	v.i.	့ယာ်တၢ်လၢနီဉ်စဲ★ကျဲးစၢးမၤတၢ်သပှၢ်ပှၢ်	peg
_pellet	n.	ကျီကလံးအသဉ်★တၢ်ဖျ့ဉ်သလၢဉ်ဖိ	pel'let
_pelt	v.t.	ကွံာ်ဘဉ်ဒီဝံၤဘဉ်ဒီကွၤလၢလၢါဖိ★(သံကွၢ်)ဝံၤ(သံကွၢ်)က့၊★ကွံာ်လၢလၢါ	pelt
_pelt	n.	သိမံာ်ထဲးလဲးအဖံးဘ့ဉ်	pelt
_pen	n.	ဆ့ဉ်ဖီကီၢ်ဖိအ(ကရၢၢ်)(ကပါ)(ဂၢၤ)★ထိဉ်းဘိ	pen
_penal	a.	ဘဉ်ယးဒီး(တၢ်ဘဉ်တ့ၢ်)တၢ်စံဉ်ညီဉ်	pe'nal
_penalize	v.t.	လီးအီဉ်ပှၤ★စံဉ်ညီဉ်မၤဖှးလီၤပှၤအတၢ်ဘျုး★စံဉ်ညီဉ်	pe'nal-ize
_penalty	n.	တၢ်ဘဉ်လီး★တၢ်စံဉ်ညီဉ်မၤဖှးလီၤတၢ်အဘျုးထဲအံၤထဲနုၤလၢတၢ်ကမဉ်အယိ	pen'al-ty
_penance	n.	တၢ်တူၢ်တၢ်နးတၢ်ဖှိဉ်လၢအဒုးနဲဉ်ဖျါထိဉ်တၢ်ပီၢ်ယၢ်လီၤက့ၤအသးလၢအတၢ်ဒဲးဘးအယိ	pen'ance
_pencil	n.	စၢၢ်ဘိ	pen'cil
_pendant	n.	တၢ်ကယၢကယဲလၢအလီၤစဲၤ★ကဘီအလဉ်လၢအကတၢၢ်ဖးဒ့ခီ	pend'ant
_pending	a.	(လၢအအိဉ်ခိးတၢ်)အဖၢမုၢ်★လၢအတဘဉ်တၢ်မၤဝံၤဝဲဒံးဘဉ်★ဘူးအကမၤအသး★တချုးလၢ--	pend'ing
_pendulum	n.	နၣ်ရံဉ်အသဉ်	pen'du-lum
_penetrable	a.	လၢတၢ်လဲၤနုာ်သ့★လၢတၢ်ဆဲး(နုၢ်)(ထူဉ်ပၢၢ်)သ့★လၢအနၢ်ပၢၢ်တၢ်	pen'e-tra-ble
_penetrate	v.t.	လဲၤနုာ်	pen'e-trate
_peninsula	n.	ဟီဉ်ခိဉ်လၢအဘဉ်တၢ်အိဉ်ဝးတရံးအီၤလၢထံခဲလၢာ်ယာ်ယာ်	pen-in'su-la
_penitence / penitential	n. / a.	(ဘဉ်ယးဒီး)တၢ်သ့ဉ်နီဉ်ပီၢ်ယၢ်လီၤက့ၤပသးလၢတၢ်ကမဉ်အယိ	pen'i-tence / pen'i-ten'tial
_penitentiary	n.	ယိာ်တကလုာ်	pen'i-ten'tia-ry

_pennant	n.	လၣ်လၢအအံၣ်ဒီးတစုၢ်	pen'nant
_pension	n.	တၢ်ဟ့ၣ်မၤစၢၤက့ၤပှၤမၤတၢ်ဖိလၢအအိၣ်ဘှံးအိၣ်သါက့ၤတဖၣ်	pen'sion
_pensive	a.	လၢအဒုးနဲၣ်ဖျါလၢအအိၣ်ဒီးတၢ်ဆိကမိၣ်အါဒီးတၢ်သူၣ်အုးသးအုး★ ပှဲၤဒီးတၢ်မိၣ်တၢ်မး★လၢအမိၣ်တၢ်မးတၢ်ပှဲၤဒီးတၢ်သူၣ်အုးသးအုး	pen'sive
_penurious	a.	လၢအဟ်အကီ	pe-nu'ri-ous
_peon	n.	ပှၣ်တၢ်★တၢ်ခ့တၢ်ပှၤလၢတၢ်မၢထီၣ်မၢလီၤအီၤအဂီၢ်	pe'on
_people	n.	ပှၤ★ပှၤကီၢ်မုၢ်★ပှၤကလုာ်	peo'ple
_people	v.t.	ဒုးပှဲၤတၢ်အိၣ်တၢ်ဆိးအလီၢ်လၢပှၤ	peo'ple
_pepper	n.	မိၢ်ဂံာ်သၣ်	pep'per
_peppery	a.	လၢအဟဲ★လၢအသးချ့	pep'per-y
_perambulate	v.t.	ဟးဝ့ၤဝီၤ★ဟးကထီၣ်ထီၣ်ကလီၤလီၤဆူအံၤဆူနၤ	per-am'bu-late
_perceive	v.t.	(ထံၣ်)သ့ၣ်ညါ★(ထိးဘၣ်)သ့ၣ်ညါ★(နၢ်ဟူ)သ့ၣ်ညါ★သ့ၣ်ညါ(နၢ်ပၢၢ်)★ ထံၣ်	per-ceive'
_percentage	n.	မျှးကယၤ★တကယၤအဖီခိၣ်ဆံးအါဆံးအါ	per-cen'tage
_perception	n.	တၢ်သ့ၣ်ညါ(လၢပစ့ၣ်တဖၣ်အယိ)	per-cep'tion
_perch	n.	တၢ်စီၢ်လီၤအလီၢ်★တဆံတပျ့ၢ်	perch
_perch	v.i.	စီၢ်လီၤ	perch
_percolate	v.t.	ပြာ်ထီၣ်★စံၢ်ထီၣ်★စှၢ်ထီၣ်★ပှံၢ်(ထံ)★ကစံၢ်ထံ★စှၢၤ(စံၢ်)လီၤယွၤလီၤဝဲ	per'co-late
_percussion	n.	တၢ်ဘၣ်ဒိဘၣ်ထံးအိၣ်ဒီးတၢ်သီၣ်တၢ်သဲ★တၢ်ဒိသီၣ်ဒိသဲတၢ်★တၢ်သီၣ်	per-cus'sion
_perdition	n.	တၢ်သံလီၤထုလီၤယိာ်	per-di'tion
_peregrination	n.	တၢ်ဟးဝ့ၤဝီၤလၢကီၢ်တဘ့ၣ်ဘၣ်တဘ့ၣ်★တၢ်ဟးဝ့ၤဝီၤ	per'e-gri-na'tion
_peremptory	a.	လၢအမၤဝံၤတၢ်★လၢတၢ်ကတိၤအါအလီၢ်တအိၣ်လၢၤဘၣ်★ လၢအတဲာ်အဝံၤတဘျီယီ	per'emp-to-ry
_perennial	a.	လၢအအိၣ်ဒီနံၣ်ညါ★လၢအတကတၢၢ်နီတဘျီဘၣ်★တအိၣ်ကတီၢ် နီတဘျီဘၣ်★ထီဘိ	per-en'ni-al
_perfect / perfection	a. / n.	(တၢ်)အလၢအပှဲၤ★(တၢ်)လီၤတံၢ်လီၤဆဲး★(တၢ်)(လၢအ)ကမူၤကမၣ်တအိၣ် ★(တၢ်)လၢတၢ်ကတိၤအီၤအလီၢ်တအိၣ်ဘၣ်	per'fect / per-fec'tion
_perfect	v.t.	မၤလၢမၤပှဲၤ★မၤဝံၤ★မၤတုၤတၢ်ကတိၤအီၤအလီၢ်တအိၣ်ဘၣ်	per-fect'
_perfectly	adv.	လၢလၢပှဲၤပှဲၤ★လီၤတံၢ်လီၤဆဲး★တုၤတၢ်ဟ်တၢ်ကမၣ် လၢအလီၤအလီၢ်တအိၣ်ဘၣ်	per'fect-ly
_perfidious	a.	လၢအကလုၢ်တတီဘၣ်★လၢအတမၤဒ်တၢ်နာ်နှၢ်အီၤအသိးဘၣ်★ လၢအသးတတီဘၣ်	per-fid'i-ous
_perforate / perforation	v.t. / n.	(တၢ်)ပျံာ်ထူၣ်ဖို★(တၢ်)မၤထူၣ်ဖို	per'fo-rate / per'fo-ra'tion
_perforce	adv.	လၢအလီၢ်အိၣ်ဝဲအယိ★လၢတၢ်မၤဆူၣ်မၤစိးအယိ	per-force'
_perform / performance	v.t. / n.	(တၢ်)မၤတၢ်(လၢပှၤကီၢ်မုၢ်အမဲာ်ညါ)★မၤ(ဝံၤ)	per-form' / per-form'ance
_performer	n.	ပှၤလၢအမၤဒိးပှၤတကလုာ်အလုၢ်အလၢ်လၢတၢ်ကွၢ်ကီအလီၢ်ပှၤ ဒ်သိးကကဲထီၣ်တၢ်သူၣ်ဟူးသးဂဲၤအဂီၢ်★ပှၤလၢအမၤ(ဝံၤ)တၢ်	per-form'er
_perfume	v.t.	မၤနၢမူ	per-fume'
_perfume / perfumery	n. / n.	တၢ်နၢမူ★တၢ်(မၤ)(ဆါ)တၢ်နၢမူအလီၢ်	per'fume / per-fum'er-y
_perfunctory	a.	မၤလၢတၢ်သးတတုၤလီၤဘၣ်အပူၤ★မၤတၢ်ထဲလၢသးတကထၢ★နါစီၤမၤတၢ်	per-func'to-ry
_peril	n.	တၢ်ဘၣ်ယိၣ်ဘၣ်ဘီဖးဒိၣ်★တၢ်သံခ့သံပှၤ	per'il
_peril	v.t.	ဒုးသံဒုးပှၢ်	per'il
_perilous	a.	လၢအလီၤဘၣ်ယိၣ်ဘၣ်ဘီဖးဒိၣ်★လၢအလီၤသံခ့သံပှၤ	per'il-ous
_period	n.	တၢ်အဆၢအကတိၢ်★တၢ်ဆၢကတိၢ်တကတိၢ်	pe'ri-od
_periodic / periodical	a. / a.	လၢအကဲထီၣ်ဘၣ်ဆၢဘၣ်ကတိၢ်တဘျီဘၣ်တဘျီ	pe'ri-od'ic / pe'ri-od'ic-al
_periscope	n.	မဲာ်ထံကလၤလၢပှၤအိၣ်လၢထံဖီလာ်ကွၢ်ဒီးထံၣ်တၢ်အိၣ်လၢခိ	per'i-scope

_perish	v.i.	ဟးဂ့ာ်ဟးဂီၤ★သံ★(ဟါမၢ်)(လီၤမၢ်)ကွံာ်စီဖုကလုၤ	per'ish
_perishable	a.	လၢအဟးဂ့ာ်ဟးဂီၤသ့	per'ish-a-ble
_perjure / perjury	v.t. / n.	(တၢ်)ဆိဉ်လီၤအသးကဘျံးကဘျဉ်	per'jure / per'ju-ry
_permanence / permanent	n. / a.	(လၢအ)(တၢ်)အိဉ်ဂၢ်ဆိးကျၢ★(လၢအ)(တၢ်)အိဉ်စံာ်အိဉ်ကျၢ	per'ma-nence / per'ma-nent
_permeability	n.	တၢ်သ့ပှဲၤတၢ်စ့ၢ်နုာ်ဆူအပူၤဒီဖှၢဉ်ညါ	per'me-abil'i-ty
_permeable	a.	လၢတၢ်စ့ၢ်နုာ်ဆူအပူၤဒီဖှၢဉ်ညါသ့	per'me-a-ble
_permeate	v.t.	စ့ၢ်နုာ်ဆူတၢ်အပူၤ★(ဒုး)စ့ၢ်ထီဉ်ကွံာ်	per'me-ate
_permissible	a.	လၢအခွဲးအိဉ်★လၢအကြၢးန့ၢ်ဘဉ်အခွဲး★လၢတၢ်ဟ့ဉ်အခွဲးသ့	per-mis'si-ble
_permission	n.	အခွဲး★တၢ်သဘျ့	per-mis'sion
_permit	v.t.	ဟ့ဉ်အခွဲး★ပျ့★ဟ့ဉ်တၢ်သဘျ့	per-mit'
_permit	n.	လံာ်ဟ့ဉ်တၢ်အခွဲးတဘ့ဉ်လၢပဒိဉ်ဟ့ဉ်လီၤဝဲ	per-mit'
_pernicious	a.	လၢအမၤဟးဂ့ာ်ဟးဂီၤတၢ်★လၢအမၤဆူးမၤဆါတၢ်★အၢသီ	per-ni'cious
_perpendicular	a.	လၢအအိဉ်ထူဉ်ကလာ်★လၢအဆၢထၢဉ်ဘျၢယှၢ်ကလာ်	per'pen-dic'u-lar
_perpetrate	v.t.	မၤ(တၢ်အၢ)★မၤ(အၢတၢ်)	per'pe-trate
_perpetual	a.	လၢအတကတၢၢ်ထီဉ်ဘဉ်★ထီဘိ★လၢအကတၢၢ်တအိဉ်ဘဉ်★ လီၤထူလီၤယိာ်	per-pet'u-al
_perpetually	adv.	ထီဘိဒဉ်တၢ်★ထီဘိတထံဉ်ဃီ	per-pet'u-al-ly
_perpetuate	v.t.	မၤဝဲဒ်သိးအသုတကတၢၢ်ထီဉ်တဂ့ၤ★ဒုးအိဉ်စံာ်အိဉ်ကျၢအီၤ★ ဒုးအိဉ်အီၤတနံးနံး	per-pet'u-ate
_perpetuity	n.	တၢ်လီၤထူလီၤယိာ်	per'pe-tu'i-ty
_perplex / perplexing	v.t. / adv.	(လၢအ)မၤကဒံကဒါပသူဉ်သပး★(လၢအ)မၤသဘံဉ်ဘှဉ်ပသူဉ်ပသး	per-plex' / per-plex'ing
_perplexity	n.	တၢ်သူဉ်ကဒံသးကဒါ★တၢ်သးသဘံဉ်ဘှဉ်	per-plex'i-ty
_persecute / persecution	v.t. / n.	(တၢ်)မၤနးမၤ(ဖှိဉ်)(ကျုံၤ)တၢ်★(တၢ်)မၤကိၢ်မၤဂီၤတၢ်	per'se-cute / per'se-cu'tion
_perseverance	n.	တၢ်မၤစူၤသးတၢ်★တၢ်ကျဲးစၢးမၤတၢ်အိဉ်ဒီးတၢ်သးစူၤ	per'se-ver'ance
_persevere	v.i.	မၤစူၤသးတၢ်★မၤတၢ်အိဉ်ဒီးသူဉ်ဂၢ်သးကျၢ★ဝံသးစူၤမၤတၢ်	per'se-vere'
_persist / persistence	v.i. / n.	(တၢ်)မၤဒဉ်အတၢ်ဆူညါ★(တၢ်)မၤတခီနၢ်တၢ်★(တၢ်)မၤဒဉ်အတၢ် ဆူညါသပှၢ်ပှၢ်	per-sist' / per-sist'ence
_persistent	a.	လၢအမၤအသးဘုစက့★လၢအဟ်ဂၢ်ဟ်ကျၢၤဒဉ်အသး	per-sist'ent
_person	n.	ပှၤ	per'son
_personable	a.	လၢအက့ၢ်ဘဉ်ဂီၤဂ့ၤ	per'son-a-ble
_personage	a.	ပှၤအဒိဉ်အမုၢ်★ပှၤ(ဖးဒိဉ်)(မံၤဟူသဉ်ဖျါ)တဂၤ	per'son-age
_personal	a.	ဘဉ်ဃးပှၤအကစၢ်ဒဉ်ဝဲ	per'son-al
_personality	n.	ပှၤတဂၤအတကဲာ်ပဝးဒီးအလုၢ်အလၢ်ခဲလၢာ်	per'son-al'i-ty
_personally	adv.	လၢအကစၢ်ဒဉ်ဝဲ★ယကစၢ်ဒဉ်ယဲ	per'son-al-ly
_personate	v.t.	မၤဒိးတၢ်★မၤလီၤဒီလီၤက်အသးဒီးတၢ်★ပျိာ်အသး	per'son-ate
_personification / personify	n. / v.t.	(တၢ်)ဟ်တၢ်လၢအသးသမူတအိဉ်ဒ်အသးသမူအိဉ်အသိး	per-son'i-fi-ca'tion / per-son'i-fy
_perspective	n.	တၢ်ထံဉ်လၢအအိဉ်ဖျါဒ်ပထံဉ်ဝဲလၢပမဲာ်အသိး	per-spec'tive
_perspiration	n.	ကပၢၤကဝါ★တၢ်ကပၢၤထီဉ်	per'spir-a'tion
_perspire	v.i.	ကပၢၤထီဉ်	per-spire'
_persuade / persuasion	v.t. / n.	(တၢ်)သဆဉ်ထီဉ်ပှၤခံ★(တၢ်)လွဲကညးန့ၢ်★(တၢ်)ကတိၤလွဲန့ၢ်★ မၤန့ၢ်ဆိဉ်ခံအီၤလၢတၢ်ကတိၤအမှာ်	per-suade' / per'su-a'sion
_persuasive	a.	လၢအသဆဉ်ထီဉ်ပှၤခံန့ၢ်★လၢအလွဲကညးတၢ်န့ၢ်	per'su-a'sive
_pertain	v.i.	ဘဉ်ဃးဒီး	per-tain'

_pertinacious / pertinacity	a. / n.	(တၢ်)(လၢအ)မၤအသးဘုဥကၤ★(တၢ်)(လၢအ)ဟံၣ်ဂၢၢ်ဟ်ကျၢၤအတၢ်ဆိကမိၣ်★(တၢ်)(လၢအ)ဆိကမိၣ်လၢအတၢ်ၤဒ့ၣ်ဝဲဘၣ်★(တၢ်)(လၢအ)သူၣ်ဂၢၢ်သးကျၢၤ	per'ti-na'cious / per'ti-nac'i-ty
_pertinence / pertinent	n. / a.	(လၢအ)(တၢ်)ဘၣ်ယးဒီး★(တၢ်)ဘၣ်အခၢး★(တၢ်)ဘၣ်ဘိုးဘၣ်ဒါ	per'ti-nence / per'ti-nent
_perturb / perturbation	v.i. / n.	(တၢ်)ဒုးသးအ့ၣ်နတၢ်★(တၢ်)မၤတံာ်တာ်(တၢ်)(သး)	per-turb' / per'tur-ba'tion
_perusal / peruse	n. / v.t.	(တၢ်)ဖးလံာ်ဒီးဆိကမိၣ်လီၤတၢ်လီၤဆဲး	pe-ru'sal / pe-ruse'
_pervade / pervasive	v.t. / a.	(လၢအ)အိၣ်ပှဲၤတၢ်ခဲလၢာ်အပူၤ★(လၢအ)နုာ်လီၤမၤပှဲၤတၢ်သကုၤဆးဒး★(လၢအ)(လဲၤ)(ယွၤ)ဖျါကွံာ်တၢ်	per-vade' / per-va'sive
_perverse / perversity	a. / n.	(တၢ်)(လၢအ)မၤတဝံတၢိၤလၢအသး★(တၢ်)(လၢအ)နၢ်ကွ့ၣ်★(တၢ်)(လၢအ)လူၤဘၣ်အသး	per-verse' / per-ver'si-ty
_pervert / perversion	v.t. / n.	(တၢ်)လွဲဟးဂီၤပှၤ★(တၢ်)ဘီးဃၣ်ဒါပှၤလၢတၢ်ဂ့ၤဆူတၢ်အၢတၢ်သီတခီ★(ပှၤလၢအဘၣ်တၢ်)(တၢ်)ဘီးဃၣ်ကွံာ်အသးလၢမ့ၢ်တၢ်တီ★ဒုးနၢ်ပၢၢ်ကမၣ်တၢ်	per-vert' / per-ver'sion
_perverted	a.	(ပှၤ)လၢအဃၣ်ကွံၣ်အသးလၢတၢ်မ့ၢ်တၢ်တီ★အၢသီ	per-vert'ed
_pervious	a.	လၢတၢ်လဲၤနုာ်ဖိုဖျါသ့★လၢတၢ်လဲၤနုာ်ဆူၤအပူၤသ့	per'vi-ous
_pessimism / pessimist	n. / n.	(ပှၤလၢအ)(တၢ်)တညီနၢ်မုၢ်လၢ်တၢ်★(ပှၤလၢအ)(တၢ်)တညီနၢ်အိၣ်ဒီးတၢ်မုၢ်လၢ်ဘၣ်★တၢ်ဆိကမိၣ်ဝဲလၢတၢ်ကီးမံၤဒဲးကဲထီၣ်သးလၢတၢ်အၢအၢဂ့ၢ်	pes'si-mism / pes'si-mist
_pessimistic	a.	လၢအဆိကမိၣ်ဝဲလၢတၢ်ခဲလၢာ်ကဲထီၣ်တၢ်အၢလၢအဂ့ၢ်★အသးအုးအုးတၢကျၢ်ာ	pes'si-mis'tic
_pest / pestilence	n. / n.	တၢ်ဆါသံသတြိၣ်★တၢ်ဆါချ★တၢ်လၢအမၤဟးဂုာ်ဟးဂီၤ(တၢ်မ့ၢ်တၢ်ဘိ)(တၢ်ခုံတၢ်ဘၣ်)★(တၢ်)(ပှၤ)မၤအၢမၤသီတၢ်	pest / pes'ti-lence
_pester	v.t.	မၤတံာ်တာ်ဘီကျိၣ်တၢ်★ဒုးသးအ့ၣ်နတၢ်★လီာ်လှ	pes'ter
_pestle	n.	ဆုၣ်တၢ်ဘိ★ကုံၣ်★နိၣ်ဂံာ်တၢ်ၢိ	pes'tle
_pet	n.	(ထိၣ်ဖိ)(ဆၣ်ဖိကီၢ်ဖိ)လၢပအဲၣ်အီၤ★ပှၤလၢတၢ်လူၤဘၣ်အသး★တၢ်သးအုၣ်န	pet
_petal	n.	ဖီအကဘျုး	pet'al
_petition	v.t.	(တၢ်)ပတံထီၣ်တၢ်★(တၢ်)ဃ့သကွံာ်ဘါကညးထီၣ်တၢ်★(လံာ်)ပတံထီၣ်တၢ်	pe-ti'tion
_petrifaction / petrification	n. / n.	တၢ်လဲလိာ်အသးဆူလၢၢ်★တၢ်လၢအကဲထီၣ်လၢၢ်	pet'ri-fac'tion / pet'ri-fi-ca'tion
_petrify	v.i.	(ဒုး)လဲလိာ်(အသး)ဆူလၢၢ်★မၤလီၤ(ကတုၤ)(ထူၣ်)ပှၤအသး★ကဲထီၣ်လၢၢ်	pet'ri-fy
_petrol	n.	သိလၢအကဲၤကၤဖျိးထီၣ်ညီကၤဒ့ၣ်ဖဲတၢ်ခွဲၣ်အီၤ	pet'rol
_petroleum	n.	ထံနၢ★ကျဲတံး★ရ့ၣ်နိၣ်	pe-tro'le-um
_petticoat	n.	နံၣ်လၢအဖီလာ်တကၤထၢ	pet'ti-coat
_petty	a.	လၢအတမ့ၢ်တၢ်အဒိၣ်ဘၣ်★လၢအရ့တဒိၣ်ဘၣ်★လၢအဆံး★တဒိၣ်ဘၣ်★ဖိ	pet'ty
_petulance / petulant	n. / a.	(လၢအ)(တၢ်)အုၣ်န့ပှိၤပှိၤ	pet'u-lance / pet'u-lant
_pew	n.	သရိာ်အလီၢ်ဆ့ၣ်နီၤဖးထီ	pew
_phantasm	n.	တၢ်ထံၣ်ကမံၣ်တၢ်	phan'tasm
_phantom	n.	တၢ်ထံၣ်မံၣ်တၢ်★တၢ်ကဒုကလၤ★တၢ်လၢပထံၣ်ကဒုကၤယီၢ်လၢအတမ့ၢ်တၢ်နီၢ်တဖံးဘၣ်★တၢ်တယၣ်	phan'tom
_pharmacy	n.	တၢ်ဖီၣ်ကသံၣ်(အလီၢ်)	phar'ma-cy
_phase	n.	(လၢ)(တၢ်)အကွၢ်အဂီၤလၢအအိၣ်ဖျါဝဲ	phase
_pheasant	n.	ထိၣ်ၢ်ာ	pheas'ant
_phenomenal / phenomenon	a. / n.	(ဘၣ်ယး)တၢ်လၢအ(အိၣ်ဖျါဝဲ)(လီၤတၢ်လီၤဆီ)	phe-nom'e-nal / phe-nom'e-non

_philanthropic (al)	a.	လၢအတၢ်အဲဉ်တၢ်ကွံအိဉ်ပှၤဂၤ★လၢအကဲထိဉ်လၢတၢ်အဲဉ်ပှၤဂၤအယိ★လၢအသးအိဉ်မၤဘျုးပှၤဂၤ	phi'lan-throp'ic (al)
_philanthropist	n.	ပှၤလၢအညီနုၢ်မၤဘျုးပှၤဂၤလၢတၢ်အဲဉ်အယိ	phi-lan'thro-pist
_philanthropy	n.	တၢ်အဲဉ်ပှၤဂၤ★တၢ်အဲဉ်ဒီး(မၤဘျုး)(မၤဂ္ၤ)ပှၤဂၤ	phi-lan'thro-py
_philosopher	n.	ပှၤလၢအဂုာ်ယုသ္ဉ်ညါတၢ်သးသမူအတၢ်ကဲထိဉ်လိဉ်ထိဉ်ဝဲအဂ့ၢ်အကျိၤ★ပှၤလၢအနၢ်ပၢၢ်တၢ်ကူဉ်သ့အကလုာ်ကလုာ်★ပှၤကူဉ်သ့ကူဉ်ဘဉ်	phi-los'o-pher
_philosophy / philosophic (al)	n. / a.	(ဘဉ်ယးဒီး)တၢ်ဂုာ်ယုသ္ဉ်ညါတၢ်သးသမူအတၢ်ကဲထိဉ်လိဉ်ထိဉ်ဝဲ အဂ့ၢ်အကျိၤ★(ဘဉ်ယးဒီး)တၢ်ကူဉ်သ့ကူဉ်ဘဉ်★တၢ်သ့ဂ္ၤသးဂ္ၤ	phi-los'o-phy / phil-o-soph'ic (al)
_philter	n.	ကသံဉ်ရံၢ်	phil'-ter
_phlegm	n.	ကဟး	phlegm
_phlegmatic	a.	လၢအသးတညီနုၢ်ဂဲၤဘဉ်★ကဟးအိဉ်အါ	phleg-mat'ic
_phosphorescence	n.	တၢ်ကပီၤလၢအတၢ်ကသါတအိဉ်ဘဉ်	phos'phor-es'cence
_photograph	n.	တၢ်ဂီၤလၢပှၤဒိန့ၢ်ဝဲ	pho'to-graph
_photograph	v.t.	ဒိ(န့ၢ်)တၢ်ဂီၤ	pho'to-graph
_photography	n.	တၢ်ဒိတၢ်ဂီၤ	pho'to-g'ra-phy
_phrase	n.	တၢ်ကတိၤခံဘီၤၢ်ဘီ(လၢအပီညီတလၢပှဲၤတၢ်ဘဉ်)	phrase
_physic	n.	ကသံဉ်လု★(တၢ်သ့တၢ်ဘဉ်ဘဉ်ယးတၢ်)မၤဘျါက္ၤၢ်တၢ်ဆါ	physic
_physical	a.	ဘဉ်ယးနီၢ်ခိနီၢ်ခီ★ဘဉ်ယးဒီးတၢ်လၢပှၤ(နၢ်ဟူ)(ထံဉ်ဘဉ်)(ထိးဘဉ်)သ္ဉ်ညါသ္	phy'sic-al
_physiology	n.	တၢ်ကူဉ်သ့ဘဉ်ယးအီၣ်()တမဝၤအဘျးဒီးအလုၢ်အလၢ်	phy'si-ol'o-gy
_physics	n.	တၢ်ကူဉ်သ့ဘဉ်ယးတၢ်ယုသ္ဉ်ညါမၤလိန္ဆၢၤ်(တၢ်ဘဉ်တ့)အဂ္ၤၢ်	phys'ics
_pianist	n.	ပုဒ္တနၢဖိ	pi-an'ist
_piano	n.	တနၢ်★ဖံဉ်အဲနိဉ်	pi-an'o
_pick	v.t.	စိးထုး★ထၢထိဉ်★ယုတၢ်အ္ဉ်လိာ်★ထဲးန့ၢ်★ဒဲးန့ၢ်★ဘုၤန့ၢ်★ယုထၢ★တကၢဆိဉ်★ခွဲးထိဉ်★ဘုၤးန့ၢ်★ဖျး(အိဉ်)(ဟိဉ်ခိဉ်)★ဖျး	pick
_pickle	n.	တၢ်လၢပှၤမၤဆံဉ်အီဉ်	pic'kle
_picnic	n.	တၢ်လဲၤဟးအိဉ်လိာ်ကွဲသကိးတၢ်လၢ(ခိ)(ပှၢ်ပှၤ)	pic'nic
_pictorial	n.	ဘဉ်ယးဒီးတၢ်ဂီၤ★လၢအဘဉ်တၢ်မၤဖျါထိဉ်အဂ္ၤၢ်လၢတၢ်ဂီၤ	pic-to'ri-al
_picture	n.	တၢ်ဂီၤ	pic'ture
_picturesque	a.	လၢပကွၢ်မုာ်★ပှဲၤဒီးတၢ်ရဲၢ်★(တၢ်လၢပှၤထံဉ်အီၢ်)လၢပှၤဘဉ်အသး★လၢအ ကၢးဒးကဲထိဉ်တၢ်ဂီၤတဘ္ဉ်	pic'tur-esque
_pie	n.	ကိဉ်ခံကဘျုးလၢတၢ်ကျယာ်အီၤအိဉ်ဒီးတၢ်ညဉ်လၢအဘဉ်စ္ၤ★တကး	pie
_piece	n.	အက္အခီ★တၢ်ကၢ်တ္ဉ်ကၢ်ဘ္ၤ★တၢ်တကဝီၤ★တၢ်ကူးလိာ်ကူးလ္ာ်★ တဖ္ဉ်★တဘ္ဉ်★တခါ★တစဲး★တကူာ်★တကရိၢ်★တယုၢ်	piece
_pier	n.	တီၤလၢကဘီကၢ်တိၢ်ထိဉ်အဂီၢ်★ထံကၢ်နံၤအတၢ်ဒုဉ်★(တၢ်ကူဉ်ကျိၤ)(တီၤ) အထုဉ်လၢအဘဉ်တၢ်မၤအီၤလၢလၢၢ်	pier
_pig	n.	ထိး	pig
_pigeon	n.	ထိဉ်ကးကူဉ်★ပှၤဝီၤး★ပှၤလၢအတၢ်ကူဉ်တၢ်ဆးတအိဉ်	pi'geon
_piggish	a.	ဒ်ထိးအသိး★လၢအသးကွံတၢ်★လၢအဘဉ်အၢဘဉ်သီ	pig'gish
_pike	n.	ဘိ★နိဉ်ခိဉ်စ္★နိဉ်ဆဲးလၢအၢ်သူဉ်တၢ်ဖျးအဂီၢ်	pike
_pile	n.	တၢ်အပုဉ်★တၢ်သူဉ်ထိဉ်ဖးဒိဉ်★ထုဉ်လၢတၢ်တိၢ်နှဉ်အီၤဆူၤဟိဉ်ခိဉ်ပှၤ	pile
_pile	v.t.	ပုဉ်ထိဉ်	pile
_pilgrim	n.	ပှၤလဲၤတၢ်ဖိ★ပှၤလၢအလဲၤဘါတၢ်လၢတၢ်လီၢ်စီဆှံတဂၤ	pil'grim
_pilgrimage	n.	တၢ်လဲၤအယံၤအစ္ၢၤ်★တၢ်လဲၤဘါတၢ်★သးသမူတၢ်လဲၤ(သးသမူဒီးအမှ်ၢ် တၢ်လဲၤအသိး)	pil'grim-age
_pill	n.	ကသံဉ်ဖိဉ်အဒိဖျ္ဉ်ဖိ	pill
_pillage	v.t.	(တၢ်)ဂုာ်ဆူဉ်ပ္ၢ်ဆူဉ်တၢ်	pil'lage
_pillage	n.	တၢ်လၢအဘဉ်တၢ်ဂုာ်ဆူဉ်ပ္ၢ်ဆူဉ်အီၤ	pil'lage
_pillar	n.	တၢ်အထုဉ်★ထုဉ်တထုဉ်★တၢ်တမံၤမံၤလၢအမၤ(ကျၢၤ)(ပၢၢ်)ထိဉ်တၢ်	pil'lar
_pillow	n.	ခိဉ်တချံ	pil'low
_pilot	n.	ပှၤလၢအဖိယာ်ကဘီအနိဉ်ဝံာ်ခံ★(ပှၤလၢအ)ဆှၢကဘီ	pi'lot

_pilot	v.t.	ဆျၤတ့ၤတၢ်ဖဲၤတၢ်ဘၣ်ယိၣ်အိၣ်အခါ	pi'lot
_pimple	n.	တၢ်ဖိၣ်သွဲ★မံာ်ဖျၢၣ်သု	pim'ple
_pin	n.	ထးကမိာ်ခံ★နိၣ်ဘျးယာ်တၢ်	pin
_pin	v.t.	ဆဲးယာ်ကျၤတၢ်လၤထးကမိာ်ခံ	pin
_pinch	v.t.	ပၢ်တၢ်★စိာ်တၢ်★တံာ်တၢ်★မၤနၤမၤဖှိၣ်★ဟံာ်ကီ	pinch
_pinch	n.	တၢ်တပၢ်ဖိ	pinch
_pine	n.	သ့ၣ်ဆို	pine
_pine	v.i.	(ဖုံၣ်လီၤယံၤလီၤ)(လီၤညွံးလီၤဘီ)လၢအသးတမုာ်ဘၣ်အယိ	pine
_pink	n.	လၢအလွဲၢ်ဂီၤဝါ★ဂီၤယဲး	pink
_pinnacle	n.	တၢ်အခိၣ်စိၣ်★ဟံၣ်အဖီၣ်ဖိလၢဟံၣ်အဖိခိၣ်တခီ	pin'na-cle
_pint	n.	တၢ်ပုၤထံခွးတဖျၢၣ်	pint
_pious	a.	လၢအအိၣ်ထူအဲၣ်ယွၤ	pi'ous
_pipe	n.	မိာ်သူၣ်ခိၣ်★ထံပီၤ★ပံ★ပီၤဒ္ဒၢ★ပီၤဂီၤဖးထီလၢတၢ်ဆျၤ(ထံ)	pipe
_pique	v.t.	မၤတမုာ်သူၣ်တမုာ်သးအီၤလၢပုၤတဖက်ကဲအီၤအယိ	pique
_pique	n.	တၢ်သးတမုာ်	pique
_pirate	v.t.	(ပုၤ)ဂုာ်ဆူၣ်ပှိၣ်ဆူၣ်တၢ်လၢပီၣ်လဲၣ်အပူၤ	pi'rate
_pirate	n.	ပီၣ်လဲၣ်တမှာ်	pi'rate
_pistil	n.	ဖီအဘိလၢအချံအိၣ်လၢအပူၤအခိၣ်ထံးတခီ	pis'til
_pistol	n.	ကျိဖိလၢပုၤခးလၢစုတခိ့ဒ္ဒ★ကျိတရံးဖိ	pis'tol
_pit	n.	ဟီၣ်ခိၣ်အပူၤ★တၢ်ပူၤ	pit
_pit	v.t.	မၤလီၤ(ဆှ၁ၣ်)(ယၢၣ်)★ဟာ်(လီၤ)(နုၣ်)လၢတၢ်ပူၤ	pit
_pitch	n.	သ့ၣ်ဆိုအထုး★တၢ်လီၤဘ	pitch
_pitch	v.t.	သ့ၣ်ထိၣ်(ဒ)★ဟွ့ၣ်လီၤတၢ်သးဝံၣ်အသိၣ်★ကွိာ်လီၤ★လီၤ(ယံၤ)(တံာ်)ဆိုခိၣ်	pitch
_pitcher	n.	သပၢၤလၢအအိၣ်ဒီးအစုဖံးဒီးအနါ★ပုၤလၢအကွိာ်လီၤဘီလ	pitch'er
_piteous	a.	လၢအလီၤသးကညီၤ	pit'e-ous
_pitfall	n.	သလၢၣ်★တလၢၣ်	pit'fall
_pith	n.	တၢ်ယံၤအကံ★တၢ်ကတိၤအဂ့ၢ်မိၢ်ပှၢ်★ဂံၢ်ဘါ★အတဟီၣ်★တၢ်မှၢ်တၢ်ဘိအကံၤလၢအကပုာ်ကဖီၤကူၤပီၣ်လဲၣ်အသိး	pith
_pithy	a.	လၢအအိၣ်ဒီးအကံ★လၢအဘၣ်ယးဒီးအဂ့ၢ်မိၢ်ပှၢ်★လၢအအိၣ်ဒီးအတဟီၣ်	pith'y
_pitiable / pitiful	a. / a.	လၢအလီၤသးကညီၤ★လၢအကြၢးတၢ်သးကညီၤအီၤ★လၢအ(တလီၤဟာ်ကဲပုၤ)(ဖှိၣ်အယၢ်ဒိၣ်မး)(တကိၤတသိၣ်တၢ်)★လၢအအိၣ်ဒီးတၢ်သးကညီၤ★လၢအသးကညီၤတၢ်သွ	pit'i-a-ble / pit'i-ful
_pitiless	a.	လၢအတၢ်သးကညီၤတအိၣ်★လၢအတသးကညီၤတၢ်	pit'i-less
_pittance	a.	တၢ်ဟ့ၣ်အဆံးအစှၤ	pit'tance
_pity	v.t.	(တၢ်)သးကညီၤ	pit'y
_pivot	n.	ထးအစိးနါလၢတၢ်တရံးအသးအိၣ်လၢအလိၤ	piv'ot
_placable	a.	လၢတၢ်မၤခုၣ်လီၤအသးသွ★လၢအသးအိၣ်ပျၢ်ကွံာ်ပုၤအတၢ်ကမၣ်	pla'ca-ble
_placard	v.t.	(လံာ်)ဘိးဘၣ်သ့ၣ်ညါတၢ်★(လံာ်)ကွိၣ်ညၣ်	plac'ard
_placate	v.t.	မၤမုာ်မၤခုၣ်ကုၤပုၤအသး★မၤယူမၤဖိးကုၤ★မၤမံကုၤပုၤအသး★မၤခုၣ်လီၤကုၤအသး	pla'cate
_place	v.t.	ဟာ်★ဟာ်လီၤ★ဟာ်ထိၣ်	place
_place	n.	တၢ်လီၢ်တၢ်ကျဲ★အလီၢ်အကျဲ	place
_placid / placidity	a. / n.	(တၢ်)(လၢအ)အိၣ်ဂၢၢ်တပၢၢ်★(တၢ်)(လၢအ)အိၣ်လၢတၢ်မုာ်သူၣ်မုာ်သးအပူၤ★ဘှ့ၣ်ကလာ်★သူၣ်ဂ့ၤသးဝါ	pla'cid / pla-cid'i-ty
_plain	a.	လၢအပှၤ★လၢအတအိၣ်ဒီးအကယၢကယဲ★လၢအဖျါဝဲ★လၢအယိယိ★လၢအမှၢ်တၢ်မှၢ်ဆူၣ်မှၢ်ဂီၤ	plain
_plain	n.	တၢ်ပှၤခိၣ်	plain
_plainly	adv.	ဖျါဖျါ★လီၤလီၤ	plain'ly

_plaintive	a.	လၢအသိဉ်လီၤမိဉ်လီၤမဲၤ★သးအုး★လၢအပှဲၤဒီးတၢ်သးအုးဒီးတၢ်မိဉ်တၢ်မး	plain'tive
_plait	v.t.	သံဉ်တၢ်	plait
_plan	v.t.	(တၢ်)ကူဉ်ထိဉ်ဖးလီၤ(ဟ်စၢၤ)★(တၢ်)ဟ်လီၤအသး	plan
_plan	n.	တၢ်ဂီၤအဒိ★တၢ်ဒိဂီၤ	plan
_plane	n.	နိဉ်တဲးဘျၢတၢ်★ယူၣ်ဘိဉ်	plane
_plane	v.t.	တဲးဘျၢတၢ်	plane
_planet	n.	ဆၣ်ဖးဒိဉ်တဖၣ်အကျါတဖျၢဉ်★ကွိၣ်	plan'et
_plank	n.	သ့ၣ်ဘၣ်	plank
_plank	v.t.	ဒါလီၤလၢသ့ၣ်ဘၣ်	plank
_plant	v.t.	သူၣ်လီၤဖျးလီၤ	plant
_plant	n.	တၢ်မုၢ်တၢ်ဘိ	plant
_plantain	n.	သကွံ(သၣ်)★တကွံ(သၣ်)	plan'tain
_plantation	n.	တၢ်သူၣ်တၢ်ဖျးတၢ်အလီၢ်★တၢ်သူၣ်တၢ်ဖျး★တၢ်လၢတၢ်သူၣ်အီၤသ့ၣ်တဖၣ်	plan-ta'tion
_plaque	n.	ထးဘ့ၣ်ဘၣ်ဖိလၢတၢ်ကယၢကယဲအဂီၢ်	plaque
_plaster	v.t.	(ဖွ)(လံာ်)(ကျး)ဘၢတၢ်	plas'ter
_plaster	n.	ကသံၣ်ကျး★တၢ်ယၢ်ယုာ်လၢအမ့ၢ်ဝဲခ့ဉ်ထုၣ်★မဲး★ဒီးထံ	plas'ter
_plastic	a.	လၢအဟ်★လၢအ(တကံာ်ပဝး)လဲလိာ်အသးညီ★လၢပကၢတၢ်သ့★လၢအစၢ်ယုာ်စၢ်ယဲာ်	plas'tic
_plate	n.	တၢ်ကဘျၣ်★ခွးကဘျၣ်★လီခီအိၣ်မှး	plate
_plate	v.t.	ကျူးလၢထုထံစုထံ★ပီၤလၢထုလၢစု	plate
_plateau	n.	တၢ်ဟၢးခိၣ်ထီဉ်ထီ	pla-teau'
_platform	n.	ပှၢ်ခီၢ်	plat'form
_platitude	n.	တၢ်ကတိၤလၢလိာ်တၢ်တဲဘၣ်ပုၤဘၣ်★တၢ်ကတိၤလၢတၢ်နၢ်ဟူညီနၢ်အီၤ	plat'i-tude
_platter	n.	လီခီ(ဘံၣ်သလၣ်)(ကဘျၣ်လၣ်)	plat'ter
_plaudit	n.	တၢ်စံးပတြၢၤဒဲစုပိၢ်ခိၣ်★တၢ်ကီးပသူစံးထီၣ်ပတြၢၤတၢ်	plau'dit
_plausible	a.	လၢအဂ့ၤထဲလၢထးခိၣ်ဖံးလာ်★ဖျါလၢအဂ့ၤကဒီ★ဖျါလီၤစံးပတြၢၤ	plau'si-ble
_play	v.i.	(တၢ်)လိာ်ကွဲ(ဒီးတၢ်)★(တၢ်)ဒုတၢ်ဆူတၢ်	play
_play	n.	တၢ်လိာ်လီၤဖျဲဉ်လီၤဟိလၢစံးကဖးကမ်တၢ်မၤတၢ်အဂီၢ်	play
_playful	a.	လၢအအဲဉ်ဒိးလိာ်ကွဲတၢ်★ညီနုၢ်လိာ်ကွဲပှၤ★သူၣ်ဖုံသးညီ	play'ful
_playmate	n.	ပှၤလၢအလိာ်ကွဲသကိးဒီးပှၤ	play'mate'
_plaything	n.	တၢ်လၢပှၤဖိသဉ်လိာ်ကွဲအီၤအဂီၢ်ဒ်အၣ်တၢ်ဂီၤဖိအကလုာ်ကလုာ်	play'thing'
_plea / plead	n. / v.t.	(တၢ်)ယ့ကညး★(တၢ်)ကတိၤပူၤဖျဲးတၢ်	plea / plead
_pleasant	a.	လၢအမုာ်သူၣ်မုာ်သးပှၤ★လၢအမုာ်★လၢအဒုးသူၣ်မုာ်ဒီးသးဖုံပှၤ	pleas'ant
_please	v.i.	မၤမုာ်သူၣ်မၤမုာ်သး★ဝံးသးစူၤ★ဘၣ်သူၣ်ဘၣ်သး★ဘၣ်အသး★အဲၣ်ဒိး	please
_pleasing	a.	လၢအမၤမုာ်သူၣ်မုာ်သးပှၤ★လၢအမၤမုာ်ပသး	pleas'ing
_pleasure	n.	တၢ်မုာ်တၢ်ပှိၣ်★တၢ်သူၣ်မုာ်သးမုာ်★တၢ်သးအိၣ်★တၢ်ဘၣ်အသး★တၢ်မုာ်လၤ	pleas'ure
_pledge	v.t.	(တၢ်)ဟ်ကီၤတၢ်★(တၢ်)အၢၣ်လီၤအီလီၤ	pledge
_pledge	n.	တၢ်လၢပှၤဟ်ကီၤအီၤ★တၢ်ဆၢဂ့ၤဆၢဝါအတၢ်အီ	pledge
_plentiful (ly) / plenty	a. / n.	(တၢ်)အါအါဂီၢ်ဂီၢ်	plen'ti-ful (ly) / plen'ty
_pliable / pliant	a. / a.	လၢတၢ်ထုးနုၢ်မၤနုၢ်အသးညီ★လၢအသးလီၤချ★လၢအစၢ်ယုာ်စၢ်ယဲာ်	pli'a-ble / pli'ant
_plight	n.	တၢ်(ဘၣ်ယိၣ်)(သံခုသံပှၤ)အလီၢ်	plight
_plight	v.t.	အၢၣ်လီၤအီလီၤ	plight
_plod	n.	တၢ်(ဟး)သိဉ်ထုာ်ထုာ်	plod

_plod	v.t.	ကျိုးစား(ဟး)(မၤ)ယၢယာစၵ်စၵ်သပၢ်ပၢ်	plod
_plot	v.t.	(တၢ်)ကူဉ်(ခူသူဉ်)(ထီဒါ)တၢ်★(တၠ)ဟီဉ်ခိဉ်ဂီၤ	plot
_plot	n.	ဟီဉ်ခိဉ်တကဝီၤ★တၢ်ယဲၤအဂ္ဂၢ်ဖိၢ်ပၢ်	plot
_plough	v.t.	ထူစ်ထူပဲၤ	plough
_plough	n.	ထဲဉ်★ထိဉ်တူ	plough
_pluck	v.t.	ဘၠနုၢ်တၢ်★ထဲးထိဉ်ကွံၵ်တၢ်★ထဲးကွံၵ်အဆၢဉ်အခးံ★ထူးထိဉ်ကွံၵ်	pluck
_pluck	n.	ဆဉ်ဖိကီၢ်ဖိအသူဉ်အသးအီးအပသိဉ်★တၢ်သးခုတလၢ်	pluck
_plucky	a.	လၢအသး(ဒူ)(ခုတလၢ်)	pluck'y
_plug	n.	တၢ်ခိဉ်ပံး	plug
_plug	v.t.	(နီဉ်)ဆွံတံၢ်ယာ်တၢ်★(တၢ်ခိဉ်)ထိဉ်ဝး(ယၢ်တၢ်)	plug
_plum	n.	ထံၢ်တီးသဉ်★မၤတီးသဉ်	plum
_plumage	n.	ထိဉ်အဆူဉ်အခးံ	plum'age
_plumber	n.	ပၤလၢအကတဲၵ်ကတီၤမၤထိဉ်ထံ(ကျိဘိ)(ပီၤ)လၢဟံဉ်ပူၤ★ပၤလၢအမၤတၢ်ဘၣ်ယးပၠဉ်ဒီးစၢၢ်	plumb'er
_plume	n.	ထိဉ်အဆူဉ်ပၢ်★(ထိဉ်ဟၠ်ဖၢ)(ဆီဖၢ)အမဲၢ်ကိ	plume
_plump	a.	အိဉ်ဝဲသဲဝဲ★သိဉ်လုၤကုၤ★ထွဉ်ကဟၵ်လုး	plump
_plunder	v.t.	(တၢ်လၢပုၤ)ဂုၵ်နုၢ်ဆူဉ်★တမျိၤတမျၵ်တၢ်★ဂုၵ်ဆူဉ်ဖိုဆူဉ်တၢ်	plun'der
_plunge	v.i.	နုၵ်လီၤဆူ(ထံ)(ပၢ်လၢ်)ကျၢသတုၢ်ကလၵ်★ဘျုလီၤ★(စံဉ်)(ကွံၵ်)လီၤဆူထံက္ၤ	plunge
_plus	n.	တၢ်အါထိဉ်★တၢ်ဟၵ်ဖိုဉ်အပနီဉ်	plus
_ply	v.i.	ကျိုးစားမၤတၢ်သပၢ်ပၢ်	ply
_ply	v.t.	ထိဉ်ထီးတၢ်★သံကွၢ်တထံဉ်ဝံၤတဖဲၣ်★တၢ်ကၢ်ခံးသး★သူ(စၢကဝဲၤ)ဆူဉ်ဆူဉ်★(ကဘီ)လှၢ်လီၤ	ply
_ply	n.	တၢ်အကထၢ	ply
_pneumatic	a.	လၢကလံၤဘၣ်အိဉ်လၢအပူၤလၢကမၤတၢ်အဂီၢ်★လၢအမၤတၢ်သ့လၢကလံၤအယိ	pneu-mat'ic
_pocket	n.	ထၢဉ်ဖိ★အီကွံၢ်အထၢဉ်★(ပၢနုၢ်ဆူ)(ဘူးထူးထိဉ်နုၢ်ချူသူဉ်လၢ)ထၢဉ်ဖိပူၤ	pock'et
_pod	n.	တၤသဉ်ချံအဒၢ★ပထိးချံ(အကု)(အဒၢ)	pod
_poet	n.	ပုၤကွဲးထါဖိ	po'et
_poetic	a.	ဒ်ထါအသိး	po-et'ic
_poetry	n.	ထါ	po'et-ry
_poignant	a.	(အ့ဉ်)(စူ)ဖဲကလၢ်★ဟဲ★ကိၢ်အူ★လၢအမၤဆါတၢ်နၢးမၤ	poign'ant
_point	v.t.	ဒုးနဲဉ်တၢ်★သွဲဉ်စူ★ပညိဉ်တၢ်	point
_point	n.	တၢ်အခိဉ်စူ★တၢ်လီၢ်★တၢ်အဂ္ဂၢ်★တၢ်ဟၵ်လီၤသး★ဟီဉ်ခိဉ်နိဉ်ထိး★အစီးနၢ်	point
_poise	v.t.	(တၢ်)စီးတၢ်ခံမဲထဲသိးသိး★ယှၵ်အသး	poise
_poison	n.	ကသံဉ်ဘုဉ်★တၢ်စုဉ်တၢ်ပျၢ်★တၢ်အၢတၢ်သီ★ကသံဉ်လၢအအိဉ်ဒီးစုဉ်	poi'son
_poison	v.t.	ဘုဉ်(လၢကသံဉ်ဘုဉ်)★ဘုဉ်သံ	poi'son
_poisonous	a.	လၢအစုဉ်အိဉ်★လၢအမူၤသံတၢ်	poi'son-ous
_poke	v.t.	ဆဲးတီၢ်★ဟၵ်ကလၢၢ်တၢ်★ဆဲးတကၢကဖီထိဉ်	poke
_poke	n.	ထၢဉ်(သူ)★သွံဉ်ဖိတကလုၵ်	poke
_pole	n.	(သွဉ်)(ဝဉ်)ဒီဘိဖးထီတတာဘိ★၁၁ပျၢ်★ဟီဉ်ခိဉ်အဝဉ်ရိအစီးနၢ်	pole
_pole	v.t.	ထိဒ့ံ	pole
_police	n.	ပုၤပၢလံးဖိ	po-lice'
_policy	n.	တၢ်ပၢဆျၢတၢ်အကျဲ★တၢ်သိဉ်တၢ်သီ★တၢ်ဘျၢ★ကျဲ★တၢ်ကူဉ်ဘဉ်ကူဉ်သ့ဘၣ်ယးတၢ်ပၢဝၢ★တၢ်ဟၵ်ကီၤတၢ်အလံၵ်အုဉ်အသး★(တၢ်သိဉ်တၢ်သီ)(တၢ်ဘျၢ)(ကျဲ)ဘဉ်ယးတၢ်ပၢဆျၢတၢ်	pol'i-cy
_polish	v.t.	ထူးဘျၢကတြုဉ်ထိဉ်★မၤဘျၢကဆှဉ်ထိဉ်★မၤဂ့ၤထိဉ်အလုၢ်အလၢ်	pol'ish
_polish	n.	ကသံဉ်ထူးဘျၢကတြုဉ်တၢ်	pol'ish
_polite / politeness	a. / n.	(လၢအ)(တၢ်)ဒုးနဲဉ်ဖျါတၢ်ယူးယီဉ်ဟၵ်ကဲ★ယံဉ်ကၠ	po-lite' / po-lite'ness

_political	a.	ဘၣ်ယၖးဒီးထံဂၢ်ကီၢ်ဂၢ်	po-lit'i-cal
_politician	n.	ပဒိၣ်တဂၤ★ပဒိၣ်လၢအဘၣ်ယၖးတၢ်(ပၢဆံပၢစၢီ)(ကွၢ်ထံကွၢ်ကီၢ်)	pol'i-ti'cian
_politics	n.	တၢ်ယုသ့ၣ်ညါမၤလိထံဂၢ်ကီၢ်ဂၢ်★တၢ်ကူၣ်သ့ဘၣ်ယၖးတၢ်ပၢဆံပၢစၢီ	pol'i-tics
_pollen	n.	ဖိအကမူၣ်	pol'len
_pollute / pollution	v.t. / n.	(တၢ်)(မၤ)ဘၣ်အၢ	pol-lute' / pol-lu'tion
_poly	c. pref.	လၢအအိၣ်အၢန့ၢ်(တဘ့ၣ်)(တဘိ)(တဂၤ)အၢ	pol'y
_pomegranate	n.	သလဲသၣ်	pome-gran'ate
_pommel	v.t.	တိၢ်တၢ်ဆူၣ်ဆူၣ်	pom'mel
_pommel	n.	ကသ့ၣ်(လီၢ်ဖ့)(ခိၣ်တခးၣ်)အစၖးနၢ်★တၢ်ကပိၥ်လၢနၖးတိၢ်အကတၢ်	pom'mel
_pomp	n.	တၢ်ဒုးနဲၣ်ဖ့ါတၢ်ကပြုၢ်ကပြီၤယံလၤလၤ	pomp
_pompous	a.	လၢအအိၣ်ဖ့ါကပြုၢ်ကပြီၤယံလၤလၤ	pomp'ous
_pond	n.	နိၣ်ဖိ★ကမၢ်★ရှၣ်ကိၣ်	pond
_ponder	v.t.	ဆိကမိၣ်ထံတၢ်လၢတၢ်တမံၤဂ့ၢ်★ကွၢ်ဆိကမိၣ်တၢ်ယၢ်ခီယၢ်ခီ	pond'er
_ponderous	a.	လၢအၖယၖရုၤတုၤ★လၢအအိၣ်အမုၥ်	pon'der-ous
_poniard	n.	ဒိခိၣ်စုဖးထိ★နၖးဖိ	pon'iard
_pony	n.	ကသ့ၣ်လၢအဆံးတကလုၥ်	po'ny
_pool	n.	လူ★ကူ့	pool
_poor	a.	ဖိၣ်ယၥ်★တဂ့ၤဘၣ်★လၢအလီၤသးကညီၤ	poor
_poorly	adv.	တဂ့ၤဘၣ်★ဖိၣ်ဖိၣ်ယၥ်ယၥ်	poor'ly
_pop	v.i.	ဖှိးထိၣ်ဖုးသတူၢ်ကလၥ်★သတူၢ်ကလၥ်★(ပိၢ်)(ဖှၢ်)(ဖှိး)(သိၣ်)ထိၣ်သိၣ်ဖုး	pop
_pop	n.	တၢ်သိၣ်ဖုး	pop
_pope	n.	ပၖိၣ်ကွၢ်စီၤသိအအိၣ်ကတၢၢ်တဂၤ★ပၖပၤ	pope
_popular	a.	ဘၣ်ယၖးပှၤကမျၢၢ်★လၢတၢ်(နၢ်ပၢၢ်)ညီ★လၢပှၤကမျၢၢ်အဲၣ်အီၣ်ကွံၣ်အီၤ★လၢပှၤကမျၢၢ်ဘၣ်အသး	pop'u-lar
_popularity	n.	ပှၤ(ကမျၢၢ်)(ဂီၢ်မုၢ်)အတၢ်ဘၣ်အသး	pop'u-lar'i-ty
_populate	v.t.	ဒုးအိၣ်ဒုးဆိးပှၤလၢအပူၤ★အိၣ်ဆိး★ပၤပှဲၤအီၤဒီးပှၤကညီ	pop'u-late
_population	n.	ပှၤလၢအအိၣ်ဝဲဆိးဝဲလၢထံလီၢ်ကီၢ်ပူၤ★ပှၤထံကီၢ်ဖိခဲလၢၥ်	pop'u-la'tion
_populous	a.	လၢပှၤအိၣ်ပှၤဆိးလၢအပှၤအၢ	pop'u-lous
_porcupine	n.	သုၣ်	por'cu-pine
_pore	v.i.	ကွၢ်ထံကွၢ်ဆး(လၥ်)	pore
_pore	n.	တၢ်အပူၤဖိပြံကၥိဖိ★ကၖၤကဝါအပူၤ	pore
_pork	n.	ထိးညၣ်	pork
_porous	a.	လၢအပှဲၤဒီးတၢ်ပူၤပြံကၥိဖိတဖၣ်★လၢထံဟဲနှံၢ်ထိၣ်သ့	po'rous
_porridge	n.	မှုၣ်ခွဲၣ်သိ★တၢ်(ဖိ)ကပိၥ်	por'ridge
_port	n.	ကဘီသနူ★တၢ်ပူၤဖိုလၢကဘီကပၤ★ကဘီအကပၤလၢစုစ့ၣ်တခီ★တကံၥ်ပဝး	port
_portage	n.	တၢ်စိၥ်ဆှၢတၢ်ဖိတၢ်လံၤလၢခိတဒီလၢထံခံကဝီၤအဘၣ်စၢၤ★ဆှၢတၢ်အ(လဲ)(ကၖဲ)	por'tage
_portal	n.	ပဲတြီဖးဒိၣ်	por'tal
_portend / portent	v.t. / n.	(တၢ်)(လၢအ)ဒုးနဲၣ်ဟ်စၢၤတၢ်လၢတၢ်ကကဲထိၣ်တမံၤ	por-tend' / por'tent
_portend / portent	n.	တၢ်ပနိၣ်လၢအဒုးနဲၣ်ဖ့ါတၢ်အၢကမၤအသးတမံၤမံၤ	por-tend' / por'tent
_portentous	a.	လၢအလီၢ်ကမၢကမၣ်★လၢအဒုးနဲၣ်ဟ်စၢၤတၢ်အၢကမၤအသး	por-ten'tous
_porter	n.	ပှၤယီၤတၢ်ဘိၣ်တၢ်စှၤ★ပှၤခိးကျဲစၢၤ	por'ter
_portion	n.	တၢ်တၖး★တၢ်အကူအဒီတခီ★တကုၥ်★တၢ်နှံၢ်သါ	por'tion
_portion	v.t.	နီၤလီၤ	por'tion
_portly	a.	ဒိၣ်ဒီးဘိၣ်ဝဲ	port'ly
_portrait	n.	ပှၤကညီအဂီၤလၢတၢ်(တွ)(ဒိတွ)(ခဲၣ်)(စီးဖျၢ)နှၢ်အီၤ	por'trait

215

_portray	v.t.	(တၢ်)(ဒီတၢ်)(ခဲဉ်)(စီၤပှၤ)နူၢ်တၢ်ဂီၤ★တဲဖျါထိဉ်တၢ်ဖျါဖျါ	por-tray'
_portrayal	n.	တၢ်တ့တၢ်ဂီၤ★တၢ်ဟ်ဖျါထိဉ်တၢ်ဖျါဖျါ	por-tray'al
_pose	v.t.	ဟ်အသးသမှဲၤ★ဟ်မံၤဟ်နၢ်,ဟ်စုဟ်ခီဉ်လၢဟ်မၤသးအပူၤ★(တၢ်)(ဟ်မံၤဟ်နၢ်)(ဟ်စုဟ်ခီဉ်)ဒံအံၤဒံနှၤ★မၤသဘံဉ်ဘုဉ်ပှၤအသး	pose
_pose	n.	တၢ်ဆၢထၢဉ်ဒံအံၤဒံနှၤ	pose
_position	n.	တၢ်အလီၢ်★တၢ်အလီၢ်အလၤ★တၢ်သိဉ်တၢ်သီ★တၢ်ဆၢထၢဉ်ဆူဉ်နီၤဒံအံၤဒံနှၤ	po-si'tion
_positive	a.	လၢအလီၤတံၢ်★(လၢအစံးတၢ်)စၢ်ဆၢပံၢ်ကလံာ်★သပှၢ်ကတၢၢ်★နီၢ်နီၢ်★နီၢ်ကီၢ်★လၢအအၢဉ်လီၤတၢ်	pos'i-tive
_possess	v.t.	အိဉ်ဒီး★ပၢဘဉ်တၢ်★(တၢ်န)ဒီးအီၤ	pos-sess'
_possession	n.	တၢ်ပၢဘဉ်တၢ်★တၢ်အိဉ်ဒီးတၢ်★တၢ်စုလီၢ်ခီဉ်ခိဉ်★တၢ်လၢအမ့ၢ်ပတၢ်	pos-ses'sion
_possessor	n.	ပှၤလၢအပၢဘဉ်တၢ်★တၢ်အကစၢ်	pos-ses'sor
_possibility	n.	တၢ်သ့★တၢ်လၢအကဲထီဉ်သ့★တၢ်လၢအကကဲထီဉ်သ့ဉ်သ့ဉ်★တၢ်မၤအသးသ့	pos'si-bil'i-ty
_possible	a.	သ့★လၢအကဲထီဉ်သ့★လၢအကကဲထီဉ်သ့ဉ်သ့ဉ်★လၢအမၤအသးသ့	pos'si-ble
_post	n.	တၢ်ထုဉ်★တၢ်အလီၢ်(အလၤ)★လံာ်ပရၢအတၢး	post
_post	v.t.	လဲၤတ့ၢ်လီၤလံာ်ပရၢလၢလံာ်ပရၢအ(တၢး)(ဟံဉ်)	post
_postage	n.	တၢ်လၢာ်ဘူဉ်လၢာ်စ့ၤလၢတၢ်ဆှၢတၢ်ပရၢပစၢၢ်ဖိလံာ်ပရၢး	post'age
_postal	a.	ဘဉ်ယးဒီးတၢ်ပရၢအတၢး	post'al
_posterior	a.	လၢအဟဲလၢခံ	pos-te'ri-or
_posterity	n.	ဖိစိၤလံၤစိၤ★လၢခံတစိၤဘဉ်တစိၤ★လၢခံလၢလာ်★အစၢၤအသွဲဉ်	pos-ter'i-ty
_postern	n.	ကျဲစၢၤလၢဟံဉ်အလီၢ်ခံ	pos'tern
_postlude	n.	တၢ်ဒ့လီၤတံာ်တနၢဖဲပှၤဘါတၢ်ဝံၤ★တၢ်သးဝံဉ်လၢတၢ်ဒ့လီၤတံာ်အီၤဖဲပှၤဘါတၢ်ဝံၤ	post'lude
_postmortem	a.	လၢအမၤအသးဖဲအသံဝံၤအလီၢ်ခံ	post'mor'tem
_postmortem	n.	တၢ်သမံသမိးပှၤအစိဉ်	post'mor'tem
_postpone / postponement	v.t. / n.	(တၢ်)သုးနံၤသုးသီ★(တၢ်)သုးယံၤထီဉ်တၢ်အဆၢကတီၢ်	post-pone' / post-pone'ment
_postscript	n.	တၢ်ကတိၤလၢအဘဉ်တၢ်ကွဲးအီၤလၢတၢ်ကွဲးလံာ်ပရၢဝံၤလံအလီၢ်ခံ	post'script
_postulate	v.t.	(တၢ်လၢပ)ဟ်ဒဉ်ကလီာ်လၢအမ့ၢ်တၢ်မ့ၢ်တၢ်တီ★(တၢ်)ယ့လၢတၢ်ကဟ့ဉ်လီၤဟ်ပှၤ	pos'tu-late
_posture	n.	တၢ်(ဆၢထၢဉ်ဆူဉ်နီၤ)(ဟ်မံၤဟ်နၢ်)(ဟ်စုဟ်ခီဉ်)ဒံအံၤဒံနှၤ★တၢ်အိဉ်အသးဒံအံၤဒံနှၤ	pos'ture
_pot	n.	သပၢၤ	pot
_potato	n.	အၣ်လူ★(နွံဉ်)တချုတၢ်	po-ta'to
_potency / potent	n. / a.	(လၢအ)(တၢ်)အိဉ်ဒီးအစိအကမီၤ★(တၢ်)ဂံၢ်ဆူဉ်ဘါဆူဉ်	po'ten-cy / po'tent
_potential / potentiality	a. / n.	(တၢ်စိတၢ်ကမီၤ)လၢအအိဉ်ခူသူဉ်ဒီးကဟဲထီဉ်မၤတၢ်ဖဲအကျဲမှၢ်အီးထီဉ်အသးလၢအဂီၢ်★လၢအကကဲထီဉ်သ့ဉ်သ့ဉ်★လၢအအိဉ်ခူသူဉ်★လၢအမ့ၢ်မၤအသးသ့★တၢ်မၤအသးသ့	po-ten'tial / po-ten'ti-al'i-ty
_potentiality	n.	တၢ်ကကဲထီဉ်သ့ဉ်သ့ဉ်★တၢ်ကဲထီဉ်အသးသ့	po-ten'ti-al'i-ty
_potentially	adv.	(လၢအကဲထီဉ်အသး)သ့ဖဲကျမှၢ်အီးထီဉ်အသးလၢအဂီၢ်★ခူသူဉ်	po-ten'tial-ly
_potently	adv.	ဆူဉ်ဆူဉ်ကလာ်★အိဉ်ဒီးအစိကမီၤ	po'tent-ly
_potter	n.	ပှၤတ့သပၢၤဖိ	pot'ter
_potter	v.i.	မၤတၢ်ဆူအံၤတစဲးဆူဘးတစဲးအကတၢၢ်တကဲထီဉ်တၢ်နီတမံၤဘဉ်	pot'ter
_pottery	n.	တၢ်ကၢသပၢၤအလီၢ်★တၢ်သပၢၤ★တၢ်ကၢတပၢၤ	pot'ter-y
_pouch	n.	ထၢဉ်ဖိအကလုာ်ကလုာ်★ထၢဉ်လၢပထုးသွံၤတၢ်ဃာ်အခိဉ်သ့★ထိဉ်ဖိဆံဖိအကန့	pouch
_poultice	n.	ကသံဉ်အိဉ်လၢအဘဉ်တၢ်မၤအီၤလၢမှၤ,မုၢ်တမုၢ်ကိဉ်ပုဲ	poul'tice
_poultry	n.	ထိဉ်ဖိဆီဖိ	poul'try
_pounce	v.t.	စံဉ်ပှိၤ	pounce
_pound	v.t.	ဆှ★ဒီ★သီကူၤ★တိၢ်တၢ်	pound

216

_pound	n.	စ့ၣ်ားယၣ်ယၣ်အတၢ်ယၢ၊ ပဒိၣ်အကပိၤလၢအကးဒးယၢ်ပိၢ်ပန၊် လၢအန၊်စီၤဟးသ့ၣ်တဖၣ်အဂီၢ်	pound
_pour	v.t.	လူလီၤ★ဂၢ်လီၤ	pour
_pout	v.i.	သးဒိၣ်တၢ်ဒီးထိၣ်စုထိၣ်အ(နိး)(ထးခိၣ်)	pout
_poverty	n.	တၢ်ဖှီၣ်တၢ်ယာ်	pov'er-ty
_powder	n.	တၢ်အကမူၣ်★ညိ★ဘျါအ့ၣ်	pow'der
_powder	v.t.	ဖှံလီၤ★တိၢ်ကမူၣ်★မၤကမူၣ်★ဘဲၣ်လီၤ	pow'der
_power	n.	တၢ်စိတၢ်ကမီၤ★တၢ်အတဟီၣ်★တၢ်ဂံၢ်တၢ်ဘါ	pow'er
_powerful	a.	လၢအစိအကမီၤဒိၣ်★လၢအတဟီၣ်ဆူၣ်★လၢအဂံၢ်ဆူၣ်ဘါဆူၣ်	pow'er-ful
_powerless	a.	လၢအစိအကမီၤတအိၣ်★လၢအတဟီၣ်တအိၣ်★လၢအဂံၢ်အဘါတအိၣ်	pow'er-less
_practicability	n.	တၢ်သ့မၤအီၤ★တၢ်သ့ဃီၤ	prac'ti-ca-bil'i-ty
_practicable	a.	လၢပုၤမၤသ့★လၢပုၤသ့ဃီၤသ့★လၢပမၤညီ★လၢပမၤသ့	prac'ti-ca-ble
_practical	a.	လၢအဘျုးအိၣ်လၢတၢ်မၤတၢ်အပူၤ★လၢအသ့အိၣ်★ဘၣ်ဃးတၢ်မၤ★ လၢအမၤတၢ်သ့	prac'ti-cal
_practically	adv.	နီၢ်ကီၢ်★လၢတၢ်သ့ၣ်ညါအယိ★လၢတၢ်မၤတၢ်အယိ	prac'ti-cal-ly
_practice	v.t.	မၤညီနုၢ်★မၤတၢ်မၤ★မၤတဘျီဝံၤတဘျီဒီးသိးကသ့ထိၣ်အဂီၢ်★သိၣ်လိ	prac'tice
_practice	n.	အလုၢ်အလၢ်	prac'tice
_prairie	n.	တပၢ်ဖးထီမဲၣ်အတၢ်ဟၢးခိၣ်	prai'rie
_praise	v.t.	ပတြၢၤ★စံးထီၣ်ပတြၢၤ★မၤလၤကပီၤ★ဆူးထီၣ်	praise
_praiseworthy	a.	လၢအလီၤစံးပတြၢၤ★လၢအကြၢးဒီးတၢ်စံးထီၣ်ပတြၢၤ	praise'worth'y
_prance	v.i.	(ကသ့ၣ်)ဆၢထၢၣ်ဟးလၢအခိၣ်★စံၣ်တခွဲးခံတခွဲးယီၢ်	prance
_prank	n.	တၢ်လိာ်ကွဲလၢအမၤ(တၢ်တၢ်)(အ့နူၤ)ပုၤဂၤ	prank
_prank	v.t.	ကယၢကယဲဆှူၣ်ဆှူၣ်ဘဲၣ်ဘဲၣ်	prank
_prate	v.	ကတိၤအါကတိၤ	prate
_prattle	v.i.	ကတိၤအါတၢ်လၢအဂ့ၢ်အပီၢ်တအိၣ်	prat'tle
_prawn	n.	သဒိၣ်	prawn
_pray	v.i.	ဃ့ကညးတၢ်★ဃ့ဘါထုကဖၣ်တၢ်	pray
_prayer	n.	တၢ်ဃ့ကညးတၢ်★တၢ်ဘါထုကဖၣ်★တၢ်ထုကဖၣ်	pray'er
_preach	v.t.	စံၣ်တဲၤတဲလီၤတၢ်★ဟီတရၢ	preach
_preacher	n.	ပုၤလၢအစံၣ်တဲၤတဲလီၤတၢ်★သရၣ်သိၣ်သီတၢ်	preach'er
_preamble	n.	တၢ်ကတိၤလၢညါ	pre'am'ble
_prearrange	v.t.	ကတဲာ်ကတီၤဟ်စၢၤ★ရဲၣ်လီၤကျဲၤလီၤဟ်စၢၤ	pre'ar-range'
_precarious	a.	လၢအအိၣ်ဒီးတၢ်ဘၣ်ယိၣ်ဖးဒိၣ်လၢတၢ်တကဲထီၣ်ဘၣ်ဖး★သးဒ့ဒီအလီၢ်အိၣ် ★တဃီတၢ်လီၤဆဲးဘၣ်★တဂၢၢ်တကျၢၤဘၣ်	pre-ca'ri-ous
_precaution	n.	တၢ်ပလီၢ်ပဒီဟ်စၢၤအသး	pre-cau'tion
_precede	v.t.	ဟဲဆိအသး★မၤဆိအသး★(လဲၤ)(ဟဲ)လၢအမဲၣ်ညါ	pre-cede'
_precedent	n.	တၢ်အဒိအတဲာ်★တၢ်လၢပကြၢးဟ်ကဲအီၤလၢအမ့ၢ်တၢ်အဒိအတဲာ်လၢပဂီၢ်	pre'ce-dent
_precept	n.	တၢ်သိၣ်တၢ်သီ	pre'cept
_precious	a.	လၢအလုၢ်ဒိၣ်ပှ့ၤဒိၣ်	pre'cious
_precipice	n.	လှလီၤဆူ★လှထီၣ်ဆူၣ်★တၢ်လီၤဆူ	prec'i-pice
_precipitate	v.t.	မၤန့ၢ်စ့ၤတၢ်ချူ ချူ★မၤတၢ်ချုံးချူ ဒုး★(တ့ၢ်လီၤ)(ယွၤလီၤ)(လီၤတဲာ်)ဆိခိၣ်★ (ဒုး)လီၤးဆူအခံး	pre-cip'i-tate
_precipitation	n.	တၢ်မၤတၢ်ချုံးချူ ဒုး★တၢ်ကမ့ၤလၢအလီၤဒးလၢထံအဖိလာ်★တၢ်(တ့ၢ်လီၤ) (ယွၤလီၤ)(လီၤတဲာ်)ဆိခိၣ်	pre-cip'i-ta'tion
_precipitous	a.	လၢအလီၤဆူၣ်လှအသိး★လၢအလီၤဆူနးမး	pre-cip'i-tous
_precise / precision	a. / n.	(တၢ်)(လၢအ)လီၤတံၢ်လီၤဆဲး	pre-cise' / pre-ci'sion
_preclude	v.t.	တြီဃာ်ဟ်စၢၤတၢ်★တြီတဃာ်ဟ်တၢ်★တြီ	pre-clude'
_precocious	a.	လၢအတၢ်ဒိၣ်ထီၣ်ထီၣ်ထီၣ်(လၢတၢ်သ့ၣ်ညါနၢ်ပၢၢ်အပူၤ)လဲၤအသးချ နံၤ ်ားအသးအနံၣ်အလါဟ့ၣ်နၢ်သါအီၤတက့ၢ်★(ဒိၣ်)(လၢအသးဖး)ဆိနံၣ်အခး	pre-co'cious

_preconceive / preconception	v.t. / n.	(တၢ်)ဆိကမိၣ်ဟ်စၢၤတၢ်★တၢ်ယၣ်ဟ်စၢၤတၢ်	pre'con-ceive' / pre'con-cep'tion
_preconcerted	a.	လၢအဘၣ်တၢ်ကူၣ်ထီၣ်အၢၣ်လီၤဟ်စၢၤဝဲ★လၢတၢ်အၢၣ်လီၤဟ်စၢၤဝဲ	pre'con-cert'ed
_precursor	n.	(ပှၤ)(တၢ်)ဟဲဆိလၢတၢ်ကမၤအသးတမံၤအဂီၢ်★တၢ်ပနီၣ်ဒုးနဲၣ်ဆိဟ်တၢ်	pre-cur'sor
_predatory	a.	လၢတၢ်ကဟုၣ်ဆူၣ်ဖှိဆူၣ်တၢ်အဂီၢ်★လၢအဟုၣ်ဆူၣ်ဖှိဆူၣ်တၢ်	pred'a-to-ry
_predecessor	n.	တၢ်လၢအအိၣ်ထီၣ်ဆိနုၢ်တၢ်ဂၤ★ပှၤတဂၤလၢပှၤဂၤထီၣ်ဘၣ်အလီၢ်★((ပှၤပှၤတၢ်လၢညါတဂၤ))	pred'e-ces'sor
_predestinate / predestination	v.t. / n.	(တၢ်လၢ)(ယွၤ)စံၣ်ညီၣ်ဟ်စၢၤဝဲလၢအကတၢ်ကဘၣ်မ့ၢ်တၢ်ဒ်လဲၣ်★(တၢ်)တိာ်ဟ်စၢၤတၢ်	pre-des'ti-nate / pre-des'ti-na'tion
_predetermine	v.t.	စံၣ်ညီၣ်ဟ်စၢၤ★တိာ်ဟ်စၢၤ	pre'de-ter'mine
_predicament	n.	တၢ်ကီတၢ်ခဲ★တၢ်အိၣ်အသးအံၤအံၤနုၤ	pre-dic'a-ment
_predict / prediction	v.t. / n.	(တၢ်)ဟီဟ်စၢၤ★(တၢ်)တဲဟ်စၢၤ★(တၢ်)ကတိၤဟ်စၢၤ★ဖးဟ်စၢၤတၢ်	pre-dict' / pre-dic'tion
_predilection	n.	တၢ်သးအိၣ်ဆိဟ်စၢၤတၢ်★တၢ်ဘၣ်ဆိဟ်စၢၤအသး	pre'di-lec'tion
_predispose	v.t.	ဒုးအိၣ်ထီၣ်ဟ်စၢၤတၢ်သးအိၣ်★အဲၣ်ဒိးဟ်စၢၤတၢ်★(ကတဲာ်ကတီၤ)(ဟ့ၣ်လီၤ)ဟ်စၢၤ	pre'dis-pose'
_predominant / predominate	a. / v.i.	လၢအဒိၣ်စိ★လၢအ(စိကမီၤဒိၣ်နုၢ်)(မၤနၢၤ)(ပၢဘၣ်)ပှၤဂၤ★လၢအအိၣ်သလၣ်လီၤအသး	pre-dom'i-nant / pre-dom'i-nate
_preeminence / preeminent	n. / a.	(လၢအ)(တၢ်)ဒိၣ်စိလၢတၢ်ဂၤအဖီခိၣ်	pre-em'i-nence / pre-em'i-nent
_preexistent	a.	လၢအအိၣ်ဟ်စၢၤလၢညါ	pre'ex-ist'ent
_preface	n.	တၢ်ကွဲးလၢတၢ်ဆှၢနုၢ်ဆိကတၢ်လၢလံာ်ပူၤလၢအမၤဖျါလံာ်တဘ့ၣ်န့ၣ်အဂ့ၢ်အကျိၤ★တၢ်ကတိၤလၢညါလၢအဘၣ်ယးဒီး(လံာ်တဘ့ၣ်ဘ့ၣ်အဂ့ၢ်)	pref'ace
_prefer / preferable	v.t. / a.	(လၢတၢ်)အဲၣ်ဒိးယုထၢဒိၣ်နုၢ်တၢ်ဂၤ★ဘၣ်အသးဒိၣ်နုၢ်တၢ်ဂၤ★ပတံ်ထီၣ်	pre-fer' / pref'er-a-ble
_preference	n.	တၢ်အဲၣ်ဒိးယုထၢတၢ်အါန့ၢ်တၢ်ဂၤ★တၢ်အၢခွဲၤလၢတၢ်ကယုထၢတၢ်★တၢ်ယုထၢတၢ်	pref'er-ence
_preferment	n.	တၢ်သုးထီၣ်ထီၣ်ပှၤအလီၢ်အလၤ★တၢ်ယုထၢတၢ်	pre-fer'ment
_prefix	v.t.	ဟ်လီၤလၢအမဲာ်ညါကတၢ်	pre-fix'
_prefix	n.	တၢ်ကတိၤလၢတၢ်ထီထီၣ်လၢတၢ်ကတိၤတဖျၢၣ်န့ၣ်အလီၤလၢအမဲာ်ညါတခီ	pre'fix
_pregnancy / pregnant	n. / a.	(တၢ်)(လၢအ)အိၣ်ဒီးအဟုး★အသး★(လၢအ)(တၢ်)ဒၢအဖိ★လၢအဂ့ၢ်အပှၢ်ဒိၣ်★လၢအအိၣ်ၡုသုၣ်	preg'nan-cy / preg'nant
_prejudice	n.	တၢ်အဂ့ၢ်တအိၣ်ဘၣ်သနာ်က့အသးအိၣ်ဝဲ★တၢ်သးကုၣ်ဟ်စၢၤလၢအသးတချုးလၢအန့ၢ်ပၢၢ်တၢ်အဂ့ၢ်လၢလၢပှဲၤဒံးဘၣ်အခါ★တၢ်မၤစှၤလီၤတၢ်အဘျုး	prej'u-dice
_prejudice	v.t.	(တၢ်)သးကုၣ်ဟ်စၢၤတဒီတၢၤတၢ်★မၤ(ဆါ)(ဟးဂီၤ)တၢ်	prej'u-dice
_preliminary	a.	လၢအကဲထီၣ်ဆိတချုးလၢတၢ်ဖံးတၢ်မၤအဂ့ၢ်မိၢ်ပှၢ်စးထီၣ်အသးဒံးဘၣ်★လၢအ(ဟဲ)(ဆှၢနုၢ်)ဆိဟ်စၢၤ(တၢ်)★တၢ်ဟဲဟ်စၢၤလၢညါတမံၤမံၤ	pre-lim'i-na-ry
_prelude	n.	ဆှၢနုၢ်★တၢ်(ဒုးနဲၣ်တၢ်)(တမံၤမံၤ)(သးဝံၣ်)လၢအမၤအသးလၢညါဒံးသိးအကဆှၢနုၢ်တၢ်အမိၢ်ပှၢ်	prel'ude
_premature	a.	လၢအ(တုၤ)(ကဲထီၣ်)(မၤအသး)ဆိကဲဒံးဆိး	pre'ma-ture
_premeditate	v.t.	ဆိကမိၣ်ဟ်စၢၤတၢ်လၢအကမၤဝဲတဖၣ်အဂ့ၢ်★(ဆိကမိၣ်)(ကူၣ်)ဟ်စၢၤ	pre-med'i-tate
_premise	n.	တၢ်လၢပဟ်ဟ်စၢၤလၢအမ့ၢ်★ဟ်လီၤတၢ်ဂ့ၢ်တမံၤလၢအကဆှၢနုၢ်တၢ်ဂ့ၢ်မိၢ်ပှၢ်★ဟံၣ်ဒီးတၢ်လၢအဘၣ်ထွဲယှာ်ဒီးအီၤ	prem'ise
_premium	n.	မိၣ်ဖးလၢ်ဆီး	pre'mi-um
_premonition	n.	တၢ်ထံၣ်ဟ်စၢၤတၢ်လၢပသးဒၣ်ပဝဲလၢလိၤက်တၢ်ကကဲထီၣ်လၢခံဒံးအံၤဒံးနုၤ★တၢ်(ဒုး)(တဲ)ပလီၢ်ဆိဟ်စၢၤပှၤ	pre'mo-ni'tion
_preoccupation / preoccupied	n.	(လၢအ)(တၢ်)အိၣ်လီၤဘျၢလၢတၢ်ဆိကမိၣ်အပူၤ★(တၢ်)(လၢအ)နုာ်လီၤအိၣ်လၢပှၤဂၤအမဲာ်ညါ	pre'oc-cu-pa'tion / pre-oc'cu-pied
_preparation / preparatory	n. / a.	(တၢ်)(လၢအ)အိၣ်ကတဲာ်ကတီၤဟ်(အသး)★(တၢ်)(လၢအ)ကတဲာ်ကတီၤဟ်စၢၤတၢ်★လၢအဆီးထီၣ်ကွဲာ်လၢပှၤဂၤအဂီၢ်	prep'a-ra'tion / pre-par'a-to-ry

_prepare	v.t.	ကတၢ်ကတီၤ(ဟ်)★ဖီၣ်ကသံၣ်	pre-pare'
_prepay	v.t.	ဟ့ၣ်ဟ်စၢၤအပှ့ၤ	pre-pay'
_preponderance	n.	တၢ်(ဒိၣ်)(ဂ့ၤ)(အါ)(ယၢၤ)န့ၢ်တၢ်★တၢ်လဲၤတလၢကွံာ်တၢ်★ တၢ်အိၣ်အသးလၢအဂ့ၤန့ၢ်တၢ်ဂၤ	pre-pon'der-ance
_prepossessing	a.	လီၤသးအိၣ်ပှၤ★လၢအလီဘၣ်သူၣ်ဘၣ်သးပှၤ★လၢအလီၤအဲၣ်လီၤကွံပှၤ	pre'po-ssess'ing
_preposterous	a.	လၢအတလီၤနာ်ပှၤဘၣ်★ထီဒါလိာ်အသးဒီးတၢ်မ့ၢ်တၢ်တီ★ လၢအမၤအသးသ့ဘၣ်	pre-pos'ter-ous
_prerequisite	a.	(တၢ်)လၢအလိၣ်ဆိဟ်စၢၤ	pre-req'ui-site
_prerogative	n.	တၢ်(စိတၢ်ကမီၤ)(အခွဲး)လၢအဟဲလၢတၢ်အလီၢ်အလၤအယိ★ တၢ်အခွဲးလီၤဆီဒၣ်တၢ်	pre-rog'a-tive
_presage	v.t.	(တၢ်)ထံၣ်ဟ်စၢၤတၢ်လၢပသးလၢလီၤက်တၢ်ကကဲထီၣ်လၢခံဒံၣ်အံၤနု★ ဒုးနဲၣ်ဖျါဟ်စၢၤ★ဟီဟ်စၢၤ★တၢ်ကအဲ	pre-sage'
_prescience / prescient	n. / a.	(လၢအ)(တၢ်)သ့ၣ်ညါဟ်စၢၤတၢ်	pre'sci-ence / pre'scient
_prescribe	v.i.	ဟ်လီၤတၢ်ဘျၢ★ဟ့ၣ်လီၤတၢ်ဘျၢလၢပှၤဆါအဂီၢ်	pre-scribe'
_prescription	n.	ကသံၣ်ခိၣ်★တၢ်ဘျၢ★တၢ်သိၣ်တၢ်သီ★တၢ်အ(ခွဲး)(ဂ့ၢ်)	pre-scrip'tion
_presence	n.	အဒိၣ်ထံး★တၢ်အ(မဲာ်ညါ)(ဂီၤထံး)★တၢ်အိၣ်ဝဲ	pres'ence
_present	a.	လၢအအိၣ်ဝဲ★တဘျီယီ★အိၣ်★ဆၢကတီၢ်ခဲအံၤ	pres'ent
_present	n.	တၢ်ဟ့ၣ်ကလီ★တၢ်သးအိၣ်အဒၣ်တၢ်ဟ့ၣ်	pres'ent
_presence of mind		တၢ်သးသ့ဒ့ၣ်	presence of mind
_present / presentation	v.t. / n.	(တၢ်)ဟဲဆူတၢ်ဆူတၢ်အဒိၣ်ထံး★(တၢ်)ဟဲဟ်ဖျါထီၣ်အသးလၢပှၤမဲာ်ညါ★ (တၢ်)ဟ့ၣ်လီၤ(တၢ်ဆိကမိၣ်)(တၢ်ဆူးနာ်)★(တၢ်)ဟ်ဖျါထီၣ်တၢ်အဂ့ၢ်★ဟ့ၣ် (ထီၣ်)(လီၤ)	pre-sent' / pre'sen-ta'tion
_presentable	a.	လၢအကြၢးဒုးအိၣ်ဖျါထီၣ်(အသး)★လၢအကြၢးတၢ်(ဒုးနဲၣ်)(ဟ့ၣ်ထီၣ်)အီၤ	pre-sent'a-ble
_presentiment	n.	တၢ်ထံၣ်ဟ်စၢၤတၢ်လၢပှၤအသးလၢအလီၤက်တၢ်ကကဲထီၣ်လၢခံဒံၣ်အံၤနု★ တၢ်သ့ၣ်ညါဟ်စၢၤတၢ်လၢတၢ်(အၢ)(တဘ့ၣ်ချ)ကမၤအသး	pre-sent'i-ment
_preservation	n.	တၢ်ဘြီတၢ်ဟးဂီၤ★တၢ်ဟ်တၢ်(ဂၢၢ်ဂၢၢ်ကျၢၤကျၢၤ)(ပူၤပူၤဖျဲးဖျဲး)	pres'er-va'tion
_preservative	a.	(တၢ်)လၢအဘြီတၢ်ဟးဂီၤ★လၢအ(ဟ်)(ကီၤ)(ခိးအိၣ်)(မ့)(ဂၢၢ်ဟ်ကျၢၤ)တၢ်	pre-serv'a-tive
_preserve	v.t.	ဟ်အီၣ်ဒံၣ်သီးအသုတဟးဂီၤတဂ့ၤ★ဟ်ကီၤ★ဟ်မု★ဟ်ခိးအိၣ်	pre-serve'
_preside / president	v.i. / n.	(ပှၤ)ပၢၤလီၢ်ဆ့ၣ်နီၤ	pre-side' / pres'i-dent
_press	v.t.	(စဲး)ဆိၣ်တံၢ်တၢ်★မၤဆူၣ်★မၤဆူၣ်★တၢ်ပူၣ်နီၤတၢ်★(စဲး)ကျဲးတၢ်လီၤတၢ်★ (ဒၢ်)(ဆံး)လီၤ★ဖိး(ဟ့)(ယာ်)★ဆိၣ်သနံး	press
_press	n.	စဲးပူၣ်နီၤတၢ်★ပူၣ်နီၤတၢး★လံာ်ပရၢပစၢၢ်တဖၣ်	press
_press forward	v.i.	က်လဲၤဆူညါဆူၣ်ဆူၣ်	press for'ward
_pressure	n.	တၢ်ယၢၤလၢအအိၣ်လၢတၢ်အလိၤ★တၢ်(ဆိၣ်တံၢ်)(ကျုၤ)လီၤတၢ်★တၢ်နးတၢ်ဖှိၣ်	pres'sure
_prestige	n.	တၢ်စိတၢ်ကမီၤလၢအဟဲလၢအတၢ်ယူးယီၣ်ဟ်ကဲအီၤအယိ★တၢ်စိတၢ်ကမီၤ ဟဲလၢအတၢ်ဂ့ၤတၢ်ဝါဒီးအတၢ်မံၤဟူသၣ်ဖျါအယိ	pres-tige'
_presume	v.i.	တဟ်ဆိကမိၣ်★တနၢ်အခွဲးသနာ်က့မၤဝဲဘၣ်★ဟ်ဒုအသးကျိၣ် ကတိၢ်ဒီးမၤတၢ်★စံးဒ့ၣ်ကလိာ်လၢအဘၣ်	pre-sume'
_presumption	n.	တၢ်ဆိကမိၣ်စံးဒ့ၣ်ကလိာ်တၢ်★တၢ်ဟ်ဒုအသးကျိၣ်ကတိၢ်	pre-sump'tion
_presumptuous	a.	လၢအဟ်ဒုအသးကျိၣ်ကတိၢ်★လၢအသးကဖၢလၢ★ လၢအဆိကမိၣ်လီၤအသးလၢပှၤအသ့	pre-sump'tu-ous
_presuppose / presupposition	v.t. / n.	(တၢ်)ဆိကမိၣ်ကယၢ်ဟ်စၢၤ★ဟ်ဟ်စၢၤဒ့ၣ်ကလိာ်လၢအမ့ၢ်တၢ်ဘၣ်	pre'sup-pose' / pre-sup'po-si'tion
_pretend / pretence	v.i. / n.	(တၢ်)ဟ်မၤအသး	pre-tend' / pre-tence'
_pretension	n.	တၢ်စံးလီၤအသးလၢအ(သ့)(မ့ၢ်)တံၣ်အံၣ်နု★တၢ်ဂ့ၤတၢ်ဝါဂ့ၤ★တၢ်ဟ်မၤအသး	pre-ten'sion
_pretentious	a.	လၢအဟ်ဒိၣ်အသး★လၢအဟ်ဒိၣ်ဟ်(ထီ)(လၤ)အသး	pre-ten'tious

_pretext	n.	တၢ်ပၥမၤအသးလၢအကဝဲၤ်သိးအကဒုးအိၣ်တၢအတၢ်နီၢ်နီၢ်လၢအအိၣ်လၢအသးကံၢ်ပူၤ★တၢ်ပၥမၤအသး	pre'text
_pretty	a.	ယံလၤ★ဂ့ၤ★လၢအဘၣ်ပသး	pret'ty
_prevail	v.i.	အိၣ်ထိၣ်သကုၤတၢ်ပူၤ★သဆၣ်ထိၣ်တၢ်အခံန့ၢ်★မၤနၢၤ	pre-vail'
_prevailing / prevalent	a. / a.	လၢအအိၣ်သကုၤတၢ်ပူၤ★လၢအစိကမီၤအိၣ်★လၢအမၤနၢၤတၢ်	pre-vail'ing / prev'a-lent
_prevaricate / prevarication	v.i. / n.	(တၢ်)လီတၢ်★(တၢ်)ကတိၤကဘ့ုးကဘ္ၣ်တၢ်★(တၢ်)ကတိၤဝ့ၤဝီၤတၢ်★(တၢ်)တစံးဆၢတၢ်လီၤလီၤဘၣ်	pre-var'i-cate / pre-var'i-ca'tion
_prevent / prevention	v.t. / n.	(တၢ်)တြီတၢ်	pre-vent' / pre-ven'tion
_preventive	a.	လၢအတြီတၢ်	pre-ven'tive
_previous	a.	လၢညါ(တဘ္ၣ်)★လၢအဂၢ်ခိၣ်★လၢအပူၤကွံၥ်	pre'vi-ous
_prey	n.	တၢ်လၢဆၣ်ဖိကီၢ်ဖိဖိၣ်အိၣ်	prey
_prey	v.i.	ဂုၥ်ဆူၣ်ဖှိုဆူၣ်တၢ်★မၤသံအိၣ်★မၤတမုၥ်★မၤသူၣ်ကိၢ်သးဂီၤ	prey
_price	n.	အပှ့ၤ	price
_priceless	a.	လၢတၢ်ဖ္းအပှ့ၤတဘၣ်ဘၣ်	price'less
_prick	v.t.	ဆဲး★ဘၣ်ဆဲး★ဆဲထိၣ်(အနၢ)	prick
_prickly	a.	လၢအ(လီၤက်တၢ်)ဆဲးပှၤ★လၢအဆူၣ်အိၣ်	prick'ly
_pride	n.	တၢ်ပၥ်ထီၣ်ထီအသး★တၢ်ပၥ်ကဖၢလၢအသး	pride
_priest	n.	စီၤသီ★ပှၤလုၢ်တၢ်အဒိၣ်	priest
_prig	n.	ပှၤလၢအဆိကမိၣ်ဒၣ်ထဲအတၢ်ဂ့ၤဒီးဘၣ်ဒၣ်ဝဲလီၤ★ပှၤလၢအသး အံၣ်ဒီးဟ်ထိၣ်ထီအသး	prig
_prig	v.t.	ဟုၣ်တၢ်	prig
_prim	v.t.	(လၢအ)ကယၢကယဲအသးဂ့ၤဂ့ၤဘၣ်ဘၣ်လီၤတၢ်လီၤဆဲး	prim
_prim	a.	လၢအကုသီးကဆဲ့ကဆိုလီၤတၢ်လီၤဆဲး	prim
_primacy	n.	တၢ်လီၢ်ဒိၣ်လၤထီ★တၢ်အိၣ်စိ★တၢ်အခိၣ်ထံး★သရၣ်ဖးဒိၣ်အလီၢ်အလၤ	pri'ma-cy
_primary	a.	အဂံၢ်ခိၣ်ထံး★(လၢညါ)(ဂ့ၤ)(ဒိၣ်)(ထီ)ကတၢၢ်	pri'ma-ry
_prime	n.	တၢ်ကဲထီၣ်သီ★တၢ်အဂ့ၤကတၢၢ်(အခါ)★အခိၣ်ထံး	prime
_prime	a.	လၢညါကတၢၢ်	prime
_primeval	a.	ဘၣ်ဃးလၢဖျၢၤလၢကစၢၤ★လၢအခိၣ်ထံး	pri-me'val
_primitive	a.	ဘၣ်ဃးတၢ်အခိၣ်ထံး★ဘၣ်ဃးတၢ်လၢဖျၢၤလၢကစၢၤ★ ၡ်လၢဖျၢၤလၢကစၢၤအသိး	prim'i-tive
_prince / princely	n. / a.	(ကြၢးဒီး)စီၤပၤအဖိခွါ★စီၤပၤဖိ	prince / prince'ly
_princess	n.	စီၤပၤအဖိမုၣ်★စီၤပၤဖိခွါအမါ★နီၢ်ပၤမုၣ်ဖိ	prin'cess
_principal	a.	လၢအအိၣ်အထီကတၢၢ်★အခိၣ်ကျၢၢ်★အမိၢ်ပှၢ်★ပှၤအခိၣ်★စုမိၢ်ပှၢ်	prin'ci-pal
_principally	adv.	အါတက့ၢ်★အါဒၣ်တၢ်တက့ၢ်	prin'ci-pal-ly
_principality	n.	စီၤပၤဖိအကီၢ်လၢအပၢဝဲ★တၢ်စိတၢ်ကမီၤလၢအပၢတၢ်	prin'ci-pal'i-ty
_principle	n.	တၢ်သိၣ်တၢ်သီအမိၢ်ပှၢ်	prin'ci-ple
_print	v.t.	ပှၣ်နံးတၢ်	print
_print	n.	တၢ်လၢအဘၣ်တၢ်ပှၣ်နံးအီၤ	print
_prior	a.	လၢအ(အိၣ်)(မၤအသး)(ကဲထိၣ်)ဆိတက့ၢ်★လၢညါခီ★လၢအဂၢ်ခိၣ်	pri'or
_prior	n.	ပရ့ၣ်ကွံၣ်စီၤသီၐကလုၥ်	pri'or
_priority	n.	တၢ်(အိၣ်)(မၤအသး)(ကဲထိၣ်)ဆိတက့ၢ်★တၢ်(မၤအသး)လၢညါ	pri-or'i-ty
_prison	n.	ယိၥ်★ကုၢ်	pri'son
_prisoner	n.	ပှၤယိၥ်ဖိ★ပှၤကုၢ်ဖိ	pri'son-er
_privacy	n.	တၢ်အိၣ်ခူသူၣ်★တၢ်အိၣ်ဝဲအၚအသး(အလီၢ်)★တၢ်ခုသူၣ်★ တၢ်တရ့လိၥ်အသးဒီးပှၤအါဂၤဘၣ်	pri'va-cy
_private	a.	ဘၣ်ဃးထဲလၢအကစၢ်ဒၣ်ဝဲအဂီၢ်★ခုသူၣ်★အိၣ်သဒၢ★အိၣ်ခုသူၣ်	pri'vate
_private	n.	သုးဖိမုၢ်ဆ္ၣ်မုၢ်ဂီၤ	pri'vate
_privately	adv.	ခုသူၣ်ခုလံၥ်★ခုသူၣ်	pri'vate-ly

_privation	n.	တၢ်လီၤတူာ်လီၤကာ် ★ တၢ်တလၢတပှဲၤ ★ တၢ်ကီတၢ်ခဲ ★ တၢ်တအိၣ်တဃၢ ★ တၢ်ဟးနၢ်ကွံာ်တၢ်	pri-va'tion
_privilege	n.	တၢ်(အခွဲး)(သဘျ)လီၤဆီၣ်တၢ်	pri'vi-lege
_prize	n.	ခိၣ်ဖး	prize
_prize	v.t.	ဟ်လုၢ်ဒိၣ်ပှ့ၤဒိၣ်	prize
_probability / probable	n. / a.	(လၢအ)(တၢ်)မ့ၢ်မၤအသးသ္ဘၣ်ညီကၣ် ★ (တၢ်)လၢအလီၤက်ကမၤအသး	prob'a-bil'i-ty / prob'a-ble
_probably	adv.	တၢ်လီၤက်လၢဘၣ်တဘၣ် ★ သ္ဝဉ်သ္ဝဉ်	prob'a-bly
_probation	n.	တၢ်မၤကွၢ်တၢ်အခွအခါ ★ တၢ်မၤကွၢ်	pro-ba'tion
_probe	v.t.	ဆဲးက်ိာ်ကွၢ်တၢ်အပူၤလီၢ် ★ (သံ)(မၤ)ကွၢ်တၢ်လီၤတံၢ်လီၤဆဲး	probe
_probe	n.	ကသံၣ်သရၣ်အနိၣ်ဆဲးက်ိာ်တၢ်အပူၤလီၢ်	probe
_probity	n.	တၢ်တီတၢ်လိၤ	prob'i-ty
_problem	n.	တၢ်သံကွၢ်လၢပုၤဘၣ်ယှမၤန့ၢ်အစၢ ★ တၢ်ဂ့ၢ်သဘံၣ်ဘုၣ်	prob'lem
_problematic	a.	(တၢ်ဂ့ၢ်)လၢအသဘံၣ်သ္ဝဉ် ★ လၢပဘၣ်ယုသ္ဝဉ်ညါဒီးအဂ့ၢ် ★ လၢအလီၤက်ဒီးတၢ်သံကွၢ်	prob'lem-at'ic
_procedure	n.	တၢ်ဖံးတၢ်မၤအကျဲအကပူၤ ★ တၢ်ဖံးတၢ်မၤတၢ်ဒ်အံၤဒ်နၤ	pro-ce'dure
_proceed	v.i.	လဲၤဆူညါ ★ မၤဒံးတၢ်ဆူညါ	pro-ceed'
_process	n.	တၢ်အကျိၤအကွဲ ★ ကွဲ ★ ကွဲၤကပူၤ	proc'ess
_procession	n.	ပုၤလဲၤတၢ်ကီၢ်မ့ၢ်ဖးထီတဂ့ၢ်	pro-ces'sion
_proclaim / proclamation	v.t. / n.	(တၢ်)တဲဖျါထီၣ်တၢ် ★ (တၢ်)နးဟူထီသါလီၤတၢ် ★ (တၢ်)ဘိးဘၣ်သ္ဝဉ်ညါတၢ် ★ (တၢ်)ကိးပသူဘိးဘၣ်သ္ဝဉ်ညါတၢ်	pro-claim' / proc'la-ma'tion
_procrastinate / procrastination	v.t. / n.	(တၢ်)သုးနံၤသုးသီ ★ (တၢ်)သုးယံၤထီၣ်အဆၢကတီၢ်တနံၤဘၣ်တနံၤ ★ လုၢ်လၢ်လၢအသုးနံၤသုးသီ	pro-cras'ti-nate / pro-cras'ti-na'tion
_procurable	a.	လၢတၢ်မၤန့ၢ်အီၤသ္	pro-cur'a-ble
_procure	v.t.	မၤန့ၢ်	pro-cure'
_prod	v.t.	ဆဲးတိၢ်တၢ်	prod'
_prodigal / prodigality	a. / n.	(တၢ်)(လၢအ)မၤလၢာ်တၢ်အါတလၢကွံာ်အခၢး	prod'i-gal / prod'i-gal'i-ty
_prodigally	adv.	မၤလၢာ်တၢ်အါတလၢလၢကွံာ်အခၢး	prod'i-gal-ly
_prodigious	a.	ဖးဒိၣ်ဖးဃံ ★ လၢအအိၣ်အ(သ္ဝါ)(မ့ၢ်)	pro-di'gious
_prodigy	n.	တၢ်လၢအနးလီၤကမၢကမၣ်ပုၤ ★ တၢ်လီၤ(ဆီ)(လး) ★ (တၢ်)(ပုၤ)လၢအဒိၣ်တၢ်လီၤဆီ ★ တၢ်ပနီၣ်နးနှံၣ်တၢ်ဟဲဝံအၢ	prod'i-gy
_produce	v.t.	ဆျထီၣ် ★ နးအိၣ်ထီၣ် ★ မၤကဲထီၣ် ★ ဟ့ၣ်ထီၣ် ★ နးနှံၣ်ဖျါထီၣ် ★ ဟဲစိာ်ထီၣ်	pro-duce'
_produce	n.	တၢ်မဲထီၣ်သ္ဝဉ်ထီၣ် ★ တၢ်လၢထံကီၢ်ဟ့ၣ်ထီၣ်အီၤ ★ တၢ်လၢတၢ်မၤကဲထီၣ်အီၤ	pro'duce
_production	n.	တၢ်မၤကဲထီၣ်တၢ် ★ တၢ်လၢအဘၣ်တၢ်မၤကဲထီၣ်အီၤ ★ တၢ်လၢအကဲထီၣ်နှံၣ်ပှာ ★ တၢ်လၢထံကီၢ်ဟ့ၣ်ထီၣ်အီၤ ★ တၢ်ကွဲၤလၢ်ဖိလဲၢ်ဒိၤ	pro-duc'tion
_productive	a.	လၢအနးကဲထီၣ်တၢ်သ္ ★ လၢအဟ့ၣ်ထီၣ်တၢ်သ္ ★ လၢအနးမဲထီၣ်တၢ်	pro-duc'tive
_profane	a.	လၢအတမ့ၢ်တၢ်စီဆှံဘၣ် ★ တဟ်ကဲတၢ်စီတၢ်ဆှံဘၣ် ★ လၢအတိၤအၢကတိၤသီတၢ်	pro-fane'
_profane / profanation	v.t. / n.	(တၢ်)မၤဘၣ်အၢဘၣ်သီ ★ (တၢ်)မၤတရီတပါတၢ်စီတၢ်ဆှံ ★ (တၢ်)ကတိၤတရီတပါတၢ်စီတၢ်ဆှံ	pro-fane' / prof'a-na'tion
_profanity	n.	တၢ်ကတိၤ(နှံၣ်ဒ္ဝဲၣ်)(တရီတပါ)(အၢကတိၤသီ)တၢ်စီတၢ်ဆှံ	pro-fan'i-ty
_profess	v.t.	အၢၣ်လီၤအီၤလီၤဖျါဖျါ ★ ဟ်(မၤ)အသး	pro-fess'
_profession	n.	တၢ်ဖံးတၢ်မၤ ★ တၢ်ဖံးအီၣ်မၤအီၣ် ★ တၢ်ဖံးတၢ်မၤဘၣ်ဃးတၢ်ကူၣ်တၢ်ဆး	pro-fes'sion
_professional	a.	လၢအမၤအီၣ်မၤအီၣ်တၢ် ★ ဘၣ်ဃးဒီးအတၢ်ဖံးအီၣ်မၤအီၣ် ★ လၢအမၤဝဲလၢတၢ်လုၢ်အီၣ်သးသမူအဂီၢ်	pro-fes'sion-al
_professionally	adv.	ဒ်အကြၢးဒီးအတၢ်ဖံးအီၣ်မၤအီၣ်အသိး ★ သ္ဝသ္ဝဘၣ်ဘၣ်ဒ်အကြၢးဒီးအတၢ်မၤ	pro-fes'sion-al-ly
_proffer	v.t.	(တၢ်)သးအိၣ်ဟ့ၣ်တီၤနံၣ်ဒၣ်တၢ်	prof'fer

221

_proffer	n.	တၢ်ဟ့ၣ်	prof'fer
_proficiency	n.	တၢ်သ့တၢ်ဘၣ်	pro-fi'cien-cy
_proficient	a.	လၢအသ့အဘၣ်	pro-fi'cient
_profile	n.	မဲာ်အကျါအဂီၤတကပၤ	pro'file
_profit	n.	တၢ်ဘျုး★တၢ်အ(မှုး)(ထိးနါ)★တၢ်အါထီၣ်	prof'it
_profit	v.i.	နါ်ဘျုး	prof'it
_profitable	a.	လၢအဘျုးအိၣ်★လၢအ(မှုး)(ထိးနါ)အိၣ်★လၢအနါ်ဘျုး	prof'it-a-ble
_profligacy / profligate	n. / a.	(လၢအ)(တၢ်)တကဲာ်ပဝးဟးဂှ်ဟးဂီၤ★(ပှၤ)လၢအအၢအသီနၤနၤကလဲာ်★တၢ်အၢတၢ်သီနၤနၤကလဲာ်★လၢအဟုၣ်လီၤသးဆူတၢ်ဟးဂီၤအပူၤ	prof'li-ga-cy / prof'li-gate
_profound	a.	လၢအဒိၣ်ဝဲယိာ်ဝဲ★ကူၣ်သ့ကူၣ်ဘၣ်★လၢအဆိၣ်လီၤအသး★ယိာ်	pro-found'
_profuse / profusion	a. / n.	(တၢ်)(လၢအ)ဟ့ၣ်တၢ်အါအါဂီၢ်ဂီၢ်★(တၢ်)(လၢအ)အါအါဂီၢ်ဂီၢ်★(တၢ်)(လၢအ)မၤလၢာ်တၢ်အါအါဂီၢ်ဂီၢ်	pro-fuse' / pro-fu'sion
_prognosticate / prognostication	v.t. / n.	(တၢ်)ဟီဟ်စၢၤ★(တၢ်)ဖးဟ်စၢၤတၢ်	prog-nos'ti-cate / prog-nos'ti-ca'tion
_program	n.	တၢ်ရဲၣ်လီၤကျဲၤလီၤ	pro'gram
_progress / progressive	v.i. / a.	(လၢအ)(တၢ်)လဲၤထီၣ်လဲၤထီ★(လၢအ)(တၢ်)ဒိၣ်ထီၣ်ထီထီၣ်★(လၢအ)(တၢ်)ဂ့ၤထီၣ်ဝါထီၣ်★(လၢအ)(တၢ်)လဲၤဆူၣ်★(တၢ်)(လၢအ)သ့ထီၣ်ဘၣ်ထီၣ်★(တၢ်)(လၢအ)လဲၤထီၣ်လဲၤထီ	prog'ress / pro-gres'sive
_prohibit	v.t.	တြီယာ်တၢ်★မၤလိာ်လၢတၢ်တဒၣ်မၤဘၣ်★ကတိၤတြီတၢ်	pro-hib'it
_prohibition	n.	တၢ်တြီတၢ်(ဖဲသံးဆါသံး)	pro'hi-bi'tion
_prohibitive (price)	a.	လၢအပှ့ၤဒိၣ်တုၤနဒၣ်လဲၢ်ပှ့ၤတအဲၣ်ဒီးပှ့ၤဘၣ်★လၢအတြီတၢ်	pro-hib'i-tive (price)
_prohibitory	a.	လၢအတြီတၢ်	pro-hib'i-to-ry
_project	v.i.	ကူၣ်ဟ်စၢၤတၢ်★ဆဲးကိာ်ထီၣ်အသး★ဟၤဖိုးထီၣ်★(ဒုး)ဖိုးထီၣ်	pro-ject'
_project	n.	တၢ်ကူၣ်★တၢ်ကူၣ်(ထီၣ်ဖးလီၤ)(တၢ်ကွိၣ်)	proj'ect
_projectile	n.	ကျိသ့ၣ်လၢအဖိုးတၢ်လၢကျိအပူၤ	pro-jec'tile
_projectile	a.	လၢအဒုးဖိုးတၢ်ချုချုဆူညါတခီ	pro-jec'tile
_projection	n.	တၢ်(လၢအဟဲ)ဖိုးထီၣ်★တၢ်ကူၣ်တၢ်★တၢ်ဂီၤ	pro-jec'tion
_prolific	a.	လၢအဖိအိၣ်(ထီၣ်နါ်အီၤ)အါမး★လၢအသၣ်ထီၣ်ဖိုးထီၣ်အါအါကလဲာ်	pro-lif'ic
_prologue	n.	တၢ်ကတိၤဆှၢနာ်ဆိတၢ်	pro'logue
_prolong / prolongate	v.t. / v.t.	မၤထီထီၣ်★မၤယံာ်ထီၣ်	pro-long' / pro-lon'gate
_prolongation	n.	တၢ်မၤထီထီၣ်တၢ်★တၢ်အထီထီၣ်တဘ်းလၢပှၤမၤထီထီၣ်ဝဲ	pro'lon-ga'tion
_promenade	v.i.	(တၢ်)ဟးလိာ်ကွဲ	prom'e-nade'
_promenade	n.	တၢ်ဟးလိာ်ကွဲအလီၢ်	prom'e-nade'
_prominence / prominent	n. / a.	(လၢအ)(တၢ်)အိၣ်ဖျါဒိၣ်★(လၢအ)(တၢ်)ဖျါလီၤဆီ	prom'in-ence / prom'i-nent
_promiscuous	a.	အိၣ်ယါယှာ်သဘံၣ်ဘုၣ်အသး★လၢအအိၣ်ယီယှာ်အသးအကလုာ်ကလုာ်★အိၣ်ကျဲၣ်ကျီအသးတအိၣ်ဒီးအဂ့ၢ်အပီၢ်ဘၣ်	pro-mis'cu-ous
_promise	v.t.	(တၢ်)အၢၣ်လီၤအီၤလီၤ★(တၢ်)လီၤမှာ်လၢ်ပှၤ★(တၢ်)ဒုးမှာ်လၢ်ပှၤ	prom'ise
_promising	a.	လၢအလီၤမှာ်လၢ်ပှၤ★လၢအဒုးအိၣ်ထီၣ်ပတၢ်မှာ်လၢ်★လၢပမှာ်လၢ်တၢ်အလီၢ်အိၣ်	prom'is-ing
_promontory	n.	ဟီၣ်ခိၣ်အနါ်ထိး	prom'on-to-ry
_promote / promotion	v.t. / n.	(တၢ်)ဒုးထီၣ်ဒုးထီတၢ်★(တၢ်)မၤစၢၤတၢ်ကလဲၤဆူညါ★(တၢ်)မၤဂ့ၤထီၣ်တၢ်★(တၢ်)သုးထီထီၣ်(ပှၤအလီၢ်အလၤ)	pro-mote' / pro-mo'tion
_prompt	a.	လၢအချ★လၢအမၤတၢ်တဘျီယီ	prompt
_prompt	v.t.	ထိၣ်ဟူးထိၣ်ဂဲၤထီၣ်★ဒုးသ့ၣ်နီၣ်	prompt
_promulgate / promulgation	v.t. / v.t.	(တၢ်)ဒုးဟူထိၣ်သါလီၤတၢ်ဒ်သိးသ့ၣ်နါ်အါထီၣ်အပှၤ	pro-mul'gate / pro'mul-ga'tion
_prone	a.	လၢအမံလီၤဆီထီလာ်★လၢအသးအိၣ်မၤတၢ်လၢအအၢ★လီၤဘံ★လၢအသကူးလီၤအသး	prone

_pronounce / pronouncement	v.t. / n.	(တၢ်)စံးသမံၤသပှၢ်တၢ်★(တၢ်)ကတိၤတၢ်သညူးသပှၢ်	pro-nounce' / pro-nounce'ment
_pronounce / pronunciation	v.t. / n.	(တၢ်)ကိးဖျါထီၣ်တၢ်ကတိၤအသိၣ်	pro-nounce' / pro-nun'ci-a'tion
_proof	n.	တၢ်လၢအဒုးနဲၣ်ပှၤလၢတၢ်နူၢ်မ့ၢ်ဝဲလီၤ★တၢ်လၢအဒုးနဲၣ်ပှၤလၢတၢ်နူၢ်မ့ၢ်ဝဲလီၤ★ တၢ်အုၣ်အသး★တၢ်မၤကွၢ်	proof
_proof against		လၢအဘၣ်တၢ်(မၤဟးဂီၤ)တသ့ဘၣ်	proof against
_prop	v.t.	ပၢၢ်ယာ်တၢ်★တိစၢၤမၤစၢၤ	prop
_prop	n.	နီၣ်ပၢၢ်	prop
_propaganda	n.	တၢ်သိၣ်တၢ်သီတဖၣ်လၢပှၤတဖုဒုးဟူထီသါလီၤ★(တၢ်လီၢ်)(တၢ်အိၣ်ဖှိၣ်) လၢအဒုးဟူထီသါလီၤတၢ်သိၣ်တၢ်သီ	prop'a-gan'da
_propagate / propagation	v.t. / n.	(တၢ်)အါထီၣ်လၢအိၣ်ဖျဲၣ်အယိ★(တၢ်)မၤအါထီၣ်★ဒုးမဲထီၣ်သၣ်ထီၣ်★ ဒုးအါထီၣ်ဂိၢ်ထီၣ်★(တၢ်)အါထီၣ်လၢဖံလီၤအယိ★မၤပြါတၢ်★(တၢ်) ဒုးအိၣ်ထီၣ်အချံအသၣ်★(တၢ်)ဒုးသလၣ်လီၤတၢ်★ဒုးဟူထီၣ်သါလီၤ	prop'a-gate / prop'a-ga'tion
_propel	v.t.	ဒုးလဲၤဆူညါ★ဆီၣ်လဲၤဆူညါ★နီၣ်လဲၤဆူညါ	pro-pel'
_propeller	n.	(ကဘီ)အနီၣ်ဝၢ်(ထံ)	pro-pel'ler
_propensity	n.	တၢ်သးအိၣ်မၤတၢ်★(ဝၣ်သနၣ်)	pro-pen'si-ty
_proper	a.	လၢအကြးအဘၣ်★လၢအဂ့ၤဝဲဘၣ်ဝဲ★တယီၤလိာ်အသးဒီး	prop'er
_properly	adv.	ကြးဝဲဘၣ်ဝဲ★ဂ့ၤဝဲဘၣ်ဝဲ★ဂ့ၤဂ့ၤဘၣ်ဘၣ်★မှာ်မှာ်နီၢ်နီၢ်	prop'er-ly
_property	n.	စုလီၢ်ခီၣ်ခိၣ်★တၢ်စိတၢ်ကမီၤလၢတၢ်ထံၣ်နူၢ်လၢတၢ်အပူၤ★တၢ်အသူးအသ့ၣ်	prop'er-ty
_prophecy	n.	ဝံအလံာ်★ဝံအတၢ်တဲဟ်စၢၤတၢ်ဆူညါခီ★တၢ်ဟီဟ်စၢၤတၢ်	proph'e-cy
_prophesy	v.t.	ဟီဟ်စၢၤတၢ်★တဲဟ်စၢၤတၢ်★ကတိၤတၢ်လၢဝံအကျိာ်★သိၣ်တၢ်သီတၢ်★ တဲလံာ်စီဆှံအခီပညီ	proph'e-sy
_prophet	n.	ဝံ	proph'et
_prophetic	a.	ဘၣ်ယးဒီးဝံ★လၢအတဲဟ်စၢၤတၢ်★လၢအဟီဟ်စၢၤတၢ်	pro-phet'ic
_propitiate	v.t.	မၤယူမၤဖိးက့ၤတၢ်★မၤခုၣ်လီၤပှၤအသး★မၤစၢ်လီၤအတၢ်သးဒိၣ်	pro-pi'ti-ate
_propitious	a.	(ဆၢကတီၢ်)အဂ့ၤ★လၢအအိၣ်ဖျါဘၣ်ပှၤလၢတၢ်ဟဲဝံဂ့ၤကအိၣ်ထီၣ်လၢပဂီၢ်★ လၢအမၤဘျုးမၤဖှိၣ်ပှၤ★လၢအအိၣ်ဒီးတၢ်ဘျုးတၢ်ဖှိၣ်★ ဟဲစိာ်နူၢ်ပှၤတၢ်ဟဲဝံဂ့ၤ	pro-pi'tious
_proportion / proportionate	n. / a.	(လၢအ)(တၢ်)ယူလိာ်ဖိးလိာ်အသး★(တၢ်)(လၢအ)ဘၣ်အဘျိးအဒါ★ (လၢအ)(တၢ်)ကၢကီၣ်သယီၤလိာ်အသး★တၢ်ထိၣ်သတြီၤတၢ်အတၢ်ဘၣ်ထွဲ	pro-por'tion / pro-por'tion-ate
_propose / proposal	v.t. / n.	(တၢ်)ဟ့ၣ်ကူၣ်လၢပှၤကဆိကမိၣ်မ့တမ့ၢ်တူၢ်လိာ်အဂီၢ်★ကူၣ်ထီၣ်★ သံကွၢ်ပိာ်မုၣ်လၢအကကဲအမါ	pro-pose' / pro-pos'al
_proposition	n.	တၢ်လၢပှၤဟ့ၣ်ကူၣ်လၢပှၤကဆိကမိၣ်မ့တမ့ၢ်ပှၤကတူၢ်လိာ်အဂီၢ်★ တၢ်စံးတၢ်ကတိၤတၢ်ဒ်အံၤဒ်နုၤ	prop'o-si'tion
_propound	v.t.	ဟ့ၣ်ကူၣ်★ဒုးဆိကမိၣ်ပှၤလၢတၢ်	pro-pound'
_proprietor	n.	တၢ်အကစၢ်★ပှၤလၢအပၢဘၣ်တၢ်	pro-pri'e-tor
_propriety	n.	တၢ်ကြးဒီးပှၤတကလုာ်အလုၢ်အလၢ်★တၢ်ကြးတၢ်ဘၣ်	pro-pri'e-ty
_propulsion	n.	တၢ်ဒုးလဲၤတၢ်ဆူညါ★တၢ်ဆီၣ်လဲၤတၢ်ဆူညါ★တၢ်နီၣ်လဲၤတၢ်ဆူညါ	pro-pul'sion
_prosaic	a.	လၢအတလိၣ်တၢ်တဲဘၣ်ပှၤဘၣ်★လၢအတၢ်လီၤဆီဘၣ်ပှၤတအိၣ်ဘၣ်★ နၢ်ဟူညီနၢ်	pro-sa'ic
_prose	n.	တၢ်ကတိၤလၢအတဟဲအသးဒ်ထါအသိးဘၣ်★ တၢ်ကွဲးတၢ်ကတိၤလၢအတမ့ၢ်ထါဘၣ်	prose
_prosecute / prosecution	v.t. / n.	(တၢ်)မၤဆူညါ★(တၢ်)စွဲတရါပှၤ★(တၢ်)လိာ်ဘၢလိာ်ကွီၢ်ပှၤ★ မၤဆူညါတုၤကဝံၤကကဲထီၣ်တစု	pros'e-cute / pros'e-cu'tion
_proselyte	n.	ပှၤလၢအဘါထီၣ်သီတၢ်	pros'e-lyte
_prospect	n.	တၢ်ထံၣ်အိၣ်ဖျါလၢပမဲာ်ညါ★တၢ်မုၢ်လၢ်အလီၢ်★တၢ်မုၢ်လၢ်	pros'pect
_prospective	a.	လၢတၢ်မုၢ်လၢ်အိၣ်ဝဲလၢအကကဲထီၣ်လၢခံသ့ၣ်သ့ၣ်★ဘၣ်ယးတၢ်ဆူညါတခီ ★လၢအဒုးအိၣ်ထီၣ်ပတၢ်မုၢ်လၢ်★လၢတၢ်မုၢ်လၢ်အီၤ	pros'pec'tive

_prosper	v.i.	ကဲထိၣ်လိၣ်ထိၣ်★ဘိၣ်ထိၣ်ညီထိၣ်★ဂ့ၤထိၣ်ပသီထိၣ်★ကဲထိၣ်ကဲထိ★ဒိၣ်ထိၣ်ထီထိၣ်	pros'per
_prosperity	n.	တၢ်အိၣ်ဘိၣ်အိၣ်ညီ★တၢ်ဘိၣ်တၢ်ညီ★တၢ်အိၣ်ကုၤအိၣ်ပှဲ	pros-per'i-ty
_prosperous	a.	လၢအဘိၣ်ထိၣ်ညီထိၣ်★လၢအကဲထိၣ်လိၣ်ထိၣ်အလၢအဂ့ၤထိၣ်ပသီထိၣ်	pros'per-ous
_prostitute	n.	ယဲသဲမုၣ်★လၢအကလုာ်ကလိၤ	pros'ti-tute
_prostitute	v.t.	ဟ့ၣ်လီၤသးဆူတၢ်အၢအပူၤ	pros'ti-tute
_prostrate	v.t.	စုၣ်လီၤအသးလၢဟီၣ်ခိၣ်လိၤ★ထိၣ်လီၤပိၤအသး★မၤဟးဂီၤ★မၤလီၤဘုံး★သကွံၢ်လီၤအသးလၢတၢ်ယူၤယီၣ်အယိ	pros'trate
_protect / protection	v.t. / n.	(တၢ်)ကဟုကယာ်★(တၢ်)ကြၢ်ကွာ်တၢ်အၢ★(တၢ်)အိၣ်ပိၤ	pro-tect' / pro-tec'tion
_protest / protest	v.t. / n.	(တၢ်)ကတိၤထီဒါတၢ်★(တၢ်)စံးဟ်ဂၢၢ်ဟ်ကျၤၤတၢ်သညူၤသပှၢ်	pro-test' / pro'test
_Protestant	n.	(ခရံာ်ဖိ)လၢအတမ့ၢ်(ပရံၣ်ကွ့ၣ်)ဖိဘၣ်★လၢအတဒၢးယၤပှၤလ့ၤဂီၤဖိဘၣ်	Prot'es-tant
_protract	v.t.	မၤယံာ်ထိၣ်တၢ်အဆၢကတီၢ်★တ့တၢးဒံတၢ်အဒိၣ်ဒီးတၢ်အဆံးဘၣ်ထွဲလိာ်အသး	pro-tract
_protrude	v.i.	ဟဲဖျါးထိၣ်★ဒီးကမာ်ထိၣ်★လဲၢ်ထိၣ်အခိၣ်★သရိၤထိၣ်★ဟၢကိာ်ထိၣ်အခိၣ်(လၢတၢ်အံၤပူၤ)★(ဒုး)ဖျါးထိၣ်	pro-trude'
_protuberance	n.	တၢ်ကမာ်ကမာ်★တၢ်ကနၢ်ကနာ်★တၢ်ညိး	pro-tu'ber-ance
_proud	a.	လၢအဟ်ထိၣ်ထီအသး★လၢအဟ်ဒိၣ်အသး★ဟ်က(ဖၢလၢ)(ဖိ)အသး★ဒိၣ်ဝဲထီဝဲ	proud
_prove	v.t.	မၤကွၢ်★ဒုးနဲၣ်ဖျါလၢအမ့ၢ်ဝဲ★ဒုးနဲၣ်ဖျါလၢအဘၣ်ဝဲအိၣ်ဒီးတၢ်အုၣ်အသး★ဒုးနဲၣ်ဖျါလၢတၢ်နူၣ်မ့ၢ်ဝဲတဝဲ	prove
_provender	n.	ပိာ်ပနၢ်အဆၣ်★နိၣ်ယွၤလၢဆၣ်ဖိကိၢ်ဖိအဂီၢ်	prov'en-der
_proverb	n.	တၢ်ကတိၤဒိ	prov'erb
_proverbial	a.	လၢအဘၣ်တၢ်သူအီၤဒံတၢ်ကတိၤဒိအသိး★လၢအဘၣ်တၢ်ကတိၤ(တၢ်သ့ၣ်ညါ)အီၤအၢ★လၢအဘၣ်တၢ်ကတိၤညီနုၢ်အီၤ	pro-ver'bi-al
_provide	v.t.	မၤန့ၢ်ဟ်စၢၤ★ကတဲာ်ကတီၤန့ၢ်ဟ်စၢၤ★ဟ့ၣ်(လီၤ)ဟ့ၣ်ထိၣ်★မၤဟ်တၢ်အၢၣ်လီၤအီၤလီၤ★မၤန့ၢ်အီၤ★လုၢ်အီၣ်	pro-vide'
_Providence	n.	ကစၢ်ယွၤ(အတၢ်ဆံးတၢ်ကွၢ်)	Prov'i-dence
_providential	a.	လၢကစၢ်ယွၤအတၢ်ဆံးထိၣ်ကွၢ်လီၤအယိ★လၢအဟဲဝံၤဂ့ၤ★လၢအဒိၣ်ဆၢဘၣ်ကတီၢ်★လၢမုၢ်ခိၣ်ကစၢ်အတၢ်သူးတၢ်ကျၤၤအယိ	prov'i-den'tial
_provincial / provincialism	a. / n.	(တၢ်)(လၢအ)သုၣ်အံၣ်သၢးအံၣ်★လၢအဘၣ်ယၢးဒီးကိၢ်ဖိလၢကိၢ်ဒိၣ်တဘ့ၣ်အပူၤ	pro-vin'cial / pro-vin'cial-ism
_provision	n.	တၢ်အၢၣ်လီၤအီၤလီၤလၢတၢ်ဟ်လီၤအီၤ★တၢ်အိၣ်တၢ်အီၤလၢတၢ်မၤန့ၢ်ဟ်စၢၤ★တၢ်ကတဲာ်ကတီၤမၤန့ၢ်ဟ်စၢၤတၢ်★တၢ်အၢၣ်လီၤအီၤလီၤလၢ★တၢ်သိၣ်တၢ်သီအပူၤ	pro-vi'sion
_provisional	a.	လၢတၢ်ကသူဟ်ဒ့ၣ်ကလိာ်★လၢတၢ်မၤအီၤထဲခဲအံၤအဂီၢ်ဖိးလီၤ★လၢအတမ့ၢ်တၢ်ဂၢၢ်တၢ်ကျၤၤ	pro-vi'sion-al
_proviso	n.	တၢ်အၢၣ်လီၤအီၤလီၤဟ်စၢၤလၢတၢ်မ့ၢ်မၤအသးဒံအံၤဒံနုၤဒီး★တၢ်မၤကဘၣ်လီၤဆီထိၣ်အသးဒံလဲၣ်လဲအဂ့ၢ်★တၢ်အၢၣ်လီၤအီၤလီၤလၢတၢ်သိၣ်တၢ်သီအပူၤ	pro-vi'so
_provocation / provoke	n. / v.t.	(တၢ်လၢအ)ထိၣ်ဂဲၤထိၣ်တၢ်★(တၢ်လၢအ)ဒုးဂဲၤထိၣ်တၢ်★(တၢ်လၢအ)မၤအ့ၣ်နုၤပျုၤအသး★(တၢ်)မၤသး(ဒိၣ်)(ထိၣ်)တၢ်	prov'o-ca'tion / pro-voke'
_provocative	a.	လၢအမၤဟူးမၤဂဲၤထိၣ်ပုၤအသး★လၢအမၤ(သးဒိၣ်)(အ့နုၤ)ပုၤ	pro-voc'a-tive
_prow	n.	ကဘီအခိၣ်တဒီ	prow
_prowl	v.t.	ဟးဝ့ၤဝီၤကစုဒု(ယုအီၣ်)(လုၤဖိၣ်အီၣ်)(ဂုာ်ဆူၣ်)အဆၣ်	prowl
_proximity	n.	တၢ်အဘူးကတၢၢ်	prox-im'i-ty
_prude	n.	ပိာ်မုၣ်လၢအဒုးနဲၣ်ဖျါထိၣ်အတၢ်သံၣ်စူၤကဒုလီၤတၢ်တလၢကွံာ်အၢၤတဝၤ	prude
_prudence / prudent	n. / a.	(လၢအ)(တၢ်)သုၣ်ဆၢးသးၢ်ဆၢး★(တၢ်)(လၢအ)ပလီၢ်အသး	pru'dence / pru'dent
_prudery / prudish	n. / a.	(လၢအ)(တၢ်)ဒုးနဲၣ်ဖျါထိၣ်တၢ်သံၣ်စူၤကဒုလီၤတၢ်တလၢကွံာ်အၢၤ	prud'er-y / pru'dent
_prune	v.t.	ဟ်ဟိဟ်ပိၤ★ကျှိပိုကွံာ်★မၤကဆှိထိၣ်အဆုၣ်အၤး	prune

224

_pry	v.i.	တၢကၢထိၣ်★ခွဲးထိၣ်★ကျဲးစၢးယုနၢ်ပၢၢ်တၢ်★ယုကွၢ်ခူသူၣ်တၢ် လၢအတဒၢးယၤဒီးအီၤဘၣ်	pry
_psalm	n.	ထါစံးထိၣ်ပတြၢၤယွၤ★ထါ(သးဝံၣ်)စီဆှံ	psalm
_pseudo	a.	လၢအမ့ၢ်ထဲတၢ်ဟ်မၤအသးဖိၤ★လၢအမ့ၢ်ထဲတၢ်ကဘျုးကဘျၣ်ဖိၤ★ လၢအမ့ၢ်တတီဘၣ်★လၢအလီတၢ်ဝ့ၤတၢ်	pseu'do
_psychic	n.	ဘၣ်ယးဒီးပှၤကညီအသုၣ်အသးဒီးအသးသမူ	psy'chic
_psychology	n.	တၢ်ကူၣ်သ့ဘၣ်ယးတၢ်ယဲသ့ၣ်ညါမၤလိပှၤကညီအသုၣ်အသးအဂ့ၢ်	psy-chol'o-gy
_puberty	n.	တၢ်မုၣ်ကနီၤဖိသ့ၣ်ခွါလိၣ်ဘိၣ်ထိၣ်သီအကတီၢ်★ကတီၢ်ဖဲအိၣ်ဖိၣ်အိၣ်လံၤသွ	pu'ber-ty
_public	n.	ကမျၢၢ်	pub'lic
_public	a.	လၢကမျၢၢ်အမဲၣ်ညါ★လၢကမျၢၢ်အဂီၢ်★(လၢအဘၣ်ယး)ပှၤကမျၢၢ်	pub'lic
_publication	n.	လံာ်လၢအဘၣ်တၢ်ပုၣ်နံးအီၤ★တၢ်ဘိးဘၣ်သ့ၣ်ညါတၢ်★ တၢ်ဒုးဟူထီၣ်သါလီၤတၢ်★တၢ်ပုၣ်နံး(တၢ်)(လံာ်)	pub'lic-a'tion
_publicity	n.	တၢ်အိၣ်ဖျါထီၣ်ကမျၢၢ်အမဲၣ်ညါ★တၢ်ဟူထီၣ်သါလီၤ	pub-lic'i-ty
_publicly	adv.	လၢကမျၢၢ်အမဲၣ်ညါ★ဖျါဖျါ	pub'lic-ly
_publish	v.t.	ဘိးဘၣ်သ့ၣ်ညါ★ဒုးဟူထီၣ်သါလီၤ★ပုၣ်နံးလၢကဆါဝဲအဂီၢ်★ကတိၤသြိ (လီၤ)(ထီၣ်)တၢ်	pub'lish
_publisher	n.	ပှၤလၢအပုၣ်နံးတၢ်လၢကဆါဝဲအဂီၢ်မ့ၢ်ဂ့ၤ,နီၤလီၤဝဲအဂီၢ်မ့ၢ်ဂ့ၤ	pub'lish-er
_pucker	v.t.	မၤသွဲးတၢ်★မၤဖိုဃ်တၢ်★ချံးသွံးတၢ်	puck'er
_pucker	n.	တၢ်လၢတၢ်မၤသွံးအီၤ	puck'er
_puddle	n.	တၢ်ကလိာ်ပူၤ★လူပူၤ★ကွံဖိလၢအဘၣ်အၢတကွံ★မၤဒုထံ★ ဒုးကဲထီၣ်ကံာ်အသး	pud'dle
_puerile	a.	ဒံဖိသ့ၣ်အသိး★လၢအတအိၣ်ဒီးတၢ်ကူၣ်တၢ်ဆးဒံဖိသ့ၣ်အသိး	pu'er-ile
_puff	v.t.	အူနုာ်ကလံၤ★(အူ)ကဖိထီၣ်(တၢ်)★သါဆဲးဖိုၤ★(ကလံၤ)အူဖုးတၢ်★စံၤပ တၢၤတၢ်တလၢအခၢး★ဟ်ကဖိထီၣ်အသး	puff
_puff	n.	တၢ်လၢပုၤ(ထိးလီၤ)(ဖုံလီၤ)တၢ်ကမှံၣ်အဂီၢ်	puff
_puffy	a.	ကဖိထီၣ်★လၢတၢ်အူမၤဖိထီၣ်★ဘၣ်ယးတၢ်ကတိၤဖၤလၢ	puff'y
_pugilist	n.	ပှၤထိးတၢ်ဖိ	pu'gil-ist
_pugnacious / pugnacity	a. / n.	(တၢ်)(လၢအ)ယုအ့ၣ်လိာ်ညီနုၢ်အသး★(တၢ်)(လၢအ)ထိၣ်အ့ၣ်လိာ်အသး★ (တၢ်)(လၢအ)အဲၣ်ဒိးအ့ၣ်လိာ်အသး	pug-na'cious / pug-nac'i-ty
_pull	v.t.	ထုး★ကၢ်ချံ★ဝၢ်ချံ	pull
_pullet	n.	ဆီမိၢ်ကနီ	pul'let
_pulp	n.	တၢ်ကအိၣ်သိၣ်★တၢ်ကဟုာ်လုးလၤအပုာ်★တၤသူၣ်တၤသၣ်အ(ကပိၤ)(နိၢ်)★ တၢ်မှံတၢ်ဘိဒီးဆ့ၣ်ဖီကီၢ်ဖိအကၢ်လၢအကအိၣ်သိၣ်,လီၤယံာ်တၢ်ညၣ်, ဒီးလၢအကဟုာ်နုၣ်လီၤ	pulp
_pulpit	n.	တၢ်ဟီတရၢအလီၢ်★သရၣ်ဟီတရၢ	pul'pit
_pulse	n.	တၢ်သွံၣ်ဆဲးဖိုး★(တၢ်)သွံၣ်စံၣ်★ပထိးအကလုာ်ကလုာ်အချံ★ ပထိးအကလုာ်ဝ့ၤတကလုာ်ဝ့ၤ	pulse
_pulverize	v.t.	မၤလီၤကမှံၣ်တၢ်★လီၤကမှံၣ်	pul'ver-ize
_pump	v.t.	(စဲး)ထုးထီၣ်ထံ	pump
_pump (up)		ဖိးနုာ်ကလံၤ	pump (up)
_pumpkin	n.	လှၣ်ခွဲသၣ်★လှၣ်ကဲၢ်မဲ★လှၣ်ခွသၣ်	pump'kin
_pun	n.	တၢ်မၤဘၣ်ကဒၢတၢ်ကတိၤအဓိပညီတလၢတၢ်လီၤနံၤအဂီၢ်★တၢ်ကတိၤလီၤနံၤတၢ် လၢတၢ်ဟးနုၢ်ခိၣ်ချူတၢ်ကတိၤအဓိပညီအယိ	pun
_punch	v.t.	(တၢ်)ထိးတၢ်★ဆဲးထုၣ်ဖိုတၢ်★(တၢ်)မၤတၢ်★ပှာ်ဖိုတၢ်	punch
_punch	n.	ထးလၢအမၤထူၣ်ဖိုတၢ်	punch
_punctilious	a.	လၢအမၤတၢ်ဒ်တၢ်လုၢ်အလၢ်အိၣ်ဝဲအသိးလီၤတံၢ်လီၤဆဲး	punc-til'i-ous
_punctual	a.	လၢအဘၣ်ဆၢဘၣ်ကတီၢ်	punc'tu-al
_punctually	adv.	ဘၣ်ဆၢဘၣ်ကတီၢ်	punc'tu-al-ly
_punctuate / punctuation	v.t. / n.	တၢ်ပနီၣ်လၢတၢ်မၤနီၣ်တၢ်ကွဲးအဆၢ★တၢ်(မၤ)(ဒိ)နီၣ်တၢ်ကွဲးအဆၢ	punc'tu-ate / punc'tu-a'tion

_puncture	v.i.	(တၢ်)ဆဲးဖျိုတၢ်★(မၤ)ဘၣ်ဆဲး	punc'ture
_puncture	n.	တၢ်ပူးလၢတၢ်ဆဲးဖျိအီၤလၢတၢ်ခိၣ်စူ	punc'ture
_pungent	a.	နါမဲ★ဟဲ★အူ★ဟး★လၢအမၤဆါပှၤအသး	pun'gent
_punish / punishment	v.t. / n.	(တၢ်)သိၣ်ယီၣ်★(တၢ်)စံၣ်ညီၣ်	pun'ish / pun'ish-ment
_punitive	a.	ဘၣ်ယးဒီးတၢ်သိၣ်ယီၣ်★ဘၣ်ယးဒီးတၢ်စံၣ်ညီၣ်★လၢအသိၣ်ယီၣ်တၢ်	pu'ni-tive
_puny	a.	ဆံးဒီးဂံၢ်စၢ်ဘါစၢ်	pu'ny
_pupil	n.	မဲာ်ပူးဖိ★ပျၢ်★အပျၢ်★ပှၤမၤလိတၢ်ဖိ	pu'pil
_puppy	n.	ထွံၣ်ဖိ	pup'py
_purchase	v.t.	ပှ့ၤတၢ်	pur'chase
_purchase	n.	နိၣ်တကၢးဒီးနိၣ်ဒိတခုထိၣ်တၢ်	pur'chase
_purdah	n.	နိၣ်ကျၢၢ်ဘၢမဲာ်	pur'dah
_pure	a.	ကဆှဲကဆှီ★စီဆှံ★ဆှံ★စီ★တီ	pure
_purely	adv.	စီစီဆှံဆှံ★ထဲဒၣ်အဝဲနူၣ်လီၤ★ခဲလၢာ်ခဲဆ့	pure'ly
_purgative	n.	ကသံၣ်လူ	pur'ga-tive
_purgative	a.	လၢအမၤလဲၤပဟၢဖၢ★လၢအမၤကဆှီထိၣ်တၢ်	pur'ga-tive
_purge	v.t.	မၤကဆှီထိၣ်တၢ်★နုးလဲၤဟၢဖၢ★ဟၢဖၢ(လူ)(လဲၤ)★နုး(လူ)(လဲၤ)ဟၢဖၢ	purge
_purification	n.	တၢ်မၤကဆှီ(ထိၣ်)တၢ်	pu'ri-fi-ca'tion
_purify	v.t.	မၤကဆှီတၢ်★မၤစီမၤဆှံထိၣ်တၢ်	pu'ri-fy
_purity	n.	တၢ်စီတၢ်ဆှံ★တၢ်ကဆှဲကဆှီ	pu'ri-ty
_purple	a.	ဂီၤလုး★ဂီၤလုးတကလုာ်★လုးတကုာ်★လုး	pur'ple
_purport	v.t.	မိၣ်စံးဘၣ်အသး★နုးနဲၣ်ဖျါထိၣ်	pur'port
_purport	n.	တၢ်အခီပညီ	pur'port
_purpose	v.t.	(တၢ်)ဟ်လီၤအသး	pur'pose
_purposely	adv.	အသးအိၣ်မၤတီနံၤဒၣ်တၢ်★လၢအသးအိၣ်မၤစဲယဲၤဒၣ်တၢ်	pur'pose-ly
_purr	v.i.	(သၣ်မံယီၤ)မၤသိၣ်အကလုၢ်ဖဲအသုၣ်မုာ်သးမုာ်အခါ★(သၣ်မံယီၤ)မၤသိၣ်အကလုၢ်ဖြူ--ဖြူဖဲအဟဲထိၣ်ကဝံလီၤလၢပလိၤ	purr
_purse	n.	စ့ထၢၣ်	purse
_pursue	v.t.	လူၤတၢ်★လူၤပိာ်တၢ်အခံ★လူၤချုးနွံၢ်တၢ်	pur-sue'
_pursuit	n.	တၢ်လူၤတၢ်★တၢ်လူၤပိာ်တၢ်အခံ★တၢ်လူၤချုးနွံၢ်တၢ်★တၢ်ဖံးအိၣ်မၤအိၣ်	pur-suit'
_pus	n.	တၢ်အဖံအစီး	pus
_push	v.t.	ဆီၣ်★ထွၣ်★ဆီၣ်ကွံာ်★ဆီၣ်သနံး★တိၢ်ကွံာ်★လဲၤထိၣ်ဆူညါ	push
_put	v.t.	ဟ်	put
_put off		ဟ်ကွံာ်★သုးယံာ်ထိၣ်အဆၢကတီၢ်★ဘှၣ်လီၤ	put off
_put forth		ယှာ်ထိၣ်★ဆှိးထိၣ်	put forth
_put up		အိၣ်ဆိးတစိၢ်တလီၢ်	put up
_put up with		တူၢ်တၢ်	put up with
_putrefaction	n.	တၢ်အုၣ်သံကျၣ်သံ★တၢ်အုၣ်တၢ်ကျၣ်★တၢ်အုၣ်ထိၣ်ကျၣ်ထိၣ်	pu'tre-fac'tion
_putrify	v.i.	(နုး)အုၣ်သံကျၣ်သံ★အုၣ်ထိၣ်(ကျၣ်ထိၣ်)	pu'tri-fy
_putrid	a.	လၢအအုၣ်ကျၣ်သံ★လၢအအုၣ်အကျၣ်★လၢအနၢအုၣ်	pu'trid
_puzzle	v.t.	မၤသဘံၣ်ဘုၣ်သုၣ်သး★မၤ(မၤမၣ်)(လီၤကတုၤ)သုၣ်သး	puz'zle
_puzzle	n.	သုၣ်သး(သဘံၣ်ဘုၣ်)(လီၤကတုၤ)(မၤမၣ်)★တၢ်သးသဘံၣ်ဘုၣ်★တၢ်တမံၤလၢပနၢ်ပၢၢ်ကီ	puz'zle
_pygmy	n.	ပှၤလၢအနီၢ်ဆံးဒီးဖုၣ်	pyg'my
_pyramid	n.	တၢ်သုၣ်ထိၣ်လၢအခိၣ်စူးဒီးဘၣ်တၢ်ဘိုအီၤလၢလၢၢ်	pyr'a-mid
_pyre	n.	သ့ၣ်မုၣ်တပူၣ်လၢတၢ်ကှၢ်ပှၤအစိၣ်လၢအဖီခိၣ်	pyre
_quack	a.	ပှၤလၢအဟ်မၤအသးလၢအမ့ၢ်ကသံၣ်သရၣ်အသ့	quack
_quack	v.i.	(ထိၣ်ဒုၣ်)ကိးသိၣ်ကၤကၤကၤ	quack
_quadrennial	a.	လၢအမၤအသးလွံၢ်နံၣ်တဘျီ★လၢအယံာ်လွံၢ်နံၣ်	quad-ren'ni-al

226

_quadruped	a.	လၢအခိၣ်အိၣ်လွံၢ်ခီ★လၢအစုအခိၣ်အိၣ်လွံၢ်ခီ	quad'ru-ped
_quadruple	v.t.	မၤအါထီၣ်လွံၢ်စး	quad'ru-ple
_quadruple	n.	တၢ်လွံၢ်ဘ္ဘိ★တၢ်လွံၢ်စး	quad'ru-ple
_quadruplets	n.	ဖိလွံၢ်ဂၤလၢအအိၣ်ဖျဲၣ်တဘ္ဘိယီလၢမိၢ်တဂၤယီ	quad'ru-plets
_quaff	v.t.	အီတၢ်အါအါကလဲၥ်★အီတၢ်ကြ္ဘၣ်ကြ္ဘၣ်★အီတၢ်တကွံးတကွံးအါအါကလဲၥ်	quaff
_quail	v.i.	သံးအသး★ကိၥ်လီၤသံးအကိၥ်လၤဖျ့ၤတၢ်အယိ★သးဟးဂီၤ	quail
_quail	n.	ထိၣ်ပဝံ★ထိၣ်ပလံ	quail
_quaint	a.	လီၤဆီဒ်လၤဖျ့ၤအသိးသနၥ်က့မုၥ်သးပှၤ★လီၤဆီ	quaint
_quake	v.i.	ဟူးဝး★ကနီၤကစုၥ်	quake
_qualification	n.	တၢ်သ့တၢ်ဘၣ်လၢအဒုးကြၤးအီၤဒီးတၢ်မၤတဝံၤဖဲၤ★တၢ်(လၢအ)ဘ္ဘိကွၤတၢ်	qual'i-fi-ca'tion
_qualified	a.	လၢအကြၤးဝဲဘၣ်ဝဲ★လၢအဘၣ်တၢ်(ဘ္ဘိကွၤ)(မၤလီၤဆီကွၤ)အီၤ	qual'i-fied
_qualify	v.t.	ဘ္ဘိကွၤ★မၤလီၤဆီကွၤတၢ်★ဒုးကြၤးဒုးဘၣ်တၢ်	qual'i-fy
_quality	n.	တၢ်(အသူးအသ္ဘၣ်)(ဂ့ၤ)(အအၢ)လၢအအိၣ်ဒီးတၢ်	qual'i-ty
_qualm	n.	တၢ်သးကနံၤကဒါ★တၢ်ဆါလၢအဟဲဘၣ်ပှၤသတူၢ်ကလၥ်★တၢ်သးပကွံၥ်ထိၣ်★တၢ်သးအုးသ္ဘုၣ်ကၢ်သးလီၤလၢတၢ်ဒဲးအယိ	qualm
_quandary	n.	တၢ်သးဒ့ဒီ	quan'da-ry
_quantity	n.	တၢ်အိၣ်ဆံးအါဆံးအါ★တၢ်အိၣ်ထဲအံၤထဲနုၤ	quan'ti-ty
_quarantine	n.	တၢ်ဆၢကတီၢ်ဖဲတၢ်တြီကဘီလၢတၢ်ဖျံၤတၢ်ဆါအသိးဒ်သိးအသုတတၢ်ထိၣ်လၢထံကျၢ်နံၤတဂ့ၤ	quar'an-tine
_quarrel	v.t.	(တၢ်)အ့ၣ်လိၥ်ဆိးကွလိၥ်	quar'rel
_quarrelsome	a.	လၢအအဲၣ်ဒီးအ့ၣ်လိၥ်လိၥ်အသးဒီးပှၤဂၤ★လၢအသးထိၣ်ချ	quar'rel-some
_quarry	v.t.	ခူၣ်လၢ်	quar'ry
_quarry	n.	တၢ်ခူၣ်လၢ်အလီၢ်★တၢ်ဖံလၥ်တဒုလၢတၢ်လူၤမၤသံအီၤ	quar'ry
_quart	n.	တၢ်ယိၣ်နီၣ်လၢအပှဲၤထံခွးခံဘ္ဘၣ်	quart
_quarter	n.	လွံၢ်ပူတပူ	quar'ter
_quarterly	a.	တနံၣ်လွံၢ်ဘ္ဘိ★သၢလါတဘ္ဘိ	quar'ter-ly
_quartette	n.	တၢ်သးဝံၣ်လၢပှၤလွံၢ်ဂၤအဂီၢ်★ပှၤလွံၢ်ဂၤလၢအသးဝံၣ်တၢ်	quar-tette'
_quaver	v.i.	(ကလုၢ်)ကနီး	qua'ver
_quay	n.	ကဘီတိၢ်ထိၣ်အလီၢ်လၢထံနံၤလၢအဘၣ်တၢ်ဘိုအီၤလၤလၢၢ်★ကဘီသန္ဓတီၤ	quay
_queen	n.	နီၢ်ပၤမုၣ်	queen
_queenly	a.	လၢအကြၤးဒီးနီၢ်ပၤမုၣ်★လီၤက်နီၢ်ပၤမုၣ်	queen'ly
_quell	v.t.	မၤဘ္ဘၣ်မၤဘိုၣ်★ဒုးအိၣ်ဂၢၢ်တပၢၢ်★မၤနၢၤမၤယၢၣ်★ဆိၣ်လီၤ	quell
_quench	v.t.	မၤသံ(မ့ၣ်အူ)★မၤလီၤဟံၥ်★မၤဟါမၢ်တၢ်သူအသးလၢထံ★စဲၥ်လီၤ★ဆံးလီၤၰၤလီၤ	quench
_querulous	a.	လၢအညီနုၢ်ဟ်တၢ်ကမၣ်လၢပှၤအလိၤ,လၢအညီနုၢ်ကဒူးကဒ့ၣ်တၢ်	quer'u-lous
_query	v.t.	(တၢ်)သံကွၢ်	que'ry
_query	n.	တၢ်သံကွၢ်အပနီၣ်(?)	que'ry
_quest	v.i.	(တၢ်)လူၤကွၢ်ယုထံၣ်န္ဓၢ်တၢ်	quest
_question	n.	တၢ်သံကွၢ်★တၢ်လၢတၢ်စံးတၢ်ကတိၤလၢအဂ့ၢ်	ques'tion
_question	v.t.	သံကွၢ်တၢ်★(တၢ်)သးဒ့ဒီ	ques'tion
_questionable	a.	လၢအလီၤသးဒ့ဒီပှၤ★လၢတၢ်သံကွၢ်သံဒိးအီၢ်အိၣ်ဝဲ★လၢအလီၤသံကွၢ်သံဒိးပှၤ	ques'tion-a-ble
_queue	n.	(တၢ်)(ပှၤ)ဆၢထၢၣ်ပိၥ်လိၥ်အခံတဂ့ၢ်	queue
_quibble	v.i.	(တၢ်သံကွၢ်တဒီ)(စံးဆၢတဒီ)★(တၢ်)ဟးဆုံးစံးဆၢတၢ်လီၤလီၤ	quib'ble
_quick	a.	ချ★လၢအအိၣ်မူ★(လၢအ)စုဖျံၣ်ခိၣ်ဖျံၣ်★ပှၢ်ချ	quick
_quicken	v.t.	မၤချထီၣ်★(မၤ)သမူထီၣ်ကွၤ★(ဒုး)(မၤ)ချထီၣ်★သဆၣ်ထီၣ်အခံ★ထီၣ်ဂဲၤအသး	quick'en
_quickly	adv.	ချချ★ပှၢ်ပှၢ်ချချ	quick'ly

227

_quicksand	n.	မဲၤလီၤဘျၣ်★မဲၤလီၤက်ာ်	quick'sand'
_quiescence / quiescent	n. / a.	(လၢအ)(တၢ်)အိၣ်(ဘှၣ်)(ယိ)ကလာ်	qui-es'cence / qui-es'cent
_quiet	a.	လၢအအိၣ်ယိၤကလာ်★လၢအဘှၣ်အဘိၣ်★လၢအသူၣ်မံသးမှာ်	qui'et
_quiet	v.t.	ဒုးအိၣ်ယိၤကလာ်★မၤဘှၣ်မၤဘိၣ်	qui'et
_quill	n.	ထိၣ်ဆူၣ်ဒိ★ထိၣ်ဒံၤအဆူၣ်လၢအပှၢ်★သူၣ်ဆူၣ်	quill
_quilt	n.	ယၣ်လှၤဘဲ★ယၣ်လှၤလၢတၢ်ဆးအီၤအိၣ်ဒီၤဘဲလၢအခၢၣ်သး	quilt
_quinine	n.	ကွံနံၣ်	qui'nine
_quip	n.	တၢ်ကတိၤလီၤနံၤလၢအမၤဆါပှၤအသးသ့★တၢ်ကတိၤဒုၣ်ဒွဲၣ်တၢ်	quip
_quit	v.t.	ဆိကတီၢ်★ဟးထီၣ်ကွံာ်★ဟ်လီၤတဲာ်	quit
_quiver	v.i.	ကနိၤ★ကနိၤကစုာ်	quiv'er
_quiver	n.	လၢပီၤ	quiv'er
_quotation / quote	n. / v.t.	(တၢ်)ကိးထီၣ်ပှၤဂၤ(အတၢ်ကွဲး)(အတၢ်ကတိၤ)★(တၢ်)ဘၣ်ပှၤတၢ်အပှ့ၤ★(တၢ်)ဖးတၢ်အပှ့ၤ★(တၢ်)ဒုးနဲၣ်ဖျါထီၣ်တၢ်ကွဲးအသး	quo-ta'tion / quote
_quoth	v.t.	စံး★ကတိၤ	quoth
_quotient	n.	တၢ်နီၤဖးအတၢ်စံးဆၢ★၁၂ပမ့ၢ်နီၤဖးအီၤလၢ၄နဉ်,အတၢ်စံးဆၢနဉ်ဝဲဒၣ်၃လီၤ,၃နဉ်မ့ၢ်ဝဲဒၣ်ခိရဲၤလီၤ	quo'tient
_rabbit	n.	ပဒဲၤအဆံးတကလုာ်★ပဒဲၤကဘီ	rab'bit
_rabble	n.	ပှၤပှာ်ထီၣ်တၢ်ဖိတဖၣ်★ပှၤလၢအၤၤကပီၤတအိၣ်တဖၣ်★ပှၤမၤဟၢထီၣ်တၢ်လီၤတၢ်တဖၣ်	rab'ble
_rabid	a.	လၢအနၢ်ဖျ့ၢ်တၢ်★လၢအသးဂဲၤတလၢကွံာ်★လၢအသးဒိၣ်တၢ်ဖျ့ၣ်တပှိၤ★ဖျ့ၢ်	rab'id
_race	v.i.	(တၢ်)ပြၢတၢ်★(တၢ်)ယှၢ်ပြၢ	race
_race	n.	သးသမူဒီၤကတီၢ်★အကလုာ်★အစၢၤအသွဲၣ်★တၢ်ယှၢ်ချ★ထံယွၤအကျိၤ	race
_rack	n.	သကွီၣ်ဘြၤ★တၢ်ဟ်လံာ်အလီၢ်★တၢ်ဘှးထီၣ်တၢ်ကူတၢ်သိးအလီၢ်	rack
_rack	v.t.	မၤနၤမၤဖှီၣ်★ယှဲဆူၣ်ယှဲစိၤ★ထုးဖှံၣ်ဆၢတၢ်နၤနၤကလာ်	rack
_racket	n.	နီၣ်ဒီလၤပဒဲၤတၢ်လၢအလဲၤနံၤအတၢ်လိာ်ကွဲပူ	rack'et
_radiance / radiant	n. / a.	(လၢအ)(တၢ်)ကပီၤကယဲၢ်ကယၢ်	ra'di-ance / ra'di-ant
_radiate	v.i.	ဆဲၤကပီၤလီၤ★ဆဲၤကပြုၢ်ကပြီၤလီၤ★ဟဲထီၣ်လၢအခၢၣ်သးတပူၤယီဒီၤလဲၤတၢ်တကျိၤတကျိၤဒ်မှၢ်ယဲၤအသိး	ra'di-ate
_radical	n.	ဘၣ်ယးဒီၤတၢ်မိၢ်ပှၢ်★တၤလၢကွံာ်အစၢၤ★ဘၣ်ယးဒီၤတၢ်အခိၣ်ထံး	rad'i-cal
_radiotherapy	n.	တၢ်ကူစါတၢ်ဆါလၤလီအစိကမီၤ	ra'di-o-ther'a-py
_radish	n.	သဘၣ်တကလုာ်လၢအတၢ်တၢ်အိၣ်သံကစံၣ်အီၤ	rad'ish
_raffle	n.	တၢ်လိာ်ကွဲ(ထံၣ်)★ထံၣ်တကလုာ်	raf'fle
_raft	n.	ဖိၣ်★ထိ	raft
_rafter	n.	သဒိ(ဘဲ)★တဒိ(ဘဲ)	raft'er
_rag	n.	တၢ်ကံးညၣ်အယာ်ဘုၣ်ယၢ်ဖျ★တၢ်ကံးညၣ်အကၢ့အခီ	rag
_rage	v.i.	(တၢ်)သးဒိၣ်တပျုာ်တပှိၤ★(အူ)(မၤအသး)တပျ့ၣ်တပှိၤ★သလၣ်လီၤသးတပျ့ၣ်တပှိၤ	rage
_ragged	a.	တရီၤဒီၤ★လၢအယာ်ပြဲ★လၢအသဖုထီၣ်★လၢအကူတၢ်သိးတၢ်ယာ်မၢ်ယာ်ပြဲ	rag'ged
_raid	v.t.	(တၢ်)လီၤဒီၤမၤဒၢၣ်ဖုးမၤဒၢၣ်ပှိၢ်တၢ်★က်ဆူၣ်ပှိၤဆူၣ်တၢ်★နုာ်လီၤဖိၣ်နှၢ်တၢ်	raid
_rail	v.t.	ကတိၤတရၢတပါတၢ်★အိၣ်တၢ်ထုတၢ်	rail
_rail	n.	ထးဒီဘိတဘိ★တၢ်နုၣ်ထး	rail
_railroad / railway	n. / n.	လ့ၣ်မ့ၣ်အူၤအကျဲ	rail'road' / rail'way'
_raiment	n.	တၢ်ကူတၢ်သိး	rai'ment
_rain	n.	တၢ်စူၤ★တၢ်ဟဲစူၤ	rain
_rainy	a.	လၢတၢ်စူၤလီၤစီၣ်လီၤ★လၢတၢ်စူၤအဘျိဘျိ★လၢအဘၣ်ယးဒီၤတၢ်စူၤတၢ်စိၣ်	rain'y

_raise	v.t.	စိၥ်ကဖီထိၩ်★စိၥ်ကပှိၩ်ထိၩ်★ဝံၥ်ဆၢထၢၥ်★ဘိးဆၢထၢၥ်★ဒိၤခုထိၩ်တၢ်★မၤကစီၤထိၩ်★သုၣ်ထိၩ်★သုၣ်လီၤဖြးလီၤ★ဒုးအါထိၩ်★ဒုးဂဲၤဆၢထၢၥ်★မၤနၢၩ်★ထၢဖှိၣ်★ထုထိၩ်အကလုၢ်★ဒုးဟဲထိၩ်★ဘုၣ်အါထိၩ်ဂ်ီၢ်မုၢ်ဂ်ီၢ်ပ	raise
_raisin	n.	စပံးသၣ်ယွ	rai'sin
_rake	n.	ကြၢ်	rake
_rake	v.t.	ကွးလၤကြၢ်★တၥ်ဖှိၣ်လၤကြၢ်	rake
_rally	v.t.	(ဒုး)စူၤဖှိၣ်ရိဖှိၣ်က္ၤပှၤလၤလီၢ်တပူၤယီလၢတၢ်ကမၤသကိးတၢ်လၢတၢ်မၤဒိၣ်ထိၣ်ထီထိၣ်တၢ်အဂီၢ်★ဒုးအိၣ်ဖှိၣ်က္ၤသုးဖိလၢအလီၤပြံၤပြါသ္ၣ်တဖၣ်	ral'ly
_ram	n.	သိဖါ★စုကဝဲၤလၢအဆဲးထူဆဲးတိၢ်လီၤပှိၢ်တၢ်	ram
_ramble	v.i.	ကတိၤဝံၤဘးဝးဘိးတၢ်ဆူအံၤဆူနၤဘး★ဟးလိၥ်ကွဲ့ဆူအံၤဆူနၤ	ram'ble
_ramification	n.	တၢ်ဒ့ၤဒ္ထိၣ်★တၢ်(အဂ့ၢ်အကျိၤ)အဒ့တဒ္	ram'i-fi-ca'tion
_ramify	v.t.	ဖးဒ္ထိၣ်★နီၤဖးလီၤအီၤဆူအဒ့အဖိတဖၣ်	ram'i-fy
_rampage	v.i. / n.	(တၢ်)သးဒိၣ်တပျုၥ်တပျိၤ★(တၢ်)မၤတပျုၥ်တပျိၤတၢ်★သးဒိၣ်သ္ၣ်ဂၤၦါခ	ram-page' / ramp'age
_rampant	a.	(ဆ္ၣ်ဖိကီၢ်ဖိ)လၢအဆၢထၢၣ်တကၢ်ထိၣ်ဒီးအသးလၢအခိၣ်ခံၥ်★လၢအအိၣ်အါအါဂ်ီၢ်ဂ်ီၢ်★လၢအတဘၣ်တၢ်တြီအီၤဘၣ်★ဆၢထၢၣ်တစီၤခိၣ်	ramp'ant
_rampart	n.	တိၢ်★ဟီၣ်ခိၣ်ကစၢ်ထိၣ်လၢအအိၣ်ဝးတရံးတၢ်လီၢ်★(ၡ့)(တၢ်)ခိၣ်ဒူ	ram'part
_ramrod	n.	နီၣ်ဆဲးလၢအဆဲးဖိုၤစိၣ်ကွံၣ်ညီ★ကွံၤအနီၣ်ဆဲးဖိုၤ	ram'rod'
_ranch	n.	တၢ်ဘုၣ်(ထိး)(ဆီ)(ၦိၤပနၢ်)(သိ)(ကသ္ၣ်)အလီၢ်	ranch
_rancid	a.	လၢအနၢဆ္ၣ်ဘီ★လၢအနၢဆ္ၣ်★နၢယး	ran'cid
_rancor	n.	တၢ်သးက္ၣ်သးကါတၢ်နၤကတၢ်★တၢ်သးဟ္အိၣ်ဒၣ်အမှ််ၢ်	ran'cor
_random	adv.	(လၢအ)(တၢ်)နၢၢ်စီၤမၤတၢ်★လၢအမၤဝဲဖဲအခိၣ်လီၤ★လၢအမၤဒီးကွ််ၢ်ဖဲအကဟဲဝံၣ်ၥ်ဝဲ	ran'dom
_range	v.t.	ရဲၣ်လီၤတဂ်ၢ်တဂ်ၢ်★ဒုးဘၣ်ယးအသးဒီးပူၤတဖ★(တၢ်)ဟးဝ့ၤဝီၤ(အလီၢ်)	range
_range	n.	တၢ်အိၣ်ဆ္ၣ်အလီၢ်★ကစၢ်အလုၢ်★တၢ်ခးဒီးကျိၤအလီၢ်★အဂ်ၢ်★တၢ်ဖိမှၤအလီၢ်	range
_ranger	a.	(ပလံးဖိ)လၢအဟးဝ့ၤဝီၤလၢပူၤလၤ်ကျ္	rang'er
_ranger	n.	သ္ၣ်ၦှ်ၢ်အခိၣ်,ၦုၤလၢအဟးဝ့ၤဝီၤ	rang'er
_rank	v.t.	စံၣ်ညီၣ်ဟ်လီၤအလီၢ်,ဒိၣ်လၢဒိၣ်အလီၢ်,ဆံးလၢဆံးအလီၢ်★ဘၣ်တၢ်ဟ်လီၤအလီၢ်ဒံအကြၢးဒီးအီၤအသိး	rank
_rank	n.	အလီၢ်အကျဲ★တဂ်ၢ်★အတီၤ★အတုၤ★အတီၢ်အကီၤ	rank
_rank	a.	(နီၣ်)လၢအမဲထိၣ်ထိနးမး★လၢအမဲဒိၣ်အါအါ★တကြၤးတဘၣ်★နၢဆ္ၣ်နၢမှ််ၣ်	rank
_rankle	v.i.	လၢအမၤအ့ၤနူၤၦုၤအသးတနံးနံး★ဂ္ဖ	ran'kle
_ransom	v.t.	(တၢ်)ပ္ၢ်ထိၣ်က္ၤတၢ်	ran'som
_ransom	n.	(စ့)(တၢ်)လၤပလၢၥ်လၤတၢ်ပ္ၢ်ထိၣ်က္ၤတၢ်အဂီၢ်	ran'som
_rant	v.i.	(တၢ်)ကတိၤတၢ်ကဖၤလၤလၤကလှၢ်ဒိၣ်ကဒါသွဲ့အပူၤဘၣ်ဆ္ၣ်တအိၣ်ဒီးအဂ်ၢ်အကျိၤဘၣ်	rant
_rap	v.t.	(တၢ်)ဒိတကွ်ၢ်★ၦိၢ်	rap
_rapacious	a.	လၢအသးအိၣ်ဂ်ုၥ်ဆူၣ်ၦျိဆူၣ်တၢ်	ra-pa'cious
_rape	v.t.	(တၢ်)ဖီးဆူၣ်ၥ်ၥ်မှၣ်	rape
_rape	n.	သဘၣ်တကလုၥ်	rape
_rapid / rapidity	a. / n.	(လၢအ)(တၢ်)အချ္★တၢ်လီၢ်ဖဲထံယွၤဆူၣ်မး	rap'id / ra-pid'i-ty
_rapidly	adv.	ချ္ချ္	rap'id-ly
_rapine	n.	တၢ်ဂ္ုၣ်ဆူၣ်ၦျိဆူၣ်တၢ်	rap'ine
_rapture / rapturous	n. / a.	(လၢအအိၣ်ဒီး)တၢ်သးခုၦဲၤအိၣ်ၦဲၤၦ်ၢ်★တၢ်သူၣ်ခုသးခုနၤနၤကလဲၥ်	rap'ture / rap'tur-ous
_rare	a.	လၢတၢ်တညီန္ဖ်ၢ်ထံၣ်အီၤဘၣ်★(ကလံၤ)လၢအဘ္ ဟိၣ်ကရၢ★ရ္ၢ်★ကၤ★လၢတၢ်ဖီအီၤတမံ	rare
_rarely	adv.	တဘ္ ုတစ္ ုခိၣ်★တစုတၤခိၣ်★တဘ္ ုတကုၥ်★လၢအတညီန္ၤမၤအသးဘၣ်	rare'ly

229

_rascal / rascally	n. / a.	(ပှၤ)လၢအဘှၣ်★(လၢအ)(ပှၤ)တၢိၣ်တသ့ၣ်★(လၢအ)(ပှၤ)နၢါစိၤနၢါပြၢ	ras'cal / ras'cal-ly
_rash	n.	ဖိုၣ်ဆါ★တၢ်ပြ့ထိၣ်	rash
_rash	a.	လၢအတပလီၢ်အသးဘၣ်★လၢအတအိၣ်ဒီးတၢ်ဆိကမိၣ်ဘၣ်★လၢအမၤတၢ်ချံးချုးတဒၢးတၢ်ဒီးတၢ်ဆိကမိၣ်ဆိကမးဘၣ်	rash
_rashly	adv.	လၢတၢ်ဆိကမိၣ်တအိၣ်ဘၣ်အပူၤ★လၢအချ့ဒီးတၢ်ပလီၢ်သးတအိၣ်ဘၣ်အပူၤ★နၢ်စိၤ	rash'ly
_rasp	v.t.	ဂုၢ်လၢအထးကြံ★(ယံးယူး)သိၣ်★သိၣ်(ယံးယူး)★ယံးယူး★ကၢ်ဂၢန်★မၤ(အ့ၣ်ဂံၢ်)(ဆၢ)အသး	rasp
_rasp	n.	ထးကြံ★(ဂုၣ်)(ကြံ)ကွံၣ်★ထးဂုၢ်★(ဘၣ်)ဂံၢ်ဂုၢ်★တၢ်ဘၣ်ဂံၢ်ဂုၢ်အသိၣ်	rasp
_rat	n.	ယုၢ်★(ပှၤလၢအ)ဟ်လီၤတဲာ်အတံၤသကိးတဖုတကရၢ	rat
_rate	n.	တၢ်(လဲၤ)တၢ်အနှ့ၣ်★တၢ်အပူၤ	rate
_rate	v.t.	စံၣ်ညီၣ်ဟ်လီၤအလီၢ်,ဒိၣ်လၢဒိၣ်အလီၢ်,ဆံးလၢဆံးအလီၢ်★အတီၤ★(အ့ၣ်လိာ်)(ဒ့)တၢ်နးနးကလဲာ်	rate
_rather	adv.	(အါ)(ဒိၣ်)တစဲး★ဂ့ၤန့ၢ်★(အါ)(နး)နှ့ၢ်ဒံး	rath'er
_ratify / ratification	v.t. / n.	(တၢ်)မၤဂၢၢ်မၤကျၤၤတၢ်	rat'i-fy / rat'i-fi-ca'tion
_ration	v.t.	ဟ့ၣ်နီၤတၢ်အီၣ်တၢ်အီ	ra'tion
_ration	n.	တၢ်အီၣ်လၢပှၤတဂၤနှ့ၢ်ဘၣ်လၢတနံၤဒီးတနံၤအဂီၢ်	ra'tion
_rational	a.	လၢအအိၣ်ဒီးတၢ်သ့ၣ်ညါနၢ်ပၢၢ်★လၢအ(ယူ)(လီၤ၊ပ)လိာ်ဒီးတၢ်သ့ၣ်ညါနၢ်ပၢၢ်★သ့ၣ်ဆးသးဆးဟကုၣ်သ့ကုၣ်ဘၣ်	ra'tion-al
_rationally	adv.	(ယူ)(လီၤ၊ပ)လိာ်ဒီးတၢ်သ့ၣ်ညါနၢ်ပၢၢ်★ဒ်အကြၢးဝဲဘၣ်ဝဲအသိး	ra'tion-al-ly
_rattan	n.	ဂံၢ်★ဂ့ၢ်	rat-tan'
_rattle	v.i.	သိၣ်ရံၣ်ရံၣ်★(မၤ)သိၣ်တရဲးတဲးတဲးတဲး★ကတိၤတၢ်အါဒီးချ့ချ့★ကလဲာ်ထိၣ်ဒုး	rat'tle
_rattlesnake	n.	ဂုၢ်လၢအမဲၢ်သိၣ်ရံၣ်ရံၣ်ရံၣ်	rat'tle-snake
_raucous	a.	လၢအသိၣ်ယိာ်သိၣ်ယာ်★လၢအသိၣ်ဘံးတြိာ်ဘံးတြၢ★လၢအသိၣ်ဆူၣ်မီၤယိၤ	rau'cous
_ravage	v.t.	ဂုၢ်ဆူၣ်ပျိဆူၣ်တၢ်★မၤဟးဂုာ်ဟးဂီၤတၢ်	rav'age
_rave	v.i.	ကတိၤမံၤကတိၤပျိၢ်တၢ်★နၢ်စိၤကတိၤတၢ်ံပုၤပျုၢ်အသိး	rave
_raven	n.	စီးဝံၣ်ယၤတကလုာ်	rav'en
_raven	a.	လၢအသူကတုၢ်ၣ်	rav'en
_ravenous	a.	လၢအအီၣ်တၢ်ဆူၣ်မးဒၢးတၢ်သၣ်ဝံၤအသးအသိး★လၢအအဲၣ်ဒိး(အီၣ်)တၢ်နးနးကလဲာ်	rav'en-ous
_ravine	n.	တၢ်ကျိၤ★တၢ်တြိ★တၢ်ကျိၤကဲထိၣ်လၢထံယွၤလီၤအယိ	ra-vine'
_ravish	v.t.	ဟံးနၢ်စိာ်ကွံာ်ဆူၣ်★ဒုးသးခုအီၤနးနးကလဲာ်★ဖီးဆူၣ်တၢ်	rav'ish
_raw	a.	လၢအတဘၣ်တၢ်တ်ဖိမံဒံးဘၣ်★လၢအတဘၣ်တၢ်မၤ(ဘျ့မၤကဆို)အီၤဒံးဘၣ်★သံကစံာ်★ခုၣ်ဒီးဂီၢ်★လၢအတသူတၢ်ဘၣ်★လၢအတသ့နီၢ်ဒံးဘၣ်★လၢတၢ်တမၤကဲထိၣ်အီၤဆူတၢ်နီတမံၤဒံးဘၣ်	raw
_ray	n.	တၢ်ကပီၤအယဲၤ	ray
_raze	v.t.	မၤလီၤပိၢ်ကွံာ်ခဲလၢာ်ခံဆ့★မၤလူၤကွံာ်	raze
_razor	n.	ဒီလူၤခုၣ်ဆူၣ်	ra'zor
_re--	pref.	ကဒီးတဘျီ★ကဒၢါက့ၤ	re--
_reach	v.t.	တုၤ★ထိၣ်ဘး★ယုာ်ယီၤ	reach
_react / reaction	v.t. / n.	(တၢ်)မၤဆၢက့ၤတၢ်★(တၢ်)မၤကဒီးတၢ်★(တၢ်)ဂြံ့ဆၢက့ၤတၢ်	re-act' / re-ac'tion
_reactionary	n.	လၢအအဲၣ်ဒီးတၢ်အလုၢ်အလၢ်လၢအပူၤကွံာ်	re-ac'tion-a-ry
_read	v.t.	ဖးလံာ်ဖးလဲၢ်★ဖး	read
_readily	adv.	ညီကဒၣ်★ချ့သဒံး★လၢတၢ်တဝံၣ်ဒိၣ်ဝံယၢဘၣ်အပူၤ★တဘျီယီ	read'i-ly
_re-adjust / re-adjustment	v.t. / n.	(တၢ်)ဘိုဘၣ်က့ၤတၢ်★(တၢ်)မၤဘၣ်က့ၤတၢ်★(တၢ်)ကျဲၤက့ၤကဒီးတၢ်	re'ad-just' / re'ad-just'ment
_ready	a.	လၢအအိၣ်ကတဲာ်ကတီၤအသး	read'y

_real	a.	နိၢ်နိၢ်★နိၢ်ကိၢ်	real
_reality	n.	တၢ်နိၢ်နိၢ်★တၢ်မ့ၢ်တၢ်တီ★တၢ်နိၢ်ကိၢ်	re·al'i·ty
_realization	n.	တၢ်((သ့ၣ်))ညါလီၤကူၤအသး★တၢ်သ့ၣ်ညါနၢ်ပၢၢ်	re'al-i-za'tion
_really	adv.	နိၢ်နိၢ်★နိၢ်ကိၢ်	re'al-ly
_reap	v.t.	ကူးတၢ်★နှၢ်ဘၣ်ကွၤအဘျုး	reap
_rear	n.	တၢ်လီၢ်ခံ	rear
_rear	v.t.	ဘိုထီၣ်★ဆၢထၢၣ်တကုၢ်ထီၣ်အသး★လှၢ်ဒိၣ်ထီၣ်★ဘုၣ်ဒိၣ်ထီၣ်★(ဆၣ်ဖိကီၢ်ဖိ)ဆၢထၢၣ်(လၢအဒိၣ်ခံခီ)(တစီၤဒိၣ်)	rear
_reason	n.	တၢ်အဂ့ၢ်အကျိၤ★တၢ်ကူၣ်တၢ်ဆး★တၢ်သူၣ်ဆးသးဆး	rea'son
_reason	v.i.	ဂ့ၢ်လိာ်ဘိုလိာ်★ကွၢ်ဆိကမိၣ်တၢ်အဂ့ၢ်အကျိၤ	rea'son
_reasonable	a.	လၢအကွၢ်ဆိကမိၣ်တၢ်★လၢအကြၢးဝဲဘၣ်ဝဲ★လၢအမၤတၢ်အိၣ်ဒီးအဂ့ၢ်အကျိၤ★လၢအသူလိာ်အသးဒီးတၢ်ဂ့ၢ်တၢ်ကျိၤ	rea'son-a-ble
_rebate	v.t.	(တၢ်)မၤစၢၤလီၤ★မၤလှၤတၢ်	re-bate'
_rebel	v.i. / n.	(ပှၤလၢအ)ပူထီၣ်တၢ်ပၢတၢ်ပြး	re-bel' / reb'el
_rebellion / rebellious	n. / a.	(လၢအ)(တၢ်)ပူထီၣ်တၢ်ပၢတၢ်ပြး	re-bel'lion / re-bel'lious
_rebuff	v.t.	(တၢ်)တဟ့ၣ်အခွဲးလၢတၢ်က(ကတိၤ)ဆူညါဘၣ်★(တၢ်)စံးဆၢပှၤလၢတၢ်တမုာ်တလၤအပူၤ★တြီယာ်★နီၣ်ကဒါကွၤ★(တၢ်)ကတိၤတြီတၢ်ယှာ်ဒီးတၢ်ကတိၤဆၢအသး	re-buff'
_rebuke	v.t.	(တၢ်)သိၣ်ကွၤသိကွၤတၢ်★(တၢ်)သိၣ်ယီၣ်သိယီၣ်ထးခိၣ်အီၣ်ဆၢဆၢကလံာ်	re-buke'
_recall	v.t.	သ့ၣ်နီၣ်ထီၣ်ကွၤ★ထုးကွၤ★မၤဟးဂီၤကွံာ်ကွၤ★ကိးကွၤ	re-call'
_recant	v.t.	ထုးကွၤ(တၢ်ကတိၤ)	re-cant'
_recapitulate / recapitulation	v.t. / n.	(တၢ်)ကတိၤကွၤလၢတၢ်ကတိၤအဖှၣ်★(တၢ်)တဲကဒါကွၤတၢ်ထဲအဂ့ၢ်မိၢ်ပှၢ်ဖှၣ်ကိာ်	re'ca-pit'u-late / re-cap-it'u-la'tion
_recede	v.i.	သုးကွၤအသးဆူအလီၢ်ခံ★ဟ့ၣ်ပၢၤကွၤကဒီး★ကွၤဆူအလီၢ်ခံ	re-cede'
_receipt	n.	တၢ်ကွဲၤလၢအဒုၣ်လီၤအီၤလီၤတၢ်လၢအဒိးနှၢ်ဘၣ်တၢ်လံ	re-ceipt'
_receive	v.t.	ဒိးနှၢ်★တူၢ်လိာ်★နှၢ်ဘၣ်★တြၢ်	re-ceive'
_recent	a.	လၢအတယံာ်ဒံးဘၣ်	re'cent
_receptacle	n.	တၢ်အကၢ★တၢ်အဒၢ★တၢ်ပူၤတၢ်တၤ★တၢ်အလီၢ်ဖဲပူၤ(လှ)(ဟ်)ဖိၣ်တၢ်	re-cept'a-cle
_reception	n.	တၢ်တူၢ်လိာ်	re-cep'tion
_receptive	a.	လၢအဒိးနှၢ်တူၢ်လိာ်တၢ်သ့★လၢအသးအိၣ်တူၢ်လိာ်ကွၢ်ဆိကမိၣ်တၢ်ဂ့ၢ်★လၢအကနၣ်တၢ်မုာ်★လၢအတြၢ်တၢ်	re-cep'tive
_recess	n.	တၢ်ဆိကတီၢ်တၢ်မၤတစိၢ်ဖိ★ဒၢးလၢအအိၣ်လီၤသနၣ်အသး★တၢ်လီၢ်သဒၢ	re-cess'
_recipe	n.	တၢ်သိၣ်တၢ်သီဘၣ်ယးဒီးတၢ်ကျဲ(ကသံၣ်)(ကသူဟီၣ်ဘိၣ်)အဂ့ၢ်	rec'i-pe
_recipient	n.	ပှၤလၢအဒိးနှၢ်ဘၣ်တၢ်	re-cip'i-ent
_reciprocal	a.	ယၢ်ခီယၢ်ခီ	re-cip'ro-cal
_reciprocate	v.t.	မၤယၢ်ခီယၢ်ခီ★မၤဆၢ(ကဒါ)ကွၤ★မၤဒီးမၤကၣ်★(ဒုး)ဝၤယဲၤယီၤ	re-cip'ro-cate
_reciprocity	n.	တၢ်မၤတၢ်ယၢ်ခီယၢ်ခီ★တၢ်မၤဒီးမၤကၣ်တၢ်	rec'i-proc'i-ty
_recital / recitation / recite	n. / n. / v.t.	(တၢ်)တဲဘၣ်ကွၤတၢ်တမံၤဘၣ်တမံၤ★(တၢ်)ရူးလံာ်★(တၢ်)ယဲၤကွၤတၢ်တမံၤဘၣ်တမံၤ	re-cit'al / rec'i-ta'tion / re-cite'
_reckless	a.	လၢအတပလီၢ်အသးဘၣ်	reck'less
_reckon	v.t.	ဒွးတၢ်★ဟ်အပူၤ★တယၢ်ဒွးတၢ်★ဂၢ်★ဆိကမိၣ်တၢ်	reck'on
_reckon on		နာ်နှၢ်★သန္ၤအသး	reckon on
_reckoning	n.	တၢ်အပူၤလၢအလီၤတံၢ်နၢ်ပှၤ★တၢ်မၤပှဲၤတၢ်လၢအလီၤဘၣ်ပှၤ★တၢ်ဂၢ်တၢ်ဒွးတၢ်	reck'on-ing
_reclaim	v.t.	ဘိုဘၣ်ကွၤ(ပှၤ)(ဟီၣ်ခိၣ်)★မၤဟ့ၣ်ကဒါကွၤတၢ်★ယ့ကွၤ★မၤဂ့ၤထီၣ်	re-claim'
_recline	v.t.	ဒ့ခံလီၤ★မံနီၤ★မံလီၤ★သန္ၤလီၤ	re-cline'
_recluse	a.	(ပှၤ)လၢအအိၣ်လၢတၢ်သဒၢအလီၢ်★လၢအအိၣ်ထဲတဂၤ	re-cluse'

231

_recognize / recognition	v.t. / n.	(တၢ်)သ့ၣ်ညါနီၤ်တၢ် ★ (တၢ်)အၢၣ်လီၤအီလီၤတၢ် ★ ကွၢ်နီၣ်အီၤသ့	rec'og-nize / rec'og-ni'tion
_recoil	v.i.	ဂုၤက့ၤအသး ★ သံးက့ၤအသး ★ ဖျိးကဒါက့ၤ	re-coil'
_recollect / recollection	v.t. / n.	(တၢ်)သ့ၣ်နီၣ်ထီၣ်က့ၤ	rec'ol-lect / rec'ol-lec'tion
_recommend / recommendation	v.t. / n.	(တၢ်)အုၣ်အသးလၢတၢ်အဂီၢ်	rec'om-mend' / rec'om-men-da'tion
_recompense	v.t.	(တၢ်)ဟ့ၣ်မၤဘျုးက့ၤ ★ (တၢ်)လိးက့ၤတၢ်အပှ့ၤ ★ ဟ့ၣ်က့ၤတၢ်အစၢ ★ (တၢ်)ဟ့ၣ်ဘျုးဟ့ၣ်ဖိုၣ်က့ၤတၢ်	rec'om-pense'
_reconcile / reconciliation	v.t. / n.	(တၢ်)မၤဘၣ်လိာ်က့ၤတၢ် ★ မၤယူမၤဖိးလိာ်က့ၤတၢ်	rec'on-cile / rec'on-cil-i-a'tion
_reconnoitre	v.t.	ကွၢ်ဆိကမိၣ်စၢၤ ★ ယုသ့ၣ်ညါဆိဟ်စၢၤ	rec'on-noi'tre
_reconsider / reconsideration	v.t. / n.	(တၢ်)ကွၢ်ဆိကမိၣ်ကဒါက့ၤတၢ်	re'con-sid'er / re'con-sid'er-a'tion
_reconstruct / reconstruction	v.t. / n.	(တၢ်)ဘိုက့ၤတၢ်	re-cons-truct' / re-cons-truc'tion
_record / record	v.t. / n.	(တၢ်)ကွဲးနီၣ်ကွဲးယါ	re-cord' / rec'ord
_recount	v.t.	တဲဘၣ်က့ၤတၢ်တမံၤဘၣ်တမံၤ ★ ဂံၢ်ကဒါက့ၤတၢ် ★ ယဲၤကဒါက့ၤတၢ်	re-count'
_recourse	n.	တၢ်မၤစၢၤ	re-course'
_to have recourse to		(ဘၣ်)သု ★ (ဘၣ်)သန္ၤအသး ★ အစွဲၤ ★ တၢ်လဲၤယ့ကညး ပှၤလၢတၢ်မၤစၢၤအဂီၢ်	to have re-course to
_recover / recovery	v.i. / n.	(တၢ်)ဘျါက့ၤ ★ (တၢ်)မၤန့ၢ်က့ၤ	re-cov'er / re-cov'er-y
_recreant	n.	ပှၤလၢအတမၤပှဲၤအတၢ်အၢၣ်လီၤဘၣ် ★ ပှၤလၢအကလုၢ်တဒီၣ်	rec're-ant
_recreant	a.	(ပှၤ)လၢအသးသ့ၣ်	rec're-ant
_recreation	n.	တၢ်လိာ်ကွဲ ★ တၢ်ဒုးဆူၣ်ထီၣ်ပၢၢ်ပဘါ ★ တၢ်မၤမုာ်ပသး	rec're-a'tion
_recruit	n.	သုးဖိအသီ	re-cruit'
_recruit	v.t.	ဘိုက့ၤ ★ မၤန့ၢ်(သုးဖိ)(တၢ်)အသီ	re-cruit'
_rectify / rectification	v.t. / n.	(တၢ်)မၤတီမၤလိၤက့ၤတၢ် ★ (တၢ်)ဘိုဂ့ၤက့ၤတၢ် ★ (တၢ်)မၤဘၣ်က့ၤတၢ် ★ ဖီသံးအဘိုဘီတုၤအၤကဲထီၣ်အစီဇီၤအသဟီၣ်အါ	rec'ti-fy / rec'ti-fi-ca'tion
_rectitude	n.	တၢ်မှ်တၢ်တီ ★ တၢ်တီတၢ်လိၤ	rec'ti-tude
_recumbent	a.	လၢအဒုခံလီၤ ★ လၢအမံလီၤ	re-cum'bent
_recuperate / recuperation	v.i. / n.	(တၢ်)န့ၢ်က့ၤအဂၢ်အဘါ ★ (တၢ်)(မၤ)ဘျါက့ၤ	re-cu'per-ate / re-cu'per-a'tion
_recur	v.i.	ဟဲထီၣ်ကဒီးလၢတၢ်(သ့ၣ်နီၣ်)(ဆိကမိၣ်)အပူၤ ★ မၤ(က့ၤ)ကဒီး(အသးလၢပသးကံၢ်ပူၤ) ★ မၤက့ၤကဒီးအသး(ဖဲအဆၢကတီၢ်ဆၢကတီၢ်)	re-cur'
_recurrence	n.	တၢ်ဟဲထီၣ်ကဒီး(တဘျီဘၣ်တဘျီ) ★ တၢ်မၤက့ၤကဒီးအသး ★ တၢ်သုတၢ်စွဲက့ၤကဒီး	re-cur'rence
_red	a.	ဂီၤ	red
_redeem / redemption	v.t. / n.	(တၢ်)ပှ့ၤထီၣ်က့ၤ ★ (တၢ်)ရှူထီၣ်က့ၤ	redeem' / re-demp'tion
_redouble	v.t.	မၤအါထီၣ်က့ၤခံစး	re-dou'ble
_redoubtable	a.	လၢအလီၤပျံၤလီၤဖုး	re-doubt'a-ble
_redound	v.i.	ကဲထီၣ်	re-dound'
_redress	v.t.	မၤဘၣ်က့ၤ ★ ဘိုက့ၤ ★ တၢ်ဟ့ၣ်က့ၤတၢ်အစၢ ★ (တၢ်)တိစၢၤမၤစၢၤ	re-dress'
_reduce / reduction	v.t. / n.	(တၢ်)မၤဆံးလီၤစှၤလီၤတၢ် ★ လဲလိာ် ★ ဒုးကဲထီၣ်	re-duce' / re-duc'tion
_redundancy / redundant	n. / a.	(လၢအ)(တၢ်)အါကဲၣ်ဆိး	re-dun'dan-cy / re-dun'dant
_reed	n.	တပိၢ်	reed

232

_reef	n.	လၢၢ်ဒီလုၢ်လၢၢ်ဒီဂ့ၢ်လၢအခိဉ်အိဉ်လီၤဘၢလၢထံဖီလာ်	reef
_reek	n.	တၢ်အသဝံ★နၢမ်ာ်စီ(တၢ်)နၢအုဉ်နၢဖှ★မှဉ်လှၢ်	reek
_reek	v.i.	သဝံထိဉ်★ခုဉ်ထိဉ်	reek
_reel	v.t.	လဲၤကန့ၤလဲၤကပၤ★ခုဉ်လှဉ်★ဘးလှဉ်ဘးနဲ★ထွံလှဉ်ထွံနဲ	reel
_reel	n.	စီၤကွီၤ★နိဉ်ဘး★လှဉ်ထွဲသ့ဉ်★တၢ်ဂဲၤကလံဉ်တကလှာ်	reel
_reenforce / reenforcement	v.t. / n.	(တၢ်)မၤဆူဉ်ထီဉ်က့ၤအဂၢၢ်အဘါလၢတၢ်မၤစၢၤအသိဉ်ပစံးတၢ်အသိး (သုးဖိသံဉ်ဖိ)(ကဘီဒုးသုး)ဟဲအါထီဉ်	re'en-force' / re'en-force'ment
_refectory	n.	တၢ်အိဉ်အ(လီၢ်)(အၢး)	re-fec'to-ry
_refer	v.i.	(ဒုး)ဘဉ်ထွဲ★(ဒုး)ဘဉ်ဃး★မၤအလဲၤ(ကွၢ်မၤနၢ)	re-fer'
_reference	n.	တၢ်ဘဉ်ထွဲ★တၢ်ဘဉ်ဃး★ပှၤတၢလၢတၢ်သံကွၢ်တၢ်အဂ့ၢ်လၢအီၤသ့	ref'er-ence
_refine	v.t.	မၤပြုၢ်ထီဉ်★(မၤ)စီထီဉ်★(မၤ)ဆုံထီဉ်★(မၤ)ဂ့ၤထီဉ်★မၤဂ့ၤထီဉ် (အလုၢ်အလၢ်)	refine'
_refinement	n.	အလုၢ်အလၢ်လၢအမုာ်ဘၣ်ပသး★တၢ်မၤဂ့ၤထီဉ်တၢ်	re-fine'ment
_refinery	n.	တၢ်မၤဂ့ၤထီဉ်တၢ်အလီၢ်	re-fin'er-y
_reflect / reflection	v.i. / n.	(တၢ်)ဆိကမိဉ်တၢ်★(တၢ်)ကပီၤဆဲးဘဉ်ကဒါကွ့ၤတၢ်★(တၢ်)(ဒုး) ဟဲဘၣ်ကဒါက့ၤ★ဆိကမိဉ်က့ၤလၢအပူၤကွံာ်★ နုာ်ဃုာ်ဟ်ဂံာ်တၢ်မၣ်လၢအလဲၤ	re-flect' / re-flec'tion
_reform / reformation	v.t. / n.	(တၢ်)ဘိုသီထီဉ်က့ၤ★(တၢ်)မၤဂ့ၤထီဉ်က့ၤ(အသး)	re-form' / ref'or-ma'tion
_reformer	n.	ပှၤလၢအမၤဂ့ၤထီဉ်က့ၤတၢ်★ပှၤလၢအမၤသီထီဉ်က့ၤတၢ်	re-form'er
_refractory	a.	လၢအနၢၤကွၢ်နၢ်ပှဲၢ်★ပှၢ်ထီဉ်ကီ	re-frac'to-ry
_refrain	v.i.	ပၢၤအသး★တကနဉ်ယှာ်★ကီၤအသး	re-frain
_refrain	n.	တၢ်သးဝံဉ်လၢတၢ်သးဝံဉ်ကဒါက့ၤအီၤ★ခိရၢာ်★အိဉ်စီၤစု	re-frain
_refresh / refreshment	v.t. / n.	(တၢ်)ဒုးသးဖှံထီဉ်က့ၤအီၤ★(တၢ်)မၤဆူဉ်ထီဉ်က့ၤအဂၢၢ်အဘါ★(တၢ်) မၤသိထီဉ်က့ၤအတၢ်သ့ဉ်နီဉ်★တၢ်အိတၢ်အီဉ်	re-fresh' / re'fresh'ment
_refuge	n.	တၢ်အိဉ်တဒၢအလီၢ်★တၢ်ပူၤဖှဲးအလီၢ်	ref'uge
_refugee	n.	ပှၤလၢအယွၢ်အိဉ်တဒၢအသး★ပှၤလၢအယွၢ်ဆူ(တၢ်ပူၤဖှဲးအလီၢ်) (ထံဂၤကီၢ်ဂၤ)	ref'u-gee'
_refund	v.t.	ဟ့ဉ်က့ၤ	re-fund'
_refusal	n.	တၢ်ဂ့ၢ်လိာ်တၢ်★တၢ်တအၢဉ်လီၤ(တူၢ်လိာ်)တၢ်	re-fus'al
_refuse	a.	(တၢ်)လၢအ(ဘဉ်တၢ်စူးကွံာ်အီၤ)(တဂိာ်တသီဉ်)	ref'use
_refuse	v.t.	ဂ့ၢ်လိာ်တၢ်★တအၢဉ်လီၤ(တူၢ်လိာ်)တၢ်	re-fuse'
_refute	v.t.	ကတိၤဒုးနဲဉ်ဖျါလၢအတဘဉ်ဘဉ်★ကတိၤနၢၤတၢ်★ကတိၤဘှီတၢ်	re-fute'
_regal	a.	လၢအဘဉ်ဃးဒီးစီၤပၤ★လၢအကြၢးဒီးစီၤပၤ★ဒ်စီၤလိဉ်စီၤပၤအသိး★ ကပြုၢ်ကပြီၤ	re'gal
_regale	v.t.	ဒုးမှာ်လၤအသးခုတၢ်ဒီးတၢ်အိဉ်တၢ်အီ★(တၢ်)မှာ်လၤအသးဒီးတၢ်အီဉ်ဝံဉ်အီဆၢ ★(တၢ်)အီဉ်ဝံဉ်အီဆၢ	re-gale'
_regard	v.t.	(တၢ်)ပၤကဲ★(တၢ်)တိၢ်နီဉ်ထံထံ★(တၢ်)ကနဉ်ယှာ်တၢ်★ဘဉ်ဃး★(တၢ်)ယူၤယီဉ် ★အဲဉ်ဒိးတၢ်★(တၢ်)ဆိကမိဉ်တၢ်လၢပှၤဂၤအဂီၢ်	re-gard'
_regard	n.	တၢ်ဆၢဂ့ၤဆၢဝါတဖၣ်	re-gard'
_regardless	a.	လၢအတအိဉ်ဒီးတၢ်ပလီၢ်သးဘၣ်★လၢအတဟ်ကဲတၢ်ဘၣ်	re-gard'less
_regenerate	v.t.	(လၢအ)(ဒုး)အိဉ်ဖျဲဉ်ထီဉ်ခံစုတစု★ဟ့ဉ်အီၤသူဉ်သီသးသီ★မၤသီထီဉ်	re-gen'er-ate
_region	n.	တၢ်လီၢ်တပူၤ★ပနီၢ်ခိတ(ခိ)(ကပၤ)	re'gion
_regional	a.	လၢအဘဉ်ဃးတၢ်လီၢ်တပူၤ	re'gion-al
_register	n.	စရီ	reg'is-ter
_register / registration	v.t. / n.	(တၢ်)ကွဲးနီဉ်ကွဲးယါ	reg'is-ter / reg'is-tra'tion
_regret	v.t.	သးအုး(က့ၤလၢအၯယဲ)★သးအုး	re-gret'
_regretful	a.	လၢအသးအုးက့ၤ★လၢအပှဲၤဒီးတၢ်သးအုး	re-gret'ful
_regrettable	a.	လၢအလီၤသးအုးက့ၤ	re-gret'ta-ble

_regular / regularity	a. / n.	(လၢအ)(တၢ်)ဘၣ်ဆၢဘၣ်ကတီၢ်★(တၢ်)ဒံအ(လုၢ်အလၢ်)(ကျဲ)အိၣ်ဝဲအသိး★(တၢ်)ဒံတၢ်သိၣ်တၢ်သီဟဲဝဲအသိး★(တၢ်)ဘၣ်လီၢ်ဘၣ်စး★လၢအဘၣ်	reg'u-lar / reg'u-lar'i-ty
_regulate / regulation	v.t. / n.	(တၢ်)ကျဲၤဘၣ်ကွၤအီၤလၢတၢ်သိၣ်တၢ်သီ★(တၢ်)မၤတၢ်ဒံတၢ်ဘျၢဟဲဝဲအသိး★(တၢ်)မၤဘၣ်ကွၤတၢ်	reg'u-late / reg'u-la'tion
_rehabilitate	v.i.	မၤဂ့ၤထီၣ်ကွၤ(အမဲၤ)★(ဟံ)(ထီၣ်ထီၣ်)ကွၤပှၤလၢအလီၢ်	re'ha-bil'i-tate
_rehearse	v.t.	မၤကွၢ်ကွၤဟ်စၢၤလၢတၢ်ခုသ့ၣ်အပူၤ★ရူၤလံာ်★ယဲၤကွၤတၢ်အဂ့ၢ်အကျိၤ	re-hearse'
_reign	v.i.	(တၢ်)ပၢတၢ်	reign
_reimburse	v.t.	လီၤကဒါကွၤစ့လၢပှၤလၢာ်ကွံာ်★ဟ့ၣ်ကဒါကွၤ★ဟ့ၣ်ကွၤအခါ	re-im-burse'
_reincarnate	v.i.	လိၣ်ထီၣ်ကဒီးအသး	re'in-car'nate
_reindeer	n.	တၤယုၢ်တကလုာ်အိၣ်လၢတၢ်ဂိၢ်အကီၢ်လၢကပံၤစိၤတခီ	rein'deer'
_reins	n.	ကလုၢ်တဖၣ်★အသူၣ်အသး	reins
_reinstate	v.t.	ဒုးနုာ်ကဒီးလၢအလီၢ်အလၤအပူၤ★ဟ်ထီၣ်ကွၤကဒီးအီၤလၢအလီၢ်	re'in-state'
_reiterate / reiteration	v.t. / n.	(တၢ်)(တဲ)(စံး)ဝံၤ(တဲ)(စံး)ကွၤတၢ်★(တၢ်)မၤကဒါကွၤတၢ်ခဲအံၤခဲအံး	re-it'er-ate / re-it'er-a'tion
_reject / rejection	v.t. / n.	(တၢ်)စူၤကွံာ်★(တၢ်)တတုၢ်လိာ်ဘၣ်★(တၢ်)တအၢၣ်လီၤဘၣ်★(တၢ်)တနာ်ဘၣ်★(တၢ်)ဟ်ကွံာ်★(တၢ်)တအၢၣ်လီၤတုၢ်လိာ်ဘၣ်	re-ject' / re-jec'tion
_rejoice / rejoicing	v.i. / n.	(တၢ်)သူၣ်ခုသးခ★(တၢ်)သူၣ်ဖုံသးညီ	re-joice' / re-joic'ing
_rejoinder	n.	တၢ်စံးဆၢ★တၢ်ကတိၤကွၤတၢ်	re-join'der
_rejuvenate	v.t.	မၤသူၣ်စၢ်သးဘိၣ်လီၤကွၤအသး★မၤသးစၢ်လီၤကွၤအသး	re-ju'ven-ate
_relapse	v.i.	ဖီးပ့ၣ်★ဆါထီၣ်ကဒါကွၤ★ကဲထီၣ်ကွၤဒံအလီၢ်လီၢ်	re-lapse'
_relate	v.t.	တဲကဒါကွၤ★ရူၤထီၣ်တဲထီၣ်★(နုး)ဘၣ်ဃးဒီး★ယဲၤကွၤ★ဒီဘူးဒီတံၢ်	re-late'
_related	a.	လၢအဘၣ်ဃး(လိာ်အသး)★လၢအဒီဘူးဒီတံၢ်	re-lat'ed
_relation	n.	တၢ်ရူၤထီၣ်တဲထီၣ်တၢ်★တၢ်ဘၣ်ဃးလိာ်အသး★တၢ်ဒီဘူးဒီတံၢ်★တၢ်ရၤလိာ်အသး★အဘူးအတံၢ်	re-la'tion
_in relation to		ဘၣ်ဃးဒီး	in relation to
_relative	n.	အဘူးအတံၢ်	rel'a-tive
_relative	a.	လၢအဘၣ်ဃးဒီး★(တၢ်)လၢအဘၣ်ဃးလိာ်အသးဒီးတၢ်ဂၤတမံၤ	rel'a-tive
_relax	v.t.	(မၤ)လီၤကတုၢ်★(မၤ)လီၤကတြူၢ်★(မၤ)စၢ်လီၤ	re-lax'
_relaxation	n.	တၢ်လီၤကတုၢ်★တၢ်လီၤကတြူၢ်★တၢ်ဟးလိာ်ကွဲမၤဖုံထီၣ်သူၣ်မၤဖုံထီၣ်သး★တၢ်မၤစၢ်လီၤတၢ်	re'lax-a'tion
_relay	n.	(ကသ့ၣ်)(ပှၤ)တဖုလၢအနာ်လီၤအဂၤတဖုလၢတၢ်ဘုံးအသးအလီၢ်	re-lay'
_relay	v.t.	ဟ်လီၤကဒီးကွၤတၢ်	re-lay'
_release	v.t.	မၤထူၣ်ဖျဲး★ပျၢ်ကွံာ်★ဒါလီၤကဒီးတဘျီ	re-lease'
_relegate	v.t.	သုး(လီၤ)အလီၢ်★ဟီထီၣ်ကွံာ်ဆူထံကီၢ်ဂၤ	rel'e-gate
_relent	v.i.	မၤစၢ်လီၤကွၤအသးတၢ်စံၣ်ညီၣ်(လၢတၢ်သးကညီၤအယိ)★မၤ(ကပုာ်)(စၢ်)လီၤကွၤအသး★သးကညီၤကွၤတၢ်★အသး(လီၤကပုာ်)(လီၤစၢ်)ကွၤ	re-lent'
_relentless	a.	လၢတၢ်သးကညီၤတအိၣ်	re-lent'less
_relevant	a.	လၢအဘၣ်ဃးဒီးတၢ်ဂ့ၢ်ခဲအံၤ★လၢအကြၢး(ဒီး)(အဘၣ်)	rel'e-vant
_reliability	n.	တၢ်လီၤသန့ၤပသး★တၢ်(နာ်န့ၢ်)(သန့ၤအသးလၢ)အီၤသ့	re-li'a-bil'i-ty
_reliable	a.	လၢပနာ်န့ၢ်အီၤသ့★လၢပသန့ၤပသးလၢအီၤသ့	re-li'a-ble
_reliance	n.	တၢ်သန့ၤပသး★တၢ်နာ်န့ၢ်တၢ်	re-li'ance
_relic	n.	တၢ်လၢပှၤအသးအိၣ်လီၤတံာ်လၢပဟ်ကဲအီ★တၢ်တမံၤမံၤလၢပဟ်ကွၤအီၤလၢတၢ်သ့ၣ်နီၣ်ထီၣ်ကွၤအဂီၢ်	rel'ic
_relief / relieve	n. / v.t.	(တၢ်)မၤစၢၤ★(တၢ်)မၤကျၢ့ထီၣ်★(တၢ်)မၤလီၤကတြၢ်ကွၤ(တၢ်ဆါ)★မၤပူၤဖျဲးအီၤလၢတၢ်မၤ★(တၢ်)မၤဖှံထီၣ်ကွၤ★(တၢ်)မၤစၢ်လီၤကွၤ★တၢ်ဂီၤလၢအအိၣ်ဖျါထီၣ်ထီလၢတၢ်ဒီဂီၤအမဲာ်ဖံးခိၣ်	re-lief' / re-lieve'
_religion	n.	တၢ်ဘူၣ်တၢ်ဘါအလုၢ်အလၢ်	re-li'gion
_religious	a.	လၢအဘါယွၤ★ဘၣ်ဃးဒီးတၢ်ဘူၣ်ယွၤဘါယွၤ★လၢအအဲၣ်ထုအဲၣ်ယွၤ	re-li'gious
_relinquish	v.t.	ဆိတ့ၢ်★ဟ်လီၤတဲာ်★ဟးသဒၣ်ကွံာ်★ဟ့ၣ်ထီၣ်ကွံာ်	re-lin'quish

234

_relish	v.i.	အိဉ်ဘဲ★အိဉ်ဝံဉ်★(တၢ်)ဘဉ်အသး	rel'ish
_relish	n.	တၢ်လၢအမၤဝံဉ်မၤဆၢထိဉ်တၢ်အိဉ်	rel'ish
_reluctant / reluctantly	a. / adv.	လၢအတဘဉ်အသးထဲန့ဉ်တဘဉ်★လၢတၢ်သးတဆူဉ်ဘဉ်အပူၤ★လၢတၢ်သုဉ်ယၢၤသးယၢၤအပူၤ★လၢအသးတ(ဆူဉ်)(အိဉ်)ဘဉ်★လၢအသုဉ်ယၢၤသးယၢ	re-luc'tant / re-luc'tant-ly
_rely	v.i.	သနၤအသး	re-ly'
_remain	v.i.	အိဉ်လီၤတံၢ်★အိဉ်ဒံး★အိဉ်တီၤ★အိဉ်ခဉ်ကလိဉ်★အိဉ်တ့ၢ်	re-main'
_remainder	n.	တၢ်အိဉ်လီၤတံၢ်★တၢ်အဘျဲဉ်အစဲၤ★တၢ်လၢအအိဉ်(တ့ၢ်)(တီၢ်)	re-main'der
_remand	v.t.	ဆှၢ(ကဒါက့ၤ)	re-mand'
_remark	v.t.	ကွၢ်န့ဉ်★(တဲ)(စံး)(ကတိၤ)တၢ်အဂ့ၢ်တမံၤမံၤ★မၤန့ဉ်ကဒီးအသိတဘျီ	re-mark'
_remarkable	a.	လၢအလီၤတိၢ်လီၤဆီ★လၢပကြၢးတိၢ်တိၢ်ယါ	re-mark'a-ble
_remediable	a.	လၢအဘဉ်တၢ်မၤ(ကိညၢ်)(ဂ့ၤထိဉ်)(စၢၤ)(ဘျါက့ၤ)(ဘိုက့ၤ)အီၤသ့	re-me'di-a-ble
_remedy	n.	တၢ်လၢအမၤ(ဘျါ)(ကိညၢ်ထိဉ်)(ဂ့ၤထိဉ်)(စၢၤ)က့ၤတၢ်★ကသံဉ်ဖိဉ်★တၢ်(ဆါ)(အၢ)အဒၢ	rem'e-dy
_remember	v.t.	တိၢ်န့ဉ်★သ့ဉ်န့ဉ်ထိဉ်(က့ၤ)	re-mem'ber
_remembrance	n.	တၢ်တိၢ်န့ဉ်★တၢ်သ့ဉ်န့ဉ်ထိဉ်★တၢ်လၢအဒုးသ့ဉ်န့ဉ်ထိဉ်ပှၤလၢတၢ်	re-mem'brance
_remind	v.t.	ဒုးသ့ဉ်န့ဉ်ထိဉ်	re-mind'
_reminiscence	n.	တၢ်လၢပသ့ဉ်န့ဉ်အီၤ★တၢ်သ့ဉ်န့ဉ်ထိဉ်က့ၤ	rem'i-nis'cence
_reminiscent	a.	လၢအဒုးသ့ဉ်န့ဉ်ပှၤ★လၢအအိဉ်ဒီးတၢ်သ့ဉ်န့ဉ်(တမဉ်)	rem'i-nis'cent
_remiss	a.	လၢအမၤတၢ်မအိဉ်မလဲဉ်ကလဲၢ်ကတ★လၢအတမၤတၢ်မှာ်မှာ်နီၢ်နီၢ်ဘဉ်★လၢတၢ်ပလီၢ်ပဒီအသးတအိဉ်ဘဉ်★လၢအမၤတၢ်တလီၤတံၢ်ဘဉ်★လၢအတထူးဂံၢ်ထူးဘါဒီးမၤဘဉ်ဆၢဘဉ်ကတီၢ်ဘဉ်	re-miss'
_remissible	a.	လၢတၢ်မၤပူၤဖျဲးပုၤလၢအီၤသ့★လၢတၢ်ပျၢ်က့ဉ်သ့	re-mis'si-ble
_remission	n.	တၢ်မၤပူၤဖျဲးပုၤဒီးတၢ်★တၢ်ဟ်လီၤလိၢ်ကွံဉ်တၢ်★တၢ်မၤစၢ်လီၤက့ၤတၢ်★တၢ်ပျၢ်က့ဉ်တၢ်ကမဉ်	re-mis'sion
_remit	v.t.	ပျၢ်က့ဉ်တၢ်ကမဉ်★မၤပူၤဖျဲးပုၤဒီးတၢ်★ဆှၢ★ဆှၢ(ကဒါက့ၤ)(ထိဉ်)	re-mit'
_remnant	n.	တၢ်အိဉ်ဘျဲဉ်အိဉ်စဲၢ်	rem'nant
_remodel	v.t.	မၤကဲထိဉ်အ(ဒိ)(ကွၢ်အဂီၤ)အသိကဒီးတဘျီ★ဘိုထိဉ်ကဒီးတဘျီ	re-mod'el
_remonstrance	n.	တၢ်ကတိၤဆိထံဒါတၢ်	re-mon'strance
_remonstrate	v.i.	ကတိၤဆိထံဒါ	re-mon'strate
_remorse	n.	တၢ်သးဘဉ်ဆဲးက့ၤ★တၢ်သ့ဉ်ကၢ်သးလီၤ★တၢ်သးဘုးက့ၤ နၤနၤကလဲၢ်လၢပတၢ်ကမဉ်အယိ	re-morse'
_remorseful	a.	လၢအသးဘဉ်ဆဲးက့ၤ★လၢအသ့ဉ်ကၢ်အသးလီၤ	re-morse'ful
_remorseless	a.	လၢအတသးကညီၤတၢ်ဘဉ်★လၢအသ့ဉ်တကၢ်သးတလီၤဘဉ်	re-morse'less
_remote	a.	ယံၤ★တယူၤလိဉ်အသး★လၢအတဖျါဂ့ၤဂ့ၤဘဉ်★ယံၢ်★စီၤစုၤ	re-mote'
_removable	a.	လၢတၢ်သုးအလီၢ်သ့	re-mov'a-ble
_removal	n.	တၢ်သုးက့ွဉ်တၢ်★တၢ်သုးအသးဆူလိၢ်အဂၤ	re-mov'al
_remove	v.i.	သုးက့ဉ်★သုးအလိၢ်★သုးအသး★ထုးက့ဉ်အလိၢ်	re-move'
_remunerate / remuneration	v.t. / n.	(တၢ်)ဟ့ဉ်က့ၤတၢ်အဘူးအလဲ★(တၢ်)ဟ့ဉ်က့ၤတၢ်အ(စါ)(စု)★(တၢ်)ဟ့ဉ်မၤဘူးက့ၤတၢ်★အဘူးအလဲ★ခိဉ်ဖး★အစါ	re-mu'ner-ate / re-mu'ner-a'tion
_remunerative	a.	လၢအန့ၢ်ဘျုးန့ၢ်ဖှိဉ်က့ၤ★လၢအန့ၢ်ဘူဉ်န့ၢ်တီၢ်	re-mu'ner-a-tive
_rend	v.t.	(အှဉ်)ဖှိက့ဉ်★မၤယၢ်★ဖိယ်ာ်★မၤ(သ့ဉ်)(ပိၢ်)ဖး	rend
_render	v.t.	ဒုး(ကျၢၤထိဉ်တၢ်)★ဟ့ဉ်လီၤ(တၢ်မၤစၢၤ)★ဟ့ဉ်ထိဉ်(စရီ)★တုၢ်က့ၤအပှ့ၤ★ဟ့ဉ်(ကဒါ)(ဆၢ)က့ၤ★ထုးထိဉ်လံာ်ဆူကျိာ်အဂၤ★ဒုးကဲထိဉ်အံၤဒ်နၤ	ren'der
_rendezvous	n.	တၢ်သ့ဉ်ဟ်သကိၢ်လိဉ်သး(အလိၢ်)	ren'dez-vous
_renegade	n.	သုးဖိလၢအယွၤ်ခုသ့ဉ်က့ဉ်တဂၤ★ပုၤဖီၣ်ပှဉ်★ပုၤလၢအလဲလိၢ်က့ဉ်အတၢ်ဘါ	ren'e-gade
_renew / renewable	v.t. / n.	(လၢတၢ်)မၤဆူဉ်ထိဉ်က့ၤ(သ့)★(လၢတၢ်)မၤသီထိဉ်က့ၤ(သ့)★(လၢတၢ်)မၤက့ၤကဒီး(သ့)★(လၢတၢ်)မၤပှဲၤထိဉ်က့ၤလၢတၢ်အသီ(သ့)	re-new' / re-new'a-ble
_renewal	n.	တၢ်မၤသီထိဉ်က့ၤတၢ်★တၢ်မၤကဒီးတၢ်★တၢ်မၤဆူဉ်ထိဉ်က့ၤတၢ်	re-new'al

_renounce	v.t.	ဟ်ကွံာ်★ဟီထိဒ်ကွံာ်(လၢဖိအလီၤ)★ညိကွံာ်★စူးကွံာ်★တအာဉ်လီၤ(လၢအမှၢ်အဖိၤာဘဉ်)	re-nounce'
_renovate / renovation	v.t. / n.	(တၢ်)ဘိုသီထိဒ်ကဒီးတၢ်★(တၢ်)မၤသီထိဒ်ကဒီးတၢ်	ren'o-vate / ren'o-va'tion
_renown	n.	တၢ်ဟူထိဒ်သါလီၤ★တၢ်မံၤဟူသဉ်ဖျါ	re-nown'
_rent	v.t.	ငါ★ဒီးလဲလီၤ	rent
_rent	n.	(ဟံဉ်)အခး★ဟံဉ်အလဲ★တၢ်အညာ်★တၢ်ထုဉ်ဖို့ထုဉ်ယိၢ်★တၢ်သှဉ်ဖး★တၢ်တဲၤဖး	rent
_rental	n.	ဟံဉ်ခး★တၢ်ဒီးလဲလီၤတၢ်အခး	rent'al
_renunciation	n.	တၢ်ဟ်ကွံာ်တၢ်★တၢ်ညိကွံာ်တၢ်	re-nun'ci-a'tion
_renunciatory	a.	လၢအအာဉ်လီၤအီၤလီၤတၢ်စူးကွံာ်ညိကွံာ်တၢ်★လၢအဘဉ်ယးတၢ်စူးကွံာ်ညိကွံာ်တၢ်	re-nun'ci-a-tory
_reorganize / reorganization	v.t. / n.	(တၢ်)ရဲဉ်လီၤကျဲၤလီၤက့ၤဒီးဘိုထိဒ်က့ၤကဒီးတၢ်ဒ်သိးကဟ်ထိဒ်တၢ်တမံၤ	re-or'gan-ize / re-or'gan-iz-a'tion
_repair	v.t.	ဘိုက့ၤ	re-pair'
_reparable	a.	လၢတၢ်ဘိုက့ၤအီၤသ္★လၢတၢ်ဟ္ဉ်က့ၤအစါသ္	rep'a-ra-ble
_reparation	n.	တၢ်ဘိုက့ၤတၢ်★တၢ်လီၤက့ၤတၢ်★တၢ်ဟ္ဉ်က့ၤတၢ်အစါ	rep'a-ra'tion
_repartee	n.	တၢ်စံးဆၢတၢ်တဘျီယီၤလၢတၢ်ကူဉ်တၢ်ဆးအပူၤလၢအလီၤနံၤပျံ★တၢ်စံးဆၢက့ၤတၢ်တဘျီယီၤသ္သ္ဘဉ်ဘဉ်	rep'ar-tee
_repast	n.	တၢ်အီဉ်တဘျီအဂီၢ်	re-past'
_repatriate	v.t.	ဒုးက့ၤထိဒ်ကဒီးလၢထံဖိကီၢ်ဖိ	re-pa'tri'ate
_repeal	v.t.	မၤဟးဂီၤအစိအကမီၤ★ထုးက့ၤ(တၢ်သိဉ်တၢ်သီ)★မၤဟးဂီၤကွံာ်တၢ်သိဉ်တၢ်သီ	re-peal'
_repeat	v.t.	စံးကဒီး★မၤကဒီး★ရူးလံာ်ဖှဉ်လံာ်	re-peat'
_repeatedly	adv.	(မၤ)ဝံၤ(မၤ)က့ၤ★တဘျီဝံၤတဘျီတဘျီဝံၤတဘျီ	re-peat'ed-ly
_repel / repellent	v.t. / a.	(လၢအ)နီဉ်ကဒါက့ၤတၢ်★(လၢအ)တြီယာ်တၢ်★(လၢအ)တတူၢ်လိာ်ဘဉ်	re-pel' / re-pel'lent
_repent / repentance	v.i. / n.	(တၢ်)ပီၢ်ယၢ်လီၤက့ၤအသး	re-pent' / re-pent'ance
_repetition	n.	တၢ်စံးကဒီးတၢ်★တၢ်မၤကဒီးတၢ်★တၢ်မၤဝံၤမၤက့ၤတၢ်	rep'e-ti'tion
_repine	v.i.	သးတမုာ်တခုဉ်ဘဉ်★သးကိၢ်ထိဒ်★သးတမံဘဉ်★ကဒူးကဒ္ဉ်တၢ်	re-pine'
_replace	v.t.	ဟ်ကဒါက့ၤလၢအလီၢ်★ဟံးန့ၢ်တၢ်ဂၤအလီၢ်★(ဟ်)(န့ဉ်)လၢတၢ်ဂၤအလီၢ်★မၤပှဲၤထိဒ်က့ၤအလီၢ်★ဟ့ဉ်က့ၤအစါ	re-place'
_replenish	v.t.	မၤပှဲၤက့ၤ★မၤပှဲၤထိဒ်က့ၤကဒီး	re-plen'ish
_replete	a.	လၢပှဲၤ★ပှဲၤအိဉ်ပှဲၤဟ်	re-plete'
_replica	n.	တၢ်ဂီၤလၢတၢ်မၤကဲထိဒ်အီၤဒ်အဒိအသိးလၢညါအသိးလၢပှၤတၢဃီ	rep'li-ca
_reply	v.t.	(တၢ်)စံးဆၢ	re-ply'
_report	v.i.	ဒုးသ္ဉ်ညါ(က့ၤ)★တဲဖျါထိဒ်က့ၤတၢ်ဂ့ၢ်တၢ်ကျိၤ★ဒုးနဲဉ်ဖျါထိဒ်အသး	re-port'
_report	n.	တၢ်ကစီဉ်★တၢ်အဂ့ၢ်အကျိၤလၢတၢ်ဟ်ဖျါထိဒ်ဝဲ★ရံဉ်ဖိ★(ကို့)အသိဉ်★တၢ်ဂ့ၢ်လၢတၢ်ကွဲးနီဉ်လၢတၢ်ကဟ်ဖျါထိဒ်အဂီၢ်	re-port'
_reporter	n.	ပှၤလၢအတဲဖျါထိဒ်က့ၤတၢ်(ဒ်သိးတၢ်ကပၤန့ၢ်လၢတၢ်ပရၢပစၢ်အပူၤ)	re-port'er
_repose	v.i.	(တၢ်)မံလီၤ★(တၢ်)အိဉ်ဘုံး★(တၢ်)အိဉ်ဒီးတၢ်မံသူဉ်မှာ်သးလၢတၢ်နာ်အယိ★တၢ်အိဉ်မံသူဉ်မှာ်သး★တၢ်သးတဘဉ်တာ်တာ်ဘဉ်★(ပိာ်)သနူၤအသး★(တၢ်)(ဒုး)မံနီၤအိဉ်ဘုံး	re-pose'
_reposeful	a.	လၢအဒုးနဲဉ်လၢအအိဉ်ဒီးတၢ်မံသူဉ်မှာ်သး★လၢအသးမှာ်လၢတၢ်နာ်အယိ	re-pose'ful
_repository	n.	တၢ်ဟ်ဖှိဉ်ဟ်တံၤတၢ်အလီၢ်	re-pos'i-to-ry
_reprehend	v.t.	ဟ်တၢ်ကမဉ်လၢအလိၤ★သိဉ်ယိဉ်အီၤလၢတၢ်ကတိၤ★သိဉ်က့ၤသီဂုၤ	rep're-hend'
_reprehensible	a.	လၢအလီၤသိဉ်ယိဉ်★လၢအကြၢးဘဉ်လၢတၢ်ဟ်တၢ်ကမဉ်လၢအလိၤ	rep're-hen'si-ble
_represent / representation	v.t. / n.	(တၢ်)မၤဒါဉ်စးတၢ်လၢတၢ်အလီၢ်★(တၢ်)တဲဖျါထိဒ်အဂ့ၢ်★(တၢ်)မၤဒီးလိာ်ကွံာ်★တဲ့တၢ်ဂီၤ★တၢ်အအၢဉ်စး★တၢ်ဂီၤ★(တၢ်)ဒုးနဲဉ်ဖျါထိဒ်တၢ်★(တၢ်)နာ်အလီၢ်★(တၢ်)ကဲထိဒ်အအၢဉ်စး★ကဲအဒိ	rep're-sent' / rep're-sen-ta'tion
_representative	n.	ပှၤလၢအမၤခၢဉ်စးတၢ်လၢပှၤအဂီၢ်★(ပှၤ)အခၢဉ်စး	rep're-sent'a-tive

_repress / repression	v.t. / n.	(တၢ်)ကီၤသူဉ်ကီၤသး★(တၢ်)မၤဘ္ဉ်မၤဘိုဉ်တၢ်★(တၢ်)ပၢၤဃာ်တၢ်(သးဒိဉ်)★(တၢ်)ဆီဉ်တံၢ်လီၤ★(တၢ်)ကြီဉ်တၢ်★(တၢ်)မၤနၢၤ	re-press' / re-pres'sion
_reprieve	v.t.	(တၢ်)သုးယံၤထီဉ်တၢ်စံဉ်ညီဉ်အဆၢကတီၢ်	re-prieve'
_reprimand	v.t.	(ပှၤအခိဉ်တဂၤ)ဟ်တၢ်ကမဉ်လၢအပူၤ★သိဉ်က္ၤသီက္ၤအီၤဆါဆါကလာ်	rep'ri-mand
_reprisal	a.	တၢ်မၤဆၢက္ၤတၢ်အၢ★တၢ်မၤကဲၣ်ဆၢက္ၤတၢ်	re-pris'al
_reproach	v.t.	ဟ်တၢ်ကမဉ်လၢတၢ်အပူၤ★ဒုဉ်ဒွဲၣ်ကတိၤအၢကတိၤသီ	re-proach'
_reproach	n.	တၢ်(လီၤ)မဲာ်ဆှးအလီၢ်	re-proach'
_reproachful	a.	လၢအကြၢးဒီးတၢ်(ဟ်တၢ်ကမဉ်လၢအပူၤ)(ဒုဉ်ဒွဲၣ်စံးအၢ)★လၢအဟ်တၢ်ကမဉ်လၢပှၤလိၤ★လၢအလီၤမဲာ်ဆှး	re-proach'ful
_reprobate	n.	ပှၤလၢအအၢအသီနၤနၤကလာ်တဂၤ	rep'ro-bate
_reprobate	v.t.	ညီကွံာ်လၢသးဘဉ်အၢအီၤအယိ	rep'ro-bate
_reproduce / reproduction	v.t. / n.	(တၢ်)မၤထီဉ်က္ၤကဒီးတၢ်★(တၢ်)မၤကဲထီဉ်ကဒီးတၢ်★(တၢ်)ဒုးလီၤစၢၤလီၤသွဲၣ်တၢ်	re'pro-duce / re'pro-duc'tion
_reproof / reprove	n. / v.t.	(တၢ်)ဟ်တၢ်ကမဉ်လၢအပူၤ★ဒုအၢပူၤ★(တၢ်)သိဉ်က္ၤသီက္ၤအီၤ	re-proof' / re-prove'
_reptile	n.	ဂုၢ်★တၢ်စွါတၢ်စွဲ	rep'tile
_republic	n.	ကီၢ်လၢပှၤထံဖိကီၢ်ဖိယုထၢထီဉ်ပှၤပၢတၢ်လၢအကၢၣ်အဘီ	re-pub'lic
_repudiate / repudiation	v.t. / n.	(တၢ်)ဟ်က္ဉ်ကွံာ်★(တၢ်)စူးကွံာ်★(တၢ်)တတူၢ်လိာ်ဘၣ်★(တၢ်)တအၢၣ်လီၤအီလီၤလၢအမ့ၢ်တၢ်မ့ၢ်တၢ်တီဘၣ်★(တၢ်)ဟ်မၢ်	re-pu'di-ate / re-pu'di-a'tion
_repugnance / repugnant	n. / a.	(လၢအ)(တၢ်)ထီဒုဉ်ထီဒါလိာ်အသး★(လၢအ)(တၢ်)တဘၣ်လိာ်ဖိးဒ့★(လၢအ)(တၢ်)သးထီဒါတၢ်★(လၢအ)(တၢ်)လီၤသး(ဟ့)(ဘၣ်အၢ)	re-pug'nance / re-pug'nant
_repulse / repulsion	v.t. / n.	(တၢ်)ကြီပှၤလၢတၢ်ကတိၤတမုာ်တလၤပူၤ★(တၢ်)နီၣ်ပှီၢ်ကဒါက္ၤတၢ်★(တၢ်)ဘၣ်တၢ်နီၣ်ပှီၢ်ကဒါကၢၤ	re-pulse' / re-pul'sion
_repulsive	a.	လၢအတြီယာ်တၢ်★လၢအလီၤသးဟ့★လၢအနီၣ်ကဒါက္ၤတၢ်	re-pul'sive
_reputable	a.	လၢအလၤကပီၤအိဉ်★လၢအကြၢးဒီးတၢ်ယူးယီၣ်ဟ်ကဲ★လၢအမံၤဂ့ၤသၣ်ဂ့ၤ	rep'u-ta-ble
_reputation	n.	တၢ်မံၤဟူသဉ်ဖျါသါလၤ	rep'u-ta'tion
_repute	v.t.	ဟ်(ကဲ)	re-pute'
_repute	n.	တၢ်မံၤဟူမံၤသါ	re-pute'
_request	v.t.	(တၢ်)ယ့တၢ်★(တၢ်)ယ့ကညးတၢ်	re-quest'
_require / requirement	v.t. / n.	(တၢ်)သးလီတၢ်★မၤလိာ်★မၢ★(တၢ်)လိၣ်ဝဲ	re-quire' / re-quire'ment
_requisite	a.	(တၢ်)လၢအလိၢ်အိၣ်ဝဲသပှၢ်ကတၢၢ်★(တၢ်)လၢအမ့ၢ်တအိၣ်ဘၣ်ဒီးတၢ်ကဲထီဉ်တသ္ဘၣ်	req'ui-site
_requisition	n.	တၢ်လိၣ်တၢ်★တၢ်မၤလိာ်★တၢ်မၢတၢ်★တၢ်ယ့တၢ်	req'ui-si'tion
_requital / requite	n. / v.t.	(တၢ်)ဟ့ၣ်(ဆၢ)(မၤစၢၤ)က္ၤ★(တၢ်)လီၤက္ၤတၢ်★(တၢ်)ဟ့ၣ်ဘျုးက္ၤ	re-quit'al / re-quite'
_rescind	v.t.	မၤဟးဂီၤကွံာ်(တၢ်သိဉ်တၢ်သီ)အစိၤကမီၤ	re-scind'
_rescue	v.t.	အုၣ်က္ၤခီၣ်က္ၤ★မၤပူၤဖျဲး★မၤထူၣ်ဖျဲး	res'cue
_research	v.t.	(တၢ်)ယ့ၣ်နၢ်ပၢၢ်က္ၤတၢ်လီၤတံၢ်လီၤဆဲး★(တၢ်)ကွၢ်ယုသ္ဉ်ညါနၢ်ပၢၢ်က္ၤကဒီးသပှၢ်ပှၢ်	re-search'
_resemblance / resemble	n. / v.t.	(တၢ်)လီၤက်(လိာ်အသး)	re-sem'blance / re-sem'ble
_resent / resentful	v.t. / a.	(လၢအ)သ္ဉ်ဒိၣ်သးဖှိး★(လၢအ)သ္ဉ်တမုာ်သးတမုာ်	re-sent' / re-sent'ful
_resentment	n.	တၢ်သ္ဉ်ဒိၣ်သးဖှိး★တၢ်သးထီဉ်လၢပှၤဂၤမၤပှၤတဘၣ်အယိ	re-sent'ment
_reservation	n.	တၢ်ဟ်ကီၤတၢ်★တၢ်ဟ်တအၢဃာ်(တၢ်ဆိကမိၣ်)	res'er-va'tion
_reserve	v.t.	(တၢ်)ဟ်ကီၤတၢ်	re-serve'
_reserve	n.	တၢ်လၢအဘၣ်တၢ်ဟ်(ကီၤအီၤ)(ဟ်အီၤ)	re-serve'
_reserved	a.	လၢအကလုၢ်ကထါတအါဘၣ်★လၢအပလီၢ်ပဒီအသး★လၢအမဲာ်ဆှးသ္★သ္ဉ်စူး	re-served'

_reservoir	n.	ထံပာ်ကီၤအလီၢ်	res'er-voir
_reside	v.i.	အိၣ်ဆိး	re-side'
_residence	n.	တၢ်အိၣ်တၢ်ဆိးအလီၢ်★တၢ်အိၣ်တၢ်ဆိးတၢ်	res'i-dence
_residue	n.	တၢ်အိၣ်လီၤတဲာ်★တၢ်အဘျၣ်အစဲၢ်	res'i-due
_resign / resignation	v.t. / n.	(တၢ်)ပာ်လီၤတဲာ်ကွံာ်အလီၢ်အလၤ★(တၢ်)ဟးထီၣ်ကွံာ် လၢအတၢ်ဖံးတၢ်မၤအလီၢ်★(တၢ်)ဆီၣ်လီၤသူၣ်ဆီၣ်လီၤ သးဒီးတူၢ်တၢ်တအိၣ်ဒီးတၢ်ကနူးကဒ့ၣ်တၢ်ဘၣ်★(တၢ်)အးလီၤသး ဆူယွၤအစုပူၤ	re-sign' / res'ig-na'tion
_resilient	a.	လၢအစံၣ်ကဒါက့ၤဖျိးကဒါက့ၤဆူအလီၢ်သ့★လၢအ(ယဲာ်ထီၣ်ဒီး) သံးကတူၢ်လီၤက့ၤအသးဆူအလီၢ်သ့	re-sil'i-ent
_resist / resistance	v.t. / n.	(တၢ်)ထီဒါ★(တၢ်)ခီၣ်ဆၢ★(တၢ်)တြီဆၢ	re-sist' / re-sist'ance
_resolute	a.	လၢအပာ်အသးကျၢၤမုဆူ★လၢအပာ်အသးမး(တးနး)(တ့န့)	res'o-lute
_resolution	n.	တၢ်ဆျၢနှာ်(လၢတၢ်တူၢ်လိာ်အီၤ)★တၢ်ပာ်အသးကျၢၤမုဆူ	res'o-lu'tion
_resolve	v.i.	(တၢ်)ပာ်လီၤအသးကျၢၤကျၢၤ★ပာ်အသးမးတးနး★ပာ်ကျၢၤတၢ်ဆျၢနှာ်★ နီၤဖးဝဲာ်ဖးကွံာ်တၢ်အိၣ်ကျဲၣ်ကျီအသးတမံၤဝံၤတမံၤ★မၤလီၤဆှၣ်ကွံာ်တၢ် (ဆိကမိၣ်အကလုာ်ကလုာ်လၢအအိၣ်သဘံၣ်ဘုၣ်ဝဲ)★မၤဆဲှမၤလဲက့ၤ★ ပာ်ကျၢၤအသး★စံၣ်ညီၣ်ဒ်ပှၤအါတက့ၢ်ဘၣ်အသး	re-solve'
_resort	v.i.	သူတၢ်★ဘၣ်သနူၤအသးလၢတၢ်★ဘၣ်မၤ★ဘၣ်လဲၤ★ဘၣ်သူဝဲ	re-sort'
_resort	n.	လီၢ်လၢပလဲၤဆူအအိၣ်တလီၢ်လီၢ်(မ့ာ်လီၤဆီဒၣ်တၢ်)★တၢ်လဲၤယ့တၢ်မၤစၢၤ	re-sort'
_resound	v.i.	အိၣ်ပုံၤဒီးတၢ်သီၣ်★သီၣ်ကဒါက့ၤ★စံးထီၣ်ကတြၢၤ★ဟူထီၣ်သါလီၤ★ သီၣ်တထူၣ်ဘးလီ	re-sound'
_resource	n.	တၢ်လၢပှၤ(သ့)(မၤ)အီၤသ့★တၢ်ကူၣ်တၢ်ဖး★တၢ်စုလီၢ်ခီၣ်ခီၣ်★ တၢ်လၢအဒုးကဲထီၣ်တၢ်	re-source'
_resourceful	a.	လၢအကူၣ်တၢ်သ့ကူၣ်တၢ်ဘၣ်★ထုးတီၤ	re-source'ful
_respect	v.t.	(တၢ်)ယူးယီၣ်ပာ်ကဲ★(တၢ်)ပာ်လု့ၢ်ပာ်ကါ★(တၢ်)ပာ်ဒိၣ်ပာ်ထီ★တၢ်တမံၤ	re-spect'
_respectability	n.	တၢ်လီၤယူးယီၣ်ပာ်ကဲ★တၢ်လီၤပာ်လု့ၢ်ပာ်ကါ	re-spect'a-bil'i-ty
_respectable	a.	လၢအလီၤယူးယီၣ်ပာ်ကဲ★(ဂ့ၤ)ဖဲအကြၢး★ဘၣ်ဒး	re-spect'a-ble
_respectful	a.	လၢအဒုးနဲၣ်ဖျါတၢ်ယူးယီၣ်ပာ်ကဲ★လၢအယူးယီၣ်ပာ်ကဲတၢ်	re-spect'ful
_respective / respectively	a. / adv.	စှာ်စှာ်★တ(ဂၤ)ဒီးတ(ဂၤ)	re-spec'tive / re'spec'tive-ly
_respiration	n.	တၢ်သါထီၣ်သါလီၤ	res'pi-ra'tion
_respiratory	a.	ဘၣ်ယးဒီးတၢ်သါထီၣ်သါလီၤ	re-spir'a-to-ry
_respite	n.	တၢ်ဆိကတီၢ်(လၢတၢ်မၤ)တစိၢ်ဖိ★တၢ်အိၣ်(ကတီၢ်)(ဘှံး)တစိၢ်	res'pite
_resplendent	a.	လၢအကပြုၢ်ကပြီၤ★လၢအကတြှၣ်ကတြိၣ်★ကယဲၢ်ကယူာ်	re-splend'ent
_respond / response	v.i. / n.	(တၢ်)စံးဆၢ★(တၢ်)မၤတၢ်ဒ်တၢ်မၢအီၤအသိး★(တၢ်)ကွဲးဆၢ★ဟ့ၣ်အပှၤ	re-spond' / re-sponse'
_responsibility	n.	တၢ်လၢအလီၤဘၣ်ပှၤ★တၢ်လီၤဘၣ်ပှၤ	re-spon'si-bil'i-ty
_responsible	a.	လၢတၢ်လီၤတီလၢအဖီခိၣ်★လၢတၢ်နှာ်နှၤ်အီၤသ့★အဒိၣ်အမှၢ်	re-spon'si-ble
_responsive	a.	လၢအသးအိၣ်စံးဆၢတၢ်★လၢအစံးဆၢတၢ်★လၢအဘၣ်လိာ်အသး	re-spon'sive
_rest	v.i.	အိၣ်ဘှံး★ဆိကတီၢ်★အိၣ်ဂၢ်တပၢ်★အိၣ်(လၢအစုပူၤ)★အိၣ်မှာ်သူၣ်မှာ်သး ★အိၣ်လၢအလိၤ	rest
_restate	v.t.	တဲဖျါလၢကျဲအဂၤတဘျီ★တဲဖျါကဒီးတဘျီ	re-state'
_restful	a.	လၢအဒုးအိၣ်ဘှံးအိၣ်သါတၢ်★လၢအသူၣ်မှာ်သးမှာ်★လၢအအိၣ်ယိကလာ်	rest'ful
_restitution	n.	တၢ်လိးက့ၤတၢ်★တၢ်ဟ့ၣ်က့ၤတၢ်အစါ	res'ti-tu'tion
_restive	a.	လၢအတူၢ်တၢ်မၢ(ဆူၣ်)အီၤတကဲဘၣ်★လၢအအိၣ်ဂၢ်တကဲဘၣ်★နၢ်က့ၣ်★ အိၣ်ဂုၢ်အိၣ်ကိာ်တမှာ်	res'tive
_restless	a.	လၢအအိၣ်ဂုၢ်တကဲဘၣ်★လၢအတအိၣ်ဘှံးအိၣ်သါဘၣ်★ လၢအသူၣ်အသးတမှာ်ဘၣ်	rest'less

_restoration	n.	တၢ်(မၤ)(တီၣ်)(ဘိ)ထီၣ်က့ၤကဒီးတၢ်★တၢ်မၤန့ၢ်က့ၤအဂံၢ်အဘါ★တၢ်ဟ့ၣ်က့ၤတၢ်အစၢ	res'to-ra'tion
_restorative	a.	လၢအ(ဒုးန့ၢ်က်န့ၢ်ဘါ)(မၤဂ့ၤထီၣ်)က့ၤပှၤ(သး)သ့	re-stor'a-tive
_restore	v.t.	ဟ့ၣ်က့ၤ★ဘိၣ်ထီၣ်က့ၤ★ဟ်ထီၣ်ကဒါက့ၤလၢအလီၢ်★ဒုးန့ၢ်က့ၤအဂံၢ်အဘါ★ဒုးအိၣ်ထီၣ်က့ၤ★မၤဘျါက့ၤ	re-store'
_restrain	v.t.	(တၢ်)ထုးယာ်အကိာ်★(တၢ်)တြီယာ်တၢ်★ကီၤအသး	re-strain'
_restraint	n.	တၢ်(လၢအ)ထုးဆၢတၢ်★တၢ်(လၢအ)တြီယာ်တၢ်	re-straint'
_restrict / restriction	v.t. / n.	(တၢ်)ပျဲတၢ်(လဲၤ)(သူ)ထဲ★(တၢ်)(လၢအ)တြီတၢ်တဘၣ်(လဲၤ)(သူ)အါန့ၢ်★သုအခါဒီပညီထဲ★(တၢ်)လၢအ(တြီ)(ဒုး)ယာ်တၢ်	re-strict' / re-stric'tion
_restrictive	a.	လၢအပျဲတၢ်စှၤ★လၢအ(တြီ)(ဒုး)ယာ်တၢ်	re-stric'tive
_result / resultant	v.i. / a.	(တၢ်)(လၢအ)ကဲထီၣ်လၢတၢ်အယိ★(တၢ်)(လၢအ)မၤအသးလၢတၢ်ဂၤအယိ★(တၢ်အ)ကတၢၢ်★(တၢ်)ကဲထီၣ်အသး★(တၢ်)မၤက့ၤအသး	re-sult' / re-sult'ant
_resume	v.t.	စးထီၣ်က့ၤကဒီး★ဟံးထီၣ်က့ၤကဒီး	re-sume'
_resume	n.	တၢ်တဲက့ၤကဒီးတၢ်ဂ့ၢ်လၢတၢ်ကတိၤဖုၣ်ကိာ်	re'su'me'
_resumption	n.	တၢ်စးထီၣ်က့ၤကဒီးတၢ်★တၢ်ဟံးထီၣ်က့ၤကဒီးတၢ်	re-sump'tion
_resurrect / resurrection	v.i. / n.	(တၢ်)(ဒုး)ဂဲၤဆၢထၢၣ်က့ၤလၢတၢ်သံ★(တၢ်)ဂဲၤဆၢထၢၣ်သမူထီၣ်က့ၤ	res'ur-rect / res'ur-rec'tion
_resuscitate	v.t.	(ဒုး)ဟၢ်ထီၣ်က့ၤအသးလၢတၢ်သံတယုာ်အပူၤ	re-sus'ci-tate
_retail	n. / v.t.	(တၢ်)(လၢအ)ဆါတၢ်ဆံးကံၢ်ဆံးကိာ်★တဲ(ကဒီး)(ဘၣ်ပှၤအါဂၤ)	re'tail / re-tail'
_retain	v.t.	ဟံး(တ့ၢ်)ယာ်★တိၢ်န့ၢ်ဖံးယာ်★ဟံးယာ်ဒံး★ငါ	re-tain'
_retaliate / retaliation	v.t. / n.	(တၢ်)မၤဆၢက့ၤတၢ်အၢလၢတၢ်အၢ★(တၢ်)မၤကဒါက့ၤတၢ်	re-tal'i-ate / re-tal'i-a'tion
_retard	v.t.	ဒုးလဲၤက့ၤကယီကယီ★မၤယၢလီၤက့ၤ	re-tard'
_retch	v.i.	သးဆိၣ်ပကွံၣ်★ဘိုး★ဘိုးသအိၣ်	retch
_retention	n.	တၢ်ဟံး(တ့ၢ်)ယာ်တၢ်★တၢ်သူၣ်န့ၢ်ဖံးယာ်တၢ်★တၢ်တိၢ်နီၣ်ဖံးယာ်တၢ်	re-ten'tion
_retentive	a.	လၢအတိၢ်န့ၢ်ဖံးယာ်တၢ်သ့★လၢအဟံးယာ်တၢ်သ့	re-ten'tive
_reticence	n.	တၢ်ပၢၤသူၣ်ပၢၤသး★တၢ်အိၣ်ဘှ့ၣ်ကလာ်	ret'i-cence
_reticent	a.	လၢအအိၣ်ဘှ့ၣ်ကလာ်★လၢအတဲးထီၣ်နါစိၤအကိာ်ပူၤဘၣ်★လၢအအိၣ်ဘိုၣ်ကလာ်★လၢအတညီနုၢ်ကတိၤတၢ်အါအါဘၣ်★လၢအတၢ်ကတိၤတဒၢါဘၣ်	ret'i-cent
_retinue	n.	တၢ်ခဲတၢ်ပုၤလၢအပိာ်ပဒိၣ်အခံ	ret'i-nue
_retire	v.i.	ဒုးက့ၤကဒါက့ၤ★က့ၤကဒါက့ၤ★ဆိတၢ်★(ဒုး)အိၣ်ဘှံးက့ၤ လၢတၢ်မၤအပူၤ★က့ၤမံ	re-tire'
_retort	v.t.	ကတိၤဆၢက့ၤတၢ်ဆါဆါခါၣ်တၢ်ကတိၤအီၤအသိး	re-tort'
_retrace	v.t.	က့ၤလူၤပိာ်ကဒါက့ၤကျဲလၢအပှဲ★က့ၢ်ကဒါက့ၤဆူတၢ်အဒိၣ်ထံး	re-trace'
_retract	v.t.	ထုးက့ၤအတၢ်ကတိၤလၢအကတိၤဘၣ်တ့ၢ်ပဲ	re-tract'
_retreat	v.i.	(တၢ်)က့ၤကဒါက့ၤ★(တၢ်)ဂုၤက့ၤဆူအလီၢ်ခံ	re-treat'
_retreat	n.	တၢ်အိၣ်တဒၢအသးအလီၢ်	re-treat'
_retrench / retrenchment	v.t. / n.	(တၢ်)မၤစှၤလီၤအတၢ်သူတၢ်စွဲ★(တၢ်)မၤစှၤလီၤတၢ်★တိာ်ဖိလၢတိာ်ဖးဒိၣ်အပူၤ	re-trench' / re-trench'ment
_retribution	n.	တၢ်ဟ့ၣ်ကၣ်ဆၢက့ၤတၢ်★တၢ်ဟ့ၣ်ဘျုးဆၢက့ၤတၢ်	ret'ri-bu'tion
_retributive	a.	လၢအဘၣ်ကဒါက့ၤအီၤလၢအဂံၢ်ဒဲးဘးအယိ★လၢအဟ့ၣ်ကၣ်ဆၢက့ၤန့ၢ်	re-trib'u-tive
_retrieval / retrieve	n. / v.t.	(တၢ်)န့ၢ်ဘၣ်ကဒါက့ၤတၢ်	re-triev'-al / re-trieve'
_retrospect	n.	တၢ်က့ၢ်ကဒါက့ၤတၢ်★တၢ်ဆိကမိၣ်ကဒါက့ၤတၢ်	ret'ro-spect
_return	v.i.	(တၢ်)(ဟဲ)က့ၤကဒါက့ၤ★(တၢ်)ယၣ်ကဒါက့ၤ★(တၢ်)ဟ့ၣ်ကဒါက့ၤ★(တၢ်)ဆှၢကဒါက့ၤ	re-turn'
_return	n.	စ့အဆၢအှၣ်★တၢ်ဘျုး★စ့အမ့ၤ★စ့ရီ	re-turn'
_reunion	n.	တၢ်ဟ်ဖှိၣ်ယှၣ်က့ၤကဒီးအသး★တၢ်ရ့လိာ်ယှၣ်က့ၤကဒီးအသး	re-u'ni-on
_revamp	v.t.	ဘိုက့ၤကဒီး	re-vamp'

239

_reveal	v.t.	လီၣ်ဖျါထီၣ်★ဟ်ဖျါထီၣ်★ဒုးနဲၣ်ဖျါထီၣ်	re-veal'
_revel	v.t.	အီၣ်မှာ်လၤသကိးတၢ်★(မၤတၢ်)အီၣ်ဒီးတၢ်သးမှာ်ဖးဒိၣ်	rev'el
_revel	n.	တၢ်အီၣ်အမူးလၢအအီၣ်ဃှာ်ဒီးတၢ်အီတၢ်အီၣ်တၢ်သီၣ်တၢ်သဲ	rev'el
_revelation	n.	တၢ်လီၣ်ဖျါထီၣ်တၢ်	rev'e-la'tion
_revelry	n.	တၢ်အီၣ်မှာ်လၤသကိးတၢ်အီၣ်ဒီးတၢ်သးဖှံ,တၢ်သီၣ်တၢ်သဲ,ဒီးတၢ်အီတၢ်အီၣ်	rev'el-ry
_revenge	v.t.	(တၢ်)မၤကၣ်★(တၢ်)ဟ့ၣ်ကၣ်	re-venge'
_revengeful	a.	လၢအသးအိၣ်မၤကၣ်တၢ်	re-venge'ful
_revenue	n.	သွ့★အသွ့★အခိအသွ့	rev'e-nue
_reverberate / reverberation	v.i. / n.	(တၢ်)ဆျၢကဒါက့ၤတၢ်အသီၣ်★သီၣ်ကဒါက့ၤ★(ဒုး)သီၣ်တထြူး★(ဒုး) သီၣ်တထူၣ်သီၣ်(လီၤကအၢ)(ကအီကျီၤ)★(ကပီၤ)(ဆဲး)ကဒါက့ၤ	re-ver'ber-ate / re-ver'ber-a'tion
_revere / reverence	v.t. / n.	(တၢ်)ယူးယီၣ်ဟ်ကဲ★ပျံၤဒီးယူယီၣ်	re-vere / rev'er-ence
_Reverend	a.	လၢအလီၤယူးယီၣ်ဟ်ကဲ	Rev'er-end
_reverent	a.	လၢအယူးယီၣ်ဟ်ကဲတၢ်	rev'er-ent
_reverential	a.	လၢတၢ်ယူးယီၣ်ဟ်ကဲအဃိ★လၢအယူးယီၣ်ဟ်ကဲတၢ်	rev'er-en'tial
_reverie	n.	တၢ်ထံၣ်တၢ်လၢသးအမဲာ်★တၢ်ဆိကမိၣ်လၢအယိာ်★တဆိကမိၣ်သပှၤသး	rev'er-ie
_reversal / reverse	n. / a.	(တၢ်)ဘိးကဒါ★(တၢ်)ဟ်ကဒါ★(တၢ်)ဟ်ခိၣ်ခံ★အဘးခီတခီ	re-ver'sal / re-verse'
_reversible	a.	လၢတၢ်မၤခိၣ်ခံသ့★လၢတၢ်ဟ်ကဒါသ့	re-vers'i-ble
_reversion	n.	တၢ်ဘိးကဒါ(အသး)(တၢ်)★တၢ်မၤခိၣ်ခံ(အသး)(တၢ်)★တၢ်ဟ်ကဒါတၢ်★ တၢ်လဲကဒါ(တၢ်)(အသး)★တၢ်ဘၣ်တၢ်ဘိးကဒါအီၤ	re-ver'sion
_revert	v.i.	(ဘိး)(က့ၤ)ကဒါက့ၤ★(ကဲထီၣ်)(မၤ)က့ၤသးဒ်လီၢ်လီၢ်★လီၤတဲာ်က့ၤဆူ အကစၢ်အစုပူၤ	re-vert'
_review	v.t.	ကွၢ်ကဒါက့ၤ★ကွၢ်(ဆိကမိၣ်)(ဘှီ)က့ၤကဒီး★ကွၢ်က့ၤသုးမုၢ်သံၣ်ဘိ	re-view'
_revile	v.t.	ကတိၤအၢကတိၤသီ★ကတိၤနၣ်ဒွဲၣ်စံးအၢ★ဆိၣ်တၢ်ထုတၢ်	re-vile'
_revise / revision	v.t. / n.	(တၢ်)ကွၢ်ဘှီက့ၤတၢ်★(တၢ်)ကွၢ်မၤဘၣ်က့ၤတၢ်	re-vise' / re-vi'sion
_revitalize	v.t.	ဒုးနၢ်က့ၤတၢ်အဂံၢ်အဘါ★ဒုး(ဟူးဒုးဂဲၤထီၣ်က့ၤ)(မူထီၣ်က့ၤ)	re-vi'tal-ize
_revival	n.	တၢ်မၤမူထီၣ်က့ၤတၢ်★တၢ်မၤဟူးမၤဂဲၤထီၣ်က့ၤတၢ်★တၢ်မူထီၣ်က့ၤ	re-viv'al
_revive	v.i.	(ဒုး)သးပၢၢ်ထီၣ်က့ၤ★မၤဆူၣ်ထီၣ်က့ၤ★(ဒုး)နၢ်က့ၤအဂံၢ်အဘါ★(ဒုး) မူထီၣ်က့ၤ	re-vive'
_revocable	a.	လၢတၢ်မၤဟးဂီၤကွံာ်က့ၤအစိကမီၤသ့★လၢအဘၣ်တၢ်ထုးက့ၤအီၤသ့	rev'o-ca-ble
_revoke	v.t.	မၤဟးဂီၤကွံာ်အစိကမီၤ★ထုးက့ၤတၢ်★မၤဟးဂီၤတၢ်သိၣ်တၢ်သီ	re-voke'
_revolt	v.i.	ပူထီၣ်	re-volt'
_revolting	a.	လၢအလီၤသးဘၣ်အၢ	re-volt'ing
_revolution	n.	တၢ်တရံးအသး★တၢ်လဲလိာ်အသး★တၢ်လဲလိာ်သးဘၣ် ဃးထံကီၢ်အတၢ်ပၢတၢ်ပြး	rev'o-lu'tion
_revolutionize	v.t.	ဘှီက့ၤစီဖှကလ့ၤ★လဲလိာ်ကွံာ်ကလၤတၤကူၤ	rev'o-lu'tion-ize
_revolve	v.i.	တရံးအသး★တရံး★ဒုးတရံး	re-volve'
_revolving	a.	လၢအတရံးအသး	re-volv'ing
_revolver	n.	ကျိတရံးဖိ	re-volv'er
_revulsion	n.	တၢ်သးဘၣ်အၢတၢ်★တၢ်ထုးကဒါက့ၤတၢ်★တၢ်တအဲၣ်ဒီး★ သးအတၢ်လဲလိာ်ကွံာ်အသး	re-vul'sion
_reward	v.t.	(ဟ့ၣ်)ခိၣ်ဖး★(တၢ်)ဟ့ၣ်ဘျုးက့ၤ	re-ward'
_reward	n.	တၢ်ဟ့ၣ်(လၢတၢ်တမံၤမံၤအဃိ)★တၢ်ဘူၣ်တၢ်တီၢ်	re-ward'
_rhetoric	n.	တၢ်ကူၣ်သ့ဘၣ်ဃးတၢ်ကလုၢ်ကတိၤဒီးတၢ်ကွဲးလံာ်ကွဲးလဲၢ်	rhet'o-ric
_rhetorical	a.	ဘၣ်ဃးတၢ်ကူၣ်သ့ကတိၤတၢ်ဒီးကွဲးတၢ်	rhe-tor'i-cal
_rhinoceros	n.	သံဒိၣ်ခိၣ်★တၤဒိၣ်ခိၣ်★တၤဒိၣ်	rhi-noc'er-os
_rhythm	n.	တၢ်ဖးထါအထီၣ်အလီၤ★တၢ်နီၤဖးတၢ်သးဝံၣ်တၢ်အဆၢကတီၢ်ဒီး တၢ်ဖးထါအထီၣ်အလီၤ★ရဲာ်သမၤ	rhythm

_rhythmic	a.	လၢအထိၣ်အလီၤ်ဒံၢ်ဖးထါ်ဒီးတၢ်သးဝံၣ်တၢ်အသိး	rhyth'mic
_rib	n.	ဂုၢ်ယံ	rib
_ribald	a.	လၢအအၢအသီ	rib'ald
_ribaldry	n.	တၢ်ကတိၤအအၢအသီ★တၢ်ကတိၤလၢအတ(ကြၢးတဘၣ်)(ကဆိုဘၣ်)	rib'ald-ry
_ribbon	n.	(တၢ်ကံးညာ်)(သတိၢ်)အပျှ တပျ	rib'bon
_rice	n.	ဘု★ဟု	rice
_rich	a.	ထူးတီၤ★လၢအအၢ်အဂၢ်★လၢအဘဲအသိလီၤဆီ★ဝံၣ်★မံၣ်★အပျ ဒိၣ်★ ကပြံၤကပြီၤ★ဆူၣ်ဆူၣ်ဘှဲၣ်ဘှဲၣ်	rich
_riches	n.	တၢ်ထူးတၢ်တီၤ	rich'es
_rickets	n.	(ဖိသၣ်အ)တၢ်ဆါစှဆါခိၣ်ဆါစၢ်,ခိၣ်ဒိၣ်,ဒီးအခိၣ်ခူၣ်	rick'ets
_rid / riddance	v.t. / n.	(တၢ်)မၤပူဖျဲးအသး	rid / rid'dance
_riddle	n.	တၢ်ပှိၤပံၣ်★တၢ်ပှိၤပှီၢ်★ဖှ ဂုလၢအပူၤလဲၢ်★တၢ်လၢပနၢ်ပၢၢ်ကီ	rid'dle
_riddle	v.t.	မၤထူၣ်ဖှိတၢ်တဘျးပူၤ★ဂု	rid'dle
_ride	v.i.	ဒီး	ride
_ridge	n.	သဇိစိ★တၢ်လုၢ်ခိၣ်★တၢ်ပနၤထိၣ်တဟ နၤ★တၢ်(ပျုၢ်)(ကျုၣ်)ထိၣ်အသး	ridge
_ridge	v.t.	လုၢ်ထိၣ်အသး★ဒုးလုၢ်ထိၣ်	ridge
_ridicule	v.t.	(တၢ်)ကတိၤလီၤနံၤဘၣ်ဖၣ်လဲတၢ်★(တၢ်)နံၤဘၣ်ဖၣ်လဲ(အလီၢ်)	rid'i-cule
_ridiculous	a.	လၢအလီၤနံၤဘၣ်ဖၣ်လဲ	ri-dic'u-lous
_rife	a.	လၢအသလၣ်လီၤအသးသကုၤတၢ်ပူၤ★အါဝဲဂီၢ်ဝဲ★အါ★လၢအပှဲၤဒီး	rife
_rifle	v.t.	ဂုၢ်ဆူၣ်ဖှိဆူၣ်★ဂုၢ်နှၢ်တၢ်★ဟးနှၢ်ဆူၣ်တၢ်★ဟးနှၢ်ကွံၣ်	ri'fle
_rifle	n.	ကျိအိၣ်ဒီးအကျိၤတရံးအသးလၢအပူၤ	ri'fle
_rift	v.t.	(တၢ်)တဲၤဖး★(တၢ်)ဆဲးထိၣ်အသး★သ့ၣ်ဖး	rift
_rig	v.i.	စၢထိၣ်ယၢ်လၣ်အစုဖံ★(ဒုး)ကၤထိၣ်တၢ်ကုတၢ်သိးလီၤဆီ★ ကတ်ာ်ကတီၤထိၣ်ကဘီအယၢ်လၣ်ဒီးပှံၤဖီၤဆိုၣ်ခိၤ	rig
_rig	n.	လ့ၣ်ကဟၣ်	rig
_right	a.	ဘၣ်★လၢအ ကြၢးအဘၣ်★လၢအမ့ၢ်ဝဲတီဝဲ★လၢအတီအလိၤ	right
_right	v.t.	မၤဘၣ်ကူ၊	right
_right	adv.	ထူၣ်ကလၥ်★နၤမၤ★လၢအစုထွဲတခီ★ဘျ ယုၢ်ကလၥ်★လီၤလီၤ	right
_right	n.	တၢ်မ့ၢ်တၢ်တီ★တၢ်တီတၢ်လိၤ★အခွဲး★တၢ်(အစွဲး)(သဘျ)	right
_does not look right		တဖျါအိၣ်ဆူၣ်အိၣ်ချ့ဘၣ်	does not look right
_righteous	a.	လၢအတီဝဲလိၤဝဲ	right'eous
_righteousness	n.	တၢ်တီတၢ်လိၤ★တၢ်မှ်ာ်တၢ်တီ★တၢ်စီတၢ်ဆုံ	right'eous-ness
_rightful	a.	လၢအကြၢး(ဒီးနှၢ်တၢ်)★လၢအတီအလိၤ	right'ful
_rightly	adv.	ကြၢးဝဲဘၣ်ဝဲ★ဘၣ်ဘၣ်★ဂ့ၤဂ့ၤဘၣ်ဘၣ်★တီတီလိၤလိၤ★လီၤတၢ်လီၤဆဲး	right'ly
_rigid	a.	ဆိုၣ်★ယံး★အသးကီၤ★လၢအတသးကညီၤတၢ်ဘၣ်	rig'id
_rigidly	adv.	ဆိုၣ်တနိၣ်★ယံးယံး★ဂၢၢ်ဂၢၢ်ကျၢၤကျၢၤ★ယံးသိုၣ်ဒိၣ်★ တအိၣ်ဒီးတၢ်သးကညီၤဘၣ်	rig'id-ly
_rigor / rigour	n.	တၢ်ယံးယံး★တၢ်ယံးတဒၢၣ်★တၢ်ပၢတၢ်ယံးယံး★တၢ်ဂိၢ်ဒိၣ်ဒိၣ်ကလဲၢ်	rig'or / rig'our
_rigorous	a.	လၢအယံး★လၢအမၤတၢ်လီၤတၢ်★လၢအပၢတၢ်ယံးယံး	rig'or-ous
_rim	n.	တၢ်အကနူၤ★အခိၣ်ရ	rim
_ring	v.t.	ထုးသိၣ်★သိၣ်(ထိၣ်)★ဒိသိၣ်တၢ်★နိသ့ၣ်	ring
_ring	n.	တၢ်အကွီၢ်★ပသံး	ring
_rinse	v.t.	သ့သပှၢ်တၢ်★(သ့)(လှ)စီကွံၣ်တၢ်လၢထံ	rinse
_riot	v.i.	(တၢ်)တၢထိၣ်တၢလိၤ★(တၢ်)မှ်ာ်လၢအသးလၢတၢ်အိၣ်တၢ်အိၣ်,တၢ်သိၣ်တၢ်သဲ, ဒီးတၢ်ကလိၢ်ကလၢ်အပူၤ	ri'ot
_riotous	a.	လၢအမၤတၢထိၣ်တၢလိၤတၢ်	ri'ot-ous
_rip	v.t.	ယာ်လၢအတိၤ★ဖိယာ်အတိၤ★ဖိယာ်★ကွဲးသ့ၣ်ဖး★အိးကွံၣ်★အှၣ်ကွံၣ်	rip

_ripe / ripen	a. / v.i.	မံ(ထိဉ်)★(ဒုး)(မၤ)မံ★လၢအဆၢကတီၢ်ဘဉ်လံ	ripe / rip'en
_ripple	n.	ထံစံဉ်ပိပုၤဖီလီ★ထံယွၤပိပုသိဉ်ကဖီလီ★လပီဖိ★ထံအမဲ်ဖးခိဉ်ဟူးဂဲၤထိဉ်	rip'ple
_ripple	v.t.	ဒုးဟူးဝးထံဖးခိဉ်	rip'ple
_rise	v.i.	ဟဲထိဉ်★ယူၤထိဉ်★အါထိဉ်★ဂဲၤဆၢထၢဉ်★ဂဲၤထၢဉ်	rise
_risibility	n.	တၢ်နံၤဘဉ်တၢ်သ့ၤ★တၢ်သးအိဉ်နံၤဘဉ်တၢ်	ris'i-bil'i-ty
_risk	n.	တၢ်ဘဉ်ယိဉ်★တၢ်သံခွသံပုၤ	risk
_risk	v.t.	(ဒုး)နှာ်လၤတၢ်ဘဉ်ယိဉ်အပုၤ★ညီကွံာ်(အသး)ဒီးမၤဝဲ	risk
_rite	n.	တၢ်အလုၢ်အလၢ်	rite
_ritual	a.	(လံာ်)(တၢ်ရဲဉ်လီၤကျဲၤလီၤ)လၢတၢ်အလုၢ်အလၢ်အဂီၢ်★ဘဉ်ယးတၢ်အ(လုၢ်အလၢ်)(သနီ)(ထူသနူ)	rit'u-al
_ritualistic	a.	လၢအအိဉ်ဒီးတၢ်ရဲဉ်လီၤကျဲၤလီၤဒ်တၢ်အလုၢ်အလၢ်ဟဲဝဲအသိး	rit'u-al-is'tic
_rival	a. / n.	(ပုၤ)လၢအပြၢတၢ်ဒီးပုၤဂၤ★(ပုၤ)(လၢအ)ပြၢလိာ်အသး	ri'val
_rivalry	n.	တၢ်ဂုာ်မၤနၢၤလဲၤလၤညါလိာ်အသး★တၢ်ပြၢလိာ်သး	ri'val-ry
_rivet	n.	ထးတဘိလၢပုၤဟ်နှာ်ဝံၤတိၢ်တၢ်အီၤတုၤအခိဉ်ဘံဉ်ဘၣ်ဒ်သိးဖိဉ်ယာ်တၢ်ကကျၢၤ	ri'vet
_rivet	v.t.	ဒုးစဲဘူးကျၢၤကျၢၤ★ကွၢ်ထံ	ri'vet
_rivulet	n.	ထံကျိဖိ★ထံဖိကျိ	riv'u-let
_road	n.	ကျဲ★ကျဲမှၢ်ခိဉ်	road
_roam	v.i.	ဟးဝ့ၤဝီၤ	roam
_roar	v.i.	အူကြုၢ်★ကီးပသူ★ပသူကညီၤထိဉ်	roar
_roast	v.t.	ကဉ်တၢ်★ယိဖံ★ဝံာ်ဟ့ၤ★ကုၢ်★နးဒွဲၤနံၤဘဉ်ဖဉ်လဲအီၤ	roast
_roast	n.	တၢ်ညဉ်လၢတၢ်ကဉ်အီဉ်	roast
_rob / robber	v.t. / n.	(ပုၤ)ဂုာ်ဆူဉ်ပျိဆူဉ်တၢ်	rob / robber
_robbery	n.	တၢ်ဂုာ်ဆူဉ်ပျိဆူဉ်တၢ်	rob'-ber-y
_robe	n.	ဆ့ကၤဖးဒိဉ်ဖးထီ	robe
_robust	a.	လၢအဂၢ်ဆူဉ်ဘါဆူဉ်	ro-bust'
_rock	n.	လၢၢ်ဖးဒိဉ်	rock
_rock	v.t.	ထိဉ်ဟူးယီၢ်ယူၤယီၢ်ယူၤ★ဟူးယီၢ်ယူၤယီၢ်ယူၤ★ထိဉ်ဝး★ဝးကျိာ်ကျၤ	rock
_rocky	a.	လၢအပှဲၤဒီးလၢၢ်တဖဉ်	rock'y
_rod	n.	နီဉ်ထိးဘိ★နီဉ်တိၢ်★တဆံတပျၢ်★တဘံ(လုဉ်ထွဲ)	rod
_roe	n.	ညဉ်အဒံဉ်လၢအဟၢဖၢပုၤ★တၤယီၤအမိၢ်	roe
_rogue	n.	ပုၤအၢပုၤသီ★ပုၤလီနှၢ်တၢ်	rogue
_roil	v.t.	မၤဒုတၢ်အထံ★မၤအ့ၤန့ၤပုၤအသး	roil
_roll	v.i.	လီၤတလှဉ်★တလှဉ်(ကွံာ်)★တၢ်ရံၤအသး★ကွံၤကျုၤအသး★လှဉ်လၢဉ်အသး★ကနၢ်အသး★ထူထိဉ်★ကျိဉ်ထိဉ်အမဲာ်ခံ★ထွဉ်တလှဉ်★ကျိာ်ကျုာ်	roll
_roll	n.	တၢ်ဒီထူတထူ★ပှၤအမံၤအသဉ်အစရီ	roll
_roll call	n.	တၢ်ကီးထိဉ်ပှၤအမံၤအသဉ်	roll call
_roller	n.	နီဉ်ကျုၤ(တၢ်)(ဘျ)ကဲ့	roll'er
_romance	n.	တၢ်ယဲၤလၢပုၤထဉ်နှၢ်အီၤလၢအၤအဲမံ်★ပူလၢပုၤကူဉ်ယဲၤ★တၢ်ယဲၤမှာ်နှၢ်★တၢ်(ယဲၤ)(မၤအသး)လၢအအိဉ်ဒီးတၢ်လီၤကမၢကမဉ်အလီၢ်အါမံၤ(လၢအပူၤ)	ro-mance
_romantic	a.	လၢအဟ်ဖျါတၢ်လီၤကမၢကမဉ်အလီၢ်★လၢအအိဉ်ဒီးတၢ်ဂုၢ်တဖဉ်လၢပနၢ်ဟူးဒီးထိဉ်ဂဲၤပသး★လၢတၢ်ဆိကမိဉ်နှၢ်အီၤ	ro-man'tic
_romp	v.i.	(ပုၤ)(တၢ်)လိာ်ကွဲတပျုာ်တပျီၤတၢ်	romp
_roof	n.	ဟံဉ်ခိဉ်★တၢ်အခိဉ်ဒုး★ဟံဉ်အခိဉ်	roof
_roof	v.t.	ဒုးထိဉ်(ဟံဉ်)(အ)ခိဉ်	roof
_rook	n.	စီးဝဉ်ယၤတကလုာ်	rook

_rook	v.t.	လိန့်	rook
_room	n.	ဒၢး★တၢ်(အ)လီၢ်	room
_roomful	a.	တၢ်ပှဲၤဒၢးတဖျၢၣ်	room'ful
_roost	n.	(ထိၣ်)(ဆီ)မံအလီၢ်★ဆီတိၤဘိ★(ထိၣ်)(ဆီ)တၢိၢ်	roost
_roost	v.i.	စံၢ်လီၤ	roost
_rooster	n.	ဆီပါကိၢ်	roost'er
_root	n.	အဂၢ်★တၢ်အခိၣ်သ္ၣ်★တၢ်အဂၢ်ခိၣ်★တၢ်အခိၣ်ထံး	root
_root	v.t.	ကနံ့တၢ်★ကနံ့တၢ်★ခုၣ်ကွံာ်ယုာ်အဂၢ်★ထဲးထိၣ်ကွံာ်ပၣ်ယုာ်အဂၢ်	root
_rope	n.	ပှိၢ်	rope
_rose	n.	ဖီတၤဆူၣ်	rose
_rostrum	n.	ပှိၢ်စီၢ်★ကဘီအခိၣ်စ္★ထိၣ်အ(နိ်ၢ်)(နီး)	ros'trum
_rosy	a.	လၢအလွဲၢ်ဒံဖိတၤဆူၣ်အသိး	ros'y
_rot	v.i.	အ္ၣ်(သံကျၣ်သံ)★ကျၣ်	rot
_rot	v.t.	ဒုးအ္ၣ်ဒုးကျၣ်	rot
_rotate / rotation	v.i. / n.	(တၢ်)တရံးအသးလၢဝ့ရိအလိၤ	ro'tate / ro-ta'tion
_rote / by rote	n.	တိၢ်န့ၢ်ထဲလၢအထးခိၣ်ဘၣ်ဆၣ်တဆိကမိၣ်အဒီပညီဘၣ်★တၢ်မၤတၢ်ဒံလိၢ်လိၢ်(ကီးမုၢ်န်ၤ)	rote / by rote
_rotten	a.	လၢအအ္ၣ်(သံကျၣ်သံ)★လၢအကျၣ်★လၢအလီၤကဘိၣ်★လၢအကဘိၣ်သိၣ်	rot'ten
_rouge	n.	တၢ်ကမူၣ်အလွဲၢ်ဂီၤဝါလၤပှၤဟ်မုာ်ဖူအဖဲာ်အဂိၢ်	rouge
_rough	a.	စၤယိကနံ★သွဲး★တဘျ္ၢဘၣ်★လၢပှၤမၤအီၤတဝဲးတၢ်ဒံးဘၣ်★လၢအထိၣ်ကူလီၤယဲာ်★လၢအတရၤတရိး★လၢအတပျ္ၢ်တဖ္ိ★လၢအသိၣ်ဆၢဘၣ်ပနၢ်★လၢအမၤဘၣ်ဒီဆၢပုၤ★လၢအလုၢ်အလၢ်တယံတလၤဘၣ်	rough
_roughen	v.t.	မၤစၤယိကနံဆိထိၣ်★မၤသွဲးထိၣ်★မၤတရၤတရိးထိၣ်★မၤတပျ္ၢ်တဖ္ိထိၣ်တလီၤတၢ်ဘၣ်★တမုာ်ဘၣ်ပနၢ်★တပျ္ၢ်တဖ္ိ★တပလီၢ်အသးဘၣ်	rough'en
_roughly	adv.	သွဲးတကၢ်★(မၤ)ဘၣ်ဒီဆၢအီၤ★ဆုၣ်မီၤယီၤ★ဆုၣ်ဆုၣ်★စၤယီၤစၤယၤ★တမုာ်မုာ်နိၢ်နိၢ်ဘၣ်	rough'ly
_round	a.	ဖျ္ၣ်သလၢၣ်★ကဝီၤကျိၤ	round
_round	n.	တၢ်လဲၤကဝီၤကျိၤ★တၢ်လဲၤတရံးတၢ်တဝီ★တဝီ	round
_round up	v.t.	ဒုးစူးဖှိၣ်ရိဖှိၣ်တၢ်	round-up'
_rouse	v.t.	ထိၣ်ဂဲၤ★သဆၣ်ထိၣ်★ဒုးဖုသ္ၣ်နိၣ်ထိၣ်	rouse
_rousing	a.	လၢအထိၣ်ဟူးထိၣ်ဂဲၤပုၤအသး	rous'ing
_rout	v.t.	မၤယွၤ်ပြယွၤ်ပြါတၢ်★မၤနၢၤဒီးဒုးယွၤ်ပြါကွၣ်အီၤ	rout
_rout	n.	ပုၢ်ဂီၢ်မုၢ်လၢအမၤတၢၤထိၣ်တၢလီၤတၢ်	rout
_route	n.	ကျဲ★ကျဲလၢတၢ်ပိာ်အီၤ	route
_routine	n.	တၢ်မၤလၢပမၤညီနုၢ်ကိးနံၤကိးဘိုကိးဘို★တၢ်မၤညီနုၢ်တၢ်အကျဲအကပုၤ	rou-tine'
_rove / rover	v.i.	(ပုၤလၢအ)ဟးဝ့ၤဝီၤ	rove / rov'er
_rove	n.	တမျာ်လၢထံတဒီ	rove
_row	v.t.	ဝါချံ★ကၢ်ချံ	row
_row	n.	တဂ့ၢ်★တၢ်ဆ္ၣ်လိာ်ဆီးကုလိာ်★တၢ်ဒီဂ့ၢ်တဂ့ၢ်	row
_rowdy	a.	လၢအညိနုၢ်ဆ္ၣ်လိာ်ဆီးကုလိာ်အသး	row'dy
_royal	a.	ဘၣ်ယးစီၤလိၣ်စီၤပၤ★လၢအကြၢးဒီးစီၤလိၣ်စီၤပၤ★လၢအ(ဂ္ၤ)★လၢအဒိၣ်အမုၢ်	roy'al
_royal	n.	စးခိဖးလၢၢ်တကလုာ်★တၤယီၤတၤအနၢၤနုၣ်ဘိၣ်တဒီ	roy'al
_royalty	n.	စီၤပၤ★စ္လၢပုၤဆါလံာ်ဟ္ၣ်က့ၤပုၤကွဲးကဲထိၣ်လံာ်ဖိတဂၤ★တၢ်အခိအသွဲ	roy'al-ty
_rub	v.t.	ထွါတၢ်★ကြ္ၣ်တၢ်★ထူးတၢ်★ထူးကကြ္ၣ်ထိၣ်★ထူးသံကွၢ်	rub
_rubber	n.	သ္ၣ်ထူး★ရၤဘၢၣ်★သ္ၣ်(ရၤဘၢၣ်)အထူး★နိၣ်(ကြ္ၣ်)(ထူးသံ)တၢ်	rub'ber
_rubbish	a.	လၢအဘျ္ၤးတအိၣ်ဘၣ်	rub'bish
_rubbish	n.	တၢ်ကမုံၤကမိၢ်★တၢ်(တ)(စ)ယိာ်(တ)(စ)ယာ်	rub'bish

243

_rubble	n.	လၢၢ်အက့အခီပြိပြိသ့ၣ်သ့ၣ်တဖၣ်★အူးခဲအက့အခီတဖၣ်	rub'ble
_ruby	n.	တၢ်မျၢ်ဂီၤ	ru'by
_ruby	a.	ဂီၤ	ru'by
_rudder	a.	နိၣ်ဟံၣ်ခံ★သနူလၣ်	rud'der
_ruddy	a.	လၢအလွဲၢ်ဂီၤ	rud'dy
_rude	a.	လၢအတၢၣ်ဒီးတၢ်ယူးယီၣ်ဟ်ကဲဘၣ်★(ဟံၣ်)လၢအတဂ့ၤတယ★လၢအရၢၢ်အစၢၢ်	rude
_rudeness	n.	တၢ်ရၢၢ်တၢ်စၢၢ်	rude'ness
_rue	v.t.	သးအုးကွ့ၤ(လၢအတၢ်မၤအယိ)★သးဘၣ်ဒိဆါကွ့ၤ	rue
_rueful	a.	လၢအသးအုးဒီးအသးဘၣ်ဒိဆါကွ့ၤ	rue'ful
_ruffle	v.t.	ဆဲထိၣ်အကိာ်ဆူၣ်★မၤသရုထိၣ်အကိာ်ဆူၣ်★မၤအ့ၣ်နူတၢ်★မၤတ(ရ့)(ရိး)ထိၣ်	ruf'fle
_rug	n.	ယၣ်လုး★တၢ်ဒၢခိၣ်အယၣ်လုး	rug
_rugged	a.	ထိၣ်ကူလီၤယၢၣ်★တပၢၤတသုဘၣ်	rug'ged
_ruin	v.t.	မၤဟးဂုာ်ဟးဂီၤ	ru'in
_ruin	n.	တၢ်ဟးဂုာ်ဟးဂီၤ(လၢအအိၣ်လီၤတဲာ်)	ru'in
_ruinous	a.	လၢအမၤဟးဂီၤတၢ်သ့★လၢအဟးဂုာ်ဟးဂီၤ(လီၤဂုၤလီၤပိၢ်)	ru'in-ous
_rule	n.	တၢ်သိၣ်တၢ်သီ★တၢ်ဘျၢ	rule
_rule	v.t.	(တၢ်)စံၣ်ညီၣ်ပၢတၢ်★(တၢ်)ပၢတၢ်★တိၤတၢ်ဘျၢ	rule
_rumble	v.i.	သီၣ်ရ့ၢ်ရ့ၢ်ရၢ်ရၢ်	rum'ble
_ruminant	a.	လၢအကလိာ်ထိၣ်ဒီးက်ကံၣ်အဆၣ်	ru'mi-nant
_ruminate / rumination	v.i. / n.	(တၢ်)ကလိာ်ထိၣ်က်ကံၣ်အဆၣ်★ကွၢ်ဆိကမိၣ်ဆိကမးကွ့ၤတၢ်လၢအပူၤကွံာ်တဖၣ်စုစုၤ	ru'mi-nate / ru'min-a'tion
_rummage	v.t.	ကွၢ်ယုတၢ်လီၤတၢ်လီၤဆုးဘၣ်ဆၣ်တပျုာ်တပျိၤမၤလီၤ	rum'mage
_rumor / rumour	n.	တၢ်ကစီၣ်လၢအဟူထီၣ်သါလီၤ★တၢ်ပစိာ်ပစ	ru'mor / ru'mour
_rumor / rumour	v.t.	တဲဟူထီၣ်သါလီၤ	ru'mor / ru'mour
_rump	n.	ခံမဲၢ်ပျိၢ်★မံၢ်အခိၣ်ထံး	rump
_run	n.	(အ)တၢ်ယွၢ်	run
_run	v.t.	ယွၢ်★ယွၤလီၤ★ဂုာ်ကျဲးစၢးဒ်သိးကဘၣ်တၢ်ယုထၢအီၤ★(ဒွံ)(ကဘီ)လွၢ်လီၤ★ဒုးလဲၤစဲး★စဲးတရံး★(မဲၣ်ထံ)ပြါထိၣ်	run
_run up		(မၤ)အါထိၣ်ဒိၣ်ထီၣ်	run up
_to run the risk		ပျဲတၢ်ဘၣ်ယိၣ်ကဟဲမၤဒၢးဝဲ	to run the risk
_run after		လူၤပိာ်အခံ	run after
_run down (a rumour)		လူၤယုကွၢ်(တၢ်ဟူထိၣ်)အခိၣ်ထံး	run down (a rumour)
_run into		ဘၣ်ထံးဒီးတၢ်ဂၤ	run into
_run on		မၤဒံး	run on
_run out		ကတၢၢ်ဝဲ	run out
_run over		လုာ်ကွံာ်	run over
_run through		မၤလၢာ်ကွံာ်	run through
_rung	n.	နိၣ်ကွဲဖိၣ်ယာ်ကျၤတၢ်အခီၣ်	rung
_runt	n.	ဆၣ်ဖိကီၢ်ဖိလၢအ(ဆံးန့ၢ်အဂၤမိၣ်)(ဒိၣ်ယံ)	runt
_rupee	n.	စုတဘး	ru-pee'
_rupture	n. / v.t.	(တၢ်)သ့ၣ်ဖး★(တၢ်)ပိၢ်ဖး★တၢ်ဒုးလိာ်ပၤလိာ်အသး★တၢ်ဒံၣ်လီၤ	rup'ture
_rural	a.	ဘၣ်ယးဒီးခိခိၣ်★လၢအအိၣ်လၢခိတခီ★ဘၣ်ယးဒီးပှၢ်လၢ်ကျါ★ရၢ်	ru'ral
_ruse	n.	တၢ်လီန့ၢ်တၢ်★တၢ်လီတၢ်ဝ့ၤ	ruse
_rush	v.i.	သဖှိ★(တၢ်)ယွၢ်သဘျ့ၣ်★(တၢ်)ယွၢ်သဖှိ★(တၢ်)(ယွၢ်)သဖဲး	rush
_rust	v.i.	ထိၣ်အ့ၣ်★ဟီၣ်အိၣ်★မၤထိၣ်အ့ၣ်★မၤတၢ်တသ့တဘၣ်လၢအတမၤညီနုၢ်ကွၤတၢ်အယိ	rust

244

_rustic	a.	ဘၣ်ယး၁ိီ(ခိဖိ၁ံ)(ပုၢ်လၢ်ကျ၁)	rus'tic
_rusticate	v.i.	အိၣ်ဆိးလၢခိဖိ၁ံ	rus'ti-cate
_rusticate	v.t.	ဟီထိၣ်ကွံာ်လၢခီလှၣ်ကွိၢ်ပူၤတစၢ်ိတလိၢ်	rus'ti-cate
_rustle	a.	သိိၣ်သွၤသွၤ★သိၣ်ရၤရၤ	rus'tle
_rusty	a.	လၢအထိၣ်အ့ၣ်ထိၣ်ယၢ်ိ★လၢအသးပုၤနိိၣ်တၢ်လၢအတၤကူၤၤဘၣ်ဝဲအသဲ	rus'ty
_rut	n.	လှၣ်အကျိၤ★တၢ်ကျိၤ★ဆၣ်ဖိက်ိၢ်ဖိအမိၢ်အဖါလူၤလိာ်သးအဆၢကတိၢ်	rut
_rut	v.t.	မၤလီၤဆၢၣ်နှၢ်တၢ်ကျိၤ	rut
_ruthless	a.	လၢတၢ်သးကညီၤတအိၣ်	ruth'less
_rye	n.	ဘုတၤလုာ်	rye
_sabbath	n.	မုၢ်နံၤန့ၤ★မုၢ်အိၣ်ဘုံးအနံၤ★မုၢ်နံၤဒိၣ်	sab'bath
_sabbatic (al)	a.	လၢတၢ်အိၣ်ဘုံးအဂီၢ်★ဘၣ်ယးဒီးမုၢ်အိၣ်ဘုံးအနံၤ★လီၤက်ဒီးအိၣ်ဘုံးနံၤ	sab-bat'ic (al)
_sack	v.t.	ဂုာ်ဆူၣ်ဖျိုဆူၣ်	sack
_sack	n.	(ဘု)ထၢၣ်★ဆ့ကၤတၤလုာ်	sack
_sacrament / sacramental	n. / a.	(လၢအဘၣ်ယးဒီး)တၢ်ဘူၣ်တၢ်ဘါအလုၢ်အလၢ်လၤပှာ်စီဆုံလီၤဆီၣ်ဒၣ်တၢ်	sac'ra-ment / sac'ra-ment'al
_sacred	a.	စီဆုံ	sa'cred
_sacrifice	n.	တၢ်လၢတၢ်လုၢ်ထီၣ်အီၤ★တၢ်လုၢ်တၢ်ဟ်	sac'ri-fice
_sacrifice	v.t.	(တၢ်)တုၢ်သံအသး★လုၢ်တၢ်ဟ်တၢ်★တုၢ်ဆါအသးလၢတၢ်ဂၤအဂီၢ်★လုၢ်ထီၣ်ဟ်ထီၣ်★စူးကွံာ်ညိကွံာ်တၢ်တမံၤလၢတၢ်တမံၤအဂီၢ်	sac'ri-fice
_sacrificial	a.	လၢတၢ်လုၢ်တၢ်ဟ်အဂီၢ်★ဘၣ်ယးတၢ်လုၢ်တၢ်ဟ်★လၢတၢ်ကီတၢ်ခဲကဲထီၣ်နှၢ်အီၤလၢအတုၢ်ဆါအသးလၢတၢ်ဂၤအဂီၢ်အယိ	sac'ri-fi'cial
_sacrilege	n.	တၢ်မၤတၤရီတပါတၢ်လၢအစီအဆုံ★တၢ်ဒိးဘးလၢတၢ်မၤတၤရီတပါတၢ်စီတၢ်ဆုံအယိ	sac'ri-lege
_sacrilegious	a.	လၢအမၤတၤရီတပါတၢ်စီတၢ်ဆုံ	sac'ri-le'gious
_sad	a.	လၢအသးအုး★လၢအလီၤသးအုး★လၢအမဲာ်အ့ၣ်သပှိၤ★မဲာ်လီၤသပှၢ်	sad
_be sad		သးအုး	be sad
_sadden	v.t.	မၤသးအုး	sad'den
_saddle	n.	ကသ့ၣ်အဂီၢ်က်★ကသ့ၣ်အ(ခိၣ်တခၢၣ်)(လီၢ်ဖှ)	sad'dle
_saddle	v.t.	ဂီၢ်က်	sad'dle
_sadness	n.	တၢ်သူၣ်အုးသးအုး★တၢ်မဲာ်အ့ၣ်သပှိၤ★တၢ်ဘၣ်မိၣ်ဘၣ်မး	sad'ness
_safe	a.	လၢအပူၤဖျဲးဒီးတၢ်ဘၣ်ယိၣ်★ပူၤဖျဲး★နၢ်န့ၢ်သ့	safe
_safely	adv.	ပူၤပူၤဖျဲးဖျဲး	safe'ly
_safety	n.	တၢ်ပူၤဖျဲးလၢတၢ်ဘၣ်ယိၣ်★တၢ်ပူၤဖျဲး	safe'ty
_sag	v.i.	လီၤကတြူၢ်★ဒ့ခံ★လီၤဆၢၣ်★လီၤယၢၣ်★သးလီၤဘုံး	sag
_sagacious / sage	a. / n.	(ပှၤ)လၢအကူၣ်သ့★(ပှၤ)လၢအကူၣ်သ့ဖးဘၣ်★ပှၤတဂၤလၢအလီၤယူၤယီၣ်ဟ်ကဲလၢအသးပှၢ်ဒီးအတၢ်ကူၣ်သ့ကူၣ်ဘၣ်အယိ	sa-ga'cious / sage
_sagacity	n.	တၢ်သူၣ်ဖးသးဖး★တၢ်ကူၣ်သ့သ့ဖးဘၣ်★တၢ်သူၣ်ဆးသးဆး★တၢ်ကူၣ်သ့	sa-gac'i-ty
_sail	v.i.	လဲၤတၢ်လၢထံဖိခိၣ်★ဒီးကဘီ★ဒီး(ချံ)(ကဘီ)(ထိ)	sail
_sail	n.	ယၢ်လၣ်	sail
_sailor	n.	ကဘီဖိ	sail'or
_saint	n.	ပှၤစီဆုံ	saint
_sake	n.	အယိ★အခိၣ်အယိ★အဂီၢ်	sake
_salable	a.	လၢပှၤဆါကွံာ်အီၤသ့★လၢပှၤဆါအီၤန့ၢ်	sal'a-ble
_salary	n.	တၢ်အဘူးအလဲ	sal'a-ry
_sale	n.	တၢ်ဆါကွံာ်တၢ်	sale
_salesman	n.	ပှၤဆါတၢ်ဖိ	sales'man
_salient	a.	လၢအအိၣ်ဖျါဒိၣ်★လၢအစံၣ်တၢ်★လၢအ(ဖိုးထီၣ်)(ကနၢ်ကနၣ်ထီၣ်)	sa'li-ent
_saline	a.	လၢအအိၣ်ဒီးအံသၣ်★ဟီ	sa'line
_saline	n.	ထံမူၤလၢအဟ့ၣ်ထီၣ်အံသၣ်	sa'line

_saliva	n.	ထူးမျူၤထံ★ခဉ်ထံ★ထးခိဉ်ထံ	sa-li'va
_sallow	a.	(မဲာ်)လီၤဝါ★လီၤညွံးလီၤဘီ★လီၤဘီလီၤဝါ	sal'low
_sally	v.i.	သဖှိ★(တၢ်)သဖှိ(ထိဉ်)(လီၤ)ဒီးနးနဉ်ဒၢလၢအဝီၤယာ်တၢ်	sal'ly
_sally	n.	တၢ်ကတိၤဆၢတၢ်တဘျီယီသ့သ့ဘဉ်ဘဉ်	sal'ly
_salt	n.	အံသဉ်	salt
_salutary	a.	လၢအအိဉ်ဒီးအဘျုး★လၢအနးအိဉ်ဆူဉ်အိဉ်ချ့တၢ်	sal'u-ta-ry
_salutation	n.	တၢ်ကတိၤဒိဉ်★တၢ်ကတိၤနူးဆဲး	sal'u-ta'tion
_salute	v.t.	(တၢ်)ကတိၤဒိဉ်★(တၢ်)ကတိၤနူးဆဲး	sa-lute'
_salute	n.	တၢ်ခးမျိာ်လၢတၢ်မၤလၤကပီၤတၢ်အဂီၢ်	sa-lute'
_salvage	n.	တၢ်လၢပမၤန့ၢ်က့ၤလၢကဘီဟးဂီၤအပူၤ★တၢ်မၤပူၤဖျဲးက့ၤတၢ်လၢကဘီအပူၤ★ အဘူးအလဲလၢတၢ်မၤပူၤဖျဲးက့ၤတၢ်အဂီၢ်	sal'vage
_salvation	n.	တၢ်အုဉ်က့ၤခီဉ်က့ၤ	sal-va'tion
_salve	n.	(ကသံဉ်)ဖှူ★(ကသံဉ်)ကျူး	salve
_same	a.	ဒ်သိးသိး★လီၤပလိာ်လိာ်အသး★(တဂၤ)ယီ	same
_sampan	n.	ချံကွခိဉ်★ချံဖးဒ့မဲၢ်★သိဉ်ပဉ်★ချံထိဉ်ဖိ	sam'pan
_sample	n.	တၢ်အဒိ	sam'ple
_sanatorium	n.	ဟံဉ်လၢပှၤဆါလဲၤကူစါအသးအိဉ်လၢအပူၤ★တၢ်လီၢ်လၢပှၤလဲၤဝဲ ဒ်သိးကအိဉ်ဆူဉ်အိဉ်ချ့ထိဉ်က့ၤအဂီၢ်	san'a-to'ri-um
_sanctification	n.	တၢ်ဟ်စီဆှံတၢ်★တၢ်မၤ(ကဆှိ)(စီဆှံ)တၢ်	sanc'ti-fi-ca'tion
_sanctify	v.t.	မၤစီဆှံ★ဟ်စီဆှံတၢ်★မၤကဆှိ★(စံးထိဉ်ပတြၢၤ)(ဟ်စီဆှံ)အမံၤ	sanc'ti-fy
_sanction	v.t.	အၢဉ်လီၤအီလီၤလၢတၢ်ကြၢးမၤအီၤ★ဟ့ဉ်အခွဲးလၢတၢ်ကမၤအီၤ	sanc'tion
_sanction	n.	(တၢ်)အၢဉ်လီၤအီလီၤတၢ်★(တၢ်)ဟ်ဂၢၢ်ဟ်ကျၢၤတၢ်	sanc'tion
_sanctity	n.	တၢ်စီတၢ်ဆှံ	sanc'ti-ty
_sanctuary	n.	လီၢ်စီဆှံ★တၢ်ပူၤဖျဲးအလီၢ်	sanc'tu-a-ry
_sand	n.	မဲး	sand
_sandal	n.	ခိဉ်ဖံးသ့ဉ်★ခိဉ်ဖံးတကလုာ်	san'dal
_sandwich	n.	ကိဉ်အကဘျံးခံကဘျံးအိဉ်ဒီး(တၢ်ဝံဉ်သိဝံဉ်ဘဲး)(တၢ်ညဉ်)လၢအဘၢဉ်စၢၤ	sand'wich
_sandy	a.	လၢအပှဲၤဒီးမဲး	sand'y
_sane	a.	အသးထံ★တပျုၢ်ဘဉ်★လၢအသးလၢ	sane
_sanguinary	a.	လၢအအဲဉ်တၢ်ဂၢ်သွံဉ်ဂၢ်စီၤ★လၢအဂၢ်လီၤတၢ်သွံဉ်တၢ်စီၤအါအါကလဲာ်★ လၢအသးအိဉ်မၤသံပှၤ	san'guin'a-ry
_sanguine	a.	လၢအမ့ၢ်လၢ်တၢ်★သးဖှံ★အိဉ်ဒီးသွံဉ်အါ★ဂီၤဒ်သွံဉ်အသိး	san'guine
_sanitarium	n.	တၢ်ဆါဟံဉ်	san'i-ta'ri-um
_sanitary	a.	လၢအဘဉ်ယးဒီးတၢ်အိဉ်ဆူဉ်အိဉ်ချ့★လၢအကဆှဲကဆှိ	san'i-ta-ry
_sanitation	n.	တၢ်မၤကဆှဲကဆှိတၢ်လၢတၢ်အိဉ်ဆူဉ်အိဉ်ချ့အဂီၢ်★တၢ်(ကူဉ်သ့) (သိဉ်တၢ်သီ)ဘဉ်ယးတၢ်အိဉ်ဆူဉ်အိဉ်ချ့	san'i-ta'tion
_sanity	n.	တၢ်သူဉ်ထံသးထံ	san'i-ty
_sap	n.	တၢ်အထူး★သ့ဉ်အ(ထံ)(ထူး)	sap
_sap	v.t.	မၤဟးဂီၤ	sap
_sapient	a.	(တၢ်ကတိၤ)လၢအကူဉ်သ့(တၢ်ကတိၤတဘီအံၤတၢ်ညီနၢ်သူအီၤလၢ တၢ်ကတိၤက့ဉ်တၢ်ဒ်ပစံးတၢ်အသိးတၢ်ကတိၤခိဉ်ခံလၢနဉ်ဒွဲဉ်တၢ်အဂီၢ်လီၤ)	sa'pi-ent
_sapling	n.	သ့ဉ်ဖိစၢ်ကဘံဉ်★သ့ဉ်ဖျိဉ်ဖိ	sap'ling
_sapphire	n.	တၢ်မျၢ်နံၤလါ(အဲး)	sap'phire
_sarcasm	n.	တၢ်ကတိၤဒၢက့ဉ်တၢ်လၢအတမ့ာ်ဘဉ်ပှၤအနၢ်★တၢ်ကတိၤဆဲးအဲး★ တၢ်ကတိၤခိဉ်ခံတၢ်	sar'casm
_sarcastic	a.	လၢအကတိၤဒၢက့ဉ်တၢ်လၢအတမ့ာ်ဘဉ်ပှၤအနၢ်★လၢအအိဉ်ဒီးတၢ် ကတိၤဆဲးအဲး★လၢအကတိၤခိဉ်ခံတၢ်★လၢအကတိၤနဉ်ဒွဲဉ် တၢ်ဆါဆါကလဲာ်	sar-cas'tic
_sarcophagus	n.	ပှၤသံအတလါဖးဒိဉ်(လၢလၢ်)★ကျၢ်လၢပှၤမၤအီၤလၢလၢ်	sar-coph'a-gus
_sardonic	a.	လၢအနံၤဆဲးခွဲးတၢ်★လၢအနံၤနဉ်ဒွဲဉ်တၢ်	sar-don'ic

_sash	n.	ယိၢ်ပၤလၢအနၤ့်လီၤစဲၤ★ယိၢ်တကး★တၢ်အကွီၤလၢပူၤလံာ်ခိက် အဖံဘဉ်ခိုဉ်ဒီးဆူအယိၢ်ဘးခိတဒိ★သးနါပုၢ်အကွီၤ	sash
_Satan / Satanic	n. / a.	(ဒိ)မုဉ်ကီၤလံၢ်(အသိး)	Sa'tan / Sa-tan'ic
_satchel	n.	ထဲဉ်တၢ်ဖံး★ထဲဉ်လၢပုၤမၤလိတၢ်ဖိဝံအလံာ်တဖဉ်	satch'el
_sate	v.t.	အိဉ်လှာ်ကိ	sate
_satellite	n.	တၢ်ခွတၢ်ပုၤလၢအလဲယှာ်ကွၤယှာ်တၢ်ဒီး(စီၤပၤဖိ)(ပုၤဒိဉ်ပုၤပှၢ်)တဂၤ★ဆဉ်ဖိလၢအလဲတရံးဆဉ်ဖးဒိဉ်	sat'el-lite
_satiate	v.t.	အိဉ်လှာ်ကိလှာ်ကဟာ်★မၤတုၤအမၤတမှာ်လၤၤဘဉ်	sa'ti-ate
_satiety	n.	တၢ်အိဉ်လှာ်ကိလှာ်ကဟာ်တၢ်★တၢ်ပှဲၤတၤလၤကွံာ်အခါး	sa-ti'e-ty
_satire / satirical	n. / a.	(ထါ)လၤအကတိၤနံၤဘဉ်တၢ်အၢတၢ်သီ	sat'ire / sa-tir'i-cal
_satirist / satirize	n. / v.t.	(ပုၤလၢအ)ကွဲးထါလၢအကတိၤနံၤဘဉ်တၢ်အၢတၢ်သီ	sat'i-rist / sat'i-rize
_satisfaction	n.	တၢ်သူဉ်မံသးမံ	sat'is-fac'tion
_satisfactory	a.	လၤအမၤမံသူဉ်မံသးပုၤ★လၤအလီၤသးမံပုၤ	sat'is-fac'to-ry
_satisfy	v.t.	မၤမံသူဉ်မံသးပုၤ★မၤမံအသး★မၤသးမံ★ဒုးသးမံ	sat'is-fy
_saturate	v.t.	ပှဲၤတၢ်စ့ၢ်နာ်သးပှဲၤအပူၤ★စ့ၢ်သံးတၢ်တုၤတၢ်လိၢ်တအိဉ်လၢအပူၤ လၢအကစ့ၢ်သံးနၢ်လၢၤဘဉ် ★(စ့ၢ်)(ဆူး)နၢ်လၤလၢပုံၤပုံၤ	sat'u-rate
_sauce	n.	တၢ်နါမူနါဆိ(အထံ)လၢပုၤဖှံဘဲဖှံဆၢတၢ်အိဉ်တၢ်အီ	sauce
_saucy	a.	လၤအတဟ်လှၢ်ဟ်ကါတၢ်ဘဉ်★လၤအကတိၤတၢ်သရဲစိၤကှိၤ★လၤအမံာ်ကဲၤ	sauc'y
_saunter	v.i.	ဟးဝုးဝီၤ★ဟးလိာ်ကွဲကလီကလီ★ဟးလိဉ်လိဉ်ဉ်★ တၢ်မၤတအိဉ်ဟးလိာ်ကွဲ	saun'ter
_sausage	n.	ထိးညဉ်ဘဉ်တၢ်ဒၤနာ်ကွၤအီၤလၢထိးပံာ်ပူ★ထိးအပံာ်ပှဲၤဝဲဒီးထိးညဉ်ထိးသိ	sau'sage
_savage	a.	ရ့ၢ်စၢ်★အၢဝဲသိဝဲ★လၤအတၢ်သးကညီၤတအိဉ်	sav'age
_save	v.t.	အုဉ်ကွၤခိဉ်ကွၤ★ဟ်ကီၤ★မၤပူၤဖျဲး★မၤလၢာ်စုၤလီၤဒီးဟ်ဖိုဉ်ဝဲနၢ်★စူးဝဲနၢ်	save
_save	prep.	ထဲ★ထဲ--ဓိၤ	save
_savior	n.	ပုၤအုဉ်ကွၤခိဉ်ကွၤတၢ်★ပုၤမၤပူၤဖျဲးတၢ်★ကစၢ်ယ့ဉ်ရှူး	sav'ior
_savor	n.	တၢ်နါတၢ်န့ါ★နၢန့ါ★အစိ★တၢ်လှဉ်ကွၢ်★တၢ်အရိၢ်★(လှဉ်)(နၢ)ကွၢ်	sa'vor
_savor	v.t.	အိဉ်ဒီး★ဘဉ်အသး	sa'vor
_savory	a.	ဝံဉ်သိဝံဉ်ဘဲး★နၢဝံဉ်နၢဆၢ★နၢမူနၢဆိ	sa'vor-y
_saw	v.t.	ဘူးတၢ်	saw
_saw	n.	လွၤ	saw
_sawyer	n.	ပုၤဘူးလွၤဖိ	saw'yer
_say	v.t.	စံး★ကတိၤ★တဲ	say
_scab	n.	တၢ်ပူၤလိၢ်အကိၢ်ယွၤ★တၢ်(ယိ)(သး-ယွ)လၢအအိဉ်လၢသိမ့ၢ်ဂ့ၤ ကသ့ဉ်မ့ၢ်ဂ့ၤအလိၤ	scab
_scabbard	n.	(ဘိ)အတြိး★(ဒိ)(နး)အတြိး	scab'bard
_scabby	a.	လၤအအိဉ်ဒီးအကိၢ်ယွအကိၢ်ယး★လၤအဘဉ်တၢ်သးယွ★လၤအယိ	scab'by
_scabies	n.	တၢ်(ဆါ)ယိ★တၢ်သး(ယွ)	sca'bies
_scaffold	n.	တၢ်မၤသံပုၤကညီအလိၢ်	scaf'fold
_scald	v.t.	(မၤ)လီၤတလၤ	scald
_scald	a.	လၤအယိယဲး	scald
_scale	v.t.	(ဟာ်)(စ့ါ)ထိဉ်လၢတၢ်ကပၤ★ဆဲးကွံာ်အသဘုံး★အုဉ်ကွံာ်အဖံးသဘုံး★ ဆဲးတြိာ်ကွံာ်အသဒံဉ်★လီၤသအိး★လီၤသဘုံးကွံာ်	scale
_scale	n.	နိဉ်ထိဉ်★အဖံးသဘုံး★အသဒံဉ်★စီၤပီၢ်★(ထိဉ်လၤ)ယိ★အတီၤ★အဆိ ★တတီၤတတီၤ	scale
_scalp	n.	ခိဉ်အဖံးထဲလၢခိဉ်ဆူဉ်အိဉ်လၢအလိၤ	scalp
_scalpel	n.	ကသံဉ်သရၤ့်အဒီတကလုာ်	scal'pel
_scaly	a.	လၤအအိဉ်ဒီး(အဖံးသဘုံး:)(အသဒံဉ်)★လီၤက်တၢ်သဒံဉ်★တလီၤက်တၢ်	scal'y

247

_scamp	n.	ပှၤအၢဖိ★ပှၤလီတၢ်★ပှၤတ(လီၤက်)(က်ိတသိၣ်)တၢ်	scamp
_scamp	v.t.	မၤတၢ်တၤလၢ်အသးဘၣ်	scamp
_scamper	v.i.	ယှၢ်ကွံာ်ချ့ချ့	scam'per
_scan	v.t.	ကွၢ်ထံဆးဆး★ကွၢ်တၢ်အီၤလီၤတၢ်လီၤဆဲး★နီၤဖး((သါ))အ(ဆၢ)(တီၤ)အိၣ်ဒီၤကလုၢ်အထိၣ်အလီ	scan
_scandal	n.	တၢ်ခဲၣ်သူခဲၣ်ဂီၤပှၤဂၤဒ်သိးအလၤကပီၤကဟးဂီၤ	scan'dal
_scandalize	v.t.	မၤဘၣ်ဒိဆါပှၤအသးလၢတၢ်မၤလၢအအိၣ်ဖျါဘၣ်အီၤတဃံတလၤဘၣ်အသိ★မၤတၢ်လၢအဒုးဘၣ်ယိၣ်ပှၤလၢပဝၤကဟးဂီၤအဂ့ၢ်★မၤဆါအသးလၢတၢ်မၤလၢအလီၤမဲၥ်ဆံး★မၤတမှာ်အသး	scan'da-lize
_scandalous	a.	လၢအမၤစှၤလီၤတၢ်အလၤကပီၤ★လၢအမၤဆါပှၤအသး★လၢအခဲၣ်သူခဲၣ်ဂီၤတၢ်	scan'da-lous
_scant	a.	လၢအဆံးအစှၤ★လၢအလၤယှုၢ်ယှုၢ်★လၢအအံၣ်	scant
_scant	v.t.	မၤ(ဆံး)(စှၤ)လီၤ	scant
_scantily	adv.	စှၤကိာ်ဖိ★လၢလၢတလၢလၢ★လၢယှုၢ်ယှုၢ်	scant'i-ly
_scanty	a.	လၢအတလၢတပှဲၤဘၣ်★စှၤ★အံၣ်★ဆံး★တအါဘၣ်★(ဆံး)(စှၤ)ကိာ်ဖိ	scant'y
_scar	n.	တၢ်ပှၤလီၢ်ဘျါကွၤအလီၢ်	scar
_scarce	a.	လၢအစှၤ★လၢအတအါဘၣ်★ကၤ★ရှါ	scarce
_scarcely	adv.	ယှုၢ်ယှုၢ်★ဝံၤတဘျီယီ★ကိက်ိခဲခဲ	scarce'ly
_scarcely ever		တနၢ်စီၤ(မၤအသး)	scarcely ever
_scarcity	n.	တၢ်ရှါ★တၢ်တအိၣ်တဃၢၤ★တၢ်ယံၤတၢ်(ကၤ)(စှၤ)	scar'ci-ty'
_scare	v.t.	မၤပျံၤမၤဖုး★ကတြီၢ်ကွံၥ်	scare
_scarf	n.	ကိၥ်ပၤ	scarf
_scarlet	a.	ဂီၤဆ္ဂၣ်ကလာ်★ဂီၤကယၢ်	scar'let
_scathing	a.	လၢအမၤဘၣ်ဒိဆါတၢ်နၤနၤကလဲၥ်★လၢအမၤဟးဂီၤတၢ်	scath'ing
_scatter	v.t.	မၤပြံပြါ★ဖှံတၢ်★မၤလီၤပြံလီၤပြါ★အိၣ်လီၤပြံလီၤပြါ	scat'ter
_scavenger	n.	ဆ္ၣ်ဖိကီၢ်ဖိလၢအအိၣ်တၢ်(လီၤဆ္ဂလီၤပလ္ၤ)(ဘၣ်အၢဘၣ်သီ)★ပှၤခဲ့ဝ့ၢ်အကျဲ	scav'en-ger
_scene	n.	တၢ်လၢပထံၣ်★အလီၢ်ဖဲတၢ်တမံၤမၤအသး★တၢ်ထံၣ်★တၢ်ဒုးနဲၣ်တကတီၢ်	scene
_scenery	n.	တၢ်ထံၣ်လၢအအိၣ်ဖျါ	scen'er-y
_scenic	a.	ဘၣ်ဃးဒီၤတၢ်ထံၣ်လၢပကွၢ်လၤပဖှံၥ်★ဘၣ်ဃးဒီၤပွဲၤဝီၤလီဖိလၤတၢ်ဒုးနဲၣ်အီၤ	scen'ic
_scent	n.	တၢ်နၢ★တၢ်နၢတၢ်သွ	scent
_scent	v.t.	နၢ	scent
_scepter	n.	(စီၤပၤအ)နီၣ်ထိးဘိ	scep'ter
_schedule	n.	တၢ်ရဲၣ်လီၤကျဲၤလီၤ(အစရီ)	sched'ule
_scheme	n.	တၢ်ကူၣ်အကျဲ★တၢ်ကူၣ်(လၢ်တၢ်ရဲၣ်လီၤကျဲၤလီၤဒီၤကူၣ်ထိၣ်ဖးလီဟ်စၢၤအီၤ)	scheme
_scheme	v.t.	ကူၣ်ထိၣ်ဖးလီၤ	scheme
_schism	n.	တၢ်လီၤမှာ်လီၤဖးလၢခရံၥ်ဖိအတၢ်အိၣ်ဖှိၣ်အပူၤ	schism
_scholar	n.	ပှၤမၤလိတၢ်ဖိတဂၤ★ပှၤကူၣ်သ့ကူၣ်ဘၣ်	schol'ar
_scholarly	a.	လၢအသ့လၥ်သ့လၢ်★ဒ်ပှၤသ့လၥ်သ့လၢ်အသိး★လၢအကြၢးဒီၤပှၤသ့လၥ်	schol'ar-ly
_scholarship	n.	စ့လၢတၢ်မၤစၢၤကို်ဖိလၢအသးဆးတဂၤ★ကို်ဖိအတၢ်သ့တၢ်ဘၣ်★တၢ်သ့လၥ်သ့လၢ်	schol'ar-ship
_scholastic	a.	ဘၣ်ဃးဒီၤကို★ၣ်အကြၢးဒီၤကို်ဖိအသိး★လၢအဟ်မၤအသးဒ်ပှၤသ့လၥ်အသိး	scho-las'tic
_school	n.	တၢ်မၤလိလီၢ်★ညၣ်တဂီၢ်★ပှၤတဖုလၢအတၢ်ဆိကမိၣ်တမံၤဃီ	school
_schooner	n.	ကဘီယၢ်	schoon'er
_science / scientific / scientist	n. / a. / n.	(တၢ်)(ဘၣ်ဃးဒီၤ)(ပှၤလၢအ)ယူသ့ၣ်ညါမၤလိတၢ်အဂ့ၢ်တမံၤ★(တၢ်)(ပှၤ)(လၢအ)ကူၣ်သ့	sci'ence / sci-en-tif'ic / sci'en-tist

248

_scintillate	v.t.	(မှာ်ဆူအှာ့)ဖှာ်ထီာ★ကပီးဟ်လှဟ်လှ★ကပီးမျှ်မျှ်★ကပီးလှာ်လှာ်	scin'til-late
_scion	n.	သှာ့ဒ့တဇလၢတ်ဘုာ့(စဲၤလီၤအဂၢ်)(နှၢ်အီၤ)လၢသှာ့အဂၤတဖးအလိၤ★ သှာ့အ(ဖိုာ့)(ဒီၤပဇှာ့)★အစၢၤအသှှာ့★ပုၤနှၢ်သါတၢ်	sci'on
_scissors	n.	ကးကူ★ထးဟ်ာ်	scis'sors
_scoff	v.i.	ကဟိၤဒုာ့ဒုာ့ာ်တၢ်	scoff
_scold	v.t.	အှာ့လိၤ်တၢ်★သှာ့ဂဲၤ★ကလာ်★ဒူတၢ်	scold
_scoop	v.t.	ဘျာ့ထီာ့(ထံ)★မၤလီၤကအိ★ကွးကလိ်ာအီာ့တၢ်★စီၤလီၤကအၢာ့	scoop
_scoop	n.	နိာ့ဘျာ့	scoop
_scope	n.	တၢ်လီၢ်လၢအဘှာ့လိ်ာအသးဒီၤပုၤအကွ်ာ့ဘှာ့ကုာ့သှဲၤဟှာ့အခွဲၤလၢ အကသုအကွ်ာ့ကှာ့တၢ်ဆးဖဲအသှသမ★တၢ်လီၢ်ဖးလဲၢ်ဖးကွ်ာ်★ အလီၢ်ဖဲမဲာ်အတၢ်ထံာ့တှၤယီၤ★တၢ်(တီၢ်ဟ်)(ဟ်လီၤ)သး★ တၢ်လီၢ်ဖးလဲၢ်ဖးသံ	scope
_scorch	v.t.	(ယိ)ကဲ်ာ်သှှာ့★(ယိ)ကဲ်ာ်ဘီ	scorch
_score	n.	တၢ်နၤတၢ်အဘှီ★ခံဆံ★တၢ်သှှာ့ပတၢ်	score
_score	v.t.	မၤနိာ့လၢတၢ်ဘျၢဖိတဘိတဘိ	score
_scorn	v.t.	(တၢ်)သးဘာ့အၤတၢ်★(တၢ်)တဟ်ကဲအီၤဘာ့★တဟ်ကဲအီၤ(လၢအဆိ်ာမိာ့ဝဲ လၢအတကိ်ာတသိ်ာတၢ်အယိ)	scorn
_scornful	a.	လၢအဟ်တၢ်လၢအမှၢ်တၢ်သးဘာ့အၤ★လၢအတဟ်ကဲတၢ်ဘာ့	scorn'ful
_scoundrel	n.	အၤသီ★ပုၤအၤပုၤသီ	scoun'drel
_scour	v.t.	ထူး(လၢမဲး)★လှပုကွ်ာ်ယုတၢ်ချှ ချှလိၤတၢ်လီၤဆံၤလၢလိၢ်တပုၤ★မၤကဆှီကွ်ာ်	scour
_scourge	v.t.	(တၢ်)သိာ်ယိာ့★ဖျှ★တိၢ်	scourge
_scourge	n.	နိာ့ဖျှ★နိာ့တိၢ်	scourge
_scout	v.i.	(ပုၤလၢအ)ဟးကွ်ာ်ယုသှာ့ညါတၢ်အဂၢ်ဘာ့ယးဒီၤဒုာ့ဒါ★ တဟ်လှၢ်ဟ်ကါတၢ်★ကွ်ာ်ဟုာ့ကွ်ာ်စး	scout
_scow	n.	ချံဖးလဲၢ်တကလုာ်★ချံလၢအဟၢဖၢကၢဘျှာ့လဲ့တကလုာ်	scow
_scowl	v.i.	ထိ်ာဒုအမဲာ်★ကွ်ာဟ့ဟ်ာ★ကွ်ာ်တလၢမ်ာ်ကန့ဟ်ာ	scowl
_scraggly	adv.	(တၢ်ကုတၢ်သီး)(ခိ်ာဆှာ့ခ့ဆှာ့)တရၢတရိၤ★တရီးဒီၤ★ယဲအိ်ာထဲအယံ	scrag'gly
_scramble	v.i.	စ့ါထီာ့လၢအစုခံခီဒီၤခံခဲ★ဟ်ာထီာ့★ဂဲၤပျှၢ်ကုာ်လိ်ာတၢ်	scram'ble
_scrap	n.	တၢ်အကုအခီ★တၢ်အလှာ့အဒ ★တၢ်လီၤဖိုာ့လီၤဝ်ာ★တၢ်အိ်ာ့ဘျဲာ့အိ်ာစဲ★ လှာ်တ(တီၤ)(ဆၢ)	scrap
_scrape	v.t.	ကွးကွ်ာ်★တ်ကွ်ာ်	scrape
_scratch	v.t.	တ်★ကွး★ဘာ့ကွး★တ်တုာ်★ဝဲး(အိ်ာအဆှာ့)	scratch
_scrawl	v.t.	တကွဲးတၢ်လီၤတ်ာလီၤဆံၤဘာ့★ကွဲၤနှါစိၤနှါပြၢ★ကွဲၤတၢ်ဒ်ဆီဝဲၤတၢ်အသိၤ	scrawl
_scream	v.i.	ကီၤပဆူ★ကဲၤကဒ်ကမျိၢ်★ကဲၤပဆူ★ကဲၤကလၤ	scream
_screech	v.i.	ကီၤယဲကဒဲၤ★ကတီၤယဲကဒဲၤ★ကဲၤပဆူ	screech
_screen	n.	နိာ့ဘူးသဒၢ★တၢ်လၢပကၢဒတဇတၢ်	screen
_screen	v.t.	(ဒုး)အိ်ာ့သဒၢ★ဂုၤ	screen
_screw	v.t.	တ်ာနှာ့	screw
_screw	n.	ဝဲးအှာ့ထး(ဝ်ာ)ပကံး	screw
_scribble	v.t.	ကွဲးစ်ာစ်ာလ်ာ★ကွဲးနှါစီၤလ်ာ★ကွဲးလ်ာ(ချှ းချုၤ နုး)(တဂ့ၤတဘာ့) န်ာဆီဝဲးအိ်ာ့အဆှာ့အသိၤ	scrib'ble
_scribe	n.	ပုၤကွဲးလ်ာဖိ	scribe
_scrimp	v.t.	မၤတၢ်(စှၤ)(ဖှာ့)ကဲ့ာ့ဆံၤ	scrimp
_script	n.	တၢ်ကွဲး	script
_scripture	n.	လ်ာစီဆှံ★လ်ာစီဆှံအဆၢ	scrip'ture
_scroll	n.	လ်ာအထုတထု★တၢ်ကယၢကယဲဒ်စးခိတထုအသိၤ	scroll
_scrub	v.t.	ထူး★ကြှာ့	scrub
_scrub	n.	ပုၤလၢအမၤတၢ်ဆူာ့ဒီၤအိ်ာတၢ်ခီဖိုာ့ဖိုာ့ယာ်ယာ်★ပုၤအဟ်ာ★ သှာ့ဖိလၢအဒိ်ာ့ယံ	scrub

_scruple	v.t.	ယွၤ်အသးလၢအအိၣ်ဒီးတၢ်သးဒုဒီလၢတၢ်ကြၢးဧါတကြၢးဘၣ်ဧါအဂ့ၢ်★(တၢ်)ယွၤ်အသး	scru'ple
_scrupulous	a.	လၢအပလီၢ်ပဒီအသး	scru'pu-lous
_scrutinize / scrutiny	v.t. / n.	(တၢ်)ကွၢ်တၢ်ထံထံဆးဆး	scru'tin-ize / scru'ti-ny
_scuffle	v.t.	တွံၢ်ကြၢၣ်အခိၣ်ဖဲအဟးအခါ★ကနိဖိးတၢ်လိာ်အသး	scuf'fle
_scull	n.	ချံဖိ★နိၣ်ဝါလၢအဖုၣ်	scull
_scull	v.t.	ဝၢ်ချံလၢနိၣ်ဝါအဘိဖုၣ်	scull
_scullery	n.	ထံဖိၣ်လီၢ်★(တၢ်လီၢ်)(အး)ဖဲတၢ်ပၢၤသ့ၣ်တဖၣ်တၢ်သ့ကွၣ်အီးဒီးတၢ်ဟ်အီၤ	scul'ler-y
_scullion	n.	ပှၤသ့ခးလၢပှၤဖီမှံၤဖိအဂီၢ်★ပှၤသ့ခွးဒီးတၢ်တပၢၤတဂၤ	scul'lion
_sculptor	n.	ပှၤစီးပှၤလၢၢ်	sculp'tor
_sculpture	n.	တၢ်ဂီၤလၢပှၤစီးပှၤနူၢ်ဝဲ★တၢ်စီးပှၤတၢ်ဂီၤ	sculp'ture
_scum	n.	အသဘံ★တၢ်လၢအတကိၢ်တသိၣ်တၢ်	scum
_scum	v.t.	သဘံ့ထိၣ်★တၢၤကွံာ်အသဘံ့	scum
_scurrilous	a.	လၢအညီၣ်ကတၢၤကလိာ်ကလဲ,နါစိၤနါပြံတၢ်★လၢအကတိၤလိာ်ကွဲဘၣ်အၢဘၣ်သီတၢ်	scur'ril-ous
_scurvy	a.	လၢအတလီၤဟ်ကဲဘၣ်★လၢအအၢ★လၢအလီၤသးဘၣ်အၢ	scur'vy
_scurvy	n.	တၢ်ဆါတကလုာ်	scur'vy
_scuttle	v.t.	ယွၤ်ကွံာ်ချုချု★မၤထူၣ်ဖျိကဘီၣ်သိးကမၤလီၤဘျၢၣ်အီၤ	scut'tle
_scuttle	n.	တိၣ်ကဘ္ၣ်လၣ်★ခံၣ်တီ	scut'tle
_scythe	n.	ထါဂံၢ်ဖးထိလၢပှၤကိူဆၢထၢၣ်နိၣ်	scythe
_sea	n.	ပိၣ်လဲၣ်ဖိ	sea
_seagoing	a.	လၢအခီၣ်ပိၣ်လဲၣ်	sea'go'ing
_seal	v.t.	ကူးဘၢတၢ်★ဒီပနီၣ်ယာ်တၢ်★(တၢ်)စဲပနီၣ်★(ယံၤ)(စဲပနီၣ်)ယာ်★ကးတံာ်ယာ်	seal
_seal	n.	ညၣ်အိၣ်ဒီးအစုလၢအအိၣ်လၢပိၣ်လဲၣ်အထံလီးသကၤအကျါ	seal
_sealevel	n.	ပိၣ်လဲၣ်အမဲာ်ဖးခိၣ်	sea'lev'el
_seam	n.	အတိၤ★တၢ်(ဆးတၢ်)(ကူတၢ်သိး)အတိၤ★အကျိၤ	seam
_seaman	n.	ကဘီဖိ	sea'man
_sear	v.t.	မၤကိၢ်ဘီထိၣ်★ယိၵ်ိဘီ★ကိၢ်သွၣ်★မၤတၢ်အၢတုၤအခီၣ်ရှၣ်တမၤဘၣ်ဒီဆါက့ၤအီၤလၢၤဘၣ်★(မၤ)ယွၤထိ★(မၤ)လီၤည့ၣ်း★(မၤ)ကိၢ်ယၢၣ်★မၤ(သံ)(လူၤ)အခီၣ်ရှၣ်	sear
_search	v.t.	ယုထံၣ်န့ၢ်တၢ်(လၢတၢ်အလီၤ)★ချုတၢ်★(တၢ်)ယုန့ၢ်★(တၢ်)ကွၢ်ယု★ကွၢ်ချု	search
_seasick	a.	မူၤလၢပိၣ်လဲၣ်★မူၤလၢကဘီ	sea-sick
_season	n.	တၢ်ဆၢတၢ်ကတီၢ်★တၢ်အခုအခါ★တၢ်ဆၢဂ့ၤကတီၢ်ဘၣ်	sea'son
_season	v.t.	ဟ်ယွၤထိၣ်★မၤဝံၣ်မၤဆၢ★မၤဆၢမၤဘၢ★စံာ်ကွံ★မၤစၢ်လီၤ★ဒုးညီနုၢ်အီးဒ်သိးသ့ၣ်တ့ၤဝဲကနုၢ်	sea'son
_seasonable	a.	လၢအမၤအသးလၢအဆၢဂ့ၤကတီၢ်ဘၣ်★လၢအဘၣ်ဆၢဘၣ်ကတီၢ်★လၢအယူၣ်လိာ်အသးဒီး(တၢ်ဆၢကတီၢ်)(တၢ်ဂ့ၢ်တၢ်ကျိၤ)	sea'son-a-ble
_seasoning	n.	တၢ်နၢမူနၢဆှိလၢတၢ်အီၣ်အဂီၢ်★တၢ်စံၣ်ကွံ	sea'son-ing
_seat	n.	လီၢ်ဆ့ၣ်နီၤ★လီၢ်ပစိာ်★အလီၢ်	seat
_seat	v.t.	ဒုးဆ့ၣ်နီၤ	seat
_seaward	adv.	ဆူပိၣ်လဲၣ်(အအိၣ်)(တခီ)★လီၤဆူပိၣ်လဲၣ်	sea'ward
_seaworthy	a.	လၢအကြၢးဝဲဂ့ၤဝဲဒီးတၢ်လဲၤတၢ်လၢပိၣ်လဲၣ်အဖီခိၣ်★လၢအကြၢးလဲၤတၢ်လၢပိၣ်လဲၣ်အဖီခိၣ်	sea'worth'y
_secede / secession	v.i. / n.	(တၢ်)မၤလီၤဖးအသးဒီးတၢ်(ပၢ)(ရူလိာ်)(အိၣ်ဖှိၣ်)	se-cede' / se-ces'sion
_seclude / seclusion	v.t. / n.	(တၢ်)ဟ်သဒၢအသး★(တၢ်)ဟ်တဒၢအသးဒီးအိၣ်လၢတၢ်ဘ္ၣ်ကလာ်အလီၢ်	se-clude' / se-clu'sion

_second	n.	စဲးကိၥ်★ခံ(မဲၤ)(တမံၤ)★တၢ်လၢအတမှၢ်ဘၣ်တၢ်ဂ့ၤကတၢၢ်ဘၣ်	sec'ond
_second	v.t.	မၤစၢၤ	sec'ond
_secondary	a.	ခံမံၤတမံၤ★လၢအတမ့ၢ်တၢ်ဂ့ၢ်မိၢ်ပှၢ်ဘၣ်★လၢအတမ့ၢ်တၢ်အခီၣ်ထံးဘၣ်	sec'ond-a-ry
_second class	a.	လၢအတမ့ၢ်အဂ့ၤကတၢၢ်ဘၣ်★လၢအဂ့ၤကတၢၢ်အဖီလာ်တဆီၤ★ခံတီၤတဆီၤ	sec'ond-class
_secondhand	a.	လၢအလီၢ်လံၤလၢအဘၣ်တၢ်ပှ့ၤအီၤလၢညါတဘျီလံ★လၢပှၤတဲဘၣ်ပှၤ★လၢအတမ့ၢ်အသီဘၣ်	sec'ond-hand
_secrecy	n.	တၢ်ခူသူၣ်	se'cre-cy
_secret	n.	တၢ်လၢပှၤဟ်ခူသူၣ်အီၤ★တၢ်(လၢအအိၣ်)ခူသူၣ်★တၢ်လၢပနၢ်တပၢၢ်	se'cret
_secretly	adv.	လၢတၢ်ခူသူၣ်(အပူၤ)လီၤ	se'cret-ly
_secretary	n.	ပှၤကွဲးနီၣ်တၢ်ဖိ★ပဒိၣ်လၢအကွဲၢ်ထွဲတၢ်ဖၢတၢ်ပြၢ,တၢ်ကွဲးနီၣ်ကွဲးယါ,ဒီးတၢ်ဂ့ၢ်တၢ်ကျိၤအခံတဂၤ	sec're-ta-ry
_secrete	v.t.	ဟ်ခူသူၣ်★ဒုးထီၣ်(ကဟၢၤ)(ထူးပှူၤထံ)★နီၤဖးအီၤလၢတၢ်(သံၣ်)(ထံ)	se-crete'
_secretion	n.	တၢ်အထံ★တၢ်အထံလၢအဒုးဟဲထီၣ်အီၤ★တၢ်(ဟ်ခူသူၣ်)(ဟ့ၣ်ထီၣ်)(နီၤဖး)တၢ်	se-cre'tion
_sect	n.	တၢ်အိၣ်ဖှိၣ်တကလုာ်★ပှၤတ(ဖုဒီးတဖု)(ကရၢဒီးတကရၢ)	sect
_sectarian	a.	လၢအဘၣ်ယးဒီးတၢ်အိၣ်ဖှိၣ်တကလုာ်	sec'ta'ri-an
_section	n.	တၢ်နီၤဖး★တတီၤ★တဆၢ★တၢ်လၢအအိၣ်နီၤဖးအသးတတြီၣ်★ပှၤတဖုလၢပှၤအါဖုအကျါ★တၢ်ကူးတံၢ်★တကုာ်	sec'tion
_sectional	a.	လၢအ(ကဲထီၣ်)(ဘၣ်ယး)ထဲ(အလီၢ်တမှ့ၤ)(တဖုဓိၤ)	sec'tion-al
_secular	a.	လၢအဘၣ်ယး(လၢဖံၤလၢညၣ်)ဟီၣ်ခိၣ်★ဘၣ်ယးအံၤတဃာ်	sec'u-lar
_secure	a.	လၢတၢ်အၢဘၣ်အီၤတ(တု)(သ့)ဘၣ်★လၢအနာ်သပှၢ်ကတၢၢ်★(ဟ်)ကျၢၤကျၢၤ★လၢအပူၤဖျဲး★တပလီၢ်အသး	se-cure'
_secure	v.t.	မၤန္ၢ်★မၤပူၤဖျဲး★အိၣ်ပိုၤ★နာ်(လၢအကနၢ်)★ဒုးယာ်★အုၣ်ခီၣ်အသးလၢအဂီၢ်★ဘျးယာ်(ကျဲၤ)	se-cure'
_securely	adv.	ကျၢၤကျၢၤ	se-cure'ly
_security	n.	တၢ်ပူၤဖျဲး★တၢ်လၢအဘၣ်တၢ်ဟ့ၣ်ကီၤအီၤ★(ပှၤ)(တၢ်)အုၣ်ခီၣ်အသး	se-cu'ri-ty
_sedate	a.	လၢအသးအိၣ်ဂၢၢ်တပၢၢ်★လၢအသးမုာ်သးခုၣ်ကစုဒုလီၤ	se-date'
_sedative	n.	ကသံၣ်လၢအဒုးစံၢ်လီၤတၢ်ဆါ	sed'a-tive
_sedentary	a.	လၢအဆ့ၣ်နီၤန့ၢ်ဆ့ၣ်နီၤအါ	sed'en-ta-ry
_sediment	n.	တၢ်အသံးအကာ်လၢအလီၤဒးလၢအထံခံၤး	sed'i-ment
_sedition / seditious	n. / a.	(လၢအထီၣ်ဂဲၤထၢၣ်)တၢ်ပူထီၣ်	se-di'tion / se-di'tious
_seduce / seduction	v.t. / n.	(တၢ်)ကတိၤသဆၣ်ထီၣ်ပှၤအၢလၢအကမၤတၢ်အၢအဂီၢ်★(တၢ်)လွဲန့ၢ်ကွဲနၢ်ပိာ်မုၣ်ဒံးသိးအလၤကပီၤကဟးဂီၤ	se-duce' / se-duc'tion
_seductive	a.	လၢအလွဲန့ၢ်တၢ်သ့	se-duc'tive
_sedulous	a.	လၢအအိၣ်ဒီးတၢ်ဂဲၤပျုၢ်ကျဲးစၢး★လၢအဖးထီဘိ★လၢအခုအဆူ	sed'u-lous
_see	v.t.	ထံၣ်★ပလီၢ်နသး★နၢ်ပၢၢ်★ကွၢ်★ကွၢ်ကွၢ်	see
_see	n.	(ဘံရိ်း)((ပှၤပၢ))ပၢဘၣ်တၢ်အလီၢ်	see
_seed	n.	တၢ်အချံ	seed
_seek	v.t.	ယု(မၤ)န့ၢ်★ယုတၢ်★မၤကွၢ်	seek
_seem	v.i.	လီၤက်	seem
_seemly	a.	လၢအကြၢးဒီး★လၢအကြၢးဝဲဘၣ်ဝဲ	seem'ly
_seep	v.i.	စွၢ်ထီၣ်★စံၢ်ထီၣ်★စုံၢ်ထီၣ်★ကၢ်ထီၣ်★(ထံ)ဟဲ(စွၢ်)(ဖြိ)ထီၣ်	seep
_seer	n.	ဝံ★ပှၤထံၣ်ဆိဟ်စၢၤတၢ်★ပှၤထံၣ်တၢ်(လၢညါဒိ)	seer
_seethe	v.t.	ကတဲာ်ကတီၤလၢထံကိၢ်အကျါ★(ဒး)ကလာ်ထီၣ်★ချှ★ချှထီၣ်★စှၣ်ကဘုၣ်	seethe
_segment	n.	တၢ်တတြီၣ်★တၢ်တဒိ★တၢ်တကၠ★တၢ်ကဝီၤတဒိ	seg'ment
_segregate / segregation	v.t. / n.	(တၢ်)ဟ်လီၤဖး(တၢ်)အသး★(တၢ်)မၤလီၤဖး	seg're-gate / seg're-ga-tion
_seize	v.t.	ဖီၣ်ယာ်	seize

251

_seldom	adv.	တအါဘိၣ်ဘၣ်★လၢအတမၤအသးခဲအံၤခဲအံၤဘၣ်★တဘျီတခီၣ်★တဘျီတကွၣ်★လၢအတညီနုၢ်မၤအသးဘၣ်★တစုတခီၣ်	sel-dom
_select	v.t.	ယုထၢ	se-lect'
_selection	n.	တၢ်ယုထၢ★တၢ်ဘၣ်တၢ်ယုထၢအီၤ	se-lec'tion
_self	pron.	(ပှၤ)အကစၢ်ဒၣ်ဝဲ★အကစၢ်ၢ်ဒၣ်ဝဲ	self
_self-abuse	v.t.	မၤနၤမၤဖှီၣ်လီၤအသးဒၣ်ဝဲ★မၤတရီတပါလီၤအသးဒၣ်ဝဲ	self'a-buse'
_self-assertion / self assertive	n. / a.	(လၢအ)(တၢ်)ဒုးနဲၣ်ဖျါအတၢ်ဆိကမိၣ်ဒၣ်ဝဲ★(လၢအ)(တၢ်)ယုတၢ်လၢအဘၣ်ယးဒီးအီၤဘုံစကၤ	self'as-ser'tion / self'as-ser'tive
_self-assured / self assurance	a. / n.	(တၢ်)(လၢအ)သန္ၤလီၤအသးဒၣ်ဝဲ★(တၢ်)(လၢအ)နာ်န္ၢ်လီၤအသးဒၣ်ဝဲ	self'as-sured' / self'as-sur'ance
_self command	n.	တၢ်ကီၤအသးဒၣ်ဝဲ★တၢ်ပၢၤအသးဒၣ်ဝဲ	self'com-mand'
_self complacency / self complacent	n. / a.	(လၢအ)(တၢ်)သးမံလီၤအသးဒၣ်ဝဲ★(လၢအ)(တၢ်)ဆိကမိၣ်ဂ့ၤလီၤအသးဒၣ်ဝဲ	self'com-pla'cen-cy / self'com-pla'cent'
_self conceit / self conceited	n. / a.	(လၢအ)(တၢ်)ဆိကမိၣ်လီၤအသးဒၣ်ဝဲလၢပှဲၤ,တလၢကွံၣ်★(လၢအ)(တၢ်)ဟ်ဒိၣ်အသးဒၣ်ဝဲတလၢကွံၣ်	self'con-ceit / self'con-ceit'ed
_self-confidence / self confident	n. / a.	(တၢ်)(လၢအ)နာ်န္ၢ်လီၤအသးဒၣ်ဝဲ	self'con'fi-dence / self'con'fi-dent
_self-conscious / self consciousness	a. / n.	(လၢအ)(တၢ်)သ့ၣ်ညါလီၤအသးလၢအအိၣ်ဖျါလၢပှၤဂၤအမဲာ်ညါဒံလဲၣ်ဒံလဲၣ်	self'con'scious / self'con'scious-ness
_self consistent	a.	လၢအတၢ်ကိးမံၤဒဲးလီၤပလိာ်လိာ်အသး★လၢအတၢ်တဲကိးဘီဒီးလီၤပလိာ်လိာ်အသး★ယူလိာ်အသးဒီးအကစၢ်ဒၣ်ဝဲ	self'con-sist'ent
_self contradictory	a.	လၢအတၢ်ကတိၤခံဘီဒါလိာ်အသး★လၢအတၢ်တယူလိာ်ဒဲလိာ်အသးခဲလၢာ်ဘၣ်★လၢအဒါက္ၤအကစၢ်ဒၣ်ဝဲ	self'con'tra-dic'tory
_self-control	n.	တၢ်ပၢၤလီၤအသးဒၣ်ဝဲ★တၢ်ဟ်သူၣ်ဟ်သးသ့★တၢ်(ပၢၤ)(ကီၤ)အသးဒၣ်ဝဲ	self'con-trol'
_self deception	n.	တၢ်လီလီၤအသးဒၣ်ဝဲ	self'de-cep'tion
_self-defense	n.	တၢ်အိၣ်ပိုၤလီၤအသးဒၣ်ဝဲ	self'de-fense'
_self delusion	n.	တၢ်လီလီၤအသးဒၣ်ဝဲ	self'de-lu'sion
_self-denial / self denying	n. / a.	(တၢ်)(လၢအ)ကီၤအသးဒၣ်ဝဲ★(တၢ်)(လၢအ)ညိကွံာ်အကစၢ်ဒၣ်ဝဲအတၢ်အဲၣ်ဒိး	self'de-ni'al / self'de-ny'ing
_self dependent	a.	လၢအသန္ၤလီၤအသးဒၣ်ဝဲ	self'de-pend'ent
_self derived	a.	လၢအကဲထီၣ်ဒၣ်ဝဲအသး★လၢအဟဲလၢအကစၢ်ဒၣ်ဝဲအအိၣ်	self'de-rived'
_self-destruction	n.	တၢ်မၤဟးဂီၤလီၤအသးဒၣ်ဝဲ	self'de-struc'tion
_self determined	a.	လၢအကစၢ်ဒၣ်ဝဲစံၣ်ညီၣ်ဟ်လီၤအသး	self'de-ter'minded
_self devotion	n.	တၢ်ဟ့ၣ်လီၤအသးဒၣ်ဝဲလၢတၢ်ဂၤအဂီၢ်★တၢ်ဘျုးလီၤကွံာ်အသးဒၣ်ဝဲ	self'de-vo'tion
_self distrust	n.	တၢ်တနာ်န္ၢ်လီၤအသးဒၣ်ဝဲ	self'dis-trust'
_self educated	a.	လၢအသိၣ်လိသ့ထီၣ်အသးဒၣ်ဝဲ★လၢအမၤသ့ထီၣ်ဘၣ်ထီၣ်ဒၣ်ဝဲအသး	self'ed'u-cat'ed
_self-esteem	n.	တၢ်ဟ်ကဲလီၤအသးဒၣ်ဝဲ★တၢ်ဆိကမိၣ်ဒိၣ်လီၤအသး★တၢ်ဟ်လှၢ်ဒိၣ်ပှၤဒိၣ်လီၤအသး	self'es-teem'
_self-evident	a.	လၢအဖျါဒၣ်ဝဲအမ့ၢ်ဝဲ★လၢအဘၣ်တၢ်နာ်အီၤဖဲအိၣ်ဖျါတဘ္ၢီယီ★လၢအကစၢ်ဒၣ်ဝဲနၣ်ဖျါဝဲလၢအမ့ၢ်	self'ev'i-dent
_self-examination	n.	တၢ်ကွၢ်ယုသ့ၣ်ညါလီၤက္ၤအတၢ်အကျိၤဒၣ်ဝဲ★တၢ်သံကွၢ်သံဒိးလီၤက္ၤအသးဒၣ်ဝဲ	self'ex-am'i-na'tion
_self explaining	a.	လၢအကစၢ်ဒၣ်ဝဲဟ်ဖျါထီၣ်နၢ်ပၢၢ်ပှၤလၢအဂ့ၢ်	self'ex-plain'ing
_self-government	n.	တၢ်ပၢလီၤက္ၤအသးဒၣ်ဝဲ	self'gov'ern-ment
_self help	n.	တၢ်မၤစၢၤလီၤအသးဒၣ်ဝဲ	self'help'
_self-importance	n.	တၢ်ဟ်ဒိၣ်လီၤအသးဒၣ်ဝဲ	self'im-por'tance
_self-induced	a.	လၢအကဲထီၣ်အသးလၢအတၢ်မၤဒၣ်ဝဲအယိ★လၢအကစၢ်ဒၣ်ဝဲမၤန္ၢ်ဆီၣ်ခံလီၤအသး	self'in-duced'
_self-indulgence	n.	တၢ်လူၤပိာ်ထွဲအသးဒၣ်ဝဲအတၢ်အဲၣ်ဒိးအခံ★တၢ်မၤမှာ်လၤအသးဒၣ်ဝဲ	self'in-dul'gence
_selfish	a.	လၢအယုဆိတၢ်ဘျုးလၢအဂီၢ်ဒၣ်ဝဲ★လၢအအဲၣ်လီၤထဲအသး	self'ish
_self love	n.	တၢ်အဲၣ်လီၤအသးဒၣ်ဝဲ	self'love'

_self-made	a.	လၢအမၤဒၣ်အတၢ်ဒၣ်ဝဲဂ့ၤထီၣ်ဂ့ၤထီၣ်တ့ၤ(အမံၤဟူသၣ်ဖျါ)(အထူးအတီၤ)	self'made
_self-possessed / self possession	a. / n.	(တၢ်)(လၢအ)သးအိၣ်ဂၢၢ်တပၢၢ်★(တၢ်)(လၢအ)ထူးယာ်အသးနၢ်★(လၢအ)(တၢ်)ကီၤအသးနၢ်	self'pos-sessed' / self'pos-ses'sion
_self reliance	n.	တၢ်သနူၤလီၤအသးလၢအစၢ်ဒၣ်ဝဲ★တၢ်နာ်နၢ်လီၤအသးဒၣ်ဝဲ	self're-li'ance
_self renunciation	n.	တၢ်ညိကွံာ်အသးဒၣ်ဝဲ★တၢ်စူးကွံာ်ညိကွံာ်အတၢ်အဲၣ်ဒိးဒၣ်ဝဲခဲလၢာ်	self're-nun'ci-a'tion
_self-reproach / self reproachful	n. / a.	(လၢအ)(တၢ်)သိၣ်ယီၣ်လီၤဒၣ်ဝဲအသး★(တၢ်)(လၢအ)ဟ်ကွၢ်တၢ်ကမၣ်လၢအလီၤဒၣ်ဝဲ	self're-proach' / self're-proach'ful
_self-respect	n.	တၢ်ဟ်ကဲလီၤအသးဒၣ်ဝဲ★တၢ်ဟ်ကဲလီၤကူၤအသး	self'-re-spect'
_self restraint	n.	တၢ်ကီၤအသးဒၣ်ဝဲ	self're-straint'
_self-righteous / self righteousness	a. / n.	(တၢ်)(လၢအ)ဟ်တီဟ်လိၤလီၤအသးဒၣ်ဝဲ	self'right'eous / self'right'eous-ness
_self-sacrifice	n.	တၢ်တူၢ်ဆါအသးလၢ(ပှၤဂၤ)(တၢ်)အဂီၢ်★တၢ်စူးကွံာ်ညိကွံာ်အသးဒၣ်ဝဲလၢ(ပှၤတဂၤဂၤ)(တၢ်တမံၤမံၤ)အဂီၢ်	self'sac'ri-fice
_selfsame	a.	တမံၤယီနီၢ်နီၢ်★လၢအမ့ၢ်တၢ်တမံၤယီနူၣ်နီၢ်နီၢ်	self'same'
_self satisfied	a.	လၢအသးမံလီၤအသးဒၣ်ဝဲ★လၢအအၢစၢ်ဒၣ်ဝဲသးမံ	self'sat'is-fied
_self-seeking	a.	လၢအယုထဲအဘျုးဒၣ်ဝဲ	self'seek'ing
_self-starter	n.	စဲးလၢတၢ်အိးထီၣ်ဒီးအကစၢ်ဒၣ်ဝဲဒီခိၣ်ညါဂၤဆထၣ်	self'start'er
_self-styled	a.	လၢအဟ်အသးလၢအမ့ၢ်တၢ်အံၤတၢ်နူၤ★လၢအကီးလီၤအသးလၢအမ့ၢ်ပှၤအံၤဒၣ်နူၤ★လၢအကစၢ်ဒၣ်ဝဲကီးလီၤအသး	self'styled'
_self-sufficient	a.	လၢအနၢ်နၢ်လီၤအသးဒၣ်ဝဲတလၢကွံာ်အခၢး★လၢအလၢအကစၢ်ဒၣ်ဝဲအဂီၢ်	self'suf-fi'cient
_self supporting	a.	လၢအအံးကွၤကွၢ်ကူၤလီၤအသးဒၣ်ဝဲ★လၢအမၤစၢၤလီၤအသးဒၣ်ဝဲ	self'sup-port'ing
_self surrender	n.	တၢ်(ဟ့ၣ်)(ဆီၣ်)လီၤအသးဒၣ်ဝဲ	self'sur-ren'der
_self-willed	a.	လၢအမၤတၢ်ဖဲအသးဒၣ်ဝဲ★လၢအလူၤအသး★နၢ်ကွ့ၣ်	self'willed'
_sell	v.t.	ဆါကွံာ်	sell
_selvedge	n.	တၢ်ကံးညာ်အကတၢၢ်လၢတၢ်ထါယံးအီၤလီၤဆီဒၣ်တၢ်	sel'vedge
_semblance	n.	တၢ်လီၤက်★အက့ၢ်အဂီၤ★တၢ်အိၣ်ဖျါ	sem'blance
_semi	pref.	တခီ★တဝာ်★တဝၢတပ့ၤ	sem'i
_semiannual	a.	နံၣ်တဝာ်	sem'i-an-nu-al
_semicentennial	a.	လၢအကဲထီၣ်အနံၣ်(ယဲၢ်ဆံ)(တကယၤတဝာ်)တဘျီ	sem'i-cen-ten'ni-al
_seminary	n.	ကၠိဒိၣ်ကၠိထီ★တၢ်မၤလဲ(လံာ်စီဆုံအ)လီၢ်	sem'i-na-ry
_semi-weekly	a.	လၢအကဲထီၣ်တနွံခံဘျီ★လၢအကဲထီၣ်ဖဲနွံတဝာ်တနံၣ်ကီးဘျီး	sem'i-week'ly
_senate	n.	တၢ်ပၢတၢ်ပြးအပှၤကူၣ်လိာ်တၢ်အထီတဖု★သးပှၢ်တဖုလၢအကွၢ်ထွဲ()အခံ	sen'ate
_senator	n.	ပှၤကူၣ်လိာ်တၢ်တဂၤ★ပှၤဖဲနူၤဖိတဂၤ	sen'a-tor
_send	v.t.	ဆှၢ★မၤ★ကွ့ၣ်ဒုး(ပျၢ်ပှၤ)	send
_senile	a.	လၢအဘၣ်ယးတၢ်သးပှၢ်★သးပှၢ်စလဲးဒဲး★ပှၢ်သံအိရီၤ★သးပှၢ်	se'nile
_senior	a.	လၢအလီၢ်ဒိၣ်တကူၢ်★လၢအလီၢ်ထီတကူၢ်★လၢအဘၣ်ယးအတီၤထီ★လၢအပှၢ်နၢ်တကူၢ်★ပှၤလၢအ(လီၢ်ဒိၣ်)(သးပှၢ်)နၢ်တကူၢ်	sen'ior
_seniority	n.	တၢ်လီၢ်ဒိၣ်နၢ်တကူၢ်★တၢ်လီၢ်ထီနၢ်တၢ်တကူၢ်★တၢ်ပှၢ်နၢ်တၢ်တကူၢ်★တၢ်မၤတၢ်ယံာ်နၢ်တကူၢ်	sen'ior'i-ty
_sensation	n.	တၢ်သ့ၣ်ညါတၢ်လၢတၢ်ဘၣ်ပှၤအယိ	sen-sa'tion
_sensational	a.	လၢအထီၣ်ဟူးထီၣ်ဂဲၤထီၣ်ပှၤအသး	sen-sa'tion-al
_sense	n.	တၢ်သ့ၣ်ညါတၢ်★တၢ်နၢ်ပၢၢ်တၢ်★တၢ်ကူၣ်တၢ်ဆး★အခီပညီ★တၢ်သ့ၣ်ညါ(ထံၣ်,နၢ်ဟူ,ပလၢၢ်ကွၢ်,လှၣ်ကွၢ်,နၤကွၢ်)တၢ်	sense
_senseless	a.	လၢအသံတယုာ်★လၢအသးတဆးဘၣ်★လၢအခီပညီတအိၣ်ဘၣ်	sense'less
_sensibility	n.	တၢ်သ့သ့ၣ်ညါတၢ်လၢတၢ်ဘၣ်ပှၤအယိ	sen'si-bil'i-ty
_sensible	n.	လၢအသ့ၣ်ညါတၢ်သ့လၢတၢ်ဘၣ်အီၤအယိ★လၢအအိၣ်ဒီးတၢ်ဆိကမိၣ်အ☐ကၢးအဘၣ်★လၢအဘၣ်ပှၤဒီးပသ့ၣ်ညါအီၤသ့★လၢအသးဆး	sen'si-ble
_sensitive	a.	လၢအသ့ၣ်ညါတၢ်သ့လၢတၢ်ဘၣ်အီၤဆံးကိာ်ဒၣ်လဲာ်★လၢအလဲလိာ်အသးသ့လၢတၢ်ဘၣ်အီၤဆံးကိာ်ဖိဒၣ်လဲာ်★လၢအသးဆးဆှၣ်ဒ့ၣ်	sen'si-tive
_sensory	a.	ဘၣ်ယးဒီးတၢ်သ့ၣ်ညါတၢ်(ဖဲတၢ်ဘၣ်ပှၤအခါ)★လၢအဆှၢတၢ်သ့ၣ်ညါ	sen'so-ry

253

_sensual	a.	ဘၣ်ယးဒီးတၢ်မှာ်ဖံးမှာ်ညၣ်★ဘၣ်ယးဒီးတၢ်ကလုာ်ကလိၤ★ ဘၣ်ယးစ့ၣ်တဖၣ်	sen'su-al
_sensuality	n.	တၢ်မှာ်ဖံးမှာ်ညၣ်★တၢ်ကလုာ်ကလိၤ★တၢ်မှာ်လၤဘၣ်ယးစ့ၣ်ယဲၢ်မံၤ	sen'su-al'i-ty
_sensuous	a.	လၢအဘၣ်ပှၤဒီးပသ့ၣ်ညါသ့★လၢတၢ်ဘၣ်အီၤဒီးသ့ၣ်ညါဝဲသ့ညီကဒၣ်★ လၢအဘၣ်ယးဒီး(တၢ်သ့ၣ်ညါတၢ်)(စ့ၣ်)()	sen'su-ous
_sentence	v.t.	(တၢ်)စံၣ်ညီၣ်	sen'tence
_sentence	n.	တၢ်ကတိၤတဖၣ်လၢအခီပညီလၢပှဲၤ	sen'tence
_sentient	a.	လၢအသ့သၣ်ညါတၢ်ဖဲတၢ်ဘၣ်အီၤအခါ	sen'ti-ent
_sentiment	n.	တၢ်သးဂဲၤလၢအအိၣ်ထီၣ်ဒၣ်အတၢ်လၢပှၤသးကံၢ်ပူၤ★တၢ်သးအိၣ်တၢ်★ တၢ်ဆိကမိၣ်(လၢအဟဲထီၣ်လၢတၢ်သးဂဲၤအယိ)★သးဘၣ်တၢ်ဒ်အံၤဒ်နုၤ★ တၢ်သ့ၣ်ညါတၢ်	sen'ti-ment
_sentimental	a.	လၢတၢ်သးဂဲၤတလၢကွံာ်အိၣ်ထီၣ်ဒၣ်အတၢ်လၢအသးကံၢ်ပူၤ★ လၢအဟ်ဖျါထီၣ်တၢ်သူၣ်ဂဲၤသးဂဲၤဒ်လဲၣ်ဒ်လဲၣ်★လၢအဒိးပၢအသးလၢတၢ် ဆိကမိၣ်လၢအဟဲထီၣ်လၢတၢ်သးဂဲၤအယိ	sen'ti-ment'al
_sentimentality	n.	တၢ်ဒိးပၢအသးလၢတၢ်ဆိကမိၣ်လၢအဟဲထီၣ်လၢတၢ်သးဂဲၤအယိ★တၢ်သး (ဂဲၤဝဲ)(ဘၣ်တၢ်)ဒ်လဲၣ်ဒ်လဲၣ်	sen'ti-men-tal'i-ty
_sentinel / sentry	n. / n.	ပှၤခိးတၢ်ဖိ	sen'ti-nel / sen'try
_separable	a.	လၢအဘၣ်တၢ်မၤလီၤဖးအီၤသ့	sep'a-ra-ble
_separate / separation	v.i. / n.	(တၢ်)(မၤ)လီၤဖး	sep'a-rate / sep'a-ra'tion
_septic	a.	(တၢ်)လၢအဒုးအုၣ်သံတၢ်	sep'tic
_sequel	n.	တၢ်လၢအမၤကဲ့ၤအသးလၢခံ★တၢ်လၢအပိာ်ထီၣ်တၢ်မၤအသးလၢညါတမံၤအခံ	se'quel
_sequence	n.	တၢ်အိၣ်ကျဲၤအသး★တၢ်လၢအမၤကဲ့ၤအသးလၢခံ★တၢ်(ပိာ်လိာ်အခံ) တမံၤဝံၤတမံၤ★တၢ်(မၤအသး)တမံၤဝံၤတမံၤ★တၢ်ရဲၣ်လီၤကျဲၤလီၤ	se'quence
_seraphic	a.	ဒ်မူခိၣ်ကလူးအသိး★လီၤက်မူခိၣ်ကလူး★စီဆုံ★ဒ်စ့ရၤဖးအသိး★ လီၤက်စ့ရၤဖး	se-raph'ic
_serenade	v.t.	လဲၤသးဝံၣ်တၢ်လၢမုၢ်နၤလၢပှၤလၢပအဲၣ်အီၤ(မုၣ်ကနီၤ)အပဲတြီဖိအဖီလာ်	ser'e-nade
_serene / serenity	a. / n.	ကဆဲ့ကဆို★(တၢ်)(လၢအ)သးအိၣ်(ဂၢ်တပၢ်)(ကဆဲ့ကဆို)	se-rene / se-ren'i-ty
_serial	a.	လၢအပိာ်ထွဲလိာ်အခံတ(မံၤ)ဘၣ်တ(မံၤ)★လၢတၢ်ပူၣ်နံးအီၤတဘျီဝံၤ တဘျီတဘျီဝံၤတဘျီပိာ်လိာ်အခံ	se'ri-al
_series	n.	တၢ်ပိာ်လိာ်အခံတမံၤဘၣ်တမံၤ	se'ries
_serious	a.	လၢအဟ်အသးသမံၤသပှၢ်★လၢအဂ့ၢ်အကျိၤဒိၣ်ဝဲမှၢ်ဝဲ★သညူးသပှၢ်★ လၢအလီၤဘၣ်ယိၣ်ဘၣ်ဘီ	se'ri-ous
_sermon	n.	တၢ်စံၣ်တဲၤတဲလီၤတၢ်တဘျီ	ser'mon
_serpent	n.	ဂုၢ်★ဂုၢ်သ့ၣ်	ser'pent
_serrated	a.	လၢအကနူၤလီၤက်လွှးအကနၣ်★လၢအကနူၤအှၣ်ရဲာ်အသး	ser'rat-ed
_servant	n.	တၢ်ခ့တၢ်ပှၤ	serv'ant
_serve	v.t.	မၤတၢ်ခ့တၢ်ပှၤအတၢ်မၤ★မၤစၢၤ★ဟ့ၣ်လီၤတၢ်အီၣ်★မၤဘျုး★အဘျုးအိၣ်★ မၤတၢ်လၢ(ပှၤဂၤ)အဂီၢ်	serve
_serve for a bed		ကဲထီၣ်လီၢ်မံ	serve for a bed
_serve (time in prison)		အိၣ်(လၢယိာ်ပူၤ)	serve (time in prison)
_serve (ill)		မၤ(အၢ)	serve (ill)
_service	n.	တၢ်ခ့တၢ်ပှၤအတၢ်မၤ★တၢ်ဖံးတၢ်မၤ★တၢ်ဘူၣ်ယွၤဘါယွၤ★တၢ်မၤစၢၤ★ အဘျုးအဖှိၣ်★လီခီတဖၣ်လၢတၢ်ဟ်လီၤအီၤလၢစီၢ်နီၤခိၣ်လၢတၢ်အီၣ်တၢ်အီ တဘျီအဂီၢ်	serv'ice
_serviceable	a.	လၢအမၤစၢၤတၢ်(သ့)★လၢအကဲထီၣ်တၢ်ဘျုး★လၢအကျၢၤယံာ်★ လၢအဘျုးအိၣ်	serv'ice-a-ble
_servile	a.	လၢအကြၢးဒီးတၢ်ခ့တၢ်ပှၤ★လၢအဆီၣ်လီၤအသးတလၢကွံာ်★ ဒ်တၢ်ခ့တၢ်ပှၤအသိး★ဘၣ်ယးဒီးတၢ်ခ့တၢ်ပှၤ	ser'vile
_servitude	n.	တၢ်အိၣ်ကဲကုၢ်★တၢ်အိၣ်လၢယိာ်ပူၤ★တၢ်ကဲကုၢ်ကဲပှၤ	ser'vi-tude
_session	n.	(တၢ်ထီၣ်ရူ)(တၢ်အိၣ်ဖှိၣ်)အဆၢကတီၢ်တဘျီ★(ကရၢ)အတၢ်အိၣ်ဖှိၣ်	ses'sion

_set	v.t.	ပာ်★ဒုး(ဆ့ၣ်နီၤ)★ပာ်လီၤ★ပာ်ကျၢၤ★(ဒုး)ဟ့★ဒွဲၣ်ထီၣ်★ဝံာ်ဘၣ်နၣ်ရံၣ်★လီၤနုာ်	set
_set (table)		ကတဲာ်ကတီၤစီၢ်နီၤခိၣ်	set (ta-ble)
_set (a trap)		ဒိး(ထု)	set (a trap)
_set (an example)		ဟ့ၣ်(အဒိအတဲာ်)	set (an example)
_set up		ပိာ်ဆၢထၢၣ်★သူၣ်ထီၣ်	set up
_set out		စးထီၣ်လဲၤ	set out
_set	a.	တကရၢ်★တစူၣ်★လၢအတလဲလိာ်အသးဘၣ်★လၢတၢ်ပာ်ကျၢၤအီၤ	set
_settle	v.t.	(မၤ)လီၤတံၢ်★လီးတ့ာ်★မၤယူမၤဖိး(တၢ်)(လိာ်အသး)★ပာ်လီၤ★(ဒုး)လီၤဒး★နုာ်လီၤအိၣ်ဆိးလၢတၢ်လီၢ်အသိ★စီၢ်လီၤ★(ဒုး)လီၤတသုး★စံၣ်ညီၣ်ဝံၤတၢ်★(မၤ)(ပာ်)ဂၢ်ပာ်ကျၢၤ★ဒုးကဲထီၣ်★ပာ်လီၤအသး	set'tle
_seven	a.	နွံ	sev'en
_sevenfold	a. / adv.	နွံဘျီ★နွံစး	sev'en-fold
_seventeen	a.	တဆံနွံ	sev'en-teen'
_seventeenth	a.	တဆံနွံ(ဖျၢၣ်)တ(ဖျၢၣ်)★တဆံနွံပူတပူ	sev'en-teenth
_seventh	a.	နွံ(ဖျၢၣ်)တ(ဖျၢၣ်)★နွံပူတပူ	sev'enth
_seventieth	a.	နွံဆံ(ဖျၢၣ်)တ(ဖျၢၣ်)★နွံဆံပူတပူ	sev'en-ti-eth
_seventy	a.	နွံဆံ	sev'en-ty
_sever	v.t.	ကျိတဲာ်ကွံာ်တၢ်★မၤလီၤဖး★မၤလီၤဖှၣ်★ဒိၣ်တဲာ်ကွံာ်	sev'er
_several	a.	အါန့ၢ်ဒံးခံ(ဖျၢၣ်)ဘၣ်ဆၣ်တအါထဲန့ၣ်တၢဘၣ်★တဘျုး★ဘၣ်ဃးထဲတမံၤဧိၤ	sev'er-al
_severe	a.	နးမး★လၢအမၤအမဲာ်ဟ့ကွိၢ်ကလာ်★ဆူၣ်မး★ဆူၣ်မိၤယိၤ★ယံး★ဆါနးမး★ကိၢ်ခုၣ်★အ့ၣ်ဖှဲကလာ်★လၢအကီအခဲ	se-vere'
_severity	n.	တၢ်မၤနးမၤဖှိၣ်တၢ်★တၢ်မၤအၢမၤသီ★တၢ်(ပၢတၢ်)ယံးယံး★တၢ်လိာ်ဒုလိာ်ဟ့အသး★တၢ်မၤဆါတၢ်နးမး	se-ver'i-ty
_sew	v.t.	ဆးတၢ်	sew
_to sew up		ဆးတံာ်ယာ်	to sew up
_sewer	n.	တၢ်နၢအှၣ်နၢကျၣ်အထံကျိၤ	sew'er
_sex	n.	တၢ်အမိၢ်အဖါ	sex
_sexton	n.	ပှၤလၢအအံးကူၤကွၢ်ကူၤသရိာ်ဒီးထုးဒၢလွဲ	sex'ton
_sexual	a.	လၢအဘၣ်ဃးဒီးအမိၢ်အဖါ	sex'u-al
_shackle	n.	ထးကျိၤယာ်တၢ်အစုအခီၣ်★စုကျိၤ★ခီၣ်ကျိၤ	shack'le
_shackle	v.t.	တြီယာ်တၢ်★ကျိၤယာ်တၢ်အစုအခီၣ်★စၢယာ်တၢ်လၢပျံၤထး	shack'le
_shade	n.	တၢ်ကနၢ★သ့ၣ်အကဟု(လာ်)★တၢ်(ခံး)(လီၤကညီၢ်)★ပှၤအကလၤ	shade
_shade	v.t.	မၤကနၢတၢ်★မၤခံးလီၤ★ပာ်သဒၢ	shade
_shadow	n.	တၢ်အကနၢ	shad'ow
_shadow	v.t.	မၤလီၤကနၢ★မၤခံးအီၤ★ပိာ်အခံဒီးကွၢ်ခုသူၣ်အီၤ	shad'ow
_shady	a.	လၢအအိၣ်ဒီးအကနၢခုၣ်ယုၢ်ကလာ်★လၢတၢ်ကနၢဘၣ်အီၤ★လၢမုၢ်တကီၢ်ဘၣ်အီၤဘၣ်	shad'y
_shaft	n.	ဘိ(ဘိ)★တၢ်အဘိ★ပျၢ်★ကျဲဖိအအံၣ်လဲၤနုာ်ဆူတၢ်ပူၤ★တၢ်အ(ထူၣ်)(ဖှိာ်)★စုကဝဲၤအဘိ	shaft
_shaggy	a.	တရုတရိး★လၢအဆူၣ်ကဖှၣ်လှၣ်သွဲးတကဲာ်★လၢအဆူၣ်တိၣ်ဒီးသွဲး(တဘျ့ဘၣ်)	shag'gy
_shah	n.	ကီၢ်ပၤရၣ်အစီၤပၤ	shah
_shake	v.t.	ထိၣ်ဟူး★(ဒုး)ဆဲ့းဆိုး★(မၤ)ဟူးဝး★(ဒုး)ကနိး★ဂံၤဂုၤ★တရုၤ	shake
_shaky	a.	လၢအဟူးဝး★လၢအဝးဆဲ့းဆိုး★လၢအကနိးကစုာ်	shak'y
_shale	n.	လၢၢ်လၢအလီၤကမှၣ်ညီ	shale
_shall	aux v.	က	shall
_shallow	n.	(ထံ)ဒိၣ်	shal'low
_sham	v.t.	(တၢ်)ပာ်မၤအသး	sham

_shamble	v.i.	ဟးခွဲးခွးအခိဉ်★ဟးတံၢ်တရၢ်အခိဉ်★ဟးင်ခိဉ်လှၢ်ခိဉ်စၢ်အသိး	sham'ble
_shame	v.t.	မၤမဲၢ်ဆုး★မၤဟးဂီၤအလၤကပီၤ	shame
_shame	n.	တၢ်မဲၢ်ဆုး	shame
_shamefaced	n.	လၢအညီနုၢ်မဲၢ်ဆုး★လၢအသးကိၢ်သံးယီၢ်★လၢအမဲၢ်ဆုးသ့	shame'faced
_shameful	a.	လၢအလီၤမဲၢ်ဆုး★လၢအပှဲၤဒီးတၢ်မဲၢ်ဆုး★လၢအဒုးမဲၢ်ဆုးတၢ်	shame'ful
_shameless	a.	လၢအမဲၢ်ဆုးတအိဉ်ဘဉ်★လၢအမဲၢ်ကဲၤ	shame'less
_shank	n.	ခိဉ်လိၤယံ★စုကဝဲၤအကိာ်★ခိဉ်လိၤဖၢၣ်	shank
_shanty	n.	ဒၤဖိဟံဉ်ကးပြံး★ပှၤကဘီဖိအတၢ်သးဝံဉ်	shan'ty
_shape	n. / v.t.	(တၢ်)အက့ၢ်အဂီၤ★(စိးပျုနုၢ်)အက့ၢ်အဂီၤ★(ကနုၢ်)(သိနုၢ်)အကက့အဂီၤ	shape
_share	v.t.	ဟ့ဉ်နီၤလီၤ★နီၤဖးလီၤ	share
_share	n.	တၢ်အပူ★(ဟးနုၢ်)တၢ်လၢအလီၤဘဉ်အီၤ★(ဟးနုၢ်)တၢ်လၢအမှၢ်အစဲအဂီၢ်	share
_shark	n.	ညဉ်ကမိ	shark
_sharp	a.	အူဉ်★ချ★စူ★ယဲ★လၢအဘဉ်ပှၤဆါ★လၢအမဲၢ်ဆး★စူကညှာ်★လၢအတၢ်ကွာ်တၢ်ဆးအိဉ်★သူဉ်ဆးသးဆး★ဂီၢ်နုးမး★ကျ★(မၤ)(သွဉ်)(ဘၢ)စူ	sharp
_sharpen	v.t.	မၤအူဉ်★ကျအူဉ်★(သွဉ်)(ဘၢ)စူ	sharp'en
_sharper	n.	ပှၤလီတၢ်ဖိဘဉ်ယးဒီးတၢ်ဆါဆါတၢ်ပှၤ	sharp'er
_shatter	v.t.	မၤသ့ဉ်ဖးဆုအကဆီ★မၤဟးဂီၤ★မၤလီၤကလဲဆုအကဲဆီ	shat'ter
_shave	v.t.	လူကွံာ်★ကျီၤလီၤဘုသဝါ★ပှ့ၤဖဲအပှၤလီၤဒ်လၢ်ကဲဉ်ဆိး	shave
_shave	n.	တၢ်ပှ့ၤဖဲးယူၢ်ယူၢ်	shave
_shawl	n.	ယဉ်ဒုဖိ★ယဉ်လုးဖိ★ယဉ်ကဖိ	shawl
_she	pron.	အဝဲ(ပိာ်မုဉ်)	she
_shear	v.t.	တံာ်(လၤကးကွဖးဒိဉ်)★တံာ်သိဆုဉ်	shear
_shears	n.	ကးကွဖးဒိဉ်★ထးတံာ်ဖးဒိဉ်	shears
_sheath	n.	(တၢ်)အတြီး	sheath
_sheathe	v.t.	ဒုနာ်လၢအတြီးပူၤ★မၤတဒီယာ်★ဖှိဉ်နာ်★ကးဘၢ	sheathe
_shed	v.t.	ဟ့ဉ်လီၤ★ဂၢ်လီၤ★လူလီၤ★ဒုးယွၤလီၤ★ထဲးလီၤ(အဆုဉ်)★သဘျုးလီၤအဖံး	shed
_shed	n.	ဒၤဖိ★တၢ်သူဉ်ထိဉ်အါတကွၢ်အိဉ်ထဲအခိဉ်ဒုး	shed
_sheen	n.	တၢ်ကပြုၢ်ကပြီၤ★တၢ်ကတ္ဘၢ်ကတြိၢ်	sheen
_sheep	n.	သိ	sheep
_sheep dog	n.	ထွံဉ်ကွၢ်သိ	sheep-dog
_sheepfold	n.	သိအဂၢၤ★သိအကရ	sheep'fold
_sheepish	a.	လၢအမဲၢ်ဆုးသ့★လၢအမၤအသးဒ်သိအသိး★လီၤက်ပှဲၤတၢ်တစဲးမဲၢ်ဆုးတစဲးဒဲး	sheep'ish
_sheer	a.	ထဲဒဉ်★လၢအအိဉ်ထူဉ်ကလာ်★လၢအဘုသလါ★လၢအဟိကရ	sheer
_sheer	v.i.	လဲၤကဟာ်ကွံာ်	sheer
_sheet	n.	အကဘုံး★လီၢ်မံဒၢ★ထံဖးလၢ်★တက(ဘှဲး)(ထၢ)(ဘ္ဂဉ်)	sheet
_shelf	n.	တၢ်တီခိဉ်★ရံခိဉ်★တၢ်ဘိုထိဉ်လၢတၢ်နုဉ်လီၤလၤပှၤကဟာ်ထိဉ်တၢ်အဂီၢ်★လၢ်အလုၢ်ဖးဒိဉ်ဖးထီလၢထံဖီလာ်	shelf
_shell	n.	အကု★မှဉ်ပိၢ်ဖး★ချိဉ်(ကု)	shell
_shellproof	a.	လၢမှဉ်ပိၢ်ဖးဘဉ်အီၤတနၢ်ဘဉ်★လၢမှဉ်ပိာ်ဖးမၤဟးဂီၤအီၤတသ့ဘဉ်	shell'proof'
_shelter	n.	တၢ်အိဉ်ဒၢအလီၢ်★တၢ်အိဉ်တဒီယာ်အလီၢ်★တၢ်ပူၤဖျဲးအလီၢ်	shel'ter
_shelter	v.t.	ဒီယာ်တၢ်★ဟ်တဒၢ★ကဟုကယာ်★ဒီသဒၢ★အိဉ်သဒၢ(အသး)	shel'ter
_shelve	v.t.	ဟ်လၢတၢ်တီခိဉ်★ဟ်ထိဉ်လၢရံခိဉ်★ဟ်တ့ၢ်ကွံာ်ဟ်★လီၤဘၣ★မၤနုၢ်ရံခိဉ်	shelve
_shepherd	n.	ပှၤကွၢ်သိ	shep'herd
_sheriff	n.	ပဒိဉ်တဂၤ★စကီး	sher'iff
_shield	n.	ကတီၤ	shield

256

_shield	v.t.	ဒီယာၣ်(လၢကတီၤ)★(တၢ်)အိၣ်သဒၢ	shield
_shift	v.t.	(တၢ်)သုးအလီၢ်★(တၢ်)လဲလိာ်★(တၢ်)ကူၣ်မၤတၢ်★ကလံၤကလဲအသး★ဟ်ကွံၣ်	shift
_shift	n.	ပိာ်မုၣ်အဆ္လၢအဖီလာ်တဘ္	shift
_shiftiness	n.	တၢ်ကူၣ်မၤတၢ်★တၢ်ကူၣ်လီနၢ်တၢ်	shift'i-ness
_shiftless	a.	လၢအကူၣ်မၤတၢ်တသ္ဘၣ်	shift'less
_shifty	a.	လၢအကူၣ်လီတၢ်သ္	shift'y
_shimmer	v.i.	(တၢ်)ကပီၤဟ်လ္ဟ်လ္	shim'mer
_shin	n.	ခီၣ်လိၤမိၢ်	shin
_shine	v.i.	ဆဲးလီၤ★ကပီၤ★ဆဲးကပြုၢ်လီၤ★ကဲၤကပီၤ★ကဲၤကိွၣ်ကလာ်	shine
_shingle	v.t.	ဒုးထိၣ်ဟံၣ်ခိၣ်လၢသ္ၣ်ဘ္ၣ်ဖိ★တံာ်ဖုၣ်လီၤခိၣ်ဆူၣ်	shing'le
_shingle	n.	သ္ၣ်ဘ္ၣ်ဖိလၢဟံၣ်ခိၣ်အဂီၢ်	shing'le
_shiny	a.	လၢအကပြုၢ်ကပီၤ	shin'y
_ship	n.	ကဘီ(ယၢ်)	ship
_ship	v.t.	ဆွၤတၢ်လၢ(ကဘီ)★(မၤန္ၢ်အတၢ်မၤ)(ဂၢ်အီၤ)လၢကဘီပူၤ★တိၣ်ထိၣ်လၢကဘီပူၤ★ဒိးထိၣ်ကဘီ	ship
_shipload	n.	ကဘီအတၢ်ပဒၢး	ship'load'
_shipment	n.	တၢ်လၢပူၤဆွၤအီၤ(လၢကဘီ)★တၢ်တိၣ်ထိၣ်တၢ်လၢကဘီပူၤ	ship'ment
_shipshape	a.	လၢအကဆွဲကဆို★လၢအတၢ်ကိးမံၤဒဲးအိၣ်လၢအလီၢ်အလီၢ်ဒၣ်ဝဲ	ship'shape'
_shipwreck	n.	ကဘီအတၢ်ဟးဂီၤ★ကဘီလၢအဟးဂီၤ★တၢ်ဟးဂီၤစိဖွံဟလ္	ship'wreck'
_shipwreck	v.t.	မၤဟးဂီၤ	ship'wreck'
_shipyard	n.	(တၢ်ဘိ)(တၢ်တ္)ကဘီအလီၢ်★တၢ်(သ္ၣ်ထိၣ်)(ဘိုက္း)ကဘီအလီၢ်	ship'yard'
_shirk	v.t.	ဟးဆဲးအတၢ်ဖံးတၢ်မၤ★ဟးပူၤဖျဲးအသး★ဟးဆဲးတၢ်မၤလၢအလီၤဘၣ်အီၤ	shirk
_shirt	n.	အီကံ့ၢ်ရ္ၤ	shirt
_shiver / shivery	v.i.	(လၢအ)(ဒုး)ကနီးကစုာ်(ပူၤ)	shiv'er / shiv'er-y
_shoal	n.	လီၢ်ဖဲထံဒိၣ်★သိၣ်ခိၣ်★မဲၤစၢ်ခိၣ်★ညၣ်တဂီၢ်	shoal
_shoal	a.	လၢထံဒိၣ်★ဒိၣ်ထိၣ်	shoal
_shock	v.t.	ဒုးကမၢကမၣ်★(တၢ်)(ဒုး)သူၣ်ဖျံသးဖုး★(တၢ်)(မၤ)ဘၣ်ဒီဟူးဝး★(တၢ်)ဘၣ်ထံး★ဒုးသးဘၣ်အၢ★ဖျိၣ်ထိၣ်ဘုကဒိၣ်	shock
_shoddy	n.	တၢ်ကံးညာ်လၢအဘၣ်တၢ်မၤကဲထိၣ်အီၤလၢလုၣ်လီၢ်လံၤ	shod'dy
_shoe	n.	ခိၣ်ဖံး★ထးကွီၤလၢသ္ၣ်ခိၣ်မုၣ်အဂီၢ်	shoe
_shoe	v.t.	ဖျုထိၣ်ကသ္ၣ်အခိၣ်မုၣ်လၢထးကွီၤ	shoe
_shoot	v.t.	ခးတၢ်★ထုန္ၢ်★ဟဲထိၣ်★ဖိုးထိၣ်★(တၢ်)ပိၣ်ထိၣ်	shoot
_shoot	n.	သ္ၣ်အဒုၣ်ဘိၣ်★သ္ၣ်အဖိုၣ်ဖိ	shoot
_shop	n.	တၢ်ဆါတၢ်ပှ္ၤအလီၢ်★တၢ်ဖံးတၢ်မၤတၢ်အလီၢ်	shop
_shopworn	n.	တၢ်လၢအလီၢ်လံၤဖီယးလၢတၢ်တဆါကွံာ်အီၤဒံးဘၣ်	shop'worn
_shore	n.	ထံကၢ်နံၤ★ပိၣ်လဲၣ်နံၤ	shore
_short	a.	ဖုၣ်★မီကိာ်★တလၢဘၣ်★စုၤန္ၢ်ဒံး	short
_shortage	n.	တၢ်တလၢတပှဲၤဘၣ်	short'age
_shorten	v.t.	မၤဖုၣ်လီၤ	short'en
_shortly	adv.	တယံာ်တမီၢ်★ခ္ု ခ္ု ★တစိၢ်ဖိ★မီကိာ်ဖိ★လၢတၢ်ကတိၤအဖုၣ်	shortly
_short-sighted	a.	လၢအထံၣ်တၢ်တယံၤဘၣ်★လၢအတကွၢ်ဆိကမိၣ်ဟ်စၢၤတၢ်ဆူညါအဂီၢ်ဘၣ်	short'sight'ed
_short-winded	a.	လၢအတၢ်ဘုံးအသးခ္ု	short'wind'ed
_shot	n.	(မိၢ်)(ကျံၢ်)သၣ်★တၢ်ထုဘိၤလ်တဘိ★ထးကိၢ်လိၣ်တဖျၢၣ်★တၢ်ခးတၢ်★ပူၤလၢအစုဘ္ၤ★တၢ်လီၢ်ဖဲပူၤခးတုၤယီၤ	shot
_should	aux v.	ကြၢး	should
_shoulder	n.	ဖံထံခိၣ်★ဖံဘၣ်ခိၣ်	shoul'der
_shoulder	v.t.	ယိး★ဟ်လၢအဖံဘၣ်ခိၣ်★တနိၣ်လၢအထံခိၣ်	shoul'der

_shoulder blade	n.	ကု(ဘၣ်ခိၣ်)★ဖံဘၣ်(ကဘျၣ်)(အကု)	shoul'der-blade
_shout	v.i.	ကိးပသူ★ကိးပသူ★ကိးပသူကိးပသီ	shout
_shove	v.t.	ဆိၣ်★ထွံၣ်ကွံၥ်★တိၤ်ကွံၥ်★တန်းတၢ်★လၤဆူညါ(ဆိၣ်တန်း)(တိ)တၢ်	shove
_shovel	n.	နိၣ်တရိၣ်ကွံၥ်ဟီၣ်ခိၣ်★တပူၥ်ဖးလဲၢ်လၢပှၤတရိၣ်ကွံၥ်ဟီၣ်ခိၣ်	shov'el
_show	v.t.	(တၢ်)ဒုးနဲၣ်★ဒုးနဲၣ်ဖျါ★(တၢ်)ဟ်ဖျါ	show
_show	n.	တၢ်ဟ်မၤအသး★တၢ်လိၥ်ကွဲ	show
_shower	v.t.	တၢ်ဆဲးတဖျါလီၤ★လူလီၤထံလၢအလီၤ★(တၢ်)ဟ္ၣ်လီၤတၢ်အါအါဂီၢ်ဂီၢ်★လူဘၣ်စိၣ်အီၤလၢထံဂ္ၤဂ္ၤ	show'er
_showily / showy	adv. / a.	(လၢအ)အိၣ်ဒီးတၢ်(ကယၢၤကယဲအါ)(ကပြုၢ်ကပြီၤ)	show'i-ly / show'y
_shred	n.	တၢ်အကၢအခီ★တၢ်ယၢ်ဘုၣ်ယၢ်ဖျ	shred
_shred	v.t.	မိယၢ်တမ္ၤတပ္ၤ	shred
_shrew	n.	ပိၥ်မုၣ်လၢအအ္ၣ်လိၥ်တၢ်ဆူၣ်	shrew
_shrewd	a.	လၢအသးဆး★လၢအ(ပ္ၤတၢ်)သ္	shrewd
_shrewdly	adv.	(ပ္ၤတၢ်)သ္သ္ဘၣ်ဘၣ်★လၢတၢ်သ္ၣ်ဆးသးဆးအပူၤ	shrewd'ly
_shriek	v.i.	ကိးပသူ★ကိးကဒံကပျီၢ်★ကိးပသူ(ယဲကအဲး)	shriek
_shrill	a.	လၢအသီၣ်ယဲ★(တၢ်ကလုၢ်)လၢအ(ယဲ)(စ္)(ဘၣ်ဆဲးပနၢ်)	shrill
_shrilly	adv.	(သီၣ်)ယဲကအဲး★(သီၣ်)ယဲမး	shrill'y
_shrimp	n.	သဒိၣ်ဖိ★ပ္ၤလၢအဒိၣ်ယံ	shrimp
_shrine	n.	တၢ်လီၢ်စီဆုံ★တၢလၢအအိၣ်ဒီးတၢ်လၢပှၤဟ်စီဆုံအီၤလၢအပူၤ★ပ္ၤစီဆုံအသ္ၣ်ခိၣ်	shrine
_shrink / shrinkage	v.i. / n.	(တၢ်)သံးလီၤ★(တၢ်)သွံးလီၤ★သံးအသး★(တၢ်)ဂ္ၤက္ၤအသး★(မၤ)အသးတနၢၤအါအါဘၣ်★(တၢ်)သံးက္ၤက္ၤအသး	shrink' / shrink'age
_shrivel	v.i.	သွံးလီၤ★(ဒုး)သွံးထိၣ်	shriv'el
_shroud	n.	(တၢ်ကံးညၥ်လၢ)ပှၤဘိၣ်ဘံတၢ်(သံစိၣ်)★(တၢ်လၢအ)ကးဘၢတၢ်★ကဘီယၢ်ထူၣ်အဖျံ	shroud
_shrub	n.	သ္ၣ်တဖ္ုၣ်★သ္ၣ်ပဒၢဖိ★သ္ၣ်ဖိ	shrub
_shrubbery	n.	သ္ၣ်တဖ္ုၣ်တဖၣ်★တဖ္ုၣ်	shrub'ber-y
_shudder	v.i.	ကနိးကစ္ၥ်★ဖံးတကုၣ်ခီတကုၣ်	shud'der
_shuffle	v.i.	ဟးခွဲခွဲ★ဟးစၥ်စၢၢ်	shuf'fle
_shuffle	v.t.	ယါယုၥ်သဘံၣ်ဘုၣ်တၢ်★(တၢ်)ဟးဆဲးစံးဆၢတၢ်လိၤလိၤ★ဟးတ္ၢ်တရၥ်အခိၣ်	shuf'fle
_shun	v.t.	ဟးဆဲး★ပဒ္ၣ်★ပဒ္ၣ်ဟးဆဲး	shun
_shut	v.t.	ကးတံၥ်★ဒုးယၢ်	shut
_shut	v.i.	အိၣ်ကးတံၥ်အသး★အိၣ်လီၤ★(ဆ္ဲ)(ကး)တၢ်ယၢ်	shut
_shutter	n.	နိၣ်ဘ္းသဒၢ★နိၣ်ကးဘၢ	shut'ter
_shuttle	n.	လုၣ်ထ္ဲ	shut'tle
_shy	a.	မၥ်ဆ္ုးသ္ု★ကွၥ်တၢ်★လၢအခိၣ်ဖိမၥ်ဆ္ုး	shy
_shy	v.i.	(ကသ္ၣ်)ဖ္ုးတၢ်ဒီးယူၢ်ကပၤက္ၥ်	shy
_shyly	adv.	အိၣ်ဒီးတၢ်မၥ်ဆ္ုး★လၢတၢ်မၥ်ဆ္ုးအပူၤ	shy'ly
_shyness	n.	တၢ်မၥ်ဆ္ုးတၢ်သ္	shy'ness
_sick	a.	ဆါ★မၤတၢက★အိၣ်တဆ္ၣ်	sick
_sicken	v.i.	ဘၣ်တၢ်ဆါ★ဆါထိၣ်	sick'en
_sicken	v.t.	ဒုးဆါ★(ဒုး)သးဘၣ်အၢ	sick'en
_sickle	n.	ထးဂဲၥ်	sick'le
_sickish	a.	လၢအဆါတစ်းစဲး	sick'ish
_sickly	a.	လၢအဆါဆူၣ်ဆါကဲ	sick'ly
_sickness	n.	တၢ်ဆါ	sick'ness
_side	n.	အကပၤ★အသရ္ၤ★အကနၤ★အယၢၤ	side
_sidelong	a.	(ဟ်လီၤ)လၢအကပၤတခီ★တစ္★ဒ္ၣ်ခံ	side'long'

258

_sidestep	v.t.	ကၢဆူဉ်အကပၤတဒီ★ဟးဆှဲးတၢ်(မၤ)(ထီ)အီၤ	side'step'
_sidetrack	v.t.	ဟ်ယံာ်ဟ်ထၢ★ယၣ်တရံး	side'track'
_sidetrack	n.	လၣ်မ့ာ်ကျဲလၢအဖှဉ်တဘိ	side'track'
_sidewise	adv.	ဆူအကပၤတဒီ	side'wise'
_siege	n.	(သုးဖိ)ဝီၤယာ်တၢ်★တၢ်ဝီၤယာ်(တၢ်)	siege
_sieve	n.	ဖှဂု	sieve
_sift	v.t.	ဂုၤလီၤ★ကွၢ်(ထံကွၢ်ဆး)(ဆိကမိၣ်)လီၤတၢ်လီၤဆဲး	sift
_sigh	v.i.	သါသဖှိထီၣ်လၢတၢ်သးဟးဂီၤအပူၤ★ကအုကစွါ★ကအု(သိၣ်တုၤပနၢ်ဟူသွဲ့)	sigh
_sight	n.	တၢ်ထံၣ်★တၢ်ပနီၣ်လၢပကွၢ်ဒီးခးတၢ်★တၢ်လၢပထံၣ်အီၤ	sight
_sight	v.t.	ကွၢ်စူၣ်တၢ်★ထံၣ်စိယီၤ	sight
_sightless	a.	လၢအမဲာ်ဘိၣ်★လၢအတထံၣ်တၢ်ဘၣ်	sight'less
_sightly	a.	လၢပကွၢ်မုာ်	sight'ly
_sign	n.	တၢ်ပနီၣ်	sign
_sign	v.t.	ဆဲးလီၤအမံၤ	sign
_signal	n.	တၢ်ပနီၣ်	sig'nal
_signature	n.	ပှၤအမံၤလၢအကစၢ်ဒ့ၣ်ဝဲကွဲးလီၤ	sig'na-ture
_signboard	n.	လံာ်ကွီၢ်ညၣ်အသှၣ်ဘၣ်	sign'board'
_signet	n.	တၢ်ပနီၣ်★(စီၤလိၣ်စီၤပၤအ)တၢ်စဲၤပနီၣ်	sig'net
_significance	n.	တၢ်အခီပညီ★(အ)တၢ်ဒိၣ်တၢ်မှၢ်★အဂ္ၤဒိၣ်	sig-nif'i-cance
_significant	a.	လၢအခီပညီအိၣ်★လၢအခီပညီအိၣ်လီၤဆီ★လၢအဒိၣ်အမှၢ်★လၢအဟ်ဖျါထီၣ်တၢ်တမံၤမံၤ	sig-nif'i-cant
_signification	n.	တၢ်အခီပညီ★တၢ်ဒုးနဲၣ်ဖျါထီၣ်တၢ်အခီပညီ	sig-nif'i-ca'tion
_signify	v.t.	ဟ်ဖျါထီၣ်(အခီပညီ)★အခီပညီ(ဟဲဝဲ)(မ့ၢ်ဝဲ)မိၣ်စံးဘၣ်အသးလၢ– –	sig'ni-fy
_signpost	n.	တၢ်ပနီၣ်အတၢၣ်	sign'post'
_silence	n.	တၢ်ဘှ့ၣ်တၢ်ဘှီၣ်★တၢ်အိၣ်ဘှ့ၣ်ကလာ်	si'lence
_silent	a.	လၢအဘှ့ၣ်အဘှီၣ်	si'lent
_silently	adv.	ဘှ့ၣ်ဘှ့ၣ်ဘှီၣ်ဘှီၣ်	si'lent-ly
_silk	n.	သတြၢ်	silk
_silken	a.	လီၤက်သတြၢ်★ဘၣ်တၢ်မၤကဲထီၣ်လၢသတြၢ်	silk'en
_silkworm	n.	သတြၢ်အမိၢ်ပှၢ်	silk'worm'
_silky	a.	လၢတၢ်မၤအီၤလၢသတြၢ်★လၢအလီၤက်သတြၢ်★(ပမှၣ်ဖိၣ်ကွၢ်အီၤန့ၣ်)ဘျ့ဒီးကပှာ်လုး	silk'y
_sill	n.	(ကျဲ့စၢ)(ပဲတြီဖးဒိၣ်)အ(ကျိၤခိၣ်)(ခိၣ်ထံး)★ပဲတြီဖအ(ခိၣ်ထံး)(ကျဲ့ခိၣ်)	sill
_silly	a.	မၤး★ဟးဂီၤ★လၢအတၢ်ကူၣ်တၢ်ဆးတအိၣ်ဘၣ်	sil'ly
_silt	n.	ထံအယံၣ်လၢအလီၤး★ကဟ်ဟိၣ်ခိၣ်ထံကျါလၢအလီၤးဒီးအိၣ်ဖှိၣ်ဝဲ	silt
_silver	n.	စ့★လၢအ(ဝါ)(ကပီၤ)(သိၣ်)ဒ်စ့★လၢအဘၣ်တၢ်မၤအီၤလၢစ့★စ့ညှၣ်	sil'ver
_silvery	a.	လၢအလီၤက်စ့★လၢအသိၣ်မုာ်★လၢအကးဘၢအသးဒီးစ့	sil'ver-y
_similar / similarity	a. / n.	(တၢ်)လီၤက်★(တၢ်)ဒ်သိး	sim'i-lar / sim'i-lar'i-ty
_simile	n.	တၢ်ကတိၤဒိ လီၤတၢ်ဒီးတၢ်ဂၤ	sim'i-le
_similitude	n.	တၢ်လီၤက်လိာ်အသး★တၢ်ကတိၤဒိ လီၤတၢ်ဒီးတၢ်ဂၤ	si-mil'i-tude
_simmer	v.i.	ထံပှၢ်ထီၣ်★ထံပဒၣ်ထီၣ်★ထံ(ချီ)ဆးထီၣ်★ထံစံၣ်ပြ့ထီၣ်ဖဲအသါကကလာ်ထီၣ်	sim'mer
_simper	v.i.	နံၤကမှံကလီကလီ★နံၤကမှံးပှၢ်(ဟးဂီၤဖိ)(အတၢ်ကူၣ်တအိၣ်)တဂၤအသိး	sim'per
_simpleton	n.	ပှၤအမၤး★ပှၤဟးဂီၤဖိ★ပှၤငီး★ပှၤလၢအတၢ်ကူၣ်တၢ်ဆးတအိၣ်	sim'ple-ton
_simplicity	n.	တၢ်ယံယံ★တၢ်တအိၣ်ဒီးတၢ်လီတၢ်ဝ့ၤ	sim-plic'i-ty
_simplification	n.	တၢ်မၤယံကွ့ၤတၢ်★တၢ်မၤညီကွ့ၤတၢ်★တၢ်မၤကွံာ်တၢ်အသဘံၣ်ဘုၣ်သ့ၣ်တဖၣ်	sim'pli-fi-ca'tion
_simplify	v.t.	မၤယံယံကွ့ၤတၢ်★ရဲကွ့ၤ★မၤညီကွ့ၤတၢ်	sim'pli-fy

_simply	adv.	ထဲဒၣ်★ယိယိ	sim'ply
_simulate	v.t.	မၤဒိးတၢ်★လၢအဟ်မၤအသး★မၤလီၤက်အသးဒီးတၢ်ဂၤ	sim'u-late
_simultaneous	a.	တဘျီယီ★လၢအမၤအသးတဘျီယီ	si-mul-ta'-ne-ous
_sin	n.	တၢ်ဒဲးဘး★တၢ်သရူးကမၣ်	sin
_sin	v.i.	(တၢ်)လုၣ်သ့ၣ်ခါပတာ်ယွၤအတၢ်မၤလိၥ်★မၤကမၣ်ဘၣ်	sin
_since	adv.	စးထိၣ်လၢနုၣ်လံလံ★ပူၤကွံၥ်★မ့ၢ်လၢ(တၢ်နှၣ်)အယိ★အဂ့ၢ်ဒ်အံၤ	since
_sincere	a.	လၢအတီအလိၤ★နီၢ်နီၢ်★လၢအတဟ်မၤအသးဘၣ်★လၢအသးတီ★လၢသုၣ်ဒီဖျၣ်သးဒီဖျၣ်	sin'cere
_sincerity	n.	တၢ်ဟ်အသးတီတီလိၤလိၤ★တၢ်တဟ်မၤအသးဘၣ်★တၢ်သုၣ်တီသးလိၤ	sin-cer'i-ty
_sinew	n.	တၢ်အထုၣ်အပျၢ်★ထုၣ်ပျၢ်★ဂံၢ်ဘါ	sin'ew
_sinewy	a.	လၢအအိၣ်ဒီးအထုၣ်အပျၢ်★ဂံၢ်ဆူၣ်ဘါဆူၣ်	sin'ew-y
_sinful	a.	လၢအပှဲၤဒီးတၢ်ဒဲးဘး	sin'ful
_sing	v.i.	သးဝံၣ်တၢ်	sing
_singe	v.t.	ယိစီတၢ်ဆူၣ်★ပျူၤကွံၥ်★လဲၤကွံၥ်	singe
_singer	n.	ပှၤသးဝံၣ်တၢ်ဖိ	sing'er
_single	a.	တ(ဂၤ)ဓိၤ★(မှၣ်)(ခွါ)သဘျ့	sin'gle
_single out		ယုထၢ	single out
_single-handed	n.	မၤဝဲထဲတဂၤဓိၤ	sin'gle-hand'ed
_single-minded	a.	လၢအမၤတၢ်တီတီလိၤလိၤ★လၢအတီအလိၤ★လၢတၢ်လီတၢ်ဝ့ၤတအိၣ်လၢအပူၤဘၣ်	sin'gle-mind'ed
_singly	adv.	တ(ဂၤ)ဘၣ်တ(ဂၤ)★တ(ဂၤ)တ(ဂၤ)	sin'gly
_singsong	n.	ကလုၢ်သိၣ်လၢအထိၣ်အဒ့တအိၣ်ဘၣ်	sing'song
_singular	a.	ထဲတ(ဂၤ)ဓိၤ★လီၤဆီဒီးတၢ်အဂၤ	sin'gu-lar
_singularity	n.	တၢ်လၢအလီၤဆီ★တၢ်လီၤဆီ	sin'gu-lar'i-ty
_singularly	adv.	လီၤတိၢ်လီၤဆီ★လၢအတညီနုၢ်မၤအသး	sin'gu-lar'ly
_sinister	a.	လၢအလီၤပျံၤ★လၢအလီၤဘၣ်ယိၣ်★လၢအအၢအသီ★လၢစုစ့ၣ်တခီ★လၢအဒုးနဲၣ်ဖျါထီၣ်တၢ်အၢအိၣ်ခူသူၣ်	sin'is-ter
_sink	v.i.	လီၤယၢၣ်★လီၤအူး★လီၤဒး★လီၤယံၤကဝီၤကဝီၤ★ရၢ်ထီၣ်စၢၢ်ထီၣ်	sink
_sink	v.t.	မၤကပၤလီၤအၤကလုၢ်★သိၣ်ကအ့လီၤ★တၢ်နီၣ်လၢအသး★ခုၣ်တၢ်★လၢၣ်လီၤဟံၣ်ထူၣ်★လီၤဘျုၣ်★(မၤ)လီၤဘျ★လီၤမ့ၤလီၤမ်★(မၤ)ဆံးလီၤစုၤလီၤ★လံးတုၥ်က့ၤကမၣ်	sink
_sink	n.	ထံ(ဖိၣ်)(ပှၤ)လီၢ်★တၢ်ကျိၤလၢထံဘၣ်အၢဘၣ်သီကယွၤကွံၥ်အဂီၢ်★ထံစ့ၢ်သံးအလီၢ်★တၢ်လီၤဆၢၣ်တပူၤ	sink
_sinless	a.	လၢအတၢ်ကမၣ်တအိၣ်ဘၣ်	sin'less
_sinner	n.	ပှၤတၢ်ဒဲးဘးဖိ	sin'ner
_sinuous	a.	လၢအကူၣ်တရံးတရး★ကုၣ်(ပတံ)	sin'u-ous
_sip	v.t.	အီသြှူး★အီဆူးနှၢ်တစဲးဖိတစဲးဖိ★ဆူးနှၢ်	sip
_sire	n.	ကစၢ်★ဆၣ်ဖိကိၢ်ဖိအေပၢ်★ပၢ်	sire
_siren	n.	ပိၥ်မှၣ်လၢအထူးနှၢ်လွဲနှၢ်ပိၥ်ခွါ	si'ren
_sirup	n.	အံသၣ်ဆၢအထံ★တၤသၣ်အထံဖိယၢ်ယှၥ်ဝဲဒီးအံသၣ်ဆၢ	sir'up
_sister	n.	ဒီပုၢ်ဝဲၢ်မုၣ်	sis'ter
_sit	v.i.	ဆ့ၣ်နီၤ	sit
_site	n.	တၢ်အလီၢ်★(ဝ့ၢ်)(ဟံၣ်)အလီၢ်	site
_sitting	n.	တၢ်ဆ့ၣ်နီၤ(တဘျီ)★တၢ်အိၣ်ဖိုၣ်အဆၢအကတီၢ်★လီၢ်ဆ့ၣ်နီၤလၢအသရိၥ်ပူၤ★ဆီအိတၢ်ဟ့အဒံၣ်★ဆီဒံၣ်တထၢ	sit'ting
_sitting	a.	လၢအဆ့ၣ်နီၤ	sit'ting
_situated	a.	လၢအအိၣ်ဝဲဆိးဝဲလၢ	sit'u-at'ed
_situation	n.	လီၢ်အိၣ်လီၢ်ဆိး★တၢ်လီၢ်တၢ်ကျဲ★တၢ်အလီၢ်★တၢ်လီၢ်တၢ်လၤ★တၢ်အိၣ်အသး()()★တၢ်အိၣ်တၢ်ဆိးတၢ်အလီၢ်	sit'u-a'tion
_six	a.	ယု	six

_sixfold	a. / adv.	ယ့ဘျီ★ယ့စး	six'fold'
_sixscore	a.	တကယၤခံဆံ★ယ့အဘျီခံဆံ	six'score'
_sixteen	a.	တဆံယ့	six'teen
_sixteenth	a.	တဆံယ့(ခါ)တ(ခါ)★တဆံယ့ပူတပူ	six'teenth
_sixth	a.	ယ့(ခါ)တ(ခါ)★ယ့ပူတပူ	sixth
_sixtieth	a.	ယ့ဆံ(ခါ)တ(ခါ)★ယ့ဆံပူတပူ	six'ti-eth
_sixty	a.	ယ့ဆံ	six'ty
_sizable	a.	လၢအဒိၣ်ဒ်အကြၢး	siz'a-ble
_size	n.	အတၢ်ဒိၣ်တၢ်ထိ★အကံၢ်အဂီၤ(အတၢ်ဒိၣ်)★ကီၣ်	size
_sizzle	v.i.	သီၣ်ဒ်သိကလာ်ထီၣ်အသိး★(တၢ်)သီၣ်(ရှဲၤရှဲၤ)(ဒ်တၢ်ဆဲးသိအီၣ်တၢ်အသိး)	siz'zle
_skein	n.	လုၣ်တချၢၣ်★လုၣ်တနဲ★လုၣ်တကွၣ်	skein
_skeleton	n.	တၢ်ယံတၢ်ကွဲတဖၣ်လၢအအိၣ်လၢအလိၢ်ဒၣ်ဝဲစှာ်စှာ်ဒီးအဖံးအညၣ် တအိၣ်ဘၣ်★တၢ်အ(သ)(တ)ကွိၣ်★တၢ်အမိၢ်ပှၢ်	skel'e-ton
_skeptic	n.	ပှၤလၢအအိၣ်ဒီးတၢ်သးဒ့ဒီ★ပှၤလၢအတနာ်ခရံာ်ဖိအတၢ်ဘါ	skep'tic
_skeptical	a.	လၢအအိၣ်ဒီးတၢ်သးဒ့ဒီ	skep'tic-al
_skepticism	n.	တၢ်တနာ်တၢ်ဘၣ်★တၢ်အိၣ်ဒီးတၢ်သးဒ့ဒီဘၣ်ယးခရံာ်ဖိအတၢ်ဘါ	skep'ti-cism
_sketch	n.	တၢ်အဒိအတဲာ်ထဲအသရူထံး★တၢ်(တ့)(ကွဲး)ဖျါထီၣ်တၢ်ထဲ(အက့ၢ်အဂီၤ) အမိၢ်ပှၢ်	sketch
_sketchy	a.	လၢအတဝံၤ★လၢအမ့ၢ်ထဲအသရူၤထံး★လၢအတၢ်ကွဲးတစဲဘူးလိာ် အသးမှာ်မှာ်နီၢ်နီၢ်ဘၣ်★လၢအတလၢတပှဲၤ	sketch'y
_ski	n.	သ့ၣ်ခီဘၣ်ဖးထီတဘ့ၣ်လၢတၢ်ဒိးလိာ်ကွဲလၢမူခိၣ်ဖီအဖီခိၣ်	ski
_skid	v.i.	(မိထိၣ်ကါ)လီၤတလံာ်	skid
_skid	n.	သ့ၣ်ဘၣ်လၢပဆိၣ်တလံာ်လီၤတၢ်လၢအလိၤ	skid
_skiff	n.	ချံဖိ	skiff
_skill	n.	တၢ်စုသ့ခီၣ်သ့★တၢ်စုဖျဲၣ်ခီၣ်ဖျဲၣ်★တၢ်သ့တၢ်ဘၣ်★တၢ်ကူၣ်ဘၣ်ကူၣ်သ့	skill
_skilled	a.	လၢအစုသ့ခီၣ်သ့★လၢအသ့အဘၣ်	skilled
_skillful	a.	လၢအအိၣ်ဒီးတၢ်စုသ့ခီၣ်သ့★လၢအအိၣ်ဒီးတၢ်သ့တၢ်ဘၣ်★လၢအသ့အဘၣ်	skill'ful
_skillfully	adv.	သ့သ့ဘၣ်ဘၣ်★လၢတၢ်ကူၣ်ဘၣ်ကူၣ်သ့အပူၤ	skill'ful-ly
_skim	v.i.	လဲၤလၢတၢ်ဖီခိၣ်ချူချူ	skim
_skim	v.t.	ဘျၣ်ကွံာ်တၢ်လၢအဖီခိၣ်တကထၢ★တၢၤန့ၢ်တၢ်အခိၣ်ကျး★တိၤလၢတၢ်အဖီခိၣ် ★(ယှၤ)(လဲၤ)တရှာ်လၢထံဖီခိၣ်	skim
_skimp	v.t.	သူတၢ်စုၤကဲၣ်ဆိးလၢပံာ်ကီအယိ★သူထိၣ်တံၢ်မၤတံၢ်တၢ်နးကဲၣ်ဆိး	skimp
_skimpy	a.	လၢအသူတၢ်စုၤကဲၣ်ဆိး★လၢအဆံးလၢအစုၤ★လၢအပံာ်အကီ★ လၢအလီကီတၢ်	skimp'y
_skin	n.	အဖံး★အဘ့ၣ်★အုၣ်ကွံာ်★ကုၣ်ကွံာ်★သဘျူးကွံာ်	skin
_skin flint	n.	ပှၤအပံာ်အကီ★ပှၤလၢအလီကီတၢ်	skin'flint
_skinny	a.	လၢအယဲၤ★လၢအအိၣ်ထဲအယံဒီးအဖံး★ယဲၤသံကျိသံ★ယဲၤ(စိကြိ) (စီးကြီး)★ယဲၤစယဲး	skin'ny
_skip	v.i.	လဲၤပတာ်★ကွၢ်ကဟ်★ခီပတာ်ကွံာ်★စံၣ်(ပတာ်)(ကဟ်)★လဲၤကဟ်★စံၣ် ★စံၣ်ဖှံသလီး★စံၣ်ခဲခီ	skip
_skipper	n.	ကဘီဖိအခိၣ်တဂၤ★ကဘီၣ်ခိၣ်★တၢ်နှၢ်ထံကိၢ်လိၣ်အလၢၣ်★ ပှၤလၢအစံၣ်တၢ်တဂၤ	skip'per
_skirmish	n.	တၢ်ဒုး(ဟ်စπ)တၢ်ဆံးကံၢ်ဆံးကိာ်★တၢ်ဒုးစးထိၣ်ဆိဟ်စπအသးတစဲး★ တၢ်ဒုးတၢ်လၢပှၤစုၤဂၤ	skir'mish
_skirt	n.	နံၣ်(ကူ)★အသရူၤ★အကနူၤ★အယπ	skirt
_skirt	v.i.	အိၣ်ဝးတရံး★အိၣ်လၢအသရူၤ★လဲၤတရှာ်အကနူၤ	skirt
_skit	n.	တၢ်ကတိၤလီၤနံၤတၢ်★တၢ်ကတိၤလိာ်ခိၣ်လိာ်ကွဲတၢ်	skit
_skittish	a.	လၢအပျံၤတၢ်သ့★ဆုါ	skit'tish

_skulk	v.i.	အိၣ်ခူသူၣ်★ဟးထိၣ်ခူသူၣ်ကွံာ်★အိၣ်ခူသူၣ်တမၤတၢ်မၤလၢ အလီၢ်ဘၣ်အီးဘၣ်★(ပှၤ)အိၣ်တဒီအသး	skulk
_skull	n.	ခိၣ်ယံ★ခိၣ်ကု★ခိၣ်သအီ	skull
_sky	n.	မူကပိာ်လိၤ	sky
_skylight	n.	ပဲတြီဖိလၢဟံၣ်ခိၣ်အလိၤ	sky'light'
_skyscraper	n.	တၢးလၢအကစီၤထိၣ်ထိထိကလာ်	sky'scrap'er
_slab	n.	တၢ်ဒီဘ္ၣ်★(သ္ၣ်)(လၢ်)ဘ္ၣ်ဘၣ်	slab
_slack	a.	ထံလီၤစဲၤအခါ★(လၢအ)လီၤကတြူၢ်★(လၢအ)လီၤကတုၢ်★ကယီကယီ★လၢအတမၤအဒၢတ်ဖံးတၢ်မၤလီၤတံၢ်လီၤဆဲးဘၣ်★(ဆၢကတီၢ်)လၢတၢ်တထံၣ်န့ၢ်တၢ်ဖံးတၢ်မၤအါလၢအပူၤဘၣ်	slack
_slacken	v.t.	မၤလီၤကတြူၢ်★မၤလီၤကတုၢ်★မၤစုၤလီၤက္ၤအတၢ်ဂုၤကျဲးစၢး★မၤ(စၢ်)(ယၢ)လီၤက္ၤ	slack'en
_slackly	adv.	(မၤတၢ်)တလီၤတံၢ်လီၤဆဲးဘၣ်★(မၤတၢ်)တမှာ်မှာ်နၢ်နၢ်ဘၣ်	slack'ly
_slag	n.	(ထး)ပုၢ်လီၤအ္ၣ်လၢအထိၣ်ဖိ	slag
_slake	v.t.	မၤဘျုကွံာ်တၢ်သူပုၤအသးလၢထံ★ဖိဖးထိၣ်ထူၣ်★မၤသံကွံာ်(မှၣ်အူ)	slake
_slam	v.t.	ကးတံာ်တဖျိၤတၢ်★ကးတံာ်တြံၤတဖျိၤအိၣ်ဒီးတၢ်အသိၣ်★ဒိတၢ်ဆူၣ်ဆူၣ်အိၣ်ဒီးတၢ်အသိၣ်	slam
_slander	v.t.	(တၢ်)ကတိၤခဲၣ်သူခဲၣ်ဂီၤတၢ်★(တၢ်)သီၣ်ဝံသဲကလၤ	slan'der
_slanderous	a.	လၢအမ့ၢ်တၢ်ကတိၤခဲၣ်သူခဲၣ်ဂီၤတၢ်★လၢအသီၣ်ဝံသဲကလၤတၢ်	slan'der-ous
_slang	n.	တၢ်ကတိၤလၢအတဘၣ်လီၤတံၢ်လီၤဆဲးဒီးတယံတလၤဘၣ်★တၢ်ကတိၤလၢပုၤတသ္တဘၣ်သ္ၣ်တဖၣ်သူ	slang
_slant / slanting	a.	(လၢအ)လီၤဘံ★(မၤ)ဒ္ခံ	slant / slant'ing
_slap	v.t.	ဒဲတၢ်★လၤတၢ်	slap
_slapdash	adv.	လၢအမၤဖးတဖျိၤတပျိၤတၢ်တအိၣ်ဒီးတၢ်ပလီၢ်အသးဘၣ်★လၢအနၢ်စိၤမၤတပျိၤတပျိၤတၢ်နးနးကလဲာ်★လၢအ(မၤ)တပျိၤတပျိၤဖးတၢ်တဘ္ဉီယီတအိၣ်ဒီးတၢ်ဆိကမိၣ်ဆိကမးဘၣ်	slap'dash'
_slash	v.t.	(တၢ်)(ဖ္)(တီၢ်)(ကျိ)နၢ်စိၤတၢ်	slash
_slash	n.	တၢ်ကျီတၢ်အပူၤလီၢ်	slash
_slat	n.	သ္ၣ်ဘၣ်ဘူသလါဖိလၢအထီဒီးအဆံၣ်	slat
_slate	n.	လၢ်သ္ၣ်ဘၣ်	slate
_slattern / slatternly	n. / a. / adv.	(ပိာ်မုၣ်)လၢအကူတၢ်သိးတၢ်တကဆဲကဆိုဘၣ်	slat'tern / slat'tern-ly
_slaughter	v.t.	(တၢ်)မၤသံတၢ်★(မၤသံ)မၤဝီတၢ်	slaugh'ter
_slaughterhouse	n.	တၢ်မၤသံကျိၢ်အ(လီၢ်)(ဟံၣ်)	slaugh'ter-house
_slave	n.	ကုၢ်	slave
_slave	v.i.	မၤသံမၤ(ပှၢ်)(အိၣ်)အသး★မၤတၢ်ဒ်ကုၢ်အသိး★တၢ်ဘုံးသးနၢ်ကုၣထုးဂၢ်ထုးဘၢ်ဒီးမၤဝဲ	slave
_slavery	n.	တၢ်အိၣ်ကဲကုၢ်★တၢ်ကဲကုၢ်ကဲပှၤ	slav'er-y
_slavish	a.	ဒ်ကုၢ်အသိး	slav'ish
_slay	v.t.	မၤသံတၢ်	slay
_slayer	n.	ပုၤမၤသံတၢ်	slay'er
_sled / sledge	n.	လ္ၣ်ဖိလၢအအိၣ်ဒီးအကျူၤပကီၤယာ်အသးတဖၣ်လၢအဒၣ်တၢ်တၢ်တ္ၢ်ဢီၤ★စ္ၤဖိး★စ္ၤ★ခံၣ်နူၣ်ထး★(တူၣ်)	sled / sledge
_sleek	a.	လၢအဘျ္ကဆှၣ်★ဘျ္ကတြ္ၣ်	sleek
_sleep	v.i.	မံ★သံ	sleep
_sleeper	n.	လ္ၣ်မှၣ်အူကဲ(အကျူ)(အခါ)	sleep'er
_sleepily	adv.	ဒ်တၢ်မိၢ်မံအသးအသိး	sleep'i-ly
_sleepless	a.	လၢအမံတန့ၢ်ဘၣ်	sleep'less
_sleepwalker / sleepwalking	n. / n.	(ပုၤ)(လၢအ)ဟး(က)မံဖဲအမံအခါ	sleep'walker / sleep'walking'
_sleepy	a.	မံခ္★မံာ်ဖံးယၢၤ★လၢအမိၢ်မံအသး	sleep'y

_sleet	n.	သူၣ်	sleet
_sleeve	n.	ဆ့ကၤအစုဒုၣ်★အီကွံအစုဒုၣ်	sleeve
_sleigh	n.	စွဲး(အိၣ်ဒီးအလၢ်ဆ့ၣ်နီၤ)	sleigh
_sleight	n.	တၢ်မၤကဒါပှၤမဲာ်ဘၣ်ယးတၢ်စုသ့ဒီးတၢ်စုချ ★တၢ်ကူၣ်သ့ဘၣ်ယးတၢ်စုချ ဒီးတၢ်စုသ့	sleight
_slender	a.	သလၢ်ခဲး★တဖျၢဉ်ည ★ဖျၢတည ★စ့ၤ	slen'der
_slice	n.	(ကိၣ်)တကဘျံးတကဘျံး	slice
_slice	v.t.	သ့ၣ်တကဘျံး	slice
_slide	v.i.	(ဒုး)လီၤတၢလာ်★လီၤသဖု ★ထိၣ်လီၤသဖူးအသး(လၤတရ့ာ်)(တိၤတရ့ာ်) လၢထံဖိခိၣ်★လၤတၢ်ဘျဘျ	slide
_slide	n.	တၢ်လီၢ်လၤအဘျ	slide
_slight	a.	တလၢ်ခဲး★စၢ်ဆံး★ကမှီကမှီ★ကဖီလီ★တစဲး	slight
_slight	v.t.	ဟ်လၤအတမ့ၢ်တၢ်ဒိၣ်တၢ်မုၢ်ဘၣ်★(တၢ်)တဟ်ကဲ	slight
_slightingly	adv.	လၤတၢ်တဟ်ကဲဘၣ်အပူၤ	slight'ing-ly
_slightly	adv.	တစဲးစဲး★ဘၣ်ဘၣ်ဖိ★စၢ်စၢ်★ကဖီကဖီ★ဆံးကိာ်ဖိ★စ့ၤစ့ၤ	slight'ly
_slim	a.	လၤအယဲၤ★တလၢ်ခဲး★သလၢ်ခဲး★ဖျၢတည	slim
_slime	n.	တၢ်လၤအလီၤက်တၢ်နၢ်အ့ၣ်အိၣ်လၤဟိၣ်ခိၣ်လိၤ ★တၢ်ကဘျးကဘဲ လၤအစံဘူးစဲယၤ	slime
_slimness	n.	တၢ်တလၢ်ခဲး	slim'ness
_slimy	a.	လၤအစံဘူး★လၤအအိၣ်ဒီးတၢ်လၤအလီၤက်တၢ်နၢ်အ့ၣ် ★လၤအကဘျးကဘဲ စံဘူးစဲယၤ	slim'y
_sling	v.t.	(နိၣ်)ဘျူး	sling
_sling	n.	(တၢ်ကးညာ်)(ပုံၤ)ဘျးလီၤစဲၤအသးလၤတၢ်ကဝံတၢ်စိာ်တၢ်အဂီၢ်	sling
_slink	v.i.	ဟးထီၣ်ခူသူၣ်ကွံာ်★လီၤလီ	slink
_slip	v.i.	လီၤတၢလာ်★တလၢ်ကွံာ်★မၤကမၣ်★လီၤဘိၣ်★အိၣ်လီၤကွံာ်★ ဟးထီၣ်ခူသူၣ်★လီၤတဖူး★သဖူး	slip
_slip	n.	စၤခိတၤပျ	slip
_slip on		ကူထီၣ်သိးထိၣ်တၢ်ချ ချ	slip on
_slip		ဟ်တ့ၢ်★ဖျၢ်လီၤ★လဲၤပူၤကွံာ်	slip
_slipknot	n.	တၢ်စၢတကွီၤ★ပုံၤသကွီၤ★တၢ်စၢတကွီၤလၢအသဖူးအသးသ့	slip'knot'
_slipper	n.	ခိၣ်ဖံး(သူၣ်)(လၤပုၤညီနုၢ်ဒီးလၤဟံၣ်)(လၤပုၤအိၣ်လီၤညီ)	slip'per
_slipperiness / slippery	n. / a.	(လၤအ)(တၢ်)ဘျ	slip'per-i-ness / slip'per-y
_slipshod	a.	လၤအမၤတၢ်တတ့ၤလီၤတီၤလီၤဘၣ် ★လၤအဒီးတၢ်ချံးခိၣ်ဖံးအခံ★ လၤအလုၢ်အလၢ်ဒီးအကူအသိးတဂ့ၤဒီးတကဆှဲကဆှီဘၣ်	slip'shod'
_slit	v.t.	ကဲာ်ဖး★ဖဲးသ့ၣ်ဖး★ကွဲသ့ၣ်ဖး	slit
_slit	n.	တၢ်သ့ၣ်ဖး	slit
_slither	v.t.	တလာ်ကွံာ်အသး★မၤတလာ်	slith'er
_sliver	n.	တၢ်တကၤ★တၢ်တဖျၢ်★တၢ်တပျ	sliv'er
_sliver	v.t.	ကွဲသ့ၣ်ဖး★တိသ့ၣ်ဖး	sliv'er
_slob	n.	ပုၤလီၤသးဘၣ်အၢတဂၤ★ပုၤလၤအ(ဘၣ်အၢဘၣ်သီ)(တၤကဆှဲကဆှီ)တဂၤ	slob
_slobber	v.i.	ခဉ်ထံ(လီၤ)(ယွၤ)★ထးခိၣ်ထံလီၤ★မၤဘၣ်စိၣ်ဘၣ် အၢအီၤလၤခဉ်ထံယွၤအယိ	slob'ber
_slogan	n.	တၢ်ကီးပသူလၤအဟ့ၣ်ဆူၣ်ထီၣ်ပုၤအသး★တၢ်ဒုးသုးအတၢ်ကီးထီၣ်	slo'gan
_sloop	n.	ကဘီယၢ်ဖိ	sloop
_slop	v.i.	(မၤ)လီၤလံာ်★(မၤ)ဘၣ်အၢဒီးထံလၤအလီၤလံာ်	slop
_slop	n.	ထံလၤတၢ်သ့တၢ်လၤအပူၤဒီးဘၣ်အၢ	slop
_slope	v.t.	(တၢ်)လီၤဘံ★မၤလီၤ(ဘံ)(တစ့ၤ)	slope
_sloppy	a.	ပှ်ၣ်★ဒံကဟ်ပှ်ၣ်အသိး	slop'py
_slot	n.	တၢ်ထူၣ်ဖိ★တၢ်ပူၤဟိ	slot

_sloth / slothful	n. / a.	(လၢအ)(တၢ်)ယၢသံစုာ်သံ★(လၢအ)(တၢ်)ကၢဉ်★(လၢအ)(တၢ်)ထုတၧၤ★တဆုၣ်	sloth / sloth'ful
_slouch / slouchy	v.t. / a.	(လၢအ)လီၤဘှး★(တၢ်)(လၢအ)ဟးသကူးလီၤအသး	slouch / slouch'y
_slouchily	adv.	လီၤဘိၣ်လီၤဘှး	slouch'i-ly
_slough	n.	အလီၢ်ဖဲကဟ်ပှဲၤ၀ဲ★ဂုၢ်သ့ၣ်အဖံးလၢအလံာ်လီၤကွံၢ်၀ဲ	slough
_slough	v.i.	အ့ၣ်လီၤအသဘုံး★သလဲာ်လီၤအ(ဖံး)(သးခံၣ်)	slough
_slovenly	a.	လၢအကုတၢ်သိးတၢ်တဘ့ၤလီၤတီၤလီၤဒီၤကဆဲးကဆိုဘၣ်	slov'en-ly
_slow	a.	တချ့ဘၣ်★တဖျဲၣ်ဘၣ်★ကုၤရူၤကုၤရူၤ★လၢအမတၢ်ယၢ★ကယီၤကယီၤ★ယၢယၢ★ကစၢ်ကစၢ်	slow
_slowly	adv.	ယၢယၢ★ကယီၤကယီၤ★ကုၤရူၤကုၤရူၤ	slow'ly
_slug	n.	ကွိၣ်သဉ်★ပှၤကၢဉ်ဖိ★ချိၣ်ပလုၤလၢအကုတအိၣ်★ဘၣ်အၢပၢ်	slug
_sluggard	n.	ပှၤကၢဉ်ပှၤကျူ||ပှၤကၢဉ်ဖိ	slug'gard
_sluggish	a.	လၢအကၢဉ်အကျူ||(ယွၤ)ကယီၤကယီၤ★ယၢ	slug'gish
_sluice	n.	တၢ်ဒုၣ်ယာ်ထံအလီၢ်အိၣ်ဒီၤအတြဲၤ★(တမၣ်)(ထံအတၢ်ဒုၣ်)အပဲၤတြိ	sluice
_slum	n.	လီၢ်အဖှိၣ်အဃာ်ဘၣ်အၢတၢၣ်သီလၢ၀့ၢ်ပူၤ	slum
_slumber	v.i.	မံ★(တၢ်)မံခ့★(တၢ်)မံသပှၤ	slum'ber
_slump	v.i.	(အပှ့ၤ)လီၤ★ဆံးလီၤစုၤလီၤ★လီၤဘှ့ၣ်လၢကဟျူပူၤ	slump
_slump	n.	တၢ်ကဟျူပူၤ	slump
_slur	v.i.	ကတိၤအၢပှၤ★ကတိၤဟးဂီၤပှၤ★ကတိၤတၢ်တကျၢဘၣ်★မၤဘၣ်အၢ★တဟ်ကဲ	slur
_slush	n.	မှခိၣ်ဖီလီၤသကၤအိၣ်ယၢ်ယာ်ဒီၤထံ★ကဟ်ပှဲၤ	slush
_slut	n.	ထွံၣ်မိၢ်★ပိာ်မုၣ်လၢအမၤအသးဘၣ်အၢဘၣ်သီဒီၤတကၢဆိုဘၣ်	slut
_sly	a.	ကမဲၢ်ကစိၣ်★လၢအကလံၤကလး★ကွၢ်သ့ၣလၢအကလိၢ်တၢ်အၢိၢ်	sly
_smack	v.i.	ပတဲၤအထံးခိၣ်★နၢမူဆွးကနၤ	smack
_smacks of (envy)		လီၤက်ကဲထိၣ်လၢ(တၢ်သူၣ်ကွံၣ်သးကၢ)အယိ	smacks of (envy)
_smack		(တၢ်)ဒဲး★(တၢ်)လၤ	smack
_smack	n.	တၢ်အၡီၢ်★တၢ်ဆံးကိာ်ဖိ	smack
_small	a.	ဆံး★လၢအတလီၤဟ်ကဲဘၣ်★ကအဲဒိဖိ★ဆဲမိၢ်	small
_smallpox	n.	တၢ်ဆါလၢၢ်★တၢ်ဘၣ်ဒိၣ်★မရိၢ်	small'pox
_smart	a.	ပုံၢ်★ကိၢ်ဟ့★လၢအသးဆး★လၢအပှၢ်★ဖျဉ်	smart
_smash	v.t.	(မၤ)လီၤပုၢ်★ဒိလီၤဖှံၣ်လီၤဝါ★မၤဟးဂီၤ★တီၢ်လီၤ(သဘုံး)(ကလဲ)	smash
_smattering	a.	(တၢ်နံၢ်ပၢၢ်တၢ်)လၢအံၤတဖးလၢဘးတဖး★တၢ်သ့ၣ်ညါနံၢ်ပၢၢ်တၢ်(တဖးတမှံၢ်)(ဆံးကံၢ်ဆံးကိာ်)	smat'ter-ing
_smear	v.t.	ဖှူတၢ်★မၤဘၣ်အၢတၢ်	smear
_smell	v.t.	နၢတၢ်	smell
_smell	n.	တၢ်နၢ(မုနၢဆို)	smell
_smelly	a.	လၢအနၢဘၣ်အၢဘၣ်သီ★လၢအနၢမုာ်ဘၣ်	smel'ly
_smelt	v.t.	ဒုးပုံၢ်လီၤ★ယွၣ်ပုံၢ်ထိၣ်★နၢ	smelt
_smile	v.i.	(တၢ်)နံၤကမှံ	smile
_smirk	v.i.	နံၤသရိၣ်တၢ်★ဟ်နံၤကမှံထိၣ်အသး★အိၣ်ဒီၤနံၤဒ့ၣ်အတၢ်တဂၤဆိး	smirk
_smite	v.t.	တီၢ်★ဒိ★ဘၣ်ဒိ(ပှၤန)★သိၣ်ယိၣ်★မၤနၢၤ★မၤသံ★မၤဆါ★မၤဟးဂီၤ	smite
_smith	n.	ပှၤပိာ်(တီၢ်)(ထး)(ထူ)(စ့)ဖိ	smith
_smoke	n.	မှၣ်အူလုၢ်★မှၣ်အူအခုၣ်	smoke
_smoke	v.t.	အီမိာ်အီခူး	smoke
_smoky	a.	လၢအပှဲၤဒီၤမှၣ်အူ(လုၢ်)(ခုၣ်)★လၢအခုၣ်ထိၣ်★လီၤက်မှၣ်အူလုၢ်	smok'y
_smooth	a.	ဘျၤ★ကဆုၣ်★လၢအမှာ်အခုၣ်	smooth
_smooth	v.t.	မၤဘျၤ★တဲးဘျၤ★ကျဲၤလီၤကျဲၤကုၤ(အတၢ်ကမၣ်)★ရဲကုၤ	smooth
_smother	v.t.	(ပ)(သ)အၢသံတၢ်★မၤဘၢသံတၢ်★မၤအူးသံတၢ်★ဟၢယာ်★ဟ်ခူသူၣ်	smoth'er

264

_smoulder	v.i.	မှၣ်အူကဲၤ(ကဖး)ဒံး★မှၣ်အူအီၣ်သဝံတၢ်★မှၣ်အူအီၣ်တၢ်ခုၣ်ထီၣ်ဘၣ်ဆၣ်တဒီၣ်ဒီးမှၣ်အူလၢ်ဘၣ်	smoul'der
_smudge	n.	မှၣ်အူလှၢ်လၢအတိၢ်★တၢ်ဘၣ်အၢဖိတကပီၤ	smudge
_smudge	v.t.	မၤဘၣ်အၢ★ဖှူ	smudge
_smug	a.	လၢအသူၣ်မံသးမံၣ်အတၢ်★လၢအကူအသိးဂ့ၤ,ကဆဲၣ်ကဆှီ,ဒီးလီၤတံၢ်	smug
_smuggle	v.t.	(လဲၤ)(ဟဲ)စိၥ်ထါဟုၣ်တၢ်လၢကီၢ်တဘ့ၣ်ဒဉ်အပူၤ	smug'gle
_smugly	adv.	လၢတၢ်သူၣ်မံသးမံၣ်တၢ်အပူၤ	smug'ly
_smut	n.	တၢ်ဘၣ်အၢ★(တၢ်ဘၣ်အၢလၢ)တပှူမှၣ်★တၢ်ကတိၤလၢအ(ဘၣ်အၢဘၣ်သီ)(သဆုးသပှိၢ်)	smut
_smutty	a.	လၢအဘၣ်အၢ★အိၣ်အီး★ဘၣ်အၢဘၣ်သီသဆုးသပှိၢ်	smut'ty
_snack	n.	တၢ်အီၣ်လၢပအီၣ်ပစုၢ်ပတဲၤ★တၢ်အီၣ်(ဆိၣ်သး)(ဆံးကံၢ်ဆံးကိၢ်)	snack
_snag	n.	သ့ၣ်ဒ့အီၣ်လီၤဒၤးလၢထံဖီလၥ်★(သ့ၣ်ဒ့)(သ့ၣ်ခိၣ်ဆူၣ်)လၢထံဖိလၥ်လၢအမ့ၢ်တၢ်ပ့ုၤတၢ်ဖုးလၢကဘီဒီးချံအင်္ဂီၢ်★မ့လၢအဒိချီဖျိုးထီၣ်တဘ့ၣ်	snag
_snail	n.	ချိၣ်ပလှၤ	snail
_snake	n.	ဂုၢ်★ဂုၢ်သ့ၣ်	snake
_snap	v.t.	အ့ၣ်တဖျိၣ်★(ဘီး)ကၢ်ခဲၤကနၤ★(မၤ)ထီၣ်တံၢ်ကွံၥ်★(မှၣ်အူ)ပှၢ်★စံၢ်ပလၥ်သီၣ်စုမှၢ်စုနၤ★မၤသိၣ်နိၣ်ဖျ့အပူၤ★လၢအမၤဝံၤချ့ချ့	snap
_snapshot	n.	တၢ်ဂီၤလၢပပှၤ်ဒိန့ၢ်အီး(ဖဲလၢအတကတီၢ်ကတီၤဟ်စၢၤဘၣ်အသးအပူၤ)(တဘျီယီ)	snap'shot'
_snare	n.	(ဒီး)တၢၤခိၣ်★ပှၢ်သကွီၢ်★(ဒီး)ထၢ★တၢ်လၢအဒုးလီၤကမၣ်ပှၤ	snare
_snarl	v.i.	ကဒူၤ★(မၤ)သဘံၣ်ဘုၣ်(ထူကး)(တၢ်)★ကတိၤတၢ်ရၢၢ်ရၢၢ်စၢၢ်စၢၢ်လၢတၢ်သးဒိၣ်အပူၤ	snarl
_snatch	v.t.	ပျှၢ်ထူးန့ၢ်★ဖီၣ်ထူးန့ၢ်★စိုးန့ၢ်★ဖီၣ်ထူးဖုးန့ၢ်	snatch
_sneak / sneaking / sneaky	v.i. / p.a. / a.	(လၢအ)မၤကသုၣ်ကစီၤတၢ်★(ပှၤ)(လၢအ)ဟးထီၣ်ကစုၥ်ဒုၣ်လၢတၢ်မဲၥ်ဆှးအယိ★(ပှၤ)(လၢအအၢအသီ)မၤခူသူၣ်ခူလၥ်တၢ်	sneak / sneak'ing / sneak'y
_sneer	v.i.	ဟ်ဖျါအ့တၢ်တဘၣ်အသးလၢတၢ်ဟ်ၢနီးဟ်နါအပူၤ★ကတိၤဆဲးဆဲးပှၤ★(နံၤ)(ကတိၤ)သရီၣ်သမဲၣ်(ပှၤ)★ကတိၤ(ဒုၣ်ဒွဲၣ်)(ဆါ)(တရီတပါ)★နုၥ်ဒွဲၣ်	sneer
_sneeze	v.i.	ဆဲး	sneeze
_sneeze	n.	တၢ်ဆဲ	sneeze
_snicker	v.i.	နံၤအ့ၣ်တၢ်ခိၣ်အ့ၣ်တၢ်ခဉ်★နံၤဒၣ်ကီးကီးကီးကီး	snick'er
_sniff	v.t.	နၢတၢ်★သါဟုၣ်ထီၣ်ဖြးဖြးလၢတၢ်သးဘၣ်အၢတၢ်အယိ★နၢတၢ်သွံၣ်သွံၣ်★သါသ့ူးနၢ်ကလံၤ	shiff
_sniff	n.	တၢ်နၢတၢ်	sniff
_snip	v.t.	တံၢ်ကွံၥ်တၢ်စဲးကနၤ	snip
_snivel	v.i.	ဟီၣ်ဒီးသ့ူထီၣ်ကွၤအနါအ့ၣ်ဖြံဖြံ★နါအ့ၣ်ထံယွၤ★ဟီၣ်ကအံၣ်ကအၤ	sniv'el
_snob / snobbery	v.t. / n.	(တၢ်)(ပှၤလၢအ)ဟ်ကဲပှၤဆံအကဲဒိၣ်ကဲပှၢ်	snob / snob'ber-y
_snobbish	a.	လၢအဟ်ကဲဆံပှၤအကဲဒိၣ်ကဲပှၢ်	snob'bish
_snoop	v.t.	ကွၢ်ဟုၣ်ကွၢ်စုးတၢ်★ကွၢ်ဟုၣ်ခူသူၣ်ခူလၥ်တၢ်	snoop
_snore	v.i.	မံသါသီၣ်ကြိၣ်ကြိၣ်	snore
_snort	v.i.	ကသ့ၣ်သါသဖှိထီၣ်★သါဟုၥ်ထီၣ်ဖးဒိၣ်(လၢတၢ်သးဒိၣ်အပူၤ)	snort
_snout	n.	(ထိး)အနါဒ့	snout
_snow	n.	မှခိၣ်ဖီ	snow
_snow-blind	n.	မဲၥ်ခွံဆူၣ်အတၢ်ဆါလၢမှခိၣ်ဖီအတၢ်ကပြံၢ်ကပြီၤမၤဘၣ်ဒိအီၤအယိ	snow'blind'
_snowflake	n.	မှခိၣ်ဖီအလီၤသကၤတကၢ့★မှခိၣ်ဖီအကဘုံးအကဟၤ	snow'flake'
_snub	v.t.	ဟ်သးဘၣ်အၢသးပှၤဂၤ★ကတိၤဆဲးအဲးပှၤအသး★ကြီ★ဒုးအိၣ်ကတီၢ်★ကတိၤသိၣ်ကွၤသိကွၤအီၤဆူၣ်ဆူၣ်	snub
_snuff	v.t.	သွှုးန့ၢ်	snuff
_snuff	n.	ကသံၣ်နၢအၤမုၣ်	snuff

265

_snuffle	v.i.	သါသိဉ်ဖြာ်ဖြာ်ဖြာ်ဖြာ်★သါဘံးတြိာ်ဘံးတြာ်	snuf'fle
_snug	a.	လၢအမှာ်မှာ်လၢၤလၢၤ★လၢအတြိၢ်တံၢ်တံၢ်★လၢအခၢးဘၣ်တံၢ်★ လၢအဘံၣ်ဘံၣ်ဘၢဘၢ★ကဆဲုကဆို	snug
_snuggle	v.i.	သုးတံၢ်အသးအံးသိးကလၢၤဝဲအဂီၢ်★မံထိးတံၢ်လိာ်အသး	snug'gle
_so	adv.	ထဲနူဉ်ညါ★ဒ်နူဉ်အသိး★လၢတၢ်နူဉ်အယိ★နၤမၤ★မံၣ်နူဉ်ဒီး	so
_so much		ပှဲအံးပှဲနုၤ★တဘၢးနူဉ်★မၤသးဒ်နူဉ်ဒီး	so much
_soak	v.t.	စ့ၣ်လီၤလၢထံကျါ★ဘျုလီၤလၢထံကျါ★(စ့ၣ်)ကဘုၣ်ထိဉ်★စွံၢ်နာ်	soak
_soap	n.	ဆးပွၣ်	soap
_soapy	a.	လၢအအိဉ်ဒီးဆးပွၣ်လၢအပူၤ★လၢအလီၤက်ဆးပွၣ်	soap'y
_soar	v.i.	ယူၤလၢမှဒီ★ယူၤထိဉ်ဆူထး★ဆိကမိၣ်တၢ်အအိဉ်အထိ(လၢသးအဲမဲာ်)★ အိဉ်ထိဉ်ထိ	soar
_sob	v.i.	(တၢ်)ဟီၣ်သါတကူး	sob
_sober	a.	လၢအတမူးသံးဘၣ်★လၢအသ္ဉူးသပုၢ်	so'ber
_sober	v.i.	(ဒုး)ဘျုက္ၤလၢတၢ်မူး★မၤသပုၢ်အီၤ★မၤသးသပုၢ်ကတၢ်	so'ber
_sobriety	n.	တၢ်တမူးသံးဘၣ်★တၢ်သ္ဉူးသပုၢ်	so-bri'e-ty
_sociability	n.	တၢ်သးအိဉ်ရ္လိာ်အသး(ဒီးပုၤဂၤ)	so'cia-bil'i-ty
_sociable	a.	လၢပုၤရ္အီၤမှာ်★လၢအရ္ပုၤမှာ်★လၢအအိဉ်ဒီးရ္ပုၤ★လၢအက(လုၢ်အၢ) (တိၤကစဲၤကစီးတၢ်သ္)	so'cia-ble
_social	a.	ဘၣ်ယးတၢ်ရ္လိာ်မၤသကိးတၢ်★လၢအရ္ပုၤမှာ်★လၢအရ္လိာ်အသး★ လၢတၢ်ရ္အီၤမှာ်	so'cial
_socialism	n.	တၢ်ပၢတၢ်ပြးတကလုာ်လၢအမၤပဒိၣ်ပဘၣ်ပနၢ်တၢ်ကၤ,စ့,ဒီးဟီၣ်ခိၣ်	so'cial-ism
_socialist	n.	ပုၤလၢအနာ်လၢပဒိၣ်ကြၢးပၢပနၢ်တၢ်ကၤဒီးစုလီၢ်ခိၣ်ခိၣ်လၢတၢ်ပၢတၢ်ပြးအပုၤ	so'cial-ist
_socialistic	a.	လၢအဆိကမိၣ်ဝဲလၢပဒိၣ်(ကြၢး)ပၢပနၢ်တၢ်ကၤဒီးတၢ်စုလီၢ်ခိၣ်ခိၣ်လၢ တၢ်ပၢတၢ်ပြးအပုၤဒ်သိးပုၤကိးဂၤကဘၣ်ဘူျးဒ်အကြၢးဝဲဘၣ်ဝဲအသိး	so'cial-is'tic
_socially	adv.	လၢတၢ်ရ္လိာ်သးအပုၤ	so'cial-ly
_society	n.	ကရၢတဖု★ပုၤဟီၣ်ခိၣ်ဖိအတၢ်ဘၣ်ယးလိာ်အသး★ပုၤအအိဉ်အထိတဖု★ လၢအရ္လိာ်မှာ်လိာ်အသး★တၢ်ဒီတံၤဒီသကိး	so-ci'e-ty
_sock	n.	ခိၣ်ဖ္ဖိုလၢအဖုၣ်	sock
_sod	n.	ဟီၣ်ခိၣ်တလိၣ်အိၣ်ဒီးတၢ်ပၢ်ဒီးအဂ်ၢ်လၢအလိၤ★ဟီၣ်ခိၣ်တကထၢ လၢတပာ်မဲထိၣ်လၢအလိၤ	sod
_sodden	a.	(ကိၣ်)လၢအမံသံသိ★လၢအဘၣ်တၢ်ချ်ုအီၤ★ဘၣ်စိၣ်တပျၢ်	sod'den
_sofa	n.	ခၤတနူၤ	so'fa
_soft	a.	ကဖုၣ်လုး★စၢ်★ကဘုးလုး★ကဖီလီ	soft
_soften	v.t.	မၤစၢ်လီၤ★မၤကဖုၣ်လီၤ	sof'ten
_softly	adv.	ကဖုၣ်ကဖုၣ်★စၢ်စၢ်(နူးနူး)(နူ့နူ့)★ကဖီလီ	soft'ly
_soggy	a.	ဘၣ်စိၣ်လၢထံ★ဘၣ်စိၣ်(က)(တ)ပျၢ်	sog'gy
_soil	n.	ဟီၣ်ခိၣ်(ဟ်)★ဟီၣ်ခိၣ်အညၣ်	soil
_soil	v.t.	မၤဘၣ်အၢ★ဒုးအိၣ်ဆၣ်ဖိကီၢ်ဖိအဆၣ်လၢနိၣ်သံကစာ်★ဒုးအိၣ်လုၢ်ဆၣ်ဖိကီၢ်ဖိလၢထၢပာ်အစၢ်	soil
_sojourn	v.i.	(တၢ်)အိၣ်တၢ်ဆိးတစိၢ်တလီၢ်	so'journ
_solace	v.t.	(တၢ်)မၤမှာ်ထိဉ်က္ၤပုၤအသး	sol'ace
_solar	a.	ဘၣ်ယးဒီးမှၢ်	so'lar
_solder	v.t.	ယံၤယၢ်လၢကဟ္ဉ်(စၢ်ထံ)★(တၢ်)ယံၤယၢ်တၢ်လၢသးတူးအထံလၢအပုၢ်ထိဉ်	sol'der
_soldier	n.	သုးဖိ	sol'dier
_sole	a.	တ(မံၤ)ဓိၤ	sole
_sole	n.	ခိၣ်ညါသး	sole
_solely	adv.	ထဲတမံၤဓိၤ	sole'ly
_solemn	a.	သ္ဉူးသပုၢ်★သမုံးသပုၢ်	sol'emn
_solemnity	n.	တၢ်သ္ဉူးသပုၢ်★တၢ်သမုံးသပုၢ်	so-lem'ni-ty

266

_solemnize	v.t.	မၤတၢ်အိၣ်ဒီးအလုၢ်အလၢ်လီၤတံၢ်★မၤအီၤသၦၢးသၦၢၣ်အလုၢ်အလၢ်အိၣ်စံအသိး	sol'em-nize
_solicit	v.t.	ယ့ကညး★ယ့ၣ့ၢ်တၢ်★ကညးၡ့ၢ်တၢ်★လွဲၡ့ၢ်တၢ်ယ့ကညးသၦၢ်ပၢ်	so-lic'it
_solicitious	a.	လၢအသးဝံဝဲလၢတၢ်ဂ့ၤကၠထိၣ်အဂီၢ်.လၢအဘၣ်ယိၣ်ဘၣ်ဘီတၢ်★လၢအ(ဘၣ်အသးဒိၣ်ဒိၣ်)(ဘၣ်ယိၣ်ဘၣ်ဘီတၢ်)★လၢအသး(အိၣ်)(ဆူၣ်)	so-lic'it-ous
_solid	a.	နီၢ်နီၢ်★ကိၢ်လိၣ်★မၤ★ကျၢၤ★(တၢ်ဂ့ၢ်)လၢပှၤ(ဂၤ)တူၢ်လိာ်အီၤ★လၢအပှၤတအိၣ်ဘၣ်★နၢ်ၣ့ၢ်သၢ	sol'id
_solidarity	n.	တၢ်တၖဖှ★တၢ်တကရၢ★တၢ်မၤသကိးဃုာ်တၢ်	sol'i-dar'i-ty
_solidify	v.t.	(မၤ)ကိၢ်လိၣ်ထိၣ်★(မၤ)ဂၢ်ထိၣ်ကျၢၤထိၣ်	so-lid'i-fy
_solidity	n.	တၢ်အမၤ★တၢ်ဒီကိၢ်လိၣ်★တၢ်အကျၢၤ★တၢ်အကီၤ★တၢ်ကိၢ်လိၣ်ဒီဖျၢၣ်ညါ	so-lid'i-ty
_soliloquy	n.	တၢ်ကတိၤဒၣ်အတၢ်ဒၣ်ဝဲ	so-lil'o-quy
_solitary / solitude	a. / a.	(တၢ်)(လၢအ)သၦုၢ်သ(ညီ)(တူၤ)★(ပှၤလၢ)လၢအအိၣ်ထဲတဂၤဧိၤ★(တၢ်လီၢ်)လၢပှၤတလဲၤတဂ့ၤဘၣ်	sol'i-ta-ry / sol'i-tude
_solo	n.	တၢ်သးဝံၣ်လၢပှၤ(ဘၣ်)သးဝံၣ်ထဲတဂၤ	so'lo
_soluble	a.	ပှံၢ်လီၤဟၢမ်လၢအကျၢသ့★လၢပ(ဒွးအီၤ)(ယုသ့ၣ်ညါအဂ့ၢ်)ဘၣ်	sol'u-ble
_solution	n.	ထံလၢတၢ်ဂၤပှံၢ်လီၤဟၢမ်လၢအကျၢ★ကွဲလၢပှၤကူၣ်မၤနၢၤတၢ်ကီတၢ်ခဲ★တၢ်ပှံၢ်ထိၣ်★တၢ်လၢအပှံၢ်ထိၣ်★တၢ်တဲဖျါထိၣ်ကွၤတၢ်အကျဲ	so-lu'tion
_solve	v.t.	(ယု)(မၤ)ၡ့ၢ်တၢ်အစ★ဖးတၢ်(ပိာ်ပှဲ)သ့★ထံၣ်ၡ့ၢ်တၢ်အဂ့ၢ်အခိၣ်ထံးခိၣ်ဘိလၢတၢ်ကဲထိၣ်သးလၢမနုၤအဃိ★ဟာ်ဖျါထိၣ်ဖျါဖျါ★ဒွး(နီၢ်ဂံၢ်)(ကနၢ)(တၢ်သံကွၢ်)	solve
_solvent	a.	လၢအလီၤတုၢ်ကွၢ့ကမၢ်ၡ့ၢ်★(တၢ်)လၢအဒုးပှံၢ်ထိၣ်တၢ်သ့	sol'vent
_sombre	a.	လၢအဟာ်အမဲာ်အုၣ်သပှၢ်★လၢအတကပြုၢ်ကပြီၤဘၣ်★ယၤအၢၣ်ရၢၢ်★ခံးသူ★အၢၣ်အုး★သးအုး★ခၣ်အုးပြိၢ်	som'bre
_some	a.	တနီၤ	some
_somebody	n.	ပှၤတဂၤဂၤ	some'bod-y
_somehow	adv.	လၢကျဲတဘိဘိ	some'how'
_somersault	v.i.	(တၢ်)ကွံာ်ဝၣ်လှၣ်ခိၣ်သၣ်အသး★ကွံာ်ကၠူ★(တၢ်)ဝၣ်လှၣ်ခိၣ်သၣ်	som'er-sault
_something	n.	တၢ်တမံၤမံၤ	some'thing
_sometime	adv.	တဘျီဘျီ★တစုစု★(လၢညါ)တဘျီဘျီ★(လၢခံ)တဘျီဘျီ	some'time
_sometimes	adv.	တစုတဘျီ★တဘျီတဘျီ★တဘျီတခိၣ်★ကူၢ်ဘျီတုၢ်ဘျီ★တဘျီတကုာ်	some'times'
_somewhat	adv.	တစဲၤစဲၤ	some'what'
_somewhere	adv.	(လၢအလီၢ်)တပူၤပူၤ	some'where
_somnambulate	v.i.	ဟးမံဖဲအမအခါ★(ဒုး)ဟး(က)မံဖဲအၤမံအခါ	som-nam'bu-late
_son	n.	ဖိခွါ	son
_son-in-law	n.	မၢ်	son'in-law'
_song	n.	တၢ်သးဝံၣ်	song
_sonorous	a.	(တၢ်ကတိၤ)လၢအသိၣ်လီဟၢ်က★လၢအသိၣ်ဒိၣ်(လၢပကနၣ်မှာ်)★လၢအသိၣ်ထိၣ်ဝဲသၦဲဝဲတၢ်ဒီးအီၤအခါ	so-no'rous
_soon	adv.	တယံာ်တမီၢ်★မိၢ်ကိာ်★တစိၢ်ဖိ	soon
_sooner	a.	ဆိတကွၢ်★ဆိၣ့ၢ်ဒံး	soon'er
_soot	n.	သၦူၤမုၣ်	soot
_soothe	v.t.	မၤမှာ်မၤပၢၤထိၣ်ပှၤအသး★မၤခုၣ်မၤကဘးလီၤပှၤအသး★မၤမှာ်မၤခုၣ်အသး	soothe
_soothsayer	n.	ပှၤလၢအဟီၢ်ဟာ်စၢၤတၢ်	sooth'say'er
_sooty	a.	လၢသၦူၤမုၣ်အီၤလၢအလီၤ★သူကမုၣ်	soot'y
_sop	v.t.	(တၢ်လၢပှၤ)စုၣ်ကဘၣ်လီၤလၢအံထံကျါ★ဆုးထိၣ်★စွံၢ်သံးကွံာ်★စုၣ်လီၤ	sop
_sophisticated / sophistication	a. / n.	(တၢ်)(လၢအ)နၢ်ပၢၢ်တၢ်ဒိၣ်ထိၣ်အကျဲထဲဟိၣ်ခိၣ်တကပၤ★(တၢ်)လၢအယါဃုာ်တၢ်ဂ့ၤဒီးတၢ်တဂ့ၤဒီးစံးဝဲလၢအဂ့ၤ	so-phis'ti-ca'ted / so-phis'ti-ca'tion
_sophistry	n.	တၢ်တဲဖျါထိၣ်တၢ်လၢအတမ့ၢ်ၣ့ၣ်ဒံၣ်မ့ၢ်တၢ်အသိး	soph'is-try
_soporific	a.	(တၢ်)လၢအဒုးမံပှၤ	so'po-rif'ic

267

_sorcerer / sorcery	n. / n.	(တၢ်)(ပှၤလၢအ)မၤကဒါပှၤမဲာ်★(တၢ်)(ပှၤလၢအ)အူတၢ်သမူတၢ်	sor'cer-er / sor'cer-y
_sordid	a.	လၢအဟ်ဖျါအကီၤနၢးမၤ★လၢအဆိကမိၣ်ထဲတၢ်အၢတၢ်သီအဂ္ၤ်★အၢသီနၢးမၤ★ဘၣ်အၢဘၣ်သီ	sor'did
_sore	a.	တၢ်ပူၤလီၢ်★တၢ်ဆါ★ဆါ★လၢအမၤဆါအသး	sore
_sore	adv.	နၢးမၤ	sore
_sorely	adv.	(ဆါ)နၢးနၢးကလာ်★အၢအၢသီသီ★ဒိၣ်ဒိၣ်မုၢ်မုၢ်★ပှဲၤဒီးတၢ်သူၣ်(ကိၢ်သးဂီၤ)(အုးသးအုး)	sore'ly
_sorrow / sorrowful	n. / a.	(လၢအပှဲၤဒီး)တၢ်သူၣ်အုးသးအုး★(လၢအဒုးနဲၣ်ဖျါအ)တၢ်ဘၣ်မိၣ်ဘၣ်မး	sor'row / sor-row-ful
_sorrowfully	adv.	ပှဲၤဒီးတၢ်သူၣ်အုးသးအုး★လၢတၢ်သူၣ်အုးသးအုးအပူၤ	sor'row-ful-ly
_sorry	a.	သးအုး★သူၣ်တမုာ်သးတမုာ်★လၢအလီၤသးကညီၤ	sor'ry
_sort	n.	အကလုာ်	sort
_sort	v.t.	နီၤဖးတၢ်တမံၤလၢတမံၤအလီၢ်	sort
_sortie	n.	တၢ်သဖှိၤဒုးနုၥ်ဒၢဲတဖၣ်လၢအကဝီၤယာ်တၢ်	sor'tie
_sot	n.	ပှၤညီနုၢ်အီမူၤအသးလၢသံးတဂၤ★ပှၤအီသံးဖိတဂၤ	sot
_sough	n.	ကလံၤအူတၢ်သီၣ်ဇ့ၢ်ဇၣ်ဇ့ၢ်ဇၣ်	sough
_soul	n.	သးသမူအထူအယိာ်★ပှၤကညီ★ပှၤလၢအဆူတၢ်★တၢ်သူၣ်ဆူၣ်သးဆူၣ်★တၢ်လၢအအိၣ်ဒီးအသးသမူ★သး	soul
_sound	n.	တၢ်သီၣ်★ထံဒိၣ်စူၤ	sound
_sound	a.	လၢအအိၣ်ဆူၣ်အိၣ်ချ့★လၢအကျၤၤ★လၢအဆူၣ်★(တၢ်မံ)ယိၥ်★လၢအဂ့ၤဝဲဘၣ်ဝဲ	sound
_sound	v.i.	မၤသီၣ်မၤသဲတၢ်★မၤကွၢ်(ထံအတၢ်ယိၥ်)★သီၣ်	sound
_sound	v.t.	ဒုးဟူထီၣ်သါလီၤ	sound
_sour	a.	ဆံၣ်★ဆံၣ်ဘီ★လၢအသးအ့န★လၢအအ့ၣ်ကရဲၣ်	sour
_source	n.	တၢ်အခီၣ်ထံး★တၢ်ဂ့ၢ်အခီၣ်ထံး★ထံကျိအစိၤနါ★ထံထီၣ်ပှၤ★ထံခံ(ကွၥ်စိး)	source
_south	n.	ကလံၤထံး	south
_southeast	n.	ကလံၤထံးမုၢ်ထီၣ်★ဆၢကလံၤထံးမုၢ်ထီၣ်တခီ	south'east'
_southeastward	adv.	ဆၢကလံၤထံးမုၢ်ထီၣ်တခီ	south'east'ward
_southeasterly / southeastern	a. / a.	(လၢ)(ဆူ)ကလံၤထံးမုၢ်ထီၣ်တခီ	south'east'er-ly / south'east'ern
_southerly / southern	a. / a.	ဆူကလံၤထံးတခီ★လၢကလံၤထံး	south'er-ly / south'ern
_southerner	n.	ပှၤလၢအအိၣ်ဆိးလၢကိၢ်ကလံၤထံးတခီ	south-ern-er
_southernmost	a.	(ဆူ)ကလံၤထံးအယံၤကတၢၢ်★အိၣ်ယံၤကတၢၢ်ဆူကလံၤထံးတခီ	south'ern-most'
_southward	adv.	ဆူကလံၤထံးတခီ	south'ward
_southwest	n.	ကလံၤထံးမုၢ်နုၥ်	south'west'
_southwesterly / southwestern	a. / a.	ဆူကလံၤထံးမုၢ်နုၥ်တခီ★လၢကလံၤထံးမုၢ်နုၥ်တခီ	south'west'er-ly / south'west'ern
_southwestward	adv.	ဆူကလံၤထံးအမုၢ်လီၤနုၥ်တခီ	south'west'ward
_souvenir	n.	တၢ်လၢပှၤဟ်ယာ်လၢတၢ်သ့ၣ်နီၣ်ထီၣ်တၢ်အဂီၢ်★တၢ်သ့ၣ်နီၣ်ထီၣ်တၢ်အပနီၣ်	sou've-nir
_sovereign	n.	စီၤပၤ★နီၢ်ပၤမုၣ်★ပှၤဒိၣ်ကတၢၢ်လၢအပၢဘၣ်တၢ်★တီကၢ်ထူတဘ့ၣ်(လၢအကး၁၅ဘး)	sov'er-eign
_sow	v.t.	ဖှံလီၤတၢ်ချံ	sow
_sow	n.	ထိးမိၢ်	sow
_space	n.	တၢ်လီၢ်အိၣ်လီၤပှိၤ★တၢ်လီၢ်အိၣ်လီၤဟိ★ဆၢကတီၢ်(တနံၣ်)★တၢ်လီၢ်	space
_spacious	a.	လၢအလဲၢ်★လၢအတြဲၢ်တၢ်အါ★ဖးလဲၢ်ဖးယိၥ်	spa'cious
_spade	n.	ဘီဆူ★တမှုၢ်	spade
_span	n.	စုထါတထါ	span
_span	v.t.	ထါ(လၢစုထါ)★မၤခီၣ်	span

268

_spangle	n.	(ကယၢကယဲတၢ်ဒီး)တၢ်လၢအကပြီၢ်ကပြီ ★တၢ်ကဘျံဘုသလါဖိလီၤက်ထူဇီၤစ့ဖိၤလၢပှၤကယၢကယဲတၢ်အဂီၢ် ★တၢ်ကပြီၢ်ကပြီ	span'gle
_spank	v.t.	ဒဲ ★လၢ	spank
_spar	v.i.	ထိလိၢ်အသး	spar
_spar	n.	ယၢ်ထူဉ်	spar
_spare / spare expense	a.	(သူစ့)ဧၤ ★(လၢ်ဂၢ်လၢ်ဘၢ)ဧၤ	spare / spare expense
_spare	v.t.	ဟ့ဉ်သူအီၤသ့ ★သးကညီၤပှဲၤပှဲၤကွံာ်တၢ် ★ပျၢ်ဖှဲး ★ပွဲဖှဲး	spare
_spark	n.	မ့ဉ်အူအပှၢ် ★မ့ဉ်အူအဖိ	spark
_sparkle	v.i.	ကပီၤ်လှာ်လ့ ★ကပြီၢ်ကပြီ ★ဆဲးကပြီၢ်ကပြီၢ် ★ကတြံဉ်ကတြိဉ် ★ကပီၤလှၢ်လှၢ်	spar'kle
_sparrow	n.	ထိဉ်ဖှံဖိ	spar'row
_sparse	a.	လၢအအိဉ်ပြံစံပြါစါ ★လၢအဘ့ဉ်တၢ်ဖုံလီၤအီၤဘုတၤလါ ★ဘု ★တအါဘဉ်	sparse
_spasmodic	a.	လၢအမၤအသး(ကျၢ်ဘိုၢ်ကူၢ်ဘိုၢ်)(ကူၤ) ★ဘဉ်ယးဒီးတၢ်ထိဉ်တၢ်ဂီၤ	spas-mod'ic
_spatter	v.t.	(တၢ်)ဖှံဘဉ်စီဉ်တၢ်လၢထံ ★ဝဲးဘဉ်စီဉ် ★ခဲဉ်သူခဲဉ်ဂီၤ ★ကတီၤဟးဂီၤအလၤကပီၤ	spat'ter
_spawn	n.	ညဉ်ဒံဉ် ★နုဉ်ဒံဉ်	spawn
_speak	v.i.	ကတိၤတၢ်	speak
_speaker	n.	ပှၤလၢအကတိၤတၢ်	speak'er
_spear	n.	ဘီ	spear
_special	a.	လၢအဘဉ်တၢ်ဟ်လီၤဆီ ★လၢအလီၤဆီဒဉ်တၢ်	spe'cial
_specialist / specialize	n. / v.t.	(ပှၤလၢအ)ယုသ့ဉ်ညါမၤလိတၢ်ဂ့ၢ်ထဲတမံၤဖိလီၤဆီဒဉ်တၢ်	spe'cial-ist / spe'cial-ize
_specially	adv.	လီၤဆီဒဉ်တၢ်	spe'cial-ly
_specialty	n.	တၢ်(လၢပှၤမၤလိ)လီၤဆီဒဉ်တၢ်	spe'cial-ty
_species	n.	တၢ်အကလုာ်တကလုာ် ★အကလုာ်	spe'cies
_specific	a.	လၢအဟ်ဖျါထိဉ်တၢ်လီၤတံၢ် ★လၢအလီၤဆီဒဉ်တၢ်လၢတၢ်တမံၤအဂီၢ်	spe-cif'ic
_specific	n.	ကသံဉ်လၢအဘဉ်လိာ်လီၤဆီဒဉ်ဒီးတၢ်ဆါတကလုာ်	spe-cif'ic
_specify / specification	v.t. / n.	(တၢ်)တဲဖျါတၢ်လီၤတံၢ် ★(တၢ်)ယၢၤထိဉ်အိဉ်ဖျါလီၤဆီဒဉ်တၢ်	spec'i-fy / spec'i-fi-ca'tion
_specification	n.	တၢ်တမံၤလၢအဘဉ်တၢ်တဲဖျါအီၤလီၤတံၢ် ★တၢ်တဲဖျါတၢ်လီၤဆီဒဉ်တၢ်	spec'i-fi-ca'tion
_specimen	n.	တၢ်အဒိ ★တ(က)(ဘ့ဉ်)(ဖျၢဉ်)လၢ(ပှၤ)(တၢ်)တကလုာ်အကျါ	spec'i-men
_specious	a.	လၢအသိဉ်ဘဉ်ပှၤလၢိသနာ်ကဲ့တဘဉ်ဘဉ် ★အိဉ်ဖျါလီၤက်လၢအဘဉ်(ဘဉ်ဆဉ်တမ့ၢ်ဘဉ်)	spe'cious
_speck	n.	တကဝီၤ ★တပူၤ ★တၢ်(ဘဉ်အၢ)ဆံးကိာ်ဖိ ★တၢ်ကမုံဖိတဖျၢဉ်	speck
_speck	v.t.	မၤဘဉ်အၢ	speck
_speckle	v.t.	ဒုးအိဉ်ဒီးအလွံၢ်စံဉ်ပိဉ်တဖဉ် ★(မၤ)စံဉ်ပိဉ်	speck'le
_speckle	n.	တၢ်စံဉ်ပိဉ်အဖျၢဉ်ဖိ	speck'le
_spectacle	n.	တၢ်ထံဉ် ★တၢ်ကွၢ်ကီလီၤဆီလၢပှၤဟ်ဖျါအီၤတဘ့ိ	spec'ta-cle
_spectacles	n.	မဲာ်ထံကလၤ	spec'ta-cles
_spectacular	a.	လၢအဒုးနဲဉ်ဝဲဒ်သိးကလီၤကမၢကမဉ်ပှၤ ★လၢအဘဉ်ယးဒီးတၢ်(ဒုးနဲဉ်တၢ်)(ထံဉ်)	spec-tac'ular
_spectator	n.	ပှၤကွၢ်ကီတၢ်တဂၤ	spec-ta'tor
_spectre	n.	တၢ်တယဉ်	spec'tre
_speculate / speculation	v.i. / n.	(တၢ်)ကွၢ်ထံဆိကမိဉ်တၢ်ဝးဝး ★(တၢ်)တယၢ်ပွ့ၤတၢ်ဆါတၢ်ဒ်သိးကန့ၢ်ဘျုးဝဲအထီးမိဉ်ထီးန့ၢ်အါအါကလံာ်လၢတၢ်ပွ့ၤတၢ်ကလၤၤထိဉ်ဝဲၤဝဲၤအယိ	spec'u-late / spec'u-la'tion
_speech	n.	တၢ်ကတိၤတၢ်(လၢကမျၢၢ်အမဲာ်ညါ)	speech
_speechless	a.	လၢအတၢ်ကတိၤလီၤကတၢ် ★လၢအအိဉ်တအုဉ် ★လၢအကတိၤတၢ်တသ့ဘဉ် ★အုးအၢ ★လၢအအိဉ်ဘိုဉ်	speech'less
_speed	n.	တၢ်အချ့ ★တၢ်ဘိုဉ်ထိဉ်ညီထိဉ်	speed

269

_speed	v.t.	လဲၤတၢ်ချ့ ★မၤချ့ထီၣ် ★မၤစၢၤအီၤဒံၣ်သိးကလဲၤဆူညါ ★(တၢ်)မၤတၢ်ကဲထီၣ်လိၣ်ထီၣ် ★နုး(က)(ဘီၣ်)ထီၣ် ★မၤစၢၤဘၣ်တၢ်(ဂ့ၤ)	speed
_speedily	adv.	ချ့ချ့	speed'i-ly
_speedy	a.	လၢအ(လဲၤတၢ်)ချ့ ★ချ့ ★ပှၢ်	speed'y
_spell	v.i.	ကွဲးလံာ်လၢထးခိၣ်	spell
_spell	n.	တၢ်ဆူတၢ်သမူတၢ်	spell
_spellbound	a.	လၢအဘၣ်တၢ်ဆူတၢ်သမူ ★လၢအသးစဲဘူးလၢအ(ကွၢ်)(နၢ်ဟူ)မုာ်ဝဲအယိ ★လၢအ(ဘၣ်တၢ်ရဲၢ်နုာ်အီၤ)(အိၣ်လၢတၢ်ဆူတၢ်သမူအစိကမီၤအဖီလာ်)	spell'bound'
_spend	v.t.	မၤလၢာ်ကွံာ် ★လၢာ်ကွံာ် ★သူလၢာ်(ကွံာ်)	spend
_spew	v.t.	ဘိုးထီၣ်	spew
_sphere	n.	တၢ်ဖျၢၣ်သလၢၣ် ★တၢ်(လဲ)(မၤ)တၢရံးတၢ်အကျဲတဝီ ★ဆ့ၣ်တဖျၢၣ် ★တၢ်အတီၤ	sphere
_spherical	a.	လၢအဖျၢၣ်သလၢၣ်	spher'i-cal
_spice	n.	တၢ်နၢမူနၢဆိုလၢအမဝံာ်မၤဘဲထီၣ်ကသူ	spice
_spice	v.t.	မၤဝံာ်ထီၣ်ဒီးမၤနၢမူနၢဆိုကသူ	spice
_spicy	a.	လၢအနၢမူနၢဆိုနၢဝံာ်နၢဆၢဒီးပှဲ	spic'y
_spider	n.	ကပီၤ	spi'der
_spike	n.	ထးပနံာ်ဖးဒိၣ်တဘိ ★ဘုစံၤ ★ထးလၢလပျၢတၢ်ဖးထိတဘိ	spike
_spill	v.i.	လီၤဟ့ၣ်လီၤဆံၣ် ★လီၤလူလီၤဆံၣ် ★လူလီၤဂာ်လီၤ(တၢ်သုံၣ်)(မၤ)လီၤလံာ် ★ဂာ်လီၤလီၤဂာ်	spill
_spin	v.t.	နုးတရံးတၢ် ★လှ၊်(လုၣ်)ယဲၤယာ်ထီၣ်တၢ်ယဲၤ ★လဲၤတၢ်ချ့ချ့	spin
_spindle	n.	လုၣ်ချူၣ်သၣ် ★လုၣ်ထွဲ	spin'dle
_spine	n.	ပျိၢ်ယံ ★(တၤ)(အ)ဆူၣ်ပြံကၤံဖိ	spine
_spineless	a.	လၢအတၢ်သးခုတလှၢ်တအိၣ်ဘၣ် ★လၢအတၤဘၣ်	spine'less
_spinster	n.	မုၣ်ကနီၤ ★ပှုမုၣ်ကနၤ ★ဟိာ်မုၣ်လၢအလှၢ်(သဲ)တဂၤ ★မုၣ်ကနီၤသးပှၢ်	spin'ster
_spiny	a.	လၢအအိၣ်ဒီး(တၤ)(အ)ဆူၣ်ပြံကၤံလၢအလဲ ★လၢအကီ	spin'y
_spiral	a.	လၢအကွံာ်ထီၣ်သဝံးအသး ★လၢအကွီၤသဝံးအသးတဝီဘၣ်တဝီလံာ်ထီၣ်လံာ်ထီၣ် ★လၢအကွံာ်သဝံးအသး ★(ကွံၣ်)သဝံး ★(ကွံၣ်)ပတ်ာ်	spi'ral
_spirally	adv.	လၢအကွီၤသဝံးအသးလံာ်ထီၣ်လံာ်ထီၣ် ★ကွံၣ်သဝံးအသး	spi'ral-ly
_spire	n.	တၢ်အဖျိၣ်ဖးထိ ★တပာ်အလၣ်တဘ့ၣ် ★တၢ်လၢအကွံၣ်သဝံးအသး	spire
_spirit	n.	သး ★တၢ်သးခုတလှၢ် ★တၢ်သးဆူၣ် ★တၢ်သးဂဲၤ ★တၢ်ဟ်အသး ★အခီပညီနိၢ်ကံၢ် ★တၢ်တယာ် ★သးစီဆှံ ★သံး ★(တၢ်ထုးထီၣ်)ဂၢ်ဘါ ★တၢ်သးဖုံ ★တၢ်သးဒူ	spir'it
_spirit	v.t.	သဆၣ်ထီၣ်အခံ ★ယှၢ်စိၢ်ခူသူၣ်ကွံာ်	spir'it
_spirited	a.	လၢအသးဆူၣ် ★လၢအသးဂဲၤ ★လၢအသးဒူ	spir'it-ed
_spiritless	a.	လၢအသးတဂဲၤဘၣ် ★အသးတဖုံဘၣ်	spir'it-less
_spiritual	a.	ဘၣ်ဃးဒီးသး	spir'it-u-al
_spirituality	n.	တၢ်ဘၣ်ဃးဒီးသး	spir'it-u-al'i-ty
_spiritualize	v.t.	မၤစီထီၣ်ဆှံထီၣ် ★နုးဘၣ်ဃးအီၤလၢသး	spir'it-u-al-ize
_spiritually	adv.	ဘၣ်ဃးဒီးသးတခီ ★လၢသးတခီ	spir'it-u-al-ly
_spit	v.t.	ထုးပ့ာ်(ကွံာ်)	spit
_spit	n.	တၢ်ထုးပ့ာ်တၢ် ★ထုးပျၢထံ ★နိၣ်(တုၢ်)(ဆ့)(ကၣ်) ★(သိၣ်)(မဲၤစၢ်ခိၣ်)အံၣ်ကိာ်ဖိသလံာ်လီၤအသးဆူပီာ်လဲၣ်ပူ	spit
_spite / spiteful	n. / a.	(လၢအ)(တၢ်)သးအိၣ်ဟ့ၣ်ကၣ်ဆၢတၢ်အၢ ★(လၢအ)(တၢ်)သးကါတၢ် ★(တၢ်)(လၢအ)သးကၣ်တၢ်	spite / spite'ful
_in spite of		(တြီ)သနၢ်က့	in spite of
_spittle	n.	ထုးပျၢထံ	spit'tle
_splash	v.t.	(ဝဲး)ဘၣ်အၢ ★ထံစံၣ်ဖိုးထီၣ် ★(ပဲ)ဘၣ်အၢ ★ဖံဘၣ်အၢ ★ဝဲး ★ထံအသိၣ်ပျုၤပျုၤ	splash
_spleen	n.	ကမိ ★တၢ်သးဒိၣ် ★တၢ်သုၣ်ထီၣ်သးဟ့	spleen

270

_splendid	a.	ယံဒိၣ်လၢဒိၣ်★ဂ့ၤဖးဒိၣ်★ကပြုၢ်ကပြီၤ★ဒိၣ်ဒိၣ်မှၢ်မှၢ်★လီၤကဟုကညီၢ်★ လီၤဘီလီၤမှၢ်	splen'did
_splendor	n.	တၢ်ယံဒိၣ်လၢဒိၣ်★တၢ်ကပြုၢ်ကပြီၤ★တၢ်လီၤဘီလီၤမှၢ်	splen'dor
_splice	v.t.	ထိစဲဘူးတၢ်★ဒုးစဲဘူး★ပိၤစဲဘူးဒီးဒုးထိဒိၣ်ဖျဲ	splice
_splint	n.	သ့ၣ်ခီဘၣ်ပကီၤယာ်တၢ်(စုကၢ်ခီၣ်ဖျံး).သ့ၣ်ဘၣ်ခီဘူသလၢဖိလၢတၢ်ထူသူ ပှၤစုကၢ်ခီၣ်ကၢ်အဂီၢ်	splint
_splinter	n.	(သ့ၣ်ဖးဆူ)(တၢ်)အကုၢအခီ★တၢ်အကုၢဖးထိဖိအခီ	splin'ter
_splinter	v.t.	တိသ့ၣ်ဖး	splin'ter
_split	v.i.	(တၢ်)(လၢအ)သ့ၣ်ဖး★မၤသ့ၣ်ဖး★လီၤမှၢ်ပြုၢ်ပြါ★သ့ၣ်ဖးဆူအကုၢအခီ★ ပိၢ်ဖး★တိသ့ၣ်ဖး★ကျိၤသ့ၣ်ဖး	split
_splutter	v.i.	ကတိၤတၢ်ချုးချုးဒူးလၢအတဖျါအါအါဘၣ်	splut'ter
_spoil	v.t.	(မၤ)ဟးဂီၤ★ဆူၣ်သံ	spoil
_spoil	n.	တၢ်လၢပၤဂုာ်ဆူၣ်ဖိုဆူၣ်နုၢ်အီၤ	spoil
_spoke	n.	(ထး)(သ့ၣ်)အဘိလၢအပၢၢ်တကၢလုၣ်ဖံဘၣ်★(လုၣ်)(ကဟၣ်)အဒၢး	spoke
_spokesman	n.	ပှၤလၢအတိၤနၢ်ခဲတၢ်လၢပှၤဂၤအဂီၢ်	spokes'man
_spoliation	n.	တၢ်ဂုာ်ဆူၣ်ဖိုဆူၣ်တၢ်	spo'li-a'tion
_sponge	n.	ကူၤပီၣ်လဲၣ်	sponge
_sponge	v.t.	ထွါကွံာ်တၢ်လၢကူၤပီၣ်လဲၣ်	sponge
_spongy	a.	လၢအဆူးထိၣ်တၢ်သ့★လၢအစၢ်ကဟုာ်ဒီးပှဲၤဝဲဒီးအပူၤပြၢၤဖိ★ လီၢ်က်ကူၤပီၣ်လဲၣ်★မၤအသးကအိၣ်ကသိ	spon'gy
_sponsor	n.	ပှၤလၢအအုၣ်ခီၣ်အသးလၢ(ပှၤအဂီၢ်)(ဖိသၣ်ဆံးအဂီၢ်)	spon'sor
_spontaneity / spontaneous	n. / a.	(လၢအ)(တၢ်)ကဲထိၣ်ဒၣ်ဝဲ★(တၢ်)(လၢအ)သးအိၣ်ဒၣ်ဝဲ	spon'ta-ne'i-ty / spon-tan'e-ous
_spook	n.	တၢ်တယၣ်★တၢ်မှၢ်တၢ်ယၢ်★တၢ်ဝံတၢ်နါဖိ	spook
_spool	n.	လုၣ်ချံၣ်သ့ၣ်★လုၣ်ချုၣ်သၣ်★လုၣ်ချံၣ်အလဲ	spool
_spool	v.t.	ချံၣ်လုၣ်★ဘးလုၣ်	spool
_spoon	n.	နီၣ်ဘ္ဘ	spoon
_sporadic	a.	လၢတၢ်ထံၣ်နှၢ်လၢအအိၣ်လၢအလီၢ်တပူၤဒီးတပူၤစိၤစုၤလိာ်အသးယံၤမး★ လၢအမၤအသးဖဲအံၤတပူၤဖဲနှၣ်တပူၤ★လၢအအိၣ်တဂၤတပူၤ	spo-rad'ic
_spore	n.	တၢ်ချံပြၢးခံ	spore
_sport	n.	တၢ်လိာ်ကွဲ★တၢ်လၢအမၤသူၣ်ဖုံသးညီပှၤ★တၢ်ကတိၤလိာ်ခိၣ်လိာ်ကွဲတၢ်★ (တၢ်)နုၣ်ခွဲၣ်ပယွဲ	sport
_sportsman	n.	ပှၤလိာ်ကွဲအသ့ဝၤ★ပှၤလၢအသူၣ်လီၤသးဘျုသ့ၣ်လၢ်သးလၢ် (လၢတၢ်လိာ်ကွဲအပူၤ)တဂၤ	sports-man
_sportsmanship	n.	တၢ်သူၣ်လီၤသးဘျုသ့ၣ်လၢ်သးလၢ်(လၢတၢ်လိာ်ကွဲအပူၤ)★တၢ်လိာ်ကွဲတၢ်သ့	sports'man-ship
_spot	n.	တၢ်လီၢ်တကဝီၤ★တၢ်ဘၣ်အၢတကဝီၤ★တၢ်ကမၣ်★တၢ်ပနီၣ်ဆံးကိာ်ဖိ	spot
_spot	v.t.	မၤဘၣ်အၢ	spot
_spotless	a.	လၢအတၢ်ဘၣ်အၢတအိၣ်★လၢအတဘၣ်အၢ★ကဆှီ★လၢတၢ်ဟ်တၢ်ကမၣ် လၢအလီၤအလီၢ်တအိၣ်	spot'less
_spotted	a.	လၢအ(ကံၣ်)စံၣ်ပိာ်★ကံၣ်ယွာ်ကံၣ်(ယာ်)(မှာ်)★စံၣ်ပိာ်	spot'ted
_spouse	n.	မါ★ဝၤ	spouse
_spout	v.i.	ဆဲးဖျးထိၣ်★ဆဲပျုထိၣ်	spout
_spout	n.	ထံမိၤကျိအနိးထိးနၢ်★တၢဖါတပၢၤဖါအနိး★ထံသဝံးလၢအထိၣ်ဆူမုခိၣ်	spout
_spout	v.t.	ကတိၤဒိၣ်အကိာ်	spout
_sprain	v.t.	ထူးဖှ့ၣ်ဆၢတၢ်အထူၣ်အပျ်အကၢ်အဂၢ(ဒီးဆါနၤးမး)★အထူၣ်ဖှ့ၣ်ဆၢ★ အထူၣ်(ဘၣ်တၢ်ဖ်ထူးဒီး)သံးအသး	sprain
_sprawl	v.i.	လီၤယံၤအိၣ်ပှိုစူၣ်သးဒံနူၣ်အသိး★စွဲစူၣ်စူၣ်ခိၣ်	sprawl
_spray	n.	ထံဖုံ★ဖိအကဒိၣ်ဆံးဆံးဖိ★သ့ၣ်ဒ့ဆံးကိာ်ဖိတဒ့	spray
_spray	v.t.	ဖုံဘၣ်စိၣ်	spray
_spread	v.i.	သလၣ်လီၤ★ဒုးဟူထိၣ်သါလီၤ★ဒါလီၤ★(မၤ)လၢ်ထိၣ်	spread

_spread	n.	လီၢ်မဲၢ	spread
_spree	n.	တၢ်မၤသးဖဲအသးဖဲအီၤသံၣ်မ့ၤအခါ ★တၢ်အီၤသံၣ်အီၣ်မ့ၤ အီၣ်ဒီးတၢ်မၤသူၣ်ဖဲသးညီအသး	spree
_sprig	n.	ဒ့ဖိတဒ့ ★သ့ၣ်ဒ့ဆံးကိာ်ဖိတဒ့	sprig
_sprightly	a.	ပှၢ်ပှၢ်ချ့ချ့ ★တၢ်လၢတလုာ်★လၢသူၣ်ဖဲသးညီအပူၤ★လၢအသူၣ်ဖဲသးညီ	spright'ly
_spring	v.i.	စံၣ်ထိၣ် ★စံၣ်သဖှါထိၣ် ★ပထါအသး ★လီၤစၢၤလီၤသ့ၣ်★ ကဲထိၣ်အသးအစံၣ်ထံး ★စံၣ်သဖှံး ★ခးပတ့ၤအသး	spring
_spring	v.t.	ဒုးကဲၤကပီၤထိၣ်တၢ်သတူၢ်ကလာ်★ဒုးဝံၢ်ဆျါတၢ်	spring
_spring	n.	ထံမူ ★တၢ်ဝံၢ်ဆျါထိၣ်ဝံၢ်ဆျါလီၤ ★တၢ်ပထါထိၣ်ပထါလီၤအသး ★ တၢ်မဲထိၣ်အခါ	spring
_springy	a.	လၢအပထါထိၣ်ပထါလီၤအသးသ့ ★လၢအဝံၢ်ဆျါထိၣ်ဝံၢ်ဆျါလီၤအသးသ့ ★ လၢအယှၣ်ထိၣ်အသးဒီးသံးကတူၢ်လီၤကွၤအသးသ့ ★ဘၣ်စိၣ်	spring'y
_sprinkle	v.t.	ဖုံလၢထံ	sprin'kle
_sprint	n.	တၢ်ယွၢ်သလူၤ ★တၢ်(ယွၢ်)(ဝၢ်)လာ်သးလၢအချ့ဒီးတၢ်ဒ့ၣ်စၢၤတဖၣ်ယံၢ်ဘၣ် ★ တၢ်ယွၢ်တသ့ဖး	sprint
_sprite	n.	မုၢ်ယါ ★တၢ်ဝံတၢ်နါ ★တၢ်တယၣ် ★တၢ်မုၢ်တၢ်ယၢ်	sprite
_sprout	v.i.	(တၢ်)မဲထိၣ်သီ ★ဟဲမဲထိၣ် ★(တၢ်)ချ့ၣ်နူၤထိၣ် ★(တၢ်)ဒီးပ့ၣ်ထိၣ်ကွ့ၤ ★ ဟဲစိၤပှၢ်ထိၣ်	sprout
_spry	a.	ပှၢ်ချ့	spry
_spume	n.	တၢ်အသဘုံ	spume
_spume	v.i.	သဘုံထိၣ်	spume
_spunk	n.	တၢ်သးဒူ ★တၢ်သးခုတလှၢ် ★သ့ၣ်လၢ(အကျၢၣ်ကအိၣ်သိၣ်လၤ) မ့ၣ်အူၤအီၣ်အီၤညီ	spunk
_spur	n.	(ဆီ)(တၢ်)အခိၣ်ဆူၣ် ★ကစၢၢ်အဒ့အတြၢ ★နီၣ်ဆဲး	spur
_spur	v.t.	(တၢ်လၢအ)သဆၣ်ထိၣ်တၢ်အခံ ★ဆဲးတၢ် ★တကျၢထိၣ်ကသ့ၣ်	spur
_spurious	a.	လၢအမ့ၢ်တၢ်အကဘျုးကဘျၣ် ★တမ့ၢ်အတီဘၣ် ★ တမ့ၢ်တၢ်လၢအမ့ၢ်အတီဘၣ်	spu'ri-ous
_spurn	v.t.	ညိကွံာ်အီၤအိၣ်ဒီးတၢ်သးဘၣ်အၢ ★ထူဟးထိၣ်ကွံာ်အီၤ ★ စူးကွံာ်ညိကွံာ်အီၤလၢတၢ်သးထိၣ်ထါအပူၤ	spurn
_spurt	v.i.	(ထံ)ဟဲဖှံးထိၣ် ★ဆဲးဖှံးထိၣ်အသး	spurt
_spurt	n.	တၢ်ထုးဂၢ်ထုးဘါသတူၢ်ကလာ်လၢတစိၢ်ဖိအတၢ်ပူၤ	spurt
_sputter	v.i.	ကတိၤတၢ်ချံးချံးဒူးဒူးတပံၢ်တကျၢဘၣ် ★ကတိၤတၢ်ထူးပျူၤထံဖှံးထိၣ်	sput'ter
_spy	n.	ပှၤကွၢ်ဟုၣ်တၢ်	spy
_spy	v.t.	ကွၢ်ဟုၣ်ကွၢ်စူးတၢ်	spy
_squab	n.	ထိၣ်လွံၢ်ဖိ ★ထိၣ်ဖိလၢအဆူၣ်အံးတဒံးဘၣ် ★ကၤကွံၢ်ဖိ	squab
_squab	a.	(ပှၤ)ဘီၣ်ဒီးဖုၣ် ★(ပှၤ)ဘီၣ်ပဆုးဒုး ★ထုၣ်ဘီၣ်လၢကုၤ	squab
_squadron	n.	သုးတဖု ★ကဘီဒုးသုးတဖု	squad'ron
_squalid	a.	ဘၣ်အၢဘၣ်သီ ★အိၣ်ထဲအယံာ်အပုၤ	squal'id
_squall	n.	ကလံၤအူၤထိၣ်တၢ်သတူၢ်ကလာ်ဆူၣ်ဆူၣ်ကလာ်	squall
_squall	v.i.	(တၢ်)ဟီၣ်ပသူ ★(တၢ်)ကဲၤပသူ	squall
_squander	v.t.	မၤလၢာ်ဂီၤကွံာ် ★မၤလၢာ်တၢ်ကလီကလီ ★လၢာ်တၢ်ကြီကြီ ★ မၤလၢာ်တၢ်အါအါဂီၢ်ဂီၢ်ကလီကလီ	squan'der
_square	n.	တၢ်လၢအအိၣ်ဒီးအကပၤလွံၢ်ကပၤတုၤသိးလိာ်အသးဒီးအနၢၣ်ဘျၤ ★လွံၢ်နၢၣ်	square
_square	a.	လၢအတီအလိၤ	square
_square	v.t.	(မၤဘၣ်)(ဒီလီၤ)ကွၤစ့စရီ ★မၤယူလိာ်(အတၢ်မၤဒီးပုၤဂၤအတၢ် ဆိကမိၣ်တၢ်လၢအဂ့ၢ်) ★ယူလိာ်ဖိးလိာ်အသး	square
_squash	v.t.	ဆီၣ်တံၢ်သဘုံးကွံာ်တၢ် ★မၤသဘုံး ★မၤလီၤကလဲ	squash
_squash	n.	ဒံသၣ်တကလုာ်	squash
_squat	v.i.	ဆ့ၣ်နီၤတစီၤခိၣ်	squat
_squaw	n.	ပိာ်မုၣ်(လၢပှၤဂီၤဖံးဖိလၢကီၢ်အမဲရကၤလံၤစီၤအကျါ)	squaw

_squawk	v.i.	ကိးအကလုၢ်ယဲကအဲးဆူၣ်မိၤဃီၤဒ်ဆီအသိး	squawk
_squeak / squeaky	v.i. / a.	(လၢအ)သီၣ်ယဲကအဲး★(လၢအ)သီၣ်စွံးစွံး	squeak / squeak'y
_squeal	v.i.	သီၣ်ကျွကျွ★သီၣ်ကွံကွံ	squeal
_squeamish	a.	လၢအသးဘၣ်အၢတၢ်ဒီးအသးက(လဲၤ)(နၢ်ထီၣ်)ထီၣ်ညီ★ လၢပမၤဘၣ်အသးကီ	squeam'ish
_squeeze	v.t.	စိၤတံၢ်★စံၢ်တၢ်★ယ့ဆူၣ်ယ့စိး★ဆံးထီၣ်ကွံာ်အထံ★စံၢ်ထီၣ်ကွံာ်★ ဆီၣ်တနံး	squeeze
_squint	v.t.	ဘံၣ်ဆံးအမဲာ်★ကွၢ်တကျ့တၢ်	squint
_squirm	v.i.	ပလံာ်ကံးကူးအသး★ဝံာ်ပကံးပကးအသး★တလ့ၣ်ကံးကူးအသး★ စွါကံးကူးပတ့ၤပတိၤအသးဒ်တံၤတ့ၤအသိး	squirm
_squirrel	n.	လံၣ်ပအိ	squir'rel
_squirt	v.t.	ဆဲးဖိုးထီၣ်အသး★ဖျိုးထီၣ်ဆူၣ်★ဖိုးထံ	squirt
_squirt	n.	နီၣ်ဖိုးထံ	squirt
_stab	v.t.	ဆဲး(လၢဒီ)	stab
_stability	n.	တၢ်အိၣ်ဂၢ်တပၢ်	sta-bil'i-ty
_stabilize	v.t.	ဒုးအိၣ်ဂၢ်တပၢ်	stab'i-lize
_stable	n.	ကသ့ၣ်အဟံၣ်	sta'ble
_stable	a.	လၢအဂၢ်အကျၢ★လၢအအိၣ်ဂၢ်တပၢ်	sta'ble
_stack	v.t.	ပူၣ်ထီၣ်(ဘုလီၢ်)★(လံာ်)ဟ်ဒီကစီာ်လီာ်အသးတဘ့ၣ်ဘၣ်တဘ့ၣ်	stack
_stack	n.	(ဘုလီၢ်)တပူၣ်	stack
_staff	n.	နီၣ်ထိးဘိ★ပှၤလၢအကဲခိၣ်ကဲနၢ်တဖု★ပှၤမၤတၢ်ဖိတဖု	staff
_stag	n.	တၤဃီၤဖါ	stag
_stage	n.	တၢ်ဂဲၤကလံၣ်အပျ့ၢ်စီၢ်★တၢ်တပတီၢ်★တတီၤ★တၢ်အိၣ်ကတီၢ်အလီၢ်	stage
_stagger	v.i.	ဟးကနူၤကပၤ★ဟးဒ့ခံဒ့ကပၤ	stag'ger
_stagnant	a.	လၢအအိၣ်ဂၢ်တပၢ်★(ထံ)တကဆှီလၢအအိၣ်ဂၢ်တပၢ်အဃိ★တဟူးတဂဲၤ	stag'nant
_stagnate / stagnation	v.i. / n.	(တၢ်)အိၣ်ဂၢ်တပၢ်★(တၢ်)ဘၣ်အၢထီၣ်လၢအအိၣ်ဂၢ်တပၢ်အဃိ★ တၢ်တဟူးတဂဲၤ	stag'nate / stag-na'tion
_staid	a.	သမုံၤသပှၢ်★သညူးသပှၢ်	staid
_stain	v.t.	ဘၣ်အၢဒီးတၢ်အလွဲၢ်လၢအပျာ်လီၤလၢအလိၤ★ကတိၤဟးဂီၤပှၤအလၤကပီၤ★ မၤဘၣ်အၢ	stain
_stair	n.	ဃီ★ဃီသွါတသွါ	stair
_stake	n.	တၢၣ်★တၢၣ်လၢတၢ်ပနီၣ်အဂီၢ်★တၢ်ဘၣ်ယိၣ်အလီၢ်★တၢ်လၢတၢ်တၤအီၤ	stake
_stake	v.t.	ပနီၣ်တၢ်အလီၢ်လၢတၢၣ်★တၤတၢ်	stake
_stale	a.	လီၢ်လံၤတ့ၤပအိၣ်တဘဲ★နၢဆံဘီ★ထိၣ်အုး(ထိၣ်ဃး)	stale
_stalk	n.	တၢ်အမုၢ်ကျၢ်★တၢ်အဘိ★တၢ်အဒ့ၣ်	stalk
_stalk	v.t.	စီၤကွၢ်တၢ်ကဃီကဃီ★ဟးသအီးသအီး★စီၤ(ဆၣ်ဖိကီၢ်ဖိ)	stalk
_stall	n.	(ဟ်လၢ)ဆၣ်ဖိကီၢ်ဖိအကပိၤ★တၢ်ဆါတၢ်ပှၤအလီၢ်	stall
_stall	v.t.	ဝံာ်သံဘၣ်စဲးလၢတၢ်တဟ်သး★(လၢတၢ်တဟ်သးအပူၤ)ဒုးအိၣ်ကတီၢ် ဘၣ်မ့တမ့ၢ်တြီဘၣ်★စဲး(သံ)(အိၣ်ကတီၢ်)လၢတၢ်တဟ်သးဘၣ်အပူၤ	stall
_stallion	n.	ကသ့ၣ်ဖါ★ကသ့ၣ်တံၢ်	stal'lion
_stalwart	a.	ဆူၣ်★ဂံၢ်ဆူၣ်ဘါဆူၣ်★လၢအအိၣ်ဒီးသးခုတလ့ၢ်★ဒိၣ်ထိဒီးဆူၣ်★လၢအဒု	stal'wart
_stamen	n.	ဖီအဖါအအီက်လၢအဒုးကဲထီၣ်တၤသၣ်	sta'men
_stammer	v.i.	ကတိၤတၢ်အုးအး★ကတိၤတၢ်ကတိာ်တိာ်ကတာ်တာ်	stam'mer
_stamp	v.t.	ဆှၣ်အခီၣ်★ဒိပနီၣ်တၢ်★ဒုးတိၢ်နု့ၢ်ဖံးယာ်တၢ်★ဆဲးထုအခီၣ်★(နီၣ်) စဲပနီၣ်တၢ်	stamp
_stamp	n.	တၢ်ဂီၤခိၣ်★နီၣ်ဒိပနီၣ်တၢ်★တၢ်ဆှၣ်အခီၣ်တဘီ★တၢ်ပနီၣ်★အကလုာ်	stamp
_stampede	v.i.	ဖုးဒီးယ့ၢ်ကွံာ်သတူၢ်ကလာ်လၢတၢ်ပျံၤအဃိလၢအဖုအဂီၢ်	stam-pede'
_stanch	v.t.	ဒုးတှာ်ကွံာ်အသွံၣ်	stanch
_stanch	v.i.	(အသွံၣ်)တှာ်ဝဲ	stanch

_stanch	a.	သးတီ	stanch
_stand	v.i.	ဆၢထၢၣ်★အိၣ်★တုၢ်တၢ်★(တၢ်)ဟ်ဂၢၢ်ဟ်ကျၢၤအသး★ဒီးဘၣ်(တၢ်သမံသမိးအီၤ)	stand
_stand	n.	တၢ်ဆၢထၢၣ်အလီၢ်★ပှဲစီၢ်★တၢ်ဆါတၢ်ပှ့ၤတၢ်အလီၢ်အကျဲ★စီၢ်နီၤခိၣ်ဖိ★တၢ်တိၣ်ထိၣ်တၢ်အလီၢ်	stand
_stand by		မၤစၢၤ★ကဟုကယာ်	stand by
_stand on		သန့ၤထိၣ်အသး	stand on
_stand up for		မၤစၢၤ★ဆူၣ်အသးလၢတၢ်အဂီၢ်	stand up for
_standard	a.	လၢပှၤညီနုၢ်သ့ုဝဲ★လၢအမ့ၢ်ပနိၣ်စံၣ်ညိၣ်လၢအကြၢး((မၤ))ဝဲအသိး★(တၢ်အဒိ)လၢပနိၣ်ဟ်လီၤဝဲ	stand'ard
_standard	n.	တီၤ★တၢ်ပနိၣ်★လှ့ၣ်	stand'ard
_standing	n.	တၢ်ဆၢထၢၣ်★အကတီၢ်★အတုၢ်အကီၤ★အတီၤ	stand'ing
_standing	a.	ထူၣ်ကလာ်★တယွၤဘၣ်★ဂၢၢ်ကျၢၤ	stand'ing
_standpoint	n.	တၢ်ဆိကမိၣ်လၢတၢ်တမံၤအဂ့ၢ်အတၢ်သးဂဲၤဒ့ၣ်ဒုးဆိကမိၣ်အီၤအသိး	stand'point'
_staple	n.	ထးကုၣ်ကျိုအိၣ်ဒီးအခိၣ်စှုခံလိာ်★အမိၢ်ပှၢ်★သိဆ့ၣ်,ဘဲဒီးရိၣ်(ပနီၢ်အလှၤ)	sta'ple
_staple	a.	လၢအမ့ၢ်တၢ်အမိၢ်ပှၢ်လၢအကဲထိၣ်လၢကီၢ်တဘ့ၣ်အပူၤ★လၢအဒိၣ်အမုၢ်★လၢအအၢ	sta'ple
_star	n.	ဆၣ်★ပှၤဂဲၤကလံၣ်လၢအမံၤဟူသၣ်ဖျါတဂၤ	star
_starch	n.	ကီၣ်အထံလၢတၢ်မၤဆိုၣ်ထိၣ်တၢ်ကံးညၥ်	starch
_stare	v.i.	ကွၢ်စူၣ်တၢ်★ကွၢ်ထံတၢ်★ကွၢ်ကျိၣ်တၢ်	stare
_stark	a.	(ပျုၢ်)နိၢ်ကိၢ်★လီၤတံၢ်လီၤဆဲး★ထဲဒၣ်★ဆိုၣ်(ရိၣ်)★ဆူၣ်	stark
_start	v.i.	(တၢ်)စးထိၣ်★(ထိၣ်)(တၢ်)ဂဲၤထၢၣ်★(တၢ်)မၤဖုးအီၤ	start
_startle	v.t.	မၤဖုးသံပျၢ်ၢ်သံ	star'tle
_starve / starvation	v.i. / n.	(တၢ်)လီၢ်ဒိသံ★(တၢ်)(မၤ)ဝံၢ်သံလီၤဒိ	starve / star-va'tion
_state	v.t.	ကတိၤဖျါထိၣ်★တဲဖျါထိၣ်	state
_state	n.	ထံကီၢ်★ကီၢ်ဖိ★တၢ်အိၣ်အသးဒၣ်အံၤဒ်နၤ★အတီၤ★တၢ်ကပြုၢ်ကပြီၤ	state
_statecraft	n.	တၢ်သ့ပၢတၢ်ပြးတၢ်★(တၢ်ကူၣ်သ့ဘၣ်ဃး)တၢ်ပၢထံပၢကီၢ်	state'craft'
_stately	a.	လၢအလီၤဘီလီၤမုၢ်★အဒိၣ်အထီ★လၢအဒိၣ်အမှၢ်	state'ly
_statement	n.	တၢ်တဲဖျါထိၣ်တၢ်★ရဲၣ်ဖီး★တၢ်တဲဖျါထိၣ်စ့စရီအဂ့ၢ်★တၢ်စံးဖျါထိၣ်ကတိၤဖျါထိၣ်တၢ်★တၢ်ဟ်ဖျါထိၣ်တၢ်အဂ့ၢ်	state'ment
_statesman	n.	(ပှၤ)(ပဒိၣ်)သ့ပၢတၢ်ပြးတၢ်တဂၤ★ပဒိၣ်လၢအကူၣ်ဘၣ်ကူၣ်သ့တဂၤ★ပှၤလၢအနၢ်ပၢၢ်တၢ်ပၢတၢ်ပြးအဂ့ၢ်	states'man
_station	n.	တၢ်(အိၣ်ကတၢၢ်)အလီၢ်★အတီၤ★တၢ်ဖံးတၢ်မၤအလီၢ်အကျဲ	sta'tion
_station	v.t.	ဟ်လီၤန့ၢ်အီၤအလီၢ်အကျဲ	sta'tion
_stationary	a.	လၢအအိၣ်ဂၢၢ်တပၢၢ်★လၢအတသုးအလီၢ်ဘၣ်	sta'tion-a-ry
_stationery	n.	(စးခိ)(မဲၣ်ထံ)(ထိၣ်ဒံး)(တၢ်)လၢပှၤလိၣ်ဝဲလၢတၢ်ကွဲးတၢ်အဂီၢ်	sta'tion-e-ry
_statistics	n.	နီၣ်ဂံၢ်လၢအဟ်ဖျါထိၣ်တၢ်တမံၤဒီးတမံၤအံၤဆံးအါဆံးအါ★တၢ်ကွဲးနီၣ်ကွဲးယါ(အိၣ်ဒီးနီၣ်ဂံၢ်တဖၣ်လၢအဒုးနဲၣ်တၢ်အိၣ်ဆံးအါဆံးအါစရီ)	sta-tis'tics
_statuary	n.	တၢ်ဂီၤတဖၣ်လၢတၢ်စီးဖှူၤန့ၢ်ဝဲ	stat'u-a-ry
_statue	n.	တၢ်ဂီၤတၢ်ဖီၣ်လၢပှၤ(စီးဖှူၤ)(သိ)န့ၢ်အီၤ	stat'ue
_stature	n.	(နီၢ်ခိ)အတၢ်ဒိၣ်တၢ်ထီ★အကစီၤထိၣ်	stat'ure
_status	n.	တၢ်အိၣ်အသးဒ်အံၤဒ်နၤ★အလီၢ်အလၤ★အတီၤ	sta'tus
_statute	n.	ဆူးပနုၣ်★တၢ်သိၣ်တၢ်သီ	stat'ute
_staunch	a.	လၢအသးတီပှၤ★လၢအသးတီဒီးအသးဆူၣ်	staunch
_stave	n.	နိၣ်(တီၢ်)(ထိးဘိ)	stave
_stave in		ဆဲးထူၣ်ဖို	stave in
_stave off		သုးယံာ်ထိၣ်(တၢ်ကီလၢအကဘၣ်ပှၤ)အဆၢကတီၢ်★(နိၣ်ကွံာ်)(ဆိၣ်ကွံာ်)(တြီကွံာ်)တၢ်တစိၢ်	stave off

_stay	v.i.	အိၣ်★အိၣ်ဆိး★(တၢ်)(ဒုး)အိၣ်ကတီၢ်★အိၣ်တ့ၢ်★မၤစၢၤတၢ်★(နီၣ်)တိၢ်ထီၣ်တၢ်★(နီၣ်)ပၢ်ထီၣ်တၢ်★အိၣ်ခိး★တြီ	stay
_stay	n.	တၢ်အိၣ်ဝဲဆိးဝဲ(တစိၢ်တပနာ်)★ပျံၤ(ထး)လၢကမၤစၢၤယၢ်ထူၣ်အဂီၢ်	stay
_stead	n.	အခၢၣ်စး★တၢ်ဘျုး★(ပှၤဂၤ)အလီၢ်★မၤစၢၤ	stead
_steadfast	a.	ဂၢ်ကျၢၤ★သူၣ်ဂၢ်သးကျၢၤ	stead'fast
_steadily	adv.	ဒ်သိးသိးထီဘိ★လဲၤဒၣ်အသးထဲလီၢ်လီၢ်ထဲလီၢ်လီၢ်★တဟူးတဝးဘၣ်★ဂၢ်ဂၢ်	stead'i-ly
_steady	a.	ဂၢ်★လၢအတဟူးတဝးဘၣ်★လၢအတကဲၢ်ကဒါဘၣ်★လၢအမၤဒၣ်အသးထဲလီၢ်လီၢ်ထဲလီၢ်လီၢ်★(ဒုး)အိၣ်ဂၢ်★လၢအဒ်သိးလိာ်အသး	stead'y
_steak	n.	တၢ်ညၣ်တကဘျံးလၢတၢ်က(ကၣ်)(ဆဲးသိ)ဝဲအဂီၢ်	steak
_steal	v.t.	ဟုၣ်တၢ်★လဲၤပူၤကွံာ်ကစုၢ်	steal
_stealth	n.	တၢ်ခုသူၣ်★တၢ်(မၤတၢ်)ကစုၢ်★တၢ်မၤခုသူၣ်တၢ်	stealth
_stealthily	adv.	ခုသူၣ်ခုလံာ်★ကစုၢ်★လၢတၢ်ခုသူၣ်အပူၤ	stealth'i-ly
_stealthy	a.	(လၢအမၤ)ခုသူၣ်တၢ်★(လၢအမၤ)ကစုၢ်တၢ်★လၢအအိၣ်ဒီးတၢ်လီတၢ်ဝ့ၤ	stealth'y
_steam	n.	ထံသဝံ★ထံ(ကိၢ်)(ချီ)အသဝံ	steam
_steam	v.i.	သဝံထီၣ်	steam
_steamboat	n.	ကဘီမ့ၣ်	steam'boat'
_steam engine	n.	စဲးလၢအဘၣ်တၢ်ဒုးလဲၤအီၤလၢထံသဝံ	steam-engine'
_steamship / steamer	n.	ကဘီမ့ၣ်	steam'ship / steam'er
_steed	n.	ကသ့ၣ်	steed
_steel	n.	ထးတ့★သိၣ်ခဲ	steel
_steep	a.	လီၤဘံ★လီၤဘံဆိုခိၣ်★စုၣ်ကဘုၣ်တၢ်	steep
_steep	n.	တၢ်လီၢ်လၢအလီၤဘံ	steep
_steeple	n.	သရိာ်အဖျာ်★ဒၢလွဲအဖျာ်★တၢ်အဖျာ်	stee'ple
_steer	n.	ကျိၢ်ဖါဖိ★(ပိၢ်)(ဂီၤဖံး)ဖါသမၢၤဖိ	steer
_steer	v.t.	ဆျၢ(ချံ)(ကဘီ)ခိး(ချံ)(ကဘီ)ခံ★ရိာ်သန့	steer
_steerage	n.	တၢ်ရိာ်သန့★တၢ်(နီၣ်)(ဆျၢ)ကဘီ★တၢ်လီၢ်လၢအခးကိညၢ်ကတၢၢ်လၢကဘီပူၤ	steer'age
_stem	n.	တၢ်အမုၢ်★တၢ်အဘိ★အခိၣ်(မိၣ်)(မိာ်)★အထူၣ်★အထံး★ကဘီအခိၣ်တခီ	stem
_stem	v.t.	ယိာ်ထီယာ်ထံ	stem
_stench	n.	တၢ်နၢအှုၣ်နၢဖှ့★တၢ်နၢကပိၢ်နၢကပျုၤ★(တၢ်)နၢအှုၣ်★(တၢ်)နၢတမှာ်တဂ့ၤ	stench
_step	v.i.	ဟး★ယီၢ်လီၤ★ကါထီၣ်★လဲၤတၢ်	step
_steps		ယီတဘိ★(ခီၣ်)ကါ	steps
_step	n.	ယီတသွါ★(ခီၣ်)ခါ	step
_stepbrother	n.	ဒီပုၢ်ဝဲၢ်ခွါဒ့ၣ်ချၢ★ဒီပုၢ်ဝဲၢ်ခွါခံဆီ	step'broth'er
_stepdaughter	n.	ဖိမုၣ်ယၢ်	step'daugh'ter
_stepfather	n.	ပၢ်ယၢ်★ဖါတံၢ်	step'fa'ther
_stepmother	n.	မိၢ်ယၢ်★မုၢ်ဂၢ်	step'moth'er
_stepson	n.	ဖိခွါယၢ်	step'son'
_sterile	a.	လၢအတအိၣ်ဒီးအချံအသၣ်ဘၣ်★လၢအတဟ့ၣ်ထီၣ်တၤသူၣ်တၤသၣ်ဘၣ်★တုာ်ဖိ	ster'ile
_stern	a.	လၢအယံး★အ့ၣ်ကရဲာ်★ဒုစယဲး★ဟ့ကွိၢ်ကလာ်★ဒုဒုဟ့ဟ့★(ကလုၢ်)ဆူၣ်မိၤယီၤ	stern
_stern	n.	ကဘီအခံတခီ	stern
_sternly	adv.	အ့ၣ်ကရဲာ်★လၢတၢ်သးကညီၤတအိၣ်ဘၣ်အပူၤ★လၢတၢ်မၤဆူၣ်အပူၤ★လၢအကလုၢ်ဆူၣ်မိၤယီၤ	stern'ly
_stevedore	n.	ပှၤစိာ်ထီၣ်စိာ်လီၤကဘီအတၢ်ဖိတၢ်လံၤ	ste've-dore'
_stew	n.	တၢ်ညၣ်အကသုထံ	stew
_stew	v.t.	ချီကၢၢ်တံာ်ယာ်ဒီးချီအီၤကယီကယီ	stew

_steward	n.	ပှၤလၢအအံးကွၢ်ကွ့ၢ်ကွ့တၢ်အီၣ်★ပှၤလၢအပၢဟံၣ်အတၢ်ဖံးတၢ်မၤ★ပှၤလၢအအံးထွဲကွၢ်ထွဲတၢ်လၢပှၤဂၤအဂီၢ်	stew'ard
_stick	n.	နီၣ်က့	stick
_stick	v.t.	ဆဲး★ကျးယာ်★စဲထီယာ်★(ဆဲး)စဲဘူး★(ကိၥ်)ထိၣ်အသး★ဆဲးထိၣ်★ယာ်အသး★ဆဲးနှာ်★ဆ့ၣ်နှာ်★အိၣ်ဂၢၢ်အိၣ်ကျၢၤ	stick
_stick up		ဂုၥ်ဆူၣ်ပှိၢ်ဆူၣ်တၢ်	stick up
_stick out		ဖှိးထိၣ်	stick out
_sticky	a.	လၢအစဲဘူး★လၢအပၥ်တၢံး	stick'y
_stiff	a.	ဆိၣ်★ဟံၥ်★ဆိၣ်မၤ★တစၢ်ဘၣ်★ဆူၣ်★ဟံၥ်စ့ဲ★နၢ်ကူၣ်	stiff
_stifle	v.t.	ပၢၤယာ်★ပအၢ(သံ)(ယာ်)တၢ်★ကီၢ်အသး★မၤဆူးသံတၢ်★ဆူးသံ★မၤံသိးအသါသုတဟါတဂ့ၤ	sti'fle
_stigma	n.	တၢ်လၤကပီၤဟးဂီၤအၢပနီၣ်★တၢ်မၤပနီၣ်တၢ်လၢအထးကိၢ်	stig'ma
_stigmatize	v.t.	မၤဟးဂီၤပှၤအလၤကပီၤ★မၤပနီၣ်အီၤလၢအထးကိၢ်	stig'ma-tize
_stile	n.	ယီလၢအဒိၣ်ကရၢအဂီၢ်★ထိၣ်းထးဘိဖိ	stile
_still	v.t.	(ဒုး)(လၢအ)အိၣ်ဂၢၢ်တပၢၢ်	still
_still	a.	လၢအအိၣ်ဘိုၣ်ကလာ်	still
_still	adv.	(မၤ)ံး	still
_still	v.t.	ဒုးအိၣ်ဘိုၣ်	still
_still	conj.	သနၥ်က့	still
_stillborn	a.	အိၣ်ဖျဲၣ်သံ★လၢအသံဖဲအိၣ်ဖျဲၣ်အခါ	still'born'
_stilted	a.	လၢအဟၥ်ဒိၣ်အသး★လၢအ(လိၢ်ဟ့ၣ်)(မၤလၢ)အသး★လၢအကတိၤတၢ်ဒီးဟၥ်အသးဒၣ်ပှၤသ့အသိး	stilt'ed
_stimulant	a.	လၢအထိၣ်ဟူးထိၣ်ဂဲၤပ(သး)(သွံၣ်)★လၢအဒုးဆူၣ်ထိၣ်အဂၢ်အဘါလဲမီကိၥ်ဖီး	stim'u-lant
_stimulant	n.	တၢ်လၢအဒုးဂဲၤဆူၣ်ထိၣ်ပှၤအသး	stim'u-lant
_stimulate / stimulation	v.t. / n.	(တၢ်)ထိၣ်ဟူးထိၣ်ဂဲၤပှၤအ(သး)(သွံၣ်)★(တၢ်)ဒုးဂဲၤဆူၣ်ထိၣ်ပှၤအသး★(တၢ်)ဒုးဆူၣ်ထိၣ်အဂၢ်အဘါလဲမီကိၥ်ဖီး	stim'u-late / stim'u-lation
_stimulus	n.	တၢ်လၢအဒုးထိၣ်ဟူးထိၣ်ဂဲၤထိၣ်(သး)(နီၢ်ခိဂၢ်ဘါ)(သွံၣ်)	stim'u-lus
_sting	n.	(ကနဲ)အထူၣ်	sting
_sting	v.t.	ကနဲ(ဆဲး)(အှၣ်)တၢ်★(ကနဲ)ဆဲးတၢ်	sting
_sting	a.	ဘၣ်ဆဲး★ကီၢ်ဆူ	sting
_stingily	adv.	(ဟ့ၣ်တၢ်)လၢတၢ်သးတအိၣ်အပူၤ★ဟ့ၣ်တၢ်ကနီးကစုၥ်★လၢတၢ်ပၥ်သံကီသံအပူၤ	stin'gi-ly
_stingy	a.	လၢအဟၥ်အကီ★လၢအလီကီတၢ်	stin'gy
_stink	v.i.	နၢအှၣ်နၢလၢး	stink
_stink	n.	တၢ်နၢလၢအတမုၥ်★တၢ်(နၢစိၢ်နၢဖျ)(နၢအှၣ်နၢလၢး)(နၢအှၣ်နၢဖျ)	stink
_stint	v.t.	(ဟ့ၣ်)(လၢၥ်)တၢ်စုၤကဲၣ်ဆိး★တြီယာ်★မၤစုၤစုၤ★အိၣ်ကတီၢ်	stint
_stint	n.	တၢ်တြီယာ်တၢ်★တၢ်မၤလၢတၢ်ဟ့ၣ်လီၤအီၤလၢအကမၤဒဲဝဲအဂီၢ်	stint
_stipend	n.	တၢ်ဟ့ၣ်မၤစၢၤတၢ်★တၢ်အဘူးအလဲ	sti'pend
_stipulate / stipulation	v.i. / n.	(တၢ်)နှီၣ်ဖျါထိၣ်တၢ်လီၤတံၢ်လီၤဆဲး★(တၢ်)ရဲၣ်လီၤကျဲၤလီၤတၢ်လီၤတံၢ်လီၤဆဲး★(တၢ်)အၢၣ်လီၤအီလီၤလိၥ်အသးလၢအတၢ်မၤအဂ့ၢ်★(တၢ်)အၢၣ်လီၤလိၥ်အသး	stip'u-late / stip'u-la-tion
_stir	v.i.	ဟူးဂဲၤ★သုးအလီၢ်★ဂဲၤဆၢထၢၣ်	stir
_stir	v.t.	ခွဲးခွ(ဟူးထံ)★ထိၣ်ဟူးထိၣ်ဂဲၤထိၣ်	stir
_stir	n.	တၢ်ဟူးထိၣ်ဂဲၤထိၣ်	stir
_stirrup	n.	ခိၣ်ယီၢ်အလီၢ်လၢကသ့ၣ်အဃီၤကၢ်အလီၤ	stir'rup
_stitch	v.t.	ဆးတၢ်	stitch
_stitch	n.	တၢ်ဆးတၢ်(တထံၣ်)(တဘီ)	stitch

276

_stock	n.	ဆၣ်ဖိကိၢ်ဖိတကိၢ်လၢပှၤဘုၣ်ဝဲ★တၢ်လၢပှၤဟ်ဖိုၣ်စၢၤလၢပှၤကပှၤသုၣ်အဂီၢ်★တၢ်အမှၢ်အဘိ★တၢ်အထူၣ်★(ထးဖျိၣ်)အတီ★စ့ဟ်ဖိုၣ်★သုၣ်(ကွံလၢ်)(ခိၣ်ဆၢၣ်)★ကျိအဟံၣ်★မိၢ်ပၢ်ဖံဖု★အစၢၤအသုၣ်★သီး★သီးဖီးကျိးဖီး	stock
_stock	v.t.	ဟ်ဟ်စၢၤတၢ်လၢလၢပုဲပုဲ(လၢကဆၢ့ဝဲအဂီၢ်),မၤန့ၢ်တၢ်လၢလၢပုဲပုဲ★ဟ်ဖိုၣ်ဖိုၣ်ထီၣ်	stock
_stockade	n.	သုၣ်တိာ်★ကရၢလၢပှၤမၤလၢဟံာ်ထုၣ်	stock-ade'
_stocking	n.	ခိၣ်ဖိုၣ်ဖးထီ	stock'ing
_stocky	a.	ဖုၣ်ဒီး(တိၣ်)(ဘိၣ်)(ခိၣ်)★ဘိၣ်ဖျၢၣ်ကလာ်	stock'y
_stoic / stoical	a.	လၢအဘၣ်မှာ်မှၢ်ဂ့ၤ,ဘၣ်ဖိုၣ်မှၢ်ဂ့ၤတၢ်လီၤဆီတအိၣ်ဖျါလၢအပှၤနီၢ်တမံၤဘၣ်★လၢအတဟ်ကဲတၢ်သးခုမှၢ်တၢ်သးအုးမှၢ်ဂ့ၤဘၣ်	sto'ic / sto'ic-al
_stoke	v.t.	ကွံၢ်မၤကဲထီၣ်မှၣ်အူတနၢနၢ★ကွံၢ်ပၢနာ်လီၤသုၣ်မှၣ်တနၢနၢ★ဒံသိးမှၣ်အူသုတၢသံတဂ့ၤ	stoke
_stolid	a.	လၢတၢ်သးဂဲၤတနၢါစိၤအိၣ်ထီၣ်လၢအပှၤဘၣ်★လၢအသးတဂဲၤဘၣ်★လၢအသးတဆးဘၣ်★အီရၢ်အီရိာ်	stol'id
_stomach	n.	ကဖု★တၢ်သးအိၣ်(မိၣ်အိၣ်သးတၢ်)	stom'ach
_stone	n.	လၢၢ်★တၢ်ချံလၢအကိၤင်လၢ်★လၢၢ်ဖိ	stone
_stone	v.t.	မၤလၢၢ်ကွံာ်လၢလၢၢ်★လီၤက်လၢၢ်	stone
_stony	a.	လၢအပုဲဒီးလၢၢ်★လၢတၢ်သးကညီၤတအိၣ်★ကိၤ(ဒ်လၢၢ်)အသးကိၤ★လီၤက်လၢၢ်	ston'y
_stool	n.	လီၢ်ဆ့ၣ်နီၤလၢအချၢသနူတအိၣ်★စ့ထွံၣ်★တၢ်ဟၢအ့ၣ်ဟၢဆံၣ်အလီၢ်	stool
_stoop	v.i.	တကူးလီၤအသး★ဆီၣ်လီၤအသး(လၢအမၤတၢ်ဖံးတၢ်မၤလၢတၢ□ကၢးတဘၣ်ဒီးအီၤ)★ထီၣ်ဖုဲလီၤအသးလၢတၢ်သးအိၣ်အယိ★ယူၤလီၤထီအိၣ်	stoop
_stop	v.i.	(တၢ်)ဆိကတီၢ်★(တၢ်)ဆိတတ့ၢ်★ဆွဲတံာ်ယာ်★ဒုးတုၤတၢ်	stop
_stopper	n.	တၢ်အခိၣ်ကး★တၢ်အခိၣ်ဖိုၣ်	stop'per
_storage	n.	တၢ်ဟ်ဟ်စၢၤတၢ်(အလီၢ်)★တၢ်ဟ်ဖိုၣ်ဟ်စၢၤတၢ်အခး	stor'age
_store	v.t.	ဟ်ဟ်စၢၤတၢ်★ဟ်ဖိုၣ်ဟ်တံၤဟ်စၢၤတၢ်	store
_store	n.	တၢ်လၢအဘၣ်တၢ်ဟ်ဖိုၣ်ဟ်တံၤဟ်စၢၤ★တၢ်ဆါတၢ်ပှၤအလီၢ်★တၢ်အိၣ်အၢၢ်ဂီၢ်ဂီၢ်★တၢ်လီၢ်ဖဲတၢ်တၢ်ပနံာ်တၢ်ကၤတဖၣ်တၢ်ဟ်ဖိုၣ်အီၤ	store
_stork	n.	ထိၣ်ထိ(ကိာ်)(ခိၣ်)	stork
_storm	n.	ကလံၤမုၢ်တူၤ	storm
_story	n.	တၢ်ယဲၤပူ★တၢ်ကတိၤလီတၢ်★ဟံၣ်အကထၢတကထၢ★ဟံၣ်အဆိတဆီ	sto'ry
_stout	a.	ဆိၣ်★ဆူၣ်★ဘိၣ်★သုၣ်(ဂၢၢ်သးကျၤၤ)(ဒူသးဒ္)★ကျၤၤ★ဖုၣ်ဒီး(ခိၣ်)(ဘိၣ်)	stout
_stoutly	adv.	လၢသးခုတလ့ၢ်အပူၤ★လၢတၢ်လၢ်က်ဂၢ်လၢ်ဘါအပူၤ★ဆူၣ်ဆူၣ်ကလာ်★ဒ္ဒ္	stout'ly
_stove	n.	ကီၤလၢအဖ့ၣ်ကပူၤ★ဖ့ၣ်(ကွဲၣ်)(ကပူၤ)ထး	stove
_stow	v.t.	ဟ်★ပၢနာ်ကတံၤကတှာ်တၢ်★ဟ်ဖိုၣ်ဟ်တံၤတၢ်★ဆွဲနာ်ဟ်(တံၢ်တံၢ်)(ယံးယံး)	stow
_straddle	v.t.	ဆဲးဖးတြဲၢ်★တကၢအကၣ်★ဆဲးအကၣ်★(ဒီး)ခွးကၣ်	strad'dle
_straggle	v.i.	ဟးကွံၤတဂၤတဂၤဘိ★ဟးလီၤဖး★ဟးကွံာ်လၢကျဲအဘၣ်★ဟးဖိုး★(ဟဲ)(ဟး)လၢခံ	strag'gle
_straight	a.	လီၤ★ဘျၢ★ဘျၢယှၢ်ကလာ်★စၢ်ဆၢ	straight
_straighten	v.t.	မၤ(လီၤ)(ဘျၢ)က့ၤ★ဟ်က့ၤတၢ်လၢအလီၢ်အလီၢ်★ဘျၢထီၣ်	straight'en
_strain	v.t.	(ဒုး)(ထုး)ဖုၣ်ဆၢ★(ဒုး)(ထုး)စၢၢ်ဆၢ★ပှံၢ်(ထံ)★ဘူ(ထံ)★ပှံၢ်(ညၣ်အ့ၣ်ယံ)★ထုးဂံၢ်ထုးဘါတဲာ်သး★ညၣ်ထုၣ်ဖုၣ်ဆၢတုၤတၢ်ဆါဘၣ်အီၤ(ပှၤကညီကီၤလၢအထုၣ်သံး)★မၤယဲထိၣ်အကလုၢ်★တၢ်သးဝံၣ်	strain
_strait	n.	ထံဒိၣ်စ့ၤ★တၢ်ကီတၢ်ခဲ	strait
_strait	a.	အံၣ်★ယံး	strait
_strand	v.i.	ကဘီတုၢ်ထီၣ်	strand
_strand	n.	ထံကၢ်နံၤ★ပှုံပီၤယှာ်အသး(သၢ)ရူအကျါတရူ	strand

_strand	v.t.	ပီၤဖျံၤ★ဒုးတုာ်ထိဉ်ကဘီလၢခိ	strand
_strange	a.	လၢအလီၤတိၢ်လီၤဆီ★လၢအဘဉ်ယးလီၢ်အဂၤ★လၢအတညီနၢ်ဒံးဘဉ်	strange
_stranger	n.	ပှၤတမုံၤတဂှၤ★ပှၤ(တဘီအိမ့ၢ်ဖိ)(လၢတၢ်လီၢ်အဂၤ)(လၢပတသ့ဉ်ညါအီၤ)	stran'ger
_strangle	v.t.	ကိာ်ယူၢ်ကတံာ်★ကိာ်ယူၢ်လီၤတကံး★ကိာ်တကံာ်★(မၤ)(စံၢ်)တကံာ်အကိာ် ★စံၢ်သံ★စၢသံ★ပအၢယာ်★မဘံဉ်မၤဘၢ	stran'gle
_strap	n.	ဖျိၤတၢ်ဖံး★နိဉ်ကျွတၢ်	strap
_strap	v.t.	(တိၢ်)(စၢ)တၢ်လၢဖျိၤတၢ်ဖံး	strap
_strategy	n.	တၢ်ကူဉ်လီနၢ်အနုဉ်အဒါ★တၢ်ကူဉ်သ့ဘဉ်ယးတၢ်ဒုးတၢ်ယၤတၢ်အဂ့ၢ်★တၢ်ကူဉ်သ့ဘဉ်ယးတၢ်ဆုၢထိဉ်ဆုၢလီၤသုးမုၢ်သံဉ်ဘိ	strat'e-gy
_stratification	n.	လၢ်အတၢ်ကဲထိဉ်အသးတကထၢတကထၢ★တၢ်ရဲဉ်လီၤတကထၢတကထၢ	strat'i-fi-ca'tion
_stratum	n.	(ဟိဉ်ခိဉ်)(လၢ်)အကထၢ★အကဘုံး	stra'tum
_straw	n.	ဘုလိၢ်	straw
_stray	a.	လၢအတလိယှဉ်ဒီးတၢ်ဂၤဘဉ်	stray
_stray	v.i.	(တၢ်)(လၢအ)ဟးဖျိုး★တဖိာ်ကွဲၤလၢအဘဉ်★ဟးဝ့ၤဝီၤ	stray
_streak	n.	အလွဲၢ်တဖၤ★တၢ်ကပီၤအယဲၤတဘိ★(တၢ်)(မၤ)တိၤက္ခ★(တၢ်)(မၤ)တိၤပျ	streak
_streaky	a.	လၢအတိၤပျ အသးဒီးအလွဲၢ်အါကလုာ်★လၢအတိၤက္ခတိၤကွိ အသးဒီးအလွဲၢ်အါကလုာ်	streak'y
_stream	n.	ထံကျိဖိ★တၢ်ယွၤလီၤ(အကျိၤ)	stream
_stream	v.i.	(ဟဲထိဉ်)(ယွၤလီၤ)ဖးထိဒံ်ထံကျိဖိအသိး★စွၣ်လၢာ်အသးဒံးဒံဝ့ၤဝီၤလၢကလံၤကျါ★(ဒုး)ယွၤလီၤ	stream
_street	n.	ကျဲမုၢ်ခိဉ်	street
_strength	n.	တၢ်ဂံၢ်တၢ်ဘါ★တၢ်အတဟီဉ်	strength
_strengthen	v.t.	မၤဆူဉ်ထိဉ်အဂံၢ်အဘါ★မၤဂၢၢ်ထိဉ်ကျၤၤထိဉ်	strength'en
_strenuous	a.	လၢအလၢၢ်ဂံၢ်လၢၢ်ဘါ★လၢအသူဉ်ဆူဉ်သးဆူဉ်	stren'u-ous
_stress	v.t.	မၤဆူဉ်ထိဉ်တၢ်ကတိၤအသိဉ်★ကတိၤတၢ်အဂ့ၢ်တမံၤဆူဉ်ဆူဉ်	stress
_stress	n.	တၢ်ကီတၢ်ခဲ★တၢ်ယၤတၢ်စံာ်★တၢ်ဒိဉ်တၢ်မှၢ်	stress
_stretch	v.t.	(ဒုး)ယူာ်ထိဉ်★စၢ်ဖျံၤ★ထုးစၢ်ဆၢ★စွၣ်ထိဉ်★စွၣ်လဲာ်★တယာ်ထိဉ်★သလၣ်ထိဉ်	stretch
_stretcher	n.	တၢ်လၢအထုးစၢ်ဆၢတၢ်★စုာ်လၢပှၤစိာ်ပှၤဆါ	stretch'er
_strew	v.t.	မၤလီၤပြံလီၤပြါ★ဖှံ့ဖျါ★ဖှံ့လီၤ★ဘျဲဉ်လီၤ★ကလှာ်လီၤ★ဖှံ့လၢထံ	strew
_stricken	a.	လၢအသးဘဉ်ဒိက္ၤ★လၢအဘဉ်ဒိဘဉ်ထံး★လၢအသးပှၢ်စ့ၤဆဲး	strick'en
_strict	a.	ယံး★လီၤတံၢ်မး	strict
_strictly	adv.	ယံးယံး★လီၤတံၢ်လီၤဆဲး	strict'ly
_stricture	n.	တၢ်သံးကတူၢ်အသး★တၢ်ကတိၤသိဉ်ယိာ်သိယိာ်တၢ်	stric'ture
_stride	v.i.	ဆဲးဖးတြိခိဉ်★ဆဲးပတြိာ်ခိဉ်★(ခိဉ်)ခါဖးလဲၢ်★(တၢ်)ကါဖးလဲၢ်	stride
_stride	v.t.	ခါပတာ်တၢ်★ခွးကံဉ်တၢ်	stride
_strident	a.	လၢအသိဉ်ကံၢ်နၢ်★လၢအယဲကဆဲး	stri'dent
_strife	n.	တၢ်ဒုးလိာ်အသး★တၢ်အ္ဉ်လိာ်ဆိးကွလိာ်အသး★တၢ်ပြၢလိာ်သး★တၢ်ထိဒါလိာ်သး★တၢ်ဂဲၤပျုၢ်ကျဲးစၢး	strife
_strike	v.t.	တိၢ်★ဘဉ်(ဒိ)★ဘဉ်(ထံး)★ဆဲး★ဖျ ★ကွဲး(မှဉ်ကွဲး)★ဒိ★စုးလီၤအကံၢ်ဆူ(ဟိဉ်ခိဉ်)အဖိလာ်★သိ★ထိ	strike
_strike off / strike out		ဟးထိဉ်★တိၤသံကွံာ်★ပှဉ်ကံၤ★တြူၢ်ကွံာ်	strike off / strike out
_strike a balance		ဒုးတၢ်ဟဲနှာ်ဒီးတၢ်ဟးထိဉ်အတၢ်လီၤဆီ	strike a balance
_strike camp		ထိဉ်ယှဉ်လီၤဒဲ	strike camp
_strike dump		မၤကတ္ၤပုၤအသး	strike dump
_strike sail		ထုးဘိဉ်လီၤကွၤယၢ်လၣ်	strike sail
_striking	a.	လၢအလီၤကိဉ်လီၤစီၤ★လၢအဘဉ်ဒိပသး★လၢအဘဉ်ဒိပမဲာ်★လၢအ(ကြၢးဘဉ်တၢ်)(လီၤ)တိၢ်နိဉ်တိၢ်ယါ	strik'ing
_string	n.	ပျံၤ	string

_stringency	n.	တၢ်ယံးတၢ်စ့ၤ★ကျိာ်ကၤစ့ကၤ★တၢ်(ယံးယံး)(လီၤတၢ်လီၤဆဲး)★တၢ်ပၢတၢ်ယံးယံး	strin'gen-cy
_stringent	a.	လၢအယံးအစ့ၤ★လၢအပၢတၢ်ယံးယံး★လၢအလီၤတၢ်လီၤဆဲး★လၢအတၢ်သးကညီၤအိၣ်	strin'gent
_stringy	a.	လၢအယဲၤအိၣ်★လၢအလုၤအါ	strin'gy
_strip	v.t.	အုၣ်ကွံာ်(အဖး)★အီးကွံာ်(အဖး)★ဂုာ်န့ၢ်ဆူၣ်★ဘ့ၣ်လီၤကွံာ်တၢ်ကုတၢ်သိးခဲလၢာ်	strip
_strip	n.	တၢ်အကုတကၤ★တၢ်အခီတခီ★တပျူ	strip
_stripe / striped	n. / a.	(လၢအအိၣ်ဒီးအ)တံၤပျူ★(လၢအအိၣ်ဒီးအ)ပိၤကွီ★(လၢအ)တံၤပျူ ပိၤတကွီအသး★အတံၤပျူ★အကွီ★တၢ်ဖျ့တၢ်လၢနိာ်ဖျ့တဘိ★တၢ်ပနူၤထိၣ်	stripe / striped
_strive	v.i.	ဂဲၤပျုၢ်ကျဲးစၢး★ဂဲၤပျုၢ်ထီဒါ★ပြုလိာ်အသး	strive
_stroke	n.	(တၢ်တီၢ်)တဘိ★(တၢ်ဒိတၢ်)တဘိ★တၢ်ဆါလီၤဒီးဖုးပုာ်တဘ္ဘ★တၢ်(ကွဲးတၢ်)တဘိ★(လီဖးတၢ်)တဘိ★နၣ်ရံၣ်အတၢ်သီၣ်တဘိ★တၢ်ဘျုတဘိ	stroke
_stroke	v.t.	ဖုးလဲးဖုးသွဲ	stroke
_stroll	v.i.	ဟးဝ့ၤဝီၤဆုအံၤဆုနၤ★ဟးလိာ်ကွဲ	stroll
_strong	a.	လၢအဆူၣ်★လၢအဂၢၢ်ဆူၣ်ဘၢဆူၣ်★လၢအကျၤ★လၢအသွံၣ်ဆူၣ်သးဆူၣ်★ခ္ဉ်တနၢၢ်	strong
_stronghold	n.	တိာ်★တိာ်ဖိၤတၢ်ဒိၤ	strong'hold'
_strongly	adv.	ဆူၣ်ဆူၣ်	strong'ly
_strong-minded	a.	(ပိာ်မုၣ်)လၢအအိၣ်ဒီးသးအတၢ်ဂၢၢ်ဆူၣ်ဘၢဆူၣ်	strong'mind'ed
_strop	v.t.	ကျုၤအုၣ်ဒီလၢတၢ်ဖး	strop
_strop	n.	တၢ်ဖးလၢကျုၤဒီအဂီၢ်	strop
_structure	n.	တၢ်သူၣ်ထီၣ်အကျဲၤကပူၤ★တၢး★ဟံၣ်★တၢ်လၢအဘၣ်တၢ်သူၣ်ထီၣ်	struc'ture
_struggle	v.i.	(တၢ်)ဂဲၤလိာ်★(တၢ်)ဂဲၤပျုၢ်ကျဲးစၢး	strug'gle
_strut	v.i.	ဟးဟာ်ဒိၣ်ဟာ်လၢအသး★ဟးလၢတၢ်ဟာ်ထီၣ်ထီသးအပူၤ★ဟးလိာ်အသးကဖိၤဖိ★ဟးတကွ့လီၤဟီၣ်ခိၣ်ဘၣ်	strut
_stub	n.	တၢ်အိၣ်လီၤတဲာ်တကူးလာ်★သ့ၣ်ဖိအဒိၣ်ဆၣ်	stub
_stub	v.t.	ဘၣ်တိၢ်လၢအခိၣ်မုၢ်ထီးနၢ★အခိၣ်မုၢ်ဘၣ်တိၢ်	stub
_stubble	n.	ဘုလီၢ်အဒိၣ်ဆၣ်	stub'ble
_stubborn	a.	လၢအခိၣ်ကိၤ★လၢအသူၣ်ကၢ်သးကျၤ★လၢအထိဒံတယူၤအနၢ★လၢအကိာ်ဆူၣ်★လၢအနၢ်ကွ့ၣ်	stub'born
_stud	n.	ပၢၢ်★အီကွံသ့ၣ်တကလုာ်★ထးဒိၣ်ကဖိာ်ခံ★ကသ့ၣ်တၢ်ဒီးကသ့ၣ်မိၢ်ကနီၤတဝီၤဂီၢ်လၢတၢ်ဘုၣ်အါထီၣ်အီး	stud
_stud	v.t.	ကယၢကယဲဒီးတၢ်အကမိာ်ဖိတဖၣ်	stud
_studded	a.	စံၣ်ဒီး(လၢ)★ထိထီၣ်ဒီး(လၢ)	stud'ded
_student	n.	ကွိဖိ★ပုၤမၤလိတၢ်ဖိ	stu'dent
_studious	a.	လၢအကျဲးစၢးမၤလိတၢ်	stu'di-ous
_study	v.t.	မၤလိတၢ်★မၤလိလံာ်★မၤလိနၢ်ပၢၢ်အသး★ဆိကမိၣ်ဒီးယုသ့ၣ်ညါနၢ်ပၢၢ်	stud'y
_stuff	n.	တၢ်လၢပုၤမၤကဲထီၣ်တၢ်လၢအီၤ★တၢ်ဖိတၢ်လံၤ★တၢ်ကံးညာ်သိဆူၣ်တကလုာ်★တၢ်လၢအတၢကိာ်တသိၣ်တၢ်★တၢ်အသံးအကာ်	stuff
_stuff	v.t.	မၤပှဲၤကတၢ်တၢ★အိၣ်လှာ်ကိအီလှာ်ကိတၢ်★ဆွံန့ၣ်★ပၢးဆူတၢ်အပူၤ	stuff
_stuffing	n.	တၢ်လၢပုၤမၤပှဲၤလၢ်လၢအီၤ★တၢ်မၤပှဲၤတၢ်★တၢ်နၢမုနၢဆိုၣ်ဒီးတၢ်အဂၤလၢ ပုၤပၢနှၣ်ဆူတၢ်တမံၤမံၤအပူၤဖဲတၢ်တ့အိၣ်ဖိအိၣ်အခါ	stuff'ing
_stuffy	a.	လၢကလံၤအဂ့ၤတဝဲၤလဲၤဖျ့အိၣ်ဘၣ်★သးဒိၣ်	stuff'y
_stumble	v.i.	ဘၣ်တိၢ်ဒီးလီၤယံၤ★(မၤ)ဘၣ်တိၢ်★မၤကမၣ်★ထံၣ်ဖး	stum'ble
_stumbling block	n.	တၢ်လီၤယံၤအလီၢ်★တၢ်ဘၣ်တိၢ်အလီၢ်	stum'bling-block
_stump	n.	သ့ၣ်ခိၣ်ဆၣ်★တၢ်အခိၣ်ဆၣ်	stump
_stun	v.t.	မၤတယူၤအခိၣ်★မၤ(တ)(သ)ကၢ်အနၢ★ဒုး(သံတယုာ်အီၤ)(သပုၤအသးအီၤ)★ဒုးသးကတုၤအီၤ	stun
_stunt	v.t.	ကြီအၤတၢ်ဒိၣ်ထီၣ်	stunt

279

_stunted	a.	လၢအဒိၣ်ယံ★လၢအဒိၣ်တၢ်ဖုၣ်ဒီးဆံး	stunt'ed
_stupefaction	n.	တၢ်သးတယူၤတပျၢ★တၢ်မၤတထံပသ့ၣ်ပသး★တၢ်သးသပ့ၤ	stu'pe-fac'tion
_stupefy	v.t.	မၤတယူၤတပျၢအီၤ★မၤတထံပှၤသ့ၣ်ပှၤသး	stu'pe-fy
_stupendous	a.	လၢအဒိၣ်လီၤဘီလီၤမုၢ်	stu-pen'dous
_stupid	a.	လၢအသးတဆး★လၢအသးတထံ★လၢအသးတပှဲၤ★ငီၤ★အီရံၢ်အီရီၣ်	stu'pid
_stupidity	n.	တၢ်ငီၤ★တၢ်သးတ(ထံတဆး)(ပှဲၤ)	stu-pid'i-ty
_stupor	n.	တၢ်သ့ၣ်သပ့ၤသးသပ့ၤ★တၢ်သးသပ့ၤ	stu'por
_sturdy	a.	လၢအကျၢၤ★လၢအဒိၣ်တၢ်ယံး★ဆှိၣ်★ဂံၢ်ဆူၣ်ဘါဆူၣ်	stur'dy
_stutter	v.i.	ကတိၤတၢ်အုးအုးအးအး★ကတိၤတၢ်ထုးထးအသး	stut'ter
_sty	n.	ထိးကပိၤ	sty
_style	n.	အလုၢ်အလၢ်★ယုၢ်(နူ့ၢ်)အမံၤ★ထိၣ်ဒံးထးဘိဖိ	style
_stylish	a.	လၢအအိၣ်ဒီးအလုၢ်အလၢ်လၢအ(လီၤဘၣ်မဲာ်ဘၣ်နါပှၤ)(ယံအလၤ)	styl'ish
_suave / suavity	a. / n.	(တၢ်)(လၢအ)ဘၣ်နၢ်ဘၣ်သးပှၤ	suave / suav'i-ty
_sub	pref.	လၢအဖီလာ်★လၢအလီၢ်ဖုၣ်တကူ့ၢ်	sub
_sub	n.	ပှၤလၢအလီၢ်ဖုၣ်တဂၤ	sub
_subconscious	a.	(တၢ်ဆိကမိၣ်ကီးမံၤဒဲး)လၢအကဲထီၣ်လၢပခိၣ်နူ်ာပူၤတဘျီလံ★ လၢတၢ်သ့ၣ်ညါအီၤတနီၤလီၤ	sub-con'scious
_subdivide	v.t.	နီၤဖးလီၤကဒီး	sub'di-vide'
_subdue	v.t.	ဆီၣ်လီၤ★မၤနၢၤမၤယၣ်	sub-due'
_subject	n.	တၢ်အဂ့ၢ်မိၢ်ပှၢ်★ထံဖိကိၢ်ဖိလၢတၢ်ပၢအီၤ	sub'ject
_subject	a.	လၢအမၤအသးသ့★အိၣ်လၢ(တၢ်ပၢဘၣ်)အဖီလာ်	sub'ject
_subject	v.t.	ဆီၣ်လီၤ★ဒုးတူၢ်(ဖှိၣ်)တူၢ်(ယာ်)တၢ်★ဒုးဘၣ်နးဘၣ်ဖှိၣ်အီၤ★ဒုးသ့အီၤ	sub-ject'
_subjective	a.	လၢအဘၣ်ယးဒီးပကစၢ်ဒၣ်ဝဲ	sub-jec'tive
_subjugate	v.t.	မၤနၢၤဒီးပၢအီၤ★ဒုးအိၣ်ပှၤလၢပတၢ်ပၢအဖီလာ်★ဒုးကဲအီၤလၢအခ့အပှၤ★ ဆီၣ်လီၤမၤနၢၤ	sub'ju-gate
_sublet	v.t.	ငါလီၤကဒီးအသိတဆီ★ဒီးလဲလီၤကဒီးအသိတဆီ	sub-let'
_sublimate	v.t.	မၤဂ့ၤထီၣ်(အတၢ်အဲၣ်ဒီး)★မၤကဆှီထီၣ်★ ဒုးသဝံထီၣ်ဝံၤဒီးပျဲတၢ်သဝံနူ့ၣ်ကဲထီၣ်က့ၤတၢ်အသံးအကာ်	sub'li-mate
_sublime	a.	ဂ့ၤဒိၣ်ဒိၣ်မုၢ်မုၢ်★(တၢ်)(လၢအ)ဂ့ၤအဒိၣ်(တုာ်ထီတုာ်)(အမုၢ်)	sub-lime'
_sublime	v.t.	မၤဂ့ၤထီၣ်★မၤကဆှီထီၣ်	sub-lime'
_sublime	a.	(ဂ့ၤ)တုၤအလီၤကမၢကမၣ်ပှၤ	sub-lime'
_subliminal	a.	(တၢ်ဆိကမိၣ်)လၢအဘူးကပၢၢ်ထီၣ်လၢပခိၣ်နူ်ာပူၤ★ လၢအဘူးပဆိကမိၣ်ထီၣ်အီၤကန့ၢ်	sub-lim'i-nal
_submarine	n.	ကဘီယူၤထံ	sub'ma-rine'
_submerge	v.t.	(မၤ)လီၤဘျၢလၢထံဖီလာ်★ဘျၢလီၤလၢထံကျါ	sub-merge'
_submission / submissive	n. / a.	(လၢအ)(တၢ်)ဆီၣ်လီၤအသး★(လၢအ)(တၢ်)အၢၣ်လီၤဒိကနၣ်တၢ်	sub-mis'sion / sub-mis'sive
_submit	v.i.	ဆီၣ်လီၤအသး★အၢၣ်လီၤဒိကနၣ်တၢ်	sub-mit'
_submit	v.t.	ဟ့ၣ်ထီၣ်★ဟ့ၣ်ထီၣ်လၢတၢ်ကကွၢ်ဆိကမိၣ်ဒီးစံၣ်ညီၣ်နီၤဖးဝဲအဂီၢ်	sub-mit'
_subordinate	n.	ပှၤလၢအလီၢ်ဖုၣ်နူ့ၢ်ပှၤဂၤ★ပှၤလၢအမၤတၢ်လၢပှၤဂၤအဖီလာ်	sub-or'di-nate
_subordinate	a.	လၢအ(လီၢ်အလၤ)(တီၤ)ဖုၣ်	sub-or'di-nate
_subscribe / subscription	v.t.	(တၢ်)ဆဲးလီၤအမံၤ(လၢကမၤစၢၤတၢ်)★တၢ်မၤဘူၣ်	sub-scribe' / sub-scrip'tion
_subsequent	a.	လၢအကဲထီၣ်လၢခံ★လၢအမၤအသးလၢခံ★(လၢအဟဲ)လၢခံ	sub'se-quent
_subservient	a.	လၢအဆီၣ်လီၤအသးဒ်ကုၢ်အသိး★လၢအမၤစၢၤတၢ်ဒ်သိးတၢ်ကကဲထီၣ်	sub-ser'vi-ent
_subside	v.t.	လီၤဒး★လီၤဆံးလီၤစှၤ★စၢ်လီၤ★လီၤစၢ်	sub-side'
_subsidiary	a.	လၢအမၤစၢၤတၢ်	sub-sid'i-a-ry
_subsidize / subsidy	v.t. / n.	(စ့လၢပှၤ)ဟ့ၣ်မၤစၢၤတၢ်★(စ့လၢပှၤ)တိစၢၤမၤစၢၤတၢ်ထီဘိဒ်သိး အတၢ်လီၤတုာ်လီၤကာ်သုတအိၣ်တဂ့ၤ★ဟ့ၣ်အီၤလၢစ့ဒ်သိးတၢ်ကမၤစၢၤအီၤ	sub'si-dize / sub'si-dy
_subsist	v.i.	အိၣ်မူ★မူ★လုၢ်အိၣ်	sub-sist'

_substance	n.	တၢ်အသံးအကာ်★တၢ်အမိၢ်ပှၢ်	sub'stance
_substantial	a.	လၢအသံးအကာ်အိၣ်★လၢအဂၢၢ်အကျၢၤ★လၢအထူးဝဲတီၤဝဲဖဲအကြၢး★လၢအဒိၣ်အမှၢ်(ဖဲအကြၢး)★နီၢ်နီၢ်★လၢအ(လိၣ်)(လီၢ်အိၣ်)ဝဲသပှၢ်ကတၢၢ်	sub-stan'tial
_substantially	adv.	(လၢအ)အါတက့ၢ်	sub-stan'tial-ly
_substantiate	v.t.	မၤ(လီၤတံၢ်ကၠၤ)(ဖျါထီၣ်)အတၢ်မှၢ်တၢ်တီ ★ ဟ်ဖျါထီၣ်ဒ်သိးအကမၢ်ဝဲတီဝဲ	sub-stan'ti-ate
_substitute / substitution	v.t. / n.	(တၢ်)ဟ်တၢ်လၢတၢ်ဂၤအလီၢ်★(တၢ်)လဲလိာ်★(တၢ်)ဟ်ခၢၣ်စးတၢ် လၢတၢ်အလီၢ်	sub'sti-tute / sub'sti-tu'tion
_substitute	n.	တၢ်လၢအအိၣ်ခၢၣ်စးလၢတၢ်ဂၤအလီၢ်★တၢ်လၢတၢ်ဟ်လီၤလၢတၢ်ဂၤအလီၢ်★အခၢၣ်စး	sub'sti-tute
_subterfuge	n.	တၢ်လီတၢ်ဝ့ၤ	sub'ter-fuge
_subterranean	a.	လၢအအိၣ်လၢဟီၣ်ခိၣ်ဖီလာ်	sub'ter-ra'ne-an
_subtle / subtlety	n.	(တၢ်)ကူၣ်သ့လၢအကလီတၢ်အဂ့ၢ်★(တၢ်)သ့ၣ်ဆးသးဆး★ဘှ	sub'tle / sub'tle-ty
_subtly	adv.	ဂ့ၤဂ့ၤကလာ်★လၢတၢ်လီတၢ်ဝ့ၤအပူၤ	sub'tly
_subtract / subtraction	v.t. / n.	(တၢ်)ထုးကွံာ်	sub-tract' / sub-trac'tion
_subtropic (al)	a.	လၢအဘၣ်ဃးဒီးတၢ်လီၢ်တဖၣ်လၢအအိၣ်လၢကျီၤတုၢ်လၢၤအကနူ	sub-trop'ic (al)
_suburb	n.	တၢ်လီၢ်ဘူးဒီးဝ့ၢ်★တၢ်လီၢ်လၢဝ့ၢ်အ(ချၢ)(ယၢၤ)(ကနူၤ)	sub'urb
_suburban	a.	လၢအအိၣ်ဘူးဒီးဝ့ၢ်★လၢဝ့ၢ်အယၢၤ	sub-ur'ban
_subway	n.	ကျဲလၢဟီၣ်ခိၣ်အဖီလာ်	sub'way'
_succeed	v.t.	နာ်ဘၣ်(ပှၤ)အလီၢ်★ထီၣ်ဘၣ်(ပှၤ)အလီၢ်★ဟ်ထီၣ်အခံ★ဟဲလၢခံ★မၤန့ၢ်★မၤတၢ်ကဲထီၣ်လိၣ်ထီၣ်	suc-ceed'
_success / successful	n. / a.	(လၢအ)(တၢ်)ကဲထီၣ်(လိၣ်ထီၣ်)န့ၢ်ပှၤ★(တၢ်)(လၢအ)ကဲထီၣ်လိၣ်ထီၣ်	suc-cess' / suc-cess'ful
_succession	n.	တၢ်ထီၣ်ဘၣ်(ပှၤ)အလီၢ်★တၢ်ဟ်လိာ်အခံတ(ဂၤ)ဘၣ်တ(ဂၤ)	suc-ces'sion
_successive	a.	လၢအဟ်ထွဲလိာ်အခံတ(မံၤ)ဝံၤတ(မံၤ)	suc-ces'sive
_successor	n.	ပှၤလၢအထီၣ်ဘၣ်(ပှၤ)အလီၢ်	suc-ces'sor
_succinct	a.	ဖုၣ်★(တၢ်ကတိၤ)လၢအဖုၣ်ဒီးလၢပှဲၤ	suc-cinct'
_succor	v.t.	(တၢ်)မၤစၢၤတၢ်	suc'cor
_succulent	a.	လၢအသိအစီအိၣ်★လၢအပှဲၤဒီးအ(ထံအနိ)(စိ)	suc'cu-lent
_succumb	v.i.	ဟ့ၣ်လီၤကွံာ်အသးလၢအသးအတၢ်ဂံၢ်စၢ်ဘါစၢ်အယိ★(ဟ့ၣ်)(ဆိၣ်)လီၤအသး★သံ★တမၤဝဲလၢၤဘၣ်	suc-cumb'
_such	pron a.	ဒ်န့ၣ်အသိး★ဒ်န့ၣ်★ဒ်အံၤ★ဒ်––သိးန့ၣ်	such
_suck	v.t.	စ့ၢ်(ထီၣ်)★ဆူး(ထီၣ်)★အီနုၢ်	suck
_suckle	v.t.	(ဒုး)အီနုၢ်	suck'le
_suction	n.	တၢ်စ့ၢ်တၢ်★တၢ်ဆူးတၢ်★တၢ်ဆူးသဝံးတၢ်	suc'tion
_sudden	a.	လၢအမၤအသးသတူၢ်ကလာ်★လၢအမၤဖုးအသး	sud'den
_suddenly	adv.	သတူၢ်ကလာ်	sud'den-ly
_suds	n.	ဆးပှၣ်ထံလၢအသဘ့ထီၣ်သး	suds
_sue	v.t.	လိာ်ဘၢလိာ်ကွီၢ်ပှၤ★ဃ့ကညး★ဃ့တၢ်အဲၣ်★လိာ်ကွီၢ်★မၤဘၢမၤကွီၢ်★လိာ်ပှၤလၢကွီၢ်	sue
_suet	n.	ကျီၢ်အကလှၢ်ဒီးအယီၢ်တံာ်ခိၣ်အသိ	su'et
_suffer	v.i.	တူၢ်ဘၣ်★ဆါ★ဟးဂီၤ★ခိၣ်ဘၣ်	suf-fer
_suffer	v.t.	ဟ့ၣ်အခွဲး★ပျဲ	suf-fer
_sufferance	n.	တၢ်ဟ့ၣ်တၢ်အခွဲးလၢတၢ်သူၣ်တအိၣ်သးတအိၣ်ဘၣ်အပူၤ★တၢ်တူၢ်တၢ်ခိၣ်တၢ်လၢတၢ်ဝံသးစူၤအပူၤ★တၢ်ဝံသးစူၤ★တၢ်ဟ့ၣ်တၢ်အခွဲး★တၢ်ပျဲတၢ်	suf'fer-ance
_suffering	n.	တၢ်ဆါ★တၢ်သူၣ်ကိၢ်သးဂီၤ★တၢ်နးတၢ်ဖိုၣ်★တၢ်တူၢ်တၢ်	suf'fer-ing
_suffice	v.i.	အါလံ★လၢလီၣ်★လၢပှဲၤ	suf-fice'
_suffice	v.t.	ဒုးသးမံ	suf-fice'
_sufficiency	n.	တၢ်လၢတၢ်လီၣ်★တၢ်အါလံ★တၢ်လၢတၢ်ပှဲၤ★တၢ်သ့တၢ်ဘၣ်	suf-fi'cien-cy
_sufficient	a.	လၢအလၢဝဲလီၣ်ဝဲ★လၢအအါလံ★လၢပှဲၤ	suf-fi'cient

_suffocate / suffocation	v.t. / n.	(တၢ်)ပအၢသံတၢ်★(တၢ်)မၤဆူးသံတၢ်★မၤတုၤအသါတဘၢပၢၢ်ဘၣ်	suf'fo-cate / suf'fo-ca'tion
_suffrage	n.	တၢ်အခွဲးလၤကဖိၣ်တၢ်ဖးအဂီၢ်★တၢ်ယုထၢတၢ်	suf'frage
_suffuse	v.t.	ကးဘၢ★လုၣ်ဘၢ	suf'fuse'
_sugar	n.	အံၣ်သၣ်ဆၢ	sug'ar
_sugarcane	n.	ထံဝံၢ်★ပထံနုၣ်	sug'ar-cane
_suggest	v.t.	ဒုးအိၣ်ထီၣ်တၢ်ဆိကမိၣ်★ဒုးဆိကမိၣ်ပှၤလၢတၢ်အဂ့ၢ်★ဟ့ၣ်ကူၣ်★ဒုးသ့ၣ်ညါအီၤကဒုကၤလၤ★ဒုးနဲၣ်ထဲတၢ်ပနီၣ်ဝဲ	sug-gest'
_suggestible	a.	လၢအသးဘၣ်တၢ်မၤန့ၢ်အီၤညီ	sug-gest'i-ble
_suggestion	n.	တၢ်ဒုးဆိကမိၣ်တၢ်★တၢ်ဟ့ၣ်ကူၣ်တၢ်	sug-ges'tion
_suggestive	a.	လၢအဒုးအိၣ်ထီၣ်တၢ်ဆိကမိၣ်★လၢအဟ့ၣ်ကူၣ်တၢ်	sug-ges'tive
_suicidal	a.	ဘၣ်ယးတၢ်မၤသံလီၤအသးဒၣ်ဝဲ	su'i-cid'al
_suicide	n.	တၢ်မၤသံလီၤအသးဒၣ်ဝဲ	su'i-cide
_suit	n.	တၢ်ကူတၢ်သိးဘၣ်ယးလိၥ်သးတကရၤ★တၢ်သကွံၢ်ကညး★ကွံၢ်★တၢ်မူး★တၢ်ယူန့ၢ်ပိၥ်မုၣ်အတၢ်အဲၣ်	suit
_suit	v.i.	ကြၢးဝဲဘၣ်ဝဲ★ကၢကီၣ်သ့ယီၤ★မၤဘၣ်အသး★ဘၣ်လိၥ်★မၤဒၣ်အကဘၣ်လိၥ်	suit
_suitable	a.	လၢအကြၢးဝဲဘၣ်ဝဲ★လၢအကၢကီၣ်သ့ယီၤ★လၢအဘၣ်လိၥ်အသး	suit'a-ble
_suitor	n.	ပှၤလၢအအိၣ်သကိးဒီးယူန့ၢ်ပိၥ်မုၣ်အတၢ်အဲၣ်★ပှၤလၢအဆိုးတၢ်တၤ	suit'or
_sulk / sulky	v.i. / a.	(လၢအ)ဟံအသးတၢနိၣ်တြိၢ်★(လၢအ)ဟံအသးတဖဲးကဒဲး★(လၢအ)သးဒိၣ်အၢၣ်အုၣ်ဒီးတကတိၤတၢ်ဘၣ်	sulk / sulk'y
_sullen	a.	လၢအသးဒိၣ်အမဲၥ်အုၣ်ဒီးအိၣ်ထဲတဂၤလီၤ	sul'len
_sulphur	n.	ကးကမုၣ်	sul'phur
_sultan	n.	ကီၢ်ထၢးကုၣ်အစီၤပၤ(အမံၤအသၣ်)	sul'tan
_sultry	a.	ကီၢ်သဝံသဝါ★ကီၢ်သီဆူး	sul'try
_sum	n.	တၢ်ဟၥ်ဖှိၣ်ယှၢ်တၢ်အနီၢ်ခဲလၢၥ်★စုထဲအံၤနုၤ	sum
_sum	v.t.	ဟၥ်ဖှိၣ်★ထဲဖျါထီၣ်ကွၢ်တၢ်ခဲလၢၥ်လၢတၢ်တီၤဖုၣ်ကိၥ်	sum
_summarily	adv.	ဖုၣ်ဖုၣ်★မၤတဘျီယီလၢအတအိၣ်ဒီးတၢ်သံကွၢ်သံဒိးဘၣ်★မၤခွၣ်ချုတဘျီယီ	sum'ma-ri-ly
_summary	n.	တၢ်အဂ့ၢ်လၢတၢ်ကွဲးဖှိၣ်ဒီးမၤဖုၣ်လီၤကွၤအီၤ	sum'ma-ry
_summary	a.	လၢအဖုၣ်ဒီးအခီပညီဖျါဂ့ၤ	sum'ma-ry
_summer	n.	တၢ်ကိၢ်ခါ★တၢ်ယီၤခါ★နံၣ်ယုၢ်ခါ	sum'mer
_summit	n.	တၢ်အစိခိၣ်★တၢ်အဒိခိၣ်	sum'mit
_summon	v.t.	ကိးပှၤဒ်သိးကဟဲဆူအၡိ★ကိးပှၤအိၣ်ဒီးတၢ်စိတၢ်ကမီၤဒ်သိးကဟဲအမံၣ်ညါ	sum'mon
_summons	n.	တၢ်စိတၢ်ကမီၤအတၢ်ကိး★တၢ်ကိးတၢ်အိၣ်ဒီးတၢ်စိတၢ်ကမီၤဒ်သိးကဟဲၣ်ရ့	sum'mons
_sumptuous	a.	လၢအလၢၥ်ပှၢလၢၥ်ကလံၥ်★လၢအပှ့ၤဒိၣ်★လၢအဒိၣ်အမုၢ်★လီၤဘၢလီၤမုၢ်	sump'tu-ous
_sun	n.	မုၢ်	sun
_sunbeam	n.	မုၢ်အယဲၤ★မုၢ်အခၣ်ဆူၣ်★မုၢ်အစုၢ်	sun'beam'
_sunburn	v.t.	မုၢ်အီၣ်	sun'burn'
_Sunday	n.	မုၢ်ခိၣ်ထံးအနံၤ	Sun'day
_sundown	a.	မုၢ်လီၤနုၥ်	sun'down'
_sunny	a.	လၢမုၢ်ဆဲးဘၣ်အီၤ★လၢအအိၣ်ဒီးမုၢ်အတၢ်ကပီၤ★(မုၢ်နံၤ)ကပြုၢ်ကပြီၤကဆ့ကဆို	sun'ny
_sunrise	n.	မုၢ်ဟဲထီၣ်★မုၢ်ဆ့ၣ်ထီၣ်★မုၢ်ဆ့ၣ်ဝါ★မုၢ်ထီၣ်	sun'rise
_sunset	n.	မုၢ်လီၤနုၥ်	sun'set
_sunshade	n.	သဒၢမုၢ်ဖိ(ဒ်ဝ့ၢ်ပသံၣ်အသဒၢမုၢ်)★တၢ်လၢအတြိယာ်မုၢ်အတၢ်ကိၢ်	sun'shade'
_sunshine	n.	မုၢ်အတၢ်ကပီၤ★တၢ်ကပြုၢ်ကပြီၤ★တၢ်သူၣ်ဖှံသးညီ	sun'shine'
_sunstroke	n.	တၢ်ဆါ(လၢမုၢ်ကိၢ်ဆါဆဲးဘၣ်အီၤအယိ)	sun'stroke'
_sup	v.t.	အီၣ်တၢ်လၤဟါ★ဆူးအီ	sup

282

_super	pref.	လၢတၢ်အဖီခိၣ်★လၢအအိၣ်ထိၣ်ထီလၢတၢ်ဂၤအဖီခိၣ်	su'per
_superannuated	a.	လၢအဘၣ်တၢ်ဒုးဆိကတိၢ်ကွံာ်အီၤလၢအတၢ်မၤအပူၤလၢအသးပှၢ်အယိဒီးတၢ်ဟ့ၣ်မၤစၢၤက့ၤအီၤ	su'per-an'nu-at'ed
_superb	a.	ဂ့ၤဒိၣ်ဒိၣ်★လၢအယံဒိၣ်လၤဒိၣ်★ကညီၢ်	su-perb'
_supercilious	a.	လၢအဟ်ကဖၢလၢအသး★လၢအဟ်ဒိၣ်ထီအသး★လၢအဟ်ပှၤလၢအမှၢ်တၢ်လီၤသးဘၣ်အၢ	su'per-cil'i-ous
_superficial	a.	လၢထဲအမဲာ်ဖံးခိၣ်ၡိၤလီၤ★ဒိၣ်	su'per-fi'cial
_superfluous	a.	လၢအအါန့ၢ်းပၢပ်ၣ်★လၢအအါန့ၢ်းပၵ်ၣ်ဒီးအီၤ	su-per'flu-ous
_superhuman	a.	လၢအဒိၣ်န့ၢ်ထီန့ၢ်ပှၤဟီၣ်ခိၣ်ဖိအ––★လၢပှၤကညီအဖီခိၣ်★ပုၤ	su'per-hu'man
_superimpose	v.t.	ဟ်လီၤလၢတၢ်ဂၤအဖီခိၣ်	su'per-im-pose'
_superintend	v.t.	အံးထွဲကွၢ်ထွဲတၢ်အခံ★အံးထွဲကွၢ်ထွဲအီၤဆျၤအီၤ	su'per-in-tend'
_superintendent	n.	ပှၤလၢအအံးထွဲကွၢ်ထွဲတၢ်အခံ★ပှၤလၢအဆျၤအတွဲဒီးပၢတၢ်	su'per-in-tend'ent
_superior	n.	ပှၤလၢအလိၢ်ထီတက့ၢ်★ပှၤအဒိၣ်တဂၤ	su-pe'ri-or
_superior	a.	လၢအလိၢ်ထီတက့ၢ်★လၢအဂ့ၤဒိၣ်တက့ၢ်★လၢအဘၣ်(တၢ်ကီတၢ်ခဲ)သနၥ်က့အိၣ်ဂၢၢ်အိၣ်ကျၢၤသ့	su-pe'ri-or
_superiority	n.	တၢ်အဒိၣ်အထီ★တၢ်ဒိၣ်စိ★တၢ်ဂ့ၤန့ၢ်ပှၤဂၤ	su-pe'ri-or'i-ty
_superlative	a.	လၢအ(ဂ့ၤ)ကတၢၢ်★လၢအ(ဂ့ၤ)တုၢ်	su-per'la-tive
_supernatural	a.	လၢအဒိၣ်န့ၢ်ထီန့ၢ်ဟီၣ်ခိၣ်အတၢ်သ့တၢ်ဘၣ်★လၢအလီၢ်လီၢ်လီၤလၤ★လၢနၤဆၢၢ်အဖီခိၣ်★လၢတၢ်ဘၣ်တ့အတၢ်သ့တၢ်ဘၣ်အဖီခိၣ်	su'per-nat'ur-al
_supersede	v.t.	နုၥ်လၢတၢ်ဂၤအလီၢ်★သုးကွံာ်★ဟ်ကွံာ်	su'per-sede'
_supersensitive	a.	လၢတၢ်ဘၣ်ဒီၡါအသးညီကဲၣ်ဆိး★လၢအသ့ၣ်ညါတၢ်ဘၣ်အီၤဆံးကိၢ်ဖိသ့ညီကဲၣ်ဆိး	su'per-sen'si-tive
_superstition / superstitious	n. / a.	(လၢအ)(တၢ်)စုၢ်ကမၣ်နၥ်ကမၣ်တၢ်	su'per-sti'tion / su'per-sti'tious
_superstructure	n.	တၢ်လၢတၢ်သူၣ်ထီၣ်လၢတၢ်ဂၤအဖီခိၣ်	su'per-struc'ture
_supervise / supervisor	v.t. / n.	(ပှၤလၢအ)အံးထွဲကွၢ်ထွဲတၢ်★(ပှၤလၢအ)ပၢဆျၤအံးထွဲကွၢ်ထွဲတၢ်★ကွၢ်ထံဒီးသမံသမိး	su'per-vise / su'per-vi'sor
_supine	a.	လၢအမံလီၤ(လၢအချ)(ဆိထီခိၣ်)★က့ၤ်★တ(ပလိၢ်အသး)(ဆိကမိၣ်ဆိကမးတၢ်ဘၣ်)	su-pine'
_supper	n.	တၢ်အီၣ်လၢဟါ	sup'per
_supplant	v.t.	နုၥ်လၢတၢ်ဂၤအလီၢ်★ဟံးန့ၢ်တၢ်ဂၤအလီၢ်လၢတၢ်လီတၢ်ဝ့ၤအပူၤ	sup-plant'
_supple	a.	လၢအစၢ်ယုၥ်စၢ်ယဲၢ်★လၢအဘိးကွ့ၣ်ဘိးကူအသးသ့★လၢအလူၤဘၣ်ပှၤဂၤအသး	sup'ple
_supplement	n.	လံၥ်လၢတၢ်ကွဲးအါထီၣ်လၢခံ★တၢ်လၢပှၤမၤအါထီၣ်ဒီးသိးအကမၤလၢမၤပှဲၤတၢ်	sup'ple-ment
_supplement	v.t.	မၤအါထီၣ်တၢ်ဒ်သိးကလၢကပှဲၤ	sup'ple-ment
_supplementary	a.	လၢအဘၣ်တၢ်ဟ်ဖှိၣ်အါထီၣ်ယုၥ်ဒီးတၢ်ဂၤဒ်သိးတၢ်ကလၢကပှဲၤ★လၢအမၤလၢမၤပှဲၤတၢ်	sup'ple-men'ta-ry
_supplicant	n.	ပှၤယ့ကညးတၢ်ဖိ	sup'pli-cant
_supplicate / supplication	v.t. / n.	(တၢ်)ယ့သကွံၢ်ဘါကညးတၢ်★(တၢ်)ယ့ဘါထုကဖၣ်	sup'pli-cate / sup'pli-ca'tion
_supply	v.t.	မၤတၢ်လၢပှၤအလီၢ်တဖၥ်ိတဖၥ်ိလၢ★(တၢ်)မၤန့ၢ်တၢ်(လၢပှၤဂၤအဂီၢ်)★ဟ့ၣ်★လုၢ်အီၣ်လုၢ်အီ	sup-ply'
_supply	n.	တၢ်လၢအလိၣ်ဝဲတဖၥ်ိ★တၢ်လၢပှၤဘၣ်သူအီၤတဖၥ်ိ	sup-ply'
_support	v.t.	(တၢ်)မၤစၢၤ★ပၢၢ်ယၥ်တၢ်★ဆီၣ်ထွဲစၢၤတၢ်★(တၢ်)လုၢ်အီၣ်လုၢ်အီ	sup-port'
_suppose / supposition	v.i. / n.	(တၢ်)စံးဒ့ၣ်ကလိၥ်★(တၢ်)တယၥ်ဆိကမိၣ်တၢ်★ဆိကမိၣ်	sup-pose' / sup'po-si'tion
_suppress / suppression	v.t. / n.	(တၢ်)ဆီၣ်လီၤလီၤကုၥ်တၢ်★(တၢ်)မၤန့ၢ်မၤယၥ်★(တၢ်)ကီၤအသး★(တၢ်)ဟ်တဒၢတၢ်★ဟ်ခူသူၣ်★(တၢ်)တြီယၥ်	sup-press' / sup-pres'sion
_suppurate	v.i.	ဂုၥ်ဖံ	sup'pu-rate

_supremacy / supreme	n. / a.	(လၢအ)(တၢ်)အိဉ်လၢလိၢ်ဒိဉ်လိၢ်ထိကတၢၢ် ★(လၢအ)(တၢ်)စိကမီၤဒိဉ်ကတၢၢ် ★လၢအဒိဉ်အထိကတၢၢ် ★(တၢ်)(လၢအ)အိဉ်ဒီးအစိကမီၤဒိဉ်ကတၢၢ် လၢတၢ်ဂၤတဖဉ်အဖိခိဉ်	su-prem'a-cy / su-preme'
_supremely	adv.	(ထီ)ကတၢၢ် ★ဒိဉ်ကတၢၢ်ထိကတၢၢ်	su-preme'ly
_surcease	n.	တၢ်ဆိကတီၢ် ★(တၢ်)(နုး)အိဉ်ကတီၢ်	sur-cease'
_surcharge	v.t.	ယွၤတၢ်အခးအၢနံၢ်နီၤတၢ်ညီနုၢ်ဟ့ဉ်ဝဲ ★(တိဉ်ထိဉ်)(ပၢၤ)(နုးယိၤ) တၢ်အၢနံၢ်အခး	sur-charge'
_sure	a.	လၢအသ့ဉ်ညါသပှၢ်တၢ် ★လၢအသးတဒ့ဒီဘဉ် ★နာ်န့ၢ်သ့ ★ဂၢၢ်ကျၤၤ ★မၤဒံသိအသးဒ့ဒီသ့တအိဉ်တဂ့ၤ	sure
_surely	adv.	သပှၢ်ကတၢၢ် ★ယါမနၤ ★နီၢ်နီၢ် ★နီၢ်ကီၢ်	sure'ly
_surf	n.	(လပီ)(ထံစ့ဉ်ပီပှ)လၢအဒီယီၤထံကၢၢ်ခိဉ်မှၢ်ဂ့ၤလၢၢ်မှၢ်ဂ့ၤ	surf
_surface	n.	တၢ်အမဲၢ်ဖံးခိဉ်	sur'face
_surfeit	n.	တၢ်အိဉ်တၢ်အီဉ်တၢ်အၢကဲဉ်ဆိး ★တၢ်သးပှဲၤ(လၢအိဉ်တၢ်အၢကဲဉ်ဆိး)	sur'feit
_surfeit	v.i.	(နုး)အီဉ်တၢ်အၢကဲဉ်ဆိး★(နုး)အီဉ်လှာ်ကိတၢ်★(နုး)အီဉ်လှာ်ကိတၢ် တူၤဒ့ဉ်လံာ်အသးကလဲၤ	sur'feit
_surge	n.	လပီမှၢ်ဒိဉ်	surge
_surge	v.i.	ထွဉ်တလှဉ်အသး(ဒ်လပီအသိး)★ထိဉ်လီၤဒ်လပီအသိး	surge
_surgeon	n.	ကသံဉ်သရဉ်လၢအကူးအကါတၢ်သ့	sur'geon
_surgery / surgical	n. / a.	(ဘဉ်ယးဒီး)တၢ်ကူးတၢ်ကါတၢ်	sur'ger-y / sur'gi-cal
_surly	a.	လၢအသးဒိဉ်ထိဉ်ချ့ ★လၢအသးအိဉ်မၤဘဉ်ဒီပှၤ ★လၢအသးဒိဉ်အမဲၢ်ဆူးတကျဉ်★လၢအသးအၢ,အသးချ့,ဒီးရှၢ်မး★အှဉ်ကရဲဉ်	sur'ly
_surmise	v.t.	(တၢ်)ဆိကမိဉ်တဃာ်တၢ်★တဃာ်ဆိကမိဉ်တၢ်	sur-mise'
_surmount	v.t.	ထိဉ်စိၤလၢတၢ်ဂၤအဖိခိဉ်★မၤနၢၤတၢ်★အိဉ်လၢ(တၢ်ဂၤ)အဖိခိဉ်	sur-mount'
_surpass	v.t.	လဲၤလၢတၢ်ဂၤအမဲၢ်ညါ★(ဂ့ၤ)(အၢ)(ဒိဉ်)န့ၢ်★လဲၤတလၤကွံာ်	sur-pass'
_surpassingly	adv.	(ဂ့ၤန့ၢ်)ဖၢ်တလၤ	sur-pass'ing-ly
_surplus	n.	တၢ်အိဉ်ဘှဉ်★(တၢ်)လၢအအၢနံၢ်တၢ်အဲဉ်ဒီးအီၤ★တၢ်အိဉ်လီၤတဲာ် (လၢပသူအီၤဝံၤအလီၢ်ခံ)	sur'plus
_surprise	v.t.	(နုး)ကမၢကမဉ်★မၤဘဉ်ဖုးအီၤ	sur-prise'
_surprise	n.	တၢ်(လီၤ)ကမၢကမဉ်(အလီၢ်)	sur-prise'
_surrender	v.t.	(တၢ်)ဆိဉ်လီၤအသး★(တၢ်)ဟ်လီၤစုကဝဲၤ★ဟ့ဉ်လီၤအသး	sur-ren'der
_surreptitious	a.	လၢတၢ်မၤခုသူဉ်အီၤ★လၢအခွဲးတအိဉ်မၤခုသူဉ်ဝဲ	sur'rep-ti'tious
_surround	v.t.	ကဝီၤယာ်★အိဉ်ဝးတရံး	sur-round'
_surroundings	n.	တၢ်လၢအအိဉ်ဝးဝး★တၢ်လၢအအိဉ်ဝးတရံးတၢ်	sur-round'ings
_surveillance	n.	တၢ်အံးထွဲကွၢ်ထွဲတၢ်အခံ★တၢ်ကွၢ်ဟုဉ်ကွၢ်စုးတၢ်	sur-veil'lance
_survey / survey	v.t. / n.	(တၢ်)ဟးဆှဉ်ကွၢ်တၢ်လီၢ်တၢ်ကျဲ ★(တၢ်)ကွၢ်ထံဆိကမိဉ်အဂ့ၢ် ★(တၢ်) ထိဉ်တၢ်	sur-vey' / sur'vey
_survival	n.	တၢ်လၢအအိဉ်(မူလီၤတဲာ်)(လီၤတဲာ်လၢခံ)	sur-viv'al
_survive	v.i.	မူဒံး★အိဉ်သမူဒံး★အိဉ်မူလီၤတဲာ်လၢခံ★(ပှၤဂၤသံနာ်က့အဝဲဒဉ်) အိဉ်မူဒံး	sur-vive'
_susceptibility / susceptible	n. / a.	(လၢအ)(တၢ်)သ့သ့ဉ်ညါတၢ်ဖဲတၢ်ဘဉ်အီၤအခါ	sus-cep'ti-bil'i-ty / sus-cep'ti-ble
_suspect	v.t.	ဆိကမိဉ်တဃာ်တၢ်လၢပှၤဂၤအဖိခိဉ်★တနာ်န့ၢ်အီၤဘဉ် ★အိဉ်ဒီးတၢ် သးဒ့ဒီလၢအဖိခိဉ်	sus-pect'
_suspend	v.t.	ထိဉ်လီၤစဲၤ★ဟ်ဆိကတီၢ်ဒဉ်ကလီၤ★ဘျးလီၤစဲၤ★ဂြီၤယာ်ဟ်မီကိာ်	sus-pend'
_suspense	n.	(တၢ်)အိဉ်ဆူလၢ်ဟှ ★(တၢ်)ဆိကတီၢ်တစိၢ် ★ တၢ်တသ့ဉ်ညါတၢ်လီၤတၢ်လီၤဆဲး	sus-pense'
_suspension	n.	တၢ်အိဉ်လီၤစဲၤ★တၢ်နုးဆိကတီၢ်ဒဉ်ကလီာ်အီၤလၢအတၢ်မၤပှၤ ★ တၢ်အိဉ်ကတီၢ်တစိၢ်	sus-pen'sion
_suspicion / suspicious	n. / a.	(လၢအ)(တၢ်)အိဉ်ဒီးတၢ်သးဒ့ဒီလၢတၢ်အဂ့ၢ်★(လၢအ)(တၢ)တနာ်န့ၢ်တၢ်★လၢအညိနှၢ်သးဒ့ဒီလၢတၢ်အဂ့ၢ်★(လၢအ)(တၢ်)တလီၤနာ်န့ၢ်	sus-pi'cion / sus-pi'cious

_sustain	v.t.	စိၥ★ဒုးမ္ု★တူၥ်တၥ်★ဒိၣ်နၦ်★အၢၣ်လီၤအီၤလီၤ(အတၢ်ယ္ၤ)★ဟ်ဂၢၢ်ဟ်ကျၤ★ အိၣ်ဒံးဒီ(အတၢ်မၦ်လၢ်)★(စိၥ်ထီၣ်)(ဟံးယၥ်)(ကီၤယၥ်) ၣ်သိးသ္ၤလ္ၤထံတၥ်တဂ္ၤ★မၤစၢၤ★လုၢ်အီၣ်	sus-tain'
_sustenance	n.	တၢ်လၢအၤၤမ္ုတၥ်★တၢ်အီၣ်တၢ်အီ★တၢ်လုၢ်အီၣ်လုၢ်အီ	sus'te-nance
_swab	v.t.	(နိၣ်)ထွါတၥ်	swab
_swagger	v.i.	ဟးဟ်ဒိၣ်ဟ်လၤအသး★ဟးဟ်အသးကဖိဖိကဖိဖိ★ ဟးအိၣ်ဒီးတၢ်ဟ်ထီၣ်ထီအသး★ဟးတက္ၢ်လီၤဟီၣ်ခိၣ်ဘၣ်	swag'ger
_swallow	v.t.	ယူၢ်လီ★ယူၢ်နၥ်★နၥ်တၢ်ချ္ၤသးံ	swal'low
_swallow	n.	ထိၣ်ဘ္ၤၣ်ဘီၣ်	swal'low
_swamp	n.	တၢ်ကပ္ၤၤကပျ္ၤၢ်★ကပျ္ၤၤ★တၢ်လီၤဘ္ၣ်လီၤဆ္ိအလီၢ်	swamp
_swampy	a.	လၢအမ္ၤအသးကပျ္ၤၤကပျ္ၤၢ်★လီၤဘ္ၣ်လီၤဆ္ိ	swamp'y
_swan	a.	ထိၣ်ဖးဒိၣ်လၢအလိၤက်ထိၣ်တၤ★ထိၣ်တၤတကလုၥ်	swan
_swarm	n.	တၢ်(ဖိယၢ်)အဖုအကီ	swarm
_swarm	v.i.	(ကနဲ)ဟးကု★(ကနဲ)ယူၤဖးအဒၢ★အိၣ်(ဖိၣ်)ဂီၢ်မ္ၢ်★အိၣ်ပ္ၤဒီး★ ထိၣ်ဖိးသလုၤထိၣ်သ္ၣ်	swarm
_swarthy	a.	လၢအဖံးဂီၤသ္ုအၣ်းၤ★ထိၣ်သ္ုထိၣ်ဂီၤ★(အဖံးအညၣ်)ထိၣ်က္ၢ်	swarth'y
_swash	v.i.	(က္ု)ထံသိၣ်★ထံစံၣ်ဖ္ုး(ထိၣ်)(သိၣ်)★ကတိၤ(နိၣ်)(လၤ)အကၥ်	swash
_swath	n.	က္ဲ္ဒီၤက္ဲ္ိတက္ျိၤလၤပ္ၤက္ူးဘ္ၤအပ္ုၤ★တက္ျိၤ★တဝါ	swath
_sway	v.i.	ဝါ်ဝါ်အသးဆ္ဲအံးဆ္ဲန္ၤ★လီၤဒ္ၤခံ★(ဒုး)လၤလိၥ်အ(တၢ်ဆိၣ်ကမိၣ်)	sway
_sway	n.	တၢ်စံၣ်ညီၣ်ပၢတၢ်★စိကမီၤ	sway
_hold sway		ပၢတၢ်	hold sway
_sway		ထိၣ်ဝး★က္ွၢ်ဒိၣ်ဆံးအါစုၤတၥ်	sway
_swear	v.i.	ဆိၣ်လီၤအသး	swear
_sweat	n.	ကပၤၤ	sweat
_sweat	v.i.	ကပၤၤထိၣ်	sweat
_sweatshop	n.	တၢ်ဖံးတၢ်မၤအလီၢ်ဖဲပ္ၤမၤတၢ်ဆ္ၣ်မးဘၣ်ဆၣ်အဘူးအလဲစ္ၤမး★ တၢ်မၤအလီၢ်ဖဲပ္ၤမၤသံမၤအိၣ်လီၤအသး	sweat'shop'
_sweaty	a.	လၢအအိၣ်ဒီးကပၤၤ★လၢအလၥ်အကပၤၤကဝါ★ဘၣ်စိၣ်လၤကပၤၤ	sweat'y
_sweep	v.t.	ခ္ွဲသိၣ်ခ္ွဲပ္ိၢ်★သ္ုးအသချ★ခ္ိက်	sweep
_sweep away		(ထံလုၥ်ဘၢ)စိၥ်က္ုၣ်တၥ်	sweep away
_sweet	a.	ဆၢ★မ္ုၥ်သ္ုၣ်မ္ုၥ်သး★ဆၢဘၣ်ပနံၢ်မ္ုၥ်ဘၣ်ပသး★လီၤအဲၣ်လီၤက္ွံ★(ထံ)ဆၢ★မ္ုၥ်★ဂ္ၤ★နၢမ္ု★သးဘိ★သးဒိၣ်မိၣ်	sweet
_sweet	n.	တၢ်ဆၢ	sweet
_sweeten	v.t.	(မၤ)ဆၢထိၣ်★မၤမ္ုၥ်ထိၣ်	sweet'en
_sweetheart	n.	ပ္ၤလၢအဘၣ်တၢ်အဲၣ်အီၤ★တၢ်အဲၣ်တီ	sweet'heart'
_sweetly	adv.	မ္ုၥ်သ္ုၣ်မ္ုၥ်သး★ဘံၣ်သ္ုဘၣ်သး★မ္ုၥ်မ္ုၥ်ကလံၥ်★ဆၢဆၢကလံၥ်	sweet'ly
_sweetness	n.	တၢ်အဆၢ★တၢ်အမ္ုၥ်(သ္ုၣ်မ္ုၥ်သး)	sweet'ness
_swell	v.i.	ညိးထိၣ်★ကဖိထိၣ်★ပသီထိၣ်★ထိၣ်ထိၣ်★တၢ်ထိၣ်ကု★(ဒုး)ဒိၣ်ထိၣ်,အါထိၣ်,လ္ၢ်ထိၣ်★ထိၣ်ကဖိထိၣ်	swell
_swell	n.	တၢ်ဒိၣ်ထိၣ်အါထိၣ်တဘ္ၤးဘၣ်တစ္ဲ★လပီ★ပ္ၤလၤအလိၥ်အသးဆ္ူၣ်ဆ္ူၣ်ဘ္ဲၣ်ဘ္ဲၣ်	swell
_swelter	v.i.	ကပၤၤထိၣ်အါအါကလံၥ်★တၢ်သဝါထိၣ်အီၤ	swel'ter
_swelter	v.t.	ဒုးသဝါထိၣ်အီၤ	swel'ter
_sweltering	a.	လၢအကိၢ်သဝံသဝါ★လၢအကိၢ်သီဆ္ုးသိအး★လၢအလီၤဘ္ုးလီၤဘ္ု	swel'ter-ing
_swerve	v.i.	ယ္ၣ်ကပၤၤအသး(လၢက္ဲ္ဘၣ်)★ဟးကမၣ်က္ု★ဟးဖ္ုး	swerve
_swift	a.	လၢအမၤအသးချ္ၤသးံ★လၤအချ★ချ	swift
_swiftly	adv.	ချ္ချ္	swift'ly
_swiftness	n.	တၢ်ချ္	swift'ness
_swill	n.	ထိးအဆၣ်	swill
_swill	v.t.	အီတၢ်အထံကြ္ုၣ်ကြ္ုၣ်ံထီးအသိး★အီလုၥ်ကိတၢ်★အီတၢ်အါအါဂီၢ်ဂီၢ်	swill

285

_swim	v.i.	ပိၢ်ထံ	swim
_swimmingly	adv.	လၢတၢ်နီၤတၢ်ဘျုးတအိၣ်ဘၣ်★လၢအလဲၤတၢ်ဘျ့ဘျ့ဆိုဆို★ဘျ့ဘျ့★ကဲထီၣ်လိၣ်ထီၣ်	swim'ming-ly
_swindle / swindler	v.t. / n.	(ပှၤလၢအ)လီန့ၢ်တၢ်★(ပှၤလၢအ)မၤန့ၢ်ကဘျုးကဘၣ်တၢ်	swin'dle / swin'dler
_swine	n.	ထိးတဖၣ်	swine
_swing	v.i.	ဝးယီၢ်ယုၤယီၢ်ယုၤ★ထွံၣ်ဟူး★ထိတၢ်တဘီ★ယၣ်တရံးတၢ်အခိၣ်★ထိၣ်ဝး★ဝး(ယဲၤယဲၤ)(ဆူအံၤဆူနုၤ)	swing
_swing	n.	တၢ်ဝံၢ်တဖျ့ၣ်စု★စုၣ်★တၢ်မၤဖဲၣ်အသး	swing
_swinish	a.	ၣ်ထိးအသိး★လၢက်ဆၣ်ဖိကီၢ်ဖိ★တကြၢးတဘၣ်★ဘၣ်အၢ	swin'ish
_swipe	v.t.	(တၢ်)ဝံၢ်တဖျ့စုထိတၢ်တဘီ	swipe
_swirl	v.i.	(ထံ)သဝံၤအသး	swirl
_swirl	n.	ထံသဝံး	swirl
_swish	v.i.	(သိၣ်ရဲရဲ)(သိၣ်ဆွဲဆွဲ)★ဝံၢ်ဝံၢ်★(တၢ်)သိၣ်ရွံးရွံး	swish
_swish	n.	ဃၢက်ဖးဒိၣ်ဖးထီ	swish
_switch	n.	(သ့ၣ်နူ)(နီၣ်ဖျၢ)ဖိစၢ်ကဘံၣ်★ခိၣ်စဲတဘိ★လ့ၣ်မ့ၣ်အူကျဲဆၢလၢတၢ်ထိးတၢ်အီးထိၣ်အီၤသ့★တၢ်ဖံ(သံ)(ကပီၤ)လီမ့ၣ်အူအလီၢ်★တစူး	switch
_switchman	n.	ပှၤလၢအအိးထိၣ်ထိးတၢ်လ့ၣ်မ့ၣ်အူကျဲဆၢ	switch'man
_swoon	v.i.	သံတယုာ်	swoon
_swoon	n.	တၢ်ထိၣ်(အီၤတသ့ၣ်ညါလီၤအသး)★တၢ်သံတယုာ်ဘီတကျၣ်	swoon
_swoop	v.t.	လီၤဖီၣ်န့ၢ်★ယူၤလီၤစိၢ်န့ၢ်★ထိအိၣ်	swoop'
_sword	n.	နး	sword
_swordfish	n.	ညၣ်လၢအအိၣ်ဒီးအခိၣ်ပယွဲဖးထိၢ်နး	sword'fish'
_swordplay	n.	တၢ်ဂဲၤနး★တၢ်လိၣ်ကွဲနး★တၢ်ဒိသးလၢနး	sword'play
_swordsman	n.	ပှၤသူးဖိလၢအကွ့တၢ်လၢနးသွ★ပှၤလၢအလိၣ်ကွဲနးဒီးအသးလၢနးသွ	swords'man
_syce	n.	ပှၤလၢအကွၢ်ကသ့ၣ်	syce
_sycophant	n.	ပှၤလၢအမၤန့ၢ်တၢ်အိၣ်တၢ်အီၤလၢပှၤတဂၤဒိၣ်ကီၤဒိၣ်အအိၣ်လၢတၢ်ကတိၤဂ့ၤကတိၤဝါအီၤဒီးတၢ်နါစိၤစံၤပတြၢၤအီၤအပူၤ	syc'o-phant
_syllable	n.	တၢ်ကတိၤအသိးအဘီပုံၤဘီပုံၤဘီအကျါတဘီလၢတၢ်ကတိၤတဖျၢၣ်အပူၤ★တၢ်ကတိၤတဖျၢၣ်အသိၣ်အါဘီအကျါတဘီ	syl'la-ble
_syllabus	n.	တၢ်အဂ့ၢ်မိၢ်ပှၢ်လၢအဖုၣ်လၢတၢ်ကွဲးလီၤဟ်စၢၤအီၤ	syl'la-bus
_sylvan	a.	ဘၣ်ဃးဒီးပှၢ်လၢ်ကျၢ	syl'van
_symbol	n.	တၢ်အဒိ★တၢ်ပနီၣ်★တၢ်တမံၤမံၤလၢအကဲတၢ်ဂၤအတၢ်ပနီၣ်မ့ၢ်ဂ့ၤအဒိအတဲာ်မ့ၢ်ဂ့ၤ	sym'bol
_symbolic (al)	a.	လၢအမ့ၢ်တၢ်အဒိ	sym-bol'ic (al)
_symbolize	v.t.	ဒုးကဲထိၣ်အီၤလၢတၢ်အဒိ★ဟ်တၢ်တမံၤလၢအမ့ၢ်တၢ်ဂၤအ(ဒိအတဲာ်)(တၢ်ပနီၣ်)	sym'bol-ize
_symmetrical	a.	လၢအယူလိာ်ဖိးလိာ်အသးကီၤကပၤဒဲၤ★လၢအကီၤခီၤဒၤဘၣ်ဘျိုးဘၣ်ဒါလိာ်အသး	sym-met'ri-cal
_symmetry	n.	တၢ်ယူလိာ်ဖိးလိာ်အသးကီၤ(ခီ)(ကပၤ)ဒၤ★တၢ်ယူလိာ်ဖိးလိာ်သး	sym'me-try
_sympathetic	a.	လၢအသးအိၣ်တၢ်★လၢအသးကညီၤတၢ်	sym'pa-thet'ic
_sympathize / sympathy	v.i. / n.	(တၢ်)သးအိၣ်တၢ်★(တၢ်)သးကညီၤတၢ်	sym'pa-thize / sym'pa-thy
_symphonize / symphony	v.i. / n.	(မၤ)(တၢ်အ)(လွံၢ်)(သိၣ်)လီၤပလိာ်လိာ်အသး★(မၤ)(တၢ်အ)(လွံၢ်)(သိၣ်)ယူလိာ်ဖိးလိာ်အသး	sym'pho-nize / sym'pho-ny
_symposium	n.	ပှၤအါဂၤအတၢ်ကွဲၤလၢအလီၤပလိာ်လိာ်အသးလၢအဘၣ်တၢ်ဟ်ဖှိၣ်အီၤ★တံၤသကိးအတၢ်ကတိၤသကိးတၢ်ဘၣ်ဃးတၢ်ကုၣ်သ့လၢအယုသ့ၣ်ညါတၢ်ဂ့ၢ်တၢ်ကျိၤတဝံၤဝံၤ	sym-po'si-um
_symptom	n.	တၢ်ပနီၣ်★တၢ်လၢအ(အိၣ်ဖျါ)(ဟ်ထိၣ်)ဝဲလၢပှၤအ(ပူၤ)(လိၤ)ဖဲအဆါအခါ	symp'tom
_symptomatic	a.	လၢအဒုးနဲၣ်ဖျါတၢ်အမိၢ်ပှၢ်လၢအအိၣ်လီၤဘၤအဂ့ၢ်★ဘၣ်ဃးဒီးတၢ်ပနီၣ်လၢအဒုးနဲၣ်ဖျါထိၣ်တၢ်တမံၤမံၤ	symp'tom-at'ic
_synagogue	n.	ဘုၣ်ဘှိၣ်	syn'a-gogue

_synchronism	n.	တၢ်(က)(အိ်ၣ်)ထိ်ၣ်အသးလၢဆၢကတိၢ်တကတိၢ်ယီ	syn'chron-ism
_synchronize	v.t.	ဒုး(အိ်ၣ်)(က)ထိ်ၣ်တၢ်လၢဆၢကတိၢ်တကတိၢ်ယီ	syn'chron-ize
_syncretism	n.	တၢ်လၢအထိဒါလိ်ၣ်အသးအတၢ်ကဲ့ၣ်ကွၢ့တၢ်တမံၤယီ★တၢ်မၤကွၢ်ဟ်ဖိုၣ်ဒီးမၤယူမၤဖိးကူၤတၢ်လၢအတူၤယူလိ်ၣ်ဖိးလိ်ၣ်သးသ့ၣ်တဖၣ်	syn'cre-tism
_syndicate	n.	ပှၤမၤသကိးတၢ်တ(ကရၢ)(ဖု)လၢပှၤဂၤအဂီၢ်	syn'di-cate
_synonym	n.	တၢ်ကတိၤ(ခံဘိသၢဘိ)လၢအခီပညီ(ဘူးက)ဒ်သိးသိး	syn'o-nym
_synonymous	a.	လၢအအိ်ၣ်ဒီးအခီပညီ(ဘူးက)ဒ်သိးသိး	syn-on'y-mous
_synonymy	n.	တၢ်အိ်ၣ်ဒီးအခီပညီ(ဘူးက)ဒ်သိးသိး	syn-on'y-my
_synopsis	n.	တၢ်ကွဲးဖုၣ်ကွ့ၤတၢ်အဂ့ၢ်★တၢ်ကွဲးဖိုၣ်ကွ့ၤတၢ်အဂ့ၢ်လၢအဖုၣ်	syn-op'sis
_synthesis / synthesize	n. / v.t.	(တၢ်)ဟ်ဖိုၣ်ယှၣ်တၢ်ဒ်သိးကဲထိ်ၣ်တၢ်တမံၤ	syn'the-sis / syn'the-size
_synthetic (al) / synthetically	a. / adv.	(လၢအကဲထိ်ၣ်)လၢတၢ်ဟ်ဖိုၣ်ယှၣ်တၢ်တမံၤဒီးတမံၤအယိ	syn-thet'ic (al) / syn-thet'i-cal-ly
_system / systematic (al)	n.	(တၢ်)လၢအအိ်ၣ်ကျဲၤလီၤအသးဒံၣ်အဘၣ်ယးလိ်ၣ်အသးတမံၤဒီးတမံၤစုၣ်စုၣ်★တၢ်ရဲ်ၣ်လီၤကျဲၤလီၤ★တၢ်ဖံးတၢ်မၤတၢ်အကျဲ့ၤ်ကပူၤၖိ	sys'tem / sys'tem-at'ic (al)
_systematic (al)	a.	လၢအညီနုၢ်မၤ(အသး)(တၢ်)ဒ်ၣ်တၢ်ဘျၢအိ်ၣ်ဝဲအသိး	sys'tem-at'ic (al)
_systematize	v.t.	ဒုးအိ်ၣ်ထိ်ၣ်တၢ်ဘျၢလၢတၢ်မၤအဂီၢ်★ကျဲၤတၢ်ဒ်အဘၣ်ယးလိ်ၣ်အသးတမံၤဒီးတမံၤစုၣ်စုၣ်	sys'tem-a-tize
_tabernacle	n.	ဒဲ★ရှၢ်★ဒဲစီဆုံ	tab'er-na-cle
_tabernacle	v.i.	အိ်ၣ်ဆိးမိကိ်ၣ်	tab'er-na-cle
_table	n.	စီၢ်နီၤခိ်ၣ်★စၠွဲ★(တၢ်ဂံၢ်အါထိ်ၣ်)အတၢပး★စၠရီ	ta'ble
_tablespoon	n.	ကသူနီၣ်တၢ	ta'ble-spoon'
_tablet	n.	လၢၢ်မ့တမ့ၢ်သ့ၣ်ဘၣ်ဖိလၢတၢ်ကွဲး(သ့ၣ်နီၣ်ထိ်ၣ်)တၢ်လၢအလိၤ★ကဒံၣ်ဒီဖျၢၣ်တဖျၢၣ်★စီၢ်နီၤခိ်ၣ်ဖိ★တၢ်ကိၢ်လိ်ၣ်ကဘျၣ်လၣ်ဖိ	tab'let
_taboo	n.	တၢ်ဒုၣ်တၢ်ထူ	ta-boo'
_taboo	v.t.	တြီတၢ်(ဒ်သိးတၢ်သုတ(သူ)(မၤ)အီၤတဂ့ၤ)	ta-boo'
_tabular	a.	လၢအဘၣ်တၢ်ကွဲးဖိုၣ်အီၤတဂ့ၢ်ဘၣ်တဂ့ၢ်★(မၤအသး)(ဟၢ)ဒ်စီၢ်နီၤခိ်ၣ်	tab'u-lar
_tabulate	v.t.	ကွဲးဖိုၣ်တၢ်တဂ့ၢ်ဘၣ်တဂ့ၢ်	tab'u-late
_tacit	a.	အိ်ၣ်ဘှီၣ်ကလာ်(ဟ်ဖျါလၢအအၢ်ၣ်လီၤဝဲ)★တကတိၤဖျါထိ်ၣ်ဝဲဘၣ်(ဘၣ်ဆၣ်အၢ်ၣ်လီၤဝဲ)	tac'it
_taciturn	a.	လၢအကလုၢ်ကထါတအိ်ၣ်★လၢအအိ်ၣ်ကမ့းဒၢ★လၢအကလုၢ်စုၤ	tac'i-turn
_tack	n.	(စဲၤလၢ)ထးပနဲၣ်ခိ်ၣ်ခံ	tack
_tack	v.t.	မၤစဲဘူးဘၣ်ဒးဒီ★တွဲယာ်	tack
_tackle	v.t.	ဖီးတၢ်ယာ်★ဖိုၣ်တၢ်ယာ်★မၤကွၢ်(ဒ်သိးကမၤနၢၤ)	tack'le
_tackle	n.	ပျံၤဒီးလှၣ်ဖံဘၣ်ဖိလၢတၢ်ထုးထိ်ၣ်ထုးလီၤတၢ်ယၢအဂီၢ်	tack'le
_tact / tactful	n. / a.	(လၢအ)(တၢ်)သ့ဒီအသးဒီးမၤဘၣ်ပှၤအသး★တၢ်သ့ၣ်ညါမၤတၢ်စံးတၢ်ဒ်လဲ့ၣ်ဒဲလဲ့ၣ်	tact / tact'ful
_tactics	n.	ကျဲ့လၢပှၤကွၣ်မၤနၢၤ်တၢ်★တၢ်သ့ရဲ်ၣ်လီၤဒီးဆှၢသုးမုၢ်သံ့ၣ်ဘိ	tac'tics
_tactless	a.	လၢအညီနုၢ်ကတိၤတၢ်တသ့းဒီးမၤဘၣ်ဒိဆါပှၤအသး	tact'less
_tag	n.	စးခိတဖၣ်လၢပှၤကွဲးလီၤနီၣ်တၢ်ဒီးစၢလီၤစဲၤ	tag
_tag	v.t.	စၢလီၤစဲၤစးခိဖၣ်လၢပှၤကွဲးလီၤနီၣ်တၢ်လၢအလိၤ	tag
_tail	n.	အမဲ်★အကတၢၢ်	tail
_tailless	a.	လၢအမဲ်တအိ်ၣ်ဘၣ်	tail'less
_tailor	n.	ပှၤဆးတၢ်ကူတၢ်သိး	tai'lor
_taint	v.t.	မၤဆှၣ်မၤကျ့ၣ်ထိ်ၣ်တၢ်★မၤဘၣ်အၢအသကၢးပတ်★မၤဘၣ်အၢ★(မၤ)ဘၣ်ကူဘၣ်က်	taint
_taint	n.	တၢ်ဘၣ်အၢအဆံးကိ်ၢ်★တၢ်အသကၢးပတ်ဘၣ်အၢအစဲး	taint
_take	v.t.	ဟံးနုၢ်★တူၢ်လိ်ၣ်★ဒိး(လှၣ်မှ်ၣ်အူ)★အိ်ၣ်တၢ်★ပှၤနုၢ်(လံ်ၣ်ပရၢပစၢၢ်)★ဆိကမိ်ၣ်★လၢ်★ဟ်★ဆှၢ★စိ်ၣ်★ဖိ်ၣ်နုၢ်တၢ်	take
_take one's fancy		ဘၣ်ပှၤအသး	take one's fancy
_take unaware		ဘၣ်နုၢ်ဖုးတၢ်	take unaware

287

_take (the road to the right)	လဲၤ(ကျဲလၢစုထွဲ)	take (the road to the right)
_take time	လၢာ်ဆၢလၢာ်ကတီၢ်လၢတၢ်အဂီၢ်★လၢာ်ဆၢကတီၢ်	take time
_take charge	ပၢဆှၢတၢ်	take charge
_take blame	တူၢ်တၢ်ဟ်တၢ်ကမၣ်လၢအလိၤ	take blame
_take office	နုာ်လီၤတၢ်မၤ	take office
_take the offensive	မၤဆိတၢ်လၢညါ	take the offensive
_take back	ထုးကွံၤ	take back
_take on	ဒုးလီၤဘၣ်တၢ်ဂ့ၢ်လၢအကစၢ်ဒၣ်ဝဲအဖီခိၣ်	take on
_take liberty	မၤတၢ်လၢအခွဲးတအိၣ်ဘၣ်★ဟံးန့ၢ်ဆူၣ်တၢ်အခွဲး	take liberty
_take (cold)	ဘၣ်(တမှၣ်)	take (cold)
_take (advice)	ဒိကနၣ်	take (advice)
_take treatment	ဒီးစ့ၢ်ဒီးဆိၣ်အသး★ဒီးကူစါအသး	take treatment
_take offence	အသး(ဘၣ်ဒိ)ဆါ	take offence
_take as	ဟ်လၢအမ့ၢ်	take as
_take one's bearings	ယုသ့ၣ်ညါတၢ်လၢအဘၣ်ယးဒီးအီၤခဲလၢာ်အဂ့ၢ်	take one's bearings
_take in vain	ကိးထိၣ်ကလီကလီ	take in vain
_take arms	စးထီၣ်ဒုးတၢ်	take arms
_take breath	အိၣ်ဘှံး	take breath
_take down (house)	ဂုၤလီၤကွံာ်★ယီၢ်လီၤပှိၢ်★ရှ့ၢ်လီၤကွံာ်	take down (house)
_take heart	အသးဆူၣ်ထီၣ်	take heart
_take in	လီန့ၢ်	take in
_take on (labourers)	ငါ(ပှၤမၤတၢ်ဖိ)	take on (labourers)
_take to heart	သးအုး★ဘၣ်ဒိအသး	take to heart
_take to task	သိၣ်ယီၣ်	take to task
_take effect	ကဲထီၣ်★ဒုးကဲထီၣ်တၢ်	take effect
_take to	သနူၤအသးလၢ★အဲၣ်ဝဲ★နုာ်လၢတၢ်အပူၤ	take to
_take after	လူၤပိာ်အခံ★လီၤဂာ်ဒီး	take after
_take to one's heels	ယ့ၢ်ကွံာ်	take to one's heels
_take up with	ရ့လိာ်သိအသးဒီး★အိၣ်ဆိး	take up with
_take to mean	နၢ်ပၢၢ်	take to mean
_take advantage of	အိၣ်(ကနၢ)(ကဘျံးကဘျၣ်)တၢ်လၢပှၤအဖီခိၣ်★မၤနၢၤပှၤဖဲ အတသ့ၣ်ညါငါလီၤအသး	take advantage of
_take advantage of opportunity	ဟံးန့ၢ်ဆၢဂ့ၤကတီၢ်ဘၣ်	take advantage of opportunity
_take aim	ပညိၣ်★စူၣ်(ကျိ)	take aim
_take care	ပလီၢ်သူၣ်ပလီၢ်သး	take care
_take care of	အံးကွၢ်ကွၢ်ကွၢ်	take care of
_take down in writing	ကွဲးလီၤ	take down in writing
_take for granted	နာ်လၢအကမ့ၢ်တၢ်	take for granted
_take in	ပာ်ယုာ်★တူၢ်လိာ်★လီန့ၢ်	take in
_take in hand	မၤတၢ်	take in hand
_take notice	ကွၢ်ထံသ့ၣ်ညါ★တိၢ်နီၣ်	take notice
_take oath	တီလိာ်★ယီၤလိာ်★ဆိၣ်လီၤအသး	take oath

288

_take off		ဘိၣ်လီၤ★ဟၥ်လီၤ★တံၥ်တာ်ကွံၥ်★ဒိၣ်တာ်ကွံၥ်★မၤစှၤလီၤ(အပှ့ၤ)	take off
_take out		ထုးထိၣ်	take out
_take pains		ကျဲးစၢးတၢ်နးမး	take pains
_take part in		မၤသကိးတၢ်	take part in
_to take his part		အိၣ်ပှၤမၤစၢၤအီၤ	to take his part
_take place		မၤအသး	take place
_take pleasure in		အသးမုၥ်လၤ★မၤမုၥ်အသးလၢ	take pleasure in
_take pride in		ဟၥ်ထိၣ်ထီအသးလၢတၢ်အယိၤ	take pride in
_take revenge		ဟ့ၣ်ကၣ်	take revenge
_take root		အဂံၢ်စၢလီၤ★အိၣ်ထီယၢ်လၢ(အသးကံၢ်ပူၤ)	take root
_take satisfaction		မၤသးမံ★နးကျၢၤသး	take satisfaction
_tale	n.	တၢ်ယဲၤ	tale
_talent	n.	တၢ်သ့တၢ်ဘၣ်(လၢပှၤဟံဝံဟဲစိၥ်ယုၥ်)★တၤလဲၣ်	tal'ent
_talisman	n.	လ့ၣ်ဖွဲ★တၢ်သမူဃၢ်★တၢ်လၢတၢ်ဆိကမိၣ်လၢအတြီယၢ်တၢ်အၢတၢ်သီဒီးတၢ်နၤတၢ်ဖှိၣ်သ့	tal'is-man
_talk	v.i.	ကတိၤတၢ်	talk
_talkative	a.	လၢအတၢ်ကတိၤအါ★လၢအသိၣ်ၣ်ကတိၤတၢ်အါ,လၢအကလုၢ်အါ	talk'a-tive
_tall	a.	ဖးထီ★ထီ★လၢအကစီၤထီ	tall
_tallow	n.	(သိအသိ)(ကျိၢ်အသိ)လၢတၢ်ဃ့ၣ်ပှဲၥ်ထိၣ်ကွံၥ်အီၤဒီးတၢ်ဟၥ်ခုၣ်လီၤက့ၤအီၤ	tal'low
_tally	n.	နီၣ်ကွဲၤလၢတၢ်ကွဲၤနီၣ်ဂံၢ်တဘီၣ်ဘၣ်တဘီလၢအလိၤ★(တၢ်လၢတၢ်)မၤဒ်သိးဒီးအကဘၣ်လိၥ်အသးဒီးတၢ်ဂၤ★တၢ်ကွဲၤနီၣ်ခံမံၤလၢအၣ်သိးသိး	tal'ly
_talon	n.	လံၥ်စီၤကြၤၡိၤအဒိၣ်မုၣ်	tal'on
_tame	v.t.	မၤဘျၢ	tame
_tame	a.	လၢအဘျၢ	tame
_tamp	v.t.	ဆဲးဖိုးလီၤတံၢ်တၢ်★(ဒိ)(ဆဲးထူ)လီၤတံၢ်တၢ်	tamp
_tamper	v.i.	မၤတံၥ်တၥ်လၤလိၥ်နၢ်စိၤတၢ်★မၤတံၥ်တၥ်တၢ်★ဟ့ၣ်ခုၣ်သုၣ်ခိၣ်ဖး★မၤရူသုၣ်တၢ်တတီတလိၤ	tam'per
_tan	a.	ဘီပှၢ်	tan
_tan	v.t.	သွၣ်တၢ်ဖံးလၢသ့ၣ်ဖး	tan
_tandem	adv.	လၢအပိၥ်လိၥ်အခံခံ(နှ)အိၣ်စၢယၢ်လိၥ်အသး★လၢအပိၥ်လိၥ်အခံတဒုဘၣ်တဒု★လၢအအ့ၣ်မဲၢ်လိၥ်အသး	tan'dem
_tang	n.	အစိၢ်နှၢလၢတၢ်ဂၤအစိၢ်★တၢ်လှၣ်ကွၢ်★တၢ်အရှိၢ်★ဒၢလ့ဲအသိၣ်	tang
_tangible	a.	လၢပထိးဘၣ်သ့ၣ်ညါအီၤသ့★လၢအမှၢ်နီၢ်ကီၢ်★လၢအဖျါမုၥ်မှၥ်နီၢ်နီၢ်	tan'gi-ble
_tangle	v.t.	(မၤ)(တၢ်)သဘံၣ်ဘုၣ်★(တၢ်)(မၤ)ဘံဘု	tang'le
_tank	n.	ထံဒၢးဖးဒိၣ်★ရှ့ၣ်ကီၣ်★ကမါ	tank
_tantalize	v.t.	လိၥ်လှတၢ်လၢတၢ်ဒုးဖိၣ်တၢ်ထုးထုးတထုးထုး★မၤနၤမၤဖိၣ်အီၤ★မၤအှၣ်နုအသး	tan'ta-lize
_tap	v.t.	(ဒိသိၣ်တၢ်)(ဒ့သိၣ်တၢ်)(ပှိၢ်သိၣ်တၢ်)ကဖီလိ	tap
_tap	n.	ကျိဘိဖိ★ပီးဖိ★တၢ်ခိၣ်ထံးဝး★(ဆဲး)(မၤ)ထူၣ်ဖျ	tap
_tape	n.	တၢ်ကံးညၥ်ဖးထီတဖ္★နီၣ်ထိၣ်ဖုံး	tape
_taper	a.	လၢအတစူၢ်	ta'per
_taper	n.	ပနဲတဘိဖိ	ta'per
_tapestry	n.	တၢ်ကံးညၥ်လၢတၢ်ထါအီၤဒီး(အသံၣ်အဖိ)(တၢ်ဂီၤတၢ်ဖိၣ်)လၢအလိၤ	tap'es-try
_tapeworm	n.	ထိးကလံၥ်ဖးထီကဘျုလၣ်လၢအအိၣ်လၢပ၀ၤဖၠပူၤ	tape'worm
_tar	n.	လၢၢ်သွ့ၣ်လးအစိၢ★ဆိုအထူး★ကဘီဖိတဂၤ★ကၤးတရၣ်စ်ၢ်	tar
_tar	v.t.	ဖှူလၢဆိုအ(ထူး)(ကၤးတရၣ်စ်ၢ်)	tar
_tardy	a.	နီၤကွၤဖုံး★ယၢ★ကယိကယီ★စၤ★တမ္ၢ်တဘျီယီဘၣ်★သုးဆၢသုးကတိၢ်	tar'dy
_target	n.	တၢ်ပနီၣ်လၢတၢ်ခးဒီးတၢ်အဂီၢ်	tar'get
_tariff	n.	တၢ်(အခိ)အလွဲ★သွဲအစရီ	tar'iff

_tarnish	v.t.	မၤဟးဂီၤ(စ့)(တၢ်)အလွဲၢ်ကတြၢ်ကတြိၣ်★အလွဲၢ်ကတြၢ်ကတြိၣ်ဟးဂီၤ★(အလၤကပီၤ)ဟးဂီၤ★မၤဟးဂီၤအ(လွဲၢ်)(လၤကပီၤ)	tar'nish
_tarpaulin	n.	တၢ်ကံးညာ်အတိၣ်လၢတၢ်စူးနုာ်ဖျိတၤနူၢ်ဘၣ်★တၢ်ကံးညာ်လၢထံနုာ်တပၢၢ်ဘၣ်	tar-pau'lin
_tarry	v.i.	မၤယံာ်မၤနီၢ်	tar'ry
_tart	a.	ဆံၣ်★လၢအမၤဆါပသး	tart
_tart	n.	ကိၣ်လၢပဖၢနုာ်တၤသၣ်လၢအပူၤ	tart
_Tartar	n.	စပံးထံအကၢ်ဘိ★ပှၤလၢအသးအ့ၣ်ကရဲၣ်★ပှၤလၢအသးပြိမဲအပျုၤ★ပှၤထါထၣ်ဖိ★တၢ်လၢအကးဘၢပမဲအခိၣ်ထံး★ၣ်ထူၣ်ယါယုာ်အသးဒီးတၢ်ဂၤ	Tar'tar
_task	n.	တၢ်ဖံးတၢ်မၤလၢတၢ်ဘၣ်မၤဝံၤဒီး	task
_tassel	n.	တၢ်အနွံ့စးယာ်အသးလၢတကရ့ၢ်★တၢ်အနွံ့အိၣ်ဒီးအခိၣ်မိာ်	tas'sel
_taste	v.i.	လ့ၣ်ကွၢ်★မၤကွၢ်★ဘၣ်ညီနုၢ်တၢ်	taste
_taste	n.	တၢ်အဘိၣ်အဘဲ★တၢ်လ့ၣ်ကွၢ်★တၢ်အရီၢ်	taste
_tasteless	a.	လၢအဘိၣ်အဘဲအတအိၣ်ဘၣ်★ဘျါကတါ	taste'less
_tasty	a.	လၢအအိၣ်ဒီးအဘိၣ်အဘဲ★လၢအ(ဘဲ)(ဝံၣ်အဆၢ)★ဂ္ၤ★လၢအနီၤဖးတၢ်ဂ့ၤဒီးတဂ္ၤအဆၢသ့ဝဲ	tast'y
_tatter	v.t.	မၤယာ်ဘုၣ်ယာ်ဖျူတၢ်	tat'ter
_tatter	n.	တၢ်ကံးညာ်လၢအယာ်ဘုၣ်ယာ်ပြး	tat'ter
_tattered	a.	လၢအယာ်ဘုၣ်ယာ်ဖျူ★လၢအယာ်ဘုၣ်ယာ်ပြး	tat'tered
_tattle	v.i.	ဟးယဲၤခုသူၣ်တၢ်အဂ္ၤ★ကတိၤအါတၢ်ကလီကလီ	tat'tle
_tattoo	v.t.	ဆဲးကံၣ်ဆဲးကွီအသး★ဆဲးယီၢ်	tat-too'
_taunt	v.t.	ကတိၤဖုၣ်ဒွဲၣ်★ကတိၤဆါအသး(လၢတၢ်ကတိၤဆဲးဆဲး)	taunt
_taut	a.	ဖှံၣ်ဆၢ★စၢၢ်ဆၢ	taut
_tavern	n.	ပှၤတမှံၤအဟံၣ်	tav'ern
_tawdry	a.	လၢအဖျါကပြုၢ်ကပြီၤကဲၣ်ဆိးတမုာ်ဘၣ်ပမဲာ်ဘၣ်★လၢအကယၢကယဲအသးအါကဲၣ်ဆိးဒီးတၢ်လၢအပူၤဘၣ်ကလံာ်ဘၣ်သ့ၣ်တဖၣ်	taw'dry
_tax	n.	တၢ်အခိအသွဲ	tax
_taxicab	n.	မိထိၣ်ခါအဆံး(လၢပှၤဒီးလဲအဂီၢ်)	tax'i-cab
_taxidermy	n.	တၢ်ဆးဒံနုက့ၤတၢ်အဖံးဒီးပၢနုာ်အပူၤလၢတၢ်တမံၤမံၤ	tax'i-der'my
_tea	n.	လၤဖး	tea
_teach	v.t.	သိၣ်လိ(နဲၣ်လိ)★သိၣ်လိမၤယုၤ★သိၣ်လိသီလိ	teach
_teachable	a.	လၢအသးအိၣ်ဒီးသိၣ်လိအသး★လၢတၢ်သိၣ်လိအီၤန့ၢ်ညီ★လၢတၢ်သိၣ်လိအီၤသ့	teach'a-ble
_teacher	n.	သရၣ်သိၣ်လိတၢ်	teach'er
_teak	n.	သ့ၣ်ပဟံၣ်	teak
_teak	a.	လၢအဘၣ်တၢ်မၤကဲထိၣ်လၢသ့ၣ်ပဟံၣ်	teak
_team	n.	ဆၣ်ဖိကီၢ်ဖိတဖၣ်လၢအထုးသကိးတၢ်★ပှၤတဖု	team
_teamster	n.	ပှၤနီၣ်ဆၣ်ဖိကီၢ်ဖိလၢအထုးသကိးတၢ်	team'ster
_tear	n.	မဲာ်ထံမဲာ်နိ	tear
_tear	v.t.	ဖိယာ်တၢ်★ယာ်ကွံာ်	tear
_torn with grief		ဘၣ်တၢ်သူၣ်ကိၢ်သးဂီၤ	torn with grief
_torn from home		ဘၣ်တၢ်ဒုးအိၣ်လီၤဖးအီၤဒီးအဟံၣ်	torn from home
_tearful	a.	ပှဲၤဒီးမဲာ်ထံမဲာ်နိ	tear'ful
_tease	v.t.	ကတိၤလိာ်လၠ★မၤအ့ၣ်အ့နာသးလၢအယု(ထိၣ်ထီးတၢ်)(တၢ်ကဲၤကဝဲၤ)★လိာ်လ္ၤတၢ်	tease
_teaspoon	n.	နီၣ်တၤဖိ★လၤဖးထံနီၣ်တၢၤ	tea'spoon
_teat	n.	နုၢ်ခိၣ်မိၣ်	teat
_technical / technicality	a. / n.	(တၢ်)လၢအဘၣ်ယးဒီးတၢ်သ့တၢ်ဘၣ်တမ္ိဖိၤ၊မ္တမ္ၢ်မ္ၢ်ဘၣ်တၢ်ဖံးတၢ်မၤတမံၤဖိၤ★(တၢ်)ဘၣ်ယးဒီးတၢ်သ့တၢ်ဘၣ်တမံၤမံၤ	tech'ni-cal / tech'ni-cal'i-ty
_tedious	a.	လၢအမၤဘုံးပသး★လၢအမၤဘုံးပသးလၢအယာ်ဝဲအယိ	te'di-ous

_teem	v.i.	ဖှိထီၣ်သၣ်ထီၣ်အါအါဂိၢ်ဂိၢ်★အါထီၣ်ဂိၢ်ထီၣ်	teem
_teens	n.	သးအနံၣ်စးထီၣ်၁၃နံၣ်ပၢ်တုၤလၢ၁၉နံၣ်အကတၢၢ်	teens
_teeth	n.	မဲတဖၣ်	teeth
_teetotaler	n.	ပှၤလၢအဒုၣ်သံးဓိၤမ့ၤဓိၤန့ၢ်	tee-to'tal-er
_telegram	n.	လီပျံၤထးအတၢ်ကစီၣ်	tel'e-gram
_telegraph / telegraphic	n. / a.	(ဘၣ်ယးဒီး)(ဆှၢလၢ)လီပျံၤထး★လီပျံၤထးဒီးတၢ်အပီးအလီ လၢတၢ်ကဆှၢတၢ်ကစီၣ်အဂီၢ်	tel'e-graph / tel'e-graph'ic
_telegraph	v.t.	ဒိလီပျံၤထး	tel'e-graph
_telegraphy	n.	တၢ်ယုသ့ၣ်ညါမၤလိတၢ်သ့လီပျံၤထးအဂ့ၢ်★တၢ်ကူၣ်သ့ဘၣ်ယးတၢ် ဒိလီပျံၤထး	te-leg'raph-y
_telepathic	a.	(ဘၣ်ယး)တၢ်ဟဲပၢ်ထီၣ်လၢပှၤလၢအအိၣ်စီၤစုၤလိာ်အသး ခံဂၤအသးကံၢ်ပူၤတဘျီယီ★ဘၣ်ယးတၢ်ဟဲပၢ်ထီၣ်လၢပှၤအတဂၤ အသးကံၢ်ပူၤလၢအတဂၤအတၢ်ဆိကမိၣ်(အီၤ)အယိ	tel'e-path'ic
_telephone	n.	လီပျံၤထးလၢပှၤအိၣ်စီၤစုၤကတိၤလိာ်အသး	tel'e-phone
_telescope	n.	မဲာ်ထံကလၤပီၤလၢပကကွၢ်တၢ်အိၣ်လၢအယံၤအဂီၢ်	tel'e-scope
_telescopic	a.	လၢပထံၣ်အီၤသ့ထဲလၢမဲာ်ထံကလၤပီၤ★ဘၣ်ယးဒီးမဲာ်ထံကလၤပီၤ	tel'e-scop'ic
_tell	v.t.	တဲတၢ်★ယဲၤတၢ်★တဲဖျါ★ယဲၤဖျါ★ဂံၢ်တၢ်★စံးဘၣ်တဲဘၣ်	tell
_temper	n.	အသူၣ်အသးအလုၢ်အလၢ်(ထီၣ်ချ့မ့တမ့ၢ်တချ့ဘၣ်)★တၢ်သးထီၣ်ချ့★ တၢ်သးဒိၣ်★သး★သးအလုၢ်အလၢ်★(ထးအ)တၢ်ကိၤ	tem'per
_temper	v.t.	(တၢ်)ယါယှာ်ဘၣ်ဘျိးဘၣ်ဒါ★မၤကိၤထီၣ်ထး	tem'per
_temperament	n.	သးအလုၢ်အလၢ်★တၢ်ယါယှာ်လၢအဘၣ်အ(ဘျိးအဒါ)(ခၢး)	tem'per-a-ment
_temperamental	a.	လၢအဘၣ်ယးဒီးသး,ဘၣ်ယးသးအလုၢ်အလၢ်	tem'per-a-ment'al
_temperance	n.	တၢ်(မၤတၢ်)ဖဲအကြားအဘၣ်★တၢ်(မၤတၢ်)ဘၣ်ဒးဘၣ်ဒး★ တၢ်ဒုၣ်တၢ်မူၤတၢ်ဘှီး	tem'per-ance
_temperate	a.	လၢအ(မၤတၢ်)ဖဲအကြားအဘၣ်★လၢအတနးကဲၣ်ဆီးဘၣ်★ဖဲအဘၣ်အဘၣ် ★ဘၣ်ဒးဘၣ်ဒး	tem'per-ate
_temperately	adv.	ဖဲအကြားအဘၣ်★ဘၣ်ဒးကိာ်	tem'per-ate-ly
_temperature	n.	တၢ်တမံၤမံၤအတၢ်ကိၢ်တၢ်ခုၣ်★တၢ်ကိၢ်တၢ်ခုၣ်	tem'per-a-ture
_tempest	n.	ကလံၤမုၢ်သီၣ်ဂီၤမုၢ်★တၢ်တၢထီၣ်တၢလီၤ	tem'pest
_tempestuous	a.	လၢအအိၣ်ဒီးကလံၤမုၢ်သီၣ်ဂီၤမုၢ်★လၢအတပျုာ်တပျီၤ	tem-pes'tu-ous
_temple	n.	တၢ်လုၢ်ဟံၣ်★တၢ်ဘါတၢ်အလီၢ်★နၢ်သကဲ့ၤထံး	tem'ple
_temporal	a.	ဘၣ်ယးဒီးတၢ်စိတၢ်ကမီၤဟဲလၢထံကိၢ်အစီၤလိၣ်စီၤပၤ,အခိၣ်အနၢ်အအိၣ်★ ဘၣ်ယးဒီးပဒိၣ်★ဘၣ်ယးဒီး(အအံၤတယၣ်)(ဟီၣ်ခိၣ်)(တၢ်ဖံးတၢ်ညၣ်) (နၢ်သကဲ့ၤထံး)★မီကိာ်	tem'po-ral
_temporary	a.	မီကံၢ်မီကိာ်★တစိၢ်တလီၢ်★တအိၣ်စံာ်အိၣ်ကျၢၤဘၣ်	tem'po-ra-ry
_temporize	v.i.	ဆိၣ်လီၤအသးဒီးမၤလီၤပလိာ်ကဲ့ၤဝဲဒီးပှၤအါဂၤအတၢ်ဘၣ်အသး★ မၤယူလိာ်ကဲ့ၤဝဲဒ်တၢ်ဆၢကတီၢ်ဒီးတၢ်အလုၢ်အလၢ်အသိး	tem'po-rize
_tempt	v.t.	မၤကွၢ်★လ့ပစီ★ကလံာ်န့ၢ်တၢ်	tempt
_temptation	n.	တၢ်လ့ပစီ	temp-ta'tion
_tempter	n.	မုၣ်ကီၤလံၢ်★ပှၤလၢအကလံာ်န့ၢ်တၢ်★ပှၤလၢအလ့ပစီတၢ်	tempt'er
_tempting	a.	လၢအထုးန့ၢ်ပသး(သ့)★လၢအရဲၢ်န့ၢ်တၢ်★လၢအလွဲန့ၢ်တၢ်	tempt'ing
_ten	a.	တဆံ	ten
_tenable	a.	လၢတၢ်ဟံးယာ်အီၤဂၢၢ်ဂၢၢ်ကျၢၤကျၢၤသ့★လၢတၢ်တြီယာ်ကွံာ်အီၤလၢတၢ်ဂၤသ့	ten'a-ble
_tenacious / tenacity	a.	(တၢ်)(လၢအ)ပံာ်အစွံ★(တၢ်)(လၢအ)ကျၢၤ★စဲဘူး★လၢအနၢ်စွံ	te-na'cious / te-nac'i-ty
_tenaciously	adv.	(ပာ်အသး)ကျၢၤကျၢၤ★ပံာ်ပံာ်စွံစွံ★အနၢ်စွံတိာ်တဲာ်	te-na'cious-ly
_tenancy / tenant	n. / n.	(ပှၤလၢအ)(တၢ်)ငါအိၣ်ဟံၣ်	ten'an-cy / ten'ant
_tend	v.i.	ကဲထီၣ်★သုးအသးဆူလီၢ်အဂၤတပူၤပူၤ	tend
_tend	v.t.	အံးကဲ့ၤကွၢ်ကဲ့ၤ★အံးထွဲကွၢ်ထွဲ	tend
_tendency	n.	တၢ်သးအိၣ်★တၢ်လၢအမိၣ်ကဲထီၣ်အသး	tend'en-cy

English	POS	Burmese	Pronunciation
_tendency to be late		တၢ်ညီနုၢ်မိာ်(နီၤကွးၤ)(ဖှဲး)(စဲၤ)အသး	tendency to be late
_tendency		တၢ်သက့ၢ်လီၤသး★တၢ်ဒ္ခံ	tend'en-cy
_tender	a.	စံၢ်★လၢအသးကညီၤတၢ်ညီ★လၢအအဲၣ်တၢ်ညီ★ကဟုၢ်လုး	ten'der
_tenderly	adv.	ကဟုၢ်လုးကဖိလီ★စံၢ်စံၢ်ဒွဲဒွဲ★လၢတၢ်အဲၣ်တၢ်ကွံ	ten'der-ly
_tendril	n.	တၢ်မှၢ်တၢ်ဘိအ(စုဖံး)(ကမှိၣ်)	ten'dril
_tenement	n.	ဟံၣ်လၢတၢ်ဒီးလဲလီၤအဂီၢ်★ဟံၣ်လၢတၢ်ငါအိၣ်★တၢ်အိၣ်တၢ်ဆိး	ten'e-ment
_tenet	n.	တၢ်နၢ်တဝံၤ★တၢ်သိၣ်တၢ်သီလၢပှၤနၢ်ဝဲ	ten'et
_tenfold	a.	အ(စး)တဆံ★လၢအအိၣ်ဒီးအကထၢတဆံ★အဘွီတဆံ	ten'fold'
_tenor	n.	ကွဲၤလၢအညီနုၢ်တဘိ★ကွဲလၢတၢ်မၤညီနုၢ်တၢ်★တၢ်အခီပညီ★တၢ်အဂ့ၢ်မိၢ်ပှၢ်★တၢ်လၢအကဲထီၣ်အသးအါတကွၢ်	ten'or
_tense	a.	လၢအဖ့ၣ်ဆၢ★လၢအစၢ်ဆၢ★အခုအဒါ★ဆိုၣ်	tense
_tension	n.	တၢ်ဖ့ၣ်ဆၢ★တၢ်စၢ်ဆၢ★တၢ်သးဂဲၤဆူၣ်ဆူၣ်(တချုးလၢအခွဲးလၢအကမၤတၢ်အဂီၢ်တုၤယီၤဒံးဘၣ်)	ten'sion
_tensity	n.	တၢ်အိၣ်ဖ့ၣ်ဆၢ★တၢ်အိၣ်စၢ်ဆၢ	ten'si-ty
_tent	n.	ဒဲ	tent
_tentacle	n.	တၢ်ဖိတၢ်ယၢ်အမဲ★တၢ်ဖိတၢ်ယၢ်အနီၤဆူၣ်	ten'ta-cle
_tentative	a.	လၢတၢ်မၤကွၢ်အဂီၢ်★လၢတၢ်မၤအီၤဒံးအမ့်ၢ်တၢ်မၤကွၢ်အသိး	ten'ta-tive
_tenth	a.	ဆံဆံၣ်(ဂၤ)တ(ဂၤ)★ဆံဆံၣ်ပုတပု	tenth
_tenuous	a.	လၢအဖျူတညွ★ဘု	ten'u-ous
_tenure	n.	တၢ်(ငါ)(ဒီးလဲ)အိၣ်လၢလီၢ်တပူ★တၢ်ပၢဘၣ်(စုလီၢ်ခီၣ်ခီၣ်)(ဟံၣ်ဖိးယီၤ)	ten'ure
_tepee	n.	ဒဲလၢပှၤဂီၤဖံးဖိအိၣ်ဆိးလၢအပူ	te'pee
_tepid	a.	လၢၤလၢၤ★(လၢအ)လၢၤ	tep'id
_term	n.	တၢ်ကတိၤတဘီ★တၢ်ကတိၢ်တကတီၢ်★တၢ်အဂ့ၢ်ဘၣ်တၢ်ဟ်လီၤလၢတၢ်အၢၣ်လီၤအီၤလီၤအဂီၢ်	term
_term	v.t.	ကိး(နုၢ်)အမံၤ	term
_on good terms		ယူလိ်ာဖိးလိ်ာအသး★အိၣ်ဒီးတၢ်ရုလိ်ာမှ်ာလိ်ာသး	on good terms
_on speaking terms		သ့ၣ်ညါလိ်ာအသးဖဲအကြၢးဒီးအိၣ်ဒီးတၢ်ကတိၤ(ဒိၣ်)(ဧၣ်)လိ်ာအသးတဘွီတခီၣ်	on speaking terms
_terminal	a.	လၢအဘၣ်ဃးဒီးတၢ်အကတၢၢ်	ter'mi-nal
_terminate	v.i.	(ဒုး)ဆိကတိၢ်★(မၤ)ကတၢၢ်ဝဲ	ter'mi-nate
_termination	n.	တၢ်(ဒုး)ဆိကတိၢ်တၢ်★တၢ်အကတၢၢ်★တၢ်မၤကတၢၢ်တၢ်	ter'mi-na'tion
_terminology	n.	တၢ်ကတိၤတကလုာ်လၢအဘၣ်ဃးဒီးတၢ်သ့တၢ်ဘၣ်တမ့ှ်ဧိၤ★တၢ်ကတိၤလီၤဆီဒၣ်တၢ်တဖၣ်လၢတၢ်သူအီၤလၢတၢ်တမံၤဖိးဝဲးအဂီၢ်	ter'mi-nol'o-gy
_terminus	n.	တၢ်အကတၢၢ်	ter'mi-nus
_terrace	n.	တၢ်ပၢၤခိၣ်လီၤပတ်ၢ်တဆီဒီးတဆီ★ဟံၣ်ခိၣ်လၢတၢ်မၤထီၣ်ထီထီၣ်နၢ်အီၤတ(တီၤ)(ဆီ)	ter'race
_terrestrial	a.	ဘၣ်ဃးဒီးဟီၣ်ခိၣ်	ter-res'tri-al
_terrible	a.	လၢအလီၢ်ပျံၤလီၤဖး	ter'ri-ble
_terrific	a.	လၢအလီၢ်ပျံၤလီၤဖး	ter-rif'ic
_terrify	v.t.	မၤပျံၤမၤဖုး	ter'ri-fy
_territorial	n.	လၢအဘၣ်ဃးလီၢ်ထဲတကဝီၤဖိ	ter'ri-to'ri-al
_territory	n.	လီၢ်ဖးလဲၢ်တကဝီၤလၢတၢ်ပၢအီၤလီၤဆီဒၣ်တၢ်★ကီၢ်★ထံကီၢ်	ter'ri-to-ry
_terror	n.	တၢ်ပျံၤတၢ်ဖုး(အၢလီၢ်)	ter'ror
_terrorize	v.t.	မၤဆူၣ်တၢ်လၢတၢ်မၤပျံၤမၤဖုးတၢ်အပူၤ★မၤပျံၤမၤဖုး	ter'ror-ize
_terse	a.	လၢအဖ့ၣ်ဖ့ၣ်လီၤလီၤ★လၢအဖ့ၣ်ဒီးပှု(ကနဉ်မှ်ာ)(နၢ်ဟၢ်ညီ)★လၢအဖ့ၣ်ဒီးအခီပညီ(ဖှ)(လၢပုၤ)	terse
_test	v.t.	(တၢ်)မၤကွၢ်★(တၢ်)ဒီးခဲး	test
_test	n.	တပှၤဖိလၢတၢ်ပှၢ်ထူပှၢ်စ္	test
_testament	n.	(လံာ်)(တၢ်)ကွဲးနီၤလီၤတၢ်စုလီၢ်ခိၣ်ခိၣ်★တၢ်အၢၣ်လီၤအီၤလီၤအသိးအလီၢ်လံၤ(လံာ်စီဆှံ)	tes'ta-ment

292

_testamentary	a.	ဘၣ်ယးဒီးတၢ်ကွဲးလၢပှၤသံတဂၤကွဲးဟ်တၢ်ပဲ	tes'ta-men'ta-ry
_testify	v.i.	အုၣ်အသး★စံးတၢ်အိၣ်ဒီးတၢ်ဆိၣ်လီၤသး	tes'ti-fy
_testimonial	n.	လံာ်အုၣ်အသးလၢတၢ်အဂ့ၢ်	tes'ti-mo'ni-al
_testimony	n.	တၢ်စံးတၢ်အိၣ်ဒီးတၢ်ဆိၣ်လီၤသး★အုၣ်အသး★ယွၤအတၢ်သိၣ်တၢ်သိ	tes'ti-mo-ny
_testy	a.	လၢအသးအ့န့ချ★လၢအသးဒိၣ်ချ★အသးဖှဲၣ်★အ့နှ★အုၣ်ကရဲၣ်	tes'ty
_tetra--	a.	--လွံၢ်	tet'ra--
_text	n.	လံာ်တဆၢလၢပဟံးနှၢ်ကတိၤလၢအဂ့ၢ်★လံာ်လၢပှၤမၤလိအီၤ	text
_textile	n.	တၢ်ကံးညာ်လၢအဘၣ်တၢ်ထါအီၤ	tex'tile
_textual	a.	ဘၣ်ယးဒီးလံာ်အတၢ်ကတိၤလၢပဟံးနှၢ်ဒီးကတိၤလၢအဂ့ၢ်	tex'tu-al
_texture	n.	တၢ်ကံးညာ်အညၣ★တၢ်လၢတၢ်ထါအီၤ★တၢ်ထါတၢ်	tex'ture
_than	conj.	(အါ)န့ၢ်	than
_thank	n.	တၢ်ဘျုး	thank
_thank	v.t.	စံးဘျုး	thank
_thankful	a.	လၢအသ့ၣ်ညါတၢ်ဘျုး★လၢအစံးဘျုးတၢ်	thank'ful
_thankless	a.	လၢအတသ့ၣ်ညါတၢ်ဘျုး★လၢအတစံးဘျုးတၢ်	thank'less
_that	relative pron.	(တၢ်)အဝဲနှၣ်★ထဲနှၣ်★ဒံၣ်သိးအက--★(ပှၤ)လၢအ(အိၣ်ဝဲ)★တၢ်နှၣ်★လၢတၢ်နှၣ်အယိ	that
_that	a.	နှၣ်	that
_thatch	n.	ကဟံ	thatch
_thatch	v.t.	ဒုးထိၣ်(လၢကဟံ)	thatch
_thaw	v.i.	ပုံၢ်လီၤ	thaw
_thaw	v.t.	မၤပုံၢ်လီၤ	thaw
_the	def art.	နှၣ်	the
_theatre	n.	(ဟံၣ်)(ဒၢး)လၢတၢ်ပွးတၢ်လိာ်ခိၣ်လိာ်ကွဲဒီးတၢ်ဂဲၤကလံၣ်အဂီၢ်	the'a-tre
_theatrical	a.	ဘၣ်ယးဒီးတၢ်ပွးတၢ်လိာ်ခိၣ်လိာ်ကွဲဒီးတၢ်ဂဲၤကလံၣ်★လၢအမ့ၢ်အါတကွၢ်ထဲအိၣ်ဖျါလၢခိအဂီၢ်★လၢအဟ်မၤအသး★လၢအတမ့ၢ်(တတီ)(တၢ်နီၢ်ကီၢ်)ဘၣ်	the-at'ri-cal
_thee (obj of thou)	pers pron.	နၤ	thee (obj of thou)
_theft	n.	တၢ်ဟုၣ်တၢ်ဘျၣ်တၢ်	theft
_their	poss pron.	အဝဲသ့ၣ်အ	their
_theirs	poss pron.	အဝဲသ့ၣ်အတၢ်	theirs
_theist	n.	ပှၤလၢအနာ်လၢယွၤအိၣ်	the'ist
_them	pers pron.	အဝဲသ့ၣ်	them
_theme	n.	တၢ်ဂ့ၢ်မိၢ်ပှၢ်(လၢပကတိၤတၢ်လၢအဂ့ၢ်)★တၢ်အဂ့ၢ်လၢတၢ်ကွဲးအီၤ	theme
_themselves	pl pron.	အဝဲသ့ၣ်အကစၢ်ဒၣ်ဝဲ	them-selves'
_then	adv.	တုၤနုၤတဧ★မ့မ့ၢ်ဒံၣ်နှၣ်ဒီး★အခါဖဲနှၣ်★ဝံၤဒီး★လၢဆၢကတီၢ်အဂၤ★မၤကဒီး★လၢခံက$	then
_thence	adv.	(ဟဲ)လၢအလီၢ်ဖဲနှၣ်★စးထီၣ်လၢနှၣ်★လၢနှၣ်လံၤလံၤ★လၢတၢ်အလီၢ်ဖဲနှၣ်★တပှၤလၢ်လၢ်★လၢတၢ်နှၣ်အယိ★လၢလီၢ်အဂၤတပှၤပှၤ	thence
_thenceforth	adv.	စးထီၣ်အခါဖဲနှၣ်ဒီးဆူညါ★စးထီၣ်လၢနှၣ်လံၤလံၤ	thence'forth'
_theocracy	n.	ယွၤ(အခ့အပှၤ)အတၢ်ပၢ★ကိၢ်လၢယွၤပၢအီၤ	the-oc'ra-cy
_theocratic	a.	လၢအမ့ၢ်ယွၤ(အခ့အပှၤ)အတၢ်ပၢ	the'o-crat'ic
_theology	n.	တၢ်ယုသ့ၣ်ညါမၤလိယွၤဒီးတၢ်ဘူၣ်တၢ်ဘါအဂ့ၢ်★တၢ်ကူၣ်သ့ဘၣ်ယးယွၤဒီးအတၢ်သိၣ်တၢ်သီအဂ့ၢ်	the-ol'o-gy
_theoretic (al) / theory	a. / n.	(လၢအမ့ၢ်ထဲ)တၢ်ဆိကမိၣ်ဒီးနၢ်လၢတၢ်ကြၢးမၤတၢ်ဒ်လဲၣ်ဒ်လဲၣ်အတၢ်ဘျၢ	the'o-ret'ic (al) / the'o-ry

293

_theosophy	n.	တၢ်သ့ၣ်ညါယွၤ(လၢတၢ်ကဲ်ကျဲးစၢးရှလိာ်အသးဒီးယွၤထဲလၢနီၢ်ခိ အတၢ်မၤဇိၤလီၤ)	the-os'o-phy
_therapeutics	n.	တၢ်ယုသ့ၣ်ညါမၤလိတၢ်မၤဘျိၣ်မၤဘျါတၢ်ဆူးတၢ်ဆါလၢကျဲဒ်လဲၣ်ဒ်လဲၣ်အဂ့ၢ်	ther'a-peu'tics
_there	adv.	ဖဲန့ၣ်★ဆူန့ၣ်★လၢန့ၣ်★အန့ၣ်★ဘၣ်ယးအဝဲန့ၣ်	there
_thereabouts	adv.	ဘူးဒီးတၢ်လီၢ်ဖဲန့ၣ်★ယၣ်ယၣ်	there'a-bouts'
_thereafter	adv.	လၢ(တၢ်)န့ၣ်အလီၢ်ခံ★လၢခံ★ဒ်(တၢ်)န့ၣ်အသိး	there-af'ter
_thereat	adv.	လၢအလီၢ်ဖဲန့ၣ်★သတးဒီး★လၢတၢ်န့ၣ်အဃိ★လၢတၢ်မၤအသးဖဲန့ၣ်★ လၢတၢ်အဝဲန့ၣ်မၤအသး	there-at'
_thereby	adv.	လၢတၢ်န့ၣ်အဃိ★ဘူးဒီးတၢ်လီၢ်အဝဲန့ၣ်	there-by'
_therefore	adv.	လၢတၢ်န့ၣ်အဃိ★သတးဒီး★မၤသးဒ်န့ၣ်(သတး)ဒီး	there'fore
_therein	adv.	လၢတၢ်န့ၣ်အ(ပူၤ)(ဂ့ၢ်)★ဘၣ်ယးတၢ်အဝဲန့ၣ်အဂ့ၢ်န့ၣ်	there-in'
_theretofore	adv.	တုၤယီၤအခါဖဲန့ၣ်★တုၤယီၤအဆၢကတီၢ်အဝဲန့ၣ်	there'to-fore'
_thereupon	adv.	တဘျီယီ★ဝံၤဒီး★လၢတၢ်န့ၣ်အဃိ★မၤသးဒ်န့ၣ်သကးဒီး★တၢ်န့ၣ်ဝံၤ အလီၢ်ခံတဘျီယီ	there'up-on'
_therewith	adv.	တဘျီယီ★ယုာ်ဒီးတၢ်(န့ၣ်)အံၤ	there-with'
_thesis	n.	တၢ်ဂ့ၢ်မိၢ်ပှၢ်လၢတၢ်ကဆိကမိၣ်ဒီးဂ့ၢ်လိာ်ကွၢ်လၢအဂ့ၢ်★တၢ်ဂ့ၢ်မိၢ်ပှၢ် တမံၤလၢတၢ်ကွဲးအီၤ	the'sis
_they	pers pron.	အဝဲသ့ၣ်	they
_thick	a.	တီၣ်★လၢအထံပံာ်★လၢအနၢ်ပၢၢ်တၢ်ယၢ★လၢအသိၣ်တပံၣ်တကျါဘၣ်★ လၢအသ့ၣ်ညါလိာ်အသး★တကၤ★ဒု★တံၢ်	thick
_thicken	v.t.	(မၤ)တီၣ်ထီၣ်★(မၤ)ပံာ်ထီၣ်★(မၤ)တကၤထီၣ်	thick'en
_the plot thickens		တၢ်ကူၣ်(အါထီၣ်)(ယိာ်ထီၣ်)(တီၣ်ထီၣ်)(သဘံၣ်ဘုၣ်ထီၣ်)	the plot thickens
_thicken		မၤတံၢ်ထီၣ်	thick'en
_thicket	n.	(သ့ၣ်)တပိုာ်	thick'et
_thickly	adv.	အါအါဂိၢ်ဂိၢ်★တီၣ်တီၣ်★တံၢ်တံၢ်★ဒုးဒုး	thick'ly
_thickset	a.	သးနါပှၢ်တီၣ်★ဒိၣ်ဒီးဖုၣ်★တီၣ်	thick'set'
_thief	n.	တၢ်ဘျၣ်	thief
_thievish	a.	လီၤက်တၢ်ဘျၣ်★လၢအညီနုၢ်ဟုၣ်တၢ်★အိၣ်ဒီးအစုကဒ့ၣ်	thiev'ish
_thigh	n.	ကံၣ်ဒုၣ်	thigh
_thimble	n.	စုမှၢ်စုနၢအခိၣ်ဖျိၣ်★စုဖျိၣ်လၢပဆးတၢ်အဂီၢ်	thim'ble
_thin	a.	ဘူ★ဆံ့★တပံာ်ဘၣ်★ကလဲဒ်★ဟိ★ဃဲၤ★ဖှံၣ်သံဃဲၤဂီၤ★စာ်★ စီၤစုၤလိာ်သး	thin
_thine	pers pron.	နတၢ်	thine
_thing	n.	တၢ်(တမံၤ)	thing
_think	v.i.	ဆိကမိၣ်	think
_think (well of)		ဟ်(ဒိၣ်)ဟ်(ထီ)★ဟ်ကဲ★ဆိကမိၣ်ဂ့ၤအီၤ	think (well of)
_thinly	adv.	ဘူဘူ★ဘူတလါ	thin'ly
_third	a.	သၢ(ဂၤ)တ(ဂၤ)	third
_thirst	v.i.	(တၢ်)သူအသးလၢထံ★ဆၢန့ၢ်ဘၣ်★မိၣ်န့ၢ်ဘၣ်အသး	thirst
_thirsty	a.	လၢတၢ်သူအသး	thirst'y
_thirteen	a.	တဆံသၢ	thir'teen'
_thirteenth	a.	တဆံသၢ(ခါ)တ(ခါ)★တဆံသၢပူတပူ	thir'teenth'
_thirtieth	a.	သၢဆံ(ခါ)တ(ခါ)★သၢဆံပူတပူ	thir'ti-eth
_thirty	a.	သၢဆံ	thir'ty
_this	pron. / a.	အဝဲအံၤ★တၢ်အံၤ	this
_thither	adv.	ဆူန့ၣ်★ဖဲန့ၣ်★(လၢ)(ဆူ)ဘးန့ၣ်	thith'er
_thorn	n.	တၤဆူၣ်တၤမဲ★သ့ၣ်တၤဆူၣ်★အဆူၣ်	thorn

_thorny	a.	လၢအအိၣ်ဒီးအဆူၣ်အမဲ ★လၢအဆူၣ်အိၣ်	thorn'y
_thorough	a.	လၢအလၢအပှဲၤ ★လၢအလ့ၤတၢ်လ့ၤတီၤ ★လၢပှဲၤ လီၤတံၢ်	thor'ough
_thoroughbred	a.	ဒ့ ★ပြဲ ★လၢအလီၤစၢၤလီၤသွဲၣ်လၢ(ကသ့ၣ်)အဂ့ၤ ★လၢအဘၣ်တၢ်လုၢ်ဒိၣ်ထီၣ်အီၤလၢတၢ်ကဒုလီၤတၢ်ဒီးလၢတၢ်သည့ူးသပှၢ် ★သ့ဘၣ်ဒီးကဒုလီၤတၢ်	thor'ough-bred'
_thoroughfare	n.	ကျဲလၢပှၤဂီၢ်မုၢ်လဲၤဖျါအီၤအခွဲးအိၣ်	thor'ough-fare'
_thoroughly	adv.	လၢလၢပှဲၤပှဲၤ ★လၢ်လၢ်ဆ့ဆ့ ★လီၤတံၢ်လီၤဆဲး	thor'ough-ly
_those	pl. (of that) .	(အဝဲ)သ့ၣ်တဖၣ်န့ၣ် ★(တၢ်)တဖၣ်န့ၣ်	those
_thou	pers pron.	နၤ	thou
_though	conj.	သနၵ်က့ ★ဒ်သိး ★(မ့)မ့ၢ်(နၣ်သနၵ်က့)(သနၵ်က့)	though
_thought	n.	တၢ်ဆိကမိၣ်ဆိကမး	thought
_take thought		ပလီၢ်သူၣ်ပလီၢ်သး ★ဆိကမိၣ်ဟ်	take thought
_thoughtful	a.	လၢအညီနုၢ်အိၣ်ဒီးတၢ်ဆိကမိၣ်ဆိကမးတၢ်(လၢပှၤဂၤအဂီၢ်)	thought'ful
_thoughtless	a.	လၢအတအိၣ်ဒီးတၢ်ဆိကမိၣ်ဆိကမး(လၢပှၤဂၤအဂီၢ်ဘၣ်) ★လၢအတပလီၢ်အသးဘၣ်	thought'less
_thousand	n.	တကထိ	thou'sand
_thousandfold	a.	အစှၤတကထိ ★အဘျီတကထိ	thou'sand-fold
_thousandth	a.	တကထိ(ဖျၢၣ်)တ(ဖျၢၣ်) ★တကထိပူပူ	thou'sandth
_thrash	v.t.	ဒီလီၤဆူဆု ★ဖျုတၢ် ★ပိၢ်ဘု ★ယီၢ်လီၤဆူဆု ★တီၢ်တၢ်	thrash
_thread	n.	လုၣ်ဓီးနံၤဓီး ★လုၣ်လၢပသးတၢ်အဂီၢ်	thread
_threadbare	a.	လွၤကွံာ် ★သကျူလၢာ် ★လၢအဆူၣ်လီၤထဲးကွံာ်လၢာ်	thread'bare'
_threat	n.	တၢ်မၤပျံၤမၤဖုးပှၤ	threat
_threaten	v.t.	မၤပျံၤမၤဖုးတၢ် ★ဒုးနဲၣ်ဝဲလၢတၢ်ကမၤအသး	threat'en
_three	a.	သၢ	three
_threefold	a.	သၢပူ ★သၢစှၤ ★သၢဘျီ	three'fold'
_thresh	v.t.	ဒီလီၤဆူဘု ★ပိၢ်ဘု ★ယီၢ်ဘု	thresh
_threshold	n.	ကျဲစၢၤအခိၣ်ထံး ★ကျဲစၢၤအကျိၤထံး ★တၢ်လဲၤနုာ် ★တၢ်အခိၣ်ထံး	thresh'old
_thrice	adv.	သၢဘျီ	thrice
_thrift	n.	တၢ်သူကျိၣ်သူစ့သ့ ★တၢ်ကတံာ်ကတီၤတၢ်သ့ၣ်သိးအသုတလၢာ်ဂီၤတၢ်တဂ့ၤ ★တၢ်ထိၣ်တံၢ်မၤတၢ်တၢ်သ့ ★တၢ်သူကျိၣ်သူစ့ဘၣ်ဘၣ်	thrift
_thriftless	a.	လၢအလၢာ်တၢ်အါကဲၣ်ဆိးလၢအလီၢ်တအိၣ် ★လၢအမၤလၢာ်တၢ်အါန့ၢ်အခၢး	thrift'less
_thrifty	a.	လၢအသူကျိၣ်သူစ့သ့ ★လၢအကတံာ်ကတီၤတၢ်သ့ၣ်သိးတၢ်သုတလၢာ်ဂီၤတဂ့ၤ ★လၢအထိၣ်တံၢ်မၤတၢ်တၢ်သ့ ★အိၣ်ထီၣ်ညီထီၣ် ★ဒိၣ်ထီၣ်ထီထီၣ် ★ဂ့ၤထီၣ်ပသီထီၣ်	thrift'y
_thrill	v.i.	(တၢ်)သးဘၣ်ဆဲး ★(တၢ်)ဖံးတကူၣ်ခီတကူၣ်	thrill
_thrill	v.t.	မၤ(ဘၣ်ဆဲး)(ကနိး)(သးခု)ပသး ★ဆဲးဖှိပသး	thrill
_thrive	v.i.	အိၣ်ထီၣ်ညီထီၣ် ★ဒိၣ်ထီၣ်ထီထီၣ် ★အါထီၣ်ဂီၢ်ထီၣ် ★ဂ့ၤထီၣ်ပသီထီၣ်	thrive
_throat	n.	ကိာ်ယူၢ်	throat
_throaty	a.	လၢအကတိၤတၢ်လၢအကိာ်ယူၢ်ကဒၢလာ်	throat'y
_throb	v.i.	ဆဲးဖှိ ★စှၢ်ဆဲးထူ ★စံၣ် ★(ပသ့ၣ်)စံၣ် ★(ပသ့ၣ်)ဖှိ ★သး(စံၣ်)(ဆဲးဖှိး)(ဆဲးထူ)	throb
_throe	n.	တၢ်သ့ၣ်ကိၢ်သးဂီၤ ★တၢ်ဆါလၢအဆါဘၣ်ပှၤနၤနၤကလာ် ★တၢ်သ့ၣ်အုးသးအုးနၤနၤကလာ် ★တၢ်ဆီးကဲးဆီးလဲဖဲဖသ့ၣ်အိၣ်ဖျဲၣ်အခါ	throe
_throne	n.	ပှၤအိၣ်ဒီးအစိကမီၤ ★လီၢ်ပစိာ် ★တၢ်စိတၢ်ကမီၤ	throne
_throne	v.t.	ဟ်ထီၣ်ထီ ★ဒုးဆ့ၣ်နီၤအီၤလၢလီၢ်ပစိာ်ပူ	throne
_throng	v.i.	ဟဲဂီၢ်မုၢ်ဂီၢ်ပၤ ★ဟဲဆူၣ်ကတၢာ်ကတူာ်အသး ★ဆူၣ်ဖှိၣ်အသးဆူတၢ်တမံၤအအိၣ်	throng
_throng	n.	ပှၤဂီၢ်မုၢ် ★တၢ်ဂီၢ်မုၢ် ★(အိၣ်)(လဲၤ)ဂီၢ်မုၢ်ဂီၢ်ပၤ	throng

295

_throttle	v.t.	စၢ်တၢ်ယာ်ကိၢ်ယူၢ်★စၢ်တၢ်တၢ★မၤတၢ်ယာ်ထံသဝံအကွဲ	throt'tle
_through	prep.	ဖျိသကၢ်★ဖျိ(ကွံၢ်)★ဖျိယၢ်ခီယၢ်ခီ	through
_throughout	prep. / adv.	ဒီ(နံၣ်)ညါ★နီဘိညါ★ဖျိယၢ်ခီယၢ်ဘး★ကီးလီၢ်ပူၤဒဲး★သကုၤဆးဒး★ခဲလၢာ်★လၢာ်လၢာ်ဆ့ဆ့★လၢာ်စီဖှၣ်ကလှၤ	through-out'
_throw	v.t.	ကွံၢ်★စူးကွံၢ်★မၤလီၤယံၤ	throw
_throw off the switch		တ်သံ(တၢ်စိတၢ်ကမီၤ)(လီမှၣ်အူ)	throw off the switch
_thrust	v.t.	ဆဲးဖိုး★ဆဲးကိာ်★ဆိၣ်ကွံၢ်★ဆွံနုာ်★ဖးနာ်★ဆဲး★ဆဲးဖို(ဆိၣ်)(ဟီ)ထိၣ်ကွံၢ်	thrust
_thud	n.	တၢ်သီၣ်ထူာ်ထူာ်★တၢ်တီၢ်တၢ်လၢအသီၣ်ထူာ်ထူာ်	thud
_thug	n.	ပှၤအၢပှၤသီလၢအဂုာ်ဆူၣ်ဖိုဆူၣ်တၢ်ဒီးမၤသံတၢ်	thug
_thumb	n.	စုမုၢ်ဒိၣ်★စုမုၢ်ကျၢၢ်	thumb
_thump	v.i.	သါဆဲးဖိုး★(တၢ်)သီၣ်ထူာ်ကနၣ်★(တၢ်)တီၢ်တၢ်★(တၢ်)ထိတၢ်★သးစံၣ်ထူာ်ထူာ်	thump
_thunder	n.	လီသီၣ်★လီအတၢ်သီၣ်	thun'der
_thunder	v.i.	(မၤ)သီၣ်ထိၣ်ဒံၣ်လီအသး	thun'der
_thunderbolt	n.	လီကွ့★လီဝၢ်ဒံးယဲၢ်ကလၢ်တဘီယုာ်ဒီးလီသီၣ်ထိၣ်ကွူၤ	thun'der-bolt
_thunderstruck	a.	အသးလီၤကတုၤ★လၢအဘၣ်တၢ်ဖုးအီၤလၢလီ★အပိၢ်ကၢ်★ကမၢကမၣ်	thun'der-struck
_thus	adv.	ဒ်အံၤအသိး★ထဲအံၤထဲနုၤ★လၢတၢ်ဒ်အံၤအယိ	thus
_thwart	a.	လၢအအိၣ်ဒီၣ်တုာ်★လၢအအိၣ်ခိက်★လၢအအိၣ်ဒီၣ်ယိၤ	thwart
_thwart	n.	ချံအ(ကး)(သ္ဂါ)	thwart
_thwart	v.t.	ခိက်★မၤဟးဂီၤ★တြီယာ်	thwart
_thy	pers poss.	န(တၢ်)	thy
_thyself	pers pron.	နကစၢ်ဒၣ်နဲ	thy-self'
_tick	v.i.	ခွဲးတြူၣ်★ဘၣ်တြူၣ်★(တၢ်)သီၣ်တဲးတဲး	tick
_tick	n.	ခံၣ်★လီၢ်ဖုအဒၢ	tick
_tick	v.t.	မၤသီၣ်တၢ်တဲးတဲးတဲး	tick
_ticket	n.	လဲးမး	tick'et
_tickle	v.t.	(မၤ)(ဆဲး)ကိၢ်ကွံ★မၤနံၤမၤအ့ပှၤ★မၤ(မုာ်)(ဘၣ်)အသး★မၤသူၣ်ဖုံသးညီအီၤ	tick'le
_ticklish	a.	လၢအကိၢ်ကွံသ္★လၢအတၢက်တကျူၤ	tick'lish
_tide	n.	(ပိၣ်လဲၣ်အ)ထံထိၣ်ထံလီၤ	tide
_tidings	n.	တၢ်ကစီၣ်	tid'ings
_tide over	v.t.	မၤစၢၤအီၤလၢကမၤနၢၤတၢ်	tide'o'ver
_tidy	a.	ကဆဲးကဆို★လၢအအိၣ်လၢအလီၢ်ဒၣ်ဝဲစ့ာ်စ့ာ်★လၢအညီနုၢ်ဟ်တၢ်လၢအလီၢ်အိၣ်ဝဲ	ti'dy
_tidy	n.	တၢ်ကးဘၢ(လီၢ်ဆ့ၣ်နီၤ)ဒံးသိးအသုတဘၣ်အၢတဂ္	ti'dy
_tie	v.t.	စၢယာ်★ဘံယာ်★ယွးယာ်	tie
_tie	n.	အိၣ်ဒီးအတၢ်မၤနၢၤအနီၣ်ဂံၢ်ဃံုသိးလိာ်အသးလၢတၢ်ပြၢအပူၤ★တၢ်သးစဲဘူးဒီး(ဟံၣ်ဖိယီဖိ)★တၢ်စၢယာ်	tie
_tier	n.	တၢ်အဒီဂ့ၢ်တဖၣ်လၢအကစီၤထီထိၣ်နဲ့ၢ်လိာ်အသးတဂ့ၢ်တစဲးတဂ့ၢ်တစဲးအကျါတဂ့ၢ်★တၢ်တဂ့ၢ်★တၢ်တဆီ	tier
_tiff	n.	တၢ်အ့ၣ်လိာ်ဆိးကုလိာ်တဒိၣ်တဆံး	tiff
_tiffin	n.	တၢ်အီၣ်လၢအတလီၤမုၢ်လီၤထံ★တၢ်အီၣ်ဆးကၢ်ဆးကိာ်လၢမုၢ်ဆါခီ	tif'fin
_tiger	n.	အိၣ်သီၣ်	ti'ger
_tight / tighten	a. / v.t.	(မၤ)ဖ့ၣ်ဆၢ★(မၤ)ယံး	tight / tight'en
_tights	n.	တၢ်ကူတၢ်သိးလၢအကျးတၢ်ယာ်ပှၤအညၣ်(လၢပှုၤဂဲၤကလံၣ်လိာ်ကွဲတၢ်အၢီၢ်)	tights

_tile	n.	အီကတဲ(လၢဟံၣ်ခိၣ်ဒီးတၢ်ဒၢခိၣ်အဂီၢ်)	tile
_till	v.t.	ထူစ်ထူပွဲၤ	till
_till	prep.	တုၤ(လီၤ)လၢ	till
_till	n.	စ့အဆွဲအၣ်	till
_tilt	v.t.	(ဘိး)ဒ့ခံ★ဟ်တစ္စၤ★အိၣ်ဒ့ခံ★ဟ်တ(တူၤ)(စ့)	tilt
_tilt	n.	(တၢ်)ဆဲးတၢ်လၢဘီလၢကသ့ၣ်အလိၤဖဲအယှၢ်အဖၢမှၢ်★(လ့ၣ်)(ချဲ)အခိၣ်ဒုး	tilt
_timber	n.	သ့ၣ်တၢ်သ့ၣ်ဘၣ်★သ့ၣ်လၢအကြၢးလၢတၢ်သ့ၣ်ထိၣ်ဟံၣ်အဂီၢ်	tim'ber
_time	n.	တၢ်ဆၢကတီၢ်	time
_time-honoured		လၢအဘၣ်တၢ်ဟ်ဒိၣ်ဟ်ထီအီၤလၢအဟၢလီၤစၢၤလၢပျၤလံၤလံၤအယိ	time-honoured
_timekeeper	n.	ပှၤလၢအကွၢ်နီၣ်ကွၢ်ယါ(တၢ်အဆၢကတီၢ်)(နၣ်ရံၣ်)★နၣ်ရံၣ်(ဖိ)	time'keep'er
_timeless	a.	လၢအဘၣ်ဆၢဘၣ်ကတီၢ်★လၢအကတၢၢ်တအိၣ်★လၢအဆၢကတီၢ်လီၤဆီတအိၣ်	time'less
_timely	adv.	ဘၣ်ဆၢဘၣ်ကတီၢ်	time'ly
_timepiece	n.	နၣ်ရံၣ်(ဖိ)	time'piece'
_timeserver / timeserving	n. / a.	(တၢ်)(ပှၤလၢအ)လူၤဘၣ်ပှၤအသးမ့တမ့ၢ်တၢ်ဆၢကတီၢ်ဒ်သိးကဘၣ်ဘျုးအဂီၢ်	time'serv'er / time'serv'ing
_timetable	n.	(လ့ၣ်မ့ၣ်အူအ)တၢ်ရဲၣ်လီၤကျဲၤလီၤအစရီဘၣ်ယးတၢ်ဆၢကတီၢ်	time'ta'ble
_timid / timidity	a. / n.	(တၢ်)(လၢအ)ပျံၤတၢ်သ့★(တၢ်)(လၢအ)တဒ့ဘၣ်★(တၢ်)(လၢအ)မဲာ်ဆုးသ့★(တၢ်)(လၢအ)ဆှါ	tim'id / tim-id'i-ty
_timorous	a.	လၢအပျံၤတၢ်(သ့)★လၢအတဒ့ဘၣ်★ဆှါ	tim'o-rous
_tin	a.	စၢ်ဝါ★ဟ့ၣ်ဝါ★ထးဝါ	tin
_tinder	n.	သ့ၣ်အကဘိၣ်ကဘၣ်★တၢ်လၢမ့ၣ်အူအပှၢ်မ့ၢ်ဘၣ်အီၤဒီးကဲၤထီၣ်ဝဲ(ဒ်မီၤပီၤအဖံးအကမှံ)★တၢ်လၢအကဲၤထီၣ်ညီမး	tin'der
_tinge	v.t.	မၤထိၣ်အလွဲၢ်တဒိၣ်တဆံး★(တၢ်)သးကါ)အိၣ်ဖျါကနုၤကယီၢ်	tinge
_tingle	v.i.	ပံၢ်စွးစွး★အ့ၣ်ထုးအ့ၣ်စိၢ်★ၡ့ၢ်★နၢ်တက႑ၢ်	tin'gle
_tinker	v.t.	ဘိၣ်က့ၤ	tink'er
_tinker	n.	ပှၤလၢအဘိၣ်က့ၤသပၢၤထး★ပှၤလၢအ(ဟးဝုဝီၤ)ဘိၣ်က့ၤတၢ်တဘၢလၢတၢ်မၤအီၤလၢတိၢ်ဂီၤဒီးထးဝါ	tink'er
_tinkle	v.i.	သိၣ်(ရ့ရ့)(ရ့ရိၣ်)(ကြ့ၣ်ကြိၣ်)	tin'kle
_tinsel	n.	စးခိကတြ့ၣ်ကတြိၣ်★သးတူးအကဘျံးလၢအဘုၤလၢၣ်ပၢ★စးခိလၢတၢ်ကးဘၢအီၤဒီးသးတူးအကဘျံးဘုၤတလၢၢ်	tin'sel
_tinsmith	n.	ပှၤပိာ်ဟ့ၣ်ဝါ★ပှၤမၤတၢ်ဘၣ်ယးစၢ်ဒီးဟ့ၣ်ဝါ	tin'smith'
_tint	v.t.	မၤထိၣ်အလွဲၢ်တဒိၣ်တဆံး	tint
_tint	n.	တၢ်အလွဲၢ်(လၢအဘ)	tint
_tiny	a.	ဆံး★ပြံကဒံ★ဆံးကိာ်ဖိ	tiny
_tip	n.	တၢ်အစိးခံ★တၢ်အစိးနၢ်	tip
_tippler	n.	ပှၤလၢအညီနုၢ်အီသံးဆံးကိာ်ဆံးကိာ်	tip'pler
_tipsy	a.	လၢအဟးၤကနုၤကပၤလၢအမူးသံးတစဲးအယိ★လၢအမူးလၢသံးတစဲးစဲး	tip'sy
_tiptoe	v.i.	(ဟးလၢအ)ခိၣ်မုၢ်ထိးနၢ်	tip'toe
_on tiptoe		လၢအသးဂဲၤ	on tiptoe
_tiptop	n.	တၢ်အစိးနၢ်ကတၢၢ်★တၢ်အဂ့ၤကတၢၢ်	tip'top'
_tirade	n.	တၢ်စံးတၢ်ကတိၤလၢအဟ်တၢ်ကမၣ်လၢတၢ်အလီၤဆူၣ်ဆူၣ်	ti-rade'
_tire	v.t.	(မၤ)ဘုံးသ့ၣ်တီၤသး★(မၤ)လီၤဘုံးလီၤတီၤ★တၢ်ဘုံးအသး★မၤဘုံးအသး	tire
_tireless	a.	လၢတၢ်တဘုံးအသးဘၣ်	tire'less
_tiresome	a.	လၢအမၤလီၤဘုံးလီၤတီၤပှၤ★လၢတၢ်ကၢၣ်(နၢ်ဟူ)ပသးဘၣ်★လၢအလီၤဘုံးလီၤတီၤ	tire'some
_tissue	n.	(စးခိ)ကဘျုးခံးဘုၤတလၢၢ်ဖိ	tis'sue
_titanic	a.	လၢအဒိၣ်အမှၢ်	ti-tan'ic
_titbit	n.	တၢ်အီၣ်အဝံၣ်အဘၢကတၢၢ်တစဲး	tit'bit'

_tithe	n.	(ယှ)(ဟၣ်)တၢ်ဆံဆဲၣ်ပူတပူ	tithe
_title	n.	မဲၤလၤသၣ်ကပီၤ★(လံာ်)အမံၤ★တၢ်ကွဲးနီၣ်အှၣ်အသးဘၣ်ယးတၢ်နဲၣ်သါလၢ အအိၣ်ဒီးတၢ်စိတၢ်ကမီၤလၢပှၤထိဒါအသှဘၣ်နီတဂၤဘၣ်	ti'tle
_titter	v.i.	နံၤကံးကံးကံးကံး★နံၤကီၤအသး	tit'ter
_to	prep.	ဆူ★ဖၢ်လၢ★က(အိၣ်တၢ်)အဂီၢ်	to
_toad	n.	ဒ့ၣ်သုၣ်	toad
_toast	v.t.	သၣ်★ကၣ်	toast
_drink a toast		အိလၢတၢ်ဆၢဂ့ၤဆၢဝါအဂီၢ်	drink a toast
_tobacco	n.	ကသံၣ်★ညါသုး★(ကသံၣ်)(ညါသုး)လၣ်	to-bac'co
_today	n.	တနံၤအံၤ၊ ဆၢကတီၢ်ခဲအံၤ၊ မုၢ်ဆါအံၤ★မုၢ်မဆါတနံၤအံၤ	to-day'
_toddle	v.i.	ဟးတီၤတၢ်တီၤတၢ်ဖိသၣ်ဆံးအသိး	tod'dle
_toddy	n.	ထိထံ★တၢ်ထံ	tod'dy
_toe	n.	ခီၣ်မုၢ်	toe
_together	adv.	တပူၤယီ★သကိး★(စဲ)ဘူးလိာ်အသး★ယှၣ်(တပူၤယီ)	to-geth'er
_toil	v.i.	(တၢ်)မၤတၢ်ကိၢ်ကိၢ်ဂီၤဂီၤ★(တၢ်)လဲၤတၢ်ထုးဂၢ်ထုးဘါဒီးလီၤဘုံးလီၤတီၤ★ (တၢ်)ဟးလီၤဘုံးဒီးဃုဆါခီၣ်ဆၢ	toil
_toil	n.	ပှဲၤသကွီၤလၢကဖီၣ်နၢ်တၢ်အဂီၢ်★တၢ်ဖံးတၢ်မၤလၢအလၢ်ဂၢ်ဘါ	toil
_toilet	n.	စွဲအိၣ်ဒီးမဲာ်ထံကလၤလၢတၢ်လုၣ်ထံလုၣ်နိၢ်ဒီးကူထိၣ်ကၤ ထိၣ်မၤကဆှဲကဆှီပှၤသးအဂီၢ်★တၢ်လုၣ်ထံဒီးသံၣ်ခွဲၣ်ကတီၤပသး★ တၢ်ကူတၢ်သိး	toi'let
_toilsome	a.	လၢအမၤလီၤဘုံးလီၤတီၤပသး	toil'some
_token	n.	တၢ်ပနီၣ်	token
_tolerable	n.	လၢအဂ့ၤအကြၢး★လၢပတူၢ်နၢ်ခီၣ်ကဲ	tol'er-a-ble
_tolerance / tolerant	n. / a.	(လၢအ)(တၢ်)ညီနုၢ်ပှဲၤပှၤမၤအလၢ်အလၢ်ဒၣ်ဝဲအသိးဒီးတတြီဝဲဘၣ်	tol'er-ance / tol'er-ant
_tolerate	v.t.	ပှဲၤပှၤမၤအလၢ်အလၢ်ဒၣ်ဝဲအသိးဒီးတတြီဝဲဘၣ်★တအဲၣ်ဒီး သနၢ်က့ဝံသးစူၤဒီးပှဲၤမၤအီၤ	tol'er-ate
_toll	n.	(ကျှ)(တိၤ)အခိအသွဲ	toll
_toll	v.t.	ဒီအလွဲယၢယၢ(လၢတၢ်လဲၤခူၣ်လီၤပှၤအဂီၢ်)	toll
_tomahawk	n.	ကွါလၢပှၤဂီၤဖံးဖိသုလၢတၢ်ဒုးအပူၤ	tom'a-hawk
_tomb	n.	တၢ်သွၣ်ခိၣ်	tomb
_tomorrow	n.	ခဲမုၢ်ဆ့ၣ်	to-mor'row
_ton	n.	တၢ်လၢအလီၤတယၢၢ်တတဲၣ်	ton
_tone	n.	ကလုၢ်★အသိၣ်★တၢ်သီၣ်★အလွဲၢ်	tone
_tone	v.t.	မၤသီၣ်ဝဲ	tone
_tone down		လဲလိာ်ကွၤအတၢ်ကတိၤလၢအကမှာ်ဘၣ်ပှၤနၢ်အဂီၢ်★မၤ(ကဟုာ်)(စၢ်)လီၤ	tone down
_tone		သး(အဂၢ်အဘါ)★တၢ်ဂၢ်ဆူၣ်ဘါဆူၣ်★တၢ်လၢအ(အိၣ်ဖျါ)(ဒိၣ်စိ)	tone
_tongs	n.	နီၣ်တံာ်	tongs
_tongue	n.	ပျှၤ★ပှၤအကျိာ်★လှၣ်အဃၢ်★ဒၢလှၤအသၣ်★ဟီၣ်ခိၣ်ခိၣ်တပူ	tongue
_tongue-tied	a.	လၢအအိၣ်တဖျၣ်★လၢအကတိၤတၢ်တထိၣ်ဘး★လၢအကတိၤတၢ်တသ့ဘၣ် ★လၢအပျှၤဖဲဘူၤဃာ်	tongue'tied'
_tonic	n.	ကသံၣ်ဂၢ်ဆူၣ်ဘါဆူၣ်	ton'ic
_tonight	n.	တဟါအံၤ	to-night'
_tonsil	n.	ခံၣ်ခွံလၢအအိၣ်လၢကိာ်(ကတီၢ်)(ဃှၢ်)ထံး	ton'sil
_tonsure	n.	တၢ်တံာ်ခိၣ်သူ★တၢ်လူၤခိၣ်ဆူၣ်	ton'sure
_too	adv.	(အါ)ကဲၣ်ဆိး★စှၢ်ကီး	too
_tool	n.	တၢ်အပီးအလီလၢဘိုတၢ်အံၤနုၤအဂီၢ်	tool
_toot	n.	တၢ်သီၣ်တုတု★တၢ်အူသီၣ်တၢ်(နုနု--)(အူ--)(တုူ--)	toot
_tooth	n.	မဲတဘ္ၣ်	tooth
_toothache	n.	မဲဆါ	tooth'ache'

_toothless	a.	လၢအမဲတအိၣ်	tooth'less
_toothsome	a.	လၢအအဝံၣ်အဘၣ်★လၢအဘၣ်နီၤဘၣ်နၢ	tooth'some
_top	n.	တၢ်အစိးနၢ်★တၢ်အခီၣ်ထံး★တၢ်အခိၣ်စိၣ်★တၢ်အထိကတၢၢ်	top
_top	v.t.	ထိၣ်ဘးဒီးဒီပတၢ်★ဂၤန့ၢ်တက့ၢ်	top
_topee	n.	ခိၣ်ဖှိၣ်★ခိၣ်သလုး	to'pee
_top-heavy	n.	လၢအခိၣ်ယၢကဲၣ်ဆိး	top'heav'y
_topic	n.	တၢ်အဂ့ၢ်မိၢ်ပှၢ်လၢတၢ်ဟံးန့ၢ်(ကတိၤ)လၢအဂ့ၢ်	top'ic
_topical	a.	လၢအဘၣ်ယးတၢ်အဂ့ၢ်တဖၣ်(ဘၣ်တဖံၢ်)★ဘၣ်ယးဒီးလီၢ်တပူၤဖိ	top'i-cal
_topknot	n.	အခိၣ်သွံၣ်★အခိၣ်သ့ၣ်★ခိၣ်ဘိၣ်	top'knot'
_topmost	a.	လၢအထိကတၢၢ်	top'most
_topographic (al)	a.	ဘၣ်ယးဒီးဟီၣ်ခိၣ်အတၢ်ထိၣ်ကူလီၤယၢၣ်★လၢအဟ်ဖျါထိၣ်ဟီၣ်ခိၣ်အမံာ်ဖံးခိၣ်	top'o-graph'ic (al)
_topography	n.	(တၢ်ဟ်ဖျါထိၣ်)ဟီၣ်ခိၣ်အ(တၢ်ထိၣ်ကူလီၤယၢၣ်)(မံာ်ဖံးခိၣ်)	to-pog'ra-phy
_topple	v.i.	(မၤ)(လီၤယံၤ)(လီၤတဲာ်)(လီၤတကူၢ်)ဆုံခိၣ်	top'ple
_topsoil	n.	ဟီၣ်ခိၣ်အညၣ်ထုၣ်လၢအဖီခိၣ်တကထၢး	top'soil'
_topsy-turvy	adv.	အိၣ်ကဒါခိၣ်ခံအသး★သဘံၣ်ဘုၣ်	top'sy-tur'vy
_torch	n.	ဆို★ရိ	torch
_torment	n.	တၢ်နးတၢ်ဖိုၣ်★တၢ်သူၣ်ကိၢ်သးဂီၤ★တၢ်(မၤ)ဆါတၢ်နးနးကလဲၣ်	tor'ment
_torment	v.t.	မၤနးမၤဖိုၣ်★မၤသူၣ်ကိၢ်သးဂီၤ★မၤဆါအီၤနးနးကလဲၣ်	tor-ment'
_tormentor	n.	ပှၤလၢအမၤကိၢ်မၤဂီၤတၢ်နးနးကလဲၣ်တဂၤ	tor-men'tor
_torpid / torpor	a. / n.	(တၢ်)(လၢအ)သူၣ်ယၢသးယၢ★လၢအ(ပဝံ)(သံၣ်)(ဒိၣ်တုၤ)	tor'pid / tor'por
_torrent / torrential	n. / a.	(ဒံ)ထံခိၣ်ဖူးလၢအဟဲယွၤလီၤဆူၣ်မၤလၢကစၢၢ်ခိၣ်(အသိး)★(ဒံ)ထံခိၣ်ထိးသူ(အသိး)★(လၢအ)(တၢ်)ကတိၤတၢ်ကၤရၢတၢ်ချုးခ်ုၤ;ချုးဒုး★(ဘၣ်ယး)ထံလၢယွၤလီၤသဖှုဆူၣ်မး	tor'rent / tor-ren'tial
_torrid	a.	လၢအကိၢ်ဒုးယွၢထိတၢ်★လၢအကိၢ်ဒိၣ်ဒိၣ်ယွၢထိယၢ်ထိ	tor'rid
_torso	n.	အမိၢ်ပှၢ်တကုာ်★တၢ်ဂီၤ(လၢ)ထူၣ်လၢအခိၣ်ဒီးအစုအခီၣ်တအိၣ်ဘၣ်	tor'so
_tortoise	n.	ချံး	tor'toise
_tortuous	a.	ကွၣ်ကၢိာ်★ကံးကူး★လၢအလိတၢ်	tor'tu-ous
_torture	v.t.	(တၢ်)မၤကိၢ်မၤဂီၤ★(တၢ်)မၤဆူးမၤဆါတၢ်နးနးကလဲၣ်	tor'ture
_toss	v.t.	ချုးထိၣ်★ကွံာ်ထိၣ်★တယၢ်ထိၣ်အကံၢ်★ခွဲတကၢလၢအနူၤ★(ဒုး)(လဲၤ)ထိၣ်လီၤထိၣ်လီၤ(ချံ)★ကနၢ်အသး	toss
_toss together		ကတ်ာ်ကတီၤ(အသး)ပဖုၢ်ပတဲၤ	toss together
_tot	n.	ဖိသၣ်ဆံး★တၢ်လၢအဆံး	tot
_tot	v.t.	ဟ်ဖိုၣ်ကူၤခဲလၢာ်	tot
_total	n.	တၢ်ဟ်ဖိုၣ်တၢ်ခဲလၢာ်အနှၢ်	to'tal
_total	v.t.	ဟ်ဖိုၣ်တၢ်ခဲလၢာ်	to'tal
_tote	v.t.	ယိး★စိာ်★ဝံ★တီ★(တိၣ်)(ထူး)လၢလှၣ်	tote
_totter	v.i.	(ဟး)(ဆၢထၢၣ်)တကျၢၤတနီၤ★လဲၤကပါ်ကပာ်★ဟးကနီၤကစုာ်ကလီၤယံၤယံၤကလီၤယံၤယံၤ	tot'ter
_touch	v.t.	ထိးဘၣ်★ဘၣ်ဒိ★ဘၣ်ယး★ကတိၤလၢအဂ့ၢ်တဒိၣ်တဆံး★တ့တၢ်ဂီၤ★ဒ့တၢ်★အိၣ်★မၤဘၣ်ဆဲးအသး★ဒုးအိၣ်ထိၣ်အတၢ်သူၣ်ဆူၣ်သးဂဲၤ★တိၢ်ထိၣ်	touch
_touch elbow		ဘၣ်ထံးလိာ်အသး	touch elbow
_touch up		မၤဂ့ၤထိၣ်(တၢ်ကွဲး)(တၢ်ဂီၤ)	touch up
_touch	n.	တၢ်ထိးတၢ်တဘီ★တၢ်တစဲး	touch
_tough / toughen	a.	(မၤ)ကိၤ(ထိၣ်)★(မၤ)ဟ်(ထိၣ်)★ဟ်စ့ၤ★တ(စိုး)(ကွီး)ဘၣ်	tough / tough'en
_tour	v.i.	(တၢ်)ဟးဝ့ၤဝီၤ★(တၢ်)လဲၤတရံးအိၣ်ဝီၤတၢ်	tour
_tourist	n.	ပှၤဟးကွၢ်ကီဝံထံကိၢ်ဂၤ★ပှၤလၢအ(ဟး)(လဲၤ)ဝ့ၤဝီၤတၢ်တဂၤ	tour'ist
_tournament	n.	(ပှၤဖုဒီးတဖုအ)တၢ်ပြုလိာ်အသး	tour'na-ment
_tow	v.t.	ထုးတၢ်လၢထံကျါဒီးပျံၤ★မိၤဖျံလၢပျံၤ	tow

_toward (s)	prep.	(ကွၢ်)ယီၤ★ဆူအအိၣ်★ဘူး(ကဝံၤ)(ကကတၢၢ်)★လၢအဂ့ၢ်★လီၤဆူ	to'ward (s)
_towel	n.	တၢ်ကံးညါလၢပထွါသူပသး	tow'el
_tower	n.	(သရိၣ်)အဖိၣ်★တၢးထီခၢၣ်တနၢ်★တၢ်(သူၣ်ထီၣ်)အဖိၣ်	tow'er
_towering	a.	လၢအကစီၤထီၣ်ထီမး★နၢးမး	tow'er-ing
_town	n.	ဝ့ၢ်(ဖိ)	town
_toy	n.	တၢ်လိာ်ကွဲဖိ★ဖိဒံဖိသၣ်အတၢ်လိာ်ကွဲၤတၢ်ဂီၤဖိဖၣ်မုအသိး	toy
_trace	v.t.	တ့တၢ်★ကွဲးတၢ်★လူၤပိာ်အခီၣ်လီၢ်★ယုထံၣ်နှၢ်ကွၢတၢ်ဟါမၢ်(လၢပျၢၤ)★လဲၤဖှိ★ယၢၢ်အခိၣ်လီၢ်★(တ့)ပိာ်ထွဲတၢ်အကျိုလီၤတၢ်လီၤဆဲး	trace
_trace	n.	လှၣ်ကျိုၤ★ဝ့ၢ်အတၢ်ဟးဂုာ်ဟးဂီၤလၢပုထံၣ်နှၢ်ကွၤ★တၢ်ဆဲးကိာ်ဖိ★ခိၣ်လီၢ်★အကျိုး	trace
_track	v.t.	လူၤပိာ်အခိၣ်လီၢ်★ယုထံၣ်နှၢ်ကွၤတၢ်ဟါမၢ်(လၢပျၢၤ)★ခီဖို★ယၢၢ်ဘၣ်အၢ★လူၤပိာ်အကျိုး★ထူးဖျံလၢပုၤ	track
_track	n.	တၢ်အခိၣ်လီၢ်★လှၢ်အကျိုး★တၢ်အ(ကျဲ)(ကျိုး)★ကျဲ	track
_tract	n.	လံာ်ဖိလံၢ်ဖိ★တၢ်လီၢ်တကဝီၤလၢအဆၢတလီၤတၢ်ဘၣ်	tract
_tractable	a.	လၢပဖိၣ်နှၢ်အကၢ်အကျဲသ့(ဒ်ထူစုမှာ်အသိး)★လၢပ(သိၣ်လိ)(ပၢ)အီၤနှၢ်ညီ★လၢအနၢ်လိၤ	trac'ta-ble
_trade	v.i.	ပှ့ၤတၢ်ဆါတၢ်★ဆါတၢ်ပှ့ၤတၢ်	trade
_trade	n.	တၢ်ဆါတၢ်ပှ့ၤ★တၢ်ဖံးအိၣ်မၤအိၣ်	trade
_trade on		မၤနှၢ်တၢ်ဘျူးလၢပုၤနှၤပၢၢ်နှၢ်ဘျါတၢ်အကျ	trade on
_trade mark		ပုၤဆါတၢ်ဖိအတၢ်(စဲ)ပနီၣ်	trade mark
_trade		(တၢ်)ကၤတၢ်★တၢ်(မၤ)ပနံၣ်တၢ်ကၤတၢ်★(တၢ်)မၤကူၣ်မၤကၤတၢ်	trade
_tradition	n.	တၢ်စံၣ်စိၤတဲစိၤလၢတၢ်ကွဲးကွဲၤယၢတအိၣ်	tra-di'tion
_traditional	a.	လၢအဟဲလီၤလၢပိၢ်ပၢ်ဖံဖုအအိၣ်★လၢမိၢ်ပၢ်ဖံဖုစံၣ်ယဲၤဝဲ	tra-di'tion-al
_traduce	v.t.	ကတိၤဟးဂီၤပုၤ★ကတိၤအၢကတိၤသိပုၤ★ခဲၣ်သူၣ်ခဲၣ်ဂီၤပုၤ	tra-duce'
_traffic	n.	တၢ်ပှ့ၤတၢ်ဆါ★ပနံၣ်တၢ်ကၤလၢအဟဲနုာ်ဟးထီၣ်★(တၢ်ပၢး)(ပုၤကညီ)လၢအဘၣ်တၢ်ဆှၢအီၤလၢလှၣ်မှၣ်အူ	traf'fic
_traffic with		ရှယုၥ်ဒီး(ပုၤအၢပုၤသီ)	traffic with
_tragedy	n.	တၢ်ယဲၤလၢအကတၢၢ်အိၣ်ဒီးတၢ်သံတၢ်ပှၢ်★တၢ်လီၤသးအုးအၢလီၢ်★တၢ်လီၤဖိၣ်လီၤမဲၤအၢ	trag'e-dy
_tragical	a.	လၢအအိၣ်ဒီးတၢ်မၤသံတၢ်★လၢအမၤသးအုးပုၤ★လၢအ(မၤဖျၢ)(အိၣ်ဟ်ဖှိၣ်ယုာ်အသးဒီး)တၢ်တတၢ်တနါလၢအကတုၤအိၣ်ပုၤတၤဂၤနှၣ်မှၢ်တၢ်လီၤဘၣ်ယိၣ်ဒီးတၢ်လီၤသးကညီၤအလီၢ်	trag'i-cal
_trail	v.t.	တွံၢ်ကြျူၣ်(အသး)လၢဟီၣ်ခိၣ်ဖီခိၣ်★လူၤပိာ်အကျိုး★လူၤပိာ်အခိၣ်လီၢ်★(သ့ၣ်ယံၣ်မှၢ်)ကးထီၣ်★ဟးကၤကၤကၤကၤ	trail
_trail	n.	တၢ်လၢအအိၣ်လီၤတဲာ်လၢကျဲလၢအဒုးနဲၣ်ဖျါလၢတၢ်လဲၤဖျိအီၤဝံၤလံ★အကျိုး★(ဆ့ဖးဒိၣ်)အစၢ်ဖးထီ	trail
_train	n.	လှၣ်မှၣ်အူ★(ဆ့)အစၢ်★ပုၤလၢအပိာ်ပုၤဒိၣ်ပုၤပှၢ်အခံတဖု★တၢ်လၢအပိာ်ထွဲလိာ်အခံတဖု	train
_train	v.t.	သိၣ်လိ★ဒုးကးထီၣ်(တၢ်မှၢ်တၢ်ဘိ)	train
_training	n.	တၢ်သိၣ်လိ	train'ing
_training	a.	လၢတၢ်သိၣ်လိအဂီၢ်★ဘၣ်ယးဒီးတၢ်သိၣ်လိ	train'ing
_trait	n.	တကၢ်ပဝးလီၤဆီဒၣ်တၢ်တမံၤ★တၢ်ထိးတဘီၛီၤ★တၢ်လီၤဆီဒၣ်တၢ်(တမံၤ)	trait
_traitor / traitorous	n. / a.	(ပုၤ)လၢအသးတဂၢၢ်အဲထံအကီၢ်★(ပုၤ)လၢအတမၤတီအသးလၢ(အတၢ်အၢၣ်လီၤအီၤလီၤ)(တၢ်လၢအလီၤဘၣ်အီၤ)အပူၤ★(ပုၤ)လၢအမၤဟးဂီၤတၢ်အၢၣ်လီၤဒီးမၤစၢၤဒုၣ်ဒါ	trai'tor / trai'tor-ous
_tram	n.	လီလှၣ်	tram
_tramp	v.i.	(တၢ်)လဲၤတၢ်လၢခိၣ်★ဟးဆဲးထူဒိၣ်★ယီၢ်တၢ်	tramp
_tramp	n.	တၢ်ဟးဆဲးထူဒိၣ်အသိၣ်ပြုၢ်ပြုၢ်★ပုၤဟးဝ့ၤဝီၤဖိလၢအဃ့အိၣ်တၢ်	tramp
_trample	v.t.	ယီၢ်တၢ်★ယီၢ်ဘျ့ၣ်တၢ်★ယီၢ်တၢ်လီၤတၢ်	tram'ple
_trance	n.	တၢ်ပျုၢ်သိတၢ်★တၢ်ထံၣ်တၢ်လၢညါခီ★တၢ်သးခုတလၢကွံာ်အစၢး	trance

_tranquil / tranquility	a. / n.	(တၢ်)(လၢအ)အိၣ်ယိကလာ်★(တၢ်)(လၢအ)အိၣ်ဘှၣ်ကလာ်	tran'quil / tran-quil'i-ty
_transact	v.t.	ဖံးတၢ်မၤတၢ်★မၤဝံၤအတၢ်မၤ	trans-act'
_transaction	n.	တၢ်ဖံးတၢ်မၤ★တၢ်ဖံးတၢ်မၤတၢ်★တၢ်ဖံးတၢ်မၤလၢတၢ်မၤဝံၤအီၤ★တၢ်ကွဲးနီၣ်တဖၣ်	trans-ac'tion
_transcend	v.t.	ထီၣ်လၢအဖီခိၣ်★သ့နှၢ်(ပှၤ)ဂၤ★ဂ့ၤနှၢ်(ပှၤ)ဂၤ★လဲၤလၢအမဲာ်ညါ	tran-scend'
_transcribe	v.t.	ကွဲးကူလံာ်★ကွဲးဆဲလံာ်	tran-scribe'
_transfer / transfer	v.t. / n.	(တၢ်)အးတၢ်ဆူပှၤတဂၤဒၣ်အစုပူၤ★(တၢ်)ဆှၢစ့ဆူပှၤတဖုဒၣ်အအိၣ်★သုးလဲလိာ်အလီၢ်★စိာ်ခီက်★ကွဲးဆဲဆူလံာ်အဂၤတဘ့ၣ်အပူၤ	trans-fer' / trans'fer
_transferable	a.	လၢတၢ်အးလၢပှၤဂၤအစုပူၤသ့★လၢတၢ်သုးအလီၢ်သ့	trans-fer'a-ble
_transfiguration / transfigure	n. / v.t.	(တၢ်)လဲလိာ်အက့ၢ်အဂီၤ	trans-fig'ur-a'tion / trans-fig'ure
_transfix	v.t.	ဆဲးဖှိ(လၢဘီ)	trans-fix'
_transform / transformation	v.t. / n.	(တၢ်)လဲလိာ်အက့ၢ်အဂီၤ★(တၢ်)လဲလိာ်အသး★(တၢ်)လိၣ်ထီၣ်အသး	trans-form' / trans'for-ma'tion
_transfuse / transfusion	v.t. / n.	(တၢ်)ထိန့ာ်ပှၤတဂၤအသွံၣ်ဆူပှၤတဂၤဒၣ်အပူၤ★လူလီၤလဲလိာ်အလီၢ်	trans-fuse' / trans-fu'sion
_transgress / transgression	v.t. / n.	(တၢ်)လုၣ်သ့ၣ်ခါပတာ်တၢ်သိၣ်တၢ်သီ★(တၢ်)မၤကမၣ်တၢ်	trans-gress' / trans-gres'sion
_transgressor	n.	ပှၤလၢအလုၣ်သ့ၣ်ခါပတာ်တၢ်သိၣ်တၢ်သီ★ပှၤလၢအမၤကမၣ်တၢ်	trans-gres'sor
_transient	a.	လၢအ(ဟဲ)အိၣ်တစိၢ်တလီၢ်★မီကိာ်ဖိ★တစိၢ်ဖိ★လၢအလဲၤပူၤကွံာ်ချ့မး	tran'sient
_transit	n.	တၢ်လဲၤ(ဖှိ)(ခီက်)တၢ်★တၢ်လဲၤခီက်တၢ်အကျဲ	trans'it
_transition	n.	တၢ်လဲလိာ်အသး★တၢ်ခီက်တၢ်လၢအံၤဒီးဆူဘးန့ၣ်အကျဲ	tran-si'tion
_transitory	a.	လၢအ(ဟဲ)အိၣ်တစိၢ်တလီၢ်★မီကိာ်ဖိ★လၢအလဲၤပူၤကွံာ်ချ့မး	tran'si-to-ry
_translate / translation	v.t. / n.	(တၢ်)ထုးထီၣ်လံာ်ဆူကျိာ်အဂၤ★(တၢ်)လဲက့ၤတၢ်အလီၢ်	trans-late' / trans-la'tion
_transliterate	v.t.	ကွဲးသိၣ်ထွဲကျိာ်ဂၤအခံ	trans-lit'er-ate
_transmigrate / transmigration	v.i. / n.	(တၢ်)သံလိၣ်ထီၣ်က့ၤခဲကာ်တဃၣ်★(တၢ်)ဟးအိၣ်ဆူထံဂၤကိၢ်ဂၤ	trans'mi-grate / trans'mi-gra'tion
_transmissible / transmission / transmit	a. / n. / v.t.	(လၢ)(တၢ်)ဆှၢ(အီၤသ့)★(လၢ)(တၢ်)အးလီၤလၢပှၤဂၤအစုပူၤ(သ့)★(လၢ)(တၢ်)ဟ့ၣ်သါ(အီၤသ့)★လၢအလဲၤဖှိကွံာ်တၢ်သ့★လၢအစိာ်ခီက်တၢ်သ့★လၢတၢ်စိာ်ခီက်အီၤသ့★(တၢ်)စိာ်ခီက်တၢ်	trans-mis'si-ble / trans-mis'sion / trans-mit'
_transmutation / transmute	n. / v.t.	(တၢ်)လဲလိာ်ဆူတၢ်ဂၤ★(တၢ်)လဲလိာ်အသးဆူတၢ်ဂၤ	trans'mu-ta'tion / trans-mute'
_transparent	a.	လၢတၢ်ကွၢ်ဖှိအီၤသ့★လၢတၢ်ကပီၤဆဲးဖှိအီၤသ့★ဖျါဆဲးကလၤ	trans-par'ent
_transport	v.t.	ဆှၢဆူလီၢ်ဂၤ★ဆှၢဖှိး★ထိၣ်ဂဲၤပှၤသူၣ်ပှၤသး	trans-port'
_transport	n.	ကဘီလၢအဆှၢထီၣ်ဆှၢလီၤတၢ်အိၣ်ဒီးသုးဖိ★တၢ်စိာ်ဆှၢတၢ်ဆူလီၢ်ဂၤ★တၢ်သးခုနးနးကလာ်	trans'port
_transportation	n.	တၢ်စိာ်ဆှၢတၢ်ဆူလီၢ်ဂၤ★တၢ်စိာ်ဆှၢဖှိးပှၤ(တစိၤသး)	trans'por-ta'tion
_transpose / transposition	v.t. / n.	(တၢ်)ဟ်လဲလိာ်အလီၢ်	trans-pose' / trans'po-si'tion
_transship / transshipment	v.t. / n.	(တၢ်)စိာ်ခီတၢ်ဆူကဘီဘးခီတဘ့ၣ်	trans-ship' / trans-ship'ment
_transverse	a.	လၢအအိၣ်(ဒီၣ်တၢ့ာ်)(ဒီၣ်ယီၤ)	trans-verse'
_trap	v.t.	ဆဲ(အိၣ်)တၢ်★(တၢ်)ဆဲဝၣ်ခီ★(တၢ်)ဆဲလူၤ★ဒိးထု★(ဒိး)သလၢၣ်★ဆဲအိၣ်ထု	trap
_trap	n.	တ့ၤခိၣ်★ထု★တၢ်ဒိးချၣ်ထုး★ထုထး	trap
_trapdoor	n.	တြဲၤကျၢၢ်ဘၢယီ	trap'door'
_trash	n.	(တၢ်)(ပှၤ)လၢအဘျုးတအိၣ်★တၢ်လၢအတကိာ်တသိၣ်တၢ်★တၢ်တယိာ်တယာ်	trash
_trashy	a.	လၢအဘျုးတအိၣ်ဘၣ်★လၢအတကိာ်တသိၣ်တၢ်ဘၣ်★လၢပသူအီၤတသ့ဘၣ်	trash'y

_travel	v.t.	လဲၤတၢ်(ကွဲၤတၢ်)	trav'el
_travel	n.	တၢ်လဲၤတၢ်ကွဲၤ	trav'el
_traverse	v.i.	လဲၤခီၵ်တၢ်★လၢအအိၣ်ဒိၣ်တုၣ်ခီၵ်တၢ်★ကြီၢ်ယၢ်တၢ်★သမၢတၢ်	tra'verse
_travesty	n.	တၢ်မၤဒိးတၢ်လၢတၢ်လီၤနံၤလီၤအ့ၣ်အဂီၢ်★တၢ်ကွဲၤလီၤဆီတ့ၤတၢ်လၢတၢ်လီၤနံၤလီၤအ့ၣ်အဂီၢ်	trav'es-ty
_trawl	n.	တခွဲအဖျံၤဖးထိတဘိလၢအအိၣ်ဒီးဖျံၤဖိတဖၣ်လၢအလီၤယှာ်ဒီးတခွဲကနၣ်စုာ်စုာ်	trawl
_tray	n.	သဘံၣ်★ဘံၣ်သွၣ်★တီလီကဘျၣ်လၣ်	tray
_treacherous	a.	လၢအမၤတၢ်လၢတၢ်သူၣ်တဘျုးသးတဘျုးအပူၤ★ဖျါဂ့ၤထဲလၢခိမဲာ်★လၢအကလုၢ်တတီဘၣ်	treach'er-ous
_treachery	n.	တၢ်မၤတၢ်လၢတၢ်သူၣ်တဘျုးသးတဘျုးအပူၤ★တၢ်မၤဟးဂီၤတၢ်အၢၣ်လီၤအီလီၤ	treach'er-y
_tread	v.t.	ယီၢ်လီၤအခိၣ်★ယီၢ်တံၢ်★ဟးလၢအခိၣ်★ယီၢ်လီၤဆူ(ဘူ)	tread
_tread under foot		သးဘၣ်အၢ★တဟ်ကဲနီတစဲးဘၣ်	tread under foot
_treason	n.	တၢ်ဂုာ်ကွဲၤစၢးမၤဟးဂီၤအထံအကီၢ်ဒၣ်ဝဲအ(စီၤလိၣ်စီၤပၤ)(တၢ်ပၢတၢ်ပြး)	trea'son
_treasure	n.	တၢ်လှၢ်ဒိၣ်ပှၤ့ဒိၣ်	treas'ure
_treasure	v.t.	ဟ်လှၢ်ဒိၣ်ပှၤ့ဒိၣ်	treas'ure
_treat / treatment	v.t. / n.	(တၢ်)ကုစါတၢ်★(တၢ်)မၤအီးဒံၣ်အံၣ်နူၤ★(တၢ်)ကတိၤဖျါထိၣ်တၢ်ဂ့ၢ်တၢ်ကျိၤ★(တၢ်)မၤပုၤဒံၣ်နူၤ	treat / treat'ment
_treat to		(ပှၤ)ဒုးအီၣ်★တုၢ်တၢ်လၢ်တံၤသကိးအဂီၢ်★တၢ်လၢအမၤမုာ်ပသး	treat to
_treat		မၤတၢ်အၢၣ်လီၤအီလီၤ	treat
_treatise	n.	တၢ်ကွဲၤလၢအဟ်ဖျါထိၣ်တၢ်အဂ့ၢ်တမံၤမံၤ	trea'tise
_treaty	n.	ထံကီၢ်(ခံဘ့ၣ်သၢဘ့ၣ်)အတၢ်အၢၣ်လီၤအီလီၤလိာ်အသး★တၢ်အၢၣ်လီၤအီလီၤ	treat'y
_tree	n.	သ့ၣ်	tree
_tree toad		ဒ့ၣ်ဖးနၢ်	tree toad
_tremble	v.i.	ကနိးကစုာ်	trem'ble
_tremendous	a.	ဒိၣ်ဒိၣ်မုၢ်မုၢ်★(ဒိၣ်)လီၤကမၢကမၣ်★လီၤပျံၤလီၤဖုး	tre-men'dous
_tremulous	a.	လၢအကနိးကစုာ်	trem'u-lous
_trench	n.	တၢ်ကျိၤ★ထံကျိၤ	trench
_trespass	v.t.	မၤကမၣ်တၢ်★လဲၤနုာ်ဆူၣ်ပှၤဂၤအကီၢ်အပူၤ★မၤလၢာ်ခါစိၤပှၤဂၤဆၢကတီၢ်★လုၣ်သ့ၣ်ခါပတာ်	tres'pass
_trial	n.	တၢ်မၤကွၢ်★တၢ်သမံသမိးပှၤလၢရူလၢတဲ့★တၢ်ကီတၢ်ခဲ★တၢ်နးတၢ်ဖှိၣ်	tri'al
_triangle / triangular	n. / a.	(တၢ်ဒိဂီၤ)လၢအအိၣ်ဒီးအနၢၣ်သၢနၢၣ်	tri-an'gle / tri-an'gu-lar
_tribal / tribe	a. / n.	(ဘၣ်ဃးဒီး)အနူၣ်အထၢ★အကလုာ်	trib'al / tribe
_tribulation	n.	တၢ်ကီၢ်တၢ်ဂီၤ★တၢ်နးတၢ်ဖှိၣ်	trib'u-la'tion
_tribunal	n.	ပှၤစံၣ်ညီၣ်ကွီၢ်အလီၢ်ပစိာ်★ပှၤစံၣ်ညီၣ်ကွီၢ်တကရၢ	tri-bu'nal
_tributary	n.	ထံကျိအဒ့အတြ ီ★(စီၤပၤဖိ)လၢအဟ့ၣ်တၢ်အခိအသွဲဆူ(ထံဂၤကီၢ်ဂၤ)(စီၤပၤဂၤအအိၣ်)	trib'u-ta-ry
_tribute	n.	တၢ်အခိအသွဲလၢအဘၣ်တၢ်ဟ့ၣ်အီၤဆူထံဂၤကီၢ်ဂၤ★တၢ်လၢပဟ့ၣ်ထိၣ်အီၤလၢတၢ်ယူးယီၣ်ဟ်ကဲအသိ★ခိၣ်ဖး	trib'ute
_trick	n.	(တၢ်)လီနၢ်ဝ့ၤနၢ်တၢ်★တၢ်လိာ်ကွဲလၢအမၤတၢ်တ်ပုၤဂၤ★တၢ်အလုၢ်အလၢ်လီၤဆီ★တၢ်ကူၣ်သ့လၢအလီနၢ်တၢ်	trick
_trick	v.t.	ကယၢကယဲထိၣ်	trick
_trickle	v.i.	(တၢ်)ယွၤလီၤစဲးရံာ်စဲးရံာ်★(တၢ်)လီၤစီၢ်စီၢ်စီၢ်	trick'le
_trickster	n.	ပုၤလၢအလီနၢ်ဝ့ၤနၢ်တၢ်	trick'ster
_tricky	a.	လၢအညီနၢ်လီနၢ်ဝ့ၤနၢ်တၢ်	trick'y
_triennial	a.	သၢနံၣ်တဘျီ	tri-en'ni-al
_trifle	v.i.	ကတိၤကလိာ်ကလာ်တၢ်လၢအလီဟ်ကဲပုၤတမံအဂ့ၢ်★တဟ်ကဲ★မၤလၢာ်ကွၢ်ကလီကလီ	tri'fle

_trifle	n.	တၢ်လၢအဘျုးတအိၣ်ဒိၣ်ကံၣ်ဆိးဘၣ်★တၢ်နၢ်စိၤ★နၢ်စိၤ★(ကတိၤ)(မၤ)နၢ်စိၤ	tri'fle
_trigger	n.	(ကျိ)မ်ာ်ခွဲ	trig'ger
_trill	v.i.	(တၢ်)ထိၣ်ကနီၤအကလုၢ်	trill
_trim	v.t.	ဟ်ဟိကဆိုကွံာ်★တံာ်ယူ	trim
_trim	n.	တၢ်အိၣ်ကတဲာ်ကတီၤဟ်စၢၤအသး★တၢ်ကူတၢ်သိး	trim
_trim	a.	လၢတၢ်ကတဲာ်ကတီၤဟ်အီၤဘၣ်လိၢ်ဘၣ်စး★(မၤ)ကဆှဲကဆို	trim
_trim	v.i.	(တၢ်)ကယၢယဲ★အိၣ်လၢခံဒီအဘၢၣ်စၢၤသိးသိး	trim
_trinity	n.	သၢဂၤတဂၤယီ	trin'i-ty
_trinket	n.	တၢ်ကယၢကယဲဖိလၢအပှ့ၤတအိၣ်အါအါဘၣ်	trin'ket
_trio	n.	တၢ်သးဝံၣ်လၢပုၤဘၣ်သးဝံၣ်သၢဂၤအဂီၢ်★ပုၤသးဝံၣ်တၢ်သၢဂၤ★တၢ်သၢမံၤလၢအ(မၤ)သကိးတၢ်	tri'o
_trip	v.i.	ဟးကဖီလီခ့ျခ့လၢသးဖှံ	trip
_trip	n.	တၢ်လဲၤတၢ်က့ၤ	trip
_trip	v.t.	ဒုးဘၣ်တိၢ်အခိၣ်(ဒီၤလီၤယံၤ)★အခိၣ်ဘၣ်တိၢ်(ဒီၤလီၤယံၤ)★ထုးကဖီထိၣ်က့ၤနီၣ်သက့ၤ	trip
_triple	a.	(မၤအါထိၣ်)သၢစး★(လၢအကဲထိၣ်)သၢဘို★လၢအအိၣ်သၢ(ဖျၣ်)တပူၤယီ	tri'ple
_triplets	n.	ဖိတယဲၢ်သၢဂၤ	trip'lets
_triplicate	a.	လၢတၢ်မၤကဲထိၣ်အီၤသၢဘုၣ်ဒံသိးသိး★သၢဘို★သၢစး	trip'li-cate
_triplicate	n.	တၢ်တမံၤလၢအဒံသိးဒီးအဂၤခံမံၤ	trip'li-cate
_trite	a.	လၢအဘၣ်တၢ်သူအီၤတုၤအယိလက်လံ★လီၢ်လံ★လၢအဆ့ၣ်လၤကွာ်ာ်	trite
_triumph	v.i. / n.	(တၢ်)သူၣ်ခုသးခုလၢတၢ်မၤနၢၤအယိ★(တၢ်)မၤနၢၤ	tri'umph
_triumphal	a.	လၢအဒုးနဲၣ်ဖျါထိၣ်တၢ်မၤနၢၤအဂီၢ်★ဘၣ်ယးဒီးတၢ်မၤနၢၤတၢ်အတၢ်သူၣ်ဖှံသးညီ	tri-um'phal
_triumphant	a.	လၢအမၤနၢၤတၢ်★လၢအဒုးနဲၣ်ဖျါအတၢ်သးခုလၢတၢ်မၤနၢၤအယိ	tri-um'phant
_trivial	a.	လၢအဘျုးတအိၣ်အါအါဘၣ်★တအိၣ်တမုၢ်ဘၣ်	triv'i-al
_troop	n.	သုးမုၢ်သံၣ်ဘိ★(ပှၤ)တဖု★သုးတဖု	troop
_troop	v.i.	လဲၤဖှိၣ်ဆူ(ကွိ)ပူၤ★(လဲၤ)(ဟး)ဒီဖု	troop
_trophy	n.	တၢ်မၤနၢၤတၢ်အတၢ်ပနီၣ်★တၢ်မၤနၢၤတၢ်အခိၣ်ဖး★တၢ်တမံၤလၢ်လၢ်လၢတၢ်ဟံးနၢ်အီၤဒီးဟ်အီၤဒ်သိးတၢ်ကသ့ၣ်နီၣ်ထိၣ်က့ၤတၢ်မၤနၢၤတၢ်	tro'phy
_tropics	n.	တၢ်လီၢ်ခံကဝီၤလၢကလံၤစိးဒီးကလံၤထံးလၢအမုၢ်ဝဲကျိၤတုၢ်ကိၢ်ဒီးကျိၤတုၢ်လၢၤအဆၢလီၤ	trop'ics
_trot	v.i.	(တၢ်)ယွၢ်ပတီၤ★ယွၢ်အခိၣ်ကါဒုးဒုး	trot
_troth	n.	တၢ်အၢၣ်လီၤအီလီၤအမှ်ၢ်အတိ	troth
_troubadour	n.	ပှၤကွဲးထါဒီးသးဝံၣ်ဝဲ	trou'ba-dour
_trouble / troublesome	v.t. / a.	(တၢ်)(လၢအ)မၤတံာ်တာ်(တၢ်)★(တၢ်)(လၢအ)မၤကိၢ်မၤဂီၤတၢ်★(တၢ်)(လၢအ)မၤအုနုၤပုၤအသး	trou'ble / trou'ble-some
_trouble	n.	တၢ်သူၣ်ကိၢ်သးဂီၤ★တၢ်ကိတၢ်ခဲ★တၢ်နးတၢ်ဖှိၣ်	trou'ble
_trough	n.	ထံအကျိၤ★လပီအကဆူး★ထံမိၤကျိ★ထံမိၢ်(တိၢ်)(ကျိၤ)★(ဆၣ်ဖိကီၢ်ဖိအ)ကျိၤ	trough
_trowel	n.	တဖှ်ာ်မၤဘျ္စ္တၢ်★တၢ်အပိးအလီလၢတၢ်မၤဘျ္ာ်အီကတွၣ်	trow'el
_truant	n.	ပုၤဟးဖဲအသးဖဲအမၤလိတၢ်အခါ	tru'ant
_truce	n.	တၢ်အိၣ်ဆိကတီၢ်လၢတၢ်ဒုးအပူၤတစိၢ်ဖိ★တၢ်အိၣ်ကတီၢ်ဒုးတၢ်တၢ်တစိၢ်ဖိလၢတၢ်အၢၣ်လီၤလိာ်အသးအယိ	truce
_truck	n.	(လ္ၣ်)(မိထိၣ်ခါ)လၢတၢ်ပၢးတၢ်ယၢအဂီၢ်	truck
_truck	v.t.	(တၢ်လၢပုၤ)လဲလိာ်ဆါအိၣ်★လဲလိာ်ဆါအိၣ်ပှ်ၤအိၣ်	truck
_truculent	a.	လၢအလီၤပျံၤလီၤဖုး★နူၤစယဲး★လၢအတၢးကညီၤတအိၣ်ဘၣ်★ရ္ာ်စၢ်	truc'u-lent
_trudge	v.i.	ဟးလၢာ်ဂၢ်လၢာ်ဘါလီၤဘုံးလီၤတီၤ	trudge
_true	a.	လၢအမှ်ၢ်အတိ★လၢအမၤတိၢ်အကလုၢ်★လၢအတီအလိၤ★နၢ်နၢ်★လၢအ(သး)တိ★လၢအသ္ၣ်တီသးလိၤ	true

_truly	adv.	နီၢ်နီၢ်★လီၤတံၢ်လီၤဆဲး★သပှၢ်ကတၢၢ်★တီတီလိၤလိၤ★နီၢ်ကီၢ်★နီၢ်နီၢ်ကီၢ်ကီၢ်	tru'ly
_trumpet	n.	ပံ★ကွဲၤ	trump'et
_trunk	n.	(သ့ၣ်)အမိၢ်ပှၢ်★တလါ	trunk
_truss	v.t.	စၢတံၢ်ယာ်တၢ်★ပၢ်ယာ်တၢ်★ယူာ်ကဒိၣ်	truss
_truss	n.	နီၣ်ပၢ်★အကဒိၣ်★ပျံၤလၢတၢ်ဘံတရံးယာ်(ဒံၣ်)(ပှဲာ်)လီၤအဂီၢ်	truss
_trust	v.t.	(တၢ်)သန့ၤပသးလၢ(အီၤ)★(တၢ်)နာ်နှၢ်အီၤ★(တၢ်)မုၢ်လၢ်နီၢ်နီၢ်လၢအကန့ၢ်ဘၣ်★(တၢ်လၢအဘၣ်တၢ်)ဟ်လီၤအီၤလၢအစုပူၤ	trust
_trust	n.	တၢ်လၢအလီၤဘၣ်ပှၤ★တၢ်နာ်နှၢ်★တၢ်သန့ၤထိၣ်အသး	trust
_trustful / trusting	a. / a.	လၢအနာ်နှၢ်တၢ်★လၢအသန့ၤအသး	trust'ful / trust'ing
_trusty	a.	လၢအလီၤနာ်ပှၤ★လၢပနာ်နှၢ်အီၤသ့	trust'y
_truth	n.	တၢ်မ့ၢ်တၢ်တီ★တၢ်သးတီ★တၢ်တီတၢ်လိၤ	truth
_truthful	a.	လၢအကလုၢ်တီ	truth'ful
_try	v.t.	(တၢ်)မၤကွၢ်★သမံသမိး★မၤကဆိ★(တၢ်)ဂုာ်ကျဲးစၢး★ပှံၢ်စိ★မၤကွၢ်အီၤလၢတၢ်တမံၤမံၤ★ယူၣ်ထိၣ်တၢ်အသိ	try
_tryst	n.	တၢ်သ့ၣ်ဆၢဖးကတိၢ်လၢတၢ်အိၣ်ဖိုၣ်အဂီၢ်★တၢ်အိၣ်ဖိုၣ်★တၢ်သ့ၣ်ဟ်တၢ်အလီၢ်အကျဲ	tryst
_tub	n.	သရာ်သ့ၣ်	tub
_tube	n.	ကျိဘိ	tube
_tuberculosis	n.	တၢ်ဆါလၢအအိၣ်ကွံာ်ပပသိၣ်★တၢ်ပသိၣ်ဆါ	tu-ber'cu-lo'sis
_tubular	a.	လၢအကု့ၢ်အဂီၤဒ်ကျိဘိအသိး	tu'bu-lar
_tuck	v.t.	ဆွံနုာ်★ကးဘၢလၢ(ယၣ်)ဂ့ၤဂ့ၤ★ဆးချံး★ဆးသွံး★တပံၢ်ထိၣ်အသး	tuck
_tuft	n.	(ထိၣ်ဆူၣ်)(တပံၢ်)တကရူၢ်★(ထိၣ်)အခိၣ်ဘိၣ်★တၢ်တမံၤမံၤလၢအကဖှၣ်ဒ်တၢ်ဆူၣ်အသိးတကရူၢ်	tuft
_tug	v.t.	ထုးလာ်ဂံၢ်လာ်ဘါ★မၤတၢ်လာ်ဂံၢ်လာ်ဘါ★(တၢ်)ထုးလာ်သ့ၣ်လာ်သးတၢ်	tug
_tuition	n.	ကွိခး★တၢ်သိၣ်လိ★တၢ်သိၣ်လိအလဲ	tu-i'tion
_tumble	v.i.	(တၢ်)လီၤတဲာ်★ခိၣ်တလံာ်လီၤတဲာ်★ထွၣ်ကန္ဒါအသး★(ကွံာ်)ဝဲလှၣ်ခိၣ်သၣ်★ကွံာ်လီၤပြံပြါ★လီၤတဲာ်ဝဲလှၣ်ခိၣ်သၣ်	tum'ble
_tumbler	n.	ထံနီၣ်ဘျာၣ်★ထံခွးမဲာ်ထံကလၤ	tum'bler
_tumult	n.	တၢ်သီၣ်တထုၣ်ဘးလီ★တၢ်သူၣ်ကဲၤသးကဲၤဖးဒိၣ်★တၢ်တၢထိၣ်တၢလီၤ	tu'mult
_tumultuous	a.	အိၣ်ဒီးတၢ်သီၣ်တထုၣ်ဘးလီ★အိၣ်ဒီးတၢ်သးကဲၤဖးဒိၣ်★လၢအတၢထိၣ်တၢလီၤ	tu-mul'tu-ous
_tune	n.	တၢ်သးဝံၣ်အ(သီၣ်)(ယုၢ်)★အသီၣ်ဘၣ်★တၢ်အိၣ်အသးဂ့ၤဂ့ၤဘၣ်ဘၣ်★တၢ်သးမှာ်	tune
_tune	v.t.	မၤဘၣ်အသီၣ်	tune
_tunic	n.	အီကွံဖီလာ်	tu'nic
_tunnel	n.	(တၢ်ကျိၤ)(ကျဲ)လၢတၢ်ခူၣ်ဖှိအီၤလၢဟီၣ်ခိၣ်လာ်ခံခီယၢ်ခီ★တၢဝံာ်★(ဖဲး)ကတီး★ကျိဘိလၢအဆှၢထိၣ်ကွံာ်မှၣ်အ့လှၢ်အဂီၢ်	tun'nel
_turban	n.	ခိၣ်ဖၢၣ်(နၢ်ကး)	tur'ban
_turbid	a.	ဒု	tur'bid
_turbulent	a.	လၢအတၢထိၣ်တၢလီၤ★ထံသါပုာ်★လၢအတအိၣ်ဂၢ်ဘၣ်★ဆီၣ်လီၤသးတကဲဒီးအိၣ်ဂၢ်တမှာ်ဘၣ်★လၢအမၤတာ်တာ်တၢ်★(ထံ)လၢအ(ဂဲၤပျုၢ်)(ဟူးဂဲၤ)ဒိၣ်မး	tur'bu-lent
_turf	n.	ဟီၣ်ခိၣ်တကထၢလၢတပံၢ်အဂံၢ်အိၣ်လၢအကျါ	turf
_turkey	n.	ဆီကဆီ	tur'key
_turmoil	n.	တၢ်တၢထိၣ်တၢလီၤ★တၢ်မၤတာ်တာ်တၢ်★တၢ်ကီတၢ်ခဲ	tur'moil
_turn	v.i.	ယၣ်တရံးအသး	turn
_turn	v.t.	ယၣ်တရံးတၢ်★ယၣ်ကဒါတၢ်★အီးထိၣ်ကဘျံးပၤ★ဒုးယၣ်ကပၤကွံာ်(အတၢ်ဆိကမိၣ်)★သလၣ်ထိၣ်ကၢ်ချံးလီၤကူၤ	turn
_turn	n.	ကျဲကၣ်★တၢ်ဟးလိာ်ကွဲ★တၢ်(ဘျုး)(အၢ)လၢပှၤမၤပှၤဂၤ★တၢ်ဆၢကတိၢ်လၢအလီၤဘၣ်ပှၤတဂၤတတီၤတဂၤတတီၤ	turn

_by turn		တၢ်တသါတၢ်တသါ	by turn
_in turn		တၢ်လၢအကတီၢ်ဒၣ်ဝဲတၢ်လၢအကတီၢ်ဒၣ်ဝဲ	in turn
_turn to (a use)		သူလၢတၢ်အဂီၢ်	turn to (a use)
_turn to		သန့ၤအသးလၢ	turn to
_turn the stomach		ဒုးသးကလဲၤ	turn the stomach
_turn the brain		မၤပျၢ်အီၤ	turn the brain
_turn pale		မဲာ်လီၤဝါ	turn pale
_not turn a hair		အသးတဘၣ်တၢ်နီတမံၤ	not turn a hair
_turn a cold shoulder		တတူၢ်လိာ်အီၤမုာ်မာ်ဘၣ်	turn a cold shoulder
_turn a deaf ear		တအဲၣ်ဒိးကနၣ်	turn a deaf ear
_turn against		ထီဒါက့ၤ★ထိၣ်အ့ၣ်လိာ်ပုၤဒီးပုၤဂၤ	turn against
_turn a penny		န့ၢ်အမှး	turn a penny
_turn round his finger		အိၣ်စိအိၣ်ကမီၤလၢပုၤအဖိခိၣ်လၢ်လၢ်ဆ့ဆ့	turn round his finger
_turn out		ဟီထိၣ်ကွံာ်★မၤကဲထိၣ်★မၤလီၤပံာ်ကွံာ်	turn out
_turn over		ဟ်က္ၤလၢပုၤဂၤအစုပူၤ	turn over
_turn tail		ယ့ၢ်ကွံာ်	turn tail
_turn the corner		စးထိၣ်ဂ့ၤထိၣ်	turn the corner
_turn up		ဟ်ဖျါထိၣ်(အသး)	turn up
_turn his back on		တမၤလၢတၢ်ယူးယီၣ်ဟ်ကဲအပူၤဘၣ်	turn his back on
_turn upon		အလီၢ်အိၣ်လၢ(တၢ်)ကမၤအသး	turn upon
_turn (upward)		ဘိးဘျ့ထိၣ်က္ၤအသး	turn (upward)
_turret	n.	(တၢ်အပိၣ်ဖိ)လၢဟံၣ်အသနူၣ်	tur'ret
_turtle	n.	ချိုး	tur'tle
_tusk	n.	ကဆီမဲ	tusk
_tussle	v.t.	ကနိလိာ်အသး	tus'sle
_tutor	n.	သရၣ်လၢပုၤဒီးလဲၣ်န့ၢ်အီၤလၢအကသိၣ်လိလီၤဆီဒၣ်တၢ်(လံာ်)တဘ့ၣ်ဘ့ၣ်★သရၣ်လၢအကွၢ်ထွဲဒီးသိၣ်လိဖိဒံဖိသၣ်လၢဟံၣ်လၢယီ	tu'tor
_tutor	v.t.	သိၣ်လိ	tu'tor
_twang	v.t.	(ခွဲး)သိၣ်	twang
_twang	n.	တၢ်ပျံၤအသိၣ်ဖဲပခွဲးအီၤအခါ	twang
_tweak	v.t.	ဟ်ထုး(န့ၢ်စုးထိးန့ၢ်)	tweak
_twelfth	a.	တဆံခံ(ဖျၣ်)တ(ဖျၣ်)★တဆံခံပူတပူ	twelfth
_twelve	a.	တဆံခံ	twelve
_twentieth	a.	ခံဆံ(ဖျၣ်)တ(ဖျၣ်)★ခံဆံပူတပူ	twent'i-eth
_twenty	a.	ခံဆံ	twent'y
_twice	adv.	ခံဘျီ★ခံစး	twice
_twig	n.	သ့ၣ်ဒုဖိ	twig
_twilight	n.	တၢ်ကပီၤသံၤယီၢ်ယာ်	twi'light
_twin	n.	သ့ဃာ်★ခံ(ဖျၣ်)တ(ဖျၣ်)ဃီ★တဃာ်	twin
_twine	n.	ပျံၤလၢတၢ်ပိၤအီၤ★ပျံၤလၢအဖှုယံၤအသး	twine
_twine	v.t.	ဘံတရံး(ထိၣ်)တၢ်★ဖှုသက(ယုာ်)★ဖှုယံၤ★ပိၤ★ဘံကံး★ဘံပံး★(ပိၤ)(ဖှု)ပျံၤ	twine
_twinge	n.	တၢ်ဆါအ့ၣ်ထုးအ့ၣ်စိၢ်	twinge
_twinkle	v.i.	ကပီၤဟ်လ့ဟ်လ့★တဖျးမဲာ်★ဖျးအမဲာ်	twin'kle
_twirl	v.i.	ထိၣ်တရံးတၢ်★တရံးအသးချ့ချ့★(မဲၤ)(ပ္ၣ်)တရံး	twirl
_twist	v.t.	ဟ်ပကၤ★မၤတကး(လှၣ်)(ပ္ၣ်)★ပိၤ★ဘံပကး★ဖှုပ္ၣ်★ပိၤပ္ၣ်★ပိၤသက★ဖှုသက(ယုာ်)	twist
_twist	n.	ပျံၤအဒိၣ်ကမိာ်	twist

_twit	v.t.	မၤဆါအသးလၢတၢ်ဒုးသ့ဉ်နိၢ်ထိဉ်အတၢ်ကမၣ်လၢအပူၤကွံာ်★ကတိၤဆါ	twit
_twitch	v.t.	(တၢ်)စုထူးအသးခိဉ်ထူးအသး★(တၢ်)ထုးတၢ်စဲးကနၣ်★(တၢ်)ထုးဖုး(အသး)	twitch
_twitter	v.i.	(ထိဉ်ဖိ)ပှူ	twit'ter
_twitter	n.	ထိဉ်ဖိအတၢ်ပှူ(သီဉ်)	twit'ter
_two	a.	ခံ	two
_two-faced	a.	လၢအတဘီဘၣ်★ပှၤခံကပၤလိာ်	two'faced'
_twofold	a.	ခံစး★ခံကထၢ★ခံရှ★ခံပူ★ခံဘ့ု	two'fold'
_type	n.	တၢ်အဒိ★အကလုာ်	type
_type writer		စဲးကွဲးလံာ်	type writer
_type		တၢ်ပနီဉ်★လံာ်မဲာ်ဖျၢဉ်ပုာ်	type
_typhoid	n.	တၢ်လိၤကိၢ်ဖးဒိဉ်လၢအဘၣ်ဒီယုာ်ပပုံာ်	ty'phoid
_typical	a.	လၢအလီၤပလိာ်ဒီးအဂီၢ်မိၢ်★လၢအကဲအဂီၢ်မိၢ်သ့ဉ်တဖၣ်အဒိ	typ'ical
_typify	v.i.	ဟ်ဖျါအဂီၢ်မိၢ်(အကွၢ်အဂီၢ်)(အတကးပတာ်)လၢအပူၤ(က)(ဟ်ဖျါထိဉ်)အဒိ★(လၢအ)မ့ၢ်အဂၤတဖၣ်အဒိ	typ'i-fy
_tyrannical / tyrannize	a. / v.i.	(လၢအ)ပၢတၢ်ဖဲဒဉ်အသးအၢအၢသီသီ	ty-ran'ni-cal / tyr'an-nize
_tyranny	n.	တၢ်ပၢတၢ်ဖဲဒဉ်အသးအၢအၢသီသီ	tyr'an-ny
_tyrant	n.	ပှၤလၢအပၢတၢ်ဖဲဒဉ်အသး(အၢအၢသီသီ)(တအိဉ်ဒီးတၢ်သးကညီၤဘၣ်)	ty'rant
_ubiquitous / ubiquity	a. / n.	(လၢအ)(တၢ်)အိဉ်လၢအလီၢ်(ကီးပူၤဒး)(အါပူၤ)တဘျီဃီ	u-biq'ui-tous / u-biq'ui-ty
_udder	n.	ဆဉ်ဖိကီၢ်ဖိအနုၢ်	ud'der
_ugliness / ugly	n. / a.	(လၢအ)(တၢ်)နိဉ်တၢ်တဂ့ၤဘၣ်★လၢပကွၢ်တမှာ်ဘၣ်★(လၢ)(တၢ်)အကွၢ်အဂီၤတဂ့ၤတဘၣ်	ug'li-ness / ug'ly
_ulcer	n.	တၢ်ဝ့တၢ်ကျူၤ	ul'cer
_ulcerate	v.i.	ဝ့ထိဉ်ကျူၤထိဉ်★ဒၢဖံထိဉ်★ဒုးဝ့ထိဉ်	ul'cer-ate
_ultimate	a.	လၢခံကတၢၢ်★လၢအကတၢၢ်★လၢအယံၤကတၢၢ်	ul'ti-mate
_ultimatum	n.	တၢ်ဂ့ၢ်ကျိၤကွိၤလၢတၢ်ဟ့ဉ်ထိဉ်အီၤလၢခံကတၢၢ်	ul'ti-ma'tum
_umbilicus	n.	ဒ့	um'bi-li'cus
_umbrella	n.	တဒၢမုၢ်★သဒၢမုၢ်	um-brel'la
_umpire	n.	ပှၤလၢအစံဉ်ညီဉ်တၢ်လၢပုၤခံခီအဘၢဉ်စၢၤ	um'pire
_unable	a.	တသ့ဘၣ်★တကဲဘၣ်	un-a'ble
_unacceptable	a.	လၢအတမၤမှာ်ပသးဘၣ်★လၢတၢ်တူၢ်လိာ်အီၤတ(သ့)(ကြၢး)ဘၣ်	un'ac-cept'a-ble
_unaccountable	a.	တဘၣ်စံးဆၢက့ၤတၢ်လၢအယိဘၣ်★လၢပနၢ်ပၢၢ်တသ့★လၢတၢ်တဲဖျါထိဉ်အဂ့ၢ်တသ့ဘၣ်	un'ac-count'a-ble
_unaffected	a.	လၢအ(ဟ်အသး)ဖိဃိ★ဟ်မၤအသးဘၣ်★အသးတဟူးတဂဲၤဘၣ်	un'af-fect'ed
_unalterable	a.	လၢတၢ်လဲလိာ်အီၤတသ့ဘၣ်	un-al'ter-a-ble
_unanimity / unanimous	n. / a.	(လၢအ)(တၢ်)ဟ်အသးတဖျၢဉ်ဃီ	u'na-nim'i-ty / u-nan'i-mous
_unambitious	a.	လၢအသးတအိဉ်(လဲၤတလၢကွံာ်)(ဒိဉ်စိနၢ်)ပှၤဂၤဘၣ်	un'am-bi'tious
_unannounced	a.	လၢတၢ်တဘိးဘၣ်သ့ဉ်ညါအဂ့ၢ်ဘၣ်	un-an-noun'ced
_unanswerable	a.	လၢပကတိၤဆၢအီၤတဂၢၢ်ဘၣ်★လၢပစံးဆၢအီၤမံသ့ဉ်မံသးတသ့ဘၣ်	un-an'swer-a-ble
_unappreciative	a.	လၢအတသ့ဉ်ညါတၢ်(ဘျုးဘၣ်)(လုၢ်တၢ်ပှ့ၤဘၣ်)	un-ap-pre'ci-a'tive
_unappropriated	a.	လၢတဘၣ်တၢ်ဟ်လီၤဆီအီၤလၢတၢ်အဂီၢ်နီတမံၤဘၣ်	un'ap-pro'pri-at'ed
_unarmed	a.	တအိဉ်ဒီးအစုကဝဲၤဘၣ်	un-armed'
_unashamed	a.	လၢအမဲာ်ဆှးတၢ်ဘၣ်	un'a-shamed'
_unassimilable	a.	(တၢ်အိဉ်)လၢအဒုးကဲထိဉ်နီၢ်ခိအဂၢၢ်အိဉတၢတသ့ဘၣ်	un-as-sim'i-la-ble
_unassociated	a.	လၢတၢ်တဟ်ဃုာ်ဒီးတၢ်ဂၤဘၣ်★လၢအတအိဉ်ဃုာ်ဒီးတၢ်ဂၤဘၣ်	un-as-so'ci-at'ed
_unassuming	a.	လၢအတဟ်ထိဉ်ထီအသးဘၣ်★လၢအအိဉ်လီၤသး	un'as-sum'ing

_unattached	a.	တအဲၣ်လိာ်သး★လၢအတအိၣ်စဲဘူးလိာ်အသးဒီးတၢ်ဂၤဘၣ်★လၢတၢ်တနုးစဲဘူးအီၤဒီးတၢ်ဂၤဘၣ်	un'at-tached'
_unattainable	a.	လၢတၢ်မၤန့ၢ်အီၤတသ့ဘၣ်★လၢပ(ထိၣ်ဘး)(တုၤယီၤ)တသ့ဘၣ်	un'at-tain'a-ble
_unattempted	a.	လၢတၢ်တမၤကွၢ်ဒံးအီၤဘၣ်	un'at-tempt'ed
_unattractive	a.	လၢအထုးအရဲၢ်ပှၤသးတန့ၢ်ဘၣ်★လၢပတအဲၣ်ဒိးဘၣ်★တလီၤအဲၣ်လီၤကွံဘၣ်	un-at-trac'tive
_unauthentic / unauthenticated	a.	လၢအတမ့ၢ်တၢ်အမ့ၢ်အတီဘၣ်	un'au-then'tic / un-au-then'ti-cat'ed
_unauthorized	a.	လၢအခွဲးတအိၣ်ဘၣ်★လၢတၢ်တဟ့ၣ်စိဟ့ၣ်ကမီၤအီၤဘၣ်	un-au'thor-ized
_unavailable	a.	လၢတၢ်သူအီၤတသ့ဘၣ်★လၢအဘျုးတအိၣ်ဘၣ်	un'a-vail'a-ble
_unavailing	a.	လၢအဘျုးတအိၣ်ဘၣ်	un'a-vail'ing
_unavenged	a.	လၢတၢ်တမၤကၣ်က့ၤအီၤ(ဒံး)ဘၣ်	un'a-venged'
_unavoidable	a.	လၢတၢ်ဟးဆှဲးအီၤတသ့ဘၣ်★လၢတၢ်ပူၤဖျဲးလၢအီၤတသ့ဘၣ်	un'a-void'a-ble
_unawakened	a.	လၢတၢ်တ့ထိၣ်ဂဲၤဆၢထၢၣ်အီၤဘၣ်	un'a-wak'ened
_unaware	adv.	လၢတၢ်တဟ်သူၣ်ဟ်သးအခါ★လၢအတ(ထံၣ်)သ့ၣ်ညါတၢ်အဂ့ၢ်ဘၣ်★တသ့ၣ်ညါဘၣ်လၢ	un'a-ware'
_unbacked	a.	လၢတၢ်တမၤစၢၤအီၤဘၣ်★လၢတၢ်တဒိးအီၤနီတဘျီဒံးဘၣ်	un-backed'
_unbalanced	a.	လၢအခိၣ်နၢ်ဟးဂီၤ★အသးတထံ★တယၢထဲသိးလိာ်အသးခံခီလိာ်ဘၣ်	un-bal'anced
_unbaptized	a.	လၢအတဒိးဘျၢအသးဒံးဘၣ်	un'bap-tized'
_unbathed	a.	လၢအတလုၣ်ထံဒံးဘၣ်	un-bathed'
_unbearable	a.	လၢပတူၢ်တကဲဘၣ်★လၢပတူၢ်တပှဲၤဘၣ်	un-bear'a-ble
_unbecoming	a.	လၢအတကြၢးတဘၣ်★လၢအတကြၢးဝဲဘၣ်ဝဲ	un'be-com'ing
_unbelief	n.	တၢ်တစူၢ်တနာ်(ယွၤ)ဘၣ်	un'be-lief'
_unbelievable	a.	လၢအတလီၤနာ်ဘၣ်	un'be-liev'a-ble
_unbelieving	a.	လၢအတစူၢ်တနာ်(ယွၤ)ဘၣ်	un'be-liev'ing
_unbend	v.t.	မၤမှာ်ထိၣ်အတၢ်ရှဒိးပှၤ★(မၤ)စၢ်လီၤ★တမၤက့ၣ်အီၤဘၣ်★မၤဘျၢထိၣ်	un-bend'
_unbending	a.	လၢအ(သး)ကိၤ★လၢအသးကျၢၤမုဆူ★လၢပမၤက့ၣ်တန့ၢ်ဘၣ်	un-bend'ing
_unbenign / unbenignantly	a. / adv.	(လၢအ)တသးကညီၤတၢ်ဘၣ်★လၢအတအဲၣ်ဒိးမၤဘျုးမၤဖှိၣ်တၢ်ဘၣ်	un-be'-nign' / un-be-nig'nant-ly
_unbiased	a.	လၢအတအိၣ်ဒီးတၢ်ကွၢ်ဒိၣ်ဆံးအါစှၤတၢ်ဘၣ်	un-bi'ased
_unbidden	a.	လၢတၢ်တကွဲအီၤဘၣ်	un-bid'den
_unblemished	a.	လၢအတအိၣ်ဒီးအမဲၣ်သူမဲၣ်ဂီၤဘၣ်★လၢအကဆို★လၢတၢ်ဟ်တၢ်ကမၣ်လၢအလီၤတသ့ဘၣ်	un-blem'ished
_unblest / unblessed	a. / a.	လၢအတဘၣ်တၢ်ဆိၣ်ဂ့ၤဘၣ်★လၢအဘၣ်တၢ်ဆိၣ်အၢအီၤ	un'blest' / un-blessed'
_unboiled	a.	လၢအတဘၣ်တၢ်ချီအီၤဒံးဘၣ်	un-boiled'
_unbolt	v.t.	အီးထိၣ်	un-bolt'
_unborn	a.	လၢအတအိၣ်ဖျဲၣ်ဒံးဘၣ်	un-born'
_unbosom	v.t.	ဟ်ဖျါထိၣ်(အတၢ်ဆိကမိၣ်ရူသူၣ်)	un-bos'om'
_unbound	a.	လၢအတဘၣ်တၢ်စၢယာ်အီၤဘၣ်	un-bound'
_unbounded	a.	လၢအကတၢၢ်တအိၣ်ဘၣ်★လၢအတအိၣ်ဒီးတၢ်တြီအီၤဘၣ်	un-bound'ed
_unbridled	a.	လၢတၢ်တ(ပၢၤ)(တြီ)ယာ်အီၤဘၣ်	un-bri'dled
_unbroken	a.	လၢအတကၢ်ဘၣ်	un-brok'en
_unbruised	a.	လၢတထိၣ်လုးထိၣ်လါဘၣ်★လၢအတဘၣ်ဒိဘၣ်ထံးဒီးလီၤကဘုးဘၣ်	un-bruised'
_unbrushed	a.	လၢတၢ်တခွဲသိၣ်ခွဲပှိအီၤဒံးဘၣ်★လၢအတဘၣ်တၢ်ခွံစီအီၤဒံးဘၣ်	un-brushed'
_unbuckle	v.t.	ဘ့ၣ်လီၤကွံာ်★ယ့ၣ်လီၤကွံာ်★ယ့ၣ်လီၤကွံာ်ထံကပီး	un-buck'le
_unbuilt	a.	လၢအတဘၣ်တၢ်(ဘိုထိၣ်အီၤဒံးဘၣ်)(သူၣ်ထိၣ်အီၤဒံးဘၣ်)	un-built'
_unbundle	v.t.	ယ့ၣ်လီၤကွံာ်★ထိၣ်ယ့ၣ်လီၤ	un-bun'dle
_unburden	v.t.	ဟ်လီၤကွံာ်အတၢ်ဝံတၢ်ယိး★ထုးလီၤကွံာ်ပှၤအတၢ်ဝံတၢ်ယိး	un-bur'den
_unburned	a.	လၢမ့ၣ်အူတအီၣ်ဘၣ်	un-burned'

_unbutton	v.t.	အိၣ်လီၤအီကွံၣ်သၣ်★ဘ္ၣ်လီၤကွံၣ်ဆ္ဥကၤသၣ်	un-but'ton
_uncalculated	a.	လၤပ္ၤတဆိကမိၣ်ဟ်စၢၤအဂ္ၢ်ဘၣ်★လၤပ္ၤတကွၢ်လၢ်အကဲုဘၣ်★လၤတၢ်တ(ဂံၢ်)(ဒွး)ယ့ၣ်အီၤဒံးဘၣ်	un-cal'cu-lat'ed
_uncancelled	a.	လၤအဘၣ်တၢ်မၤဟးဂီၤအီၤဒံးဘၣ်	un-can'celled
_uncanonical	a.	လၤအဘၣ်လိၥ်အသးဒီး(တၢ်အိၣ်ဖိုၣ်ဖးဒိၣ်အ)တၢ်သိၣ်တၢ်သီ	un'ca-non'i-cal
_unceasing (ly)	a.	လၤအအိၣ်ကတိၢ်နီတဘျီဘၣ်★လၤအတကတၢ်ထိၣ်ဘၣ်★ထီဘိ	un-ceas'ing (ly)
_unceremonious (ly)	a.	(လၤအ)တမ္ၢ်ဒံတၢ်လ္ၢ်တၢ်လၢ်အသိးဘၣ်	un-cer'e-mo'ni-ous (ly)
_uncertain	a.	လၤအတလီၤတံၢ်ဘၣ်★လၤတၢ်တသ္ၣ်ညါလီၤတံၢ်အီၤဘၣ်	un-cer'tain
_uncertainty	n.	တၢ်သးဒ္ဒီ★တၢ်တသ္ၣ်ညါတၢ်လီၤတံၢ်လီၤဆဲးတၢ်	un-cer'tain-ty
_unchain	v.t.	ယ္ၣ်လီၤကွံၣ်ပ္ုၤထး	un-chain'
_unchangeable	a.	လၤအလဲလိၥ်အသးသ္ဘၣ်	un-change'a-ble
_unchanged	a.	လၤအတလဲလိၥ်အသးဒံးဘၣ်★တလီၤဆီဘၣ်★လၤအအိၣ်လီၢ်လီၢ်	un-changed'
_uncharitable	a.	လၤအဟ္ၣ်တၢ်တညီဘၣ်★လၤအစံၣ်ညီၣ်တၢ်ယံးယံး★လၤအဟ္ၣ်သးကညီၤတၢ်ဘၣ်★လၤအတအဲၣ်တၢ်ကွံတၢ်ဘၣ်	un-char'i-ta-ble
_unchastened	a.	တဘၣ်တၢ်သိၣ်ယီၣ်သိယိၣ်အီၤ(ဒံး)ဘၣ်	un-chas'tened
_unchaste	a.	လၤအအိၣ်ဒီးတၢ်သးကလုၢ်ကလိၤ★လၤအ(သး)တကဆှီ	un-chaste'
_uncherished	a.	လၤအဘၣ်တၢ်အဲၣ်အီၣ်ဘၣ်★လၤအဘၣ်တၢ်ကဟုကယာ်အီၤဘၣ်★လၤအဘၣ်တၢ်အံးကွၢ်ကွၢ်တိၢ်မၤစၢၤအီၤဘၣ်	un-cher'ished
_unchristian	a.	လၤအတစ္ုတၢန်ာ်ခရံၥ်ဘၣ်★လၤအတလိၤလိၥ်ဒီးခရံၥ်ဖိအလုၢ်အလၢ်ဘၣ်	un-chris'tian
_uncircumcised	a.	လၤအဘၣ်တၢ်ကူးတရဲးအီၤဘၣ်	un-cir'cum-cised
_uncivil	a.	လၤအရ္ၢ်အစၢ်★လၤအဒုးနဲၣ်ဖျါတၢ်ယူးယီၣ်ဟ်ကဲဘၣ်★လၤအလ္ၢ်အလၢ်တယံတလၤဘၣ်	un-civ'il
_uncivilized	a.	လၤအရ္ၢ်အစၢ်	un-civ'i-lized
_unclad	a.	လၤအတကူတကၤတၢ်ဘၣ်	un-clad'
_unclaimed	a.	လၤအကစၢ်တပၢၢ်ထိၣ်ဘၣ်★လၤတၢ်တယ့က္ၤအီၤဘၣ်★လၤတၢ်တစံးလၤအမ္ၢ်ဒၢါတၢ်ဘၣ်	un-claimed'
_unclarified	a.	လၤအတဘၣ်တၢ်မၤ(စီမၤဆှံ)အီၤဘၣ်)(ကဆှီထိၣ်အီၤဘၣ်)	un-clar'i-fied
_unclasp / unclasped	v.t. / a.	(လၤအအိၣ်)ဘ္ၣ်လီၤ(အသး)★(ယ္ၣ်)(ဘ္ၣ်)လီၤတၢ်ဘူးယာ်	un-clasp' / un-clasped'
_unclassified	a.	တဘၣ်တၢ်နီၤဖးဟ်ဖးအီၤတမံၤလၤအကလုၥ်ဒၣ်ဝဲ,တမံၤလၤအကလုၥ်ဒၣ်ဝဲဘၣ်	un-class'i-fied
_uncle	n.	ဖါတံၢ်	un'cle
_unclean	a.	တကဆှီဘၣ်★ဘၣ်အၢ	un-clean'
_unclench / unclinch	v.t. / v.t.	အီးထိၣ်	un-clench' / un-clinch'
_unclothe	v.t.	ဘ္ၣ်လီၤအကူအကၤ	un-clothe'
_unclouded	a.	လၤအအိၣ်ဒီးတၢ်အၢၣ်ဘၣ်★လၤအတအိၣ်ဒီးတၢ်သးဘူးဘၣ်	un-cloud'ed
_uncoagulated	a.	လၤအတကိၢ်လိၣ်ထိၣ်ဘၣ်★လၤအတလီၤကၢၤဘၣ်	un'co-ag'u-lat'ed
_uncock	v.t.	ဝံၢ်လီၤက္ၤ(က္ၢိအမဲၥ်ခွဲး)★ဟ်လီၤက္ၤ(က္ၢိအမဲၥ်ခွဲး)	un-cock'
_uncoil	v.t.	(မၤ)(ထိၣ်)လီၤဆ္ၣ်က္ၤတၢ်အက္ၢိၤ	un-coil'
_uncombined	a.	လၤအဘၣ်တၢ်ဟ်ဖှိၣ်ယ္ၢ်ဒီးတၢ်ဂၤဘၣ်	un'com-bined'
_uncomfortable	a.	လၤအတ(မၤ)မုၥ်(ပ္ုၤ)ဘၣ်	un-com'fort-a-ble
_uncommended	a.	လၤအဘၣ်တၢ်စံးပတြၢၤအီၤဘၣ်	un'com-mend'ed
_uncommon	a.	လီၤဆီ★တန္ၢ်စိၤအိၣ်ဘၣ်	un-com'mon
_uncommunicable	a.	လၤတၢ်တဲဘၣ်ပ္ုၤဂၤတသ္ဘၣ်	un-com-mu'ni-ca-ble
_uncommunicative	a.	လၤအတန္ၢ်စိၤတဲတၢ်ဘၣ်	un'com-mu'ni-ca-tive
_uncompanionable	a.	လၤပ္ုၤရ္ဒီးအီၤတမုၥ်ဘၣ်	un'com-pan'ion-a-ble
_uncompassionate	a.	လၤအတသးကညီၤတၢ်ဘၣ်	un'com-pas'sion-ate

_uncompensated	a.	လၢအတဒိးန့ၢ်ဘၣ်က့ၤ(အပှ့ၤအကလံၤ)(အစါ)ဘၣ်★ လၢအတန့ၢ်ဘၣ်က့ၤအဘူးအလဲဘၣ်★ လၢအတန့ၢ်ဘၣ်က့ၤတၢ်မၤဘျုးမၤဖှိၣ်အီၤဘၣ်	un-com'pen-sat'ed
_uncomplaining	a.	လၢအတကအုကစွါဘၣ်★လၢအတကဒုးကဒ့တၢ်ဘၣ်	un-com-plain'ing
_uncompliant	a.	လၢအတလူၤဘၣ်ပှၤဂၤအသးဘၣ်	un'com-pliant'
_uncomplicated	a.	လၢအတအိၣ်သဘံၣ်ဘုၣ်အသးဘၣ်	un-com'pli-cat'ed
_uncomplimentary	a.	လၢအမၤစုၤလီၤပှၤအလၤကပီၤတစဲး★လၢအတ(ကတိၤဂ့ၤ)(စံၤပတြၢၤ)အီၤဘၣ်	un-com'pli-men'ta-ry
_uncomposed	a.	(ထါ)လၢအတဘၣ်တၢ်(မၤ)(ကွဲး)ကဲထီၣ်အီၤဘၣ်	un'com-posed'
_uncompounded	a.	လၢအတအိၣ်ကွဲၣ်ကျီဃုာ်ဒီးတၢ်ဂၤဘၣ်	un'com-pound'ed
_uncompromising	a.	လၢအတဆီလီၤအသးလၢအကအိၣ်ဃူအိၣ်ဖိးက့ၤဒီးပှၤဘၣ်	un-com'pro-mis'ing
_unconcerned	a.	လၢအတဘၣ်ဃးဒီးတၢ်နီတမံၤဘၣ်★လၢအတဘၣ်ယိၣ်ဘၣ်ဘှီတၢ်ဘၣ်	un'con-cerned'
_unconciliatory	a.	လၢအတမၤဃူမၤဖိးက့ၤတၢ်ဘၣ်★လၢအတမၤစၢၤတၢ်အိၣ်ဃူလိာ်ဖိးလိာ်က့ၤအသးဘၣ်	un-con-cil'i-a'to-ry
_uncondemned	a.	လၢအတဘၣ်တၢ်ပာ်တၢ်ကမၣ်လၢအလိၤဘၣ်★လၢတၢ်တစံၣ်ညီၣ်ယဲၢ်အီၤဘၣ် ★တဒီးဘၣ်တၢ်စံၣ်ညီၣ်ဘၣ်	un'con-demned'
_unconditional (ly)	a. / adv.	လၢအအိၣ်ဒီးအပာအဘျိဘၣ်★လီၤတံၢ်လီၤဆဲး★လၢာ်လၢာ်ဆ့ဆ့★ လၢတၢ်တြီအီၤတဘၣ်အိၣ်နီတမံၤဘၣ်	un'con-di'tion-al (ly)
_unconfirmed	a.	လၢအတဘၣ်တၢ်ဟ်ဂၢၢ်ဟ်ကျၢၤအီၤ(ဒံး)ဘၣ်	un'con-firmed'
_uncongealed	a.	လၢအတလီၤသကၤ(ဒံး)ဘၣ်	un'con-geal'ed
_uncongenial	a.	လၢအတရ့လိာ်မုာ်လိာ်အသးဒီးပှၤဂၤဘၣ်★အၣ်(သး)(ကလုာ်)လီၤဆီ★ တဘၣ်လိာ်ဘၣ်	un'con-gen'ial
_unconquerable	a.	လၢတၢ်မၤနၢၤအီၤတသ့ဘၣ်	un-con'quer-a-ble
_unconscious	a.	လၢအသံတယုၢ်★လၢအသ့ၣ်ညါ(လီၤအသး)	un-con'scious
_unconsidered	a.	လၢအတဘၣ်တၢ်ဆိကမိၣ်လၢအဂ့ၢ်ဘၣ်	un-con-sid'ered
_unconsolidated	a.	လၢအတဘၣ်တၢ်ဒုးစဲဘူးဃှာ်အီၤတပူၤဃီဘၣ်★လၢအတဘၣ်တၢ်မၤ (ကိၢ်လိၣ်ထိၣ်)(လီၤသကၤ)အီၤဘၣ်	un'con-sol'i-dat'ed
_unconstitutional	a.	လၢအတလီၤပလိာ်ဒီးတၢ်ဘျၢဘၣ်	un'con-sti-tu'tion-al
_unconstrained	a.	လၢအတဘၣ်တၢ်(ပၢၤ)(တြီ)ဃာ်အီၤဘၣ်	un'con-strained'
_uncontaminated	a.	လၢအတဘၣ်တၢ်မၤဘၣ်အၢအီၤဘၣ်	un'con-tam'i-nat'ed
_uncontrollable	a.	လၢတၢ်ပၢၤဃာ်အီၤတန့ၢ်ဘၣ်	un-con-trol'la-ble
_uncontroverted	a.	လၢတၢ်တကတိၤထီဒါအီၤဘၣ်★လၢတၢ်တဂ့ၢ်လိာ်ဘိုလိာ်အီၤဘၣ်	un-con'tro-vert-ed
_unconventional	a.	လၢအတမၤအလုၢ်အလၢ်ဒ်ပှၤညီနုၢ်မၤသိးဘၣ်	un'con-ven'tion-al
_unconverted	a.	လၢအတန့ၢ်သ့ၣ်သီသးသိဒံးဘၣ်★လၢအတကဲထီၣ်အပျဲၢ်အဘီၣ်ဒံးဘၣ်★ လၢအသုၣ်အသးတဘၣ်တၢ်တယၣ်လဲၤက့ၤအီၤဒံးဘၣ်	un'con-vert'ed
_unconvincing	a.	လၢအတလီၤနာ်ဘၣ်	un'con-vinc'ing
_uncooked	a.	လၢအတဘၣ်တၢ်ဖီမံအီၤဒံးဘၣ်	un-cooked'
_uncork	v.t.	အိးထီၣ်တၢ်အခိၣ်(ဖှိၣ်)(ကၢး)	un-cork'
_uncouple	v.t.	ဒုးလီၤဖးတၢ်ခံမံၤ	un-cou'ple
_uncouth	a.	လၢအရၢၢ်အစၢၢ်★လၢအလီၤတိၢ်လီၤဆီ	un-couth'
_uncrook	v.t.	စုၣ်ဘျၢထီၣ်	un-crook'
_uncrown	v.t.	တဘၣ်တၢ်ကုၣ်ထီၣ်အီၤဒံးဘၣ်	un-crown'
_uncultivated	a.	လၢတၢ်တသ့ၣ်တဖျးတၢ်လၢအပူၤဘၣ်★လၢတၢ်တထူၤအီၤဒံးဘၣ်	un-cul'ti-vat'ed
_uncurl	v.t.	ထုး(သလၢ်)(ဘျၢ)ထီၣ်★(မၤ)ဘျၢထီၣ်	un-curl'
_uncut	a.	လၢအတဘၣ်တၢ်ကျီတဲာ်အီၤဒံးဘၣ်★လၢအတဘၣ်တၢ်ကူးတဲာ်အီၤဒံးဘၣ်	un-cut'
_undated	a.	လၢအနံၤအသီတဘၣ်တၢ်ကွဲးနီၣ်အီၤဘၣ်★လၢတၢ်တကွဲးနီၣ်အနံၤအသီဘၣ်	un-dat'ed
_undaunted	a.	လၢအအိၣ်ဒံးဒီးတၢ်သးခုတလ့ၢ်★လၢအနု	un-daunt'ed
_undebatable	a.	လၢတၢ်တကတိၤထီဒါအီၤအလၢ်တအိၣ်ဘၣ်★လၢတၢ်ဂ့ၢ်လိာ်ဘိုလိာ်အီၤ တသ့ဘၣ်	un'de-bat'a-ble
_undeceive	v.t.	ဒုးပူၤဖျဲးအီၤဒီးတၢ်လီတၢ်ဝ့ၤ	un'de-ceive'

_undecided	a.	လၢအတၢ်လီၤအသးလီၤတံၢ်လီၤဆဲးဒံးဘၣ်★လၢတၢ်တ(မၤအီၤ)လီၤတံၢ်လီၤဆဲးဒံးဘၣ်	un'de-cid'ed
_undefined	a.	လၢအ(ဒီပညီ)(ဆၢ)တဘၣ်တၢ်ဟ်ဖျါအီၤဒံးဘၣ်	un'de-fined'
_undemonstrative	a.	လၢအတဒုးနဲၣ်ဖျါအတၢ်သးဂဲၤဘၣ်	un'de-mon'stra-tive
_undeniable	a.	လၢပသမၢတသ့ဘၣ်	un'de-ni'a-ble
_undenominational	a.	လၢအတဘၣ်ယးတၢ်ဘူၣ်တၢ်ဘါတကလုာ်ဃီၤဆီၣ်တၢ်ဘၣ်	un'de-nom'i-na'tion-al
_undependable	a.	လၢပသန့ၤပသးလၢအီၤတသ့ဘၣ်	un'de-pend'a-ble
_under	prep.	လၢအဖီလာ်★လၢအတလၢပှဲၤဘၣ်★ဘၣ်တၢ်(တမံၤမံၤ)★စုၤန့ၢ်★လၢအဟ်မၤအသး	un'der
_underdone	a.	မံမံတမံ★မံသံသိ★မံတဂ့ၤတဝါဒံးဘၣ်	un'der-done'
_underestimate	v.t.	တယာ်ဒွး(ဟ်စၢၤ)တၢ်စုၤကဲၣ်ဆိး★ဟ်(အပှ့ၤ)(လုၢ်ဒိၣ်ပှ့ၤဒိၣ်အီၤ)စုၤကဲၣ်ဆိး	un'der-es'ti-mate
_underfoot	adv.	လၢအခီၣ်ဖီလာ်	un'der-foot'
_undergraduate	a.	လၢအတဖျိကၠိဒံးဘၣ်★လၢအတဖျိဘံၣ်★အှၣ်ဒံးဘၣ်	un'der-grad'u-ate
_underground	a.	လၢဟီၣ်ခိၣ်ဖီလာ်	un'der-ground'
_underhand	adv.	ခုသူၣ်ခုလာ်★လၢတၢ်လီတၢ်ဝ့ၤ★တဘီဘၣ်	un'der-hand'
_undermine	v.t.	ခုၣ်လီၤကအီဟီၣ်ခိၣ်ဒံးသိးအဆၢ(လာ်လီၤ)(လီၤဖှိၣ်)★ပၢၤစုၤလီၤခုသူၣ်(အဂံၢ်အဘါ)(အလၤကပီၤ)★မၤဟးဂီၤခုသူၣ်တၢ်	un'der-mine'
_underneath	prep. / adv.	လၢအဖီလာ်	un'der-neath'
_underpinning	n.	တၢ်အထူၣ်လၢအတိၢ်ကျၢၤထိၣ်တၢ်★ဟ်	un'der-pin'ning
_underproduction	n.	တၢ်ဟ့ၣ်ထီၣ်လၢအစုၤန့ၢ်ဒံးအညီနုၢ်	un'der-pro-duc'tion
_underrate	v.t.	ဟ်စုၤလီၤအဘျုး★ဟ်အပှ့ၤစုၤန့ၢ်ဒံးအကြၢးဝဲ	un'der-rate'
_underscore	v.t.	တိၤနီၣ်ယာ်တၢ်ကတိၤလၢတၢ်ဘျၢဖိတဘိဖဲအဖီလာ်★တိၤတၢ်ဘျၢလၢအဖီလာ်	un'der-score'
_undersell	v.t.	ဆါတၢ်အပှ့ၤစုၤန့ၢ်ဒံး(ပှၤဂၤ)	un'der-sell'
_undersigned	n.	ပှၤလၢအကွဲးလီၤအမံၤလၢတၢ်အဖီလာ်	un'der-signed'
_understand / understanding	v.t.	(တၢ်)နၢ်ပၢၢ်	un'der-stand' / un'der-stand'ing
_understate / understatement	v.t. / n.	(တၢ်)ကတိၤလီၤတိၢ်တၢ်	un'der-state' / un'der-state'ment
_understudy	n.	ပှၤလၢအကတဲာ်ကတီၤဟ်စၢၤအသးဒၣ်သိးအနုၣ်သူပှၤဂၤအလီၢ်လၢအဂီၢ်ဖဲအလီၢ်မ့ၢ်အိၣ်	un'der-stud'y
_undertake	v.t.	စးထီၣ်မၤ★မၤကွၢ်★ဟးန့ၢ်တၢ်မၤ★တုၢ်လိာ်တၢ်လီၤဘၣ်အီၤ★အၢၣ်လီၤအီၤလၢကမၤတၢ်	un'der-take'
_undertaker	n.	ပှၤလၢအကတဲာ်ကတီၤတၢ်ခုၣ်လီၤဘါလီၤတၢ်တဂၤ★ပှၤလၢအမၤကွၢ်တၢ်တဂၤ	un'der-tak'er
_undertaking	n.	တၢ်မၤ	un'der-tak'ing
_undertone	n.	တၢ်သိၣ်ဆံးန့ၢ်ဒံးအညီနုၢ်★ကလုၢ်လၢအကပၢၤလၢ	un'der-tone'
_underworld	n.	ပှၤအၢပှၤသီတဂၤဂၤ★လၢရၣ်★ဟီၣ်ခိၣ်လၢအဘးခိတဘီ	un'der-world'
_underwrite	v.t.	အၢၣ်လီၤကွဲးလီၤဝဲလၢအကလီၤက္ၤတၢ်ဟါမၢ်	un'der-write'
_undetermined	a.	လၢအတဟ်လီၤအသးလီၤတံၢ်လီၤဆဲးဒံးဘၣ်★လၢအတဘၣ်တၢ်ဟ်အီၤလၢအလီၤတံၢ်လီၤဆဲးဒံးဘၣ်★လၢတၢ်တမၤ(လီၤတံၢ်)(ဝံၤ)ဒံးဘၣ်	un'de-ter'mined
_undignified	a.	လၢအအိၣ်ဒီးအကဟုကညီၢ်ဘၣ်	un-dig'ni-fied
_undiminished	a.	လၢအတလီၤဆံးလီၤစုၤ(ဒံး)ဘၣ်★လၢအအိၣ်အါဒိၣ်လီၢ်လီၢ်★လၢတၢ်တမၤစုၤလီၤအီၤဘၣ်	un'di-min'ished
_undimmed	a.	(အမဲာ်)တယုာ်ဘၣ်★(အလၤကပီၤ)တစၢၤလီၤဘၣ်	un-dimmed'
_undiscerning	a.	လၢအသးတဆးဘၣ်★လၢအနီၤဖးတၢ်အဆၢတသ့ဘၣ်★လၢအတကူၣ်သ့ဘၣ်★လၢအတထံၣ်စိတၢ်ဘၣ်	un'dis-cern'ing
_undisciplined	a.	လၢအတဘၣ်တၢ်သိၣ်ဘၣ်သီအီၤသီအီၤဘၣ်	un-dis'ci-plined
_undisclosed	a.	လၢအတဘၣ်တၢ်ဟ်ဖျါအီၤဘၣ်	un'dis-closed'
_undispensed	a.	လၢအတဘၣ်တၢ်(သူ)အီၤဒံးဘၣ်	un'dis-pensed'

310

_undistinguished	a.	လၢအမ်ၤတဟ့ၣ်သ့ၣ်တဖျါဘၣ် ★လၢတၢ်တနီၤဖး ပဲာ်ဖး အဆၢဘၣ်	un'dis-tin'guished
_undistributed	a.	လၢအတဘၣ်တၢ်နီၤ(ခိၣ်ဒ့ဖး)(လီၤ)အီၤဒံးဘၣ်	un'dis-trib'ut-ed
_undisturbed	a.	လၢအသူၣ်မှာ်သးမှာ်★လၢအဘၣ်တၢ်မတံာ်တာ်အီၤဘၣ်	un'dis-turbed'
_undivided	a.	လၢအတဘၣ်တၢ်နီၤဖးအီၤ(ဒံး)ဘၣ်	un'di-vid'ed
_undo	v.t.	ယုၣ်လီၤ★မၤဟးဂီၤ(အတကးပဝာ်)★ဒုးကဲ ထီၣ်က့ၤ အီၤလၢတၢ်ကလီကလီ	un-do'
_undoubted	a.	လၢတၢ်တသးဒ္ဒီလၢအဂ့ၢ်ဘၣ်	un-doubt'ed
_undoubtedly	adv.	သးဒ္ဒီအလီၢ်တအိၣ်ဘၣ်	un-doubt'ed-ly
_undress	v.t.	ဘုၣ်လီၤကွံာ်တၢ်ကူတၢ်သိး	un-dress'
_undrilled	a.	လၢအတဘၣ်တၢ်သိၣ်လိအီၤ(လၢတၢ်စုသ့ခိၣ်သ့)ဒံးဘၣ်	un-drilled'
_undue	a.	အါကဲၣ်ဆိး★တလၢကွံာ်အခၢး★လၢအဆၢကတီၢ်တဘၣ်ဒံးဘၣ်	un-due'
_undulate / undulation	v.t. / n.	(တၢ်)ထီၣ်လီၤထီၣ်လီၤ★(တၢ်)(ဒုး)ဟူဂဲၤလပီအသိး★ဝံၢ်ဝါ(အသး)	un'du-late' / un'du-la'tion
_undutiful	a.	လၢအတဒိကနၣ်အခိၣ်အကလုၢ်ဘၣ်	un-du'ti-ful
_undying	a.	လၢအတသံဘၣ်★လၢအကတၢၢ်တသ့ဘၣ်★လၢအဟးဂီၤတသ့ဘၣ်	un-dy'ing
_unearned	a.	(ဘူးလဲ)လၢအတလၢာ်ကပၢၤကဒါနူၢ်ဘၣ်ဝဲ★လၢအနူၣ်ဘၣ်ဝဲကလီကလီ	un-earned'
_unearthed	v.t.	ခုၣ်ထီၣ်က့ၤ၊ဟ်ဖျါထီၣ်တၢ်ခူသူၣ်	un-earthed'
_unearthly	a.	လၢအတဘၣ်ယၢၤဒီး(အအံၤတယာ့ၣ်ဘၣ်)(ဟီၣ်ခိၣ်ဘၣ်)★လၢအလီၤပျံၤလီၤဖုး	un-earth'ly
_uneasy	a.	အိၣ်ဂုၢ်တမုာ်ဘၣ် ★လၢအသးတမုာ်တပၢၤဘၣ်★လၢအသူၣ်ကိၢ်သးဂီၤ	un-eas'y
_uneducated	a.	လၢအတမၤလိမၤဒိးဘၣ်တၢ်ဘၣ်	un-ed'u-cat'ed
_unemotional	a.	လၢအဟ်ဖျါအတၢ်သးဂဲၤဘၣ်★လၢအသူၣ်တဟူးသးဂဲၤတဂ့ၤတဂ့ၤ	un'e-mo'tion-al
_unemployed	a.	လၢအတၢ်မၤတအိၣ်ဘၣ်★လၢအတဘၣ်တၢ်ငါအီၤဘၣ်★လၢတၢ်တသူအီၤဘၣ်	un'em-ployed'
_unenclosed	a.	လၢတၢ်တ(ကရၢ)(ကးတံာ်)ယာ်အီၤဘၣ်	un'en-closed'
_unencumbered	a.	ဖျဲၣ်သလဲာ်★လၢအဒၣ်အကမၢ်ဆဲ့★လၢအတၢ်ဝံတၢ်ယိးတအိၣ်	un'en-cum'bered
_unending	a.	လၢအတကတၢၢ်ထီၣ်ဘၣ်★လၢအကတၢၢ်တအိၣ်ဘၣ်	un-end'ing
_unenlightened	a.	လၢအတဘၣ်တၢ်ဘီးဘၣ်သ့ၣ်ညါဒံးအီၤဘၣ်★လၢအသးတဘၣ်တၢ်မၤကပီၤထီၣ်အီၤဘၣ်	un'en-light'ened
_unenriched	a.	လၢအတဘၣ်တၢ်မၤ(ဂ့ၤ)(ထူးတီၤ)ထီၣ်အီၤဒံးဘၣ်	un'en-riched'
_unentangled	a.	လၢအတဘံၣ်ဘုၣ်ဒီးတၢ်ဂုၤတၢ်ဂၤဘၣ်★လၢအတဘံဘူလိာ်အသးဘၣ်	un'en-tan'gled
_unenterprising	a.	လၢအသးတဆူၣ်လၢအကဂဲၤလိာ်မၤန့ၢ်တၢ်ဘၣ်★လၢအတဒ့ဘၣ်	un-en'ter-pris'ing
_unentertaining	a.	လၢတၢ်ကျၢၣ်ကနၣ်ပသး★လၢအတမုာ်ဖးသးဘၣ်★လၢပကနၣ်တမုာ်ဘၣ်	un-en'ter-tain'ing
_unenthusiastic	a.	လၢအသးတဆူၣ်ဘၣ်	un'en-thu'si-as'tic
_unenumerated	a.	လၢအတဘၣ်တၢ်(မၤဖျါ)(ယၢၤ၊)ထီၣ်အီၤတ(မ်ၤ)ဘၣ်တ(မ်ၤ)ဘၣ်	un'e-nu'mer-at'ed
_unenviable	a.	လၢအတဒုးအိၣ်ထီၣ်တၢ်သးကွၣ်ဘၣ်	un'en'vi-a-ble
_unequal	a.	လၢအတဒ်သိးဘၣ်★လၢအတတုၤသိးဘၣ်★လၢအတလၢတပှဲၤဘၣ်★လၢအတပှဲၤသိးဘၣ်	un-e'qual
_unequalled	a.	လၢတၢ်တထဲသိးဒီးအီၤဘၣ်★လၢတၢ်(ဒ်သိး)(ထဲသိး)ဒီးအီၤတအိၣ်ဘၣ်	un-e'qualled
_unequivocal	a.	လၢအဖျါလီၤကပၢၤ★လၢအအိၣ်ဖျါဂ့ၤမး★လၢအတအိၣ်သဒၢဘၣ်	un'e-quiv'o-cal
_unerring	a.	လၢအတကမၣ်ဘၣ်	un-err'ing
_unevangelized	a.	လၢတၢ်သးခုကစီၣ်တတုၤအိၣ်အီၤဒံးဘၣ်★လၢတၢ်တစံၣ်တဲၤတဲလီၤန့ၢ်အီၤ တၢ်သးခုကစီၣ်ဒီးဒုးကဲထီၣ်အီၤလၢအပျဲၢ်အဘိၣ်ဒံးဘၣ်	un-e-van'gel-ized
_uneven	a.	လၢအတပၢၤဘၣ်★လၢအတယူဘၣ်	un-e'ven
_uneventful	a.	လၢတၢ်လီၤဆီတမၤအသးလၢအပူၤန့ၢ်တမ်ၤဘၣ်	un'e-vent'ful
_unexampled	a.	လၢတၢ်(ထဲ)(ဒ်)သိးဒီးအီၤတအိၣ်ဘၣ်	un'ex-am'pled
_unexcavated	a.	လၢတၢ်တခုၣ်ထီၣ်ဒံးဘၣ်	un'ex'ca-vat'ed
_unexcelled	a.	လၢတၢ်ဂ့ၤန့ၢ်အီၤတအိၣ်ဘၣ်	un'ex-celled'

311

_unexceptionable	a.	လၢတၢ်ဟ်တၢ်ကမဉ်လၢအလီၢ်အလီၢ်တအိဉ်ဘဉ် ★ဂ့ၤသမီ★လၢတၢ်ဟ်ကွံာ်အီၤအလီၢ်တအိဉ်နီတစဲးဘဉ်	un'ex-cep'tion-a-ble
_unexciting	a.	လၢအတထိဉ်ဟူးထိဉ်ဂဲၤပျ၊သးဘဉ်	un'ex-cit'ing
_unexpected (ly)	a.	လၢတၢ်တ(ဆိကမိဉ်)(ကွၢ်လၢ်အကျဲ)ဘဉ်အပူၤ★သတူၢ်ကလာ်★လၢတၢ်မၤဖးအသးအပူၤ	un'ex-pect'ed (ly)
_unexplained	a.	လၢအကဲထိဉ်ဒံလဲဉ်ဒံလဲဉ်န့ဉ်တၢ်တဲဖျါဒံးဘဉ်	un'ex-plained'
_unexplored	a.	လၢပှၤလဲၤဆူဉ်တတ့ၤဘဉ်အီၤဒံးဘဉ် ★လၢပှၤတဟးဆူဉ်အီၤဒံးဘဉ် ★လၢပှၤတဖးဘဉ်အီၤဒံးဘဉ် ★လၢပှၤတလဲၤဆူဉ်ယုသ့ဉ်ညါအီၤဒံးဘဉ်	un'ex-plored'
_unexpressed	a.	လၢအတဘဉ်တၢ်ဟ်ဖျါအီၤဒံးဘဉ်	un'ex-pressed'
_unfading	a.	လၢအတလီၤညွံးလီၤဘဲဘဉ်	un-fad'ing
_unfailing	a.	လၢအတလီၤသံးနီတဘျီဘဉ် ★လၢအတလၢာ်နီတဘ္ဉ်ဘဉ် ★လၢတၢ်နာ်န့ၢ်အီၤသ့	un-fail'ing
_unfair	a.	တကြၢးတဘဉ် ★လၢအတတီတလိၤ	un-fair'
_unfaithful	a.	လၢအတမၤတီအကလုၢ်ဘဉ် ★လၢအကလုာ်တတီဘဉ်	un-faith'ful
_unfaltering	a.	လၢအဘဉ်တၢ်ကတိၤထိဉ်ဖုးအီၤတဘ္ဉ်ယီ	un-fal'ter-ing
_unfamiliar	a.	လၢတၢ်တသ့ဉ်ညါအဂ္ဂၢ်ဘဉ်	un'fa-mil'iar
_unfashionable	a.	လၢအတဘဉ်လိာ်အသးဒီးပှဲခဲအံၤအလုၢ်အလၢ်ဘဉ်	un-fash'ion-a-ble
_unfastened	v.t.	ယှ့ဉ်လီၤ	un-fas'tened
_unfathomable	a.	လၢပ(ကူဉ်တဘဉ်)နၢ်ပၢၢ်တသ့ ★လၢပဆဲးလီၤကွၢ်တတုာ်ဘဉ်	un-fath'om-a-ble
_unfavourable	a.	လၢအတဘဉ်လိာ်အသးဒီး(ပှၤ)(ပတၢ်မၤ)ဘဉ် ★လၢအတမၤဘျုးမၤဖှိဉ်ပှၤဘဉ် ★လၢတၢ်ဘျုးတအိဉ်လၢပဂီၢ်ဘဉ်	un-fa'vour-a-ble
_unfeeling	a.	လၢတၢ်သးကညီၤတအိဉ်ဘဉ် ★လၢအသးကိၤ	un-feel'ing
_unfeignedly	adv.	တီတီလိၤလိၤ ★လၢအတဟ်မၤအသး ★နီၢ်နီၢ်	un-feign'ed-ly
_unfenced	a.	လၢတၢ်တကရၢယာ်အီၤဘဉ်	un-fenced'
_unfertilized	a.	(ဟီဉ်ခိဉ်)လၢတၢ်တမၤဂ့ၤထိဉ်အီၤ(လၢချံ)ဒံးဘဉ်	un-fert'i-lized
_unfilial	a.	လၢအတမၤအမိၢ်အပၢ်အသးဘဉ် ★လၢအတကြၢးဒီးဖိမုဉ်ဖိခွါဘဉ်	un-fil'ial
_unfinished	a.	တဝံၤဒံးဘဉ်	un-fin'ished
_unfit	a.	တကၢၣ်သ့ယိၤဘဉ် ★တကြၢးဘဉ်	un-fit'
_unflagging	a.	မၤတၢ်ဆူဉ်ထဲလီၢ်လီၢ်ထဲလီၢ်လီၢ် ★လၢအတၢ်သးဆူဉ်တလီၤစၢ်ဘဉ်	un-flag'ging
_unflattering	a.	လၢအတစံးပတြၢၤကလီကလီပှၤဒ်သးဝံၣ်ကနၢ်ဘျုးအဂီၢ်ဘဉ်	un-flat'ter-ing
_unflinching	a.	လၢအတသံးအသးလၢတၢ်ဆါဘဉ်အီၤအလိၢ်ဘဉ် ★လၢအ(တၢ်သးတီ)အိဉ်ခုဉ်သနၢ် ★လၢအတဂုၤကူၤအသးဘဉ် ★လၢအသးတသုဉ်ဘဉ်	un-flinch'ing
_unfold	v.t.	အီၤထိဉ် ★သလဉ်လီၤ ★ဒုးနဲဉ်ဖျါထိဉ်တုၤလၢအသန့ဉ်အသနၢ်ဉ် ★အီၤသလဉ်ထိဉ်	un-fold'
_unforced	a.	လၢတၢ်သးဂဲၤစဲၤဒၢဉ်တၢ်အပူၤ ★လၢတၢ်တမၤဆူဉ်အီၤဘဉ် ★လၢအကဲထိဉ်အသးဝဲ	un-forced'
_unforseen	a.	လၢပတ(ထံဉ်စိ)(သ့ဉ်ညါ)ဟ်စၢၤလၢအဂ့ၢ်ဘဉ်	un'for-seen'
_unforgettable	a.	လၢပသးပ့ၤနီဉ်တသ့ဘဉ်	un'for-get'ta-ble'
_unforgiven	a.	လၢအ(တၢ်ဒဲးဘး)တဘဉ်တၢ်ပျၢ်ကွံာ်အီၤဒံးဘဉ်	un'for-giv'en
_unforgiving	a.	လၢအတပျၢ်ကွံာ်ပှၤအတၢ်ဒဲးဘးဘဉ်	un'for-giv'ing
_unformed	a.	လၢအက္ၢ်အဂီၤတကဲထိဉ်(လီၤတံၢ်)ဒံးဘဉ်	un-formed'
_unformulated	a.	(တၢ်ကူဉ်တၢ်ဖး)လၢအတဘဉ်တၢ်(ကတဲာ်ကတီၤ)(မၤ)အီၤလီၤတံၢ်ဒံးဘဉ် ★လၢတၢ်တမၤန့ၢ်အီၤတၢ်ဘျၢအကျိၤအကွဲၤဘဉ်	un-for'mu-lat'ed
_unfortified	a.	လၢအတအိဉ်ဒီးတိာ်ဖိတၢ်ဖိးကူၤဖိးမှိၣ်ဖိးဘဉ်	un-for'ti-fied
_unfortunate	a.	လၢအတၢ်ဟဲဝံတဂ့ၤဘဉ်	un-for'tu-nate
_unfounded	a.	(တၢ်ကစီဉ်)လၢအဂ့ၢ်အကျိၤတအိဉ်ဘဉ် ★လၢအခီဉ်ထံးခီဉ်ဘိတအိဉ်ဒံးဘဉ်	un-founded'
_unfractured	a.	လၢအတဘဉ်တၢ်မၤ(ကၢ်)(သဲကံး)(ကၢ်)အီၤဒံးဘဉ်	un-frac'tured
_unframed	a.	လၢပတတ်ထိဉ်အကနူၤ(လၢသ့ဉ်ဘဉ်ဖိ)ဒံးဘဉ် ★လၢအ(သကုၢ်ဉ်)(ခိဉ်တံာ်)တအိဉ်ဒံးဘဉ်	un-framed'
_unfraternal	a.	တၢ်အဲဉ်ပှၢ်အဲဉ်ဝဲၢ်တအိဉ်ဘဉ်	un-fra-ter'nal
_unfrequented	a.	လၢပှၤတနၢ်စိၤလဲၤဆူအအိဉ်ဘဉ် ★(တၢ်လီၢ်)လၢအအိဉ်သယုၢ်	un'fre-quent'ed

_unfriendly	a.	လၢအတၤ့ရ့ၢ့ရွ့သကိးဒီးပှၤဂၤဘၣ် ★လၢအတမၤစၢၤ(တၢ်ဟ့ၣ်ကူၣ်)ဘၣ် ★ လၢအတဘၣ်လိာ်ဖိးဒ့ဒီးပှၤဂၤဘၣ် ★လၢအတမၤဘျုးမၤဖှိၣ်တၢ်ဘၣ်	un-friend'ly
_unfruitful	a.	လၢအတဘၣ်ထိၣ်ဖှိဉ်ထိၣ်ဘၣ်	un-fruit'ful
_unfurnished	a.	လၢအပီၤအလီၢ်တအိၣ်ဘၣ် ★လၢတၢ်မၤန့ၢ်အီၤ(ပီၤအလီ)(ယၢၤအယိၢ်) ဘၣ်	un-fur'nished
_ungainly	a.	လၢအယၢသံစှာ်သံ ★ကနီးကတၣ် ★တဂ့ၤတဘၣ် ★လီၤတိၢ်လီၤဆီ ★ တယံတလၤ	un-gain'ly
_ungallant	a.	လၢအတအဲၣ်ဒီးမၤစၢၤပှၤပိာ်မုၣ်ပိာ်မၢၤဘၣ်	un-gal'lant
_ungathered	a.	လၢအတဘၣ်တၢ်ထၢဖှိၣ်ဝံာ်ဖှိၣ်ဘၣ် ★လၢတၢ်တထၢဖှိၣ်အီၤဘၣ်	un-gath'ered
_ungenerous	a.	လၢအဟ့ၣ်တၢ်တညီဘၣ်	un-gen'er-ous
_ungenial	a.	လၢအတအိၣ်ဒီးမံာ်မှာ်နါဆၢဘၣ် ★လၢအတအိၣ်ဒီးတၢ်အဲၣ်ကွံဘၣ်	un-ge'ni-al
_ungenteel	a.	လၢအလုၢ်အလၢ်တ(လီၤပလိာ်ဒီး)(ဒ်သိး)ပှၤတူၢ်ဒိၣ်ကီၤဒိၣ်ဘၣ်	un'gen-teel'
_ungentle	a.	လၢအမၤတပျုာ်တပျိၤတၢ် ★လၢအသူၣ်တဂ့ၤသးတဝါ ★ လၢအလုၢ်အလၢ်တယာ်တလၤ ★လၢအတ(လီၤ)အဲၣ်န့ၢ်အဲၣ်သးဘၣ်	un-gen'tle
_ungentlemanly	a.	လၢအလုၢ်အလၢ်တယံလၤဘၣ်	un-gen'tle-man-ly
_ungifted	a.	လၢအတဟဲဝဲဟဲစိာ်တၢ်ဂ့ၤလီၤဆီနီတမံၤဘၣ်	un-gift'ed
_ungilded	a.	လၢအတဘၣ်တၢ်(ကျူး)(ဖှူ)အီၤလၢ(ထူ)ထံၣ်ဘၣ်	un-gild'ed
_unglazed	a.	လၢမဲာ်ထံကလၤတအိၣ်လၢအလီၤဘၣ်	un-glazed'
_unglued	a.	မၤလီၤတအီးကွံာ်တၢ်လၢအစဲဘူးယာ် ★လၢတၢ်လၢအစဲဘူးယာ်လီၤတအီးကွံာ်	un-glued'
_ungodly	a.	လၢအအၢအသီ ★လၢအတဒိ ကနၣ်ယွၤအကလုၢ်ဘၣ်	un-god'ly
_ungovernable	a.	လၢတၢ်ပၢအီၤတနၢ်ၢ်ဘၣ်	un-gov'ern-a-ble
_ungowned	a.	လၢအဘ့ၣ်လီၤကွံာ်အ(တၢ်ကူတၢ်သိး)(ဆုကၤ)လံ	un-gowned'
_ungraced	a.	လၢအဘၣ်တၢ်မၤလၤမၤကပီၤအီၤဘၣ်	un-graced'
_ungraceful	a.	လၢအတဖျါယံဖျါလၤဘၣ်	un-grace'ful
_ungracious	a.	လၢအသးတအိၣ်မၤဘျုးမၤဖှိၣ်တၢ်ဘၣ် ★လၢအလုၢ်အလၢ်တယာ်တလၤဘၣ် ★ ရၢ်စၢ် ★လၢအတမုာ်ဘၣ်ပသးဘၣ်	un-gra'cious
_ungraded / ungraduated	a. / a.	လၢအဘၣ်တၢ်နီၤဖး(ဂ့ၤ)(ထီ)လၢ(ဂ့ၤ)(ထီ)အလီၢ်(အၢ)(ဖုၣ်)လၢ(အၢ)(ဖုၣ်) အလီၢ်ဒံးဘၣ်	un-grad'ed / un-grad'u-at'ed
_ungrasped	a.	လၢတၢ်တနၢ်ပၢၢ်အခီပညီဒံးဘၣ် ★လၢတၢ်တစိးယာ်အီၤဘၣ်	un-grasped'
_ungrateful	a.	လၢအတသ့ၣ်ညါ(ဆၢ)တၢ်ဘျုးဘၣ်	un-grate'ful
_ungratified	a.	လၢအတၢ်သးဝံၣ်သးစုၤတဘၣ်တၢ်မၤဟၢါမံၤဒံးအီၣ်ဘၣ် ★ လၢအတဘၣ်တၢ်မၤမံအသးဒံးဘၣ် ★လၢတၢ်တမၤကျၢၤသ့ၣ်ကျၢၤသးအီၤဒံးဘၣ်	un-grat'i-fied
_ungrudging	a.	လၢအတအိၣ်ဒီးတၢ်ကဒူးကဒ့ၣ်ဘၣ်	un-grudg'ing
_unguarded	a.	လၢတၢ်တကဟုကယာ်အီၤဘၣ် ★လၢတၢ်တအိၣ်(ပိၤ)(ခိးကြီၢ်ကွံာ်တၢ်အလၢ) အီၤဘၣ်	un-guard'ed
_unhallowed	a.	လၢအတဘၣ်တၢ်ဟ်စီဆှံအီၤဘၣ်	un-hal'lowed
_unhampered	a.	လၢအတဘၣ်တၢ်မၤတံာ်တာ်အီၤဘၣ်	un-ham'pered
_unhandy	a.	လၢအဖိၣ်တၢ်တသ့ဖိၣ်တၢ်တဘၣ် ★လၢအတကြၢးလၢပကသူအီၤအဂီၢ်ဘၣ် ★ လၢအဖံးတၢ်ဖိၣ်တၢ်ကနီးကတၤ	un-hand'y
_unhandily	adv.	လၢတၢ်ဖိၣ်တၢ်တသ့တဘၣ်အပူၤ	un-hand'i-ly
_unhappy	a.	တသူၣ်ဖှံသးညီဘၣ်	un-hap'py
_unharmed	a.	တဘၣ်တၢ်မၤ(ဟးဂီၤ)(ဆါ)အီၤနီတဘးဘၣ်	un-harmed'
_unharness	v.t.	အိၣ်လီၤကွံာ်ကသ့ၣ်အဂီၤကၢၤ	un-har-ness
_unhealed	a.	လၢအတဘျါဒံးဘၣ် ★(တၢ်အ့ၣ်လိာ်ဆိးက့လိာ်)တကတၢ်ဒံးဘၣ်	un-healed'
_unhealthful	a.	လၢအဒုးအိၣ်ထီၣ်တၢ်ဆါညီ ★လၢအဒုးကဲထီၣ်တၢ်ဆူးတၢ်ဆါ	un-health'ful
_unhealthy	a.	လၢအအိၣ်ဆူၣ်အိၣ်ချ့ဘၣ် ★လၢအဒုးကဲထီၣ်တၢ်ဆူးတၢ်ဆါ	un-health'y
_unheard of	a.	လၢအတအိၣ်ထီၣ်လၢညါနီတဘျီဘၣ် ★လၢအလီၤဆီဖးဒိၣ် ★ လၢတၢ်တနၢ်ဟူအီၤနီတဘျီဒံးဘၣ်	un-heard' of
_unheedful	a.	လၢအတအိၣ်ဒီးတၢ်(ပလီၢ်အသးဘၣ်)(ဟ်ကဲတၢ်ဘၣ်)	un-heed'ful

313

_unheeding	a.	လၢအတပလီၢ်အသးဘၣ် ★လၢအတဟ်ကဲတၢ်ဘၣ်	un-heed'ing
_unhelpful	a.	လၢအတမၤစၢၤတၢ်ဘၣ်	un-help'ful
_unhesitating	a.	တဘှီယီ ★တယုာ်အသးဘၣ်	un-hes'i-tat'ing
_unhidden	a.	လၢအတဘၣ်တၢ်ဟ်ခူသူၣ်အီၤဘၣ်	un-hid'den
_unhistorical	a.	လၢအတလီၤပလိာ်ဒီးတၢ်စံၣ်စိၤတဲစိၤအမ့ၢ်အတီဘၣ်	un'his-tor'i-cal
_unhitch	v.t.	ဘိၣ်လီၤကွံာ်	un-hitch'
_unholy	a.	တစီတဆှံဘၣ်	un-ho'ly
_unhonored	a.	လၢအတဘၣ်တၢ်ဟ်လၤဟ်ကပီၤအီၤဘၣ်	un-hon'ored
_unhooked	a.	ဘၣ်တၢ်ဘိၣ်လီၤကွံာ်အီၤ	un-hooked'
_unhoped for	a.	လၢပတကွၢ်လၢ်အကွဲဘၣ်★(ဂ့ၤတုၤဒၣ်လဲာ်)ပကၢၣ်ကိၣ်လၢအဂ့ၢ်တအၢၣ်ဘှံၣ်ဘၣ် ★လၢပတမုၢ်လၢ်အီၤဘၣ်	un-hoped' for
_unhurried	a.	လၢတၢ်ပလီၢ်ပဒီဒီးပူၤ ★လၢတၢ်တချုးဒုးအပူၤဘၣ်	un-hur'ried
_uni--	a.	လၢအမ့ၢ်ထဲတမံၤဇိၤ ★လၢအကဲထီၣ်ထဲတဘ္ဈိဇိၤ ★တ ★တဘ္ဈိ	uni--
_unified	a.	လၢအဘၣ်တၢ်မၤကဲထီၣ်ကွၤအီၤဆူတၢ်တမံၤယီ	u'ni-fied
_uniform	a.	ၓ်သိးသိး	u'ni-form
_uniform	n.	တၢ်ကူတၢ်သိးလၢအၓ်သိးသိး	u'ni-form
_uniformity	n.	တၢ်ၓ်သိးသိး	u'ni-form'i-ty
_unify	v.t.	မၤကဲထီၣ်ကွၤဆူတၢ်တမံၤယီ	u'ni-fy
_unimpaired	a.	တဘၣ်တၢ်မၤဆံးလီၤစုၤလီၤ(အဂၢ်အဘါ)(အဘျုး)ဘၣ်★တဟးဂုာ်ဟးဂီၤနီတစဲးဘၣ်	un'im-paired'
_unimpassioned	a.	လၢအတအိၣ်ဒီးတၢ်သးဂဲၤဘၣ်	un'im-pas'sioned
_unimpeachable	a.	လၢတၢ်ဟ်တၢ်ကမၣ်လၢအလီၤတသ့ဘၣ်	un'im-peach'a-ble
_unimportant	a.	လၢအတဒိၣ်တမုၢ်ဘၣ်	un'im-por'tant
_unimproved	a.	လၢအတဘၣ်တၢ်မၤဂ့ၤထီၣ်အီၤဘၣ်	un'im-proved'
_unincreased	a.	လၢအတဘၣ်တၢ်မၤအၢါထီၣ်အီၤဘၣ်	un'in-creased'
_uninhabitable	a.	လၢတၢ်အိၣ်တၢ်ဆိးလၢအပူၤတသ့ဘၣ်	un'in-hab'it-a-ble
_uninhabited	a.	လၢတၢ်တအိၣ်တဆိးလၢအပူၤဘၣ်	un'in-hab'it-ed
_union	n.	တၢ်ဟ်ဖှိၣ်အသး ★တၢ်စၢဖှိၣ်အသး	u'nion
_unique	a.	ထဲတ(မံၤ)ၓိၤ ★လၢတၢ်ၓ်သိးအီၤတအိၣ်ဘၣ်	u-nique'
_unison	n.	တၢ်လၢအသိၣ်ၓ်သိးသိး ★တၢ်ယူတၢ်ဖိး ★တၢ်ဘၣ်လိာ်(အသး)	u'ni-son
_unit	n.	တ(ဖျၣ်)★တ(ဖု)★တ(ဂၤ)★တ	u'nit
_unitarian	n.	ပှၤလၢအနာ်လၢယွၤအိၣ်ထဲတဂၤယီ(တမ့ၢ်သၢဂၤတဂၤဃီဘၣ်)	u'ni-ta'ri-an
_unite	v.t.	ဟ်ဖှိၣ်သကိး ★ရ့လိာ်မၤသကိးတၢ်တပူၤယီ ★(ဟ်ဖှိၣ်)(ဒုးစဲဘူး)ယှာ်	u-nite'
_united	a.	လၢအဒုးစဲဘူးလိာ်အသးဆူတၢ်တ(မံၤ)(ဖု)ယီ ★လၢအဘၣ်တၢ်ဒုးစဲဘူးယှာ်	u-nit'ed
_unity	n.	တၢ်ယူတၢ်ဖိး ★တၢ်တမံၤယီ	u'ni-ty
_universal	a.	လၢအဘၣ်ဃးဒီးတၢ်ကိးမံၤဒဲ ★လၢအၓ်သိးသိးလၢလီၢ်ကိးပူၤဒဲ	u'ni-ver'sal
_universalist	n.	ပှၤလၢအနာ်လၢပှၤကိးဂၤဒဲးကတုၤလၢတၢ်အုၣ်ကွၤခီၣ်ကွၤ	u'ni-ver'sal-ist
_universe	n.	တၢ်ဘၣ်တ့ဝဲတမံၤလၢ်လၢ် ★တၢ်ဘၣ်တ့ခဲလၢာ်	u'ni-verse
_university	n.	ကွိဒိၣ်ကွိ်ထီလၢပှၤမၤလိတၢ်ကူၣ်သ့ကူၣ်ဘၣ်အကလုာ်ကလုာ်	u'ni-ver'si-ty
_unjust	a.	တတီတလိၤဘၣ်	un-just'
_unjustifiable	a.	လၢတၢ်ဒုးနဲၣ်ဖျါလၢအမ့ၢ်တၢ်တီတၢ်လိၤတသ့ဘၣ်★လၢတၢ်ဟ်တီဟ်လိၤအီၤတသ့ဘၣ်	un-jus'ti-fi'-a-ble
_unkempt	a.	လၢအတဘျ္ဝတဆိုဘၣ်★လၢတၢ်တဘွံအီၤဘၣ်★လၢအအိၣ်တဖုၡ	un-kempt'
_unkind / unkindly	a. / adv.	လၢအတၢ်(သးကညီၤ)(ဆဲၣ်)တအိၣ်★လၢအမၤဆါပှၤအသး	un-kind' / un-kind'ly
_unknown	a.	လၢအတဘၣ်တၢ်သ့ၣ်ညါအီၤဘၣ် ★လၢပစံးပတဲလၢအဂ့ၢ်တဘၣ်ဘၣ်	un-known'
_unlabored	a.	လၢအကဲထီၣ်လၢတၢ်တလၢာ်ဂံၢ်လၢာ်ဘါဘၣ်အပူၤ	un-la'bored
_unlace	v.t.	ယှ္ၣ်လီၤ	un-lace'

_unladylike	a.	(ပိၥ်မုၣ်)လၢအလုၢ်အလၢ်အအိၣ်ဖျါယံၤဖျါလၤတဘၣ် ★တလီၤက်ပိၥ်မုၣ်လၢအမုၥ်အနီၢ်ဘၣ်	un-la'dy-like'
_unlatch	v.t.	အိၣ်လီၤကွံၥ်(တၢ်ဘျးယၥ်)(နီၣ်ကိၥ်) ★ထုးကွံၥ်နီၣ်ကိၥ်	un-latch'
_unlawful (ly)	a.	တဘၣ်လိၥ်အသးဒီးတၢ်သိၣ်တၢ်သီဘၣ်	un-law'ful (ly)
_unlearned	a.	လၢအတသ့လၥ်သ့လၢ်ဘၣ်	un-learn'ed
_unless	conj.	မ့တမ့ၢ်ဘၣ်လၢ	un-less'
_unlettered	a.	လၢအတသ့လၥ်သ့လၢ်ဘၣ်	un-let'tered
_unlikeable	a.	လၢအတလီၤအဲၣ်ဘၣ် ★လၢအလီၤက်တသ့ဘၣ်	un-like'a-ble
_unlike	a.	တၢ်သီၤဘၣ်	un-like'
_unlikely	adv.	ဖျ်လဲၣ် ★(တၢ်)ကလီၤက်လၢ	un-like'ly
_unlimited	a.	လၢအကတၢၢ်တအိၣ်ဘၣ်	un-lim'it-ed
_unlinked	a.	တဘၣ်တၢ်ဘျးယၥ်အီၤဒီးတၢ်ဂၤဘၣ် ★လၢတၢ်တဒုးစဲဘူးအီၤဒီးတၢ်ဂၤဘၣ်	un-linked'
_unlisted	a.	တဘၣ်တၢ်ကွဲးနီၣ်အီၤတမံၤဒီးတၢ်မံၤနူၥ်ဘၣ်	un-list'ed
_unlivable	a.	လၢပအိၣ်ပဆိးလၢအပူၤတသ့တၢ်ဘၣ်	un-liv'a-ble
_unloaded	v.t.	စိၥ်လီၤကွံၥ်တၢ်ပဒၢး	un-load'ed
_unlock	v.t.	အိးထိၣ် ★ဖ်ထိၣ်သိး ★ဟ်ဖျါထိၣ်	un-lock'
_unlooked for	a.	လၢပတကွၢ်လၢ်အကျဲဘၣ် ★လၢပတမုၢ်လၢ်ဘၣ်	un-looked' for
_unloose	v.t. / n.	(ထိၣ်)ယ့ၣ်လီၤ ★ဘိၣ်လီၤ	un-loose'
_unlovable	a.	လၢအတလီၤအဲၣ်လီၤကွံဘၣ်	un-lov'a-ble
_unloved	a.	လၢတၢ်တအဲၣ်အီၤဘၣ်	un-loved'
_unloving	a.	လၢအတအဲၣ်တၢ်ကွံၢ်တၢ်ဘၣ်	un-lov'ing
_unlucky	a.	ဝံတဂ့ၤကလၤတဂ့ၤ ★ဟၢ်ဝံဟ်စိၥ်(အၢ)(တဂ့ၤ)	un-luck'y
_unmanageable	a.	လၢပပၢအီၤဆျၢအီၤတ(သ့)(နူၢ်)ဘၣ်	un-man'age-a-ble
_unmanly	a.	လၢအလီၤမဲၥ်ဆုး ★လၢအတကြၢးဒီးခွါအနီၢ်အသးအ(လုၢ်အလၢ်)(တၢ်ဖံးတၢ်မၤဘၣ်)	un-man'ly
_unmanned	a.	လၢအ(သးဂၤၤ)တုၤဒၣ်လဲၥ်(ဟ်အသး)(အိၣ်)တသ့တဘၣ်လၢၤဘၣ် ★လၢအသးဟးဂီၤ ★လၢအပှၤတဖၣ်ဘၣ်တၢ်ဟံးနှၢ်ကွံၥ်အီၤ	un-manned'
_unmannerly	a.	လၢအလုၢ်အလၢ်တယံတလၤဘၣ်	un-man'ner-ly
_unmarriageable	a.	လၢအထိၣ်ဖိနှၢ်(မါ)(ဝၤ)တသ့ၣ်းဘၣ်	un-mar'riage-a-ble
_unmarried	n.	လၢအတဖျိအသးဒံးဘၣ်	un-mar'ried
_unmask	v.t.	ဟ်ဖျါထိၣ် ★ထုးကွံၥ်တၢ်မၤဘၢမဲၥ်	un-mask'
_unmatched	a.	လၢတၢ်(တုၤသိး)(ထဲသိး)(ဘၣ်လိၥ်)ဒီးအီၤတအိၣ်ဘၣ် ★လၢအဒၢတအိၣ်ဘၣ်	un-matched'
_unmeaning	a.	လၢအခီပညီတအိၣ်	un-mean'ing
_unmentionable	a.	လၢအတကြၢးဘၣ်တၢ်(တဲဖျါ)(ယၢၤ)ထိၣ်အီၤဘၣ် ★လၢတၢ်ယၢၤထိၣ်အီၤတသ့ဘၣ်	un-men'tion-a-ble
_unmerciful	a.	လၢအတအိၣ်ဒီးတၢ်သးကညီၤဘၣ် ★လၢအတသးကညီၤတၢ်ဘၣ်	un-mer'ci-ful
_unmerited	a.	လၢအတကၢၣ်ကီၣ်ဒီးအီၤဘၣ် ★လၢအဝဲတကြၢးဒီးနှၢ်ဘၣ်	un-mer'it-ed
_unmindful	a.	လၢအတဟ်ကဲတၢ်ဘၣ်	un-mind'ful
_unmistakable	a.	လၢအဖျါဂ့ၤတုၤပၤ(ဆိကမိၣ်)ကမၣ်အီၤတသ့ဘၣ်	un'mis-tak'a-ble
_unmitigated	a.	လၢတဘၣ်တၢ်မၤစၢ်လီၤအီၤဘၣ်	un-mit'i-gat'ed
_unmodifiable	a.	လၢအဘၣ်တၢ်လဲလိၥ်ကွၤအီၤတသ့ဘၣ် ★လၢတၢ်မၤလီၤဆီအီၤတသ့ဘၣ်	un-mod'i-fi'a-ble
_unmodulated	a.	(တၢ်သိၣ်)လၢအအိၣ်အလီၤတအိၣ်	un-mod-u-lat'ed
_unmoistened	a.	လၢအတဘၣ်တၢ်မၤဘၣ်စိၣ်အီၤဘၣ်	un-mois'tened
_unmoulded / unmolded	a. / a.	လၢတၢ်တသိနၢ်အီၤဘၣ်	un-mould'ed / un-mold'ed
_unmolested	a.	လၢအတဘၣ်တၢ်မၤတံၥ်တၥ်အီၤဘၣ်	un'mo-lest'ed
_unmoved	a.	လၢအဘၣ်တၢ်သုးအလီၢ်ဘၣ် ★လၢအသးတဘၣ်တၢ်တ်ထိၣ်ဂဲၤအီၤဘၣ်	un-moved'
_unmuffled	a.	လၢအတဘၣ်တၢ်ကးဘၢအီၤင်သိးအသိၣ်ကဆံးလီၤဘၣ်	un-muf'fled

_unmusical	a.	လၢအသးဝံၣ်တၢ်တသ့ဘၣ် ★လၢအသိၣ်တမှာ်ဘၣ်ပနၢ်ဘၣ်	un-mu'si-cal
_unnatural (ly)	a.	လၢအတလီၤပလိာ်ဒီးတၢ်(ဘၣ်တ့)(နူဆၢၢ်)အလုၢ်အလၢ်ဘၣ်	un-nat'ur-al (ly)
_unnavigable	a.	လၢ(ချံ)(ကဘီသိဖိ)လဲၤတသ့ဘၣ်	un-nav'i-ga-ble
_unnecessary	a.	လၢအလိၢ်တအိၣ်ဘၣ် ★လၢအတလိၣ်ဘၣ်	un-nec'es-sa-ry
_unnecessarily	adv.	လၢအလိၢ်တအိၣ်လှၤတကၠၤဘၣ်	un-nec'es-sa-ri-ly
_unneighborly	a.	တၢရှလိာ်အသးဒီးပှၤအအိၣ်ဘူးဒီးအီၣ်ဘၣ် ★တၢရှလိာ်အသးဒီးအတၢ်အဲၣ်တၢ်ကွံတအိၣ်ဘၣ်	un-neigh'bor-ly
_unnerve	v.t.	မၤစၢ်လီၤအ(သး)(ဂံၢ်အဘါ)	un-nerve'
_unnotched	a.	တဘၣ်တၢ်ဟံပတီၢ်အီၤဘၣ် ★တၢ်တ(ကူး)(သွဲၣ်)(ကၠီ)ပတီၢ်အီၤဘၣ်	un-notched'
_unnoticeable	a.	လၢအတမ့ၢ်တၢ်(ဒိၣ်)(ဂ့ၤ)တုၤပကကွၢ်နီၣ်ကွၢ်ယါအီၤဘၣ် ★လၢတၢ်တ☐ကၢးကွၢ်နီၣ်အီၤဘၣ်	un-no'tice-a-ble
_unnoticed	a.	လၢပုၤတကွၢ်နီၣ်ကွၢ်ယါအီၤဘၣ်	un-no'ticed
_unnumbered	a.	အၢ်ပုၤပတၢ်အီၤဒွၤအီၤဘၣ် ★အၢ်ပုၤပတၢ်တဘၣ်	un-num'bered
_unobjectionable	a.	လၢတၢ်ဟ်တၢ်ကမၣ်လၢအလိၤလိၢ်တအိၣ်ဘၣ်	un'ob-jec'tion-a-ble
_unobliging	a.	လၢအသးတအိၣ်မၤဘျုးမၤဖှိၣ်တၢ်ဘၣ်	un'o-blig'ing
_unobserved	a.	လၢအတဘၣ်တၢ်ကွၢ်နီၣ်ကွၢ်ယါအီၤဘၣ်	un'ob-served'
_unobtainable	a.	လၢပမၤအီၤတန့ၢ်ဘၣ် ★လၢပမၤန့ၢ်အီၤတသ့ဘၣ်	un'ob-tain'a-ble
_unobtrusive	a.	လၢအတှိဆူၣ်အသးဘၣ် ★လၢအတဟ်ဖျါဆူၣ်အသးဘၣ် ★လၢအတလဲၤနုာ်ဆူၣ်ဘၣ်	un'ob-tru'sive
_unoccupied	a.	လၢအ(လီၢ်)လီၤဟိ ★လၢတၢ်တအိၣ်လၢအပူၤဘၣ် ★လၢအချုးအၤ	un-oc'cu-pied
_unoffending	a.	လၢအတမၤဆါပုၤအၤဘၣ်	un'of-fend'ing
_unofficial (ly)	a.	(ပဒိၣ်ပပှၢ်အမၤတၢ်)လၢအတဘၣ်ယးဒီးအလီၢ်အလၤဘၣ် ★တဘၣ်ယးဒီးပဒိၣ်ဘၣ်	un'of-fi'cial (ly)
_unoiled	a.	တဘၣ်တၢ်ဖှူအီၤလၤသိဘၣ်	un-oiled'
_unordained	a.	လၢအတဒီးဟ်စုဒံးဘၣ် ★လၢအတဒီးတၢ်ဟ်စုအီၤဒံးဘၣ်	un'or-dained'
_unorganized	a.	လၢအတဘၣ်တၢ်ကရၢကရိထီၣ်အီၤဒ်အကမၤမၤဃၢ်လိာ်အသးလၢအကျဲ့ဒၣ်ဝဲစုာ်စုာ်ဒံးဘၣ် ★လၢအတဘၣ်တၢ်ရဲၣ်လီၤကျဲၤလီၤအီၤ(ဒ်သိးအကဒုးကဲထီၣ်တၢ်တမံၤ)ဒံးဘၣ်	un-or'gan-ized
_unorthodox	a.	လၢအတနာ်တၢ်ဒ်တၢ်အိၣ်ဖှိၣ်တဖု(ဖှ)(ကလုာ်)စံၣ်ညီၣ်ဝဲအသိးဘၣ် ★လၢအစ့ၢ်ကမၣ်နာ်ကမၣ်	un-or'tho-dox
_unostentatious (ly)	a.	(လၢအ)တအိၣ်ဒီးတၢ်ဟ်ဒိၣ်ဟ်ထီအသးဘၣ် ★(လၢအ)တမၤအသးဆူၣ်ဆူၣ်ဘဲၣ်ဘဲၣ်ဘၣ်	un-os'ten-ta-tious (ly)
_unpacified	a.	လၢအသးတခုၣ်လီၤဒံးဘၣ်	un-pac'i-fied
_unpack	a.	ယ့ၣ်လီၤ ★အီးထီၣ်	un-pack'
_unpaid	a.	တန့ၢ်အဘူးအလဲဘၣ်	un-paid'
_unpainted	a.	လၢအတဘၣ်တၢ်ဖှူအီၤဘၣ်	un-paint'ed
_unpalatable	a.	လၢပအီၣ်တဘဲဘၣ် ★လၢအတဘၣ်(နီးဘၣ်နၢ)(ထးခိၣ်)ဘၣ်	un-pal'at-a-ble
_unparalleled	a.	လၢတၢ်တ(ဒိၣ်)တုၤသိးဒီးအီၤတအိၣ်ဘၣ် ★လၢတၢ်ဒ်သိးဒီးအီၤတအိၣ်ဘၣ်	un-par'al-leled
_unpardonable	a.	လၢအ(တၢ်ဒဲးဘး)ဘၣ်တၢ်ပျၢ်ကွံာ်အီၤတသ့ဘၣ်	un-par'don-a-ble
_unpatronized	a.	လၢတၢ်တပျဲတၢ်လၢအ(စုပူၤ)(အီၣ်)ဘၣ် ★လၢတၢ်တကဟုကယာ်မၤစၢၤအီၤဘၣ်	un-pat'ron-ized
_unpaved	a.	လၢအဘၣ်တၢ်ဒါလီၤအီၤလၤလၢၢ်ဒံးဘၣ်	un-paved'
_unpeeled	a.	လၢအတဘၣ်တၢ်(သွဲၣ်)(အီး)ကွံာ်အဖံးဘၣ်	un-peeled'
_unperceived	a.	လၢတၢ်တထံၣ်အီၤဘၣ် ★လၢတၢ်တသ့ၣ်ညါအီၤဘၣ်	un'per-ceived'
_unpermissible	a.	လၢတၢ်ဟ့ၣ်အခွဲးတသ့ဘၣ်	un'per-mis'si-ble
_unpersuasive	a.	လၢအသဆၣ်ထီၣ်တၢ်အခံတန့ၢ်ဘၣ်	un'per-sua'sive
_unperturbed	a.	လၢအတဘၣ်တၢ်မၤတံာ်အီၤဘၣ်	un'per-turbed
_unperverted	a.	လၢအတဘၣ်တၢ်ဘီးယၣ်အီၤဆူတၢ်အၢတၢ်သီဘၣ် ★လၢအတဘၣ်တၢ်ဘီးယၣ်အီၤလၢတၢ်ဂ့ၤဆူတၢ်အၢဘၣ်	un'per-vert'ed
_unpierced	a.	လၢအတဘၣ်တၢ်ဆဲးဖှိအီၤဘၣ်	un-pierced'
_unpinned	a.	လၢတၢ်တဆဲးတံၢ်ယာ်အီၤဘၣ်	un-pinned'

316

_unpleasant	a.	လၧအတမ့ာ်ဘၣ်ပှၤဘၣ်	un-pleas'ant
_unpleased	a.	လၧအသးတမှာ်ဘၣ်	un-pleased'
_unpleasurable	a.	လၧအတမမှာ်ပသးဘၣ်	un-pleas'ur-a-ble
_unplenished	a.	တဘၣ်တၢ်မၤပှဲၤထီၣ်က္ၤကဒီးအီၣ်ဘၣ်	un-plen'ished
_unplucked	a.	(လၧအသၣ်)တဘၣ်တၢ်ဘ့အီၣ်ဒံးဘၣ်★(လၧအဆူၣ်)တဘၣ်တၢ်ထဲးကွံာ်အီၣ်ဒံးဘၣ်	un-plucked'
_unpolished	a.	လၧအတဘၣ်တၢ်မၤဘ္ၣ်ကဆှၣ်အီၣ်ဒံးဘၣ်	un-pol'ished
_unpolluted	a.	လၧတၢ်တမၤဘၣ်အၢအီၣ်ဘၣ်	un'pol-lut'ed
_unpopular	a.	လၧအတဘၣ်ပှၤအၢ်ဂၤအသးဘၣ်	un-pop'u-lar
_unpopulous	a.	လၧအထံဖိကီၢ်ဖိတအၢါတဘၣ်★လၧပှၤတအိၣ်အၢါအၢါဘၣ်	un-pop'u-lous
_unpracticed	a.	လၧအဒီးသိၣ်လိညီနုၢ်အသးဒံးဘၣ်★လၧအတဘၣ်တၢ်သိၣ်လိညီနုၢ်အီၣ်ဒံးဘၣ်	un-prac'ticed
_unpraised	a.	လၧအတဘၣ်တၢ်စံးပတြၢၤအီၣ်ဘၣ်	un-praised'
_unprecedented	a.	လၧတၢ်ဒ်သိးဒီးအီၣ်တအိၣ်နီၢ်တဘျီးဘၣ်★အသိ★လီၤဆီ	un-prec'e-dented
_unpredictable	a.	လၧပှၤတဲဟ်စၢၤလၧအဂ့ၢ်တသ့ဘၣ်	un-pre-dict'a-ble
_unprejudiced	a.	လၧအတ(စံၣ်ညီၣ်)(ကွၢ်ဒိၣ်ဆံး)ဟ်စၢၤတၢ်လၧအသးကံၢ်ပူၤဒံးဘၣ်	un-prej'u-diced
_unpremeditated	a.	လၧအတ(ကူၣ်)(ဆိမိၣ်)ဟ်စၢၤလၧအဂ့ၢ်ဘၣ်	un'pre-med'i-tat'ed
_unprepared	a.	လၧအကတဲာ်ကတီၤအသးဒံးဘၣ်	un'pre-pared'
_unprepossessing	a.	လၧပထံၣ်အီၤတဘျုၢ်ယိာ်တၢ်အၢထံၣ်ပှၤ★လၧအတလီၤအဲၣ်လီၤကွံပှၤဘၣ်	un-pre'pos-sess'ing
_unpresuming	a.	လၧအတသ့ၣ်ဆူၣ်အသးလၧအကနၢ်တၢ်မၤစၢၤလၧပှၤအိၣ်ဘၣ်★လၧအတတယၢ်ဆိကမိၣ်စံးဟ်စၢၤတၢ်လၧအမှၢ်ဘၣ်★လၧအတ(နၢ်လီၤ)(လိၢ်ဒူ)(လိၢ်သ့)အသး	un'pre-sum'ing
_unpretending	a.	လၧအတဟ်မၤအသးဘၣ်	un'pre-tend'ing
_unpretentious	a.	လၧအဟ်ဒိၣ်ဟ်ထီအသးဘၣ်	un'pre-ten'tious
_unpreventable	a.	လၧတၢ်တြီအီၤတန့ၢ်ဘၣ်	un-pre-vent'a-ble
_unpriced	a.	လၧအတဘၣ်တၢ်ဟ်အီၤလၧအမ့ၢ်တၢ်အပှ့ၤအိၣ်ကလံၤအိၣ်ဘၣ်★လၧတၢ်တဟ်အပှ့ၤဘၣ်	un-priced'
_unprincipled	a.	လၧအတလီတၤလီၤဘၣ်★လၧအတမၢ်ဆုးလၧအမၤတၢ်အၢတၢ်သီဘၣ်★အၢဲသိဝဲ★လၧအတ(ဒီကနၣ်)(တိၢ်နုၢ်)တၢ်သိၣ်တၢ်သီဘၣ်	un-prin'ci-pled
_unprocurable	a.	လၧတၢ်မၤန့ၢ်အီၤတသ့ဘၣ်	un'pro-cur'a-ble
_unproductive (ly)	a.	လၧအတသၣ်ထီၣ်ဖိထီၣ်ဘၣ်★လၧအတဒုးမဲထီၣ်သၣ်ထီၣ်တၢ်	un'pro-duc'tive (ly)
_unprofessional	a.	လၧအတလုၢ်အီၣ်အသးသမူလၧအီၣ်ဘၣ်★တၢင်သီးတၢ်ဖံးတၢ်မၤဖးဒိၣ်အလုၢ်အလၢ်ဘၣ်	un'pro-fes'sion-al
_unprofitable	a.	လၧအ(ဘျုး)(မှး)တအိၣ်ဘၣ်	un-prof'it-a-ble
_unprogressive	a.	လၧအတလဲၤထီၣ်လဲၤထီဘၣ်	un'pro-gres'sive
_unprolific	a.	လၧအတသၣ်ထီၣ်ဖိုထီၣ်ဘၣ်	un'pro-lif'ic
_unpromising	a.	လၧပမှၢ်လၢ်တၢ်လၧအီၤတသ့ဘၣ်★လၧအတဒုးအိၣ်ထီၣ်ပတၢ်မှၢ်လၢ်ဘၣ်	un-prom'is-ing
_unpropitiated	a.	လၧအတဘၣ်တၢ်မၤစၢ်လီၤကူၤအတၢ်သးဒိၣ်ဒံးဘၣ်	un'pro-pi'ti-at'ed
_unpropitious	a.	လၧအဖျါလၧအဆၢတဂ့ၤကတီၢ်အသးဘၣ်★လၧအတပှဲၤဒီးတၢ်ဘျုးတၢ်ဖှိၣ်ဘၣ်	un'pro-pi'tious
_unproportioned	a.	လၧအဘျးအဒၢတဘၣ်လိာ်အသးဘၣ်	un'pro-por'tioned
_unprotected	a.	လၧအတဘၣ်တၢ်ကဟုကယာ်ဘံၣ်ကဘၣ်အီၣ်ဘၣ်★လၧတၢ်တဒီၣ်ပိုအီၣ်ဘၣ်	un'pro-tect'ed
_unprovided for	a.	လၧအတမၤန့ၢ်ဟ်စၢၤလၧအဂီၢ်ဘၣ်	un'pro-vid'ed for
_unprovoked	a.	လၧတၢ်တဒုးသးဒိၣ်ထီၣ်အီၤဘၣ်	un'pro-voked'
_unpublished	a.	လၧအတဘၣ်တၢ်ဒုးဟူထီၣ်သါလီၤအီၣ်ဒံးဘၣ်★လၧတၢ်တပူၣ်ဖုံးအီၣ်ဒံးဘၣ်	un-pub'lished
_unpunished	a.	လၧအတဘၣ်စံၣ်ညီၣ်အီၣ်ဒံးဘၣ်	un-pun'ished
_unpurified	a.	လၧအကဟၤတၢ်မၤကဆှိထီၣ်အီၣ်ဒံးဘၣ်	un-pu'ri-fied
_unqualified	a.	လၧအတကြၢးဘၣ်လၧတၢ်တမံၤမံၤအဂီၢ်ဘၣ်★လၧအဘၣ်တၢ်ဘိုကွၤအီၣ်တသ့ဘၣ်★တကြၢးဘၣ်★လၧတၢ်မၤလီၤဆီအီၣ်တသ့ဘၣ်	un-qual'i-fied
_unquestionable	a.	လၧတၢ်သံကွၢ်အီၤအလီၢ်တအိၣ်ဘၣ်	un-ques'tion-a-ble
_unquestioned	a.	လၧပှၤန့ၢ်အီၤဒီးတသံကွၢ်လၧအဂ့ၢ်ဘၣ်★လၧတၢ်တသံကွၢ်အီၣ်ဘၣ်	un-ques'tioned

_unratified	a.	လၢအတၢ်တဟ်ဂၢၢ်ဟ်ကျၢၤအီၤဒံးဘၣ်	un-rat'i-fied
_unravel	v.t.	ယှၣ်လီၤကွံာ်	un-rav'el
_unread	a.	လၢအတၢ်တဖးအီၤဘၣ်	un-read'
_unready	a.	လၢအအိၣ်ကတဲာ်ကတီၤအသးဒံးဘၣ်	un-read'y
_unreal	a.	လၢအမ့ၢ်တၢ်နီၢ်ကီၢ်ဘၣ်	un-re'al
_unreasonable	a.	လၢအတကြၢးတဘၣ်★တလၢကွံာ်အခၢး★တယူၢလိာ်အသးဒီး တၢ်ဂ့ၢ်တၢ်ကျိၤဘၣ်	un-rea'son-a-ble
_unreasoning	a.	လၢအဆိကမိၣ်ယုသ့ၣ်ညါတၢ်ဘၣ်	un-rea'son-ing
_unrebuked	a.	လၢအတၢ်တသိၣ်က့ၤသီက့ၤအီၤဒံးဘၣ်	un're-buked'
_unreclaimed	a.	လၢအတၢ်တမၤဂ့ၤထီၣ်အီၤဒံးဘၣ်	un're-claimed'
_unrecognizable	a.	လၢတၢ်ကွၢ်နီၣ်အီၤတသ့ဘၣ်	un-rec'og-niz'a-ble
_unrecognized	a.	လၢတၢ်တကွၢ်နီၣ်အီၤဘၣ်	un-rec'og-nized
_unrecompensed	a.	လၢအတၢ်တလိၤက့ၤအ(စၢ်)(ပှ့ၤ)ဘၣ်★လၢအမၤတၢ်နုၢ်(ဘူး)နုၢ်(လဲ) ဘၣ်★လၢအတၢ်တမၤဘျုးမၤဖှိၣ်က့ၤအီၤဒံးဘၣ်	un-rec'om-pensed
_unrecorded	a.	လၢအတၢ်တကွဲးနီၣ်ကွဲးယါအီၤဘၣ်	un're-cord'ed
_unrectified	a.	လၢအတၢ်တဘိၣ်ဘၣ်က့ၤအီၤဒံးဘၣ်	un're-rec'ti-fied
_unrecurring	a.	လၢအတမၤက့ၤကဒီးအသးဘၣ်	un're-cur'ring
_unredeemable	a.	လၢတၢ်ပှ့ၤထီၣ်က့ၤအီၤတနၢ်ဘၣ်★လၢတၢ်အုၣ်က့ၤခီၣ်က့ၤအီၤတသ့ဘၣ်	un're-deem'a-ble
_unredeemed	a.	လၢအတၢ်တပှ့ၤထီၣ်က့ၤအီၤဘၣ်	un're-deemed'
_unrefined	a.	လၢအတၢ်တမၤ(ဂ့ၤ)(ကဆှီ)ထီၣ်အီၤနၢ်ဘၣ်★လၢအလုၢ်အလၢ်တဂ့ၤဘၣ် ★လၢအတၢ်တမၤ(ကဆှီ)(ဂ့ၤ)ထီၣ်အီၤဘၣ်	un're-fined'
_unreformed	a.	လၢအတၢ်တမၤဂ့ၤထီၣ်အီၤဒံးဘၣ်★လၢအတမၤဂ့ၤထီၣ်အသးဒံးဘၣ်	un're-formed'
_unrefuted	a.	လၢတၢ်တဒုးနဲၣ်ဖျါလၢအကမၣ်ဘၣ်★လၢတၢ်တကတိၤဘှီအီၤဒံးဘၣ်	un're-fut'ed
_unregarded	a.	လၢအတၢ်တၢ်ဆိကမိၣ်လၢအဂ့ၢ်ဒံးဘၣ်★လၢတၢ်တဟ်ကဲအီၤဘၣ်	un're-gard'ed
_unregenerate / unregenerated	a. / a.	လၢအတနုၢ်သုၣ်သီသးလီၤဒံးဘၣ်	un're-gen'er-ate / un-re-gen'er-at'ed
_unregistered	a.	လၢအတၢ်တကွဲးနီၣ်ကွဲးယါလၢစရီပူၤဒံးဘၣ်	un-reg'is-tered
_unregretted	a.	လၢတၢ်တသးဆူးက့ၤလၢအယိဘၣ်	un're-gret'ted
_unrelated	a.	လၢအတၢ်ထွဲလိာ်အသးဘၣ်	un're-lat'ed
_unrelenting	a.	လၢအတမၤစၢ်လီၤအတၢ်စံၣ်ညီၣ်လၢအတၢ်သးကညီၤတအိၣ်ဘၣ်အယိ★ အသးတ(စၢ်)(ကဖုာ်)လီၤဘၣ်★တသးကညီၤတၢ်ဘၣ်	un're-lent'ing
_unreliable	a.	လၢပနာ်နှုၢ်အီၤတသ့ဘၣ်★လၢပသန့ၤထီၣ်ပသးလၢအီၤတသ့ဘၣ်	un're-li'a-ble
_unrelieved	a.	လၢအတၢ်တမၤကိညၢ်ထီၣ်အီၤဘၣ်★လၢအအိၣ်ဒီးတၢ်လၢအမၤ မှာ်ပသးဘၣ်★လၢတၢ်တမၤ(ပူၤဖျဲး)(စၢၤ)အီၤဘၣ်★ဒၣ်သိးသိးထိဘိ	un're-lieved'
_unremediable	a.	လၢတၢ်ဘိၣ်ဂ့ၤက့ၤတသ့ဘၣ်	un're-me'di-a-ble
_unremitting	a.	လၢအအိၣ်ကတီၢ်နီၢ်တဘိုဘၣ်	un're-mit'ting
_unrented	a.	လၢအတၢ်တၢ်ဒီးလဲလီၤအီၤဘၣ်	un-rent'ed
_unrepaired	a.	လၢအတၢ်တၢ်ဘိၣ်က့ၤအီၤဘၣ်	un're-paired'
_unrepealed	a.	(လၢအစိကမီၤ)တဘၣ်တၢ်တမၤဟးဂီၤအီၤဒံးဘၣ်	un're-pealed'
_unrepentant / unrepenting	a. / a.	လၢအသ့ၣ်နီၣ်ပိၢ်ယၢ်လီၤက့ၤအသးဘၣ်	un're-pent'ant / un're-pent'ing
_unrepented	a.	လၢတၢ်တပိၢ်ယၢ်လီၤအသးလၢအဂ့ၢ်ဒံးဘၣ်	un're-pent'ed
_unreplenished	a.	လၢအတၢ်တၢ်မၤပှဲၤထီၣ်က့ၤအီၤဘၣ်	un're-plen'ished
_unreported	a.	လၢအဂ့ၢ်တအၣ်တၢ်ဟ်ဖျါထီၣ်ဒံးဘၣ်	un're-port'ed
_unreproved	a.	လၢအတၢ်တၢ်သိၣ်က့ၤသီက့ၤအီၤဒံးဘၣ်	un're-proved'
_unrequited	a.	လၢတၢ်တမၤဘျုးဆၢက့ၤအီၤဘၣ်★လၢတဟ့ၣ်က့ၤအီၤအခါးဘၣ်	un're-quit'ed
_unreserved	a.	တဟ့ၤအသးဘၣ်★တဟ်(ကီၢ)(ခူသူၣ်)တၢ်လၢအဂီၢ်ဘၣ်★လၢလၢပှဲၤပှဲၤ★ တဟ်ခူသူၣ်တၢ်လၢအသးဘၣ်	un're-served'
_unresisted	a.	လၢအတ(တြီ)(ထီဒါ)ဆၢအီၤဘၣ်	un're-sist'ed
_unresponsive	a.	လၢအတအဲၣ်ဒိး(စံး)(မၤ)(ကွဲး)ဆၢက့ၤပှၤဂၤဘၣ်	un're-spon'sive

_unrest	a.	တၢ်အိဉ်ဂုၢ်တမှာ်ဘဉ်	un-rest'
_unrestful	a.	လၢအတဒုးအိဉ်ဘုံးအိဉ်သါတၢ်ဘဉ် ★လၢအအိဉ်ဂုၢ်တမှာ်ဘဉ်	un-rest'ful
_unrestrained	a.	လၢအတကီၤသူဉ်ကီၤသး★လၢတၢ်တတြီအီၤဘဉ်	un're-strained'
_unrestricted	a.	လၢအတအိဉ်ဒီးအဆၢလၢတၢ်နီၤဖးပာ်ဆၢအီၤဘဉ်★လၢတၢ်တတြီအီၤဘဉ်★လၢအမၤဖဲဒဉ်အသး	un're-stricted'
_unretarded	a.	လၢအတဘဉ်တၢ်မၤကယီလီၤကွၤအီၤဘဉ်	un're-tard'ed
_unrevealed	a.	လၢအတဘဉ်တၢ်ဟ်ဖျါအီၤဒံးဘဉ်	un're-veal'ed
_unrevengeful	a.	လၢအတအဲဉ်ဒီးမၤဆၢက့၊တၢ်အၢလၢတၢ်အၢဘဉ်	un're-venge'ful
_unrewarded	a.	တနၢ်ဘဉ်ခိဉ်ဖးဘဉ်★လၢအတနၢ်ဘဉ်ကွ၊တၢ်မၤဘျူးဘဉ်	un're-warded'
_unrighteous (ly)	a.	တတီတလိၤ(ဘဉ်)	un-right'eous (ly)
_unrightfully	adv.	တတီဘဉ်	un-right'ful-ly
_unripe	a.	တမံၤဒံးဘဉ်	un-ripe'
_unrivalled	a.	လၢတၢ်တုၤသိးသိးဒီးအီၤအိဉ်ဘဉ်★လၢတၢ်အခိဉ်ထဲဒီးအီၤတဒဉ်အိဉ်ဘဉ် ★လၢအဒၢတၢ်အိဉ်ဘဉ်★လၢတၢ်လၢပကထိဉ်သတြီၤဒီးအီၤတဒဉ်အိဉ်ဘဉ်	un-ri'valled
_unroll	v.t.	သလဉ်လီၤ	un-roll'
_unromantic	a.	လၢအတၢ်လီၤတိၢ်လီၤဆီလၢပကနၢ်ဟူအဂ့ၢ်မှာ်ဘဉ်ပှၤအိဉ်ဘဉ်★လၢတၢ်တဆိမိဉ်နၢ်ဒီးကွဲးမှာ်နၢ်အီၤဘဉ်★လၢတၢ်တဆိမိဉ်နၢ်အီၤဒီးဒုးကဲထိဉ်အီၤတ့ၤပကနဉ်မှာ်ပှၤနဉ်ဘဉ်	un'ro-man'tic
_unruffled	a.	လၢအတသးဆူနဘဉ်★လၢအ(သး)(မဲာ်ဖံးခိဉ်)အိဉ်ဂၢၢ်တပၢ်	un-ruf'fled
_unruled	a.	တဘဉ်တၢ်တီၤအီၤလၢတၢ်ဘျၤဒံးဘဉ်★လၢတၢ်တပၢအီၤဘဉ်	un-ruled'
_unruly	a.	လၢအတဒီးပၢသးလၢတၢ်အဖိလာ်ဘဉ်★လၢတၢ်ပၢအီၤတနၢ်ဘဉ်★နၢ်ကုဉ်	un-rul'y
_unsaddle	v.t.	ထုးလီၤကွံာ်ကသ့ဉ်အဂီၢ်ကၤ	un-sad'dle
_unsafe	a.	လၢတၢ်သဒၢယီဉ်အိဉ်လၢအဂီၢ်★လၢအပူၤဖျဲးဘဉ်★လၢအတပူၤဖျဲးဒီးတၢ်သံခွဲသံပုၤဘဉ်	un-safe'
_unsaid	a.	လၢအတဘဉ်တၢ်(တဲ)(စံး)အီၤဘဉ်	un-said'
_unsaleable	a.	လၢတၢ်ဆါကွံာ်အီၤတနၢ်ဘဉ်	un-sale'a-ble
_unsalted	a.	လၢအတဘဉ်တၢ်စံာ်အီၤလၢအံသဉ်ဘဉ်	un-salt'ed
_unsanctified	a.	လၢတၢ်တမၤစီမၤဆှံအီၤဒံးဘဉ်	un-sanc'ti-fied
_unsanctioned	a.	လၢတၢ်တဟ့ဉ်အခွဲးဒံးဘဉ်★လၢတၢ်ကလုၢ်တလၢီဒံးလၢတၢ်ကဟ်ဂၢၢ်ဟ်ကျၢၤအီၤအဂီၢ်ဘဉ်	un-sanc'tioned
_unsanitary	a.	လၢအတဂ့ၤလၢတၢ်အိဉ်ဆူဉ်အိဉ်ချ့အဂီၢ်ဘဉ်	un-san'i-ta-ry
_unsatisfactory	a.	လၢအတ(နုး)(မၤ)သးမံပုၤဘဉ်	un-sat'is-fac'to-ry
_unsatisfied	a.	လၢအသးတမံဘဉ်★လၢတၢ်သဉ်ဝံၤသဉ်စ့ၤအသးတဟါမၢ်ဒံးဘဉ်	un-sat'is-fied
_unsatisfying	a.	လၢအတလီၤသးမံဘဉ်★လၢအတ(နုး)(မၤ)သးမံပုၤဘဉ်	un-sat'is-fy'ing
_unsought	a.	လၢတၢ်တယုထံဉ်နၢ်အီၤဘဉ်	un-sought'
_unsavory	a.	လၢအတဝံဉ်တဆၢဘဉ်★လၢအနၢဘဉ်ပှၤတမှာ်ဘဉ်★လၢအ(ထး)(မရီၢ်)တအိဉ်ဘဉ်★ဘျါကဖံာ်	un-sa'vor-y
_unscarred	a.	လၢအပူၤလီၢ်ဆးကၢၤတအိဉ်ဘဉ်	un-scarred'
_unscathed	a.	လၢအတဘဉ်ဒိဆါနီတစဲးဘဉ်	un-scathed'
_unscholarly	a.	လၢအတ(ဟ်ဖျါပုၤအိဉ်ဒီးအတၢ်)သ့ပှာ်သံလဲၢ်အါအါဘဉ်	un-schol'arly
_unscorched	a.	လၢအတကၢၢ်(သ့ဉ်)(ဘိ)(ယၢဉ်)ဘဉ်★တတူၢ်ဘဉ်တၢ်ကတိၤဆါအီၤနီတဖဲၤဘဉ်	un-scorched'
_unscratched	a.	လၢအဝတ်အလီၢ်တအိဉ်ဘဉ်★လၢတၢ်တဝဲာ်အီၤဘဉ်	un-scratched'
_unscrew	v.t.	ထုးထိဉ်ကွံာ်ဝဲၤသူဉ်	un-screw'
_unscriptural	a.	လၢအတလီၤပလိာ်ဒီးလံာ်စီဆှံတၢ်ကတိၤဘဉ်	un-scrip'tur-al
_unscrupulous	a.	လၢအတနီၤဖးပာ်ဖးတၢ်ဂ့ၤဒီးတၢ်အၢအၢဆၢဘဉ်★လၢအတပလီၢ်အသးဘဉ်	un-scru'pu-lous
_unseal	v.t.	အိးထိဉ်ကွံာ်တၢ်လၢအဘဉ်တၢ်မၤစဲဘူးအီၤလ၊(ယံာ်)(ယိၤ)	un-seal'
_unsearchable	a.	လၢတၢ်ကွၢ်ယုသ့ဉ်ညါကွၤအီၤတနၢ်ဘဉ်★လၢတၢ်ယုထံဉ်နၢ်ကွၤအီၤတနၢ်သ့ဘဉ်	un-search'a-ble

_unseasonable	a.	လၢအတဘၣ်ဆၢဘၣ်ကတီၢ်ဘၣ်	un-sea'son-a-ble
_unseasoned	a.	လၢအတပှဲၤဒံးဘၣ်★လၢတၢ်တကျဲ၀ံၣ်၀ံၣ်ဆၢဆၢးဘၣ်★လၢတၢ်တမၤဘိၣ်မၤဘဲအီၤဒံးဘၣ်	un-sea'soned
_unseat	v.t.	(ဒုးဟးထိၣ်)(ဆိၣ်)ကွံာ်လၢလီၢ်ဆ္ၣ်နီၤအပူၤ★ထုးထိၣ်ကွံာ်လၢအလီၢ်	un-seat'
_unsectarian	a.	လၢအတဘၣ်ယးတၢ်ဘူၣ်တၢ်ဘါတကလုာ်ဇီၤလီၤဆီၣ်ဒၣ်တၢ်ဘၣ်	un'sec-ta'ri-an
_unseemly	a.	လၢအတဖျါယံဖျါလၤဘၣ်ပမ်ဘၣ်★လၢအတကြၢးတဘၣ်	un-seem'ly
_unselfish	a.	လၢအတယုထဲအဘျုးဒၣ်၀ဲဘၣ်★လၢအတအဲၣ်လီၤထဲအသးဒၣ်၀ဲဘၣ်	un-self'ish
_unseen	a.	လၢအတဂ်တၢ်ထံၣ်အီၤဘၣ်★လၢတၢ်တထံၣ်အီၤဘၣ်	un-seen'
_unserviceable	a.	လၢအဘျုးတအိၣ်ဘၣ်★လၢပသူအီၤတသ္ဘၣ်	un-serv'ice-a-ble
_unsettle	v.t.	သုးလီၢ်★တမၤဂၢၢ်မၤကျၢၤအီၤဒၢ်ဘၣ်★မၤကတံၤကဒါအသး	un-set'tle
_unsettled	a.	လၢအတဘၣ်တၢ်မၤဝံၤမၤကတၢၢ်အီၤဒံးဘၣ်★လၢအတဘၣ်တၢ်လီၤကူၤအီၤဒံးဘၣ်★လၢတၢ်တမၤလီၤတံၢ်အီၤဒံးဘၣ်	un-set'tled
_unserved	a.	လၢအဘၣ်တၢ်ထိၣ်ယ့ၣ်လီကွံာ်ကူၤအလုၣ်	un-served'
_unshackle	v.t.	ဘိၣ်လီၤကွံာ်ထးက္ၤီ	un-shac'kle
_unshaded	a.	လၢအတန္ၢ်ဘၣ်တၢ်ကနုဘၣ်★လၢတၢ်တမၤကနုအီၤဘၣ်	un-shad'ed
_unshakeable	a.	လၢတၢ်မၤဟူးမၤဝးအီၤတသ္ဘၣ်	un-shake'a-ble
_unshaken	a.	လၢအတဟူးတဝးဘၣ်	un-shak'en
_unsheathe	v.t.	(ဘိၣ်ထိၣ်)(ထုးထိၣ်)လၢအကြိၤပူၤ★ဘုၣ်ထိၣ်(နုး)(ဒီ)	un-sheathe'
_unshamed	a.	တမဲာ်ဆုးဘၣ်	un-shamed'
_unshaven	a.	လၢအတလူၤအ(ခံ)ဆ္ၣ်ဒံးဘၣ်	un-shav'en
_unshrinkable	a.	လၢအတသံးကတုၢ်အသးဘၣ်	un-shrink'a-ble
_unshrunk	a.	လၢတၢ်တမၤသံးကတုၢ်ဒံးအီၤဘၣ်	un-shrunk'
_unsightly	a.	လၢပကွၢ်တမုာ်ဘၣ်★အ(ကွၢ်အဂီၤ)(လ်)အၢ★လၢအကွၢ်အဂီၤတယံတလၤဘၣ်	un-sight'ly
_unsigned	a.	လၢတၢ်အမံၤတဘၣ်ဘၣ်တၢ်ဆဲးလီၤအသးလၢအလိၤဒံးဘၣ်	un-signed'
_unsinged	a.	လၢမ္ၣ်အူတပ္လ္ၤအီၣ်ဘၣ်အီၤဘၣ်	un-singed'
_unsinkable	a.	လၢအလီၤဘ္ၤတန္ၢ်ဘၣ်	un-sink'a-ble
_unskilled	a.	လၢအတၢ်စုသ္ခီၣ်သ္တအိၣ်ဘၣ်	un-skilled'
_unskilful	a.	လၢအတသ္ဖးသ္မၤတၢ်ဘၣ်★လၢအတကုၣ်သ္ဘၣ်	un-skil'ful
_unslaked	a.	(ထုၣ်)လၢအတဖးထိၣ်ဒံးဘၣ်★တၢ်သူအသးလၢထံတဘျါးဒံးဘၣ်	un-slaked'
_unsmiling	a.	လၢအတနံၤဒီးမဲာ်နံၤကမုံဘၣ်	un-smil'ing
_unsnarl	v.t.	ဒုးလီၤဆ္ၣ်ကွံာ်★ထိၣ်ယ့ၣ်လီတၢ်လၢအဘံဘူလိာ်သးသ္ၣ်တဖၣ်	un-snarl'
_unsociable	a.	လၢအသးတအိၣ်ရ္ဒီးပှၤဂၤဘၣ်	un-so'cia-ble
_unsoiled	a.	လၢအတဘၣ်အၢဘၣ်	un-soiled'
_unsolicited	a.	လၢတၢ်တမၤန္ၢ်ဆိၣ်ခံအီၤဘၣ်★လၢတၢ်တယ့ကညးအီၤဘၣ်	un-so-lic'it-ed
_unsophisticated	a.	လၢအကဆို★အတၢ်ကမၣ်တအိၣ်★တအိၣ်ဒီးတၢ်လီတၢ်ဝ့ၤဘၣ်	un-so-phis'ti-cat'ed
_unsound	a.	လၢအပူၤလီၢ်အိၣ်★တအိၣ်ဆုၣ်★တဂၢၢ်ကၢဘၣ်★တ(ဂ့ၤ)ဘၣ်	un-sound'
_unsparing (ly)	a.	ဟ္ၣ်တၢ်ညီညီဒီးအါအါ★ဖံး★တအၢးတသးကညီၤတၢ်ဘၣ်	un-spar'ing (ly)
_unspeakable	a.	(အၢတုၤ)တၢ်ကတိၤလၢအဂ့ၢ်တသ္ဘၣ်	un-speak'a-ble
_unspecified	a.	လၢတၢ်တယၢၤထိၣ်အမံၤဇီၤဒၣ်တၢ်ဘၣ်	un-spec'i-fied
_unspiritual	a.	တဘၣ်ယးလၢသးဘၣ်	un-spir'it-u-al
_unspoiled	a.	တဟးဂီၤဘၣ်★တဘၣ်တၢ်မၤဟးဂီၤဘၣ်	un-spoiled'
_unspotted	a.	လၢအတသံၣ်သူမီၢ်ကျၢၢ်ဘၣ်★လၢအတစံၣ်ပိၣ်စံၣ်ပြ္ဘၣ်★လၢအတဘၣ်အၢဘၣ်★ကဆို	un-spot'ted
_unstable	a.	လၢအတဂၢၢ်(တကျၤ)ဘၣ်★လၢအသးကဒံကဒါ	un-sta'ble
_unsteady	a.	လၢအတအိၣ်ဂၢၢ်ဘၣ်	un-stead'y
_unsterilized	a.	လၢတၢ်တမၤသံအယၢ်ဒံးဘၣ်	un-ster'i-lized
_unstinting	a.	လၢအဟ္ၣ်တၢ်ညီညီဒီးအါအါ★တလီၤကီဒီတၢ်ဘၣ်★တပာ်ဘၣ်	un-stint'ing
_unstitched	a.	လၢအဘၣ်တၢ်ဆးအီၤဒံးဘၣ်	un-stitched'
_unstop	v.t.	အီးထိၣ်ကွံာ်အဖိၣ်(ဖှိၣ်)(ကး)★အီးဟိထိၣ်	un-stop'

_unstrapped	a.	ယွၣ်လီၤကွံာ်ပှဲၤတၢ်ဖး	un-strapped'
_unstring	v.t.	ယွၣ်လီၤကွံာ်အပှဲၤ ★ ထုးကွံာ်ပှဲၤ ★ မၤကတုၢ်လီၤ ★ ထုးကွံာ်လၤပှဲၤလီၤ	un-string'
_unstudied	a.	လၤတၢ်တဆိမိၣ်ဟ်စၢၤအဂ့ၢ်ဘၣ် ★ လၤအတဘၣ်တၢ်မၤလိအီၤဒံးဘၣ် ★ လၤအသ့တဘၣ်ဒံးဘၣ်	un-stud'ied
_unsubdued	a.	လၤတၢ်မၤဖှီၣ်တနၢၤဘၣ် ★ လၤတၢ်ဆီၣ်လီၤအီၤတနၢၤဘၣ်	un'sub-dued'
_unsubmissive	a.	လၤအတဆီၣ်လီၤအသးဘၣ်	un'sub-mis'sive
_unsubstantial	a.	လၤအမ့ၢ်တၢ်မုၢ်တၢ်နါဘၣ် ★ တမ့ၢ်တၢ်နီၢ်နီၢ်ဘၣ် ★ အသးအကာ်တအိၣ်ဘၣ် ★ လၤအမ့ၢ်ထဲတၢ်ဆိကမိၣ်ဓိၤလီၤ	un'sub-stan'tial
_unsuccessful	a.	(လၤအတၢ်ဖံးတၢ်မၤ)တကဲထီၣ်လိၣ်ထီၣ်ဘၣ်	un'suc-cess'ful
_unsuitable	a.	လၤအတကြၢးတဘၣ်	un-suit'a-ble
_unsure	a.	တသ့ၣ်ညါလီၤတံၢ်ဘၣ် ★ တဂၢၢ်တကျၤဘၣ်	un-sure'
_unsurmountable	a.	လၤပထီၣ်ဘးအအီၣ်မိၣ်တသ့ဘၣ် ★ လၤတၢ်မၤနၢၤအီၤတသ့ဘၣ်	un'sur-mount'a-ble
_unsurpassed	a.	လၤတၢ်(ဂ့ၤ)နူၢ်အီၤတအိၣ်ဘၣ်	un'sur-passed'
_unsusceptible	a.	လၤတၢ်ဘၣ်ဒိဘၣ်ထံးအီၤန့ၣ်တသ့ၣ်ညါဝဲဘၣ်	un'sus-cep'ti-ble
_unsuspected	a.	လၤတၢ်တဆိကမိၣ်လၤအတၢ်ကမၣ်အိၣ်ဘၣ်	un-sus-pect'ed
_unsuspecting / unsuspicious	a. / a.	လၤတအ(သီၣ်နူၢ်)ဆိကမိၣ်လၤပှၤကမၤတကြၢးတဘၣ်န့ၣ်ဘၣ် ★ သီၣ်နူၢ်နာ်နူၢ်ပှၤ ★ တဒုးကဲထီၣ်တၢ်သးဒ့ဒီဘၣ်	un'sus-pect'ing / un-sus-pi'cious
_unswayed	a.	တလဲလိာ်အတၢ်ဆိကမိၣ်ဘၣ် ★ လၤအတဘၣ်တၢ်ထီၣ်ဝးယဲၤယီၤအီၤဘၣ်	un-swayed'
_unsweetened	a.	လၤအတဘၣ်တၢ်မၤဆၢအီၤဘၣ်	un-sweet'ened
_unswept	a.	လၤအတဘၣ်တၢ်ကွဲသိၣ်အီၤဘၣ်	un-swept'
_unswerving	a.	လၤအလဲၤတၢ်လိၤလိၤဘျၢဘျၢ ★ လၤအသးကျၤ	un-swerv'ing
_unsymmetrical	a.	လၤအတယူလိာ်ဖိးလိာ်အသးတကပၤဒီၤတကပၤဘၣ် ★ လၤအတဘၣ်ဘိုးဘၣ်ဒါဘၣ်	un'sym-met'ri-cal
_unsympathetic	a.	လၤအတသးကညီၤတၢ်ဘၣ်	un-sym'pa-thet'ic
_unsystematic	a.	လၤအတမၤအသးဒ်တၢ်ဘျၢအိၣ်ဝဲအသိးဘၣ်	un-sys'tem-at'ic
_untalented	a.	လၤအတၢ်ဟ်ဝံဝ်ဟဲစိာ်အဂ့ၤလီၤဆီအိၣ်နီတမံၤဘၣ်	un-tal'ent-ed
_untameable	a.	လၤတၢ်မၤဘျ၊အီၤတနၢၤဘၣ်	un-tame'a-ble
_untangle	v.t.	ယွၣ်လီၤကွံာ်တၢ်အိၣ်သဘံၣ်ဘၣ်	un-tan'gle
_untasted	a.	လၤအတဘၣ်တၢ်အိၣ်ကွၢ်လှၣ်ကွၢ်ဒံးအီၤဘၣ်	un-tast'ed
_untenable	a.	လၤပ(ဟံးယာ်ဂၢၢ်ဟံးယာ်ကျၤ)(အိၣ်ပိၣ်)အီၤတသ့ဘၣ်	un-ten'a-ble
_unthankful	a.	လၤအသ့ၣ်ညါတၢ်ဘျုးဘၣ်	un-thank'ful
_unthinkable	a.	လၤပဆိမိၣ်လၤအဂ့ၢ်တသ့ဘၣ်	un-think'a-ble
_unthinking	a.	လၤအအိၣ်ဒီၤတၢ်ဆိကမိၣ်ဆိကမးလၤပှၤဂၤအဂီၢ်ဘၣ်	un-think'ing
_unthrifty	a.	လၤအဟ်ဖိုၣ်ဟ်တံၤတၢ်လၤအဂၢါထီၣ်အဂီၢ်ဘၣ် ★ တအိၣ်ထီၣ်သီထီၣ်ဘၣ် ★ အစုလီၢ်ခိၣ်ခိၣ်တအါထီၣ်ဘၣ်	un-thrift'y
_untie	v.t.	ယွၣ်လီၤ	un-tie'
_until	prep.	တုၤ(လီၤ)လၢ ★ ပၢ်လၢ	un-til'
_untillable	a.	လၤတၢ်ထူတၢ်ကွးအီၤတသ့ဘၣ်	un-till'-a-ble
_untimely	a.	လၤအတဘၣ်ဆၢဘၣ်ကတီၢ်ဘၣ်	un-time'ly
_untinctured	a.	လၤအတဘၣ်တၢ်ယၢ်ယုာ်အီၤလၤတၢ်နီတမံၤဘၣ်	un-tinc'tured
_untinted	a.	လၤတၢ်တမၤ(လီၤဆီ)ထီၣ်အလွဲၢ်နီတမံၤဘၣ် ★ လၤအလွဲၢ်တယၢ်ယုာ်အသးဒီၤတၢ်ဂၤအလွဲၢ်နီတမံၤဘၣ်	un-tint'ed
_untitled	a.	လၤအတအိၣ်ဒီၤမံၤလၤသဲစးပီၢ်ဘၣ်	un-ti'tled
_untold	a.	လၤအါတုၤဒၣ်လဲာ်ပှၤဂၢ်အီၤဘၣ် ★ တဘၣ်တၢ်တဲအီၤဘၣ် ★ ဂီၢ်မုၢ်	un-told'
_untouchable	a.	လၤအအါတုၤဒၣ်လဲာ်တၢ်တထိးဘူးအီၤဘၣ် ★ လၤတၢ်ထိးဘူးအီၤတသ့	un-touch'a-ble
_untouched	a.	လၤအတဘၣ်တၢ်ထိးဘၣ်အီၤဘၣ် ★ လၤအသးတဘၣ်ဆဲးဘၣ်	un-touched'
_untoward	a.	လၤအမၤတံာ်တာ်ပှၤ ★ ဟ်အသးကနၤကနု ★ အနၢ်ကဲာ်	un-to'ward
_untrained	a.	လၤအတဘၣ်တၢ်သိၣ်လိအီၤဒံးဘၣ်	un-trained'
_untrammeled	a.	လၤအတဘၣ်တၢ်(မၤတံာ်တာ်)(တြီ)အီၤဘၣ်	un-tram'meled

_untraveled	a.	လၢတၢ်တလ့ၢ်လီၤလ့ၢ်ထီၣ်အီၤအါအါဘၣ်★လၢအတ(ဟးထီၣ်ဟးလီၤ)(လဲၤဘၣ်)ဆူထံဂၤကီၢ်ဂၤဘၣ်	un-trav'eled
_untrembling	a.	လၢအတကနိးကစုာ်ဘၣ်	un-trem'bling
_untried	a.	လၢအတဘၣ်တၢ်(မၤကွၢ်)(သမံသမိး)အီၤဒံးဘၣ်	un-tried'
_untroubled	a.	လၢအသးဘၣ်မုာ်ဘၣ်ခုၣ်★လၢအသးတဘၣ်တၢ်မၤကိၢ်မၤဂီၤအီၤဘၣ်	un-trou'bled
_untrue	a.	တတီဘၣ်	un-true'
_untrustworthy	a.	လၢအတလီၤနာ်ပၢၤဘၣ်★လၢပတနာ်နှၢ်အီၤဘၣ်	un-trust'wor'thy
_untruthful	a.	လၢအကလုၢ်တတီဘၣ်★လၢအတတီတလိၤဘၣ်	un-truth'ful
_unturn	v.t.	ဘိးကဒါကှၤအီၤ	un-turn'
_untutored	a.	လၢအတမၤလိမၤဒိးဘၣ်တၢ်ဘၣ်★တဘၣ်တၢ်သိၣ်လိမၤလိအီၤဘၣ်	un-tu'tored
_untwine / untwist	v.t. / v.t.	သလဲာ်လီၤကှၤ★(ထိၣ်)လီၤဆှၣ်ကှၤ★(ထိၣ်)ယှၣ်လီၤကွံာ်	un-twine' / un-twist'
_unused	a.	လၢအတဘၣ်တၢ်သူအီၤဒံးဘၣ်	un-used'
_unusual	a.	လၢအတညီနှၢ်★လၢအလီၤတိၢ်လီၤဆီ	un-u'su-al
_unutterable	a.	လၢပတဲအဂ့ၢ်တဘၣ်ဘၣ်★လၢပကတဲၤလၢအဂ့ၢ်တသ့ဘၣ်	un-ut'ter-a-ble
_unvarnished	a.	လၢအတဘၣ်တၢ်ဖှူအီၤလၢကသံၣ်ဒံးဘၣ်	un-var'nished
_unveil	v.t.	အိးထိၣ်(ယၣ်ဘျးသဒၢ)(နိၣ်ကျၢ်ဘၢမဲာ်)★ဟ်ဖျါထိၣ်	un-veil'
_unvoiced	a.	လၢပှၤတစံးတတဲနီတဂၤဘၣ်	un-voiced'
_unwarrantable	a.	လၢတၢ်ကတိၤပူၤဖျဲးအီၤတသ့ဘၣ်★လၢတၢ်ဟ်တီဟ်လိၤအီၤတသ့ဘၣ်★တတီတလိၤ	un-war'rant-a-ble
_unwarranted	a.	လၢအတနှၢ်အခွဲးဘၣ်★လၢတၢ်ဟ်တီဟ်လိၤအီၤတသ့ဘၣ်	un-war'rant-ed'
_unwashed	a.	လၢတၢ်တဆှၣ်ဒံးအီၤဘၣ်★လၢတၢ်တသ့အီၤဒံးဘၣ်	un-washed'
_unwatered	a.	လၢအတဘၣ်တၢ်လှူဘၣ်စိၣ်အီၤလၢထံဒံးဘၣ်	un-wa'tered
_unwavering	a.	လၢအ(သး)တကဒံကဒါဘၣ်★လၢအတဝံၢ်ဝါအသးဘၣ်	un-wa'ver-ing
_unwearied	a.	လၢအတလီၤဘုံးလီၤတီၤဘၣ်	un-wea'ried
_unwelcome	a.	လၢတၢ်တတူၢ်လိာ်အီၤမုာ်မုာ်ဘၣ်	un-wel'come
_unwell	a.	တအိၣ်ဆူၣ်အိၣ်ချ့ဘၣ်	un-well'
_unwholesome	a.	တဂၤလၢ(တၢ်အိၣ်ဆူၣ်အိၣ်ချ့)(တကဲာ်ပဝး)အဂီၢ်ဘၣ်	un-whole'some
_unwieldy	a.	လၢအဒိၣ်တုၤပစိာ်ထိၣ်စိာ်လီၤအီၤတညီဘၣ်★လၢပဝံၢ်ထိၣ်ဝံၢ်လီၤအၢၤတညီဘၣ်	un-wield'y
_unwilling	a.	လၢအသးတအိၣ်ဘၣ်★လၢအသးတဆူၣ်ဘၣ်	un-will'ing
_unwind	v.t.	(ထိၣ်)လီၤဆှၣ်	un-wind'
_unwise (ly)	a.	တကူၣ်သ့ဘၣ်★လၢအတၢ်ကူၣ်တၢ်ဆးတအိၣ်ဘၣ်	un-wise' (ly)
_unwitting (ly)	a.	လၢအတသ့ၣ်ညါဘၣ်(အခါ)	un-wit'ting (ly)
_unwonted	a.	လၢအတညီနှၢ်ဘၣ်★လီၤဆီ	un-wont'ed
_unworkable	a.	လၢပမၤအီၤတသ့ဘၣ်	un-work'a-ble
_unworldly	a.	လၢအတဘၣ်ယးဒီးအအံၤတယၣ်ဘၣ်	un-world'ly
_unworthy	a.	တကြၢးတဘၣ်	un-wor'thy
_unwrap	v.t.	ယှၣ်လီၤ★အိးထိၣ်★ဘှၣ်လီၤ	un-wrap'
_unwritten	a.	လၢအတဘၣ်တၢ်ကွဲးအီၤဘၣ်	un-writ'ten
_unwrought	a.	လၢတၢ်တပိာ်နှၢ်ဒံးအကှၢ်အဂီၤဘၣ်★လၢတၢ်တမၤအီၤဒံးဘၣ်	un-wrought'
_unyoke	v.t.	ပျၢ်လီၤကွံာ်★ဒုးပူၤဖျဲးကွံာ်အီၤလၢနိၣ်ယိးဘိ(အဖီလာ်)	un-yoke'
_up	prep. / adv.	ဆူတၢ်ဖီခိၣ်★(ဆူ)(လၢ)ထး★ထိၣ်★(အိၣ်)ကွံာ်	up
_up and down		ထိၣ်လီၤထိၣ်လီၤ	up and down
_upbraid	v.t.	ဟ်တၢ်ကမၣ်လၢအလိၤဆူၣ်ဆူၣ်★အ့ၣ်လိာ်အီၤ★ဒုအလိၤ	up-braid'
_upheaval	n.	ဟီၣ်ခိၣ်ကဖိထိၣ်အသး★တၢ်ဆီၣ်ကဖိထိၣ်တၢ်★တၢ်ထိၣ်ကဖိတလှၢ်	up-heav'al
_uphold	v.t.	မၤစၢၤ★စိာ်ထိၣ်	up-hold'
_upholster (y)	n.	(မၤနှၢ်)ဟံၣ်အပီးအလီဒ်နိၣ်ဘျးသဒၢ,ခံတခၢၣ်,ဒီးတၢ်ကးဘၢဒီးအဂၤတဖၣ်	up-hol'ster (y)

_upkeep	n.	တၢ်အံၤကွၢ်ကွၢ်ကၤတၢ် ★တၢ်ဘိုကွၤတၢ်	up-'keep'
_upland	n.	လၢကစၢၢ်ခိၣ်ကလိကျါ★တၢ်လိၢ်ထိၣ်ထိ	up-land
_uplift	v.t.	စိၣ်ကဖိထိၣ်★မၤဂ့ၤထိၣ်	up-lift'
_upon	prep.	လၢအလိၤ★ဖဲ(ယနၢ်)အခါ★လၢအဖိခိၣ်	up-on'
_upper	a.	အဖိခိၣ်တ(ကထၢ)(ဆီ)★လၢအလိၢ်ထိန့ၢ်တကွၢ်★လၢအဂ့ၤန့ၢ်တကွၢ်	up'per
_uppermost	a.	လၢအဖိခိၣ်ကတၢၢ်	up'per-most
_upright	a.	ထူၣ်ကလာ်★လၢအတီအလိၤ	up'right'
_uprising	n.	တၢ်တဟးထိၣ်တၢလိၤ★တၢ်ပူထိၣ်★တၢ်ဂဲၤထၢၣ်★တၢ်လဲၤဘံ★တၢ်လဲၤထိၣ်	up-ris'ing
_uproar	n.	တၢ်သိၣ်တဟူၣ်ဘးလီ★တၢ်တဟးထိၣ်တၢလိၤ★တၢ်ကီးပသူကီးပသီ	up'roar
_uproarious	a.	လၢအအိၣ်ဒီးတၢ်(သိၣ်တဟူၣ်ဘးလီ)(ကီးပသူကီးပသီ)	up-roar'ious
_uproot	v.t.	ထဲးထိၣ်ကွံာ်ဒီးအဂံၢ်★မၤလီၤတကျာ်ကွံာ်★မၤကတၢၢ်ကွံာ်အမုၢ်အဘိ★မၤဟးဂီၤကွံာ်စိဖၠကလူၤ	up-root'
_upset	v.t.	(မၤ)လီၤတကျၢ်★မၤဟးဂီၤအတၢ်ကူၣ်★(နုး)(လီၤ)ကၢ်ခိၣ်လီၤလာ်	up-set'
_upshot	n.	တၢ်အကတၢၢ်	up'shot'
_upside down	adv.	လီၤကၢ်ခိၣ်လီၤလာ်အသး★လီၤတကျၢ်အသး	up'side down
_upstairs	adv.	လၢတၢ်အဖိခိၣ်တကထၢ★လၢထးခီတဆီ	up-stairs'
_upstart	n.	ပှၤလၢအလိၢ်အလၤထိၣ်ချ့ဒီးဟ်ကဖၢလၢအသး	up'start'
_up-to-date	a.	ဘၣ်လိာ်အသးဒီးတၢ်အခုအခါခဲအံၤ	up'to-date'
_upward (s)	a.	ဆူတၢ်ဖိခိၣ်★ထိၣ်★ဆူထး★အါန့ၢ်း	up'ward (s)
_urban	a.	လၢအဘၣ်ယးဒီးဝ့ၢ်	ur'ban
_urge	v.t.	သဆၣ်ထိၣ်အခံ★မၢန့ၢ်ဆိၣ်ခံအီၤ★ကညးအီၤသပှၢ်ပှၢ်	urge
_urgency / urgent	n. / a.	(တၢ်)(လၢ)အလီၢ်အိၣ်ဝဲလၢအဘၣ်ကဲထိၣ်ချ့ ချ့ ★(တၢ်)လၢပဘၣ်မၤချ့ ချ့ ★(တၢ်)လၢအမၢန့ၢ်ဆိၣ်ခံပှၤ	ur'gen-cy / ur'gent
_urinary	a.	ဘၣ်ယးဒီးဆံၣ်	u'ri-na-ry
_urinate / urine	v.i. / n.	ဆံၣ်(ဆါ)	u'ri-nate / u'rine
_urn	n.	သပၢၤ	urn
_us	pl pron.	ပှၤ	us
_useable	a.	လၢတၢ်သူအီၤသ့	use'a-ble
_usage	n.	တၢ်အလုၢ်အလၢ်	us'age
_use	v.t.	သူ★ညီနုၢ်	use
_use	n.	တၢ်သူတၢ်★အဘျုးအိၣ်★အဘျုး	use
_useful	a.	လၢအဘျုးအိၣ်	use'ful
_useless	a.	လၢအဘျုးတအိၣ်ဘၣ်	use'less
_usher	n.	ပှၤလၢအဆှၢထိၣ်ဒီးဒုးဆ့ၣ်နီၤပှၤတဖုံ★ပှၤလၢအဒုးသ့ၣ်ညါပှၤတဖုံးလၢပှၤဂၤသ့ၣ်တဖၣ်	ush'er
_usual	a.	ဒ်အညီနုၢ်ဝဲအသိး	u'su-al
_usurer / usury	n. / n.	(တၢ်)(ပှၤလၢအ)အိၣ်စ့(အဖိခိၣ်)(အအှၣ်)အါ	u'su-rer / u'su-ry
_usurp / usurpation	v.t. / n.	(တၢ်)ဟံးနှၢ်ဆူၣ်ပှၤအလီၢ်★(တၢ်)ဂုာ်နှၢ်ဆူၣ်ပှၤအလီၢ်	u-surp' / u'sur-pa'tion
_utility	n.	တၢ်အဘျုးအိၣ်★အဘျုး★တၢ်လၢအဘျုးအိၣ်	u-til'i-ty
_utilize	v.t.	သူဝဲ★သူဝဲဒ်သိးကတဲထိၣ်တၢ်ဘျုးလၢအဂီၢ်	u'til-ize
_utmost	a.	အကတၢၢ်★ထိကတၢၢ်★အါကတၢၢ်	ut'most
_utmost	n.	တၢ်တသ့ဖဲအသ့	ut'most
_utopia	n.	တၢ်လီၢ်အမှာ်ကတၢၢ်လၢပှၤတယာ်တဲနှၢ်ဝဲ	u-to'pi-a
_utter	v.t.	ကတိၤ★စံး	ut'ter
_utter	a.	လၢာ်လၢာ်ဆ့ဆ့★စီဖှၠကလူၤ★ကလၤတၤကူၤ★လၢလၢပှဲၤပှဲၤ	ut'ter
_utterance	n.	တၢ်စံးတၢ်ကတိၤ(တၢ်)	ut'ter-ance
_utterly	adv.	လၢာ်လၢာ်ဆ့ဆ့★လၢာ်လၢအစိ★စီဖှၠကလူၤ★ကလၤတၤကူၤ★နီၢ်နီၢ်	ut'ter-ly
_uttermost	a.	(တၢ်)လၢအယံၤကတၢၢ်★(တၢ်)ထိကတၢၢ်★(တၢ်)အကတၢၢ်	ut'ter-most

_uttermost	n.	တၢ်တသ့ဖဲအသ့	ut'ter-most
_vacancy	n.	တၢ်လီၢ်လီၢ်ဟိ	va'can-cy
_vacant	a.	လၢအလီၢ်ဟိ	va'cant
_vacate	v.t.	ဟးထီၣ်ကွံာ်★နုးလီၤဟိ★မၤဟးဂီၤအီၤ★နုးကဲထီၣ်တၢ်ကလီကလီ	va'cate
_vacation	n.	တၢ်ဟးကသုၣ်(အဆၢကတီၢ်)★တၢ်ပျၢ်အခါ★တၢ်ဆီကတီၢ်တစိၢ်	va-ca'tion
_vaccinate / vaccination	v.t. / n.	(တၢ်)ဆဲးလၢ်	vac'ci-nate / vac'ci-na'tion
_vaccine	n.	ကျိၢ်လၢ်အဖံ	vac'cine
_vaccine	a.	ဘၣ်ယးဒီးကျိၢ်(မရိၢ်)(လၢ်)အဖံ★ဘၣ်ယးဒီးကျိၢ်★ဘၣ်ယးဒီးဂီၤဖံးမိၢ်	vac'cine
_vacillate	v.i.	သးကံၤကဒါယၢ်ခီယၢ်ခီ★ဝးယဲၤယီၤ★ဟးကနူၤကပၤ	vac'il-late
_vacuity	n.	လီၢ်လီၢ်ဟိ★တၢ်နၢ်ပၢၢ်တအိၣ်	va-cu'i-ty
_vacuum	n.	တၢ်လီၢ်ဟိလၢကလံၤဒၣ်လံာ်တအိၣ်လၢအပူၤဘၣ်	vac'u-um
_vagabond	n.	(ပှၤ)လၢအဟးဝ့ၤဝီၤလီအိၣ်တၢ်★ပှၤလၢအလိၢ်ဂၢၢ်လိၢ်ကျၢၤတအိၣ်	vag'a-bond
_vagrant	a.	လၢအဟးလံလူၤကျူၤဆျါ	va'grant
_vagrant	n.	ပှၤလၢအဟးဝ့ၤဝီၤဒီးအလိၢ်ဂၢၢ်လိၢ်ကျၢၤတအိၣ်ဘၣ်	va'grant
_vague	a.	တဖျါအါအါဘၣ်★တလီၤတံၢ်လီၤဆဲးဘၣ်	vague
_vain	a.	လၢအဘျုးတအိၣ်★လၢအဟ်ထီၣ်အသးလၢတၢ်ကလီကလီအပူၤ★ကလီကလီ★လၢအဟ်ထီၣ်အသးလၢတၢ်ဆံးကံၢ်ဆံးကိၢ်ဖိဒယိ	vain
_vainglorious	n.	လၢအဟ်ကဖၢလၢအသး★လၢအစံးပတြၢၤလီၤအသး	vain-glo'ri-ous
_vale	n.	တြဲၤ	vale
_valet	n.	ပှၤပိာ်ခွါလၢအအံးကွၢ်ကွၢ်ကုၤအကစၢ်ခွါအကုအကၤအလိၢ်မံလိၢ်ဂဲၤ★တၢ်ခုတၢ်ပှၤပိာ်ခွါ	val'et
_valiant	a.	လၢအအိၣ်ဒီးသးခုတလှၢ်★လၢအနု	val'i-ant
_valid / validity	a. / n.	(တၢ်)(လၢအ)အိၣ်ဒီးအဂ့ၢ်အကျိၤဂ့ၤ★(တၢ်)အိၣ်ဒီးအ(တဟီၣ်)(စိကမီၤ)★လၢတၢ်ဟ်တီဟ်လီၤအီၤသ့★ဂ့ၤနီၢ်နီၢ်★တီလိၤ	val'id / va-lid'i-ty
_validate	v.t.	ဒုးနဲၣ်ဖျါလၢအအိၣ်ဒီးအဂ့ၢ်အကျိၤဂ့ၤ★ဟ့ၣ်အီၤအစိကမီၤ★ဟ်ဂၢၢ်ဟ်ကျၢၤအီၤ	val'i-date
_valise	n.	ထၢၣ်တၢ်ဖံး	va-lise'
_valley	n.	(တၢ်)တြဲၤ	val'ley
_valor / valour / valorous	n. / a.	(လၢအ)(တၢ်)သးခုတလှၢ်★(လၢအ)(တၢ်)သးနု	val'or / val'our / val'or-ous
_valuable	a.	လၢအဘျုးအိၣ်★လၢအလုၢ်ဒိၣ်ပှၤဒိၣ်	val'u-a-ble
_valuation	n.	တၢ်ဟ်တၢ်အပှ့ၤ★တၢ်ဟ်လုၢ်ဒိၣ်ပှ့ၤဒိၣ်တၢ်★တၢ်အပှ့ၤလၢတၢ်ဟ်အီၤ	val'u-a'tion
_value	n.	တၢ်အပှ့ၤ★တၢ်အဘျုး	val'ue
_value	v.t.	ဟ်လုၢ်ဒိၣ်ပှ့ၤဒိၣ်★ဟ်အပှ့ၤ	val'ue
_valve	n.	တၢ်လၢအအိးထီၣ်ကျၢၢ်တံာ်တၢ်အကျဲ★တြဲၤဖိ	valve
_van	n.	လ့ၣ်ဖးဒိၣ်လၢပှၤကပၢးတၢ်လၢအပှ့ၤ★တၢ်မဲာ်ညါ★နီၣ်ဝံၢ်(ကွံာ်ဘုဖှ)	van
_vane	n.	ကလံၤဆှုတၢ်အကျိၤအတၢ်ပနီၣ်	vane
_vanish	v.i.	ဟါမၢ်ကွံာ်★လီၤမၢ်ကွံာ်★တဖျါလၢၤဘၣ်	van'ish
_vanity	n.	တၢ်ဟ်ထီၣ်ထီအသး★တၢ်ကလီကလီ★တၢ်စံးပတြၢၤလီၤအသး	van'i-ty
_vanquish	v.t.	မၤနၢၤ★ဒုးနၢၤ	van'quish
_vantage	n.	တၢ်ဘျုး(လၢအိၣ်ဒီးပှၤအါန့ၢ်ဒီးပှၤဂၤ)★တၢ်ဆၢဂ့ၤကတီၢ်ဘၣ်	van'tage
_vapid	a.	ဘျၢကတၢ်★လၢအသူၣ်(ယၢသးယၢ)(တဖှံသးတညီဘၣ်)	vap'id
_vapor / vapour	n.	တၢ်သဝံ	va'por / va'pour
_vaporize	v.t.	ဒုးကဲထီၣ်လၢအသဝံ★(ဒုး)ကသုၣ်ထီၣ်★(ဒုး)သဝံထီၣ်	va'por-ize
_variable	a.	လၢအလဲလိာ်အသးသ့★လၢအလီၤဆီလိာ်အသးတဘျီ(မံၤ)တဘျီ(မံၤ)★လၢအလီၤဆီသ့★ကံၤကဒါ★တဂၢၢ်တကျၢၤဘၣ်	va'ri-a-ble
_variate / variation	v.i. / n.	(တၢ်)လီၤဆီလိာ်အသးတဘျီတမံၤတဘျီတမံၤ★(တၢ်)လီၤဆီ★(တၢ်)လဲသး	va'ri-ate / va'ri-a'tion
_varied	a.	လၢအအိၣ်အကလုာ်ကလုာ်★လၢတၢ်(မၤ)လီၤဆီအီၤ	va'ried

324

_variegate / variegation	v.t. / n.	(တၢ်)ဒုးအိၣ်ထီၣ်တၢ်အလွဲၢ်အကလုာ်ကလုာ် ★အလွဲၢ်အကလုာ်ကလုာ်	va'ri-e-gate / va'ri-e-ga'tion
_variety	n.	(တၢ်)အကလုာ်ကလုာ်	va-ri'e-ty
_various	a.	လၢအလီၤဆီလိာ်အသး ★တဘျူး(ကလုာ်) ★အါ(ဒီးလီၤဆီလိာ်အသး) ★အါ (ကလုာ်)(မံၤ)	va'ri-ous
_varnish	v.t.	ဖူဘျ္ လၢကသံၣ်	var'nish
_vary	v.i.	လဲလိာ်(အသး) ★လီၤဆီဝဲ	va'ry
_vary	v.t.	မၤလီၤဆီ	va'ry
_vase	n.	(ဖိ)ကိတကလုာ်	vase
_vassal	n.	ကုၢ် ★အခၣ်အပှၤ ★(လၢပှၤ)ပှၤလၢအငါဟီၣ်ခိၣ်လၢပှၤဂၤအအိၣ်	vas'sal
_vast (ly)	a.	ဖးလဲၢ် ★ဖးဒိၣ် ★အါ ★အါအါဂီၢ်ဂီၢ် ★ဒိၣ်ဒိၣ်မုၢ်မုၢ် ★ဖးလဲၢ်ဖးကွာ် ★ ဖးဒိၣ်ဖးသဲ	vast (ly)
_vat	n.	သပၢၤဖးဒိၣ်	vat
_vault	n.	ဒၢးအိၣ်ဒီးအခိၣ်ဒုးကုာ်ကွီၤ	vault
_vault	v.i.	စံၣ်ခီပတာ်	vault
_vaunt	v.i.	ကတိၤဒိၣ်အကိာ် ★ပတြၢၤလီၤအသး ★အုးလီၤအသး	vaunt
_veer	v.i.	လဲလိာ်အကျဲ ★လဲလိာ်(လၤတၢ်အကျိၤ) ★တရံးကဒါၤ	veer
_vegetable	n.	တၢ်ဒီးတၢ်လၣ်	veg'e-ta-ble
_vegetate	v.i.	မံအိၣ်မံအိၣ်(တမၤတၢ်နီတမံၤဘၣ်) ★ဒိၣ်ထီၣ်ထံၣ်တၢ်မုၢ်တၢ်ဘိအသိး	veg'e-tate
_vegetation	n.	တၢ်မဲတၢ်မါကီးမံၤဒဲး	veg'e-ta'tion
_vehemence / vehement	n. / a.	(အိၣ်ဒီး)တၢ်သးဆူၣ် ★(တၢ်)တပျုာ်တပျီၤ ★(လၢအ)(တၢ်)သးဒိၣ်	ve'he-mence / ve'he-ment
_vehicle	n.	လ့ၣ်မီၤလီၤမီၤ	ve'hi-cle
_veil	n.	နီၣ်ကျၢၢ်ဘၢ(မဲာ်)	veil
_vein	n.	သွံၣ်ကျိၤ ★ထူအကျိၤစ့အကျိၤ	vein
_velocity	n.	တၢ်အချ့	ve-loc'i-ty
_vend	v.t.	ဆါတၢ် ★ဆါကွံာ်	vend
_veneer	v.t.	(ကျၢးလီၤ)သ့ၣ်ဘ့ၣ်ဘၣ်အဂ့ၤတကဘ့း(လၢတၢ်ကျၢးလီၤအီၤ)လၢတၢ်တဂ့ၤ အါအါဘၣ်အဖီခိၣ် ★မၤဘၣ်မဲာ်တၢ် ★မၤဂ့ၤထဲအဖီခိၣ်တခီလီၤ	ve-neer'
_venerable	a.	လၢအကြၢးဒီးတၢ်ယူးယီၣ်ဟ်ကဲ(လၢအသးပှၢ်အယိ)	ven'er-a-ble
_venerate / veneration	v.t. / n.	(တၢ်)ယူးယီၣ်ဟ်ကဲ(တၢ်လၢအသးပှၢ်အယိ) ★(တၢ်)ယူးယီၣ်အိၣ်ဒီး တၢ်ပျံၤတစဲး	ven'er-ate / ven'er-a'tion
_venereal	a.	ဘၣ်ယးသဲသဲအတၢ်ဆါ ★ဘၣ်ယးတၢ်ကလုာ်ကလေိ	ve-ne're-al
_vengeance	n.	တၢ်ဟ့ၣ်ကၣ်တၢ်အၢ ★တၢ်မၤကၣ်ဆၢက့ၤတၢ်	venge'ance
_vengeful	a.	လၢအအဲၣ်ဒီးဟ့ၣ်ကၣ်က့ၤတၢ်အၢ ★လၢအအဲၣ်ဒီးမၤကၣ်ဆၢက့ၤတၢ်	venge'ful
_venial	a.	လၢအဘၣ်တၢ်ပျၢ်ကွံာ်အီၤသ့	ve'ni-al
_venison	n.	တၤ(ယုၢ်)(လီၤ)အညၣ်	ven'i-son
_venom	n.	တၢ်အစုၣ် ★တၢ်သးဟ့ ★တၢ်စုၣ်တၢ်ပျၢ် ★တၢ်သ့ၣ်ကၣ်သးကါ	ven'om
_venomous	a.	လၢအစုၣ်အိၣ်	ven'o-mous
_vent	n.	တၢ်အိၣ်ဟိအသးတဖဲး ★တၢ်ထူၣ်ဖြိဖိ ★ကွဲ	vent
_vent	v.t.	(တၢ်)ကတိၤထီၣ်ဖျဲးတၢ် ★ပွဲဟးထီၣ်ကွံာ် ★ဘိးဘၣ်သ့ၣ်ညါ	vent
_ventilate / ventilation	v.t. / n.	(တၢ်)ဒုးဟဲနုာ်လီၤကလံၤ	ven'ti-late / ven'ti-la'tion
_venture	v.t.	(တၢ်)ဂုာ်ကျဲးစၢးမၤတၢ်လၢအအိၣ်ဒီးတၢ်(ဘၣ်ယိၣ်အလီၢ်)(သံခွဲသံပှၤ) ★ ဘံၣ်မံာ်တံာ်နၢ်မၤတၢ် ★မၤဝဲဘူၣ်	ven'ture
_venture	n.	တၢ်လၢပဘၣ်ယိၣ်ဘၣ်ဘိုအလီၢ်အိၣ်	ven'ture
_veracious	a.	လၢအ(ညီနုၢ်ကတိၤတၢ်)တီတီလိၤလိၤ	ve-ra'cious
_veracity	n.	တၢ်တီတီလိၤလိၤ ★တၢ်တီတၢ်လိၤ ★တၢ်လၢအတီ	ve-rac'i-ty
_verbal	a.	လၢထးခိၣ် ★လၢတၢ်ကတိၤအီၤ ★ဘၣ်ယးၤဝဲၣ်()	ver'bal

_verbose / verbosity	a. / n.	(တၢ်)(လၢအ)ပှဲၤဒီးတၢ်ကတိၤ	ver-bose' / ver-bos'i-ty
_verdant	a.	လၢအလါဟ့	ver'dant
_verdict	n.	တၢ်စံၣ်ညီၣ်	ver'dict
_verdure	n.	တၢ်လါဟ့★တၢ်မဲတၢ်မါလၢအလါဟ့	ver'dure
_verge	n.	တၢ်အ(ကနူၤ)(သရူၤ)	verge
_verge on		ဘူးတုၢ်က(မှံၢ်)	verge on
_verge		ဘူးထိၣ်★နီၣ်ထိးဘိလၢအမှၢ်တၢ်စိတၢ်ကမီၤအပနိၣ်	verge
_verification / verifiable	n. / a.	(လၢ)တၢ်ဒုးနဲၣ်ဖျါလၢအဘၣ်(သ့)★(လၢ)တၢ်ဒုးနဲၣ်ဖျါထိၣ်လၢအမ့ၢ်ဝဲတီဝဲနီၣ်ယ့	ver'i-fi-ca'tion / ver'i-fi'able
_verify	v.t.	ဒုးနဲၣ်ဖျါလၢအဘၣ်★မၤကွၢ်မှၢ်အတီတတီ★ဟ်(တီဟ်လိၤ)(ဂၢၢ်ဟ်ကျၤၤ)	ver'i-fy
_veritable	a.	နီၢ်နီၢ်★လၢအမ့ၢ်အတီ	ver'i-ta-ble
_verity	n.	တၢ်တီတၢ်လိၤ★တၢ်နီၢ်နီၢ်	ver'i-ty
_vermin	n.	ယုၢ်ဒီးတၢ်ဖိလံၤဖိယၢ်လၢအမၤတၢ်တၢ်(ပှၤ)(ဘုဆီၤဟုဆီၤ)	ver'min
_vernacular	n.	ပှၤထံဖိကီၢ်ဖိအကျိာ်ဒၣ်ဝဲ	ver-nac'u-lar
_vernacular	a.	ဘၣ်ယးဒီးထံဖိကီၢ်ဖိအကျိာ်ဒၣ်ဝဲ	ver-nac'u-lar
_versatile / versatility	a. / n.	(လၢအ)(တၢ်)သ့ၣ်ညါနၢ်ပၢၢ်တၢ်ဒီးမၤတၢ်လၢကျဲအါဘိ★ယ့ၣ်တရံးအသးဆုအံၤဆုနၤသ့★လၢအသး(ကဲၤကဒါ)(တဂၢၢ်တကျၤၤ)	ver'sa-tile / ver'sa-til'i-ty
_verse	n.	အဆၢဖိ★ထါ	verse
_versed	a.	လၢအသ့★လၢအညီနုၢ်မၤဝဲ★ညီနုၢ်သ့မၤတၢ်ဒ်အံၤဒ်နၤ	versed
_version	n.	ပှၤတဂၤအတၢ်လၢတၢ်အဂ့ၢ်တမံၤလီၤဆီဒီးပှၤဂၤအတၢ်တဲ★ပှၤတဖု အတၢ်ထူးထိၣ်လံာ်အခီပညီလီၤဆီဒီးပှၤဂၤအတၢ်ထူးထိၣ်★တၢ်ထူးထိၣ်လံာ်အခီပညီဆုကျိာ်အဂၤ	ver'sion
_vertebrate	a.	လၢအပျၢ်ယံအိၣ်	ver'te-brate
_vertical	a.	ထူၣ်ကလာ်★ထိၣ်ထူၣ်ဘျၤယှၢ်ကလာ်	ver'ti-cal
_very	adv.	နးမး★တ(မံၤ)ယီ★(နိၣ်)မး★ဒၣ်လဲာ်★နၤနၤကလံာ်★နၤကၢ	ver'y
_vessel	n.	ကဘီ★ခွး★သွံၣ်ကျိၤ	ves'sel
_vest	v.t.	အးလီၤတၢ်စိတၢ်ကမီၤလၢပုၤအစုပူၤ★ဟ့ၣ်စံာ်ၣ်ကမီၤအီၤ	vest
_vest	n.	ဆုကၤၤ	vest
_vestige	n.	တၢ်ပနီၣ်အိၣ်လီၤတဲာ်လၢအဒုးနဲၣ်တၢ်အိၣ်အသးလၢညါတဘျီ★တၢ်အိၣ်လီၤတဲာ်★အကျိၤ★အခီၣ်လီၢ်★တၢ်အလီၢ်အကျဲ	ves'tige
_vestment	n.	တၢ်ကုတၢ်သိး★သရၣ်အတၢ်ကုတၢ်သိး	vest'ment
_veto	v.t.	(တၢ်)တြီတၢ်(ဆုၢနုၢ်)	ve'to
_veto	n.	တၢ်စိတၢ်ကမီၤဘၣ်ယးတၢ်တြီတၢ်	ve'to
_vex	v.t.	ဒုးသးအုနႆ★မၤတံာ်တာ်★မၤအ့ၣ်ဂံၢ်အသး★မၤသူၣ်ကိၢ်သးဂီၤ★မၤသးအုး	vex
_vexation	n.	တၢ်သးအုနႆ★တၢ်မၤတံာ်တာ်တၢ်★တၢ်သူၣ်ကိၢ်သးဂီၤ★တၢ်နးတၢ်ဖှိၣ်	vex-a'tion
_vexatious	a.	လၢအမၤအုနႆပုၤအသး★လၢအမၤသူၣ်ကိၢ်သးဂီၤပုၤ	vex-a'tious
_via	adv.	ခီဖျိ★လၢကျဲအံၤကျဲနုၤ	vi'a
_viaduct	n.	လှၣ်မ့ၣ်အူတိၤလၢတၢ်ဘိုလၢကစၢၢ်ကဆူး★တိၤလၢကစၢၢ်ကဆူးလၢလှၣ်မ့ၣ်အူ အကျဲအိၣ်လၢအဖီခိၣ်	vi'a-duct
_vial	n.	ပလီဖိ	vi'al
_viands	n.	တၢ်အိၣ်တၢ်အီ	vi'ands
_vibrate / vibration	v.i. / n.	(တၢ်)ကနိး★(တၢ်)ဝးယဲၤယီၤ★(တၢ်)တဟူၣ်	vi'brate / vi-bra'tion
_vicar	n.	ဖှံထံအသရၣ်ကွၢ်တၢ်အိၣ်ဖှိၣ်	vic'ar
_vicarious (ly)	a.	ကဲခၢၣ်စးလၢပုၤဂၤအဂီၢ်★လၢအမ့ၢ်တၢ်အခၢၣ်စး★လၢအနႆၣ်လၢပုၤဂၤအလီၢ်	vi-ca'ri-ous (ly)
_vice	n.	တၢ်အၢတၢ်သီ★တၢ်လုၢ်အၢလုၢ်သီ	vice
_vice	pref.	အခၢၣ်စး★လၢအ(လီၢ်)(ဖိလာ်)	vice
_vicinity	n.	တၢ်လီၢ်အိၣ်ဘူးအိၣ်တံၢ်★တၢ်လီၢ်လၢတၢ်အခိၣ်အယၢၤ	vi-cin'i-ty

326

_vicious	a.	လၢအဆၢအသီ★လၢအလုၢ်အလၢ်အၢဲသီဝဲ	vi'cious
_victim	n.	(ပှၤ)(တၢ်)လၢအတူၢ်ဘၣ်တၢ်★ဆၣ်ဖိကိၢ်ဖိလၢတၢ်လုၢ်ထိၣ်အီၤ★(ဆၣ်ဖိကိၢ်ဖိ)(ပှၤ)လၢအဘၣ်တၢ်မၤ(ဟးဂီၤ)(သံ)အီၤ	vic'tim
_victor / victorious	n. / a.	(ပှၤ)လၢအမၤနၢၤတၢ်	vic'tor / vic-to'rious
_victory	n.	တၢ်မၤနၢၤ	vic'to-ry
_victuals	n.	တၢ်အီၣ်တၢ်အီ	vict'u-als
_vie	v.i.	ပြၢလိာ်အသး	vie
_view	n.	တၢ်ထံၣ်	view
_view	v.t.	(တၢ်)ကွၢ်ဆိကမိၣ်ထံထံ★လၢအဘၣ်ယးဒီး★ကွၢ်(ကီ)တၢ်	view
_vigil	n.	တၢ်ဆိးသီတၢ်★တၢ်ခိးတၢ်★တၢ်မံတနၢ်ဂဲၤတနၢ်(လၢလီၢ်မံဖိခိၣ်)★တၢ်ဘါအမူးအမၢ်နံၤတဖျၢးဘၣ်မှာ်ဟါခီ	vig'il
_vigilance / vigilant	n. / a.	(လၢအ)(တၢ်)ဆိးသီတၢ်	vig'i-lance / vig'i-lant
_vigor / vigour / vigorous	n. / a.	(လၢအ)(တၢ်)ဂံၢ်ဆူၣ်ဘါဆူၣ်★တၢ်သးဆူၣ်	vig'or / vig'our / vig'or-ous
_vile	n.	အၢဝဲသီဝဲ	vile
_vilify / vilification	v.t. / n.	(တၢ်)ကတိၤဟးဂီၤပှၤအလၤကပီၤ★ခဲၣ်ခဲၣ်ဂီၤ★သိၣ်ဝံၣ်သဲကလၤ	vil'i-fy / vil'i-fi-ca'tion
_village	n.	ၡုသဝီ★သဝီ	vil'lage
_villain / villainous	n. / a.	(လၢ)(ပှၤ)အၢအသီ	vil'lain / vil'lain-ous
_villainy	n.	တၢ်အၢတၢ်သီ	vil'lain-y
_vim	n.	တၢ်ဂံၢ်တၢ်ဘါ★တၢ်စိတၢ်ကမီၤ★တၢ်အုတဟီၣ်★တၢ်သးဆူၣ်	vim
_vindicate / vindication	v.t. / n.	(တၢ်)ဒုးနဲၣ်ဖျါလၢအဘၣ်ဝဲ★(တၢ်)ဆုၣ်အသးလၢပှၤအတၢ်ကမၣ်တအိၣ်★ဟ်တီဟ်လိၤအီၤ	vin'di-cate / vin'di-ca'tion
_vindictive	a.	လၢအညိၣ်မၤကၣ်တၢ်★လၢအသးအိၣ်မၤကၣ်ဆၢက့ၤတၢ်	vin-dic'tive
_vine	n.	စပံး(သၣ်)(မုၢ်)	vine
_vinegar	n.	တၤဆံၣ်ထံ	vin'e-gar
_vineyard	n.	စပံးလီၢ်★စပံးမုၢ်ကရၢ	vine'yard
_vintage	n.	တၢ်ထၢဖှိၣ်ဒ်ဖိုၣ်ကွံၤစပံးသၣ်အဆၢကတီၢ်	vin'tage
_violate / violation	v.t. / n.	(တၢ်)မၤတဟျၣ်တၤပှိၤတၢ်★(တၢ်)မၤတရီတပါတၢ်★(တၢ်)မၤဟးဂီၤ★(တၢ်)လုၣ်သ့ၣ်ခါပတာ်တၢ်★(တၢ်)မၤတတီတတြၢ်တၢ်★(တၢ်)မၤအၢမၤသီအီၤ	vi'o-late / vi'o-la'tion
_violence / violent	n. / a.	(လၢအ)(တၢ်)မၤတဟျၣ်တၤပှိၤတၢ်★(လၢအ)(တၢ်)မၤဆူၣ်မၤစိးတၢ်★(လၢအ)(တၢ်)မၤတၢ်လၢစုဆူၣ်ခိၣ်တကးတၢ်★(လၢအ)(တၢ်)တဟျၣ်တၤပှိၤ★ဆူၣ်	vi'o-lence / vi'o-lent
_violet	n.	လုး★ဖိတကလုာ်လၢအဖိနွံအလွဲၢ်လုး	vi'o-let
_violin	n.	တရီ	vi'o-lin'
_viper	n.	ဂုၢ်ဃွၤ	vi'per
_virgin	n.	မုၣ်ကနီၤလၢအတ(ဘၣ်ဘူးဘၣ်တံၢ်ဒီးဒီး)(သ့ၣ်ညါဒီး)ပိာ်ခွါဘၣ်★မုၣ်ကနီၤ	vir'gin
_virile	a.	(လၢအအိၣ်ဒီးဂံၢ်ဘါ)ဒ်ပိာ်ခွါအသိး★ဂံၢ်ဆူၣ်ဘါဆူၣ်	vir'ile
_virtual	a.	လၢအမၤအသးၤတၢ်နီၢ်နီၢ်အသိး	vir'tu-al
_virtue	n.	တၢ်စိတၢ်ကမီၤ★တၢ်တီတၢ်လိၤ★တၢ်ဂ့ၤတၢ်ဝါ★တၢ်ကနုလီၤတၢ်★ပါရမံ	vir'tue
_virtuous	a.	လၢအတီအလိၤ★လၢအဂ့ၤအဝါ★ကနုလီၤတၢ်★သံၣ်စူးအၦါရမံအါ	vir'tu-ous
_virulence / virulent	n. / a.	(လၢအ)(တၢ်)သ့ၣ်ဟ့သးဟ့တၢ်တၢ်သး★လၢအစုၣ်အမး★(တၢ်)(လၢအ)သ့ၣ်ကွံၣ်သးကါတၢ်	vir'u-lence / vir'u-lent
_visage	n.	(အ)မဲာ်★မဲာ်သၣ်	vis'age
_viscous	a.	လၢအဟ်★လၢအစဲဘူး	vis'cous
_vise	n.	စုကဝဲၤလၢအဖှ့ၣ်တံၢ်ယာ်တၢ်	vise
_visibility / visible	n. / a.	(လၢအ)(တၢ်)ဘၣ်တၢ်ထံၣ်အီၤသ့	vis'i-bil'i-ty / vis'i-ble
_vision	n.	တၢ်ထံၣ်(တၢ်လၢညါခီ)	vi'sion

_visionary	a.	လၢအညီၣ်ထံၣ်တၢ်လၢညါခီ★လၢအဘၣ်တၢ်ထံၣ်အီၤထံလၢသးအမဲာ်ဖီၤ★ဘၣ်ယးတၢ်ထံၣ်လၢညါခီ	vi'sion-a-ry
_visit	v.t.	(တၢ်)လဲၤအိၣ်သကိး	vis'it
_visitation	n.	(ကစၢ်ယွၤ)အတၢ်ဟဲစံၣ်ညီၣ်တၢ်★တၢ်(ဟဲ)(လဲ)အိၣ်သကိး (ဘၣ်ယးပဒိၣ်ပပှၢ်တၢ်ခိၣ်တၢ်နၢ်)	vis'it-a'tion
_visor / vizor	n.	ခိၣ်သလုးအမဲာ်ညါတခီလၢအကးဘၢပမဲာ်	vis'or / viz'or
_vista	n.	တၢ်ကွၢ်တၢ်လၢတၢ်ကဆူးပူၤဖးယံၤ★တၢ်ကွၢ်တၢ်ဖးယံၤလၢသ့ၣ်ခံၣ်ဂ့ၢ်အဘၢၣ်စၢၤ	vis'ta
_visual	a.	ဘၣ်ယးဒီးတၢ်ထံၣ်တၢ်	vis'u-al
_visualize / visualize	n. / v.t.	(တၢ်)ထံၣ်တၢ်လၢသးအမဲာ်	vis'u-al-i-za'tion / vis'u-al-ize
_vital	a.	ဘၣ်ယးဒီးတၢ်မူ★လၢအမှၢ်တၢ်အဒိၣ်အမှၢ်★လၢအမှၢ်တၢ်အမိၢ်ပှၢ်★လၢအလီၢ်အိၣ်ဝဲ	vi'tal
_vitality	n.	တၢ်မူအစိအကမီၤ★တၢ်အိၣ်ကၢအိၣ်ခိးသ့★တၢ်မူ★တၢ်သးဂဲၤ	vi-tal'i-ty
_vitalize	v.t.	မၤမူမၤဂဲၤ★ဒုးမူအီၤ★ဒုးသမူအီၤ	vi'tal-ize
_vitals	n.	သူၣ်သးပိာ်ကဖၢသ့ၣ်ထံ★ပနီၢ်ခိအ(ခိ)(အီၤက)တဖၣ်လၢအထိၣ်ဝဲ လၢပကမူအဂီၢ်	vi'tals
_vitiate	v.t.	မၤဟးဂီၤ(အဘျုး)	vi'ti-ate
_vivacious / vivacity	n. / n.	(တၢ်)(လၢအ)ပှၢ်ပှၢ်ဆ့ါဆ့ါ★(တၢ်)(လၢအ)တလာ်တလုာ်★(လၢအ)(တၢ်)သူၣ်ဖှံသးညီ	vi-va'cious / vi-vac'i-ty
_vivid	a.	လၢအအိၣ်ဖျါ(ဂ့ၤမး)(တြၢ်ကလာ်)★ကပြုၢ်ကပြီၤ	vi'vid
_vivisect / vivisection	v.t. / n.	(တၢ်)ကူးကါမုၣ်ဒုးဆၣ်ဖိကီၢ်ဖိ	viv'i-sect' / viv'i-sec'tion
_vixen	n.	ထွံၣ်ဟီၣ်ခိၣ်အမိၢ်★ပိာ်မုၣ်လၢအသး(အၢ)(အ့နူသွီ),ညီနုၢ်ကတိၤဆူၣ်တၢ်,ဒီးယါတၢ်	vix'en
_vizier	n.	(ကီၢ်ထၢးခုၣ်)(တုၢ်ရက့ၣ်)အပဒိၣ်ဖးဒိၣ်	vi'zier
_vocabulary	n.	တၢ်ကတိၤတဖၣ်လၢအဘၣ်ယးဒီး(ကျိာ်တကလုာ်)(လံာ်တဘ့ၣ်) လၢတၢ်ရဲၣ်လီၤကွဲးအီၤဒီးတဲၣ်ယှာ်အဂ့ၢ်ၡူကါ	vo-cab'u-la-ry
_vocal	a.	ဘၣ်ယးဒီးတၢ်ကလုၢ်(သီၣ်)★လၢအဘၣ်တၢ်ကတိၤအီၤ	vo'cal
_vocation	n.	တၢ်မၤအီၣ်မၤအီ★တၢ်ဖံးတၢ်မၤ(လၢပလုၢ်အီၣ်ပသးမှ)	vo-ca'tion
_vociferate / vociferous	v.i. / a.	(လၢအ)ကိးပသူဒိၣ်ဒိၣ်	vo-cif'e-rate / vo-cif'er-ous
_voice	n.	တၢ်ကတိၤ★တၢ်ကလုၢ်★တၢ်ဟ်ဖျါထီၣ်အတၢ်အဲၣ်ဒိး	voice
_voice	v.t.	တဲဖျါထီၣ်	voice
_void	a.	လၢအအိၣ်(လီၤဟိ)(ကလီ)★လၢအအိၣ်လီၤပှီၢ်	void
_void	v.t.	မၤဟးဂီၤ★လဲၤဟးစူးကွံာ်မၤလီၢ်လံၤ	void
_volatile	a.	လၢအကဲထီၣ်တၢ်သဝံဒီးဟါမၢ်ညီ★သးဖံ★လၢအသးလဲလိာ်အသးညီ	vol'a-tile
_volcano / volcanic	a.	(လၢအကဲထီၣ်လၢ)ကစၢ်မ့ၣ်အူ★ဘၣ်ယးကစၢ်မ့ၣ်အူ	vol-ca'no / vol-can'ic
_volition	n.	တၢ်သးအိၣ်တၢ်★တၢ်ဟ်လီၤအသး★တၢ်ဘၣ်အသး★တၢ်ယုထၢ	vo-li'tion
_volley	n.	တၢ်ခးဖိုၣ်ကို့တဘျီယီ	vol'ley
_volubility / voluble	n. / a.	(တၢ်)ကတိၤတၢ်ယွၤထံ★(တၢ်)ကတိၤတၢ်ဘျ့သ့★တၢးရံးအသး★(လၢအ)(တ)ကတိၤတၢ်ဘျ့ဆီသိ	vol'u-bil'i-ty / vol'u-ble
_volume	n.	အကတြူၢ်★အတၢ်တြိၤ★အကီၢ်လိၣ်★အမိၢ်ပှၢ်★တၢ်ဆံးတၢ်ဆံးအါ	vol'ume
_voluminous	a.	ဒိၣ်★(တၢ်ကွဲး)ဖးထီ★လၢအအိၣ်အါကတြူၢ်★လၢအကွဲးတၢ်အါမး	vo-lu'mi-nous
_voluntary	a.	လၢအသးအိၣ်ဒၣ်ဝဲ	vol'un-ta-ry
_volunteer	n.	ပှၤလၢအဟ့ၣ်လီၤအသးဒၣ်ဝဲ★ပှၤလၢအနုာ်လီၤတၢ်မၤလၢ အသးအိၣ်ဒၣ်ဝဲအယိ	vol'un-teer'
_voluptuous	a.	လၢအမၤသးမံပနီၢ်ခိအတၢ်အဲၣ်ဒိး★လၢအဒုးမှာ်လၤပှၤ★လၢအမၤမှာ်မၤခုပသး	vo-lup'tu-ous
_vomit	v.t.	ဘိုး★ပဆုၣ်(လီၤ)(ထီၣ်)	vom'it
_voracious	a.	လၢအအိၣ်အဆၢဆူၣ်★လၢအအိၣ်အဆၢဂျၢ်ဂျၢ်ဂ့ၣ်တၢ်သၣ်ဝံၤအသးအသိး★လၢအဂုာ်အိၣ်အဆၢၣ်	vo-ra'cious

328

_vortex	n.	ထံသဝံး	vor'tex
_vote	v.t.	ဖိၣ်တၢ်ဖး★ဟ်ဖျါထိၣ်အတၢ်အဲၣ်ဒိး★ယုၤထၢထိၣ်အီၤလၢတၢ်ဟ်ဖျါထိၣ်ပတၢ်အဲၣ်ဒိး	vote
_votive	a.	လၢအဘၣ်တၢ်ဟ်စီဆုံအီၤ★လၢအဘၣ်ယးဒီးတၢ်ဆိၣ်လီၤအသး	vo'tive
_vouch	v.t.	ဆိၣ်လီၤအသးသပှၢ်ပှၢ်★အုၣ်အသး★အုၣ်ခီၣ်အသး	vouch
_voucher	n.	(ပှၤ)(လံာ်)လၢအအုၣ်အသးလၢစ္ဘၣ်တၢ်လၢာ်ကွံာ်ဝဲအဂ္ၢ်	vouch'er
_vouchsafe	v.t.	ဆိၣ်လီၤအသးဒီးဟ့ၣ်တၢ်	vouch-safe'
_vow	v.t.	(တၢ်)ဆိၣ်လီၤအသး	vow
_vowel	n.	လံာ်မဲာ်ဖျၢၣ်လၢအဟ့ၣ်တၢ်ကတိၤအသီၣ်အါ,အံ,အၢ,အ့,အူ,အ့ၤ,အဲ,အိ,အီ	vow'el
_voyage	n.	တၢ်လဲၤတၢ်က္ၤလၢထံကျါဆူတလီၢ်အယံၤ	voy'age
_vulgar	n.	ပှၤပတီၢ်မုၢ်(လၢအတၢ်သ့လံာ်သ့လဲၢ်တအိၣ်)	vul'gar
_vulgar	a.	လၢအဘၣ်ပ(မဲာ်)(နၢ်)တမုာ်ဘၣ်★(ပှၤ)ပတီၢ်မုၢ်★(ပှၤ)မုၢ်ဆ့ၣ်မုၢ်ဂီၤ★ဘၣ်ယးအသံအကီၢ်ဒၣ်ဝဲ★တကြၢးတဘၣ်★တယံတလၤ★တဂ့ၤဘၣ်	vul'gar
_vulnerable	a.	လၢတၢ်မၤဆါအီၤသ့	vul'ner-a-ble
_vulture	n.	လီတၢ်	vul'ture
_wabble / wobble	v.i.	ဝးကပာ်ကပာ်	wab'ble / wob'ble
_wad	n.	တၢ်ကံးညၣ်ကပာ်အက့ၤအခီလၢတၢ်ဆ့ၢ်တံာ်ကွံၢ်ပူၤမ့ၣ်ပူၤအဂီၢ်	wad
_waddle	v.i.	(ဟး)(လဲၤ)တၢ်ကၤကၢကၤကၢၣ်ထီၣ်ဒ့ၣ်ဟးအသိး	wad'dle
_wade	v.i.	ကူထံ★ဟးလၢအခိၣ်လၢထံက္ၤ	wade
_wafer	n.	ကိၣ်ဆၢဘူတလါဖိ	wa'fer
_waft	v.i.	(အူ)ဒံကွံာ်★(လပီ)စိာ်ဆူကျၢ်နံၤ★လီၤထွံ	waft
_wag	v.t.	ဝံၤဝး★ဂဲၤဂူၤ★ဖျ့ဖို★ကျၢ်ကွာ်	wag
_wage	v.t.	တၢၤတၢ်★ဒုးတၢ်	wage
_wager	n.	(တၢ်)(စ္)လၢပတၤအီၤ	wa'ger
_wager	v.t.	တၢၤတၢ်	wa'ger
_wages	n.	တၢ်အဘူးအလဲ	wa'ges
_waggon	n.	လ့ၣ်(ကဟၣ်)★လ့ၣ်မ့ၣ်ဆူအူအၢး★လ့ၣ်လၢအဖၢၣ်အိၣ်လွံၢ်ဘ့ၣ်လၢတၢ်တီၣ်တၢ်ယၢအဂီၢ်	wag'gon
_waif	n.	(ပှၤ)(တၢ်)လၢအဟးဝ့ၤဝီၤလၢအတၢ်အိၣ်တၢ်ဆိးအလီၢ်တအိၣ်★တၢ်လၢတၢ်ဘျုၣ်စူးကွံာ်အီၤဖဲအဃ့ၢ်အခါ	waif
_wail	v.i.	(တၢ်)ဟီၣ်တၢ်ယၢၤတၢ်	wail
_waist	n.	ယီၢ်ဒ့	waist
_wait	v.i.	ခိး(ပှၤအတၢ်အဲၣ်ဒိး),(တၢ်)အိၣ်ခိးတၢ်★အိၣ်ဆူ(ဒၣ်ကလိာ်)★အိၣ်ဆူလၢ်ဟ္ၤ★အိၣ်ခိး(ဟိာ်အခံဒီးမၤစၢၤအီၤ)	wait
_waiter	n.	ပှၤခိးတၢ်★တၢ်ခုတၢ်ပှၤဟ်ခွံလၢအိၣ်တၢ်အခါ★သိတ္ၤဖိ	wait'er
_waive	v.t.	(စူး)(ညိ)ကွံာ်တၢ်လၢအဝဲကြၢးန့ၢ်ဘၣ်အီၤ	waive
_wake	v.i.	(မၤ)ဖုသံနိၣ်★(မၤ)ပၢၢ်ထိၣ်★(ထိၣ်)ဂဲၤဆၢထၢၣ်★(ဒုး)ဖုးသ့ၣ်နီၣ်	wake
_wake	n.	တၢ်ဆိးသီ★ကဘီလဲၤတၢ်အက္ၤ	wake
_wakeful	a.	လၢအမံတန့ၢ်ဂဲၤတန့ၢ်★လၢအအိၣ်သပှၢ်မဲာ်	wake'ful
_walk	v.i.	(တၢ်)ဟး(လိာ်ကွဲ)	walk
_walk	n.	တၢ်ဟးလိာ်ကွဲအကျဲ	walk
_wall	n.	တၢ်ဒူၣ်★ဂီၤပၤ	wall
_wall	v.t.	ဒူၣ်ဃာ်	wall
_wallet	n.	စ္အထၢၣ်ဖိ★ထၢၣ်(လၢတၢ်အိၣ်ဒီးတၢ်ဂုၤတၢ်ဂၤအဂီၢ်)★ထၢၣ်လၢပပူၤလဲတၢ်ဖိစိာ်ဝဲအဂီၢ်	wal'let
_wallow	v.i.	ကလိာ်အသး★လီၤဘျ့ၤလၢတၢ်အၢအပူၤ★ကလိာ်လု	wal'low
_wallow	n.	လု★တၢ်ကလိာ်ပူၤ	wal'low
_walrus	n.	ကဆီထံ★ညၣ်ကဆီ	wal'rus
_wan	a.	လၢအမဲာ်လီၤဝါ★လၢအမဲာ်လီၤဘီလီၤဝါ★လီၤညွှံးလီၤဘီ	wan

_wand	n.	နိဉ်ယူၣ်နိၣ်ယါ★နိၣ်ယူၣ်နိၣ်ပိၥ်★နိၣ်ကွဖ★တၢ်စိတၢ်ကမီၤအနိၣ်ထိးဘိ	wand
_wander	v.i.	ဟးဝ့ၤဝီၤ★ဟးထိၣ်ကွံၥ်လၤကျဲအသဉ်★ကတိၤမုံကတိၤဖျိုၣ်တၢ်	wan'der
_wane	v.i.	လၢ(ပှဲၤတၢ်)လီၤ★ဆံးလီၤစှၤလီၤ	wane
_want	v.i.	အဲၣ်ဒိး★သးလီ★လိၣ်ဘံး★ဆၢ(နှၢ်)(ထံၣ်)★မိၣ်(နှၢ်)	want
_want	n.	တၢ်ဖှိၣ်တၢ်ယာ်★တၢ်တလၢတပှဲၤ	want
_wanton	a.	လၢအမၤဖးဉ်အသး★လၢအကလုၥ်ကလိၤ★လၢအလိၥ်တွဲတၢ်ဆူၣ်	wan'ton
_war	n.	တၢ်ဒုးတၢ်ယၤ	war
_warble	v.t.	ထိၣ်ကမဲၤစံၣ်စိ	war'ble
_ward	v.t.	ဒီယၥ်★တဒီယၥ်(ကွံၥ်)★(တၢ်)ကဟုကယၥ်	ward
_ward	n.	တၢ်အလီၢ်တကဝီၤတကဝီၤလၢဝ့ၢ်ပူၤ★တၢ်အလီၢ်တကဆူး★ဖိသဉ်လၢအအိၣ်လၢပုၤသူၣ်ကွၤသးပၢ်တၤဂၤအတၢ်အံးတၢ်ကွၢ်အဖီလၥ်★ဒၢးတဒၢး★တၢ်ဒုးယၥ်★တၢ်အ့ၣ်ရဲၥ်သးလၢသိဒီးသိးဒၤအပူၤ	ward
_warden	n.	ပှၤခိးတၢ်ဖိ	ward'en
_ware	n.	တၢ်ဖိတၢ်လံၤလၤတၢ်ကဆါဝဲအဂီၢ်	ware
_warlike	a.	လၢအအဲၣ်တၢ်ဒုးတၢ်ယၤ	war'like'
_warm	a.	လၢၤ★လၢအသူၣ်ဆူၣ်သးဂဲၤ★လၢအတမၥ်တခုၣ်★သီသံၣ်ဘဲ	warm
_warm	v.t.	မၤလၢၤထိၣ်	warm
_warmth	n.	တၢ်လၢၤ★တၢ်သးဂဲၤ	warmth
_warn	v.t.	ဒုးပလီၢ်ပုၤသး★တဲပလီၢ်ဟ်စၢၤ	warn
_warp	v.t.	(မၤ)ကကၢၤထိၣ်★ဒုးလဲၤကမၣ်ပုၤအသး★(ဘိး)ယၣ်ကဒါအသးလၢတၢ်ဂ့ၤဆူတၢ်အၢ	warp
_warp	n.	ထဉ်အထၢၣ်	warp
_warrant	v.t.	(တၢ်)ဆူၣ်ခိၣ်ဆီၣ်အသး★ဟ့ၣ်အခွဲး★(လံၥ်)(တၢ်)ဟ့ၣ်တၢ်အခွဲးလၢအတၤ(မၤ)(ဖိၣ်)တၢ်ဒ်အံၤဒ်နုၤ	war'rant
_warren	n.	ပဒဲအက(ပိၤ)(ရၤ)★ညဉ်အက(ရၤ)(ပိၤ)	war'ren
_warrior	n.	ပုၤဒုးတၢ်ဖိ★သုးဖိ	war'rior
_wart	n.	(ပုၤအ)ထူး	wart
_wary	a.	လၢအပလီၢ်ပဒီအသး★လၢအဆိးသီတၢ်ဂ့ၤဂ့ၤ	wa'ry
_wash	v.t.	ဆူၣ်တၢ်★သ့ကွံၥ်★ဖျါကွံၥ်★လုၣ်ထံ★ကျူၤဘၤ	wash
_wash	n.	ကဖျၤပူၤ★တၢ်ဆူၣ်တဘျီအဂီၢ်★ထံအိၣ်ကွံၥ်ကၢ်ပၤနံၤ	wash
_wash the hands off		စံးလၢအထတဘၣ်ယၤလၢၤဘၣ်	wash the hands off
_wash out	n.	တၢ်တကၤထိၣ်လိၣ်ထိၣ်လၢအလီၤမၢ်ဆး★တၢ်မၤဟးဂီၤကွံၥ်ကျဲဒီးတမၣ်လၢထံဒိၣ်အယိ	wash'out'
_wasp	n.	ဖျၤ	wasp
_waste	v.t.	မၤလၢၤဂီၤ	waste
_wasteful	a.	လၢအမၤလၢၤဂီၤကလီတၢ်	waste'ful
_watch	v.i.	ဆိးသီတၢ်★ခိးတၢ်★ကွၢ်လၢ်တၢ်အကျဲ★အံးကွၤကွၢ်ကူၤ	watch
_watch	n.	တၢ်ဆိးသီတၢ်★ပုၤဆိးသီတၢ်ဖိ★နၣ်ရံၣ်ဖိ	watch
_watch	v.t.	အိၣ်ခိးတၢ်★ကွၢ်ဟ့ၣ်တၢ်★ပၢၤတၢ်	watch
_watchful	a.	လၢအအိၣ်ခိးဆိးသီတၢ်ဂ့ၤဂ့ၤ★လၢအပလီၢ်ပဒီအသး	watch'ful
_watchword	n.	တၢ်ကတိၤမၤဆူၣ်ထိၣ်ပုၤအသး★တၢ်ကတိၤမိၢ်ပှၢ်★တၢ်ကတိၤလၢပုၤကလဲၤဆူညါတဂၤဂၤဘၣ်တဲၤ	watch'word
_water	n.	(ဘၣ်ယးဒီး)ထံ★တၢ်မျၢ်အ(ထံ)(တၢ်ကတ္ဖၣ်ကတြိၣ်)	wa'ter
_water	v.t.	ဖှံလၤထံ★မၤနှၢ်အီၤလၤထံ★လူဘၣ်စိၣ်လၤထံ★ယီယုၥ်အါထိၣ်ဒီးထံဒ်သိးသိးအတၢ်ဟိၣ်ကစုၤလီၤ★ဒုးအီ(ကသ္ဉ်)လၢအထံ★(နိၤထံ)ယွၤ	wa'ter
_waterproof	a.	လၢထံတဘၣ်စိၣ်ဘၣ်★လၢထံနုၥ်တပၢၢ်ဘၣ်	wa'ter-proof
_water wheel	n.	လ့ၣ်ဖံဘၣ်လၢထံဒုးလဲၤတရံးအီၤ	wa'ter wheel
_watery	a.	လၢအဘၣ်တၢ်ယီယုၥ်အီၤဒီးထံ★လၢအလီၤက်ဒီးထံ★လၢအအိၣ်အါ★လၢအဘၣ်ယးဒီးထံ★လၢအထံဆုံ(တသကၤဘၣ်)★ဘၣ်စိၣ်ဘၣ်သွ★လၢအဘျ၂(ကတၢ)(ကဖဲၥ်)(ကလူတ္)	wa'ter-y

330

_wattle	n.	ဆီအခဲ(ပုၥ်)(ဘု)★ယွၤဘၣ်	wat'tle
_wattle	v.t.	ထုတၢ်★ထုယွၤဘၣ်	wat'tle
_wave	v.i.	ဝးယၢ်ခီယၢ်ခီ★ဝၢ်ဝၢ်(အသး)★ဝၢ်အစု★ထိၣ်ထိၣ်လီၤလီၤဒ်လပီအသိး	wave
_wave	n.	လပီ★တၢ်ဒ်လပီအသိး	wave
_waver	v.i.	သးကဒံကဒါ★ဝးယဲၤယီၤ	wa'ver
_wax	n.	ကနဲယိး★ကွဲယိး★နၢ်အွၣ်သူ	wax
_wax	a.	လၢအဘၣ်တၢ်မၤကဲထီၣ်အီၤကနဲယိး	wax
_wax	v.t.	ထူးလၢယိး	wax
_wax	v.i.	လါဒိၣ်ထီၣ်★ကဲထီၣ်	wax
_way	n.	ကျဲ	way
_wayfarer	n.	ပုၤလဲၤတၢ်လၢခီၣ်★ပုၤလဲၤတၢ်ဖိ	way'far'er
_waylay	v.t.	အိၣ်ခိးခူသူၣ်တၢ်လၢကျဲ	way'lay
_wayward	a.	လၢအလူၤအသးဒၣ်ဝဲ★လၢအနၢ်ကလၢ်	way'ward
_we	pron.	ပ	we
_weak	a.	ဂံၢ်စၢ်ဘါစၢ်★တဂၢၢ်တကျၤ★တကပီၤဖျါဖျါဘၣ်★လၢအဂ့ၢ်မိၢ်ပှၢ်တဂ့ၤအါအါဘၣ်	weak
_weak-hearted		လၢအသးတဒ့ဘၣ်★စၢ်တဆိၣ်ဘၣ်★တကျၤဘၣ်★သးတဖး★လၢအသးတဂၢၢ်တကျၤဘၣ်	weak-hearted
_weaken	v.t.	မၤစၢ်လီၤအဂံၢ်အဘါ	weak'en
_weakly	adv.	လၢတၢ်ဂံၢ်စၢ်ဘါစၢ်အပူၤ★စၢ်စၢ်	weak'ly
_weakness	n.	တၢ်ဂံၢ်စၢ်ဘါစၢ်	weak'ness
_wealth	n.	တၢ်ထူးတၢ်တီၤ	wealth
_wealthy	a.	လၢအထူးအတီၤ	wealth'y
_wean	v.t.	ဖှၣ်အနုၢ်★ဖှၣ်ကွံၣ်★မၤလီၤဖှၣ်	wean
_weapon	n.	စုကဝဲၤလၢကဒုးတၢ်ယၤတၢ်အဂီၢ်	weap'on
_wear	v.t.	အိၣ်ကွံၣ်★(မၤ)လုၤကွံၣ်★ကူထီၣ်ကၤထီၣ်	wear
_it wears well		ကျၤ	it wears well
_wear		ကၢ်ထီၣ်★ဒီးထီၣ်★ဖျိၣ်ထီၣ်	wear
_wearisome / weary	a. / a.	လၢအမဘုံးသူၣ်တီၤသးပှၤ★လၢအဒုးလီၤဘုံးလီၤတီၤပှၤ	wea'ri-some / wea'ry
_weary	a.	လၢအသူၣ်လီၤဘုံးသးလီၤတီၤ★လၢတၢ်ဘုံးအသး	wea'ry
_weary	v.t.	မၤဘုံးသူၣ်တီၤသးပှၤ	wea'ry
_weather	v.t.	တုၢ်နၢ်ခိၣ်ကဲ★ဒုးဘၣ်ကလံၤ★တုၢ်ဘၣ်	weath'er
_weather	n.	တၢ်ဂီၢ်,တၢ်ခုၣ်,တၢ်ယီၤ,တၢ်ကိၢ်★တၢ်အ(ဆၢ)ကတီၢ်	weath'er
_weather-beaten	a.	ဟးဂီၤလၢအအိၣ်လၢကလံၤကျါအယိ★လၢအအဘၣ်တၢ်မၤ(ဟးဂီၤ)(ကိၤထီၣ်)အီၤလၢတၢ်အကတီၢ်တဖၣ်အယိ★လၢအဘၣ်တၢ်တီၢ်အီၤလၢတၢ်အကတီၢ်တဖၣ်	weath'er-beat'en
_weave	v.t.	ထုတၢ်★ထါတၢ်	weave
_web	n.	ကပီၤလုၤ★တၢ်ကံးညာ်တ(အွး)(ထၣ်)	web
_wed	v.t.	ဒီးတ့ဒီးဖှိုအသး★တ့ယုာ်ဖှိုယုာ်★ဖှိ(အသး)	wed
_wedge	n.	ကျဲး★သး	wedge
_wedge	v.t.	တိသ့ၣ်ဖးလၢ(ကျဲး)(သး)★(မၤ)ကတံာ်★တိၢ်နုာ်အီၤဒ်(သး)(ကျဲး)အသိး	wedge
_wedlock	n.	တၢ်တ့တၢ်ဖှိ	wed'lock
_wee	a.	ဆံးကိာ်ဖိ	wee
_weed	n.	နိၣ်	weed
_weeds		တၢ်(သူၣ်အုးသးအုး)(ဘၣ်မိၣ်ဘၣ်မး)အတၢ်ကူတၢ်သိး	weeds
_week	n.	တနွံ	week
_week-day		မုၢ်နံၤပှၤတဃဲတုၤလၢယုာ်သိနံၣ်တနံၤနံၤ★မုၢ်နံၤတနံၤလၢအတမ့ၢ်ဘၣ်အိၣ်ဘှံးနံၤဘၣ်	week-day
_weekend		မုၢ်ယဲၢ်နံၤဟါခီတုၤလၢအိၣ်ဘှံးပှၤတဃဲသိ★နွံအကတၢၢ်	week'end'

_weekly	a.	တန့်တဘ္ဘီ	week'ly
_weep	v.i.	ဟီၣ်	weep
_weevil	n.	တၢ်ဖိယာ်လၢအမၤဟးဂီၤဘုဒီးတၤသူတၤသၣ်	wee'vil
_weigh	v.t.	စီၤတၢ်★ထုးထိၣ်နိၣ်သက့ၤ★မၤကိၢ်မၤဂီၤ(အသး)	weigh
_weigh	v.i.	လီၤတယၢ်★ကွၢ်ဆိကမိၣ်★အိၣ်ယၢၤလၢအသးအလီၤ★ယၢၤ	weigh
_weight	n.	တၢ်အယၢ★တၢ်အတယၢ်★တၢ်အတၢ်ဒိၣ်တၢ်မှၢ်	weight
_weighty	a.	လၢအယၢ★လၢအဂ့ၢ်ဒိၣ်ဝဲမှၢ်ဝဲ	weight'y
_weir	n.	တၢ်နဲအဖှၣ်★တနီၢ်အဖှၣ်★ဖီဘၣ်★ဆဲၣ်★တမၣ်	weir
_weird	a.	လၢအတဘၣ်ယးဒီးဟီၣ်စိၣ်★လီၤဆီ★(ဘၣ်ယးဒီး)တၢ်ဟဲဝံဟဲစိၢ်	weird
_welcome	v.t.	(တၢ်)တူၢ်လိၥ်မှၣ်	wel'come
_weld	v.t.	တီၢ်စဲဘူးထးခံဘိအဆၢဖဲအကိၢ်အခါတုၤအကဲထီၣ်တၢ်တမံၤဃီ★ဆးတၢ်အဆၢ	weld
_welfare	n.	တၢ်အိၣ်ဆူၣ်အိၣ်ချ့★တၢ်(ဘၣ်)(အိၣ်)မှာ်(ဘၣ်)(အိၣ်)ပၢၤ★တၢ်ဘိၣ်တၢ်ညီ	wel'fare
_well	a.	(လၢအ)အိၣ်ဆူၣ်အိၣ်ချ့★ဂ့ၤ★ဒိၣ်မး★လၢအမၤမံပုၤအသး★တစဲးညါ	well
_well	v.i.	(ဒုး)ဟ့ထီၣ်ယွၤလီၤ	well
_well	n.	ထံပူ	well
_well	adv.	ကစီဒီ★မုာ်မုာ်နီၢ်နီၢ်★ဂ့ၤဂ့ၤဘၣ်ဘၣ်	well
_well-spoken	a.	လၢအကတိၤတၢ်ဂ့ၤဂ့ၤဘၣ်ဘၣ်,ယံယံလၤလၤ,ဒီးဃုာ်ဒီးတၢ်အဲၣ်တၢ်ကွံ★လၢတၢ်ကတိၤအီၤဂ့ၤဂ့ၤဘၣ်ဘၣ်	well'spo'ken
_welt	n.	တၢ်ပနၤ့ထိၣ်	welt
_welt	v.t.	ဖျ့ပနၤ့ထိၣ်	welt
_wench	n.	တၢ်ခ့တၢ်ပှၤပိာ်မုၣ်တဂၤ★ပိာ်မုၣ်သးစၢ်★ပိာ်မုၣ်လၢအကလုၥ်ကလိၤတဂၤ	wench
_wend	v.i.	လဲၤတၢ်	wend
_west	n.	မှၢ်နုၥ်	west
_westerly / western	a.	ဘၣ်ယးမှၢ်နုၥ်တခီ★(ဟဲလၢ)(အိၣ်)(ဆူ)မှၢ်နုၥ်တခီ	west'er-ly / west'ern
_westward	adv.	လီၤဆူမှၢ်နုၥ်တခီ	west'ward
_wet	a.	(မၤ)ဘၣ်စိၣ်★တၢ်စူၤတၢ်စိၣ်★လၢအတဘြီတၢ်ဆါသံးဖိၤက်ၓိၤ★ဘၣ်စိၣ်ဘၣ်သ့	wet
_whack	v.t.	ဒိ★တီၢ်တၢ်	whack
_whack	n.	တၢ်တီၢ်တၢ်လၢအသိၣ်(တီ)(ရှိ)တဘီ	whack
_whale	n.	ပိၣ်လဲၣ်အညၣ်တီသ္ဒ★ညၣ်ပိၣ်လဲၣ်လၢအဒိၣ်ကတၢၢ်တကလုၥ်	whale
_wharf	n.	ကဘီအတီၤ★ကဘီသန္	wharf
_what	interrog pron.	မနုၤလဲၣ်	what
_what	comp relative pron.	တၢ်လၢ	what
_what a big elephant!		ကဆီတဒိၣ်နုၤလဲၣ်(တၢ်ကီးသတြီ့ထီၣ်အဝဲအံၤဟ်ဖျါထီၣ်တၢ်အဒိၣ်မှတမှၢ်တၢ်လီၤဆီဆံးအါ)	what a big elephant!
_whatever	pron. / a.	တၢ်တမံၤဂ့ၤတမံၤဂ့ၤ★(ထီရီၤ)(ကယၢ်)တၢ်တမံၤလၢ်လၢ်	what-ev'er
_wheat	n.	ဘုက္ခ္ဍၣ်	wheat
_wheat	a.	လၢအဘၣ်တၢ်မၤကဲထီၣ်လၢဘုက္ခ္ဍၣ်	wheat
_wheedle	v.t.	ကလံၥ်နၢ်လွဲနၢ်ပုၤလၢတၢ်ကတိၤမှာ်နၢ်★ခွဲးနၢ်အီၤ	whee'dle
_wheel	n.	လှၣ်ဖံဘၣ်	wheel
_wheel	v.t.	ထုးလၤလှၣ်	wheel
_wheel	v.i.	လဲၤတရံး★တရံးအသး	wheel
_wheeze	v.i.	သါကြိၢ်ကြၢ်ကြိၢ်ကြၢ်ဖ်ပုၤသါဆံးအသိး	wheeze

_whelp	n.	ဆၣ်ဖိကိၢ်ဖိအသူအယိၤအဖိၣ်ထွံၣ်ဖိဒီးခွဖိ	whelp
_whelp	v.t.	ဖုံလီၤ	whelp
_when	adv.	အခါဖဲလဲၣ်★တုၤ★ခဲလဲၣ်★အခါဖဲ★ဖဲ★ဖဲ--အခါ	when
_whence	adv.	လၢလဲၣ်★လၢလဲၣ်(ခီ)(ပူၤ)လဲၣ်★လၢလဲၣ်တ(ခီခီ)(ပူၤပူၤ)လဲၣ်	whence
_whereas	conj.	တၢ်မၤသးဒၣ်နှၣ်အယိ★ဘၣ်ဆၣ်လၢအနီၢ်ကီၢ်တဓိနှၣ်	where-as'
_whereat	adv.	လၢတၢ်နှၣ်အယိ	where-at'
_whereby	adv.	လၢတၢ်နှၣ်အယိ	where-by'
_wherefore	adv.	လၢတၢ်နှၣ်အယိ★မၤသးဒၣ်နှၣ်ဒီး★မနုၤအယိလဲၣ်	where'fore
_wherein	adv.	လၢအပူၤ★လၢအနုၤတဖၣ်လဲၣ်★လၢမနုၤအယိလဲၣ်★လၢမနုၤအပူၤလဲၣ်	where-in'
_wheresoever	adv.	တပူၤဂ့ၤတပူၤဂ့ၤ★တပူၤလၢ်လၢ်	where'so-ever'
_whereupon	adv.	ဝံၤဒီး★သ့ၣ်ဝးဒီး★လၢတၢ်နှၣ်အခိၣ်အယိ	where'up-on'
_where ever	adv.	တပူၤလၢ်လၢ်	where-ev'er
_whet	v.t.	ကျူ★မၤဝံၣ်မၤဆၢထိၣ်ကိၢ်ပူၤ★သဆၣ်ထိၣ်အခံ	whet
_whether	conj.	(နလဲၤ)ဂ့ၤတ(လဲၤ)ဂ့ၤ★မ့ၢ်အ(လဲၤ)ဧါတ(လဲၤ)ဧါ★မ့ၢ်ဂ့ၤ★ဧါ	wheth'er
_which	relative pron.	ဖဲလဲၣ်တ(ဂၤ)(မံၤ)လဲၣ်★လၢ	which
_whiff	v.t.	ကလံၤအူတၢ်တဘီဖိလၢအစိၣ်တၢ်အစ၈★အူထိၣ်တဘီ★အူ★အူသဖိ★အူသုၣ်	whiff
_whiff	n.	တၢ်(အူ)(ဒုးခုၣ်)ထိၣ်မိၢ်အလှၢ်	whiff
_while	adv.	ဖဲ--အဖၢမုၢ်★ဖဲ--အခါ★သနၢ်က့	while
_while	n.	အကတီၢ်	while
_while	v.t.	မၤလၢာ်ကွံာ်	while
_whim	n.	တၢ်ဆိကမိၣ်လၢအပၢ်ထိၣ်ဖုး★တၢ်ဆိကမိၣ်ကြီကြီ★တၢ်ဆိကမိၣ်လၢအဂ့ၢ်အကျိၤတအိၣ်★တၢ်ဆိကမိၣ်နါစိၤ	whim
_whimsical	a.	လီၤဆီ★လၢအလီၤတိၢ်လီၤဆီ	whim'si-cal
_whine	v.i.	ကအၣ်ကအူး★ကအံၣ်ကအူ	whine
_whip	n.	နိၣ်ဖျ၊	whip
_whip	v.t.	ဖျ၊တၢ်★တိၢ်သဘဲ့ထိၣ်★စၢဘံတရံး	whip
_whip them into line		ရိကိၢ်အခံ★မၤဆူၣ်အီၤ	whip them into line
_whir	v.i.	(တရံး)(ယူၤ)ထိၣ်သီၣ်★သီၣ်ဟူၣ်ဟူၣ်★သီၣ်ဒွံၢ်ဒွံၢ်	whir
_whirl	v.t.	မၤတရံးတၢ်★(တၢ်)တရံးအသး★ဒုးတရံး	whirl
_whirlpool	n.	ထံသဝံး	whirl'pool'
_whirlwind	n.	ကလံၤသဝံး	whirl'wind'
_whisk	v.t.	ဟုာ်ကွံာ်★ခွဲတၢ်ကဖိလီဒီးချ့ချ့★(နိၣ်)တိၢ်သဘဲ့ထိၣ်ဆီၣ်ၣ်သုး အသးပၢ်ပ့ၢ်ချ့ချ့	whisk
_whisk	n.	တၢ်အူသဖိတၢ်တဘီ★နိၣ်ခွဲသိၣ်ဖိ	whisk
_whisker	n.	(ပုၤကညီ)အဟၣ★ဆၣ်ဖိကိၢ်ဖိအနါဆုၣ်	whisk'er
_whisper	v.i.	(တၢ်)ကတိၤကသွံတၢ်	whis'per
_whistle	v.i.	ညိၣ်ကလံၤ★ကွၤကလံၤ★လဲၤ(တၢ်)(ပုၤကွံၣ်)သိၣ်ရွံးရွှဲး★ညိၣ်သံၣ်	whis'tle
_whit	n.	(နိ)တစဲး★တၢ်ဆံးကိာ်ဖိ	whit
_white	a.	ဝါ★ဝါကွ့ၣ်ကလာ်	white
_white	n.	တၢ်ဝါ	white
_whitecap	n.	လပီအသဘ့	white'cap'
_white feather	n.	တၢ်သးသုၣ်အတၢ်ပနီၣ်	white'feath'er
_white heat	n.	တၢ်သးထိၣ်ဟ့ၣ်လၢအခိၣ်ထံ★တၢ်ကိၢ်(တုၤအဂီၤတကဲဒီးထိၣ်ဝါ) (နးနးကလဲၣ်)	white'heat'
_whiten	v.t.	မၤဝါထိၣ်	whit'en
_whitewash	n.	ထူၣ်ဝါအထံ(ထူၣ်ယၢပ့ယုာ်ဒီးထံ)	white'wash'
_whitewash	v.t.	မၤဂ့ၤထဲအဖိခိၣ်စိၤ★မၤဂ့ၤ(ကွၤ)အမံၤအသၣ်★ဟ်တီဟ်လိၤ(ကွၤ)	white'wash'

_whither	adv.	ဆူလဲာ	whith'er
_whitish	a.	ခးဝါဝါ	whit'ish
_whittle	v.t.	သွဲာ်ကွာ်	whit'tle
_whiz	v.i.	သိာ်ဟူာ်ဟူာ်★(တၢ)သိာ်(ဟူာ်ဟူာ်)(ရွဲး၇ွဲး)	whiz
_who	relative pron.	မတၤလဲာ်★လၢ	who
_whole	a.	ခီ(ဖျၢာ်)ညါ★ခဲလၢာ်ခဲဆ့★အိာ်ဆူာ်အိာ်ချ့★ဘျါက့ၤ★ကဆိုထိာ်က့ၤ	whole
_wholehearted	a.	လၢသးဒီဖျၢာ်ညါ	whole'heart'ed
_wholesale	a.	တၢ်ဆါတၢ်အါအါဂီၢ်ဂီၢ်တဘ့ူယီ	whole'sale'
_wholesome	a.	ကဆဲုကဆို★လၢအကးၤကဲၤထိာ်တၢ်အိာ်ဆူာ်အိာ်ချ့★ဂ့ၤ★လၢအမၤဂ့ၤထိာ်တကဲးပတ်သ့★လၢအဒုးအိာ်ဆူာ်အိာ်ချ့တၢ်★လၢအဂ့ၤ	whole'some
_whole souled	a.	လၢသးဒီဖျၢာ်ညါ★လၢအ(သးတူၢ်ဒိာ်ကီၢ်ဒိာ်)(သးလံၢ်)	whole'souled'
_wholly	adv.	လၢာ်လၢာ်ဆ့ဆ့★စီဖှံကလ့ၤ	whol'ly
_whom	(obj. of who) pron.	လၢ★လၢ––အီး	whom
_whoop	v.i.	ကိးသတြီထိာ်★ကိးပသူထိာ်	whoop
_whore	n.	ယဲသဲမုာ်	whore
_whoremaster	n.	ယဲသဲခွါ★(ယဲသဲအဓိာ်)	whore'mas'ter
_whorl	n.	တၢ်လာ်တဖာ်လၢအအိာ်ဝးတရံးတၢ်အမုၢ်တဝီလၢအလီၢ်တဆီယီအလိၤ	whorl
_whose	pron (poss. of who) .	မတၤအ★လၢအ	whose
_why	adv.	ဘာ်မနုၤ(လဲာ်)★လၢမနုၤအယိ(လဲာ်)	why
_wick	n.	မုာ်ဆူဧၢအ(ဆာ်)(ပုံာ်)	wick'
_wicked	a.	လၢအအၢအသီ★လၢအမၤဆူးမၤဆါတၢ်★လၢအမၤဟးဂုာ်ဟးဂီၤတၢ်★လၢအတဂီၢတလိၤ	wick'ed
_wickedly	adv.	အၢအၢသီသီ	wick'ed-ly
_wicker	n.	သ့ာ်ဖိတကလုာ်လၢတၢ်ထူတၢ်အဂီၢ်★တၢ်လၢတၢ်ထူအီၤ	wick'er
_wicker	a.	လၢအဘာ်တၢ်ထူအီၤ	wick'er
_wide	a.	လဲၢ်★(ဖးဘာ်လဲာ်)အါ★(ဘာ်)ဆူတၢ်ကပၤ★ယံၤ	wide
_wide awake		တမံဘာ်★သးဆး★အိာ်တပ့ုမၢ်★လၢအဆိးသီတၢ်	wide awake
_wide	n.	ခီာ်သလုးတကလုာ်	wide
_widely	adv.	ဖးလဲၢ်★(လီၤဆီ)ဖးဒိာ်★ဖးလဲၢ်ဖးယာ်★ယံၤ★ယၤယံၤ★ဖးလဲၢ်ဖးယံၤ	wide'ly
_widen	v.t.	မၤလဲၢ်ထိာ်	wid'en
_widow	n.	မုာ်ကဖဲ	wid'ow
_width	n.	တၢ်အလဲၢ်	width
_wield	v.t.	သူ(ထိာ်ဒံးအီ)(နၤ)★ဟံးယာ်ဒီသူ(တၢ်စိတၢ်ကမီၤ,နၤ,ထိာ်ဒံး,ဒီးတၢ်ဂၤ)★ဝံၢ်ထိာ်ဝံၢ်လီၤ	wield
_wife	n.	မါ	wife
_wig	n.	ခိာ်သူအဘျဉ်★ခိာ်သူပုၤမၤန့ၢ်အီၤလၢကကးဘၢခိာ်အဂီၢ်	wig
_wiggle	v.i.	ယဉ်ပကးပကးအသး★စ့ၤပတၤ့ၤပတီၤဒီးကုးကူးအသး★ဝံၢ်ဝၤ★ကျှာ်ကျှာ်	wig'gle
_wigwam	n.	ပှၤ(မံၤ)(ဂီၤဖံး)ဖိအဒဲ★ပှၤထံဖိကီၢ်ဖိလၢကီၢ်အမုၤရခၤကလံၤစိးအဒဲ	wig'wam
_wild	a.	အမံၤလၢာ်★ရၢၢ်★ဖျံာ်ယဉ်ယဉ်★(သးဒိာ်)အၢအၢသီသီ★တၢဖျာ်တဖျိၤ★မံၤစကုဉ်★လၢတၢ်တထ့ူအီၤဒီးကုာ်ခုးဖဲၤသံဉ်ဒံးဘဉ်★သးဖ့ံ★လၢအပၢၤအသးတန့ၢ်★သ့ဉ်ပိၢ်သးဝး	wild
_wilderness / wild	n. / a.	ပှၢ်မုၢ်ကနၤ★တၢ်လၢအသဘံဉ်ဘုဉ်အသး	wil'der-ness / wild
_wildfire	n.	တၢ်လၢပမၤလီၤပံာ်ကီ	wild'fire'
_wild-goose chase	n.	တၢ်ကလီကလီ★တၢ်မၤတၢ်တမံၤလၢအဖျါလၢအဘျုးတအိာ်ဘဉ်	wild'goose'chase

334

_wile	n.	တၢ်လီတၢ်ဝ့ၤ	wile
_wilful	a.	လၢအသးအိၣ်မၤစဲၤယဲၤဒ်ၣ်ဝဲ★လၢအလူၤအသးဒ်ၣ်ဝဲ	wil'ful
_will	v.i.	က★(တၢ်)သးအိၣ်★(တၢ်)ဘၣ်အသး	will
_will	n.	တၢ်ကွဲးလၢၤပှၤသံဟ်လီၤတၢ်ဘၣ်ယးတၢ်နှၢ်သါအဂ္ၤ်	will
_willing	a.	လၢအသးအိၣ်★လၢအသးဆူၣ်	will'ing
_willow	n.	ပၢ်သလီ	wil'low
_wilt	v.i.	လီၤညွံးလီၤဘဲ★လီၤဘီ	wilt
_win	v.t.	မၤနၢၤ★မၤနှၢ်	win
_wince	v.i.	သံးအသး★ဂုၤကုၤအ(သး)(ခံ)	wince
_wind	v.t.	အူ(ကွဲၤ)★ဟ်ကွ့ၣ်★ဘံတၢၤး★ဟ်ထီၣ်★ဟ်တၢၤး★ခုၣ်ထီၣ်(လှၣ်)★နာတၢ်အစိ	wind
_wind	n.	ကလံၤ(သိၣ်ဂီၤ)	wind
_windfall		တၢ်ဘျုးလၢပနှၢ်ဘၣ်ကလီကလီ	windfall
_winding	a.	လၢဘံတၢၤးတၢ်အဂီၢ်★လၢခူၣ်လှၣ်ခှၣ်နဲအဂီၢ်★လၢအကွ့ၣ်ကွ့ၣ်ကူကူ★လၢအကွ့ၣ်(တၢၤး)(ပတ်)★လၢအအၤးတၢၤးတၢ်	wind'ing
_winding	n.	တၢ်ကွ့ၣ်တၢၤး	wind'ing
_window	n.	ပဲတြီဖိ	wind'ow
_windward	adv.	ဘၣ်လၢကလံၤအကျိၤ	wind'ward
_windward	a.	လၢအအိၣ်ဝဲလၢကလံၤဟဲတခီ	wind'ward
_windy	a.	လၢကလံၤအူတၢ်အါ★(တၢ်အိၣ်)လၢကလံၤဒိၣ်★လၢကလံၤအိၣ်အါ★လၢအစံၤပတြၢၤလီၤအသး	wind'y
_wine	n.	စပံးထံ	wine
_wing	n.	အဒံၤ(ဆ့)	wing
_wing	v.t.	(ဒုၤ)ယူၤ★ယူၤ(စိၢ်ဆ့ၢ)(ခီဖျိ)	wing
_winged	a.	လၢအအိၣ်ဒီးအဒံၤဆ့	wing'ed
_wink	v.i.	ဖျးတဆးအမဲာ်★ဟ်တထံၣ်အသး	wink
_wink	n.	တဖျးမဲာ်	wink
_winning	a.	လၢအထုးနှၢ်ပသး★(လၢအ)(တၢ်)မၤနၢၤတၢ်	win'ning
_winning	n.	စုလၢတၢ်မၤနှၢ်အီၤလၢတၢ်တၤတၢ်အပူၤ	win'ning
_winnow	v.t.	ပှၤကွံာ်★ပညဲ★ယၤ★ဝံၢ်ကဆှီထီၣ်★နီၤဖးဘှီးဘုအ(ဖှ)(သိၣ်)	win'now
_winsome	a.	လၢအမၤမှာ်ပသး★လၢအသးဖှံ★လၢအထုးနှၢ်ပသး	win'some
_winter	n.	တၢ်ဂိၢ်ခါ	win'ter
_wipe	v.t.	ထွါကွံာ်	wipe
_wire	n.	ပျံၤထး★တၢ်ကစိၣ်လၢလီပျံၤထး	wire
_wire	v.t.	ဒ်လီပျံၤထး	wire
_wire	a.	လၢအဘၣ်တၢ်မၤကဲထီၣ်အီၤလၢပျံၤထး	wire
_wireless	a.	လၢပျံၤထးတအိၣ်	wire'less
_wiry	a.	အိၣ်★ကိၤ★လီၢ်ကဲ်ပျံၤထး★တၢ်မၤအီၤလၢပျံၤထး★တူၢ်တၢ်နှၢ်★ဟ်★ကျၢၤဂၢၢ်ဆူၣ်ဘၢဆူၣ်	wir'y
_wisdom	n.	တၢ်ကူၣ်သ့	wis'dom
_wise	a.	လၢအကူၣ်သ့★လၢအအိၣ်ဒီးတၢ်ကူၣ်သ့★လၢအအိၣ်ဒီးတၢ်ကူၣ်တၢ်ဆး	wise
_wise	n.	အလုၢ်အလၢ်★အကျဲ	wise
_wisely	adv.	လၢတၢ်သ့ၣ်ဆးသးဆးအပူၤ★သ့သ့ဘၣ်ဘၣ်★လၢတၢ်ကူၣ်သ့အပူၤ	wise'ly
_wish	v.i.	(တၢ်)ဘၣ်အသး★ဆၢ★မိၣ်★(တၢ်)အဲၣ်ဒီး★ဆၢနှၢ်ဘၣ်★မိၣ်နှၢ်ဘၣ်အသး	wish
_wisp	n.	တစိၤဖိ★တစဲၢ်ဖိ★တကဒိၣ်ဖိ	wisp
_wistful	a.	လၢအပှဲၤဒီးတၢ်မိၣ်တၢ်မး★လၢအဆၢ(နှၢ်)ဘၣ်တၢ်	wist'ful
_wit	n.	တၢ်ကူၣ်တၢ်ဆး★တၢ်သ့ၣ်ညါ(နၢ်ပၢၢ်)★တၢ်ကူၣ်သ့	wit
_to wit		ဒ်ပစံးတၢ်အသိး	to wit
_witch	n.	တၢ်နါမုၣ်ပှၢ်★ပိာ်မုၣ်လၢအမၤဒၢၤပဖၢမံ★ပိာ်မုၣ်လၢအပှဲၤဒီးတၢ်ရဲ်တဂၤ	witch

335

_witch	v.t.	မၤဘၣ်အီၤလၢတၢ်(အူတၢ်သမူ)(သမုပယၢ်)အယိ	witch
_witchcraft	n.	တၢ်သမုပယၢ်★တၢ်မၤကဒါပှၤမဲာ်★တၢ်အူတၢ်သမူ★တၢ်ဟိဉ်တၢ်လိဉ်★(တၢ်နါမုဉ်)(မုဉ်ကီၤလံၢ်)အတၢ်မၤ	witch'craft'
_witch doctor	n.	ကသံဉ်သရၣ်လၢအနဲၣ်ဖျါထိဉ်တၢ်နါဂီၤသ့	witch'doc'tor
_with	prep.	အိဉ်ဒီး★ဒီး★ယှာ်★(မၤ)သကိး★လၢ--အယိ★လၢ★ယှာ်ဒီး	with
_withdraw	v.t.	ထုး(ကွံာ်)(က့ၤ)★က့ၤကဒါက့ၤ	with-draw'
_withdraw	v.i.	ဟးထီဉ်ကွံာ်★ဂ့ၤက့ၤအ(ခံ)(သး)	with-draw'
_withe	n.	ဆ့ၢ★(ပၢ်သလိ)(သ့ၣ်)အ(ဒ္)(ဖိုဉ်)လၢ(ဘံ)(စၢ)တၢ်အဂီၢ်	withe
_wither	v.i.	လီၤညွံးလီၤဘီ★လီၤညွံးလီၤဘဲ★ယွၤထီ★(စ္)သံ	with'er
_withhold	v.t.	တဟ့ၣ်လီၤဘၣ်★ဟးးယာ်★တြီအီၤ	with-hold'
_within	adv.	လၢအတၢ်ပူၤ★လၢအပူၤ★လၢအညါပူၤ	with-in'
_without	prep.	တပာ်ယှာ်ဘၣ်★တအိဉ်ဘၣ်★လၢခိတခီ	with-out'
_withstand	v.t.	တြီဆၢ★ခိဉ်ဆၢ★ဂ့ၢ်လိာ်ဘိုလိာ်	with-stand'
_witness	n.	ပှၤလၢအအုၣ်အသး	wit'ness
_witness	v.t.	(တၢ်)အုၣ်အသး★ကွၢ်★ထံၣ်	wit'ness
_witticism	n.	တၢ်ကတိၤတၢ်သ့သ့ဘၣ်ဘၣ်★တၢ်ကတိၤလီၤနံၤလီၤအ့တၢ်	wit'ti-cism
_witty	a.	လၢအကတိၤလီၤနံၤလီၤအ့တၢ်သ့	wit'ty
_wizard	n.	ပှၤလၢအ(သမုပယၢ်)(အူတၢ်သမူ)တၢ်	wiz'ard
_woe	n.	တၢ်နးတၢ်ဖှိဉ်★တၢ်သူဉ်အုးသးအုး★တၢ်သူဉ်ကိၢ်သးဂီၤ	woe
_woeful	a.	လၢအသူဉ်အုးသးအုး★လၢအသူဉ်ကိၢ်သးဂီၤ★လၢအဘၣ်နးဘၣ်ဖှိဉ်	woe'ful
_wolf	n.	ထွံဉ်မံၤ★တၢ်ဝံတၢ်ကၤ★ပှၤလၢအအၢဒီးမၤဟးဂီၤတၢ်ဒ်ထွံဉ်မံၤအသိး	wolf
_woman	n.	ပိာ်မုဉ်★ပှၤမုဉ်ပှၢ်	wom'an
_womanly	adv.	ဒ်အကြၢးဒီးပိာ်မုဉ်အသိး	wom'an-ly
_womb	n.	အလိၢ်	womb
_wonder	n.	(တၢ်)ကမၢကမၣ်(အလိၢ်)	won'der
_wonder	v.i.	မိဉ်သ့ဉ်ညါဘၣ်အသးဒိဉ်ဒိဉ်	won'der
_wonderful / wondrous	a.	လၢအလီၤကမၢကမၣ်★လီၤလၢ်လီၤလး★လီၤတိၢ်လီၤဆီ	won'der-ful / won'drous
_wont	a.	(လၢအ)ညီနုၢ်	wont
_wont	n.	အလုၢ်အလၢ်	wont
_wont	v.i.	(မၤ)ညီနုၢ်(အသး)	wont
_woo	v.t.	ကညးနုၢ်ပိာ်မုဉ်အတၢ်အဲဉ်★အိဉ်သကိးပိာ်မုဉ်ဒီးယုနုၢ်အတၢ်အဲဉ်	woo
_wood	n.	ပှၢ်လၣ်ကျ★သ့ၣ်(ဘၣ်)(အညၣ်)	wood
_woodchuck	n.	ခီ(ဆဉ်ဖိကီၢ်ဖိလၢဟီၣ်ခိဉ်အဖီလာ်တကလုာ်)	wood'chuck'
_wooden	a.	လၢဝံၤမၤအီၤလၢသ့ၣ်	wood'en
_woodpecker	n.	ထိၣ်တလှ★ထိၣ်ဒ့ဂ့★ထိၣ်သ့ၣ်ဖံး	wood'peck'er
_woody	a.	လၢအမၤအသးဒ်သ့ၣ်အသိး★လၢအအိၣ်ဒီးသ့ၣ်အၢ	wood'y
_woof	n.	ထဉ်အယီၤ	woof
_wool	n.	သိဆူၣ်	wool
_woolly	a.	လီၤက်ဒီးသိဆူၣ်	wool'ly
_word	n.	တၢ်ကတိၤ(တဘီ)★တၢ်မၤလိာ်★တၢ်ကစီၣ်	word
_wordy	a.	လၢအကတိၤတၢ်အါအါဂီၢ်ဂီၢ်★လၢအအိၣ်ဒီးတၢ်ကတိၤအဘီအါ★ဘၣ်ယးဒီးတၢ်ကတိၤ	word'y
_work	v.t.	ဖံးတၢ်မၤတၢ်★ဟူးဂဲၤ★ကၤ(ဟိဉ်ခိဉ်)(ကိဉ်မံၣ်)ဖးအိဉ်★ဆးကံၣ်ဆးဂၤ★နုးဖးနုးမၤ★နွဲၤတၢ်သံကွၢ်မၤတၢ်★ကျဲးစၢး	work
_work	n.	တၢ်ဖံးတၢ်မၤ★တၢ်မၤတၢ်အလီၢ်★တၢ်လၢတၢ်သူၣ်ထီၣ်အီၤ	work
_workmanship	n.	တၢ်စုသ့ခိၣ်သ့အတၢ်မၤ	work'man-ship
_world	n.	ဟီၣ်ခိၣ်(ဖျ)★အဆၢံတဝၢယဉ်★ပှၤဟီၣ်ခိၣ်ဖိ★အဆၢံတဝၢယဉ်အလုၢ်အလၢ်★ပှၤလၢအအိၣ်(တၢ်ပတၢ်ပြး)(တၢ်သူၣ်ဝံၣ်သးဆၢ)တကရၢ★တၢ်ဂီၢ်မုၢ်ဂီၢ်ပၤ	world

336

_worldly	n.	ပှၤလၢအသးစဲဘူးဒီးအအံၤတၤဃၣ်	world'ly
_worldly	a.	ဘၣ်ယးဒီး(ဟီၣ်ခိၣ်)(အအံၤတၤဃၣ်)	world'ly
_worm	n.	ထိးကလံာ်★သံမိၢ်ပီၢ★တၢ်စွါတၢ်စွဲလၢအဆံးကိာ်ဖိသ့ၣ်တဖၣ်	worm
_worm	v.i.	ဂုာ်မၤန့ၢ်ပှၤအသး★ဆွဲနုာ်လီၤအသးကယီကယီ★မၤခုသူၣ်တၢ်ကယီကယီ	worm
_worm-eaten	a.	လၢအဘၣ်တၢ်အီၣ်ကွံာ်အီၤလၢတၢ်ဖိယၢ်★လၢအဃၢ်အီၣ်အီၤ	worm-eat'en
_wormy	a.	လၢအအီၣ်ဒီးအဃၢ်	worm'y
_worn-out	a.	လီၢ်လံၤ★လွၤကွံာ်★လီၤဘုံးလီၤတီၤ★လၢတၢ်ဘုံးအသး	worn'out'
_worrisome	a.	လၢအမၤအ့ၤနူၤပှၤ★လၢအမၤတံာ်တာ်ပှၤ	wor'ri-some
_worry	v.i.	(တၢ်)သးအ့ၤနူၤ★(တၢ်)မၤတံာ်တာ်★(တၢ်)သူၣ်ကိၢ်သးဂီၤ	wor'ry
_worse	a.	နၤန့ၢ်တကွၢ်★အၢန့ၢ်★ဆါန့ၢ်	worse
_worship	v.t.	(တၢ်)ဘူၣ်ယွၤဘါယွၤ★(တၢ်)ယူးယီၣ်ဟ်ကဲ★(တၢ်)ဘူၣ်ထိၣ်ဘါထိၣ်တၢ်★တၢ်ကဟုကညီၢ်	wor'ship
_worshipful	a.	လၢအလီၤယူးယီၣ်ဟ်ကဲ★လၢအကြၢးဒီးတၢ်ယူးတၢ်ယီၣ်	wor'ship-ful
_worst	a.	နၤကတၢၢ်★အၢကတၢၢ်★ဆါနၤကတၢၢ်	worst
_worth	a.	ကြၢးအပှ့ၤ★ကြၢးဒီး★အိၣ်ဒီးအစုလီၢ်ခိၣ်ခိၣ်လၢအကြၢးစ့	worth
_worth	n.	အပှ့ၤကလံၤ★အလုၢ်အပှ့ၤ	worth
_worthless	a.	လၢအပှ့ၤအကလံၤတအိၣ်★လၢအတကြၢးပှ့ၤကြၢးကလံၤဘၣ်★တဂီၢ်တသိၣ်တၢ်ဘၣ်	worth'less
_worthy	a.	လၢအကြၢးဝဲဘၣ်ဝဲ★(ပှၤ)လၢတၢ်ကြၢးယူးယီၣ်အီၤ★(ပှၤ)ဖးဒိၣ်တဂၤ★(ပှၤ)လၢအကြၢးဝဲဘၣ်ဝဲ★(ပှၤ)လၢအလုၢ်ဒိၣ်ပှ့ၤဒိၣ်	wor'thy
_would	v.i.	က★ဘၣ်ယးသး★ဆၢယဲလၢ	would
_wound	n.	အပူၤလီၢ်ပူၤ(ကွဲ)(တဲၤ)★တၢ်ပူၤလီၢ်	wound
_wound	v.t.	မၤဘၣ်ဒိဆါ	wound
_wraith	n.	တၢ်တဝၣ်	wraith
_wrangle	v.i.	အ့ၣ်လိာ်ဆိးက့လိာ်အသး★ဂုၢ်လိာ်ဘိုလိာ်အသးလၢတၢ်သးထိၣ်အပူၤ	wrang'le
_wrap	v.t.	အိၣ်ထိၣ်★အိၣ်ဘံ★(လ့ၤ)(ကၤ)ဘၢ	wrap
_wrap	n.	တၢ်လၢပှၤ(လ့ၤ)(ကၤ)ဘၢအသး★ဆ့ကၤဖးဒိၣ်★ယၣ်လ့ၤဖိ	wrap
_wrapper	n.	(တၢ်)(စးခိ)လၢပအိၣ်ထိၣ်တၢ်အဂီၢ်★ဆ့ကၤအဖီခိၣ်တကလုာ်	wrap'per
_wrath / wrathful	n. / a.	(လၢအ)(တၢ်)သးဒိၣ်ပှဲၤဆ့ၣ်ကလာ်	wrath / wrath'ful
_wreak	v.t.	မၤ(ကၣ်ကွၤ)တၢ်★မၤအၢဆၢကွၤတၢ်	wreak
_wreath	n.	ဖီကွီၤ★တၢ်ဘံပကၤး	wreath
_wreathe	v.t.	ဘံဖီကွီၤ★သိၣ်(ဖီကွီၤ)★ဘံ(ပကၤး)(တရံး)	wreathe
_wreck	v.t.	(တၢ်)(မၤ)ဟးဂီၤ	wreck
_wreck	n.	တၢ်လၢအ(ဘၣ်တၢ်မၤ)ဟးဂီၤ	wreck
_wrench	v.t.	ဝံာ်ထူးန့ၢ်တၢ်★စုၣ်ခံးခိၣ်ခံး★ဘီးယၣ်ကဒါ(အစီပညီ)	wrench
_wrench	n.	တၢ်ဝံာ်ဝံာ်ပၢးတၢ်★တၢ်စုၣ်ခံးခိၣ်ခံး	wrench
_wrest	v.t.	ဝံာ်ထူးကွံာ်တၢ်လၢာ်သး★ဂုာ်ဆူၣ်ပှိၢ်ဆူၣ်★မၤဒၢးကွၣ်အတၢ်ကတိၤ★ဘီးယၣ်ကဒါ★ဝံာ်ထူးဆူၣ်န့ၢ်တၢ်	wrest
_wrestle	v.i.	ကနိလိာ်အသး	wres'tle
_wretch / wretched	n. / a.	(ပှၤ)လၢအတူၢ်ဘၣ်တၢ်နၤးတၢ်ဖှိၣ်ဒိၣ်ဒိၣ်မှၢ်မှၢ်★(ပှၤ)(လၢ)အအၢအသီ★(ပှၤ)လၢအဘၣ်နၤးဘၣ်ဖှိၣ်နၤးမၤ★လၢအတလီၤက်တၢ်	wretch / wretch'ed
_wriggle	v.i.	(ဟး)(စွါ)ကံးကူးကူး★ဖျဲၤဟးထိၣ်အသး★ဖျဲၤပကၤးအသး	wrig'gle
_wring	v.t.	ဝံာ်သံးအထံ★ဝံာ်ထူးကွံာ်တၢ်★ဝံာ်က်★ဝံာ်တၢ်	wring
_wrinkled / wrinkly	a. / a.	အိၣ်ဒီးအဖံးသွံး	wrin'kled / wrin'kly
_wrist	n.	စုဒ့ကိာ်★စုဒ့	wrist
_writ	n.	တၢ်ကွဲး★တၢ်လၢတၢ်ကွဲးအီၤ	writ
_write	v.t.	ကွဲး	write
_writhe	v.i.	ဝံာ်ကၤးပကၤးအသး★မၤပတံာ်ပတာ်အသး★ဝံာ်ပကၤးအသး	writhe
_writing	n.	တၢ်ကွဲး★တၢ်ကွဲးတၢ်	writ'ing

_wrong	a.	လၢအကမၣ်★လၢအတဘၣ်ဘၣ်★တတီတလိၤဘၣ်		wrong
_wrong	v.t.	မၤကမၣ်အီၤ		wrong
_wrongfully	adv.	ကမၣ်★ပှဲၤဒီးတၢ်ကမၣ်လီၤ★ပှဲၤဒီးတၢ်(ကမူၤကမၣ်)(တတီတလိၤ)လီၤ		wrong'ful-ly
_wroth	a.	သးကဲၤထီၣ်★သးဒိၣ်ထီၣ်ပှဲၤဆၢၣ်ကလာ်		wroth
_wrought	a.	လၢအဘၣ်တၢ်မၤန့ၢ်အကွၢ်အဂီၢ်		wrought
_wrought	v.t.	မၤ(ဝဲၤ)လံ		wrought
_wry	a.	(မဲာ်)လၢအအိၣ်ဖျါတမ့ၢ်တလၢ★လၢအတ်ပကၤအသး★လၢအကွၣ်		wry
_yacht	n.	ကဘီယၢ်ဖိလၢတၢ်ကပြုအီၤမ့တမ့ၢ်တၢ်ကဒီးလိာ်ကွဲအီၤအဂီၢ်		yacht
_yam	n.	နူၣ်ခိၣ်		yam
_yard	n.	ကရၢၢ်★နီၣ်ထိၣ်ခံဖျၢ		yard
_yarn	n.	လုၣ်★(ကဘီဖိအ)တၢ်ယဲၤမုာ်နၢ်		yarn
_yarn	v.t.	ယဲၤကးအကၢိာ်★ယဲၤလီတၢ်		yarn
_yawn	v.i.	(တၢ်)သကီ★(တၢ်)တကီ★အီထိၣ်အကၢိာ်ပူ		yawn
_ye	(pl. of thou) pron.	သုဝဲ★သု		ye
_yea	adv.	မ့ၢ်		yea
_year	n.	(တ)နံၣ်		year
_yearn	v.i.	သးအိၣ်★ဆၢန့ၢ်ဒိၣ်ဒိၣ်ကလဲာ်		yearn
_yeast	n.	ကိၣ်မံၣ်		yeast
_yell	v.i.	ကိးပသုပသီ		yell
_yellow	a.	ဘီ		yel'low
_yellow fever	n.	တၢ်ညၣ်ကိၢ်ဘီမံၣ်		yel'low fe'ver
_yelp	v.i.	ထွံၣ်ဖိကီးဖဲအဘၣ်ဒိဆါအခါ		yelp
_yeoman	n.	ပှၤပတီၢ်မုာ်★ပှၤမုာ်ဆ့ၣ်မုာ်ဂီၢ်★ပှၤထူစံာ်ဖိလၢအအိၣ်ဒီးအလၤကပီၤ		yeo'man
_yes	adv.	အၢၣ်★မ့ၢ်		yes
_yesterday	n.	မဟါကၢာ်★မဟါတနံၤ★မဟါနံၤ		yes'ter-day
_yet	adv.	ဒံး★သနာ်က့ၤ★လၢန့ၣ်အမဲာ်ညါ		yet
_yield	v.i.	ဆီၣ်လီၤအသး		yield
_yield	v.t.	ဟ့ၣ်ထီၣ်တၢ်★သၣ်ထီၣ်		yield
_yield	n.	တၢ်မၤန့ၢ်(ဘု)ဆံးအါဆံးအါ★တၢ်ဟ့ၣ်ထီၣ်တၢ်ဆံးအါဆံးအါ		yield
_yoke	n./v.t.	နီၣ်ယဲၤဘိ★တၢ်ဝံတၢ်ယိၤ★(ဂီၢ်ဖံး)တဆ★တၢ်စၢယာ်		yoke
_yolk	n.	ဆီဒံၣ်အသကၢိၤ(ဘီ)		yolk
_yonder	adv.	လၢဘးနူၣ်★လၢ(တၢ်လီၢ်)ဖဲနူၣ်		yon'der
_yore	adv.	လၢပျ႑(လၢကစၢႏ)		yore
_you	pron.	နၤ★သု★န		you
_young	a.	လၢအစၢ်★လၢအသးစၢ်		young
_youngster	n.	ပှၤအသးစၢ်★ပှၤလၢအလိၣ်ဘိထီၣ်အသး★ပှၤလိၣ်ဘိဘိ		youn'gster
_your	(poss. of you) pron.	န(တၢ်)★သု(တၢ်)		your
_yours	pers pron.	နတၢ်★သုတၢ်		yours
_yourself	pron.	နကစၢ်ဒၣ်(ဝဲ)(န)		your-self'
_youth	n.	ပှၤလိၣ်ဘိထီၣ်သီ★တၢ်လိၣ်ဘိထီၣ်သီအဆၢကတီၢ်		youth
_youthful	a.	လၢအသးစၢ်★လၢအဘၣ်ယးဒီး(ပှၤ)သုစၢ်သးဘိၣ်★လၢအသွံၣ်ဆူၣ်ထံဆူၣ်		youth'ful
_zeal / zealous	n. / a.	(လၢအ)(တၢ်)သးဆူၣ်		zeal / zeal'ous
_zebra	n.	ကသ့ၣ်ကွီၢ်★ကသ့ၣ်တီၤပျ႑★ကသ့ၣ်လၢအကံၣ်တၢပလှာ်တၢပလှာ်		ze'bra

_zenith	n.	တၢ်လီၢ်လၢမုၢ်ကပိာ်လိၤလၤအအိၣ်လိၤလိၤဖဲပခိၣ်ဒီ★တၢ်လီၢ်အကစီၤထိၣ် အထီကတၢၢ်	ze'nith
_zero	n.	တၢ်နီတမံၤ★၀★တၢ်လီၢ်အဖှၣ်ကတၢၢ်	ze'ro
_zest	n.	တၢ်အဲၣ်ဒိးအိၣ်တၢ်★တၢ်မှာ်သုၣ်မှာ်သး★တၢ်မှာ်လၤတၢ်★တၢ်အဲၣ်ဒိး★ စုၢ်ဝံာ်သၣ်အဖံးမှတမှၢ်ပနီၢ်ကျဲသၣ်အဖံးလၤတၢ်မၤဝံၣ်ထီၣ်သံး	zest
_zigzag	a.	(လဲၤတၢ်)ကွၣ်ကံၢ်ကွၣ်ကိာ်★လၤအကွၣ်မှၢ်ကွၣ်ကိာ်★မၤကွၣ်ကိာ်	zig'zag'
_zinc	n.	ပှာ်ဝါလၤအကဘုးတကလုာ်	zinc
_zone	n.	ဟီၣ်ခိၣ်အကျိုးတုၣ်★ကျိုးတုၣ်★ယိၢ်တကိး	zone
_zoo	n.	တၢ်ကွၢ်ကီအလီၢ်ဖဲပှၤဟ်ဆၣ်ဖိကီၢ်ဖိအကလုာ်ကလုာ်	zoo'
_zoology	n.	တၢ်ယုသ့ၣ်ညါနၢ်ပၢၢ်ဆၣ်ဖိကီၢ်ဖိအဂ့ၢ်အကျိုး★တၢ်(သ့ၣ်ညါနၢ်ပၢၢ်)(ကူၣ်သ့) ဘၣ်ယးဆၣ်ဖိကီၢ်ဖိအဂ့ၢ်အကျိုး	zo-ol'o-gy

CPSIA information can be obtained at www.ICGtesting.com
Printed in the USA
LVOW05s1926130614

389978LV00007B/305/P